U1058852

中国人口普查
CHINA POPULATION CENSUS

河南省2010年
人口普查资料〔上册〕

TABULATION ON THE 2010 POPULATION CENSUS OF HENAN PROVINCE （BOOK Ⅰ）

河南省统计局
河南省人口普查办公室 编

Compiled by
Henan Provincial Bureau of Statistics
Office for the Population Census of Henan Province

中国统计出版社
China Statistics Press

（京）新登字 041 号

图书在版编目（CIP）数据

河南省 2010 年人口普查资料 / 河南省统计局，河南省人口普查办公室编. -- 北京 : 中国统计出版社,2012.6
ISBN 978-7-5037-6544-5

Ⅰ. ①河… Ⅱ. ①河… ②河… Ⅲ. ①人口普查－统计资料－河南省－2010 Ⅳ. ①C924.256.1

中国版本图书馆 CIP 数据核字(2012)第 107849 号

河南省 2010 年人口普查资料（上、中、下册）

作　　者 / 河南省统计局　河南省人口普查办公室
责任编辑 / 郭　栋
装帧设计 / 杨　超　李雪燕
出版发行 / 中国统计出版社
通信地址 / 北京市西城区月坛南街 57 号
邮政编码 / 100826
办公地址 / 北京市丰台区西三环南路甲 6 号
电　　话 / 邮购（010）63376907　书店（010）68783172
印　　刷 / 河北天普润印刷厂
经　　销 / 新华书店
开　　本 / 880×1230 毫米　1/16
字　　数 / 4880 千字
印　　张 / 152.5
版　　别 / 2012 年 8 月第 1 版
版　　次 / 2012 年 8 月第 1 次印刷
书　　号 / ISBN 978-7-5037-6544-5/C.2636
定　　价 / 980.00 元（上、中、下册）

中国统计版图书，如有印装错误，本社发行部负责调换。

《河南省2010年人口普查资料》
编委会和编辑工作人员

编委会

主　任：刘永奇

副主任：安建军

编　委：王　健　王　静　刘晓峰　张曼平　高　煌

编辑工作人员

总 编 辑：王　健

副总编辑：王　静　孟凡玲

编　　辑：（以姓氏笔划为序）

马　召　王　健　王　静　王利生　付晓娜

刘晓峰　孙花菊　谷永翔　张曼平　孟凡玲

赵石林　高　煌　裴　斐

编辑说明

河南省第六次全国人口普查在省委、省政府的统一领导下，在各部门和地方各级人民政府的大力支持下，经过全省近70万普查人员的努力拼搏和广大人民群众的积极参与，普查各项工作取得了圆满成功，获得了丰富翔实的资料。为了满足社会各界的需要，现将计算机详细汇总的数据资料编辑出版。本套资料包括省级和18个省辖市资料，其中省级三册，18个省辖市各一册。

为便于读者使用本资料，现将有关情况说明如下：

一、2010年第六次全国人口普查的对象是：普查标准时点在中华人民共和国境内的自然人以及在中华人民共和国境外但未定居的中国公民，不包括在中华人民共和国境内短期停留的港澳台居民和外籍人员。“境内”指我国海关关境以内，“境外”指我国海关关境以外。

二、2010年第六次全国人口普查采用了长、短两种普查表。普查表短表包括反映人口基本状况的项目，普查表长表包括所有短表项目和人口的经济活动、婚姻家庭、生育和住房等情况的项目。根据普查长表抽样工作细则，长表抽取了10%的户填报，短表由其余的户填报。

三、本资料分为三部分。第一部分是全部人口的数据，包括普查表短表、长表共同部分的内容，主要反映人口的基本状况，分为八卷；第二部分是普查表长表数据，主要是人口各种结构情况，分为九卷；第三部分是附录，主要是普查的有关规定和技术文件等。

四、本资料是按照实际登记直接汇总的数据，不包括人口普查漏登的人口。

五、由于长表是按户抽样并进行登记，因此人口总数以及各种人口结构数据的抽样比会存在差异，请读者使用本资料推算总体时，对采用的方法予以注意。

六、长表数据第四卷就业部分数据为16岁及以上人口数据，其余部分涉及有关就业方面的数据均为15岁及以上人口数据。

七、本次人口普查关于城乡的划分，按照国家统计局《统计上划分城乡的规定》执行。

八、本资料中部分相对数由于单位取舍问题而产生的计算误差，均未做机械调整。

九、本资料中空项表示无数字或数字很小。

目　　录

上　册

第一部分　全部数据资料

第八卷　住房

中　册

第二部分　长表数据资料

第一卷　概要

下　册

第二部分　长表数据资料（续）

第四卷　就业（续）

第五卷 婚姻

第六卷　生育

附　录

第一部分 全部数据资料

第一卷 概要

1-1 各地区户数、

地区	户数						
				合计			
	合计	家庭户	集体户	合计	男	女	性别比（女=100）
总 计	**26404973**	**25928729**	**476244**	**94029939**	**47493063**	**46536876**	**102.05**
郑州市	**2606648**	**2436665**	**169983**	**8627089**	**4422318**	**4204771**	**105.17**
中原区	304087	275145	28942	905491	465346	440145	105.73
二七区	230766	209512	21254	712646	363265	349381	103.97
管城回族区	212760	198660	14100	645932	336548	309384	108.78
金水区	599063	529454	69609	1588716	813096	775620	104.83
上街区	44568	44227	341	131549	65276	66273	98.50
惠济区	81182	73950	7232	269579	132566	137013	96.75
中牟县	183894	178841	5053	727440	374331	353109	106.01
巩义市	214645	209263	5382	807911	411355	396556	103.73
荥阳市	174329	170820	3509	613804	310697	303107	102.50
新密市	213035	209086	3949	797256	410906	386350	106.36
新郑市	180268	171626	8642	758128	387552	370576	104.58
登封市	168051	166081	1970	668637	351380	317257	110.76
开封市	**1258762**	**1241002**	**17760**	**4676483**	**2370764**	**2305719**	**102.82**
龙亭区	38166	36201	1965	127784	61890	65894	93.92
顺河回族区	76175	75091	1084	232296	114173	118123	96.66
鼓楼区	49153	48745	408	143175	69917	73258	95.44
禹王台区	44202	43808	394	130604	64612	65992	97.91
金明区	69617	63163	6454	262258	134689	127569	105.58
杞县	255410	254692	718	956533	490986	465547	105.46
通许县	148988	147798	1190	567495	290539	276956	104.90
尉氏县	214116	210863	3253	879713	452442	427271	105.89
开封县	175692	174082	1610	698799	357707	341092	104.87
兰考县	187243	186559	684	677826	333809	344017	97.03
洛阳市	**1843466**	**1806277**	**37189**	**6549941**	**3306567**	**3243374**	**101.95**
老城区	51340	51086	254	163176	79909	83267	95.97
西工区	128411	124356	4055	372941	189497	183444	103.30
瀍河回族区	58599	55916	2683	177939	89740	88199	101.75
涧西区	212430	205892	6538	619221	311597	307624	101.29
吉利区	23164	22495	669	69076	34328	34748	98.79
洛龙区	138442	128086	10356	523726	259645	264081	98.32
孟津县	118356	117010	1346	414637	208155	206482	100.81
新安县	128946	126185	2761	470198	240811	229387	104.98
栾川县	96003	94755	1248	342848	179062	163786	109.33
嵩县	141957	140686	1271	507052	255315	251737	101.42
汝阳县	107190	106635	555	408009	207103	200906	103.08
宜阳县	162107	161239	868	636491	320518	315973	101.44
洛宁县	113618	113064	554	421262	211637	209625	100.96
伊川县	182537	180478	2059	756669	382505	374164	102.23
偃师市	180366	178394	1972	666696	336745	329951	102.06

人口数和性别比

单位：户、人

人口数								平均家庭户规模（人/户）
家庭户				集体户				
小计	男	女	性别比（女=100）	小计	男	女	性别比（女=100）	
90028072	**45262137**	**44765935**	**101.11**	**4001867**	**2230926**	**1770941**	**125.97**	**3.47**
7667756	**3881162**	**3786594**	**102.50**	**959333**	**541156**	**418177**	**129.41**	**3.15**
769378	386530	382848	100.96	136113	78816	57297	137.56	2.80
595923	296408	299515	98.96	116723	66857	49866	134.07	2.84
578644	293557	285087	102.97	67288	42991	24297	176.94	2.91
1289637	652722	636915	102.48	299079	160374	138705	115.62	2.44
128925	63648	65277	97.50	2624	1628	996	163.45	2.92
224244	113684	110560	102.83	45335	18882	26453	71.38	3.03
694487	355991	338496	105.17	32953	18340	14613	125.50	3.88
759815	382045	377770	101.13	48096	29310	18786	156.02	3.63
593642	299191	294451	101.61	20162	11506	8656	132.93	3.48
764008	389529	374479	104.02	33248	21377	11871	180.08	3.65
641193	328413	312780	105.00	116935	59139	57796	102.32	3.74
627860	319444	308416	103.58	40777	31936	8841	361.23	3.78
4516754	**2284661**	**2232093**	**102.36**	**159729**	**86103**	**73626**	**116.95**	**3.64**
118025	58301	59724	97.62	9759	3589	6170	58.17	3.26
226753	111362	115391	96.51	5543	2811	2732	102.89	3.02
141250	68961	72289	95.40	1925	956	969	98.66	2.90
128678	63434	65244	97.23	1926	1178	748	157.49	2.94
211361	104659	106702	98.09	50897	30030	20867	143.91	3.35
929479	475755	453724	104.86	27054	15231	11823	128.83	3.65
557980	285909	272071	105.09	9515	4630	4885	94.78	3.78
857334	440696	416638	105.77	22379	11746	10633	110.47	4.07
683510	350137	333373	105.03	15289	7570	7719	98.07	3.93
662384	325447	336937	96.59	15442	8362	7080	118.11	3.55
6290627	**3152891**	**3137736**	**100.48**	**259314**	**153676**	**105638**	**145.47**	**3.48**
159285	78432	80853	97.01	3891	1477	2414	61.18	3.12
348529	171406	177123	96.77	24412	18091	6321	286.20	2.80
162656	80005	82651	96.80	15283	9735	5548	175.47	2.91
586501	291319	295182	98.69	32720	20278	12442	162.98	2.85
67179	32983	34196	96.45	1897	1345	552	243.66	2.99
471988	234507	237481	98.75	51738	25138	26600	94.50	3.68
396726	195868	200858	97.52	17911	12287	5624	218.47	3.39
444773	224319	220454	101.75	25425	16492	8933	184.62	3.52
330218	170732	159486	107.05	12630	8330	4300	193.72	3.48
495382	249004	246378	101.07	11670	6311	5359	117.76	3.52
399655	202300	197355	102.51	8354	4803	3551	135.26	3.75
623139	313183	309956	101.04	13352	7335	6017	121.90	3.86
410652	205257	205395	99.93	10610	6380	4230	150.83	3.63
743245	375542	367703	102.13	13424	6963	6461	107.77	4.12
650699	328034	322665	101.66	15997	8711	7286	119.56	3.65

1-1 续表 1

地区	户数						
				合计			
	合计	家庭户	集体户	合计	男	女	性别比（女=100）
平顶山市	**1353000**	**1336013**	**16987**	**4904701**	**2523143**	**2381558**	**105.95**
新华区	108729	105171	3558	389866	201221	188645	106.67
卫东区	99475	98009	1466	302603	152923	149680	102.17
石龙区	12924	12096	828	54912	30612	24300	125.98
湛河区	86179	82749	3430	286661	145544	141117	103.14
宝丰县	135179	134196	983	490269	252298	237971	106.02
叶县	212915	211326	1589	777203	398729	378474	105.35
鲁山县	214274	212963	1311	789901	407693	382208	106.67
郏县	154533	152856	1677	571524	297312	274212	108.42
舞钢市	95055	94266	789	313828	163058	150770	108.15
汝州市	233737	232381	1356	927934	473753	454181	104.31
安阳市	**1503594**	**1486536**	**17058**	**5173188**	**2502912**	**2670276**	**93.73**
文峰区	128030	121130	6900	442885	218580	224305	97.45
北关区	75854	74565	1289	245624	120480	125144	96.27
殷都区	78678	77673	1005	243874	124298	119576	103.95
龙安区	60073	59642	431	214456	110247	104209	105.79
安阳县	248486	246385	2101	849057	404328	444729	90.92
汤阴县	118776	117542	1234	430803	209067	221736	94.29
滑县	350862	348913	1949	1263289	632977	630312	100.42
内黄县	176936	176350	586	693498	350310	343188	102.08
林州市	265899	264336	1563	789702	332625	457077	72.77
鹤壁市	**404878**	**401216**	**3662**	**1569208**	**804272**	**764936**	**105.14**
鹤山区	36757	36620	137	131421	68077	63344	107.47
山城区	65305	64156	1149	230968	118775	112193	105.87
淇滨区	74033	72151	1882	272332	138195	134137	103.03
浚县	161864	161483	381	665338	340640	324698	104.91
淇县	66919	66806	113	269149	138585	130564	106.14
新乡市	**1451623**	**1435177**	**16446**	**5708191**	**2873482**	**2834709**	**101.37**
红旗区	103940	100756	3184	391290	192977	198313	97.31
卫滨区	59250	58807	443	193506	95509	97997	97.46
凤泉区	34792	34506	286	144298	76472	67826	112.75
牧野区	91920	87379	4541	317994	157913	160081	98.65
新乡县	75835	75553	282	339942	173454	166488	104.18
获嘉县	98535	98431	104	402950	203118	199832	101.64
原阳县	153959	153294	665	659380	333046	326334	102.06
延津县	113703	112847	856	469280	239287	229993	104.04
封丘县	183871	183688	183	743837	381278	362559	105.16
长垣县	204505	201140	3365	809535	403756	405779	99.50
卫辉市	124239	123462	777	495744	249899	245845	101.65
辉县市	207074	205314	1760	740435	366773	373662	98.16
焦作市	**885948**	**873312**	**12636**	**3540101**	**1796311**	**1743790**	**103.01**
解放区	86563	85673	890	295695	151325	144370	104.82
中站区	29542	29395	147	106064	53347	52717	101.20
马村区	33889	33514	375	139533	73982	65551	112.86
山阳区	86973	82653	4320	324121	165176	158945	103.92
修武县	70855	70251	604	287814	148499	139315	106.59
博爱县	104954	104346	608	436319	222672	213647	104.22
武陟县	161387	159610	1777	713945	362339	351606	103.05
温县	103580	102810	770	421796	211670	210126	100.73
沁阳市	112579	110845	1734	447701	223839	223862	99.99
孟州市	95626	94215	1411	367113	183462	183651	99.90

单位：户、人

人口数								平均家庭户规模（人/户）
家庭户				集体户				
小计	男	女	性别比（女=100）	小计	男	女	性别比（女=100）	
4717793	**2412441**	**2305352**	**104.65**	**186908**	**110702**	**76206**	**145.27**	**3.53**
336292	169658	166634	101.81	53574	31563	22011	143.40	3.20
296773	149826	146947	101.96	5830	3097	2733	113.32	3.03
37650	19397	18253	106.27	17262	11215	6047	185.46	3.11
265301	133680	131621	101.56	21360	11864	9496	124.94	3.21
476564	243892	232672	104.82	13705	8406	5299	158.63	3.55
761936	390314	371622	105.03	15267	8415	6852	122.81	3.61
775282	398835	376447	105.95	14619	8858	5761	153.76	3.64
553675	286907	266768	107.55	17849	10405	7444	139.78	3.62
299797	154330	145467	106.09	14031	8728	5303	164.59	3.18
914523	465602	448921	103.72	13411	8151	5260	154.96	3.94
5045401	**2439104**	**2606297**	**93.59**	**127787**	**63808**	**63979**	**99.73**	**3.39**
402952	201136	201816	99.66	39933	17444	22489	77.57	3.33
237123	117471	119652	98.18	8501	3009	5492	54.79	3.18
237451	119914	117537	102.02	6423	4384	2039	215.01	3.06
212152	108141	104011	103.97	2304	2106	198	1063.64	3.56
832218	395596	436622	90.60	16839	8732	8107	107.71	3.38
422564	205018	217546	94.24	8239	4049	4190	96.63	3.60
1244769	624519	620250	100.69	18520	8458	10062	84.06	3.57
679629	342316	337313	101.48	13869	7994	5875	136.07	3.85
776543	324993	451550	71.97	13159	7632	5527	138.09	2.94
1539665	**786985**	**752680**	**104.56**	**29543**	**17287**	**12256**	**141.05**	**3.84**
129109	65906	63203	104.28	2312	2171	141	1539.72	3.53
224121	114045	110076	103.61	6847	4730	2117	223.43	3.49
260641	132445	128196	103.31	11691	5750	5941	96.79	3.61
657468	336574	320894	104.89	7870	4066	3804	106.89	4.07
268326	138015	130311	105.91	823	570	253	225.30	4.02
5523813	**2779620**	**2744193**	**101.29**	**184378**	**93862**	**90516**	**103.70**	**3.85**
333002	165863	167139	99.24	58288	27114	31174	86.98	3.31
186914	92238	94676	97.42	6592	3271	3321	98.49	3.18
137329	69751	67578	103.22	6969	6721	248	2710.08	3.98
284207	140815	143392	98.20	33787	17098	16689	102.45	3.25
335902	171456	164446	104.26	4040	1998	2042	97.85	4.45
402455	202811	199644	101.59	495	307	188	163.30	4.09
653860	329917	323943	101.84	5520	3129	2391	130.87	4.27
459773	234572	225201	104.16	9507	4715	4792	98.39	4.07
741582	379802	361780	104.98	2255	1476	779	189.47	4.04
787266	392460	394806	99.41	22269	11296	10973	102.94	3.91
475505	240732	234773	102.54	20239	9167	11072	82.79	3.85
726018	359203	366815	97.92	14417	7570	6847	110.56	3.54
3399186	**1710653**	**1688533**	**101.31**	**140915**	**85658**	**55257**	**155.02**	**3.89**
275807	136301	139506	97.70	19888	15024	4864	308.88	3.22
105012	52573	52439	100.26	1052	774	278	278.42	3.57
132010	66820	65190	102.50	7523	7162	361	1983.93	3.94
281079	139955	141124	99.17	43042	25221	17821	141.52	3.40
284272	145418	138854	104.73	3542	3081	461	668.33	4.05
429059	219137	209922	104.39	7260	3535	3725	94.90	4.11
697277	354369	342908	103.34	16668	7970	8698	91.63	4.37
410147	205095	205052	100.02	11649	6575	5074	129.58	3.99
437146	218435	218711	99.87	10555	5404	5151	104.91	3.94
347377	172550	174827	98.70	19736	10912	8824	123.66	3.69

1-1 续表 2

地区	户数			合计			
	合计	家庭户	集体户	合计	男	女	性别比（女=100）
濮阳市	**958658**	**952240**	**6418**	**3598740**	**1796273**	**1802467**	**99.66**
华龙区	192930	189020	3910	655674	329441	326233	100.98
清丰县	169129	168657	472	635927	317790	318137	99.89
南乐县	117332	117025	307	458487	220770	237717	92.87
范县	128596	128171	425	469874	234041	235833	99.24
台前县	87498	87190	308	332124	167289	164835	101.49
濮阳县	263173	262177	996	1046654	526942	519712	101.39
许昌市	**1175451**	**1156026**	**19425**	**4307488**	**2206634**	**2100854**	**105.04**
魏都区	141133	130468	10665	498087	246529	251558	98.00
许昌县	206909	206259	650	767449	393836	373613	105.41
鄢陵县	146257	143836	2421	551611	287092	264519	108.53
襄城县	199183	197761	1422	671315	339483	331832	102.31
禹州市	302868	299663	3205	1131896	587465	544431	107.90
长葛市	179101	178039	1062	687130	352229	334901	105.17
漯河市	**674464**	**662051**	**12413**	**2544266**	**1299682**	**1244584**	**104.43**
源汇区	88926	86536	2390	323954	161430	162524	99.33
郾城区	130020	124851	5169	493680	254743	238937	106.62
召陵区	125384	124304	1080	477340	243111	234229	103.79
舞阳县	147326	146113	1213	538447	274466	263981	103.97
临颍县	182808	180247	2561	710845	365932	344913	106.09
三门峡市	**643470**	**629601**	**13869**	**2234018**	**1148433**	**1085585**	**105.79**
湖滨区	106666	105174	1492	325628	165167	160461	102.93
渑池县	96064	92965	3099	346434	175802	170632	103.03
陕县	98687	96596	2091	343679	178927	164752	108.60
卢氏县	104393	103953	440	352449	183265	169184	108.32
义马市	45608	43518	2090	144779	74981	69798	107.43
灵宝市	192052	187395	4657	721049	370291	350758	105.57
南阳市	**2797286**	**2747972**	**49314**	**10263660**	**5280744**	**4982916**	**105.98**
宛城区	250871	243365	7506	887234	454163	433071	104.87
卧龙区	254737	246304	8433	924578	464285	460293	100.87
南召县	154815	154116	699	557153	292619	264534	110.62
方城县	260603	258477	2126	922467	472494	449973	105.00
西峡县	125008	123310	1698	444414	231608	212806	108.84
镇平县	232258	230732	1526	859564	448921	410643	109.32
内乡县	163134	161421	1713	575210	293834	281376	104.43
淅川县	177900	175665	2235	685683	351119	334564	104.95
社旗县	162465	160689	1776	633786	326260	307526	106.09
唐河县	345698	331373	14325	1282262	663728	618534	107.31
新野县	182763	180935	1828	629210	319578	309632	103.21
桐柏县	115662	114417	1245	393942	203103	190839	106.43
邓州市	371372	367168	4204	1468157	759032	709125	107.04

单位：户、人

人口数								平均家庭户规模（人/户）
家庭户				集体户				
小计	男	女	性别比（女=100）	小计	男	女	性别比（女=100）	
3523269	**1758445**	**1764824**	**99.64**	**75471**	**37828**	**37643**	**100.49**	**3.70**
629069	316745	312324	101.42	26605	12696	13909	91.28	3.33
628847	314658	314189	100.15	7080	3132	3948	79.33	3.73
450411	216854	233557	92.85	8076	3916	4160	94.13	3.85
462059	229802	232257	98.94	7815	4239	3576	118.54	3.61
324767	163010	161757	100.77	7357	4279	3078	139.02	3.72
1028116	517376	510740	101.30	18538	9566	8972	106.62	3.92
4070297	**2073831**	**1996466**	**103.88**	**237191**	**132803**	**104388**	**127.22**	**3.52**
399854	198273	201581	98.36	98233	48256	49977	96.56	3.06
755468	386751	368717	104.89	11981	7085	4896	144.71	3.66
505172	255785	249387	102.57	46439	31307	15132	206.89	3.51
653737	330391	323346	102.18	17578	9092	8486	107.14	3.31
1077938	555301	522637	106.25	53958	32164	21794	147.58	3.60
678128	347330	330798	105.00	9002	4899	4103	119.40	3.81
2403155	**1221176**	**1181979**	**103.32**	**141111**	**78506**	**62605**	**125.40**	**3.63**
293952	147781	146171	101.10	30002	13649	16353	83.46	3.40
441575	224177	217398	103.12	52105	30566	21539	141.91	3.54
469002	238676	230326	103.63	8338	4435	3903	113.63	3.77
513520	259168	254352	101.89	24927	15298	9629	158.87	3.51
685106	351374	333732	105.29	25739	14558	11181	130.20	3.80
2102846	**1068162**	**1034684**	**103.24**	**131172**	**80271**	**50901**	**157.70**	**3.34**
300783	150147	150636	99.68	24845	15020	9825	152.88	2.86
323802	162750	161052	101.05	22632	13052	9580	136.24	3.48
320617	163569	157048	104.15	23062	15358	7704	199.35	3.32
344368	178713	165655	107.88	8081	4552	3529	128.99	3.31
135693	67797	67896	99.85	9086	7184	1902	377.71	3.12
677583	345186	332397	103.85	43466	25105	18361	136.73	3.62
9811401	**5026503**	**4784898**	**105.05**	**452259**	**254241**	**198018**	**128.39**	**3.57**
840648	426198	414450	102.83	46586	27965	18621	150.18	3.45
844618	427061	417557	102.28	79960	37224	42736	87.10	3.43
550228	288570	261658	110.29	6925	4049	2876	140.79	3.57
896881	456843	440038	103.82	25586	15651	9935	157.53	3.47
429412	223332	206080	108.37	15002	8276	6726	123.04	3.48
829812	433277	396535	109.27	29752	15644	14108	110.89	3.60
559076	284187	274889	103.38	16134	9647	6487	148.71	3.46
671074	343341	327733	104.76	14609	7778	6831	113.86	3.82
613054	314199	298855	105.13	20732	12061	8671	139.10	3.82
1197465	615337	582128	105.70	84797	48391	36406	132.92	3.61
616901	313240	303661	103.15	12309	6338	5971	106.15	3.41
384519	197351	187168	105.44	9423	5752	3671	156.69	3.36
1377713	703567	674146	104.36	90444	55465	34979	158.57	3.75

1-1 续表 3

地区	户数						
				合计			
	合计	家庭户	集体户	合计	男	女	性别比(女=100)
商丘市	**2217939**	**2198804**	**19135**	**7362975**	**3683893**	**3679082**	**100.13**
梁园区	205701	202356	3345	787984	398178	389806	102.15
睢阳区	215984	213987	1997	748408	379327	369081	102.78
民权县	208865	208487	378	703428	348583	354845	98.24
睢县	211760	209412	2348	711136	353394	357742	98.78
宁陵县	153816	153492	324	523403	259222	264181	98.12
柘城县	247470	245310	2160	778158	386270	391888	98.57
虞城县	286857	285503	1354	954785	479535	475250	100.90
夏邑县	301856	301523	333	915291	456221	459070	99.38
永城市	385630	378734	6896	1240382	623163	617219	100.96
信阳市	**1841358**	**1825919**	**15439**	**6109106**	**3066246**	**3042860**	**100.77**
浉河区	183675	181403	2272	594391	291148	303243	96.01
平桥区	199904	198222	1682	635651	318836	316815	100.64
罗山县	158926	157754	1172	504577	255781	248796	102.81
光山县	171280	171030	250	585353	299475	285878	104.76
新县	89550	88835	715	275304	139144	136160	102.19
商城县	156455	155274	1181	495526	244817	250709	97.65
固始县	331576	328592	2984	1023929	520057	503872	103.21
潢川县	187636	185398	2238	630376	314308	316068	99.44
淮滨县	154123	152684	1439	570197	281043	289154	97.19
息县	208233	206727	1506	793802	401637	392165	102.42
周口市	**2529876**	**2505505**	**24371**	**8953793**	**4425662**	**4528131**	**97.74**
川汇区	137305	130444	6861	505171	252259	252912	99.74
扶沟县	172531	169346	3185	625819	317609	308210	103.05
西华县	208228	207536	692	787918	403445	384473	104.93
商水县	263624	261378	2246	940792	462379	478413	96.65
沈丘县	276353	275005	1348	983583	482409	501174	96.26
郸城县	295439	293894	1545	1003910	496608	507302	97.89
淮阳县	300402	297172	3230	1089699	534112	555587	96.13
太康县	322568	320656	1912	1102952	550324	552628	99.58
鹿邑县	277031	276486	545	910251	432053	478198	90.35
项城市	276395	273588	2807	1003698	494464	509234	97.10
驻马店市	**2076185**	**2056880**	**19305**	**7231234**	**3641356**	**3589878**	**101.43**
驿城区	195395	192007	3388	721723	370895	350828	105.72
西平县	205302	203031	2271	700152	353002	347150	101.69
上蔡县	307099	304479	2620	1084210	534698	549512	97.30
平舆县	219912	217875	2037	748398	373514	374884	99.63
正阳县	189596	188866	730	645034	317668	327366	97.04
确山县	132717	131582	1135	406021	198081	207940	95.26
泌阳县	228749	226512	2237	810409	424811	385598	110.17
汝南县	213430	212598	832	769995	391111	378884	103.23
遂平县	136598	133735	2863	493930	257976	235954	109.33
新蔡县	247387	246195	1192	851362	419600	431762	97.18
济源市	**182367**	**177533**	**4834**	**675757**	**344371**	**331386**	**103.92**
济源市	182367	177533	4834	675757	344371	331386	103.92

单位：户、人

人口数								平均家庭户规模（人/户）
家庭户				集体户				
小计	男	女	性别比（女=100）	小计	男	女	性别比（女=100）	
7209926	**3603584**	**3606342**	**99.92**	**153049**	**80309**	**72740**	**110.41**	**3.28**
755600	382879	372721	102.73	32384	15299	17085	89.55	3.73
734552	370218	364334	101.62	13856	9109	4747	191.89	3.43
693114	343644	349470	98.33	10314	4939	5375	91.89	3.32
691179	344145	347034	99.17	19957	9249	10708	86.37	3.30
516412	255712	260700	98.09	6991	3510	3481	100.83	3.36
766377	379602	386775	98.15	11781	6668	5113	130.41	3.12
938662	471387	467275	100.88	16123	8148	7975	102.17	3.29
908806	453617	455189	99.65	6485	2604	3881	67.10	3.01
1205224	602380	602844	99.92	35158	20783	14375	144.58	3.18
5929252	**2973198**	**2956054**	**100.58**	**179854**	**93048**	**86806**	**107.19**	**3.25**
543603	273301	270302	101.11	50788	17847	32941	54.18	3.00
612245	306722	305523	100.39	23406	12114	11292	107.28	3.09
489043	244990	244053	100.38	15534	10791	4743	227.51	3.10
584429	298820	285609	104.63	924	655	269	243.49	3.42
266089	133618	132471	100.87	9215	5526	3689	149.80	3.00
477923	234356	243567	96.22	17603	10461	7142	146.47	3.08
1001403	507304	494099	102.67	22526	12753	9773	130.49	3.05
614184	305226	308958	98.79	16192	9082	7110	127.74	3.31
559803	275839	283964	97.14	10394	5204	5190	100.27	3.67
780530	393022	387508	101.42	13272	8615	4657	184.99	3.78
8729158	**4311642**	**4417516**	**97.60**	**224635**	**114020**	**110615**	**103.08**	**3.48**
466911	234953	231958	101.29	38260	17306	20954	82.59	3.58
597227	302965	294262	102.96	28592	14644	13948	104.99	3.53
774322	394776	379546	104.01	13596	8669	4927	175.95	3.73
921449	452547	468902	96.51	19343	9832	9511	103.38	3.53
967489	473257	494232	95.76	16094	9152	6942	131.84	3.52
985788	487389	498399	97.79	18122	9219	8903	103.55	3.35
1057576	517930	539646	95.98	32123	16182	15941	101.51	3.56
1085335	542686	542649	100.01	17617	7638	9979	76.54	3.38
900958	427493	473465	90.29	9293	4560	4733	96.34	3.26
972103	477646	494457	96.60	31595	16818	14777	113.81	3.55
6907557	**3454424**	**3453133**	**100.04**	**323677**	**186932**	**136745**	**136.70**	**3.36**
645273	326695	318578	102.55	76450	44200	32250	137.05	3.36
675143	339266	335877	101.01	25009	13736	11273	121.85	3.33
1020501	498477	522024	95.49	63709	36221	27488	131.77	3.35
730099	364803	365296	99.87	18299	8711	9588	90.85	3.35
632973	311174	321799	96.70	12061	6494	5567	116.65	3.35
396731	193096	203635	94.82	9290	4985	4305	115.80	3.02
770250	401092	369158	108.65	40159	23719	16440	144.28	3.40
756535	384897	371638	103.57	13460	6214	7246	85.76	3.56
443301	222701	220600	100.95	50629	35275	15354	229.74	3.31
836751	412223	424528	97.10	14611	7377	7234	101.98	3.40
640216	**323655**	**316561**	**102.24**	**35541**	**20716**	**14825**	**139.74**	**3.61**
640216	323655	316561	102.24	35541	20716	14825	139.74	3.61

1-1a 各地区户数、

地　　区	户　　数						
				合　　计			
	合计	家庭户	集体户	合计	男	女	性别比(女=100)
总　计	**5636599**	**5349707**	**286892**	**18331493**	**9258578**	**9072915**	**102.05**
郑州市	**1593033**	**1454120**	**138913**	**4638804**	**2369468**	**2269336**	**104.41**
中原区	284580	257878	26702	832433	427635	404798	105.64
二七区	201312	187044	14268	581944	290945	290999	99.98
管城回族区	167971	156720	11251	494947	254589	240358	105.92
金水区	568411	503178	65233	1436731	737178	699553	105.38
上街区	40571	40284	287	117243	58045	59198	98.05
惠济区	53530	47407	6123	164543	80172	84371	95.02
中牟县	172	172		645	334	311	107.40
巩义市	47201	44861	2340	169151	84213	84938	99.15
荥阳市	64526	61400	3126	219753	110912	108841	101.90
新密市	76856	73454	3402	263917	138060	125857	109.70
新郑市	56083	51159	4924	222018	112221	109797	102.21
登封市	31820	30563	1257	135479	75164	60315	124.62
开封市	**235853**	**225649**	**10204**	**723504**	**357400**	**366104**	**97.62**
龙亭区	29296	27388	1908	91370	43482	47888	90.80
顺河回族区	67347	66266	1081	195495	95431	100064	95.37
鼓楼区	46799	46393	406	133363	64833	68530	94.61
禹王台区	36364	35999	365	99226	48607	50619	96.03
金明区	56047	49603	6444	204050	105047	99003	106.10
杞县							
通许县							
尉氏县							
开封县							
兰考县							
洛阳市	**577403**	**551676**	**25727**	**1775772**	**889842**	**885930**	**100.44**
老城区	46485	46235	250	143932	70462	73470	95.91
西工区	120059	116236	3823	341830	173938	167892	103.60
瀍河回族区	54984	52307	2677	164542	83172	81370	102.21
涧西区	198698	192192	6506	566608	285214	281394	101.36
吉利区	16336	15704	632	45363	22575	22788	99.07
洛龙区	74606	64578	10028	271352	133037	138315	96.18
孟津县	372	353	19	1765	867	898	96.55
新安县							
栾川县							
嵩县	751	460	291	3183	1128	2055	54.89
汝阳县							
宜阳县							
洛宁县							
伊川县	1097	1097		5301	2702	2599	103.96
偃师市	64015	62514	1501	231896	116747	115149	101.39

人口数和性别比(城市)

单位：户、人

人口数								平均家庭户规模（人/户）
家庭户				集体户				
小计	男	女	性别比（女=100）	小计	男	女	性别比（女=100）	
16318821	**8166838**	**8151983**	**100.18**	**2012672**	**1091740**	**920932**	**118.55**	**3.05**
3976842	**1999450**	**1977392**	**101.12**	**661962**	**370018**	**291944**	**126.74**	**2.73**
707238	355305	351933	100.96	125195	72330	52865	136.82	2.74
510678	253053	257625	98.23	71266	37892	33374	113.54	2.73
440739	220606	220133	100.21	54208	33983	20225	168.02	2.81
1203121	609001	594120	102.50	233610	128177	105433	121.57	2.39
115139	56830	58309	97.46	2104	1215	889	136.67	2.86
126495	64971	61524	105.60	38048	15201	22847	66.53	2.67
645	334	311	107.40					3.75
149451	74182	75269	98.56	19700	10031	9669	103.74	3.33
201504	100782	100722	100.06	18249	10130	8119	124.77	3.28
240403	122307	118096	103.57	23514	15753	7761	202.98	3.27
173262	87937	85325	103.06	48756	24284	24472	99.23	3.39
108167	54142	54025	100.22	27312	21022	6290	334.21	3.54
654377	**319479**	**334898**	**95.40**	**69127**	**37921**	**31206**	**121.52**	**2.90**
81885	40038	41847	95.68	9485	3444	6041	57.01	2.99
189971	92637	97334	95.17	5524	2794	2730	102.34	2.87
131443	63880	67563	94.55	1920	953	967	98.55	2.83
97837	47851	49986	95.73	1389	756	633	119.43	2.72
153241	75073	78168	96.04	50809	29974	20835	143.86	3.09
1638686	**811003**	**827683**	**97.98**	**137086**	**78839**	**58247**	**135.35**	**2.97**
140052	68994	71058	97.10	3880	1468	2412	60.86	3.03
318226	156429	161797	96.68	23604	17509	6095	287.27	2.74
149281	73447	75834	96.85	15261	9725	5536	175.67	2.85
534073	265077	268996	98.54	32535	20137	12398	162.42	2.78
43620	21352	22268	95.89	1743	1223	520	235.19	2.78
223544	110199	113345	97.22	47808	22838	24970	91.46	3.46
1308	659	649	101.54	457	208	249	83.53	3.71
1563	778	785	99.11	1620	350	1270	27.56	3.40
5301	2702	2599	103.96					4.83
221718	111366	110352	100.92	10178	5381	4797	112.17	3.55

1-1a 续表 1

地区	户数			合计			
	合计	家庭户	集体户	合计	男	女	性别比(女=100)
平顶山市	**342482**	**332137**	**10345**	**1142947**	**585897**	**557050**	**105.18**
新华区	87133	83747	3386	307909	158850	149059	106.57
卫东区	91569	90118	1451	274089	138478	135611	102.11
石龙区	10746	10074	672	42110	23278	18832	123.61
湛河区	65355	61939	3416	204476	103926	100550	103.36
宝丰县	229	229		967	502	465	107.96
叶县							
鲁山县							
郏县							
舞钢市	39424	38786	638	125567	64435	61132	105.40
汝州市	48026	47244	782	187829	96428	91401	105.50
安阳市	**355039**	**345418**	**9621**	**1156698**	**572878**	**583820**	**98.13**
文峰区	104654	98373	6281	344812	169896	174916	97.13
北关区	68612	67546	1066	219395	107215	112180	95.57
殷都区	71382	70432	950	216398	109756	106642	102.92
龙安区	33483	33109	374	113743	57604	56139	102.61
安阳县	11810	11795	15	39984	19988	19996	99.96
汤阴县	164	164		671	355	316	112.34
滑县							
内黄县	77	77		286	137	149	91.95
林州市	64857	63922	935	221409	107927	113482	95.10
鹤壁市	**136673**	**133714**	**2959**	**477406**	**243711**	**233695**	**104.29**
鹤山区	29716	29579	137	106196	55246	50950	108.43
山城区	56003	54879	1124	191954	98455	93499	105.30
淇滨区	49803	48106	1697	174342	87559	86783	100.89
浚县							
淇县	1151	1150	1	4914	2451	2463	99.51
新乡市	**346024**	**335933**	**10091**	**1242563**	**618438**	**624125**	**99.09**
红旗区	95106	92493	2613	351515	172224	179291	96.06
卫滨区	59250	58807	443	193506	95509	97997	97.46
凤泉区	13208	12943	265	48742	27822	20920	132.99
牧野区	85854	81398	4456	291805	144536	147269	98.14
新乡县	293	287	6	1301	662	639	103.60
获嘉县							
原阳县							
延津县							
封丘县							
长垣县	1106	1106		4541	2367	2174	108.88
卫辉市	33088	32356	732	129013	63244	65769	96.16
辉县市	58119	56543	1576	222140	112074	110066	101.82
焦作市	**253606**	**245926**	**7680**	**918805**	**467118**	**451687**	**103.42**
解放区	86563	85673	890	295695	151325	144370	104.82
中站区	17531	17410	121	60331	30290	30041	100.83
马村区	16783	16534	249	66814	36144	30670	117.85
山阳区	74085	69940	4145	268431	136037	132394	102.75
修武县							
博爱县	103	103		435	217	218	99.54
武陟县	125	125		541	270	271	99.63
温县							
沁阳市	29704	28140	1564	114524	56808	57716	98.43
孟州市	28712	28001	711	112034	56027	56007	100.04

单位：户、人

人口数								平均家庭户规模（人/户）
家庭户				集体户				
小计	男	女	性别比（女=100）	小计	男	女	性别比（女=100）	
1032827	**521967**	**510860**	**102.17**	**110120**	**63930**	**46190**	**138.41**	**3.11**
257177	129758	127419	101.84	50732	29092	21640	134.44	3.07
268445	135509	132936	101.94	5644	2969	2675	110.99	2.98
30741	15854	14887	106.50	11369	7424	3945	188.19	3.05
183216	92122	91094	101.13	21260	11804	9456	124.83	2.96
967	502	465	107.96					4.22
114433	57565	56868	101.23	11134	6870	4264	161.12	2.95
177848	90657	87191	103.98	9981	5771	4210	137.08	3.76
1100589	**546172**	**554417**	**98.51**	**56109**	**26706**	**29403**	**90.83**	**3.19**
309649	153900	155749	98.81	35163	15996	19167	83.46	3.15
212124	104720	107404	97.50	7271	2495	4776	52.24	3.14
211067	106442	104625	101.74	5331	3314	2017	164.30	3.00
112617	56671	55946	101.30	1126	933	193	483.42	3.40
39882	19942	19940	100.01	102	46	56	82.14	3.38
671	355	316	112.34					4.09
286	137	149	91.95					3.71
214293	104005	110288	94.30	7116	3922	3194	122.79	3.35
458193	**232258**	**225935**	**102.80**	**19213**	**11453**	**7760**	**147.59**	**3.43**
103884	53075	50809	104.46	2312	2171	141	1539.72	3.51
185862	94327	91535	103.05	6092	4128	1964	210.18	3.39
163541	82409	81132	101.57	10801	5150	5651	91.13	3.40
4906	2447	2459	99.51	8	4	4	100.00	4.27
1109202	**552196**	**557006**	**99.14**	**133361**	**66242**	**67119**	**98.69**	**3.30**
296399	147263	149136	98.74	55116	24961	30155	82.78	3.20
186914	92238	94676	97.42	6592	3271	3321	98.49	3.18
42065	21283	20782	102.41	6677	6539	138	4738.41	3.25
258627	128027	130600	98.03	33178	16509	16669	99.04	3.18
1270	643	627	102.55	31	19	12	158.33	4.43
4541	2367	2174	108.88					4.11
109586	54557	55029	99.14	19427	8687	10740	80.88	3.39
209800	105818	103982	101.77	12340	6256	6084	102.83	3.71
830739	**412350**	**418389**	**98.56**	**88066**	**54768**	**33298**	**164.48**	**3.38**
275807	136301	139506	97.70	19888	15024	4864	308.88	3.22
59453	29660	29793	99.55	878	630	248	254.03	3.41
61338	30907	30431	101.56	5476	5237	239	2191.21	3.71
229145	113713	115432	98.51	39286	22324	16962	131.61	3.28
435	217	218	99.54					4.22
541	270	271	99.63					4.33
105327	52393	52934	98.98	9197	4415	4782	92.33	3.74
98693	48889	49804	98.16	13341	7138	6203	115.07	3.52

1-1a 续表 2

地区	户数			合计			
	合计	家庭户	集体户	合计	男	女	性别比(女=100)
濮阳市	**148614**	**145986**	**2628**	**477847**	**240102**	**237745**	**100.99**
华龙区	141983	139433	2550	451209	226768	224441	101.04
清丰县							
南乐县	739	739		2919	1412	1507	93.70
范县	5261	5183	78	21129	10631	10498	101.27
台前县							
濮阳县	631	631		2590	1291	1299	99.38
许昌市	**259108**	**246008**	**13100**	**944683**	**475659**	**469024**	**101.41**
魏都区	134372	124422	9950	466341	229943	236398	97.27
许昌县	10322	10245	77	39935	20084	19851	101.17
鄢陵县							
襄城县							
禹州市	59749	57584	2165	242081	125454	116627	107.57
长葛市	54665	53757	908	196326	100178	96148	104.19
漯河市	**146387**	**139288**	**7099**	**514418**	**257744**	**256674**	**100.42**
源汇区	50237	48093	2144	173204	84110	89094	94.41
郾城区	53822	49722	4100	200501	103535	96966	106.77
召陵区	42328	41473	855	140713	70099	70614	99.27
舞阳县							
临颍县							
三门峡市	**176389**	**172593**	**3796**	**557195**	**281916**	**275279**	**102.41**
湖滨区	94509	93136	1373	285153	144772	140381	103.13
渑池县							
陕县	622	622		2320	1190	1130	105.31
卢氏县							
义马市	37044	36239	805	118123	59611	58512	101.88
灵宝市	44214	42596	1618	151599	76343	75256	101.44
南阳市	**283873**	**266558**	**17315**	**1008633**	**511655**	**496978**	**102.95**
宛城区	97953	90965	6988	318551	162384	156167	103.98
卧龙区	117249	109410	7839	404341	197886	206455	95.85
南召县							
方城县							
西峡县							
镇平县							
内乡县							
淅川县							
社旗县							
唐河县							
新野县							
桐柏县							
邓州市	68671	66183	2488	285741	151385	134356	112.67

单位：户、人

人口数								平均家庭户规模（人/户）
家庭户				集体户				
小计	男	女	性别比（女=100）	小计	男	女	性别比（女=100）	
456470	**229177**	**227293**	**100.83**	**21377**	**10925**	**10452**	**104.53**	**3.13**
431649	216769	214880	100.88	19560	9999	9561	104.58	3.10
2919	1412	1507	93.70					3.95
19312	9705	9607	101.02	1817	926	891	103.93	3.73
2590	1291	1299	99.38					4.10
803014	**403435**	**399579**	**100.97**	**141669**	**72224**	**69445**	**104.00**	**3.26**
378778	187688	191090	98.22	87563	42255	45308	93.26	3.04
39404	19882	19522	101.84	531	202	329	61.40	3.85
196147	99552	96595	103.06	45934	25902	20032	129.30	3.41
188685	96313	92372	104.27	7641	3865	3776	102.36	3.51
449002	**224171**	**224831**	**99.71**	**65416**	**33573**	**31843**	**105.43**	**3.22**
148779	73691	75088	98.14	24425	10419	14006	74.39	3.09
163328	82139	81189	101.17	37173	21396	15777	135.62	3.28
136895	68341	68554	99.69	3818	1758	2060	85.34	3.30
511344	**255686**	**255658**	**100.01**	**45851**	**26230**	**19621**	**133.68**	**2.96**
260672	129968	130704	99.44	24481	14804	9677	152.98	2.80
2320	1190	1130	105.31					3.73
113599	56437	57162	98.73	4524	3174	1350	235.11	3.13
134753	68091	66662	102.14	16846	8252	8594	96.02	3.16
840760	**422054**	**418706**	**100.80**	**167873**	**89601**	**78272**	**114.47**	**3.15**
278419	138554	139865	99.06	40132	23830	16302	146.18	3.06
336822	168131	168691	99.67	67519	29755	37764	78.79	3.08
225519	115369	110150	104.74	60222	36016	24206	148.79	3.41

1-1a 续表 3

地区	户数			合计			
	合计	家庭户	集体户	合计	男	女	性别比(女=100)
商丘市	**254726**	**243950**	**10776**	**884411**	**450083**	**434328**	**103.63**
梁园区	103655	100322	3333	361424	179557	181867	98.73
睢阳区	64018	62116	1902	221337	114103	107234	106.41
民权县							
睢县							
宁陵县							
柘城县							
虞城县							
夏邑县							
永城市	87053	81512	5541	301650	156423	145227	107.71
信阳市	**164093**	**161075**	**3018**	**531880**	**256749**	**275131**	**93.32**
浉河区	99504	97415	2089	323931	152831	171100	89.32
平桥区	64589	63660	929	207949	103918	104031	99.89
罗山县							
光山县							
新县							
商城县							
固始县							
潢川县							
淮滨县							
息县							
周口市	**172867**	**166081**	**6786**	**649133**	**327945**	**321188**	**102.10**
川汇区	87208	83065	4143	308360	152910	155450	98.37
扶沟县							
西华县							
商水县							
沈丘县	203	203		671	340	331	102.72
郸城县	2432	2432		8259	4032	4227	95.39
淮阳县	11704	11701	3	39765	19434	20331	95.59
太康县							
鹿邑县							
项城市	71320	68680	2640	292078	151229	140849	107.37
驻马店市	**123594**	**120308**	**3286**	**442461**	**227381**	**215080**	**105.72**
驿城区	123594	120308	3286	442461	227381	215080	105.72
西平县							
上蔡县							
平舆县							
正阳县							
确山县							
泌阳县							
汝南县							
遂平县							
新蔡县							
济源市	**66835**	**63287**	**3548**	**244333**	**124592**	**119741**	**104.05**
济源市	66835	63287	3548	244333	124592	119741	104.05

单位：户、人

人口数								平均家庭户规模（人/户）
家庭户				集体户				
小计	男	女	性别比（女=100）	小计	男	女	性别比（女=100）	
810145	**410363**	**399782**	**102.65**	**74266**	**39720**	**34546**	**114.98**	**3.32**
329244	164426	164818	99.76	32180	15131	17049	88.75	3.28
208595	105598	102997	102.53	12742	8505	4237	200.73	3.36
272306	140339	131967	106.34	29344	16084	13260	121.30	3.34
464969	**231300**	**233669**	**98.99**	**66911**	**25449**	**41462**	**61.38**	**2.89**
274643	136028	138615	98.13	49288	16803	32485	51.73	2.82
190326	95272	95054	100.23	17623	8646	8977	96.31	2.99
595665	**302006**	**293659**	**102.84**	**53468**	**25939**	**27529**	**94.22**	**3.59**
285324	143129	142195	100.66	23036	9781	13255	73.79	3.43
671	340	331	102.72					3.31
8259	4032	4227	95.39					3.40
39745	19418	20327	95.53	20	16	4	400.00	3.40
261666	135087	126579	106.72	30412	16142	14270	113.12	3.81
366879	**183780**	**183099**	**100.37**	**75582**	**43601**	**31981**	**136.33**	**3.05**
366879	183780	183099	100.37	75582	43601	31981	136.33	3.05
219118	**109991**	**109127**	**100.79**	**25215**	**14601**	**10614**	**137.56**	**3.46**
219118	109991	109127	100.79	25215	14601	10614	137.56	3.46

1-1b 各地区户数、

地区	户数			合计			
	合计	家庭户	集体户	合计	男	女	性别比(女=100)
总 计	**4689712**	**4550905**	**138807**	**17888274**	**9134021**	**8754253**	**104.34**
郑州市	**205902**	**192583**	**13319**	**838691**	**433936**	**404755**	**107.21**
中原区							
二七区	7043	3604	3439	33928	17966	15962	112.55
管城回族区	1113	1071	42	4227	2125	2102	101.09
金水区							
上街区							
惠济区	2915	2713	202	11036	5578	5458	102.20
中牟县	46356	41566	4790	174366	90064	84302	106.83
巩义市	49145	47186	1959	197114	103088	94026	109.64
荥阳市	14080	14038	42	49902	25403	24499	103.69
新密市	23759	23591	168	95231	48565	46666	104.07
新郑市	20400	18065	2335	115338	59413	55925	106.24
登封市	41091	40749	342	157549	81734	75815	107.81
开封市	**219500**	**212503**	**6997**	**934977**	**481526**	**453451**	**106.19**
龙亭区							
顺河回族区							
鼓楼区							
禹王台区							
金明区	482	481	1	2069	1053	1016	103.64
杞县	43624	42944	680	236715	126258	110457	114.31
通许县	37027	35860	1167	140344	71516	68828	103.91
尉氏县	55367	52174	3193	217349	111807	105542	105.94
开封县	42770	41352	1418	168569	84359	84210	100.18
兰考县	40230	39692	538	169931	86533	83398	103.76
洛阳市	**293531**	**285577**	**7954**	**1112583**	**565370**	**547213**	**103.32**
老城区							
西工区							
瀍河回族区							
涧西区	1197	1195	2	4407	2185	2222	98.33
吉利区							
洛龙区	11725	11602	123	46429	23450	22979	102.05
孟津县	39355	38272	1083	141210	72178	69032	104.56
新安县	43293	41220	2073	160908	82389	78519	104.93
栾川县	35537	34875	662	126891	65641	61250	107.17
嵩县	26964	26332	632	98952	50198	48754	102.96
汝阳县	23898	23529	369	92999	47140	45859	102.79
宜阳县	34077	33394	683	132658	66941	65717	101.86
洛宁县	22044	21718	326	83988	41672	42316	98.48
伊川县	38276	36540	1736	155294	78408	76886	101.98
偃师市	17165	16900	265	68847	35168	33679	104.42

人口数和性别比(镇)

单位：户、人

人口数								平均家庭户规模
家庭户				集体户				
小计	男	女	性别比(女=100)	小计	男	女	性别比(女=100)	(人/户)
16389217	**8295920**	**8093297**	**102.50**	**1499057**	**838101**	**660956**	**126.80**	**3.60**
711285	**361487**	**349798**	**103.34**	**127406**	**72449**	**54957**	**131.83**	**3.69**
12741	6498	6243	104.08	21187	11468	9719	118.00	3.54
4099	2047	2052	99.76	128	78	50	156.00	3.83
9621	4819	4802	100.35	1415	759	656	115.70	3.55
142559	72580	69979	103.72	31807	17484	14323	122.07	3.43
181142	91665	89477	102.45	15972	11423	4549	251.11	3.84
49734	25273	24461	103.32	168	130	38	342.11	3.54
92303	46967	45336	103.60	2928	1598	1330	120.15	3.91
67116	34210	32906	103.96	48222	25203	23019	109.49	3.72
151970	77428	74542	103.87	5579	4306	1273	338.26	3.73
851541	**438210**	**413331**	**106.02**	**83436**	**43316**	**40120**	**107.97**	**4.01**
2052	1038	1014	102.37	17	15	2	750.00	4.27
210782	111707	99075	112.75	25933	14551	11382	127.84	4.91
130925	66949	63976	104.65	9419	4567	4852	94.13	3.65
195599	100448	95151	105.57	21750	11359	10391	109.32	3.75
155364	78363	77001	101.77	13205	5996	7209	83.17	3.76
156819	79705	77114	103.36	13112	6828	6284	108.66	3.95
1022399	**513210**	**509189**	**100.79**	**90184**	**52160**	**38024**	**137.18**	**3.58**
4399	2178	2221	98.06	8	7	1	700.00	3.68
44472	22305	22167	100.62	1957	1145	812	141.01	3.83
127073	62550	64523	96.94	14137	9628	4509	213.53	3.32
140294	70046	70248	99.71	20614	12343	8271	149.23	3.40
120057	61228	58829	104.08	6834	4413	2421	182.28	3.44
91476	45980	45496	101.06	7476	4218	3258	129.47	3.47
87052	43877	43175	101.63	5947	3263	2684	121.57	3.70
121000	60664	60336	100.54	11658	6277	5381	116.65	3.62
78192	38727	39465	98.13	5796	2945	2851	103.30	3.60
143506	72653	70853	102.54	11788	5755	6033	95.39	3.93
64878	33002	31876	103.53	3969	2166	1803	120.13	3.84

1-1b 续表 1

地 区	户数			合计			
	合计	家庭户	集体户	合计	男	女	性别比(女=100)
平顶山市	**236698**	**232279**	**4419**	**879473**	**451204**	**428269**	**105.36**
新华区	7474	7356	118	26546	14491	12055	120.21
卫东区							
石龙区							
湛河区							
宝丰县	42384	41658	726	148909	76738	72171	106.33
叶县	55691	54252	1439	204466	104119	100347	103.76
鲁山县	52194	51661	533	196522	99578	96944	102.72
郏县	45602	44442	1160	171992	89433	82559	108.33
舞钢市	6791	6698	93	21954	11526	10428	110.53
汝州市	26562	26212	350	109084	55319	53765	102.89
安阳市	**219348**	**213727**	**5621**	**828968**	**410393**	**418575**	**98.05**
文峰区							
北关区	873	694	179	3307	1513	1794	84.34
殷都区	900	856	44	2975	2141	834	256.71
龙安区	2005	2004	1	7499	3832	3667	104.50
安阳县	69707	67894	1813	253894	127654	126240	101.12
汤阴县	41238	40034	1204	150304	74497	75807	98.27
滑县	48926	47465	1461	190777	95172	95605	99.55
内黄县	23042	22523	519	119866	62745	57121	109.85
林州市	32657	32257	400	100346	42839	57507	74.49
鹤壁市	**65256**	**64863**	**393**	**266879**	**136561**	**130318**	**104.79**
鹤山区							
山城区							
淇滨区	1147	1130	17	5167	2614	2553	102.39
浚县	36083	35777	306	151012	77119	73893	104.37
淇县	28026	27956	70	110700	56828	53872	105.49
新乡市	**261058**	**256237**	**4821**	**1086285**	**555194**	**531091**	**104.54**
红旗区	527	527		2616	1327	1289	102.95
卫滨区							
凤泉区	6618	6605	13	29894	15237	14657	103.96
牧野区							
新乡县	32643	32392	251	146231	74376	71855	103.51
获嘉县	37986	37886	100	140064	70534	69530	101.44
原阳县	30342	29813	529	131481	67773	63708	106.38
延津县	28870	28095	775	122055	62365	59690	104.48
封丘县	44343	44227	116	180852	92787	88065	105.36
长垣县	60116	57148	2968	255024	130925	124099	105.50
卫辉市	9193	9172	21	38441	19655	18786	104.63
辉县市	10420	10372	48	39627	20215	19412	104.14
焦作市	**180751**	**179125**	**1626**	**738783**	**377194**	**361589**	**104.32**
解放区							
中站区							
马村区	3001	2905	96	11256	6500	4756	136.67
山阳区							
修武县	25825	25344	481	100047	51775	48272	107.26
博爱县	41667	41528	139	169502	86491	83011	104.19
武陟县	40378	40218	160	171892	87283	84609	103.16
温县	37244	36772	472	150604	76380	74224	102.90
沁阳市	26538	26401	137	109123	55215	53908	102.42
孟州市	6098	5957	141	26359	13550	12809	105.78

单位：户、人

人口数								平均家庭户规模（人/户）
家庭户				集体户				
小计	男	女	性别比（女=100）	小计	男	女	性别比（女=100）	
826555	**419594**	**406961**	**103.10**	**52918**	**31610**	**21308**	**148.35**	**3.56**
24214	12397	11817	104.91	2332	2094	238	879.83	3.29
136725	69347	67378	102.92	12184	7391	4793	154.20	3.28
191082	96987	94095	103.07	13384	7132	6252	114.08	3.52
188262	94766	93496	101.36	8260	4812	3448	139.56	3.64
158714	81553	77161	105.69	13278	7880	5398	145.98	3.57
20127	10433	9694	107.62	1827	1093	734	148.91	3.00
107431	54111	53320	101.48	1653	1208	445	271.46	4.10
771795	**380945**	**390850**	**97.47**	**57173**	**29448**	**27725**	**106.21**	**3.61**
2283	1170	1113	105.12	1024	343	681	50.37	3.29
1934	1115	819	136.14	1041	1026	15	6840.00	2.26
7497	3831	3666	104.50	2	1	1	100.00	3.74
239256	120211	119045	100.98	14638	7443	7195	103.45	3.52
142395	70734	71661	98.71	7909	3763	4146	90.76	3.56
176095	88503	87592	101.04	14682	6669	8013	83.23	3.71
106540	55100	51440	107.12	13326	7645	5681	134.57	4.73
95795	40281	55514	72.56	4551	2558	1993	128.35	2.97
258910	**132439**	**126471**	**104.72**	**7969**	**4122**	**3847**	**107.15**	**3.99**
4715	2424	2291	105.81	452	190	262	72.52	4.17
143902	73465	70437	104.30	7110	3654	3456	105.73	4.02
110293	56550	53743	105.22	407	278	129	215.50	3.95
1046454	**534444**	**512010**	**104.38**	**39831**	**20750**	**19081**	**108.75**	**4.08**
2616	1327	1289	102.95					4.96
29623	15068	14555	103.52	271	169	102	165.69	4.48
142476	72573	69903	103.82	3755	1803	1952	92.37	4.40
139593	70238	69355	101.27	471	296	175	169.14	3.68
126930	65233	61697	105.73	4551	2540	2011	126.31	4.26
113426	58170	55256	105.27	8629	4195	4434	94.61	4.04
179337	91844	87493	104.97	1515	943	572	164.86	4.05
236225	121279	114946	105.51	18799	9646	9153	105.39	4.13
37752	19270	18482	104.26	689	385	304	126.64	4.12
38476	19442	19034	102.14	1151	773	378	204.50	3.71
721399	**365670**	**355729**	**102.79**	**17384**	**11524**	**5860**	**196.66**	**4.03**
9452	4742	4710	100.68	1804	1758	46	3821.74	3.25
98018	49987	48031	104.07	2029	1788	241	741.91	3.87
168521	85982	82539	104.17	981	509	472	107.84	4.06
169720	86455	83265	103.83	2172	828	1344	61.61	4.22
143245	71918	71327	100.83	7359	4462	2897	154.02	3.90
108251	54563	53688	101.63	872	652	220	296.36	4.10
24192	12023	12169	98.80	2167	1527	640	238.59	4.06

1-1b 续表 2

地区	户数			合计			
	合计	家庭户	集体户	合计	男	女	性别比(女=100)
濮阳市	**170734**	**167420**	**3314**	**649236**	**326097**	**323139**	**100.92**
华龙区	3908	2611	1297	14771	6600	8171	80.77
清丰县	29577	29134	443	104292	52045	52247	99.61
南乐县	22158	21879	279	91691	44027	47664	92.37
范县	21736	21526	210	75330	38444	36886	104.22
台前县	17148	16882	266	66914	34647	32267	107.38
濮阳县	76207	75388	819	296238	150334	145904	103.04
许昌市	**179529**	**175318**	**4211**	**711961**	**372949**	**339012**	**110.01**
魏都区							
许昌县	44799	44437	362	168233	86441	81792	105.68
鄢陵县	30430	28164	2266	148475	83256	65219	127.66
襄城县	48437	47125	1312	179267	90854	88413	102.76
禹州市	34830	34579	251	130734	68334	62400	109.51
长葛市	21033	21013	20	85252	44064	41188	106.98
漯河市	**121965**	**118044**	**3921**	**480168**	**246410**	**233758**	**105.41**
源汇区	1103	1101	2	4050	2109	1941	108.66
郾城区	1957	1449	508	12112	6832	5280	129.39
召陵区	11089	10999	90	45376	23202	22174	104.64
舞阳县	46219	45229	990	173430	88495	84935	104.19
临颍县	61597	59266	2331	245200	125772	119428	105.31
三门峡市	**119727**	**111466**	**8261**	**425498**	**222694**	**202804**	**109.81**
湖滨区							
渑池县	33873	31138	2735	122568	61864	60704	101.91
陕县	33809	32211	1598	116068	61955	54113	114.49
卢氏县	25793	25445	348	89022	45003	44019	102.24
义马市	6104	4822	1282	18338	11209	7129	157.23
灵宝市	20148	17850	2298	79502	42663	36839	115.81
南阳市	**628085**	**600754**	**27331**	**2324966**	**1200879**	**1124087**	**106.83**
宛城区	35339	35101	238	117829	59115	58714	100.68
卧龙区	14445	14150	295	59178	30874	28304	109.08
南召县	44728	44161	567	154794	79695	75099	106.12
方城县	58161	56266	1895	230181	119537	110644	108.04
西峡县	45269	43808	1461	162555	83125	79430	104.65
镇平县	63574	62119	1455	245418	128089	117329	109.17
内乡县	46079	44679	1400	161987	82281	79706	103.23
淅川县	55130	53258	1872	205991	105170	100821	104.31
社旗县	44222	42871	1351	175412	90979	84433	107.75
唐河县	100724	87602	13122	371000	193818	177182	109.39
新野县	51439	49673	1766	179229	91284	87945	103.80
桐柏县	39552	38656	896	132051	67581	64470	104.83
邓州市	29423	28410	1013	129341	69331	60010	115.53

单位：户、人

人口数								平均家庭户规模
家庭户				集体户				
小计	男	女	性别比（女=100）	小计	男	女	性别比（女=100）	（人/户）
601605	**303323**	**298282**	**101.69**	**47631**	**22774**	**24857**	**91.62**	**3.59**
8151	4079	4072	100.17	6620	2521	4099	61.50	3.12
97382	49027	48355	101.39	6910	3018	3892	77.54	3.34
83882	40308	43574	92.50	7809	3719	4090	90.93	3.83
70900	36189	34711	104.26	4430	2255	2175	103.68	3.29
60281	30822	29459	104.63	6633	3825	2808	136.22	3.57
281009	142898	138111	103.47	15229	7436	7793	95.42	3.73
641177	**328288**	**312889**	**104.92**	**70784**	**44661**	**26123**	**170.96**	**3.66**
161551	82216	79335	103.63	6682	4225	2457	171.96	3.64
105181	54334	50847	106.86	43294	28922	14372	201.24	3.73
162569	82393	80176	102.77	16698	8461	8237	102.72	3.45
127332	65790	61542	106.90	3402	2544	858	296.50	3.68
84544	43555	40989	106.26	708	509	199	255.78	4.02
433238	**219978**	**213260**	**103.15**	**46930**	**26432**	**20498**	**128.95**	**3.67**
4027	2091	1936	108.01	23	18	5	360.00	3.66
4984	2534	2450	103.43	7128	4298	2830	151.87	3.44
43193	21976	21217	103.58	2183	1226	957	128.11	3.93
154642	77368	77274	100.12	18788	11127	7661	145.24	3.42
226392	116009	110383	105.10	18808	9763	9045	107.94	3.82
360463	**181919**	**178544**	**101.89**	**65035**	**40775**	**24260**	**168.08**	**3.23**
103964	51543	52421	98.33	18604	10321	8283	124.60	3.34
97544	49756	47788	104.12	18524	12199	6325	192.87	3.03
81630	40955	40675	100.69	7392	4048	3344	121.05	3.21
13787	7207	6580	109.53	4551	4002	549	728.96	2.86
63538	32458	31080	104.43	15964	10205	5759	177.20	3.56
2086431	**1065015**	**1021416**	**104.27**	**238535**	**135864**	**102671**	**132.33**	**3.47**
115518	57759	57759	100.00	2311	1356	955	141.99	3.29
51864	26080	25784	101.15	7314	4794	2520	190.24	3.67
148597	76188	72409	105.22	6197	3507	2690	130.37	3.36
207854	105946	101908	103.96	22327	13591	8736	155.57	3.69
149577	76293	73284	104.11	12978	6832	6146	111.16	3.41
216103	112736	103367	109.06	29315	15353	13962	109.96	3.48
149257	74969	74288	100.92	12730	7312	5418	134.96	3.34
193048	98375	94673	103.91	12943	6795	6148	110.52	3.62
158154	81034	77120	105.08	17258	9945	7313	135.99	3.69
294599	150318	144281	104.18	76401	43500	32901	132.21	3.36
167209	85197	82012	103.88	12020	6087	5933	102.60	3.37
125360	63872	61488	103.88	6691	3709	2982	124.38	3.24
109291	56248	53043	106.04	20050	13083	6967	187.79	3.85

1-1b 续表 3

地区	户数			合计			
	合计	家庭户	集体户	合计	男	女	性别比(女=100)
商丘市	**370657**	**363529**	**7128**	**1287146**	**648072**	**639074**	**101.41**
梁园区	2542	2542		8929	4728	4201	112.54
睢阳区	7216	7173	43	26859	13552	13307	101.84
民权县	47514	47158	356	168694	84628	84066	100.67
睢县	49022	46730	2292	181494	90183	91311	98.76
宁陵县	30728	30419	309	117205	58835	58370	100.80
柘城县	56367	54290	2077	188526	96739	91787	105.40
虞城县	68987	67652	1335	241261	121334	119927	101.17
夏邑县	73562	73262	300	241516	121897	119619	101.90
永城市	34719	34303	416	112662	56176	56486	99.45
信阳市	**446270**	**435973**	**10297**	**1555885**	**792150**	**763735**	**103.72**
浉河区	5227	5184	43	14360	7354	7006	104.97
平桥区	25002	24470	532	79062	39805	39257	101.40
罗山县	44992	44035	957	150439	78205	72234	108.27
光山县	45580	45438	142	162287	83548	78739	106.11
新县	29789	29349	440	99355	50215	49140	102.19
商城县	39587	38731	856	135173	68803	66370	103.67
固始县	87066	84351	2715	291031	148358	142673	103.98
潢川县	72123	70297	1826	244949	122903	122046	100.70
淮滨县	42328	40917	1411	158433	78974	79459	99.39
息县	54576	53201	1375	220796	113985	106811	106.72
周口市	**526539**	**512629**	**13910**	**1988422**	**996571**	**991851**	**100.48**
川汇区							
扶沟县	43261	40247	3014	169513	86560	82953	104.35
西华县	57764	57097	667	212680	109535	103145	106.20
商水县	59767	57995	1772	227378	114175	113203	100.86
沈丘县	68412	67140	1272	260358	131430	128928	101.94
郸城县	67046	65537	1509	258877	130396	128481	101.49
淮阳县	64381	61171	3210	253992	125725	128267	98.02
太康县	75337	73507	1830	280366	140064	140302	99.83
鹿邑县	73205	72727	478	261887	127252	134635	94.52
项城市	17366	17208	158	63371	31434	31937	98.43
驻马店市	**420474**	**406196**	**14278**	**1687989**	**870712**	**817277**	**106.54**
驿城区	1285	1284	1	5098	2553	2545	100.31
西平县	48906	46879	2027	180994	91763	89231	102.84
上蔡县	62155	59748	2407	280040	145278	134762	107.80
平舆县	53884	51868	2016	207874	105775	102099	103.60
正阳县	35937	35412	525	137990	70182	67808	103.50
确山县	36751	35983	768	121195	60403	60792	99.36
泌阳县	54282	52270	2012	224429	118222	106207	111.31
汝南县	49497	48783	714	199173	100629	98544	102.12
遂平县	31201	28484	2717	146192	82517	63675	129.59
新蔡县	46576	45485	1091	185004	93390	91614	101.94
济源市	**23688**	**22682**	**1006**	**90364**	**46109**	**44255**	**104.19**
济源市	23688	22682	1006	90364	46109	44255	104.19

单位：户、人

人口数								平均家庭户规模（人/户）
家庭户				集体户				
小计	男	女	性别比（女=100）	小计	男	女	性别比（女=100）	
1214672	**612409**	**602263**	**101.68**	**72474**	**35663**	**36811**	**96.88**	**3.34**
8929	4728	4201	112.54					3.51
26347	13280	13067	101.63	512	272	240	113.33	3.67
158647	79890	78757	101.44	10047	4738	5309	89.24	3.36
161782	81110	80672	100.54	19712	9073	10639	85.28	3.46
110255	55353	54902	100.82	6950	3482	3468	100.40	3.62
177318	90472	86846	104.18	11208	6267	4941	126.84	3.27
225400	113363	112037	101.18	15861	7971	7890	101.03	3.33
235178	119370	115808	103.08	6338	2527	3811	66.31	3.21
110816	54843	55973	97.98	1846	1333	513	259.84	3.23
1459515	**735839**	**723676**	**101.68**	**96370**	**56311**	**40059**	**140.57**	**3.35**
14308	7325	6983	104.90	52	29	23	126.09	2.76
74847	37450	37397	100.14	4215	2355	1860	126.61	3.06
136367	68504	67863	100.94	14072	9701	4371	221.94	3.10
161784	83219	78565	105.92	503	329	174	189.08	3.56
92888	46620	46268	100.76	6467	3595	2872	125.17	3.16
122116	61047	61069	99.96	13057	7756	5301	146.31	3.15
270056	136665	133391	102.45	20975	11693	9282	125.98	3.20
229901	114612	115289	99.41	15048	8291	6757	122.70	3.27
148295	73947	74348	99.46	10138	5027	5111	98.36	3.62
208953	106450	102503	103.85	11843	7535	4308	174.91	3.93
1840887	**921359**	**919528**	**100.20**	**147535**	**75212**	**72323**	**103.99**	**3.59**
142379	72799	69580	104.63	27134	13761	13373	102.90	3.54
199398	101136	98262	102.92	13282	8399	4883	172.00	3.49
211275	106159	105116	100.99	16103	8016	8087	99.12	3.64
246521	123817	122704	100.91	13837	7613	6224	122.32	3.67
240904	121298	119606	101.41	17973	9098	8875	102.51	3.68
222022	109638	112384	97.56	31970	16087	15883	101.28	3.63
262935	132567	130368	101.69	17431	7497	9934	75.47	3.58
253197	123145	130052	94.69	8690	4107	4583	89.61	3.48
62256	30800	31456	97.91	1115	634	481	131.81	3.62
1457314	**739649**	**717665**	**103.06**	**230675**	**131063**	**99612**	**131.57**	**3.59**
5091	2551	2540	100.43	7	2	5	40.00	3.96
158952	79989	78963	101.30	22042	11774	10268	114.67	3.39
219190	111057	108133	102.70	60850	34221	26629	128.51	3.67
189728	97187	92541	105.02	18146	8588	9558	89.85	3.66
126644	64207	62437	102.83	11346	5975	5371	111.25	3.58
113244	56438	56806	99.35	7951	3965	3986	99.47	3.15
186830	96454	90376	106.73	37599	21768	15831	137.50	3.57
186891	95294	91597	104.04	12282	5335	6947	76.80	3.83
99190	49722	49468	100.51	47002	32795	14207	230.84	3.48
171554	86750	84804	102.29	13450	6640	6810	97.50	3.77
83577	**42142**	**41435**	**101.71**	**6787**	**3967**	**2820**	**140.67**	**3.68**
83577	42142	41435	101.71	6787	3967	2820	140.67	3.68

1-1c 各地区户数、

地区	户数			合计			
	合计	家庭户	集体户	合计	男	女	性别比(女=100)
总计	**16078662**	**16028117**	**50545**	**57810172**	**29100464**	**28709708**	**101.36**
郑州市	**807713**	**789962**	**17751**	**3149594**	**1618914**	**1530680**	**105.76**
中原区	19507	17267	2240	73058	37711	35347	106.69
二七区	22411	18864	3547	96774	54354	42420	128.13
管城回族区	43676	40869	2807	146758	79834	66924	119.29
金水区	30652	26276	4376	151985	75918	76067	99.80
上街区	3997	3943	54	14306	7231	7075	102.20
惠济区	24737	23830	907	94000	46816	47184	99.22
中牟县	137366	137103	263	552429	283933	268496	105.75
巩义市	118299	117216	1083	441646	224054	217592	102.97
荥阳市	95723	95382	341	344149	174382	169767	102.72
新密市	112420	112041	379	438108	224281	213827	104.89
新郑市	103785	102402	1383	420772	215918	204854	105.40
登封市	95140	94769	371	375609	194482	181127	107.37
开封市	**803409**	**802850**	**559**	**3018002**	**1531838**	**1486164**	**103.07**
龙亭区	8870	8813	57	36414	18408	18006	102.23
顺河回族区	8828	8825	3	36801	18742	18059	103.78
鼓楼区	2354	2352	2	9812	5084	4728	107.53
禹王台区	7838	7809	29	31378	16005	15373	104.11
金明区	13088	13079	9	56139	28589	27550	103.77
杞县	211786	211748	38	719818	364728	355090	102.71
通许县	111961	111938	23	427151	219023	208128	105.23
尉氏县	158749	158689	60	662364	340635	321729	105.88
开封县	132922	132730	192	530230	273348	256882	106.41
兰考县	147013	146867	146	507895	247276	260619	94.88
洛阳市	**972532**	**969024**	**3508**	**3661586**	**1851355**	**1810231**	**102.27**
老城区	4855	4851	4	19244	9447	9797	96.43
西工区	8352	8120	232	31111	15559	15552	100.05
瀍河回族区	3615	3609	6	13397	6568	6829	96.18
涧西区	12535	12505	30	48206	24198	24008	100.79
吉利区	6828	6791	37	23713	11753	11960	98.27
洛龙区	52111	51906	205	205945	103158	102787	100.36
孟津县	78629	78385	244	271662	135110	136552	98.94
新安县	85653	84965	688	309290	158422	150868	105.01
栾川县	60466	59880	586	215957	113421	102536	110.62
嵩县	114242	113894	348	404917	203989	200928	101.52
汝阳县	83292	83106	186	315010	159963	155047	103.17
宜阳县	128030	127845	185	503833	253577	250256	101.33
洛宁县	91574	91346	228	337274	169965	167309	101.59
伊川县	143164	142841	323	596074	301395	294679	102.28
偃师市	99186	98980	206	365953	184830	181123	102.05

人口数和性别比(乡村)

单位：户、人

人口数								平均家庭户规模(人/户)
家庭户				集体户				
小计	男	女	性别比(女=100)	小计	男	女	性别比(女=100)	
57320034	**28799379**	**28520655**	**100.98**	**490138**	**301085**	**189053**	**159.26**	**3.58**
2979629	**1520225**	**1459404**	**104.17**	**169965**	**98689**	**71276**	**138.46**	**3.77**
62140	31225	30915	101.00	10918	6486	4432	146.34	3.60
72504	36857	35647	103.39	24270	17497	6773	258.33	3.84
133806	70904	62902	112.72	12952	8930	4022	222.03	3.27
86516	43721	42795	102.16	65469	32197	33272	96.77	3.29
13786	6818	6968	97.85	520	413	107	385.98	3.50
88128	43894	44234	99.23	5872	2922	2950	99.05	3.70
551283	283077	268206	105.54	1146	856	290	295.17	4.02
429222	216198	213024	101.49	12424	7856	4568	171.98	3.66
342404	173136	169268	102.29	1745	1246	499	249.70	3.59
431302	220255	211047	104.36	6806	4026	2780	144.82	3.85
400815	206266	194549	106.02	19957	9652	10305	93.66	3.91
367723	187874	179849	104.46	7886	6608	1278	517.06	3.88
3010836	**1526972**	**1483864**	**102.91**	**7166**	**4866**	**2300**	**211.57**	**3.75**
36140	18263	17877	102.16	274	145	129	112.40	4.10
36782	18725	18057	103.70	19	17	2	850.00	4.17
9807	5081	4726	107.51	5	3	2	150.00	4.17
30841	15583	15258	102.13	537	422	115	366.96	3.95
56068	28548	27520	103.74	71	41	30	136.67	4.29
718697	364048	354649	102.65	1121	680	441	154.20	3.39
427055	218960	208095	105.22	96	63	33	190.91	3.82
661735	340248	321487	105.84	629	387	242	159.92	4.17
528146	271774	256372	106.01	2084	1574	510	308.63	3.98
505565	245742	259823	94.58	2330	1534	796	192.71	3.44
3629542	**1828678**	**1800864**	**101.54**	**32044**	**22677**	**9367**	**242.09**	**3.75**
19233	9438	9795	96.36	11	9	2	450.00	3.96
30303	14977	15326	97.72	808	582	226	257.52	3.73
13375	6558	6817	96.20	22	10	12	83.33	3.71
48029	24064	23965	100.41	177	134	43	311.63	3.84
23559	11631	11928	97.51	154	122	32	381.25	3.47
203972	102003	101969	100.03	1973	1155	818	141.20	3.93
268345	132659	135686	97.77	3317	2451	866	283.03	3.42
304479	154273	150206	102.71	4811	4149	662	626.74	3.58
210161	109504	100657	108.79	5796	3917	1879	208.46	3.51
402343	202246	200097	101.07	2574	1743	831	209.75	3.53
312603	158423	154180	102.75	2407	1540	867	177.62	3.76
502139	252519	249620	101.16	1694	1058	636	166.35	3.93
332460	166530	165930	100.36	4814	3435	1379	249.09	3.64
594438	300187	294251	102.02	1636	1208	428	282.24	4.16
364103	183666	180437	101.79	1850	1164	686	169.68	3.68

1-1c 续表 1

地区	户数			合计			
	合计	家庭户	集体户	合计	男	女	性别比(女=100)
平顶山市	**773820**	**771597**	**2223**	**2882281**	**1486042**	**1396239**	**106.43**
新华区	14122	14068	54	55411	27880	27531	101.27
卫东区	7906	7891	15	28514	14445	14069	102.67
石龙区	2178	2022	156	12802	7334	5468	134.13
湛河区	20824	20810	14	82185	41618	40567	102.59
宝丰县	92566	92309	257	340393	175058	165335	105.88
叶县	157224	157074	150	572737	294610	278127	105.93
鲁山县	162080	161302	778	593379	308115	285264	108.01
郏县	108931	108414	517	399532	207879	191653	108.47
舞钢市	48840	48782	58	166307	87097	79210	109.96
汝州市	159149	158925	224	631021	322006	309015	104.20
安阳市	**929207**	**927391**	**1816**	**3187522**	**1519641**	**1667881**	**91.11**
文峰区	23376	22757	619	98073	48684	49389	98.57
北关区	6369	6325	44	22922	11752	11170	105.21
殷都区	6396	6385	11	24501	12401	12100	102.49
龙安区	24585	24529	56	93214	48811	44403	109.93
安阳县	166969	166696	273	555179	256686	298493	85.99
汤阴县	77374	77344	30	279828	134215	145613	92.17
滑县	301936	301448	488	1072512	537805	534707	100.58
内黄县	153817	153750	67	573346	287428	285918	100.53
林州市	168385	168157	228	467947	181859	286088	63.57
鹤壁市	**202949**	**202639**	**310**	**824923**	**424000**	**400923**	**105.76**
鹤山区	7041	7041		25225	12831	12394	103.53
山城区	9302	9277	25	39014	20320	18694	108.70
淇滨区	23083	22915	168	92823	48022	44801	107.19
浚县	125781	125706	75	514326	263521	250805	105.07
淇县	37742	37700	42	153535	79306	74229	106.84
新乡市	**844541**	**843007**	**1534**	**3379343**	**1699850**	**1679493**	**101.21**
红旗区	8307	7736	571	37159	19426	17733	109.55
卫滨区							
凤泉区	14966	14958	8	65662	33413	32249	103.61
牧野区	6066	5981	85	26189	13377	12812	104.41
新乡县	42899	42874	25	192410	98416	93994	104.70
获嘉县	60549	60545	4	262886	132584	130302	101.75
原阳县	123617	123481	136	527899	265273	262626	101.01
延津县	84833	84752	81	347225	176922	170303	103.89
封丘县	139528	139461	67	562985	288491	274494	105.10
长垣县	143283	142886	397	549970	270464	279506	96.77
卫辉市	81958	81934	24	328290	167000	161290	103.54
辉县市	138535	138399	136	478668	234484	244184	96.03
焦作市	**451591**	**448261**	**3330**	**1882513**	**951999**	**930514**	**102.31**
解放区							
中站区	12011	11985	26	45733	23057	22676	101.68
马村区	14105	14075	30	61463	31338	30125	104.03
山阳区	12888	12713	175	55690	29139	26551	109.75
修武县	45030	44907	123	187767	96724	91043	106.24
博爱县	63184	62715	469	266382	135964	130418	104.25
武陟县	120884	119267	1617	541512	274786	266726	103.02
温县	66336	66038	298	271192	135290	135902	99.55
沁阳市	56337	56304	33	224054	111816	112238	99.62
孟州市	60816	60257	559	228720	113885	114835	99.17

单位：户、人

人口数								平均家庭户规模（人/户）
家庭户				集体户				
小计	男	女	性别比（女=100）	小计	男	女	性别比（女=100）	
2858411	**1470880**	**1387531**	**106.01**	**23870**	**15162**	**8708**	**174.12**	**3.70**
54901	27503	27398	100.38	510	377	133	283.46	3.90
28328	14317	14011	102.18	186	128	58	220.69	3.59
6909	3543	3366	105.26	5893	3791	2102	180.35	3.42
82085	41558	40527	102.54	100	60	40	150.00	3.94
338872	174043	164829	105.59	1521	1015	506	200.59	3.67
570854	293327	277527	105.69	1883	1283	600	213.83	3.63
587020	304069	282951	107.46	6359	4046	2313	174.92	3.64
394961	205354	189607	108.31	4571	2525	2046	123.41	3.64
165237	86332	78905	109.41	1070	765	305	250.82	3.39
629244	320834	308410	104.03	1777	1172	605	193.72	3.96
3173017	**1511987**	**1661030**	**91.03**	**14505**	**7654**	**6851**	**111.72**	**3.42**
93303	47236	46067	102.54	4770	1448	3322	43.59	4.10
22716	11581	11135	104.01	206	171	35	488.57	3.59
24450	12357	12093	102.18	51	44	7	628.57	3.83
92038	47639	44399	107.30	1176	1172	4	29300.00	3.75
553080	255443	297637	85.82	2099	1243	856	145.21	3.32
279498	133929	145569	92.00	330	286	44	650.00	3.61
1068674	536016	532658	100.63	3838	1789	2049	87.31	3.55
572803	287079	285724	100.47	543	349	194	179.90	3.73
466455	180707	285748	63.24	1492	1152	340	338.82	2.77
822562	**422288**	**400274**	**105.50**	**2361**	**1712**	**649**	**263.79**	**4.06**
25225	12831	12394	103.53					3.58
38259	19718	18541	106.35	755	602	153	393.46	4.12
92385	47612	44773	106.34	438	410	28	1464.29	4.03
513566	263109	250457	105.05	760	412	348	118.39	4.09
153127	79018	74109	106.62	408	288	120	240.00	4.06
3368157	**1692980**	**1675177**	**101.06**	**11186**	**6870**	**4316**	**159.18**	**4.00**
33987	17273	16714	103.34	3172	2153	1019	211.29	4.39
65641	33400	32241	103.59	21	13	8	162.50	4.39
25580	12788	12792	99.97	609	589	20	2945.00	4.28
192156	98240	93916	104.60	254	176	78	225.64	4.48
262862	132573	130289	101.75	24	11	13	84.62	4.34
526930	264684	262246	100.93	969	589	380	155.00	4.27
346347	176402	169945	103.80	878	520	358	145.25	4.09
562245	287958	274287	104.98	740	533	207	257.49	4.03
546500	268814	277686	96.81	3470	1650	1820	90.66	3.82
328167	166905	161262	103.50	123	95	28	339.29	4.01
477742	233943	243799	95.96	926	541	385	140.52	3.45
1847048	**932633**	**914415**	**101.99**	**35465**	**19366**	**16099**	**120.29**	**4.12**
45559	22913	22646	101.18	174	144	30	480.00	3.80
61220	31171	30049	103.73	243	167	76	219.74	4.35
51934	26242	25692	102.14	3756	2897	859	337.25	4.09
186254	95431	90823	105.07	1513	1293	220	587.73	4.15
260103	132938	127165	104.54	6279	3026	3253	93.02	4.15
527016	267644	259372	103.19	14496	7142	7354	97.12	4.42
266902	133177	133725	99.59	4290	2113	2177	97.06	4.04
223568	111479	112089	99.46	486	337	149	226.17	3.97
224492	111638	112854	98.92	4228	2247	1981	113.43	3.73

1-1c 续表 2

地区	户数			合计			
	合计	家庭户	集体户	合计	男	女	性别比(女=100)
濮阳市	**639310**	**638834**	**476**	**2471657**	**1230074**	**1241583**	**99.07**
华龙区	47039	46976	63	189694	96073	93621	102.62
清丰县	139552	139523	29	531635	265745	265890	99.95
南乐县	94435	94407	28	363877	175331	188546	92.99
范县	101599	101462	137	373415	184966	188449	98.15
台前县	70350	70308	42	265210	132642	132568	100.06
濮阳县	186335	186158	177	747826	375317	372509	100.75
许昌市	**736814**	**734700**	**2114**	**2650844**	**1358026**	**1292818**	**105.04**
魏都区	6761	6046	715	31746	16586	15160	109.41
许昌县	151788	151577	211	559281	287311	271970	105.64
鄢陵县	115827	115672	155	403136	203836	199300	102.28
襄城县	150746	150636	110	492048	248629	243419	102.14
禹州市	208289	207500	789	759081	393677	365404	107.74
长葛市	103403	103269	134	405552	207987	197565	105.28
漯河市	**406112**	**404719**	**1393**	**1549680**	**795528**	**754152**	**105.49**
源汇区	37586	37342	244	146700	75211	71489	105.21
郾城区	74241	73680	561	281067	144376	136691	105.62
召陵区	71967	71832	135	291251	149810	141441	105.92
舞阳县	101107	100884	223	365017	185971	179046	103.87
临颍县	121211	120981	230	465645	240160	225485	106.51
三门峡市	**347354**	**345542**	**1812**	**1251325**	**643823**	**607502**	**105.98**
湖滨区	12157	12038	119	40475	20395	20080	101.57
渑池县	62191	61827	364	223866	113938	109928	103.65
陕县	64256	63763	493	225291	115782	109509	105.73
卢氏县	78600	78508	92	263427	138262	125165	110.46
义马市	2460	2457	3	8318	4161	4157	100.10
灵宝市	127690	126949	741	489948	251285	238663	105.29
南阳市	**1885328**	**1880660**	**4668**	**6930061**	**3568210**	**3361851**	**106.14**
宛城区	117579	117299	280	450854	232664	218190	106.63
卧龙区	123043	122744	299	461059	235525	225534	104.43
南召县	110087	109955	132	402359	212924	189435	112.40
方城县	202442	202211	231	692286	352957	339329	104.02
西峡县	79739	79502	237	281859	148483	133376	111.33
镇平县	168684	168613	71	614146	320832	293314	109.38
内乡县	117055	116742	313	413223	211553	201670	104.90
淅川县	122770	122407	363	479692	245949	233743	105.22
社旗县	118243	117818	425	458374	235281	223093	105.46
唐河县	244974	243771	1203	911262	469910	441352	106.47
新野县	131324	131262	62	449981	228294	221687	102.98
桐柏县	76110	75761	349	261891	135522	126369	107.24
邓州市	273278	272575	703	1053075	538316	514759	104.58

单位：户、人

人口数								平均家庭户规模（人/户）
家庭户				集体户				
小计	男	女	性别比（女=100）	小计	男	女	性别比（女=100）	
2465194	**1225945**	**1239249**	**98.93**	**6463**	**4129**	**2334**	**176.91**	**3.86**
189269	95897	93372	102.70	425	176	249	70.68	4.03
531465	265631	265834	99.92	170	114	56	203.57	3.81
363610	175134	188476	92.92	267	197	70	281.43	3.85
371847	183908	187939	97.86	1568	1058	510	207.45	3.66
264486	132188	132298	99.92	724	454	270	168.15	3.76
744517	373187	371330	100.50	3309	2130	1179	180.66	4.00
2626106	**1342108**	**1283998**	**104.53**	**24738**	**15918**	**8820**	**180.48**	**3.57**
21076	10585	10491	100.90	10670	6001	4669	128.53	3.49
554513	284653	269860	105.48	4768	2658	2110	125.97	3.66
399991	201451	198540	101.47	3145	2385	760	313.82	3.46
491168	247998	243170	101.99	880	631	249	253.41	3.26
754459	389959	364500	106.98	4622	3718	904	411.28	3.64
404899	207462	197437	105.08	653	525	128	410.16	3.92
1520915	**777027**	**743888**	**104.45**	**28765**	**18501**	**10264**	**180.25**	**3.76**
141146	71999	69147	104.12	5554	3212	2342	137.15	3.78
273263	139504	133759	104.30	7804	4872	2932	166.17	3.71
288914	148359	140555	105.55	2337	1451	886	163.77	4.02
358878	181800	177078	102.67	6139	4171	1968	211.94	3.56
458714	235365	223349	105.38	6931	4795	2136	224.49	3.79
1231039	**630557**	**600482**	**105.01**	**20286**	**13266**	**7020**	**188.97**	**3.56**
40111	20179	19932	101.24	364	216	148	145.95	3.33
219838	111207	108631	102.37	4028	2731	1297	210.56	3.56
220753	112623	108130	104.16	4538	3159	1379	229.08	3.46
262738	137758	124980	110.22	689	504	185	272.43	3.35
8307	4153	4154	99.98	11	8	3	266.67	3.38
479292	244637	234655	104.25	10656	6648	4008	165.87	3.78
6884210	**3539434**	**3344776**	**105.82**	**45851**	**28776**	**17075**	**168.53**	**3.66**
446711	229885	216826	106.02	4143	2779	1364	203.74	3.81
455932	232850	223082	104.38	5127	2675	2452	109.09	3.71
401631	212382	189249	112.22	728	542	186	291.40	3.65
689027	350897	338130	103.78	3259	2060	1199	171.81	3.41
279835	147039	132796	110.73	2024	1444	580	248.97	3.52
613709	320541	293168	109.34	437	291	146	199.32	3.64
409819	209218	200601	104.30	3404	2335	1069	218.43	3.51
478026	244966	233060	105.11	1666	983	683	143.92	3.91
454900	233165	221735	105.15	3474	2116	1358	155.82	3.86
902866	465019	437847	106.21	8396	4891	3505	139.54	3.70
449692	228043	221649	102.88	289	251	38	660.53	3.43
259159	133479	125680	106.21	2732	2043	689	296.52	3.42
1042903	531950	510953	104.11	10172	6366	3806	167.26	3.83

1-1c 续表 3

地区	户数			合计			
	合计	家庭户	集体户	合计	男	女	性别比(女=100)
商丘市	**1592556**	**1591325**	**1231**	**5191418**	**2585738**	**2605680**	**99.23**
梁园区	99504	99492	12	417631	213893	203738	104.98
睢阳区	144750	144698	52	500212	251672	248540	101.26
民权县	161351	161329	22	534734	263955	270779	97.48
睢县	162738	162682	56	529642	263211	266431	98.79
宁陵县	123088	123073	15	406198	200387	205811	97.36
柘城县	191103	191020	83	589632	289531	300101	96.48
虞城县	217870	217851	19	713524	358201	355323	100.81
夏邑县	228294	228261	33	673775	334324	339451	98.49
永城市	263858	262919	939	826070	410564	415506	98.81
信阳市	**1230995**	**1228871**	**2124**	**4021341**	**2017347**	**2003994**	**100.67**
浉河区	78944	78804	140	256100	130963	125137	104.66
平桥区	110313	110092	221	348640	175113	173527	100.91
罗山县	113934	113719	215	354138	177576	176562	100.57
光山县	125700	125592	108	423066	215927	207139	104.24
新县	59761	59486	275	175949	88929	87020	102.19
商城县	116868	116543	325	360353	176014	184339	95.48
固始县	244510	244241	269	732898	371699	361199	102.91
潢川县	115513	115101	412	385427	191405	194022	98.65
淮滨县	111795	111767	28	411764	202069	209695	96.36
息县	153657	153526	131	573006	287652	285354	100.81
周口市	**1830470**	**1826795**	**3675**	**6316238**	**3101146**	**3215092**	**96.46**
川汇区	50097	47379	2718	196811	99349	97462	101.94
扶沟县	129270	129099	171	456306	231049	225257	102.57
西华县	150464	150439	25	575238	293910	281328	104.47
商水县	203857	203383	474	713414	348204	365210	95.34
沈丘县	207738	207662	76	722554	350639	371915	94.28
郸城县	225961	225925	36	736774	362180	374594	96.69
淮阳县	224317	224300	17	795942	388953	406989	95.57
太康县	247231	247149	82	822586	410260	412326	99.50
鹿邑县	203826	203759	67	648364	304801	343563	88.72
项城市	187709	187700	9	648249	311801	336448	92.67
驻马店市	**1532117**	**1530376**	**1741**	**5100784**	**2543263**	**2557521**	**99.44**
驿城区	70516	70415	101	274164	140961	133203	105.82
西平县	156396	156152	244	519158	261239	257919	101.29
上蔡县	244944	244731	213	804170	389420	414750	93.89
平舆县	166028	166007	21	540524	267739	272785	98.15
正阳县	153659	153454	205	507044	247486	259558	95.35
确山县	95966	95599	367	284826	137678	147148	93.56
泌阳县	174467	174242	225	585980	306589	279391	109.73
汝南县	163933	163815	118	570822	290482	280340	103.62
遂平县	105397	105251	146	347738	175459	172279	101.85
新蔡县	200811	200710	101	666358	326210	340148	95.90
济源市	**91844**	**91564**	**280**	**341060**	**173670**	**167390**	**103.75**
济源市	91844	91564	280	341060	173670	167390	103.75

单位：户、人

人口数									平均家庭户规模（人/户）
家庭户				集体户					
小计	男	女	性别比（女=100）	小计	男	女	性别比（女=100）		
5185109	**2580812**	**2604297**	**99.10**	**6309**	**4926**	**1383**	**356.18**		**3.26**
417427	213725	203702	104.92	204	168	36	466.67		4.20
499610	251340	248270	101.24	602	332	270	122.96		3.45
534467	263754	270713	97.43	267	201	66	304.55		3.31
529397	263035	266362	98.75	245	176	69	255.07		3.25
406157	200359	205798	97.36	41	28	13	215.38		3.30
589059	289130	299929	96.40	573	401	172	233.14		3.08
713262	358024	355238	100.78	262	177	85	208.24		3.27
673628	334247	339381	98.49	147	77	70	110.00		2.95
822102	407198	414904	98.14	3968	3366	602	559.14		3.13
4004768	**2006059**	**1998709**	**100.37**	**16573**	**11288**	**5285**	**213.59**		**3.26**
254652	129948	124704	104.21	1448	1015	433	234.41		3.23
347072	174000	173072	100.54	1568	1113	455	244.62		3.15
352676	176486	176190	100.17	1462	1090	372	293.01		3.10
422645	215601	207044	104.13	421	326	95	343.16		3.37
173201	86998	86203	100.92	2748	1931	817	236.35		2.91
355807	173309	182498	94.96	4546	2705	1841	146.93		3.05
731347	370639	360708	102.75	1551	1060	491	215.89		2.99
384283	190614	193669	98.42	1144	791	353	224.08		3.34
411508	201892	209616	96.32	256	177	79	224.05		3.68
571577	286572	285005	100.55	1429	1080	349	309.46		3.72
6292606	**3088277**	**3204329**	**96.38**	**23632**	**12869**	**10763**	**119.57**		**3.44**
181587	91824	89763	102.30	15224	7525	7699	97.74		3.83
454848	230166	224682	102.44	1458	883	575	153.57		3.52
574924	293640	281284	104.39	314	270	44	613.64		3.82
710174	346388	363786	95.22	3240	1816	1424	127.53		3.49
720297	349100	371197	94.05	2257	1539	718	214.35		3.47
736625	362059	374566	96.66	149	121	28	432.14		3.26
795809	388874	406935	95.56	133	79	54	146.30		3.55
822400	410119	412281	99.48	186	141	45	313.33		3.33
647761	304348	343413	88.62	603	453	150	302.00		3.18
648181	311759	336422	92.67	68	42	26	161.54		3.45
5083364	**2530995**	**2552369**	**99.16**	**17420**	**12268**	**5152**	**238.12**		**3.32**
273303	140364	132939	105.59	861	597	264	226.14		3.88
516191	259277	256914	100.92	2967	1962	1005	195.22		3.31
801311	387420	413891	93.60	2859	2000	859	232.83		3.27
540371	267616	272755	98.12	153	123	30	410.00		3.26
506329	246967	259362	95.22	715	519	196	264.80		3.30
283487	136658	146829	93.07	1339	1020	319	319.75		2.97
583420	304638	278782	109.27	2560	1951	609	320.36		3.35
569644	289603	280041	103.41	1178	879	299	293.98		3.48
344111	172979	171132	101.08	3627	2480	1147	216.22		3.27
665197	325473	339724	95.81	1161	737	424	173.82		3.31
337521	**171522**	**165999**	**103.33**	**3539**	**2148**	**1391**	**154.42**		**3.69**
337521	171522	165999	103.33	3539	2148	1391	154.42		3.69

1-2 各地区分性别、

地区	人口数			居住本乡、镇、街道，户口在本乡、镇、街道		
	合计	男	女	小计	男	女
总 计	**94029939**	**47493063**	**46536876**	**83362187**	**42029509**	**41332678**
郑州市	**8627089**	**4422318**	**4204771**	**5860380**	**2956130**	**2904250**
中原区	905491	465346	440145	482205	238263	243942
二七区	712646	363265	349381	376353	185894	190459
管城回族区	645932	336548	309384	313391	156698	156693
金水区	1588716	813096	775620	692081	340815	351266
上街区	131549	65276	66273	94153	46483	47670
惠济区	269579	132566	137013	156483	77718	78765
中牟县	727440	374331	353109	657422	337997	319425
巩义市	807911	411355	396556	691103	348556	342547
荥阳市	613804	310697	303107	528584	266307	262277
新密市	797256	410906	386350	683704	349057	334647
新郑市	758128	387552	370576	593465	305863	287602
登封市	668637	351380	317257	591436	302479	288957
开封市	**4676483**	**2370764**	**2305719**	**4329731**	**2202436**	**2127295**
龙亭区	127784	61890	65894	93738	46719	47019
顺河回族区	232296	114173	118123	198429	97715	100714
鼓楼区	143175	69917	73258	110602	54405	56197
禹王台区	130604	64612	65992	106637	52936	53701
金明区	262258	134689	127569	170430	88282	82148
杞县	956533	490986	465547	936772	481150	455622
通许县	567495	290539	276956	548178	281013	267165
尉氏县	879713	452442	427271	853893	440085	413808
开封县	698799	357707	341092	662297	340554	321743
兰考县	677826	333809	344017	648755	319577	329178
洛阳市	**6549941**	**3306567**	**3243374**	**5629472**	**2833244**	**2796228**
老城区	163176	79909	83267	106948	52427	54521
西工区	372941	189497	183444	247721	124100	123621
瀍河回族区	177939	89740	88199	133084	65985	67099
涧西区	619221	311597	307624	418360	208454	209906
吉利区	69076	34328	34748	56131	27319	28812
洛龙区	523726	259645	264081	414801	205272	209529
孟津县	414637	208155	206482	371543	184107	187436
新安县	470198	240811	229387	417857	212098	205759
栾川县	342848	179062	163786	290644	151622	139022
嵩县	507052	255315	251737	468994	237026	231968
汝阳县	408009	207103	200906	377901	192033	185868
宜阳县	636491	320518	315973	602015	303526	298489
洛宁县	421262	211637	209625	393320	197542	195778
伊川县	756669	382505	374164	715218	361887	353331
偃师市	666696	336745	329951	614935	309846	305089

户口登记状况的人口

单位：人

居住本乡、镇、街道，户口在外乡、镇、街道，离开户口登记地半年以上			居住本乡、镇、街道，户口待定			原住本乡、镇、街道，现在国外工作学习		
小计	男	女	小计	男	女	小计	男	女
9764067	**5012932**	**4751135**	**867230**	**425332**	**441898**	**36455**	**25290**	**11165**
2704542	**1433967**	**1270575**	**55204**	**28744**	**26460**	**6963**	**3477**	**3486**
418985	224887	194098	2857	1493	1364	1444	703	741
332822	175647	157175	2458	1268	1190	1013	456	557
329452	178274	151178	2691	1397	1294	398	179	219
888858	468287	420571	4908	2626	2282	2869	1368	1501
36581	18382	18199	412	207	205	403	204	199
111699	54142	57557	1318	663	655	79	43	36
63988	33301	30687	5806	2853	2953	224	180	44
108532	58833	49699	8100	3859	4241	176	107	69
81963	42872	39091	3144	1437	1707	113	81	32
105552	56348	49204	7915	5447	2468	85	54	31
158489	78617	79872	6069	3006	3063	105	66	39
67621	44377	23244	9526	4488	5038	54	36	18
326967	**158838**	**168129**	**17807**	**8275**	**9532**	**1978**	**1215**	**763**
33178	14754	18424	700	342	358	168	75	93
32615	15745	16870	841	440	401	411	273	138
31828	15123	16705	442	228	214	303	161	142
23264	11320	11944	478	234	244	225	122	103
90813	45868	44945	721	397	324	294	142	152
16720	8271	8449	2979	1513	1466	62	52	10
18149	9006	9143	1094	461	633	74	59	15
22457	10914	11543	3318	1418	1900	45	25	20
31758	14940	16818	4462	1998	2464	282	215	67
26185	12897	13288	2772	1244	1528	114	91	23
845615	**433852**	**411763**	**68601**	**35119**	**33482**	**6253**	**4352**	**1901**
54805	26803	28002	1347	645	702	76	34	42
116988	58161	58827	7320	6788	532	912	448	464
44090	23333	20757	535	258	277	230	164	66
196268	100854	95414	2904	1400	1504	1689	889	800
12029	6421	5608	500	237	263	416	351	65
102732	51274	51458	5678	2680	2998	515	419	96
39998	22588	17410	2962	1361	1601	134	99	35
47436	26456	20980	4816	2197	2619	89	60	29
48324	25344	22980	3297	1546	1751	583	550	33
28415	13736	14679	8957	3967	4990	686	586	100
22088	11317	10771	7940	3688	4252	80	65	15
29475	14707	14768	4904	2208	2696	97	77	20
25905	13095	12810	1896	875	1021	141	125	16
32852	16585	16267	8493	3936	4557	106	97	9
44210	23178	21032	7052	3333	3719	499	388	111

1-2 续表 1

地　区	人　口　数			居住本乡、镇、街道，户口在本乡、镇、街道		
	合计	男	女	小计	男	女
平顶山市	**4904701**	**2523143**	**2381558**	**4354321**	**2244901**	**2109420**
新华区	389866	201221	188645	282852	145208	137644
卫东区	302603	152923	149680	229676	116196	113480
石龙区	54912	30612	24300	46508	25647	20861
湛河区	286661	145544	141117	202396	102667	99729
宝丰县	490269	252298	237971	445471	229594	215877
叶县	777203	398729	378474	731991	376998	354993
鲁山县	789901	407693	382208	740023	384469	355554
郏县	571524	297312	274212	534646	278308	256338
舞钢市	313828	163058	150770	286618	149389	137229
汝州市	927934	473753	454181	854140	436425	417715
安阳市	**5173188**	**2502912**	**2670276**	**4573936**	**2208216**	**2365720**
文峰区	442885	218580	224305	306275	153574	152701
北关区	245624	120480	125144	182272	90838	91434
殷都区	243874	124298	119576	193130	99701	93429
龙安区	214456	110247	104209	180145	92096	88049
安阳县	849057	404328	444729	778891	368205	410686
汤阴县	430803	209067	221736	383062	186848	196214
滑县	1263289	632977	630312	1196681	600199	596482
内黄县	693498	350310	343188	646708	325559	321149
林州市	789702	332625	457077	706772	291196	415576
鹤壁市	**1569208**	**804272**	**764936**	**1434990**	**738818**	**696172**
鹤山区	131421	68077	63344	119808	61918	57890
山城区	230968	118775	112193	204016	104715	99301
淇滨区	272332	138195	134137	227512	116876	110636
浚县	665338	340640	324698	641191	329183	312008
淇县	269149	138585	130564	242463	126126	116337
新乡市	**5708191**	**2873482**	**2834709**	**5211897**	**2630072**	**2581825**
红旗区	391290	192977	198313	257976	128802	129174
卫滨区	193506	95509	97997	159595	79331	80264
凤泉区	144298	76472	67826	127485	65125	62360
牧野区	317994	157913	160081	249842	127603	122239
新乡县	339942	173454	166488	315695	160912	154783
获嘉县	402950	203118	199832	378224	191204	187020
原阳县	659380	333046	326334	633801	320435	313366
延津县	469280	239287	229993	449758	229373	220385
封丘县	743837	381278	362559	733805	375791	358014
长垣县	809535	403756	405779	768926	382954	385972
卫辉市	495744	249899	245845	462564	234694	227870
辉县市	740435	366773	373662	674226	333848	340378
焦作市	**3540101**	**1796311**	**1743790**	**3111489**	**1574931**	**1536558**
解放区	295695	151325	144370	224559	112822	111737
中站区	106064	53347	52717	91879	46494	45385
马村区	139533	73982	65551	116514	61408	55106
山阳区	324121	165176	158945	225190	113416	111774
修武县	287814	148499	139315	264951	136768	128183
博爱县	436319	222672	213647	395521	202103	193418
武陟县	713945	362339	351606	660495	336140	324355
温县	421796	211670	210126	397431	199509	197922
沁阳市	447701	223839	223862	395736	197171	198565
孟州市	367113	183462	183651	339213	169100	170113

单位：人

居住本乡、镇、街道，户口在外乡、镇、街道，离开户口登记地半年以上			居住本乡、镇、街道，户口待定			原住本乡、镇、街道，现在国外工作学习		
小计	男	女	小计	男	女	小计	男	女
486258	**247301**	**238957**	**63236**	**30415**	**32821**	**886**	**526**	**360**
104087	54571	49516	2650	1297	1353	277	145	132
71319	35933	35386	1468	726	742	140	68	72
7856	4688	3168	547	276	271	1	1	
80447	40874	39573	3730	1950	1780	88	53	35
37815	19306	18509	6955	3377	3578	28	21	7
39518	18891	20627	5644	2812	2832	50	28	22
31814	14812	17002	17996	8367	9629	68	45	23
34185	17713	16472	2665	1272	1393	28	19	9
25108	12697	12411	2004	906	1098	98	66	32
54109	27816	26293	19577	9432	10145	108	80	28
475407	**231385**	**244022**	**121964**	**61722**	**60242**	**1881**	**1589**	**292**
127665	60331	67334	8793	4583	4210	152	92	60
60838	28254	32584	2446	1351	1095	68	37	31
47946	23108	24838	2648	1419	1229	150	70	80
29498	15673	13825	4794	2464	2330	19	14	5
50308	25149	25159	19523	10657	8866	335	317	18
28240	12510	15730	19306	9529	9777	195	180	15
43886	21478	22408	22463	11078	11385	259	222	37
30240	16341	13899	16379	8273	8106	171	137	34
56786	28541	28245	25612	12368	13244	532	520	12
103910	**50175**	**53735**	**30184**	**15200**	**14984**	**124**	**79**	**45**
9410	5029	4381	2202	1129	1073	1	1	
25349	13249	12100	1597	807	790	6	4	2
39539	18513	21026	5222	2777	2445	59	29	30
12140	5500	6640	11970	5928	6042	37	29	8
17472	7884	9588	9193	4559	4634	21	16	5
447945	**219354**	**228591**	**46504**	**22665**	**23839**	**1845**	**1391**	**454**
130455	62745	67710	2649	1335	1314	210	95	115
32797	15605	17192	1002	513	489	112	60	52
14183	10060	4123	2617	1278	1339	13	9	4
66500	29459	37041	1426	750	676	226	101	125
17395	9010	8385	6803	3490	3313	49	42	7
17514	8168	9346	6543	3160	3383	669	586	83
18362	9251	9111	7179	3328	3851	38	32	6
16753	8512	8241	2552	1205	1347	217	197	20
7391	4195	3196	2545	1213	1332	96	79	17
36292	18672	17620	4194	2015	2179	123	115	8
29018	13199	15819	4137	1990	2147	25	16	9
61285	30478	30807	4857	2388	2469	67	59	8
388751	**201702**	**187049**	**38931**	**19084**	**19847**	**930**	**594**	**336**
68521	37119	31402	2320	1220	1100	295	164	131
12884	6227	6657	1269	613	656	32	13	19
20732	11512	9220	2262	1044	1218	25	18	7
96523	50561	45962	2219	1078	1141	189	121	68
17607	9176	8431	5204	2530	2674	52	25	27
31824	15991	15833	8890	4514	4376	84	64	20
45122	22105	23017	8257	4038	4219	71	56	15
21562	10770	10792	2752	1350	1402	51	41	10
47474	24509	22965	4422	2111	2311	69	48	21
26502	13732	12770	1336	586	750	62	44	18

1-2 续表 2

地区	人口数			居住本乡、镇、街道，户口在本乡、镇、街道		
	合计	男	女	小计	男	女
濮阳市	**3598740**	**1796273**	**1802467**	**3282305**	**1643891**	**1638414**
华龙区	655674	329441	326233	490973	247390	243583
清丰县	635927	317790	318137	598330	301516	296814
南乐县	458487	220770	237717	439152	211925	227227
范县	469874	234041	235833	451418	225267	226151
台前县	332124	167289	164835	314684	158799	155885
濮阳县	1046654	526942	519712	987748	498994	488754
许昌市	**4307488**	**2206634**	**2100854**	**3810673**	**1943617**	**1867056**
魏都区	498087	246529	251558	329460	163338	166122
许昌县	767449	393836	373613	721185	368885	352300
鄢陵县	551611	287092	264519	505194	256324	248870
襄城县	671315	339483	331832	607186	307047	300139
禹州市	1131896	587465	544431	1006077	519546	486531
长葛市	687130	352229	334901	641571	328477	313094
漯河市	**2544266**	**1299682**	**1244584**	**2348118**	**1202431**	**1145687**
源汇区	323954	161430	162524	268247	135530	132717
郾城区	493680	254743	238937	434892	223939	210953
召陵区	477340	243111	234229	441883	225848	216035
舞阳县	538447	274466	263981	524180	267315	256865
临颍县	710845	365932	344913	678916	349799	329117
三门峡市	**2234018**	**1148433**	**1085585**	**2017792**	**1034147**	**983645**
湖滨区	325628	165167	160461	246105	123872	122233
渑池县	346434	175802	170632	313149	159161	153988
陕县	343679	178927	164752	313735	161814	151921
卢氏县	352449	183265	169184	329920	171780	158140
义马市	144779	74981	69798	131158	67896	63262
灵宝市	721049	370291	350758	683725	349624	334101
南阳市	**10263660**	**5280744**	**4982916**	**9286799**	**4778148**	**4508651**
宛城区	887234	454163	433071	680727	347633	333094
卧龙区	924578	464285	460293	785616	393204	392412
南召县	557153	292619	264534	501743	265347	236396
方城县	922467	472494	449973	868164	446045	422119
西峡县	444414	231608	212806	379964	198443	181521
镇平县	859564	448921	410643	808665	422220	386445
内乡县	575210	293834	281376	541064	276020	265044
淅川县	685683	351119	334564	635610	326023	309587
社旗县	633786	326260	307526	616654	317807	298847
唐河县	1282262	663728	618534	1189443	615311	574132
新野县	629210	319578	309632	579938	293906	286032
桐柏县	393942	203103	190839	352517	182162	170355
邓州市	1468157	759032	709125	1346694	694027	652667

单位：人

居住本乡、镇、街道，户口在外乡、镇、街道，离开户口登记地半年以上			居住本乡、镇、街道，户口待定			原住本乡、镇、街道，现在国外工作学习		
小计	男	女	小计	男	女	小计	男	女
277527	**132524**	**145003**	**34773**	**16473**	**18300**	**4135**	**3385**	**750**
157721	78193	79528	5741	2917	2824	1239	941	298
30515	12709	17806	6469	3029	3440	613	536	77
16674	7601	9073	2540	1152	1388	121	92	29
15862	7609	8253	2513	1100	1413	81	65	16
11822	5849	5973	5573	2604	2969	45	37	8
44933	20563	24370	11937	5671	6266	2036	1714	322
466982	**248392**	**218590**	**29264**	**14215**	**15049**	**569**	**410**	**159**
167914	82812	85102	610	326	284	103	53	50
44286	23991	20295	1906	908	998	72	52	20
45088	30053	15035	1261	663	598	68	52	16
59550	30228	29322	4446	2105	2341	133	103	30
110858	60687	50171	14893	7182	7711	68	50	18
39286	20621	18665	6148	3031	3117	125	100	25
188830	**93876**	**94954**	**7027**	**3179**	**3848**	**291**	**196**	**95**
55013	25564	29449	663	318	345	31	18	13
57689	30308	27381	1017	447	570	82	49	33
32477	15875	16602	2912	1337	1575	68	51	17
12674	6439	6235	1552	681	871	41	31	10
30977	15690	15287	883	396	487	69	47	22
196080	**103340**	**92740**	**19834**	**10699**	**9135**	**312**	**247**	**65**
78136	40636	37500	1280	589	691	107	70	37
27493	13968	13525	5788	2671	3117	4	2	2
25587	13754	11833	4350	3355	995	7	4	3
21294	10849	10445	1090	503	587	145	133	12
11260	5955	5305	2342	1116	1226	19	14	5
32310	18178	14132	4984	2465	2519	30	24	6
876767	**454890**	**421877**	**98733**	**46622**	**52111**	**1361**	**1084**	**277**
196296	101676	94620	10052	4767	5285	159	87	72
131921	67562	64359	6781	3326	3455	260	193	67
39704	19774	19930	15682	7479	8203	24	19	5
42847	21139	21708	11375	5246	6129	81	64	17
60621	31210	29411	3538	1681	1857	291	274	17
46677	24697	21980	4187	1979	2208	35	25	10
29699	15773	13926	4340	1947	2393	107	94	13
43590	22249	21341	6422	2793	3629	61	54	7
14384	7090	7294	2583	1217	1366	165	146	19
85291	44746	40545	7497	3647	3850	31	24	7
40087	20993	19094	9158	4665	4493	27	14	13
34132	17403	16729	7261	3516	3745	32	22	10
111518	60578	50940	9857	4359	5498	88	68	20

1-2 续表 3

地　　区	人　口　数			居住本乡、镇、街道，户口在本乡、镇、街道		
	合计	男	女	小计	男	女
商丘市	**7362975**	**3683893**	**3679082**	**6993309**	**3496577**	**3496732**
梁园区	787984	398178	389806	701851	356442	345409
睢阳区	748408	379327	369081	692630	349079	343551
民权县	703428	348583	354845	685887	340371	345516
睢县	711136	353394	357742	676478	336598	339880
宁陵县	523403	259222	264181	511111	253150	257961
柘城县	778158	386270	391888	758964	375921	383043
虞城县	954785	479535	475250	927559	465916	461643
夏邑县	915291	456221	459070	885294	441457	443837
永城市	1240382	623163	617219	1153535	577643	575892
信阳市	**6109106**	**3066246**	**3042860**	**5367080**	**2701596**	**2665484**
浉河区	594391	291148	303243	419048	212287	206761
平桥区	635651	318836	316815	510728	257943	252785
罗山县	504577	255781	248796	453510	228179	225331
光山县	585353	299475	285878	557585	285655	271930
新县	275304	139144	136160	231696	115364	116332
商城县	495526	244817	250709	455861	224722	231139
固始县	1023929	520057	503872	931230	473614	457616
潢川县	630376	314308	316068	536312	268133	268179
淮滨县	570197	281043	289154	537780	264730	273050
息县	793802	401637	392165	733330	370969	362361
周口市	**8953793**	**4425662**	**4528131**	**8496582**	**4199017**	**4297565**
川汇区	505171	252259	252912	410262	206892	203370
扶沟县	625819	317609	308210	592741	301335	291406
西华县	787918	403445	384473	761774	388973	372801
商水县	940792	462379	478413	899602	442982	456620
沈丘县	983583	482409	501174	955484	468183	487301
郸城县	1003910	496608	507302	965686	477821	487865
淮阳县	1089699	534112	555587	1038097	508706	529391
太康县	1102952	550324	552628	1065399	532967	532432
鹿邑县	910251	432053	478198	893587	423539	470048
项城市	1003698	494464	509234	913950	447619	466331
驻马店市	**7231234**	**3641356**	**3589878**	**6683699**	**3354021**	**3329678**
驿城区	721723	370895	350828	603291	309302	293989
西平县	700152	353002	347150	663964	334311	329653
上蔡县	1084210	534698	549512	1026620	506220	520400
平舆县	748398	373514	374884	723681	361657	362024
正阳县	645034	317668	327366	615732	303073	312659
确山县	406021	198081	207940	377001	184383	192618
泌阳县	810409	424811	385598	740736	387196	353540
汝南县	769995	391111	378884	683001	346857	336144
遂平县	493930	257976	235954	434961	219151	215810
新蔡县	851362	419600	431762	814712	401871	412841
济源市	**675757**	**344371**	**331386**	**569614**	**287316**	**282298**
济源市	675757	344371	331386	569614	287316	282298

单位：人

居住本乡、镇、街道，户口在外乡、镇、街道，离开户口登记地半年以上			居住本乡、镇、街道，户口待定			原住本乡、镇、街道，现在国外工作学习		
小计	男	女	小计	男	女	小计	男	女
322939	**163750**	**159189**	**46277**	**23231**	**23046**	**450**	**335**	**115**
78887	38066	40821	7192	3637	3555	54	33	21
48770	26757	22013	6960	3460	3500	48	31	17
12706	5806	6900	4825	2401	2424	10	5	5
32620	15782	16838	1981	974	1007	57	40	17
10489	5188	5301	1790	873	917	13	11	2
17473	9487	7986	1668	818	850	53	44	9
22650	11317	11333	4478	2218	2260	98	84	14
24996	12189	12807	4976	2557	2419	25	18	7
74348	39158	35190	12407	6293	6114	92	69	23
656499	**321622**	**334877**	**78337**	**37492**	**40845**	**7190**	**5536**	**1654**
169745	76210	93535	5462	2581	2881	136	70	66
110795	53994	56801	14052	6856	7196	76	43	33
40503	22257	18246	10243	5070	5173	321	275	46
21557	10780	10777	6022	2903	3119	189	137	52
35973	18298	17675	1392	615	777	6243	4867	1376
33136	17005	16131	6488	3064	3424	41	26	15
79634	39928	39706	12951	6436	6515	114	79	35
87561	43078	44483	6450	3068	3382	53	29	24
27542	14133	13409	4874	2179	2695	1	1	
50053	25939	24114	10403	4720	5683	16	9	7
392062	**195298**	**196764**	**64699**	**31035**	**33664**	**450**	**312**	**138**
92750	44314	48436	2102	1019	1083	57	34	23
31244	15395	15849	1795	855	940	39	24	15
21950	12425	9525	4124	2003	2121	70	44	26
27879	13097	14782	13275	6278	6997	36	22	14
21662	11071	10591	6397	3132	3265	40	23	17
26219	13128	13091	11975	5638	6337	30	21	9
42240	20918	21322	9340	4472	4868	22	16	6
29443	13322	16121	8042	3980	4062	68	55	13
12833	6611	6222	3795	1869	1926	36	34	2
85842	45017	40825	3854	1789	2065	52	39	13
506119	**268269**	**237850**	**40831**	**18666**	**22165**	**585**	**400**	**185**
115178	60084	55094	3156	1458	1698	98	51	47
33561	17404	16157	2429	1123	1306	198	164	34
45563	23086	22477	11966	5354	6612	61	38	23
23096	11112	11984	1604	732	872	17	13	4
26289	13165	13124	2992	1415	1577	21	15	6
25779	12173	13606	3193	1489	1704	48	36	12
65987	35822	30165	3639	1763	1876	47	30	17
83829	42816	41013	3121	1414	1707	44	24	20
56602	37744	18858	2338	1067	1271	29	14	15
30235	14863	15372	6393	2851	3542	22	15	7
100867	**54397**	**46470**	**5024**	**2496**	**2528**	**252**	**162**	**90**
100867	54397	46470	5024	2496	2528	252	162	90

1-2a 各地区分性别、

地区	人口数			居住本乡、镇、街道，户口在本乡、镇、街道		
	合计	男	女	小计	男	女
总计	**18331493**	**9258578**	**9072915**	**12158299**	**6101308**	**6056991**
郑州市	**4638804**	**2369468**	**2269336**	**2385141**	**1186579**	**1198562**
中原区	832433	427635	404798	427726	211262	216464
二七区	581944	290945	290999	304548	149656	154892
管城回族区	494947	254589	240358	218644	108489	110155
金水区	1436731	737178	699553	619387	304975	314412
上街区	117243	58045	59198	80902	39950	40952
惠济区	164543	80172	84371	64333	32213	32120
中牟县	645	334	311	641	333	308
巩义市	169151	84213	84938	116705	58611	58094
荥阳市	219753	110912	108841	144287	71868	72419
新密市	263917	138060	125857	176367	90575	85792
新郑市	222018	112221	109797	140319	72371	67948
登封市	135479	75164	60315	91282	46276	45006
开封市	**723504**	**357400**	**366104**	**513209**	**255023**	**258186**
龙亭区	91370	43482	47888	58967	28977	29990
顺河回族区	195495	95431	100064	162789	79540	83249
鼓楼区	133363	64833	68530	101185	49494	51691
禹王台区	99226	48607	50619	77081	37933	39148
金明区	204050	105047	99003	113187	59079	54108
杞县						
通许县						
尉氏县						
开封县						
兰考县						
洛阳市	**1775772**	**889842**	**885930**	**1221177**	**606752**	**614425**
老城区	143932	70462	73470	89234	43817	45417
西工区	341830	173938	167892	220100	110498	109602
瀍河回族区	164542	83172	81370	120814	60017	60797
涧西区	566608	285214	281394	369961	184196	185765
吉利区	45363	22575	22788	35678	17367	18311
洛龙区	271352	133037	138315	179350	87607	91743
孟津县	1765	867	898	1193	609	584
新安县						
栾川县						
嵩县	3183	1128	2055	1339	643	696
汝阳县						
宜阳县						
洛宁县						
伊川县	5301	2702	2599	5158	2665	2493
偃师市	231896	116747	115149	198350	99333	99017

户口登记状况的人口(城市)

单位：人

居住本乡、镇、街道，户口在外乡、镇、街道，离开户口登记地半年以上			居住本乡、镇、街道，户口待定			原住本乡、镇、街道，现在国外工作学习		
小计	男	女	小计	男	女	小计	男	女
6063254	**3095957**	**2967297**	**94618**	**53074**	**41544**	**15322**	**8239**	**7083**
2229486	**1169097**	**1060389**	**17868**	**10769**	**7099**	**6309**	**3023**	**3286**
400756	214347	186409	2537	1339	1198	1414	687	727
274717	139952	134765	1678	889	789	1001	448	553
274259	145054	129205	1660	875	785	384	171	213
810142	428548	381594	4345	2292	2053	2857	1363	1494
35589	17708	17881	354	186	168	398	201	197
99475	47596	51879	704	346	358	31	17	14
3	1	2	1		1			
51627	25188	26439	753	377	376	66	37	29
74790	38705	36085	630	308	322	46	31	15
83318	43813	39505	4200	3654	546	32	18	14
80907	39449	41458	738	370	368	54	31	23
43903	28736	15167	268	133	135	26	19	7
207506	**100906**	**106600**	**1451**	**742**	**709**	**1338**	**729**	**609**
32050	14338	17712	204	105	99	149	62	87
31973	15453	16520	350	185	165	383	253	130
31596	15042	16554	284	141	143	298	156	142
21654	10428	11226	277	130	147	214	116	98
90233	45645	44588	336	181	155	294	142	152
536275	**270475**	**265800**	**14387**	**10227**	**4160**	**3933**	**2388**	**1545**
53797	26210	27587	832	403	429	69	32	37
113831	56373	57458	7035	6649	386	864	418	446
43070	22776	20294	432	217	215	226	162	64
193358	99332	94026	1649	838	811	1640	848	792
9104	4789	4315	179	82	97	402	337	65
89163	43902	45261	2413	1173	1240	426	355	71
536	242	294	34	14	20	2	2	
1840	483	1357	2	1	1	2	1	1
92	15	77	48	19	29	3	3	
31484	16353	15131	1763	831	932	299	230	69

1-2a 续表 1

地 区	人口数			居住本乡、镇、街道，户口在本乡、镇、街道		
	合计	男	女	小计	男	女
平顶山市	**1142947**	**585897**	**557050**	**822979**	**421249**	**401730**
新华区	307909	158850	149059	209968	107554	102414
卫东区	274089	138478	135611	204358	103447	100911
石龙区	42110	23278	18832	34457	18827	15630
湛河区	204476	103926	100550	126171	64033	62138
宝丰县	967	502	465	926	483	443
叶县						
鲁山县						
郏县						
舞钢市	125567	64435	61132	103352	53248	50104
汝州市	187829	96428	91401	143747	73657	70090
安阳市	**1156698**	**572878**	**583820**	**847226**	**422064**	**425162**
文峰区	344812	169896	174916	219870	109595	110275
北关区	219395	107215	112180	159539	79172	80367
殷都区	216398	109756	106642	167851	86152	81699
龙安区	113743	57604	56139	86020	43051	42969
安阳县	39984	19988	19996	33494	16841	16653
汤阴县	671	355	316	531	299	232
滑县						
内黄县	286	137	149	227	114	113
林州市	221409	107927	113482	179694	86840	92854
鹤壁市	**477406**	**243711**	**233695**	**405220**	**207694**	**197526**
鹤山区	106196	55246	50950	97693	50752	46941
山城区	191954	98455	93499	167059	85506	81553
淇滨区	174342	87559	86783	136037	69196	66841
浚县						
淇县	4914	2451	2463	4431	2240	2191
新乡市	**1242563**	**618438**	**624125**	**919055**	**462502**	**456553**
红旗区	351515	172224	179291	222730	110854	111876
卫滨区	193506	95509	97997	159595	79331	80264
凤泉区	48742	27822	20920	36387	18485	17902
牧野区	291805	144536	147269	225638	115544	110094
新乡县	1301	662	639	1158	594	564
获嘉县						
原阳县						
延津县						
封丘县						
长垣县	4541	2367	2174	4417	2303	2114
卫辉市	129013	63244	65769	103050	51394	51656
辉县市	222140	112074	110066	166080	83997	82083
焦作市	**918805**	**467118**	**451687**	**676464**	**341213**	**335251**
解放区	295695	151325	144370	224559	112822	111737
中站区	60331	30290	30041	50862	25843	25019
马村区	66814	36144	30670	50980	27433	23547
山阳区	268431	136037	132394	177962	89402	88560
修武县						
博爱县	435	217	218	379	185	194
武陟县	541	270	271	539	269	270
温县						
沁阳市	114524	56808	57716	76244	37780	38464
孟州市	112034	56027	56007	94939	47479	47460

单位：人

居住本乡、镇、街道，户口在外乡、镇、街道，离开户口登记地半年以上			居住本乡、镇、街道，户口待定			原住本乡、镇、街道，现在国外工作学习		
小计	男	女	小计	男	女	小计	男	女
315173	**162186**	**152987**	**4208**	**2139**	**2069**	**587**	**323**	**264**
96924	50784	46140	743	369	374	274	143	131
68990	34650	34340	603	313	290	138	68	70
7182	4213	2969	470	237	233	1	1	
77627	39530	38097	597	315	282	81	48	33
4	1	3	37	18	19			
21834	10982	10852	313	162	151	68	43	25
42612	22026	20586	1445	725	720	25	20	5
294910	**143097**	**151813**	**14130**	**7457**	**6673**	**432**	**260**	**172**
121057	58199	62858	3760	2033	1727	125	69	56
58130	27090	31040	1666	921	745	60	32	28
46428	22455	23973	1976	1085	891	143	64	79
26073	13689	12384	1635	853	782	15	11	4
5581	2675	2906	907	471	436	2	1	1
113	43	70	27	13	14			
14	1	13	43	20	23	2	2	
37514	18945	18569	4116	2061	2055	85	81	4
67219	**33314**	**33905**	**4909**	**2673**	**2236**	**58**	**30**	**28**
6964	3708	3256	1538	785	753	1	1	
23954	12478	11476	935	467	468	6	4	2
36113	17077	19036	2141	1261	880	51	25	26
188	51	137	295	160	135			
315664	**151933**	**163731**	**7255**	**3717**	**3538**	**589**	**286**	**303**
126437	60193	66244	2142	1085	1057	206	92	114
32797	15605	17192	1002	513	489	112	60	52
12199	9265	2934	150	69	81	6	3	3
64732	28244	36488	1213	651	562	222	97	125
98	48	50	44	19	25	1	1	
87	44	43	35	18	17	2	2	
25469	11589	13880	479	251	228	15	10	5
53845	26945	26900	2190	1111	1079	25	21	4
235500	**122472**	**113028**	**6316**	**3128**	**3188**	**525**	**305**	**220**
68521	37119	31402	2320	1220	1100	295	164	131
8940	4192	4748	506	244	262	23	11	12
15163	8393	6770	663	311	352	8	7	1
88839	45809	43030	1470	726	744	160	100	60
51	31	20	5	1	4			
2	1	1						
37194	18520	18674	1062	495	567	24	13	11
16790	8407	8383	290	131	159	15	10	5

1-2a 续表 2

地 区	人 口 数			居住本乡、镇、街道，户口在本乡、镇、街道		
	合计	男	女	小计	男	女
濮阳市	**477847**	**240102**	**237745**	**326604**	**163732**	**162872**
华龙区	451209	226768	224441	302428	151621	150807
清丰县						
南乐县	2919	1412	1507	2850	1385	1465
范县	21129	10631	10498	18845	9476	9369
台前县						
濮阳县	2590	1291	1299	2481	1250	1231
许昌市	**944683**	**475659**	**469024**	**659539**	**330843**	**328696**
魏都区	466341	229943	236398	309128	152950	156178
许昌县	39935	20084	19851	35926	17961	17965
鄢陵县						
襄城县						
禹州市	242081	125454	116627	152243	77410	74833
长葛市	196326	100178	96148	162242	82522	79720
漯河市	**514418**	**257744**	**256674**	**379636**	**190752**	**188884**
源汇区	173204	84110	89094	118846	58830	60016
郾城区	200501	103535	96966	149090	76416	72674
召陵区	140713	70099	70614	111700	55506	56194
舞阳县						
临颍县						
三门峡市	**557195**	**281916**	**275279**	**446136**	**224313**	**221823**
湖滨区	285153	144772	140381	207173	104251	102922
渑池县						
陕县	2320	1190	1130	2107	1077	1030
卢氏县						
义马市	118123	59611	58512	105907	53155	52752
灵宝市	151599	76343	75256	130949	65830	65119
南阳市	**1008633**	**511655**	**496978**	**604723**	**301347**	**303376**
宛城区	318551	162384	156167	134134	66432	67702
卧龙区	404341	197886	206455	280975	134938	146037
南召县						
方城县						
西峡县						
镇平县						
内乡县						
淅川县						
社旗县						
唐河县						
新野县						
桐柏县						
邓州市	285741	151385	134356	189614	99977	89637

单位：人

居住本乡、镇、街道，户口在外乡、镇、街道，离开户口登记地半年以上			居住本乡、镇、街道，户口待定			原住本乡、镇、街道，现在国外工作学习		
小计	男	女	小计	男	女	小计	男	女
148869	**75075**	**73794**	**1816**	**954**	**862**	**558**	**341**	**217**
146587	73922	72665	1636	884	752	558	341	217
62	22	40	7	5	2			
2188	1123	1065	96	32	64			
32	8	24	77	33	44			
282286	**143294**	**138992**	**2727**	**1446**	**1281**	**131**	**76**	**55**
156560	76639	79921	565	308	257	88	46	42
3959	2090	1869	46	29	17	4	4	
88756	47486	41270	1078	555	523	4	3	1
33011	17079	15932	1038	554	484	35	23	12
133610	**66403**	**67207**	**1075**	**529**	**546**	**97**	**60**	**37**
53893	25052	28841	444	217	227	21	11	10
51120	26966	24154	248	125	123	43	28	15
28597	14385	14212	383	187	196	33	21	12
107741	**55990**	**51751**	**3186**	**1524**	**1662**	**132**	**89**	**43**
77128	40108	37020	747	345	402	105	68	37
201	109	92	12	4	8			
10297	5538	4759	1901	905	996	18	13	5
20115	10235	9880	526	270	256	9	8	1
401002	**208825**	**192177**	**2755**	**1397**	**1358**	**153**	**86**	**67**
183421	95461	87960	959	470	489	37	21	16
122201	62355	59846	1056	531	525	109	62	47
95380	51009	44371	740	396	344	7	3	4

1-2a 续表 3

地　区	人　口　数			居住本乡、镇、街道，户口在本乡、镇、街道		
	合计	男	女	小计	男	女
商丘市	**884411**	**450083**	**434328**	**689490**	**349858**	**339632**
梁园区	361424	179557	181867	281848	140996	140852
睢阳区	221337	114103	107234	172590	87380	85210
民权县						
睢县						
宁陵县						
柘城县						
虞城县						
夏邑县						
永城市	301650	156423	145227	235052	121482	113570
信阳市	**531880**	**256749**	**275131**	**275851**	**137767**	**138084**
浉河区	323931	152831	171100	160285	79386	80899
平桥区	207949	103918	104031	115566	58381	57185
罗山县						
光山县						
新县						
商城县						
固始县						
潢川县						
淮滨县						
息县						
周口市	**649133**	**327945**	**321188**	**500266**	**253391**	**246875**
川汇区	308360	152910	155450	243942	122588	121354
扶沟县						
西华县						
商水县						
沈丘县	671	340	331	665	339	326
郸城县	8259	4032	4227	8236	4021	4215
淮阳县	39765	19434	20331	39352	19241	20111
太康县						
鹿邑县						
项城市	292078	151229	140849	208071	107202	100869
驻马店市	**442461**	**227381**	**215080**	**329146**	**168084**	**161062**
驿城区	442461	227381	215080	329146	168084	161062
西平县						
上蔡县						
平舆县						
正阳县						
确山县						
泌阳县						
汝南县						
遂平县						
新蔡县						
济源市	**244333**	**124592**	**119741**	**156437**	**78145**	**78292**
济源市	244333	124592	119741	156437	78145	78292

单位：人

居住本乡、镇、街道，户口在外乡、镇、街道，离开户口登记地半年以上			居住本乡、镇、街道，户口待定			原住本乡、镇、街道，现在国外工作学习		
小计	男	女	小计	男	女	小计	男	女
190362	**97824**	**92538**	**4480**	**2358**	**2122**	**79**	**43**	**36**
78015	37748	40267	1512	784	728	49	29	20
47344	26005	21339	1390	713	677	13	5	8
65003	34071	30932	1578	861	717	17	9	8
252376	**117157**	**135219**	**3514**	**1758**	**1756**	**139**	**67**	**72**
162161	72703	89458	1376	688	688	109	54	55
90215	44454	45761	2138	1070	1068	30	13	17
146617	**73462**	**73155**	**2185**	**1056**	**1129**	**65**	**36**	**29**
63238	29727	33511	1127	565	562	53	30	23
			2		2	4	1	3
10	5	5	13	6	7			
86	35	51	327	158	169			
83283	43695	39588	716	327	389	8	5	3
112328	**58796**	**53532**	**903**	**460**	**443**	**84**	**41**	**43**
112328	58796	53532	903	460	443	84	41	43
86330	**45651**	**40679**	**1453**	**740**	**713**	**113**	**56**	**57**
86330	45651	40679	1453	740	713	113	56	57

1-2b 各地区分性别、

地　区	人口数			居住本乡、镇、街道，户口在本乡、镇、街道		
	合计	男	女	小计	男	女
总　计	**17888274**	**9134021**	**8754253**	**14997764**	**7631788**	**7365976**
郑州市	**838691**	**433936**	**404755**	**646080**	**328589**	**317491**
中原区						
二七区	33928	17966	15962	9898	4963	4935
管城回族区	4227	2125	2102	3470	1727	1743
金水区						
上街区						
惠济区	11036	5578	5458	9042	4468	4574
中牟县	174366	90064	84302	116191	59508	56683
巩义市	197114	103088	94026	163592	82656	80936
荥阳市	49902	25403	24499	48243	24506	23737
新密市	95231	48565	46666	89283	45295	43988
新郑市	115338	59413	55925	62924	32120	30804
登封市	157549	81734	75815	143437	73346	70091
开封市	**934977**	**481526**	**453451**	**830997**	**430165**	**400832**
龙亭区						
顺河回族区						
鼓楼区						
禹王台区						
金明区	2069	1053	1016	2042	1040	1002
杞县	236715	126258	110457	221596	118697	102899
通许县	140344	71516	68828	123320	63025	60295
尉氏县	217349	111807	105542	196750	101480	95270
开封县	168569	84359	84210	142735	72088	70647
兰考县	169931	86533	83398	144554	73835	70719
洛阳市	**1112583**	**565370**	**547213**	**884905**	**447772**	**437133**
老城区						
西工区						
瀍河回族区						
涧西区	4407	2185	2222	3877	1869	2008
吉利区						
洛龙区	46429	23450	22979	41173	20555	20618
孟津县	141210	72178	69032	110327	55209	55118
新安县	160908	82389	78519	124173	62472	61701
栾川县	126891	65641	61250	85414	44310	41104
嵩县	98952	50198	48754	81095	41515	39580
汝阳县	92999	47140	45859	76056	38423	37633
宜阳县	132658	66941	65717	108046	54491	53555
洛宁县	83988	41672	42316	63014	31526	31488
伊川县	155294	78408	76886	127549	64703	62846
偃师市	68847	35168	33679	64181	32699	31482

户口登记状况的人口(镇)

单位：人

居住本乡、镇、街道，户口在外乡、镇、街道，离开户口登记地半年以上			居住本乡、镇、街道，户口待定			原住本乡、镇、街道，现在国外工作学习		
小计	男	女	小计	男	女	小计	男	女
2754067	**1432442**	**1321625**	**132048**	**66620**	**65428**	**4395**	**3171**	**1224**
186049	**102131**	**83918**	**6376**	**3104**	**3272**	**186**	**112**	**74**
23898	12926	10972	127	73	54	5	4	1
735	383	352	21	15	6	1		1
1942	1081	861	42	22	20	10	7	3
57311	30105	27206	777	393	384	87	58	29
31816	19583	12233	1669	830	839	37	19	18
1303	726	577	347	165	182	9	6	3
5450	3010	2440	489	256	233	9	4	5
51797	26988	24809	602	297	305	15	8	7
11797	7329	4468	2302	1053	1249	13	6	7
101394	**50098**	**51296**	**2412**	**1150**	**1262**	**174**	**113**	**61**
20	10	10	7	3	4			
14612	7295	7317	493	256	237	14	10	4
16837	8408	8429	173	74	99	14	9	5
20209	10160	10049	384	165	219	6	2	4
25088	11913	13175	666	309	357	80	49	31
24628	12312	12316	689	343	346	60	43	17
218573	**113196**	**105377**	**8702**	**4095**	**4607**	**403**	**307**	**96**
457	275	182	58	30	28	15	11	4
4817	2688	2129	428	199	229	11	8	3
30111	16597	13514	732	348	384	40	24	16
35633	19394	16239	1059	499	560	43	24	19
40437	20772	19665	896	427	469	144	132	12
16775	8200	8575	1040	451	589	42	32	10
15746	8131	7615	1172	568	604	25	18	7
23571	11934	11637	1017	500	517	24	16	8
20738	10023	10715	216	109	107	20	14	6
26220	12994	13226	1510	699	811	15	12	3
4068	2188	1880	574	265	309	24	16	8

1-2b 续表 1

地　区	人　口　数			居住本乡、镇、街道，户口在本乡、镇、街道		
	合计	男	女	小计	男	女
平顶山市	**879473**	**451204**	**428269**	**749487**	**384562**	**364925**
新华区	26546	14491	12055	21726	12097	9629
卫东区						
石龙区						
湛河区						
宝丰县	148909	76738	72171	115765	59647	56118
叶县	204466	104119	100347	170806	86945	83861
鲁山县	196522	99578	96944	172089	87339	84750
郏县	171992	89433	82559	144241	74943	69298
舞钢市	21954	11526	10428	21315	11215	10100
汝州市	109084	55319	53765	103545	52376	51169
安阳市	**828968**	**410393**	**418575**	**699678**	**342836**	**356842**
文峰区						
北关区	3307	1513	1794	2016	1044	972
殷都区	2975	2141	834	2809	2059	750
龙安区	7499	3832	3667	7067	3649	3418
安阳县	253894	127654	126240	220578	109921	110657
汤阴县	150304	74497	75807	126594	63031	63563
滑县	190777	95172	95605	155060	76956	78104
内黄县	119866	62745	57121	94281	48037	46244
林州市	100346	42839	57507	91273	38139	53134
鹤壁市	**266879**	**136561**	**130318**	**241463**	**124308**	**117155**
鹤山区						
山城区						
淇滨区	5167	2614	2553	5069	2571	2498
浚县	151012	77119	73893	141696	72649	69047
淇县	110700	56828	53872	94698	49088	45610
新乡市	**1086285**	**555194**	**531091**	**982044**	**501729**	**480315**
红旗区	2616	1327	1289	2611	1323	1288
卫滨区						
凤泉区	29894	15237	14657	28001	14367	13634
牧野区						
新乡县	146231	74376	71855	130786	66273	64513
获嘉县	140064	70534	69530	123553	62297	61256
原阳县	131481	67773	63708	117412	60573	56839
延津县	122055	62365	59690	107431	55124	52307
封丘县	180852	92787	88065	174582	89479	85103
长垣县	255024	130925	124099	222224	113762	108462
卫辉市	38441	19655	18786	37599	19235	18364
辉县市	39627	20215	19412	37845	19296	18549
焦作市	**738783**	**377194**	**361589**	**651238**	**331923**	**319315**
解放区						
中站区						
马村区	11256	6500	4756	8296	4818	3478
山阳区						
修武县	100047	51775	48272	87522	45136	42386
博爱县	169502	86491	83011	148295	75701	72594
武陟县	171892	87283	84609	144306	73336	70970
温县	150604	76380	74224	134614	68282	66332
沁阳市	109123	55215	53908	102803	51669	51134
孟州市	26359	13550	12809	25402	12981	12421

单位：人

居住本乡、镇、街道，户口在外乡、镇、街道，离开户口登记地半年以上			居住本乡、镇、街道，户口待定			原住本乡、镇、街道，现在国外工作学习		
小计	男	女	小计	男	女	小计	男	女
120855	**62293**	**58562**	**9061**	**4300**	**4761**	**70**	**49**	**21**
4466	2236	2230	354	158	196			
32036	16555	15481	1098	528	570	10	8	2
32878	16791	16087	765	374	391	17	9	8
20690	10467	10223	3722	1756	1966	21	16	5
27428	14322	13106	317	164	153	6	4	2
480	250	230	156	59	97	3	2	1
2877	1672	1205	2649	1261	1388	13	10	3
113765	**59503**	**54262**	**15324**	**7888**	**7436**	**201**	**166**	**35**
1258	451	807	33	18	15			
162	79	83	4	3	1			
204	63	141	228	120	108			
28866	15301	13565	4407	2398	2009	43	34	9
20227	9736	10491	3427	1685	1742	56	45	11
33790	17210	16580	1910	993	917	17	13	4
23724	13756	9968	1836	935	901	25	17	8
5534	2907	2627	3479	1736	1743	60	57	3
20313	**9654**	**10659**	**5083**	**2586**	**2497**	**20**	**13**	**7**
91	38	53	7	5	2			
7324	3458	3866	1988	1011	977	4	1	3
12898	6158	6740	3088	1570	1518	16	12	4
93277	**47822**	**45455**	**10544**	**5288**	**5256**	**420**	**355**	**65**
3	3		2	1	1			
644	251	393	1245	616	629	4	3	1
12953	6765	6188	2470	1321	1149	22	17	5
13967	6874	7093	2234	1104	1130	310	259	51
12835	6589	6246	1223	602	621	11	9	2
13977	6912	7065	635	317	318	12	12	
5134	2747	2387	1099	526	573	37	35	2
31624	16577	15047	1158	570	588	18	16	2
504	255	249	335	164	171	3	1	2
1636	849	787	143	67	76	3	3	
77838	**40348**	**37490**	**9593**	**4855**	**4738**	**114**	**68**	**46**
2894	1646	1248	63	35	28	3	1	2
11048	5896	5152	1447	732	715	30	11	19
17282	8758	8524	3901	2017	1884	24	15	9
25470	12890	12580	2100	1044	1056	16	13	3
15194	7692	7502	770	384	386	26	22	4
5125	2962	2163	1186	581	605	9	3	6
825	504	321	126	62	64	6	3	3

1-2b 续表 2

地区	人口数			居住本乡、镇、街道，户口在本乡、镇、街道		
	合计	男	女	小计	男	女
濮阳市	**649236**	**326097**	**323139**	**537167**	**274754**	**262413**
华龙区	14771	6600	8171	6845	3534	3311
清丰县	104292	52045	52247	79503	41705	37798
南乐县	91691	44027	47664	77739	37349	40390
范县	75330	38444	36886	62835	32468	30367
台前县	66914	34647	32267	56046	29146	26900
濮阳县	296238	150334	145904	254199	130552	123647
许昌市	**711961**	**372949**	**339012**	**569563**	**292272**	**277291**
魏都区						
许昌县	168233	86441	81792	135118	68552	66566
鄢陵县	148475	83256	65219	107233	56031	51202
襄城县	179267	90854	88413	123095	62072	61023
禹州市	130734	68334	62400	121308	62845	58463
长葛市	85252	44064	41188	82809	42772	40037
漯河市	**480168**	**246410**	**233758**	**434503**	**223615**	**210888**
源汇区	4050	2109	1941	4023	2098	1925
郾城区	12112	6832	5280	8345	4915	3430
召陵区	45376	23202	22174	42815	21961	20854
舞阳县	173430	88495	84935	161887	82728	79159
临颍县	245200	125772	119428	217433	111913	105520
三门峡市	**425498**	**222694**	**202804**	**349233**	**181508**	**167725**
湖滨区						
渑池县	122568	61864	60704	98565	49804	48761
陕县	116068	61955	54113	90399	47148	43251
卢氏县	89022	45003	44019	69418	35140	34278
义马市	18338	11209	7129	17669	10982	6687
灵宝市	79502	42663	36839	73182	38434	34748
南阳市	**2324966**	**1200879**	**1124087**	**1890621**	**974216**	**916405**
宛城区	117829	59115	58714	105758	53170	52588
卧龙区	59178	30874	28304	55162	28641	26521
南召县	154794	79695	75099	116820	60415	56405
方城县	230181	119537	110644	193823	100935	92888
西峡县	162555	83125	79430	104939	53374	51565
镇平县	245418	128089	117329	202357	105279	97078
内乡县	161987	82281	79706	137269	69203	68066
淅川县	205991	105170	100821	163813	83491	80322
社旗县	175412	90979	84433	162308	84468	77840
唐河县	371000	193818	177182	287255	149532	137723
新野县	179229	91284	87945	139519	70447	69072
桐柏县	132051	67581	64470	104288	53246	51042
邓州市	129341	69331	60010	117310	62015	55295

单位：人

居住本乡、镇、街道，户口在外乡、镇、街道，离开户口登记地半年以上			居住本乡、镇、街道，户口待定			原住本乡、镇、街道，现在国外工作学习		
小计	男	女	小计	男	女	小计	男	女
107247	**48810**	**58437**	**4395**	**2212**	**2183**	**427**	**321**	**106**
7711	2942	4769	194	109	85	21	15	6
24003	9909	14094	696	353	343	90	78	12
13681	6547	7134	240	109	131	31	22	9
12113	5787	6326	349	168	181	33	21	12
9824	4968	4856	1040	530	510	4	3	1
39915	18657	21258	1876	943	933	248	182	66
137671	**78339**	**59332**	**4660**	**2290**	**2370**	**67**	**48**	**19**
32779	17709	15070	312	167	145	24	13	11
40761	26931	13830	480	293	187	1	1	
55676	28552	27124	478	216	262	18	14	4
7142	4417	2725	2271	1061	1210	13	11	2
1313	730	583	1119	553	566	11	9	2
44765	**22381**	**22384**	**851**	**376**	**475**	**49**	**38**	**11**
20	7	13	6	3	3	1	1	
3755	1910	1845	12	7	5			
2200	1063	1137	358	175	183	3	3	
11214	5634	5580	317	124	193	12	9	3
27576	13767	13809	158	67	91	33	25	8
71563	**37621**	**33942**	**4676**	**3545**	**1131**	**26**	**20**	**6**
22944	11549	11395	1056	510	546	3	1	2
22764	12114	10650	2902	2691	211	3	2	1
19329	9728	9601	259	122	137	16	13	3
600	194	406	68	32	36	1	1	
5926	4036	1890	391	190	201	3	3	
419885	**219420**	**200465**	**14123**	**7001**	**7122**	**337**	**242**	**95**
10356	5126	5230	1630	779	851	85	40	45
2958	1615	1343	1021	584	437	37	34	3
35813	18222	17591	2150	1049	1101	11	9	2
35079	18009	17070	1276	591	685	3	2	1
56756	29305	27451	794	386	408	66	60	6
42063	22303	19760	990	503	487	8	4	4
23876	12674	11202	801	373	428	41	31	10
41185	21185	20000	978	480	498	15	14	1
12682	6297	6385	410	204	206	12	10	2
82526	43668	38858	1206	607	599	13	11	2
38349	20126	18223	1345	704	641	16	7	9
26805	13829	12976	937	492	445	21	14	7
11437	7061	4376	585	249	336	9	6	3

1-2b 续表 3

地　区	人　口　数			居住本乡、镇、街道，户口在本乡、镇、街道		
	合计	男	女	小计	男	女
商丘市	**1287146**	**648072**	**639074**	**1162120**	**585626**	**576494**
梁园区	8929	4728	4201	8867	4694	4173
睢阳区	26859	13552	13307	26503	13382	13121
民权县	168694	84628	84066	156395	78872	77523
睢县	181494	90183	91311	149538	74796	74742
宁陵县	117205	58835	58370	106646	53585	53061
柘城县	188526	96739	91787	171259	87322	83937
虞城县	241261	121334	119927	218636	109975	108661
夏邑县	241516	121897	119619	216251	109522	106729
永城市	112662	56176	56486	108025	53478	54547
信阳市	**1555885**	**792150**	**763735**	**1186833**	**601217**	**585616**
浉河区	14360	7354	7006	13178	6749	6429
平桥区	79062	39805	39257	66042	33157	32885
罗山县	150439	78205	72234	112802	56798	56004
光山县	162287	83548	78739	143561	73924	69637
新县	99355	50215	49140	66580	33350	33230
商城县	135173	68803	66370	106810	53847	52963
固始县	291031	148358	142673	214409	109198	105211
潢川县	244949	122903	122046	159261	80066	79195
淮滨县	158433	78974	79459	130884	64880	66004
息县	220796	113985	106811	173306	89248	84058
周口市	**1988422**	**996571**	**991851**	**1773887**	**888379**	**885508**
川汇区						
扶沟县	169513	86560	82953	140134	71997	68137
西华县	212680	109535	103145	191606	97450	94156
商水县	227378	114175	113203	201252	101310	99942
沈丘县	260358	131430	128928	237730	119786	117944
郸城县	258877	130396	128481	230756	116124	114632
淮阳县	253992	125725	128267	211487	104364	107123
太康县	280366	140064	140302	250501	126383	124118
鹿邑县	261887	127252	134635	248564	120314	128250
项城市	63371	31434	31937	61857	30651	31206
驻马店市	**1687989**	**870712**	**817277**	**1324655**	**676169**	**648486**
驿城区	5098	2553	2545	5090	2549	2541
西平县	180994	91763	89231	151857	76830	75027
上蔡县	280040	145278	134762	236542	122694	113848
平舆县	207874	105775	102099	185121	94835	90286
正阳县	137990	70182	67808	113823	57864	55959
确山县	121195	60403	60792	98146	49346	48800
泌阳县	224429	118222	106207	160878	83757	77121
汝南县	199173	100629	98544	124248	62369	61879
遂平县	146192	82517	63675	93632	47142	46490
新蔡县	185004	93390	91614	155318	78783	76535
济源市	**90364**	**46109**	**44255**	**83290**	**42148**	**41142**
济源市	90364	46109	44255	83290	42148	41142

单位：人

居住本乡、镇、街道，户口在外乡、镇、街道，离开户口登记地半年以上			居住本乡、镇、街道，户口待定			原住本乡、镇、街道，现在国外工作学习		
小计	男	女	小计	男	女	小计	男	女
119105	**59435**	**59670**	**5815**	**2925**	**2890**	**106**	**86**	**20**
52	31	21	10	3	7			
89	43	46	266	127	139	1		1
11530	5358	6172	766	396	370	3	2	1
31494	15150	16344	444	226	218	18	11	7
10189	5061	5128	362	181	181	8	8	
16980	9262	7718	265	138	127	22	17	5
21596	10832	10764	989	490	499	40	37	3
23971	11708	12263	1287	663	624	7	4	3
3204	1990	1214	1426	701	725	7	7	
355556	**183903**	**171653**	**12018**	**6011**	**6007**	**1478**	**1019**	**459**
1114	565	549	66	39	27	2	1	1
12133	6203	5930	875	438	437	12	7	5
36196	20673	15523	1373	678	695	68	56	12
17629	9055	8574	1048	541	507	49	28	21
31077	15775	15302	435	210	225	1263	880	383
27388	14481	12907	961	469	492	14	6	8
73167	37363	35804	3419	1775	1644	36	22	14
83841	41884	41957	1820	939	881	27	14	13
26590	13679	12911	958	414	544	1	1	
46421	24225	22196	1063	508	555	6	4	2
201772	**101847**	**99925**	**12628**	**6258**	**6370**	**135**	**87**	**48**
29027	14387	14640	334	166	168	18	10	8
20288	11712	8576	726	336	390	60	37	23
23616	11663	11953	2496	1195	1301	14	7	7
20774	10705	10069	1843	931	912	11	8	3
25270	12828	12442	2845	1441	1404	6	3	3
40708	20446	20262	1795	913	882	2	2	
28261	12872	15389	1592	801	791	12	8	4
12512	6542	5970	803	388	415	8	8	
1316	692	624	194	87	107	4	4	
357826	**191919**	**165907**	**5370**	**2529**	**2841**	**138**	**95**	**43**
			8	4	4			
28771	14732	14039	312	154	158	54	47	7
41961	21877	20084	1512	694	818	25	13	12
22511	10824	11687	238	113	125	4	3	1
23752	12112	11640	410	203	207	5	3	2
22605	10825	11780	429	221	208	15	11	4
62858	34117	28741	689	345	344	4	3	1
74685	38141	36544	226	113	113	14	6	8
52258	35221	17037	289	148	141	13	6	7
28425	14070	14355	1257	534	723	4	3	1
6613	**3722**	**2891**	**417**	**207**	**210**	**44**	**32**	**12**
6613	3722	2891	417	207	210	44	32	12

1-2c 各地区分性别、

地区	人口数			居住本乡、镇、街道，户口在本乡、镇、街道		
	合计	男	女	小计	男	女
总计	**57810172**	**29100464**	**28709708**	**56206124**	**28296413**	**27909711**
郑州市	**3149594**	**1618914**	**1530680**	**2829159**	**1440962**	**1388197**
中原区	73058	37711	35347	54479	27001	27478
二七区	96774	54354	42420	61907	31275	30632
管城回族区	146758	79834	66924	91277	46482	44795
金水区	151985	75918	76067	72694	35840	36854
上街区	14306	7231	7075	13251	6533	6718
惠济区	94000	46816	47184	83108	41037	42071
中牟县	552429	283933	268496	540590	278156	262434
巩义市	441646	224054	217592	410806	207289	203517
荥阳市	344149	174382	169767	336054	169933	166121
新密市	438108	224281	213827	418054	213187	204867
新郑市	420772	215918	204854	390222	201372	188850
登封市	375609	194482	181127	356717	182857	173860
开封市	**3018002**	**1531838**	**1486164**	**2985525**	**1517248**	**1468277**
龙亭区	36414	18408	18006	34771	17742	17029
顺河回族区	36801	18742	18059	35640	18175	17465
鼓楼区	9812	5084	4728	9417	4911	4506
禹王台区	31378	16005	15373	29556	15003	14553
金明区	56139	28589	27550	55201	28163	27038
杞县	719818	364728	355090	715176	362453	352723
通许县	427151	219023	208128	424858	217988	206870
尉氏县	662364	340635	321729	657143	338605	318538
开封县	530230	273348	256882	519562	268466	251096
兰考县	507895	247276	260619	504201	245742	258459
洛阳市	**3661586**	**1851355**	**1810231**	**3523390**	**1778720**	**1744670**
老城区	19244	9447	9797	17714	8610	9104
西工区	31111	15559	15552	27621	13602	14019
瀍河回族区	13397	6568	6829	12270	5968	6302
涧西区	48206	24198	24008	44522	22389	22133
吉利区	23713	11753	11960	20453	9952	10501
洛龙区	205945	103158	102787	194278	97110	97168
孟津县	271662	135110	136552	260023	128289	131734
新安县	309290	158422	150868	293684	149626	144058
栾川县	215957	113421	102536	205230	107312	97918
嵩县	404917	203989	200928	386560	194868	191692
汝阳县	315010	159963	155047	301845	153610	148235
宜阳县	503833	253577	250256	493969	249035	244934
洛宁县	337274	169965	167309	330306	166016	164290
伊川县	596074	301395	294679	582511	294519	287992
偃师市	365953	184830	181123	352404	177814	174590

户口登记状况的人口(乡村)

单位：人

居住本乡、镇、街道，户口在外乡、镇、街道，离开户口登记地半年以上			居住本乡、镇、街道，户口待定			原住本乡、镇、街道，现在国外工作学习		
小计	男	女	小计	男	女	小计	男	女
946746	**484533**	**462213**	**640564**	**305638**	**334926**	**16738**	**13880**	**2858**
289007	**162739**	**126268**	**30960**	**14871**	**16089**	**468**	**342**	**126**
18229	10540	7689	320	154	166	30	16	14
34207	22769	11438	653	306	347	7	4	3
54458	32837	21621	1010	507	503	13	8	5
78716	39739	38977	563	334	229	12	5	7
992	674	318	58	21	37	5	3	2
10282	5465	4817	572	295	277	38	19	19
6674	3195	3479	5028	2460	2568	137	122	15
25089	14062	11027	5678	2652	3026	73	51	22
5870	3441	2429	2167	964	1203	58	44	14
16784	9525	7259	3226	1537	1689	44	32	12
25785	12180	13605	4729	2339	2390	36	27	9
11921	8312	3609	6956	3302	3654	15	11	4
18067	**7834**	**10233**	**13944**	**6383**	**7561**	**466**	**373**	**93**
1128	416	712	496	237	259	19	13	6
642	292	350	491	255	236	28	20	8
232	81	151	158	87	71	5	5	
1610	892	718	201	104	97	11	6	5
560	213	347	378	213	165			
2108	976	1132	2486	1257	1229	48	42	6
1312	598	714	921	387	534	60	50	10
2248	754	1494	2934	1253	1681	39	23	16
6670	3027	3643	3796	1689	2107	202	166	36
1557	585	972	2083	901	1182	54	48	6
90767	**50181**	**40586**	**45512**	**20797**	**24715**	**1917**	**1657**	**260**
1008	593	415	515	242	273	7	2	5
3157	1788	1369	285	139	146	48	30	18
1020	557	463	103	41	62	4	2	2
2453	1247	1206	1197	532	665	34	30	4
2925	1632	1293	321	155	166	14	14	
8752	4684	4068	2837	1308	1529	78	56	22
9351	5749	3602	2196	999	1197	92	73	19
11803	7062	4741	3757	1698	2059	46	36	10
7887	4572	3315	2401	1119	1282	439	418	21
9800	5053	4747	7915	3515	4400	642	553	89
6342	3186	3156	6768	3120	3648	55	47	8
5904	2773	3131	3887	1708	2179	73	61	12
5167	3072	2095	1680	766	914	121	111	10
6540	3576	2964	6935	3218	3717	88	82	6
8658	4637	4021	4715	2237	2478	176	142	34

1-2c 续表 1

地区	人口数			居住本乡、镇、街道，户口在本乡、镇、街道		
	合计	男	女	小计	男	女
平顶山市	**2882281**	**1486042**	**1396239**	**2781855**	**1439090**	**1342765**
新华区	55411	27880	27531	51158	25557	25601
卫东区	28514	14445	14069	25318	12749	12569
石龙区	12802	7334	5468	12051	6820	5231
湛河区	82185	41618	40567	76225	38634	37591
宝丰县	340393	175058	165335	328780	169464	159316
叶县	572737	294610	278127	561185	290053	271132
鲁山县	593379	308115	285264	567934	297130	270804
郏县	399532	207879	191653	390405	203365	187040
舞钢市	166307	87097	79210	161951	84926	77025
汝州市	631021	322006	309015	606848	310392	296456
安阳市	**3187522**	**1519641**	**1667881**	**3027032**	**1443316**	**1583716**
文峰区	98073	48684	49389	86405	43979	42426
北关区	22922	11752	11170	20717	10622	10095
殷都区	24501	12401	12100	22470	11490	10980
龙安区	93214	48811	44403	87058	45396	41662
安阳县	555179	256686	298493	524819	241443	283376
汤阴县	279828	134215	145613	255937	123518	132419
滑县	1072512	537805	534707	1041621	523243	518378
内黄县	573346	287428	285918	552200	277408	274792
林州市	467947	181859	286088	435805	166217	269588
鹤壁市	**824923**	**424000**	**400923**	**788307**	**406816**	**381491**
鹤山区	25225	12831	12394	22115	11166	10949
山城区	39014	20320	18694	36957	19209	17748
淇滨区	92823	48022	44801	86406	45109	41297
浚县	514326	263521	250805	499495	256534	242961
淇县	153535	79306	74229	143334	74798	68536
新乡市	**3379343**	**1699850**	**1679493**	**3310798**	**1665841**	**1644957**
红旗区	37159	19426	17733	32635	16625	16010
卫滨区						
凤泉区	65662	33413	32249	63097	32273	30824
牧野区	26189	13377	12812	24204	12059	12145
新乡县	192410	98416	93994	183751	94045	89706
获嘉县	262886	132584	130302	254671	128907	125764
原阳县	527899	265273	262626	516389	259862	256527
延津县	347225	176922	170303	342327	174249	168078
封丘县	562985	288491	274494	559223	286312	272911
长垣县	549970	270464	279506	542285	266889	275396
卫辉市	328290	167000	161290	321915	164065	157850
辉县市	478668	234484	244184	470301	230555	239746
焦作市	**1882513**	**951999**	**930514**	**1783787**	**901795**	**881992**
解放区						
中站区	45733	23057	22676	41017	20651	20366
马村区	61463	31338	30125	57238	29157	28081
山阳区	55690	29139	26551	47228	24014	23214
修武县	187767	96724	91043	177429	91632	85797
博爱县	266382	135964	130418	246847	126217	120630
武陟县	541512	274786	266726	515650	262535	253115
温县	271192	135290	135902	262817	131227	131590
沁阳市	224054	111816	112238	216689	107722	108967
孟州市	228720	113885	114835	218872	108640	110232

单位：人

居住本乡、镇、街道，户口在外乡、镇、街道，离开户口登记地半年以上			居住本乡、镇、街道，户口待定			原住本乡、镇、街道，现在国外工作学习		
小计	男	女	小计	男	女	小计	男	女
50230	**22822**	**27408**	**49967**	**23976**	**25991**	**229**	**154**	**75**
2697	1551	1146	1553	770	783	3	2	1
2329	1283	1046	865	413	452	2		2
674	475	199	77	39	38			
2820	1344	1476	3133	1635	1498	7	5	2
5775	2750	3025	5820	2831	2989	18	13	5
6640	2100	4540	4879	2438	2441	33	19	14
11124	4345	6779	14274	6611	7663	47	29	18
6757	3391	3366	2348	1108	1240	22	15	7
2794	1465	1329	1535	685	850	27	21	6
8620	4118	4502	15483	7446	8037	70	50	20
66732	**28785**	**37947**	**92510**	**46377**	**46133**	**1248**	**1163**	**85**
6608	2132	4476	5033	2550	2483	27	23	4
1450	713	737	747	412	335	8	5	3
1356	574	782	668	331	337	7	6	1
3221	1921	1300	2931	1491	1440	4	3	1
15861	7173	8688	14209	7788	6421	290	282	8
7900	2731	5169	15852	7831	8021	139	135	4
10096	4268	5828	20553	10085	10468	242	209	33
6502	2584	3918	14500	7318	7182	144	118	26
13738	6689	7049	18017	8571	9446	387	382	5
16378	**7207**	**9171**	**20192**	**9941**	**10251**	**46**	**36**	**10**
2446	1321	1125	664	344	320			
1395	771	624	662	340	322			
3335	1398	1937	3074	1511	1563	8	4	4
4816	2042	2774	9982	4917	5065	33	28	5
4386	1675	2711	5810	2829	2981	5	4	1
39004	**19599**	**19405**	**28705**	**13660**	**15045**	**836**	**750**	**86**
4015	2549	1466	505	249	256	4	3	1
1340	544	796	1222	593	629	3	3	
1768	1215	553	213	99	114	4	4	
4344	2197	2147	4289	2150	2139	26	24	2
3547	1294	2253	4309	2056	2253	359	327	32
5527	2662	2865	5956	2726	3230	27	23	4
2776	1600	1176	1917	888	1029	205	185	20
2257	1448	809	1446	687	759	59	44	15
4581	2051	2530	3001	1427	1574	103	97	6
3045	1355	1690	3323	1575	1748	7	5	2
5804	2684	3120	2524	1210	1314	39	35	4
75413	**38882**	**36531**	**23022**	**11101**	**11921**	**291**	**221**	**70**
3944	2035	1909	763	369	394	9	2	7
2675	1473	1202	1536	698	838	14	10	4
7684	4752	2932	749	352	397	29	21	8
6559	3280	3279	3757	1798	1959	22	14	8
14491	7202	7289	4984	2496	2488	60	49	11
19650	9214	10436	6157	2994	3163	55	43	12
6368	3078	3290	1982	966	1016	25	19	6
5155	3027	2128	2174	1035	1139	36	32	4
8887	4821	4066	920	393	527	41	31	10

1-2c 续表 2

地　区	人　口　数			居住本乡、镇、街道，户口在本乡、镇、街道		
	合计	男	女	小计	男	女
濮阳市	**2471657**	**1230074**	**1241583**	**2418534**	**1205405**	**1213129**
华龙区	189694	96073	93621	181700	92235	89465
清丰县	531635	265745	265890	518827	259811	259016
南乐县	363877	175331	188546	358563	173191	185372
范县	373415	184966	188449	369738	183323	186415
台前县	265210	132642	132568	258638	129653	128985
濮阳县	747826	375317	372509	731068	367192	363876
许昌市	**2650844**	**1358026**	**1292818**	**2581571**	**1320502**	**1261069**
魏都区	31746	16586	15160	20332	10388	9944
许昌县	559281	287311	271970	550141	282372	267769
鄢陵县	403136	203836	199300	397961	200293	197668
襄城县	492048	248629	243419	484091	244975	239116
禹州市	759081	393677	365404	732526	379291	353235
长葛市	405552	207987	197565	396520	203183	193337
漯河市	**1549680**	**795528**	**754152**	**1533979**	**788064**	**745915**
源汇区	146700	75211	71489	145378	74602	70776
郾城区	281067	144376	136691	277457	142608	134849
召陵区	291251	149810	141441	287368	148381	138987
舞阳县	365017	185971	179046	362293	184587	177706
临颍县	465645	240160	225485	461483	237886	223597
三门峡市	**1251325**	**643823**	**607502**	**1222423**	**628326**	**594097**
湖滨区	40475	20395	20080	38932	19621	19311
渑池县	223866	113938	109928	214584	109357	105227
陕县	225291	115782	109509	221229	113589	107640
卢氏县	263427	138262	125165	260502	136640	123862
义马市	8318	4161	4157	7582	3759	3823
灵宝市	489948	251285	238663	479594	245360	234234
南阳市	**6930061**	**3568210**	**3361851**	**6791455**	**3502585**	**3288870**
宛城区	450854	232664	218190	440835	228031	212804
卧龙区	461059	235525	225534	449479	229625	219854
南召县	402359	212924	189435	384923	204932	179991
方城县	692286	352957	339329	674341	345110	329231
西峡县	281859	148483	133376	275025	145069	129956
镇平县	614146	320832	293314	606308	316941	289367
内乡县	413223	211553	201670	403795	206817	196978
淅川县	479692	245949	233743	471797	242532	229265
社旗县	458374	235281	223093	454346	233339	221007
唐河县	911262	469910	441352	902188	465779	436409
新野县	449981	228294	221687	440419	223459	216960
桐柏县	261891	135522	126369	248229	128916	119313
邓州市	1053075	538316	514759	1039770	532035	507735

单位：人

居住本乡、镇、街道，户口在外乡、镇、街道，离开户口登记地半年以上			居住本乡、镇、街道，户口待定			原住本乡、镇、街道，现在国外工作学习		
小计	男	女	小计	男	女	小计	男	女
21411	**8639**	**12772**	**28562**	**13307**	**15255**	**3150**	**2723**	**427**
3423	1329	2094	3911	1924	1987	660	585	75
6512	2800	3712	5773	2676	3097	523	458	65
2931	1032	1899	2293	1038	1255	90	70	20
1561	699	862	2068	900	1168	48	44	4
1998	881	1117	4533	2074	2459	41	34	7
4986	1898	3088	9984	4695	5289	1788	1532	256
47025	**26759**	**20266**	**21877**	**10479**	**11398**	**371**	**286**	**85**
11354	6173	5181	45	18	27	15	7	8
7548	4192	3356	1548	712	836	44	35	9
4327	3122	1205	781	370	411	67	51	16
3874	1676	2198	3968	1889	2079	115	89	26
14960	8784	6176	11544	5566	5978	51	36	15
4962	2812	2150	3991	1924	2067	79	68	11
10455	**5092**	**5363**	**5101**	**2274**	**2827**	**145**	**98**	**47**
1100	505	595	213	98	115	9	6	3
2814	1432	1382	757	315	442	39	21	18
1680	427	1253	2171	975	1196	32	27	5
1460	805	655	1235	557	678	29	22	7
3401	1923	1478	725	329	396	36	22	14
16776	**9729**	**7047**	**11972**	**5630**	**6342**	**154**	**138**	**16**
1008	528	480	533	244	289	2	2	
4549	2419	2130	4732	2161	2571	1	1	
2622	1531	1091	1436	660	776	4	2	2
1965	1121	844	831	381	450	129	120	9
363	223	140	373	179	194			
6269	3907	2362	4067	2005	2062	18	13	5
55880	**26645**	**29235**	**81855**	**38224**	**43631**	**871**	**756**	**115**
2519	1089	1430	7463	3518	3945	37	26	11
6762	3592	3170	4704	2211	2493	114	97	17
3891	1552	2339	13532	6430	7102	13	10	3
7768	3130	4638	10099	4655	5444	78	62	16
3865	1905	1960	2744	1295	1449	225	214	11
4614	2394	2220	3197	1476	1721	27	21	6
5823	3099	2724	3539	1574	1965	66	63	3
2405	1064	1341	5444	2313	3131	46	40	6
1702	793	909	2173	1013	1160	153	136	17
2765	1078	1687	6291	3040	3251	18	13	5
1738	867	871	7813	3961	3852	11	7	4
7327	3574	3753	6324	3024	3300	11	8	3
4701	2508	2193	8532	3714	4818	72	59	13

1-2c 续表 3

地区	人口数			居住本乡、镇、街道，户口在本乡、镇、街道		
	合计	男	女	小计	男	女
商丘市	**5191418**	**2585738**	**2605680**	**5141699**	**2561093**	**2580606**
梁园区	417631	213893	203738	411136	210752	200384
睢阳区	500212	251672	248540	493537	248317	245220
民权县	534734	263955	270779	529492	261499	267993
睢县	529642	263211	266431	526940	261802	265138
宁陵县	406198	200387	205811	404465	199565	204900
柘城县	589632	289531	300101	587705	288599	299106
虞城县	713524	358201	355323	708923	355941	352982
夏邑县	673775	334324	339451	669043	331935	337108
永城市	826070	410564	415506	810458	402683	407775
信阳市	**4021341**	**2017347**	**2003994**	**3904396**	**1962612**	**1941784**
浉河区	256100	130963	125137	245585	126152	119433
平桥区	348640	175113	173527	329120	166405	162715
罗山县	354138	177576	176562	340708	171381	169327
光山县	423066	215927	207139	414024	211731	202293
新县	175949	88929	87020	165116	82014	83102
商城县	360353	176014	184339	349051	170875	178176
固始县	732898	371699	361199	716821	364416	352405
潢川县	385427	191405	194022	377051	188067	188984
淮滨县	411764	202069	209695	406896	199850	207046
息县	573006	287652	285354	560024	281721	278303
周口市	**6316238**	**3101146**	**3215092**	**6222429**	**3057247**	**3165182**
川汇区	196811	99349	97462	166320	84304	82016
扶沟县	456306	231049	225257	452607	229338	223269
西华县	575238	293910	281328	570168	291523	278645
商水县	713414	348204	365210	698350	341672	356678
沈丘县	722554	350639	371915	717089	348058	369031
郸城县	736774	362180	374594	726694	357676	369018
淮阳县	795942	388953	406989	787258	385101	402157
太康县	822586	410260	412326	814898	406584	408314
鹿邑县	648364	304801	343563	645023	303225	341798
项城市	648249	311801	336448	644022	309766	334256
驻马店市	**5100784**	**2543263**	**2557521**	**5029898**	**2509768**	**2520130**
驿城区	274164	140961	133203	269055	138669	130386
西平县	519158	261239	257919	512107	257481	254626
上蔡县	804170	389420	414750	790078	383526	406552
平舆县	540524	267739	272785	538560	266822	271738
正阳县	507044	247486	259558	501909	245209	256700
确山县	284826	137678	147148	278855	135037	143818
泌阳县	585980	306589	279391	579858	303439	276419
汝南县	570822	290482	280340	558753	284488	274265
遂平县	347738	175459	172279	341329	172009	169320
新蔡县	666358	326210	340148	659394	323088	336306
济源市	**341060**	**173670**	**167390**	**329887**	**167023**	**162864**
济源市	341060	173670	167390	329887	167023	162864

单位：人

居住本乡、镇、街道，户口在外乡、镇、街道，离开户口登记地半年以上			居住本乡、镇、街道，户口待定			原住本乡、镇、街道，现在国外工作学习		
小计	男	女	小计	男	女	小计	男	女
13472	**6491**	**6981**	**35982**	**17948**	**18034**	**265**	**206**	**59**
820	287	533	5670	2850	2820	5	4	1
1337	709	628	5304	2620	2684	34	26	8
1176	448	728	4059	2005	2054	7	3	4
1126	632	494	1537	748	789	39	29	10
300	127	173	1428	692	736	5	3	2
493	225	268	1403	680	723	31	27	4
1054	485	569	3489	1728	1761	58	47	11
1025	481	544	3689	1894	1795	18	14	4
6141	3097	3044	9403	4731	4672	68	53	15
48567	**20562**	**28005**	**62805**	**29723**	**33082**	**5573**	**4450**	**1123**
6470	2942	3528	4020	1854	2166	25	15	10
8447	3337	5110	11039	5348	5691	34	23	11
4307	1584	2723	8870	4392	4478	253	219	34
3928	1725	2203	4974	2362	2612	140	109	31
4896	2523	2373	957	405	552	4980	3987	993
5748	2524	3224	5527	2595	2932	27	20	7
6467	2565	3902	9532	4661	4871	78	57	21
3720	1194	2526	4630	2129	2501	26	15	11
952	454	498	3916	1765	2151			
3632	1714	1918	9340	4212	5128	10	5	5
43673	**19989**	**23684**	**49886**	**23721**	**26165**	**250**	**189**	**61**
29512	14587	14925	975	454	521	4	4	
2217	1008	1209	1461	689	772	21	14	7
1662	713	949	3398	1667	1731	10	7	3
4263	1434	2829	10779	5083	5696	22	15	7
888	366	522	4552	2201	2351	25	14	11
939	295	644	9117	4191	4926	24	18	6
1446	437	1009	7218	3401	3817	20	14	6
1182	450	732	6450	3179	3271	56	47	9
321	69	252	2992	1481	1511	28	26	2
1243	630	613	2944	1375	1569	40	30	10
35965	**17554**	**18411**	**34558**	**15677**	**18881**	**363**	**264**	**99**
2850	1288	1562	2245	994	1251	14	10	4
4790	2672	2118	2117	969	1148	144	117	27
3602	1209	2393	10454	4660	5794	36	25	11
585	288	297	1366	619	747	13	10	3
2537	1053	1484	2582	1212	1370	16	12	4
3174	1348	1826	2764	1268	1496	33	25	8
3129	1705	1424	2950	1418	1532	43	27	16
9144	4675	4469	2895	1301	1594	30	18	12
4344	2523	1821	2049	919	1130	16	8	8
1810	793	1017	5136	2317	2819	18	12	6
7924	**5024**	**2900**	**3154**	**1549**	**1605**	**95**	**74**	**21**
7924	5024	2900	3154	1549	1605	95	74	21

1-3 各地区分性别的户籍人口状况

单位：人、%

地区	户籍人口			外出半年以上人口			外出半年以上人口占总人口比重		
	合计	男	女	小计	男	女	小计	男	女
总计	**104281397**	**54027163**	**50254234**	**19655415**	**11331102**	**8324313**	**18.85**	**20.97**	**16.56**
郑州市	**7309348**	**3725769**	**3583579**	**1288167**	**683436**	**604731**	**17.62**	**18.34**	**16.88**
中原区	659632	330322	329310	160656	83381	77275	24.36	25.24	23.47
二七区	536256	267793	268463	129864	66360	63504	24.22	24.78	23.65
管城回族区	411449	206488	204961	78117	39592	38525	18.99	19.17	18.80
金水区	950482	473016	477466	218150	110427	107723	22.95	23.35	22.56
上街区	115236	57771	57465	22649	11950	10699	19.65	20.69	18.62
惠济区	184930	92042	92888	27234	13763	13471	14.73	14.95	14.50
中牟县	758954	396716	362238	91410	52869	38541	12.04	13.33	10.64
巩义市	817244	415751	401493	119610	63596	56014	14.64	15.30	13.95
荥阳市	650404	330249	320155	116424	61346	55078	17.90	18.58	17.20
新密市	859501	450166	409335	166349	94925	71424	19.35	21.09	17.45
新郑市	681190	353159	328031	79450	42939	36511	11.66	12.16	11.13
登封市	684070	352296	331774	78254	42288	35966	11.44	12.00	10.84
开封市	**5034485**	**2606236**	**2428249**	**680386**	**390882**	**289504**	**13.51**	**15.00**	**11.92**
龙亭区	117343	58623	58720	21780	10587	11193	18.56	18.06	19.06
顺河回族区	223936	111151	112785	24332	12580	11752	10.87	11.32	10.42
鼓楼区	151542	74426	77116	40497	19834	20663	26.72	26.65	26.79
禹王台区	133762	66106	67656	22405	10736	11669	16.75	16.24	17.25
金明区	190319	98332	91987	19564	9779	9785	10.28	9.94	10.64
杞县	1093892	576137	517755	156466	94383	62083	14.30	16.38	11.99
通许县	625473	325821	299652	71333	41377	29956	11.40	12.70	10.00
尉氏县	934623	485610	449013	78178	44841	33337	8.36	9.23	7.42
开封县	740338	385461	354877	73595	42777	30818	9.94	11.10	8.68
兰考县	823257	424569	398688	172236	103988	68248	20.92	24.49	17.12
洛阳市	**6803931**	**3486618**	**3317313**	**1067861**	**595724**	**472137**	**15.69**	**17.09**	**14.23**
老城区	143005	70527	72478	29062	14637	14425	20.32	20.75	19.90
西工区	353579	182282	171297	82428	42949	39479	23.31	23.56	23.05
瀍河回族区	167586	85953	81633	30436	17709	12727	18.16	20.60	15.59
涧西区	532676	269247	263429	104884	55298	49586	19.69	20.54	18.82
吉利区	68373	33910	34463	10112	5333	4779	14.79	15.73	13.87
洛龙区	468434	234577	233857	46054	25312	20742	9.83	10.79	8.87
孟津县	451596	227327	224269	79975	43841	36134	17.71	19.29	16.11
新安县	520607	267834	252773	87090	47677	39413	16.73	17.80	15.59
栾川县	330415	173040	157375	42515	23025	19490	12.87	13.31	12.38
嵩县	585216	305958	279258	111169	66981	44188	19.00	21.89	15.82
汝阳县	466753	241781	224972	79866	45654	34212	17.11	18.88	15.21
宜阳县	729665	377389	352276	117294	67745	49549	16.08	17.95	14.07
洛宁县	480027	248283	231744	82871	48840	34031	17.26	19.67	14.68
伊川县	793227	405535	387692	73408	41079	32329	9.25	10.13	8.34
偃师市	712772	362975	349797	90697	49644	41053	12.72	13.68	11.74

1-3 续表 1

单位：人、%

地区	户籍人口			外出半年以上人口			外出半年以上人口占总人口比重		
	合计	男	女	小计	男	女	小计	男	女
平顶山市	**5284001**	**2761684**	**2522317**	**799525**	**447611**	**351914**	**15.13**	**16.21**	**13.95**
新华区	378253	197161	181092	80664	43836	36828	21.33	22.23	20.34
卫东区	282303	146370	135933	49206	27938	21268	17.43	19.09	15.65
石龙区	60698	34498	26200	14393	8997	5396	23.71	26.08	20.60
湛河区	240865	123660	117205	27516	14666	12850	11.42	11.86	10.96
宝丰县	517141	269065	248076	62994	35085	27909	12.18	13.04	11.25
叶县	883833	462031	421802	127623	71918	55705	14.44	15.57	13.21
鲁山县	920979	481984	438995	155381	84852	70529	16.87	17.60	16.07
郏县	616451	323733	292718	82766	46350	36416	13.43	14.32	12.44
舞钢市	333656	174956	158700	36359	19674	16685	10.90	11.25	10.51
汝州市	1049822	548226	501596	162623	94295	68328	15.49	17.20	13.62
安阳市	**5682720**	**2910449**	**2772271**	**990726**	**638755**	**351971**	**17.43**	**21.95**	**12.70**
文峰区	384378	192068	192310	62716	30711	32005	16.32	15.99	16.64
北关区	245821	122555	123266	56481	28066	28415	22.98	22.90	23.05
殷都区	241395	127119	114276	37431	20540	16891	15.51	16.16	14.78
龙安区	199340	101795	97545	14676	7422	7254	7.36	7.29	7.44
安阳县	983221	504426	478795	199145	132454	66691	20.25	26.26	13.93
汤阴县	490707	250659	240048	87127	53840	33287	17.76	21.48	13.87
滑县	1330924	680804	650120	116863	71120	45743	8.78	10.45	7.04
内黄县	758994	391578	367416	103136	61090	42046	13.59	15.60	11.44
林州市	1047940	539445	508495	313151	233512	79639	29.88	43.29	15.66
鹤壁市	**1583918**	**822843**	**761075**	**133038**	**74248**	**58790**	**8.40**	**9.02**	**7.72**
鹤山区	125728	65317	60411	14023	7404	6619	11.15	11.34	10.96
山城区	234128	122599	111529	26007	15727	10280	11.11	12.83	9.22
淇滨区	254244	130434	123810	22874	11437	11437	9.00	8.77	9.24
浚县	687073	357387	329686	39087	23649	15438	5.69	6.62	4.68
淇县	282745	147106	135639	31047	16031	15016	10.98	10.90	11.07
新乡市	**5894761**	**3033185**	**2861576**	**640501**	**379431**	**261070**	**10.87**	**12.51**	**9.12**
红旗区	314729	157576	157153	41129	20683	20446	13.07	13.13	13.01
卫滨区	213857	107624	106233	50239	26373	23866	23.49	24.50	22.47
凤泉区	138798	71225	67573	8619	4789	3830	6.21	6.72	5.67
牧野区	298370	152156	146214	47790	24264	23526	16.02	15.95	16.09
新乡县	335675	171285	164390	13372	6686	6686	3.98	3.90	4.07
获嘉县	424196	216580	207616	38124	21375	16749	8.99	9.87	8.07
原阳县	719732	374875	344857	80470	51752	28718	11.18	13.81	8.33
延津县	485079	250125	234954	32962	19369	13593	6.80	7.74	5.79
封丘县	794701	412924	381777	61869	37937	23932	7.79	9.19	6.27
长垣县	840405	438749	401656	78236	58537	19699	9.31	13.34	4.90
卫辉市	505305	258166	247139	57528	30787	26741	11.38	11.93	10.82
辉县市	823914	421900	402014	130163	76879	53284	15.80	18.22	13.25
焦作市	**3619933**	**1846636**	**1773297**	**437703**	**233379**	**204324**	**12.09**	**12.64**	**11.52**
解放区	277269	140041	137228	46740	23982	22758	16.86	17.12	16.58
中站区	117450	60457	56993	20761	11119	9642	17.68	18.39	16.92
马村区	140358	74020	66338	19124	10437	8687	13.63	14.10	13.10
山阳区	280904	143196	137708	48580	26023	22557	17.29	18.17	16.38
修武县	304334	157200	147134	35351	18405	16946	11.62	11.71	11.52
博爱县	456415	234923	221492	34423	18114	16309	7.54	7.71	7.36
武陟县	738473	379337	359136	68846	38019	30827	9.32	10.02	8.58
温县	442100	223507	218593	42890	23135	19755	9.70	10.35	9.04
沁阳市	484187	244798	239389	84081	45272	38809	17.37	18.49	16.21
孟州市	378443	189157	189286	36907	18873	18034	9.75	9.98	9.53

1-3 续表 2

单位：人、%

地 区	户籍人口			外出半年以上人口			外出半年以上人口占总人口比重		
	合计	男	女	小计	男	女	小计	男	女
濮阳市	**3814284**	**1967422**	**1846862**	**493668**	**303643**	**190025**	**12.94**	**15.43**	**10.29**
华龙区	572103	293121	278982	79865	44670	35195	13.96	15.24	12.62
清丰县	692909	357201	335708	86034	51547	34487	12.42	14.43	10.27
南乐县	522516	264002	258514	78199	50541	27658	14.97	19.14	10.70
范县	538331	280337	257994	82693	52725	29968	15.36	18.81	11.62
台前县	367973	191360	176613	48372	30197	18175	13.15	15.78	10.29
濮阳县	1120452	581401	539051	118505	73963	44542	10.58	12.72	8.26
许昌市	**4767581**	**2488815**	**2278766**	**883720**	**504829**	**378891**	**18.54**	**20.28**	**16.63**
魏都区	397281	196964	200317	59574	29523	30051	15.00	14.99	15.00
许昌县	871615	456167	415448	133427	77738	55689	15.31	17.04	13.40
鄢陵县	647725	342575	305150	139565	84733	54832	21.55	24.73	17.97
襄城县	841966	440357	401609	233975	132784	101191	27.79	30.15	25.20
禹州市	1254109	661556	592553	215347	123216	92131	17.17	18.63	15.55
长葛市	754885	391196	363689	101832	56835	44997	13.49	14.53	12.37
漯河市	**2712381**	**1401711**	**1310670**	**324279**	**179153**	**145126**	**11.96**	**12.78**	**11.07**
源汇区	326114	165103	161011	42863	22110	20753	13.14	13.39	12.89
郾城区	510042	264193	245849	57498	31211	26287	11.27	11.81	10.69
召陵区	523894	269547	254347	67536	35891	31645	12.89	13.32	12.44
舞阳县	599529	310576	288953	75250	43564	31686	12.55	14.03	10.97
临颍县	752802	392292	360510	81132	46377	34755	10.78	11.82	9.64
三门峡市	**2245480**	**1160639**	**1084841**	**202513**	**112107**	**90406**	**9.02**	**9.66**	**8.33**
湖滨区	297216	150954	146262	29231	14816	14415	9.83	9.81	9.86
渑池县	349931	178703	171228	36546	19609	16937	10.44	10.97	9.89
陕县	340781	177046	163735	28081	15117	12964	8.24	8.54	7.92
卢氏县	359864	188886	170978	30870	17674	13196	8.58	9.36	7.72
义马市	163979	87201	76778	31211	18638	12573	19.03	21.37	16.38
灵宝市	733709	377849	355860	46574	26253	20321	6.35	6.95	5.71
南阳市	**11574387**	**6076719**	**5497668**	**2102540**	**1200676**	**901864**	**18.17**	**19.76**	**16.40**
宛城区	862336	443919	418417	165557	88051	77506	19.20	19.83	18.52
卧龙区	963153	491107	472046	141080	78820	62260	14.65	16.05	13.19
南召县	637050	341026	296024	99076	56530	42546	15.55	16.58	14.37
方城县	1063179	556928	506251	189019	107859	81160	17.78	19.37	16.03
西峡县	458389	242646	215743	66265	36936	29329	14.46	15.22	13.59
镇平县	1009618	540257	469361	188562	110410	78152	18.68	20.44	16.65
内乡县	703698	369372	334326	142223	83082	59141	20.21	22.49	17.69
淅川县	771667	403469	368198	123923	71208	52715	16.06	17.65	14.32
社旗县	711461	372988	338473	83904	49021	34883	11.79	13.14	10.31
唐河县	1403028	738224	664804	202695	117469	85226	14.45	15.91	12.82
新野县	811826	425653	386173	215076	123010	92066	26.49	28.90	23.84
桐柏县	465670	244602	221068	109255	60684	48571	23.46	24.81	21.97
邓州市	1713312	906528	806784	375905	217596	158309	21.94	24.00	19.62

1-3 续表 3

单位：人、%

地 区	户籍人口			外出半年以上人口			外出半年以上人口占总人口比重		
	合计	男	女	小计	男	女	小计	男	女
商丘市	**8853505**	**4598618**	**4254887**	**1800676**	**1072713**	**727963**	**20.34**	**23.33**	**17.11**
梁园区	793104	403811	389293	79464	41239	38225	10.02	10.21	9.82
睢阳区	830438	427374	403064	128164	75224	52940	15.43	17.60	13.13
民权县	891421	460717	430704	198317	116734	81583	22.25	25.34	18.94
睢县	853537	447883	405654	165460	103631	61829	19.39	23.14	15.24
宁陵县	636619	330164	306455	123961	76351	47610	19.47	23.13	15.54
柘城县	1002305	526316	475989	240413	148946	91467	23.99	28.30	19.22
虞城县	1159064	603103	555961	224802	133669	91133	19.40	22.16	16.39
夏邑县	1180918	615266	565652	291865	171961	119904	24.72	27.95	21.20
永城市	1506099	783984	722115	348230	204958	143272	23.12	26.14	19.84
信阳市	**8457648**	**4418843**	**4038805**	**2980411**	**1661265**	**1319146**	**35.24**	**37.60**	**32.66**
浉河区	638334	326051	312283	200772	104590	96182	31.45	32.08	30.80
平桥区	831345	429394	401951	297957	160241	137716	35.84	37.32	34.26
罗山县	740465	387874	352591	272396	152581	119815	36.79	39.34	33.98
光山县	826129	439321	386808	258943	148524	110419	31.34	33.81	28.55
新县	355541	191404	164137	117531	71121	46410	33.06	37.16	28.28
商城县	764101	405571	358530	289883	171811	118072	37.94	42.36	32.93
固始县	1707452	904536	802916	761742	423433	338309	44.61	46.81	42.14
潢川县	839772	434398	405374	290628	159867	130761	34.61	36.80	32.26
淮滨县	743892	378937	364955	203747	113062	90685	27.39	29.84	24.85
息县	1010617	521357	489260	286812	156035	130777	28.38	29.93	26.73
周口市	**11143370**	**5783375**	**5359995**	**2618755**	**1571713**	**1047042**	**23.50**	**27.18**	**19.53**
川汇区	450266	228052	222214	44268	23552	20716	9.83	10.33	9.32
扶沟县	743022	388912	354110	155642	90289	65353	20.95	23.22	18.46
西华县	942585	491000	451585	177355	100413	76942	18.82	20.45	17.04
商水县	1207627	630033	577594	296053	181555	114498	24.52	28.82	19.82
沈丘县	1275482	662858	612624	312204	191031	121173	24.48	28.82	19.78
郸城县	1309744	682186	627558	334975	200062	134913	25.58	29.33	21.50
淮阳县	1349660	694338	655322	311454	185763	125691	23.08	26.75	19.18
太康县	1465642	763004	702638	394936	227188	167748	26.95	29.78	23.87
鹿邑县	1184470	612301	572169	288421	187225	101196	24.35	30.58	17.69
项城市	1214872	630691	584181	303447	184635	118812	24.98	29.28	20.34
驻马店市	**8823380**	**4592479**	**4230901**	**2106735**	**1224642**	**882093**	**23.88**	**26.67**	**20.85**
驿城区	660117	339516	320601	52206	27768	24438	7.91	8.18	7.62
西平县	869799	453336	416463	200976	116222	84754	23.11	25.64	20.35
上蔡县	1477617	768601	709016	441265	258413	182852	29.86	33.62	25.79
平舆县	980458	516534	463924	245902	149307	96595	25.08	28.91	20.82
正阳县	806271	418650	387621	182156	111288	70868	22.59	26.58	18.28
确山县	522221	270850	251371	147784	88092	59692	28.30	32.52	23.75
泌阳县	1014736	536278	478458	275188	150989	124199	27.12	28.15	25.96
汝南县	832696	431339	401357	147470	83729	63741	17.71	19.41	15.88
遂平县	557584	287648	269936	119701	67213	52488	21.47	23.37	19.44
新蔡县	1101881	569727	532154	294087	171621	122466	26.69	30.12	23.01
济源市	**676284**	**345122**	**331162**	**104211**	**56895**	**47316**	**15.41**	**16.49**	**14.29**
济源市	676284	345122	331162	104211	56895	47316	15.41	16.49	14.29

1-4 各地区分性别的户口登记地在外乡镇街道的人口状况

单位：人

地区	户口登记地					
	合计			本县(市、区)		
	合计	男	女	小计	男	女
总计	**9764067**	**5012932**	**4751135**	**5241746**	**2641919**	**2599827**
郑州市	**2704542**	**1433967**	**1270575**	**709306**	**356651**	**352655**
中原区	418985	224887	194098	91560	45696	45864
二七区	332822	175647	157175	70193	34648	35545
管城回族区	329452	178274	151178	49715	24558	25157
金水区	888858	468287	420571	148411	73056	75355
上街区	36581	18382	18199	14919	7419	7500
惠济区	111699	54142	57557	8626	4468	4158
中牟县	63988	33301	30687	33993	16511	17482
巩义市	108532	58833	49699	72922	37843	35079
荥阳市	81963	42872	39091	61809	31241	30568
新密市	105552	56348	49204	80172	41937	38235
新郑市	158489	78617	79872	42378	21432	20946
登封市	67621	44377	23244	34608	17842	16766
开封市	**326967**	**158838**	**168129**	**156401**	**75318**	**81083**
龙亭区	33178	14754	18424	6839	3278	3561
顺河回族区	32615	15745	16870	19395	9192	10203
鼓楼区	31828	15123	16705	7544	3564	3980
禹王台区	23264	11320	11944	13055	6077	6978
金明区	90813	45868	44945	10868	5310	5558
杞县	16720	8271	8449	14623	7242	7381
通许县	18149	9006	9143	16726	8290	8436
尉氏县	22457	10914	11543	20899	10244	10655
开封县	31758	14940	16818	23918	11180	12738
兰考县	26185	12897	13288	22534	10941	11593
洛阳市	**845615**	**433852**	**411763**	**395312**	**197524**	**197788**
老城区	54805	26803	28002	10877	5282	5595
西工区	116988	58161	58827	32202	15542	16660
瀍河回族区	44090	23333	20757	11359	5874	5485
涧西区	196268	100854	95414	78661	38917	39744
吉利区	12029	6421	5608	2426	1184	1242
洛龙区	102732	51274	51458	17044	8671	8373
孟津县	39998	22588	17410	26017	12958	13059
新安县	47436	26456	20980	29937	15860	14077
栾川县	48324	25344	22980	40744	20698	20046
嵩县	28415	13736	14679	18972	8932	10040
汝阳县	22088	11317	10771	17968	9248	8720
宜阳县	29475	14707	14768	25538	12979	12559
洛宁县	25905	13095	12810	22619	11071	11548
伊川县	32852	16585	16267	29329	14601	14728
偃师市	44210	23178	21032	31619	15707	15912

1-4 续表 1 单位：人

地区	户口登记地					
	合计			本县(市、区)		
	合计	男	女	小计	男	女
平顶山市	**486258**	**247301**	**238957**	**278019**	**141524**	**136495**
新华区	104087	54571	49516	41461	22111	19350
卫东区	71319	35933	35386	33802	17234	16568
石龙区	7856	4688	3168	2566	1617	949
湛河区	80447	40874	39573	19556	9889	9667
宝丰县	37815	19306	18509	27708	14162	13546
叶县	39518	18891	20627	32393	15885	16508
鲁山县	31814	14812	17002	25699	12308	13391
郏县	34185	17713	16472	30794	15932	14862
舞钢市	25108	12697	12411	16929	8216	8713
汝州市	54109	27816	26293	47111	24170	22941
安阳市	**475407**	**231385**	**244022**	**266307**	**128867**	**137440**
文峰区	127665	60331	67334	44871	21570	23301
北关区	60838	28254	32584	28094	13642	14452
殷都区	47946	23108	24838	18183	8814	9369
龙安区	29498	15673	13825	9823	4832	4991
安阳县	50308	25149	25159	35662	17171	18491
汤阴县	28240	12510	15730	19225	8349	10876
滑县	43886	21478	22408	38422	18743	19679
内黄县	30240	16341	13899	24769	12855	11914
林州市	56786	28541	28245	47258	22891	24367
鹤壁市	**103910**	**50175**	**53735**	**64012**	**30483**	**33529**
鹤山区	9410	5029	4381	7452	3988	3464
山城区	25349	13249	12100	14285	7152	7133
淇滨区	39539	18513	21026	18092	8447	9645
浚县	12140	5500	6640	9730	4369	5361
淇县	17472	7884	9588	14453	6527	7926
新乡市	**447945**	**219354**	**228591**	**236168**	**117019**	**119149**
红旗区	130455	62745	67710	33044	15880	17164
卫滨区	32797	15605	17192	11166	5460	5706
凤泉区	14183	10060	4123	4766	2334	2432
牧野区	66500	29459	37041	19155	9279	9876
新乡县	17395	9010	8385	11466	6136	5330
获嘉县	17514	8168	9346	13124	6136	6988
原阳县	18362	9251	9111	15956	8125	7831
延津县	16753	8512	8241	12402	6378	6024
封丘县	7391	4195	3196	6111	3378	2733
长垣县	36292	18672	17620	32566	16362	16204
卫辉市	29018	13199	15819	22947	11114	11833
辉县市	61285	30478	30807	53465	26437	27028
焦作市	**388751**	**201702**	**187049**	**222727**	**110948**	**111779**
解放区	68521	37119	31402	27501	13246	14255
中站区	12884	6227	6657	7609	3722	3887
马村区	20732	11512	9220	8705	4777	3928
山阳区	96523	50561	45962	24419	11732	12687
修武县	17607	9176	8431	10856	5699	5157
博爱县	31824	15991	15833	26713	13595	13118
武陟县	45122	22105	23017	39637	19814	19823
温县	21562	10770	10792	18374	8834	9540
沁阳市	47474	24509	22965	37840	18946	18894
孟州市	26502	13732	12770	21073	10583	10490

1-4 续表 2

单位：人

地　区	户口登记地					
	合　计			本县(市、区)		
	合计	男	女	小计	男	女
濮阳市	**277527**	**132524**	**145003**	**161877**	**77577**	**84300**
华龙区	157721	78193	79528	76473	37835	38638
清丰县	30515	12709	17806	18551	8374	10177
南乐县	16674	7601	9073	14265	6618	7647
范县	15862	7609	8253	9747	4780	4967
台前县	11822	5849	5973	10205	5056	5149
濮阳县	44933	20563	24370	32636	14914	17722
许昌市	**466982**	**248392**	**218590**	**318574**	**162718**	**155856**
魏都区	167914	82812	85102	95000	45718	49282
许昌县	44286	23991	20295	28339	15156	13183
鄢陵县	45088	30053	15035	14401	8036	6365
襄城县	59550	30228	29322	52335	26424	25911
禹州市	110858	60687	50171	95381	50216	45165
长葛市	39286	20621	18665	33118	17168	15950
漯河市	**188830**	**93876**	**94954**	**107764**	**54566**	**53198**
源汇区	55013	25564	29449	23592	11578	12014
郾城区	57689	30308	27381	27823	15263	12560
召陵区	32477	15875	16602	19847	9558	10289
舞阳县	12674	6439	6235	10097	4987	5110
临颍县	30977	15690	15287	26405	13180	13225
三门峡市	**196080**	**103340**	**92740**	**118196**	**60240**	**57956**
湖滨区	78136	40636	37500	31124	15618	15506
渑池县	27493	13968	13525	21691	10828	10863
陕县	25587	13754	11833	18566	9547	9019
卢氏县	21294	10849	10445	19477	9878	9599
义马市	11260	5955	5305	4653	2739	1914
灵宝市	32310	18178	14132	22685	11630	11055
南阳市	**876767**	**454890**	**421877**	**673541**	**349205**	**324336**
宛城区	196296	101676	94620	101785	51023	50762
卧龙区	131921	67562	64359	74470	38294	36176
南召县	39704	19774	19930	36357	18281	18076
方城县	42847	21139	21708	38696	19334	19362
西峡县	60621	31210	29411	55609	28617	26992
镇平县	46677	24697	21980	41612	21911	19701
内乡县	29699	15773	13926	24914	13252	11662
淅川县	43590	22249	21341	40613	20835	19778
社旗县	14384	7090	7294	13459	6673	6786
唐河县	85291	44746	40545	80013	41975	38038
新野县	40087	20993	19094	37513	19683	17830
桐柏县	34132	17403	16729	26233	13158	13075
邓州市	111518	60578	50940	102267	56169	46098

1-4 续表 3 单位：人

地 区	户口登记地					
	合 计			本县(市、区)		
	合计	男	女	小计	男	女
商丘市	**322939**	**163750**	**159189**	**237152**	**118052**	**119100**
梁园区	78887	38066	40821	38615	18591	20024
睢阳区	48770	26757	22013	28608	14122	14486
民权县	12706	5806	6900	12032	5554	6478
睢县	32620	15782	16838	28664	13702	14962
宁陵县	10489	5188	5301	9933	4918	5015
柘城县	17473	9487	7986	16557	8905	7652
虞城县	22650	11317	11333	21539	10677	10862
夏邑县	24996	12189	12807	18993	9684	9309
永城市	74348	39158	35190	62211	31899	30312
信阳市	**656499**	**321622**	**334877**	**496868**	**249100**	**247768**
浉河区	169745	76210	93535	97090	46879	50211
平桥区	110795	53994	56801	60403	30016	30387
罗山县	40503	22257	18246	31501	15830	15671
光山县	21557	10780	10777	19337	9785	9552
新县	35973	18298	17675	30753	15727	15026
商城县	33136	17005	16131	30017	15655	14362
固始县	79634	39928	39706	72493	36827	35666
潢川县	87561	43078	44483	81143	40061	41082
淮滨县	27542	14133	13409	25912	13249	12663
息县	50053	25939	24114	48219	25071	23148
周口市	**392062**	**195298**	**196764**	**305757**	**151722**	**154035**
川汇区	92750	44314	48436	36124	17511	18613
扶沟县	31244	15395	15849	27300	13299	14001
西华县	21950	12425	9525	15703	7580	8123
商水县	27879	13097	14782	25512	12223	13289
沈丘县	21662	11071	10591	20124	10304	9820
郸城县	26219	13128	13091	25081	12581	12500
淮阳县	42240	20918	21322	35404	17443	17961
太康县	29443	13322	16121	28004	12592	15412
鹿邑县	12833	6611	6222	12514	6436	6078
项城市	85842	45017	40825	79991	41753	38238
驻马店市	**506119**	**268269**	**237850**	**414653**	**218852**	**195801**
驿城区	115178	60084	55094	55802	27890	27912
西平县	33561	17404	16157	29248	15136	14112
上蔡县	45563	23086	22477	42171	21689	20482
平舆县	23096	11112	11984	22220	10656	11564
正阳县	26289	13165	13124	24581	12429	12152
确山县	25779	12173	13606	21000	9951	11049
泌阳县	65987	35822	30165	62373	33075	29298
汝南县	83829	42816	41013	80315	41727	38588
遂平县	56602	37744	18858	48710	32341	16369
新蔡县	30235	14863	15372	28233	13958	14275
济源市	**100867**	**54397**	**46470**	**79112**	**41553**	**37559**
济源市	100867	54397	46470	79112	41553	37559

1-4 续表 4

单位：人

地 区	户口登记地					
	本省其他县(市、区)			省 外		
	小计	男	女	小计	男	女
总 计	**3930187**	**2026839**	**1903348**	**592134**	**344174**	**247960**
郑州市	**1749758**	**926313**	**823445**	**245478**	**151003**	**94475**
中原区	290062	156895	133167	37363	22296	15067
二七区	230838	122447	108391	31791	18552	13239
管城回族区	233817	125527	108290	45920	28189	17731
金水区	662169	347321	314848	78278	47910	30368
上街区	19657	9871	9786	2005	1092	913
惠济区	92702	43757	48945	10371	5917	4454
中牟县	25245	14439	10806	4750	2351	2399
巩义市	29698	17506	12192	5912	3484	2428
荥阳市	17118	9861	7257	3036	1770	1266
新密市	20201	11398	8803	5179	3013	2166
新郑市	108415	52859	55556	7696	4326	3370
登封市	19836	14432	5404	13177	12103	1074
开封市	**154198**	**74701**	**79497**	**16368**	**8819**	**7549**
龙亭区	25270	10924	14346	1069	552	517
顺河回族区	11483	5687	5796	1737	866	871
鼓楼区	22613	10659	11954	1671	900	771
禹王台区	9045	4661	4384	1164	582	582
金明区	74325	37338	36987	5620	3220	2400
杞县	1539	758	781	558	271	287
通许县	990	507	483	433	209	224
尉氏县	1043	435	608	515	235	280
开封县	5162	2222	2940	2678	1538	1140
兰考县	2728	1510	1218	923	446	477
洛阳市	**390495**	**201196**	**189299**	**59808**	**35132**	**24676**
老城区	41388	20150	21238	2540	1371	1169
西工区	74728	36870	37858	10058	5749	4309
瀍河回族区	27334	13889	13445	5397	3570	1827
涧西区	103104	53697	49407	14503	8240	6263
吉利区	8131	4441	3690	1472	796	676
洛龙区	76540	37609	38931	9148	4994	4154
孟津县	10169	6625	3544	3812	3005	807
新安县	14078	8510	5568	3421	2086	1335
栾川县	5587	3422	2165	1993	1224	769
嵩县	8246	4192	4054	1197	612	585
汝阳县	3083	1555	1528	1037	514	523
宜阳县	3132	1374	1758	805	354	451
洛宁县	2346	1464	882	940	560	380
伊川县	2848	1653	1195	675	331	344
偃师市	9781	5745	4036	2810	1726	1084

1-4 续表 5

单位：人

地区	户口登记地					
	本省其他县(市、区)			省外		
	小计	男	女	小计	男	女
平顶山市	**185579**	**92876**	**92703**	**22660**	**12901**	**9759**
新华区	54854	26876	27978	7772	5584	2188
卫东区	34954	17212	17742	2563	1487	1076
石龙区	4508	2544	1964	782	527	255
湛河区	58508	29609	28899	2383	1376	1007
宝丰县	9013	4645	4368	1094	499	595
叶县	5539	2569	2970	1586	437	1149
鲁山县	3963	1711	2252	2152	793	1359
郏县	2437	1285	1152	954	496	458
舞钢市	6378	3430	2948	1801	1051	750
汝州市	5425	2995	2430	1573	651	922
安阳市	**179906**	**87608**	**92298**	**29194**	**14910**	**14284**
文峰区	75130	34636	40494	7664	4125	3539
北关区	29766	13087	16679	2978	1525	1453
殷都区	26835	12710	14125	2928	1584	1344
龙安区	18040	9985	8055	1635	856	779
安阳县	9872	5900	3972	4774	2078	2696
汤阴县	7080	3287	3793	1935	874	1061
滑县	3849	2007	1842	1615	728	887
内黄县	4014	2744	1270	1457	742	715
林州市	5320	3252	2068	4208	2398	1810
鹤壁市	**36038**	**17641**	**18397**	**3860**	**2051**	**1809**
鹤山区	1805	948	857	153	93	60
山城区	9931	5352	4579	1133	745	388
淇滨区	20251	9501	10750	1196	565	631
浚县	1694	783	911	716	348	368
淇县	2357	1057	1300	662	300	362
新乡市	**191375**	**91245**	**100130**	**20402**	**11090**	**9312**
红旗区	90789	43220	47569	6622	3645	2977
卫滨区	18966	8734	10232	2665	1411	1254
凤泉区	8593	7081	1512	824	645	179
牧野区	43410	18085	25325	3935	2095	1840
新乡县	5056	2410	2646	873	464	409
获嘉县	3171	1445	1726	1219	587	632
原阳县	1799	916	883	607	210	397
延津县	3942	1926	2016	409	208	201
封丘县	944	625	319	336	192	144
长垣县	2846	1742	1104	880	568	312
卫辉市	5387	1756	3631	684	329	355
辉县市	6472	3305	3167	1348	736	612
焦作市	**142626**	**77441**	**65185**	**23398**	**13313**	**10085**
解放区	36334	21042	15292	4686	2831	1855
中站区	4633	2173	2460	642	332	310
马村区	9822	5380	4442	2205	1355	850
山阳区	66268	35461	30807	5836	3368	2468
修武县	5237	2694	2543	1514	783	731
博爱县	3716	1807	1909	1395	589	806
武陟县	4013	1648	2365	1472	643	829
温县	1992	1166	826	1196	770	426
沁阳市	6985	3986	2999	2649	1577	1072
孟州市	3626	2084	1542	1803	1065	738

1-4 续表 6 单位：人

地区	户口登记地					
	本省其他县(市、区)			省外		
	小计	男	女	小计	男	女
濮阳市	**97169**	**45957**	**51212**	**18481**	**8990**	**9491**
华龙区	71467	35378	36089	9781	4980	4801
清丰县	10479	3710	6769	1485	625	860
南乐县	1064	561	503	1345	422	923
范县	4187	1816	2371	1928	1013	915
台前县	466	258	208	1151	535	616
濮阳县	9506	4234	5272	2791	1415	1376
许昌市	**118192**	**65244**	**52948**	**30216**	**20430**	**9786**
魏都区	68088	34333	33755	4826	2761	2065
许昌县	14861	8201	6660	1086	634	452
鄢陵县	12106	8122	3984	18581	13895	4686
襄城县	6208	3352	2856	1007	452	555
禹州市	12309	8674	3635	3168	1797	1371
长葛市	4620	2562	2058	1548	891	657
漯河市	**74469**	**35773**	**38696**	**6597**	**3537**	**3060**
源汇区	29016	12661	16355	2405	1325	1080
郾城区	28095	14094	14001	1771	951	820
召陵区	11390	5639	5751	1240	678	562
舞阳县	2049	1192	857	528	260	268
临颍县	3919	2187	1732	653	323	330
三门峡市	**62267**	**33334**	**28933**	**15617**	**9766**	**5851**
湖滨区	40703	21272	19431	6309	3746	2563
渑池县	4701	2531	2170	1101	609	492
陕县	5887	3557	2330	1134	650	484
卢氏县	1112	591	521	705	380	325
义马市	5927	2824	3103	680	392	288
灵宝市	3937	2559	1378	5688	3989	1699
南阳市	**176672**	**91660**	**85012**	**26554**	**14025**	**12529**
宛城区	88030	47150	40880	6481	3503	2978
卧龙区	53194	26962	26232	4257	2306	1951
南召县	2539	1163	1376	808	330	478
方城县	2525	1194	1331	1626	611	1015
西峡县	3703	1939	1764	1309	654	655
镇平县	3177	1737	1440	1888	1049	839
内乡县	3339	1725	1614	1446	796	650
淅川县	2072	1002	1070	905	412	493
社旗县	638	285	353	287	132	155
唐河县	3703	2004	1699	1575	767	808
新野县	1776	907	869	798	403	395
桐柏县	5816	3158	2658	2083	1087	996
邓州市	6160	2434	3726	3091	1975	1116

1-4 续表 7

单位：人

地区	户口登记地					
	本省其他县(市、区)			省外		
	小计	男	女	小计	男	女
商丘市	**70276**	**37322**	**32954**	**15511**	**8376**	**7135**
梁园区	34190	16451	17739	6082	3024	3058
睢阳区	18684	11739	6945	1478	896	582
民权县	392	141	251	282	111	171
睢县	3505	1831	1674	451	249	202
宁陵县	447	218	229	109	52	57
柘城县	587	358	229	329	224	105
虞城县	617	350	267	494	290	204
夏邑县	5123	2009	3114	880	496	384
永城市	6731	4225	2506	5406	3034	2372
信阳市	**132346**	**59639**	**72707**	**27285**	**12883**	**14402**
浉河区	64512	24843	39669	8143	4488	3655
平桥区	45226	21549	23677	5166	2429	2737
罗山县	7118	5571	1547	1884	856	1028
光山县	1463	716	747	757	279	478
新县	3686	1886	1800	1534	685	849
商城县	1624	805	819	1495	545	950
固始县	2937	1396	1541	4204	1705	2499
潢川县	3925	1929	1996	2493	1088	1405
淮滨县	794	426	368	836	458	378
息县	1061	518	543	773	350	423
周口市	**76893**	**38882**	**38011**	**9412**	**4694**	**4718**
川汇区	53006	24941	28065	3620	1862	1758
扶沟县	3083	1672	1411	861	424	437
西华县	5662	4503	1159	585	342	243
商水县	1660	640	1020	707	234	473
沈丘县	929	494	435	609	273	336
郸城县	654	312	342	484	235	249
淮阳县	6099	3146	2953	737	329	408
太康县	899	459	440	540	271	269
鹿邑县	214	119	95	105	56	49
项城市	4687	2596	2091	1164	668	496
驻马店市	**75939**	**40530**	**35409**	**15527**	**8887**	**6640**
驿城区	55319	29833	25486	4057	2361	1696
西平县	2684	1437	1247	1629	831	798
上蔡县	1856	807	1049	1536	590	946
平舆县	624	308	316	252	148	104
正阳县	1128	530	598	580	206	374
确山县	3698	1747	1951	1081	475	606
泌阳县	1334	892	442	2280	1855	425
汝南县	2872	835	2037	642	254	388
遂平县	5423	3647	1776	2469	1756	713
新蔡县	1001	494	507	1001	411	590
济源市	**15989**	**9477**	**6512**	**5766**	**3367**	**2399**
济源市	15989	9477	6512	5766	3367	2399

1-4a 各地区分性别的户口登记地在外乡镇街道的人口状况(城市)

单位：人

地 区	户口登记地					
	合 计			本县(市、区)		
	合计	男	女	小计	男	女
总 计	**6063254**	**3095957**	**2967297**	**2507530**	**1251960**	**1255570**
郑州市	**2229486**	**1169097**	**1060389**	**594145**	**295335**	**298810**
中原区	400756	214347	186409	90602	45166	45436
二七区	274717	139952	134765	67248	32995	34253
管城回族区	274259	145054	129205	47588	23457	24131
金水区	810142	428548	381594	145416	71563	73853
上街区	35589	17708	17881	14802	7335	7467
惠济区	99475	47596	51879	6594	3284	3310
中牟县	3	1	2	1	1	
巩义市	51627	25188	26439	37741	18310	19431
荥阳市	74790	38705	36085	58845	29489	29356
新密市	83318	43813	39505	66039	34010	32029
新郑市	80907	39449	41458	34811	17512	17299
登封市	43903	28736	15167	24458	12213	12245
开封市	**207506**	**100906**	**106600**	**55723**	**26561**	**29162**
龙亭区	32050	14338	17712	6330	3039	3291
顺河回族区	31973	15453	16520	18908	8971	9937
鼓楼区	31596	15042	16554	7433	3529	3904
禹王台区	21654	10428	11226	12428	5807	6621
金明区	90233	45645	44588	10624	5215	5409
杞县						
通许县						
尉氏县						
开封县						
兰考县						
洛阳市	**536275**	**270475**	**265800**	**171133**	**83758**	**87375**
老城区	53797	26210	27587	10672	5153	5519
西工区	113831	56373	57458	31886	15353	16533
瀍河回族区	43070	22776	20294	10897	5619	5278
涧西区	193358	99332	94026	77564	38301	39263
吉利区	9104	4789	4315	2093	996	1097
洛龙区	89163	43902	45261	12707	6394	6313
孟津县	536	242	294	32	5	27
新安县						
栾川县						
嵩县	1840	483	1357	1308	189	1119
汝阳县						
宜阳县						
洛宁县						
伊川县	92	15	77	82	13	69
偃师市	31484	16353	15131	23892	11735	12157

1-4a 续表 1

单位：人

地区	户口登记地					
	合计			本县(市、区)		
	合计	男	女	小计	男	女
平顶山市	**315173**	**162186**	**152987**	**145867**	**74886**	**70981**
新华区	96924	50784	46140	38269	20302	17967
卫东区	68990	34650	34340	32324	16362	15962
石龙区	7182	4213	2969	2374	1476	898
湛河区	77627	39530	38097	18054	9111	8943
宝丰县	4	1	3	2	1	1
叶县						
鲁山县						
郏县						
舞钢市	21834	10982	10852	15167	7280	7887
汝州市	42612	22026	20586	39677	20354	19323
安阳市	**294910**	**143097**	**151813**	**133647**	**65260**	**68387**
文峰区	121057	58199	62858	43437	21038	22399
北关区	58130	27090	31040	27155	13247	13908
殷都区	46428	22455	23973	17387	8482	8905
龙安区	26073	13689	12384	8745	4436	4309
安阳县	5581	2675	2906	3207	1517	1690
汤阴县	113	43	70	9	2	7
滑县						
内黄县	14	1	13			
林州市	37514	18945	18569	33707	16538	17169
鹤壁市	**67219**	**33314**	**33905**	**36093**	**17895**	**18198**
鹤山区	6964	3708	3256	5959	3174	2785
山城区	23954	12478	11476	13503	6791	6712
淇滨区	36113	17077	19036	16564	7905	8659
浚县						
淇县	188	51	137	67	25	42
新乡市	**315664**	**151933**	**163731**	**134463**	**65799**	**68664**
红旗区	126437	60193	66244	32455	15607	16848
卫滨区	32797	15605	17192	11166	5460	5706
凤泉区	12199	9265	2934	3790	1909	1881
牧野区	64732	28244	36488	18847	9111	9736
新乡县	98	48	50	24	6	18
获嘉县						
原阳县						
延津县						
封丘县						
长垣县	87	44	43	69	32	37
卫辉市	25469	11589	13880	20242	9825	10417
辉县市	53845	26945	26900	47870	23849	24021
焦作市	**235500**	**122472**	**113028**	**109194**	**53100**	**56094**
解放区	68521	37119	31402	27501	13246	14255
中站区	8940	4192	4748	5566	2663	2903
马村区	15163	8393	6770	6734	3619	3115
山阳区	88839	45809	43030	23233	11156	12077
修武县						
博爱县	51	31	20	36	24	12
武陟县	2	1	1	1		1
温县						
沁阳市	37194	18520	18674	31040	14980	16060
孟州市	16790	8407	8383	15083	7412	7671

1-4a 续表 2

单位：人

地区	户口登记地					
	合计			本县(市、区)		
	合计	男	女	小计	男	女
濮阳市	**148869**	**75075**	**73794**	**75863**	**37779**	**38084**
华龙区	146587	73922	72665	73888	36788	37100
清丰县						
南乐县	62	22	40	52	17	35
范县	2188	1123	1065	1904	967	937
台前县						
濮阳县	32	8	24	19	7	12
许昌市	**282286**	**143294**	**138992**	**198319**	**98313**	**100006**
魏都区	156560	76639	79921	86398	40965	45433
许昌县	3959	2090	1869	2739	1453	1286
鄢陵县						
襄城县						
禹州市	88756	47486	41270	80119	41090	39029
长葛市	33011	17079	15932	29063	14805	14258
漯河市	**133610**	**66403**	**67207**	**63496**	**32671**	**30825**
源汇区	53893	25052	28841	22877	11249	11628
郾城区	51120	26966	24154	23336	12901	10435
召陵区	28597	14385	14212	17283	8521	8762
舞阳县						
临颍县						
三门峡市	**107741**	**55990**	**51751**	**51445**	**26036**	**25409**
湖滨区	77128	40108	37020	30476	15278	15198
渑池县						
陕县	201	109	92	138	76	62
卢氏县						
义马市	10297	5538	4759	4370	2549	1821
灵宝市	20115	10235	9880	16461	8133	8328
南阳市	**401002**	**208825**	**192177**	**254381**	**132230**	**122151**
宛城区	183421	95461	87960	96482	48483	47999
卧龙区	122201	62355	59846	68091	34795	33296
南召县						
方城县						
西峡县						
镇平县						
内乡县						
淅川县						
社旗县						
唐河县						
新野县						
桐柏县						
邓州市	95380	51009	44371	89808	48952	40856

1-4a 续表 3

单位：人

地区	户口登记地					
	合计			本县(市、区)		
	合计	男	女	小计	男	女
商丘市	**190362**	**97824**	**92538**	**122794**	**61319**	**61475**
梁园区	78015	37748	40267	38187	18467	19720
睢阳区	47344	26005	21339	27652	13611	14041
民权县						
睢县						
宁陵县						
柘城县						
虞城县						
夏邑县						
永城市	65003	34071	30932	56955	29241	27714
信阳市	**252376**	**117157**	**135219**	**139088**	**68004**	**71084**
浉河区	162161	72703	89458	92119	44554	47565
平桥区	90215	44454	45761	46969	23450	23519
罗山县						
光山县						
新县						
商城县						
固始县						
潢川县						
淮滨县						
息县						
周口市	**146617**	**73462**	**73155**	**99227**	**50712**	**48515**
川汇区	63238	29727	33511	20861	9785	11076
扶沟县						
西华县						
商水县						
沈丘县						
郸城县	10	5	5	8	3	5
淮阳县	86	35	51	58	25	33
太康县						
鹿邑县						
项城市	83283	43695	39588	78300	40899	37401
驻马店市	**112328**	**58796**	**53532**	**54329**	**27202**	**27127**
驿城区	112328	58796	53532	54329	27202	27127
西平县						
上蔡县						
平舆县						
正阳县						
确山县						
泌阳县						
汝南县						
遂平县						
新蔡县						
济源市	**86330**	**45651**	**40679**	**68323**	**35100**	**33223**
济源市	86330	45651	40679	68323	35100	33223

1-4a 续表 4 单位：人

地 区	户口登记地					
	本省其他县(市、区)			省 外		
	小计	男	女	小计	男	女
总 计	**3169292**	**1613874**	**1555418**	**386432**	**230123**	**156309**
郑州市	**1435004**	**749838**	**685166**	**200337**	**123924**	**76413**
中原区	274966	148120	126846	35188	21061	14127
二七区	180452	91365	89087	27017	15592	11425
管城回族区	192431	100684	91747	34240	20913	13327
金水区	592381	312289	280092	72345	44696	27649
上街区	18871	9341	9530	1916	1032	884
惠济区	83682	39105	44577	9199	5207	3992
中牟县	2		2			
巩义市	11738	5689	6049	2148	1189	959
荥阳市	13824	7935	5889	2121	1281	840
新密市	13690	7720	5970	3589	2083	1506
新郑市	43249	20221	23028	2847	1716	1131
登封市	9718	7369	2349	9727	9154	573
开封市	**140779**	**68337**	**72442**	**11004**	**6008**	**4996**
龙亭区	24717	10768	13949	1003	531	472
顺河回族区	11375	5641	5734	1690	841	849
鼓楼区	22506	10617	11889	1657	896	761
禹王台区	8140	4084	4056	1086	537	549
金明区	74041	37227	36814	5568	3203	2365
杞县						
通许县						
尉氏县						
开封县						
兰考县						
洛阳市	**322912**	**162436**	**160476**	**42230**	**24281**	**17949**
老城区	40676	19739	20937	2449	1318	1131
西工区	72228	35484	36744	9717	5536	4181
瀍河回族区	26867	13644	13223	5306	3513	1793
涧西区	101529	52928	48601	14265	8103	6162
吉利区	5930	3207	2723	1081	586	495
洛龙区	68677	33326	35351	7779	4182	3597
孟津县	497	233	264	7	4	3
新安县						
栾川县						
嵩县	530	293	237	2	1	1
汝阳县						
宜阳县						
洛宁县						
伊川县	9	2	7	1		1
偃师市	5969	3580	2389	1623	1038	585

1-4a 续表 5

单位：人

地区	户口登记地					
	本省其他县(市、区)			省外		
	小计	男	女	小计	男	女
平顶山市	**154776**	**77662**	**77114**	**14530**	**9638**	**4892**
新华区	51200	25069	26131	7455	5413	2042
卫东区	34286	16916	17370	2380	1372	1008
石龙区	4196	2350	1846	612	387	225
湛河区	57347	29110	28237	2226	1309	917
宝丰县	1		1	1		1
叶县						
鲁山县						
郏县						
舞钢市	5486	2944	2542	1181	758	423
汝州市	2260	1273	987	675	399	276
安阳市	**144582**	**68898**	**75684**	**16681**	**8939**	**7742**
文峰区	70517	33343	37174	7103	3818	3285
北关区	28289	12518	15771	2686	1325	1361
殷都区	26227	12459	13768	2814	1514	1300
龙安区	16103	8576	7527	1225	677	548
安阳县	1056	511	545	1318	647	671
汤阴县	104	41	63			
滑县						
内黄县	13	1	12	1		1
林州市	2273	1449	824	1534	958	576
鹤壁市	**29163**	**14325**	**14838**	**1963**	**1094**	**869**
鹤山区	878	448	430	127	86	41
山城区	9631	5191	4440	820	496	324
淇滨区	18548	8664	9884	1001	508	493
浚县						
淇县	106	22	84	15	4	11
新乡市	**166673**	**78173**	**88500**	**14528**	**7961**	**6567**
红旗区	87567	41050	46517	6415	3536	2879
卫滨区	18966	8734	10232	2665	1411	1254
凤泉区	7719	6776	943	690	580	110
牧野区	42294	17321	24973	3591	1812	1779
新乡县	71	41	30	3	1	2
获嘉县						
原阳县						
延津县						
封丘县						
长垣县	9	7	2	9	5	4
卫辉市	4805	1549	3256	422	215	207
辉县市	5242	2695	2547	733	401	332
焦作市	**112414**	**61173**	**51241**	**13892**	**8199**	**5693**
解放区	36334	21042	15292	4686	2831	1855
中站区	3035	1363	1672	339	166	173
马村区	6875	3805	3070	1554	969	585
山阳区	60271	31556	28715	5335	3097	2238
修武县						
博爱县	15	7	8			
武陟县	1	1				
温县						
沁阳市	4737	2726	2011	1417	814	603
孟州市	1146	673	473	561	322	239

1-4a 续表 6

单位：人

地区	户口登记地					
	本省其他县(市、区)			省外		
	小计	男	女	小计	男	女
濮阳市	**63736**	**32530**	**31206**	**9270**	**4766**	**4504**
华龙区	63551	32427	31124	9148	4707	4441
清丰县						
南乐县	6	4	2	4	1	3
范县	175	99	76	109	57	52
台前县						
濮阳县	4		4	9	1	8
许昌市	**76863**	**40798**	**36065**	**7104**	**4183**	**2921**
魏都区	65447	32978	32469	4715	2696	2019
许昌县	1128	588	540	92	49	43
鄢陵县						
襄城县						
禹州市	7280	5522	1758	1357	874	483
长葛市	3008	1710	1298	940	564	376
漯河市	**65456**	**31062**	**34394**	**4658**	**2670**	**1988**
源汇区	28737	12525	16212	2279	1278	1001
郾城区	26321	13252	13069	1463	813	650
召陵区	10398	5285	5113	916	579	337
舞阳县						
临颍县						
三门峡市	**47596**	**24820**	**22776**	**8700**	**5134**	**3566**
湖滨区	40400	21113	19287	6252	3717	2535
渑池县						
陕县	48	24	24	15	9	6
卢氏县						
义马市	5278	2612	2666	649	377	272
灵宝市	1870	1071	799	1784	1031	753
南阳市	**136310**	**70838**	**65472**	**10311**	**5757**	**4554**
宛城区	81562	43989	37573	5377	2989	2388
卧龙区	50371	25496	24875	3739	2064	1675
南召县						
方城县						
西峡县						
镇平县						
内乡县						
淅川县						
社旗县						
唐河县						
新野县						
桐柏县						
邓州市	4377	1353	3024	1195	704	491

1-4a 续表 7　　　　单位：人

地　区	户口登记地					
	本省其他县(市、区)			省　外		
	小计	男	女	小计	男	女
商丘市	**57600**	**31077**	**26523**	**9968**	**5428**	**4540**
梁园区	34038	16406	17632	5790	2875	2915
睢阳区	18537	11671	6866	1155	723	432
民权县						
睢县						
宁陵县						
柘城县						
虞城县						
夏邑县						
永城市	5025	3000	2025	3023	1830	1193
信阳市	**103510**	**43531**	**59979**	**9778**	**5622**	**4156**
浉河区	63276	24266	39010	6766	3883	2883
平桥区	40234	19265	20969	3012	1739	1273
罗山县						
光山县						
新县						
商城县						
固始县						
潢川县						
淮滨县						
息县						
周口市	**43814**	**20933**	**22881**	**3576**	**1817**	**1759**
川汇区	39346	18440	20906	3031	1502	1529
扶沟县						
西华县						
商水县						
沈丘县						
郸城县	1	1		1	1	
淮阳县	10	4	6	18	6	12
太康县						
鹿邑县						
项城市	4457	2488	1969	526	308	218
驻马店市	**54385**	**29389**	**24996**	**3614**	**2205**	**1409**
驿城区	54385	29389	24996	3614	2205	1409
西平县						
上蔡县						
平舆县						
正阳县						
确山县						
泌阳县						
汝南县						
遂平县						
新蔡县						
济源市	**13719**	**8054**	**5665**	**4288**	**2497**	**1791**
济源市	13719	8054	5665	4288	2497	1791

1-4b 各地区分性别的户口登记地在外乡镇街道的人口状况(镇)

单位：人

地区	户口登记地					
	合计			本县(市、区)		
	合计	男	女	小计	男	女
总计	**2754067**	**1432442**	**1321625**	**2275270**	**1161695**	**1113575**
郑州市	**186049**	**102131**	**83918**	**64384**	**34020**	**30364**
中原区						
二七区	23898	12926	10972	482	273	209
管城回族区	735	383	352	143	70	73
金水区						
上街区						
惠济区	1942	1081	861	682	303	379
中牟县	57311	30105	27206	30457	14720	15737
巩义市	31816	19583	12233	20132	11687	8445
荥阳市	1303	726	577	578	332	246
新密市	5450	3010	2440	3950	2147	1803
新郑市	51797	26988	24809	3545	1887	1658
登封市	11797	7329	4468	4415	2601	1814
开封市	**101394**	**50098**	**51296**	**91537**	**44883**	**46654**
龙亭区						
顺河回族区						
鼓楼区						
禹王台区						
金明区	20	10	10	6	4	2
杞县	14612	7295	7317	13452	6684	6768
通许县	16837	8408	8429	15981	7907	8074
尉氏县	20209	10160	10049	19621	9792	9829
开封县	25088	11913	13175	20974	9999	10975
兰考县	24628	12312	12316	21503	10497	11006
洛阳市	**218573**	**113196**	**105377**	**176617**	**87927**	**88690**
老城区						
西工区						
瀍河回族区						
涧西区	457	275	182	132	93	39
吉利区						
洛龙区	4817	2688	2129	1265	734	531
孟津县	30111	16597	13514	21027	10185	10842
新安县	35633	19394	16239	23526	12140	11386
栾川县	40437	20772	19665	35267	17762	17505
嵩县	16775	8200	8575	13372	6487	6885
汝阳县	15746	8131	7615	13781	6984	6797
宜阳县	23571	11934	11637	21419	10785	10634
洛宁县	20738	10023	10715	19021	9035	9986
伊川县	26220	12994	13226	24883	12262	12621
偃师市	4068	2188	1880	2924	1460	1464

1-4b 续表 1

单位：人

地区	户口登记地					
	合计			本县(市、区)		
	合计	男	女	小计	男	女
平顶山市	**120855**	**62293**	**58562**	**99568**	**50974**	**48594**
新华区	4466	2236	2230	1379	718	661
卫东区						
石龙区						
湛河区						
宝丰县	32036	16555	15481	24079	12298	11781
叶县	32878	16791	16087	28593	14539	14054
鲁山县	20690	10467	10223	17991	9136	8855
郏县	27428	14322	13106	25773	13329	12444
舞钢市	480	250	230	287	143	144
汝州市	2877	1672	1205	1466	811	655
安阳市	**113765**	**59503**	**54262**	**94074**	**47483**	**46591**
文峰区						
北关区	1258	451	807	444	163	281
殷都区	162	79	83	147	74	73
龙安区	204	63	141	73	30	43
安阳县	28866	15301	13565	22061	10933	11128
汤阴县	20227	9736	10491	14832	6938	7894
滑县	33790	17210	16580	31933	16192	15741
内黄县	23724	13756	9968	20355	11007	9348
林州市	5534	2907	2627	4229	2146	2083
鹤壁市	**20313**	**9654**	**10659**	**17616**	**8283**	**9333**
鹤山区						
山城区						
淇滨区	91	38	53	28	8	20
浚县	7324	3458	3866	6449	2994	3455
淇县	12898	6158	6740	11139	5281	5858
新乡市	**93277**	**47822**	**45455**	**77133**	**39293**	**37840**
红旗区	3	3		3	3	
卫滨区						
凤泉区	644	251	393	297	130	167
牧野区						
新乡县	12953	6765	6188	8874	4647	4227
获嘉县	13967	6874	7093	10855	5296	5559
原阳县	12835	6589	6246	11781	6043	5738
延津县	13977	6912	7065	10566	5247	5319
封丘县	5134	2747	2387	4660	2474	2186
长垣县	31624	16577	15047	28284	14511	13773
卫辉市	504	255	249	404	214	190
辉县市	1636	849	787	1409	728	681
焦作市	**77838**	**40348**	**37490**	**62676**	**32058**	**30618**
解放区						
中站区						
马村区	2894	1646	1248	264	149	115
山阳区						
修武县	11048	5896	5152	7268	3738	3530
博爱县	17282	8758	8524	14548	7368	7180
武陟县	25470	12890	12580	23008	11843	11165
温县	15194	7692	7502	13822	6849	6973
沁阳市	5125	2962	2163	3351	1862	1489
孟州市	825	504	321	415	249	166

1-4b 续表 2　　　　单位：人

地区	户口登记地					
	合计			本县(市、区)		
	合计	男	女	小计	男	女
濮阳市	**107247**	**48810**	**58437**	**73209**	**34577**	**38632**
华龙区	7711	2942	4769	1157	498	659
清丰县	24003	9909	14094	14430	6542	7888
南乐县	13681	6547	7134	12563	5953	6610
范县	12113	5787	6326	6996	3475	3521
台前县	9824	4968	4856	8892	4475	4417
濮阳县	39915	18657	21258	29171	13634	15537
许昌市	**137671**	**78339**	**59332**	**89708**	**46999**	**42709**
魏都区						
许昌县	32779	17709	15070	20058	10632	9426
鄢陵县	40761	26931	13830	13458	7421	6037
襄城县	55676	28552	27124	50365	25517	24848
禹州市	7142	4417	2725	4988	2956	2032
长葛市	1313	730	583	839	473	366
漯河市	**44765**	**22381**	**22384**	**38339**	**18969**	**19370**
源汇区	20	7	13	10	4	6
郾城区	3755	1910	1845	2658	1402	1256
召陵区	2200	1063	1137	1439	718	721
舞阳县	11214	5634	5580	9078	4384	4694
临颍县	27576	13767	13809	25154	12461	12693
三门峡市	**71563**	**37621**	**33942**	**56131**	**28172**	**27959**
湖滨区						
渑池县	22944	11549	11395	19201	9500	9701
陕县	22764	12114	10650	16745	8444	8301
卢氏县	19329	9728	9601	18071	9046	9025
义马市	600	194	406	32	16	16
灵宝市	5926	4036	1890	2082	1166	916
南阳市	**419885**	**219420**	**200465**	**379956**	**197817**	**182139**
宛城区	10356	5126	5230	3495	1719	1776
卧龙区	2958	1615	1343	1787	963	824
南召县	35813	18222	17591	33534	17106	16428
方城县	35079	18009	17070	32749	16719	16030
西峡县	56756	29305	27451	52747	27111	25636
镇平县	42063	22303	19760	38108	20116	17992
内乡县	23876	12674	11202	20729	10878	9851
淅川县	41185	21185	20000	38844	19987	18857
社旗县	12682	6297	6385	12075	5993	6082
唐河县	82526	43668	38858	78230	41287	36943
新野县	38349	20126	18223	36279	19026	17253
桐柏县	26805	13829	12976	21959	11206	10753
邓州市	11437	7061	4376	9420	5706	3714

1-4b 续表 3

单位：人

地 区	户口登记地					
	合 计			本县(市、区)		
	合计	男	女	小计	男	女
商丘市	**119105**	**59435**	**59670**	**106552**	**53143**	**53409**
梁园区	52	31	21	27	16	11
睢阳区	89	43	46	47	23	24
民权县	11530	5358	6172	11268	5231	6037
睢县	31494	15150	16344	27943	13292	14651
宁陵县	10189	5061	5128	9727	4827	4900
柘城县	16980	9262	7718	16316	8814	7502
虞城县	21596	10832	10764	20937	10437	10500
夏邑县	23971	11708	12263	18394	9410	8984
永城市	3204	1990	1214	1893	1093	800
信阳市	**355556**	**183903**	**171653**	**325388**	**166166**	**159222**
浉河区	1114	565	549	848	426	422
平桥区	12133	6203	5930	8272	4270	4002
罗山县	36196	20673	15523	28952	14821	14131
光山县	17629	9055	8574	16445	8423	8022
新县	31077	15775	15302	27369	13911	13458
商城县	27388	14481	12907	25951	13650	12301
固始县	73167	37363	35804	68275	34895	33380
潢川县	83841	41884	41957	78775	39245	39530
淮滨县	26590	13679	12911	25262	12944	12318
息县	46421	24225	22196	45239	23581	21658
周口市	**201772**	**101847**	**99925**	**182337**	**89749**	**92588**
川汇区						
扶沟县	29027	14387	14640	25880	12580	13300
西华县	20288	11712	8576	14462	6984	7478
商水县	23616	11663	11953	22394	11097	11297
沈丘县	20774	10705	10069	19639	10086	9553
郸城县	25270	12828	12442	24501	12397	12104
淮阳县	40708	20446	20262	34676	17277	17399
太康县	28261	12872	15389	27244	12280	14964
鹿邑县	12512	6542	5970	12319	6403	5916
项城市	1316	692	624	1222	645	577
驻马店市	**357826**	**191919**	**165907**	**334770**	**178277**	**156493**
驿城区						
西平县	28771	14732	14039	26372	13356	13016
上蔡县	41961	21877	20084	40174	20947	19227
平舆县	22511	10824	11687	21854	10477	11377
正阳县	23752	12112	11640	22916	11671	11245
确山县	22605	10825	11780	19334	9177	10157
泌阳县	62858	34117	28741	59751	31673	28078
汝南县	74685	38141	36544	72005	37333	34672
遂平县	52258	35221	17037	45399	30261	15138
新蔡县	28425	14070	14355	26965	13382	13583
济源市	**6613**	**3722**	**2891**	**5275**	**2905**	**2370**
济源市	6613	3722	2891	5275	2905	2370

1-4b 续表 4

单位：人

地 区	户口登记地					
	本省其他县(市、区)			省 外		
	小计	男	女	小计	男	女
总 计	**383867**	**211899**	**171968**	**94930**	**58848**	**36082**
郑州市	**109796**	**61321**	**48475**	**11869**	**6790**	**5079**
中原区						
二七区	22291	11944	10347	1125	709	416
管城回族区	488	250	238	104	63	41
金水区						
上街区						
惠济区	1045	645	400	215	133	82
中牟县	22853	13288	9565	4001	2097	1904
巩义市	9956	6803	3153	1728	1093	635
荥阳市	559	303	256	166	91	75
新密市	1199	701	498	301	162	139
新郑市	45003	23364	21639	3249	1737	1512
登封市	6402	4023	2379	980	705	275
开封市	**8187**	**4296**	**3891**	**1670**	**919**	**751**
龙亭区						
顺河回族区						
鼓楼区						
禹王台区						
金明区	14	6	8			
杞县	988	526	462	172	85	87
通许县	654	382	272	202	119	83
尉氏县	419	258	161	169	110	59
开封县	3696	1706	1990	418	208	210
兰考县	2416	1418	998	709	397	312
洛阳市	**32610**	**18907**	**13703**	**9346**	**6362**	**2984**
老城区						
西工区						
瀍河回族区						
涧西区	272	147	125	53	35	18
吉利区						
洛龙区	3258	1765	1493	294	189	105
孟津县	6507	4263	2244	2577	2149	428
新安县	9422	5487	3935	2685	1767	918
栾川县	3874	2260	1614	1296	750	546
嵩县	2893	1418	1475	510	295	215
汝阳县	1512	857	655	453	290	163
宜阳县	1788	947	841	364	202	162
洛宁县	1124	632	492	593	356	237
伊川县	1071	576	495	266	156	110
偃师市	889	555	334	255	173	82

1-4b 续表 5 单位：人

地区	户口登记地					
	本省其他县(市、区)			省外		
	小计	男	女	小计	男	女
平顶山市	**18626**	**9872**	**8754**	**2661**	**1447**	**1214**
新华区	2868	1393	1475	219	125	94
卫东区						
石龙区						
湛河区						
宝丰县	7345	3909	3436	612	348	264
叶县	3708	1969	1739	577	283	294
鲁山县	2101	1023	1078	598	308	290
郏县	1239	745	494	416	248	168
舞钢市	122	65	57	71	42	29
汝州市	1243	768	475	168	93	75
安阳市	**15997**	**9826**	**6171**	**3694**	**2194**	**1500**
文峰区						
北关区	792	279	513	22	9	13
殷都区	13	4	9	2	1	1
龙安区	93	29	64	38	4	34
安阳县	5557	3626	1931	1248	742	506
汤阴县	4537	2307	2230	858	491	367
滑县	1430	781	649	427	237	190
内黄县	2817	2346	471	552	403	149
林州市	758	454	304	547	307	240
鹤壁市	**2116**	**1054**	**1062**	**581**	**317**	**264**
鹤山区						
山城区						
淇滨区	54	26	28	9	4	5
浚县	627	321	306	248	143	105
淇县	1435	707	728	324	170	154
新乡市	**13220**	**6899**	**6321**	**2924**	**1630**	**1294**
红旗区						
卫滨区						
凤泉区	286	91	195	61	30	31
牧野区						
新乡县	3478	1776	1702	601	342	259
获嘉县	2250	1126	1124	862	452	410
原阳县	812	438	374	242	108	134
延津县	3205	1552	1653	206	113	93
封丘县	358	212	146	116	61	55
长垣县	2592	1578	1014	748	488	260
卫辉市	68	32	36	32	9	23
辉县市	171	94	77	56	27	29
焦作市	**11012**	**5953**	**5059**	**4150**	**2337**	**1813**
解放区						
中站区						
马村区	2166	1199	967	464	298	166
山阳区						
修武县	2968	1714	1254	812	444	368
博爱县	1850	978	872	884	412	472
武陟县	1854	741	1113	608	306	302
温县	882	551	331	490	292	198
沁阳市	1061	639	422	713	461	252
孟州市	231	131	100	179	124	55

1-4b 续表 6

单位：人

地区	户口登记地					
	本省其他县(市、区)			省外		
	小计	男	女	小计	男	女
濮阳市	**28658**	**11376**	**17282**	**5380**	**2857**	**2523**
华龙区	6325	2332	3993	229	112	117
清丰县	8983	3084	5899	590	283	307
南乐县	588	336	252	530	258	272
范县	3756	1598	2158	1361	714	647
台前县	298	175	123	634	318	316
濮阳县	8708	3851	4857	2036	1172	864
许昌市	**30720**	**18667**	**12053**	**17243**	**12673**	**4570**
魏都区						
许昌县	12285	6773	5512	436	304	132
鄢陵县	11590	7780	3810	15713	11730	3983
襄城县	4808	2729	2079	503	306	197
禹州市	1701	1198	503	453	263	190
长葛市	336	187	149	138	70	68
漯河市	**5543**	**2896**	**2647**	**883**	**516**	**367**
源汇区	1		1	9	3	6
郾城区	1082	500	582	15	8	7
召陵区	651	277	374	110	68	42
舞阳县	1791	1053	738	345	197	148
临颍县	2018	1066	952	404	240	164
三门峡市	**10668**	**6236**	**4432**	**4764**	**3213**	**1551**
湖滨区						
渑池县	2871	1532	1339	872	517	355
陕县	5076	3106	1970	943	564	379
卢氏县	846	454	392	412	228	184
义马市	548	167	381	20	11	9
灵宝市	1327	977	350	2517	1893	624
南阳市	**31128**	**16547**	**14581**	**8801**	**5056**	**3745**
宛城区	6009	2985	3024	852	422	430
卧龙区	1022	574	448	149	78	71
南召县	1912	926	986	367	190	177
方城县	1729	940	789	601	350	251
西峡县	3114	1693	1421	895	501	394
镇平县	2738	1491	1247	1217	696	521
内乡县	2332	1287	1045	815	509	306
淅川县	1832	913	919	509	285	224
社旗县	476	232	244	131	72	59
唐河县	3365	1879	1486	931	502	429
新野县	1489	785	704	581	315	266
桐柏县	3941	2132	1809	905	491	414
邓州市	1169	710	459	848	645	203

1-4b 续表 7 单位：人

地 区	户口登记地					
	本省其他县(市、区)			省 外		
	小计	男	女	小计	男	女
商丘市	**10364**	**4958**	**5406**	**2189**	**1334**	**855**
梁园区	18	11	7	7	4	3
睢阳区	18	9	9	24	11	13
民权县	153	72	81	109	55	54
睢县	3217	1669	1548	334	189	145
宁陵县	389	199	190	73	35	38
柘城县	464	291	173	200	157	43
虞城县	424	250	174	235	145	90
夏邑县	5006	1957	3049	571	341	230
永城市	675	500	175	636	397	239
信阳市	**21449**	**13091**	**8358**	**8719**	**4646**	**4073**
浉河区	208	111	97	58	28	30
平桥区	3272	1620	1652	589	313	276
罗山县	6308	5236	1072	936	616	320
光山县	837	455	382	347	177	170
新县	2963	1522	1441	745	342	403
商城县	811	479	332	626	352	274
固始县	2284	1165	1119	2608	1303	1305
潢川县	3339	1723	1616	1727	916	811
淮滨县	685	376	309	643	359	284
息县	742	404	338	440	240	200
周口市	**17000**	**10712**	**6288**	**2435**	**1386**	**1049**
川汇区						
扶沟县	2616	1510	1106	531	297	234
西华县	5375	4412	963	451	316	135
商水县	1044	495	549	178	71	107
沈丘县	795	436	359	340	183	157
郸城县	523	290	233	246	141	105
淮阳县	5777	3045	2732	255	124	131
太康县	685	398	287	332	194	138
鹿邑县	136	103	33	57	36	21
项城市	49	23	26	45	24	21
驻马店市	**15843**	**8703**	**7140**	**7213**	**4939**	**2274**
驿城区						
西平县	1520	854	666	879	522	357
上蔡县	1180	633	547	607	297	310
平舆县	537	269	268	120	78	42
正阳县	675	368	307	161	73	88
确山县	2757	1355	1402	514	293	221
泌阳县	1166	812	354	1941	1632	309
汝南县	2343	637	1706	337	171	166
遂平县	4825	3354	1471	2034	1606	428
新蔡县	840	421	419	620	267	353
济源市	**930**	**585**	**345**	**408**	**232**	**176**
济源市	930	585	345	408	232	176

1-4c 各地区分性别的户口登记地在外乡镇街道的人口状况(乡村)

单位：人

地区	户口登记地					
	合计			本县(市、区)		
	合计	男	女	小计	男	女
总计	**946746**	**484533**	**462213**	**458946**	**228264**	**230682**
郑州市	**289007**	**162739**	**126268**	**50777**	**27296**	**23481**
中原区	18229	10540	7689	958	530	428
二七区	34207	22769	11438	2463	1380	1083
管城回族区	54458	32837	21621	1984	1031	953
金水区	78716	39739	38977	2995	1493	1502
上街区	992	674	318	117	84	33
惠济区	10282	5465	4817	1350	881	469
中牟县	6674	3195	3479	3535	1790	1745
巩义市	25089	14062	11027	15049	7846	7203
荥阳市	5870	3441	2429	2386	1420	966
新密市	16784	9525	7259	10183	5780	4403
新郑市	25785	12180	13605	4022	2033	1989
登封市	11921	8312	3609	5735	3028	2707
开封市	**18067**	**7834**	**10233**	**9141**	**3874**	**5267**
龙亭区	1128	416	712	509	239	270
顺河回族区	642	292	350	487	221	266
鼓楼区	232	81	151	111	35	76
禹王台区	1610	892	718	627	270	357
金明区	560	213	347	238	91	147
杞县	2108	976	1132	1171	558	613
通许县	1312	598	714	745	383	362
尉氏县	2248	754	1494	1278	452	826
开封县	6670	3027	3643	2944	1181	1763
兰考县	1557	585	972	1031	444	587
洛阳市	**90767**	**50181**	**40586**	**47562**	**25839**	**21723**
老城区	1008	593	415	205	129	76
西工区	3157	1788	1369	316	189	127
瀍河回族区	1020	557	463	462	255	207
涧西区	2453	1247	1206	965	523	442
吉利区	2925	1632	1293	333	188	145
洛龙区	8752	4684	4068	3072	1543	1529
孟津县	9351	5749	3602	4958	2768	2190
新安县	11803	7062	4741	6411	3720	2691
栾川县	7887	4572	3315	5477	2936	2541
嵩县	9800	5053	4747	4292	2256	2036
汝阳县	6342	3186	3156	4187	2264	1923
宜阳县	5904	2773	3131	4119	2194	1925
洛宁县	5167	3072	2095	3598	2036	1562
伊川县	6540	3576	2964	4364	2326	2038
偃师市	8658	4637	4021	4803	2512	2291

1-4c 续表 1

单位：人

地区	户口登记地					
	合计			本县(市、区)		
	合计	男	女	小计	男	女
平顶山市	**50230**	**22822**	**27408**	**32584**	**15664**	**16920**
新华区	2697	1551	1146	1813	1091	722
卫东区	2329	1283	1046	1478	872	606
石龙区	674	475	199	192	141	51
湛河区	2820	1344	1476	1502	778	724
宝丰县	5775	2750	3025	3627	1863	1764
叶县	6640	2100	4540	3800	1346	2454
鲁山县	11124	4345	6779	7708	3172	4536
郏县	6757	3391	3366	5021	2603	2418
舞钢市	2794	1465	1329	1475	793	682
汝州市	8620	4118	4502	5968	3005	2963
安阳市	**66732**	**28785**	**37947**	**38586**	**16124**	**22462**
文峰区	6608	2132	4476	1434	532	902
北关区	1450	713	737	495	232	263
殷都区	1356	574	782	649	258	391
龙安区	3221	1921	1300	1005	366	639
安阳县	15861	7173	8688	10394	4721	5673
汤阴县	7900	2731	5169	4384	1409	2975
滑县	10096	4268	5828	6489	2551	3938
内黄县	6502	2584	3918	4414	1848	2566
林州市	13738	6689	7049	9322	4207	5115
鹤壁市	**16378**	**7207**	**9171**	**10303**	**4305**	**5998**
鹤山区	2446	1321	1125	1493	814	679
山城区	1395	771	624	782	361	421
淇滨区	3335	1398	1937	1500	534	966
浚县	4816	2042	2774	3281	1375	1906
淇县	4386	1675	2711	3247	1221	2026
新乡市	**39004**	**19599**	**19405**	**24572**	**11927**	**12645**
红旗区	4015	2549	1466	586	270	316
卫滨区						
凤泉区	1340	544	796	679	295	384
牧野区	1768	1215	553	308	168	140
新乡县	4344	2197	2147	2568	1483	1085
获嘉县	3547	1294	2253	2269	840	1429
原阳县	5527	2662	2865	4175	2082	2093
延津县	2776	1600	1176	1836	1131	705
封丘县	2257	1448	809	1451	904	547
长垣县	4581	2051	2530	4213	1819	2394
卫辉市	3045	1355	1690	2301	1075	1226
辉县市	5804	2684	3120	4186	1860	2326
焦作市	**75413**	**38882**	**36531**	**50857**	**25790**	**25067**
解放区						
中站区	3944	2035	1909	2043	1059	984
马村区	2675	1473	1202	1707	1009	698
山阳区	7684	4752	2932	1186	576	610
修武县	6559	3280	3279	3588	1961	1627
博爱县	14491	7202	7289	12129	6203	5926
武陟县	19650	9214	10436	16628	7971	8657
温县	6368	3078	3290	4552	1985	2567
沁阳市	5155	3027	2128	3449	2104	1345
孟州市	8887	4821	4066	5575	2922	2653

1-4c 续表 2

单位：人

地 区	户口登记地					
	合 计			本县(市、区)		
	合计	男	女	小计	男	女
濮阳市	**21411**	**8639**	**12772**	**12805**	**5221**	**7584**
华龙区	3423	1329	2094	1428	549	879
清丰县	6512	2800	3712	4121	1832	2289
南乐县	2931	1032	1899	1650	648	1002
范县	1561	699	862	847	338	509
台前县	1998	881	1117	1313	581	732
濮阳县	4986	1898	3088	3446	1273	2173
许昌市	**47025**	**26759**	**20266**	**30547**	**17406**	**13141**
魏都区	11354	6173	5181	8602	4753	3849
许昌县	7548	4192	3356	5542	3071	2471
鄢陵县	4327	3122	1205	943	615	328
襄城县	3874	1676	2198	1970	907	1063
禹州市	14960	8784	6176	10274	6170	4104
长葛市	4962	2812	2150	3216	1890	1326
漯河市	**10455**	**5092**	**5363**	**5929**	**2926**	**3003**
源汇区	1100	505	595	705	325	380
郾城区	2814	1432	1382	1829	960	869
召陵区	1680	427	1253	1125	319	806
舞阳县	1460	805	655	1019	603	416
临颍县	3401	1923	1478	1251	719	532
三门峡市	**16776**	**9729**	**7047**	**10620**	**6032**	**4588**
湖滨区	1008	528	480	648	340	308
渑池县	4549	2419	2130	2490	1328	1162
陕县	2622	1531	1091	1683	1027	656
卢氏县	1965	1121	844	1406	832	574
义马市	363	223	140	251	174	77
灵宝市	6269	3907	2362	4142	2331	1811
南阳市	**55880**	**26645**	**29235**	**39204**	**19158**	**20046**
宛城区	2519	1089	1430	1808	821	987
卧龙区	6762	3592	3170	4592	2536	2056
南召县	3891	1552	2339	2823	1175	1648
方城县	7768	3130	4638	5947	2615	3332
西峡县	3865	1905	1960	2862	1506	1356
镇平县	4614	2394	2220	3504	1795	1709
内乡县	5823	3099	2724	4185	2374	1811
淅川县	2405	1064	1341	1769	848	921
社旗县	1702	793	909	1384	680	704
唐河县	2765	1078	1687	1783	688	1095
新野县	1738	867	871	1234	657	577
桐柏县	7327	3574	3753	4274	1952	2322
邓州市	4701	2508	2193	3039	1511	1528

1-4c 续表 3 单位：人

地区	户口登记地					
	合计			本县(市、区)		
	合计	男	女	小计	男	女
商丘市	**13472**	**6491**	**6981**	**7806**	**3590**	**4216**
梁园区	820	287	533	401	108	293
睢阳区	1337	709	628	909	488	421
民权县	1176	448	728	764	323	441
睢县	1126	632	494	721	410	311
宁陵县	300	127	173	206	91	115
柘城县	493	225	268	241	91	150
虞城县	1054	485	569	602	240	362
夏邑县	1025	481	544	599	274	325
永城市	6141	3097	3044	3363	1565	1798
信阳市	**48567**	**20562**	**28005**	**32392**	**14930**	**17462**
浉河区	6470	2942	3528	4123	1899	2224
平桥区	8447	3337	5110	5162	2296	2866
罗山县	4307	1584	2723	2549	1009	1540
光山县	3928	1725	2203	2892	1362	1530
新县	4896	2523	2373	3384	1816	1568
商城县	5748	2524	3224	4066	2005	2061
固始县	6467	2565	3902	4218	1932	2286
潢川县	3720	1194	2526	2368	816	1552
淮滨县	952	454	498	650	305	345
息县	3632	1714	1918	2980	1490	1490
周口市	**43673**	**19989**	**23684**	**24193**	**11261**	**12932**
川汇区	29512	14587	14925	15263	7726	7537
扶沟县	2217	1008	1209	1420	719	701
西华县	1662	713	949	1241	596	645
商水县	4263	1434	2829	3118	1126	1992
沈丘县	888	366	522	485	218	267
郸城县	939	295	644	572	181	391
淮阳县	1446	437	1009	670	141	529
太康县	1182	450	732	760	312	448
鹿邑县	321	69	252	195	33	162
项城市	1243	630	613	469	209	260
驻马店市	**35965**	**17554**	**18411**	**25554**	**13373**	**12181**
驿城区	2850	1288	1562	1473	688	785
西平县	4790	2672	2118	2876	1780	1096
上蔡县	3602	1209	2393	1997	742	1255
平舆县	585	288	297	366	179	187
正阳县	2537	1053	1484	1665	758	907
确山县	3174	1348	1826	1666	774	892
泌阳县	3129	1705	1424	2622	1402	1220
汝南县	9144	4675	4469	8310	4394	3916
遂平县	4344	2523	1821	3311	2080	1231
新蔡县	1810	793	1017	1268	576	692
济源市	**7924**	**5024**	**2900**	**5514**	**3548**	**1966**
济源市	7924	5024	2900	5514	3548	1966

1-4c 续表 4 单位：人

地　区	户口登记地					
	本省其他县(市、区)			省　外		
	小计	男	女	小计	男	女
总　计	**377028**	**201066**	**175962**	**110772**	**55203**	**55569**
郑州市	**204958**	**115154**	**89804**	**33272**	**20289**	**12983**
中原区	15096	8775	6321	2175	1235	940
二七区	28095	19138	8957	3649	2251	1398
管城回族区	40898	24593	16305	11576	7213	4363
金水区	69788	35032	34756	5933	3214	2719
上街区	786	530	256	89	60	29
惠济区	7975	4007	3968	957	577	380
中牟县	2390	1151	1239	749	254	495
巩义市	8004	5014	2990	2036	1202	834
荥阳市	2735	1623	1112	749	398	351
新密市	5312	2977	2335	1289	768	521
新郑市	20163	9274	10889	1600	873	727
登封市	3716	3040	676	2470	2244	226
开封市	**5232**	**2068**	**3164**	**3694**	**1892**	**1802**
龙亭区	553	156	397	66	21	45
顺河回族区	108	46	62	47	25	22
鼓楼区	107	42	65	14	4	10
禹王台区	905	577	328	78	45	33
金明区	270	105	165	52	17	35
杞县	551	232	319	386	186	200
通许县	336	125	211	231	90	141
尉氏县	624	177	447	346	125	221
开封县	1466	516	950	2260	1330	930
兰考县	312	92	220	214	49	165
洛阳市	**34973**	**19853**	**15120**	**8232**	**4489**	**3743**
老城区	712	411	301	91	53	38
西工区	2500	1386	1114	341	213	128
瀍河回族区	467	245	222	91	57	34
涧西区	1303	622	681	185	102	83
吉利区	2201	1234	967	391	210	181
洛龙区	4605	2518	2087	1075	623	452
孟津县	3165	2129	1036	1228	852	376
新安县	4656	3023	1633	736	319	417
栾川县	1713	1162	551	697	474	223
嵩县	4823	2481	2342	685	316	369
汝阳县	1571	698	873	584	224	360
宜阳县	1344	427	917	441	152	289
洛宁县	1222	832	390	347	204	143
伊川县	1768	1075	693	408	175	233
偃师市	2923	1610	1313	932	515	417

1-4c 续表 5

单位：人

地区	户口登记地					
	本省其他县(市、区)			省外		
	小计	男	女	小计	男	女
平顶山市	**12177**	**5342**	**6835**	**5469**	**1816**	**3653**
新华区	786	414	372	98	46	52
卫东区	668	296	372	183	115	68
石龙区	312	194	118	170	140	30
湛河区	1161	499	662	157	67	90
宝丰县	1667	736	931	481	151	330
叶县	1831	600	1231	1009	154	855
鲁山县	1862	688	1174	1554	485	1069
郏县	1198	540	658	538	248	290
舞钢市	770	421	349	549	251	298
汝州市	1922	954	968	730	159	571
安阳市	**19327**	**8884**	**10443**	**8819**	**3777**	**5042**
文峰区	4613	1293	3320	561	307	254
北关区	685	290	395	270	191	79
殷都区	595	247	348	112	69	43
龙安区	1844	1380	464	372	175	197
安阳县	3259	1763	1496	2208	689	1519
汤阴县	2439	939	1500	1077	383	694
滑县	2419	1226	1193	1188	491	697
内黄县	1184	397	787	904	339	565
林州市	2289	1349	940	2127	1133	994
鹤壁市	**4759**	**2262**	**2497**	**1316**	**640**	**676**
鹤山区	927	500	427	26	7	19
山城区	300	161	139	313	249	64
淇滨区	1649	811	838	186	53	133
浚县	1067	462	605	468	205	263
淇县	816	328	488	323	126	197
新乡市	**11482**	**6173**	**5309**	**2950**	**1499**	**1451**
红旗区	3222	2170	1052	207	109	98
卫滨区						
凤泉区	588	214	374	73	35	38
牧野区	1116	764	352	344	283	61
新乡县	1507	593	914	269	121	148
获嘉县	921	319	602	357	135	222
原阳县	987	478	509	365	102	263
延津县	737	374	363	203	95	108
封丘县	586	413	173	220	131	89
长垣县	245	157	88	123	75	48
卫辉市	514	175	339	230	105	125
辉县市	1059	516	543	559	308	251
焦作市	**19200**	**10315**	**8885**	**5356**	**2777**	**2579**
解放区						
中站区	1598	810	788	303	166	137
马村区	781	376	405	187	88	99
山阳区	5997	3905	2092	501	271	230
修武县	2269	980	1289	702	339	363
博爱县	1851	822	1029	511	177	334
武陟县	2158	906	1252	864	337	527
温县	1110	615	495	706	478	228
沁阳市	1187	621	566	519	302	217
孟州市	2249	1280	969	1063	619	444

1-4c 续表 6 单位：人

地 区	户口登记地					
	本省其他县(市、区)			省 外		
	小计	男	女	小计	男	女
濮阳市	**4775**	**2051**	**2724**	**3831**	**1367**	**2464**
华龙区	1591	619	972	404	161	243
清丰县	1496	626	870	895	342	553
南乐县	470	221	249	811	163	648
范县	256	119	137	458	242	216
台前县	168	83	85	517	217	300
濮阳县	794	383	411	746	242	504
许昌市	**10609**	**5779**	**4830**	**5869**	**3574**	**2295**
魏都区	2641	1355	1286	111	65	46
许昌县	1448	840	608	558	281	277
鄢陵县	516	342	174	2868	2165	703
襄城县	1400	623	777	504	146	358
禹州市	3328	1954	1374	1358	660	698
长葛市	1276	665	611	470	257	213
漯河市	**3470**	**1815**	**1655**	**1056**	**351**	**705**
源汇区	278	136	142	117	44	73
郾城区	692	342	350	293	130	163
召陵区	341	77	264	214	31	183
舞阳县	258	139	119	183	63	120
临颍县	1901	1121	780	249	83	166
三门峡市	**4003**	**2278**	**1725**	**2153**	**1419**	**734**
湖滨区	303	159	144	57	29	28
渑池县	1830	999	831	229	92	137
陕县	763	427	336	176	77	99
卢氏县	266	137	129	293	152	141
义马市	101	45	56	11	4	7
灵宝市	740	511	229	1387	1065	322
南阳市	**9234**	**4275**	**4959**	**7442**	**3212**	**4230**
宛城区	459	176	283	252	92	160
卧龙区	1801	892	909	369	164	205
南召县	627	237	390	441	140	301
方城县	796	254	542	1025	261	764
西峡县	589	246	343	414	153	261
镇平县	439	246	193	671	353	318
内乡县	1007	438	569	631	287	344
淅川县	240	89	151	396	127	269
社旗县	162	53	109	156	60	96
唐河县	338	125	213	644	265	379
新野县	287	122	165	217	88	129
桐柏县	1875	1026	849	1178	596	582
邓州市	614	371	243	1048	626	422

1-4c 续表 7 单位：人

地区	户口登记地					
	本省其他县(市、区)			省外		
	小计	男	女	小计	男	女
商丘市	**2312**	**1287**	**1025**	**3354**	**1614**	**1740**
梁园区	134	34	100	285	145	140
睢阳区	129	59	70	299	162	137
民权县	239	69	170	173	56	117
睢县	288	162	126	117	60	57
宁陵县	58	19	39	36	17	19
柘城县	123	67	56	129	67	62
虞城县	193	100	93	259	145	114
夏邑县	117	52	65	309	155	154
永城市	1031	725	306	1747	807	940
信阳市	**7387**	**3017**	**4370**	**8788**	**2615**	**6173**
浉河区	1028	466	562	1319	577	742
平桥区	1720	664	1056	1565	377	1188
罗山县	810	335	475	948	240	708
光山县	626	261	365	410	102	308
新县	723	364	359	789	343	446
商城县	813	326	487	869	193	676
固始县	653	231	422	1596	402	1194
潢川县	586	206	380	766	172	594
淮滨县	109	50	59	193	99	94
息县	319	114	205	333	110	223
周口市	**16079**	**7237**	**8842**	**3401**	**1491**	**1910**
川汇区	13660	6501	7159	589	360	229
扶沟县	467	162	305	330	127	203
西华县	287	91	196	134	26	108
商水县	616	145	471	529	163	366
沈丘县	134	58	76	269	90	179
郸城县	130	21	109	237	93	144
淮阳县	312	97	215	464	199	265
太康县	214	61	153	208	77	131
鹿邑县	78	16	62	48	20	28
项城市	181	85	96	593	336	257
驻马店市	**5711**	**2438**	**3273**	**4700**	**1743**	**2957**
驿城区	934	444	490	443	156	287
西平县	1164	583	581	750	309	441
上蔡县	676	174	502	929	293	636
平舆县	87	39	48	132	70	62
正阳县	453	162	291	419	133	286
确山县	941	392	549	567	182	385
泌阳县	168	80	88	339	223	116
汝南县	529	198	331	305	83	222
遂平县	598	293	305	435	150	285
新蔡县	161	73	88	381	144	237
济源市	**1340**	**838**	**502**	**1070**	**638**	**432**
济源市	1340	838	502	1070	638	432

1-5 各地区分性别的农业户口、非农业户口人口

单位：人、%

地区	合计			农业户口人口		
	合计	男	女	小计	男	女
总计	**93162709**	**47067731**	**46094978**	**74664268**	**37483402**	**37180866**
郑州市	**8571885**	**4393574**	**4178311**	**5692014**	**2939519**	**2752495**
中原区	902634	463853	438781	396417	210564	185853
二七区	710188	361997	348191	272106	146445	125661
管城回族区	643241	335151	308090	332289	180914	151375
金水区	1583808	810470	773338	695409	368610	326799
上街区	131137	65069	66068	58672	28185	30487
惠济区	268261	131903	136358	210197	102517	107680
中牟县	721634	371478	350156	659507	338414	321093
巩义市	799811	407496	392315	680353	343780	336573
荥阳市	610660	309260	301400	535333	268429	266904
新密市	789341	405459	383882	682994	346879	336115
新郑市	752059	384546	367513	584803	299807	284996
登封市	659111	346892	312219	583934	304975	278959
开封市	**4658676**	**2362489**	**2296187**	**3863163**	**1957976**	**1905187**
龙亭区	127084	61548	65536	58871	27854	31017
顺河回族区	231455	113733	117722	63735	31382	32353
鼓楼区	142733	69689	73044	29941	14719	15222
禹王台区	130126	64378	65748	44568	22010	22558
金明区	261537	134292	127245	124334	65810	58524
杞县	953554	489473	464081	909788	464801	444987
通许县	566401	290078	276323	536900	273988	262912
尉氏县	876395	451024	425371	819346	419944	399402
开封县	694337	355709	338628	662626	337981	324645
兰考县	675054	332565	342489	613054	299487	313567
洛阳市	**6481340**	**3271448**	**3209892**	**4831096**	**2415478**	**2415618**
老城区	161829	79264	82565	62741	29453	33288
西工区	365621	182709	182912	84246	42099	42147
瀍河回族区	177404	89482	87922	48595	24293	24302
涧西区	616317	310197	306120	162480	81434	81046
吉利区	68576	34091	34485	38772	18943	19829
洛龙区	518048	256965	261083	387043	190316	196727
孟津县	411675	206794	204881	367315	180839	186476
新安县	465382	238614	226768	380792	192724	188068
栾川县	339551	177516	162035	296372	153271	143101
嵩县	498095	251348	246747	454986	227010	227976
汝阳县	400069	203415	196654	356594	179121	177473
宜阳县	631587	318310	313277	566646	283563	283083
洛宁县	419366	210762	208604	373830	186001	187829
伊川县	748176	378569	369607	666474	334720	331754
偃师市	659644	333412	326232	584210	291691	292519

1-5 续表 1

单位：人、%

地　区	合　计			农业户口人口		
	合计	男	女	小计	男	女
平顶山市	**4841465**	**2492728**	**2348737**	**3730398**	**1902714**	**1827684**
新华区	387216	199924	187292	121014	61858	59156
卫东区	301135	152197	148938	59602	28802	30800
石龙区	54365	30336	24029	22416	11477	10939
湛河区	282931	143594	139337	117986	59260	58726
宝丰县	483314	248921	234393	424866	216064	208802
叶县	771559	395917	375642	713316	364297	349019
鲁山县	771905	399326	372579	708217	364483	343734
郏县	568859	296040	272819	514678	265098	249580
舞钢市	311824	162152	149672	212219	108869	103350
汝州市	908357	464321	444036	836084	422506	413578
安阳市	**5051224**	**2441190**	**2610034**	**3985397**	**1889252**	**2096145**
文峰区	434092	213997	220095	164298	81440	82858
北关区	243178	119129	124049	54823	26042	28781
殷都区	241226	122879	118347	69182	34386	34796
龙安区	209662	107783	101879	146965	75398	71567
安阳县	829534	393671	435863	728788	338168	390620
汤阴县	411497	199538	211959	352956	168056	184900
滑县	1240826	621899	618927	1179825	587220	592605
内黄县	677119	342037	335082	645412	324175	321237
林州市	764090	320257	443833	643148	254367	388781
鹤壁市	**1539024**	**789072**	**749952**	**1054004**	**536553**	**517451**
鹤山区	129219	66948	62271	49747	25074	24673
山城区	229371	117968	111403	71188	36679	34509
淇滨区	267110	135418	131692	111109	56195	54914
浚县	653368	334712	318656	609257	310383	298874
淇县	259956	134026	125930	212703	108222	104481
新乡市	**5661687**	**2850817**	**2810870**	**4685469**	**2346990**	**2338479**
红旗区	388641	191642	196999	159614	78439	81175
卫滨区	192504	94996	97508	54999	26387	28612
凤泉区	141681	75194	66487	111184	58236	52948
牧野区	316568	157163	159405	115496	57366	58130
新乡县	333139	169964	163175	316127	159777	156350
获嘉县	396407	199958	196449	351744	175765	175979
原阳县	652201	329718	322483	622222	312370	309852
延津县	466728	238082	228646	421664	213017	208647
封丘县	741292	380065	361227	691771	352641	339130
长垣县	805341	401741	403600	762518	378673	383845
卫辉市	491607	247909	243698	408593	206051	202542
辉县市	735578	364385	371193	669537	328268	341269
焦作市	**3501170**	**1777227**	**1723943**	**2556598**	**1278407**	**1278191**
解放区	293375	150105	143270	25411	15672	9739
中站区	104795	52734	52061	44774	21433	23341
马村区	137271	72938	64333	84813	43147	41666
山阳区	321902	164098	157804	84180	42397	41783
修武县	282610	145969	136641	239911	121602	118309
博爱县	427429	218158	209271	368567	185058	183509
武陟县	705688	358301	347387	663395	334012	329383
温县	419044	210320	208724	364387	180196	184191
沁阳市	443279	221728	221551	375362	185363	189999
孟州市	365777	182876	182901	305798	149527	156271

1-5 续表 2 单位：人、%

地区	合计			农业户口人口		
	合计	男	女	小计	男	女
濮阳市	**3563967**	**1779800**	**1784167**	**2988981**	**1480351**	**1508630**
华龙区	649933	326524	323409	278922	139700	139222
清丰县	629458	314761	314697	583573	289286	294287
南乐县	455947	219618	236329	436176	208693	227483
范县	467361	232941	234420	425458	210289	215169
台前县	326551	164685	161866	309671	154475	155196
濮阳县	1034717	521271	513446	955181	477908	477273
许昌市	**4278224**	**2192419**	**2085805**	**3208134**	**1638735**	**1569399**
魏都区	497477	246203	251274	76378	38582	37796
许昌县	765543	392928	372615	566641	290076	276565
鄢陵县	550350	286429	263921	473638	243350	230288
襄城县	666869	337378	329491	575311	289130	286181
禹州市	1117003	580283	536720	953778	490753	463025
长葛市	680982	349198	331784	562388	286844	275544
漯河市	**2537239**	**1296503**	**1240736**	**1972819**	**999928**	**972891**
源汇区	323291	161112	162179	165906	82277	83629
郾城区	492663	254296	238367	335594	171794	163800
召陵区	474428	241774	232654	378415	192788	185627
舞阳县	536895	273785	263110	469032	235076	233956
临颍县	709962	365536	344426	623872	317993	305879
三门峡市	**2214184**	**1137734**	**1076450**	**1571879**	**800652**	**771227**
湖滨区	324348	164578	159770	104473	53727	50746
渑池县	340646	173131	167515	248830	124581	124249
陕县	339329	175572	163757	278570	141121	137449
卢氏县	351359	182762	168597	318266	164871	153395
义马市	142437	73865	68572	16331	7775	8556
灵宝市	716065	367826	348239	605409	308577	296832
南阳市	**10164927**	**5234122**	**4930805**	**8727250**	**4477783**	**4249467**
宛城区	877182	449396	427786	639201	327051	312150
卧龙区	917797	460959	456838	617692	310503	307189
南召县	541471	285140	256331	486036	254999	231037
方城县	911092	467248	443844	834565	424731	409834
西峡县	440876	229927	210949	372470	194298	178172
镇平县	855377	446942	408435	775320	403904	371416
内乡县	570870	291887	278983	517048	262963	254085
淅川县	679261	348326	330935	616425	314987	301438
社旗县	631203	325043	306160	569210	291698	277512
唐河县	1274765	660081	614684	1117990	576016	541974
新野县	620052	314913	305139	559107	282718	276389
桐柏县	386681	199587	187094	309230	159486	149744
邓州市	1458300	754673	703627	1312956	674429	638527

1-5 续表 3

单位：人、%

地 区	合 计			农业户口人口		
	合计	男	女	小计	男	女
商丘市	**7316698**	**3660662**	**3656036**	**6273513**	**3117936**	**3155577**
梁园区	780792	394541	386251	404580	206530	198050
睢阳区	741448	375867	365581	591589	299310	292279
民权县	698603	346182	352421	623285	306506	316779
睢县	709155	352420	356735	661019	326569	334450
宁陵县	521613	258349	263264	481230	237074	244156
柘城县	776490	385452	391038	700871	344194	356677
虞城县	950307	477317	472990	901688	451462	450226
夏邑县	910315	453664	456651	846622	419185	427437
永城市	1227975	616870	611105	1062629	527106	535523
信阳市	**6030769**	**3028754**	**3002015**	**4981693**	**2492628**	**2489065**
浉河区	588929	288567	300362	344716	172248	172468
平桥区	621599	311980	309619	474020	237532	236488
罗山县	494334	250711	243623	412947	208357	204590
光山县	579331	296572	282759	503564	256339	247225
新县	273912	138529	135383	220615	110504	110111
商城县	489038	241753	247285	432015	210746	221269
固始县	1010978	513621	497357	876248	442595	433653
潢川县	623926	311240	312686	523240	259234	264006
淮滨县	565323	278864	286459	507985	249055	258930
息县	783399	396917	386482	686343	346018	340325
周口市	**8889094**	**4394627**	**4494467**	**7947515**	**3905674**	**4041841**
川汇区	503069	251240	251829	275175	137837	137338
扶沟县	624024	316754	307270	573518	288933	284585
西华县	783794	401442	382352	699010	357148	341862
商水县	927517	456101	471416	889223	435100	454123
沈丘县	977186	479277	497909	896188	435984	460204
郸城县	991935	490970	500965	914337	450641	463696
淮阳县	1080359	529640	550719	1009993	492988	517005
太康县	1094910	546344	548566	1022243	508039	514204
鹿邑县	906456	430184	476272	834300	392518	441782
项城市	999844	492675	507169	833528	406486	427042
驻马店市	**7190403**	**3622690**	**3567713**	**6128931**	**3067679**	**3061252**
驿城区	718567	369437	349130	422361	217175	205186
西平县	697723	351879	345844	620344	309871	310473
上蔡县	1072244	529344	542900	984156	480066	504090
平舆县	746794	372782	374012	569757	282034	287723
正阳县	642042	316253	325789	585211	286022	299189
确山县	402828	196592	206236	319853	154403	165450
泌阳县	806770	423048	383722	721116	377789	343327
汝南县	766874	389697	377177	698820	354922	343898
遂平县	491592	256909	234683	436427	227641	208786
新蔡县	844969	416749	428220	770886	377756	393130
济源市	**670733**	**341875**	**328858**	**465414**	**235147**	**230267**
济源市	670733	341875	328858	465414	235147	230267

1-5 续表 4

单位：人、%

地　区	非农业户口人口			非农业户口人口占总人口比重		
	小计	男	女	合计	男	女
总　计	**18498441**	**9584329**	**8914112**	**19.86**	**20.36**	**19.34**
郑州市	**2879871**	**1454055**	**1425816**	**33.60**	**33.10**	**34.12**
中原区	506217	253289	252928	56.08	54.61	57.64
二七区	438082	215552	222530	61.69	59.55	63.91
管城回族区	310952	154237	156715	48.34	46.02	50.87
金水区	888399	441860	446539	56.09	54.52	57.74
上街区	72465	36884	35581	55.26	56.68	53.86
惠济区	58064	29386	28678	21.64	22.28	21.03
中牟县	62127	33064	29063	8.61	8.90	8.30
巩义市	119458	63716	55742	14.94	15.64	14.21
荥阳市	75327	40831	34496	12.34	13.20	11.45
新密市	106347	58580	47767	13.47	14.45	12.44
新郑市	167256	84739	82517	22.24	22.04	22.45
登封市	75177	41917	33260	11.41	12.08	10.65
开封市	**795513**	**404513**	**391000**	**17.08**	**17.12**	**17.03**
龙亭区	68213	33694	34519	53.68	54.74	52.67
顺河回族区	167720	82351	85369	72.46	72.41	72.52
鼓楼区	112792	54970	57822	79.02	78.88	79.16
禹王台区	85558	42368	43190	65.75	65.81	65.69
金明区	137203	68482	68721	52.46	50.99	54.01
杞县	43766	24672	19094	4.59	5.04	4.11
通许县	29501	16090	13411	5.21	5.55	4.85
尉氏县	57049	31080	25969	6.51	6.89	6.11
开封县	31711	17728	13983	4.57	4.98	4.13
兰考县	62000	33078	28922	9.18	9.95	8.44
洛阳市	**1650244**	**855970**	**794274**	**25.46**	**26.16**	**24.74**
老城区	99088	49811	49277	61.23	62.84	59.68
西工区	281375	140610	140765	76.96	76.96	76.96
瀍河回族区	128809	65189	63620	72.61	72.85	72.36
涧西区	453837	228763	225074	73.64	73.75	73.52
吉利区	29804	15148	14656	43.46	44.43	42.50
洛龙区	131005	66649	64356	25.29	25.94	24.65
孟津县	44360	25955	18405	10.78	12.55	8.98
新安县	84590	45890	38700	18.18	19.23	17.07
栾川县	43179	24245	18934	12.72	13.66	11.69
嵩县	43109	24338	18771	8.65	9.68	7.61
汝阳县	43475	24294	19181	10.87	11.94	9.75
宜阳县	64941	34747	30194	10.28	10.92	9.64
洛宁县	45536	24761	20775	10.86	11.75	9.96
伊川县	81702	43849	37853	10.92	11.58	10.24
偃师市	75434	41721	33713	11.44	12.51	10.33

1-5 续表 5

单位：人、%

地区	非农业户口人口			非农业户口人口占总人口比重		
	小计	男	女	合计	男	女
平顶山市	**1111067**	**590014**	**521053**	**22.95**	**23.67**	**22.18**
新华区	266202	138066	128136	68.75	69.06	68.42
卫东区	241533	123395	118138	80.21	81.08	79.32
石龙区	31949	18859	13090	58.77	62.17	54.48
湛河区	164945	84334	80611	58.30	58.73	57.85
宝丰县	58448	32857	25591	12.09	13.20	10.92
叶县	58243	31620	26623	7.55	7.99	7.09
鲁山县	63688	34843	28845	8.25	8.73	7.74
郏县	54181	30942	23239	9.52	10.45	8.52
舞钢市	99605	53283	46322	31.94	32.86	30.95
汝州市	72273	41815	30458	7.96	9.01	6.86
安阳市	**1065827**	**551938**	**513889**	**21.10**	**22.61**	**19.69**
文峰区	269794	132557	137237	62.15	61.94	62.35
北关区	188355	93087	95268	77.46	78.14	76.80
殷都区	172044	88493	83551	71.32	72.02	70.60
龙安区	62697	32385	30312	29.90	30.05	29.75
安阳县	100746	55503	45243	12.14	14.10	10.38
汤阴县	58541	31482	27059	14.23	15.78	12.77
滑县	61001	34679	26322	4.92	5.58	4.25
内黄县	31707	17862	13845	4.68	5.22	4.13
林州市	120942	65890	55052	15.83	20.57	12.40
鹤壁市	**485020**	**252519**	**232501**	**31.51**	**32.00**	**31.00**
鹤山区	79472	41874	37598	61.50	62.55	60.38
山城区	158183	81289	76894	68.96	68.91	69.02
淇滨区	156001	79223	76778	58.40	58.50	58.30
浚县	44111	24329	19782	6.75	7.27	6.21
淇县	47253	25804	21449	18.18	19.25	17.03
新乡市	**976218**	**503827**	**472391**	**17.24**	**17.67**	**16.81**
红旗区	229027	113203	115824	58.93	59.07	58.79
卫滨区	137505	68609	68896	71.43	72.22	70.66
凤泉区	30497	16958	13539	21.53	22.55	20.36
牧野区	201072	99797	101275	63.52	63.50	63.53
新乡县	17012	10187	6825	5.11	5.99	4.18
获嘉县	44663	24193	20470	11.27	12.10	10.42
原阳县	29979	17348	12631	4.60	5.26	3.92
延津县	45064	25065	19999	9.66	10.53	8.75
封丘县	49521	27424	22097	6.68	7.22	6.12
长垣县	42823	23068	19755	5.32	5.74	4.89
卫辉市	83014	41858	41156	16.89	16.88	16.89
辉县市	66041	36117	29924	8.98	9.91	8.06
焦作市	**944572**	**498820**	**445752**	**26.98**	**28.07**	**25.86**
解放区	267964	134433	133531	91.34	89.56	93.20
中站区	60021	31301	28720	57.27	59.36	55.17
马村区	52458	29791	22667	38.21	40.84	35.23
山阳区	237722	121701	116021	73.85	74.16	73.52
修武县	42699	24367	18332	15.11	16.69	13.42
博爱县	58862	33100	25762	13.77	15.17	12.31
武陟县	42293	24289	18004	5.99	6.78	5.18
温县	54657	30124	24533	13.04	14.32	11.75
沁阳市	67917	36365	31552	15.32	16.40	14.24
孟州市	59979	33349	26630	16.40	18.24	14.56

1-5 续表 6

单位：人、%

地 区	非农业户口人口			非农业户口人口占总人口比重		
	小计	男	女	合计	男	女
濮阳市	**574986**	**299449**	**275537**	**16.13**	**16.82**	**15.44**
华龙区	371011	186824	184187	57.08	57.22	56.95
清丰县	45885	25475	20410	7.29	8.09	6.49
南乐县	19771	10925	8846	4.34	4.97	3.74
范县	41903	22652	19251	8.97	9.72	8.21
台前县	16880	10210	6670	5.17	6.20	4.12
濮阳县	79536	43363	36173	7.69	8.32	7.05
许昌市	**1070090**	**553684**	**516406**	**25.01**	**25.25**	**24.76**
魏都区	421099	207621	213478	84.65	84.33	84.96
许昌县	198902	102852	96050	25.98	26.18	25.78
鄢陵县	76712	43079	33633	13.94	15.04	12.74
襄城县	91558	48248	43310	13.73	14.30	13.14
禹州市	163225	89530	73695	14.61	15.43	13.73
长葛市	118594	62354	56240	17.42	17.86	16.95
漯河市	**564420**	**296575**	**267845**	**22.25**	**22.87**	**21.59**
源汇区	157385	78835	78550	48.68	48.93	48.43
郾城区	157069	82502	74567	31.88	32.44	31.28
召陵区	96013	48986	47027	20.24	20.26	20.21
舞阳县	67863	38709	29154	12.64	14.14	11.08
临颍县	86090	47543	38547	12.13	13.01	11.19
三门峡市	**642305**	**337082**	**305223**	**29.01**	**29.63**	**28.35**
湖滨区	219875	110851	109024	67.79	67.35	68.24
渑池县	91816	48550	43266	26.95	28.04	25.83
陕县	60759	34451	26308	17.91	19.62	16.07
卢氏县	33093	17891	15202	9.42	9.79	9.02
义马市	126106	66090	60016	88.53	89.47	87.52
灵宝市	110656	59249	51407	15.45	16.11	14.76
南阳市	**1437677**	**756339**	**681338**	**14.14**	**14.45**	**13.82**
宛城区	237981	122345	115636	27.13	27.22	27.03
卧龙区	300105	150456	149649	32.70	32.64	32.76
南召县	55435	30141	25294	10.24	10.57	9.87
方城县	76527	42517	34010	8.40	9.10	7.66
西峡县	68406	35629	32777	15.52	15.50	15.54
镇平县	80057	43038	37019	9.36	9.63	9.06
内乡县	53822	28924	24898	9.43	9.91	8.92
淅川县	62836	33339	29497	9.25	9.57	8.91
社旗县	61993	33345	28648	9.82	10.26	9.36
唐河县	156775	84065	72710	12.30	12.74	11.83
新野县	60945	32195	28750	9.83	10.22	9.42
桐柏县	77451	40101	37350	20.03	20.09	19.96
邓州市	145344	80244	65100	9.97	10.63	9.25

1-5 续表 7

单位：人、%

地　区	非农业户口人口			非农业户口人口占总人口比重		
	小计	男	女	合计	男	女
商丘市	**1043185**	**542726**	**500459**	**14.26**	**14.83**	**13.69**
梁园区	376212	188011	188201	48.18	47.65	48.73
睢阳区	149859	76557	73302	20.21	20.37	20.05
民权县	75318	39676	35642	10.78	11.46	10.11
睢县	48136	25851	22285	6.79	7.34	6.25
宁陵县	40383	21275	19108	7.74	8.23	7.26
柘城县	75619	41258	34361	9.74	10.70	8.79
虞城县	48619	25855	22764	5.12	5.42	4.81
夏邑县	63693	34479	29214	7.00	7.60	6.40
永城市	165346	89764	75582	13.46	14.55	12.37
信阳市	**1049076**	**536126**	**512950**	**17.40**	**17.70**	**17.09**
浉河区	244213	116319	127894	41.47	40.31	42.58
平桥区	147579	74448	73131	23.74	23.86	23.62
罗山县	81387	42354	39033	16.46	16.89	16.02
光山县	75767	40233	35534	13.08	13.57	12.57
新县	53297	28025	25272	19.46	20.23	18.67
商城县	57023	31007	26016	11.66	12.83	10.52
固始县	134730	71026	63704	13.33	13.83	12.81
潢川县	100686	52006	48680	16.14	16.71	15.57
淮滨县	57338	29809	27529	10.14	10.69	9.61
息县	97056	50899	46157	12.39	12.82	11.94
周口市	**941579**	**488953**	**452626**	**10.59**	**11.13**	**10.07**
川汇区	227894	113403	114491	45.30	45.14	45.46
扶沟县	50506	27821	22685	8.09	8.78	7.38
西华县	84784	44294	40490	10.82	11.03	10.59
商水县	38294	21001	17293	4.13	4.60	3.67
沈丘县	80998	43293	37705	8.29	9.03	7.57
郸城县	77598	40329	37269	7.82	8.21	7.44
淮阳县	70366	36652	33714	6.51	6.92	6.12
太康县	72667	38305	34362	6.64	7.01	6.26
鹿邑县	72156	37666	34490	7.96	8.76	7.24
项城市	166316	86189	80127	16.63	17.49	15.80
驻马店市	**1061472**	**555011**	**506461**	**14.76**	**15.32**	**14.20**
驿城区	296206	152262	143944	41.22	41.21	41.23
西平县	77379	42008	35371	11.09	11.94	10.23
上蔡县	88088	49278	38810	8.22	9.31	7.15
平舆县	177037	90748	86289	23.71	24.34	23.07
正阳县	56831	30231	26600	8.85	9.56	8.16
确山县	82975	42189	40786	20.60	21.46	19.78
泌阳县	85654	45259	40395	10.62	10.70	10.53
汝南县	68054	34775	33279	8.87	8.92	8.82
遂平县	55165	29268	25897	11.22	11.39	11.03
新蔡县	74083	38993	35090	8.77	9.36	8.19
济源市	**205319**	**106728**	**98591**	**30.61**	**31.22**	**29.98**
济源市	205319	106728	98591	30.61	31.22	29.98

1-5a 各地区分性别的农业户口、非农业户口人口(城市)

单位：人、%

地　区	合　计			农业户口人口		
	合计	男	女	小计	男	女
总　计	**18236875**	**9205504**	**9031371**	**6266844**	**3182816**	**3084028**
郑州市	**4620936**	**2358699**	**2262237**	**1956553**	**1027743**	**928810**
中原区	829896	426296	403600	326894	174951	151943
二七区	580266	290056	290210	150336	79296	71040
管城回族区	493287	253714	239573	186648	102177	84471
金水区	1432386	734886	697500	567453	304879	262574
上街区	116889	57859	59030	44959	21360	23599
惠济区	163839	79826	84013	110531	53106	57425
中牟县	644	334	310	639	331	308
巩义市	168398	83836	84562	84469	41899	42570
荥阳市	219123	110604	108519	151070	75302	75768
新密市	259717	134406	125311	165400	84559	80841
新郑市	221280	111851	109429	93219	46391	46828
登封市	135211	75031	60180	74935	43492	31443
开封市	**722053**	**356658**	**365395**	**155841**	**78274**	**77567**
龙亭区	91166	43377	47789	24613	10779	13834
顺河回族区	195145	95246	99899	28287	13465	14822
鼓楼区	133079	64692	68387	20414	9807	10607
禹王台区	98949	48477	50472	15296	7303	7993
金明区	203714	104866	98848	67231	36920	30311
杞县						
通许县						
尉氏县						
开封县						
兰考县						
洛阳市	**1761385**	**879615**	**881770**	**597213**	**295660**	**301553**
老城区	143100	70059	73041	44789	20861	23928
西工区	334795	167289	167506	56597	28677	27920
瀍河回族区	164110	82955	81155	36347	18466	17881
涧西区	564959	284376	280583	113451	57384	56067
吉利区	45184	22493	22691	17703	8642	9061
洛龙区	268939	131864	137075	151274	73977	77297
孟津县	1731	853	878	1632	792	840
新安县						
栾川县						
嵩县	3181	1127	2054	2631	892	1739
汝阳县						
宜阳县						
洛宁县						
伊川县	5253	2683	2570	5226	2664	2562
偃师市	230133	115916	114217	167563	83305	84258

1-5a 续表 1

单位：人、%

地 区	合 计			农业户口人口		
	合计	男	女	小计	男	女
平顶山市	**1138739**	**583758**	**554981**	**326186**	**163997**	**162189**
新华区	307166	158481	148685	59704	31579	28125
卫东区	273486	138165	135321	38156	18286	19870
石龙区	41640	23041	18599	15392	7823	7569
湛河区	203879	103611	100268	45679	23056	22623
宝丰县	930	484	446	930	484	446
叶县						
鲁山县						
郏县						
舞钢市	125254	64273	60981	35946	17743	18203
汝州市	186384	95703	90681	130379	65026	65353
安阳市	**1142568**	**565421**	**577147**	**362726**	**173888**	**188838**
文峰区	341052	167863	173189	75119	37127	37992
北关区	217729	106294	111435	31828	14481	17347
殷都区	214422	108671	105751	46659	23133	23526
龙安区	112108	56751	55357	51511	25732	25779
安阳县	39077	19517	19560	37875	18737	19138
汤阴县	644	342	302	565	302	263
滑县						
内黄县	243	117	126	239	115	124
林州市	217293	105866	111427	118930	54261	64669
鹤壁市	**472497**	**241038**	**231459**	**84119**	**42114**	**42005**
鹤山区	104658	54461	50197	26570	13460	13110
山城区	191019	97988	93031	34081	17454	16627
淇滨区	172201	86298	85903	18953	8972	9981
浚县						
淇县	4619	2291	2328	4515	2228	2287
新乡市	**1235308**	**614721**	**620587**	**503930**	**249113**	**254817**
红旗区	349373	171139	178234	121469	58720	62749
卫滨区	192504	94996	97508	54999	26387	28612
凤泉区	48592	27753	20839	22475	13624	8851
牧野区	290592	143885	146707	90274	44635	45639
新乡县	1257	643	614	1200	606	594
获嘉县						
原阳县						
延津县						
封丘县						
长垣县	4506	2349	2157	4430	2295	2135
卫辉市	128534	62993	65541	48048	23012	25036
辉县市	219950	110963	108987	161035	79834	81201
焦作市	**912489**	**463990**	**448499**	**225195**	**113298**	**111897**
解放区	293375	150105	143270	25411	15672	9739
中站区	59825	30046	29779	14986	6960	8026
马村区	66151	35833	30318	25528	13335	12193
山阳区	266961	135311	131650	37092	18084	19008
修武县						
博爱县	430	216	214	376	181	195
武陟县	541	270	271	536	266	270
温县						
沁阳市	113462	56313	57149	57885	28150	29735
孟州市	111744	55896	55848	63381	30650	32731

1-5a 续表 2

单位：人、%

地 区	合 计			农业户口人口		
	合计	男	女	小计	男	女
濮阳市	**476031**	**239148**	**236883**	**115101**	**57625**	**57476**
华龙区	449573	225884	223689	89902	45030	44872
清丰县						
南乐县	2912	1407	1505	2887	1386	1501
范县	21033	10599	10434	19810	9958	9852
台前县						
濮阳县	2513	1258	1255	2502	1251	1251
许昌市	**941956**	**474213**	**467743**	**286803**	**145910**	**140893**
魏都区	465776	229635	236141	73352	36996	36356
许昌县	39889	20055	19834	11900	6084	5816
鄢陵县						
襄城县						
禹州市	241003	124899	116104	117154	59980	57174
长葛市	195288	99624	95664	84397	42850	41547
漯河市	**513343**	**257215**	**256128**	**134811**	**66695**	**68116**
源汇区	172760	83893	88867	24737	10639	14098
郾城区	200253	103410	96843	57409	29995	27414
召陵区	140330	69912	70418	52665	26061	26604
舞阳县						
临颍县						
三门峡市	**554009**	**280392**	**273617**	**146004**	**74100**	**71904**
湖滨区	284406	144427	139979	65949	34407	31542
渑池县						
陕县	2308	1186	1122	2174	1114	1060
卢氏县						
义马市	116222	58706	57516	9415	4484	4931
灵宝市	151073	76073	75000	68466	34095	34371
南阳市	**1005878**	**510258**	**495620**	**417809**	**210315**	**207494**
宛城区	317592	161914	155678	133812	67447	66365
卧龙区	403285	197355	205930	117568	55860	61708
南召县						
方城县						
西峡县						
镇平县						
内乡县						
淅川县						
社旗县						
唐河县						
新野县						
桐柏县						
邓州市	285001	150989	134012	166429	87008	79421

1-5a 续表 3

单位：人、%

地区	合计			农业户口人口		
	合计	男	女	小计	男	女
商丘市	**879931**	**447725**	**432206**	**253880**	**130051**	**123829**
梁园区	359912	178773	181139	32424	15916	16508
睢阳区	219947	113390	106557	74326	39328	34998
民权县						
睢县						
宁陵县						
柘城县						
虞城县						
夏邑县						
永城市	300072	155562	144510	147130	74807	72323
信阳市	**528366**	**254991**	**273375**	**194011**	**95095**	**98916**
浉河区	322555	152143	170412	91893	43420	48473
平桥区	205811	102848	102963	102118	51675	50443
罗山县						
光山县						
新县						
商城县						
固始县						
潢川县						
淮滨县						
息县						
周口市	**646948**	**326889**	**320059**	**298931**	**151154**	**147777**
川汇区	307233	152345	154888	114263	56613	57650
扶沟县						
西华县						
商水县						
沈丘县	669	340	329	668	339	329
郸城县	8246	4026	4220	8235	4019	4216
淮阳县	39438	19276	20162	39205	19101	20104
太康县						
鹿邑县						
项城市	291362	150902	140460	136560	71082	65478
驻马店市	**441558**	**226921**	**214637**	**148864**	**76875**	**71989**
驿城区	441558	226921	214637	148864	76875	71989
西平县						
上蔡县						
平舆县						
正阳县						
确山县						
泌阳县						
汝南县						
遂平县						
新蔡县						
济源市	**242880**	**123852**	**119028**	**58867**	**30909**	**27958**
济源市	242880	123852	119028	58867	30909	27958

1-5a 续表 4

单位：人、%

地　区	非农业户口人口			非农业户口人口占总人口比重		
	小计	男	女	合计	男	女
总　计	**11970031**	**6022688**	**5947343**	**65.64**	**65.42**	**65.85**
郑州市	**2664383**	**1330956**	**1333427**	**57.66**	**56.43**	**58.94**
中原区	503002	251345	251657	60.61	58.96	62.35
二七区	429930	210760	219170	74.09	72.66	75.52
管城回族区	306639	151537	155102	62.16	59.73	64.74
金水区	864933	430007	434926	60.38	58.51	62.35
上街区	71930	36499	35431	61.54	63.08	60.02
惠济区	53308	26720	26588	32.54	33.47	31.65
中牟县	5	3	2	0.78	0.90	0.65
巩义市	83929	41937	41992	49.84	50.02	49.66
荥阳市	68053	35302	32751	31.06	31.92	30.18
新密市	94317	49847	44470	36.32	37.09	35.49
新郑市	128061	65460	62601	57.87	58.52	57.21
登封市	60276	31539	28737	44.58	42.03	47.75
开封市	**566212**	**278384**	**287828**	**78.42**	**78.05**	**78.77**
龙亭区	66553	32598	33955	73.00	75.15	71.05
顺河回族区	166858	81781	85077	85.50	85.86	85.16
鼓楼区	112665	54885	57780	84.66	84.84	84.49
禹王台区	83653	41174	42479	84.54	84.94	84.16
金明区	136483	67946	68537	67.00	64.79	69.34
杞县						
通许县						
尉氏县						
开封县						
兰考县						
洛阳市	**1164172**	**583955**	**580217**	**66.09**	**66.39**	**65.80**
老城区	98311	49198	49113	68.70	70.22	67.24
西工区	278198	138612	139586	83.10	82.86	83.33
瀍河回族区	127763	64489	63274	77.85	77.74	77.97
涧西区	451508	226992	224516	79.92	79.82	80.02
吉利区	27481	13851	13630	60.82	61.58	60.07
洛龙区	117665	57887	59778	43.75	43.90	43.61
孟津县	99	61	38	5.72	7.15	4.33
新安县						
栾川县						
嵩县	550	235	315	17.29	20.85	15.34
汝阳县						
宜阳县						
洛宁县						
伊川县	27	19	8	0.51	0.71	0.31
偃师市	62570	32611	29959	27.19	28.13	26.23

1-5a 续表 5

单位：人、%

地 区	非农业户口人口			非农业户口人口占总人口比重		
	小计	男	女	合计	男	女
平顶山市	**812553**	**419761**	**392792**	**71.36**	**71.91**	**70.78**
新华区	247462	126902	120560	80.56	80.07	81.08
卫东区	235330	119879	115451	86.05	86.77	85.32
石龙区	26248	15218	11030	63.04	66.05	59.30
湛河区	158200	80555	77645	77.60	77.75	77.44
宝丰县						
叶县						
鲁山县						
郏县						
舞钢市	89308	46530	42778	71.30	72.39	70.15
汝州市	56005	30677	25328	30.05	32.05	27.93
安阳市	**779842**	**391533**	**388309**	**68.25**	**69.25**	**67.28**
文峰区	265933	130736	135197	77.97	77.88	78.06
北关区	185901	91813	94088	85.38	86.38	84.43
殷都区	167763	85538	82225	78.24	78.71	77.75
龙安区	60597	31019	29578	54.05	54.66	53.43
安阳县	1202	780	422	3.08	4.00	2.16
汤阴县	79	40	39	12.27	11.70	12.91
滑县						
内黄县	4	2	2	1.65	1.71	1.59
林州市	98363	51605	46758	45.27	48.75	41.96
鹤壁市	**388378**	**198924**	**189454**	**82.20**	**82.53**	**81.85**
鹤山区	78088	41001	37087	74.61	75.29	73.88
山城区	156938	80534	76404	82.16	82.19	82.13
淇滨区	153248	77326	75922	88.99	89.60	88.38
浚县						
淇县	104	63	41	2.25	2.75	1.76
新乡市	**731378**	**365608**	**365770**	**59.21**	**59.48**	**58.94**
红旗区	227904	112419	115485	65.23	65.69	64.79
卫滨区	137505	68609	68896	71.43	72.22	70.66
凤泉区	26117	14129	11988	53.75	50.91	57.53
牧野区	200318	99250	101068	68.93	68.98	68.89
新乡县	57	37	20	4.53	5.75	3.26
获嘉县						
原阳县						
延津县						
封丘县						
长垣县	76	54	22	1.69	2.30	1.02
卫辉市	80486	39981	40505	62.62	63.47	61.80
辉县市	58915	31129	27786	26.79	28.05	25.49
焦作市	**687294**	**350692**	**336602**	**75.32**	**75.58**	**75.05**
解放区	267964	134433	133531	91.34	89.56	93.20
中站区	44839	23086	21753	74.95	76.84	73.05
马村区	40623	22498	18125	61.41	62.79	59.78
山阳区	229869	117227	112642	86.11	86.64	85.56
修武县						
博爱县	54	35	19	12.56	16.20	8.88
武陟县	5	4	1	0.92	1.48	0.37
温县						
沁阳市	55577	28163	27414	48.98	50.01	47.97
孟州市	48363	25246	23117	43.28	45.17	41.39

1-5a 续表 6

单位：人、%

地区	非农业户口人口			非农业户口人口占总人口比重		
	小计	男	女	合计	男	女
濮阳市	**360930**	**181523**	**179407**	**75.82**	**75.90**	**75.74**
华龙区	359671	180854	178817	80.00	80.06	79.94
清丰县						
南乐县	25	21	4	0.86	1.49	0.27
范县	1223	641	582	5.81	6.05	5.58
台前县						
濮阳县	11	7	4	0.44	0.56	0.32
许昌市	**655153**	**328303**	**326850**	**69.55**	**69.23**	**69.88**
魏都区	392424	192639	199785	84.25	83.89	84.60
许昌县	27989	13971	14018	70.17	69.66	70.68
鄢陵县						
襄城县						
禹州市	123849	64919	58930	51.39	51.98	50.76
长葛市	110891	56774	54117	56.78	56.99	56.57
漯河市	**378532**	**190520**	**188012**	**73.74**	**74.07**	**73.41**
源汇区	148023	73254	74769	85.68	87.32	84.14
郾城区	142844	73415	69429	71.33	70.99	71.69
召陵区	87665	43851	43814	62.47	62.72	62.22
舞阳县						
临颍县						
三门峡市	**408005**	**206292**	**201713**	**73.65**	**73.57**	**73.72**
湖滨区	218457	110020	108437	76.81	76.18	77.47
渑池县						
陕县	134	72	62	5.81	6.07	5.53
卢氏县						
义马市	106807	54222	52585	91.90	92.36	91.43
灵宝市	82607	41978	40629	54.68	55.18	54.17
南阳市	**588069**	**299943**	**288126**	**58.46**	**58.78**	**58.13**
宛城区	183780	94467	89313	57.87	58.34	57.37
卧龙区	285717	141495	144222	70.85	71.70	70.03
南召县						
方城县						
西峡县						
镇平县						
内乡县						
淅川县						
社旗县						
唐河县						
新野县						
桐柏县						
邓州市	118572	63981	54591	41.60	42.37	40.74

1-5a 续表 7

单位：人、%

地 区	非农业户口人口			非农业户口人口占总人口比重		
	小计	男	女	合计	男	女
商丘市	**626051**	**317674**	**308377**	**71.15**	**70.95**	**71.35**
梁园区	327488	162857	164631	90.99	91.10	90.89
睢阳区	145621	74062	71559	66.21	65.32	67.16
民权县						
睢县						
宁陵县						
柘城县						
虞城县						
夏邑县						
永城市	152942	80755	72187	50.97	51.91	49.95
信阳市	**334355**	**159896**	**174459**	**63.28**	**62.71**	**63.82**
浉河区	230662	108723	121939	71.51	71.46	71.56
平桥区	103693	51173	52520	50.38	49.76	51.01
罗山县						
光山县						
新县						
商城县						
固始县						
潢川县						
淮滨县						
息县						
周口市	**348017**	**175735**	**172282**	**53.79**	**53.76**	**53.83**
川汇区	192970	95732	97238	62.81	62.84	62.78
扶沟县						
西华县						
商水县						
沈丘县	1	1		0.15	0.29	
郸城县	11	7	4	0.13	0.17	0.09
淮阳县	233	175	58	0.59	0.91	0.29
太康县						
鹿邑县						
项城市	154802	79820	74982	53.13	52.90	53.38
驻马店市	**292694**	**150046**	**142648**	**66.29**	**66.12**	**66.46**
驿城区	292694	150046	142648	66.29	66.12	66.46
西平县						
上蔡县						
平舆县						
正阳县						
确山县						
泌阳县						
汝南县						
遂平县						
新蔡县						
济源市	**184013**	**92943**	**91070**	**75.76**	**75.04**	**76.51**
济源市	184013	92943	91070	75.76	75.04	76.51

1-5b 各地区分性别的农业户口、非农业户口人口(镇)

单位：人、%

地区	合计			农业户口人口		
	合计	男	女	小计	男	女
总计	**17756226**	**9067401**	**8688825**	**12386223**	**6234143**	**6152080**
郑州市	**832315**	**430832**	**401483**	**709431**	**365013**	**344418**
中原区						
二七区	33801	17893	15908	28998	15537	13461
管城回族区	4206	2110	2096	4032	2008	2024
金水区						
上街区						
惠济区	10994	5556	5438	10525	5318	5207
中牟县	173589	89671	83918	115792	59892	55900
巩义市	195445	102258	93187	175280	90580	84700
荥阳市	49555	25238	24317	48552	24500	24052
新密市	94742	48309	46433	91994	46476	45518
新郑市	114736	59116	55620	88503	46355	42148
登封市	155247	80681	74566	145755	74347	71408
开封市	**932565**	**480376**	**452189**	**731443**	**373507**	**357936**
龙亭区						
顺河回族区						
鼓楼区						
禹王台区						
金明区	2062	1050	1012	2028	1021	1007
杞县	236222	126002	110220	197175	104833	92342
通许县	140171	71442	68729	112540	56693	55847
尉氏县	216965	111642	105323	164353	83550	80803
开封县	167903	84050	83853	142738	70611	72127
兰考县	169242	86190	83052	112609	56799	55810
洛阳市	**1103881**	**561275**	**542606**	**722374**	**359610**	**362764**
老城区						
西工区						
瀍河回族区						
涧西区	4349	2155	2194	3951	1859	2092
吉利区						
洛龙区	46001	23251	22750	40358	19886	20472
孟津县	140478	71830	68648	105363	52748	52615
新安县	159849	81890	77959	91602	46691	44911
栾川县	125995	65214	60781	89286	45264	44022
嵩县	97912	49747	48165	62996	30782	32214
汝阳县	91827	46572	45255	55426	27497	27929
宜阳县	131641	66441	65200	75599	37411	38188
洛宁县	83772	41563	42209	45022	21358	23664
伊川县	153784	77709	76075	88287	43593	44694
偃师市	68273	34903	33370	64484	32521	31963

1-5b 续表 1

单位：人、%

地　区	合　计			农业户口人口		
	合计	男	女	小计	男	女
平顶山市	**870412**	**446904**	**423508**	**643617**	**323741**	**319876**
新华区	26192	14333	11859	13655	6638	7017
卫东区						
石龙区						
湛河区						
宝丰县	147811	76210	71601	97642	48889	48753
叶县	203701	103745	99956	151622	76552	75070
鲁山县	192800	97822	94978	139640	70052	69588
郏县	171675	89269	82406	125276	63667	61609
舞钢市	21798	11467	10331	16786	8409	8377
汝州市	106435	54058	52377	98996	49534	49462
安阳市	**813644**	**402505**	**411139**	**587105**	**282469**	**304636**
文峰区						
北关区	3274	1495	1779	1943	975	968
殷都区	2971	2138	833	63	18	45
龙安区	7271	3712	3559	7027	3561	3466
安阳县	249487	125256	124231	161901	79194	82707
汤阴县	146877	72812	74065	93346	45150	48196
滑县	188867	94179	94688	141765	69539	72226
内黄县	118030	61810	56220	91713	47597	44116
林州市	96867	41103	55764	89347	36435	52912
鹤壁市	**261796**	**133975**	**127821**	**180798**	**90868**	**89930**
鹤山区						
山城区						
淇滨区	5160	2609	2551	5026	2526	2500
浚县	149024	76108	72916	111497	56293	55204
淇县	107612	55258	52354	64275	32049	32226
新乡市	**1075741**	**549906**	**525835**	**867941**	**438599**	**429342**
红旗区	2614	1326	1288	2603	1316	1287
卫滨区						
凤泉区	28649	14621	14028	27738	14079	13659
牧野区						
新乡县	143761	73055	70706	130848	65723	65125
获嘉县	137830	69430	68400	96662	47818	48844
原阳县	130258	67171	63087	104527	53113	51414
延津县	121420	62048	59372	80848	40471	40377
封丘县	179753	92261	87492	134957	68397	66560
长垣县	253866	130355	123511	214556	109625	104931
卫辉市	38106	19491	18615	37704	19208	18496
辉县市	39484	20148	19336	37498	18849	18649
焦作市	**729190**	**372339**	**356851**	**546046**	**272411**	**273635**
解放区						
中站区						
马村区	11193	6465	4728	2543	1386	1157
山阳区						
修武县	98600	51043	47557	63547	32037	31510
博爱县	165601	84474	81127	119207	59640	59567
武陟县	169792	86239	83553	134363	66811	67552
温县	149834	75996	73838	101539	50450	51089
沁阳市	107937	54634	53303	101655	50700	50955
孟州市	26233	13488	12745	23192	11387	11805

1-5b 续表 2 单位：人、%

地区	合计			农业户口人口		
	合计	男	女	小计	男	女
濮阳市	**644841**	**323885**	**320956**	**458632**	**225215**	**233417**
华龙区	14577	6491	8086	8246	3492	4754
清丰县	103596	51692	51904	62948	30345	32603
南乐县	91451	43918	47533	73826	34717	39109
范县	74981	38276	36705	37892	18612	19280
台前县	65874	34117	31757	51722	25934	25788
濮阳县	294362	149391	144971	223998	112115	111883
许昌市	**707301**	**370659**	**336642**	**433914**	**225513**	**208401**
魏都区						
许昌县	167921	86274	81647	70626	36356	34270
鄢陵县	147995	82963	65032	76253	43183	33070
襄城县	178789	90638	88151	100898	50115	50783
禹州市	128463	67273	61190	103641	53480	50161
长葛市	84133	43511	40622	82496	42379	40117
漯河市	**479317**	**246034**	**233283**	**341118**	**171275**	**169843**
源汇区	4044	2106	1938	3992	2071	1921
郾城区	12100	6825	5275	7942	4060	3882
召陵区	45018	23027	21991	44008	22414	21594
舞阳县	173113	88371	84742	114920	56717	58203
临颍县	245042	125705	119337	170256	86013	84243
三门峡市	**420822**	**219149**	**201673**	**229296**	**115119**	**114177**
湖滨区						
渑池县	121512	61354	60158	47972	23524	24448
陕县	113166	59264	53902	61121	30698	30423
卢氏县	88763	44881	43882	59218	29474	29744
义马市	18270	11177	7093	570	187	383
灵宝市	79111	42473	36638	60415	31236	29179
南阳市	**2310843**	**1193878**	**1116965**	**1541218**	**787433**	**753785**
宛城区	116199	58336	57863	68304	34624	33680
卧龙区	58157	30290	27867	51608	25960	25648
南召县	152644	78646	73998	101386	51239	50147
方城县	228905	118946	109959	159401	80891	78510
西峡县	161761	82739	79022	97204	49649	47555
镇平县	244428	127586	116842	167872	87044	80828
内乡县	161186	81908	79278	113815	57266	56549
淅川县	205013	104690	100323	145325	73403	71922
社旗县	175002	90775	84227	116850	59795	57055
唐河县	369794	193211	176583	224142	115747	108395
新野县	177884	90580	87304	118663	59701	58962
桐柏县	131114	67089	64025	62506	31791	30715
邓州市	128756	69082	59674	114142	60323	53819

1-5b 续表 3

单位：人、%

地　区	合　计			农业户口人口		
	合计	男	女	小计	男	女
商丘市	**1281331**	**645147**	**636184**	**948434**	**470588**	**477846**
梁园区	8919	4725	4194	3525	1927	1598
睢阳区	26593	13425	13168	26225	13218	13007
民权县	167928	84232	83696	99782	48853	50929
睢县	181050	89957	91093	137322	67273	70049
宁陵县	116843	58654	58189	79112	39176	39936
柘城县	188261	96601	91660	118903	59744	59159
虞城县	240272	120844	119428	194658	97140	97518
夏邑县	240229	121234	118995	181072	90067	91005
永城市	111236	55475	55761	107835	53190	54645
信阳市	**1543867**	**786139**	**757728**	**909781**	**459100**	**450681**
浉河区	14294	7315	6979	7908	3871	4037
平桥区	78187	39367	38820	42551	21002	21549
罗山县	149066	77527	71539	74485	39209	35276
光山县	161239	83007	78232	93714	47805	45909
新县	98920	50005	48915	51536	25632	25904
商城县	134212	68334	65878	85280	42525	42755
固始县	287612	146583	141029	173976	88078	85898
潢川县	243129	121964	121165	147296	73145	74151
淮滨县	157475	78560	78915	103618	50925	52693
息县	219733	113477	106256	129417	66908	62509
周口市	**1975794**	**990313**	**985481**	**1456667**	**721248**	**735419**
川汇区						
扶沟县	169179	86394	82785	123508	61972	61536
西华县	211954	109199	102755	130834	67419	63415
商水县	224882	112980	111902	190739	94719	96020
沈丘县	258515	130499	128016	184078	91555	92523
郸城县	256032	128955	127077	181579	90764	90815
淮阳县	252197	124812	127385	186727	91413	95314
太康县	278774	139263	139511	211911	104713	107198
鹿邑县	261084	126864	134220	192614	91748	100866
项城市	63177	31347	31830	54677	26945	27732
驻马店市	**1682619**	**868183**	**814436**	**1001572**	**514388**	**487184**
驿城区	5090	2549	2541	4854	2431	2423
西平县	180682	91609	89073	111930	55513	56417
上蔡县	278528	144584	133944	197678	100181	97497
平舆县	207636	105662	101974	59199	29142	30057
正阳县	137580	69979	67601	86616	43454	43162
确山县	120766	60182	60584	51588	25188	26400
泌阳县	223740	117877	105863	143699	76278	67421
汝南县	198947	100516	98431	136183	68994	67189
遂平县	145903	82369	63534	95184	56154	39030
新蔡县	183747	92856	90891	114641	57053	57588
济源市	**89947**	**45902**	**44045**	**76836**	**38046**	**38790**
济源市	89947	45902	44045	76836	38046	38790

1-5b 续表 4　　单位：人、%

地　区	非农业户口人口			非农业户口人口占总人口比重		
	小计	男	女	合计	男	女
总　计	**5370003**	**2833258**	**2536745**	**30.24**	**31.25**	**29.20**
郑州市	**122884**	**65819**	**57065**	**14.76**	**15.28**	**14.21**
中原区						
二七区	4803	2356	2447	14.21	13.17	15.38
管城回族区	174	102	72	4.14	4.83	3.44
金水区						
上街区						
惠济区	469	238	231	4.27	4.28	4.25
中牟县	57797	29779	28018	33.30	33.21	33.39
巩义市	20165	11678	8487	10.32	11.42	9.11
荥阳市	1003	738	265	2.02	2.92	1.09
新密市	2748	1833	915	2.90	3.79	1.97
新郑市	26233	12761	13472	22.86	21.59	24.22
登封市	9492	6334	3158	6.11	7.85	4.24
开封市	**201122**	**106869**	**94253**	**21.57**	**22.25**	**20.84**
龙亭区						
顺河回族区						
鼓楼区						
禹王台区						
金明区	34	29	5	1.65	2.76	0.49
杞县	39047	21169	17878	16.53	16.80	16.22
通许县	27631	14749	12882	19.71	20.64	18.74
尉氏县	52612	28092	24520	24.25	25.16	23.28
开封县	25165	13439	11726	14.99	15.99	13.98
兰考县	56633	29391	27242	33.46	34.10	32.80
洛阳市	**381507**	**201665**	**179842**	**34.56**	**35.93**	**33.14**
老城区						
西工区						
瀍河回族区						
涧西区	398	296	102	9.15	13.74	4.65
吉利区						
洛龙区	5643	3365	2278	12.27	14.47	10.01
孟津县	35115	19082	16033	25.00	26.57	23.36
新安县	68247	35199	33048	42.69	42.98	42.39
栾川县	36709	19950	16759	29.14	30.59	27.57
嵩县	34916	18965	15951	35.66	38.12	33.12
汝阳县	36401	19075	17326	39.64	40.96	38.29
宜阳县	56042	29030	27012	42.57	43.69	41.43
洛宁县	38750	20205	18545	46.26	48.61	43.94
伊川县	65497	34116	31381	42.59	43.90	41.25
偃师市	3789	2382	1407	5.55	6.82	4.22

1-5b 续表 5 单位：人、%

地 区	非农业户口人口			非农业户口人口占总人口比重		
	小计	男	女	合计	男	女
平顶山市	**226795**	**123163**	**103632**	**26.06**	**27.56**	**24.47**
新华区	12537	7695	4842	47.87	53.69	40.83
卫东区						
石龙区						
湛河区						
宝丰县	50169	27321	22848	33.94	35.85	31.91
叶县	52079	27193	24886	25.57	26.21	24.90
鲁山县	53160	27770	25390	27.57	28.39	26.73
郏县	46399	25602	20797	27.03	28.68	25.24
舞钢市	5012	3058	1954	22.99	26.67	18.91
汝州市	7439	4524	2915	6.99	8.37	5.57
安阳市	**226539**	**120036**	**106503**	**27.84**	**29.82**	**25.90**
文峰区						
北关区	1331	520	811	40.65	34.78	45.59
殷都区	2908	2120	788	97.88	99.16	94.60
龙安区	244	151	93	3.36	4.07	2.61
安阳县	87586	46062	41524	35.11	36.77	33.42
汤阴县	53531	27662	25869	36.45	37.99	34.93
滑县	47102	24640	22462	24.94	26.16	23.72
内黄县	26317	14213	12104	22.30	22.99	21.53
林州市	7520	4668	2852	7.76	11.36	5.11
鹤壁市	**80998**	**43107**	**37891**	**30.94**	**32.18**	**29.64**
鹤山区						
山城区						
淇滨区	134	83	51	2.60	3.18	2.00
浚县	37527	19815	17712	25.18	26.04	24.29
淇县	43337	23209	20128	40.27	42.00	38.45
新乡市	**207800**	**111307**	**96493**	**19.32**	**20.24**	**18.35**
红旗区	11	10	1	0.42	0.75	0.08
卫滨区						
凤泉区	911	542	369	3.18	3.71	2.63
牧野区						
新乡县	12913	7332	5581	8.98	10.04	7.89
获嘉县	41168	21612	19556	29.87	31.13	28.59
原阳县	25731	14058	11673	19.75	20.93	18.50
延津县	40572	21577	18995	33.41	34.77	31.99
封丘县	44796	23864	20932	24.92	25.87	23.92
长垣县	39310	20730	18580	15.48	15.90	15.04
卫辉市	402	283	119	1.05	1.45	0.64
辉县市	1986	1299	687	5.03	6.45	3.55
焦作市	**183144**	**99928**	**83216**	**25.12**	**26.84**	**23.32**
解放区						
中站区						
马村区	8650	5079	3571	77.28	78.56	75.53
山阳区						
修武县	35053	19006	16047	35.55	37.24	33.74
博爱县	46394	24834	21560	28.02	29.40	26.58
武陟县	35429	19428	16001	20.87	22.53	19.15
温县	48295	25546	22749	32.23	33.61	30.81
沁阳市	6282	3934	2348	5.82	7.20	4.41
孟州市	3041	2101	940	11.59	15.58	7.38

1-5b 续表 6

单位：人、%

地　区	非农业户口人口			非农业户口人口占总人口比重		
	小计	男	女	合计	男	女
濮阳市	**186209**	**98670**	**87539**	**28.88**	**30.46**	**27.27**
华龙区	6331	2999	3332	43.43	46.20	41.21
清丰县	40648	21347	19301	39.24	41.30	37.19
南乐县	17625	9201	8424	19.27	20.95	17.72
范县	37089	19664	17425	49.46	51.37	47.47
台前县	14152	8183	5969	21.48	23.99	18.80
濮阳县	70364	37276	33088	23.90	24.95	22.82
许昌市	**273387**	**145146**	**128241**	**38.65**	**39.16**	**38.09**
魏都区						
许昌县	97295	49918	47377	57.94	57.86	58.03
鄢陵县	71742	39780	31962	48.48	47.95	49.15
襄城县	77891	40523	37368	43.57	44.71	42.39
禹州市	24822	13793	11029	19.32	20.50	18.02
长葛市	1637	1132	505	1.95	2.60	1.24
漯河市	**138199**	**74759**	**63440**	**28.83**	**30.39**	**27.19**
源汇区	52	35	17	1.29	1.66	0.88
郾城区	4158	2765	1393	34.36	40.51	26.41
召陵区	1010	613	397	2.24	2.66	1.81
舞阳县	58193	31654	26539	33.62	35.82	31.32
临颍县	74786	39692	35094	30.52	31.58	29.41
三门峡市	**191526**	**104030**	**87496**	**45.51**	**47.47**	**43.39**
湖滨区						
渑池县	73540	37830	35710	60.52	61.66	59.36
陕县	52045	28566	23479	45.99	48.20	43.56
卢氏县	29545	15407	14138	33.29	34.33	32.22
义马市	17700	10990	6710	96.88	98.33	94.60
灵宝市	18696	11237	7459	23.63	26.46	20.36
南阳市	**769625**	**406445**	**363180**	**33.30**	**34.04**	**32.51**
宛城区	47895	23712	24183	41.22	40.65	41.79
卧龙区	6549	4330	2219	11.26	14.30	7.96
南召县	51258	27407	23851	33.58	34.85	32.23
方城县	69504	38055	31449	30.36	31.99	28.60
西峡县	64557	33090	31467	39.91	39.99	39.82
镇平县	76556	40542	36014	31.32	31.78	30.82
内乡县	47371	24642	22729	29.39	30.08	28.67
淅川县	59688	31287	28401	29.11	29.89	28.31
社旗县	58152	30980	27172	33.23	34.13	32.26
唐河县	145652	77464	68188	39.39	40.09	38.62
新野县	59221	30879	28342	33.29	34.09	32.46
桐柏县	68608	35298	33310	52.33	52.61	52.03
邓州市	14614	8759	5855	11.35	12.68	9.81

1-5b 续表 7

单位：人、%

地　区	非农业户口人口			非农业户口人口占总人口比重		
	小计	男	女	合计	男	女
商丘市	**332897**	**174559**	**158338**	**25.98**	**27.06**	**24.89**
梁园区	5394	2798	2596	60.48	59.22	61.90
睢阳区	368	207	161	1.38	1.54	1.22
民权县	68146	35379	32767	40.58	42.00	39.15
睢县	43728	22684	21044	24.15	25.22	23.10
宁陵县	37731	19478	18253	32.29	33.21	31.37
柘城县	69358	36857	32501	36.84	38.15	35.46
虞城县	45614	23704	21910	18.98	19.62	18.35
夏邑县	59157	31167	27990	24.63	25.71	23.52
永城市	3401	2285	1116	3.06	4.12	2.00
信阳市	**634086**	**327039**	**307047**	**41.07**	**41.60**	**40.52**
浉河区	6386	3444	2942	44.68	47.08	42.16
平桥区	35636	18365	17271	45.58	46.65	44.49
罗山县	74581	38318	36263	50.03	49.43	50.69
光山县	67525	35202	32323	41.88	42.41	41.32
新县	47384	24373	23011	47.90	48.74	47.04
商城县	48932	25809	23123	36.46	37.77	35.10
固始县	113636	58505	55131	39.51	39.91	39.09
潢川县	95833	48819	47014	39.42	40.03	38.80
淮滨县	53857	27635	26222	34.20	35.18	33.23
息县	90316	46569	43747	41.10	41.04	41.17
周口市	**519127**	**269065**	**250062**	**26.27**	**27.17**	**25.37**
川汇区						
扶沟县	45671	24422	21249	27.00	28.27	25.67
西华县	81120	41780	39340	38.27	38.26	38.29
商水县	34143	18261	15882	15.18	16.16	14.19
沈丘县	74437	38944	35493	28.79	29.84	27.73
郸城县	74453	38191	36262	29.08	29.62	28.54
淮阳县	65470	33399	32071	25.96	26.76	25.18
太康县	66863	34550	32313	23.98	24.81	23.16
鹿邑县	68470	35116	33354	26.23	27.68	24.85
项城市	8500	4402	4098	13.45	14.04	12.87
驻马店市	**681047**	**353795**	**327252**	**40.48**	**40.75**	**40.18**
驿城区	236	118	118	4.64	4.63	4.64
西平县	68752	36096	32656	38.05	39.40	36.66
上蔡县	80850	44403	36447	29.03	30.71	27.21
平舆县	148437	76520	71917	71.49	72.42	70.52
正阳县	50964	26525	24439	37.04	37.90	36.15
确山县	69178	34994	34184	57.28	58.15	56.42
泌阳县	80041	41599	38442	35.77	35.29	36.31
汝南县	62764	31522	31242	31.55	31.36	31.74
遂平县	50719	26215	24504	34.76	31.83	38.57
新蔡县	69106	35803	33303	37.61	38.56	36.64
济源市	**13111**	**7856**	**5255**	**14.58**	**17.11**	**11.93**
济源市	13111	7856	5255	14.58	17.11	11.93

1-5c 各地区分性别的农业户口、非农业户口人口(乡村)

单位：人、%

地 区	合 计			农业户口人口		
	合计	男	女	小计	男	女
总 计	**57169608**	**28794826**	**28374782**	**56011201**	**28066443**	**27944758**
郑州市	**3118634**	**1604043**	**1514591**	**3026030**	**1546763**	**1479267**
中原区	72738	37557	35181	69523	35613	33910
二七区	96121	54048	42073	92772	51612	41160
管城回族区	145748	79327	66421	141609	76729	64880
金水区	151422	75584	75838	127956	63731	64225
上街区	14248	7210	7038	13713	6825	6888
惠济区	93428	46521	46907	89141	44093	45048
中牟县	547401	281473	265928	543076	278191	264885
巩义市	435968	221402	214566	420604	211301	209303
荥阳市	341982	173418	168564	335711	168627	167084
新密市	434882	222744	212138	425600	215844	209756
新郑市	416043	213579	202464	403081	207061	196020
登封市	368653	191180	177473	363244	187136	176108
开封市	**3004058**	**1525455**	**1478603**	**2975879**	**1506195**	**1469684**
龙亭区	35918	18171	17747	34258	17075	17183
顺河回族区	36310	18487	17823	35448	17917	17531
鼓楼区	9654	4997	4657	9527	4912	4615
禹王台区	31177	15901	15276	29272	14707	14565
金明区	55761	28376	27385	55075	27869	27206
杞县	717332	363471	353861	712613	359968	352645
通许县	426230	218636	207594	424360	217295	207065
尉氏县	659430	339382	320048	654993	336394	318599
开封县	526434	271659	254775	519888	267370	252518
兰考县	505812	246375	259437	500445	242688	257757
洛阳市	**3616074**	**1830558**	**1785516**	**3511509**	**1760208**	**1751301**
老城区	18729	9205	9524	17952	8592	9360
西工区	30826	15420	15406	27649	13422	14227
瀍河回族区	13294	6527	6767	12248	5827	6421
涧西区	47009	23666	23343	45078	22191	22887
吉利区	23392	11598	11794	21069	10301	10768
洛龙区	203108	101850	101258	195411	96453	98958
孟津县	269466	134111	135355	260320	127299	133021
新安县	305533	156724	148809	289190	146033	143157
栾川县	213556	112302	101254	207086	108007	99079
嵩县	397002	200474	196528	389359	195336	194023
汝阳县	308242	156843	151399	301168	151624	149544
宜阳县	499946	251869	248077	491047	246152	244895
洛宁县	335594	169199	166395	328808	164643	164165
伊川县	589139	298177	290962	572961	288463	284498
偃师市	361238	182593	178645	352163	175865	176298

1-5c 续表 1

单位：人、%

地　区	合　计			农业户口人口		
	合计	男	女	小计	男	女
平顶山市	**2832314**	**1462066**	**1370248**	**2760595**	**1414976**	**1345619**
新华区	53858	27110	26748	47655	23641	24014
卫东区	27649	14032	13617	21446	10516	10930
石龙区	12725	7295	5430	7024	3654	3370
湛河区	79052	39983	39069	72307	36204	36103
宝丰县	334573	172227	162346	326294	166691	159603
叶县	567858	292172	275686	561694	287745	273949
鲁山县	579105	301504	277601	568577	294431	274146
郏县	397184	206771	190413	389402	201431	187971
舞钢市	164772	86412	78360	159487	82717	76770
汝州市	615538	314560	300978	606709	307946	298763
安阳市	**3095012**	**1473264**	**1621748**	**3035566**	**1432895**	**1602671**
文峰区	93040	46134	46906	89179	44313	44866
北关区	22175	11340	10835	21052	10586	10466
殷都区	23833	12070	11763	22460	11235	11225
龙安区	90283	47320	42963	88427	46105	42322
安阳县	540970	248898	292072	529012	240237	288775
汤阴县	263976	126384	137592	259045	122604	136441
滑县	1051959	527720	524239	1038060	517681	520379
内黄县	558846	280110	278736	553460	276463	276997
林州市	449930	173288	276642	434871	163671	271200
鹤壁市	**804731**	**414059**	**390672**	**789087**	**403571**	**385516**
鹤山区	24561	12487	12074	23177	11614	11563
山城区	38352	19980	18372	37107	19225	17882
淇滨区	89749	46511	43238	87130	44697	42433
浚县	504344	258604	245740	497760	254090	243670
淇县	147725	76477	71248	143913	73945	69968
新乡市	**3350638**	**1686190**	**1664448**	**3313598**	**1659278**	**1654320**
红旗区	36654	19177	17477	35542	18403	17139
卫滨区						
凤泉区	64440	32820	31620	60971	30533	30438
牧野区	25976	13278	12698	25222	12731	12491
新乡县	188121	96266	91855	184079	93448	90631
获嘉县	258577	130528	128049	255082	127947	127135
原阳县	521943	262547	259396	517695	259257	258438
延津县	345308	176034	169274	340816	172546	168270
封丘县	561539	287804	273735	556814	284244	272570
长垣县	546969	269037	277932	543532	266753	276779
卫辉市	324967	165425	159542	322841	163831	159010
辉县市	476144	233274	242870	471004	229585	241419
焦作市	**1859491**	**940898**	**918593**	**1785357**	**892698**	**892659**
解放区						
中站区	44970	22688	22282	29788	14473	15315
马村区	59927	30640	29287	56742	28426	28316
山阳区	54941	28787	26154	47088	24313	22775
修武县	184010	94926	89084	176364	89565	86799
博爱县	261398	133468	127930	248984	125237	123747
武陟县	535355	271792	263563	528496	266935	261561
温县	269210	134324	134886	262848	129746	133102
沁阳市	221880	110781	111099	215822	106513	109309
孟州市	227800	113492	114308	219225	107490	111735

1-5c 续表 2 单位：人、%

地区	合计			农业户口人口		
	合计	男	女	小计	男	女
濮阳市	**2443095**	**1216767**	**1226328**	**2415248**	**1197511**	**1217737**
华龙区	185783	94149	91634	180774	91178	89596
清丰县	525862	263069	262793	520625	258941	261684
南乐县	361584	174293	187291	359463	172590	186873
范县	371347	184066	187281	367756	181719	186037
台前县	260677	130568	130109	257949	128541	129408
濮阳县	737842	370622	367220	728681	364542	364139
许昌市	**2628967**	**1347547**	**1281420**	**2487417**	**1267312**	**1220105**
魏都区	31701	16568	15133	3026	1586	1440
许昌县	557733	286599	271134	484115	247636	236479
鄢陵县	402355	203466	198889	397385	200167	197218
襄城县	488080	246740	241340	474413	239015	235398
禹州市	747537	388111	359426	732983	377293	355690
长葛市	401561	206063	195498	395495	201615	193880
漯河市	**1544579**	**793254**	**751325**	**1496890**	**761958**	**734932**
源汇区	146487	75113	71374	137177	69567	67610
郾城区	280310	144061	136249	270243	137739	132504
召陵区	289080	148835	140245	281742	144313	137429
舞阳县	363782	185414	178368	354112	178359	175753
临颍县	464920	239831	225089	453616	231980	221636
三门峡市	**1239353**	**638193**	**601160**	**1196579**	**611433**	**585146**
湖滨区	39942	20151	19791	38524	19320	19204
渑池县	219134	111777	107357	200858	101057	99801
陕县	223855	115122	108733	215275	109309	105966
卢氏县	262596	137881	124715	259048	135397	123651
义马市	7945	3982	3963	6346	3104	3242
灵宝市	485881	249280	236601	476528	243246	233282
南阳市	**6848206**	**3529986**	**3318220**	**6768223**	**3480035**	**3288188**
宛城区	443391	229146	214245	437085	224980	212105
卧龙区	456355	233314	223041	448516	228683	219833
南召县	388827	206494	182333	384650	203760	180890
方城县	682187	348302	333885	675164	343840	331324
西峡县	279115	147188	131927	275266	144649	130617
镇平县	610949	319356	291593	607448	316860	290588
内乡县	409684	209979	199705	403233	205697	197536
淅川县	474248	243636	230612	471100	241584	229516
社旗县	456201	234268	221933	452360	231903	220457
唐河县	904971	466870	438101	893848	460269	433579
新野县	442168	224333	217835	440444	223017	217427
桐柏县	255567	132498	123069	246724	127695	119029
邓州市	1044543	534602	509941	1032385	527098	505287

1-5c 续表 3

单位：人、%

地　区	合　计			农业户口人口		
	合计	男	女	小计	男	女
商丘市	**5155436**	**2567790**	**2587646**	**5071199**	**2517297**	**2553902**
梁园区	411961	211043	200918	368631	188687	179944
睢阳区	494908	249052	245856	491038	246764	244274
民权县	530675	261950	268725	523503	257653	265850
睢县	528105	262463	265642	523697	259296	264401
宁陵县	404770	199695	205075	402118	197898	204220
柘城县	588229	288851	299378	581968	284450	297518
虞城县	710035	356473	353562	707030	354322	352708
夏邑县	670086	332430	337656	665550	329118	336432
永城市	816667	405833	410834	807664	399109	408555
信阳市	**3958536**	**1987624**	**1970912**	**3877901**	**1938433**	**1939468**
浉河区	252080	129109	122971	244915	124957	119958
平桥区	337601	169765	167836	329351	164855	164496
罗山县	345268	173184	172084	338462	169148	169314
光山县	418092	213565	204527	409850	208534	201316
新县	174992	88524	86468	169079	84872	84207
商城县	354826	173419	181407	346735	168221	178514
固始县	723366	367038	356328	702272	354517	347755
潢川县	380797	189276	191521	375944	186089	189855
淮滨县	407848	200304	207544	404367	198130	206237
息县	563666	283440	280226	556926	279110	277816
周口市	**6266352**	**3077425**	**3188927**	**6191917**	**3033272**	**3158645**
川汇区	195836	98895	96941	160912	81224	79688
扶沟县	454845	230360	224485	450010	226961	223049
西华县	571840	292243	279597	568176	289729	278447
商水县	702635	343121	359514	698484	340381	358103
沈丘县	718002	348438	369564	711442	344090	367352
郸城县	727657	357989	369668	724523	355858	368665
淮阳县	788724	385552	403172	784061	382474	401587
太康县	816136	407081	409055	810332	403326	407006
鹿邑县	645372	303320	342052	641686	300770	340916
项城市	645305	310426	334879	642291	308459	333832
驻马店市	**5066226**	**2527586**	**2538640**	**4978495**	**2476416**	**2502079**
驿城区	271919	139967	131952	268643	137869	130774
西平县	517041	260270	256771	508414	254358	254056
上蔡县	793716	384760	408956	786478	379885	406593
平舆县	539158	267120	272038	510558	252892	257666
正阳县	504462	246274	258188	498595	242568	256027
确山县	282062	136410	145652	268265	129215	139050
泌阳县	583030	305171	277859	577417	301511	275906
汝南县	567927	289181	278746	562637	285928	276709
遂平县	345689	174540	171149	341243	171487	169756
新蔡县	661222	323893	337329	656245	320703	335542
济源市	**337906**	**172121**	**165785**	**329711**	**166192**	**163519**
济源市	337906	172121	165785	329711	166192	163519

1-5c 续表 4

单位：人、%

地区	非农业户口人口			非农业户口人口占总人口比重		
	小计	男	女	合计	男	女
总 计	**1158407**	**728383**	**430024**	**2.03**	**2.53**	**1.52**
郑州市	**92604**	**57280**	**35324**	**2.97**	**3.57**	**2.33**
中原区	3215	1944	1271	4.42	5.18	3.61
二七区	3349	2436	913	3.48	4.51	2.17
管城回族区	4139	2598	1541	2.84	3.28	2.32
金水区	23466	11853	11613	15.50	15.68	15.31
上街区	535	385	150	3.75	5.34	2.13
惠济区	4287	2428	1859	4.59	5.22	3.96
中牟县	4325	3282	1043	0.79	1.17	0.39
巩义市	15364	10101	5263	3.52	4.56	2.45
荥阳市	6271	4791	1480	1.83	2.76	0.88
新密市	9282	6900	2382	2.13	3.10	1.12
新郑市	12962	6518	6444	3.12	3.05	3.18
登封市	5409	4044	1365	1.47	2.12	0.77
开封市	**28179**	**19260**	**8919**	**0.94**	**1.26**	**0.60**
龙亭区	1660	1096	564	4.62	6.03	3.18
顺河回族区	862	570	292	2.37	3.08	1.64
鼓楼区	127	85	42	1.32	1.70	0.90
禹王台区	1905	1194	711	6.11	7.51	4.65
金明区	686	507	179	1.23	1.79	0.65
杞县	4719	3503	1216	0.66	0.96	0.34
通许县	1870	1341	529	0.44	0.61	0.25
尉氏县	4437	2988	1449	0.67	0.88	0.45
开封县	6546	4289	2257	1.24	1.58	0.89
兰考县	5367	3687	1680	1.06	1.50	0.65
洛阳市	**104565**	**70350**	**34215**	**2.89**	**3.84**	**1.92**
老城区	777	613	164	4.15	6.66	1.72
西工区	3177	1998	1179	10.31	12.96	7.65
瀍河回族区	1046	700	346	7.87	10.72	5.11
涧西区	1931	1475	456	4.11	6.23	1.95
吉利区	2323	1297	1026	9.93	11.18	8.70
洛龙区	7697	5397	2300	3.79	5.30	2.27
孟津县	9146	6812	2334	3.39	5.08	1.72
新安县	16343	10691	5652	5.35	6.82	3.80
栾川县	6470	4295	2175	3.03	3.82	2.15
嵩县	7643	5138	2505	1.93	2.56	1.27
汝阳县	7074	5219	1855	2.29	3.33	1.23
宜阳县	8899	5717	3182	1.78	2.27	1.28
洛宁县	6786	4556	2230	2.02	2.69	1.34
伊川县	16178	9714	6464	2.75	3.26	2.22
偃师市	9075	6728	2347	2.51	3.68	1.31

1-5c 续表 5

单位：人、%

地　区	非农业户口人口			非农业户口人口占总人口比重		
	小计	男	女	合计	男	女
平顶山市	**71719**	**47090**	**24629**	**2.53**	**3.22**	**1.80**
新华区	6203	3469	2734	11.52	12.80	10.22
卫东区	6203	3516	2687	22.43	25.06	19.73
石龙区	5701	3641	2060	44.80	49.91	37.94
湛河区	6745	3779	2966	8.53	9.45	7.59
宝丰县	8279	5536	2743	2.47	3.21	1.69
叶县	6164	4427	1737	1.09	1.52	0.63
鲁山县	10528	7073	3455	1.82	2.35	1.24
郏县	7782	5340	2442	1.96	2.58	1.28
舞钢市	5285	3695	1590	3.21	4.28	2.03
汝州市	8829	6614	2215	1.43	2.10	0.74
安阳市	**59446**	**40369**	**19077**	**1.92**	**2.74**	**1.18**
文峰区	3861	1821	2040	4.15	3.95	4.35
北关区	1123	754	369	5.06	6.65	3.41
殷都区	1373	835	538	5.76	6.92	4.57
龙安区	1856	1215	641	2.06	2.57	1.49
安阳县	11958	8661	3297	2.21	3.48	1.13
汤阴县	4931	3780	1151	1.87	2.99	0.84
滑县	13899	10039	3860	1.32	1.90	0.74
内黄县	5386	3647	1739	0.96	1.30	0.62
林州市	15059	9617	5442	3.35	5.55	1.97
鹤壁市	**15644**	**10488**	**5156**	**1.94**	**2.53**	**1.32**
鹤山区	1384	873	511	5.63	6.99	4.23
山城区	1245	755	490	3.25	3.78	2.67
淇滨区	2619	1814	805	2.92	3.90	1.86
浚县	6584	4514	2070	1.31	1.75	0.84
淇县	3812	2532	1280	2.58	3.31	1.80
新乡市	**37040**	**26912**	**10128**	**1.11**	**1.60**	**0.61**
红旗区	1112	774	338	3.03	4.04	1.93
卫滨区						
凤泉区	3469	2287	1182	5.38	6.97	3.74
牧野区	754	547	207	2.90	4.12	1.63
新乡县	4042	2818	1224	2.15	2.93	1.33
获嘉县	3495	2581	914	1.35	1.98	0.71
原阳县	4248	3290	958	0.81	1.25	0.37
延津县	4492	3488	1004	1.30	1.98	0.59
封丘县	4725	3560	1165	0.84	1.24	0.43
长垣县	3437	2284	1153	0.63	0.85	0.41
卫辉市	2126	1594	532	0.65	0.96	0.33
辉县市	5140	3689	1451	1.08	1.58	0.60
焦作市	**74134**	**48200**	**25934**	**3.99**	**5.12**	**2.82**
解放区						
中站区	15182	8215	6967	33.76	36.21	31.27
马村区	3185	2214	971	5.31	7.23	3.32
山阳区	7853	4474	3379	14.29	15.54	12.92
修武县	7646	5361	2285	4.16	5.65	2.56
博爱县	12414	8231	4183	4.75	6.17	3.27
武陟县	6859	4857	2002	1.28	1.79	0.76
温县	6362	4578	1784	2.36	3.41	1.32
沁阳市	6058	4268	1790	2.73	3.85	1.61
孟州市	8575	6002	2573	3.76	5.29	2.25

1-5c 续表 6 单位：人、%

地区	非农业户口人口			非农业户口人口占总人口比重		
	小计	男	女	合计	男	女
濮阳市	**27847**	**19256**	**8591**	**1.14**	**1.58**	**0.70**
华龙区	5009	2971	2038	2.70	3.16	2.22
清丰县	5237	4128	1109	1.00	1.57	0.42
南乐县	2121	1703	418	0.59	0.98	0.22
范县	3591	2347	1244	0.97	1.28	0.66
台前县	2728	2027	701	1.05	1.55	0.54
濮阳县	9161	6080	3081	1.24	1.64	0.84
许昌市	**141550**	**80235**	**61315**	**5.38**	**5.95**	**4.78**
魏都区	28675	14982	13693	90.45	90.43	90.48
许昌县	73618	38963	34655	13.20	13.59	12.78
鄢陵县	4970	3299	1671	1.24	1.62	0.84
襄城县	13667	7725	5942	2.80	3.13	2.46
禹州市	14554	10818	3736	1.95	2.79	1.04
长葛市	6066	4448	1618	1.51	2.16	0.83
漯河市	**47689**	**31296**	**16393**	**3.09**	**3.95**	**2.18**
源汇区	9310	5546	3764	6.36	7.38	5.27
郾城区	10067	6322	3745	3.59	4.39	2.75
召陵区	7338	4522	2816	2.54	3.04	2.01
舞阳县	9670	7055	2615	2.66	3.80	1.47
临颍县	11304	7851	3453	2.43	3.27	1.53
三门峡市	**42774**	**26760**	**16014**	**3.45**	**4.19**	**2.66**
湖滨区	1418	831	587	3.55	4.12	2.97
渑池县	18276	10720	7556	8.34	9.59	7.04
陕县	8580	5813	2767	3.83	5.05	2.54
卢氏县	3548	2484	1064	1.35	1.80	0.85
义马市	1599	878	721	20.13	22.05	18.19
灵宝市	9353	6034	3319	1.92	2.42	1.40
南阳市	**79983**	**49951**	**30032**	**1.17**	**1.42**	**0.91**
宛城区	6306	4166	2140	1.42	1.82	1.00
卧龙区	7839	4631	3208	1.72	1.98	1.44
南召县	4177	2734	1443	1.07	1.32	0.79
方城县	7023	4462	2561	1.03	1.28	0.77
西峡县	3849	2539	1310	1.38	1.73	0.99
镇平县	3501	2496	1005	0.57	0.78	0.34
内乡县	6451	4282	2169	1.57	2.04	1.09
淅川县	3148	2052	1096	0.66	0.84	0.48
社旗县	3841	2365	1476	0.84	1.01	0.67
唐河县	11123	6601	4522	1.23	1.41	1.03
新野县	1724	1316	408	0.39	0.59	0.19
桐柏县	8843	4803	4040	3.46	3.62	3.28
邓州市	12158	7504	4654	1.16	1.40	0.91

1-5c 续表 7 单位：人、%

地 区	非农业户口人口			非农业户口人口占总人口比重		
	小计	男	女	合计	男	女
商丘市	**84237**	**50493**	**33744**	**1.63**	**1.97**	**1.30**
梁园区	43330	22356	20974	10.52	10.59	10.44
睢阳区	3870	2288	1582	0.78	0.92	0.64
民权县	7172	4297	2875	1.35	1.64	1.07
睢县	4408	3167	1241	0.83	1.21	0.47
宁陵县	2652	1797	855	0.66	0.90	0.42
柘城县	6261	4401	1860	1.06	1.52	0.62
虞城县	3005	2151	854	0.42	0.60	0.24
夏邑县	4536	3312	1224	0.68	1.00	0.36
永城市	9003	6724	2279	1.10	1.66	0.55
信阳市	**80635**	**49191**	**31444**	**2.04**	**2.47**	**1.60**
浉河区	7165	4152	3013	2.84	3.22	2.45
平桥区	8250	4910	3340	2.44	2.89	1.99
罗山县	6806	4036	2770	1.97	2.33	1.61
光山县	8242	5031	3211	1.97	2.36	1.57
新县	5913	3652	2261	3.38	4.13	2.61
商城县	8091	5198	2893	2.28	3.00	1.59
固始县	21094	12521	8573	2.92	3.41	2.41
潢川县	4853	3187	1666	1.27	1.68	0.87
淮滨县	3481	2174	1307	0.85	1.09	0.63
息县	6740	4330	2410	1.20	1.53	0.86
周口市	**74435**	**44153**	**30282**	**1.19**	**1.43**	**0.95**
川汇区	34924	17671	17253	17.83	17.87	17.80
扶沟县	4835	3399	1436	1.06	1.48	0.64
西华县	3664	2514	1150	0.64	0.86	0.41
商水县	4151	2740	1411	0.59	0.80	0.39
沈丘县	6560	4348	2212	0.91	1.25	0.60
郸城县	3134	2131	1003	0.43	0.60	0.27
淮阳县	4663	3078	1585	0.59	0.80	0.39
太康县	5804	3755	2049	0.71	0.92	0.50
鹿邑县	3686	2550	1136	0.57	0.84	0.33
项城市	3014	1967	1047	0.47	0.63	0.31
驻马店市	**87731**	**51170**	**36561**	**1.73**	**2.02**	**1.44**
驿城区	3276	2098	1178	1.20	1.50	0.89
西平县	8627	5912	2715	1.67	2.27	1.06
上蔡县	7238	4875	2363	0.91	1.27	0.58
平舆县	28600	14228	14372	5.30	5.33	5.28
正阳县	5867	3706	2161	1.16	1.50	0.84
确山县	13797	7195	6602	4.89	5.27	4.53
泌阳县	5613	3660	1953	0.96	1.20	0.70
汝南县	5290	3253	2037	0.93	1.12	0.73
遂平县	4446	3053	1393	1.29	1.75	0.81
新蔡县	4977	3190	1787	0.75	0.98	0.53
济源市	**8195**	**5929**	**2266**	**2.43**	**3.44**	**1.37**
济源市	8195	5929	2266	2.43	3.44	1.37

1-6 各地区分性别、民族的人口

单位：人

地 区	合 计			汉 族		
	合计	男	女	小计	男	女
总 计	**94029939**	**47493063**	**46536876**	**92908354**	**46924281**	**45984073**
郑州市	**8627089**	**4422318**	**4204771**	**8481672**	**4351001**	**4130671**
中原区	905491	465346	440145	877953	451910	426043
二七区	712646	363265	349381	696479	355438	341041
管城回族区	645932	336548	309384	621888	324684	297204
金水区	1588716	813096	775620	1554309	796391	757918
上街区	131549	65276	66273	129367	64185	65182
惠济区	269579	132566	137013	266554	131128	135426
中牟县	727440	374331	353109	717919	369687	348232
巩义市	807911	411355	396556	806357	410512	395845
荥阳市	613804	310697	303107	600858	304275	296583
新密市	797256	410906	386350	793745	409117	384628
新郑市	758128	387552	370576	752819	385041	367778
登封市	668637	351380	317257	663424	348633	314791
开封市	**4676483**	**2370764**	**2305719**	**4602852**	**2334658**	**2268194**
龙亭区	127784	61890	65894	123712	59937	63775
顺河回族区	232296	114173	118123	212634	104603	108031
鼓楼区	143175	69917	73258	137425	67188	70237
禹王台区	130604	64612	65992	127842	63309	64533
金明区	262258	134689	127569	254356	130797	123559
杞县	956533	490986	465547	947987	486715	461272
通许县	567495	290539	276956	562990	288282	274708
尉氏县	879713	452442	427271	876208	450757	425451
开封县	698799	357707	341092	687257	351946	335311
兰考县	677826	333809	344017	672441	331124	341317
洛阳市	**6549941**	**3306567**	**3243374**	**6483415**	**3272923**	**3210492**
老城区	163176	79909	83267	161103	78931	82172
西工区	372941	189497	183444	365975	186132	179843
瀍河回族区	177939	89740	88199	154128	78037	76091
涧西区	619221	311597	307624	609941	307077	302864
吉利区	69076	34328	34748	68695	34146	34549
洛龙区	523726	259645	264081	521468	258640	262828
孟津县	414637	208155	206482	413634	207511	206123
新安县	470198	240811	229387	469595	240537	229058
栾川县	342848	179062	163786	336365	174963	161402
嵩县	507052	255315	251737	505685	254557	251128
汝阳县	408009	207103	200906	407500	206855	200645
宜阳县	636491	320518	315973	635698	320159	315539
洛宁县	421262	211637	209625	415473	208702	206771
伊川县	756669	382505	374164	755960	382165	373795
偃师市	666696	336745	329951	662195	334511	327684

1-6 续表 1

单位：人

地区	合计			汉族		
	合计	男	女	小计	男	女
平顶山市	**4904701**	**2523143**	**2381558**	**4837223**	**2488814**	**2348409**
新华区	389866	201221	188645	381846	197362	184484
卫东区	302603	152923	149680	296807	150131	146676
石龙区	54912	30612	24300	54715	30517	24198
湛河区	286661	145544	141117	277741	140903	136838
宝丰县	490269	252298	237971	485263	249729	235534
叶县	777203	398729	378474	760194	389660	370534
鲁山县	789901	407693	382208	783714	404651	379063
郏县	571524	297312	274212	560163	291565	268598
舞钢市	313828	163058	150770	312266	162276	149990
汝州市	927934	473753	454181	924514	472020	452494
安阳市	**5173188**	**2502912**	**2670276**	**5167453**	**2500397**	**2667056**
文峰区	442885	218580	224305	441169	217833	223336
北关区	245624	120480	125144	244922	120119	124803
殷都区	243874	124298	119576	242751	123739	119012
龙安区	214456	110247	104209	214233	110148	104085
安阳县	849057	404328	444729	848846	404268	444578
汤阴县	430803	209067	221736	430626	209004	221622
滑县	1263289	632977	630312	1261917	632424	629493
内黄县	693498	350310	343188	693396	350265	343131
林州市	789702	332625	457077	789593	332597	456996
鹤壁市	**1569208**	**804272**	**764936**	**1567641**	**803561**	**764080**
鹤山区	131421	68077	63344	131354	68042	63312
山城区	230968	118775	112193	230617	118587	112030
淇滨区	272332	138195	134137	271824	137965	133859
浚县	665338	340640	324698	665153	340599	324554
淇县	269149	138585	130564	268693	138368	130325
新乡市	**5708191**	**2873482**	**2834709**	**5660511**	**2849567**	**2810944**
红旗区	391290	192977	198313	387110	190981	196129
卫滨区	193506	95509	97997	190454	94035	96419
凤泉区	144298	76472	67826	143867	76188	67679
牧野区	317994	157913	160081	313274	155666	157608
新乡县	339942	173454	166488	336897	171918	164979
获嘉县	402950	203118	199832	400010	201524	198486
原阳县	659380	333046	326334	652617	329614	323003
延津县	469280	239287	229993	468406	238854	229552
封丘县	743837	381278	362559	731696	374998	356698
长垣县	809535	403756	405779	809159	403601	405558
卫辉市	495744	249899	245845	492147	248191	243956
辉县市	740435	366773	373662	734874	363997	370877
焦作市	**3540101**	**1796311**	**1743790**	**3468067**	**1760094**	**1707973**
解放区	295695	151325	144370	288523	147719	140804
中站区	106064	53347	52717	99033	49797	49236
马村区	139533	73982	65551	138555	73494	65061
山阳区	324121	165176	158945	319229	162749	156480
修武县	287814	148499	139315	286504	147871	138633
博爱县	436319	222672	213647	415514	212026	203488
武陟县	713945	362339	351606	702780	356833	345947
温县	421796	211670	210126	421690	211614	210076
沁阳市	447701	223839	223862	435762	217825	217937
孟州市	367113	183462	183651	360477	180166	180311

1-6 续表 2

单位：人

地区	合计			汉族		
	合计	男	女	小计	男	女
濮阳市	**3598740**	**1796273**	**1802467**	**3591080**	**1792647**	**1798433**
华龙区	655674	329441	326233	653213	328265	324948
清丰县	635927	317790	318137	635439	317567	317872
南乐县	458487	220770	237717	457736	220413	237323
范县	469874	234041	235833	468993	233645	235348
台前县	332124	167289	164835	331060	166795	164265
濮阳县	1046654	526942	519712	1044639	525962	518677
许昌市	**4307488**	**2206634**	**2100854**	**4248460**	**2176891**	**2071569**
魏都区	498087	246529	251558	487230	241281	245949
许昌县	767449	393836	373613	759347	389778	369569
鄢陵县	551611	287092	264519	550767	286672	264095
襄城县	671315	339483	331832	657150	332354	324796
禹州市	1131896	587465	544431	1114368	578485	535883
长葛市	687130	352229	334901	679598	348321	331277
漯河市	**2544266**	**1299682**	**1244584**	**2519294**	**1287280**	**1232014**
源汇区	323954	161430	162524	317247	158192	159055
郾城区	493680	254743	238937	487920	251876	236044
召陵区	477340	243111	234229	470624	239785	230839
舞阳县	538447	274466	263981	536656	273563	263093
临颍县	710845	365932	344913	706847	363864	342983
三门峡市	**2234018**	**1148433**	**1085585**	**2223458**	**1143087**	**1080371**
湖滨区	325628	165167	160461	323137	163952	159185
渑池县	346434	175802	170632	345109	175106	170003
陕县	343679	178927	164752	343160	178652	164508
卢氏县	352449	183265	169184	348390	181192	167198
义马市	144779	74981	69798	144279	74736	69543
灵宝市	721049	370291	350758	719383	369449	349934
南阳市	**10263660**	**5280744**	**4982916**	**10062923**	**5170463**	**4892460**
宛城区	887234	454163	433071	859069	439931	419138
卧龙区	924578	464285	460293	908175	456001	452174
南召县	557153	292619	264534	534304	278899	255405
方城县	922467	472494	449973	906944	464657	442287
西峡县	444414	231608	212806	440856	229661	211195
镇平县	859564	448921	410643	818947	424275	394672
内乡县	575210	293834	281376	560543	284923	275620
淅川县	685683	351119	334564	679790	347400	332390
社旗县	633786	326260	307526	628034	323135	304899
唐河县	1282262	663728	618534	1271325	658245	613080
新野县	629210	319578	309632	621069	315341	305728
桐柏县	393942	203103	190839	391342	201801	189541
邓州市	1468157	759032	709125	1442525	746194	696331

1-6 续表 3

单位：人

地 区	合 计			汉 族		
	合计	男	女	小计	男	女
商丘市	**7362975**	**3683893**	**3679082**	**7244817**	**3624791**	**3620026**
梁园区	787984	398178	389806	768558	388745	379813
睢阳区	748408	379327	369081	733708	371921	361787
民权县	703428	348583	354845	678346	336115	342231
睢县	711136	353394	357742	693312	344347	348965
宁陵县	523403	259222	264181	503316	249070	254246
柘城县	778158	386270	391888	766580	380349	386231
虞城县	954785	479535	475250	954002	479135	474867
夏邑县	915291	456221	459070	907569	452371	455198
永城市	1240382	623163	617219	1239426	622738	616688
信阳市	**6109106**	**3066246**	**3042860**	**6081930**	**3053092**	**3028838**
浉河区	594391	291148	303243	588985	288679	300306
平桥区	635651	318836	316815	633001	317762	315239
罗山县	504577	255781	248796	502560	254745	247815
光山县	585353	299475	285878	585206	299445	285761
新县	275304	139144	136160	275166	139092	136074
商城县	495526	244817	250709	495254	244712	250542
固始县	1023929	520057	503872	1010241	513074	497167
潢川县	630376	314308	316068	628424	313346	315078
淮滨县	570197	281043	289154	570105	280999	289106
息县	793802	401637	392165	792988	401238	391750
周口市	**8953793**	**4425662**	**4528131**	**8824855**	**4361415**	**4463440**
川汇区	505171	252259	252912	487729	243900	243829
扶沟县	625819	317609	308210	619679	314481	305198
西华县	787918	403445	384473	779215	399062	380153
商水县	940792	462379	478413	938538	461301	477237
沈丘县	983583	482409	501174	966104	473498	492606
郸城县	1003910	496608	507302	1003765	496546	507219
淮阳县	1089699	534112	555587	1065390	522186	543204
太康县	1102952	550324	552628	1072034	534769	537265
鹿邑县	910251	432053	478198	905263	429438	475825
项城市	1003698	494464	509234	987138	486234	500904
驻马店市	**7231234**	**3641356**	**3589878**	**7175521**	**3613578**	**3561943**
驿城区	721723	370895	350828	711203	365743	345460
西平县	700152	353002	347150	686672	346090	340582
上蔡县	1084210	534698	549512	1082939	534159	548780
平舆县	748398	373514	374884	742232	370409	371823
正阳县	645034	317668	327366	640767	315507	325260
确山县	406021	198081	207940	403918	197154	206764
泌阳县	810409	424811	385598	805764	422454	383310
汝南县	769995	391111	378884	764767	388544	376223
遂平县	493930	257976	235954	490636	256312	234324
新蔡县	851362	419600	431762	846623	417206	429417
济源市	**675757**	**344371**	**331386**	**667182**	**340022**	**327160**
济源市	675757	344371	331386	667182	340022	327160

1-6 续表 4 单位：人

地 区	蒙古族			回 族			藏 族		
	小计	男	女	小计	男	女	小计	男	女
总 计	**63473**	**39117**	**24356**	**957964**	**479252**	**478712**	**1811**	**598**	**1213**
郑州市	**3878**	**1935**	**1943**	**124361**	**60804**	**63557**	**386**	**174**	**212**
中原区	636	307	329	23950	11650	12300	43	12	31
二七区	822	411	411	12174	5775	6399	101	53	48
管城回族区	308	142	166	22281	10929	11352	23	13	10
金水区	1638	832	806	26685	12830	13855	88	43	45
上街区	34	18	16	1672	828	844			
惠济区	101	55	46	2510	1187	1323	36	13	23
中牟县	58	25	33	8885	4481	4404	8	1	7
巩义市	42	17	25	1062	554	508	17	8	9
荥阳市	27	13	14	12693	6344	6349	9	3	6
新密市	40	15	25	3261	1694	1567	7	2	5
新郑市	143	76	67	4311	2061	2250	43	16	27
登封市	29	24	5	4877	2471	2406	11	10	1
开封市	**660**	**332**	**328**	**62049**	**30623**	**31426**	**236**	**86**	**150**
龙亭区	132	62	70	3110	1437	1673	3	1	2
顺河回族区	144	73	71	18597	9046	9551	12	6	6
鼓楼区	14	6	8	581	294	287	88	40	48
禹王台区	104	56	48	2357	1113	1244	6	3	3
金明区	180	93	87	6842	3343	3499	7	6	1
杞县	29	15	14	7176	3626	3550	43	6	37
通许县	8	4	4	4420	2237	2183	17	1	16
尉氏县	17	9	8	2682	1351	1331	41	18	23
开封县	12	3	9	11064	5558	5506	17	5	12
兰考县	20	11	9	5220	2618	2602	2		2
洛阳市	**1972**	**1086**	**886**	**51597**	**25204**	**26393**	**142**	**38**	**104**
老城区	47	20	27	1858	869	989	1	1	
西工区	240	114	126	5384	2577	2807	17	8	9
瀍河回族区	82	39	43	23222	11384	11838	5	3	2
涧西区	388	189	199	6621	3158	3463	10	4	6
吉利区	15	9	6	237	123	114	1		1
洛龙区	265	115	150	1173	493	680	22	12	10
孟津县	803	537	266	130	67	63	18	5	13
新安县	9	4	5	493	240	253	6		6
栾川县	70	40	30	175	91	84			
嵩县	11	7	4	561	296	265	41	4	37
汝阳县	6	2	4	464	238	226			
宜阳县	15	4	11	627	303	324	5		5
洛宁县	5	2	3	5673	2865	2808	1	1	
伊川县	6	1	5	647	328	319	6		6
偃师市	10	3	7	4332	2172	2160	9		9

1-6 续表 5 单位：人

地　区	蒙古族			回　族			藏　族		
	小计	男	女	小计	男	女	小计	男	女
平顶山市	**4033**	**2188**	**1845**	**55160**	**27886**	**27274**	**80**	**35**	**45**
新华区	539	250	289	6245	3013	3232	11	7	4
卫东区	450	184	266	4577	2244	2333	3	2	1
石龙区	12	3	9	147	69	78			
湛河区	1379	780	599	6812	3486	3326	2	1	1
宝丰县	18	4	14	4144	2132	2012	14	6	8
叶县	1551	927	624	12491	6421	6070	5		5
鲁山县	11	6	5	5384	2700	2684	12	5	7
郏县	17	9	8	11248	5706	5542	3		3
舞钢市	26	14	12	1131	607	524	26	12	14
汝州市	30	11	19	2981	1508	1473	4	2	2
安阳市	**754**	**380**	**374**	**2830**	**1384**	**1446**	**197**	**25**	**172**
文峰区	96	29	67	956	447	509	14	7	7
北关区	29	16	13	453	220	233	2		2
殷都区	49	22	27	794	387	407	7	3	4
龙安区	23	4	19	92	48	44	1		1
安阳县	11	3	8	27	14	13	5	2	3
汤阴县	4	1	3	62	42	20	6		6
滑县	531	297	234	406	208	198	156	11	145
内黄县	9	6	3	25	11	14	2	1	1
林州市	2	2		15	7	8	4	1	3
鹤壁市	**84**	**32**	**52**	**945**	**478**	**467**	**18**	**5**	**13**
鹤山区	9	5	4	33	18	15			
山城区	28	9	19	193	105	88			
淇滨区	41	17	24	251	116	135	6	2	4
浚县	5		5	79	34	45	6	1	5
淇县	1	1		389	205	184	6	2	4
新乡市	**1878**	**1050**	**828**	**43230**	**21780**	**21450**	**68**	**18**	**50**
红旗区	156	74	82	3404	1639	1765	8	3	5
卫滨区	69	33	36	2685	1314	1371	3		3
凤泉区	15	7	8	344	226	118			
牧野区	203	99	104	3822	1809	2013	13	8	5
新乡县	8	3	5	2975	1515	1460			
获嘉县	1148	708	440	1612	814	798	9	2	7
原阳县	17	9	8	6580	3354	3226	4		4
延津县	1		1	837	421	416	2	1	1
封丘县	10	1	9	12064	6267	5797	4	1	3
长垣县	19	9	10	242	120	122	12		12
卫辉市	21	13	8	3443	1652	1791	4	1	3
辉县市	211	94	117	5222	2649	2573	9	2	7
焦作市	**337**	**165**	**172**	**70007**	**35185**	**34822**	**44**	**17**	**27**
解放区	129	66	63	6512	3225	3287	14	6	8
中站区	8	3	5	6988	3532	3456			
马村区	8	3	5	931	465	466	6	2	4
山阳区	132	68	64	4080	1994	2086	6	3	3
修武县	12	3	9	1216	608	608	1		1
博爱县	24	10	14	20742	10626	10116	7	3	4
武陟县	7	2	5	11059	5473	5586	2		2
温县	1		1	85	44	41	4	2	2
沁阳市	11	7	4	11823	5950	5873	4	1	3
孟州市	5	3	2	6571	3268	3303			

1-6 续表 6 单位：人

地区	蒙古族			回族			藏族		
	小计	男	女	小计	男	女	小计	男	女
濮阳市	**233**	**110**	**123**	**5123**	**2571**	**2552**	**56**	**20**	**36**
华龙区	151	75	76	1214	589	625	24	8	16
清丰县	13	7	6	220	117	103	2		2
南乐县	5	3	2	629	321	308	4		4
范县	23	8	15	551	276	275	3	1	2
台前县	4	2	2	969	481	488	1		1
濮阳县	37	15	22	1540	787	753	22	11	11
许昌市	**287**	**145**	**142**	**56660**	**28612**	**28048**	**69**	**27**	**42**
魏都区	200	98	102	9890	4781	5109	31	17	14
许昌县	15	10	5	7784	3943	3841	14	3	11
鄢陵县	2		2	804	409	395	3		3
襄城县	25	12	13	14007	7064	6943	1	1	
禹州市	37	23	14	17294	8886	8408	18	5	13
长葛市	8	2	6	6881	3529	3352	2	1	1
漯河市	**96**	**47**	**49**	**23913**	**11953**	**11960**	**28**	**5**	**23**
源汇区	27	15	12	6482	3141	3341	9	2	7
郾城区	23	8	15	5352	2683	2669	6		6
召陵区	22	9	13	6464	3224	3240	7	3	4
舞阳县	3	1	2	1762	901	861	1		1
临颍县	21	14	7	3853	2004	1849	5		5
三门峡市	**270**	**151**	**119**	**8359**	**4205**	**4154**	**25**	**10**	**15**
湖滨区	83	48	35	1658	802	856	19	9	10
渑池县	13	4	9	495	255	240	1		1
陕县	13	9	4	430	230	200	1		1
卢氏县	69	43	26	3859	1965	1894	2		2
义马市	37	18	19	408	196	212	1	1	
灵宝市	55	29	26	1509	757	752	1		1
南阳市	**48139**	**31119**	**17020**	**129090**	**65347**	**63743**	**203**	**69**	**134**
宛城区	864	443	421	26509	13452	13057	16	8	8
卧龙区	3741	2118	1623	11458	5535	5923	60	26	34
南召县	1633	1082	551	5624	2839	2785	54	16	38
方城县	58	27	31	14771	7493	7278	10	5	5
西峡县	789	485	304	2457	1313	1144	7	2	5
镇平县	24164	16220	7944	16263	8356	7907	18		18
内乡县	8679	5559	3120	3708	1926	1782	9	3	6
淅川县	4144	2741	1403	1450	807	643	3		3
社旗县	1474	972	502	4183	2114	2069			
唐河县	88	36	52	9987	5070	4917	12	5	7
新野县	1558	953	605	6477	3257	3220	8	2	6
桐柏县	148	84	64	2209	1134	1075	3	1	2
邓州市	799	399	400	23994	12051	11943	3	1	2

1-6 续表 7 单位：人

地区	蒙古族			回族			藏族		
	小计	男	女	小计	男	女	小计	男	女
商丘市	**208**	**97**	**111**	**115799**	**58139**	**57660**	**87**	**18**	**69**
梁园区	96	44	52	18534	9054	9480	19	5	14
睢阳区	41	32	9	14396	7264	7132	2	1	1
民权县	21	6	15	25001	12448	12553	2		2
睢县	1		1	17768	9021	8747	4	2	2
宁陵县	6	1	5	20008	10121	9887	8	1	7
柘城县	6		6	11472	5891	5581	7	2	5
虞城县				743	386	357	7	2	5
夏邑县	2		2	7535	3782	3753	10		10
永城市	35	14	21	342	172	170	28	5	23
信阳市	**207**	**88**	**119**	**24110**	**12238**	**11872**	**54**	**9**	**45**
浉河区	112	48	64	4621	2142	2479	9	4	5
平桥区	24	12	12	1855	937	918	4		4
罗山县	9	4	5	1766	943	823	6		6
光山县	6	1	5	20	10	10	14	1	13
新县	2		2	50	21	29			
商城县	7	3	4	158	79	79	1		1
固始县	36	18	18	13085	6778	6307	19	4	15
潢川县	7	2	5	1770	911	859			
淮滨县				82	42	40			
息县	4		4	703	375	328	1		1
周口市	**185**	**76**	**109**	**123609**	**61820**	**61789**	**68**	**20**	**48**
川汇区	57	31	26	16757	8093	8664			
扶沟县	2		2	6066	3105	2961	2		2
西华县	16	8	8	8523	4340	4183	3		3
商水县	9		9	2056	1024	1032	5		5
沈丘县	2		2	17434	8903	8531	4	2	2
郸城县				132	62	70			
淮阳县	65	22	43	23547	11621	11926	27	10	17
太康县	12	6	6	30811	15516	15295	6		6
鹿邑县	7	3	4	2282	1144	1138	14	5	9
项城市	15	6	9	16001	8012	7989	7	3	4
驻马店市	**183**	**81**	**102**	**52934**	**26874**	**26060**	**30**	**11**	**19**
驿城区	72	34	38	9814	4821	4993	9	5	4
西平县	16	6	10	12958	6678	6280	3		3
上蔡县	13	3	10	1039	508	531	8	2	6
平舆县	12	4	8	5985	3038	2947			
正阳县	11	2	9	4158	2139	2019	3	2	1
确山县	5		5	1835	901	934			
泌阳县	24	12	12	4379	2299	2080	3	1	2
汝南县	4	1	3	5129	2548	2581			
遂平县	15	10	5	2978	1577	1401	2		2
新蔡县	11	9	2	4659	2365	2294	2	1	1
济源市	**69**	**35**	**34**	**8188**	**4149**	**4039**	**20**	**11**	**9**
济源市	69	35	34	8188	4149	4039	20	11	9

1-6 续表 8　　单位：人

地　区	维吾尔族			苗　族			彝　族		
	小计	男	女	小计	男	女	小计	男	女
总　计	**3035**	**1646**	**1389**	**4321**	**1683**	**2638**	**1764**	**672**	**1092**
郑州市	**773**	**444**	**329**	**1174**	**631**	**543**	**409**	**184**	**225**
中原区	60	37	23	148	84	64	65	35	30
二七区	342	204	138	187	109	78	80	43	37
管城回族区	75	50	25	118	70	48	33	19	14
金水区	205	111	94	395	202	193	79	33	46
上街区	6	2	4	2		2	4	1	3
惠济区	13	6	7	37	22	15	10	3	7
中牟县	7	1	6	67	10	57	64	12	52
巩义市	8	3	5	28	19	9	4	2	2
荥阳市	2		2	25	5	20	16	3	13
新密市	1	1		32	7	25	3	1	2
新郑市	34	10	24	53	28	25	20	7	13
登封市	20	19	1	82	75	7	31	25	6
开封市	**49**	**24**	**25**	**253**	**125**	**128**	**156**	**76**	**80**
龙亭区				20	13	7	3		3
顺河回族区	2	1	1	20	8	12	12	1	11
鼓楼区	2	2		21	10	11	7	3	4
禹王台区	2		2	4	1	3	5	2	3
金明区	10	5	5	27	22	5	32	20	12
杞县	14	8	6	30	7	23	28	18	10
通许县	1		1	15	1	14	1		1
尉氏县	5	2	3	41	20	21	5	1	4
开封县	6	3	3	63	38	25	61	31	30
兰考县	7	3	4	12	5	7	2		2
洛阳市	**173**	**81**	**92**	**281**	**133**	**148**	**131**	**64**	**67**
老城区	1	1		5	2	3	4	1	3
西工区	72	30	42	33	24	9	20	14	6
瀍河回族区	32	24	8	49	25	24	14	10	4
涧西区	28	14	14	63	38	25	26	14	12
吉利区	7		7	3	2	1			
洛龙区	6	1	5	43	22	21	46	20	26
孟津县	2	1	1	5	5		2		2
新安县				10	1	9	5		5
栾川县	5	4	1	17	7	10	4	2	2
嵩县	8	2	6	15	2	13	3	1	2
汝阳县				10	1	9	5	1	4
宜阳县	6	1	5	8		8	2	1	1
洛宁县				3	1	2			
伊川县				5		5			
偃师市	6	3	3	12	3	9			

1-6 续表 9

单位：人

地 区	维吾尔族			苗 族			彝 族		
	小计	男	女	小计	男	女	小计	男	女
平顶山市	**184**	**67**	**117**	**285**	**89**	**196**	**160**	**40**	**120**
新华区	85	18	67	57	26	31	15	7	8
卫东区	21	14	7	26	16	10	5	1	4
石龙区				1	1		1	1	
湛河区	9	4	5	23	9	14	8	5	3
宝丰县	40	19	21	21	5	16	6	2	4
叶县	5	2	3	36	1	35	59	10	49
鲁山县	14	6	8	62	8	54	42	4	38
郏县	2		2	12	2	10	7	2	5
舞钢市	2		2	22	7	15	15	8	7
汝州市	6	4	2	25	14	11	2		2
安阳市	**35**	**17**	**18**	**188**	**34**	**154**	**146**	**47**	**99**
文峰区	11	3	8	18	6	12	8	2	6
北关区	11	8	3	19	11	8	4	3	1
殷都区	6	2	4	9	5	4	6	3	3
龙安区				8	3	5	27	10	17
安阳县	1		1	26	1	25	23	8	15
汤阴县	1		1	23	1	22	6	1	5
滑县				61	6	55	43	9	34
内黄县	4	3	1	7	1	6	2	2	
林州市	1	1		17		17	27	9	18
鹤壁市	**7**	**4**	**3**	**45**	**5**	**40**	**28**	**3**	**25**
鹤山区									
山城区				3		3	1	1	
淇滨区	7	4	3	9	3	6	4	1	3
浚县				22		22	15	1	14
淇县				11	2	9	8		8
新乡市	**30**	**12**	**18**	**182**	**58**	**124**	**85**	**22**	**63**
红旗区	9	5	4	21	9	12	13	6	7
卫滨区	6	3	3	20	5	15	8		8
凤泉区				7	7		7	5	2
牧野区	10	4	6	35	19	16	15	5	10
新乡县	2		2	8	1	7	8	2	6
获嘉县				26	10	16	5	2	3
原阳县	1		1	17	1	16	5		5
延津县				4	1	3	3		3
封丘县	1		1	14	1	13	7	1	6
长垣县				11	1	10	5		5
卫辉市				11	3	8	5	1	4
辉县市	1		1	8		8	4		4
焦作市	**28**	**14**	**14**	**126**	**65**	**61**	**67**	**38**	**29**
解放区	8	7	1	37	29	8	29	24	5
中站区	3	1	2	1	1		1		1
马村区									
山阳区	11	3	8	28	17	11	19	11	8
修武县				9		9	4		4
博爱县	2	1	1	6		6	1		1
武陟县				21	8	13	3		3
温县									
沁阳市	1	1		19	10	9	2		2
孟州市	3	1	2	5		5	8	3	5

1-6 续表 10

单位：人

地　区	维吾尔族			苗　族			彝　族		
	小计	男	女	小计	男	女	小计	男	女
濮阳市	**39**	**15**	**24**	**142**	**37**	**105**	**42**	**10**	**32**
华龙区	5	3	2	51	19	32	17	8	9
清丰县	7	3	4	24	10	14	7	1	6
南乐县	9	4	5	9		9	4	1	3
范县	2	1	1	14		14	5		5
台前县	1		1	7		7	3		3
濮阳县	15	4	11	37	8	29	6		6
许昌市	**568**	**358**	**210**	**253**	**95**	**158**	**35**	**13**	**22**
魏都区	33	19	14	25	10	15	8	6	2
许昌县	12	1	11	175	74	101	4		4
鄢陵县	8	4	4	10	1	9			
襄城县	3	2	1	8		8	5	2	3
禹州市	7	6	1	27	7	20	8	2	6
长葛市	505	326	179	8	3	5	10	3	7
漯河市	**19**	**16**	**3**	**44**	**19**	**25**	**24**	**5**	**19**
源汇区	2	2		10	5	5	10	2	8
郾城区	12	12		22	11	11	11	2	9
召陵区	3	2	1	3	1	2	3	1	2
舞阳县	2		2	1		1			
临颍县				8	2	6			
三门峡市	**807**	**446**	**361**	**55**	**20**	**35**	**28**	**12**	**16**
湖滨区	20	13	7	22	11	11	11	3	8
渑池县	763	417	346	4	2	2	9	6	3
陕县	4	4		19	4	15	3	2	1
卢氏县				3		3	5	1	4
义马市	20	12	8	4	2	2			
灵宝市				3	1	2			
南阳市	**118**	**48**	**70**	**403**	**126**	**277**	**206**	**102**	**104**
宛城区	18	5	13	88	36	52	9	5	4
卧龙区	17	8	9	64	35	29	22	13	9
南召县	2		2	40	11	29	5		5
方城县	3	1	2	49	4	45	13	3	10
西峡县	6	3	3	10	5	5	5		5
镇平县	16	8	8	29	8	21	5	2	3
内乡县	10	2	8	21	5	16	21	11	10
淅川县	4	1	3	10	1	9	102	61	41
社旗县				1		1	3	1	2
唐河县	23	8	15	38	8	30	6	2	4
新野县	4	1	3	14	3	11	3	1	2
桐柏县	7	5	2	20	4	16	6	3	3
邓州市	8	6	2	19	6	13	6		6

1-6 续表 11

单位：人

地　区	维吾尔族			苗　族			彝　族		
	小计	男	女	小计	男	女	小计	男	女
商丘市	**50**	**24**	**26**	**122**	**39**	**83**	**65**	**16**	**49**
梁园区	16	9	7	12	2	10	10	3	7
睢阳区	5	1	4	9	6	3	4	1	3
民权县	3	1	2	8	4	4	8	2	6
睢县	11	4	7	31	18	13			
宁陵县	1	1		4	1	3	1		1
柘城县				15	2	13	7		7
虞城县	3	2	1	5	1	4			
夏邑县	3	2	1	17	3	14	5		5
永城市	8	4	4	21	2	19	30	10	20
信阳市	**21**	**13**	**8**	**385**	**112**	**273**	**61**	**12**	**49**
浉河区	3	2	1	98	57	41	11	4	7
平桥区	3	3		58	9	49	14	1	13
罗山县	1	1		55	20	35	7	3	4
光山县				26	1	25	4		4
新县				13	1	12	2		2
商城县	1		1	21	4	17	6	1	5
固始县	11	7	4	42	11	31	13	2	11
潢川县				47	7	40	3	1	2
淮滨县									
息县	2		2	25	2	23	1		1
周口市	**72**	**33**	**39**	**122**	**14**	**108**	**36**	**7**	**29**
川汇区	5	1	4	6	2	4	2		2
扶沟县	3	2	1	16	4	12			
西华县	4	2	2	31	3	28	5	1	4
商水县	2		2	19		19	2		2
沈丘县				5		5	2		2
郸城县							2		2
淮阳县	29	15	14	20	3	17	12	4	8
太康县	4	2	2	7		7	4	1	3
鹿邑县	9	5	4	10	2	8	3	1	2
项城市	16	6	10	8		8	4		4
驻马店市	**49**	**26**	**23**	**230**	**62**	**168**	**78**	**18**	**60**
驿城区	12	8	4	42	16	26	15	8	7
西平县	3		3	22	2	20	13	1	12
上蔡县	7	3	4	20	2	18	21	5	16
平舆县									
正阳县	2	1	1	20	3	17	8	3	5
确山县	1		1	12	2	10	5		5
泌阳县	3	1	2	61	30	31	4		4
汝南县	1		1	25	5	20	2		2
遂平县	8	3	5	18	2	16	9	1	8
新蔡县	12	10	2	10		10	1		1
济源市	**13**	**4**	**9**	**31**	**19**	**12**	**7**	**3**	**4**
济源市	13	4	9	31	19	12	7	3	4

1-6 续表 12

单位：人

地区	壮族			布依族			朝鲜族		
	小计	男	女	小计	男	女	小计	男	女
总计	**5361**	**2004**	**3357**	**5958**	**2604**	**3354**	**1457**	**664**	**793**
郑州市	**1441**	**677**	**764**	**218**	**91**	**127**	**541**	**246**	**295**
中原区	233	121	112	30	11	19	101	41	60
二七区	254	131	123	31	17	14	61	24	37
管城回族区	102	54	48	30	13	17	51	24	27
金水区	535	260	275	82	38	44	276	134	142
上街区	11	4	7				4	2	2
惠济区	40	22	18	12	4	8	10	5	5
中牟县	47	8	39	10	3	7	7	3	4
巩义市	37	13	24						
荥阳市	37	4	33	5		5	5	2	3
新密市	14	2	12	10	1	9	1	1	
新郑市	118	52	66	4	2	2	23	8	15
登封市	13	6	7	4	2	2	2	2	
开封市	**272**	**109**	**163**	**4935**	**2314**	**2621**	**77**	**41**	**36**
龙亭区	4	3	1				15	10	5
顺河回族区	18	10	8	183	83	100	17	9	8
鼓楼区	7	2	5	4637	2186	2451	1		1
禹王台区	17	8	9	3	3		16	6	10
金明区	38	18	20	1		1	25	16	9
杞县	46	24	22	91	40	51	2		2
通许县	14	3	11						
尉氏县	49	11	38	8		8			
开封县	65	27	38	9		9	1		1
兰考县	14	3	11	3	2	1			
洛阳市	**427**	**175**	**252**	**72**	**32**	**40**	**192**	**95**	**97**
老城区	19	9	10				1		1
西工区	85	44	41	7	4	3	66	36	30
瀍河回族区	19	9	10	3	3		5	3	2
涧西区	101	47	54	13	5	8	87	39	48
吉利区	6	3	3				4	3	1
洛龙区	85	40	45	30	17	13	27	12	15
孟津县	3	1	2						
新安县	21	5	16	2		2	1	1	
栾川县	17	6	11	2		2			
嵩县	15	2	13	2		2			
汝阳县									
宜阳县	25	4	21	6		6	1	1	
洛宁县	3		3						
伊川县	14	4	10	1		1			
偃师市	14	1	13	6	3	3			

1-6 续表 13

单位：人

地区	壮族			布依族			朝鲜族		
	小计	男	女	小计	男	女	小计	男	女
平顶山市	**359**	**131**	**228**	**74**	**16**	**58**	**70**	**34**	**36**
新华区	105	55	50	13	5	8	27	16	11
卫东区	53	21	32	6	3	3	9	5	4
石龙区	7	3	4				1		1
湛河区	12	6	6	2	1	1	19	8	11
宝丰县	49	17	32	8	1	7			
叶县	32	7	25	8	1	7	4	1	3
鲁山县	46	10	36	15	2	13			
郏县	7		7	4	2	2			
舞钢市	29	6	23	6	1	5	8	4	4
汝州市	19	6	13	12		12	2		2
安阳市	**194**	**56**	**138**	**64**	**6**	**58**	**72**	**28**	**44**
文峰区	44	23	21	5		5	46	17	29
北关区	14	9	5	1		1	4	1	3
殷都区	34	11	23				7	4	3
龙安区	7	2	5	1		1	2	2	
安阳县	27	4	23	7		7	2	1	1
汤阴县	14	3	11	5	2	3			
滑县	33	3	30	36	1	35	8	1	7
内黄县	13	1	12	2	1	1	3	2	1
林州市	8		8	7	2	5			
鹤壁市	**53**	**17**	**36**	**48**	**8**	**40**	**6**	**1**	**5**
鹤山区	7	3	4	10	5	5			
山城区	15	8	7	5	1	4	5	1	4
淇滨区	11	5	6	4	1	3	1		1
浚县	11		11	14		14			
淇县	9	1	8	15	1	14			
新乡市	**225**	**91**	**134**	**95**	**25**	**70**	**60**	**24**	**36**
红旗区	64	30	34	8	6	2	24	12	12
卫滨区	18	11	7	24	7	17	10	5	5
凤泉区	14	9	5				1		1
牧野区	63	28	35	11	3	8	10	3	7
新乡县	3		3	3		3	2	1	1
获嘉县	12	2	10	15	5	10	1		1
原阳县	14	5	9	6		6			
延津县	7	4	3	3		3	4	1	3
封丘县	8	1	7	5	1	4	3	1	2
长垣县	6		6	8	2	6	1		1
卫辉市	8	1	7	10	1	9	1		1
辉县市	8		8	2		2	3	1	2
焦作市	**143**	**74**	**69**	**44**	**14**	**30**	**39**	**15**	**24**
解放区	37	24	13	4	1	3	5	2	3
中站区				2		2			
马村区	4	3	1						
山阳区	66	37	29	17	8	9	27	10	17
修武县	6		6	1		1			
博爱县	4		4				1		1
武陟县	10	2	8	13	5	8	2	1	1
温县	6	4	2						
沁阳市	5	2	3	2		2	4	2	2
孟州市	5	2	3	5		5			

1-6 续表 14

单位：人

地 区	壮 族			布依族			朝鲜族		
	小计	男	女	小计	男	女	小计	男	女
濮阳市	**304**	**118**	**186**	**55**	**11**	**44**	**54**	**18**	**36**
华龙区	108	57	51	21	9	12	42	15	27
清丰县	33	15	18	3		3	5	2	3
南乐县	14	3	11	1		1			
范县	55	21	34	9	1	8	2		2
台前县	45	5	40	3		3	3		3
濮阳县	49	17	32	18	1	17	2	1	1
许昌市	**194**	**57**	**137**	**23**	**5**	**18**	**83**	**37**	**46**
魏都区	67	31	36	1		1	67	29	38
许昌县	29	4	25	7		7	2	2	
鄢陵县	10	1	9						
襄城县	28	7	21	5	2	3	7	2	5
禹州市	30	5	25	3		3	7	4	3
长葛市	30	9	21	7	3	4			
漯河市	**118**	**46**	**72**	**14**	**3**	**11**	**8**	**6**	**2**
源汇区	35	21	14	2	1	1	4	3	1
郾城区	43	16	27	3	1	2	2	2	
召陵区	25	7	18	3	1	2	2	1	1
舞阳县	6	1	5						
临颍县	9	1	8	6		6			
三门峡市	**60**	**19**	**41**	**11**	**5**	**6**	**36**	**16**	**20**
湖滨区	25	9	16	4	2	2	34	15	19
渑池县	3		3						
陕县	13	6	7				1		1
卢氏县	13	2	11	2		2			
义马市				5	3	2			
灵宝市	6	2	4				1	1	
南阳市	**451**	**127**	**324**	**92**	**20**	**72**	**86**	**42**	**44**
宛城区	62	21	41	17	6	11	17	8	9
卧龙区	85	48	37	7	4	3	37	18	19
南召县	39	10	29	10	4	6	23	11	12
方城县	47	6	41	6	1	5			
西峡县	10	1	9	2		2			
镇平县	13	3	10	3		3	3	1	2
内乡县	47	10	37	3		3			
淅川县	10	2	8	8		8			
社旗县	1		1	3	1	2			
唐河县	65	17	48	11		11	2	2	
新野县	17	2	15	3		3	1		1
桐柏县	15	2	13	14	4	10	2	2	
邓州市	40	5	35	5		5	1		1

1-6 续表 15

单位：人

地 区	壮族			布依族			朝鲜族		
	小计	男	女	小计	男	女	小计	男	女
商丘市	**188**	**63**	**125**	**23**	**3**	**20**	**50**	**26**	**24**
梁园区	82	30	52	2		2	27	13	14
睢阳区	23	12	11	2	1	1	6	2	4
民权县	8	1	7	1		1			
睢县	3		3	1		1			
宁陵县	4	1	3	4	1	3	1		1
柘城县	13	2	11	2		2	8	4	4
虞城县	8	3	5						
夏邑县	13	2	11	2		2	5	5	
永城市	34	12	22	9	1	8	3	2	1
信阳市	**428**	**114**	**314**	**86**	**28**	**58**	**43**	**21**	**22**
浉河区	112	40	72	7	1	6	20	13	7
平桥区	61	17	44	22	11	11	3	1	2
罗山县	36	12	24	9	3	6	2	2	
光山县	30	7	23	3		3			
新县	15	3	12	9	3	6	4	1	3
商城县	38	5	33	9	1	8	1	1	
固始县	58	12	46	14	4	10	5	2	3
潢川县	57	15	42	9	5	4	1		1
淮滨县									
息县	21	3	18	4		4	7	1	6
周口市	**248**	**62**	**186**	**45**	**7**	**38**	**20**	**6**	**14**
川汇区	21	6	15	3	2	1	13	6	7
扶沟县	11	2	9	10	5	5			
西华县	40	4	36	8		8			
商水县	12		12	8		8			
沈丘县	5		5	1		1	1		1
郸城县				1		1			
淮阳县	84	29	55	4		4	2		2
太康县	14	3	11				1		1
鹿邑县	38	14	24	9		9	2		2
项城市	23	4	19	1		1	1		1
驻马店市	**206**	**43**	**163**	**56**	**15**	**41**	**13**	**4**	**9**
驿城区	50	14	36	18	10	8	4	2	2
西平县	40	4	36	6		6	5		5
上蔡县	21	1	20	2		2	2	1	1
平舆县									
正阳县	25	6	19	7	2	5			
确山县	8	1	7	3		3			
泌阳县				2		2			
汝南县	19	3	16	6	2	4			
遂平县	40	13	27	5		5	2	1	1
新蔡县	3	1	2	7	1	6			
济源市	**50**	**25**	**25**	**3**	**1**	**2**	**7**	**4**	**3**
济源市	50	25	25	3	1	2	7	4	3

1-6 续表 16 单位：人

地区	满族			侗族			瑶族		
	小计	男	女	小计	男	女	小计	男	女
总计	**55493**	**31697**	**23796**	**558**	**254**	**304**	**763**	**276**	**487**
郑州市	**7715**	**3817**	**3898**	**263**	**127**	**136**	**235**	**117**	**118**
中原区	1681	828	853	34	20	14	40	18	22
二七区	1279	633	646	50	26	24	38	18	20
管城回族区	659	353	306	26	15	11	19	10	9
金水区	2920	1425	1495	130	56	74	86	45	41
上街区	409	213	196				9	7	2
惠济区	166	75	91	2	2		3	2	1
中牟县	142	65	77	15	4	11	5	1	4
巩义市	54	29	25				4		4
荥阳市	55	23	32				6	3	3
新密市	62	35	27	1	1		4	2	2
新郑市	260	120	140	3	1	2	20	10	10
登封市	28	18	10	2	2		1	1	
开封市	**2434**	**1235**	**1199**	**30**	**16**	**14**	**39**	**11**	**28**
龙亭区	751	409	342	4	2	2	2		2
顺河回族区	560	293	267	9	5	4	1		1
鼓楼区	191	85	106				2	1	1
禹王台区	143	62	81				9	4	5
金明区	596	294	302	13	8	5	3	2	1
杞县	43	22	21				1		1
通许县	10	6	4				1		1
尉氏县	29	7	22				13	4	9
开封县	67	33	34	1		1	7		7
兰考县	44	24	20	3	1	2			
洛阳市	**10354**	**6148**	**4206**	**64**	**31**	**33**	**67**	**26**	**41**
老城区	109	62	47	5	2	3	5	2	3
西工区	849	407	442	8	3	5	11	6	5
瀍河回族区	251	136	115	8	4	4	1	1	
涧西区	1611	824	787	19	14	5	24	10	14
吉利区	82	34	48	7		7			
洛龙区	402	197	205	12	7	5	13	3	10
孟津县	9	4	5						
新安县	12	6	6	2		2	4	3	1
栾川县	6142	3917	2225				1		1
嵩县	668	435	233				3	1	2
汝阳县	11	4	7						
宜阳县	64	36	28				1		1
洛宁县	98	65	33						
伊川县	15	6	9	1		1	2		2
偃师市	31	15	16	2	1	1	2		2

1-6 续表 17 单位：人

地区	满族			侗族			瑶族		
	小计	男	女	小计	男	女	小计	男	女
平顶山市	**5670**	**3282**	**2388**	**38**	**15**	**23**	**50**	**20**	**30**
新华区	626	307	319				18	9	9
卫东区	465	212	253	6	2	4	7	4	3
石龙区	20	11	9						
湛河区	590	304	286	2	1	1	2		2
宝丰县	548	314	234				2		2
叶县	2577	1643	934	13	4	9	7	2	5
鲁山县	439	252	187	10	6	4	2	1	1
郏县	25	16	9				1		1
舞钢市	137	75	62	7	2	5	7	4	3
汝州市	243	148	95				4		4
安阳市	**675**	**338**	**337**	**16**	**8**	**8**	**38**	**12**	**26**
文峰区	289	121	168	10	5	5	10	7	3
北关区	144	82	62	1		1	1		1
殷都区	161	97	64				2	1	1
龙安区	29	14	15				1		1
安阳县	16	6	10				13	4	9
汤阴县	14	6	8				2		2
滑县	9	4	5	2		2	5		5
内黄县	10	6	4	3	3				
林州市	3	2	1				4		4
鹤壁市	**248**	**127**	**121**	**5**	**2**	**3**	**7**	**1**	**6**
鹤山区	7	3	4						
山城区	89	56	33	1	1				
淇滨区	140	65	75	1		1	2		2
浚县	6	1	5	3	1	2	5	1	4
淇县	6	2	4						
新乡市	**1433**	**662**	**771**	**7**	**5**	**2**	**17**	**8**	**9**
红旗区	395	178	217	2	1	1	2		2
卫滨区	162	77	85	2	1	1	4	1	3
凤泉区	23	12	11	1	1		2	2	
牧野区	459	216	243				7	5	2
新乡县	19	7	12				1		1
获嘉县	76	36	40	1	1				
原阳县	111	62	49				1		1
延津县	5	2	3						
封丘县	7	4	3						
长垣县	29	11	18						
卫辉市	84	35	49						
辉县市	63	22	41	1	1				
焦作市	**739**	**389**	**350**	**15**	**6**	**9**	**17**	**9**	**8**
解放区	250	119	131				1	1	
中站区	22	12	10	2	1	1			
马村区	18	11	7	2	1	1			
山阳区	371	200	171	10	4	6	10	7	3
修武县	17	9	8				1		1
博爱县	12	6	6				1		1
武陟县	16	9	7	1		1	1		1
温县									
沁阳市	24	15	9				1		1
孟州市	9	8	1				2	1	1

1-6 续表 18 单位：人

地区	满族			侗族			瑶族		
	小计	男	女	小计	男	女	小计	男	女
濮阳市	**571**	**266**	**305**	**31**	**12**	**19**	**17**	**7**	**10**
华龙区	420	211	209	26	11	15	10	6	4
清丰县	36	15	21	4	1	3	3	1	2
南乐县	11		11	1		1	1		1
范县	28	10	18				1		1
台前县	9	4	5				1		1
濮阳县	67	26	41				1		1
许昌市	**429**	**211**	**218**	**5**	**2**	**3**	**23**	**7**	**16**
魏都区	327	158	169				11	4	7
许昌县	16	9	7	5	2	3	5	1	4
鄢陵县	7	5	2						
襄城县	22	11	11				1	1	
禹州市	13	7	6				4	1	3
长葛市	44	21	23				2		2
漯河市	**145**	**61**	**84**				**18**	**5**	**13**
源汇区	67	27	40				5	1	4
郾城区	48	18	30				6	2	4
召陵区	22	14	8				4	1	3
舞阳县									
临颍县	8	2	6				3	1	2
三门峡市	**796**	**414**	**382**	**12**	**3**	**9**	**3**	**1**	**2**
湖滨区	562	273	289	10	3	7			
渑池县	15	9	6	1		1			
陕县	21	12	9						
卢氏县	94	59	35						
义马市	25	13	12						
灵宝市	79	48	31	1		1	3	1	2
南阳市	**19728**	**12338**	**7390**	**5**	**2**	**3**	**85**	**21**	**64**
宛城区	277	115	162				15	3	12
卧龙区	734	394	340	2	1	1	14	4	10
南召县	15374	9728	5646				7	1	6
方城县	454	271	183				6	1	5
西峡县	217	124	93				1		1
镇平县	40	22	18				7	4	3
内乡县	2074	1364	710	3	1	2	14	3	11
淅川县	158	106	52						
社旗县	40	23	17						
唐河县	223	128	95				9	3	6
新野县	22	10	12				5	1	4
桐柏县	70	36	34				1		1
邓州市	45	17	28				6	1	5

1-6 续表 19

单位：人

地区	满族			侗族			瑶族		
	小计	男	女	小计	男	女	小计	男	女
商丘市	**675**	**300**	**375**	**18**	**8**	**10**	**33**	**9**	**24**
梁园区	429	182	247				18	5	13
睢阳区	108	40	68	12	6	6	3	1	2
民权县	13	5	8				2		2
睢县									
宁陵县	13	8	5	6	2	4	1	1	
柘城县	32	18	14				1		1
虞城县	4	3	1				1		1
夏邑县	15	10	5				2	1	1
永城市	61	34	27				5	1	4
信阳市	**301**	**151**	**150**	**23**	**6**	**17**	**49**	**9**	**40**
浉河区	183	78	105	2		2	9	3	6
平桥区	41	24	17	1		1	4	1	3
罗山县	7	4	3	4	1	3	16	2	14
光山县	1		1				4		4
新县	16	13	3				5	1	4
商城县	5	4	1				3		3
固始县	16	7	9	16	5	11	4		4
潢川县	20	10	10				2	1	1
淮滨县									
息县	12	11	1				2	1	1
周口市	**2896**	**1556**	**1340**	**19**	**8**	**11**	**36**	**5**	**31**
川汇区	188	81	107	12	7	5	8	1	7
扶沟县				1		1	1		1
西华县	26	12	14	2		2	8	3	5
商水县	13	4	9	2		2	1		1
沈丘县	6	2	4	1		1	2		2
郸城县							1		1
淮阳县	57	18	39				2		2
太康县	10	3	7				2	1	1
鹿邑县	2585	1430	1155				6		6
项城市	11	6	5	1	1		5		5
驻马店市	**556**	**333**	**223**	**7**	**3**	**4**	**25**	**6**	**19**
驿城区	154	93	61	2	2		5	3	2
西平县	305	205	100	3	1	2	2	1	1
上蔡县	8	1	7				2		2
平舆县	18	6	12						
正阳县	9	3	6				3		3
确山县	9		9				2		2
泌阳县	7	2	5				3		3
汝南县	6	2	4				1		1
遂平县	38	19	19	2		2	5	2	3
新蔡县	2	2					2		2
济源市	**128**	**69**	**59**				**4**	**2**	**2**
济源市	128	69	59				4	2	2

1-6 续表 20 单位：人

地区	白族			土家族			哈尼族		
	小计	男	女	小计	男	女	小计	男	女
总计	**581**	**245**	**336**	**5287**	**2642**	**2645**	**373**	**83**	**290**
郑州市	**196**	**92**	**104**	**1581**	**905**	**676**	**57**	**20**	**37**
中原区	10	4	6	245	134	111	6	2	4
二七区	39	16	23	198	101	97	5	1	4
管城回族区	15	7	8	131	68	63			
金水区	112	56	56	506	276	230	22	11	11
上街区				13	6	7			
惠济区	4	2	2	42	23	19	1		1
中牟县	2	1	1	31	13	18	10	2	8
巩义市				209	155	54	3	1	2
荥阳市	8	1	7	27	12	15	3	1	2
新密市				40	16	24	1		1
新郑市	5	5		54	26	28	4		4
登封市	1		1	85	75	10	2	2	
开封市	**9**	**3**	**6**	**182**	**79**	**103**	**9**	**2**	**7**
龙亭区				20	16	4			
顺河回族区	2	1	1	12	3	9			
鼓楼区				2	1	1			
禹王台区				13	7	6			
金明区	3	1	2	53	32	21	4	2	2
杞县				11	4	7	1		1
通许县				8	2	6			
尉氏县				12	1	11	3		3
开封县	4	1	3	14	1	13			
兰考县				37	12	25	1		1
洛阳市	**49**	**30**	**19**	**475**	**257**	**218**	**30**	**15**	**15**
老城区	3	3		10	5	5			
西工区	4		4	81	51	30	2		2
瀍河回族区				81	40	41			
涧西区	27	18	9	144	81	63	20	15	5
吉利区				11	5	6			
洛龙区	13	9	4	57	26	31	1		1
孟津县				23	17	6			
新安县				2		2			
栾川县				24	19	5			
嵩县				3		3	3		3
汝阳县				3	1	2			
宜阳县				16	5	11	2		2
洛宁县				3		3			
伊川县	1		1				2		2
偃师市	1		1	17	7	10			

1-6 续表 21

单位：人

地　区	白　族			土家族			哈尼族		
	小计	男	女	小计	男	女	小计	男	女
平顶山市	**119**	**44**	**75**	**407**	**182**	**225**	**39**	**6**	**33**
新华区	3		3	108	48	60	2	1	1
卫东区	32	15	17	99	51	48	2		2
石龙区				8	7	1			
湛河区				35	19	16			
宝丰县				22	7	15			
叶县	30	15	15	36	5	31	17	1	16
鲁山县	26	12	14	19		19	4	1	3
郏县	3		3	18	6	12	3		3
舞钢市	22	2	20	20	6	14	4		4
汝州市	3		3	42	33	9	7	3	4
安阳市	**10**	**1**	**9**	**193**	**75**	**118**	**19**	**9**	**10**
文峰区				72	29	43	1	1	
北关区				13	8	5			
殷都区				20	13	7	5	5	
龙安区				11	7	4	4	2	2
安阳县				10	3	7	1		1
汤阴县	4	1	3	24	5	19	1		1
滑县	6		6	30	6	24	3	1	2
内黄县				10	4	6	1		1
林州市				3		3	3		3
鹤壁市				**33**	**16**	**17**	**4**		**4**
鹤山区				1	1				
山城区				5	3	2			
淇滨区				16	11	5	1		1
浚县				7		7	3		3
淇县				4	1	3			
新乡市	**11**	**2**	**9**	**169**	**94**	**75**	**22**	**3**	**19**
红旗区	5	2	3	51	23	28	4	2	2
卫滨区				16	10	6	1		1
凤泉区				12	11	1	1	1	
牧野区				36	28	8			
新乡县	1		1	10	6	4			
获嘉县	2		2	15	9	6			
原阳县				3	1	2			
延津县				1		1			
封丘县	2		2	2		2	3		3
长垣县	1		1	11	4	7	9		9
卫辉市				7		7			
辉县市				5	2	3	4		4
焦作市	**7**	**6**	**1**	**207**	**110**	**97**	**7**	**1**	**6**
解放区				48	40	8			
中站区				2		2			
马村区				8	3	5			
山阳区	4	4		73	38	35			
修武县				34	7	27	3		3
博爱县				2		2			
武陟县	3	2	1	9	1	8	1		1
温县				8	6	2			
沁阳市				21	13	8	3	1	2
孟州市				2	2				

1-6 续表 22

单位：人

地 区	白族			土家族			哈尼族		
	小计	男	女	小计	男	女	小计	男	女
濮阳市	**3**	**2**	**1**	**460**	**229**	**231**	**4**		**4**
华龙区				252	116	136			
清丰县	2	1	1	65	28	37	1		1
南乐县				13	8	5			
范县				14	6	8			
台前县	1	1		5	1	4	1		1
濮阳县				111	70	41	2		2
许昌市	**3**	**1**	**2**	**133**	**74**	**59**	**8**		**8**
魏都区				47	28	19			
许昌县	3	1	2	14	4	10	1		1
鄢陵县									
襄城县				20	11	9			
禹州市				37	25	12	3		3
长葛市				15	6	9	4		4
漯河市	**5**	**2**	**3**	**47**	**15**	**32**	**8**	**5**	**3**
源汇区				14	5	9			
郾城区				12	3	9	6	5	1
召陵区	5	2	3	7	2	5	2		2
舞阳县				3		3			
临颍县				11	5	6			
三门峡市	**3**	**2**	**1**	**43**	**28**	**15**	**9**		**9**
湖滨区	2	2		29	21	8	2		2
渑池县				2	1	1	2		2
陕县	1		1	4	3	1	2		2
卢氏县				3	1	2	2		2
义马市									
灵宝市				5	2	3	1		1
南阳市	**3**	**1**	**2**	**683**	**281**	**402**	**39**	**8**	**31**
宛城区				219	102	117	2		2
卧龙区	2	1	1	119	63	56	1		1
南召县				12	2	10	1		1
方城县				31	12	19	7	1	6
西峡县	1		1	8	3	5	13	3	10
镇平县				34	12	22			
内乡县				17	6	11	9	4	5
淅川县				1		1			
社旗县				31	7	24			
唐河县				121	44	77	4		4
新野县				23	5	18			
桐柏县				42	18	24	2		2
邓州市				25	7	18			

1-6 续表 23

单位：人

地区	白族			土家族			哈尼族		
	小计	男	女	小计	男	女	小计	男	女
商丘市	**48**	**20**	**28**	**69**	**21**	**48**	**22**	**1**	**21**
梁园区	2	1	1	26	11	15	5	1	4
睢阳区	46	19	27	11	6	5			
民权县				4		4			
睢县									
宁陵县				5	1	4			
柘城县				8		8	2		2
虞城县				4	1	3	2		2
夏邑县				1		1	2		2
永城市				10	2	8	11		11
信阳市	**31**	**9**	**22**	**285**	**121**	**164**	**30**	**4**	**26**
浉河区	3	2	1	100	44	56	2		2
平桥区				48	22	26	14		14
罗山县				35	18	17	3	2	1
光山县				18	7	11			
新县				17	5	12			
商城县				6	2	4	2	1	1
固始县	28	7	21	38	18	20	5	1	4
潢川县				14	3	11	2		2
淮滨县									
息县				9	2	7	2		2
周口市	**59**	**24**	**35**	**102**	**33**	**69**	**11**	**1**	**10**
川汇区	47	18	29	18	8	10			
扶沟县	1		1	16	8	8	1		1
西华县				23	7	16			
商水县	8	4	4	9	1	8			
沈丘县				9	4	5	2		2
郸城县				4		4			
淮阳县	3	2	1	9	2	7	1	1	
太康县				4	1	3			
鹿邑县				7	2	5			
项城市				3		3	7		7
驻马店市	**22**	**5**	**17**	**209**	**118**	**91**	**49**	**4**	**45**
驿城区				126	92	34	5	1	4
西平县	9		9	19	4	15	3		3
上蔡县				1		1	13	1	12
平舆县				1		1	5		5
正阳县				2		2	2		2
确山县	10	5	5	12	6	6	13	1	12
泌阳县	1		1	23	8	15	4	1	3
汝南县				11	4	7			
遂平县	2		2	8	2	6	2		2
新蔡县				6	2	4	2		2
济源市	**3**	**1**	**2**	**9**	**4**	**5**	**6**	**4**	**2**
济源市	3	1	2	9	4	5	6	4	2

1-6 续表 24 单位：人

地区	哈萨克族			傣族			黎族		
	小计	男	女	小计	男	女	小计	男	女
总计	**4805**	**2330**	**2475**	**511**	**105**	**406**	**1002**	**405**	**597**
郑州市	**393**	**206**	**187**	**77**	**32**	**45**	**194**	**92**	**102**
中原区	7	3	4	6	4	2	22	11	11
二七区	190	114	76	6	2	4	21	11	10
管城回族区	4	2	2	2		2	31	22	9
金水区	81	33	48	27	12	15	58	29	29
上街区				1		1	2	1	1
惠济区				7	5	2	6	1	5
中牟县	6	1	5	10		10	8	2	6
巩义市	4	1	3				12	8	4
荥阳市	1	1		2	2		4		4
新密市	1		1	2		2	2	1	1
新郑市	98	51	47	9	6	3	28	6	22
登封市	1		1	5	1	4			
开封市	**1491**	**709**	**782**	**35**	**8**	**27**	**110**	**43**	**67**
龙亭区	1		1				3		3
顺河回族区	5	3	2	11	4	7	4	3	1
鼓楼区	9	5	4	1		1	10	7	3
禹王台区	68	30	38				1		1
金明区	12	4	8	1	1		18	3	15
杞县	843	413	430	4		4	17	10	7
通许县							4	2	2
尉氏县	468	212	256	17	3	14	32	11	21
开封县	84	41	43	1		1	20	7	13
兰考县	1	1					1		1
洛阳市	**66**	**35**	**31**	**47**	**14**	**33**	**68**	**30**	**38**
老城区									
西工区	4	2	2				25	15	10
瀍河回族区							8	2	6
涧西区				8	3	5	8	2	6
吉利区							1	1	
洛龙区	3	2	1	9	3	6	9	7	2
孟津县									
新安县	8	6	2	5	1	4	1		1
栾川县	1		1	8	6	2	6	1	5
嵩县	10	6	4	5		5	3	1	2
汝阳县				5		5			
宜阳县							1		1
洛宁县				1		1			
伊川县				3		3	3		3
偃师市	40	19	21	3	1	2	3	1	2

1-6 续表 25 单位：人

地区	哈萨克族			傣族			黎族		
	小计	男	女	小计	男	女	小计	男	女
平顶山市	**173**	**102**	**71**	**73**	**13**	**60**	**44**	**18**	**26**
新华区	69	43	26	3	2	1	12	4	8
卫东区	3	2	1	1		1	1		1
石龙区									
湛河区				4	3	1	1		1
宝丰县	66	38	28	12	4	8	5	2	3
叶县	1		1	23	2	21	6	2	4
鲁山县	7	4	3	11	2	9	2	1	1
郏县	3	1	2	1		1	2	1	1
舞钢市	24	14	10	7		7	13	7	6
汝州市				11		11	2	1	1
安阳市	**69**	**37**	**32**	**21**	**5**	**16**	**22**	**8**	**14**
文峰区	54	31	23				8	5	3
北关区				1		1			
殷都区	2	2					3		3
龙安区				2		2			
安阳县	13	4	9	3	1	2	6	1	5
汤阴县				3		3	1		1
滑县				7	2	5	1	1	
内黄县				3	1	2	1		1
林州市				2	1	1	2	1	1
鹤壁市				**3**	**2**	**1**	**6**	**3**	**3**
鹤山区									
山城区				3	2	1	2	1	1
淇滨区							4	2	2
浚县									
淇县									
新乡市	**2**		**2**	**14**	**3**	**11**	**17**	**7**	**10**
红旗区							1		1
卫滨区				1	1		1		1
凤泉区				1	1		1		1
牧野区	1		1	1		1	4	3	1
新乡县				1		1	2	1	1
获嘉县				1		1	2	2	
原阳县				1		1			
延津县									
封丘县	1		1	2	1	1	1		1
长垣县				3		3	3		3
卫辉市							1	1	
辉县市				3		3	1		1
焦作市	**72**	**45**	**27**	**3**	**2**	**1**	**24**	**10**	**14**
解放区	67	43	24				8	5	3
中站区							1		1
马村区									
山阳区	1		1	1	1		9	3	6
修武县				1		1	1	1	
博爱县									
武陟县	1		1				2		2
温县	1		1						
沁阳市	2	2		1	1				
孟州市							3	1	2

1-6 续表 26 单位：人

地区	哈萨克族			傣族			黎族		
	小计	男	女	小计	男	女	小计	男	女
濮阳市	**260**	**115**	**145**	**13**		**13**	**101**	**38**	**63**
华龙区	43	18	25	2		2	26	14	12
清丰县	23	11	12	2		2	13	6	7
南乐县							27	7	20
范县	160	71	89	3		3	3		3
台前县									
濮阳县	34	15	19	6		6	32	11	21
许昌市	**72**	**27**	**45**	**12**	**1**	**11**	**12**	**4**	**8**
魏都区	66	26	40				6	2	4
许昌县	1		1	2		2	1		1
鄢陵县									
襄城县	4		4	2	1	1	2	1	1
禹州市	1	1		6		6	2	1	1
长葛市				2		2	1		1
漯河市	**312**	**164**	**148**	**12**		**12**	**33**	**9**	**24**
源汇区	20	9	11	2		2	8	1	7
郾城区	170	91	79	4		4	6	2	4
召陵区	72	34	38	4		4	15	4	11
舞阳县	1		1	2		2			
临颍县	49	30	19				4	2	2
三门峡市	**1**		**1**	**3**		**3**			
湖滨区	1		1						
渑池县									
陕县				1		1			
卢氏县				2		2			
义马市									
灵宝市									
南阳市	**225**	**114**	**111**	**32**	**2**	**30**	**57**	**27**	**30**
宛城区							5	4	1
卧龙区	8	3	5	3		3	5	1	4
南召县							4	3	1
方城县				3		3	6	1	5
西峡县				4	1	3			
镇平县				1	1		2	1	1
内乡县	2		2	3		3	4	1	3
淅川县									
社旗县				3		3			
唐河县	214	111	103	7		7	24	12	12
新野县									
桐柏县	1		1	7		7	4	3	1
邓州市				1		1	3	1	2

1-6 续表 27 单位：人

地区	哈萨克族			傣族			黎族		
	小计	男	女	小计	男	女	小计	男	女
商丘市	**496**	**250**	**246**	**8**	**1**	**7**	**49**	**20**	**29**
梁园区	127	66	61				6	1	5
睢阳区	3	3					11	7	4
民权县									
睢县									
宁陵县	11	8	3				3	1	2
柘城县				1		1	2	2	
虞城县									
夏邑县	80	36	44	4	1	3	14	6	8
永城市	275	137	138	3		3	13	3	10
信阳市	**92**	**47**	**45**	**66**	**16**	**50**	**84**	**35**	**49**
浉河区				10	8	2	10	6	4
平桥区	14	8	6	25	5	20	15	6	9
罗山县	21	10	11	3		3	2	1	1
光山县				2		2	2	1	1
新县									
商城县				2		2	2	1	1
固始县	52	25	27	11	1	10	50	20	30
潢川县				1		1			
淮滨县				9	2	7			
息县	5	4	1	3		3	3		3
周口市	**925**	**409**	**516**	**18**	**1**	**17**	**102**	**38**	**64**
川汇区	204	63	141	4	1	3	24	10	14
扶沟县									
西华县	1	1		1		1			
商水县	98	45	53	2		2			
沈丘县				2		2			
郸城县				1		1			
淮阳县	245	122	123	5		5	38	13	25
太康县	5	5					3	1	2
鹿邑县	15	9	6						
项城市	357	164	193	3		3	37	14	23
驻马店市	**151**	**69**	**82**	**70**	**3**	**67**	**79**	**23**	**56**
驿城区	38	21	17	13	1	12	17	8	9
西平县				9		9	13	1	12
上蔡县	11	2	9	22		22	7	1	6
平舆县	80	35	45	2		2	29	12	17
正阳县							1		1
确山县	3	1	2	7		7	1		1
泌阳县									
汝南县				2		2	3		3
遂平县	19	10	9	10	2	8	7	1	6
新蔡县				5		5	1		1
济源市	**5**	**1**	**4**	**4**	**2**	**2**			
济源市	5	1	4	4	2	2			

1-6 续表 28 单位：人

地区	傈僳族			佤族			畲族		
	小计	男	女	小计	男	女	小计	男	女
总计	**167**	**25**	**142**	**1572**	**337**	**1235**	**200**	**104**	**96**
郑州市	**34**	**15**	**19**	**122**	**31**	**91**	**103**	**54**	**49**
中原区	4	3	1	3		3	16	7	9
二七区	3	3		5	4	1	24	12	12
管城回族区	1		1	1		1	23	13	10
金水区	4	3	1	24	17	7	31	19	12
上街区									
惠济区	1		1	2	1	1	2	1	1
中牟县	11	2	9	59	3	56	1		1
巩义市				2	1	1	1		1
荥阳市	4	1	3	2		2			
新密市	2	1	1	5	1	4	1		1
新郑市				19	4	15	4	2	2
登封市	4	2	2						
开封市	**14**		**14**	**155**	**61**	**94**	**9**	**4**	**5**
龙亭区				1		1			
顺河回族区				5	2	3			
鼓楼区				23	8	15			
禹王台区									
金明区				1		1	8	3	5
杞县				84	38	46			
通许县				1		1			
尉氏县	2		2	27	7	20			
开封县	7		7	10	4	6	1	1	
兰考县	5		5	3	2	1			
洛阳市	**1**		**1**	**20**	**8**	**12**	**21**	**7**	**14**
老城区									
西工区							7	2	5
瀍河回族区				2	1	1			
涧西区				3	2	1	6	2	4
吉利区									
洛龙区				2		2	3		3
孟津县							2	1	1
新安县							2	2	
栾川县				2	2				
嵩县	1		1	2		2			
汝阳县									
宜阳县				5	1	4			
洛宁县									
伊川县				2	1	1			
偃师市				2	1	1	1		1

1-6 续表 29　　　　　　　　　　　　　　　　　　　　　　单位：人

地　区	傈僳族			佤　族			畲　族		
	小计	男	女	小计	男	女	小计	男	女
平顶山市	**11**		**11**	**75**	**27**	**48**	**6**	**4**	**2**
新华区				13	9	4	2	2	
卫东区				2	1	1	2	1	1
石龙区									
湛河区									
宝丰县	3		3	15	6	9			
叶县	2		2	21	2	19			
鲁山县	3		3	10	3	7	1		1
郏县				1		1	1	1	
舞钢市	1		1	10	6	4			
汝州市	2		2	3		3			
安阳市	**5**	**1**	**4**	**46**	**2**	**44**	**1**		**1**
文峰区				41		41			
北关区				1	1				
殷都区				2	1	1			
龙安区							1		1
安阳县									
汤阴县	1		1	1		1			
滑县	2	1	1	1		1			
内黄县									
林州市	2		2						
鹤壁市	**2**		**2**						
鹤山区									
山城区									
淇滨区									
浚县									
淇县	2		2						
新乡市	**6**	**1**	**5**	**9**	**3**	**6**	**14**	**10**	**4**
红旗区				1		1	4	1	3
卫滨区	3	1	2	3		3	4	3	1
凤泉区				1	1				
牧野区	1		1	2	1	1	4	4	
新乡县									
获嘉县				1		1			
原阳县									
延津县	2		2						
封丘县									
长垣县				1	1		2	2	
卫辉市									
辉县市									
焦作市	**6**	**1**	**5**	**11**	**6**	**5**	**2**	**1**	**1**
解放区				1	1				
中站区									
马村区	1		1						
山阳区	1	1		2	2		1	1	
修武县	2		2						
博爱县									
武陟县	2		2	3	1	2			
温县							1		1
沁阳市				1		1			
孟州市				4	2	2			

1-6 续表 30 单位：人

地区	傈僳族			佤族			畲族		
	小计	男	女	小计	男	女	小计	男	女
濮阳市	**5**		**5**	**41**	**13**	**28**	**3**		**3**
华龙区				7	2	5	1		1
清丰县				5		5	2		2
南乐县				11	5	6			
范县				2	1	1			
台前县	5		5						
濮阳县				16	5	11			
许昌市	**1**		**1**	**20**	**5**	**15**	**10**	**4**	**6**
魏都区	1		1	6		6	2	1	1
许昌县				2		2			
鄢陵县									
襄城县				5	2	3			
禹州市				7	3	4	6	1	5
长葛市							2	2	
漯河市				**50**	**9**	**41**	**1**	**1**	
源汇区				4	1	3			
郾城区				15	1	14			
召陵区				22	5	17	1	1	
舞阳县				1		1			
临颍县				8	2	6			
三门峡市	**15**	**3**	**12**	**1**	**1**				
湖滨区									
渑池县	13	2	11						
陕县	1	1		1	1				
卢氏县	1		1						
义马市									
灵宝市									
南阳市	**9**	**1**	**8**	**122**	**51**	**71**	**8**	**6**	**2**
宛城区				1	1		7	5	2
卧龙区	1	1		1	1		1	1	
南召县									
方城县	7		7	21	10	11			
西峡县									
镇平县									
内乡县				12	5	7			
淅川县									
社旗县	1		1						
唐河县				81	33	48			
新野县									
桐柏县				6	1	5			
邓州市									

1-6 续表 31

单位：人

地区	傈僳族			佤族			畲族		
	小计	男	女	小计	男	女	小计	男	女
商丘市	**5**		**5**	**37**	**12**	**25**	**9**	**5**	**4**
梁园区							4	3	1
睢阳区				4	1	3			
民权县	1		1	2		2			
睢县									
宁陵县				1	1				
柘城县									
虞城县							3	1	2
夏邑县	2		2	6	1	5			
永城市	2		2	24	9	15	2	1	1
信阳市	**27**	**3**	**24**	**284**	**21**	**263**	**13**	**8**	**5**
浉河区				30		30	2	1	1
平桥区	4		4	212	9	203	3		3
罗山县	5		5	15	9	6			
光山县	14	2	12						
新县							4	4	
商城县							1		1
固始县	4	1	3	21	2	19	2	2	
潢川县				5	1	4	1	1	
淮滨县				1		1			
息县									
周口市	**12**		**12**	**149**	**56**	**93**			
川汇区				31	13	18			
扶沟县									
西华县				4	1	3			
商水县				1		1			
沈丘县				1		1			
郸城县									
淮阳县	1		1	90	34	56			
太康县				15	7	8			
鹿邑县									
项城市	11		11	7	1	6			
驻马店市	**14**		**14**	**430**	**31**	**399**			
驿城区	6		6	98	6	92			
西平县	2		2	12	1	11			
上蔡县				49	2	47			
平舆县				31	10	21			
正阳县	1		1	8		8			
确山县	2		2	69	6	63			
泌阳县	1		1	89	2	87			
汝南县				11	1	10			
遂平县	2		2	60	3	57			
新蔡县				3		3			
济源市									
济源市									

1-6 续表 32

单位：人

地 区	高山族			拉祜族			水 族		
	小计	男	女	小计	男	女	小计	男	女
总 计	**780**	**397**	**383**	**700**	**51**	**649**	**333**	**172**	**161**
郑州市	**39**	**19**	**20**	**72**	**12**	**60**	**140**	**88**	**52**
中原区	1	1		7	3	4	52	34	18
二七区	4	2	2	1	1		8	4	4
管城回族区	5	3	2				13	6	7
金水区	24	11	13	10	5	5	58	41	17
上街区							1	1	
惠济区							5	2	3
中牟县	2	1	1	40	1	39	3		3
巩义市									
荥阳市				2		2			
新密市	2	1	1						
新郑市	1		1	12	2	10			
登封市									
开封市	**1**	**1**		**6**	**1**	**5**	**2**	**2**	
龙亭区									
顺河回族区									
鼓楼区				2	1	1			
禹王台区									
金明区							2	2	
杞县	1	1		1		1			
通许县									
尉氏县				2		2			
开封县				1		1			
兰考县									
洛阳市	**3**	**2**	**1**	**15**	**1**	**14**	**6**	**3**	**3**
老城区	2	1	1						
西工区							2	1	1
瀍河回族区									
涧西区									
吉利区									
洛龙区	1	1		2	1	1	1		1
孟津县									
新安县				3		3			
栾川县									
嵩县				4		4	1	1	
汝阳县									
宜阳县				5		5			
洛宁县									
伊川县				1		1			
偃师市							2	1	1

1-6 续表 33 单位：人

地 区	高山族			拉祜族			水 族		
	小计	男	女	小计	男	女	小计	男	女
平顶山市	**2**	**1**	**1**	**59**	**10**	**49**	**35**	**12**	**23**
新华区				1		1			
卫东区				1	1		4		4
石龙区									
湛河区							1		1
宝丰县									
叶县				27	8	19	17	9	8
鲁山县	1		1	3		3	13	3	10
郏县	1	1							
舞钢市				27	1	26			
汝州市									
安阳市				**14**	**3**	**11**	**9**	**5**	**4**
文峰区				1		1	8	5	3
北关区									
殷都区				1		1			
龙安区									
安阳县				8	3	5			
汤阴县									
滑县				1		1	1		1
内黄县				1		1			
林州市				2		2			
鹤壁市	**3**	**2**	**1**						
鹤山区									
山城区									
淇滨区	3	2	1						
浚县									
淇县									
新乡市	**2**	**1**	**1**	**4**		**4**	**2**	**1**	**1**
红旗区	2	1	1				1	1	
卫滨区				3		3	1		1
凤泉区									
牧野区									
新乡县									
获嘉县									
原阳县									
延津县				1		1			
封丘县									
长垣县									
卫辉市									
辉县市									
焦作市							**3**		**3**
解放区									
中站区									
马村区									
山阳区							1		1
修武县									
博爱县									
武陟县							2		2
温县									
沁阳市									
孟州市									

1-6 续表 34 单位：人

地 区	高山族			拉祜族			水 族		
	小计	男	女	小计	男	女	小计	男	女
濮阳市	**4**	**3**	**1**						
华龙区									
清丰县									
南乐县									
范县									
台前县									
濮阳县	4	3	1						
许昌市	**5**	**2**	**3**	**7**	**2**	**5**	**14**	**8**	**6**
魏都区	5	2	3	2	1	1			
许昌县									
鄢陵县									
襄城县							13	8	5
禹州市				3	1	2	1		1
长葛市				2		2			
漯河市				**5**		**5**	**5**	**3**	**2**
源汇区									
郾城区							2	1	1
召陵区				1		1	3	2	1
舞阳县				3		3			
临颍县				1		1			
三门峡市				**1**		**1**			
湖滨区									
渑池县				1		1			
陕县									
卢氏县									
义马市									
灵宝市									
南阳市	**710**	**361**	**349**	**68**	**10**	**58**	**4**	**1**	**3**
宛城区	2		2	1		1			
卧龙区	5	2	3	1		1	1		1
南召县	10	8	2						
方城县				8		8			
西峡县				18	6	12			
镇平县	6	3	3						
内乡县	11	6	5	2		2			
淅川县				1		1			
社旗县	1		1						
唐河县	3		3	2		2	3	1	2
新野县									
桐柏县	1		1	35	4	31			
邓州市	671	342	329						

1-6 续表 35

单位：人

地区	高山族			拉祜族			水族		
	小计	男	女	小计	男	女	小计	男	女
商丘市	**1**		**1**	**7**		**7**	**6**	**1**	**5**
梁园区	1		1	1		1			
睢阳区							5	1	4
民权县							1		1
睢县									
宁陵县									
柘城县				1		1			
虞城县									
夏邑县				1		1			
永城市				4		4			
信阳市	**9**	**5**	**4**	**254**	**4**	**250**	**71**	**32**	**39**
浉河区	8	5	3	36	3	33			
平桥区				188	1	187	1		1
罗山县				3		3			
光山县									
新县									
商城县				3		3			
固始县	1		1	19		19	70	32	38
潢川县				3		3			
淮滨县									
息县				2		2			
周口市	**1**		**1**	**22**	**1**	**21**	**33**	**15**	**18**
川汇区	1		1				31	14	17
扶沟县				2		2			
西华县				5		5			
商水县				4		4			
沈丘县				1		1			
郸城县				2		2			
淮阳县				4	1	3			
太康县							2	1	1
鹿邑县									
项城市				4		4			
驻马店市				**166**	**7**	**159**	**3**	**1**	**2**
驿城区				5	1	4			
西平县				4	1	3			
上蔡县				8	1	7			
平舆县				2		2			
正阳县				5		5			
确山县				99	2	97			
泌阳县				34	1	33			
汝南县				5	1	4			
遂平县				4		4	3	1	2
新蔡县									
济源市									
济源市									

1-6 续表 36

单位：人

地区	东乡族			纳西族			景颇族		
	小计	男	女	小计	男	女	小计	男	女
总　计	**72**	**47**	**25**	**123**	**35**	**88**	**130**	**12**	**118**
郑州市	**34**	**24**	**10**	**34**	**10**	**24**	**7**	**1**	**6**
中原区	5	3	2	5	1	4	2	1	1
二七区	21	15	6	8	3	5			
管城回族区				3	1	2			
金水区	4	4		11	5	6	2		2
上街区									
惠济区	3	1	2						
中牟县	1	1		3		3	3		3
巩义市									
荥阳市									
新密市				1		1			
新郑市				3		3			
登封市									
开封市	**1**	**1**		**9**		**9**	**2**		**2**
龙亭区				1		1			
顺河回族区									
鼓楼区									
禹王台区									
金明区	1	1							
杞县				1		1			
通许县									
尉氏县							1		1
开封县				2		2	1		1
兰考县				5		5			
洛阳市	**3**	**1**	**2**	**8**	**3**	**5**	**7**		**7**
老城区									
西工区				5	3	2			
瀍河回族区				1		1			
涧西区				1		1			
吉利区									
洛龙区	3	1	2						
孟津县									
新安县							4		4
栾川县									
嵩县							3		3
汝阳县									
宜阳县									
洛宁县									
伊川县									
偃师市				1		1			

1-6 续表 37

单位：人

地　　区	东乡族			纳西族			景颇族		
	小计	男	女	小计	男	女	小计	男	女
平顶山市	**2**	**2**		**17**	**6**	**11**	**31**	**2**	**29**
新华区	1	1		3	2	1	1		1
卫东区									
石龙区									
湛河区							1		1
宝丰县	1	1		5	3	2			
叶县				8	1	7	7	2	5
鲁山县							4		4
郏县									
舞钢市									
汝州市				1		1	18		18
安阳市	**6**	**3**	**3**	**5**	**1**	**4**	**6**		**6**
文峰区									
北关区									
殷都区									
龙安区							1		1
安阳县	2	1	1						
汤阴县									
滑县				3		3	5		5
内黄县	4	2	2						
林州市				2	1	1			
鹤壁市									
鹤山区									
山城区									
淇滨区									
浚县									
淇县									
新乡市	**2**	**2**					**7**		**7**
红旗区									
卫滨区									
凤泉区									
牧野区	2	2							
新乡县							2		2
获嘉县									
原阳县									
延津县									
封丘县									
长垣县									
卫辉市									
辉县市							5		5
焦作市	**5**	**3**	**2**	**2**	**2**		**1**		**1**
解放区				2	2				
中站区									
马村区									
山阳区	1	1							
修武县							1		1
博爱县									
武陟县									
温县									
沁阳市	2	1	1						
孟州市	2	1	1						

1-6 续表 38 单位：人

地 区	东乡族			纳西族			景颇族		
	小计	男	女	小计	男	女	小计	男	女
濮阳市									
华龙区									
清丰县									
南乐县									
范县									
台前县									
濮阳县									
许昌市	**1**	**1**		**6**	**3**	**3**			
魏都区	1	1		3	3				
许昌县				1		1			
鄢陵县									
襄城县									
禹州市									
长葛市				2		2			
漯河市	**6**	**3**	**3**	**1**		**1**	**1**		**1**
源汇区	4	2	2				1		1
郾城区	1		1						
召陵区	1	1							
舞阳县				1		1			
临颍县									
三门峡市				**2**		**2**			
湖滨区									
渑池县				2		2			
陕县									
卢氏县									
义马市									
灵宝市									
南阳市				**14**	**7**	**7**	**16**	**2**	**14**
宛城区				2		2			
卧龙区									
南召县							1		1
方城县				1		1	13	1	12
西峡县									
镇平县				1		1			
内乡县									
淅川县									
社旗县				9	6	3	2	1	1
唐河县				1	1				
新野县									
桐柏县									
邓州市									

1-6 续表 39

单位：人

地区	东乡族			纳西族			景颇族		
	小计	男	女	小计	男	女	小计	男	女
商丘市	**7**	**4**	**3**	**2**		**2**	**3**		**3**
梁园区				2		2			
睢阳区									
民权县							3		3
睢县									
宁陵县	5	2	3						
柘城县									
虞城县									
夏邑县	1	1							
永城市	1	1							
信阳市	**1**		**1**	**4**	**1**	**3**	**36**	**5**	**31**
浉河区									
平桥区	1		1	3	1	2	5	1	4
罗山县							2		2
光山县									
新县									
商城县				1		1	1		1
固始县							28	4	24
潢川县									
淮滨县									
息县									
周口市	**4**	**3**	**1**	**6**	**1**	**5**	**4**		**4**
川汇区				1		1			
扶沟县									
西华县									
商水县				1		1	1		1
沈丘县									
郸城县							1		1
淮阳县	4	3	1	4	1	3	1		1
太康县									
鹿邑县							1		1
项城市									
驻马店市				**13**	**1**	**12**	**5**	**2**	**3**
驿城区				2	1	1			
西平县				2		2	1		1
上蔡县									
平舆县									
正阳县									
确山县				1		1	1		1
泌阳县				4		4			
汝南县									
遂平县				4		4			
新蔡县							3	2	1
济源市							**4**		**4**
济源市							4		4

1-6 续表 40 单位：人

地　区	柯尔克孜族			土　族			达斡尔族		
	小计	男	女	小计	男	女	小计	男	女
总　计	**37**	**20**	**17**	**576**	**236**	**340**	**122**	**42**	**80**
郑州市	**22**	**14**	**8**	**166**	**77**	**89**	**63**	**26**	**37**
中原区	1	1		14	5	9	16	3	13
二七区	19	12	7	40	23	17	14	4	10
管城回族区				11	7	4	12	5	7
金水区	1	1		56	27	29	14	10	4
上街区				3	1	2			
惠济区				2	1	1	3	2	1
中牟县				5	1	4	1		1
巩义市				12	4	8			
荥阳市				10	3	7			
新密市				5	1	4	2	1	1
新郑市	1		1	6	2	4			
登封市				2	2		1	1	
开封市	**1**	**1**		**55**	**27**	**28**			
龙亭区				2		2			
顺河回族区									
鼓楼区									
禹王台区	1	1		5	3	2			
金明区				10	6	4			
杞县				9	3	6			
通许县				3		3			
尉氏县				18	11	7			
开封县				4	1	3			
兰考县				4	3	1			
洛阳市				**53**	**31**	**22**	**8**	**1**	**7**
老城区				2		2	1		1
西工区				2	2				
瀍河回族区				9	5	4			
涧西区				17	11	6			
吉利区									
洛龙区				9	6	3	7	1	6
孟津县				6	6				
新安县				1		1			
栾川县				2		2			
嵩县									
汝阳县									
宜阳县				1	1				
洛宁县				1		1			
伊川县									
偃师市				3		3			

1-6 续表 41

单位：人

地区	柯尔克孜族			土族			达斡尔族		
	小计	男	女	小计	男	女	小计	男	女
平顶山市	**3**	**1**	**2**	**44**	**17**	**27**	**16**	**5**	**11**
新华区				13	9	4	4	2	2
卫东区				4	3	1			
石龙区									
湛河区				1	1		2	1	1
宝丰县	1	1		7		7			
叶县				8		8	3		3
鲁山县				8	2	6	2	1	1
郏县	1		1						
舞钢市	1		1	1		1	5	1	4
汝州市				2	2				
安阳市				**21**	**3**	**18**	**2**		**2**
文峰区				2		2	1		1
北关区				1		1			
殷都区				6		6	1		1
龙安区				3	2	1			
安阳县				2		2			
汤阴县				3	1	2			
滑县				1		1			
内黄县				1		1			
林州市				2		2			
鹤壁市	**1**		**1**	**2**		**2**			
鹤山区									
山城区									
淇滨区	1		1						
浚县				2		2			
淇县									
新乡市	**1**		**1**	**19**	**4**	**15**	**4**	**3**	**1**
红旗区				3	2	1			
卫滨区				3	1	2			
凤泉区									
牧野区	1		1	1		1	4	3	1
新乡县									
获嘉县				2		2			
原阳县									
延津县									
封丘县				5	1	4			
长垣县				3		3			
卫辉市				2		2			
辉县市									
焦作市				**13**	**6**	**7**	**2**		**2**
解放区				4	1	3			
中站区									
马村区									
山阳区				4	4				
修武县									
博爱县									
武陟县									
温县									
沁阳市				1		1	2		2
孟州市				4	1	3			

1-6 续表 42 单位：人

地区	柯尔克孜族			土族			达斡尔族		
	小计	男	女	小计	男	女	小计	男	女
濮阳市				**34**	**13**	**21**	**13**	**3**	**10**
华龙区				9	4	5	1		1
清丰县				9	3	6	3	1	2
南乐县				7	4	3	3	1	2
范县				2		2	2		2
台前县							3		3
濮阳县				7	2	5	1	1	
许昌市				**24**	**9**	**15**	**7**	**3**	**4**
魏都区				11	5	6	5	2	3
许昌县				1		1	2	1	1
鄢陵县									
襄城县				2	1	1			
禹州市				6	2	4			
长葛市				4	1	3			
漯河市	**2**	**2**		**18**	**5**	**13**			
源汇区				1		1			
郾城区	2	2		6	2	4			
召陵区				6	2	4			
舞阳县				2		2			
临颍县				3	1	2			
三门峡市				**8**	**4**	**4**			
湖滨区				2		2			
渑池县									
陕县				3	3				
卢氏县				2	1	1			
义马市									
灵宝市				1		1			
南阳市	**4**	**1**	**3**	**45**	**13**	**32**	**1**		**1**
宛城区				7	4	3			
卧龙区	1	1		4	1	3			
南召县									
方城县				5		5	1		1
西峡县									
镇平县				4	2	2			
内乡县				3	1	2			
淅川县									
社旗县									
唐河县	1		1	8		8			
新野县				6	2	4			
桐柏县	2		2	5	1	4			
邓州市				3	2	1			

1-6 续表 43

单位：人

地 区	柯尔克孜族			土 族			达斡尔族		
	小计	男	女	小计	男	女	小计	男	女
商丘市	**2**		**2**	**22**	**11**	**11**			
梁园区									
睢阳区				4	2	2			
民权县				3	1	2			
睢县									
宁陵县				1		1			
柘城县									
虞城县	1		1	1	1				
夏邑县	1		1	1		1			
永城市				12	7	5			
信阳市	**1**	**1**		**26**	**7**	**19**			
浉河区				6	3	3			
平桥区				3	2	1			
罗山县				4		4			
光山县				2		2			
新县				1		1			
商城县									
固始县	1	1		6	2	4			
潢川县				2		2			
淮滨县									
息县				2		2			
周口市				**20**	**6**	**14**			
川汇区									
扶沟县				4	1	3			
西华县									
商水县				1		1			
沈丘县									
郸城县									
淮阳县				10	4	6			
太康县				3	1	2			
鹿邑县									
项城市				2		2			
驻马店市				**4**	**2**	**2**	**6**	**1**	**5**
驿城区							2	1	1
西平县				1		1			
上蔡县									
平舆县									
正阳县				1		1			
确山县				1	1				
泌阳县									
汝南县									
遂平县				1	1		4		4
新蔡县									
济源市				**2**	**1**	**1**			
济源市				2	1	1			

1-6 续表 44 单位：人

地 区	仫佬族			羌 族			布朗族		
	小计	男	女	小计	男	女	小计	男	女
总 计	**72**	**30**	**42**	**216**	**103**	**113**	**80**	**18**	**62**
郑州市	**17**	**10**	**7**	**104**	**50**	**54**	**10**	**5**	**5**
中原区	4	1	3	3	1	2	1		1
二七区	3	3		26	8	18			
管城回族区	1	1		3	2	1	1		1
金水区	5	3	2	13	9	4	6	5	1
上街区									
惠济区	1		1						
中牟县							1		1
巩义市				50	25	25			
荥阳市				2		2			
新密市				1		1	1		1
新郑市	3	2	1	1		1			
登封市				5	5				
开封市	**5**	**3**	**2**	**38**	**20**	**18**	**4**	**1**	**3**
龙亭区									
顺河回族区	1	1		15	6	9			
鼓楼区				14	11	3			
禹王台区									
金明区				1		1	1		1
杞县	2	1	1	3	2	1	2	1	1
通许县									
尉氏县	2	1	1	1		1	1		1
开封县				4	1	3			
兰考县									
洛阳市	**7**	**3**	**4**	**13**	**7**	**6**	**2**	**2**	
老城区									
西工区				2	1	1			
瀍河回族区				1	1				
涧西区				7	4	3	1	1	
吉利区									
洛龙区	1		1	1		1	1	1	
孟津县									
新安县				2	1	1			
栾川县	4	1	3						
嵩县									
汝阳县									
宜阳县	2	2							
洛宁县									
伊川县									
偃师市									

1-6 续表 45 单位：人

地　区	仫佬族			羌　族			布朗族		
	小计	男	女	小计	男	女	小计	男	女
平顶山市	**8**	**4**	**4**	**10**	**4**	**6**	**4**		**4**
新华区	4	3	1	4	2	2			
卫东区									
石龙区									
湛河区	1	1		1	1				
宝丰县									
叶县	1		1	3	1	2	3		3
鲁山县	2		2	1		1			
郏县									
舞钢市				1		1	1		1
汝州市									
安阳市	**3**		**3**	**7**	**3**	**4**	**2**	**2**	
文峰区	1		1				2	2	
北关区				1		1			
殷都区				1		1			
龙安区									
安阳县				4	3	1			
汤阴县	1		1	1		1			
滑县	1		1						
内黄县									
林州市									
鹤壁市				**1**		**1**			
鹤山区									
山城区									
淇滨区									
浚县									
淇县				1		1			
新乡市	**6**	**2**	**4**	**1**		**1**	**2**		**2**
红旗区									
卫滨区	2	1	1				1		1
凤泉区									
牧野区	3	1	2				1		1
新乡县									
获嘉县									
原阳县									
延津县									
封丘县									
长垣县	1		1						
卫辉市									
辉县市				1		1			
焦作市	**1**	**1**		**10**	**6**	**4**	**2**		**2**
解放区				8	6	2			
中站区									
马村区									
山阳区	1	1							
修武县									
博爱县							2		2
武陟县				1		1			
温县									
沁阳市									
孟州市				1		1			

1-6 续表 46 单位：人

地区	仫佬族			羌族			布朗族		
	小计	男	女	小计	男	女	小计	男	女
濮阳市	**1**		**1**	**7**		**7**	**1**		**1**
华龙区				4		4			
清丰县				1		1			
南乐县									
范县				1		1			
台前县	1		1	1		1			
濮阳县							1		1
许昌市	**2**		**2**	**3**	**2**	**1**			
魏都区				1	1				
许昌县				1	1				
鄢陵县									
襄城县	1		1						
禹州市	1		1	1		1			
长葛市									
漯河市				**2**	**2**		**2**		**2**
源汇区									
郾城区				2	2				
召陵区							2		2
舞阳县									
临颍县									
三门峡市	**1**	**1**		**2**	**1**	**1**			
湖滨区									
渑池县									
陕县				1		1			
卢氏县				1	1				
义马市									
灵宝市	1	1							
南阳市	**2**		**2**	**3**	**1**	**2**	**12**	**1**	**11**
宛城区				2	1	1			
卧龙区	1		1						
南召县				1		1			
方城县									
西峡县							10	1	9
镇平县									
内乡县							1		1
淅川县							1		1
社旗县									
唐河县									
新野县									
桐柏县									
邓州市	1		1						

1-6 续表 47

单位：人

地 区	仫佬族			羌 族			布朗族		
	小计	男	女	小计	男	女	小计	男	女
商丘市							**2**	**1**	**1**
梁园区							1	1	
睢阳区									
民权县									
睢县							1		1
宁陵县									
柘城县									
虞城县									
夏邑县									
永城市									
信阳市	**10**	**3**	**7**	**1**		**1**	**6**	**1**	**5**
浉河区	4	3	1				1		1
平桥区	2		2	1		1	4		4
罗山县									
光山县									
新县									
商城县	1		1						
固始县	1		1						
潢川县	2		2				1	1	
淮滨县									
息县									
周口市	**5**	**3**	**2**	**3**	**2**	**1**	**6**	**1**	**5**
川汇区				1	1		3	1	2
扶沟县				1		1			
西华县	2	1	1						
商水县									
沈丘县									
郸城县									
淮阳县							1		1
太康县	3	2	1				1		1
鹿邑县									
项城市				1	1		1		1
驻马店市	**4**		**4**	**6**	**1**	**5**	**24**	**4**	**20**
驿城区									
西平县	1		1				17	3	14
上蔡县				1		1	4		4
平舆县				1		1			
正阳县									
确山县							2	1	1
泌阳县	1		1	1		1			
汝南县									
遂平县	2		2	3	1	2			
新蔡县							1		1
济源市				**5**	**4**	**1**	**1**		**1**
济源市				5	4	1	1		1

1-6 续表 48 单位：人

地区	撒拉族			毛南族			仡佬族		
	小计	男	女	小计	男	女	小计	男	女
总 计	**279**	**168**	**111**	**23**	**6**	**17**	**240**	**119**	**121**
郑州市	**161**	**102**	**59**	**6**	**4**	**2**	**91**	**59**	**32**
中原区	23	16	7	1	1		18	13	5
二七区	27	14	13				16	8	8
管城回族区	23	16	7	1	1		5	2	3
金水区	83	54	29	2		2	43	32	11
上街区									
惠济区							3	1	2
中牟县									
巩义市	1		1				1	1	
荥阳市							1	1	
新密市									
新郑市	4	2	2	2	2		3		3
登封市							1	1	
开封市	**1**	**1**					**9**	**4**	**5**
龙亭区									
顺河回族区									
鼓楼区							6	2	4
禹王台区	1	1							
金明区							2	2	
杞县									
通许县									
尉氏县							1		1
开封县									
兰考县									
洛阳市	**23**	**14**	**9**	**1**	**1**		**15**	**9**	**6**
老城区									
西工区	6	3	3				4	2	2
瀍河回族区	3	3					1	1	
涧西区	12	7	5				6	3	3
吉利区									
洛龙区				1	1		2	2	
孟津县									
新安县	2	1	1				1		1
栾川县									
嵩县									
汝阳县									
宜阳县									
洛宁县									
伊川县									
偃师市							1	1	

1-6 续表 49 单位：人

地区	撒拉族			毛南族			仡佬族		
	小计	男	女	小计	男	女	小计	男	女
平顶山市	**5**	**3**	**2**	**2**		**2**	**15**	**7**	**8**
新华区	4	3	1				4	3	1
卫东区									
石龙区									
湛河区							4	2	2
宝丰县				1		1	3		3
叶县	1		1				3	1	2
鲁山县									
郏县									
舞钢市				1		1			
汝州市							1	1	
安阳市	**8**	**4**	**4**				**9**	**4**	**5**
文峰区	8	4	4						
北关区									
殷都区									
龙安区							4	3	1
安阳县							2		2
汤阴县									
滑县							2		2
内黄县							1	1	
林州市									
鹤壁市							**14**	**4**	**10**
鹤山区									
山城区							1		1
淇滨区							6	1	5
浚县							4	2	2
淇县							3	1	2
新乡市	**4**	**3**	**1**	**2**		**2**	**7**	**3**	**4**
红旗区	1		1				1	1	
卫滨区									
凤泉区									
牧野区	3	3		2		2			
新乡县									
获嘉县									
原阳县							2		2
延津县							3	2	1
封丘县									
长垣县							1		1
卫辉市									
辉县市									
焦作市	**9**	**7**	**2**				**10**	**10**	
解放区	2	1	1				1	1	
中站区									
马村区									
山阳区							8	8	
修武县									
博爱县									
武陟县									
温县									
沁阳市	7	6	1				1	1	
孟州市									

1-6 续表 50 单位：人

地区	撒拉族			毛南族			仡佬族		
	小计	男	女	小计	男	女	小计	男	女
濮阳市	**16**	**8**	**8**				**9**	**3**	**6**
华龙区	12	6	6				5	2	3
清丰县							3	1	2
南乐县	1		1						
范县							1		1
台前县									
濮阳县	3	2	1						
许昌市	**10**	**5**	**5**	**3**	**1**	**2**	**4**	**1**	**3**
魏都区	10	5	5	3	1	2	1		1
许昌县							1	1	
鄢陵县									
襄城县									
禹州市							2		2
长葛市									
漯河市	**3**	**2**	**1**	**1**		**1**	**3**	**2**	**1**
源汇区									
郾城区				1		1	1		1
召陵区	3	2	1				2	2	
舞阳县									
临颍县									
三门峡市				**1**		**1**	**1**		**1**
湖滨区							1		1
渑池县				1		1			
陕县									
卢氏县									
义马市									
灵宝市									
南阳市	**29**	**17**	**12**	**3**		**3**	**14**	**3**	**11**
宛城区	17	11	6	2		2	5	2	3
卧龙区	5	3	2						
南召县							1		1
方城县							1		1
西峡县									
镇平县	6	3	3	1		1			
内乡县	1		1				5	1	4
淅川县									
社旗县									
唐河县									
新野县									
桐柏县									
邓州市							2		2

1-6 续表 51

单位：人

地　区	撒拉族			毛南族			仡佬族		
	小计	男	女	小计	男	女	小计	男	女
商丘市							**1**		**1**
梁园区									
睢阳区									
民权县									
睢县									
宁陵县									
柘城县									
虞城县									
夏邑县									
永城市							1		1
信阳市	**7**	**1**	**6**	**3**		**3**	**18**	**4**	**14**
浉河区				1		1	4	2	2
平桥区	4		4				7		7
罗山县	2	1	1	1		1	1		1
光山县							1		1
新县									
商城县							2	2	
固始县							2		2
潢川县	1		1						
淮滨县									
息县				1		1	1		1
周口市							**7**	**1**	**6**
川汇区									
扶沟县							2		2
西华县									
商水县									
沈丘县									
郸城县							1		1
淮阳县									
太康县							4	1	3
鹿邑县									
项城市									
驻马店市	**1**		**1**	**1**		**1**	**7**	**1**	**6**
驿城区							1		1
西平县							1		1
上蔡县									
平舆县									
正阳县							1		1
确山县							1		1
泌阳县							1		1
汝南县									
遂平县	1		1	1		1	2	1	1
新蔡县									
济源市	**2**	**1**	**1**				**6**	**4**	**2**
济源市	2	1	1				6	4	2

1-6 续表 52

单位：人

地区	锡伯族			阿昌族			普米族		
	小计	男	女	小计	男	女	小计	男	女
总计	**273**	**123**	**150**	**148**	**67**	**81**	**9**	**2**	**7**
郑州市	**116**	**43**	**73**	**9**	**4**	**5**	**1**	**1**	
中原区	14	4	10	2	1	1			
二七区	27	7	20	2	1	1	1	1	
管城回族区	13	5	8						
金水区	45	18	27						
上街区	11	7	4						
惠济区	2	1	1						
中牟县	1		1	5	2	3			
巩义市									
荥阳市									
新密市									
新郑市	3	1	2						
登封市									
开封市	**10**	**5**	**5**	**128**	**61**	**67**			
龙亭区									
顺河回族区	5	3	2	19	7	12			
鼓楼区				108	54	54			
禹王台区	2		2						
金明区	2	1	1						
杞县									
通许县									
尉氏县	1	1							
开封县				1		1			
兰考县									
洛阳市	**68**	**35**	**33**						
老城区									
西工区	26	13	13						
瀍河回族区	4	3	1						
涧西区	26	14	12						
吉利区	7	2	5						
洛龙区	3	1	2						
孟津县									
新安县									
栾川县	2	2							
嵩县									
汝阳县									
宜阳县									
洛宁县									
伊川县									
偃师市									

1-6 续表 53

单位：人

地　区	锡伯族			阿昌族			普米族		
	小计	男	女	小计	男	女	小计	男	女
平顶山市	**28**	**19**	**9**				**1**		**1**
新华区	5	2	3						
卫东区	7	5	2						
石龙区									
湛河区	9	8	1						
宝丰县									
叶县									
鲁山县	1		1				1		1
郏县									
舞钢市	6	4	2						
汝州市									
安阳市				**2**		**2**	**2**		**2**
文峰区							2		2
北关区									
殷都区									
龙安区									
安阳县									
汤阴县									
滑县				2		2			
内黄县									
林州市									
鹤壁市									
鹤山区									
山城区									
淇滨区									
浚县									
淇县									
新乡市	**8**	**3**	**5**				**1**	**1**	
红旗区									
卫滨区									
凤泉区	1	1							
牧野区	3	1	2				1	1	
新乡县									
获嘉县	4	1	3						
原阳县									
延津县									
封丘县									
长垣县									
卫辉市									
辉县市									
焦作市	**3**		**3**						
解放区	1		1						
中站区									
马村区									
山阳区	2		2						
修武县									
博爱县									
武陟县									
温县									
沁阳市									
孟州市									

1-6 续表 54 单位：人

地 区	锡伯族			阿昌族			普米族		
	小计	男	女	小计	男	女	小计	男	女
濮阳市	**3**		**3**						
华龙区	3		3						
清丰县									
南乐县									
范县									
台前县									
濮阳县									
许昌市				**1**	**1**				
魏都区				1	1				
许昌县									
鄢陵县									
襄城县									
禹州市									
长葛市									
漯河市									
源汇区									
郾城区									
召陵区									
舞阳县									
临颍县									
三门峡市							**1**		**1**
湖滨区									
渑池县									
陕县									
卢氏县							1		1
义马市									
灵宝市									
南阳市	**13**	**7**	**6**	**6**		**6**			
宛城区	1		1						
卧龙区	2	1	1						
南召县	8	5	3						
方城县				2		2			
西峡县									
镇平县									
内乡县				4		4			
淅川县									
社旗县									
唐河县	2	1	1						
新野县									
桐柏县									
邓州市									

1-6 续表 55 单位：人

地　区	锡伯族			阿昌族			普米族		
	小计	男	女	小计	男	女	小计	男	女
商丘市	**4**		**4**				**2**		**2**
梁园区	1		1						
睢阳区									
民权县									
睢县							1		1
宁陵县	3		3						
柘城县									
虞城县									
夏邑县									
永城市							1		1
信阳市				**1**	**1**		**1**		**1**
浉河区									
平桥区									
罗山县									
光山县									
新县									
商城县									
固始县				1	1		1		1
潢川县									
淮滨县									
息县									
周口市				**1**		**1**			
川汇区									
扶沟县									
西华县									
商水县									
沈丘县									
郸城县									
淮阳县									
太康县									
鹿邑县									
项城市				1		1			
驻马店市	**13**	**6**	**7**						
驿城区	4	2	2						
西平县	9	4	5						
上蔡县									
平舆县									
正阳县									
确山县									
泌阳县									
汝南县									
遂平县									
新蔡县									
济源市	**7**	**5**	**2**						
济源市	7	5	2						

1-6 续表 56 单位：人

地 区	塔吉克族			怒 族			乌孜别克族		
	小计	男	女	小计	男	女	小计	男	女
总 计	**23**	**8**	**15**	**186**	**92**	**94**	**16**	**13**	**3**
郑州市	**4**	**1**	**3**	**23**	**14**	**9**	**3**	**3**	
中原区				4	4				
二七区	3		3	2	2		2	2	
管城回族区				3	2	1			
金水区	1	1		2	1	1	1	1	
上街区									
惠济区				1	1				
中牟县				1		1			
巩义市				1		1			
荥阳市									
新密市									
新郑市				9	4	5			
登封市									
开封市	**5**	**1**	**4**	**35**	**17**	**18**	**2**	**2**	
龙亭区									
顺河回族区	1		1	1		1	1	1	
鼓楼区									
禹王台区				1	1				
金明区				2	1	1			
杞县	1		1	8	3	5			
通许县				2	1	1			
尉氏县	1	1		13	7	6	1	1	
开封县	2		2	8	4	4			
兰考县									
洛阳市				**10**	**5**	**5**			
老城区									
西工区				2	1	1			
瀍河回族区				4	2	2			
涧西区									
吉利区									
洛龙区				3	2	1			
孟津县									
新安县									
栾川县									
嵩县				1		1			
汝阳县									
宜阳县									
洛宁县									
伊川县									
偃师市									

1-6 续表 57

单位：人

地区	塔吉克族			怒族			乌孜别克族		
	小计	男	女	小计	男	女	小计	男	女
平顶山市	**2**	**1**	**1**	**21**	**10**	**11**	**7**	**5**	**2**
新华区	2	1	1	3	1	2	1	1	
卫东区				4	2	2			
石龙区									
湛河区									
宝丰县				5	4	1			
叶县									
鲁山县				8	3	5	6	4	2
郏县									
舞钢市				1		1			
汝州市									
安阳市	**1**	**1**		**10**	**3**	**7**			
文峰区				6	2	4			
北关区									
殷都区	1	1							
龙安区									
安阳县									
汤阴县									
滑县				2		2			
内黄县									
林州市				2	1	1			
鹤壁市				**1**	**1**				
鹤山区									
山城区									
淇滨区									
浚县									
淇县				1	1				
新乡市				**2**		**2**			
红旗区									
卫滨区				1		1			
凤泉区									
牧野区									
新乡县									
获嘉县									
原阳县									
延津县									
封丘县				1		1			
长垣县									
卫辉市									
辉县市									
焦作市				**1**	**1**				
解放区									
中站区									
马村区									
山阳区									
修武县									
博爱县									
武陟县									
温县									
沁阳市				1	1				
孟州市									

1-6 续表 58　　　　单位：人

地　区	塔吉克族			怒　族			乌孜别克族		
	小计	男	女	小计	男	女	小计	男	女
濮阳市									
华龙区									
清丰县									
南乐县									
范县									
台前县									
濮阳县									
许昌市	**3**		**3**	**6**	**5**	**1**			
魏都区	2		2	6	5	1			
许昌县	1		1						
鄢陵县									
襄城县									
禹州市									
长葛市									
漯河市				**3**	**2**	**1**			
源汇区									
郾城区				1	1				
召陵区				2	1	1			
舞阳县									
临颍县									
三门峡市	**1**	**1**		**2**	**1**	**1**			
湖滨区	1	1		2	1	1			
渑池县									
陕县									
卢氏县									
义马市									
灵宝市									
南阳市				**2**	**1**	**1**			
宛城区									
卧龙区									
南召县									
方城县									
西峡县									
镇平县									
内乡县				1	1				
淅川县				1		1			
社旗县									
唐河县									
新野县									
桐柏县									
邓州市									

1-6 续表 59

单位：人

地区	塔吉克族			怒族			乌孜别克族		
	小计	男	女	小计	男	女	小计	男	女
商丘市	**4**	**2**	**2**	**16**	**6**	**10**	**1**		**1**
梁园区	3	1	2						
睢阳区				4		4			
民权县				1		1			
睢县									
宁陵县				1	1				
柘城县									
虞城县									
夏邑县									
永城市	1	1		10	5	5	1		1
信阳市	**3**	**1**	**2**	**19**	**12**	**7**	**1**	**1**	
浉河区									
平桥区	1	1		4	2	2			
罗山县	1		1	1		1			
光山县									
新县									
商城县									
固始县				14	10	4	1	1	
潢川县									
淮滨县									
息县	1		1						
周口市				**34**	**14**	**20**	**2**	**2**	
川汇区				1		1			
扶沟县									
西华县									
商水县									
沈丘县									
郸城县									
淮阳县				11	6	5	1	1	
太康县				3	2	1			
鹿邑县									
项城市				19	6	13	1	1	
驻马店市				**1**		**1**			
驿城区				1		1			
西平县									
上蔡县									
平舆县									
正阳县									
确山县									
泌阳县									
汝南县									
遂平县									
新蔡县									
济源市									
济源市									

1-6 续表 60

单位：人

地区	俄罗斯族			鄂温克族			德昂族		
	小计	男	女	小计	男	女	小计	男	女
总计	**32**	**12**	**20**	**23**	**7**	**16**	**11**		**11**
郑州市	**11**	**4**	**7**	**8**	**1**	**7**			
中原区	2		2	1		1			
二七区	2		2	4		4			
管城回族区	1	1							
金水区	5	3	2	3	1	2			
上街区									
惠济区									
中牟县									
巩义市									
荥阳市									
新密市									
新郑市									
登封市	1		1						
开封市	**1**		**1**	**1**		**1**	**1**		**1**
龙亭区									
顺河回族区				1		1			
鼓楼区									
禹王台区									
金明区									
杞县	1		1						
通许县									
尉氏县							1		1
开封县									
兰考县									
洛阳市	**3**	**2**	**1**				**1**		**1**
老城区									
西工区	1	1							
瀍河回族区	1	1							
涧西区	1		1						
吉利区									
洛龙区									
孟津县									
新安县									
栾川县									
嵩县							1		1
汝阳县									
宜阳县									
洛宁县									
伊川县									
偃师市									

1-6 续表 61

单位：人

地 区	俄罗斯族			鄂温克族			德 昂 族		
	小计	男	女	小计	男	女	小计	男	女
平顶山市	**9**	**5**	**4**	**2**		**2**			
新华区	4	3	1	2		2			
卫东区	5	2	3						
石龙区									
湛河区									
宝丰县									
叶县									
鲁山县									
郏县									
舞钢市									
汝州市									
安阳市				**2**		**2**	**6**		**6**
文峰区									
北关区									
殷都区									
龙安区									
安阳县									
汤阴县									
滑县				2		2	6		6
内黄县									
林州市									
鹤壁市									
鹤山区									
山城区									
淇滨区									
浚县									
淇县									
新乡市	**4**	**1**	**3**	**4**	**3**	**1**	**1**		**1**
红旗区									
卫滨区									
凤泉区									
牧野区									
新乡县									
获嘉县	4	1	3						
原阳县									
延津县									
封丘县									
长垣县									
卫辉市									
辉县市				4	3	1	1		1
焦作市	**2**		**2**						
解放区									
中站区									
马村区									
山阳区	2		2						
修武县									
博爱县									
武陟县									
温县									
沁阳市									
孟州市									

1-6 续表 62 单位：人

地区	俄罗斯族			鄂温克族			德昂族		
	小计	男	女	小计	男	女	小计	男	女
濮阳市				**4**	**2**	**2**	**1**		**1**
华龙区				3	2	1			
清丰县									
南乐县									
范县									
台前县				1		1			
濮阳县							1		1
许昌市	**2**		**2**						
魏都区									
许昌县	2		2						
鄢陵县									
襄城县									
禹州市									
长葛市									
漯河市									
源汇区									
郾城区									
召陵区									
舞阳县									
临颍县									
三门峡市				**1**	**1**				
湖滨区				1	1				
渑池县									
陕县									
卢氏县									
义马市									
灵宝市									
南阳市							**1**		**1**
宛城区									
卧龙区									
南召县									
方城县									
西峡县									
镇平县							1		1
内乡县									
淅川县									
社旗县									
唐河县									
新野县									
桐柏县									
邓州市									

1-6 续表 63

单位：人

地 区	俄罗斯族			鄂温克族			德 昂 族		
	小计	男	女	小计	男	女	小计	男	女
商丘市				**1**		**1**			
梁园区									
睢阳区									
民权县									
睢县									
宁陵县									
柘城县				1		1			
虞城县									
夏邑县									
永城市									
信阳市									
浉河区									
平桥区									
罗山县									
光山县									
新县									
商城县									
固始县									
潢川县									
淮滨县									
息县									
周口市									
川汇区									
扶沟县									
西华县									
商水县									
沈丘县									
郸城县									
淮阳县									
太康县									
鹿邑县									
项城市									
驻马店市									
驿城区									
西平县									
上蔡县									
平舆县									
正阳县									
确山县									
泌阳县									
汝南县									
遂平县									
新蔡县									
济源市									
济源市									

1-6 续表 64 单位：人

地 区	保安族			裕固族			京族		
	小计	男	女	小计	男	女	小计	男	女
总 计	**4**	**2**	**2**	**52**	**21**	**31**	**120**	**51**	**69**
郑州市	**3**	**2**	**1**	**19**	**8**	**11**	**27**	**8**	**19**
中原区				5	3	2	5	1	4
二七区	1		1	11	3	8	8	4	4
管城回族区	1	1		1		1	2	1	1
金水区							7		7
上街区									
惠济区									
中牟县									
巩义市	1	1							
荥阳市									
新密市									
新郑市				1	1		5	2	3
登封市				1	1				
开封市				**3**		**3**	**16**	**8**	**8**
龙亭区									
顺河回族区									
鼓楼区									
禹王台区				2		2			
金明区							1	1	
杞县							4	2	2
通许县									
尉氏县							7	3	4
开封县				1		1	4	2	2
兰考县									
洛阳市				**2**	**1**	**1**	**3**	**2**	**1**
老城区									
西工区							1	1	
瀍河回族区									
涧西区				1	1				
吉利区									
洛龙区							1	1	
孟津县									
新安县									
栾川县									
嵩县									
汝阳县									
宜阳县							1		1
洛宁县									
伊川县									
偃师市				1		1			

1-6 续表 65

单位：人

地区	保安族			裕固族			京族		
	小计	男	女	小计	男	女	小计	男	女
平顶山市				**4**		**4**	**17**	**7**	**10**
新华区				1		1	5	2	3
卫东区									
石龙区									
湛河区									
宝丰县				1		1	4	2	2
叶县							1	1	
鲁山县				2		2	7	2	5
郏县									
舞钢市									
汝州市									
安阳市				**3**	**1**	**2**	**3**	**3**	
文峰区				1		1			
北关区							2	2	
殷都区				2	1	1	1	1	
龙安区									
安阳县									
汤阴县									
滑县									
内黄县									
林州市									
鹤壁市									
鹤山区									
山城区									
淇滨区									
浚县									
淇县									
新乡市							**1**		**1**
红旗区									
卫滨区									
凤泉区									
牧野区									
新乡县									
获嘉县									
原阳县									
延津县									
封丘县							1		1
长垣县									
卫辉市									
辉县市									
焦作市				**3**	**1**	**2**	**1**		**1**
解放区				1	1				
中站区									
马村区									
山阳区				1		1	1		1
修武县									
博爱县									
武陟县									
温县									
沁阳市				1		1			
孟州市									

1-6 续表 66

单位：人

地区	保安族			裕固族			京族		
	小计	男	女	小计	男	女	小计	男	女
濮阳市									
华龙区									
清丰县									
南乐县									
范县									
台前县									
濮阳县									
许昌市				**4**	**3**	**1**	**9**	**4**	**5**
魏都区				3	3		8	4	4
许昌县									
鄢陵县									
襄城县				1		1			
禹州市							1		1
长葛市									
漯河市				**2**	**1**	**1**	**5**	**3**	**2**
源汇区									
郾城区									
召陵区				2	1	1	3	2	1
舞阳县									
临颍县							2	1	1
三门峡市									
湖滨区									
渑池县									
陕县									
卢氏县									
义马市									
灵宝市									
南阳市				**1**	**1**		**3**	**2**	**1**
宛城区									
卧龙区									
南召县									
方城县									
西峡县									
镇平县									
内乡县				1	1		1	1	
淅川县									
社旗县									
唐河县							2	1	1
新野县									
桐柏县									
邓州市									

1-6 续表 67 单位：人

地 区	保安族			裕固族			京 族		
	小计	男	女	小计	男	女	小计	男	女
商丘市				**3**	**1**	**2**	**4**	**1**	**3**
梁园区									
睢阳区									
民权县									
睢县									
宁陵县									
柘城县									
虞城县							1		1
夏邑县									
永城市				3	1	2	3	1	2
信阳市				**1**	**1**		**6**	**3**	**3**
浉河区									
平桥区									
罗山县									
光山县									
新县									
商城县									
固始县				1	1		6	3	3
潢川县									
淮滨县									
息县									
周口市				**2**	**2**		**25**	**10**	**15**
川汇区							3		3
扶沟县									
西华县							1		1
商水县									
沈丘县									
郸城县									
淮阳县							11	6	5
太康县				2	2		2		2
鹿邑县									
项城市							8	4	4
驻马店市	**1**		**1**	**5**	**1**	**4**			
驿城区				2		2			
西平县									
上蔡县									
平舆县									
正阳县									
确山县									
泌阳县									
汝南县									
遂平县	1		1	3	1	2			
新蔡县									
济源市									
济源市									

1-6 续表 68　　　　单位：人

地　区	塔塔尔族			独 龙 族			鄂伦春族		
	小计	男	女	小计	男	女	小计	男	女
总　计	**4**	**2**	**2**	**55**	**27**	**28**	**14**	**6**	**8**
郑州市	**1**		**1**	**1**		**1**	**7**	**3**	**4**
中原区	1		1	1		1	1	1	
二七区							1		1
管城回族区									
金水区							5	2	3
上街区									
惠济区									
中牟县									
巩义市									
荥阳市									
新密市									
新郑市									
登封市									
开封市				**50**	**26**	**24**	**1**	**1**	
龙亭区									
顺河回族区				1		1	1	1	
鼓楼区				18	8	10			
禹王台区									
金明区									
杞县				31	18	13			
通许县									
尉氏县									
开封县									
兰考县									
洛阳市	**1**		**1**						
老城区									
西工区									
瀍河回族区									
涧西区	1		1						
吉利区									
洛龙区									
孟津县									
新安县									
栾川县									
嵩县									
汝阳县									
宜阳县									
洛宁县									
伊川县									
偃师市									

1-6 续表 69 单位：人

地　区	塔塔尔族			独 龙 族			鄂伦春族		
	小计	男	女	小计	男	女	小计	男	女
平顶山市				**1**		**1**	**1**		**1**
新华区							1		1
卫东区									
石龙区									
湛河区									
宝丰县				1		1			
叶县									
鲁山县									
郏县									
舞钢市									
汝州市									
安阳市									
文峰区									
北关区									
殷都区									
龙安区									
安阳县									
汤阴县									
滑县									
内黄县									
林州市									
鹤壁市									
鹤山区									
山城区									
淇滨区									
浚县									
淇县									
新乡市									
红旗区									
卫滨区									
凤泉区									
牧野区									
新乡县									
获嘉县									
原阳县									
延津县									
封丘县									
长垣县									
卫辉市									
辉县市									
焦作市									
解放区									
中站区									
马村区									
山阳区									
修武县									
博爱县									
武陟县									
温县									
沁阳市									
孟州市									

1-6 续表 70 单位：人

地区	塔塔尔族			独龙族			鄂伦春族		
	小计	男	女	小计	男	女	小计	男	女
濮阳市							**2**	**1**	**1**
华龙区							2	1	1
清丰县									
南乐县									
范县									
台前县									
濮阳县									
许昌市									
魏都区									
许昌县									
鄢陵县									
襄城县									
禹州市									
长葛市									
漯河市									
源汇区									
郾城区									
召陵区									
舞阳县									
临颍县									
三门峡市							**1**	**1**	
湖滨区							1	1	
渑池县									
陕县									
卢氏县									
义马市									
灵宝市									
南阳市	**1**	**1**		**1**		**1**			
宛城区									
卧龙区	1	1							
南召县									
方城县									
西峡县									
镇平县									
内乡县				1		1			
淅川县									
社旗县									
唐河县									
新野县									
桐柏县									
邓州市									

1-6 续表 71

单位：人

地 区	塔塔尔族			独 龙 族			鄂伦春族		
	小计	男	女	小计	男	女	小计	男	女
商丘市	**1**	**1**		**1**		**1**			
梁园区	1	1							
睢阳区									
民权县									
睢县									
宁陵县									
柘城县									
虞城县									
夏邑县									
永城市				1		1			
信阳市							**1**		**1**
浉河区									
平桥区									
罗山县									
光山县									
新县									
商城县									
固始县									
潢川县									
淮滨县									
息县							1		1
周口市				**1**	**1**				
川汇区									
扶沟县				1	1				
西华县									
商水县									
沈丘县									
郸城县									
淮阳县									
太康县									
鹿邑县									
项城市									
驻马店市									
驿城区									
西平县									
上蔡县									
平舆县									
正阳县									
确山县									
泌阳县									
汝南县									
遂平县									
新蔡县									
济源市							**1**		**1**
济源市							1		1

1-6 续表 72 单位：人

地区	赫哲族			门巴族			珞巴族		
	小计	男	女	小计	男	女	小计	男	女
总 计	**30**	**13**	**17**	**45**	**16**	**29**			
郑州市	**2**	**2**		**9**	**4**	**5**			
中原区									
二七区									
管城回族区				3	2	1			
金水区	2	2		5	1	4			
上街区									
惠济区									
中牟县									
巩义市									
荥阳市									
新密市									
新郑市				1	1				
登封市									
开封市	**13**	**5**	**8**	**6**	**4**	**2**			
龙亭区									
顺河回族区	2		2						
鼓楼区	4	2	2	2	1	1			
禹王台区	1	1		1	1				
金明区									
杞县	6	2	4	1		1			
通许县									
尉氏县				2	2				
开封县									
兰考县									
洛阳市				**1**		**1**			
老城区									
西工区									
瀍河回族区									
涧西区									
吉利区									
洛龙区									
孟津县									
新安县									
栾川县									
嵩县				1		1			
汝阳县									
宜阳县									
洛宁县									
伊川县									
偃师市									

1-6 续表 73

单位：人

地区	赫哲族			门巴族			珞巴族		
	小计	男	女	小计	男	女	小计	男	女
平顶山市	**1**	**1**							
新华区									
卫东区									
石龙区									
湛河区									
宝丰县									
叶县									
鲁山县									
郏县									
舞钢市	1	1							
汝州市									
安阳市	**2**	**2**		**3**	**2**	**1**			
文峰区									
北关区									
殷都区									
龙安区	2	2							
安阳县									
汤阴县									
滑县				3	2	1			
内黄县									
林州市									
鹤壁市									
鹤山区									
山城区									
淇滨区									
浚县									
淇县									
新乡市	**1**		**1**	**1**		**1**			
红旗区									
卫滨区	1		1						
凤泉区									
牧野区				1		1			
新乡县									
获嘉县									
原阳县									
延津县									
封丘县									
长垣县									
卫辉市									
辉县市									
焦作市	**1**		**1**						
解放区	1		1						
中站区									
马村区									
山阳区									
修武县									
博爱县									
武陟县									
温县									
沁阳市									
孟州市									

1-6 续表 74

单位：人

地 区	赫哲族			门巴族			珞巴族		
	小计	男	女	小计	男	女	小计	男	女
濮阳市	**2**		**2**						
华龙区	2		2						
清丰县									
南乐县									
范县									
台前县									
濮阳县									
许昌市				**2**		**2**			
魏都区				1		1			
许昌县									
鄢陵县									
襄城县									
禹州市				1		1			
长葛市									
漯河市				**3**	**1**	**2**			
源汇区									
郾城区				1	1				
召陵区				2		2			
舞阳县									
临颍县									
三门峡市									
湖滨区									
渑池县									
陕县									
卢氏县									
义马市									
灵宝市									
南阳市									
宛城区									
卧龙区									
南召县									
方城县									
西峡县									
镇平县									
内乡县									
淅川县									
社旗县									
唐河县									
新野县									
桐柏县									
邓州市									

1-6 续表 75

单位：人

地 区	赫哲族			门巴族			珞巴族		
	小计	男	女	小计	男	女	小计	男	女
商丘市	**1**		**1**	**1**		**1**			
梁园区	1		1						
睢阳区									
民权县									
睢县									
宁陵县									
柘城县									
虞城县									
夏邑县									
永城市				1		1			
信阳市	**2**		**2**						
浉河区									
平桥区	1		1						
罗山县									
光山县									
新县									
商城县									
固始县	1		1						
潢川县									
淮滨县									
息县									
周口市				**15**	**5**	**10**			
川汇区				1		1			
扶沟县									
西华县									
商水县									
沈丘县									
郸城县									
淮阳县				12	4	8			
太康县									
鹿邑县									
项城市				2	1	1			
驻马店市	**5**	**3**	**2**	**4**		**4**			
驿城区				1		1			
西平县									
上蔡县	5	3	2						
平舆县									
正阳县									
确山县									
泌阳县									
汝南县									
遂平县				3		3			
新蔡县									
济源市									
济源市									

1-6 续表 76

单位：人

地区	基诺族			其他未识别的民族			外国人加入中国籍		
	小计	男	女	小计	男	女	小计	男	女
总计	**7**	**1**	**6**	**99**	**43**	**56**	**195**	**77**	**118**
郑州市	**2**		**2**	**40**	**19**	**21**	**14**	**5**	**9**
中原区				9	6	3			
二七区				4	2	2	2		2
管城回族区				9	4	5			
金水区	2		2	10	3	7	3		3
上街区									
惠济区									
中牟县							2		2
巩义市							1	1	
荥阳市									
新密市				4	2	2	5	3	2
新郑市							1	1	
登封市				4	2	2			
开封市				**4**	**3**	**1**	**17**	**10**	**7**
龙亭区									
顺河回族区									
鼓楼区									
禹王台区									
金明区				3	3		3	2	1
杞县							12	7	5
通许县									
尉氏县							2	1	1
开封县									
兰考县				1		1			
洛阳市				**8**	**5**	**3**	**16**	**7**	**9**
老城区									
西工区									
瀍河回族区				3	2	1	2	1	1
涧西区									
吉利区									
洛龙区				1	1				
孟津县									
新安县							7	3	4
栾川县							1	1	
嵩县							2		2
汝阳县				2		2	3	1	2
宜阳县									
洛宁县							1	1	
伊川县									
偃师市				2	2				

1-6 续表 77

单位：人

地区	基诺族			其他未识别的民族			外国人加入中国籍		
	小计	男	女	小计	男	女	小计	男	女
平顶山市				**10**	**6**	**4**	**11**	**2**	**9**
新华区				3	2	1	1		1
卫东区				1	1				
石龙区									
湛河区									
宝丰县				1		1	3	1	2
叶县				1		1	2		2
鲁山县				3	3		5	1	4
郏县				1		1			
舞钢市									
汝州市									
安阳市	**2**		**2**	**8**	**2**	**6**	**4**		**4**
文峰区				1	1				
北关区									
殷都区	2		2				1		1
龙安区				4		4			
安阳县				1	1		1		1
汤阴县									
滑县				2		2	1		1
内黄县									
林州市							1		1
鹤壁市				**2**		**2**	**1**		**1**
鹤山区									
山城区									
淇滨区									
浚县				2		2	1		1
淇县									
新乡市				**6**	**2**	**4**	**14**	**8**	**6**
红旗区									
卫滨区									
凤泉区									
牧野区							1	1	
新乡县									
获嘉县				4	1	3			
原阳县							1		1
延津县							1	1	
封丘县									
长垣县							8	5	3
卫辉市									
辉县市				2	1	1	3	1	2
焦作市				**5**	**1**	**4**	**15**	**6**	**9**
解放区				1	1		1		1
中站区							1		1
马村区									
山阳区				1		1	1	1	
修武县				1		1			
博爱县				1		1			
武陟县				1		1	5	2	3
温县									
沁阳市									
孟州市							7	3	4

1-6 续表 78　　　　单位：人

地区	基诺族			其他未识别的民族			外国人加入中国籍		
	小计	男	女	小计	男	女	小计	男	女
濮阳市				**3**		**3**	**3**	**1**	**2**
华龙区									
清丰县				1		1	1		1
南乐县				1		1			
范县									
台前县									
濮阳县				1		1	2	1	1
许昌市	**2**	**1**	**1**	**2**	**1**	**1**	**11**	**6**	**5**
魏都区	2	1	1	1		1	3	3	
许昌县							1	1	
鄢陵县									
襄城县				1	1		2		2
禹州市							2		2
长葛市							3	2	1
漯河市				**2**		**2**	**13**	**5**	**8**
源汇区									
郾城区							2	1	1
召陵区							3	1	2
舞阳县				1		1	2		2
临颍县				1		1	6	3	3
三门峡市							**1**		**1**
湖滨区							1		1
渑池县									
陕县									
卢氏县									
义马市									
灵宝市									
南阳市									
宛城区									
卧龙区									
南召县									
方城县									
西峡县									
镇平县									
内乡县									
淅川县									
社旗县									
唐河县									
新野县									
桐柏县									
邓州市									

1-6 续表 79 单位：人

地 区	基诺族			其他未识别的民族			外国人加入中国籍		
	小计	男	女	小计	男	女	小计	男	女
商丘市							**5**	**2**	**3**
梁园区									
睢阳区							1		1
民权县									
睢县							3	2	1
宁陵县									
柘城县									
虞城县									
夏邑县									
永城市							1		1
信阳市				**5**		**5**	**9**	**6**	**3**
浉河区				1		1	1		1
平桥区									
罗山县									
光山县									
新县									
商城县							1	1	
固始县				3		3	2	1	1
潢川县							4	4	
淮滨县									
息县				1		1	1		1
周口市	**1**		**1**	**1**	**1**		**11**	**3**	**8**
川汇区									
扶沟县									
西华县									
商水县									
沈丘县							1		1
郸城县									
淮阳县				1	1		8	3	5
太康县									
鹿邑县									
项城市	1		1				2		2
驻马店市				**3**	**3**		**50**	**16**	**34**
驿城区				1	1		1	1	
西平县							1		1
上蔡县				1	1		6	2	4
平舆县									
正阳县									
确山县							1		1
泌阳县									
汝南县							3		3
遂平县				1	1		29	12	17
新蔡县							9	1	8
济源市									
济源市									

1-7 各地区分年龄、性别的人口

单位：人

地　区	合　计			0岁		
	合计	男	女	小计	男	女
总　计	**94029939**	**47493063**	**46536876**	**1043852**	**564511**	**479341**
郑州市	**8627089**	**4422318**	**4204771**	**80277**	**43044**	**37233**
中原区	905491	465346	440145	8071	4269	3802
二七区	712646	363265	349381	5625	3034	2591
管城回族区	645932	336548	309384	5028	2690	2338
金水区	1588716	813096	775620	12660	6776	5884
上街区	131549	65276	66273	942	481	461
惠济区	269579	132566	137013	3144	1739	1405
中牟县	727440	374331	353109	8310	4524	3786
巩义市	807911	411355	396556	7761	4171	3590
荥阳市	613804	310697	303107	6934	3616	3318
新密市	797256	410906	386350	7377	4017	3360
新郑市	758128	387552	370576	7288	3915	3373
登封市	668637	351380	317257	7137	3812	3325
开封市	**4676483**	**2370764**	**2305719**	**50799**	**26952**	**23847**
龙亭区	127784	61890	65894	1235	652	583
顺河回族区	232296	114173	118123	1689	904	785
鼓楼区	143175	69917	73258	976	501	475
禹王台区	130604	64612	65992	940	514	426
金明区	262258	134689	127569	1732	881	851
杞县	956533	490986	465547	11051	5710	5341
通许县	567495	290539	276956	6662	3542	3120
尉氏县	879713	452442	427271	10738	5871	4867
开封县	698799	357707	341092	8405	4522	3883
兰考县	677826	333809	344017	7371	3855	3516
洛阳市	**6549941**	**3306567**	**3243374**	**70197**	**36945**	**33252**
老城区	163176	79909	83267	1290	702	588
西工区	372941	189497	183444	2681	1406	1275
瀍河回族区	177939	89740	88199	1375	743	632
涧西区	619221	311597	307624	5060	2654	2406
吉利区	69076	34328	34748	611	293	318
洛龙区	523726	259645	264081	6146	3230	2916
孟津县	414637	208155	206482	4529	2444	2085
新安县	470198	240811	229387	5422	2922	2500
栾川县	342848	179062	163786	4132	2192	1940
嵩县	507052	255315	251737	6305	3197	3108
汝阳县	408009	207103	200906	5428	2896	2532
宜阳县	636491	320518	315973	7243	3817	3426
洛宁县	421262	211637	209625	4457	2366	2091
伊川县	756669	382505	374164	8219	4232	3987
偃师市	666696	336745	329951	7299	3851	3448

1-7 续表 1

单位：人

地 区	合 计			0岁		
	合计	男	女	小计	男	女
平顶山市	**4904701**	**2523143**	**2381558**	**62086**	**33963**	**28123**
新华区	389866	201221	188645	3736	2002	1734
卫东区	302603	152923	149680	2653	1417	1236
石龙区	54912	30612	24300	472	255	217
湛河区	286661	145544	141117	2240	1206	1034
宝丰县	490269	252298	237971	6800	3750	3050
叶县	777203	398729	378474	9642	5251	4391
鲁山县	789901	407693	382208	11758	6396	5362
郏县	571524	297312	274212	8240	4539	3701
舞钢市	313828	163058	150770	4265	2352	1913
汝州市	927934	473753	454181	12280	6795	5485
安阳市	**5173188**	**2502912**	**2670276**	**62410**	**35116**	**27294**
文峰区	442885	218580	224305	4778	2707	2071
北关区	245624	120480	125144	1994	1147	847
殷都区	243874	124298	119576	2032	1162	870
龙安区	214456	110247	104209	2518	1462	1056
安阳县	849057	404328	444729	10438	6084	4354
汤阴县	430803	209067	221736	5588	3022	2566
滑县	1263289	632977	630312	16357	9266	7091
内黄县	693498	350310	343188	8340	4393	3947
林州市	789702	332625	457077	10365	5873	4492
鹤壁市	**1569208**	**804272**	**764936**	**17344**	**9441**	**7903**
鹤山区	131421	68077	63344	1178	637	541
山城区	230968	118775	112193	2261	1266	995
淇滨区	272332	138195	134137	2768	1493	1275
浚县	665338	340640	324698	7463	4006	3457
淇县	269149	138585	130564	3674	2039	1635
新乡市	**5708191**	**2873482**	**2834709**	**62297**	**33956**	**28341**
红旗区	391290	192977	198313	3603	2015	1588
卫滨区	193506	95509	97997	1677	905	772
凤泉区	144298	76472	67826	1538	865	673
牧野区	317994	157913	160081	2785	1507	1278
新乡县	339942	173454	166488	3370	1758	1612
获嘉县	402950	203118	199832	4822	2716	2106
原阳县	659380	333046	326334	7981	4510	3471
延津县	469280	239287	229993	5135	2902	2233
封丘县	743837	381278	362559	8110	4275	3835
长垣县	809535	403756	405779	8934	4715	4219
卫辉市	495744	249899	245845	5974	3304	2670
辉县市	740435	366773	373662	8368	4484	3884
焦作市	**3540101**	**1796311**	**1743790**	**36039**	**18721**	**17318**
解放区	295695	151325	144370	2128	1122	1006
中站区	106064	53347	52717	1133	631	502
马村区	139533	73982	65551	1437	763	674
山阳区	324121	165176	158945	2415	1257	1158
修武县	287814	148499	139315	3402	1776	1626
博爱县	436319	222672	213647	5083	2615	2468
武陟县	713945	362339	351606	8257	4291	3966
温县	421796	211670	210126	4415	2292	2123
沁阳市	447701	223839	223862	4445	2290	2155
孟州市	367113	183462	183651	3324	1684	1640

1-7 续表 2

单位：人

地区	合计			0岁		
	合计	男	女	小计	男	女
濮阳市	**3598740**	**1796273**	**1802467**	**47710**	**26667**	**21043**
华龙区	655674	329441	326233	6866	3816	3050
清丰县	635927	317790	318137	9327	5210	4117
南乐县	458487	220770	237717	5687	3127	2560
范县	469874	234041	235833	5682	3238	2444
台前县	332124	167289	164835	4499	2339	2160
濮阳县	1046654	526942	519712	15649	8937	6712
许昌市	**4307488**	**2206634**	**2100854**	**51134**	**27525**	**23609**
魏都区	498087	246529	251558	3933	2055	1878
许昌县	767449	393836	373613	9888	5408	4480
鄢陵县	551611	287092	264519	6564	3433	3131
襄城县	671315	339483	331832	9137	4905	4232
禹州市	1131896	587465	544431	13621	7383	6238
长葛市	687130	352229	334901	7991	4341	3650
漯河市	**2544266**	**1299682**	**1244584**	**24894**	**13407**	**11487**
源汇区	323954	161430	162524	2778	1435	1343
郾城区	493680	254743	238937	4612	2471	2141
召陵区	477340	243111	234229	4503	2499	2004
舞阳县	538447	274466	263981	5638	3053	2585
临颍县	710845	365932	344913	7363	3949	3414
三门峡市	**2234018**	**1148433**	**1085585**	**19692**	**10234**	**9458**
湖滨区	325628	165167	160461	2285	1179	1106
渑池县	346434	175802	170632	2757	1457	1300
陕县	343679	178927	164752	3378	1767	1611
卢氏县	352449	183265	169184	3688	1866	1822
义马市	144779	74981	69798	979	492	487
灵宝市	721049	370291	350758	6605	3473	3132
南阳市	**10263660**	**5280744**	**4982916**	**122418**	**65626**	**56792**
宛城区	887234	454163	433071	9349	5018	4331
卧龙区	924578	464285	460293	9255	5006	4249
南召县	557153	292619	264534	6505	3536	2969
方城县	922467	472494	449973	10913	5690	5223
西峡县	444414	231608	212806	4653	2429	2224
镇平县	859564	448921	410643	10277	5373	4904
内乡县	575210	293834	281376	8668	4745	3923
淅川县	685683	351119	334564	7428	3886	3542
社旗县	633786	326260	307526	8189	4404	3785
唐河县	1282262	663728	618534	15078	8379	6699
新野县	629210	319578	309632	9870	5294	4576
桐柏县	393942	203103	190839	4382	2360	2022
邓州市	1468157	759032	709125	17851	9506	8345

1-7 续表 3

单位：人

地区	合计			0岁		
	合计	男	女	小计	男	女
商丘市	**7362975**	**3683893**	**3679082**	**80933**	**44896**	**36037**
梁园区	787984	398178	389806	8855	4944	3911
睢阳区	748408	379327	369081	7494	4079	3415
民权县	703428	348583	354845	7617	4124	3493
睢县	711136	353394	357742	7864	4382	3482
宁陵县	523403	259222	264181	5694	3136	2558
柘城县	778158	386270	391888	8607	4611	3996
虞城县	954785	479535	475250	10659	5934	4725
夏邑县	915291	456221	459070	10091	5370	4721
永城市	1240382	623163	617219	14052	8316	5736
信阳市	**6109106**	**3066246**	**3042860**	**74415**	**41048**	**33367**
浉河区	594391	291148	303243	6383	3332	3051
平桥区	635651	318836	316815	8562	4686	3876
罗山县	504577	255781	248796	7284	4214	3070
光山县	585353	299475	285878	5459	3033	2426
新县	275304	139144	136160	2798	1605	1193
商城县	495526	244817	250709	6387	3640	2747
固始县	1023929	520057	503872	12514	6877	5637
潢川县	630376	314308	316068	8676	4922	3754
淮滨县	570197	281043	289154	7829	4228	3601
息县	793802	401637	392165	8523	4511	4012
周口市	**8953793**	**4425662**	**4528131**	**93247**	**49437**	**43810**
川汇区	505171	252259	252912	4724	2558	2166
扶沟县	625819	317609	308210	6512	3388	3124
西华县	787918	403445	384473	8009	4233	3776
商水县	940792	462379	478413	10462	5470	4992
沈丘县	983583	482409	501174	10650	5837	4813
郸城县	1003910	496608	507302	9656	5001	4655
淮阳县	1089699	534112	555587	11522	5735	5787
太康县	1102952	550324	552628	11439	5978	5461
鹿邑县	910251	432053	478198	9444	5095	4349
项城市	1003698	494464	509234	10829	6142	4687
驻马店市	**7231234**	**3641356**	**3589878**	**80221**	**43406**	**36815**
驿城区	721723	370895	350828	6813	3670	3143
西平县	700152	353002	347150	7884	4282	3602
上蔡县	1084210	534698	549512	13859	7469	6390
平舆县	748398	373514	374884	7780	4097	3683
正阳县	645034	317668	327366	7174	3782	3392
确山县	406021	198081	207940	4387	2264	2123
泌阳县	810409	424811	385598	8638	4674	3964
汝南县	769995	391111	378884	8678	4793	3885
遂平县	493930	257976	235954	5450	2882	2568
新蔡县	851362	419600	431762	9558	5493	4065
济源市	**675757**	**344371**	**331386**	**7739**	**4127**	**3612**
济源市	675757	344371	331386	7739	4127	3612

1-7 续表 4

单位：人

地　区	1-4岁			5-9岁			10-14岁		
	小计	男	女	小计	男	女	小计	男	女
总　计	**6063217**	**3387106**	**2676111**	**6480010**	**3655027**	**2824983**	**6160239**	**3414352**	**2745887**
郑州市	**450934**	**243773**	**207161**	**450605**	**247557**	**203048**	**398282**	**215830**	**182452**
中原区	36829	19600	17229	39802	21509	18293	40133	21491	18642
二七区	28203	15372	12831	31263	16885	14378	30784	16618	14166
管城回族区	33638	18492	15146	37476	20675	16801	30988	17071	13917
金水区	60454	32825	27629	66495	36170	30325	61425	32770	28655
上街区	4894	2525	2369	6303	3343	2960	7244	3749	3495
惠济区	13955	7649	6306	12608	6820	5788	10902	5793	5109
中牟县	64086	35199	28887	54802	31897	22905	39508	22493	17015
巩义市	35593	18994	16599	40756	22002	18754	39573	20931	18642
荥阳市	31168	16271	14897	31343	16622	14721	29686	15850	13836
新密市	45000	24745	20255	48632	27169	21463	42791	23490	19301
新郑市	50233	27684	22549	36638	20731	15907	31126	17504	13622
登封市	46881	24417	22464	44487	23734	20753	34122	18070	16052
开封市	**323956**	**182780**	**141176**	**335055**	**192430**	**142625**	**289846**	**163983**	**125863**
龙亭区	6747	3701	3046	6485	3519	2966	5242	2782	2460
顺河回族区	9379	5060	4319	10665	5818	4847	10627	5653	4974
鼓楼区	5856	3223	2633	6716	3642	3074	6730	3528	3202
禹王台区	5760	3139	2621	6262	3463	2799	6616	3514	3102
金明区	14949	8187	6762	13142	7301	5841	10642	5653	4989
杞县	65242	37561	27681	75176	43154	32022	64112	36725	27387
通许县	41612	23494	18118	44721	26099	18622	40177	23083	17094
尉氏县	69022	38866	30156	61052	35675	25377	50306	29065	21241
开封县	55165	31300	23865	55511	31983	23528	41548	23180	18368
兰考县	50224	28249	21975	55325	31776	23549	53846	30800	23046
洛阳市	**355168**	**187537**	**167631**	**432517**	**230509**	**202008**	**455249**	**241030**	**214219**
老城区	8244	4298	3946	8687	4458	4229	8060	4228	3832
西工区	13997	7247	6750	17339	9141	8198	17792	9163	8629
瀍河回族区	5807	3022	2785	7049	3740	3309	8097	4133	3964
涧西区	24174	12643	11531	29645	15314	14331	30170	15636	14534
吉利区	2837	1480	1357	3899	1973	1926	4217	2163	2054
洛龙区	28632	15129	13503	28508	15189	13319	26120	13729	12391
孟津县	21193	11092	10101	24794	12828	11966	25129	12732	12397
新安县	24680	12835	11845	32648	17122	15526	35128	17966	17162
栾川县	20453	11246	9207	21032	11497	9535	20235	10827	9408
嵩县	39363	20600	18763	43932	23072	20860	38353	20267	18086
汝阳县	30471	16067	14404	36989	19703	17286	33538	18260	15278
宜阳县	41194	21917	19277	51401	27707	23694	51497	27305	24192
洛宁县	22387	11890	10497	38164	20261	17903	31151	16304	14847
伊川县	41347	21382	19965	50365	27263	23102	81584	43770	37814
偃师市	30389	16689	13700	38065	21241	16824	44178	24547	19631

1-7 续表 5

单位：人

地　区	1-4岁			5-9岁			10-14岁		
	小计	男	女	小计	男	女	小计	男	女
平顶山市	**357185**	**197307**	**159878**	**332485**	**185531**	**146954**	**240763**	**131990**	**108773**
新华区	17343	9439	7904	20663	11329	9334	16921	9079	7842
卫东区	12842	6913	5929	16345	8770	7575	15448	8271	7177
石龙区	2913	1645	1268	2607	1462	1145	2273	1242	1031
湛河区	15532	8452	7080	16613	9147	7466	12377	6648	5729
宝丰县	39271	21731	17540	30707	17079	13628	21098	11422	9676
叶县	52349	30209	22140	48218	27829	20389	35094	19246	15848
鲁山县	73688	39033	34655	59545	32136	27409	38180	21250	16930
郏县	44097	24476	19621	44122	24694	19428	32610	18627	13983
舞钢市	19644	10909	8735	17389	9598	7791	13985	7421	6564
汝州市	79506	44500	35006	76276	43487	32789	52777	28784	23993
安阳市	**390069**	**220459**	**169610**	**372676**	**210396**	**162280**	**305540**	**166904**	**138636**
文峰区	24205	13622	10583	26114	14409	11705	23159	12388	10771
北关区	10812	6119	4693	14140	7813	6327	14727	7785	6942
殷都区	10440	5829	4611	14591	8087	6504	13981	7600	6381
龙安区	13592	7800	5792	13727	7538	6189	10774	5833	4941
安阳县	68113	39515	28598	68332	37993	30339	49737	27211	22526
汤阴县	36965	20678	16287	34637	20122	14515	24651	13213	11438
滑县	109148	61948	47200	89602	51133	38469	78988	42398	36590
内黄县	58123	32837	25286	50686	28796	21890	39912	22575	17337
林州市	58671	32111	26560	60847	34505	26342	49611	27901	21710
鹤壁市	**97790**	**54566**	**43224**	**123068**	**70279**	**52789**	**114783**	**64240**	**50543**
鹤山区	4909	2782	2127	6845	3901	2944	7827	4183	3644
山城区	9749	5402	4347	14319	8123	6196	14530	7748	6782
淇滨区	14555	8180	6375	19426	11060	8366	20587	11190	9397
浚县	50096	27687	22409	57316	32596	24720	50909	29166	21743
淇县	18481	10515	7966	25162	14599	10563	20930	11953	8977
新乡市	**388437**	**219817**	**168620**	**410314**	**231881**	**178433**	**336909**	**185708**	**151201**
红旗区	17285	9555	7730	20925	11411	9514	18835	10194	8641
卫滨区	8191	4438	3753	10087	5267	4820	10992	5759	5233
凤泉区	10070	5572	4498	9433	5054	4379	7063	3855	3208
牧野区	13844	7498	6346	14790	7912	6878	15446	8128	7318
新乡县	22769	13194	9575	27603	15564	12039	21303	11611	9692
获嘉县	27012	15266	11746	33461	18226	15235	26047	14356	11691
原阳县	47846	27068	20778	54213	31248	22965	49126	27552	21574
延津县	37559	21229	16330	38925	22361	16564	29160	15830	13330
封丘县	58145	33422	24723	60458	35642	24816	42390	24003	18387
长垣县	52813	30845	21968	63306	37514	25792	58451	33636	24815
卫辉市	44692	24802	19890	33663	18384	15279	23468	12054	11414
辉县市	48211	26928	21283	43450	23298	20152	34628	18730	15898
焦作市	**169973**	**92461**	**77512**	**223268**	**124375**	**98893**	**238390**	**131947**	**106443**
解放区	10520	5669	4851	14814	7982	6832	16513	8847	7666
中站区	4955	2638	2317	6051	3311	2740	6144	3346	2798
马村区	7094	3807	3287	9285	5132	4153	9204	4968	4236
山阳区	11760	6244	5516	15674	8478	7196	18474	9927	8547
修武县	15737	8858	6879	19330	11047	8283	22024	12632	9392
博爱县	25053	13887	11166	30387	17590	12797	29002	16702	12300
武陟县	39662	22142	17520	51666	29586	22080	57279	32751	24528
温县	18906	10317	8589	27077	14971	12106	28294	15775	12519
沁阳市	21927	11493	10434	29751	16165	13586	27444	14750	12694
孟州市	14359	7406	6953	19233	10113	9120	24012	12249	11763

1-7 续表 6

单位：人

地区	1-4岁			5-9岁			10-14岁		
	小计	男	女	小计	男	女	小计	男	女
濮阳市	**255337**	**144279**	**111058**	**261605**	**147449**	**114156**	**235036**	**129885**	**105151**
华龙区	37299	20710	16589	41442	23213	18229	39678	21918	17760
清丰县	48940	27131	21809	45193	25345	19848	34980	19648	15332
南乐县	36379	20348	16031	35914	19845	16069	31401	16623	14778
范县	30532	17463	13069	37369	21301	16068	39794	22063	17731
台前县	26730	15718	11012	24789	14299	10490	22894	13033	9861
濮阳县	75457	42909	32548	76898	43446	33452	66289	36600	29689
许昌市	**278710**	**156048**	**122662**	**283532**	**162148**	**121384**	**235466**	**135647**	**99819**
魏都区	17194	9328	7866	21878	12018	9860	20694	11200	9494
许昌县	49851	27604	22247	48198	27662	20536	40970	23656	17314
鄢陵县	38578	22260	16318	37893	22592	15301	32025	18968	13057
襄城县	47757	26703	21054	51445	28996	22449	39139	22571	16568
禹州市	76712	42852	33860	75111	42914	32197	65628	38008	27620
长葛市	48618	27301	21317	49007	27966	21041	37010	21244	15766
漯河市	**142205**	**78410**	**63795**	**150708**	**86211**	**64497**	**137248**	**78842**	**58406**
源汇区	15703	8648	7055	17542	10013	7529	14945	8412	6533
郾城区	24812	13520	11292	27997	15968	12029	25601	15012	10589
召陵区	26876	14667	12209	29500	16916	12584	31424	18409	13015
舞阳县	33131	18497	14634	30365	17018	13347	26341	14138	12203
临颍县	41683	23078	18605	45304	26296	19008	38937	22871	16066
三门峡市	**94575**	**49613**	**44962**	**113887**	**60010**	**53877**	**120708**	**62971**	**57737**
湖滨区	11941	6291	5650	16484	8582	7902	17755	9200	8555
渑池县	20554	10629	9925	21798	11153	10645	21344	10791	10553
陕县	12331	6459	5872	15808	8184	7624	18608	9519	9089
卢氏县	16365	8498	7867	19705	10301	9404	20395	10583	9812
义马市	6033	3185	2848	7581	3994	3587	8230	4396	3834
灵宝市	27351	14551	12800	32511	17796	14715	34376	18482	15894
南阳市	**827897**	**467009**	**360888**	**792773**	**447300**	**345473**	**606156**	**328861**	**277295**
宛城区	67319	37983	29336	58723	32913	25810	43873	23213	20660
卧龙区	64668	36108	28560	64648	35908	28740	52244	27727	24517
南召县	45545	25302	20243	45584	25495	20089	33386	17984	15402
方城县	92752	50409	42343	81631	45009	36622	48432	25784	22648
西峡县	27694	15511	12183	32713	17923	14790	30520	16221	14299
镇平县	71567	41385	30182	68690	40995	27695	52747	29864	22883
内乡县	52530	29485	23045	46859	25920	20939	35486	18775	16711
淅川县	52004	29400	22604	64859	36351	28508	49526	26910	22616
社旗县	46413	26010	20403	51042	28172	22870	37433	20139	17294
唐河县	97334	55714	41620	79415	45242	34173	74121	40642	33479
新野县	56487	32577	23910	48069	27449	20620	33460	18043	15417
桐柏县	35753	19857	15896	32022	18059	13963	22154	11684	10470
邓州市	117831	67268	50563	118518	67864	50654	92774	51875	40899

1-7 续表 7

单位：人

地 区	1-4岁			5-9岁			10-14岁		
	小计	男	女	小计	男	女	小计	男	女
商丘市	**435556**	**248420**	**187136**	**469518**	**271225**	**198293**	**585386**	**332330**	**253056**
梁园区	32850	18671	14179	41701	23776	17925	50504	28114	22390
睢阳区	43415	24965	18450	48345	28158	20187	54793	31458	23335
民权县	41803	23544	18259	44734	25549	19185	59935	33921	26014
睢县	40871	23230	17641	45869	26726	19143	61996	35314	26682
宁陵县	33155	18776	14379	34877	20208	14669	43147	24803	18344
柘城县	45078	26050	19028	51977	30830	21147	70587	41610	28977
虞城县	47447	26673	20774	61613	34518	27095	85131	47026	38105
夏邑县	55142	32070	23072	53956	31301	22655	77538	44673	32865
永城市	95795	54441	41354	86446	50159	36287	81755	45411	36344
信阳市	**408127**	**232010**	**176117**	**479858**	**276938**	**202920**	**474032**	**261262**	**212770**
浉河区	30085	16429	13656	29421	16028	13393	32391	17013	15378
平桥区	48360	26967	21393	43221	23787	19434	36347	19247	17100
罗山县	41337	23605	17732	34173	19423	14750	33385	18086	15299
光山县	35711	20913	14798	52636	30852	21784	50872	28530	22342
新县	16503	9590	6913	24602	14061	10541	22802	12574	10228
商城县	31964	18481	13483	43936	26047	17889	51573	29002	22571
固始县	75162	44023	31139	95747	58447	37300	80715	46749	33966
潢川县	39132	22432	16700	46363	27267	19096	50829	28570	22259
淮滨县	33765	18533	15232	43777	24194	19583	52383	28120	24263
息县	56108	31037	25071	65982	36832	29150	62735	33371	29364
周口市	**569861**	**318622**	**251239**	**685165**	**388979**	**296186**	**786568**	**449316**	**337252**
川汇区	24310	13445	10865	31717	17955	13762	36279	20903	15376
扶沟县	34015	19611	14404	44846	26289	18557	48258	28210	20048
西华县	51783	28748	23035	55525	32423	23102	64710	38093	26617
商水县	58664	33348	25316	82529	47367	35162	101143	59093	42050
沈丘县	63860	35981	27879	73186	40703	32483	85011	47953	37058
郸城县	66288	36013	30275	77891	42994	34897	93521	51859	41662
淮阳县	72723	40507	32216	82693	46657	36036	96890	54376	42514
太康县	78652	43626	35026	91921	51421	40500	86795	49709	37086
鹿邑县	58185	32524	25661	74370	42283	32087	96289	54433	41856
项城市	61381	34819	26562	70487	40887	29600	77672	44687	32985
驻马店市	**484665**	**276614**	**208051**	**524594**	**300899**	**223695**	**562521**	**313388**	**249133**
驿城区	43228	23955	19273	47545	26951	20594	40310	22200	18110
西平县	35285	20620	14665	43343	25706	17637	53022	30852	22170
上蔡县	73649	41961	31688	94521	53973	40548	108599	60898	47701
平舆县	43560	25779	17781	47085	27932	19153	62249	35465	26784
正阳县	57754	32695	25059	44540	25438	19102	45441	24843	20598
确山县	35634	20283	15351	41650	23525	18125	33028	17894	15134
泌阳县	61455	35008	26447	61331	35074	26257	57163	32132	25031
汝南县	48087	27582	20505	50436	29693	20743	59545	33316	26229
遂平县	32664	18689	13975	26982	15004	11978	24534	13377	11157
新蔡县	53349	30042	23307	67161	37603	29558	78630	42411	36219
济源市	**32772**	**17381**	**15391**	**38382**	**20910**	**17472**	**37356**	**20218**	**17138**
济源市	32772	17381	15391	38382	20910	17472	37356	20218	17138

1-7 续表 8

单位：人

地 区	15-19岁			20-24岁			25-29岁		
	小计	男	女	小计	男	女	小计	男	女
总 计	**7418890**	**3861615**	**3557275**	**9611242**	**4641380**	**4969862**	**6125379**	**2934786**	**3190593**
郑州市	**689260**	**362979**	**326281**	**1306114**	**653153**	**652961**	**727377**	**366439**	**360938**
中原区	74103	39314	34789	139264	73004	66260	81095	40162	40933
二七区	62260	32965	29295	119740	63455	56285	59620	28129	31491
管城回族区	46128	24048	22080	76612	39222	37390	69033	34597	34436
金水区	110403	55703	54700	343378	169101	174277	197064	101715	95349
上街区	8057	4073	3984	10428	5094	5334	8633	4055	4578
惠济区	22388	10438	11950	53614	22775	30839	23683	11604	12079
中牟县	53115	27785	25330	86278	43796	42482	42540	21192	21348
巩义市	69662	35311	34351	99544	49121	50423	59272	30376	28896
荥阳市	47677	24792	22885	64215	32599	31616	42130	20957	21173
新密市	68411	35901	32510	87843	44498	43345	52214	26732	25482
新郑市	65684	33948	31736	152320	73828	78492	46663	23777	22886
登封市	61372	38701	22671	72878	36660	36218	45430	23143	22287
开封市	**362054**	**189539**	**172515**	**518105**	**254130**	**263975**	**333419**	**162379**	**171040**
龙亭区	9306	4174	5132	15654	6722	8932	9345	4482	4863
顺河回族区	12402	6437	5965	20799	10051	10748	15895	7500	8395
鼓楼区	7105	3599	3506	10948	5110	5838	9977	4661	5316
禹王台区	7305	3795	3510	10480	5103	5377	9846	4678	5168
金明区	19578	9937	9641	51869	27129	24740	18467	8908	9559
杞县	74703	39737	34966	105639	52895	52744	70326	34701	35625
通许县	42367	22399	19968	55516	27350	28166	44248	21783	22465
尉氏县	69099	38013	31086	104254	51305	52949	62944	31316	31628
开封县	58937	29842	29095	77080	37921	39159	49747	25258	24489
兰考县	61252	31606	29646	65866	30544	35322	42624	19092	23532
洛阳市	**563632**	**287600**	**276032**	**614078**	**301071**	**313007**	**414578**	**202108**	**212470**
老城区	10343	4587	5756	12855	6062	6793	11989	5319	6670
西工区	24705	12665	12040	27846	14188	13658	28142	13871	14271
瀍河回族区	17517	9746	7771	15345	7721	7624	12050	5839	6211
涧西区	37488	19151	18337	60224	32085	28139	43446	20745	22701
吉利区	3626	1928	1698	4903	2484	2419	4700	2226	2474
洛龙区	48288	23992	24296	82472	38995	43477	39289	18691	20598
孟津县	37214	19046	18168	33396	16997	16399	24884	12675	12209
新安县	50338	26007	24331	37159	18483	18676	28401	14271	14130
栾川县	29823	15747	14076	34566	17336	17230	20536	10420	10116
嵩县	39593	19830	19763	43604	20819	22785	25859	12465	13394
汝阳县	29579	15250	14329	35853	16871	18982	20604	9661	10943
宜阳县	62971	31939	31032	51604	24678	26926	37844	18391	19453
洛宁县	34691	16942	17749	37503	17165	20338	25055	11959	13096
伊川县	77357	39566	37791	75655	36336	39319	51074	25476	25598
偃师市	60099	31204	28895	61093	30851	30242	40705	20099	20606

1-7 续表 9　　　　单位：人

地区	15-19岁			20-24岁			25-29岁		
	小计	男	女	小计	男	女	小计	男	女
平顶山市	**319987**	**166806**	**153181**	**509097**	**250782**	**258315**	**321212**	**158604**	**162608**
新华区	27160	13183	13977	54374	27593	26781	26900	13727	13173
卫东区	16897	8682	8215	23632	11768	11864	20631	10042	10589
石龙区	2837	1470	1367	6257	3207	3050	3862	2022	1840
湛河区	21334	11062	10272	30659	15634	15025	20399	9802	10597
宝丰县	27630	14325	13305	60376	29675	30701	31785	16050	15735
叶县	51332	26720	24612	81777	39882	41895	50187	24213	25974
鲁山县	52552	27944	24608	72029	35136	36893	53653	26499	27154
郏县	43012	23233	19779	46818	22716	24102	34225	16930	17295
舞钢市	14852	7928	6924	25863	13150	12713	21694	10810	10884
汝州市	62381	32259	30122	107312	52021	55291	57876	28509	29367
安阳市	**357883**	**179210**	**178673**	**551115**	**249528**	**301587**	**336857**	**151560**	**185297**
文峰区	29210	14057	15153	63482	29056	34426	28940	13762	15178
北关区	18275	7757	10518	18808	9087	9721	15501	7178	8323
殷都区	14324	7272	7052	17792	8824	8968	16088	7775	8313
龙安区	12385	6585	5800	23535	11715	11820	15764	7869	7895
安阳县	60826	30163	30663	89960	39889	50071	52611	22554	30057
汤阴县	27043	13351	13692	43819	19891	23928	25076	11403	13673
滑县	82547	40971	41576	137743	64616	73127	92253	43752	48501
内黄县	55480	29492	25988	74800	36435	38365	45380	21706	23674
林州市	57793	29562	28231	81176	30015	51161	45244	15561	29683
鹤壁市	**119177**	**63110**	**56067**	**162932**	**80787**	**82145**	**92367**	**46045**	**46322**
鹤山区	9064	4821	4243	14735	7385	7350	8931	4526	4405
山城区	17069	8812	8257	22204	11629	10575	14839	7450	7389
淇滨区	22170	11419	10751	27733	13355	14378	16344	8001	8343
浚县	53904	28707	25197	71055	34973	36082	37740	18936	18804
淇县	16970	9351	7619	27205	13445	13760	14513	7132	7381
新乡市	**414656**	**215246**	**199410**	**655911**	**313376**	**342535**	**377948**	**182873**	**195075**
红旗区	28415	13946	14469	71911	33103	38808	25340	11806	13534
卫滨区	10209	5330	4879	15575	8121	7454	12902	6108	6794
凤泉区	7918	4223	3695	16894	8863	8031	11139	5934	5205
牧野区	18128	8967	9161	43923	19057	24866	19431	9623	9808
新乡县	21975	11632	10343	38917	19642	19275	23008	11399	11609
获嘉县	26106	14190	11916	43316	20921	22395	24346	11964	12382
原阳县	54943	29678	25265	68731	32404	36327	41434	19523	21911
延津县	37408	19168	18240	44807	21719	23088	29620	14167	15453
封丘县	57069	30086	26983	78157	37649	40508	49268	24526	24742
长垣县	72458	37249	35209	87777	41602	46175	57079	27047	30032
卫辉市	32760	15968	16792	51548	24976	26572	31533	15499	16034
辉县市	47267	24809	22458	94355	45319	49036	52848	25277	27571
焦作市	**312288**	**161484**	**150804**	**364843**	**184994**	**179849**	**234348**	**116580**	**117768**
解放区	20699	10788	9911	27458	15439	12019	19153	9458	9695
中站区	7159	3627	3532	8472	4162	4310	6588	3099	3489
马村区	10553	5548	5005	13116	6730	6386	8956	4655	4301
山阳区	26700	13818	12882	53036	29380	23656	20353	9818	10535
修武县	24056	12923	11133	26274	13005	13269	19430	9870	9560
博爱县	40141	21324	18817	41143	20231	20912	29800	15072	14728
武陟县	77651	40364	37287	74877	36550	38327	48139	23870	24269
温县	38092	19325	18767	42962	20900	22062	28150	13999	14151
沁阳市	39319	19834	19485	43694	21716	21978	30228	15039	15189
孟州市	27918	13933	13985	33811	16881	16930	23551	11700	11851

1-7 续表 10

单位：人

地区	15-19岁			20-24岁			25-29岁		
	小计	男	女	小计	男	女	小计	男	女
濮阳市	**266543**	**137448**	**129095**	**373003**	**176875**	**196128**	**260931**	**124170**	**136761**
华龙区	49260	25513	23747	64382	30775	33607	48312	22972	25340
清丰县	42808	21889	20919	64905	31280	33625	48860	23503	25357
南乐县	32776	16108	16668	44020	19674	24346	35051	15526	19525
范县	39793	20779	19014	44382	21136	23246	30602	14308	16294
台前县	25152	13568	11584	32693	15697	16996	24897	11958	12939
濮阳县	76754	39591	37163	122621	58313	64308	73209	35903	37306
许昌市	**323305**	**174480**	**148825**	**421902**	**207471**	**214431**	**279161**	**137344**	**141817**
魏都区	44854	20501	24353	61986	28875	33111	41605	19985	21620
许昌县	50402	27367	23035	78770	39387	39383	56034	27733	28301
鄢陵县	54839	32810	22029	51217	25436	25781	36770	18533	18237
襄城县	43431	22969	20462	52787	25144	27643	38139	17490	20649
禹州市	85648	47247	38401	104823	52419	52404	61336	31026	30310
长葛市	44131	23586	20545	72319	36210	36109	45277	22577	22700
漯河市	**196651**	**103894**	**92757**	**245509**	**120849**	**124660**	**178658**	**87755**	**90903**
源汇区	21382	10676	10706	34366	15843	18523	23898	11488	12410
郾城区	49810	26823	22987	46209	23126	23083	34966	17167	17799
召陵区	35094	18315	16779	47000	23282	23718	36294	17994	18300
舞阳县	33436	17302	16134	48806	24090	24716	29984	14642	15342
临颍县	56929	30778	26151	69128	34508	34620	53516	26464	27052
三门峡市	**178114**	**91777**	**86337**	**214952**	**108685**	**106267**	**149038**	**76046**	**72992**
湖滨区	21024	11242	9782	27983	13994	13989	24397	11921	12476
渑池县	25172	12873	12299	33603	16694	16909	22251	11390	10861
陕县	27696	14285	13411	32639	16988	15651	20205	10580	9625
卢氏县	26457	13648	12809	32913	16564	16349	23546	12202	11344
义马市	10048	5236	4812	13024	6618	6406	10236	5152	5084
灵宝市	67717	34493	33224	74790	37827	36963	48403	24801	23602
南阳市	**592675**	**311155**	**281520**	**925150**	**449790**	**475360**	**697215**	**337881**	**359334**
宛城区	51505	27584	23921	90774	46786	43988	63194	30803	32391
卧龙区	64351	31575	32776	96029	44180	51849	62386	29979	32407
南召县	27108	14294	12814	46709	23039	23670	36708	18144	18564
方城县	43263	22304	20959	80400	37914	42486	62458	29168	33290
西峡县	27480	14378	13102	34211	17180	17031	25399	12437	12962
镇平县	36002	19197	16805	80436	40415	40021	64658	32580	32078
内乡县	30244	15814	14430	43722	21269	22453	31423	15043	16380
淅川县	48775	25788	22987	61464	29894	31570	42340	20284	22056
社旗县	34748	17848	16900	60020	28997	31023	47770	23090	24680
唐河县	83922	44567	39355	122735	58994	63741	93833	45345	48488
新野县	32284	17401	14883	50237	23935	26302	39277	18625	20652
桐柏县	18819	9440	9379	31790	15481	16309	24740	12062	12678
邓州市	94174	50965	43209	126623	61706	64917	103029	50321	52708

1-7 续表 11

单位：人

地区	15-19岁			20-24岁			25-29岁		
	小计	男	女	小计	男	女	小计	男	女
商丘市	**704797**	**365098**	**339699**	**802243**	**384729**	**417514**	**459090**	**214698**	**244392**
梁园区	66242	33546	32696	118385	58022	60363	55846	27277	28569
睢阳区	60738	31785	28953	89580	44126	45454	49922	23852	26070
民权县	76611	39127	37484	72133	33906	38227	42688	19363	23325
睢县	76567	38570	37997	72054	35172	36882	41710	19457	22253
宁陵县	50703	26177	24526	51741	24854	26887	35666	16317	19349
柘城县	77998	42568	35430	70305	32860	37445	47070	20277	26793
虞城县	100256	52037	48219	103668	50220	53448	58534	28026	30508
夏邑县	88422	46099	42323	97730	45296	52434	52895	24566	28329
永城市	107260	55189	52071	126647	60273	66374	74759	35563	39196
信阳市	**513330**	**268014**	**245316**	**491121**	**220011**	**271110**	**259207**	**115139**	**144068**
浉河区	44978	20078	24900	67594	27055	40539	30184	13918	16266
平桥区	41368	21320	20048	52826	23869	28957	31076	14023	17053
罗山县	34673	18653	16020	36693	17271	19422	20708	9397	11311
光山县	50802	27956	22846	45066	21740	23326	21013	9684	11329
新县	21375	11767	9608	14035	6943	7092	10853	4643	6210
商城县	54571	29913	24658	30045	13283	16762	15228	5934	9294
固始县	80475	42299	38176	64797	27962	36835	34629	14113	20516
潢川县	56543	30055	26488	50338	22828	27510	25508	11072	14436
淮滨县	61786	31412	30374	56102	25074	31028	25445	11171	14274
息县	66759	34561	32198	73625	33986	39639	44563	21184	23379
周口市	**868553**	**454057**	**414496**	**823681**	**386037**	**437644**	**563763**	**248766**	**314997**
川汇区	45025	22754	22271	63404	29390	34014	36942	17323	19619
扶沟县	56118	30871	25247	57162	28325	28837	32333	15353	16980
西华县	69581	36942	32639	77844	38314	39530	47712	23097	24615
商水县	98430	51410	47020	76978	34349	42629	46047	19283	26764
沈丘县	85845	45845	40000	90421	42981	47440	67113	30144	36969
郸城县	100592	52252	48340	86346	40820	45526	64561	28699	35862
淮阳县	112807	57864	54943	100431	46546	53885	73072	31312	41760
太康县	107655	55538	52117	95701	45667	50034	70692	31575	39117
鹿邑县	91419	46872	44547	76408	33289	43119	52961	20139	32822
项城市	101081	53709	47372	98986	46356	52630	72330	31841	40489
驻马店市	**577144**	**298635**	**278509**	**559240**	**262311**	**296929**	**390883**	**181626**	**209257**
驿城区	43080	22161	20919	54850	27103	27747	49600	24088	25512
西平县	56043	29438	26605	44497	21216	23281	30571	13911	16660
上蔡县	105320	54914	50406	78707	35631	43076	54762	24206	30556
平舆县	73923	38743	35180	68178	32723	35455	40367	19053	21314
正阳县	50889	25933	24956	57107	25810	31297	29191	12624	16567
确山县	24764	11933	12831	21075	8979	12096	16028	6757	9271
泌阳县	64911	34606	30305	61725	28945	32780	51731	24666	27065
汝南县	56198	28549	27649	62336	29920	32416	40470	19242	21228
遂平县	31973	16722	15251	36746	17961	18785	29916	15686	14230
新蔡县	70043	35636	34407	74019	34023	39996	48247	21393	26854
济源市	**58841**	**31083**	**27758**	**72246**	**36801**	**35445**	**49327**	**24773**	**24554**
济源市	58841	31083	27758	72246	36801	35445	49327	24773	24554

1-7 续表 12 单位：人

地区	30-34岁			35-39岁			40-44岁		
	小计	男	女	小计	男	女	小计	男	女
总 计	**5997389**	**2948021**	**3049368**	**7374290**	**3683925**	**3690365**	**8331878**	**4087217**	**4244661**
郑州市	**628286**	**321546**	**306740**	**737908**	**381246**	**356662**	**766835**	**396963**	**369872**
中原区	75430	37864	37566	84441	43099	41342	79682	41663	38019
二七区	59232	29168	30064	63940	31703	32237	59603	30458	29145
管城回族区	64295	33618	30677	65121	34465	30656	58264	31228	27036
金水区	148442	76600	71842	141603	74101	67502	119112	63096	56016
上街区	9686	4546	5140	13251	6403	6848	15035	7836	7199
惠济区	22591	11584	11007	22450	11989	10461	20103	10631	9472
中牟县	31784	15872	15912	60790	30206	30584	66523	33287	33236
巩义市	47958	25147	22811	60680	31609	29071	75646	39150	36496
荥阳市	37191	18967	18224	49608	25483	24125	59690	30408	29282
新密市	47691	24569	23122	65116	33791	31325	83415	42416	40999
新郑市	37933	19651	18282	56781	29438	27343	65574	33427	32147
登封市	46053	23960	22093	54127	28959	25168	64188	33363	30825
开封市	**267240**	**132142**	**135098**	**345236**	**172365**	**172871**	**387114**	**188682**	**198432**
龙亭区	8739	4321	4418	10198	5005	5193	10372	5272	5100
顺河回族区	16176	7647	8529	20959	10162	10797	21704	10938	10766
鼓楼区	10010	4697	5313	12475	6064	6411	13420	6590	6830
禹王台区	8746	4293	4453	10797	5254	5543	12325	6090	6235
金明区	18263	9260	9003	20771	11007	9764	19845	10314	9531
杞县	53945	26962	26983	65015	32955	32060	74685	35971	38714
通许县	30441	15294	15147	42301	21533	20768	47802	23929	23873
尉氏县	47662	23987	23675	64320	32615	31705	77116	38231	38885
开封县	38768	19770	18998	51686	26149	25537	56467	27473	28994
兰考县	34490	15911	18579	46714	21621	25093	53378	23874	29504
洛阳市	**429505**	**213691**	**215814**	**554946**	**281732**	**273214**	**577905**	**295518**	**282387**
老城区	14603	6983	7620	16005	8024	7981	15081	7845	7236
西工区	32056	16018	16038	38620	19846	18774	36854	19639	17215
瀍河回族区	13238	6422	6816	15612	7737	7875	15877	8037	7840
涧西区	51004	23979	27025	62068	30289	31779	63497	33105	30392
吉利区	5631	2694	2937	7022	3414	3608	7461	3833	3628
洛龙区	35148	17548	17600	40256	20613	19643	38939	20156	18783
孟津县	27400	14072	13328	32349	16723	15626	36977	18631	18346
新安县	27665	14465	13200	40066	20982	19084	42664	22329	20335
栾川县	20253	10705	9548	33192	17127	16065	34331	18036	16295
嵩县	25151	12265	12886	38489	19389	19100	44417	21853	22564
汝阳县	22914	11191	11723	30498	15246	15252	33246	16654	16592
宜阳县	39847	20026	19821	51649	26493	25156	54654	27619	27035
洛宁县	28665	14398	14267	34144	17385	16759	36554	18532	18022
伊川县	47604	23822	23782	60241	30732	29509	59472	29899	29573
偃师市	38326	19103	19223	54735	27732	27003	57881	29350	28531

1-7 续表 13 单位：人

地区	30-34岁			35-39岁			40-44岁		
	小计	男	女	小计	男	女	小计	男	女
平顶山市	**327091**	**165716**	**161375**	**419085**	**214509**	**204576**	**459146**	**233389**	**225757**
新华区	30727	16314	14413	41642	21890	19752	39973	21181	18792
卫东区	25034	12102	12932	35472	17585	17887	37499	19243	18256
石龙区	4836	2640	2196	5954	3289	2665	5932	3473	2459
湛河区	23217	11442	11775	29684	15024	14660	28975	14678	14297
宝丰县	31039	15991	15048	40746	20995	19751	46043	23630	22413
叶县	48683	24474	24209	61953	31771	30182	70205	34811	35394
鲁山县	49096	24797	24299	60385	31085	29300	70271	35852	34419
郏县	38429	19823	18606	45520	23598	21922	52259	26485	25774
舞钢市	23644	11900	11744	26785	13417	13368	30253	15333	14920
汝州市	52386	26233	26153	70944	35855	35089	77736	38703	39033
安阳市	**355405**	**165149**	**190256**	**424109**	**199637**	**224472**	**438051**	**201557**	**236494**
文峰区	37712	18325	19387	42427	21040	21387	38458	19389	19069
北关区	21122	9961	11161	26769	13100	13669	24111	12128	11983
殷都区	23328	11514	11814	27171	13928	13243	24120	12654	11466
龙安区	18179	9293	8886	19313	10050	9263	19059	9816	9243
安阳县	58876	26212	32664	64096	28809	35287	66386	29283	37103
汤阴县	26955	12236	14719	33371	15630	17741	39540	17875	21665
滑县	85946	41512	44434	99579	50400	49179	107769	52981	54788
内黄县	43203	21577	21626	51354	25764	25590	57073	27722	29351
林州市	40084	14519	25565	60029	20916	39113	61535	19709	41826
鹤壁市	**106687**	**53114**	**53573**	**141943**	**70968**	**70975**	**149580**	**75414**	**74166**
鹤山区	9602	5019	4583	12872	6627	6245	14053	7482	6571
山城区	17328	8765	8563	24238	12324	11914	24892	12754	12138
淇滨区	20036	9873	10163	27397	13604	13793	26568	13589	12979
浚县	41471	20452	21019	54078	26779	27299	59223	29011	30212
淇县	18250	9005	9245	23358	11634	11724	24844	12578	12266
新乡市	**376420**	**190288**	**186132**	**438544**	**220753**	**217791**	**515751**	**251001**	**264750**
红旗区	28588	13953	14635	33588	16705	16883	33127	16698	16429
卫滨区	15009	7178	7831	18932	8948	9984	19603	9622	9981
凤泉区	11128	6212	4916	12589	7187	5402	13375	7379	5996
牧野区	22707	11514	11193	29361	15112	14249	30400	15847	14553
新乡县	23072	11938	11134	25860	13430	12430	29633	15189	14444
获嘉县	27114	13732	13382	32028	16362	15666	36382	18200	18182
原阳县	34340	17340	17000	48998	24424	24574	59815	27946	31869
延津县	34755	17939	16816	38927	20118	18809	40352	19717	20635
封丘县	50006	25808	24198	56623	28691	27932	64700	31536	33164
长垣县	55313	26805	28508	55146	26209	28937	69205	30925	38280
卫辉市	35189	18235	16954	39777	20110	19667	45702	23482	22220
辉县市	39199	19634	19565	46715	23457	23258	73457	34460	38997
焦作市	**244811**	**123790**	**121021**	**290790**	**147328**	**143462**	**315873**	**158849**	**157024**
解放区	25251	12499	12752	31460	15857	15603	30743	15743	15000
中站区	8310	4181	4129	9486	4838	4648	10410	5310	5100
马村区	10419	5527	4892	13717	7582	6135	14016	7804	6212
山阳区	25378	12171	13207	29612	14544	15068	29221	14708	14513
修武县	19815	10297	9518	23896	12186	11710	26005	13301	12704
博爱县	29255	14915	14340	33004	16776	16228	38697	19252	19445
武陟县	45501	23049	22452	55124	27577	27547	56078	27558	28520
温县	26350	13484	12866	32693	16565	16128	36795	18198	18597
沁阳市	29281	14937	14344	33415	16877	16538	39950	19917	20033
孟州市	25251	12730	12521	28383	14526	13857	33958	17058	16900

1-7 续表 14 单位：人

地　区	30-34岁			35-39岁			40-44岁		
	小计	男	女	小计	男	女	小计	男	女
濮阳市	**229095**	**110943**	**118152**	**293313**	**144846**	**148467**	**311434**	**147633**	**163801**
华龙区	52916	25767	27149	71321	35313	36008	63981	31450	32531
清丰县	40492	19782	20710	47098	23823	23275	51990	25182	26808
南乐县	26059	11803	14256	33062	15580	17482	35599	16212	19387
范县	30199	14573	15626	36908	17630	19278	39059	17445	21614
台前县	19064	9334	9730	24291	11893	12398	29017	13007	16010
濮阳县	60365	29684	30681	80633	40607	40026	91788	44337	47451
许昌市	**281102**	**142576**	**138526**	**333635**	**170858**	**162777**	**393801**	**196498**	**197303**
魏都区	45196	22290	22906	47174	23781	23393	47638	24595	23043
许昌县	52679	27184	25495	57191	29767	27424	67629	33667	33962
鄢陵县	34589	17916	16673	37547	19074	18473	44916	21706	23210
襄城县	38152	18407	19745	47569	23546	24023	57145	28225	28920
禹州市	68608	35404	33204	90361	46732	43629	112641	56622	56019
长葛市	41878	21375	20503	53793	27958	25835	63832	31683	32149
漯河市	**174065**	**87089**	**86976**	**199654**	**102005**	**97649**	**230477**	**115274**	**115203**
源汇区	26362	12848	13514	28859	14454	14405	30031	15201	14830
郾城区	36789	18391	18398	40351	20731	19620	44861	22747	22114
召陵区	33632	16874	16758	37533	19285	18248	42097	21109	20988
舞阳县	32459	16286	16173	40314	20778	19536	50832	25188	25644
临颍县	44823	22690	22133	52597	26757	25840	62656	31029	31627
三门峡市	**152243**	**78489**	**73754**	**226965**	**117818**	**109147**	**224188**	**117747**	**106441**
湖滨区	27307	13481	13826	37562	18868	18694	35094	18117	16977
渑池县	24857	12821	12036	32823	16917	15906	33122	17042	16080
陕县	21971	11660	10311	33548	17919	15629	34744	18555	16189
卢氏县	20510	10851	9659	34388	18083	16305	36034	19282	16752
义马市	11239	5623	5616	15683	8046	7637	15707	8081	7626
灵宝市	46359	24053	22306	72961	37985	34976	69487	36670	32817
南阳市	**719682**	**357547**	**362135**	**794208**	**412311**	**381897**	**915189**	**457299**	**457890**
宛城区	68393	33976	34417	75274	39208	36066	80445	40312	40133
卧龙区	68682	33462	35220	79117	40513	38604	81853	40851	41002
南召县	39772	20035	19737	49061	25929	23132	53517	27266	26251
方城县	60177	29212	30965	69111	34819	34292	76262	38280	37982
西峡县	29540	14934	14606	39414	20445	18969	46992	24323	22669
镇平县	59085	29917	29168	62175	33278	28897	78368	37348	41020
内乡县	33658	16382	17276	39956	20567	19389	54543	27299	27244
淅川县	44580	21768	22812	54857	27980	26877	61089	30471	30618
社旗县	46479	23419	23060	46018	23838	22180	53630	26753	26877
唐河县	93318	46924	46394	92270	48960	43310	109645	54065	55580
新野县	42341	20737	21604	40499	20826	19673	54298	26623	27675
桐柏县	27169	13391	13778	35579	18269	17310	38313	19721	18592
邓州市	106488	53390	53098	110877	57679	53198	126234	63987	62247

1-7 续表 15

单位：人

地区	30-34岁			35-39岁			40-44岁		
	小计	男	女	小计	男	女	小计	男	女
商丘市	**412559**	**196692**	**215867**	**523997**	**251239**	**272758**	**641903**	**300166**	**341737**
梁园区	54158	26932	27226	64655	33113	31542	73546	36613	36933
睢阳区	46089	22438	23651	55175	27688	27487	69700	33193	36507
民权县	34671	15801	18870	45902	21292	24610	57799	26921	30878
睢县	36302	16846	19456	48343	22507	25836	57740	26678	31062
宁陵县	31529	14677	16852	35548	16534	19014	42445	19299	23146
柘城县	40524	17911	22613	52508	23429	29079	65338	28820	36518
虞城县	52411	25312	27099	64121	30662	33459	82115	38701	43414
夏邑县	43953	21173	22780	61291	28773	32518	79830	37185	42645
永城市	72922	35602	37320	96454	47241	49213	113390	52756	60634
信阳市	**267908**	**123533**	**144375**	**481180**	**230879**	**250301**	**576934**	**278396**	**298538**
浉河区	33424	15806	17618	56282	28087	28195	59855	30604	29251
平桥区	34012	16099	17913	54312	27553	26759	62107	31262	30845
罗山县	20273	9438	10835	39656	19150	20506	47932	24054	23878
光山县	20791	9605	11186	47101	22614	24487	56400	26704	29696
新县	12899	5661	7238	23766	11009	12757	26573	12283	14290
商城县	13944	5317	8627	32705	12736	19969	40431	16377	24054
固始县	38602	16766	21836	74605	34234	40371	89562	42543	47019
潢川县	26370	11887	14483	50001	23597	26404	62310	29304	33006
淮滨县	24268	11418	12850	40635	19745	20890	54912	26373	28539
息县	43325	21536	21789	62117	32154	29963	76852	38892	37960
周口市	**524346**	**240816**	**283530**	**562606**	**262830**	**299776**	**704587**	**323273**	**381314**
川汇区	37801	18179	19622	43999	22012	21987	44351	22195	22156
扶沟县	37121	18039	19082	45082	22114	22968	55057	26440	28617
西华县	49207	25168	24039	58103	29396	28707	65452	32390	33062
商水县	45682	20382	25300	55946	25355	30591	71750	31105	40645
沈丘县	56406	25341	31065	55271	25187	30084	75292	33724	41568
郸城县	57928	26419	31509	60982	28126	32856	77517	36136	41381
淮阳县	60103	26993	33110	63617	29618	33999	82301	37388	44913
太康县	65792	31051	34741	64284	30645	33639	84627	39872	44755
鹿邑县	53445	20872	32573	53732	21622	32110	69973	28796	41177
项城市	60861	28372	32489	61590	28755	32835	78267	35227	43040
驻马店市	**452102**	**219846**	**232256**	**552115**	**274510**	**277605**	**666423**	**320694**	**345729**
驿城区	64535	32549	31986	73225	38346	34879	76044	39074	36970
西平县	39783	19202	20581	50631	24953	25678	65875	31785	34090
上蔡县	59045	26813	32232	72830	33916	38914	85397	38598	46799
平舆县	45147	21774	23373	52998	24538	28460	66694	30765	35929
正阳县	34978	16402	18576	52803	25159	27644	64610	29538	35072
确山县	22261	9770	12491	31556	14481	17075	37318	16928	20390
泌阳县	55349	28011	27338	56654	29425	27229	65157	33282	31875
汝南县	47340	23561	23779	62089	32520	29569	76064	37485	38579
遂平县	37610	20420	17190	42608	23832	18776	51054	26561	24493
新蔡县	46054	21344	24710	56721	27340	29381	78210	36678	41532
济源市	**48842**	**25054**	**23788**	**54056**	**28091**	**25965**	**56687**	**28864**	**27823**
济源市	48842	25054	23788	54056	28091	25965	56687	28864	27823

1-7 续表 16 单位：人

地区	45-49岁			50-54岁			55-59岁		
	小计	男	女	小计	男	女	小计	男	女
总　计	**6859450**	**3329233**	**3530217**	**4915502**	**2431122**	**2484380**	**5680391**	**2823720**	**2856671**
郑州市	**603861**	**310656**	**293205**	**441736**	**225770**	**215966**	**424938**	**213657**	**211281**
中原区	63402	33794	29608	46870	24119	22751	39451	19599	19852
二七区	49723	25791	23932	36996	18828	18168	32888	16310	16578
管城回族区	45525	24298	21227	32073	16704	15369	27905	14197	13708
金水区	90417	48526	41891	62440	31967	30473	55404	27429	27975
上街区	12045	6166	5879	8777	4533	4244	7310	3616	3694
惠济区	15410	8066	7344	12596	6422	6174	11872	5810	6062
中牟县	50378	25193	25185	41643	21072	20571	40282	20624	19658
巩义市	62069	31161	30908	50992	25720	25272	49700	25204	24496
荥阳市	47234	23611	23623	40476	20214	20262	41207	20308	20899
新密市	66312	33081	33231	39254	20206	19048	44225	22444	21781
新郑市	51073	25446	25627	34517	17700	16817	39993	20388	19605
登封市	50273	25523	24750	35102	18285	16817	34701	17728	16973
开封市	**303510**	**146370**	**157140**	**265847**	**131477**	**134370**	**303979**	**151037**	**152942**
龙亭区	9414	4690	4724	8648	4317	4331	8916	4287	4629
顺河回族区	20210	9953	10257	16870	8272	8598	16406	7968	8438
鼓楼区	13776	6889	6887	11628	5746	5882	10647	5273	5374
禹王台区	11991	5986	6005	10912	5508	5404	9417	4735	4682
金明区	17282	8862	8420	14461	7152	7309	14340	7040	7300
杞县	56769	27436	29333	55049	27536	27513	66121	33117	33004
通许县	34655	16570	18085	31592	15612	15980	36445	18199	18246
尉氏县	59153	28807	30346	47018	23565	23453	54631	27401	27230
开封县	40796	19385	21411	34922	17273	17649	43750	22060	21690
兰考县	39464	17792	21672	34747	16496	18251	43306	20957	22349
洛阳市	**493580**	**249491**	**244089**	**394584**	**199892**	**194692**	**391804**	**196934**	**194870**
老城区	13935	7221	6714	10900	5528	5372	9471	4739	4732
西工区	33009	17397	15612	24713	12773	11940	21203	10403	10800
瀍河回族区	16070	8114	7956	13538	7054	6484	11483	5670	5813
涧西区	53171	28094	25077	37264	19025	18239	33203	16380	16823
吉利区	5522	2835	2687	4591	2285	2306	4491	2170	2321
洛龙区	34015	17103	16912	30644	15267	15377	28848	13976	14872
孟津县	31880	15895	15985	27148	13344	13804	28888	14261	14627
新安县	34513	17564	16949	27757	14346	13411	27291	14197	13094
栾川县	28359	14486	13873	20152	10631	9521	20450	10750	9700
嵩县	39887	19808	20079	32107	16476	15631	31634	16604	15030
汝阳县	29587	14893	14694	24706	12949	11757	24935	12915	12020
宜阳县	44462	22053	22409	33320	16549	16771	36243	17960	18283
洛宁县	31935	16203	15732	26786	13781	13005	27133	13768	13365
伊川县	48700	24064	24636	36943	18462	18481	39788	20200	19588
偃师市	48535	23761	24774	44015	21422	22593	46743	22941	23802

1-7 续表 17

单位：人

地区	45-49岁			50-54岁			55-59岁		
	小计	男	女	小计	男	女	小计	男	女
平顶山市	**373244**	**187102**	**186142**	**265114**	**134983**	**130131**	**281253**	**144085**	**137168**
新华区	29879	15545	14334	18537	9585	8952	17376	8489	8887
卫东区	28486	14722	13764	16958	8805	8153	14806	7305	7501
石龙区	4373	2507	1866	2947	1794	1153	3827	2318	1509
湛河区	22237	11486	10751	16044	8029	8015	14438	7003	7435
宝丰县	38700	19279	19421	25350	12790	12560	27059	13682	13377
叶县	58506	28483	30023	43699	21923	21776	50035	26527	23508
鲁山县	61013	30655	30358	41058	21276	19782	45147	23133	22014
郏县	42079	20871	21208	30458	15225	15233	32434	17619	14815
舞钢市	25181	12858	12323	17944	9388	8556	22826	11713	11113
汝州市	62790	30696	32094	52119	26168	25951	53305	26296	27009
安阳市	**342800**	**155292**	**187508**	**286475**	**131632**	**154843**	**318331**	**148352**	**169979**
文峰区	31607	16139	15468	25117	12507	12610	23904	11690	12214
北关区	20142	10337	9805	15428	7788	7640	13530	6563	6967
殷都区	19782	10418	9364	14566	7424	7142	14992	7440	7552
龙安区	16020	8137	7883	13786	7059	6727	13403	6682	6721
安阳县	56130	24846	31284	52171	23694	28477	54893	25099	29794
汤阴县	29654	13270	16384	24819	11533	13286	27757	13156	14601
滑县	76601	36408	40193	54149	26254	27895	70477	35264	35213
内黄县	42919	20200	22719	38608	18762	19846	43257	20961	22296
林州市	49945	15537	34408	47831	16611	31220	56118	21497	34621
鹤壁市	**111285**	**55018**	**56267**	**79345**	**40197**	**39148**	**85611**	**42271**	**43340**
鹤山区	11556	6125	5431	8013	4306	3707	6716	3380	3336
山城区	20058	10294	9764	13395	7013	6382	11866	5902	5964
淇滨区	19300	9569	9731	13574	6816	6758	14477	7175	7302
浚县	42019	20002	22017	30442	15110	15332	37018	18144	18874
淇县	18352	9028	9324	13921	6952	6969	15534	7670	7864
新乡市	**400703**	**191877**	**208826**	**304183**	**149250**	**154933**	**333897**	**163716**	**170181**
红旗区	27189	13777	13412	21070	10606	10464	20467	10002	10465
卫滨区	17275	8547	8728	13656	6798	6858	12599	6125	6474
凤泉区	10291	5508	4783	8491	4432	4059	8446	3973	4473
牧野区	25650	13420	12230	19715	10221	9494	17687	8727	8960
新乡县	22504	10974	11530	19277	9509	9768	21369	10108	11261
获嘉县	27401	12748	14653	22812	10974	11838	24105	11547	12558
原阳县	45643	20946	24697	28826	14167	14659	35622	17687	17935
延津县	29110	13921	15189	21369	10351	11018	27583	13290	14293
封丘县	47854	22842	25012	34073	16635	17438	43277	21537	21740
长垣县	47946	21458	26488	35428	16616	18812	43775	21682	22093
卫辉市	37630	18603	19027	29408	14848	14560	29712	14531	15181
辉县市	62210	29133	33077	50058	24093	25965	49255	24507	24748
焦作市	**265009**	**131466**	**133543**	**215516**	**105881**	**109635**	**222849**	**108746**	**114103**
解放区	25360	13218	12142	18582	9459	9123	16927	8312	8615
中站区	8862	4649	4213	7329	3725	3604	6729	3354	3375
马村区	11274	6275	4999	8166	4480	3686	7575	3979	3596
山阳区	24316	12331	11985	17298	8624	8674	16770	8156	8614
修武县	21019	10633	10386	16765	8160	8605	17323	8283	9040
博爱县	33701	16607	17094	26757	12989	13768	28490	13769	14721
武陟县	43726	20858	22868	36838	17731	19107	40742	19630	21112
温县	30430	14488	15942	26827	12882	13945	29199	14274	14925
沁阳市	36309	17847	18462	31793	15518	16275	30942	15066	15876
孟州市	30012	14560	15452	25161	12313	12848	28152	13923	14229

1-7 续表 18　　单位：人

地 区	45-49岁			50-54岁			55-59岁		
	小计	男	女	小计	男	女	小计	男	女
濮阳市	**226254**	**107198**	**119056**	**185953**	**90071**	**95882**	**213689**	**105240**	**108449**
华龙区	42416	21515	20901	30866	15006	15860	35383	17084	18299
清丰县	37347	17519	19828	37556	18093	19463	42752	20792	21960
南乐县	28309	12753	15556	26234	12621	13613	29850	14054	15796
范县	32023	14840	17183	21788	10436	11352	24476	12270	12206
台前县	22574	10513	12061	17025	8199	8826	18268	9000	9268
濮阳县	63585	30058	33527	52484	25716	26768	62960	32040	30920
许昌市	**328749**	**160220**	**168529**	**228775**	**112919**	**115856**	**282867**	**142559**	**140308**
魏都区	38863	19985	18878	27218	13788	13430	26794	13136	13658
许昌县	55995	27426	28569	41680	20747	20933	54674	27216	27458
鄢陵县	39821	18460	21361	28733	13544	15189	35720	17912	17808
襄城县	53509	26026	27483	40121	19903	20218	48454	24572	23882
禹州市	87204	42651	44553	54735	27341	27394	72600	37226	35374
长葛市	53357	25672	27685	36288	17596	18692	44625	22497	22128
漯河市	**192157**	**94324**	**97833**	**138107**	**69583**	**68524**	**176489**	**88991**	**87498**
源汇区	25735	12718	13017	17888	8994	8894	21691	10773	10918
郾城区	36397	18218	18179	24626	12417	12209	31926	16147	15779
召陵区	35407	17632	17775	25138	12588	12550	31459	15433	16026
舞阳县	43131	20865	22266	32511	16596	15915	42099	22032	20067
临颍县	51487	24891	26596	37944	18988	18956	49314	24606	24708
三门峡市	**184989**	**95813**	**89176**	**145917**	**75864**	**70053**	**130760**	**66951**	**63809**
湖滨区	28498	14770	13728	20791	10732	10059	16644	8467	8177
渑池县	26322	13418	12904	19225	9779	9446	20271	9972	10299
陕县	30118	15774	14344	24748	13104	11644	21931	11427	10504
卢氏县	30402	15914	14488	23566	12463	11103	22437	11757	10680
义马市	12203	6526	5677	8537	4598	3939	7845	4185	3660
灵宝市	57446	29411	28035	49050	25188	23862	41632	21143	20489
南阳市	**788943**	**384462**	**404481**	**523354**	**258683**	**264671**	**640524**	**320533**	**319991**
宛城区	68729	33364	35365	44669	21123	23546	53739	25456	28283
卧龙区	67749	33400	34349	47855	23540	24315	53796	25557	28239
南召县	42655	21367	21288	29616	15276	14340	32134	16616	15518
方城县	68231	33229	35002	47272	24190	23082	56281	28496	27785
西峡县	38336	19402	18934	24303	12763	11540	29202	15527	13675
镇平县	63853	30191	33662	47501	24247	23254	54923	27696	27227
内乡县	49452	23958	25494	32809	16628	16181	38464	19739	18725
淅川县	51712	25311	26401	28586	14413	14173	39688	20204	19484
社旗县	46613	22388	24225	31447	15202	16245	38487	19728	18759
唐河县	95519	46141	49378	60312	28685	31627	82717	41665	41052
新野县	52355	24697	27658	33947	15626	18321	45673	22275	23398
桐柏县	32705	16315	16390	21255	10537	10718	22725	11522	11203
邓州市	111034	54699	56335	73782	36453	37329	92695	46052	46643

1-7 续表 19

单位：人

地 区	45-49岁			50-54岁			55-59岁		
	小计	男	女	小计	男	女	小计	男	女
商丘市	**487539**	**228835**	**258704**	**354965**	**173737**	**181228**	**434710**	**217877**	**216833**
梁园区	54413	26826	27587	35447	17814	17633	44642	22088	22554
睢阳区	50169	23926	26243	33800	16630	17170	45009	22598	22411
民权县	48014	21482	26532	42566	21227	21339	42323	21914	20409
睢县	42863	19670	23193	41687	20050	21637	46103	23147	22956
宁陵县	32437	15240	17197	27878	13348	14530	32127	15686	16441
柘城县	49713	22641	27072	36213	17517	18696	51172	25099	26073
虞城县	64251	30331	33920	47382	22929	24453	55857	28641	27216
夏邑县	63112	29470	33642	45197	22152	23045	53133	26463	26670
永城市	82567	39249	43318	44795	22070	22725	64344	32241	32103
信阳市	**537567**	**257241**	**280326**	**269789**	**134745**	**135044**	**385265**	**193424**	**191841**
浉河区	56224	28865	27359	34088	17645	16443	37754	18790	18964
平桥区	59939	29393	30546	35450	17861	17589	45505	22488	23017
罗山县	47106	22920	24186	28179	14009	14170	36786	18374	18412
光山县	53592	25329	28263	21861	10696	11165	34876	17659	17217
新县	24969	11619	13350	15702	7959	7743	17719	9072	8647
商城县	39669	16699	22970	18655	8774	9881	30497	15078	15419
固始县	84685	40067	44618	42722	21474	21248	70641	35858	34783
潢川县	58653	27693	30960	29000	14651	14349	40705	20098	20607
淮滨县	46921	22415	24506	18985	9220	9765	27324	13824	13500
息县	65809	32241	33568	25147	12456	12691	43458	22183	21275
周口市	**579266**	**268011**	**311255**	**447675**	**216097**	**231578**	**556925**	**272564**	**284361**
川汇区	32230	16297	15933	26300	12996	13304	26417	12905	13512
扶沟县	45948	21997	23951	35243	17476	17767	45994	22269	23725
西华县	51976	25541	26435	42186	20995	21191	50904	25006	25898
商水县	57067	25121	31946	52738	25360	27378	59467	28468	30999
沈丘县	67575	30014	37561	50547	23876	26671	60770	29775	30995
郸城县	65981	30990	34991	47065	23301	23764	60269	29902	30367
淮阳县	70045	32230	37815	50260	23729	26531	65848	32185	33663
太康县	64049	30280	33769	54511	26728	27783	77718	38972	38746
鹿邑县	56574	24697	31877	37908	17845	20063	54213	26341	27872
项城市	67821	30844	36977	50917	23791	27126	55325	26741	28584
驻马店市	**587222**	**279473**	**307749**	**323840**	**157858**	**165982**	**450193**	**223712**	**226481**
驿城区	63304	32207	31097	33524	16878	16646	44086	21900	22186
西平县	61162	28487	32675	39183	19124	20059	56346	27923	28423
上蔡县	74310	33260	41050	46309	21758	24551	66609	32126	34483
平舆县	57418	26492	30926	30182	14320	15862	42794	21049	21745
正阳县	56993	26057	30936	23925	11183	12742	37843	18607	19236
确山县	35773	16086	19687	20976	10058	10918	26466	12631	13835
泌阳县	59515	30342	29173	41382	21449	19933	48023	24867	23156
汝南县	67775	32130	35645	37034	17809	19225	50532	25154	25378
遂平县	44742	22418	22324	21172	10510	10662	34641	17632	17009
新蔡县	66230	31994	34236	30153	14769	15384	42853	21823	21030
济源市	**52772**	**26384**	**26388**	**44327**	**22483**	**21844**	**46307**	**23071**	**23236**
济源市	52772	26384	26388	44327	22483	21844	46307	23071	23236

1-7 续表 20

单位：人

地 区	60-64岁			65-69岁			70-74岁		
	小计	男	女	小计	男	女	小计	男	女
总 计	**4108866**	**2069949**	**2038917**	**2803020**	**1392429**	**1410591**	**2091708**	**1021455**	**1070253**
郑州市	**303041**	**150387**	**152654**	**204646**	**100316**	**104330**	**171878**	**82814**	**89064**
中原区	30678	14500	16178	22107	10465	11642	20580	9574	11006
二七区	21782	10632	11150	15742	7419	8323	15155	7054	8101
管城回族区	17684	8756	8928	11821	5640	6181	10013	4572	5441
金水区	36398	17535	18863	26811	12330	14481	24433	11235	13198
上街区	5365	2515	2850	4470	1964	2506	4281	2071	2210
惠济区	9167	4280	4887	5426	2664	2762	4126	1995	2131
中牟县	28843	14590	14253	21032	10269	10763	14285	6892	7393
巩义市	37193	18755	18438	24545	12620	11925	19189	9465	9724
荥阳市	30035	14869	15166	18998	9558	9440	14570	7355	7215
新密市	34269	17293	16976	20928	10667	10261	17635	8718	8917
新郑市	27551	14036	13515	17386	8994	8392	14879	7560	7319
登封市	24076	12626	11450	15380	7726	7654	12732	6323	6409
开封市	**203052**	**101007**	**102045**	**131225**	**64237**	**66988**	**95312**	**44980**	**50332**
龙亭区	5635	2710	2925	3736	1695	2041	3334	1521	1813
顺河回族区	11834	5517	6317	9156	4147	5009	7850	3636	4214
鼓楼区	6577	3165	3412	5097	2314	2783	4639	2002	2637
禹王台区	5450	2597	2853	4302	1935	2367	3783	1646	2137
金明区	9451	4778	4673	6291	3136	3155	4665	2275	2390
杞县	43294	22084	21210	26186	13163	13023	17529	8454	9075
通许县	24059	11756	12303	14858	7016	7842	10557	4923	5634
尉氏县	33924	16830	17094	21542	10437	11105	16825	7821	9004
开封县	30821	15926	14895	19738	10427	9311	12489	6316	6173
兰考县	32007	15644	16363	20319	9967	10352	13641	6386	7255
洛阳市	**271022**	**135425**	**135597**	**182048**	**89977**	**92071**	**149188**	**72032**	**77156**
老城区	6735	3228	3507	4894	2223	2671	4304	1889	2415
西工区	16526	7958	8568	12671	5874	6797	11580	5337	6243
瀍河回族区	7880	3813	4067	5786	2712	3074	5078	2341	2737
涧西区	25684	12172	13512	21063	9608	11455	21373	10260	11113
吉利区	3531	1619	1912	2331	1180	1151	1667	852	815
洛龙区	20309	9778	10531	13295	6539	6756	9254	4334	4920
孟津县	20808	10466	10342	13903	6926	6977	9639	4653	4986
新安县	19640	10058	9582	13257	6675	6582	10068	4957	5111
栾川县	12886	6862	6024	7968	4216	3752	6261	3199	3062
嵩县	19248	10095	9153	12151	6367	5784	10682	5365	5317
汝阳县	16306	8581	7725	10658	5574	5084	8632	4417	4215
宜阳县	24818	12434	12384	16625	8260	8365	13708	6464	7244
洛宁县	16242	8247	7995	9054	4538	4516	7741	3782	3959
伊川县	26952	13665	13287	17447	8705	8742	13361	6537	6824
偃师市	33457	16449	17008	20945	10580	10365	15840	7645	8195

1-7 续表 21

单位：人

地区	60-64岁			65-69岁			70-74岁		
	小计	男	女	小计	男	女	小计	男	女
平顶山市	**205099**	**107775**	**97324**	**145322**	**75304**	**70018**	**117492**	**60237**	**57255**
新华区	15287	7593	7694	10902	5214	5688	9335	4608	4727
卫东区	11839	5641	6198	8940	4162	4778	8220	4097	4123
石龙区	2745	1642	1103	1283	745	538	906	477	429
湛河区	11436	5622	5814	7732	3679	4053	6422	3152	3270
宝丰县	20381	10749	9632	14120	7576	6544	11731	5981	5750
叶县	36340	19492	16848	27238	14090	13148	19613	10097	9516
鲁山县	31050	16864	14186	23013	12641	10372	19083	10172	8911
郏县	25310	13425	11885	17046	8867	8179	13921	7106	6815
舞钢市	14442	8222	6220	11319	6071	5248	8706	4840	3866
汝州市	36269	18525	17744	23729	12259	11470	19555	9707	9848
安阳市	**239024**	**112261**	**126763**	**141626**	**68472**	**73154**	**105516**	**49846**	**55670**
文峰区	15193	6950	8243	10697	5054	5643	8291	3681	4610
北关区	9254	4272	4982	7642	3446	4196	6570	2957	3613
殷都区	11010	5258	5752	7582	3548	4034	6038	2867	3171
龙安区	8527	4069	4458	5165	2529	2636	4157	1959	2198
安阳县	38620	17798	20822	21184	10164	11020	15491	7455	8036
汤阴县	19142	9325	9817	11412	5869	5543	8135	4006	4129
滑县	60061	29391	30670	36965	18472	18493	25487	12246	13241
内黄县	30380	14961	15419	18276	8838	9438	13728	6441	7287
林州市	46837	20237	26600	22703	10552	12151	17619	8234	9385
鹤壁市	**62806**	**30539**	**32267**	**38004**	**18253**	**19751**	**29962**	**14629**	**15333**
鹤山区	4728	2202	2526	3660	1559	2101	3497	1629	1868
山城区	7675	3639	4036	6180	2744	3436	5406	2618	2788
淇滨区	10152	4831	5321	6611	3114	3497	5198	2600	2598
浚县	28699	14439	14260	15712	8089	7623	11533	5746	5787
淇县	11552	5428	6124	5841	2747	3094	4328	2036	2292
新乡市	**245676**	**121001**	**124675**	**162768**	**77369**	**85399**	**117194**	**56096**	**61098**
红旗区	13674	6503	7171	9596	4456	5140	8438	3997	4441
卫滨区	8174	3741	4433	5929	2784	3145	5665	2535	3130
凤泉区	5822	2693	3129	3761	1872	1889	2908	1369	1539
牧野区	13120	6105	7015	10513	4714	5799	10014	4611	5403
新乡县	14218	6750	7468	8546	3926	4620	6879	3157	3722
获嘉县	16825	8034	8791	10751	5065	5686	8554	4012	4542
原阳县	27477	13787	13690	18857	9129	9728	13559	6656	6903
延津县	20162	10118	10044	12348	6529	5819	8574	4381	4193
封丘县	34336	17596	16740	22674	10931	11743	13915	6948	6967
长垣县	37218	18940	18278	28242	13310	14932	13802	6514	7288
卫辉市	20287	9969	10318	11815	5402	6413	9771	4461	5310
辉县市	34363	16765	17598	19736	9251	10485	15115	7455	7660
焦作市	**142460**	**68933**	**73527**	**87521**	**42568**	**44953**	**72985**	**35235**	**37750**
解放区	10995	5160	5835	8850	4044	4806	8170	3855	4315
中站区	4400	2061	2339	3177	1402	1775	2982	1357	1625
马村区	4420	2109	2311	3415	1467	1948	3091	1432	1659
山阳区	10776	5116	5660	7862	3638	4224	7017	3426	3591
修武县	11383	5588	5795	7007	3375	3632	5692	2839	2853
博爱县	16145	7630	8515	9629	4705	4924	7963	3792	4171
武陟县	27986	13489	14497	15521	7760	7761	13193	6505	6688
温县	19428	9597	9831	10349	5208	5141	8297	4038	4259
沁阳市	18184	8678	9506	10991	5237	5754	8338	3832	4506
孟州市	18743	9505	9238	10720	5732	4988	8242	4159	4083

1-7 续表 22 单位：人

地区	60-64岁			65-69岁			70-74岁		
	小计	男	女	小计	男	女	小计	男	女
濮阳市	**163205**	**80588**	**82617**	**104737**	**49694**	**55043**	**69658**	**33133**	**36525**
华龙区	28668	13900	14768	17431	8308	9123	12315	6324	5991
清丰县	31550	15536	16014	18301	8745	9556	14051	6556	7495
南乐县	21389	10236	11153	11401	5495	5906	9865	4560	5305
范县	20544	10336	10208	15272	7119	8153	8231	3877	4354
台前县	13692	6994	6698	10654	4927	5727	5952	2840	3112
濮阳县	47362	23586	23776	31678	15100	16578	19244	8976	10268
许昌市	**203053**	**102403**	**100650**	**123906**	**62097**	**61809**	**102807**	**50129**	**52678**
魏都区	17828	8545	9283	11681	5488	6193	10911	5053	5858
许昌县	37042	18641	18401	20419	10266	10153	17261	8405	8856
鄢陵县	25102	12496	12606	15818	7615	8203	12160	5939	6221
襄城县	36526	18328	18198	21872	10912	10960	18565	8950	9615
禹州市	56590	29016	27574	35143	18459	16684	28690	14289	14401
长葛市	29965	15377	14588	18973	9357	9616	15220	7493	7727
漯河市	**118888**	**60646**	**58242**	**75902**	**38403**	**37499**	**57445**	**28785**	**28660**
源汇区	13867	6927	6940	9046	4341	4705	7138	3416	3722
郾城区	21784	10964	10820	13443	6966	6477	10383	5377	5006
召陵区	21201	10210	10991	12914	6293	6621	10055	4683	5372
舞阳县	27788	14874	12914	19744	10120	9624	13908	7296	6612
临颍县	34248	17671	16577	20755	10683	10072	15961	8013	7948
三门峡市	**95032**	**48163**	**46869**	**65575**	**32676**	**32899**	**53833**	**26495**	**27338**
湖滨区	12058	6017	6041	8710	4132	4578	8104	3799	4305
渑池县	14340	7241	7099	9428	4710	4718	7848	3906	3942
陕县	15319	7874	7445	10461	5297	5164	9374	4616	4758
卢氏县	14709	7678	7031	10584	5357	5227	7896	4092	3804
义马市	6129	3175	2954	4352	2154	2198	3479	1853	1626
灵宝市	32477	16178	16299	22040	11026	11014	17132	8229	8903
南阳市	**461994**	**251189**	**210805**	**329308**	**177665**	**151643**	**234595**	**122956**	**111639**
宛城区	39007	20589	18418	27192	14261	12931	20913	10596	10317
卧龙区	39231	20106	19125	27575	14354	13221	21479	11045	10434
南召县	23806	13682	10124	16348	9275	7073	12967	7386	5581
方城县	41952	23382	18570	28493	16274	12219	23554	13116	10438
西峡县	18419	10173	8246	13178	7147	6031	9425	4999	4426
镇平县	36727	20852	15875	28204	14916	13288	19307	9899	9408
内乡县	26106	14323	11783	19455	10221	9234	13138	6456	6682
淅川县	28470	14863	13607	20001	10254	9747	12762	6297	6465
社旗县	31179	17426	13753	20403	11730	8673	15346	8543	6803
唐河县	64288	36181	28107	46192	26092	20100	31626	17659	13967
新野县	32702	17376	15326	23105	12232	10873	15488	7724	7764
桐柏县	15235	8150	7085	12829	6816	6013	8560	4550	4010
邓州市	64872	34086	30786	46333	24093	22240	30030	14686	15344

1-7 续表 23

单位：人

地 区	60-64岁			65-69岁			70-74岁		
	小计	男	女	小计	男	女	小计	男	女
商丘市	**306394**	**153074**	**153320**	**230428**	**112165**	**118263**	**163900**	**78440**	**85460**
梁园区	28814	13992	14822	20376	9929	10447	14140	6803	7337
睢阳区	30558	15216	15342	23372	11344	12028	15703	7646	8057
民权县	28799	14217	14582	21211	10220	10991	14405	6786	7619
睢县	29485	14361	15124	20941	9946	10995	14927	7001	7926
宁陵县	21008	10207	10801	15098	7088	8010	11232	5202	6030
柘城县	37666	18684	18982	27342	13301	14041	18800	9029	9771
虞城县	38440	19914	18526	28900	14494	14406	20046	9803	10243
夏邑县	39196	19954	19242	30973	14886	16087	23160	10967	12193
永城市	52428	26529	25899	42215	20957	21258	31487	15203	16284
信阳市	**308238**	**157763**	**150475**	**240391**	**120050**	**120341**	**162311**	**79208**	**83103**
浉河区	25805	12902	12903	19084	9471	9613	13917	6942	6975
平桥区	29035	14909	14126	19874	10100	9774	14004	6773	7231
罗山县	26348	13606	12742	18220	9216	9004	13955	6424	7531
光山县	31982	16186	15796	24473	12857	11616	17164	8729	8435
新县	14174	7663	6511	12436	6297	6139	8077	3861	4216
商城县	30274	15680	14594	25447	13336	12111	16030	8197	7833
固始县	60281	31080	29201	48882	24588	24294	32706	16501	16205
潢川县	31409	15614	15795	22848	10894	11954	15875	7221	8654
淮滨县	25292	12750	12542	21161	10191	10970	13967	6420	7547
息县	33638	17373	16265	27966	13100	14866	16616	8140	8476
周口市	**411328**	**201968**	**209360**	**282402**	**135092**	**147310**	**199042**	**93344**	**105698**
川汇区	17818	8479	9339	12206	5652	6554	9163	4205	4958
扶沟县	28527	13431	15096	17613	8270	9343	13015	5981	7034
西华县	30325	14863	15462	20250	9481	10769	17372	7885	9487
商水县	42445	20903	21542	28597	13803	14794	21414	9935	11479
沈丘县	48575	23945	24630	34953	16648	18305	22974	10817	12157
郸城县	48252	24256	23996	34051	16567	17484	22198	10668	11530
淮阳县	48892	24260	24632	36060	17724	18336	24592	11896	12696
太康县	57460	28081	29379	32166	15555	16611	23751	11183	12568
鹿邑县	40499	19941	20558	32674	15465	17209	21325	9961	11364
项城市	48535	23809	24726	33832	15927	17905	23238	10813	12425
驻马店市	**336761**	**171383**	**165378**	**243432**	**121623**	**121809**	**176634**	**87508**	**89126**
驿城区	27099	14008	13091	18368	9152	9216	13993	6961	7032
西平县	37272	19275	17997	23601	12060	11541	19156	9279	9877
上蔡县	49994	24391	25603	34416	16820	17596	26259	12622	13637
平舆县	38777	19125	19652	27315	13159	14156	18217	8787	9430
正阳县	26085	13367	12718	20274	10079	10195	14945	7480	7465
确山县	16331	8111	8220	13179	6522	6657	9770	4863	4907
泌阳县	38912	21460	17452	28700	15941	12759	22465	12305	10160
汝南县	34856	17858	16998	24046	11873	12173	17396	8683	8713
遂平县	24149	12619	11530	16862	8879	7983	11620	6061	5559
新蔡县	43286	21169	22117	36671	17138	19533	22813	10467	12346
济源市	**31793**	**15444**	**16349**	**13779**	**6468**	**7311**	**11956**	**5588**	**6368**
济源市	31793	15444	16349	13779	6468	7311	11956	5588	6368

1-7 续表 24

单位：人

地区	75-79岁			80-84岁			85-89岁		
	小计	男	女	小计	男	女	小计	男	女
总 计	**1572918**	**714570**	**858348**	**873698**	**363668**	**510030**	**379099**	**131034**	**248065**
郑州市	**127172**	**59453**	**67719**	**72266**	**32153**	**40113**	**30602**	**11235**	**19367**
中原区	14119	6925	7194	6287	3135	3152	2327	994	1333
二七区	10998	5295	5703	5864	2821	3043	2363	1014	1349
管城回族区	7644	3509	4135	4235	1864	2371	1752	667	1085
金水区	17547	8510	9037	9222	4648	4574	3598	1527	2071
上街区	2677	1344	1333	1435	717	718	509	194	315
惠济区	2826	1256	1570	1630	688	942	787	287	500
中牟县	11203	5007	6196	7245	2940	4305	3528	1122	2406
巩义市	13657	6241	7416	8444	3493	4951	4111	1424	2687
荥阳市	10230	4771	5459	7129	3056	4073	3148	1096	2052
新密市	13784	6309	7475	8152	3492	4660	3215	1115	2100
新郑市	11651	5382	6269	6838	2865	3973	2916	969	1947
登封市	10836	4904	5932	5785	2434	3351	2348	826	1522
开封市	**79086**	**35439**	**43647**	**50339**	**20915**	**29424**	**22375**	**7622**	**14753**
龙亭区	2489	1124	1365	1373	591	782	637	237	400
顺河回族区	5447	2665	2782	2655	1245	1410	1117	455	662
鼓楼区	3540	1639	1901	1924	851	1073	782	306	476
禹王台区	2969	1272	1697	1707	738	969	754	275	479
金明区	3421	1651	1770	1870	837	1033	839	287	552
杞县	15411	6899	8512	10216	4082	6134	4376	1437	2939
通许县	9134	4041	5093	6282	2665	3617	2901	970	1931
尉氏县	14492	6413	8079	9737	4296	5441	4265	1514	2751
开封县	11074	4847	6227	7163	2695	4468	3386	1084	2302
兰考县	11109	4888	6221	7412	2915	4497	3318	1057	2261
洛阳市	**110445**	**50483**	**59962**	**57476**	**24066**	**33410**	**23606**	**8283**	**15323**
老城区	3195	1492	1703	1722	785	937	645	232	413
西工区	8048	3989	4059	3584	1890	1694	1178	562	616
瀍河回族区	3460	1709	1751	1729	809	920	702	303	399
涧西区	12769	6665	6104	5419	2795	2624	1839	805	1034
吉利区	1149	565	584	556	227	329	230	82	148
洛龙区	6758	2977	3781	4293	1637	2656	1876	619	1257
孟津县	7401	3076	4325	4311	1527	2784	1985	582	1403
新安县	7685	3492	4193	3664	1464	2200	1654	537	1117
栾川县	4729	2239	2490	2402	1067	1335	853	390	463
嵩县	8772	3947	4825	4930	2028	2902	1905	684	1221
汝阳县	7593	3467	4126	4045	1764	2281	1816	585	1231
宜阳县	9948	4288	5660	4654	1775	2879	2048	666	1382
洛宁县	5809	2613	3196	2664	1093	1571	888	333	555
伊川县	11228	4942	6286	5929	2383	3546	2455	805	1650
偃师市	11901	5022	6879	7574	2822	4752	3532	1098	2434

1-7 续表 25

单位：人

地区	75-79岁			80-84岁			85-89岁		
	小计	男	女	小计	男	女	小计	男	女
平顶山市	**94690**	**45053**	**49637**	**45408**	**20203**	**25205**	**20379**	**7425**	**12954**
新华区	5419	2722	2697	2352	1192	1160	947	407	540
卫东区	4349	2234	2115	1668	832	836	616	237	379
石龙区	519	267	252	255	116	139	74	30	44
湛河区	4337	2157	2180	1866	913	953	823	326	497
宝丰县	9702	4506	5196	4538	2025	2513	2229	798	1431
叶县	17812	8181	9631	8278	3500	4778	4376	1524	2852
鲁山县	16177	7788	8389	7966	3570	4396	2889	1086	1803
郏县	11666	5375	6291	5469	2408	3061	2675	981	1694
舞钢市	7737	4077	3660	4379	2031	2348	2156	803	1353
汝州市	16972	7746	9226	8637	3616	5021	3594	1233	2361
安阳市	**77860**	**33617**	**44243**	**42950**	**16565**	**26385**	**18139**	**5822**	**12317**
文峰区	5282	2316	2966	2805	1058	1747	1146	341	805
北关区	4033	1850	2183	1891	869	1022	689	265	424
殷都区	3547	1662	1885	1733	769	964	576	209	367
龙安区	2735	1206	1529	1253	477	776	460	142	318
安阳县	11853	4702	7151	6214	2059	4155	2433	649	1784
汤阴县	6129	2561	3568	3852	1307	2545	1733	497	1236
滑县	19008	8429	10579	11978	4862	7116	5974	2049	3925
内黄县	11539	5026	6513	6600	2592	4008	2791	949	1842
林州市	13734	5865	7869	6624	2572	4052	2337	721	1616
鹤壁市	**20082**	**9164**	**10918**	**10831**	**4436**	**6395**	**4308**	**1447**	**2861**
鹤山区	2009	956	1053	848	406	442	311	131	180
山城区	3024	1438	1586	1322	605	717	484	201	283
淇滨区	3116	1445	1671	1614	646	968	569	195	374
浚县	8533	3831	4702	5135	2082	3053	2229	689	1540
淇县	3400	1494	1906	1912	697	1215	715	231	484
新乡市	**83078**	**37358**	**45720**	**51492**	**21463**	**30029**	**23262**	**8068**	**15194**
红旗区	5270	2537	2733	2598	1203	1395	995	404	591
卫滨区	3947	1885	2062	2023	995	1028	802	332	470
凤泉区	1773	816	957	1103	478	625	442	149	293
牧野区	5885	2843	3042	3004	1481	1523	1190	504	686
新乡县	4745	1953	2792	3003	1142	1861	1410	448	962
获嘉县	5960	2635	3325	3714	1511	2203	1617	516	1101
原阳县	10865	4741	6124	6728	2812	3916	3138	1096	2042
延津县	6617	2974	3643	4171	1695	2476	1960	681	1279
封丘县	10611	4670	5941	7141	2864	4277	3529	1192	2337
长垣县	8870	3775	5095	7858	3060	4798	4070	1340	2730
卫辉市	6896	3084	3812	3868	1554	2314	1533	504	1029
辉县市	11639	5445	6194	6281	2668	3613	2576	902	1674
焦作市	**54081**	**24688**	**29393**	**31161**	**12634**	**18527**	**13407**	**4533**	**8874**
解放区	4627	2328	2299	2300	1094	1206	882	358	524
中站区	2118	963	1155	1180	513	667	450	148	302
马村区	2125	1011	1114	1104	499	605	424	170	254
山阳区	4228	2077	2151	2116	999	1117	841	365	476
修武县	4555	2189	2366	2582	1057	1525	1173	400	773
博爱县	6641	2942	3699	3588	1327	2261	1464	465	999
武陟县	10375	4662	5713	6788	2674	4114	3315	1049	2266
温县	6601	2881	3720	4336	1703	2633	1879	601	1278
沁阳市	6466	2825	3641	3475	1328	2147	1332	410	922
孟州市	6345	2810	3535	3692	1440	2252	1647	567	1080

1-7 续表 26

单位：人

地区	75-79岁			80-84岁			85-89岁		
	小计	男	女	小计	男	女	小计	男	女
濮阳市	**53575**	**23467**	**30108**	**29959**	**11489**	**18470**	**13060**	**4029**	**9031**
华龙区	7771	3790	3981	3355	1420	1935	1439	489	950
清丰县	10810	4642	6168	5522	2103	3419	2562	803	1759
南乐县	8178	3543	4635	4580	1839	2741	2005	649	1356
范县	6932	3066	3866	4014	1509	2505	1706	497	1209
台前县	4911	2130	2781	3217	1252	1965	1310	450	860
濮阳县	14973	6296	8677	9271	3366	5905	4038	1141	2897
许昌市	**83020**	**37518**	**45502**	**46120**	**19601**	**26519**	**19527**	**6772**	**12755**
魏都区	7281	3470	3811	3620	1726	1894	1286	544	742
许昌县	14697	6409	8288	9048	3771	5277	3719	1207	2512
鄢陵县	10098	4621	5477	5914	2671	3243	2368	843	1525
襄城县	15002	6846	8156	7692	3319	4373	3668	1333	2335
禹州市	23458	10695	12763	11897	4919	6978	5277	1792	3485
长葛市	12484	5477	7007	7949	3195	4754	3209	1053	2156
漯河市	**52583**	**24307**	**28276**	**32003**	**13810**	**18193**	**15005**	**5464**	**9541**
源汇区	6233	2757	3476	3841	1610	2231	1887	671	1216
郾城区	9535	4646	4889	5870	2703	3167	2713	1030	1683
召陵区	8884	3771	5113	5242	2165	3077	2181	760	1421
舞阳县	13997	6537	7460	8343	3433	4910	4188	1372	2816
临颍县	13934	6596	7338	8707	3899	4808	4036	1631	2405
三门峡市	**37087**	**17526**	**19561**	**17357**	**7948**	**9409**	**6916**	**2823**	**4093**
湖滨区	5492	2671	2821	2416	1242	1174	829	370	459
渑池县	6240	3013	3227	2742	1308	1434	1275	524	751
陕县	6366	2991	3375	2898	1282	1616	1180	493	687
卢氏县	5171	2533	2638	2571	1181	1390	882	342	540
义马市	2150	1071	1079	841	396	445	363	157	206
灵宝市	11668	5247	6421	5889	2539	3350	2387	937	1450
南阳市	**163277**	**78521**	**84756**	**78278**	**34386**	**43892**	**36516**	**13326**	**23190**
宛城区	13990	6743	7247	6022	2743	3279	2946	1103	1843
卧龙区	13605	6684	6921	6019	2856	3163	2802	1021	1781
南召县	8756	4690	4066	4478	2256	2222	1891	830	1061
方城县	17422	9009	8413	8324	4113	4211	4081	1622	2459
西峡县	7069	3390	3679	3821	1667	2154	1537	601	936
镇平县	13604	6375	7229	6831	2862	3969	3264	1137	2127
内乡县	10107	4354	5753	5557	1969	3588	2227	686	1541
淅川县	9634	4190	5444	5130	1959	3171	2076	695	1381
社旗县	10263	5043	5220	4892	2262	2630	2488	958	1530
唐河县	21977	11081	10896	10944	4937	6007	5198	1879	3319
新野县	11113	5164	5949	4745	1966	2779	2453	804	1649
桐柏县	6137	3237	2900	2349	1100	1249	1089	442	647
邓州市	19600	8561	11039	9166	3696	5470	4464	1548	2916

1-7 续表 27

单位：人

地区	75-79岁			80-84岁			85-89岁		
	小计	男	女	小计	男	女	小计	男	女
商丘市	**134386**	**59857**	**74529**	**83448**	**33782**	**49666**	**36685**	**12629**	**24056**
梁园区	12378	5473	6905	7005	2844	4161	2962	1091	1871
睢阳区	12695	5798	6897	7462	2964	4498	3227	1129	2098
民权县	11238	5053	6185	6658	2708	3950	3141	1074	2067
睢县	12647	5602	7045	8090	3195	4895	3568	1149	2419
宁陵县	9180	4038	5142	5818	2299	3519	2908	992	1916
柘城县	13434	5938	7496	8542	3390	5152	3787	1298	2489
虞城县	17189	7737	9452	10972	4614	6358	4279	1511	2768
夏邑县	19400	8475	10925	12370	4864	7506	5452	1849	3603
永城市	26225	11743	14482	16531	6904	9627	7361	2536	4825
信阳市	**102923**	**47152**	**55771**	**50622**	**21162**	**29460**	**20664**	**6908**	**13756**
浉河区	10034	5020	5014	4654	2278	2376	1766	726	1040
平桥区	11211	5118	6093	5790	2498	3292	2184	759	1425
罗山县	10291	4856	5435	5159	2267	2892	1944	693	1251
光山县	9195	4197	4998	4120	1554	2566	1755	514	1241
新县	3377	1510	1867	1686	694	992	789	280	509
商城县	8007	3859	4148	3953	1735	2218	1774	606	1168
固始县	20907	9913	10994	10633	4708	5925	4576	1580	2996
潢川县	9312	3929	5383	4306	1618	2688	1761	547	1214
淮滨县	8995	3717	5278	4389	1593	2796	1742	524	1218
息县	11594	5033	6561	5932	2217	3715	2373	679	1694
周口市	**149448**	**64212**	**85236**	**92826**	**36337**	**56489**	**37680**	**12194**	**25486**
川汇区	6632	2858	3774	3802	1501	2301	1473	505	968
扶沟县	11214	4986	6228	7270	3125	4145	3263	1135	2128
西华县	14074	6166	7908	8284	3352	4932	3296	1030	2266
商水县	16680	6760	9920	9517	3443	6074	3768	1084	2684
沈丘县	17871	7532	10339	11100	4214	6886	4477	1483	2994
郸城县	15973	7143	8830	9839	3914	5925	3679	1190	2489
淮阳县	18307	8093	10214	12111	4746	7365	5224	1668	3556
太康县	17833	7716	10117	11774	4754	7020	4394	1496	2898
鹿邑县	15170	6390	8780	9869	3758	6111	4214	1367	2847
项城市	15694	6568	9126	9260	3530	5730	3892	1236	2656
驻马店市	**139950**	**62385**	**77565**	**75750**	**30470**	**45280**	**34713**	**11672**	**23041**
驿城区	11708	5430	6278	6354	2807	3547	2989	1104	1885
西平县	17899	8001	9898	11272	4579	6693	5338	1852	3486
上蔡县	21143	8958	12185	11587	4314	7273	4955	1587	3368
平舆县	14335	5901	8434	7253	2702	4551	2869	831	2038
正阳县	11298	5234	6064	5768	2357	3411	2641	876	1765
确山县	8615	4041	4574	4385	1978	2407	2245	830	1415
泌阳县	14378	7361	7017	7105	3213	3892	3982	1496	2486
汝南县	14583	6325	8258	7838	3100	4738	3589	1215	2374
遂平县	10787	4820	5967	6339	2607	3732	3019	1017	2002
新蔡县	15204	6314	8890	7849	2813	5036	3086	864	2222
济源市	**10175**	**4370**	**5805**	**5412**	**2248**	**3164**	**2255**	**782**	**1473**
济源市	10175	4370	5805	5412	2248	3164	2255	782	1473

1-7 续表 28 单位：人

地区	90-94岁			95-99岁			100岁及以上		
	小计	男	女	小计	男	女	小计	男	女
总 计	**109292**	**30531**	**78761**	**26668**	**6738**	**19930**	**2941**	**674**	**2267**
郑州市	**8802**	**2680**	**6122**	**2027**	**593**	**1434**	**242**	**74**	**168**
中原区	644	204	440	162	54	108	14	8	6
二七区	663	236	427	184	74	110	18	4	14
管城回族区	562	197	365	112	31	81	23	7	16
金水区	1061	404	657	293	111	182	56	17	39
上街区	179	46	133	24	5	19	4		4
惠济区	238	58	180	58	16	42	5	2	3
中牟县	1010	294	716	202	54	148	53	23	30
巩义市	1309	395	914	247	64	183	10	1	9
荥阳市	935	242	693	186	50	136	14	2	12
新密市	791	211	580	170	35	135	31	7	24
新郑市	824	244	580	248	62	186	12	3	9
登封市	586	149	437	141	37	104	2		2
开封市	**7057**	**1873**	**5184**	**1676**	**382**	**1294**	**201**	**43**	**158**
龙亭区	217	66	151	56	21	35	6	1	5
顺河回族区	344	115	229	98	24	74	14	6	8
鼓楼区	289	99	190	63	18	45			
禹王台区	202	66	136	40	11	29			
金明区	297	82	215	75	12	63	8		8
杞县	1315	327	988	325	72	253	48	8	40
通许县	924	236	688	204	36	168	37	9	28
尉氏县	1310	340	970	280	67	213	23	7	16
开封县	1062	247	815	240	43	197	44	6	38
兰考县	1097	295	802	295	78	217	21	6	15
洛阳市	**6720**	**1835**	**4885**	**1543**	**384**	**1159**	**150**	**24**	**126**
老城区	172	53	119	39	9	30	7	4	3
西工区	296	105	191	95	24	71	6	1	5
瀍河回族区	175	57	118	67	18	49	4		4
涧西区	491	163	328	141	25	116	28	4	24
吉利区	78	20	58	22	5	17	1		1
洛龙区	528	119	409	97	22	75	11	2	9
孟津县	626	143	483	175	41	134	8	1	7
新安县	399	113	286	94	25	69	5	1	4
栾川县	195	74	121	36	15	21	4		4
嵩县	564	152	412	106	32	74			
汝阳县	517	139	378	94	20	74			
宜阳县	620	148	472	139	29	110	2		2
洛宁县	186	59	127	50	17	33	3	1	2
伊川县	752	211	541	160	47	113	36	6	30
偃师市	1121	279	842	228	55	173	35	4	31

1-7 续表 29

单位：人

地区	90-94岁			95-99岁			100岁及以上		
	小计	男	女	小计	男	女	小计	男	女
平顶山市	**6660**	**1870**	**4790**	**1699**	**447**	**1252**	**204**	**62**	**142**
新华区	293	99	194	100	30	70			
卫东区	169	56	113	51	13	38	48	26	22
石龙区	25	6	19	15	5	10			
湛河区	237	69	168	57	11	46	2	2	
宝丰县	751	209	542	199	53	146	14	2	12
叶县	1474	397	1077	381	105	276	11	4	7
鲁山县	1054	305	749	247	63	184	47	12	35
郏县	879	249	630	235	64	171	20	1	19
舞钢市	593	181	412	155	50	105	16	6	10
汝州市	1185	299	886	259	53	206	46	9	37
安阳市	**5161**	**1273**	**3888**	**1030**	**221**	**809**	**161**	**43**	**118**
文峰区	276	68	208	58	18	40	24	3	21
北关区	148	49	99	28	7	21	10	2	8
殷都区	148	51	97	32	7	25	1		1
龙安区	88	19	69	16	7	9			
安阳县	572	120	452	113	25	88	8	4	4
汤阴县	455	111	344	64	10	54	6	1	5
滑县	2105	505	1600	484	103	381	68	17	51
内黄县	837	229	608	170	38	132	42	16	26
林州市	532	121	411	65	6	59	2		2
鹤壁市	**1088**	**313**	**775**	**201**	**39**	**162**	**14**	**2**	**12**
鹤山区	56	16	40	11	4	7			
山城区	101	44	57	24	3	21	4	1	3
淇滨区	118	37	81	18	3	15	1		1
浚县	629	169	460	125	25	100	9	1	8
淇县	184	47	137	23	4	19			
新乡市	**7076**	**1994**	**5082**	**1485**	**337**	**1148**	**190**	**54**	**136**
红旗区	285	83	202	70	16	54	21	7	14
卫滨区	211	80	131	45	10	35	3	1	2
凤泉区	89	31	58	24	7	17	1		1
牧野区	323	97	226	69	22	47	9	3	6
新乡县	405	115	290	73	14	59	3	1	2
获嘉县	473	124	349	93	17	76	11	2	9
原阳县	1020	281	739	215	51	164	3		3
延津县	605	166	439	130	31	99	3		3
封丘县	1138	330	808	267	62	205	96	33	63
长垣县	1507	441	1066	315	69	246	22	4	18
卫辉市	414	102	312	94	25	69	10	2	8
辉县市	606	144	462	90	13	77	8	1	7
焦作市	**3650**	**917**	**2733**	**771**	**165**	**606**	**68**	**16**	**52**
解放区	214	73	141	49	20	29			
中站区	106	29	77	16	2	14	7	1	6
马村区	115	37	78	23	6	17	4	1	3
山阳区	202	76	126	63	19	44	9	4	5
修武县	280	67	213	60	12	48	6	1	5
博爱县	308	72	236	61	9	52	7	1	6
武陟县	1011	213	798	198	26	172	18	4	14
温县	577	142	435	128	28	100	11	2	9
沁阳市	347	67	280	69	13	56	1		1
孟州市	490	141	349	104	30	74	5	2	3

1-7 续表 30 单位：人

地区	90-94岁			95-99岁			100岁及以上		
	小计	男	女	小计	男	女	小计	男	女
濮阳市	**3726**	**952**	**2774**	**824**	**194**	**630**	**93**	**23**	**70**
华龙区	447	121	326	109	32	77	17	5	12
清丰县	705	169	536	152	33	119	26	6	20
南乐县	577	144	433	132	26	106	19	4	15
范县	463	129	334	97	24	73	8	2	6
台前县	391	118	273	99	19	80	5	1	4
濮阳县	1143	271	872	235	60	175	18	5	13
许昌市	**5481**	**1493**	**3988**	**1336**	**310**	**1026**	**99**	**18**	**81**
魏都区	346	130	216	107	36	71			
许昌县	1052	263	789	235	45	190	15	5	10
鄢陵县	739	209	530	187	51	136	13	3	10
襄城县	959	277	682	229	60	169	17	1	16
禹州市	1411	371	1040	370	92	278	32	7	25
长葛市	974	243	731	208	26	182	22	2	20
漯河市	**4404**	**1298**	**3106**	**1164**	**321**	**843**	**50**	**14**	**36**
源汇区	590	164	426	172	41	131			
郾城区	764	244	520	207	66	141	24	9	15
召陵区	700	179	521	196	45	151	10	2	8
舞阳县	1159	282	877	270	67	203	3		3
临颍县	1191	429	762	319	102	217	13	3	10
三门峡市	**1711**	**596**	**1115**	**430**	**169**	**261**	**49**	**19**	**30**
湖滨区	194	72	122	55	18	37	5	2	3
渑池县	364	125	239	94	39	55	4		4
陕县	265	109	156	73	35	38	18	9	9
卢氏县	189	55	134	36	12	24	5	3	2
义马市	90	29	61	26	11	15	4	3	1
灵宝市	609	206	403	146	54	92	13	2	11
南阳市	**10529**	**3343**	**7186**	**2819**	**860**	**1959**	**160**	**41**	**119**
宛城区	924	304	620	248	84	164	6	1	5
卧龙区	931	310	621	271	94	177	32	9	23
南召县	499	187	312	108	30	78			
方城县	1151	401	750	290	69	221	17	4	13
西峡县	391	117	274	108	39	69	9	2	7
镇平县	1040	308	732	280	80	200	25	6	19
内乡县	622	157	465	173	40	133	11	4	7
淅川县	522	146	376	179	54	125	1	1	
社旗县	735	247	488	166	55	111	25	8	17
唐河县	1433	463	970	374	112	262	11	1	10
新野县	630	167	463	164	35	129	13	2	11
桐柏县	269	92	177	67	18	49	1		1
邓州市	1382	444	938	391	150	241	9	3	6

1-7 续表 31

单位：人

地　区	90-94岁			95-99岁			100岁及以上		
	小计	男	女	小计	男	女	小计	男	女
商丘市	**10925**	**3171**	**7754**	**2914**	**698**	**2216**	**699**	**135**	**564**
梁园区	826	253	573	218	54	164	21	3	18
睢阳区	881	276	605	280	57	223	1	1	
民权县	956	295	661	207	55	152	17	4	13
睢县	1148	313	835	284	61	223	77	17	60
宁陵县	890	263	627	235	62	173	87	16	71
柘城县	1162	324	838	270	69	201	65	14	51
虞城县	1176	367	809	313	76	237	25	9	16
夏邑县	1766	478	1288	526	132	394	158	25	133
永城市	2120	602	1518	581	132	449	248	46	202
信阳市	**4178**	**1084**	**3094**	**1012**	**276**	**736**	**34**	**3**	**31**
浉河区	374	135	239	93	24	69	1		1
平桥区	377	109	268	87	15	72	4		4
罗山县	394	103	291	76	22	54	5		5
光山县	369	93	276	113	30	83	2		2
新县	137	40	97	32	13	19			
商城县	355	92	263	79	30	49	2	1	1
固始县	883	224	659	190	49	141	15	2	13
潢川县	329	74	255	107	35	72	1		1
淮滨县	414	99	315	105	22	83			
息县	546	115	431	130	36	94	4		4
周口市	**11416**	**2932**	**8484**	**3062**	**706**	**2356**	**346**	**72**	**274**
川汇区	434	111	323	119	29	90	25	7	18
扶沟县	984	245	739	214	51	163	30	3	27
西华县	1014	266	748	244	48	196	67	8	59
商水县	1156	264	892	305	75	230	7	1	6
沈丘县	1328	332	996	300	69	231	58	8	50
郸城县	1016	288	728	301	68	233	4	2	2
淮阳县	1650	438	1212	502	125	377	49	22	27
太康县	1340	371	969	377	100	277	21	6	15
鹿邑县	1240	296	944	334	66	268	5	1	4
项城市	1254	321	933	366	75	291	80	14	66
驻马店市	**10098**	**2715**	**7383**	**2569**	**608**	**1961**	**164**	**20**	**144**
驿城区	811	272	539	253	79	174	4		4
西平县	1592	380	1212	348	73	275	49	4	45
上蔡县	1539	390	1149	390	91	299	10	2	8
平舆县	951	225	726	284	50	234	22	4	18
正阳县	618	175	443	150	28	122	7	1	6
确山县	482	125	357	98	22	76			
泌阳县	1448	447	1001	348	101	247	37	6	31
汝南县	877	260	617	208	43	165	18		18
遂平县	844	221	623	207	56	151	11	2	9
新蔡县	936	220	716	283	65	218	6	1	5
济源市	**610**	**192**	**418**	**106**	**28**	**78**	**17**	**11**	**6**
济源市	610	192	418	106	28	78	17	11	6

1-7a 各地区分年龄、性别的人口(城市)

单位：人

地　区	合　计			0岁		
	合计	男	女	小计	男	女
总　计	**18331493**	**9258578**	**9072915**	**145411**	**77926**	**67485**
郑州市	**4638804**	**2369468**	**2269336**	**36330**	**19294**	**17036**
中原区	832433	427635	404798	7114	3744	3370
二七区	581944	290945	290999	4368	2317	2051
管城回族区	494947	254589	240358	3448	1836	1612
金水区	1436731	737178	699553	11388	6042	5346
上街区	117243	58045	59198	809	419	390
惠济区	164543	80172	84371	1619	908	711
中牟县	645	334	311	6	4	2
巩义市	169151	84213	84938	1215	676	539
荥阳市	219753	110912	108841	2189	1127	1062
新密市	263917	138060	125857	2013	1075	938
新郑市	222018	112221	109797	1467	775	692
登封市	135479	75164	60315	694	371	323
开封市	**723504**	**357400**	**366104**	**4382**	**2294**	**2088**
龙亭区	91370	43482	47888	712	379	333
顺河回族区	195495	95431	100064	1222	664	558
鼓楼区	133363	64833	68530	789	397	392
禹王台区	99226	48607	50619	495	272	223
金明区	204050	105047	99003	1164	582	582
杞县						
通许县						
尉氏县						
开封县						
兰考县						
洛阳市	**1775772**	**889842**	**885930**	**14313**	**7596**	**6717**
老城区	143932	70462	73470	1060	579	481
西工区	341830	173938	167892	2313	1223	1090
瀍河回族区	164542	83172	81370	1185	647	538
涧西区	566608	285214	281394	4286	2243	2043
吉利区	45363	22575	22788	358	174	184
洛龙区	271352	133037	138315	2674	1438	1236
孟津县	1765	867	898	16	7	9
新安县						
栾川县						
嵩县	3183	1128	2055	13	8	5
汝阳县						
宜阳县						
洛宁县						
伊川县	5301	2702	2599	87	51	36
偃师市	231896	116747	115149	2321	1226	1095

1-7a 续表 1

单位：人

地　区	合　计			0岁		
	合计	男	女	小计	男	女
平顶山市	**1142947**	**585897**	**557050**	**9610**	**5191**	**4419**
新华区	307909	158850	149059	2516	1318	1198
卫东区	274089	138478	135611	2185	1151	1034
石龙区	42110	23278	18832	345	186	159
湛河区	204476	103926	100550	1398	741	657
宝丰县	967	502	465	13	10	3
叶县						
鲁山县						
郏县						
舞钢市	125567	64435	61132	1357	755	602
汝州市	187829	96428	91401	1796	1030	766
安阳市	**1156698**	**572878**	**583820**	**10513**	**5940**	**4573**
文峰区	344812	169896	174916	3090	1755	1335
北关区	219395	107215	112180	1613	900	713
殷都区	216398	109756	106642	1674	952	722
龙安区	113743	57604	56139	1286	730	556
安阳县	39984	19988	19996	499	260	239
汤阴县	671	355	316	10	7	3
滑县						
内黄县	286	137	149			
林州市	221409	107927	113482	2341	1336	1005
鹤壁市	**477406**	**243711**	**233695**	**4165**	**2256**	**1909**
鹤山区	106196	55246	50950	856	457	399
山城区	191954	98455	93499	1774	979	795
淇滨区	174342	87559	86783	1458	782	676
浚县						
淇县	4914	2451	2463	77	38	39
新乡市	**1242563**	**618438**	**624125**	**10761**	**5812**	**4949**
红旗区	351515	172224	179291	2978	1649	1329
卫滨区	193506	95509	97997	1677	905	772
凤泉区	48742	27822	20920	345	185	160
牧野区	291805	144536	147269	2382	1290	1092
新乡县	1301	662	639	11	5	6
获嘉县						
原阳县						
延津县						
封丘县						
长垣县	4541	2367	2174	64	30	34
卫辉市	129013	63244	65769	979	525	454
辉县市	222140	112074	110066	2325	1223	1102
焦作市	**918805**	**467118**	**451687**	**6764**	**3471**	**3293**
解放区	295695	151325	144370	2128	1122	1006
中站区	60331	30290	30041	561	308	253
马村区	66814	36144	30670	547	296	251
山阳区	268431	136037	132394	1774	909	865
修武县						
博爱县	435	217	218	3	1	2
武陟县	541	270	271	4	4	
温县						
沁阳市	114524	56808	57716	1003	446	557
孟州市	112034	56027	56007	744	385	359

1-7a 续表 2 单位：人

地　区	合　计			0岁		
	合计	男	女	小计	男	女
濮阳市	**477847**	**240102**	**237745**	**3663**	**2065**	**1598**
华龙区	451209	226768	224441	3341	1884	1457
清丰县						
南乐县	2919	1412	1507	39	26	13
范县	21129	10631	10498	246	133	113
台前县						
濮阳县	2590	1291	1299	37	22	15
许昌市	**944683**	**475659**	**469024**	**8075**	**4356**	**3719**
魏都区	466341	229943	236398	3620	1890	1730
许昌县	39935	20084	19851	691	351	340
鄢陵县						
襄城县						
禹州市	242081	125454	116627	1973	1128	845
长葛市	196326	100178	96148	1791	987	804
漯河市	**514418**	**257744**	**256674**	**3501**	**1841**	**1660**
源汇区	173204	84110	89094	1007	499	508
郾城区	200501	103535	96966	1449	779	670
召陵区	140713	70099	70614	1045	563	482
舞阳县						
临颍县						
三门峡市	**557195**	**281916**	**275279**	**3650**	**1903**	**1747**
湖滨区	285153	144772	140381	1752	918	834
渑池县						
陕县	2320	1190	1130	34	14	20
卢氏县						
义马市	118123	59611	58512	784	399	385
灵宝市	151599	76343	75256	1080	572	508
南阳市	**1008633**	**511655**	**496978**	**7259**	**3827**	**3432**
宛城区	318551	162384	156167	2520	1381	1139
卧龙区	404341	197886	206455	2735	1346	1389
南召县						
方城县						
西峡县						
镇平县						
内乡县						
淅川县						
社旗县						
唐河县						
新野县						
桐柏县						
邓州市	285741	151385	134356	2004	1100	904

1-7a 续表 3

单位：人

地区	合计			0岁		
	合计	男	女	小计	男	女
商丘市	**884411**	**450083**	**434328**	**6954**	**3750**	**3204**
梁园区	361424	179557	181867	3483	1889	1594
睢阳区	221337	114103	107234	1589	868	721
民权县						
睢县						
宁陵县						
柘城县						
虞城县						
夏邑县						
永城市	301650	156423	145227	1882	993	889
信阳市	**531880**	**256749**	**275131**	**4542**	**2403**	**2139**
浉河区	323931	152831	171100	2313	1199	1114
平桥区	207949	103918	104031	2229	1204	1025
罗山县						
光山县						
新县						
商城县						
固始县						
潢川县						
淮滨县						
息县						
周口市	**649133**	**327945**	**321188**	**5303**	**2925**	**2378**
川汇区	308360	152910	155450	2576	1420	1156
扶沟县						
西华县						
商水县						
沈丘县	671	340	331	8	3	5
郸城县	8259	4032	4227	110	65	45
淮阳县	39765	19434	20331	437	231	206
太康县						
鹿邑县						
项城市	292078	151229	140849	2172	1206	966
驻马店市	**442461**	**227381**	**215080**	**3375**	**1804**	**1571**
驿城区	442461	227381	215080	3375	1804	1571
西平县						
上蔡县						
平舆县						
正阳县						
确山县						
泌阳县						
汝南县						
遂平县						
新蔡县						
济源市	**244333**	**124592**	**119741**	**2251**	**1198**	**1053**
济源市	244333	124592	119741	2251	1198	1053

1-7a 续表 4

单位：人

地 区	1-4岁			5-9岁			10-14岁		
	小计	男	女	小计	男	女	小计	男	女
总 计	**797889**	**436476**	**361413**	**949853**	**520823**	**429030**	**953739**	**515675**	**438064**
郑州市	**194494**	**105141**	**89353**	**216897**	**118217**	**98680**	**208374**	**112362**	**96012**
中原区	33248	17726	15522	36684	19896	16788	36775	19776	16999
二七区	22317	12194	10123	26125	14132	11993	26505	14267	12238
管城回族区	24189	13224	10965	26470	14647	11823	23407	12775	10632
金水区	54686	29616	25070	60413	33041	27372	56432	30298	26134
上街区	4371	2251	2120	5795	3064	2731	6603	3439	3164
惠济区	8144	4500	3644	7405	4054	3351	5997	3257	2740
中牟县	67	33	34	45	23	22	36	20	16
巩义市	6341	3341	3000	8288	4433	3855	8657	4574	4083
荥阳市	10598	5524	5074	11678	6115	5563	11695	6245	5450
新密市	12990	7193	5797	15961	8833	7128	15279	8451	6828
新郑市	10806	6018	4788	10137	5716	4421	9586	5322	4264
登封市	6737	3521	3216	7896	4263	3633	7402	3938	3464
开封市	**27357**	**14701**	**12656**	**31009**	**16764**	**14245**	**31405**	**16586**	**14819**
龙亭区	3717	2043	1674	3866	2113	1753	3719	1983	1736
顺河回族区	6754	3571	3183	8273	4416	3857	8694	4587	4107
鼓楼区	4957	2700	2257	5936	3198	2738	6163	3209	2954
禹王台区	3400	1811	1589	4107	2220	1887	5180	2764	2416
金明区	8529	4576	3953	8827	4817	4010	7649	4043	3606
杞县									
通许县									
尉氏县									
开封县									
兰考县									
洛阳市	**71322**	**37408**	**33914**	**86590**	**45572**	**41018**	**88807**	**46530**	**42277**
老城区	6986	3633	3353	7479	3853	3626	7174	3773	3401
西工区	12051	6224	5827	15752	8328	7424	16428	8511	7917
瀍河回族区	5188	2691	2497	6428	3394	3034	7512	3818	3694
涧西区	20840	10870	9970	26785	13828	12957	27687	14405	13282
吉利区	1764	913	851	2608	1310	1298	2757	1419	1338
洛龙区	14226	7495	6731	13654	7164	6490	11090	5594	5496
孟津县	62	28	34	70	38	32	87	51	36
新安县									
栾川县									
嵩县	118	61	57	103	59	44	129	68	61
汝阳县									
宜阳县									
洛宁县									
伊川县	457	232	225	581	313	268	326	197	129
偃师市	9630	5261	4369	13130	7285	5845	15617	8694	6923

1-7a 续表 5

单位：人

地 区	1-4岁			5-9岁			10-14岁		
	小计	男	女	小计	男	女	小计	男	女
平顶山市	**52431**	**28838**	**23593**	**62393**	**34437**	**27956**	**55423**	**29833**	**25590**
新华区	11334	6074	5260	14920	8132	6788	13670	7325	6345
卫东区	10791	5811	4980	14783	7914	6869	14055	7503	6552
石龙区	2221	1265	956	1979	1098	881	1774	955	819
湛河区	9466	5097	4369	11103	6051	5052	9013	4810	4203
宝丰县	100	57	43	47	30	17	52	22	30
叶县									
鲁山县									
郏县									
舞钢市	6237	3379	2858	6720	3613	3107	5856	3107	2749
汝州市	12282	7155	5127	12841	7599	5242	11003	6111	4892
安阳市	**55963**	**31358**	**24605**	**69713**	**38803**	**30910**	**66167**	**35891**	**30276**
文峰区	15700	8745	6955	19534	10765	8769	18325	9793	8532
北关区	8973	5046	3927	12594	6936	5658	13364	7085	6279
殷都区	8874	4911	3963	12841	7161	5680	12632	6882	5750
龙安区	6519	3688	2831	7150	3931	3219	6368	3438	2930
安阳县	3018	1775	1243	2992	1673	1319	2100	1145	955
汤阴县	40	24	16	62	32	30	32	16	16
滑县									
内黄县	37	18	19	26	13	13	17	9	8
林州市	12802	7151	5651	14514	8292	6222	13329	7523	5806
鹤壁市	**19721**	**10968**	**8753**	**28619**	**16208**	**12411**	**32300**	**17355**	**14945**
鹤山区	3776	2110	1666	5528	3136	2392	6445	3466	2979
山城区	7291	4019	3272	11200	6353	4847	12384	6618	5766
淇滨区	8282	4627	3655	11352	6392	4960	13037	7049	5988
浚县									
淇县	372	212	160	539	327	212	434	222	212
新乡市	**59576**	**32769**	**26807**	**62543**	**33420**	**29123**	**61204**	**32551**	**28653**
红旗区	14587	8015	6572	17834	9647	8187	16761	9042	7719
卫滨区	8191	4438	3753	10087	5267	4820	10992	5759	5233
凤泉区	2348	1282	1066	2351	1248	1103	2406	1311	1095
牧野区	11680	6284	5396	12978	6932	6046	14053	7374	6679
新乡县	109	58	51	89	49	40	93	56	37
获嘉县									
原阳县									
延津县									
封丘县									
长垣县	358	222	136	394	234	160	271	166	105
卫辉市	7467	4139	3328	6060	3230	2830	6201	3196	3005
辉县市	14836	8331	6505	12750	6813	5937	10427	5647	4780
焦作市	**33543**	**17875**	**15668**	**47082**	**25478**	**21604**	**53480**	**28556**	**24924**
解放区	10520	5669	4851	14814	7982	6832	16513	8847	7666
中站区	2526	1326	1200	3167	1715	1452	3439	1887	1552
马村区	3000	1635	1365	3922	2143	1779	4203	2228	1975
山阳区	9035	4817	4218	12391	6653	5738	14666	7827	6839
修武县									
博爱县	31	18	13	28	13	15	26	12	14
武陟县	29	16	13	35	24	11	52	31	21
温县									
沁阳市	4503	2398	2105	6961	3904	3057	7289	4039	3250
孟州市	3899	1996	1903	5764	3044	2720	7292	3685	3607

1-7a 续表 6 单位：人

地区	1-4岁			5-9岁			10-14岁		
	小计	男	女	小计	男	女	小计	男	女
濮阳市	**22395**	**12501**	**9894**	**30372**	**16945**	**13427**	**31900**	**17599**	**14301**
华龙区	20639	11486	9153	28388	15801	12587	30050	16590	13460
清丰县									
南乐县	238	143	95	211	110	101	186	87	99
范县	1392	799	593	1629	947	682	1510	837	673
台前县									
濮阳县	126	73	53	144	87	57	154	85	69
许昌市	**43545**	**24123**	**19422**	**49632**	**27707**	**21925**	**45712**	**25549**	**20163**
魏都区	15855	8589	7266	20362	11147	9215	19592	10566	9026
许昌县	2699	1498	1201	2601	1495	1106	2031	1159	872
鄢陵县									
襄城县									
禹州市	12973	7236	5737	13863	7819	6044	13084	7560	5524
长葛市	12018	6800	5218	12806	7246	5560	11005	6264	4741
漯河市	**22249**	**12083**	**10166**	**26945**	**15224**	**11721**	**25470**	**14184**	**11286**
源汇区	6987	3765	3222	8650	4836	3814	8166	4509	3657
郾城区	8129	4446	3683	10293	5868	4425	10213	5760	4453
召陵区	7133	3872	3261	8002	4520	3482	7091	3915	3176
舞阳县									
临颍县									
三门峡市	**20481**	**10828**	**9653**	**28756**	**15188**	**13568**	**31596**	**16740**	**14856**
湖滨区	10262	5424	4838	14564	7563	7001	15765	8180	7585
渑池县									
陕县	104	60	44	114	62	52	120	61	59
卢氏县									
义马市	5052	2660	2392	6491	3425	3066	6976	3735	3241
灵宝市	5063	2684	2379	7587	4138	3449	8735	4764	3971
南阳市	**51181**	**28611**	**22570**	**58964**	**31911**	**27053**	**55024**	**29522**	**25502**
宛城区	18072	9945	8127	19128	10090	9038	16413	8611	7802
卧龙区	20502	11211	9291	23711	12623	11088	21496	11146	10350
南召县									
方城县									
西峡县									
镇平县									
内乡县									
淅川县									
社旗县									
唐河县									
新野县									
桐柏县									
邓州市	12607	7455	5152	16125	9198	6927	17115	9765	7350

1-7a 续表 7

单位：人

地区	1-4岁			5-9岁			10-14岁		
	小计	男	女	小计	男	女	小计	男	女
商丘市	**38343**	**22150**	**16193**	**46562**	**26997**	**19565**	**55519**	**30986**	**24533**
梁园区	12624	7106	5518	17246	9821	7425	21155	11553	9602
睢阳区	9723	5669	4054	11940	6954	4986	13861	7842	6019
民权县									
睢县									
宁陵县									
柘城县									
虞城县									
夏邑县									
永城市	15996	9375	6621	17376	10222	7154	20503	11591	8912
信阳市	**24511**	**13470**	**11041**	**24960**	**13509**	**11451**	**26521**	**13892**	**12629**
浉河区	12188	6695	5493	14186	7701	6485	15536	8168	7368
平桥区	12323	6775	5548	10774	5808	4966	10985	5724	5261
罗山县									
光山县									
新县									
商城县									
固始县									
潢川县									
淮滨县									
息县									
周口市	**28566**	**16114**	**12452**	**40549**	**23293**	**17256**	**47731**	**27284**	**20447**
川汇区	13806	7666	6140	18619	10551	8068	20893	11941	8952
扶沟县									
西华县									
商水县									
沈丘县	49	29	20	51	28	23	46	32	14
郸城县	497	249	248	640	338	302	836	472	364
淮阳县	2679	1490	1189	3025	1709	1316	3178	1797	1381
太康县									
鹿邑县									
项城市	11535	6680	4855	18214	10667	7547	22778	13042	9736
驻马店市	**21238**	**11762**	**9476**	**24781**	**13816**	**10965**	**23664**	**12912**	**10752**
驿城区	21238	11762	9476	24781	13816	10965	23664	12912	10752
西平县									
上蔡县									
平舆县									
正阳县									
确山县									
泌阳县									
汝南县									
遂平县									
新蔡县									
济源市	**10973**	**5776**	**5197**	**13486**	**7334**	**6152**	**13442**	**7343**	**6099**
济源市	10973	5776	5197	13486	7334	6152	13442	7343	6099

1-7a 续表 8

单位：人

地区	15-19岁			20-24岁			25-29岁		
	小计	男	女	小计	男	女	小计	男	女
总 计	**1488278**	**758763**	**729515**	**2233929**	**1096166**	**1137763**	**1421923**	**692596**	**729327**
郑州市	**384326**	**203280**	**181046**	**729430**	**360659**	**368771**	**462881**	**230920**	**231961**
中原区	67233	36010	31223	129025	67569	61456	75523	37261	38262
二七区	45388	22920	22468	81688	40625	41063	51252	23908	27344
管城回族区	34448	17533	16915	58331	29221	29110	53616	26358	27258
金水区	93457	47527	45930	281325	138811	142514	188537	97375	91162
上街区	7269	3662	3607	8763	4237	4526	7694	3581	4113
惠济区	14801	6613	8188	39643	16023	23620	15985	8010	7975
中牟县	46	31	15	54	30	24	30	13	17
巩义市	17356	8593	8763	23031	10907	12124	12718	6120	6598
荥阳市	23853	12264	11589	22162	11348	10814	16461	7860	8601
新密市	26308	13926	12382	25832	13453	12379	18782	9536	9246
新郑市	26244	13575	12669	45044	20860	24184	13341	6687	6654
登封市	27923	20626	7297	14532	7575	6957	8942	4211	4731
开封市	**45589**	**22701**	**22888**	**89344**	**44103**	**45241**	**48809**	**22843**	**25966**
龙亭区	7112	3001	4111	11629	4779	6850	6200	2889	3311
顺河回族区	10313	5353	4960	16141	7683	8458	12537	5797	6740
鼓楼区	6473	3268	3205	9892	4570	5322	9244	4283	4961
禹王台区	5556	2844	2712	6719	3208	3511	6889	3211	3678
金明区	16135	8235	7900	44963	23863	21100	13939	6663	7276
杞县									
通许县									
尉氏县									
开封县									
兰考县									
洛阳市	**137323**	**69250**	**68073**	**184741**	**93050**	**91691**	**125033**	**59368**	**65665**
老城区	9252	4043	5209	10877	5145	5732	10599	4667	5932
西工区	22781	11702	11079	24622	12574	12048	25758	12732	13026
瀍河回族区	16680	9347	7333	13697	6943	6754	11043	5359	5684
涧西区	33927	17408	16519	54841	29468	25373	39555	18808	20747
吉利区	2334	1237	1097	2850	1488	1362	3117	1464	1653
洛龙区	26817	13010	13807	55982	26390	29592	19310	8783	10527
孟津县	521	244	277	140	68	72	89	44	45
新安县									
栾川县									
嵩县	1694	420	1274	171	57	114	88	34	54
汝阳县									
宜阳县									
洛宁县									
伊川县	449	239	210	509	240	269	389	181	208
偃师市	22868	11600	11268	21052	10677	10375	15085	7296	7789

1-7a 续表 9 单位：人

地区	15-19岁			20-24岁			25-29岁		
	小计	男	女	小计	男	女	小计	男	女
平顶山市	**81494**	**41432**	**40062**	**123506**	**62936**	**60570**	**79697**	**39510**	**40187**
新华区	22143	10554	11589	45037	23055	21982	21025	10893	10132
卫东区	15688	8059	7629	20667	10279	10388	18692	9095	9597
石龙区	2260	1178	1082	4717	2435	2282	2944	1518	1426
湛河区	16482	8536	7946	21430	11122	10308	14798	7033	7765
宝丰县	47	23	24	135	71	64	65	36	29
叶县									
鲁山县									
郏县									
舞钢市	6393	3448	2945	9444	4852	4592	9765	4836	4929
汝州市	18481	9634	8847	22076	11122	10954	12408	6099	6309
安阳市	**80758**	**40218**	**40540**	**120174**	**56636**	**63538**	**76279**	**35559**	**40720**
文峰区	22649	11255	11394	49727	22843	26884	22035	10274	11761
北关区	16080	6810	9270	16043	7660	8383	13728	6315	7413
殷都区	12797	6467	6330	15049	7454	7595	14131	6788	7343
龙安区	6325	3394	2931	10379	5045	5334	8385	3924	4461
安阳县	2310	1219	1091	4334	2056	2278	2767	1335	1432
汤阴县	48	28	20	74	43	31	41	21	20
滑县									
内黄县	15	5	10	26	12	14	24	12	12
林州市	20534	11040	9494	24542	11523	13019	15168	6890	8278
鹤壁市	**36712**	**18841**	**17871**	**46108**	**23042**	**23066**	**30583**	**15067**	**15516**
鹤山区	7085	3802	3283	11334	5741	5593	7299	3698	3601
山城区	14321	7372	6949	17462	9207	8255	12109	6049	6060
淇滨区	14949	7481	7468	16751	7849	8902	10860	5184	5676
浚县									
淇县	357	186	171	561	245	316	315	136	179
新乡市	**85404**	**41982**	**43422**	**167177**	**78144**	**89033**	**83233**	**40689**	**42544**
红旗区	24116	11423	12693	66561	30349	36212	22809	10623	12186
卫滨区	10209	5330	4879	15575	8121	7454	12902	6108	6794
凤泉区	2166	1159	1007	4750	2916	1834	4041	2446	1595
牧野区	16488	8049	8439	40492	17238	23254	17579	8780	8799
新乡县	42	21	21	176	82	94	84	38	46
获嘉县									
原阳县									
延津县									
封丘县									
长垣县	263	149	114	420	216	204	331	157	174
卫辉市	12239	5422	6817	11829	5602	6227	8046	3981	4065
辉县市	19881	10429	9452	27374	13620	13754	17441	8556	8885
焦作市	**74242**	**37454**	**36788**	**102978**	**55585**	**47393**	**59036**	**28722**	**30314**
解放区	20699	10788	9911	27458	15439	12019	19153	9458	9695
中站区	3964	1974	1990	4523	2212	2311	3749	1757	1992
马村区	4683	2407	2276	5950	3169	2781	4465	2359	2106
山阳区	21166	10699	10467	45636	25090	20546	16587	7949	8638
修武县									
博爱县	39	21	18	27	14	13	50	26	24
武陟县	47	25	22	53	18	35	40	18	22
温县									
沁阳市	15263	7349	7914	9616	4794	4822	7489	3561	3928
孟州市	8381	4191	4190	9715	4849	4866	7503	3594	3909

1-7a 续表 10

单位：人

地区	15-19岁			20-24岁			25-29岁		
	小计	男	女	小计	男	女	小计	男	女
濮阳市	**38418**	**19839**	**18579**	**37619**	**18361**	**19258**	**34475**	**15984**	**18491**
华龙区	35315	18230	17085	34819	17014	17805	32614	15104	17510
清丰县									
南乐县	140	65	75	246	118	128	205	100	105
范县	2715	1416	1299	2177	1053	1124	1468	685	783
台前县									
濮阳县	248	128	120	377	176	201	188	95	93
许昌市	**85474**	**42315**	**43159**	**103039**	**49287**	**53752**	**71575**	**34688**	**36887**
魏都区	41086	18465	22621	57588	26555	31033	38683	18483	20200
许昌县	2460	1296	1164	4194	1977	2217	3314	1635	1679
鄢陵县									
襄城县									
禹州市	25607	13963	11644	21545	10944	10601	15489	7746	7743
长葛市	16321	8591	7730	19712	9811	9901	14089	6824	7265
漯河市	**46320**	**23480**	**22840**	**50906**	**23825**	**27081**	**40797**	**19512**	**21285**
源汇区	12238	5787	6451	19455	8239	11216	13195	6129	7066
郾城区	25216	13283	11933	18143	9079	9064	15501	7450	8051
召陵区	8866	4410	4456	13308	6507	6801	12101	5933	6168
舞阳县									
临颍县									
三门峡市	**43112**	**22223**	**20889**	**47795**	**23932**	**23863**	**41626**	**20212**	**21414**
湖滨区	18955	10105	8850	23494	11710	11784	22043	10740	11303
渑池县									
陕县	193	107	86	238	111	127	139	73	66
卢氏县									
义马市	8456	4359	4097	10510	5266	5244	8242	4053	4189
灵宝市	15508	7652	7856	13553	6845	6708	11202	5346	5856
南阳市	**91467**	**45816**	**45651**	**106981**	**52929**	**54052**	**68589**	**33509**	**35080**
宛城区	25436	13841	11595	37560	20712	16848	20900	9814	11086
卧龙区	34150	15221	18929	45675	19670	26005	25522	11835	13687
南召县									
方城县									
西峡县									
镇平县									
内乡县									
淅川县									
社旗县									
唐河县									
新野县									
桐柏县									
邓州市	31881	16754	15127	23746	12547	11199	22167	11860	10307

1-7a 续表 11

单位：人

地区	15-19岁			20-24岁			25-29岁		
	小计	男	女	小计	男	女	小计	男	女
商丘市	**86024**	**43572**	**42452**	**124017**	**62266**	**61751**	**64247**	**31663**	**32584**
梁园区	30233	15023	15210	56805	27161	29644	25486	12151	13335
睢阳区	19132	9701	9431	28421	15152	13269	15981	7952	8029
民权县									
睢县									
宁陵县									
柘城县									
虞城县									
夏邑县									
永城市	36659	18848	17811	38791	19953	18838	22780	11560	11220
信阳市	**45710**	**20373**	**25337**	**67873**	**26408**	**41465**	**31264**	**14312**	**16952**
浉河区	28871	11779	17092	45995	16659	29336	18442	8338	10104
平桥区	16839	8594	8245	21878	9749	12129	12822	5974	6848
罗山县									
光山县									
新县									
商城县									
固始县									
潢川县									
淮滨县									
息县									
周口市	**73025**	**38289**	**34736**	**71567**	**34086**	**37481**	**48994**	**23119**	**25875**
川汇区	24971	12492	12479	38168	17093	21075	22815	10605	12210
扶沟县									
西华县									
商水县									
沈丘县	31	13	18	69	35	34	43	21	22
郸城县	788	391	397	695	338	357	516	212	304
淮阳县	2749	1468	1281	3787	1774	2013	2819	1208	1611
太康县									
鹿邑县									
项城市	44486	23925	20561	28848	14846	14002	22801	11073	11728
驻马店市	**28248**	**14516**	**13732**	**33077**	**16603**	**16474**	**34405**	**16864**	**17541**
驿城区	28248	14516	13732	33077	16603	16474	34405	16864	17541
西平县									
上蔡县									
平舆县									
正阳县									
确山县									
泌阳县									
汝南县									
遂平县									
新蔡县									
济源市	**24632**	**13182**	**11450**	**27597**	**14314**	**13283**	**20400**	**10055**	**10345**
济源市	24632	13182	11450	27597	14314	13283	20400	10055	10345

1-7a 续表 12 单位：人

地　区	30-34岁			35-39岁			40-44岁		
	小计	男	女	小计	男	女	小计	男	女
总　计	**1532648**	**757207**	**775441**	**1811117**	**913206**	**897911**	**1736405**	**890373**	**846032**
郑州市	**413145**	**208787**	**204358**	**439371**	**225439**	**213932**	**403354**	**210387**	**192967**
中原区	70503	35210	35293	78253	39848	38405	73099	38141	34958
二七区	52074	25439	26635	55720	27365	28355	51111	26071	25040
管城回族区	51175	26272	24903	50910	26642	24268	44473	23574	20899
金水区	142020	73222	68798	134196	70208	63988	110990	58854	52136
上街区	8961	4168	4793	12257	5881	6376	13646	7101	6545
惠济区	15703	8198	7505	13939	7577	6362	10829	5818	5011
中牟县	19	10	9	56	28	28	74	37	37
巩义市	12312	6066	6246	16106	7919	8187	16459	8363	8096
荥阳市	16367	8125	8242	20797	10510	10287	21549	10928	10621
新密市	20473	10454	10019	26207	13706	12501	29758	15501	14257
新郑市	13316	6752	6564	19325	9900	9425	19468	10093	9375
登封市	10222	4871	5351	11605	5855	5750	11898	5906	5992
开封市	**50785**	**24400**	**26385**	**62158**	**30831**	**31327**	**63773**	**32164**	**31609**
龙亭区	6287	3047	3240	7449	3577	3872	7417	3718	3699
顺河回族区	13958	6503	7455	18224	8795	9429	18650	9363	9287
鼓楼区	9393	4381	5012	11675	5653	6022	12693	6234	6459
禹王台区	6650	3181	3469	8420	4041	4379	9740	4811	4929
金明区	14497	7288	7209	16390	8765	7625	15273	8038	7235
杞县									
通许县									
尉氏县									
开封县									
兰考县									
洛阳市	**141648**	**68175**	**73473**	**171780**	**85462**	**86318**	**168226**	**87722**	**80504**
老城区	13145	6245	6900	14428	7229	7199	13554	7084	6470
西工区	29705	14803	14902	36097	18522	17575	34263	18312	15951
瀍河回族区	12319	5968	6351	14587	7220	7367	14825	7498	7327
涧西区	47622	22226	25396	58143	28196	29947	59094	30917	28177
吉利区	4004	1860	2144	5241	2523	2718	5459	2844	2615
洛龙区	19051	9353	9698	20798	10544	10254	19504	10087	9417
孟津县	83	46	37	80	39	41	124	61	63
新安县									
栾川县									
嵩县	97	48	49	118	61	57	149	73	76
汝阳县									
宜阳县									
洛宁县									
伊川县	393	196	197	453	248	205	374	187	187
偃师市	15229	7430	7799	21835	10880	10955	20880	10659	10221

1-7a 续表 13

单位：人

地 区	30-34岁			35-39岁			40-44岁		
	小计	男	女	小计	男	女	小计	男	女
平顶山市	**94390**	**47503**	**46887**	**124094**	**62971**	**61123**	**122425**	**63349**	**59076**
新华区	25251	13489	11762	33982	17868	16114	32083	16991	15092
卫东区	23093	11144	11949	32890	16246	16644	34565	17749	16816
石龙区	3716	2020	1696	4724	2562	2162	4597	2627	1970
湛河区	18275	8953	9322	23007	11617	11390	21020	10679	10341
宝丰县	50	29	21	109	58	51	92	43	49
叶县									
鲁山县									
郏县									
舞钢市	11689	5798	5891	12978	6428	6550	13134	6707	6427
汝州市	12316	6070	6246	16404	8192	8212	16934	8553	8381
安阳市	**99712**	**47555**	**52157**	**123269**	**60423**	**62846**	**108400**	**54039**	**54361**
文峰区	29948	14318	15630	34732	17109	17623	30743	15437	15306
北关区	18956	8821	10135	24661	12026	12635	22157	11105	11052
殷都区	21170	10387	10783	24812	12624	12188	21739	11309	10430
龙安区	10850	5318	5532	11844	6010	5834	10520	5408	5112
安阳县	3380	1645	1735	3633	1833	1800	3490	1730	1760
汤阴县	34	20	14	68	35	33	63	31	32
滑县									
内黄县	17	10	7	19	7	12	17	10	7
林州市	15357	7036	8321	23500	10779	12721	19671	9009	10662
鹤壁市	**36858**	**18381**	**18477**	**51075**	**25635**	**25440**	**51383**	**26517**	**24866**
鹤山区	8064	4179	3885	10777	5587	5190	11704	6253	5451
山城区	14432	7232	7200	20963	10551	10412	21576	11034	10542
淇滨区	14042	6810	7232	18967	9316	9651	17736	9048	8688
浚县									
淇县	320	160	160	368	181	187	367	182	185
新乡市	**91663**	**45901**	**45762**	**111707**	**56177**	**55530**	**116952**	**59477**	**57475**
红旗区	26071	12665	13406	30606	15135	15471	29867	15000	14867
卫滨区	15009	7178	7831	18932	8948	9984	19603	9622	9981
凤泉区	4742	2906	1836	5670	3463	2207	5376	3252	2124
牧野区	20929	10622	10307	27291	14043	13248	28085	14639	13446
新乡县	86	45	41	113	61	52	109	61	48
获嘉县									
原阳县									
延津县									
封丘县									
长垣县	327	173	154	345	169	176	412	195	217
卫辉市	9813	4855	4958	11598	5750	5848	12625	6337	6288
辉县市	14686	7457	7229	17152	8608	8544	20875	10371	10504
焦作市	**74566**	**36556**	**38010**	**90318**	**45523**	**44795**	**91223**	**46560**	**44663**
解放区	25251	12499	12752	31460	15857	15603	30743	15743	15000
中站区	4781	2396	2385	5738	2901	2837	6350	3262	3088
马村区	5168	2815	2353	7202	4126	3076	7262	4100	3162
山阳区	21374	10120	11254	25296	12356	12940	24720	12386	12334
修武县									
博爱县	23	13	10	24	13	11	37	18	19
武陟县	34	19	15	49	23	26	51	24	27
温县									
沁阳市	8561	4119	4442	10245	5046	5199	10857	5463	5394
孟州市	9374	4575	4799	10304	5201	5103	11203	5564	5639

1-7a 续表 14

单位：人

地区	30-34岁			35-39岁			40-44岁		
	小计	男	女	小计	男	女	小计	男	女
濮阳市	**43674**	**21023**	**22651**	**58795**	**28869**	**29926**	**50144**	**24489**	**25655**
华龙区	41972	20214	21758	56852	27943	28909	48009	23520	24489
清丰县									
南乐县	168	75	93	223	105	118	240	113	127
范县	1410	675	735	1546	728	818	1659	752	907
台前县									
濮阳县	124	59	65	174	93	81	236	104	132
许昌市	**79378**	**39449**	**39929**	**88683**	**44875**	**43808**	**92055**	**47141**	**44914**
魏都区	42251	20709	21542	44378	22303	22075	44761	23127	21634
许昌县	3126	1559	1567	3258	1641	1617	3530	1761	1769
鄢陵县									
襄城县									
禹州市	19295	9756	9539	23118	11823	11295	24573	12669	11904
长葛市	14706	7425	7281	17929	9108	8821	19191	9584	9607
漯河市	**46918**	**22763**	**24155**	**52195**	**25988**	**26207**	**49004**	**24950**	**24054**
源汇区	15622	7377	8245	17888	8738	9150	16691	8462	8229
郾城区	18812	9312	9500	20732	10482	10250	18790	9785	9005
召陵区	12484	6074	6410	13575	6768	6807	13523	6703	6820
舞阳县									
临颍县									
三门峡市	**47965**	**23347**	**24618**	**66973**	**33334**	**33639**	**59916**	**30808**	**29108**
湖滨区	25313	12499	12814	34300	17160	17140	31022	16021	15001
渑池县									
陕县	134	72	62	212	113	99	228	121	107
卢氏县									
义马市	9411	4503	4908	13083	6435	6648	12821	6428	6393
灵宝市	13107	6273	6834	19378	9626	9752	15845	8238	7607
南阳市	**88714**	**43609**	**45105**	**104149**	**52954**	**51195**	**97655**	**50218**	**47437**
宛城区	27148	12961	14187	32328	16336	15992	29950	15101	14849
卧龙区	35695	17137	18558	42517	21112	21405	37859	19311	18548
南召县									
方城县									
西峡县									
镇平县									
内乡县									
淅川县									
社旗县									
唐河县									
新野县									
桐柏县									
邓州市	25871	13511	12360	29304	15506	13798	29846	15806	14040

1-7a 续表 15 单位：人

地　区	30-34岁			35-39岁			40-44岁		
	小计	男	女	小计	男	女	小计	男	女
商丘市	**69157**	**34229**	**34928**	**83000**	**41830**	**41170**	**83236**	**41825**	**41411**
梁园区	28104	13536	14568	33248	16455	16793	33553	16921	16632
睢阳区	17738	8892	8846	20568	10629	9939	21293	10780	10513
民权县									
睢县									
宁陵县									
柘城县									
虞城县									
夏邑县									
永城市	23315	11801	11514	29184	14746	14438	28390	14124	14266
信阳市	**34243**	**16335**	**17908**	**52592**	**26339**	**26253**	**52715**	**27074**	**25641**
浉河区	20400	9617	10783	31493	15456	16037	31693	16258	15435
平桥区	13843	6718	7125	21099	10883	10216	21022	10816	10206
罗山县									
光山县									
新县									
商城县									
固始县									
潢川县									
淮滨县									
息县									
周口市	**52838**	**25796**	**27042**	**57520**	**28686**	**28834**	**57670**	**28435**	**29235**
川汇区	25592	12221	13371	29310	14574	14736	28240	14142	14098
扶沟县									
西华县									
商水县									
沈丘县	43	22	21	36	17	19	63	29	34
郸城县	476	227	249	539	245	294	675	303	372
淮阳县	2314	1058	1256	2528	1182	1346	3490	1588	1902
太康县									
鹿邑县									
项城市	24413	12268	12145	25107	12668	12439	25202	12373	12829
驻马店市	**45387**	**22645**	**22742**	**50095**	**26033**	**24062**	**47479**	**24691**	**22788**
驿城区	45387	22645	22742	50095	26033	24062	47479	24691	22788
西平县									
上蔡县									
平舆县									
正阳县									
确山县									
泌阳县									
汝南县									
遂平县									
新蔡县									
济源市	**21607**	**10753**	**10854**	**23343**	**11837**	**11506**	**20795**	**10527**	**10268**
济源市	21607	10753	10854	23343	11837	11506	20795	10527	10268

1-7a 续表 16 单位：人

地区	45-49岁			50-54岁			55-59岁		
	小计	男	女	小计	男	女	小计	男	女
总计	**1384679**	**713552**	**671127**	**972531**	**492728**	**479803**	**934074**	**458802**	**475272**
郑州市	**314295**	**165405**	**148890**	**218344**	**111821**	**106523**	**194638**	**96626**	**98012**
中原区	58193	31024	27169	42715	21919	20796	35425	17537	17888
二七区	43085	22339	20746	31867	16109	15758	27625	13663	13962
管城回族区	36010	19147	16863	25361	13151	12210	21456	10894	10562
金水区	84456	45484	38972	57762	29556	28206	50905	25109	25796
上街区	10957	5626	5331	7657	3984	3673	6132	3011	3121
惠济区	7958	4267	3691	5858	2990	2868	5713	2772	2941
中牟县	68	33	35	46	28	18	29	15	14
巩义市	12152	6171	5981	9019	4592	4427	8770	4367	4403
荥阳市	15635	7870	7765	11904	5908	5996	11683	5594	6089
新密市	22209	11530	10679	11791	6316	5475	12124	6198	5926
新郑市	14588	7362	7226	9076	4605	4471	10016	5010	5006
登封市	8984	4552	4432	5288	2663	2625	4760	2456	2304
开封市	**61907**	**31061**	**30846**	**52629**	**26217**	**26412**	**48942**	**24055**	**24887**
龙亭区	7274	3610	3664	6416	3211	3205	6518	3149	3369
顺河回族区	17808	8772	9036	14647	7208	7439	14062	6805	7257
鼓楼区	13182	6602	6580	11111	5508	5603	10066	4994	5072
禹王台区	9879	4930	4949	9020	4578	4442	7319	3744	3575
金明区	13764	7147	6617	11435	5712	5723	10977	5363	5614
杞县									
通许县									
尉氏县									
开封县									
兰考县									
洛阳市	**143707**	**74840**	**68867**	**109041**	**55468**	**53573**	**97693**	**48009**	**49684**
老城区	12556	6525	6031	9520	4836	4684	8185	4130	4055
西工区	30625	16208	14417	22539	11664	10875	19094	9381	9713
瀍河回族区	15017	7599	7418	12441	6504	5937	10494	5200	5294
涧西区	48951	25941	23010	33498	17083	16415	29772	14687	15085
吉利区	3503	1826	1677	2706	1359	1347	2510	1225	1285
洛龙区	16375	8419	7956	13989	6997	6992	12523	6078	6445
孟津县	112	55	57	88	47	41	96	48	48
新安县									
栾川县									
嵩县	137	70	67	108	41	67	71	41	30
汝阳县									
宜阳县									
洛宁县									
伊川县	318	160	158	216	104	112	249	119	130
偃师市	16113	8037	8076	13936	6833	7103	14699	7100	7599

1-7a 续表 17

单位：人

地区	45-49岁			50-54岁			55-59岁		
	小计	男	女	小计	男	女	小计	男	女
平顶山市	**92270**	**47866**	**44404**	**59433**	**30700**	**28733**	**56368**	**27645**	**28723**
新华区	23947	12498	11449	14462	7496	6966	13220	6391	6829
卫东区	26138	13535	12603	15355	8005	7350	12976	6444	6532
石龙区	3331	1876	1455	2215	1360	855	2790	1677	1113
湛河区	15868	8242	7626	11363	5745	5618	9723	4698	5025
宝丰县	69	36	33	28	17	11	52	25	27
叶县									
鲁山县									
郏县									
舞钢市	9758	5122	4636	6729	3507	3222	8029	3852	4177
汝州市	13159	6557	6602	9281	4570	4711	9578	4558	5020
安阳市	**86742**	**43887**	**42855**	**67414**	**33400**	**34014**	**64651**	**31312**	**33339**
文峰区	25881	13349	12532	20005	10031	9974	18082	8911	9171
北关区	18405	9446	8959	13722	6936	6786	11732	5724	6008
殷都区	17448	9127	8321	12632	6351	6281	12962	6378	6584
龙安区	8482	4328	4154	6931	3571	3360	6720	3279	3441
安阳县	2947	1413	1534	2324	1083	1241	2340	1113	1227
汤阴县	39	16	23	41	20	21	43	23	20
滑县									
内黄县	14	7	7	18	9	9	20	12	8
林州市	13526	6201	7325	11741	5399	6342	12752	5872	6880
鹤壁市	**40280**	**20746**	**19534**	**26002**	**13589**	**12413**	**23199**	**11641**	**11558**
鹤山区	9582	5129	4453	6390	3487	2903	5031	2560	2471
山城区	17523	9000	8523	10943	5775	5168	9352	4677	4675
淇滨区	12862	6475	6387	8444	4219	4225	8563	4270	4293
浚县									
淇县	313	142	171	225	108	117	253	134	119
新乡市	**97643**	**49705**	**47938**	**75721**	**38146**	**37575**	**71439**	**34966**	**36473**
红旗区	24843	12624	12219	19252	9715	9537	18385	8967	9418
卫滨区	17275	8547	8728	13656	6798	6858	12599	6125	6474
凤泉区	3833	2236	1597	2862	1589	1273	2510	1276	1234
牧野区	23926	12568	11358	18297	9515	8782	16255	8039	8216
新乡县	75	36	39	90	45	45	75	39	36
获嘉县									
原阳县									
延津县									
封丘县									
长垣县	258	128	130	228	113	115	294	137	157
卫辉市	10916	5488	5428	8324	4172	4152	7833	3765	4068
辉县市	16517	8078	8439	13012	6199	6813	13488	6618	6870
焦作市	**75035**	**38822**	**36213**	**54919**	**27821**	**27098**	**52550**	**25898**	**26652**
解放区	25360	13218	12142	18582	9459	9123	16927	8312	8615
中站区	5271	2797	2474	4194	2127	2067	3682	1882	1800
马村区	5815	3408	2407	3850	2211	1639	3418	1861	1557
山阳区	20616	10449	10167	14231	7122	7109	13726	6690	7036
修武县									
博爱县	33	18	15	33	13	20	34	20	14
武陟县	30	16	14	34	18	16	36	17	19
温县									
沁阳市	8702	4349	4353	6652	3259	3393	6742	3195	3547
孟州市	9208	4567	4641	7343	3612	3731	7985	3921	4064

1-7a 续表 18 单位：人

地区	45-49岁			50-54岁			55-59岁		
	小计	男	女	小计	男	女	小计	男	女
濮阳市	**33044**	**17041**	**16003**	**21089**	**10218**	**10871**	**23487**	**11156**	**12331**
华龙区	31456	16304	15152	19836	9619	10217	22118	10475	11643
清丰县									
南乐县	193	91	102	201	98	103	211	102	109
范县	1213	562	651	916	437	479	1026	507	519
台前县									
濮阳县	182	84	98	136	64	72	132	72	60
许昌市	**73893**	**37409**	**36484**	**49065**	**24460**	**24605**	**52502**	**25891**	**26611**
魏都区	36816	18961	17855	25839	13056	12783	25181	12373	12808
许昌县	2662	1316	1346	2003	1002	1001	2620	1234	1386
鄢陵县									
襄城县									
禹州市	19057	9616	9441	11095	5510	5585	13694	6849	6845
长葛市	15358	7516	7842	10128	4892	5236	11007	5435	5572
漯河市	**38544**	**19681**	**18863**	**26674**	**13446**	**13228**	**27934**	**13794**	**14140**
源汇区	13754	6953	6801	9574	4765	4809	9835	4836	4999
郾城区	13615	7113	6502	8996	4583	4413	9848	4977	4871
召陵区	11175	5615	5560	8104	4098	4006	8251	3981	4270
舞阳县									
临颍县									
三门峡市	**45426**	**23605**	**21821**	**32767**	**16821**	**15946**	**27135**	**13831**	**13304**
湖滨区	24431	12761	11670	17235	8914	8321	13961	7129	6832
渑池县									
陕县	238	119	119	164	83	81	137	71	66
卢氏县									
义马市	9520	4963	4557	6430	3328	3102	5976	3025	2951
灵宝市	11237	5762	5475	8938	4496	4442	7061	3606	3455
南阳市	**76082**	**39093**	**36989**	**47548**	**24022**	**23526**	**49376**	**23194**	**26182**
宛城区	24105	12259	11846	15315	7546	7769	15611	7241	8370
卧龙区	29466	15184	14282	18929	9553	9376	20280	9382	10898
南召县									
方城县									
西峡县									
镇平县									
内乡县									
淅川县									
社旗县									
唐河县									
新野县									
桐柏县									
邓州市	22511	11650	10861	13304	6923	6381	13485	6571	6914

1-7a 续表 19

单位：人

地区	45-49岁			50-54岁			55-59岁		
	小计	男	女	小计	男	女	小计	男	女
商丘市	**60544**	**30446**	**30098**	**36326**	**18411**	**17915**	**43065**	**20988**	**22077**
梁园区	26511	13288	13223	16752	8426	8326	19068	9223	9845
睢阳区	15304	7707	7597	9801	4986	4815	12335	5947	6388
民权县									
睢县									
宁陵县									
柘城县									
虞城县									
夏邑县									
永城市	18729	9451	9278	9773	4999	4774	11662	5818	5844
信阳市	**48596**	**24711**	**23885**	**29096**	**14884**	**14212**	**30826**	**15136**	**15690**
浉河区	29497	15114	14383	17880	9125	8755	18432	9056	9376
平桥区	19099	9597	9502	11216	5759	5457	12394	6080	6314
罗山县									
光山县									
新县									
商城县									
固始县									
潢川县									
淮滨县									
息县									
周口市	**41478**	**20755**	**20723**	**31309**	**15364**	**15945**	**30869**	**15196**	**15673**
川汇区	20342	10418	9924	16225	7971	8254	15630	7663	7967
扶沟县									
西华县									
商水县									
沈丘县	64	33	31	48	26	22	34	14	20
郸城县	551	261	290	370	189	181	548	270	278
淮阳县	2774	1262	1512	2072	935	1137	2549	1217	1332
太康县									
鹿邑县									
项城市	17747	8781	8966	12594	6243	6351	12108	6032	6076
驻马店市	**38254**	**19878**	**18376**	**21905**	**11225**	**10680**	**25603**	**12707**	**12896**
驿城区	38254	19878	18376	21905	11225	10680	25603	12707	12896
西平县									
上蔡县									
平舆县									
正阳县									
确山县									
泌阳县									
汝南县									
遂平县									
新蔡县									
济源市	**16939**	**8601**	**8338**	**13249**	**6715**	**6534**	**13797**	**6757**	**7040**
济源市	16939	8601	8338	13249	6715	6534	13797	6757	7040

1-7a 续表 20 单位：人

地 区	60-64岁			65-69岁			70-74岁		
	小计	男	女	小计	男	女	小计	男	女
总 计	**654201**	**316137**	**338064**	**463587**	**218855**	**244732**	**393455**	**186963**	**206492**
郑州市	**134978**	**65386**	**69592**	**95024**	**45026**	**49998**	**85900**	**40262**	**45638**
中原区	27576	13043	14533	20188	9550	10638	19196	8855	10341
二七区	18263	8816	9447	13783	6406	7377	13334	6120	7214
管城回族区	13383	6584	6799	9117	4299	4818	7868	3489	4379
金水区	33131	15912	17219	24748	11316	13432	23040	10586	12454
上街区	4487	2085	2402	3930	1684	2246	3823	1856	1967
惠济区	4203	2014	2189	2616	1271	1345	1844	905	939
中牟县	17	9	8	18	8	10	16	5	11
巩义市	6363	3119	3244	3887	1945	1942	3117	1472	1645
荥阳市	8537	4176	4361	5353	2749	2604	4092	2189	1903
新密市	9036	4611	4425	5269	2640	2629	4357	2157	2200
新郑市	6804	3359	3445	4197	2151	2046	3747	1877	1870
登封市	3178	1658	1520	1918	1007	911	1466	751	715
开封市	**31909**	**15336**	**16573**	**24182**	**11118**	**13064**	**21219**	**9562**	**11657**
龙亭区	4015	1975	2040	2818	1267	1551	2608	1165	1443
顺河回族区	10347	4820	5527	8150	3723	4427	7146	3297	3849
鼓楼区	6177	2959	3218	4848	2178	2670	4466	1916	2550
禹王台区	4249	2019	2230	3525	1582	1943	3275	1392	1883
金明区	7121	3563	3558	4841	2368	2473	3724	1792	1932
杞县									
通许县									
尉氏县									
开封县									
兰考县									
洛阳市	**73365**	**34912**	**38453**	**55719**	**25936**	**29783**	**50628**	**23925**	**26703**
老城区	5749	2764	2985	4268	1906	2362	3919	1707	2212
西工区	14931	7159	7772	11691	5378	6313	10989	5058	5931
瀍河回族区	7217	3521	3696	5395	2513	2882	4825	2230	2595
涧西区	23403	11025	12378	19504	8835	10669	20074	9668	10406
吉利区	2186	952	1234	1692	849	843	1173	612	561
洛龙区	9054	4250	4804	6218	2976	3242	4411	2123	2288
孟津县	68	32	36	49	23	26	32	14	18
新安县									
栾川县									
嵩县	56	27	29	39	17	22	38	22	16
汝阳县									
宜阳县									
洛宁县									
伊川县	154	77	77	122	60	62	87	38	49
偃师市	10547	5105	5442	6741	3379	3362	5080	2453	2627

1-7a 续表 21

单位：人

地区	60-64岁			65-69岁			70-74岁		
	小计	男	女	小计	男	女	小计	男	女
平顶山市	**43815**	**21895**	**21920**	**31212**	**14881**	**16331**	**27165**	**13642**	**13523**
新华区	11502	5631	5871	8641	4014	4627	7577	3747	3830
卫东区	10550	5018	5532	8182	3781	4401	7532	3767	3765
石龙区	2116	1263	853	988	564	424	701	363	338
湛河区	7709	3800	3909	5144	2470	2674	4420	2183	2237
宝丰县	30	12	18	31	13	18	18	10	8
叶县									
鲁山县									
郏县									
舞钢市	5288	2885	2403	4004	1951	2053	3462	1873	1589
汝州市	6620	3286	3334	4222	2088	2134	3455	1699	1756
安阳市	**45357**	**21024**	**24333**	**31022**	**14425**	**16597**	**24715**	**11272**	**13443**
文峰区	11345	5181	6164	8510	3935	4575	6945	3027	3918
北关区	8052	3702	4350	7005	3134	3871	6159	2755	3404
殷都区	9810	4672	5138	6849	3182	3667	5555	2633	2922
龙安区	4692	2148	2544	3044	1502	1542	2207	1042	1165
安阳县	1569	726	843	843	401	442	603	294	309
汤阴县	34	19	15	19	9	10	12	7	5
滑县									
内黄县	14	5	9	6	2	4	6	2	4
林州市	9841	4571	5270	4746	2260	2486	3228	1512	1716
鹤壁市	**15836**	**7348**	**8488**	**13240**	**5897**	**7343**	**11506**	**5614**	**5892**
鹤山区	3674	1685	1989	3144	1345	1799	2965	1397	1568
山城区	6175	2863	3312	5557	2446	3111	4842	2361	2481
淇滨区	5817	2722	3095	4457	2070	2387	3621	1820	1801
浚县									
淇县	170	78	92	82	36	46	78	36	42
新乡市	**48519**	**22920**	**25599**	**33892**	**15758**	**18134**	**30635**	**14138**	**16497**
红旗区	12166	5808	6358	8662	4027	4635	7737	3658	4079
卫滨区	8174	3741	4433	5929	2784	3145	5665	2535	3130
凤泉区	1861	887	974	1263	625	638	1104	514	590
牧野区	12093	5637	6456	9930	4454	5476	9551	4413	5138
新乡县	58	20	38	32	21	11	26	12	14
获嘉县									
原阳县									
延津县									
封丘县									
长垣县	238	134	104	140	69	71	78	35	43
卫辉市	5171	2432	2739	3255	1522	1733	2981	1288	1693
辉县市	8758	4261	4497	4681	2256	2425	3493	1683	1810
焦作市	**33237**	**15896**	**17341**	**24902**	**11687**	**13215**	**21700**	**10383**	**11317**
解放区	10995	5160	5835	8850	4044	4806	8170	3855	4315
中站区	2372	1105	1267	1910	833	1077	1861	847	1014
马村区	2073	995	1078	1885	828	1057	1625	757	868
山阳区	8735	4141	4594	6580	3052	3528	5933	2889	3044
修武县									
博爱县	22	7	15	8	4	4	2	1	1
武陟县	16	7	9	9	3	6	7	2	5
温县									
沁阳市	3965	1804	2161	2679	1297	1382	1783	827	956
孟州市	5059	2677	2382	2981	1626	1355	2319	1205	1114

1-7a 续表 22 单位：人

地 区	60-64岁			65-69岁			70-74岁		
	小计	男	女	小计	男	女	小计	男	女
濮阳市	**20339**	**9830**	**10509**	**12643**	**6079**	**6564**	**8581**	**4584**	**3997**
华龙区	19210	9247	9963	11963	5736	6227	8118	4351	3767
清丰县									
南乐县	151	69	82	66	32	34	82	43	39
范县	858	460	398	522	264	258	317	166	151
台前县									
濮阳县	120	54	66	92	47	45	64	24	40
许昌市	**35383**	**17225**	**18158**	**22261**	**10796**	**11465**	**19594**	**9340**	**10254**
魏都区	16751	8036	8715	11137	5217	5920	10449	4822	5627
许昌县	1733	827	906	981	455	526	770	376	394
鄢陵县									
襄城县									
禹州市	9815	4771	5044	5818	2954	2864	4718	2330	2388
长葛市	7084	3591	3493	4325	2170	2155	3657	1812	1845
漯河市	**18622**	**8918**	**9704**	**12824**	**6154**	**6670**	**10325**	**4999**	**5326**
源汇区	6142	2937	3205	4513	2013	2500	3829	1783	2046
郾城区	7105	3535	3570	4775	2490	2285	3716	1969	1747
召陵区	5375	2446	2929	3536	1651	1885	2780	1247	1533
舞阳县									
临颍县									
三门峡市	**20059**	**9978**	**10081**	**14030**	**6708**	**7322**	**12396**	**5946**	**6450**
湖滨区	10187	5109	5078	7348	3483	3865	6883	3248	3635
渑池县									
陕县	86	40	46	54	30	24	66	29	37
卢氏县									
义马市	4984	2459	2525	3627	1749	1878	2856	1470	1386
灵宝市	4802	2370	2432	3001	1446	1555	2591	1199	1392
南阳市	**37758**	**18801**	**18957**	**26853**	**13133**	**13720**	**20635**	**10322**	**10313**
宛城区	11579	5709	5870	8528	4079	4449	6841	3281	3560
卧龙区	16655	8272	8383	11371	5605	5766	9248	4804	4444
南召县									
方城县									
西峡县									
镇平县									
内乡县									
淅川县									
社旗县									
唐河县									
新野县									
桐柏县									
邓州市	9524	4820	4704	6954	3449	3505	4546	2237	2309

1-7a 续表 23

单位：人

地区	60-64岁			65-69岁			70-74岁		
	小计	男	女	小计	男	女	小计	男	女
商丘市	**27774**	**13468**	**14306**	**21804**	**10374**	**11430**	**15289**	**7369**	**7920**
梁园区	11843	5611	6232	9154	4226	4928	6451	3035	3416
睢阳区	7595	3658	3937	5999	2813	3186	4091	1966	2125
民权县									
睢县									
宁陵县									
柘城县									
虞城县									
夏邑县									
永城市	8336	4199	4137	6651	3335	3316	4747	2368	2379
信阳市	**20186**	**9899**	**10287**	**14392**	**6843**	**7549**	**10992**	**5087**	**5905**
浉河区	12466	6054	6412	9257	4309	4948	7266	3402	3864
平桥区	7720	3845	3875	5135	2534	2601	3726	1685	2041
罗山县									
光山县									
新县									
商城县									
固始县									
潢川县									
淮滨县									
息县									
周口市	**22163**	**10854**	**11309**	**15161**	**7092**	**8069**	**10639**	**4915**	**5724**
川汇区	10667	5093	5574	7611	3484	4127	5622	2532	3090
扶沟县									
西华县									
商水县									
沈丘县	30	17	13	18	7	11	13	5	8
郸城县	384	191	193	245	109	136	128	65	63
淮阳县	1769	882	887	1396	681	715	828	401	427
太康县									
鹿邑县									
项城市	9313	4671	4642	5891	2811	3080	4048	1912	2136
驻马店市	**15510**	**7923**	**7587**	**10303**	**4990**	**5313**	**7993**	**3941**	**4052**
驿城区	15510	7923	7587	10303	4990	5313	7993	3941	4052
西平县									
上蔡县									
平舆县									
正阳县									
确山县									
泌阳县									
汝南县									
遂平县									
新蔡县									
济源市	**9391**	**4524**	**4867**	**4123**	**1958**	**2165**	**3543**	**1662**	**1881**
济源市	9391	4524	4867	4123	1958	2165	3543	1662	1881

1-7a 续表 24 单位：人

地区	75-79岁			80-84岁			85-89岁		
	小计	男	女	小计	男	女	小计	男	女
总　计	**260265**	**125355**	**134910**	**129381**	**61102**	**68279**	**49756**	**19956**	**29800**
郑州市	**60197**	**29043**	**31154**	**30605**	**14981**	**15624**	**11764**	**4916**	**6848**
中原区	13187	6486	6701	5718	2889	2829	2072	914	1158
二七区	9704	4663	5041	5047	2458	2589	1961	862	1099
管城回族区	6120	2763	3357	3295	1466	1829	1322	521	801
金水区	16478	8030	8448	8354	4316	4038	3179	1393	1786
上街区	2346	1189	1157	1179	605	574	399	160	239
惠济区	1171	522	649	661	307	354	320	127	193
中牟县	9	4	5	8	3	5			
巩义市	1872	919	953	929	444	485	410	151	259
荥阳市	2537	1266	1271	1698	786	912	694	256	438
新密市	2995	1409	1586	1718	789	929	613	233	380
新郑市	2625	1228	1397	1408	648	760	591	215	376
登封市	1153	564	589	590	270	320	203	84	119
开封市	**15270**	**7199**	**8071**	**8086**	**3698**	**4388**	**3363**	**1316**	**2047**
龙亭区	1884	863	1021	1035	466	569	478	177	301
顺河回族区	4865	2422	2443	2370	1125	1245	949	395	554
鼓楼区	3369	1549	1820	1848	825	1023	748	298	450
禹王台区	2536	1068	1468	1453	632	821	622	233	389
金明区	2616	1297	1319	1380	650	730	566	213	353
杞县									
通许县									
尉氏县									
开封县									
兰考县									
洛阳市	**32661**	**16220**	**16441**	**15534**	**7448**	**8086**	**5643**	**2358**	**3285**
老城区	2893	1364	1529	1537	716	821	557	201	356
西工区	7544	3758	3786	3292	1775	1517	1018	511	507
瀍河回族区	3250	1617	1633	1600	757	843	622	278	344
涧西区	11733	6207	5526	4805	2528	2277	1547	709	838
吉利区	657	338	319	290	128	162	107	41	66
洛龙区	2985	1361	1624	1743	667	1076	717	248	469
孟津县	30	16	14	11	4	7	5	2	3
新安县									
栾川县									
嵩县	31	14	17	13	4	9	6	2	4
汝阳县									
宜阳县									
洛宁县									
伊川县	73	36	37	36	15	21	20	8	12
偃师市	3465	1509	1956	2207	854	1353	1044	358	686

1-7a 续表 25

单位：人

地区	75-79岁			80-84岁			85-89岁		
	小计	男	女	小计	男	女	小计	男	女
平顶山市	**16230**	**8252**	**7978**	**7167**	**3534**	**3633**	**2704**	**1119**	**1585**
新华区	4059	2108	1951	1730	907	823	561	269	292
卫东区	3812	1973	1839	1434	735	699	478	190	288
石龙区	404	208	196	191	88	103	63	25	38
湛河区	2694	1392	1302	1045	542	503	390	174	216
宝丰县	12	5	7	10	3	7	5	1	4
叶县									
鲁山县									
郏县									
舞钢市	2558	1342	1216	1351	650	701	603	257	346
汝州市	2691	1224	1467	1406	609	797	604	203	401
安阳市	**15128**	**6864**	**8264**	**7280**	**3124**	**4156**	**2658**	**922**	**1736**
文峰区	4211	1906	2305	2203	903	1300	871	285	586
北关区	3692	1712	1980	1700	811	889	594	238	356
殷都区	3204	1517	1687	1561	717	844	502	188	314
龙安区	1233	559	674	563	216	347	201	62	139
安阳县	467	177	290	236	81	155	98	22	76
汤阴县	6	2	4	3	2	1	1		1
滑县									
内黄县	6	2	4	3	1	2	1	1	
林州市	2309	989	1320	1011	393	618	390	126	264
鹤壁市	**6054**	**2907**	**3147**	**2636**	**1239**	**1397**	**897**	**383**	**514**
鹤山区	1610	773	837	669	331	338	217	97	120
山城区	2536	1212	1324	1045	501	544	360	164	196
淇滨区	1861	905	956	899	398	501	310	120	190
浚县									
淇县	47	17	30	23	9	14	10	2	8
新乡市	**19440**	**9314**	**10126**	**9855**	**4647**	**5208**	**3854**	**1521**	**2333**
红旗区	4751	2319	2432	2323	1096	1227	875	366	509
卫滨区	3947	1885	2062	2023	995	1028	802	332	470
凤泉区	651	311	340	319	164	155	113	40	73
牧野区	5515	2681	2834	2803	1390	1413	1110	473	637
新乡县	20	10	10	6	1	5	5	2	3
获嘉县									
原阳县									
延津县									
封丘县									
长垣县	45	20	25	54	15	39	12	1	11
卫辉市	2067	914	1153	1008	427	581	409	147	262
辉县市	2444	1174	1270	1319	559	760	528	160	368
焦作市	**13152**	**6469**	**6683**	**6686**	**3079**	**3607**	**2551**	**1011**	**1540**
解放区	4627	2328	2299	2300	1094	1206	882	358	524
中站区	1241	557	684	684	307	377	248	77	171
马村区	1011	494	517	495	221	274	179	69	110
山阳区	3431	1695	1736	1684	832	852	639	286	353
修武县									
博爱县	9	4	5	5	1	4			
武陟县	7	3	4	7	2	5	1		1
温县									
沁阳市	1237	592	645	644	260	384	240	85	155
孟州市	1589	796	793	867	362	505	362	136	226

1-7a 续表 26

单位：人

地 区	75-79岁			80-84岁			85-89岁		
	小计	男	女	小计	男	女	小计	男	女
濮阳市	**4459**	**2353**	**2106**	**1772**	**829**	**943**	**682**	**248**	**434**
华龙区	4109	2214	1895	1554	744	810	578	211	367
清丰县									
南乐县	57	14	43	38	10	28	23	11	12
范县	263	109	154	164	70	94	73	24	49
台前县									
濮阳县	30	16	14	16	5	11	8	2	6
许昌市	**13740**	**6418**	**7322**	**7264**	**3262**	**4002**	**2802**	**1063**	**1739**
魏都区	6945	3322	3623	3423	1642	1781	1208	523	685
许昌县	633	265	368	369	147	222	189	72	117
鄢陵县									
襄城县									
禹州市	3508	1651	1857	1804	805	999	761	246	515
长葛市	2654	1180	1474	1668	668	1000	644	222	422
漯河市	**8064**	**3787**	**4277**	**4365**	**2080**	**2285**	**1964**	**770**	**1194**
源汇区	2957	1336	1621	1599	741	858	765	295	470
郾城区	2837	1498	1339	1439	766	673	628	259	369
召陵区	2270	953	1317	1327	573	754	571	216	355
舞阳县									
临颍县									
三门峡市	**8250**	**4001**	**4249**	**3554**	**1789**	**1765**	**1308**	**579**	**729**
湖滨区	4705	2331	2374	2039	1078	961	674	315	359
渑池县									
陕县	36	17	19	13	3	10	9	4	5
卢氏县									
义马市	1777	859	918	721	332	389	306	127	179
灵宝市	1732	794	938	781	376	405	319	133	186
南阳市	**12216**	**6157**	**6059**	**5258**	**2805**	**2453**	**2006**	**856**	**1150**
宛城区	4264	2138	2126	1805	902	903	714	308	406
卧龙区	5213	2766	2447	2151	1213	938	782	336	446
南召县									
方城县									
西峡县									
镇平县									
内乡县									
淅川县									
社旗县									
唐河县									
新野县									
桐柏县									
邓州市	2739	1253	1486	1302	690	612	510	212	298

1-7a 续表 27

单位：人

地 区	75-79岁			80-84岁			85-89岁		
	小计	男	女	小计	男	女	小计	男	女
商丘市	**12038**	**5559**	**6479**	**6736**	**2855**	**3881**	**2775**	**1046**	**1729**
梁园区	5277	2357	2920	2844	1187	1657	1161	461	700
睢阳区	3250	1532	1718	1796	746	1050	704	239	465
民权县									
睢县									
宁陵县									
柘城县									
虞城县									
夏邑县									
永城市	3511	1670	1841	2096	922	1174	910	346	564
信阳市	**7434**	**3539**	**3895**	**3754**	**1871**	**1883**	**1320**	**540**	**780**
浉河区	4705	2296	2409	2304	1195	1109	789	329	460
平桥区	2729	1243	1486	1450	676	774	531	211	320
罗山县									
光山县									
新县									
商城县									
固始县									
潢川县									
淮滨县									
息县									
周口市	**7227**	**3264**	**3963**	**4223**	**1733**	**2490**	**1617**	**572**	**1045**
川汇区	3905	1774	2131	2229	903	1326	814	292	522
扶沟县									
西华县									
商水县									
沈丘县	14	4	10	7	3	4	4	2	2
郸城县	137	60	77	86	34	52	26	11	15
淮阳县	687	307	380	437	163	274	178	60	118
太康县									
鹿邑县									
项城市	2484	1119	1365	1464	630	834	595	207	388
驻马店市	**6090**	**2845**	**3245**	**3181**	**1491**	**1690**	**1318**	**539**	**779**
驿城区	6090	2845	3245	3181	1491	1690	1318	539	779
西平县									
上蔡县									
平舆县									
正阳县									
确山县									
泌阳县									
汝南县									
遂平县									
新蔡县									
济源市	**2615**	**1164**	**1451**	**1425**	**637**	**788**	**530**	**197**	**333**
济源市	2615	1164	1451	1425	637	788	530	197	333

1-7a 续表 28

单位：人

地 区	90-94岁			95-99岁			100岁及以上		
	小计	男	女	小计	男	女	小计	男	女
总 计	**14136**	**4669**	**9467**	**3794**	**1120**	**2674**	**442**	**128**	**314**
郑州市	**3445**	**1185**	**2260**	**891**	**296**	**595**	**121**	**35**	**86**
中原区	552	185	367	143	46	97	11	6	5
二七区	553	208	345	157	59	98	17	4	13
管城回族区	445	163	282	84	24	60	19	6	13
金水区	925	365	560	255	100	155	54	17	37
上街区	139	38	101	22	4	18	4		4
惠济区	104	30	74	28	9	19	2		2
中牟县	1		1						
巩义市	121	34	87	26	7	19	2		2
荥阳市	216	56	160	53	16	37	2		2
新密市	148	39	109	48	9	39	6	1	5
新郑市	173	51	122	56	16	40	3	1	2
登封市	68	16	52	19	6	13	1		1
开封市	**1093**	**373**	**720**	**275**	**73**	**202**	**18**	**5**	**13**
龙亭区	169	53	116	43	17	26	4		4
顺河回族区	290	108	182	83	19	64	12	5	7
鼓楼区	275	95	180	58	16	42			
禹王台区	158	55	103	34	11	23			
金明区	201	62	139	57	10	47	2		2
杞县									
通许县									
尉氏县									
开封县									
兰考县									
洛阳市	**1549**	**487**	**1062**	**398**	**97**	**301**	**51**	**9**	**42**
老城区	154	51	103	33	7	26	7	4	3
西工区	248	91	157	83	23	60	6	1	5
瀍河回族区	154	50	104	59	18	41	4		4
涧西区	398	138	260	116	21	95	27	3	24
吉利区	38	11	27	9	2	7			
洛龙区	195	49	146	33	11	22	3		3
孟津县	2		2						
新安县									
栾川县									
嵩县	4	1	3						
汝阳县									
宜阳县									
洛宁县									
伊川县	7	1	6	1		1			
偃师市	349	95	254	64	15	49	4	1	3

1-7a 续表 29

单位：人

地 区	90-94岁			95-99岁			100岁及以上		
	小计	男	女	小计	男	女	小计	男	女
平顶山市	**804**	**264**	**540**	**258**	**69**	**189**	**58**	**30**	**28**
新华区	182	70	112	67	20	47			
卫东区	134	43	91	43	11	32	46	25	21
石龙区	20	5	15	14	5	9			
湛河区	97	33	64	30	7	23	1	1	
宝丰县	2	1	1						
叶县									
鲁山县									
郏县									
舞钢市	151	52	99	60	20	40	1	1	
汝州市	218	60	158	44	6	38	10	3	7
安阳市	**629**	**190**	**439**	**124**	**33**	**91**	**30**	**3**	**27**
文峰区	205	56	149	51	16	35	20	2	18
北关区	133	46	87	24	6	18	8	1	7
殷都区	130	50	80	26	6	20			
龙安区	36	8	28	8	3	5			
安阳县	31	7	24	2		2	1		1
汤阴县	1		1						
滑县									
内黄县									
林州市	93	23	70	13	2	11	1		1
鹤壁市	**190**	**68**	**122**	**38**	**8**	**30**	**4**	**1**	**3**
鹤山区	38	10	28	8	3	5			
山城区	87	39	48	19	2	17	3	1	2
淇滨区	63	19	44	10	3	7	1		1
浚县									
淇县	2		2	1		1			
新乡市	**1052**	**322**	**730**	**257**	**68**	**189**	**36**	**11**	**25**
红旗区	250	77	173	63	14	49	18	5	13
卫滨区	211	80	131	45	10	35	3	1	2
凤泉区	21	9	12	10	3	7			
牧野区	295	92	203	64	20	44	9	3	6
新乡县	2		2						
获嘉县									
原阳县									
延津县									
封丘县									
长垣县	8	3	5	1	1				
卫辉市	138	34	104	48	16	32	6	2	4
辉县市	127	27	100	26	4	22			
焦作市	**672**	**223**	**449**	**157**	**47**	**110**	**12**	**2**	**10**
解放区	214	73	141	49	20	29			
中站区	59	18	41	8	1	7	3	1	2
马村区	45	19	26	14	3	11	2		2
山阳区	156	59	97	49	15	34	6	1	5
修武县									
博爱县	1		1						
武陟县									
温县									
沁阳市	81	19	62	12	2	10			
孟州市	116	35	81	25	6	19	1		1

1-7a 续表 30 单位：人

地　区	90-94岁			95-99岁			100岁及以上		
	小计	男	女	小计	男	女	小计	男	女
濮阳市	**223**	**63**	**160**	**58**	**22**	**36**	**15**	**4**	**11**
华龙区	197	56	141	57	21	36	14	4	10
清丰县									
南乐县	1		1						
范县	23	6	17	1	1		1		1
台前县									
濮阳县	2	1	1						
许昌市	**765**	**244**	**521**	**237**	**60**	**177**	**9**	**1**	**8**
魏都区	314	123	191	102	34	68			
许昌县	59	15	44	12	3	9			
鄢陵县									
襄城县									
禹州市	209	56	153	77	22	55	5		5
长葛市	183	50	133	46	1	45	4	1	3
漯河市	**600**	**200**	**400**	**189**	**62**	**127**	**8**	**3**	**5**
源汇区	248	81	167	89	29	60			
郾城区	187	74	113	69	24	45	8	3	5
召陵区	165	45	120	31	9	22			
舞阳县									
临颍县									
三门峡市	**308**	**111**	**197**	**84**	**28**	**56**	**8**	**4**	**4**
湖滨区	166	68	98	50	15	35	4	1	3
渑池县									
陕县	1		1						
卢氏县									
义马市	74	25	49	22	8	14	4	3	1
灵宝市	67	18	49	12	5	7			
南阳市	**683**	**269**	**414**	**229**	**97**	**132**	**6**		**6**
宛城区	253	98	155	81	31	50			
卧龙区	282	117	165	96	42	54	6		6
南召县									
方城县									
西峡县									
镇平县									
内乡县									
淅川县									
社旗县									
唐河县									
新野县									
桐柏县									
邓州市	148	54	94	52	24	28			

1-7a 续表 31 单位：人

地 区	90-94岁			95-99岁			100岁及以上		
	小计	男	女	小计	男	女	小计	男	女
商丘市	**783**	**244**	**539**	**184**	**44**	**140**	**34**	**11**	**23**
梁园区	344	107	237	77	20	57	5		5
睢阳区	175	60	115	40	9	31	1	1	
民权县									
睢县									
宁陵县									
柘城县									
虞城县									
夏邑县									
永城市	264	77	187	67	15	52	28	10	18
信阳市	**275**	**106**	**169**	**77**	**18**	**59**	**1**		**1**
浉河区	170	68	102	47	13	34	1		1
平桥区	105	38	67	30	5	25			
罗山县									
光山县									
新县									
商城县									
固始县									
潢川县									
淮滨县									
息县									
周口市	**499**	**122**	**377**	**159**	**42**	**117**	**26**	**9**	**17**
川汇区	236	50	186	70	19	51	19	6	13
扶沟县									
西华县									
商水县									
沈丘县									
郸城县	10	1	9	2	1	1			
淮阳县	53	18	35	16	3	13			
太康县									
鹿邑县									
项城市	200	53	147	71	19	52	7	3	4
驻马店市	**405**	**146**	**259**	**146**	**50**	**96**	**4**		**4**
驿城区	405	146	259	146	50	96	4		4
西平县									
上蔡县									
平舆县									
正阳县									
确山县									
泌阳县									
汝南县									
遂平县									
新蔡县									
济源市	**161**	**52**	**109**	**33**	**6**	**27**	**1**		**1**
济源市	161	52	109	33	6	27	1		1

1-7b 各地区分年龄、性别的人口(镇)

单位：人

地 区	合 计			0岁		
	合计	男	女	小计	男	女
总 计	**17888274**	**9134021**	**8754253**	**171912**	**93645**	**78267**
郑州市	**838691**	**433936**	**404755**	**8008**	**4332**	**3676**
中原区						
二七区	33928	17966	15962	190	118	72
管城回族区	4227	2125	2102	72	40	32
金水区						
上街区						
惠济区	11036	5578	5458	141	68	73
中牟县	174366	90064	84302	1391	767	624
巩义市	197114	103088	94026	1821	1001	820
荥阳市	49902	25403	24499	656	353	303
新密市	95231	48565	46666	946	517	429
新郑市	115338	59413	55925	833	443	390
登封市	157549	81734	75815	1958	1025	933
开封市	**934977**	**481526**	**453451**	**9190**	**4962**	**4228**
龙亭区						
顺河回族区						
鼓楼区						
禹王台区						
金明区	2069	1053	1016	18	10	8
杞县	236715	126258	110457	2009	1094	915
通许县	140344	71516	68828	1455	770	685
尉氏县	217349	111807	105542	2165	1180	985
开封县	168569	84359	84210	1931	1052	879
兰考县	169931	86533	83398	1612	856	756
洛阳市	**1112583**	**565370**	**547213**	**11356**	**6096**	**5260**
老城区						
西工区						
瀍河回族区						
涧西区	4407	2185	2222	68	34	34
吉利区						
洛龙区	46429	23450	22979	630	335	295
孟津县	141210	72178	69032	1433	787	646
新安县	160908	82389	78519	1725	940	785
栾川县	126891	65641	61250	1327	722	605
嵩县	98952	50198	48754	935	481	454
汝阳县	92999	47140	45859	941	527	414
宜阳县	132658	66941	65717	1462	800	662
洛宁县	83988	41672	42316	744	405	339
伊川县	155294	78408	76886	1356	690	666
偃师市	68847	35168	33679	735	375	360

1-7b 续表 1

单位：人

地区	合计			0岁		
	合计	男	女	小计	男	女
平顶山市	**879473**	**451204**	**428269**	**10905**	**5909**	**4996**
新华区	26546	14491	12055	346	175	171
卫东区						
石龙区						
湛河区						
宝丰县	148909	76738	72171	1568	895	673
叶县	204466	104119	100347	2253	1188	1065
鲁山县	196522	99578	96944	2866	1546	1320
郏县	171992	89433	82559	2306	1258	1048
舞钢市	21954	11526	10428	294	157	137
汝州市	109084	55319	53765	1272	690	582
安阳市	**828968**	**410393**	**418575**	**8626**	**4837**	**3789**
文峰区						
北关区	3307	1513	1794	39	30	9
殷都区	2975	2141	834	7	4	3
龙安区	7499	3832	3667	102	63	39
安阳县	253894	127654	126240	2522	1495	1027
汤阴县	150304	74497	75807	1750	916	834
滑县	190777	95172	95605	1877	1065	812
内黄县	119866	62745	57121	837	411	426
林州市	100346	42839	57507	1492	853	639
鹤壁市	**266879**	**136561**	**130318**	**2899**	**1593**	**1306**
鹤山区						
山城区						
淇滨区	5167	2614	2553	52	32	20
浚县	151012	77119	73893	1412	766	646
淇县	110700	56828	53872	1435	795	640
新乡市	**1086285**	**555194**	**531091**	**11323**	**6224**	**5099**
红旗区	2616	1327	1289	44	28	16
卫滨区						
凤泉区	29894	15237	14657	408	212	196
牧野区						
新乡县	146231	74376	71855	1391	725	666
获嘉县	140064	70534	69530	1624	940	684
原阳县	131481	67773	63708	1441	840	601
延津县	122055	62365	59690	1047	616	431
封丘县	180852	92787	88065	1992	1059	933
长垣县	255024	130925	124099	2437	1289	1148
卫辉市	38441	19655	18786	499	273	226
辉县市	39627	20215	19412	440	242	198
焦作市	**738783**	**377194**	**361589**	**7522**	**4025**	**3497**
解放区						
中站区						
马村区	11256	6500	4756	66	37	29
山阳区						
修武县	100047	51775	48272	986	512	474
博爱县	169502	86491	83011	1840	991	849
武陟县	171892	87283	84609	1904	1018	886
温县	150604	76380	74224	1362	733	629
沁阳市	109123	55215	53908	1107	608	499
孟州市	26359	13550	12809	257	126	131

1-7b 续表 2 单位：人

地区	合计			0岁		
	合计	男	女	小计	男	女
濮阳市	**649236**	**326097**	**323139**	**7294**	**4241**	**3053**
华龙区	14771	6600	8171	97	52	45
清丰县	104292	52045	52247	1104	654	450
南乐县	91691	44027	47664	981	552	429
范县	75330	38444	36886	713	432	281
台前县	66914	34647	32267	657	343	314
濮阳县	296238	150334	145904	3742	2208	1534
许昌市	**711961**	**372949**	**339012**	**7594**	**4164**	**3430**
魏都区						
许昌县	168233	86441	81792	2071	1161	910
鄢陵县	148475	83256	65219	1156	618	538
襄城县	179267	90854	88413	1646	900	746
禹州市	130734	68334	62400	1695	903	792
长葛市	85252	44064	41188	1026	582	444
漯河市	**480168**	**246410**	**233758**	**4074**	**2224**	**1850**
源汇区	4050	2109	1941	47	28	19
郾城区	12112	6832	5280	43	23	20
召陵区	45376	23202	22174	380	213	167
舞阳县	173430	88495	84935	1499	834	665
临颍县	245200	125772	119428	2105	1126	979
三门峡市	**425498**	**222694**	**202804**	**3005**	**1518**	**1487**
湖滨区						
渑池县	122568	61864	60704	747	394	353
陕县	116068	61955	54113	824	426	398
卢氏县	89022	45003	44019	727	344	383
义马市	18338	11209	7129	78	36	42
灵宝市	79502	42663	36839	629	318	311
南阳市	**2324966**	**1200879**	**1124087**	**20577**	**11098**	**9479**
宛城区	117829	59115	58714	1128	600	528
卧龙区	59178	30874	28304	572	288	284
南召县	154794	79695	75099	1345	718	627
方城县	230181	119537	110644	1656	847	809
西峡县	162555	83125	79430	1332	705	627
镇平县	245418	128089	117329	2044	1110	934
内乡县	161987	82281	79706	2032	1096	936
淅川县	205991	105170	100821	1480	789	691
社旗县	175412	90979	84433	1744	899	845
唐河县	371000	193818	177182	3036	1805	1231
新野县	179229	91284	87945	1880	1034	846
桐柏县	132051	67581	64470	1096	577	519
邓州市	129341	69331	60010	1232	630	602

1-7b 续表 3

单位：人

地　区	合　计			0岁		
	合计	男	女	小计	男	女
商丘市	**1287146**	**648072**	**639074**	**12634**	**7068**	**5566**
梁园区	8929	4728	4201	93	55	38
睢阳区	26859	13552	13307	234	132	102
民权县	168694	84628	84066	1767	999	768
睢县	181494	90183	91311	1702	950	752
宁陵县	117205	58835	58370	1211	668	543
柘城县	188526	96739	91787	1518	814	704
虞城县	241261	121334	119927	2346	1311	1035
夏邑县	241516	121897	119619	2405	1299	1106
永城市	112662	56176	56486	1358	840	518
信阳市	**1555885**	**792150**	**763735**	**14875**	**8192**	**6683**
浉河区	14360	7354	7006	188	101	87
平桥区	79062	39805	39257	913	493	420
罗山县	150439	78205	72234	1657	941	716
光山县	162287	83548	78739	1199	642	557
新县	99355	50215	49140	856	471	385
商城县	135173	68803	66370	1224	682	542
固始县	291031	148358	142673	2657	1458	1199
潢川县	244949	122903	122046	2649	1512	1137
淮滨县	158433	78974	79459	1767	941	826
息县	220796	113985	106811	1765	951	814
周口市	**1988422**	**996571**	**991851**	**17777**	**9428**	**8349**
川汇区						
扶沟县	169513	86560	82953	1514	825	689
西华县	212680	109535	103145	1836	924	912
商水县	227378	114175	113203	1986	975	1011
沈丘县	260358	131430	128928	2628	1497	1131
郸城县	258877	130396	128481	1890	1076	814
淮阳县	253992	125725	128267	1970	992	978
太康县	280366	140064	140302	2674	1374	1300
鹿邑县	261887	127252	134635	2593	1381	1212
项城市	63371	31434	31937	686	384	302
驻马店市	**1687989**	**870712**	**817277**	**13248**	**7205**	**6043**
驿城区	5098	2553	2545	73	35	38
西平县	180994	91763	89231	1573	864	709
上蔡县	280040	145278	134762	2440	1352	1088
平舆县	207874	105775	102099	1626	854	772
正阳县	137990	70182	67808	845	408	437
确山县	121195	60403	60792	1020	538	482
泌阳县	224429	118222	106207	1555	859	696
汝南县	199173	100629	98544	1386	803	583
遂平县	146192	82517	63675	885	465	420
新蔡县	185004	93390	91614	1845	1027	818
济源市	**90364**	**46109**	**44255**	**1005**	**529**	**476**
济源市	90364	46109	44255	1005	529	476

1-7b 续表 4 单位：人

地　区	1-4岁			5-9岁			10-14岁		
	小计	男	女	小计	男	女	小计	男	女
总　计	**1030662**	**582214**	**448448**	**1166757**	**663451**	**503306**	**1190075**	**666026**	**524049**
郑州市	**46167**	**24997**	**21170**	**45093**	**25131**	**19962**	**37911**	**20793**	**17118**
中原区									
二七区	876	452	424	685	372	313	627	334	293
管城回族区	309	166	143	402	209	193	260	137	123
金水区									
上街区									
惠济区	552	320	232	537	312	225	451	230	221
中牟县	11357	6249	5108	11062	6417	4645	9018	5050	3968
巩义市	8070	4404	3666	9292	5099	4193	9194	4968	4226
荥阳市	2749	1511	1238	2874	1560	1314	2347	1258	1089
新密市	5510	3044	2466	5840	3353	2487	4934	2763	2171
新郑市	5832	3195	2637	3843	2182	1661	3205	1816	1389
登封市	10912	5656	5256	10558	5627	4931	7875	4237	3638
开封市	**55520**	**31832**	**23688**	**62627**	**36465**	**26162**	**57321**	**32691**	**24630**
龙亭区									
顺河回族区									
鼓楼区									
禹王台区									
金明区	217	118	99	145	91	54	80	44	36
杞县	11397	6606	4791	14366	8323	6043	13660	7927	5733
通许县	9103	5194	3909	10273	6093	4180	9842	5511	4331
尉氏县	13710	7834	5876	13958	8173	5785	13105	7611	5494
开封县	11576	6628	4948	12385	7105	5280	9369	5140	4229
兰考县	9517	5452	4065	11500	6680	4820	11265	6458	4807
洛阳市	**59949**	**32179**	**27770**	**76305**	**41283**	**35022**	**85887**	**46171**	**39716**
老城区									
西工区									
瀍河回族区									
涧西区	244	118	126	225	113	112	234	124	110
吉利区									
洛龙区	2654	1442	1212	2898	1592	1306	2959	1648	1311
孟津县	7049	3738	3311	8969	4675	4294	9121	4680	4441
新安县	8049	4209	3840	10093	5221	4872	11391	5815	5576
栾川县	7978	4406	3572	8337	4628	3709	7888	4217	3671
嵩县	6099	3269	2830	7908	4214	3694	7587	4082	3505
汝阳县	6282	3420	2862	8760	4780	3980	7686	4184	3502
宜阳县	7138	3854	3284	9365	5138	4227	10293	5580	4713
洛宁县	4326	2364	1962	6996	3765	3231	6498	3506	2992
伊川县	6863	3546	3317	8878	4893	3985	17820	9819	8001
偃师市	3267	1813	1454	3876	2264	1612	4410	2516	1894

1-7b 续表 5

单位：人

地 区	1-4岁			5-9岁			10-14岁		
	小计	男	女	小计	男	女	小计	男	女
平顶山市	**62022**	**34118**	**27904**	**59614**	**32718**	**26896**	**45141**	**24904**	**20237**
新华区	1672	950	722	1751	945	806	1236	645	591
卫东区									
石龙区									
湛河区									
宝丰县	9846	5455	4391	8593	4763	3830	6780	3718	3062
叶县	11375	6521	4854	11963	6788	5175	9694	5352	4342
鲁山县	16844	8924	7920	14092	7417	6675	10104	5553	4551
郏县	11492	6313	5179	12341	6820	5521	10063	5742	4321
舞钢市	1505	813	692	1273	702	571	988	527	461
汝州市	9288	5142	4146	9601	5283	4318	6276	3367	2909
安阳市	**57769**	**33233**	**24536**	**58772**	**33482**	**25290**	**48836**	**26833**	**22003**
文峰区									
北关区	113	62	51	122	66	56	131	58	73
殷都区	64	32	32	85	44	41	91	46	45
龙安区	501	298	203	601	326	275	313	165	148
安阳县	16761	9729	7032	18056	9944	8112	13780	7499	6281
汤阴县	10539	6006	4533	11273	6604	4669	8605	4655	3950
滑县	13808	7983	5825	12175	6985	5190	11134	6041	5093
内黄县	8151	4634	3517	8566	4930	3636	8663	4845	3818
林州市	7832	4489	3343	7894	4583	3311	6119	3524	2595
鹤壁市	**17640**	**9951**	**7689**	**22393**	**12886**	**9507**	**21040**	**12044**	**8996**
鹤山区									
山城区									
淇滨区	388	221	167	380	218	162	456	278	178
浚县	9889	5505	4384	11624	6633	4991	11548	6619	4929
淇县	7363	4225	3138	10389	6035	4354	9036	5147	3889
新乡市	**74137**	**43023**	**31114**	**81124**	**46706**	**34418**	**67154**	**37737**	**29417**
红旗区	189	117	72	280	162	118	162	88	74
卫滨区									
凤泉区	2357	1312	1045	2342	1281	1061	1489	834	655
牧野区									
新乡县	9714	5654	4060	11394	6464	4930	9112	4910	4202
获嘉县	9005	5123	3882	11156	6035	5121	9303	5131	4172
原阳县	8136	4709	3427	9313	5439	3874	8740	5078	3662
延津县	7764	4526	3238	8925	5234	3691	7800	4377	3423
封丘县	14435	8473	5962	14391	8545	5846	10061	5746	4315
长垣县	16266	9589	6677	18601	11007	7594	16810	9576	7234
卫辉市	4026	2294	1732	2677	1460	1217	1671	883	788
辉县市	2245	1226	1019	2045	1079	966	2006	1114	892
焦作市	**37352**	**20622**	**16730**	**50338**	**28658**	**21680**	**53892**	**30564**	**23328**
解放区									
中站区									
马村区	396	190	206	666	359	307	784	381	403
山阳区									
修武县	5095	2859	2236	6855	3955	2900	7745	4471	3274
博爱县	9138	5135	4003	11717	6794	4923	11940	6901	5039
武陟县	9459	5290	4169	12586	7285	5301	14130	8226	5904
温县	6344	3482	2862	9572	5369	4203	10573	5964	4609
沁阳市	5711	3039	2672	7471	4121	3350	7083	3814	3269
孟州市	1209	627	582	1471	775	696	1637	807	830

1-7b 续表 6 单位：人

地　区	1-4岁			5-9岁			10-14岁		
	小计	男	女	小计	男	女	小计	男	女
濮阳市	**38042**	**21912**	**16130**	**40409**	**22982**	**17427**	**39702**	**22107**	**17595**
华龙区	486	276	210	332	173	159	301	163	138
清丰县	5645	3267	2378	6483	3658	2825	5753	3232	2521
南乐县	5589	3042	2547	6118	3357	2761	6878	3505	3373
范县	3279	1929	1350	4559	2620	1939	5572	3184	2388
台前县	4223	2560	1663	4658	2708	1950	4550	2700	1850
濮阳县	18820	10838	7982	18259	10466	7793	16648	9323	7325
许昌市	**42183**	**23630**	**18553**	**44186**	**25214**	**18972**	**38177**	**22261**	**15916**
魏都区									
许昌县	10104	5599	4505	10221	5861	4360	8909	5306	3603
鄢陵县	7400	4285	3115	7318	4328	2990	7273	4391	2882
襄城县	9738	5428	4310	11229	6211	5018	9459	5372	4087
禹州市	8566	4772	3794	8905	5078	3827	8148	4692	3456
长葛市	6375	3546	2829	6513	3736	2777	4388	2500	1888
漯河市	**23921**	**13366**	**10555**	**26370**	**15097**	**11273**	**26369**	**14940**	**11429**
源汇区	226	111	115	280	161	119	184	111	73
郾城区	355	187	168	397	228	169	374	206	168
召陵区	2633	1463	1170	2802	1649	1153	2992	1801	1191
舞阳县	9277	5151	4126	9383	5212	4171	8712	4646	4066
临颍县	11430	6454	4976	13508	7847	5661	14107	8176	5931
三门峡市	**17347**	**9000**	**8347**	**21474**	**11113**	**10361**	**23238**	**12082**	**11156**
湖滨区									
渑池县	6645	3420	3225	7576	3826	3750	7399	3753	3646
陕县	3579	1851	1728	4955	2586	2369	6181	3205	2976
卢氏县	3896	2005	1891	4904	2558	2346	5170	2669	2501
义马市	399	215	184	611	324	287	797	440	357
灵宝市	2828	1509	1319	3428	1819	1609	3691	2015	1676
南阳市	**154324**	**87887**	**66437**	**160573**	**90539**	**70034**	**142666**	**77400**	**65266**
宛城区	7793	4346	3447	7416	4186	3230	6214	3221	2993
卧龙区	4407	2496	1911	3884	2236	1648	3276	1742	1534
南召县	10759	6011	4748	11786	6480	5306	9928	5348	4580
方城县	17148	9334	7814	15671	8613	7058	11741	6338	5403
西峡县	9585	5385	4200	11587	6281	5306	10405	5507	4898
镇平县	16447	9713	6734	17617	10502	7115	15558	8835	6723
内乡县	13275	7556	5719	12051	6678	5373	10093	5307	4786
淅川县	14157	8263	5894	17735	10081	7654	15304	8356	6948
社旗县	10363	5791	4572	11456	6309	5147	9615	5218	4397
唐河县	19778	11430	8348	20544	11816	8728	25229	13905	11324
新野县	12039	7058	4981	11498	6478	5020	9895	5288	4607
桐柏县	9473	5316	4157	10070	5670	4400	8107	4327	3780
邓州市	9100	5188	3912	9258	5209	4049	7301	4008	3293

1-7b 续表 7 单位：人

地　区	1-4岁			5-9岁			10-14岁		
	小计	男	女	小计	男	女	小计	男	女
商丘市	**64624**	**37147**	**27477**	**73020**	**42649**	**30371**	**101117**	**58124**	**42993**
梁园区	411	252	159	512	307	205	532	265	267
睢阳区	1678	966	712	1684	1017	667	2111	1227	884
民权县	7097	4033	3064	8475	4938	3537	12476	7292	5184
睢县	8520	4931	3589	10187	5997	4190	14354	8235	6119
宁陵县	6414	3577	2837	6594	3839	2755	9415	5402	4013
柘城县	7838	4618	3220	10190	6069	4121	15795	9434	6361
虞城县	10439	5858	4581	14309	8157	6152	20100	11178	8922
夏邑县	12771	7521	5250	13087	7617	5470	19448	11292	8156
永城市	9456	5391	4065	7982	4708	3274	6886	3799	3087
信阳市	**88333**	**50614**	**37719**	**110432**	**64261**	**46171**	**122562**	**68297**	**54265**
浉河区	793	433	360	995	521	474	958	544	414
平桥区	5248	2943	2305	5194	2835	2359	4573	2374	2199
罗山县	9543	5451	4092	8900	5065	3835	9492	5220	4272
光山县	9395	5540	3855	13543	8012	5531	14441	8132	6309
新县	5517	3179	2338	8572	4892	3680	8469	4725	3744
商城县	6892	3998	2894	9116	5400	3716	11399	6422	4977
固始县	18340	10807	7533	22880	13903	8977	22551	13185	9366
潢川县	13118	7561	5557	16169	9569	6600	20928	11789	9139
淮滨县	7384	4089	3295	10671	5898	4773	14127	7636	6491
息县	12103	6613	5490	14392	8166	6226	15624	8270	7354
周口市	**102514**	**57797**	**44717**	**131562**	**75545**	**56017**	**162624**	**93415**	**69209**
川汇区									
扶沟县	7079	4039	3040	10504	6239	4265	12239	7316	4923
西华县	10935	6040	4895	13005	7642	5363	16968	9961	7007
商水县	11906	6885	5021	16810	9837	6973	21696	12709	8987
沈丘县	13174	7514	5660	15786	8992	6794	18997	11032	7965
郸城县	13555	7474	6081	17145	9489	7656	22613	12437	10176
淮阳县	13313	7447	5866	15948	9122	6826	19111	10851	8260
太康县	15482	8792	6690	20218	11483	8735	21363	12398	8965
鹿邑县	13285	7470	5815	17951	10322	7629	25307	14187	11120
项城市	3785	2136	1649	4195	2419	1776	4330	2524	1806
驻马店市	**84632**	**48705**	**35927**	**97909**	**56215**	**41694**	**112048**	**63308**	**48740**
驿城区	337	190	147	385	222	163	278	152	126
西平县	7602	4484	3118	10267	6057	4210	12808	7487	5321
上蔡县	14027	8135	5892	18669	10847	7822	21607	12595	9012
平舆县	9838	5836	4002	10417	6117	4300	14292	8172	6120
正阳县	9161	5308	3853	7565	4298	3267	8468	4668	3800
确山县	8148	4558	3590	10332	5793	4539	8327	4618	3709
泌阳县	12350	7060	5290	13931	7964	5967	14575	8160	6415
汝南县	8416	4776	3640	10043	5754	4289	12507	6878	5629
遂平县	5791	3299	2492	5599	3070	2529	5708	3123	2585
新蔡县	8962	5059	3903	10701	6093	4608	13478	7455	6023
济源市	**4186**	**2201**	**1985**	**4556**	**2507**	**2049**	**4390**	**2355**	**2035**
济源市	4186	2201	1985	4556	2507	2049	4390	2355	2035

1-7b 续表 8 单位：人

地　区	15-19岁			20-24岁			25-29岁		
	小计	男	女	小计	男	女	小计	男	女
总　计	**1856373**	**964706**	**891667**	**1777200**	**877890**	**899310**	**1215287**	**594056**	**621231**
郑州市	**72646**	**36808**	**35838**	**149868**	**77162**	**72706**	**57903**	**29826**	**28077**
中原区									
二七区	5156	2545	2611	16842	9071	7771	1704	906	798
管城回族区	316	161	155	392	157	235	407	195	212
金水区									
上街区									
惠济区	1582	809	773	1262	668	594	901	426	475
中牟县	20054	9950	10104	26867	14556	12311	11420	5696	5724
巩义市	15085	7883	7202	25379	13074	12305	16618	8750	7868
荥阳市	2827	1509	1318	5303	2650	2653	3181	1601	1580
新密市	8450	4375	4075	10716	5334	5382	6089	3087	3002
新郑市	9701	4632	5069	45747	23034	22713	6504	3446	3058
登封市	9475	4944	4531	17360	8618	8742	11079	5719	5360
开封市	**108938**	**55534**	**53404**	**104671**	**52696**	**51975**	**72371**	**36281**	**36090**
龙亭区									
顺河回族区									
鼓楼区									
禹王台区									
金明区	99	49	50	240	112	128	216	114	102
杞县	25882	13701	12181	30899	16315	14584	21414	11209	10205
通许县	16066	8059	8007	12880	6334	6546	10797	5257	5540
尉氏县	23623	12550	11073	25291	12692	12599	16401	8154	8247
开封县	22039	10450	11589	16528	7908	8620	11265	5528	5737
兰考县	21229	10725	10504	18833	9335	9498	12278	6019	6259
洛阳市	**134741**	**68845**	**65896**	**97279**	**47559**	**49720**	**74974**	**36077**	**38897**
老城区									
西工区									
瀍河回族区									
涧西区	283	144	139	344	162	182	295	133	162
吉利区									
洛龙区	4463	2296	2167	4475	2102	2373	3865	1849	2016
孟津县	16184	8312	7872	10998	5935	5063	9241	4682	4559
新安县	25226	13303	11923	12587	6327	6260	11305	5545	5760
栾川县	10988	5771	5217	13360	6425	6935	9164	4401	4763
嵩县	9189	4553	4636	9042	4310	4732	6611	3109	3502
汝阳县	9948	5175	4773	7618	3635	3983	5098	2359	2739
宜阳县	18074	9049	9025	9921	4876	5045	8141	3863	4278
洛宁县	9169	4479	4690	7763	3418	4345	5754	2628	3126
伊川县	23341	11675	11666	14550	7021	7529	10781	5176	5605
偃师市	7876	4088	3788	6621	3348	3273	4719	2332	2387

1-7b 续表 9 单位：人

地区	15-19岁			20-24岁			25-29岁		
	小计	男	女	小计	男	女	小计	男	女
平顶山市	**72612**	**38394**	**34218**	**87420**	**42824**	**44596**	**61179**	**29769**	**31410**
新华区	1483	826	657	2369	1203	1166	1981	1038	943
卫东区									
石龙区									
湛河区									
宝丰县	12381	6387	5994	16566	8149	8417	9895	4893	5002
叶县	20766	10799	9967	21472	10660	10812	13466	6386	7080
鲁山县	15200	8197	7003	17606	8604	9002	15238	7392	7846
郏县	15255	8208	7047	13729	6637	7092	11066	5333	5733
舞钢市	1039	559	480	2194	1127	1067	1714	824	890
汝州市	6488	3418	3070	13484	6444	7040	7819	3903	3916
安阳市	**83817**	**41410**	**42407**	**88567**	**42536**	**46031**	**54738**	**25868**	**28870**
文峰区									
北关区	1108	383	725	212	116	96	163	78	85
殷都区	81	46	35	140	91	49	128	84	44
龙安区	496	255	241	918	437	481	577	295	282
安阳县	23677	11770	11907	28051	13922	14129	16621	8121	8500
汤阴县	12870	6246	6624	14512	6956	7556	8758	4176	4582
滑县	21795	10355	11440	20209	9633	10576	13841	6642	7199
内黄县	16459	8613	7846	14080	7609	6471	8455	4346	4109
林州市	7331	3742	3589	10445	3772	6673	6195	2126	4069
鹤壁市	**22812**	**12286**	**10526**	**26647**	**13162**	**13485**	**14977**	**7361**	**7616**
鹤山区									
山城区									
淇滨区	352	197	155	589	277	312	339	150	189
浚县	15856	8375	7481	15578	7664	7914	8469	4195	4274
淇县	6604	3714	2890	10480	5221	5259	6169	3016	3153
新乡市	**96538**	**50534**	**46004**	**116549**	**57022**	**59527**	**78233**	**38795**	**39438**
红旗区	138	76	62	303	129	174	205	90	115
卫滨区									
凤泉区	1869	980	889	3748	1864	1884	2350	1137	1213
牧野区									
新乡县	10905	5626	5279	16577	8337	8240	9948	4956	4992
获嘉县	8836	4867	3969	14175	6895	7280	8545	4212	4333
原阳县	13969	7563	6406	14400	7056	7344	8988	4462	4526
延津县	15063	7702	7361	11190	5492	5698	7772	3731	4041
封丘县	13136	7022	6114	18905	8941	9964	13641	6778	6863
长垣县	28554	14509	14045	27614	13524	14090	21073	10574	10499
卫辉市	2018	1036	982	4227	2086	2141	2730	1372	1358
辉县市	2050	1153	897	5410	2698	2712	2981	1483	1498
焦作市	**62655**	**33237**	**29418**	**71246**	**35373**	**35873**	**50335**	**25024**	**25311**
解放区									
中站区									
马村区	704	389	315	655	374	281	502	274	228
山阳区									
修武县	7813	4284	3529	8342	4225	4117	6543	3286	3257
博爱县	14019	7668	6351	15809	7792	8017	11819	5868	5951
武陟县	16069	8403	7666	17597	8679	8918	11673	5710	5963
温县	14231	7395	6836	14977	7346	7631	10069	4926	5143
沁阳市	7996	4144	3852	11291	5666	5625	7947	4070	3877
孟州市	1823	954	869	2575	1291	1284	1782	890	892

1-7b 续表 10 单位：人

地　区	15-19岁			20-24岁			25-29岁		
	小计	男	女	小计	男	女	小计	男	女
濮阳市	**65568**	**32806**	**32762**	**73300**	**35493**	**37807**	**47275**	**23314**	**23961**
华龙区	1549	658	891	5983	2326	3657	595	288	307
清丰县	9998	4607	5391	9182	4567	4615	7285	3540	3745
南乐县	11253	5508	5745	8723	4089	4634	6622	2986	3636
范县	8932	4613	4319	7370	3740	3630	5235	2625	2610
台前县	6871	3663	3208	7157	3599	3558	5454	2779	2675
濮阳县	26965	13757	13208	34885	17172	17713	22084	11096	10988
许昌市	**77871**	**44293**	**33578**	**69238**	**35567**	**33671**	**50294**	**25760**	**24534**
魏都区									
许昌县	12527	6916	5611	18254	9056	9198	13571	6615	6956
鄢陵县	31314	19349	11965	14934	8347	6587	12712	7316	5396
襄城县	19080	9761	9319	14493	7263	7230	11611	5560	6051
禹州市	9973	5524	4449	11882	6023	5859	6830	3432	3398
长葛市	4977	2743	2234	9675	4878	4797	5570	2837	2733
漯河市	**48150**	**24963**	**23187**	**43371**	**21683**	**21688**	**32648**	**15957**	**16691**
源汇区	226	131	95	400	229	171	249	129	120
郾城区	3657	1891	1766	922	486	436	712	351	361
召陵区	3734	1953	1781	4854	2392	2462	3412	1656	1756
舞阳县	14507	7366	7141	14526	7165	7361	9741	4685	5056
临颍县	26026	13622	12404	22669	11411	11258	18534	9136	9398
三门峡市	**41274**	**21185**	**20089**	**39288**	**20123**	**19165**	**31175**	**15809**	**15366**
湖滨区									
渑池县	10856	5489	5367	11430	5644	5786	8806	4307	4499
陕县	12120	6221	5899	10325	5689	4636	7780	4025	3755
卢氏县	10243	5281	4962	7914	3837	4077	6625	3181	3444
义马市	1018	578	440	1736	966	770	1534	866	668
灵宝市	7037	3616	3421	7883	3987	3896	6430	3430	3000
南阳市	**177488**	**93785**	**83703**	**206774**	**102835**	**103939**	**174275**	**86226**	**88049**
宛城区	6120	3230	2890	9023	4312	4711	7890	3842	4048
卧龙区	5761	3173	2588	6162	3074	3088	4695	2364	2331
南召县	10274	5460	4814	11826	5911	5915	10284	4934	5350
方城县	17676	9240	8436	23267	11542	11725	19021	9392	9629
西峡县	15027	7763	7264	13537	6650	6887	11589	5539	6050
镇平县	13901	7507	6394	25508	13164	12344	21612	11153	10459
内乡县	13501	7097	6404	12327	6200	6127	9620	4611	5009
淅川县	19906	10535	9371	17784	8747	9037	13168	6279	6889
社旗县	12262	6180	6082	16987	8433	8554	13866	6904	6962
唐河县	33967	18101	15866	34012	16882	17130	29656	14766	14890
新野县	13359	7247	6112	14931	7237	7694	12923	6383	6540
桐柏县	8629	4306	4323	9740	4824	4916	8837	4324	4513
邓州市	7105	3946	3159	11670	5859	5811	11114	5735	5379

1-7b 续表 11

单位：人

地 区	15-19岁			20-24岁			25-29岁		
	小计	男	女	小计	男	女	小计	男	女
商丘市	**162571**	**83202**	**79369**	**138129**	**67583**	**70546**	**83212**	**40019**	**43193**
梁园区	589	303	286	1364	706	658	768	401	367
睢阳区	2025	1103	922	3398	1591	1807	1924	916	1008
民权县	23158	11665	11493	17450	8594	8856	10471	4933	5538
睢县	29465	14126	15339	18731	9219	9512	10503	5009	5494
宁陵县	14992	7689	7303	12309	6020	6289	8572	4205	4367
柘城县	24559	13679	10880	18784	9451	9333	12567	6004	6563
虞城县	32919	16803	16116	26327	12947	13380	14891	7183	7708
夏邑县	26000	13355	12645	28428	13722	14706	16804	8215	8589
永城市	8864	4479	4385	11338	5333	6005	6712	3153	3559
信阳市	**164930**	**88877**	**76053**	**120726**	**57732**	**62994**	**81411**	**37804**	**43607**
浉河区	703	377	326	1095	546	549	815	379	436
平桥区	6813	3658	3155	5909	2876	3033	4595	2082	2513
罗山县	13861	7423	6438	11030	5805	5225	8064	4006	4058
光山县	13102	7264	5838	12802	6251	6551	7624	3607	4017
新县	10889	6025	4864	5584	2808	2776	4926	2075	2851
商城县	19392	10774	8618	9327	4485	4842	6009	2748	3261
固始县	32791	17640	15151	19639	8763	10876	12784	5485	7299
潢川县	24172	13208	10964	18447	8708	9739	12677	5638	7039
淮滨县	22061	11197	10864	14723	6731	7992	8286	3857	4429
息县	21146	11311	9835	22170	10759	11411	15631	7927	7704
周口市	**264208**	**136019**	**128189**	**190319**	**93286**	**97033**	**128532**	**59561**	**68971**
川汇区									
扶沟县	23397	12666	10731	15962	7978	7984	9904	4762	5142
西华县	23790	12366	11424	20200	10424	9776	13107	6601	6506
商水县	31263	16170	15093	20399	9735	10664	12451	5611	6840
沈丘县	29082	15717	13365	26002	13060	12942	19065	9081	9984
郸城县	38968	20019	18949	25566	12514	13052	17545	8179	9366
淮阳县	44344	22499	21845	25419	12318	13101	15777	7072	8705
太康县	37086	18055	19031	25929	12812	13117	18763	8749	10014
鹿邑县	31030	15780	15250	24352	11349	13003	16846	7192	9654
项城市	5248	2747	2501	6490	3096	3394	5074	2314	2760
驻马店市	**190640**	**97908**	**92732**	**144582**	**70615**	**73967**	**115157**	**57317**	**57840**
驿城区	283	144	139	472	226	246	304	144	160
西平县	22620	11775	10845	11670	5705	5965	9290	4348	4942
上蔡县	35088	18863	16225	23052	11391	11661	18354	8850	9504
平舆县	24992	12594	12398	21606	10718	10888	14319	7121	7198
正阳县	15610	7869	7741	13003	6364	6639	7699	3645	4054
确山县	10615	5020	5595	6649	2981	3668	6091	2745	3346
泌阳县	26870	14460	12410	21531	10060	11471	19060	9419	9641
汝南县	19318	9163	10155	15822	7573	8249	13910	6816	7094
遂平县	13967	7180	6787	12002	6567	5435	12939	7985	4954
新蔡县	21277	10840	10437	18775	9030	9745	13191	6244	6947
济源市	**8914**	**4620**	**4294**	**9226**	**4639**	**4587**	**6598**	**3288**	**3310**
济源市	8914	4620	4294	9226	4639	4587	6598	3288	3310

1-7b 续表 12 单位：人

地区	30-34岁			35-39岁			40-44岁		
	小计	男	女	小计	男	女	小计	男	女
总计	**1241073**	**618350**	**622723**	**1508403**	**763084**	**745319**	**1609785**	**805544**	**804241**
郑州市	**48480**	**25563**	**22917**	**62950**	**33182**	**29768**	**74299**	**38800**	**35499**
中原区									
二七区	1229	681	548	1348	734	614	1294	670	624
管城回族区	355	192	163	347	175	172	315	169	146
金水区									
上街区									
惠济区	686	346	340	799	419	380	932	472	460
中牟县	10354	5237	5117	16073	7982	8091	14818	7533	7285
巩义市	12495	6748	5747	14270	7822	6448	18723	10088	8635
荥阳市	2747	1443	1304	3513	1807	1706	4809	2431	2378
新密市	5112	2628	2484	6803	3494	3309	9771	4892	4879
新郑市	4543	2499	2044	6380	3514	2866	7171	3809	3362
登封市	10959	5789	5170	13417	7235	6182	16466	8736	7730
开封市	**61500**	**31088**	**30412**	**76762**	**38812**	**37950**	**78108**	**39344**	**38764**
龙亭区									
顺河回族区									
鼓楼区									
禹王台区									
金明区	152	79	73	104	48	56	159	83	76
杞县	16621	8817	7804	19194	10241	8953	19882	10341	9541
通许县	8770	4394	4376	11324	5680	5644	11723	5992	5731
尉氏县	14464	7111	7353	18207	8894	9313	19027	9472	9555
开封县	10195	5051	5144	13531	6743	6788	13587	6635	6952
兰考县	11298	5636	5662	14402	7206	7196	13730	6821	6909
洛阳市	**78262**	**38874**	**39388**	**99791**	**50743**	**49048**	**96571**	**50040**	**46531**
老城区									
西工区									
瀍河回族区									
涧西区	323	168	155	355	188	167	402	205	197
吉利区									
洛龙区	3163	1531	1632	4002	2099	1903	3506	1850	1656
孟津县	10959	5519	5440	12559	6536	6023	12908	6677	6231
新安县	10799	5576	5223	14451	7452	6999	14125	7549	6576
栾川县	9335	4783	4552	13470	6906	6564	12356	6405	5951
嵩县	6733	3267	3466	8801	4518	4283	9041	4581	4460
汝阳县	6203	2956	3247	7858	3814	4044	7712	3955	3757
宜阳县	9233	4541	4692	11918	6088	5830	11657	6084	5573
洛宁县	6484	3075	3409	7693	3723	3970	7292	3693	3599
伊川县	10923	5374	5549	13369	6708	6661	12133	6220	5913
偃师市	4107	2084	2023	5315	2711	2604	5439	2821	2618

1-7b 续表 13

单位：人

地 区	30-34岁			35-39岁			40-44岁		
	小计	男	女	小计	男	女	小计	男	女
平顶山市	**63056**	**31604**	**31452**	**75967**	**39006**	**36961**	**78981**	**40243**	**38738**
新华区	2261	1264	997	3118	1750	1368	2588	1448	1140
卫东区									
石龙区									
湛河区									
宝丰县	10844	5418	5426	13880	7093	6787	14585	7513	7072
叶县	14414	7161	7253	18107	9260	8847	18423	9195	9228
鲁山县	13822	6806	7016	15833	8064	7769	17070	8660	8410
郏县	13368	6725	6643	15342	7851	7491	16094	8285	7809
舞钢市	1724	870	854	1711	903	808	1875	951	924
汝州市	6623	3360	3263	7976	4085	3891	8346	4191	4155
安阳市	**58302**	**28305**	**29997**	**68537**	**33711**	**34826**	**67659**	**32546**	**35113**
文峰区									
北关区	201	107	94	197	108	89	158	77	81
殷都区	194	114	80	350	267	83	427	323	104
龙安区	517	283	234	506	264	242	573	297	276
安阳县	19626	9811	9815	21330	10805	10525	20277	10136	10141
汤阴县	10802	5150	5652	13354	6499	6855	14416	7021	7395
滑县	14182	6968	7214	16526	8407	8119	15455	7720	7735
内黄县	7781	4027	3754	9253	4894	4359	8825	4549	4276
林州市	4999	1845	3154	7021	2467	4554	7528	2423	5105
鹤壁市	**18448**	**9018**	**9430**	**23957**	**11778**	**12179**	**24355**	**12164**	**12191**
鹤山区									
山城区									
淇滨区	296	143	153	482	229	253	449	230	219
浚县	9944	4895	5049	12793	6282	6511	13610	6808	6802
淇县	8208	3980	4228	10682	5267	5415	10296	5126	5170
新乡市	**77339**	**39412**	**37927**	**84942**	**43543**	**41399**	**93520**	**46430**	**47090**
红旗区	208	106	102	190	105	85	222	108	114
卫滨区									
凤泉区	2031	1050	981	2151	1136	1015	2429	1283	1146
牧野区									
新乡县	10269	5236	5033	11552	5984	5568	12450	6331	6119
获嘉县	10427	5158	5269	12159	6177	5982	13152	6498	6654
原阳县	7676	3995	3681	10285	5268	5017	11840	5760	6080
延津县	9371	4789	4582	10460	5333	5127	10169	4993	5176
封丘县	13297	6724	6573	14880	7506	7374	15544	7749	7795
长垣县	19222	9868	9354	17750	9119	8631	20316	9996	10320
卫辉市	2678	1396	1282	3030	1592	1438	3359	1755	1604
辉县市	2160	1090	1070	2485	1323	1162	4039	1957	2082
焦作市	**52761**	**26561**	**26200**	**62942**	**31755**	**31187**	**67096**	**33651**	**33445**
解放区									
中站区									
马村区	841	436	405	1791	1036	755	1810	1154	656
山阳区									
修武县	7796	3984	3812	9640	4886	4754	9654	4931	4723
博爱县	12155	5983	6172	14008	7015	6993	15918	7974	7944
武陟县	12110	5990	6120	14699	7334	7365	14281	6970	7311
温县	10619	5367	5252	13074	6524	6550	13979	6856	7123
沁阳市	7371	3849	3522	7762	3922	3840	9195	4632	4563
孟州市	1869	952	917	1968	1038	930	2259	1134	1125

1-7b 续表 14 单位：人

地区	30-34岁			35-39岁			40-44岁		
	小计	男	女	小计	男	女	小计	男	女
濮阳市	**44026**	**21970**	**22056**	**54598**	**27393**	**27205**	**54199**	**26323**	**27876**
华龙区	487	251	236	672	342	330	656	311	345
清丰县	8194	4038	4156	9580	4804	4776	8237	4018	4219
南乐县	5471	2564	2907	7210	3486	3724	7158	3301	3857
范县	5690	2907	2783	6872	3348	3524	6865	3304	3561
台前县	4531	2332	2199	5248	2668	2580	5799	2752	3047
濮阳县	19653	9878	9775	25016	12745	12271	25484	12637	12847
许昌市	**51040**	**26932**	**24108**	**57863**	**30438**	**27425**	**63248**	**32028**	**31220**
魏都区									
许昌县	13108	6757	6351	13967	7249	6718	15118	7642	7476
鄢陵县	12222	7150	5072	11109	6261	4848	10802	5682	5120
襄城县	13117	6422	6695	15820	7923	7897	16283	8091	8192
禹州市	7720	4077	3643	10582	5595	4987	13579	6922	6657
长葛市	4873	2526	2347	6385	3410	2975	7466	3691	3775
漯河市	**33608**	**16775**	**16833**	**39888**	**20034**	**19854**	**44126**	**22088**	**22038**
源汇区	271	134	137	318	172	146	344	171	173
郾城区	719	359	360	681	384	297	761	439	322
召陵区	2900	1428	1472	3405	1749	1656	3899	1981	1918
舞阳县	12457	6227	6230	14850	7497	7353	16922	8465	8457
临颍县	17261	8627	8634	20634	10232	10402	22200	11032	11168
三门峡市	**33194**	**17277**	**15917**	**44818**	**23660**	**21158**	**42384**	**22774**	**19610**
湖滨区									
渑池县	10433	5180	5253	12955	6506	6449	11797	6089	5708
陕县	9318	4942	4376	13101	7094	6007	11983	6599	5384
卢氏县	5843	2890	2953	8705	4397	4308	8825	4558	4267
义马市	1346	863	483	1870	1223	647	2052	1222	830
灵宝市	6254	3402	2852	8187	4440	3747	7727	4306	3421
南阳市	**187080**	**93284**	**93796**	**205706**	**105934**	**99772**	**220587**	**111258**	**109329**
宛城区	8728	4187	4541	11279	5641	5638	11874	5877	5997
卧龙区	4202	2162	2040	4347	2393	1954	4815	2476	2339
南召县	11880	5886	5994	14752	7542	7210	15382	7703	7679
方城县	17874	8943	8931	19391	9962	9429	19981	10354	9627
西峡县	12986	6474	6512	14661	7446	7215	16438	8418	8020
镇平县	20687	10383	10304	22090	11474	10616	23968	11472	12496
内乡县	11293	5427	5866	12955	6592	6363	15723	7823	7900
淅川县	15127	7258	7869	18414	9246	9168	19966	9883	10083
社旗县	13946	7078	6868	14276	7464	6812	16093	8212	7881
唐河县	32362	16287	16075	32088	16779	15309	32870	16693	16177
新野县	16113	7899	8214	15751	7915	7836	17455	8626	8829
桐柏县	10840	5277	5563	14346	7193	7153	13796	7076	6720
邓州市	11042	6023	5019	11356	6287	5069	12226	6645	5581

1-7b 续表 15 单位：人

地 区	30-34岁			35-39岁			40-44岁		
	小计	男	女	小计	男	女	小计	男	女
商丘市	**76926**	**37175**	**39751**	**98294**	**47545**	**50749**	**112319**	**53791**	**58528**
梁园区	705	361	344	605	325	280	800	405	395
睢阳区	1588	783	805	1859	925	934	2443	1159	1284
民权县	9646	4514	5132	13844	6625	7219	15240	7345	7895
睢县	10313	4920	5393	13315	6352	6963	14705	7078	7627
宁陵县	7759	3728	4031	8751	4269	4482	9339	4434	4905
柘城县	11533	5486	6047	15574	7468	8106	17179	8311	8868
虞城县	14661	7124	7537	17401	8419	8982	20643	9875	10768
夏邑县	14449	7222	7227	18467	8926	9541	21623	10446	11177
永城市	6272	3037	3235	8478	4236	4242	10347	4738	5609
信阳市	**89336**	**42313**	**47023**	**148130**	**72561**	**75569**	**159636**	**79531**	**80105**
浉河区	1054	512	542	1553	788	765	1604	803	801
平桥区	5612	2665	2947	7735	3888	3847	7751	3985	3766
罗山县	8706	4321	4385	15131	7726	7405	16199	8413	7786
光山县	8178	3859	4319	16957	8309	8648	18027	8912	9115
新县	6208	2734	3474	10791	5033	5758	10976	5259	5717
商城县	5584	2516	3068	11063	5023	6040	13278	6352	6926
固始县	15159	6827	8332	27514	13090	14424	29312	14414	14898
潢川县	13990	6420	7570	23558	11269	12289	24496	11870	12626
淮滨县	8659	4228	4431	13374	6597	6777	15455	7584	7871
息县	16186	8231	7955	20454	10838	9616	22538	11939	10599
周口市	**127535**	**60438**	**67097**	**140257**	**67685**	**72572**	**165048**	**78773**	**86275**
川汇区									
扶沟县	12161	5669	6492	14267	6833	7434	15335	7273	8062
西华县	14069	7198	6871	17189	8718	8471	19595	9847	9748
商水县	13130	6243	6887	15654	7581	8073	18187	8494	9693
沈丘县	16795	8024	8771	17064	8370	8694	21890	10443	11447
郸城县	17105	8210	8895	19795	9637	10158	21715	10764	10951
淮阳县	14740	6884	7856	15901	7541	8360	19391	9106	10285
太康县	18717	8975	9742	19252	9353	9899	22629	10901	11728
鹿邑县	16873	7347	9526	17534	7950	9584	21152	9492	11660
项城市	3945	1888	2057	3601	1702	1899	5154	2453	2701
驻马店市	**134020**	**68561**	**65459**	**156338**	**81809**	**74529**	**160690**	**82199**	**78491**
驿城区	347	177	170	431	222	209	497	251	246
西平县	12434	6052	6382	15668	7641	8027	16823	8397	8426
上蔡县	21363	10388	10975	25188	12719	12469	25320	12562	12758
平舆县	15814	8015	7799	17716	8825	8891	20638	10231	10407
正阳县	9754	4841	4913	13185	6776	6409	14046	6994	7052
确山县	8837	4113	4724	11267	5552	5715	11632	5791	5841
泌阳县	19756	10367	9389	19406	10525	8881	18826	10066	8760
汝南县	15779	7778	8001	18866	9812	9054	18327	9337	8990
遂平县	17120	10628	6492	18528	11544	6984	16481	9420	7061
新蔡县	12816	6202	6614	16083	8193	7890	18100	9150	8950
济源市	**6160**	**3200**	**2960**	**6663**	**3495**	**3168**	**6959**	**3561**	**3398**
济源市	6160	3200	2960	6663	3495	3168	6959	3561	3398

1-7b 续表 16

单位：人

地 区	45-49岁			50-54岁			55-59岁		
	小计	男	女	小计	男	女	小计	男	女
总 计	**1278851**	**630349**	**648502**	**874857**	**434204**	**440653**	**986621**	**487467**	**499154**
郑州市	**58020**	**29515**	**28505**	**42651**	**21730**	**20921**	**43416**	**21990**	**21426**
中原区									
二七区	1002	538	464	732	398	334	762	380	382
管城回族区	222	110	112	210	106	104	208	100	108
金水区									
上街区									
惠济区	718	363	355	655	338	317	626	289	337
中牟县	10595	5334	5261	7898	3952	3946	7398	3756	3642
巩义市	15477	8013	7464	12728	6493	6235	12432	6295	6137
荥阳市	3974	1961	2013	3524	1745	1779	3640	1816	1824
新密市	7915	3873	4042	4656	2277	2379	5629	2804	2825
新郑市	5423	2765	2658	3508	1800	1708	4218	2144	2074
登封市	12694	6558	6136	8740	4621	4119	8503	4406	4097
开封市	**55471**	**27482**	**27989**	**44743**	**22645**	**22098**	**51272**	**25820**	**25452**
龙亭区									
顺河回族区									
鼓楼区									
禹王台区									
金明区	112	61	51	142	58	84	138	69	69
杞县	14307	7492	6815	12468	6699	5769	12874	6858	6016
通许县	8165	3944	4221	6819	3316	3503	7949	3926	4023
尉氏县	13814	6839	6975	10381	5239	5142	11605	5836	5769
开封县	9550	4502	5048	7478	3693	3785	9591	4682	4909
兰考县	9523	4644	4879	7455	3640	3815	9115	4449	4666
洛阳市	**76831**	**38793**	**38038**	**57330**	**28788**	**28542**	**57236**	**28767**	**28469**
老城区									
西工区									
瀍河回族区									
涧西区	382	192	190	323	167	156	292	151	141
吉利区									
洛龙区	3020	1509	1511	2704	1319	1385	2841	1409	1432
孟津县	10149	5190	4959	7907	4002	3905	7952	3920	4032
新安县	10799	5505	5294	8015	4019	3996	7692	3921	3771
栾川县	9620	4937	4683	6465	3314	3151	6626	3450	3176
嵩县	7684	3930	3754	5450	2788	2662	5227	2768	2459
汝阳县	6376	3182	3194	4842	2462	2380	4765	2374	2391
宜阳县	9083	4517	4566	6383	3144	3239	6419	3099	3320
洛宁县	5764	2950	2814	4327	2212	2115	4159	2056	2103
伊川县	9257	4588	4669	6519	3256	3263	6713	3371	3342
偃师市	4697	2293	2404	4395	2105	2290	4550	2248	2302

1-7b 续表 17

单位：人

地 区	45-49岁			50-54岁			55-59岁		
	小计	男	女	小计	男	女	小计	男	女
平顶山市	**64144**	**31904**	**32240**	**46409**	**23178**	**23231**	**48488**	**24357**	**24131**
新华区	1838	1014	824	1252	686	566	1243	678	565
卫东区									
石龙区									
湛河区									
宝丰县	11690	5967	5723	7677	3937	3740	7553	3734	3819
叶县	14264	6914	7350	10889	5368	5521	11730	5956	5774
鲁山县	14798	7350	7448	10403	5057	5346	10839	5238	5601
郏县	12581	6344	6237	8853	4466	4387	9077	4797	4280
舞钢市	1624	792	832	1134	591	543	1521	792	729
汝州市	7349	3523	3826	6201	3073	3128	6525	3162	3363
安阳市	**53819**	**25377**	**28442**	**44616**	**20895**	**23721**	**46952**	**21877**	**25075**
文峰区									
北关区	190	94	96	191	103	88	195	95	100
殷都区	384	309	75	352	292	60	333	266	67
龙安区	568	286	282	518	249	269	497	234	263
安阳县	17430	8641	8789	15131	7367	7764	14988	7124	7864
汤阴县	10546	4997	5549	8307	3956	4351	8626	4079	4547
滑县	11773	5733	6040	8470	4078	4392	9545	4524	5021
内黄县	6583	3346	3237	5356	2634	2722	5661	2731	2930
林州市	6345	1971	4374	6291	2216	4075	7107	2824	4283
鹤壁市	**17724**	**8603**	**9121**	**12748**	**6286**	**6462**	**14136**	**6819**	**7317**
鹤山区									
山城区									
淇滨区	325	154	171	236	120	116	285	132	153
浚县	9803	4698	5105	6953	3413	3540	7795	3766	4029
淇县	7596	3751	3845	5559	2753	2806	6056	2921	3135
新乡市	**70229**	**33737**	**36492**	**53478**	**26203**	**27275**	**60661**	**29464**	**31197**
红旗区	138	67	71	141	70	71	128	65	63
卫滨区									
凤泉区	1878	940	938	1707	852	855	1888	850	1038
牧野区									
新乡县	9412	4615	4797	8239	4067	4172	9084	4270	4814
获嘉县	9659	4545	5114	7913	3798	4115	8121	3817	4304
原阳县	9263	4363	4900	5745	2843	2902	6901	3432	3469
延津县	7484	3609	3875	5833	2879	2954	6699	3176	3523
封丘县	11747	5630	6117	8215	4021	4194	9769	4783	4986
长垣县	14375	6943	7432	10671	5207	5464	13113	6546	6567
卫辉市	2826	1372	1454	2202	1092	1110	2322	1125	1197
辉县市	3447	1653	1794	2812	1374	1438	2636	1400	1236
焦作市	**54423**	**27172**	**27251**	**43825**	**21348**	**22477**	**45905**	**22322**	**23583**
解放区									
中站区									
马村区	959	658	301	618	434	184	512	360	152
山阳区									
修武县	7694	3971	3723	5623	2714	2909	5789	2746	3043
博爱县	13373	6697	6676	10227	4980	5247	10676	5145	5531
武陟县	11096	5361	5735	8882	4203	4679	9421	4478	4943
温县	10622	5178	5444	8852	4300	4552	9935	4835	5100
沁阳市	8710	4312	4398	7948	3898	4050	7552	3715	3837
孟州市	1969	995	974	1675	819	856	2020	1043	977

1-7b 续表 18 单位：人

地区	45-49岁			50-54岁			55-59岁		
	小计	男	女	小计	男	女	小计	男	女
濮阳市	**40476**	**19194**	**21282**	**33141**	**15816**	**17325**	**37871**	**18306**	**19565**
华龙区	536	276	260	469	206	263	756	334	422
清丰县	6408	3045	3363	5695	2697	2998	7124	3375	3749
南乐县	5662	2583	3079	5063	2406	2657	5139	2367	2772
范县	5815	2816	2999	3621	1746	1875	3432	1696	1736
台前县	4314	1945	2369	3364	1604	1760	3423	1733	1690
濮阳县	17741	8529	9212	14929	7157	7772	17997	8801	9196
许昌市	**49519**	**24715**	**24804**	**33698**	**16724**	**16974**	**41694**	**20731**	**20963**
魏都区									
许昌县	11444	5703	5741	8403	4162	4241	10641	5207	5434
鄢陵县	7801	3913	3888	5258	2548	2710	6429	3145	3284
襄城县	13452	6783	6669	9274	4671	4603	10843	5413	5430
禹州市	10365	5198	5167	6356	3204	3152	8171	4152	4019
长葛市	6457	3118	3339	4407	2139	2268	5610	2814	2796
漯河市	**35355**	**17411**	**17944**	**25614**	**13016**	**12598**	**31173**	**15832**	**15341**
源汇区	340	169	171	204	100	104	331	165	166
郾城区	610	332	278	421	246	175	604	367	237
召陵区	3209	1588	1621	2335	1156	1179	2869	1423	1446
舞阳县	13693	6734	6959	9628	4909	4719	12113	6320	5793
临颍县	17503	8588	8915	13026	6605	6421	15256	7557	7699
三门峡市	**34372**	**18392**	**15980**	**25196**	**13496**	**11700**	**22822**	**12135**	**10687**
湖滨区									
渑池县	8773	4503	4270	5964	2989	2975	6029	2941	3088
陕县	9742	5338	4404	7159	3957	3202	6237	3387	2850
卢氏县	7471	3853	3618	5510	2819	2691	4991	2609	2382
义马市	1989	1219	770	1651	1044	607	1369	924	445
灵宝市	6397	3479	2918	4912	2687	2225	4196	2274	1922
南阳市	**180577**	**89624**	**90953**	**112779**	**55993**	**56786**	**128005**	**62962**	**65043**
宛城区	9770	4834	4936	6010	2680	3330	7732	3707	4025
卧龙区	4156	2034	2122	3067	1503	1564	3436	1666	1770
南召县	12421	6164	6257	8360	4221	4139	8571	4091	4480
方城县	17117	8607	8510	11194	5817	5377	11742	5941	5801
西峡县	13726	6892	6834	8133	4157	3976	8960	4514	4446
镇平县	17980	8449	9531	11992	6081	5911	12800	6314	6486
内乡县	13368	6497	6871	8295	4158	4137	9566	4656	4910
淅川县	16353	8005	8348	8042	3926	4116	10371	5092	5279
社旗县	13642	6720	6922	9091	4518	4573	9762	5035	4727
唐河县	26315	13333	12982	16671	8103	8568	20451	10000	10451
新野县	14564	7218	7346	8585	4070	4515	10711	4952	5759
桐柏县	11243	5697	5546	6809	3373	3436	6521	3184	3337
邓州市	9922	5174	4748	6530	3386	3144	7382	3810	3572

1-7b 续表 19 单位：人

地 区	45-49岁			50-54岁			55-59岁		
	小计	男	女	小计	男	女	小计	男	女
商丘市	**84558**	**40400**	**44158**	**61102**	**29695**	**31407**	**69554**	**34525**	**35029**
梁园区	602	312	290	430	218	212	497	258	239
睢阳区	1995	897	1098	1145	561	584	1547	771	776
民权县	11159	5352	5807	9465	4651	4814	9287	4669	4618
睢县	10674	5045	5629	9264	4480	4784	10053	4958	5095
宁陵县	7343	3566	3777	5836	2819	3017	6316	3023	3293
柘城县	12757	6155	6602	8149	3953	4196	10549	5222	5327
虞城县	15961	7656	8305	11105	5338	5767	12855	6504	6351
夏邑县	16289	7774	8515	11512	5650	5862	12254	6078	6176
永城市	7778	3643	4135	4196	2025	2171	6196	3042	3154
信阳市	**136898**	**67116**	**69782**	**64708**	**32569**	**32139**	**82126**	**40573**	**41553**
浉河区	1467	754	713	869	442	427	780	393	387
平桥区	7088	3506	3582	4079	2033	2046	5090	2447	2643
罗山县	13932	7067	6865	7885	4046	3839	9327	4603	4724
光山县	15372	7530	7842	5884	2987	2897	8369	4111	4258
新县	8962	4366	4596	4521	2296	2225	4332	2171	2161
商城县	12205	5651	6554	5391	2710	2681	6760	3341	3419
固始县	24889	12269	12620	11635	5797	5838	15466	7763	7703
潢川县	21797	10482	11315	11478	5751	5727	14327	6822	7505
淮滨县	12489	6042	6447	5601	2742	2859	7078	3631	3447
息县	18697	9449	9248	7365	3765	3600	10597	5291	5306
周口市	**127572**	**60936**	**66636**	**92312**	**45157**	**47155**	**110079**	**53585**	**56494**
川汇区									
扶沟县	11446	5663	5783	8130	4113	4017	9525	4713	4812
西华县	14944	7463	7481	10871	5360	5511	11887	5828	6059
商水县	13484	6266	7218	11693	5691	6002	13016	6292	6724
沈丘县	18471	8755	9716	13208	6375	6833	15477	7452	8025
郸城县	15894	7741	8153	10814	5419	5395	12161	5868	6293
淮阳县	15545	7312	8233	10627	5102	5525	13221	6376	6845
太康县	16285	7818	8467	12884	6282	6602	16284	8107	8177
鹿邑县	16937	7778	9159	10635	5186	5449	14878	7174	7704
项城市	4566	2140	2426	3450	1629	1821	3630	1775	1855
驻马店市	**131802**	**66447**	**65355**	**74216**	**37455**	**36761**	**88666**	**44105**	**44561**
驿城区	465	219	246	241	112	129	329	163	166
西平县	14809	7207	7602	9450	4679	4771	11956	5727	6229
上蔡县	19413	9635	9778	11536	5845	5691	14200	7272	6928
平舆县	15880	7814	8066	7914	3997	3917	10176	5068	5108
正阳县	11719	5826	5893	5344	2599	2745	7350	3666	3684
确山县	10783	5295	5488	6325	3147	3178	7204	3532	3672
泌阳县	15060	7934	7126	9725	5049	4676	10154	5045	5109
汝南县	17760	8729	9031	11585	5779	5806	12401	6166	6235
遂平县	11733	6664	5069	5178	2822	2356	6775	3304	3471
新蔡县	14180	7124	7056	6918	3426	3492	8121	4162	3959
济源市	**7061**	**3531**	**3530**	**6291**	**3210**	**3081**	**6565**	**3297**	**3268**
济源市	7061	3531	3530	6291	3210	3081	6565	3297	3268

1-7b 续表 20 单位：人

地 区	60-64岁			65-69岁			70-74岁		
	小计	男	女	小计	男	女	小计	男	女
总 计	**697658**	**351349**	**346309**	**465302**	**231574**	**233728**	**342758**	**167610**	**175148**
郑州市	**31599**	**16005**	**15594**	**20320**	**10413**	**9907**	**15815**	**7910**	**7905**
中原区									
二七区	509	273	236	320	169	151	290	156	134
管城回族区	140	67	73	108	58	50	53	33	20
金水区									
上街区									
惠济区	431	196	235	259	133	126	208	78	130
中牟县	5546	2753	2793	4021	1944	2077	2794	1313	1481
巩义市	9044	4623	4421	5721	2981	2740	4197	2192	2005
荥阳市	2675	1323	1352	1731	896	835	1333	688	645
新密市	4416	2174	2242	2701	1388	1313	2275	1117	1158
新郑市	2915	1480	1435	1688	909	779	1515	786	729
登封市	5923	3116	2807	3771	1935	1836	3150	1547	1603
开封市	**34732**	**17414**	**17318**	**21853**	**10861**	**10992**	**15298**	**7328**	**7970**
龙亭区									
顺河回族区									
鼓楼区									
禹王台区									
金明区	100	48	52	48	22	26	35	19	16
杞县	8139	4313	3826	4968	2508	2460	3239	1582	1657
通许县	5194	2534	2660	3386	1611	1775	2566	1190	1376
尉氏县	7387	3688	3699	4589	2244	2345	3568	1647	1921
开封县	7007	3428	3579	4578	2333	2245	3031	1538	1493
兰考县	6905	3403	3502	4284	2143	2141	2859	1352	1507
洛阳市	**37130**	**18648**	**18482**	**24021**	**12034**	**11987**	**19075**	**9418**	**9657**
老城区									
西工区									
瀍河回族区									
涧西区	224	97	127	135	71	64	102	41	61
吉利区									
洛龙区	1943	973	970	1150	612	538	822	382	440
孟津县	5534	2808	2726	3795	1883	1912	2681	1333	1348
新安县	5119	2554	2565	3408	1661	1747	2731	1324	1407
栾川县	3813	2049	1764	2191	1177	1014	1702	903	799
嵩县	2842	1509	1333	1764	906	858	1679	844	835
汝阳县	2982	1498	1484	2004	1017	987	1573	795	778
宜阳县	4482	2110	2372	3336	1622	1714	2754	1324	1430
洛宁县	2610	1270	1340	1486	725	761	1314	646	668
伊川县	4380	2167	2213	2879	1373	1506	2299	1130	1169
偃师市	3201	1613	1588	1873	987	886	1418	696	722

1-7b 续表 21

单位：人

地 区	60-64岁			65-69岁			70-74岁		
	小计	男	女	小计	男	女	小计	男	女
平顶山市	**34468**	**18290**	**16178**	**23443**	**12409**	**11034**	**18545**	**9540**	**9005**
新华区	1486	849	637	806	476	330	558	294	264
卫东区									
石龙区									
湛河区									
宝丰县	5601	3020	2581	3843	2059	1784	3172	1680	1492
叶县	8439	4430	4009	5984	3026	2958	4359	2166	2193
鲁山县	7153	3710	3443	4933	2594	2339	4031	2024	2007
郏县	6892	3716	3176	4444	2374	2070	3767	2025	1742
舞钢市	914	536	378	816	485	331	578	340	238
汝州市	3983	2029	1954	2617	1395	1222	2080	1011	1069
安阳市	**34088**	**15643**	**18445**	**19707**	**9462**	**10245**	**14879**	**6936**	**7943**
文峰区									
北关区	130	61	69	57	35	22	42	18	24
殷都区	172	122	50	90	60	30	49	28	21
龙安区	294	142	152	192	93	99	142	75	67
安阳县	10249	4618	5631	5717	2704	3013	4379	2019	2360
汤阴县	5913	2777	3136	3799	1821	1978	2820	1357	1463
滑县	7351	3433	3918	4463	2152	2311	3496	1577	1919
内黄县	4044	1925	2119	2565	1242	1323	1909	908	1001
林州市	5935	2565	3370	2824	1355	1469	2042	954	1088
鹤壁市	**10788**	**5130**	**5658**	**5917**	**2872**	**3045**	**4366**	**2112**	**2254**
鹤山区									
山城区									
淇滨区	243	111	132	98	47	51	69	34	35
浚县	6107	2983	3124	3442	1709	1733	2609	1280	1329
淇县	4438	2036	2402	2377	1116	1261	1688	798	890
新乡市	**44178**	**21688**	**22490**	**28873**	**13881**	**14992**	**19444**	**9334**	**10110**
红旗区	109	48	61	64	29	35	44	19	25
卫滨区									
凤泉区	1203	549	654	757	390	367	525	272	253
牧野区									
新乡县	5869	2793	3076	3547	1618	1929	2820	1296	1524
获嘉县	5601	2704	2897	3744	1776	1968	2891	1329	1562
原阳县	5089	2521	2568	3304	1610	1694	2454	1199	1255
延津县	4786	2312	2474	2917	1460	1457	2016	999	1017
封丘县	7674	3837	3837	5167	2448	2719	3220	1589	1631
长垣县	10507	5283	5224	7457	3604	3853	3918	1866	2052
卫辉市	1500	739	761	844	396	448	734	335	399
辉县市	1840	902	938	1072	550	522	822	430	392
焦作市	**28548**	**13845**	**14703**	**16793**	**8308**	**8485**	**13452**	**6574**	**6878**
解放区									
中站区									
马村区	263	104	159	242	107	135	251	117	134
山阳区									
修武县	3715	1787	1928	2422	1188	1234	1812	876	936
博爱县	5746	2595	3151	3801	1781	2020	2978	1384	1594
武陟县	6594	3229	3365	3649	1794	1855	3008	1495	1513
温县	6465	3267	3198	3306	1759	1547	2717	1391	1326
沁阳市	4493	2172	2321	2530	1189	1341	2023	933	1090
孟州市	1272	691	581	843	490	353	663	378	285

1-7b 续表 22

单位：人

地　区	60-64岁			65-69岁			70-74岁		
	小计	男	女	小计	男	女	小计	男	女
濮阳市	**28727**	**14042**	**14685**	**17061**	**8274**	**8787**	**11764**	**5600**	**6164**
华龙区	872	428	444	458	237	221	313	168	145
清丰县	5912	2870	3042	3289	1681	1608	2106	1033	1073
南乐县	3497	1624	1873	1992	923	1069	1745	780	965
范县	2743	1379	1364	1893	870	1023	1156	551	605
台前县	2441	1232	1209	1616	837	779	1003	485	518
濮阳县	13262	6509	6753	7813	3726	4087	5441	2583	2858
许昌市	**30136**	**14990**	**15146**	**18212**	**9101**	**9111**	**14723**	**7059**	**7664**
魏都区									
许昌县	7294	3550	3744	4030	1993	2037	3272	1535	1737
鄢陵县	4714	2276	2438	2797	1310	1487	2017	971	1046
襄城县	8022	3952	4070	4986	2485	2501	4276	1990	2286
禹州市	6294	3217	3077	3968	2108	1860	3178	1563	1615
长葛市	3812	1995	1817	2431	1205	1226	1980	1000	980
漯河市	**22238**	**11676**	**10562**	**14619**	**7502**	**7117**	**10493**	**5425**	**5068**
源汇区	212	113	99	115	58	57	81	29	52
郾城区	461	314	147	316	225	91	337	244	93
召陵区	1999	969	1030	1242	597	645	1009	484	525
舞阳县	8188	4476	3712	5868	3086	2782	4108	2168	1940
临颍县	11378	5804	5574	7078	3536	3542	4958	2500	2458
三门峡市	**15417**	**8202**	**7215**	**10492**	**5574**	**4918**	**9068**	**4731**	**4337**
湖滨区									
渑池县	4233	2099	2134	2820	1447	1373	2514	1305	1209
陕县	4221	2288	1933	2843	1533	1310	2686	1341	1345
卢氏县	2930	1486	1444	1922	950	972	1568	770	798
义马市	749	539	210	477	296	181	394	271	123
灵宝市	3284	1790	1494	2430	1348	1082	1906	1044	862
南阳市	**90951**	**48988**	**41963**	**62396**	**33623**	**28773**	**45152**	**23531**	**21621**
宛城区	6399	3200	3199	4232	2184	2048	3192	1612	1580
卧龙区	2224	1174	1050	1613	930	683	1151	576	575
南召县	6285	3467	2818	3911	2104	1807	3265	1747	1518
方城县	9210	5181	4029	5958	3409	2549	5043	2738	2305
西峡县	5109	2722	2387	3369	1790	1579	2599	1318	1281
镇平县	7964	4438	3526	6137	3207	2930	4055	2049	2006
内乡县	6266	3306	2960	4343	2212	2131	3066	1455	1611
淅川县	6719	3402	3317	4402	2221	2181	2986	1429	1557
社旗县	7972	4450	3522	5435	3061	2374	4144	2357	1787
唐河县	16312	8908	7404	10955	6209	4746	7726	4253	3473
新野县	7341	3839	3502	4913	2566	2347	3299	1642	1657
桐柏县	4196	2221	1975	3438	1732	1706	2265	1127	1138
邓州市	4954	2680	2274	3690	1998	1692	2361	1228	1133

1-7b 续表 23 单位：人

地区	60-64岁			65-69岁			70-74岁		
	小计	男	女	小计	男	女	小计	男	女
商丘市	**47375**	**23516**	**23859**	**35363**	**16802**	**18561**	**25989**	**12404**	**13585**
梁园区	302	154	148	217	130	87	144	89	55
睢阳区	1090	544	546	837	387	450	526	278	248
民权县	6229	3069	3160	4519	2127	2392	3418	1658	1760
睢县	6558	3153	3405	4586	2147	2439	3268	1493	1775
宁陵县	3918	1899	2019	2885	1302	1583	2221	1042	1179
柘城县	7384	3680	3704	5419	2573	2846	3806	1812	1994
虞城县	8556	4350	4206	6614	3258	3356	4659	2298	2361
夏邑县	8318	4166	4152	6454	3040	3414	5079	2366	2713
永城市	5020	2501	2519	3832	1838	1994	2868	1368	1500
信阳市	**61536**	**30594**	**30942**	**45276**	**21681**	**23595**	**31182**	**14643**	**16539**
浉河区	485	248	237	362	192	170	276	145	131
平桥区	3222	1635	1587	1898	935	963	1419	642	777
罗山县	6140	3135	3005	3930	1949	1981	2994	1337	1657
光山县	6696	3299	3397	4598	2290	2308	3288	1592	1696
新县	3073	1520	1553	2555	1219	1336	1762	842	920
商城县	6121	3143	2978	4828	2415	2413	3235	1563	1672
固始县	11973	5898	6075	9557	4549	5008	6525	3164	3361
潢川县	10038	4826	5212	7044	3141	3903	4798	2150	2648
淮滨县	5873	2884	2989	4348	2112	2236	3123	1422	1701
息县	7915	4006	3909	6156	2879	3277	3762	1786	1976
周口市	**77461**	**37896**	**39565**	**54853**	**25954**	**28899**	**39838**	**18661**	**21177**
川汇区									
扶沟县	5983	2872	3111	4181	1997	2184	3154	1490	1664
西华县	7225	3555	3670	5238	2361	2877	5090	2318	2772
商水县	9136	4449	4687	6002	2855	3147	4291	2056	2235
沈丘县	11188	5456	5732	7885	3768	4117	5555	2647	2908
郸城县	8424	4285	4139	6079	3005	3074	4208	2033	2175
淮阳县	9525	4614	4911	7176	3389	3787	4882	2280	2602
太康县	12148	5841	6307	7365	3528	3837	5546	2529	3017
鹿邑县	10577	5174	5403	8611	3988	4623	5525	2561	2964
项城市	3255	1650	1605	2316	1063	1253	1587	747	840
驻马店市	**63481**	**32419**	**31062**	**43928**	**21787**	**22141**	**31836**	**15474**	**16362**
驿城区	223	111	112	138	63	75	98	44	54
西平县	7831	3979	3852	4922	2431	2491	4178	1894	2284
上蔡县	9830	5111	4719	7035	3660	3375	5158	2594	2564
平舆县	8243	4114	4129	5567	2606	2961	3751	1740	2011
正阳县	4804	2435	2369	3420	1687	1733	2574	1267	1307
确山县	4336	2190	2146	3247	1590	1657	2508	1212	1296
泌阳县	7844	4254	3590	5235	2852	2383	3894	2041	1853
汝南县	8582	4421	4161	5815	2831	2984	3869	1941	1928
遂平县	4755	2388	2367	3008	1477	1531	2205	1087	1118
新蔡县	7033	3416	3617	5541	2590	2951	3601	1654	1947
济源市	**4805**	**2363**	**2442**	**2175**	**1036**	**1139**	**1839**	**930**	**909**
济源市	4805	2363	2442	2175	1036	1139	1839	930	909

1-7b 续表 24 单位：人

地 区	75-79岁			80-84岁			85-89岁		
	小计	男	女	小计	男	女	小计	男	女
总 计	**253031**	**115449**	**137582**	**138521**	**58993**	**79528**	**60011**	**21411**	**38600**
郑州市	**11908**	**5367**	**6541**	**7091**	**2926**	**4165**	**3353**	**1142**	**2211**
中原区									
二七区	172	92	80	111	48	63	56	20	36
管城回族区	49	26	23	37	16	21	22	6	16
金水区									
上街区									
惠济区	161	64	97	72	25	47	48	17	31
中牟县	1951	896	1055	1049	452	597	533	176	357
巩义市	3026	1323	1703	2028	833	1195	1068	368	700
荥阳市	966	470	496	645	248	397	302	103	199
新密市	1857	842	1015	1080	438	642	408	134	274
新郑市	1182	542	640	678	275	403	315	101	214
登封市	2544	1112	1432	1391	591	800	601	217	384
开封市	**12196**	**5559**	**6637**	**7585**	**3188**	**4397**	**3348**	**1149**	**2199**
龙亭区									
顺河回族区									
鼓楼区									
禹王台区									
金明区	34	15	19	17	9	8	8	3	5
杞县	2705	1248	1457	1624	643	981	741	259	482
通许县	1915	877	1038	1291	569	722	569	201	368
尉氏县	3000	1368	1632	1919	900	1019	802	282	520
开封县	2469	1094	1375	1463	561	902	705	223	482
兰考县	2073	957	1116	1271	506	765	523	181	342
洛阳市	**14242**	**6478**	**7764**	**7359**	**3135**	**4224**	**3090**	**1116**	**1974**
老城区									
西工区									
瀍河回族区									
涧西区	91	40	51	53	25	28	21	8	13
吉利区									
洛龙区	628	265	363	429	162	267	204	62	142
孟津县	2003	889	1114	1134	430	704	449	134	315
新安县	1932	903	1029	926	377	549	400	150	250
栾川县	1332	675	657	645	326	319	222	115	107
嵩县	1318	606	712	684	322	362	260	110	150
汝阳县	1275	563	712	671	311	360	293	98	195
宜阳县	1748	767	981	764	336	428	332	112	220
洛宁县	1007	477	530	405	187	218	163	76	87
伊川县	1754	808	946	926	390	536	397	154	243
偃师市	1154	485	669	722	269	453	349	97	252

1-7b 续表 25

单位：人

地区	75-79岁			80-84岁			85-89岁		
	小计	男	女	小计	男	女	小计	男	女
平顶山市	**15291**	**7210**	**8081**	**7123**	**3213**	**3910**	**3151**	**1154**	**1997**
新华区	336	163	173	128	62	66	60	14	46
卫东区									
石龙区									
湛河区									
宝丰县	2521	1213	1308	1168	569	599	509	200	309
叶县	3892	1788	2104	1723	745	978	850	294	556
鲁山县	3295	1488	1807	1572	686	886	557	193	364
郏县	2989	1486	1503	1315	648	667	670	285	385
舞钢市	555	325	230	290	145	145	150	62	88
汝州市	1703	747	956	927	358	569	355	106	249
安阳市	**10532**	**4407**	**6125**	**5645**	**2118**	**3527**	**2317**	**729**	**1588**
文峰区									
北关区	29	15	14	18	5	13	9	2	7
殷都区	15	10	5	9	2	7	1		1
龙安区	100	42	58	58	22	36	21	6	15
安阳县	3082	1242	1840	1518	511	1007	547	165	382
汤阴县	1783	777	1006	1062	356	706	448	125	323
滑县	2380	989	1391	1339	582	757	660	232	428
内黄县	1422	611	811	793	337	456	334	112	222
林州市	1721	721	1000	848	303	545	297	87	210
鹤壁市	**3194**	**1451**	**1743**	**1823**	**735**	**1088**	**752**	**244**	**508**
鹤山区									
山城区									
淇滨区	59	20	39	46	17	29	17	4	13
浚县	1919	874	1045	1033	459	574	455	151	304
淇县	1216	557	659	744	259	485	280	89	191
新乡市	**13724**	**6034**	**7690**	**8871**	**3560**	**5311**	**4270**	**1418**	**2852**
红旗区	27	11	16	13	6	7	8	3	5
卫滨区									
凤泉区	353	157	196	279	100	179	105	32	73
牧野区									
新乡县	1967	807	1160	1207	451	756	564	186	378
获嘉县	1951	867	1084	1154	477	677	485	149	336
原阳县	1940	875	1065	1196	503	693	581	194	387
延津县	1387	609	778	842	350	492	374	134	240
封丘县	2297	1017	1280	1439	595	844	745	252	493
长垣县	2603	1096	1507	2089	815	1274	1132	370	762
卫辉市	542	259	283	336	120	216	148	48	100
辉县市	657	336	321	316	143	173	128	50	78
焦作市	**10174**	**4695**	**5479**	**5938**	**2364**	**3574**	**2660**	**860**	**1800**
解放区									
中站区									
马村区	126	55	71	47	22	25	14	9	5
山阳区									
修武县	1317	661	656	717	293	424	373	122	251
博爱县	2407	1098	1309	1285	473	812	520	187	333
武陟县	2241	984	1257	1477	583	894	758	201	557
温县	1900	924	976	1254	524	730	535	182	353
沁阳市	1660	700	960	848	314	534	308	89	219
孟州市	523	273	250	310	155	155	152	70	82

1-7b 续表 26 单位：人

地区	75-79岁			80-84岁			85-89岁		
	小计	男	女	小计	男	女	小计	男	女
濮阳市	**8544**	**3766**	**4778**	**4625**	**1790**	**2835**	**1921**	**597**	**1324**
华龙区	141	80	61	41	22	19	16	6	10
清丰县	1360	621	739	615	247	368	230	66	164
南乐县	1383	555	828	772	276	496	322	103	219
范县	834	409	425	457	181	276	220	68	152
台前县	822	386	436	490	207	283	203	82	121
濮阳县	4004	1715	2289	2250	857	1393	930	272	658
许昌市	**11901**	**5351**	**6550**	**6527**	**2749**	**3778**	**2775**	**940**	**1835**
魏都区									
许昌县	2705	1195	1510	1642	663	979	707	218	489
鄢陵县	1679	749	930	961	420	541	420	142	278
襄城县	3211	1511	1700	1666	729	937	736	286	450
禹州市	2678	1176	1502	1172	486	686	497	162	335
长葛市	1628	720	908	1086	451	635	415	132	283
漯河市	**9238**	**4537**	**4701**	**5420**	**2540**	**2880**	**2512**	**1026**	**1486**
源汇区	110	51	59	57	29	28	38	16	22
郾城区	334	256	78	235	169	66	119	90	29
召陵区	878	392	486	514	209	305	210	71	139
舞阳县	4051	1976	2075	2363	1064	1299	1141	415	726
临颍县	3865	1862	2003	2251	1069	1182	1004	434	570
三门峡市	**6225**	**3231**	**2994**	**3063**	**1613**	**1450**	**1187**	**577**	**610**
湖滨区									
渑池县	2011	1117	894	967	561	406	442	230	212
陕县	1788	894	894	799	395	404	301	130	171
卢氏县	1014	447	567	555	265	290	172	68	104
义马市	193	132	61	56	36	20	15	13	2
灵宝市	1219	641	578	686	356	330	257	136	121
南阳市	**31076**	**15240**	**15836**	**14723**	**6975**	**7748**	**6735**	**2789**	**3946**
宛城区	1899	980	919	693	336	357	322	112	210
卧龙区	766	341	425	328	149	179	203	61	142
南召县	2180	1124	1056	1034	532	502	420	205	215
方城县	3606	1877	1729	1719	902	817	843	375	468
西峡县	1930	882	1048	1034	460	574	404	176	228
镇平县	2713	1295	1418	1439	624	815	631	239	392
内乡县	2341	986	1355	1233	436	797	479	153	326
淅川县	2255	968	1287	1169	448	721	477	192	285
社旗县	2602	1324	1278	1278	644	634	638	283	355
唐河县	5040	2610	2430	2454	1263	1191	1120	501	619
新野县	2369	1153	1216	969	470	499	482	165	317
桐柏县	1694	879	815	619	336	283	269	120	149
邓州市	1681	821	860	754	375	379	447	207	240

1-7b 续表 27

单位：人

地 区	75-79岁			80-84岁			85-89岁		
	小计	男	女	小计	男	女	小计	男	女
商丘市	**20469**	**9031**	**11438**	**12321**	**4957**	**7364**	**5359**	**1845**	**3514**
梁园区	181	99	82	100	52	48	51	28	23
睢阳区	410	175	235	209	82	127	119	34	85
民权县	2671	1243	1428	1408	598	810	676	246	430
睢县	2644	1181	1463	1638	596	1042	720	245	475
宁陵县	1675	737	938	972	389	583	470	162	308
柘城县	2514	1127	1387	1476	594	882	660	218	442
虞城县	3873	1680	2193	2424	1004	1420	854	297	557
夏邑县	4010	1714	2296	2513	988	1525	1101	378	723
永城市	2491	1075	1416	1581	654	927	708	237	471
信阳市	**19562**	**8952**	**10610**	**9510**	**4206**	**5304**	**3638**	**1338**	**2300**
浉河区	215	96	119	100	56	44	37	20	17
平桥区	1081	478	603	590	249	341	204	67	137
罗山县	2148	1023	1125	1019	501	518	377	147	230
光山县	1660	771	889	756	310	446	296	101	195
新县	805	357	448	348	167	181	163	65	98
商城县	1891	956	935	977	458	519	372	135	237
固始县	4310	2053	2257	2004	934	1070	849	312	537
潢川县	2994	1293	1701	1476	605	871	601	230	371
淮滨县	1999	843	1156	974	390	584	320	118	202
息县	2459	1082	1377	1266	536	730	419	143	276
周口市	**28780**	**12457**	**16323**	**17381**	**6975**	**10406**	**7020**	**2304**	**4716**
川汇区									
扶沟县	2309	1115	1194	1489	678	811	681	250	431
西华县	3656	1726	1930	2011	877	1134	773	250	523
商水县	3283	1304	1979	1911	714	1197	763	232	531
沈丘县	4148	1809	2339	2495	1006	1489	1032	334	698
郸城县	2954	1336	1618	1609	648	961	605	195	410
淮阳县	3609	1584	2025	2205	848	1357	930	292	638
太康县	3933	1646	2287	2515	1010	1505	907	303	604
鹿邑县	3849	1529	2320	2507	946	1561	1053	360	693
项城市	1039	408	631	639	248	391	276	88	188
驻马店市	**24363**	**10939**	**13424**	**12666**	**5551**	**7115**	**5559**	**2049**	**3510**
驿城区	102	49	53	51	19	32	35	7	28
西平县	3653	1635	2018	2097	955	1142	950	341	609
上蔡县	4121	1914	2207	2272	1016	1256	979	396	583
平舆县	2832	1190	1642	1441	550	891	567	153	414
正阳县	1998	904	1094	940	436	504	377	154	223
确山县	2104	982	1122	1080	487	593	552	221	331
泌阳县	2540	1241	1299	1164	538	626	650	240	410
汝南县	2676	1188	1488	1348	595	753	566	229	337
遂平县	1911	829	1082	988	441	547	422	159	263
新蔡县	2426	1007	1419	1285	514	771	461	149	312
济源市	**1612**	**744**	**868**	**850**	**398**	**452**	**364**	**134**	**230**
济源市	1612	744	868	850	398	452	364	134	230

1-7b 续表 28 单位：人

地区	90-94岁			95-99岁			100岁及以上		
	小计	男	女	小计	男	女	小计	男	女
总计	**17966**	**5143**	**12823**	**4744**	**1411**	**3333**	**427**	**95**	**332**
郑州市	**936**	**260**	**676**	**241**	**78**	**163**	**16**	**6**	**10**
中原区									
二七区	16	5	11	7	4	3			
管城回族区	3	2	1						
金水区									
上街区									
惠济区	12	3	9	3	2	1			
中牟县	125	36	89	35	11	24	7	4	3
巩义市	361	105	256	85	25	60			
荥阳市	84	22	62	21	8	13	1		1
新密市	101	25	76	16	5	11	6	1	5
新郑市	97	28	69	38	12	26	2	1	1
登封市	137	34	103	36	11	25			
开封市	**1152**	**302**	**850**	**289**	**63**	**226**	**30**	**10**	**20**
龙亭区									
顺河回族区									
鼓楼区									
禹王台区									
金明区	4	1	3	1		1			
杞县	249	65	184	69	16	53	8	1	7
通许县	211	59	152	42	4	38	4	1	3
尉氏县	255	73	182	74	17	57	4	3	1
开封县	231	50	181	55	14	41	5	1	4
兰考县	202	54	148	48	12	36	9	4	5
洛阳市	**919**	**261**	**658**	**215**	**61**	**154**	**20**	**4**	**16**
老城区									
西工区									
瀍河回族区									
涧西区	9	3	6	1		1	1	1	
吉利区									
洛龙区	66	12	54	7	1	6			
孟津县	135	31	104	47	16	31	3	1	2
新安县	105	28	77	29	10	19	1		1
栾川县	59	26	33	11	5	6	2		2
嵩县	75	21	54	23	10	13			
汝阳县	89	28	61	23	7	16			
宜阳县	132	35	97	23	2	21			
洛宁县	23	12	11	9	5	4	2		2
伊川县	126	44	82	24	3	21	6	2	4
偃师市	100	21	79	18	2	16	5		5

1-7b 续表 29　　　　单位：人

地　区	90-94岁			95-99岁			100岁及以上		
	小计	男	女	小计	男	女	小计	男	女
平顶山市	**1164**	**358**	**806**	**328**	**99**	**229**	**22**	**3**	**19**
新华区	27	8	19	7	3	4			
卫东区									
石龙区									
湛河区									
宝丰县	182	52	130	51	23	28	4		4
叶县	316	100	216	83	22	61	4		4
鲁山县	206	63	143	58	11	47	2	1	1
郏县	260	90	170	79	29	50	9	1	8
舞钢市	42	19	23	13	6	7			
汝州市	131	26	105	37	5	32	3	1	2
安阳市	**623**	**143**	**480**	**150**	**39**	**111**	**17**	**6**	**11**
文峰区									
北关区				1		1	1		1
殷都区	1		1	1	1		1		1
龙安区	3		3	2		2			
安阳县	122	22	100	30	9	21			
汤阴县	107	22	85	14	1	13			
滑县	222	55	167	72	18	54	4		4
内黄县	95	27	68	23	8	15	11	6	5
林州市	73	17	56	7	2	5			
鹤壁市	**225**	**61**	**164**	**37**	**5**	**32**	**1**		**1**
鹤山区									
山城区									
淇滨区	5		5	1		1			
浚县	147	42	105	25	2	23	1		1
淇县	73	19	54	11	3	8			
新乡市	**1396**	**376**	**1020**	**274**	**66**	**208**	**28**	**7**	**21**
红旗区	3		3						
卫滨区									
凤泉区	20	5	15	5	1	4			
牧野区									
新乡县	180	48	132	28	2	26	2		2
获嘉县	125	30	95	33	5	28	5	1	4
原阳县	188	54	134	32	9	23			
延津县	128	35	93	27	9	18	1		1
封丘县	240	58	182	43	10	33	14	4	10
长垣县	424	118	306	88	24	64	4	2	2
卫辉市	57	16	41	15	6	9			
辉县市	31	12	19	3		3	2		2
焦作市	**744**	**190**	**554**	**168**	**43**	**125**	**14**	**3**	**11**
解放区									
中站区									
马村区	7	3	4	2	1	1			
山阳区									
修武县	95	21	74	20	3	17	1		1
博爱县	102	29	73	22	1	21	2		2
武陟县	213	42	171	41	7	34	4	1	3
温县	177	48	129	36	10	26	5		5
沁阳市	93	22	71	24	6	18			
孟州市	57	25	32	23	15	8	2	2	

1-7b 续表 30

单位：人

地区	90-94岁			95-99岁			100岁及以上		
	小计	男	女	小计	男	女	小计	男	女
濮阳市	**550**	**137**	**413**	**136**	**34**	**102**	**7**		**7**
华龙区	8	2	6	3	1	2			
清丰县	71	22	49	15	3	12	6		6
南乐县	93	18	75	19	2	17	1		1
范县	52	19	33	20	7	13			
台前县	71	26	45	19	6	13			
濮阳县	255	50	205	60	15	45			
许昌市	**840**	**225**	**615**	**229**	**77**	**152**	**13**		**13**
魏都区									
许昌县	206	47	159	35	6	29	4		4
鄢陵县	125	36	89	34	19	15			
襄城县	236	71	165	84	32	52	5		5
禹州市	135	38	97	38	12	26	2		2
长葛市	138	33	105	38	8	30	2		2
漯河市	**768**	**249**	**519**	**208**	**69**	**139**	**5**		**5**
源汇区	15	2	13	2		2			
郾城区	43	28	15	10	7	3	1		1
召陵区	66	22	44	31	6	25	3		3
舞阳县	322	74	248	81	25	56			
临颍县	322	123	199	84	31	53	1		1
三门峡市	**340**	**143**	**197**	**106**	**54**	**52**	**13**	**5**	**8**
湖滨区									
渑池县	133	46	87	36	18	18	2		2
陕县	82	32	50	33	17	16	11	5	6
卢氏县	28	12	16	9	4	5			
义马市	3	1	2	1	1				
灵宝市	94	52	42	27	14	13			
南阳市	**1926**	**690**	**1236**	**572**	**213**	**359**	**24**	**5**	**19**
宛城区	94	22	72	20	6	14	1		1
卧龙区	80	25	55	29	10	19	4	1	3
南召县	112	44	68	19	3	16			
方城县	260	103	157	58	21	37	5	1	4
西峡县	102	32	70	39	14	25	3		3
镇平县	193	59	134	78	20	58	4	1	3
内乡县	125	29	96	34	6	28	1		1
淅川县	119	29	90	57	21	36			
社旗县	183	73	110	53	24	29	4	2	2
唐河县	319	135	184	93	39	54	2		2
新野县	118	34	84	34	10	24			
桐柏县	51	16	35	12	6	6			
邓州市	170	89	81	46	33	13			

1-7b 续表 31

单位：人

地 区	90-94岁			95-99岁			100岁及以上		
	小计	男	女	小计	男	女	小计	男	女
商丘市	**1677**	**466**	**1211**	**429**	**108**	**321**	**104**	**20**	**84**
梁园区	17	8	9	9		9			
睢阳区	24	3	21	13	1	12			
民权县	192	67	125	42	10	32	4		4
睢县	234	56	178	46	9	37	14	3	11
宁陵县	165	50	115	37	10	27	11	5	6
柘城县	215	56	159	48	11	37	12	4	8
虞城县	254	74	180	67	19	48	3	1	2
夏邑县	374	97	277	104	29	75	26	2	24
永城市	202	55	147	63	19	44	34	5	29
信阳市	**820**	**203**	**617**	**248**	**93**	**155**	**10**		**10**
浉河区	8	3	5	3	1	2			
平桥区	42	13	29	5	1	4	1		1
罗山县	85	19	66	16	7	9	3		3
光山县	79	25	54	21	4	17			
新县	34	6	28	12	5	7			
商城县	86	17	69	22	14	8	1		1
固始县	150	36	114	44	11	33	2		2
潢川县	135	35	100	57	24	33			
淮滨县	101	26	75	20	6	14			
息县	100	23	77	48	20	28	3		3
周口市	**2086**	**527**	**1559**	**594**	**160**	**434**	**70**	**12**	**58**
川汇区									
扶沟县	195	51	144	54	18	36	4		4
西华县	221	60	161	51	16	35	19		19
商水县	242	55	187	73	20	53	2	1	1
沈丘县	331	79	252	73	17	56	12	2	10
郸城县	174	56	118	58	11	47			
淮阳县	257	66	191	85	24	61	16	6	10
太康县	292	82	210	85	24	61	9	2	7
鹿邑县	298	62	236	94	24	70			
项城市	76	16	60	21	6	15	8	1	7
驻马店市	**1687**	**503**	**1184**	**499**	**138**	**361**	**22**	**3**	**19**
驿城区	6	1	5	3	2	1			
西平县	310	84	226	73	20	53	10	1	9
上蔡县	290	101	189	98	32	66			
平舆县	182	45	137	59	13	46	4	2	2
正阳县	99	28	71	29	9	20			
确山县	111	33	78	27	5	22			
泌阳县	230	68	162	69	20	49	4		4
汝南县	152	48	104	44	12	32	1		1
遂平县	144	44	100	52	21	31	1		1
新蔡县	163	51	112	45	4	41	2		2
济源市	**113**	**49**	**64**	**21**	**11**	**10**	**11**	**11**	
济源市	113	49	64	21	11	10	11	11	

1-7c 各地区分年龄、性别的人口(乡村)

单位：人

地区	合计			0岁		
	合计	男	女	小计	男	女
总计	**57810172**	**29100464**	**28709708**	**726529**	**392940**	**333589**
郑州市	**3149594**	**1618914**	**1530680**	**35939**	**19418**	**16521**
中原区	73058	37711	35347	957	525	432
二七区	96774	54354	42420	1067	599	468
管城回族区	146758	79834	66924	1508	814	694
金水区	151985	75918	76067	1272	734	538
上街区	14306	7231	7075	133	62	71
惠济区	94000	46816	47184	1384	763	621
中牟县	552429	283933	268496	6913	3753	3160
巩义市	441646	224054	217592	4725	2494	2231
荥阳市	344149	174382	169767	4089	2136	1953
新密市	438108	224281	213827	4418	2425	1993
新郑市	420772	215918	204854	4988	2697	2291
登封市	375609	194482	181127	4485	2416	2069
开封市	**3018002**	**1531838**	**1486164**	**37227**	**19696**	**17531**
龙亭区	36414	18408	18006	523	273	250
顺河回族区	36801	18742	18059	467	240	227
鼓楼区	9812	5084	4728	187	104	83
禹王台区	31378	16005	15373	445	242	203
金明区	56139	28589	27550	550	289	261
杞县	719818	364728	355090	9042	4616	4426
通许县	427151	219023	208128	5207	2772	2435
尉氏县	662364	340635	321729	8573	4691	3882
开封县	530230	273348	256882	6474	3470	3004
兰考县	507895	247276	260619	5759	2999	2760
洛阳市	**3661586**	**1851355**	**1810231**	**44528**	**23253**	**21275**
老城区	19244	9447	9797	230	123	107
西工区	31111	15559	15552	368	183	185
瀍河回族区	13397	6568	6829	190	96	94
涧西区	48206	24198	24008	706	377	329
吉利区	23713	11753	11960	253	119	134
洛龙区	205945	103158	102787	2842	1457	1385
孟津县	271662	135110	136552	3080	1650	1430
新安县	309290	158422	150868	3697	1982	1715
栾川县	215957	113421	102536	2805	1470	1335
嵩县	404917	203989	200928	5357	2708	2649
汝阳县	315010	159963	155047	4487	2369	2118
宜阳县	503833	253577	250256	5781	3017	2764
洛宁县	337274	169965	167309	3713	1961	1752
伊川县	596074	301395	294679	6776	3491	3285
偃师市	365953	184830	181123	4243	2250	1993

1-7c 续表 1

单位：人

地 区	合 计			0岁		
	合计	男	女	小计	男	女
平顶山市	**2882281**	**1486042**	**1396239**	**41571**	**22863**	**18708**
新华区	55411	27880	27531	874	509	365
卫东区	28514	14445	14069	468	266	202
石龙区	12802	7334	5468	127	69	58
湛河区	82185	41618	40567	842	465	377
宝丰县	340393	175058	165335	5219	2845	2374
叶县	572737	294610	278127	7389	4063	3326
鲁山县	593379	308115	285264	8892	4850	4042
郏县	399532	207879	191653	5934	3281	2653
舞钢市	166307	87097	79210	2614	1440	1174
汝州市	631021	322006	309015	9212	5075	4137
安阳市	**3187522**	**1519641**	**1667881**	**43271**	**24339**	**18932**
文峰区	98073	48684	49389	1688	952	736
北关区	22922	11752	11170	342	217	125
殷都区	24501	12401	12100	351	206	145
龙安区	93214	48811	44403	1130	669	461
安阳县	555179	256686	298493	7417	4329	3088
汤阴县	279828	134215	145613	3828	2099	1729
滑县	1072512	537805	534707	14480	8201	6279
内黄县	573346	287428	285918	7503	3982	3521
林州市	467947	181859	286088	6532	3684	2848
鹤壁市	**824923**	**424000**	**400923**	**10280**	**5592**	**4688**
鹤山区	25225	12831	12394	322	180	142
山城区	39014	20320	18694	487	287	200
淇滨区	92823	48022	44801	1258	679	579
浚县	514326	263521	250805	6051	3240	2811
淇县	153535	79306	74229	2162	1206	956
新乡市	**3379343**	**1699850**	**1679493**	**40213**	**21920**	**18293**
红旗区	37159	19426	17733	581	338	243
卫滨区						
凤泉区	65662	33413	32249	785	468	317
牧野区	26189	13377	12812	403	217	186
新乡县	192410	98416	93994	1968	1028	940
获嘉县	262886	132584	130302	3198	1776	1422
原阳县	527899	265273	262626	6540	3670	2870
延津县	347225	176922	170303	4088	2286	1802
封丘县	562985	288491	274494	6118	3216	2902
长垣县	549970	270464	279506	6433	3396	3037
卫辉市	328290	167000	161290	4496	2506	1990
辉县市	478668	234484	244184	5603	3019	2584
焦作市	**1882513**	**951999**	**930514**	**21753**	**11225**	**10528**
解放区						
中站区	45733	23057	22676	572	323	249
马村区	61463	31338	30125	824	430	394
山阳区	55690	29139	26551	641	348	293
修武县	187767	96724	91043	2416	1264	1152
博爱县	266382	135964	130418	3240	1623	1617
武陟县	541512	274786	266726	6349	3269	3080
温县	271192	135290	135902	3053	1559	1494
沁阳市	224054	111816	112238	2335	1236	1099
孟州市	228720	113885	114835	2323	1173	1150

1-7c 续表 2

单位：人

地区	合计			0岁		
	合计	男	女	小计	男	女
濮阳市	**2471657**	**1230074**	**1241583**	**36753**	**20361**	**16392**
华龙区	189694	96073	93621	3428	1880	1548
清丰县	531635	265745	265890	8223	4556	3667
南乐县	363877	175331	188546	4667	2549	2118
范县	373415	184966	188449	4723	2673	2050
台前县	265210	132642	132568	3842	1996	1846
濮阳县	747826	375317	372509	11870	6707	5163
许昌市	**2650844**	**1358026**	**1292818**	**35465**	**19005**	**16460**
魏都区	31746	16586	15160	313	165	148
许昌县	559281	287311	271970	7126	3896	3230
鄢陵县	403136	203836	199300	5408	2815	2593
襄城县	492048	248629	243419	7491	4005	3486
禹州市	759081	393677	365404	9953	5352	4601
长葛市	405552	207987	197565	5174	2772	2402
漯河市	**1549680**	**795528**	**754152**	**17319**	**9342**	**7977**
源汇区	146700	75211	71489	1724	908	816
郾城区	281067	144376	136691	3120	1669	1451
召陵区	291251	149810	141441	3078	1723	1355
舞阳县	365017	185971	179046	4139	2219	1920
临颍县	465645	240160	225485	5258	2823	2435
三门峡市	**1251325**	**643823**	**607502**	**13037**	**6813**	**6224**
湖滨区	40475	20395	20080	533	261	272
渑池县	223866	113938	109928	2010	1063	947
陕县	225291	115782	109509	2520	1327	1193
卢氏县	263427	138262	125165	2961	1522	1439
义马市	8318	4161	4157	117	57	60
灵宝市	489948	251285	238663	4896	2583	2313
南阳市	**6930061**	**3568210**	**3361851**	**94582**	**50701**	**43881**
宛城区	450854	232664	218190	5701	3037	2664
卧龙区	461059	235525	225534	5948	3372	2576
南召县	402359	212924	189435	5160	2818	2342
方城县	692286	352957	339329	9257	4843	4414
西峡县	281859	148483	133376	3321	1724	1597
镇平县	614146	320832	293314	8233	4263	3970
内乡县	413223	211553	201670	6636	3649	2987
淅川县	479692	245949	233743	5948	3097	2851
社旗县	458374	235281	223093	6445	3505	2940
唐河县	911262	469910	441352	12042	6574	5468
新野县	449981	228294	221687	7990	4260	3730
桐柏县	261891	135522	126369	3286	1783	1503
邓州市	1053075	538316	514759	14615	7776	6839

1-7c 续表 3

单位：人

地区	合计			0岁		
	合计	男	女	小计	男	女
商丘市	**5191418**	**2585738**	**2605680**	**61345**	**34078**	**27267**
梁园区	417631	213893	203738	5279	3000	2279
睢阳区	500212	251672	248540	5671	3079	2592
民权县	534734	263955	270779	5850	3125	2725
睢县	529642	263211	266431	6162	3432	2730
宁陵县	406198	200387	205811	4483	2468	2015
柘城县	589632	289531	300101	7089	3797	3292
虞城县	713524	358201	355323	8313	4623	3690
夏邑县	673775	334324	339451	7686	4071	3615
永城市	826070	410564	415506	10812	6483	4329
信阳市	**4021341**	**2017347**	**2003994**	**54998**	**30453**	**24545**
浉河区	256100	130963	125137	3882	2032	1850
平桥区	348640	175113	173527	5420	2989	2431
罗山县	354138	177576	176562	5627	3273	2354
光山县	423066	215927	207139	4260	2391	1869
新县	175949	88929	87020	1942	1134	808
商城县	360353	176014	184339	5163	2958	2205
固始县	732898	371699	361199	9857	5419	4438
潢川县	385427	191405	194022	6027	3410	2617
淮滨县	411764	202069	209695	6062	3287	2775
息县	573006	287652	285354	6758	3560	3198
周口市	**6316238**	**3101146**	**3215092**	**70167**	**37084**	**33083**
川汇区	196811	99349	97462	2148	1138	1010
扶沟县	456306	231049	225257	4998	2563	2435
西华县	575238	293910	281328	6173	3309	2864
商水县	713414	348204	365210	8476	4495	3981
沈丘县	722554	350639	371915	8014	4337	3677
郸城县	736774	362180	374594	7656	3860	3796
淮阳县	795942	388953	406989	9115	4512	4603
太康县	822586	410260	412326	8765	4604	4161
鹿邑县	648364	304801	343563	6851	3714	3137
项城市	648249	311801	336448	7971	4552	3419
驻马店市	**5100784**	**2543263**	**2557521**	**63598**	**34397**	**29201**
驿城区	274164	140961	133203	3365	1831	1534
西平县	519158	261239	257919	6311	3418	2893
上蔡县	804170	389420	414750	11419	6117	5302
平舆县	540524	267739	272785	6154	3243	2911
正阳县	507044	247486	259558	6329	3374	2955
确山县	284826	137678	147148	3367	1726	1641
泌阳县	585980	306589	279391	7083	3815	3268
汝南县	570822	290482	280340	7292	3990	3302
遂平县	347738	175459	172279	4565	2417	2148
新蔡县	666358	326210	340148	7713	4466	3247
济源市	**341060**	**173670**	**167390**	**4483**	**2400**	**2083**
济源市	341060	173670	167390	4483	2400	2083

1-7c 续表 4

单位：人

地区	1-4岁			5-9岁			10-14岁		
	小计	男	女	小计	男	女	小计	男	女
总计	**4234666**	**2368416**	**1866250**	**4363400**	**2470753**	**1892647**	**4016425**	**2232651**	**1783774**
郑州市	**210273**	**113635**	**96638**	**188615**	**104209**	**84406**	**151997**	**82675**	**69322**
中原区	3581	1874	1707	3118	1613	1505	3358	1715	1643
二七区	5010	2726	2284	4453	2381	2072	3652	2017	1635
管城回族区	9140	5102	4038	10604	5819	4785	7321	4159	3162
金水区	5768	3209	2559	6082	3129	2953	4993	2472	2521
上街区	523	274	249	508	279	229	641	310	331
惠济区	5259	2829	2430	4666	2454	2212	4454	2306	2148
中牟县	52662	28917	23745	43695	25457	18238	30454	17423	13031
巩义市	21182	11249	9933	23176	12470	10706	21722	11389	10333
荥阳市	17821	9236	8585	16791	8947	7844	15644	8347	7297
新密市	26500	14508	11992	26831	14983	11848	22578	12276	10302
新郑市	33595	18471	15124	22658	12833	9825	18335	10366	7969
登封市	29232	15240	13992	26033	13844	12189	18845	9895	8950
开封市	**241079**	**136247**	**104832**	**241419**	**139201**	**102218**	**201120**	**114706**	**86414**
龙亭区	3030	1658	1372	2619	1406	1213	1523	799	724
顺河回族区	2625	1489	1136	2392	1402	990	1933	1066	867
鼓楼区	899	523	376	780	444	336	567	319	248
禹王台区	2360	1328	1032	2155	1243	912	1436	750	686
金明区	6203	3493	2710	4170	2393	1777	2913	1566	1347
杞县	53845	30955	22890	60810	34831	25979	50452	28798	21654
通许县	32509	18300	14209	34448	20006	14442	30335	17572	12763
尉氏县	55312	31032	24280	47094	27502	19592	37201	21454	15747
开封县	43589	24672	18917	43126	24878	18248	32179	18040	14139
兰考县	40707	22797	17910	43825	25096	18729	42581	24342	18239
洛阳市	**223897**	**117950**	**105947**	**269622**	**143654**	**125968**	**280555**	**148329**	**132226**
老城区	1258	665	593	1208	605	603	886	455	431
西工区	1946	1023	923	1587	813	774	1364	652	712
瀍河回族区	619	331	288	621	346	275	585	315	270
涧西区	3090	1655	1435	2635	1373	1262	2249	1107	1142
吉利区	1073	567	506	1291	663	628	1460	744	716
洛龙区	11752	6192	5560	11956	6433	5523	12071	6487	5584
孟津县	14082	7326	6756	15755	8115	7640	15921	8001	7920
新安县	16631	8626	8005	22555	11901	10654	23737	12151	11586
栾川县	12475	6840	5635	12695	6869	5826	12347	6610	5737
嵩县	33146	17270	15876	35921	18799	17122	30637	16117	14520
汝阳县	24189	12647	11542	28229	14923	13306	25852	14076	11776
宜阳县	34056	18063	15993	42036	22569	19467	41204	21725	19479
洛宁县	18061	9526	8535	31168	16496	14672	24653	12798	11855
伊川县	34027	17604	16423	40906	22057	18849	63438	33754	29684
偃师市	17492	9615	7877	21059	11692	9367	24151	13337	10814

1-7c 续表 5

单位：人

地区	1-4岁			5-9岁			10-14岁		
	小计	男	女	小计	男	女	小计	男	女
平顶山市	**242732**	**134351**	**108381**	**210478**	**118376**	**92102**	**140199**	**77253**	**62946**
新华区	4337	2415	1922	3992	2252	1740	2015	1109	906
卫东区	2051	1102	949	1562	856	706	1393	768	625
石龙区	692	380	312	628	364	264	499	287	212
湛河区	6066	3355	2711	5510	3096	2414	3364	1838	1526
宝丰县	29325	16219	13106	22067	12286	9781	14266	7682	6584
叶县	40974	23688	17286	36255	21041	15214	25400	13894	11506
鲁山县	56844	30109	26735	45453	24719	20734	28076	15697	12379
郏县	32605	18163	14442	31781	17874	13907	22547	12885	9662
舞钢市	11902	6717	5185	9396	5283	4113	7141	3787	3354
汝州市	57936	32203	25733	53834	30605	23229	35498	19306	16192
安阳市	**276337**	**155868**	**120469**	**244191**	**138111**	**106080**	**190537**	**104180**	**86357**
文峰区	8505	4877	3628	6580	3644	2936	4834	2595	2239
北关区	1726	1011	715	1424	811	613	1232	642	590
殷都区	1502	886	616	1665	882	783	1258	672	586
龙安区	6572	3814	2758	5976	3281	2695	4093	2230	1863
安阳县	48334	28011	20323	47284	26376	20908	33857	18567	15290
汤阴县	26386	14648	11738	23302	13486	9816	16014	8542	7472
滑县	95340	53965	41375	77427	44148	33279	67854	36357	31497
内黄县	49935	28185	21750	42094	23853	18241	31232	17721	13511
林州市	38037	20471	17566	38439	21630	16809	30163	16854	13309
鹤壁市	**60429**	**33647**	**26782**	**72056**	**41185**	**30871**	**61443**	**34841**	**26602**
鹤山区	1133	672	461	1317	765	552	1382	717	665
山城区	2458	1383	1075	3119	1770	1349	2146	1130	1016
淇滨区	5885	3332	2553	7694	4450	3244	7094	3863	3231
浚县	40207	22182	18025	45692	25963	19729	39361	22547	16814
淇县	10746	6078	4668	14234	8237	5997	11460	6584	4876
新乡市	**254724**	**144025**	**110699**	**266647**	**151755**	**114892**	**208551**	**115420**	**93131**
红旗区	2509	1423	1086	2811	1602	1209	1912	1064	848
卫滨区									
凤泉区	5365	2978	2387	4740	2525	2215	3168	1710	1458
牧野区	2164	1214	950	1812	980	832	1393	754	639
新乡县	12946	7482	5464	16120	9051	7069	12098	6645	5453
获嘉县	18007	10143	7864	22305	12191	10114	16744	9225	7519
原阳县	39710	22359	17351	44900	25809	19091	40386	22474	17912
延津县	29795	16703	13092	30000	17127	12873	21360	11453	9907
封丘县	43710	24949	18761	46067	27097	18970	32329	18257	14072
长垣县	36189	21034	15155	44311	26273	18038	41370	23894	17476
卫辉市	33199	18369	14830	24926	13694	11232	15596	7975	7621
辉县市	31130	17371	13759	28655	15406	13249	22195	11969	10226
焦作市	**99078**	**53964**	**45114**	**125848**	**70239**	**55609**	**131018**	**72827**	**58191**
解放区									
中站区	2429	1312	1117	2884	1596	1288	2705	1459	1246
马村区	3698	1982	1716	4697	2630	2067	4217	2359	1858
山阳区	2725	1427	1298	3283	1825	1458	3808	2100	1708
修武县	10642	5999	4643	12475	7092	5383	14279	8161	6118
博爱县	15884	8734	7150	18642	10783	7859	17036	9789	7247
武陟县	30174	16836	13338	39045	22277	16768	43097	24494	18603
温县	12562	6835	5727	17505	9602	7903	17721	9811	7910
沁阳市	11713	6056	5657	15319	8140	7179	13072	6897	6175
孟州市	9251	4783	4468	11998	6294	5704	15083	7757	7326

1-7c 续表 6

单位：人

地区	1-4岁			5-9岁			10-14岁		
	小计	男	女	小计	男	女	小计	男	女
濮阳市	**194900**	**109866**	**85034**	**190824**	**107522**	**83302**	**163434**	**90179**	**73255**
华龙区	16174	8948	7226	12722	7239	5483	9327	5165	4162
清丰县	43295	23864	19431	38710	21687	17023	29227	16416	12811
南乐县	30552	17163	13389	29585	16378	13207	24337	13031	11306
范县	25861	14735	11126	31181	17734	13447	32712	18042	14670
台前县	22507	13158	9349	20131	11591	8540	18344	10333	8011
濮阳县	56511	31998	24513	58495	32893	25602	49487	27192	22295
许昌市	**192982**	**108295**	**84687**	**189714**	**109227**	**80487**	**151577**	**87837**	**63740**
魏都区	1339	739	600	1516	871	645	1102	634	468
许昌县	37048	20507	16541	35376	20306	15070	30030	17191	12839
鄢陵县	31178	17975	13203	30575	18264	12311	24752	14577	10175
襄城县	38019	21275	16744	40216	22785	17431	29680	17199	12481
禹州市	55173	30844	24329	52343	30017	22326	44396	25756	18640
长葛市	30225	16955	13270	29688	16984	12704	21617	12480	9137
漯河市	**96035**	**52961**	**43074**	**97393**	**55890**	**41503**	**85409**	**49718**	**35691**
源汇区	8490	4772	3718	8612	5016	3596	6595	3792	2803
郾城区	16328	8887	7441	17307	9872	7435	15014	9046	5968
召陵区	17110	9332	7778	18696	10747	7949	21341	12693	8648
舞阳县	23854	13346	10508	20982	11806	9176	17629	9492	8137
临颍县	30253	16624	13629	31796	18449	13347	24830	14695	10135
三门峡市	**56747**	**29785**	**26962**	**63657**	**33709**	**29948**	**65874**	**34149**	**31725**
湖滨区	1679	867	812	1920	1019	901	1990	1020	970
渑池县	13909	7209	6700	14222	7327	6895	13945	7038	6907
陕县	8648	4548	4100	10739	5536	5203	12307	6253	6054
卢氏县	12469	6493	5976	14801	7743	7058	15225	7914	7311
义马市	582	310	272	479	245	234	457	221	236
灵宝市	19460	10358	9102	21496	11839	9657	21950	11703	10247
南阳市	**622392**	**350511**	**271881**	**573236**	**324850**	**248386**	**408466**	**221939**	**186527**
宛城区	41454	23692	17762	32179	18637	13542	21246	11381	9865
卧龙区	39759	22401	17358	37053	21049	16004	27472	14839	12633
南召县	34786	19291	15495	33798	19015	14783	23458	12636	10822
方城县	75604	41075	34529	65960	36396	29564	36691	19446	17245
西峡县	18109	10126	7983	21126	11642	9484	20115	10714	9401
镇平县	55120	31672	23448	51073	30493	20580	37189	21029	16160
内乡县	39255	21929	17326	34808	19242	15566	25393	13468	11925
淅川县	37847	21137	16710	47124	26270	20854	34222	18554	15668
社旗县	36050	20219	15831	39586	21863	17723	27818	14921	12897
唐河县	77556	44284	33272	58871	33426	25445	48892	26737	22155
新野县	44448	25519	18929	36571	20971	15600	23565	12755	10810
桐柏县	26280	14541	11739	21952	12389	9563	14047	7357	6690
邓州市	96124	54625	41499	93135	53457	39678	68358	38102	30256

1-7c 续表 7

单位：人

地 区	1-4岁			5-9岁			10-14岁		
	小计	男	女	小计	男	女	小计	男	女
商丘市	**332589**	**189123**	**143466**	**349936**	**201579**	**148357**	**428750**	**243220**	**185530**
梁园区	19815	11313	8502	23943	13648	10295	28817	16296	12521
睢阳区	32014	18330	13684	34721	20187	14534	38821	22389	16432
民权县	34706	19511	15195	36259	20611	15648	47459	26629	20830
睢县	32351	18299	14052	35682	20729	14953	47642	27079	20563
宁陵县	26741	15199	11542	28283	16369	11914	33732	19401	14331
柘城县	37240	21432	15808	41787	24761	17026	54792	32176	22616
虞城县	37008	20815	16193	47304	26361	20943	65031	35848	29183
夏邑县	42371	24549	17822	40869	23684	17185	58090	33381	24709
永城市	70343	39675	30668	61088	35229	25859	54366	30021	24345
信阳市	**295283**	**167926**	**127357**	**344466**	**199168**	**145298**	**324949**	**179073**	**145876**
浉河区	17104	9301	7803	14240	7806	6434	15897	8301	7596
平桥区	30789	17249	13540	27253	15144	12109	20789	11149	9640
罗山县	31794	18154	13640	25273	14358	10915	23893	12866	11027
光山县	26316	15373	10943	39093	22840	16253	36431	20398	16033
新县	10986	6411	4575	16030	9169	6861	14333	7849	6484
商城县	25072	14483	10589	34820	20647	14173	40174	22580	17594
固始县	56822	33216	23606	72867	44544	28323	58164	33564	24600
潢川县	26014	14871	11143	30194	17698	12496	29901	16781	13120
淮滨县	26381	14444	11937	33106	18296	14810	38256	20484	17772
息县	44005	24424	19581	51590	28666	22924	47111	25101	22010
周口市	**438781**	**244711**	**194070**	**513054**	**290141**	**222913**	**576213**	**328617**	**247596**
川汇区	10504	5779	4725	13098	7404	5694	15386	8962	6424
扶沟县	26936	15572	11364	34342	20050	14292	36019	20894	15125
西华县	40848	22708	18140	42520	24781	17739	47742	28132	19610
商水县	46758	26463	20295	65719	37530	28189	79447	46384	33063
沈丘县	50637	28438	22199	57349	31683	25666	65968	36889	29079
郸城县	52236	28290	23946	60106	33167	26939	70072	38950	31122
淮阳县	56731	31570	25161	63720	35826	27894	74601	41728	32873
太康县	63170	34834	28336	71703	39938	31765	65432	37311	28121
鹿邑县	44900	25054	19846	56419	31961	24458	70982	40246	30736
项城市	46061	26003	20058	48078	27801	20277	50564	29121	21443
驻马店市	**378795**	**216147**	**162648**	**401904**	**230868**	**171036**	**426809**	**237168**	**189641**
驿城区	21653	12003	9650	22379	12913	9466	16368	9136	7232
西平县	27683	16136	11547	33076	19649	13427	40214	23365	16849
上蔡县	59622	33826	25796	75852	43126	32726	86992	48303	38689
平舆县	33722	19943	13779	36668	21815	14853	47957	27293	20664
正阳县	48593	27387	21206	36975	21140	15835	36973	20175	16798
确山县	27486	15725	11761	31318	17732	13586	24701	13276	11425
泌阳县	49105	27948	21157	47400	27110	20290	42588	23972	18616
汝南县	39671	22806	16865	40393	23939	16454	47038	26438	20600
遂平县	26873	15390	11483	21383	11934	9449	18826	10254	8572
新蔡县	44387	24983	19404	56460	31510	24950	65152	34956	30196
济源市	**17613**	**9404**	**8209**	**20340**	**11069**	**9271**	**19524**	**10520**	**9004**
济源市	17613	9404	8209	20340	11069	9271	19524	10520	9004

1-7c 续表 8

单位：人

地区	15-19岁			20-24岁			25-29岁		
	小计	男	女	小计	男	女	小计	男	女
总 计	**4074239**	**2138146**	**1936093**	**5600113**	**2667324**	**2932789**	**3488169**	**1648134**	**1840035**
郑州市	**232288**	**122891**	**109397**	**426816**	**215332**	**211484**	**206593**	**105693**	**100900**
中原区	6870	3304	3566	10239	5435	4804	5572	2901	2671
二七区	11716	7500	4216	21210	13759	7451	6664	3315	3349
管城回族区	11364	6354	5010	17889	9844	8045	15010	8044	6966
金水区	16946	8176	8770	62053	30290	31763	8527	4340	4187
上街区	788	411	377	1665	857	808	939	474	465
惠济区	6005	3016	2989	12709	6084	6625	6797	3168	3629
中牟县	33015	17804	15211	59357	29210	30147	31090	15483	15607
巩义市	37221	18835	18386	51134	25140	25994	29936	15506	14430
荥阳市	20997	11019	9978	36750	18601	18149	22488	11496	10992
新密市	33653	17600	16053	51295	25711	25584	27343	14109	13234
新郑市	29739	15741	13998	61529	29934	31595	26818	13644	13174
登封市	23974	13131	10843	40986	20467	20519	25409	13213	12196
开封市	**207527**	**111304**	**96223**	**324090**	**157331**	**166759**	**212239**	**103255**	**108984**
龙亭区	2194	1173	1021	4025	1943	2082	3145	1593	1552
顺河回族区	2089	1084	1005	4658	2368	2290	3358	1703	1655
鼓楼区	632	331	301	1056	540	516	733	378	355
禹王台区	1749	951	798	3761	1895	1866	2957	1467	1490
金明区	3344	1653	1691	6666	3154	3512	4312	2131	2181
杞县	48821	26036	22785	74740	36580	38160	48912	23492	25420
通许县	26301	14340	11961	42636	21016	21620	33451	16526	16925
尉氏县	45476	25463	20013	78963	38613	40350	46543	23162	23381
开封县	36898	19392	17506	60552	30013	30539	38482	19730	18752
兰考县	40023	20881	19142	47033	21209	25824	30346	13073	17273
洛阳市	**291568**	**149505**	**142063**	**332058**	**160462**	**171596**	**214571**	**106663**	**107908**
老城区	1091	544	547	1978	917	1061	1390	652	738
西工区	1924	963	961	3224	1614	1610	2384	1139	1245
瀍河回族区	837	399	438	1648	778	870	1007	480	527
涧西区	3278	1599	1679	5039	2455	2584	3596	1804	1792
吉利区	1292	691	601	2053	996	1057	1583	762	821
洛龙区	17008	8686	8322	22015	10503	11512	16114	8059	8055
孟津县	20509	10490	10019	22258	10994	11264	15554	7949	7605
新安县	25112	12704	12408	24572	12156	12416	17096	8726	8370
栾川县	18835	9976	8859	21206	10911	10295	11372	6019	5353
嵩县	28710	14857	13853	34391	16452	17939	19160	9322	9838
汝阳县	19631	10075	9556	28235	13236	14999	15506	7302	8204
宜阳县	44897	22890	22007	41683	19802	21881	29703	14528	15175
洛宁县	25522	12463	13059	29740	13747	15993	19301	9331	9970
伊川县	53567	27652	25915	60596	29075	31521	39904	20119	19785
偃师市	29355	15516	13839	33420	16826	16594	20901	10471	10430

1-7c 续表 9

单位：人

地区	15-19岁			20-24岁			25-29岁		
	小计	男	女	小计	男	女	小计	男	女
平顶山市	**165881**	**86980**	**78901**	**298171**	**145022**	**153149**	**180336**	**89325**	**91011**
新华区	3534	1803	1731	6968	3335	3633	3894	1796	2098
卫东区	1209	623	586	2965	1489	1476	1939	947	992
石龙区	577	292	285	1540	772	768	918	504	414
湛河区	4852	2526	2326	9229	4512	4717	5601	2769	2832
宝丰县	15202	7915	7287	43675	21455	22220	21825	11121	10704
叶县	30566	15921	14645	60305	29222	31083	36721	17827	18894
鲁山县	37352	19747	17605	54423	26532	27891	38415	19107	19308
郏县	27757	15025	12732	33089	16079	17010	23159	11597	11562
舞钢市	7420	3921	3499	14225	7171	7054	10215	5150	5065
汝州市	37412	19207	18205	71752	34455	37297	37649	18507	19142
安阳市	**193308**	**97582**	**95726**	**342374**	**150356**	**192018**	**205840**	**90133**	**115707**
文峰区	6561	2802	3759	13755	6213	7542	6905	3488	3417
北关区	1087	564	523	2553	1311	1242	1610	785	825
殷都区	1446	759	687	2603	1279	1324	1829	903	926
龙安区	5564	2936	2628	12238	6233	6005	6802	3650	3152
安阳县	34839	17174	17665	57575	23911	33664	33223	13098	20125
汤阴县	14125	7077	7048	29233	12892	16341	16277	7206	9071
滑县	60752	30616	30136	117534	54983	62551	78412	37110	41302
内黄县	39006	20874	18132	60694	28814	31880	36901	17348	19553
林州市	29928	14780	15148	46189	14720	31469	23881	6545	17336
鹤壁市	**59653**	**31983**	**27670**	**90177**	**44583**	**45594**	**46807**	**23617**	**23190**
鹤山区	1979	1019	960	3401	1644	1757	1632	828	804
山城区	2748	1440	1308	4742	2422	2320	2730	1401	1329
淇滨区	6869	3741	3128	10393	5229	5164	5145	2667	2478
浚县	38048	20332	17716	55477	27309	28168	29271	14741	14530
淇县	10009	5451	4558	16164	7979	8185	8029	3980	4049
新乡市	**232714**	**122730**	**109984**	**372185**	**178210**	**193975**	**216482**	**103389**	**113093**
红旗区	4161	2447	1714	5047	2625	2422	2326	1093	1233
卫滨区									
凤泉区	3883	2084	1799	8396	4083	4313	4748	2351	2397
牧野区	1640	918	722	3431	1819	1612	1852	843	1009
新乡县	11028	5985	5043	22164	11223	10941	12976	6405	6571
获嘉县	17270	9323	7947	29141	14026	15115	15801	7752	8049
原阳县	40974	22115	18859	54331	25348	28983	32446	15061	17385
延津县	22345	11466	10879	33617	16227	17390	21848	10436	11412
封丘县	43933	23064	20869	59252	28708	30544	35627	17748	17879
长垣县	43641	22591	21050	59743	27862	31881	35675	16316	19359
卫辉市	18503	9510	8993	35492	17288	18204	20757	10146	10611
辉县市	25336	13227	12109	61571	29001	32570	32426	15238	17188
焦作市	**175391**	**90793**	**84598**	**190619**	**94036**	**96583**	**124977**	**62834**	**62143**
解放区									
中站区	3195	1653	1542	3949	1950	1999	2839	1342	1497
马村区	5166	2752	2414	6511	3187	3324	3989	2022	1967
山阳区	5534	3119	2415	7400	4290	3110	3766	1869	1897
修武县	16243	8639	7604	17932	8780	9152	12887	6584	6303
博爱县	26083	13635	12448	25307	12425	12882	17931	9178	8753
武陟县	61535	31936	29599	57227	27853	29374	36426	18142	18284
温县	23861	11930	11931	27985	13554	14431	18081	9073	9008
沁阳市	16060	8341	7719	22787	11256	11531	14792	7408	7384
孟州市	17714	8788	8926	21521	10741	10780	14266	7216	7050

1-7c 续表 10　　　　单位：人

地区	15-19岁			20-24岁			25-29岁		
	小计	男	女	小计	男	女	小计	男	女
濮阳市	**162557**	**84803**	**77754**	**262084**	**123021**	**139063**	**179181**	**84872**	**94309**
华龙区	12396	6625	5771	23580	11435	12145	15103	7580	7523
清丰县	32810	17282	15528	55723	26713	29010	41575	19963	21612
南乐县	21383	10535	10848	35051	15467	19584	28224	12440	15784
范县	28146	14750	13396	34835	16343	18492	23899	10998	12901
台前县	18281	9905	8376	25536	12098	13438	19443	9179	10264
濮阳县	49541	25706	23835	87359	40965	46394	50937	24712	26225
许昌市	**159960**	**87872**	**72088**	**249625**	**122617**	**127008**	**157292**	**76896**	**80396**
魏都区	3768	2036	1732	4398	2320	2078	2922	1502	1420
许昌县	35415	19155	16260	56322	28354	27968	39149	19483	19666
鄢陵县	23525	13461	10064	36283	17089	19194	24058	11217	12841
襄城县	24351	13208	11143	38294	17881	20413	26528	11930	14598
禹州市	50068	27760	22308	71396	35452	35944	39017	19848	19169
长葛市	22833	12252	10581	42932	21521	21411	25618	12916	12702
漯河市	**102181**	**55451**	**46730**	**151232**	**75341**	**75891**	**105213**	**52286**	**52927**
源汇区	8918	4758	4160	14511	7375	7136	10454	5230	5224
郾城区	20937	11649	9288	27144	13561	13583	18753	9366	9387
召陵区	22494	11952	10542	28838	14383	14455	20781	10405	10376
舞阳县	18929	9936	8993	34280	16925	17355	20243	9957	10286
临颍县	30903	17156	13747	46459	23097	23362	34982	17328	17654
三门峡市	**93728**	**48369**	**45359**	**127869**	**64630**	**63239**	**76237**	**40025**	**36212**
湖滨区	2069	1137	932	4489	2284	2205	2354	1181	1173
渑池县	14316	7384	6932	22173	11050	11123	13445	7083	6362
陕县	15383	7957	7426	22076	11188	10888	12286	6482	5804
卢氏县	16214	8367	7847	24999	12727	12272	16921	9021	7900
义马市	574	299	275	778	386	392	460	233	227
灵宝市	45172	23225	21947	53354	26995	26359	30771	16025	14746
南阳市	**323720**	**171554**	**152166**	**611395**	**294026**	**317369**	**454351**	**218146**	**236205**
宛城区	19949	10513	9436	44191	21762	22429	34404	17147	17257
卧龙区	24440	13181	11259	44192	21436	22756	32169	15780	16389
南召县	16834	8834	8000	34883	17128	17755	26424	13210	13214
方城县	25587	13064	12523	57133	26372	30761	43437	19776	23661
西峡县	12453	6615	5838	20674	10530	10144	13810	6898	6912
镇平县	22101	11690	10411	54928	27251	27677	43046	21427	21619
内乡县	16743	8717	8026	31395	15069	16326	21803	10432	11371
淅川县	28869	15253	13616	43680	21147	22533	29172	14005	15167
社旗县	22486	11668	10818	43033	20564	22469	33904	16186	17718
唐河县	49955	26466	23489	88723	42112	46611	64177	30579	33598
新野县	18925	10154	8771	35306	16698	18608	26354	12242	14112
桐柏县	10190	5134	5056	22050	10657	11393	15903	7738	8165
邓州市	55188	30265	24923	91207	43300	47907	69748	32726	37022

1-7c 续表 11

单位：人

地区	15-19岁			20-24岁			25-29岁		
	小计	男	女	小计	男	女	小计	男	女
商丘市	**456202**	**238324**	**217878**	**540097**	**254880**	**285217**	**311631**	**143016**	**168615**
梁园区	35420	18220	17200	60216	30155	30061	29592	14725	14867
睢阳区	39581	20981	18600	57761	27383	30378	32017	14984	17033
民权县	53453	27462	25991	54683	25312	29371	32217	14430	17787
睢县	47102	24444	22658	53323	25953	27370	31207	14448	16759
宁陵县	35711	18488	17223	39432	18834	20598	27094	12112	14982
柘城县	53439	28889	24550	51521	23409	28112	34503	14273	20230
虞城县	67337	35234	32103	77341	37273	40068	43643	20843	22800
夏邑县	62422	32744	29678	69302	31574	37728	36091	16351	19740
永城市	61737	31862	29875	76518	34987	41531	45267	20850	24417
信阳市	**302690**	**158764**	**143926**	**302522**	**135871**	**166651**	**146532**	**63023**	**83509**
浉河区	15404	7922	7482	20504	9850	10654	10927	5201	5726
平桥区	17716	9068	8648	25039	11244	13795	13659	5967	7692
罗山县	20812	11230	9582	25663	11466	14197	12644	5391	7253
光山县	37700	20692	17008	32264	15489	16775	13389	6077	7312
新县	10486	5742	4744	8451	4135	4316	5927	2568	3359
商城县	35179	19139	16040	20718	8798	11920	9219	3186	6033
固始县	47684	24659	23025	45158	19199	25959	21845	8628	13217
潢川县	32371	16847	15524	31891	14120	17771	12831	5434	7397
淮滨县	39725	20215	19510	41379	18343	23036	17159	7314	9845
息县	45613	23250	22363	51455	23227	28228	28932	13257	15675
周口市	**531320**	**279749**	**251571**	**561795**	**258665**	**303130**	**386237**	**166086**	**220151**
川汇区	20054	10262	9792	25236	12297	12939	14127	6718	7409
扶沟县	32721	18205	14516	41200	20347	20853	22429	10591	11838
西华县	45791	24576	21215	57644	27890	29754	34605	16496	18109
商水县	67167	35240	31927	56579	24614	31965	33596	13672	19924
沈丘县	56732	30115	26617	64350	29886	34464	48005	21042	26963
郸城县	60836	31842	28994	60085	27968	32117	46500	20308	26192
淮阳县	65714	33897	31817	71225	32454	38771	54476	23032	31444
太康县	70569	37483	33086	69772	32855	36917	51929	22826	29103
鹿邑县	60389	31092	29297	52056	21940	30116	36115	12947	23168
项城市	51347	27037	24310	63648	28414	35234	44455	18454	26001
驻马店市	**358256**	**186211**	**172045**	**381581**	**175093**	**206488**	**241321**	**107445**	**133876**
驿城区	14549	7501	7048	21301	10274	11027	14891	7080	7811
西平县	33423	17663	15760	32827	15511	17316	21281	9563	11718
上蔡县	70232	36051	34181	55655	24240	31415	36408	15356	21052
平舆县	48931	26149	22782	46572	22005	24567	26048	11932	14116
正阳县	35279	18064	17215	44104	19446	24658	21492	8979	12513
确山县	14149	6913	7236	14426	5998	8428	9937	4012	5925
泌阳县	38041	20146	17895	40194	18885	21309	32671	15247	17424
汝南县	36880	19386	17494	46514	22347	24167	26560	12426	14134
遂平县	18006	9542	8464	24744	11394	13350	16977	7701	9276
新蔡县	48766	24796	23970	55244	24993	30251	35056	15149	19907
济源市	**25295**	**13281**	**12014**	**35423**	**17848**	**17575**	**22329**	**11430**	**10899**
济源市	25295	13281	12014	35423	17848	17575	22329	11430	10899

1-7c 续表 12

单位：人

地　区	30-34岁			35-39岁			40-44岁		
	小计	男	女	小计	男	女	小计	男	女
总　计	**3223668**	**1572464**	**1651204**	**4054770**	**2007635**	**2047135**	**4985688**	**2391300**	**2594388**
郑州市	**166661**	**87196**	**79465**	**235587**	**122625**	**112962**	**289182**	**147776**	**141406**
中原区	4927	2654	2273	6188	3251	2937	6583	3522	3061
二七区	5929	3048	2881	6872	3604	3268	7198	3717	3481
管城回族区	12765	7154	5611	13864	7648	6216	13476	7485	5991
金水区	6422	3378	3044	7407	3893	3514	8122	4242	3880
上街区	725	378	347	994	522	472	1389	735	654
惠济区	6202	3040	3162	7712	3993	3719	8342	4341	4001
中牟县	21411	10625	10786	44661	22196	22465	51631	25717	25914
巩义市	23151	12333	10818	30304	15868	14436	40464	20699	19765
荥阳市	18077	9399	8678	25298	13166	12132	33332	17049	16283
新密市	22106	11487	10619	32106	16591	15515	43886	22023	21863
新郑市	20074	10400	9674	31076	16024	15052	38935	19525	19410
登封市	24872	13300	11572	29105	15869	13236	35824	18721	17103
开封市	**154955**	**76654**	**78301**	**206316**	**102722**	**103594**	**245233**	**117174**	**128059**
龙亭区	2452	1274	1178	2749	1428	1321	2955	1554	1401
顺河回族区	2218	1144	1074	2735	1367	1368	3054	1575	1479
鼓楼区	617	316	301	800	411	389	727	356	371
禹王台区	2096	1112	984	2377	1213	1164	2585	1279	1306
金明区	3614	1893	1721	4277	2194	2083	4413	2193	2220
杞县	37324	18145	19179	45821	22714	23107	54803	25630	29173
通许县	21671	10900	10771	30977	15853	15124	36079	17937	18142
尉氏县	33198	16876	16322	46113	23721	22392	58089	28759	29330
开封县	28573	14719	13854	38155	19406	18749	42880	20838	22042
兰考县	23192	10275	12917	32312	14415	17897	39648	17053	22595
洛阳市	**209595**	**106642**	**102953**	**283375**	**145527**	**137848**	**313108**	**157756**	**155352**
老城区	1458	738	720	1577	795	782	1527	761	766
西工区	2351	1215	1136	2523	1324	1199	2591	1327	1264
瀍河回族区	919	454	465	1025	517	508	1052	539	513
涧西区	3059	1585	1474	3570	1905	1665	4001	1983	2018
吉利区	1627	834	793	1781	891	890	2002	989	1013
洛龙区	12934	6664	6270	15456	7970	7486	15929	8219	7710
孟津县	16358	8507	7851	19710	10148	9562	23945	11893	12052
新安县	16866	8889	7977	25615	13530	12085	28539	14780	13759
栾川县	10918	5922	4996	19722	10221	9501	21975	11631	10344
嵩县	18321	8950	9371	29570	14810	14760	35227	17199	18028
汝阳县	16711	8235	8476	22640	11432	11208	25534	12699	12835
宜阳县	30614	15485	15129	39731	20405	19326	42997	21535	21462
洛宁县	22181	11323	10858	26451	13662	12789	29262	14839	14423
伊川县	36288	18252	18036	46419	23776	22643	46965	23492	23473
偃师市	18990	9589	9401	27585	14141	13444	31562	15870	15692

1-7c 续表 13 单位：人

地区	30-34岁			35-39岁			40-44岁		
	小计	男	女	小计	男	女	小计	男	女
平顶山市	**169645**	**86609**	**83036**	**219024**	**112532**	**106492**	**257740**	**129797**	**127943**
新华区	3215	1561	1654	4542	2272	2270	5302	2742	2560
卫东区	1941	958	983	2582	1339	1243	2934	1494	1440
石龙区	1120	620	500	1230	727	503	1335	846	489
湛河区	4942	2489	2453	6677	3407	3270	7955	3999	3956
宝丰县	20145	10544	9601	26757	13844	12913	31366	16074	15292
叶县	34269	17313	16956	43846	22511	21335	51782	25616	26166
鲁山县	35274	17991	17283	44552	23021	21531	53201	27192	26009
郏县	25061	13098	11963	30178	15747	14431	36165	18200	17965
舞钢市	10231	5232	4999	12096	6086	6010	15244	7675	7569
汝州市	33447	16803	16644	46564	23578	22986	52456	25959	26497
安阳市	**197391**	**89289**	**108102**	**232303**	**105503**	**126800**	**261992**	**114972**	**147020**
文峰区	7764	4007	3757	7695	3931	3764	7715	3952	3763
北关区	1965	1033	932	1911	966	945	1796	946	850
殷都区	1964	1013	951	2009	1037	972	1954	1022	932
龙安区	6812	3692	3120	6963	3776	3187	7966	4111	3855
安阳县	35870	14756	21114	39133	16171	22962	42619	17417	25202
汤阴县	16119	7066	9053	19949	9096	10853	25061	10823	14238
滑县	71764	34544	37220	83053	41993	41060	92314	45261	47053
内黄县	35405	17540	17865	42082	20863	21219	48231	23163	25068
林州市	19728	5638	14090	29508	7670	21838	34336	8277	26059
鹤壁市	**51381**	**25715**	**25666**	**66911**	**33555**	**33356**	**73842**	**36733**	**37109**
鹤山区	1538	840	698	2095	1040	1055	2349	1229	1120
山城区	2896	1533	1363	3275	1773	1502	3316	1720	1596
淇滨区	5698	2920	2778	7948	4059	3889	8383	4311	4072
浚县	31527	15557	15970	41285	20497	20788	45613	22203	23410
淇县	9722	4865	4857	12308	6186	6122	14181	7270	6911
新乡市	**207418**	**104975**	**102443**	**241895**	**121033**	**120862**	**305279**	**145094**	**160185**
红旗区	2309	1182	1127	2792	1465	1327	3038	1590	1448
卫滨区									
凤泉区	4355	2256	2099	4768	2588	2180	5570	2844	2726
牧野区	1778	892	886	2070	1069	1001	2315	1208	1107
新乡县	12717	6657	6060	14195	7385	6810	17074	8797	8277
获嘉县	16687	8574	8113	19869	10185	9684	23230	11702	11528
原阳县	26664	13345	13319	38713	19156	19557	47975	22186	25789
延津县	25384	13150	12234	28467	14785	13682	30183	14724	15459
封丘县	36709	19084	17625	41743	21185	20558	49156	23787	25369
长垣县	35764	16764	19000	37051	16921	20130	48477	20734	27743
卫辉市	22698	11984	10714	25149	12768	12381	29718	15390	14328
辉县市	22353	11087	11266	27078	13526	13552	48543	22132	26411
焦作市	**117484**	**60673**	**56811**	**137530**	**70050**	**67480**	**157554**	**78638**	**78916**
解放区									
中站区	3529	1785	1744	3748	1937	1811	4060	2048	2012
马村区	4410	2276	2134	4724	2420	2304	4944	2550	2394
山阳区	4004	2051	1953	4316	2188	2128	4501	2322	2179
修武县	12019	6313	5706	14256	7300	6956	16351	8370	7981
博爱县	17077	8919	8158	18972	9748	9224	22742	11260	11482
武陟县	33357	17040	16317	40376	20220	20156	41746	20564	21182
温县	15731	8117	7614	19619	10041	9578	22816	11342	11474
沁阳市	13349	6969	6380	15408	7909	7499	19898	9822	10076
孟州市	14008	7203	6805	16111	8287	7824	20496	10360	10136

1-7c 续表 14 单位：人

地区	30-34岁			35-39岁			40-44岁		
	小计	男	女	小计	男	女	小计	男	女
濮阳市	**141395**	**67950**	**73445**	**179920**	**88584**	**91336**	**207091**	**96821**	**110270**
华龙区	10457	5302	5155	13797	7028	6769	15316	7619	7697
清丰县	32298	15744	16554	37518	19019	18499	43753	21164	22589
南乐县	20420	9164	11256	25629	11989	13640	28201	12798	15403
范县	23099	10991	12108	28490	13554	14936	30535	13389	17146
台前县	14533	7002	7531	19043	9225	9818	23218	10255	12963
濮阳县	40588	19747	20841	55443	27769	27674	66068	31596	34472
许昌市	**150684**	**76195**	**74489**	**187089**	**95545**	**91544**	**238498**	**117329**	**121169**
魏都区	2945	1581	1364	2796	1478	1318	2877	1468	1409
许昌县	36445	18868	17577	39966	20877	19089	48981	24264	24717
鄢陵县	22367	10766	11601	26438	12813	13625	34114	16024	18090
襄城县	25035	11985	13050	31749	15623	16126	40862	20134	20728
禹州市	41593	21571	20022	56661	29314	27347	74489	37031	37458
长葛市	22299	11424	10875	29479	15440	14039	37175	18408	18767
漯河市	**93539**	**47551**	**45988**	**107571**	**55983**	**51588**	**137347**	**68236**	**69111**
源汇区	10469	5337	5132	10653	5544	5109	12996	6568	6428
郾城区	17258	8720	8538	18938	9865	9073	25310	12523	12787
召陵区	18248	9372	8876	20553	10768	9785	24675	12425	12250
舞阳县	20002	10059	9943	25464	13281	12183	33910	16723	17187
临颍县	27562	14063	13499	31963	16525	15438	40456	19997	20459
三门峡市	**71084**	**37865**	**33219**	**115174**	**60824**	**54350**	**121888**	**64165**	**57723**
湖滨区	1994	982	1012	3262	1708	1554	4072	2096	1976
渑池县	14424	7641	6783	19868	10411	9457	21325	10953	10372
陕县	12519	6646	5873	20235	10712	9523	22533	11835	10698
卢氏县	14667	7961	6706	25683	13686	11997	27209	14724	12485
义马市	482	257	225	730	388	342	834	431	403
灵宝市	26998	14378	12620	45396	23919	21477	45915	24126	21789
南阳市	**443888**	**220654**	**223234**	**484353**	**253423**	**230930**	**596947**	**295823**	**301124**
宛城区	32517	16828	15689	31667	17231	14436	38621	19334	19287
卧龙区	28785	14163	14622	32253	17008	15245	39179	19064	20115
南召县	27892	14149	13743	34309	18387	15922	38135	19563	18572
方城县	42303	20269	22034	49720	24857	24863	56281	27926	28355
西峡县	16554	8460	8094	24753	12999	11754	30554	15905	14649
镇平县	38398	19534	18864	40085	21804	18281	54400	25876	28524
内乡县	22365	10955	11410	27001	13975	13026	38820	19476	19344
淅川县	29453	14510	14943	36443	18734	17709	41123	20588	20535
社旗县	32533	16341	16192	31742	16374	15368	37537	18541	18996
唐河县	60956	30637	30319	60182	32181	28001	76775	37372	39403
新野县	26228	12838	13390	24748	12911	11837	36843	17997	18846
桐柏县	16329	8114	8215	21233	11076	10157	24517	12645	11872
邓州市	69575	33856	35719	70217	35886	34331	84162	41536	42626

1-7c 续表 15 单位：人

地区	30-34岁			35-39岁			40-44岁		
	小计	男	女	小计	男	女	小计	男	女
商丘市	**266476**	**125288**	**141188**	**342703**	**161864**	**180839**	**446348**	**204550**	**241798**
梁园区	25349	13035	12314	30802	16333	14469	39193	19287	19906
睢阳区	26763	12763	14000	32748	16134	16614	45964	21254	24710
民权县	25025	11287	13738	32058	14667	17391	42559	19576	22983
睢县	25989	11926	14063	35028	16155	18873	43035	19600	23435
宁陵县	23770	10949	12821	26797	12265	14532	33106	14865	18241
柘城县	28991	12425	16566	36934	15961	20973	48159	20509	27650
虞城县	37750	18188	19562	46720	22243	24477	61472	28826	32646
夏邑县	29504	13951	15553	42824	19847	22977	58207	26739	31468
永城市	43335	20764	22571	58792	28259	30533	74653	33894	40759
信阳市	**144329**	**64885**	**79444**	**280458**	**131979**	**148479**	**364583**	**171791**	**192792**
浉河区	11970	5677	6293	23236	11843	11393	26558	13543	13015
平桥区	14557	6716	7841	25478	12782	12696	33334	16461	16873
罗山县	11567	5117	6450	24525	11424	13101	31733	15641	16092
光山县	12613	5746	6867	30144	14305	15839	38373	17792	20581
新县	6691	2927	3764	12975	5976	6999	15597	7024	8573
商城县	8360	2801	5559	21642	7713	13929	27153	10025	17128
固始县	23443	9939	13504	47091	21144	25947	60250	28129	32121
潢川县	12380	5467	6913	26443	12328	14115	37814	17434	20380
淮滨县	15609	7190	8419	27261	13148	14113	39457	18789	20668
息县	27139	13305	13834	41663	21316	20347	54314	26953	27361
周口市	**343973**	**154582**	**189391**	**364829**	**166459**	**198370**	**481869**	**216065**	**265804**
川汇区	12209	5958	6251	14689	7438	7251	16111	8053	8058
扶沟县	24960	12370	12590	30815	15281	15534	39722	19167	20555
西华县	35138	17970	17168	40914	20678	20236	45857	22543	23314
商水县	32552	14139	18413	40292	17774	22518	53563	22611	30952
沈丘县	39568	17295	22273	38171	16800	21371	53339	23252	30087
郸城县	40347	17982	22365	40648	18244	22404	55127	25069	30058
淮阳县	43049	19051	23998	45188	20895	24293	59420	26694	32726
太康县	47075	22076	24999	45032	21292	23740	61998	28971	33027
鹿邑县	36572	13525	23047	36198	13672	22526	48821	19304	29517
项城市	32503	14216	18287	32882	14385	18497	47911	20401	27510
驻马店市	**272695**	**128640**	**144055**	**345682**	**166668**	**179014**	**458254**	**213804**	**244450**
驿城区	18801	9727	9074	22699	12091	10608	28068	14132	13936
西平县	27349	13150	14199	34963	17312	17651	49052	23388	25664
上蔡县	37682	16425	21257	47642	21197	26445	60077	26036	34041
平舆县	29333	13759	15574	35282	15713	19569	46056	20534	25522
正阳县	25224	11561	13663	39618	18383	21235	50564	22544	28020
确山县	13424	5657	7767	20289	8929	11360	25686	11137	14549
泌阳县	35593	17644	17949	37248	18900	18348	46331	23216	23115
汝南县	31561	15783	15778	43223	22708	20515	57737	28148	29589
遂平县	20490	9792	10698	24080	12288	11792	34573	17141	17432
新蔡县	33238	15142	18096	40638	19147	21491	60110	27528	32582
济源市	**21075**	**11101**	**9974**	**24050**	**12759**	**11291**	**28933**	**14776**	**14157**
济源市	21075	11101	9974	24050	12759	11291	28933	14776	14157

1-7c 续表 16

单位：人

地区	45-49岁			50-54岁			55-59岁		
	小计	男	女	小计	男	女	小计	男	女
总 计	**4195920**	**1985332**	**2210588**	**3068114**	**1504190**	**1563924**	**3759696**	**1877451**	**1882245**
郑州市	**231546**	**115736**	**115810**	**180741**	**92219**	**88522**	**186884**	**95041**	**91843**
中原区	5209	2770	2439	4155	2200	1955	4026	2062	1964
二七区	5636	2914	2722	4397	2321	2076	4501	2267	2234
管城回族区	9293	5041	4252	6502	3447	3055	6241	3203	3038
金水区	5961	3042	2919	4678	2411	2267	4499	2320	2179
上街区	1088	540	548	1120	549	571	1178	605	573
惠济区	6734	3436	3298	6083	3094	2989	5533	2749	2784
中牟县	39715	19826	19889	33699	17092	16607	32855	16853	16002
巩义市	34440	16977	17463	29245	14635	14610	28498	14542	13956
荥阳市	27625	13780	13845	25048	12561	12487	25884	12898	12986
新密市	36188	17678	18510	22807	11613	11194	26472	13442	13030
新郑市	31062	15319	15743	21933	11295	10638	25759	13234	12525
登封市	28595	14413	14182	21074	11001	10073	21438	10866	10572
开封市	**186132**	**87827**	**98305**	**168475**	**82615**	**85860**	**203765**	**101162**	**102603**
龙亭区	2140	1080	1060	2232	1106	1126	2398	1138	1260
顺河回族区	2402	1181	1221	2223	1064	1159	2344	1163	1181
鼓楼区	594	287	307	517	238	279	581	279	302
禹王台区	2112	1056	1056	1892	930	962	2098	991	1107
金明区	3406	1654	1752	2884	1382	1502	3225	1608	1617
杞县	42462	19944	22518	42581	20837	21744	53247	26259	26988
通许县	26490	12626	13864	24773	12296	12477	28496	14273	14223
尉氏县	45339	21968	23371	36637	18326	18311	43026	21565	21461
开封县	31246	14883	16363	27444	13580	13864	34159	17378	16781
兰考县	29941	13148	16793	27292	12856	14436	34191	16508	17683
洛阳市	**273042**	**135858**	**137184**	**228213**	**115636**	**112577**	**236875**	**120158**	**116717**
老城区	1379	696	683	1380	692	688	1286	609	677
西工区	2384	1189	1195	2174	1109	1065	2109	1022	1087
瀍河回族区	1053	515	538	1097	550	547	989	470	519
涧西区	3838	1961	1877	3443	1775	1668	3139	1542	1597
吉利区	2019	1009	1010	1885	926	959	1981	945	1036
洛龙区	14620	7175	7445	13951	6951	7000	13484	6489	6995
孟津县	21619	10650	10969	19153	9295	9858	20840	10293	10547
新安县	23714	12059	11655	19742	10327	9415	19599	10276	9323
栾川县	18739	9549	9190	13687	7317	6370	13824	7300	6524
嵩县	32066	15808	16258	26549	13647	12902	26336	13795	12541
汝阳县	23211	11711	11500	19864	10487	9377	20170	10541	9629
宜阳县	35379	17536	17843	26937	13405	13532	29824	14861	14963
洛宁县	26171	13253	12918	22459	11569	10890	22974	11712	11262
伊川县	39125	19316	19809	30208	15102	15106	32826	16710	16116
偃师市	27725	13431	14294	25684	12484	13200	27494	13593	13901

1-7c 续表 17

单位：人

地区	45-49岁			50-54岁			55-59岁		
	小计	男	女	小计	男	女	小计	男	女
平顶山市	**216830**	**107332**	**109498**	**159272**	**81105**	**78167**	**176397**	**92083**	**84314**
新华区	4094	2033	2061	2823	1403	1420	2913	1420	1493
卫东区	2348	1187	1161	1603	800	803	1830	861	969
石龙区	1042	631	411	732	434	298	1037	641	396
湛河区	6369	3244	3125	4681	2284	2397	4715	2305	2410
宝丰县	26941	13276	13665	17645	8836	8809	19454	9923	9531
叶县	44242	21569	22673	32810	16555	16255	38305	20571	17734
鲁山县	46215	23305	22910	30655	16219	14436	34308	17895	16413
郏县	29498	14527	14971	21605	10759	10846	23357	12822	10535
舞钢市	13799	6944	6855	10081	5290	4791	13276	7069	6207
汝州市	42282	20616	21666	36637	18525	18112	37202	18576	18626
安阳市	**202239**	**86028**	**116211**	**174445**	**77337**	**97108**	**206728**	**95163**	**111565**
文峰区	5726	2790	2936	5112	2476	2636	5822	2779	3043
北关区	1547	797	750	1515	749	766	1603	744	859
殷都区	1950	982	968	1582	781	801	1697	796	901
龙安区	6970	3523	3447	6337	3239	3098	6186	3169	3017
安阳县	35753	14792	20961	34716	15244	19472	37565	16862	20703
汤阴县	19069	8257	10812	16471	7557	8914	19088	9054	10034
滑县	64828	30675	34153	45679	22176	23503	60932	30740	30192
内黄县	36322	16847	19475	33234	16119	17115	37576	18218	19358
林州市	30074	7365	22709	29799	8996	20803	36259	12801	23458
鹤壁市	**53281**	**25669**	**27612**	**40595**	**20322**	**20273**	**48276**	**23811**	**24465**
鹤山区	1974	996	978	1623	819	804	1685	820	865
山城区	2535	1294	1241	2452	1238	1214	2514	1225	1289
淇滨区	6113	2940	3173	4894	2477	2417	5629	2773	2856
浚县	32216	15304	16912	23489	11697	11792	29223	14378	14845
淇县	10443	5135	5308	8137	4091	4046	9225	4615	4610
新乡市	**232831**	**108435**	**124396**	**174984**	**84901**	**90083**	**201797**	**99286**	**102511**
红旗区	2208	1086	1122	1677	821	856	1954	970	984
卫滨区									
凤泉区	4580	2332	2248	3922	1991	1931	4048	1847	2201
牧野区	1724	852	872	1418	706	712	1432	688	744
新乡县	13017	6323	6694	10948	5397	5551	12210	5799	6411
获嘉县	17742	8203	9539	14899	7176	7723	15984	7730	8254
原阳县	36380	16583	19797	23081	11324	11757	28721	14255	14466
延津县	21626	10312	11314	15536	7472	8064	20884	10114	10770
封丘县	36107	17212	18895	25858	12614	13244	33508	16754	16754
长垣县	33313	14387	18926	24529	11296	13233	30368	14999	15369
卫辉市	23888	11743	12145	18882	9584	9298	19557	9641	9916
辉县市	42246	19402	22844	34234	16520	17714	33131	16489	16642
焦作市	**135551**	**65472**	**70079**	**116772**	**56712**	**60060**	**124394**	**60526**	**63868**
解放区									
中站区	3591	1852	1739	3135	1598	1537	3047	1472	1575
马村区	4500	2209	2291	3698	1835	1863	3645	1758	1887
山阳区	3700	1882	1818	3067	1502	1565	3044	1466	1578
修武县	13325	6662	6663	11142	5446	5696	11534	5537	5997
博爱县	20295	9892	10403	16497	7996	8501	17780	8604	9176
武陟县	32600	15481	17119	27922	13510	14412	31285	15135	16150
温县	19808	9310	10498	17975	8582	9393	19264	9439	9825
沁阳市	18897	9186	9711	17193	8361	8832	16648	8156	8492
孟州市	18835	8998	9837	16143	7882	8261	18147	8959	9188

1-7c 续表 18

单位：人

地区	45-49岁			50-54岁			55-59岁		
	小计	男	女	小计	男	女	小计	男	女
濮阳市	**152734**	**70963**	**81771**	**131723**	**64037**	**67686**	**152331**	**75778**	**76553**
华龙区	10424	4935	5489	10561	5181	5380	12509	6275	6234
清丰县	30939	14474	16465	31861	15396	16465	35628	17417	18211
南乐县	22454	10079	12375	20970	10117	10853	24500	11585	12915
范县	24995	11462	13533	17251	8253	8998	20018	10067	9951
台前县	18260	8568	9692	13661	6595	7066	14845	7267	7578
濮阳县	45662	21445	24217	37419	18495	18924	44831	23167	21664
许昌市	**205337**	**98096**	**107241**	**146012**	**71735**	**74277**	**188671**	**95937**	**92734**
魏都区	2047	1024	1023	1379	732	647	1613	763	850
许昌县	41889	20407	21482	31274	15583	15691	41413	20775	20638
鄢陵县	32020	14547	17473	23475	10996	12479	29291	14767	14524
襄城县	40057	19243	20814	30847	15232	15615	37611	19159	18452
禹州市	57782	27837	29945	37284	18627	18657	50735	26225	24510
长葛市	31542	15038	16504	21753	10565	11188	28008	14248	13760
漯河市	**118258**	**57232**	**61026**	**85819**	**43121**	**42698**	**117382**	**59365**	**58017**
源汇区	11641	5596	6045	8110	4129	3981	11525	5772	5753
郾城区	22172	10773	11399	15209	7588	7621	21474	10803	10671
召陵区	21023	10429	10594	14699	7334	7365	20339	10029	10310
舞阳县	29438	14131	15307	22883	11687	11196	29986	15712	14274
临颍县	33984	16303	17681	24918	12383	12535	34058	17049	17009
三门峡市	**105191**	**53816**	**51375**	**87954**	**45547**	**42407**	**80803**	**40985**	**39818**
湖滨区	4067	2009	2058	3556	1818	1738	2683	1338	1345
渑池县	17549	8915	8634	13261	6790	6471	14242	7031	7211
陕县	20138	10317	9821	17425	9064	8361	15557	7969	7588
卢氏县	22931	12061	10870	18056	9644	8412	17446	9148	8298
义马市	694	344	350	456	226	230	500	236	264
灵宝市	39812	20170	19642	35200	18005	17195	30375	15263	15112
南阳市	**532284**	**255745**	**276539**	**363027**	**178668**	**184359**	**463143**	**234377**	**228766**
宛城区	34854	16271	18583	23344	10897	12447	30396	14508	15888
卧龙区	34127	16182	17945	25859	12484	13375	30080	14509	15571
南召县	30234	15203	15031	21256	11055	10201	23563	12525	11038
方城县	51114	24622	26492	36078	18373	17705	44539	22555	21984
西峡县	24610	12510	12100	16170	8606	7564	20242	11013	9229
镇平县	45873	21742	24131	35509	18166	17343	42123	21382	20741
内乡县	36084	17461	18623	24514	12470	12044	28898	15083	13815
淅川县	35359	17306	18053	20544	10487	10057	29317	15112	14205
社旗县	32971	15668	17303	22356	10684	11672	28725	14693	14032
唐河县	69204	32808	36396	43641	20582	23059	62266	31665	30601
新野县	37791	17479	20312	25362	11556	13806	34962	17323	17639
桐柏县	21462	10618	10844	14446	7164	7282	16204	8338	7866
邓州市	78601	37875	40726	53948	26144	27804	71828	35671	36157

1-7c 续表 19

单位：人

地区	45-49岁			50-54岁			55-59岁		
	小计	男	女	小计	男	女	小计	男	女
商丘市	**342437**	**157989**	**184448**	**257537**	**125631**	**131906**	**322091**	**162364**	**159727**
梁园区	27300	13226	14074	18265	9170	9095	25077	12607	12470
睢阳区	32870	15322	17548	22854	11083	11771	31127	15880	15247
民权县	36855	16130	20725	33101	16576	16525	33036	17245	15791
睢县	32189	14625	17564	32423	15570	16853	36050	18189	17861
宁陵县	25094	11674	13420	22042	10529	11513	25811	12663	13148
柘城县	36956	16486	20470	28064	13564	14500	40623	19877	20746
虞城县	48290	22675	25615	36277	17591	18686	43002	22137	20865
夏邑县	46823	21696	25127	33685	16502	17183	40879	20385	20494
永城市	56060	26155	29905	30826	15046	15780	46486	23381	23105
信阳市	**352073**	**165414**	**186659**	**175985**	**87292**	**88693**	**272313**	**137715**	**134598**
浉河区	25260	12997	12263	15339	8078	7261	18542	9341	9201
平桥区	33752	16290	17462	20155	10069	10086	28021	13961	14060
罗山县	33174	15853	17321	20294	9963	10331	27459	13771	13688
光山县	38220	17799	20421	15977	7709	8268	26507	13548	12959
新县	16007	7253	8754	11181	5663	5518	13387	6901	6486
商城县	27464	11048	16416	13264	6064	7200	23737	11737	12000
固始县	59796	27798	31998	31087	15677	15410	55175	28095	27080
潢川县	36856	17211	19645	17522	8900	8622	26378	13276	13102
淮滨县	34432	16373	18059	13384	6478	6906	20246	10193	10053
息县	47112	22792	24320	17782	8691	9091	32861	16892	15969
周口市	**410216**	**186320**	**223896**	**324054**	**155576**	**168478**	**415977**	**203783**	**212194**
川汇区	11888	5879	6009	10075	5025	5050	10787	5242	5545
扶沟县	34502	16334	18168	27113	13363	13750	36469	17556	18913
西华县	37032	18078	18954	31315	15635	15680	39017	19178	19839
商水县	43583	18855	24728	41045	19669	21376	46451	22176	24275
沈丘县	49040	21226	27814	37291	17475	19816	45259	22309	22950
郸城县	49536	22988	26548	35881	17693	18188	47560	23764	23796
淮阳县	51726	23656	28070	37561	17692	19869	50078	24592	25486
太康县	47764	22462	25302	41627	20446	21181	61434	30865	30569
鹿邑县	39637	16919	22718	27273	12659	14614	39335	19167	20168
项城市	45508	19923	25585	34873	15919	18954	39587	18934	20653
驻马店市	**417166**	**193148**	**224018**	**227719**	**109178**	**118541**	**335924**	**166900**	**169024**
驿城区	24585	12110	12475	11378	5541	5837	18154	9030	9124
西平县	46353	21280	25073	29733	14445	15288	44390	22196	22194
上蔡县	54897	23625	31272	34773	15913	18860	52409	24854	27555
平舆县	41538	18678	22860	22268	10323	11945	32618	15981	16637
正阳县	45274	20231	25043	18581	8584	9997	30493	14941	15552
确山县	24990	10791	14199	14651	6911	7740	19262	9099	10163
泌阳县	44455	22408	22047	31657	16400	15257	37869	19822	18047
汝南县	50015	23401	26614	25449	12030	13419	38131	18988	19143
遂平县	33009	15754	17255	15994	7688	8306	27866	14328	13538
新蔡县	52050	24870	27180	23235	11343	11892	34732	17661	17071
济源市	**28772**	**14252**	**14520**	**24787**	**12558**	**12229**	**25945**	**13017**	**12928**
济源市	28772	14252	14520	24787	12558	12229	25945	13017	12928

1-7c 续表 20

单位：人

地 区	60-64岁			65-69岁			70-74岁		
	小计	男	女	小计	男	女	小计	男	女
总 计	**2757007**	**1402463**	**1354544**	**1874131**	**942000**	**932131**	**1355495**	**666882**	**688613**
郑州市	**136464**	**68996**	**67468**	**89302**	**44877**	**44425**	**70163**	**34642**	**35521**
中原区	3102	1457	1645	1919	915	1004	1384	719	665
二七区	3010	1543	1467	1639	844	795	1531	778	753
管城回族区	4161	2105	2056	2596	1283	1313	2092	1050	1042
金水区	3267	1623	1644	2063	1014	1049	1393	649	744
上街区	878	430	448	540	280	260	458	215	243
惠济区	4533	2070	2463	2551	1260	1291	2074	1012	1062
中牟县	23280	11828	11452	16993	8317	8676	11475	5574	5901
巩义市	21786	11013	10773	14937	7694	7243	11875	5801	6074
荥阳市	18823	9370	9453	11914	5913	6001	9145	4478	4667
新密市	20817	10508	10309	12958	6639	6319	11003	5444	5559
新郑市	17832	9197	8635	11501	5934	5567	9617	4897	4720
登封市	14975	7852	7123	9691	4784	4907	8116	4025	4091
开封市	**136411**	**68257**	**68154**	**85190**	**42258**	**42932**	**58795**	**28090**	**30705**
龙亭区	1620	735	885	918	428	490	726	356	370
顺河回族区	1487	697	790	1006	424	582	704	339	365
鼓楼区	400	206	194	249	136	113	173	86	87
禹王台区	1201	578	623	777	353	424	508	254	254
金明区	2230	1167	1063	1402	746	656	906	464	442
杞县	35155	17771	17384	21218	10655	10563	14290	6872	7418
通许县	18865	9222	9643	11472	5405	6067	7991	3733	4258
尉氏县	26537	13142	13395	16953	8193	8760	13257	6174	7083
开封县	23814	12498	11316	15160	8094	7066	9458	4778	4680
兰考县	25102	12241	12861	16035	7824	8211	10782	5034	5748
洛阳市	**160527**	**81865**	**78662**	**102308**	**52007**	**50301**	**79485**	**38689**	**40796**
老城区	986	464	522	626	317	309	385	182	203
西工区	1595	799	796	980	496	484	591	279	312
瀍河回族区	663	292	371	391	199	192	253	111	142
涧西区	2057	1050	1007	1424	702	722	1197	551	646
吉利区	1345	667	678	639	331	308	494	240	254
洛龙区	9312	4555	4757	5927	2951	2976	4021	1829	2192
孟津县	15206	7626	7580	10059	5020	5039	6926	3306	3620
新安县	14521	7504	7017	9849	5014	4835	7337	3633	3704
栾川县	9073	4813	4260	5777	3039	2738	4559	2296	2263
嵩县	16350	8559	7791	10348	5444	4904	8965	4499	4466
汝阳县	13324	7083	6241	8654	4557	4097	7059	3622	3437
宜阳县	20336	10324	10012	13289	6638	6651	10954	5140	5814
洛宁县	13632	6977	6655	7568	3813	3755	6427	3136	3291
伊川县	22418	11421	10997	14446	7272	7174	10975	5369	5606
偃师市	19709	9731	9978	12331	6214	6117	9342	4496	4846

1-7c 续表 21 单位：人

地 区	60-64岁			65-69岁			70-74岁		
	小计	男	女	小计	男	女	小计	男	女
平顶山市	**126816**	**67590**	**59226**	**90667**	**48014**	**42653**	**71782**	**37055**	**34727**
新华区	2299	1113	1186	1455	724	731	1200	567	633
卫东区	1289	623	666	758	381	377	688	330	358
石龙区	629	379	250	295	181	114	205	114	91
湛河区	3727	1822	1905	2588	1209	1379	2002	969	1033
宝丰县	14750	7717	7033	10246	5504	4742	8541	4291	4250
叶县	27901	15062	12839	21254	11064	10190	15254	7931	7323
鲁山县	23897	13154	10743	18080	10047	8033	15052	8148	6904
郏县	18418	9709	8709	12602	6493	6109	10154	5081	5073
舞钢市	8240	4801	3439	6499	3635	2864	4666	2627	2039
汝州市	25666	13210	12456	16890	8776	8114	14020	6997	7023
安阳市	**159579**	**75594**	**83985**	**90897**	**44585**	**46312**	**65922**	**31638**	**34284**
文峰区	3848	1769	2079	2187	1119	1068	1346	654	692
北关区	1072	509	563	580	277	303	369	184	185
殷都区	1028	464	564	643	306	337	434	206	228
龙安区	3541	1779	1762	1929	934	995	1808	842	966
安阳县	26802	12454	14348	14624	7059	7565	10509	5142	5367
汤阴县	13195	6529	6666	7594	4039	3555	5303	2642	2661
滑县	52710	25958	26752	32502	16320	16182	21991	10669	11322
内黄县	26322	13031	13291	15705	7594	8111	11813	5531	6282
林州市	31061	13101	17960	15133	6937	8196	12349	5768	6581
鹤壁市	**36182**	**18061**	**18121**	**18847**	**9484**	**9363**	**14090**	**6903**	**7187**
鹤山区	1054	517	537	516	214	302	532	232	300
山城区	1500	776	724	623	298	325	564	257	307
淇滨区	4092	1998	2094	2056	997	1059	1508	746	762
浚县	22592	11456	11136	12270	6380	5890	8924	4466	4458
淇县	6944	3314	3630	3382	1595	1787	2562	1202	1360
新乡市	**152979**	**76393**	**76586**	**100003**	**47730**	**52273**	**67115**	**32624**	**34491**
红旗区	1399	647	752	870	400	470	657	320	337
卫滨区									
凤泉区	2758	1257	1501	1741	857	884	1279	583	696
牧野区	1027	468	559	583	260	323	463	198	265
新乡县	8291	3937	4354	4967	2287	2680	4033	1849	2184
获嘉县	11224	5330	5894	7007	3289	3718	5663	2683	2980
原阳县	22388	11266	11122	15553	7519	8034	11105	5457	5648
延津县	15376	7806	7570	9431	5069	4362	6558	3382	3176
封丘县	26662	13759	12903	17507	8483	9024	10695	5359	5336
长垣县	26473	13523	12950	20645	9637	11008	9806	4613	5193
卫辉市	13616	6798	6818	7716	3484	4232	6056	2838	3218
辉县市	23765	11602	12163	13983	6445	7538	10800	5342	5458
焦作市	**80675**	**39192**	**41483**	**45826**	**22573**	**23253**	**37833**	**18278**	**19555**
解放区									
中站区	2028	956	1072	1267	569	698	1121	510	611
马村区	2084	1010	1074	1288	532	756	1215	558	657
山阳区	2041	975	1066	1282	586	696	1084	537	547
修武县	7668	3801	3867	4585	2187	2398	3880	1963	1917
博爱县	10377	5028	5349	5820	2920	2900	4983	2407	2576
武陟县	21376	10253	11123	11863	5963	5900	10178	5008	5170
温县	12963	6330	6633	7043	3449	3594	5580	2647	2933
沁阳市	9726	4702	5024	5782	2751	3031	4532	2072	2460
孟州市	12412	6137	6275	6896	3616	3280	5260	2576	2684

1-7c 续表 22 单位：人

地区	60-64岁			65-69岁			70-74岁		
	小计	男	女	小计	男	女	小计	男	女
濮阳市	**114139**	**56716**	**57423**	**75033**	**35341**	**39692**	**49313**	**22949**	**26364**
华龙区	8586	4225	4361	5010	2335	2675	3884	1805	2079
清丰县	25638	12666	12972	15012	7064	7948	11945	5523	6422
南乐县	17741	8543	9198	9343	4540	4803	8038	3737	4301
范县	16943	8497	8446	12857	5985	6872	6758	3160	3598
台前县	11251	5762	5489	9038	4090	4948	4949	2355	2594
濮阳县	33980	17023	16957	23773	11327	12446	13739	6369	7370
许昌市	**137534**	**70188**	**67346**	**83433**	**42200**	**41233**	**68490**	**33730**	**34760**
魏都区	1077	509	568	544	271	273	462	231	231
许昌县	28015	14264	13751	15408	7818	7590	13219	6494	6725
鄢陵县	20388	10220	10168	13021	6305	6716	10143	4968	5175
襄城县	28504	14376	14128	16886	8427	8459	14289	6960	7329
禹州市	40481	21028	19453	25357	13397	11960	20794	10396	10398
长葛市	19069	9791	9278	12217	5982	6235	9583	4681	4902
漯河市	**78028**	**40052**	**37976**	**48459**	**24747**	**23712**	**36627**	**18361**	**18266**
源汇区	7513	3877	3636	4418	2270	2148	3228	1604	1624
郾城区	14218	7115	7103	8352	4251	4101	6330	3164	3166
召陵区	13827	6795	7032	8136	4045	4091	6266	2952	3314
舞阳县	19600	10398	9202	13876	7034	6842	9800	5128	4672
临颍县	22870	11867	11003	13677	7147	6530	11003	5513	5490
三门峡市	**59556**	**29983**	**29573**	**41053**	**20394**	**20659**	**32369**	**15818**	**16551**
湖滨区	1871	908	963	1362	649	713	1221	551	670
渑池县	10107	5142	4965	6608	3263	3345	5334	2601	2733
陕县	11012	5546	5466	7564	3734	3830	6622	3246	3376
卢氏县	11779	6192	5587	8662	4407	4255	6328	3322	3006
义马市	396	177	219	248	109	139	229	112	117
灵宝市	24391	12018	12373	16609	8232	8377	12635	5986	6649
南阳市	**333285**	**183400**	**149885**	**240059**	**130909**	**109150**	**168808**	**89103**	**79705**
宛城区	21029	11680	9349	14432	7998	6434	10880	5703	5177
卧龙区	20352	10660	9692	14591	7819	6772	11080	5665	5415
南召县	17521	10215	7306	12437	7171	5266	9702	5639	4063
方城县	32742	18201	14541	22535	12865	9670	18511	10378	8133
西峡县	13310	7451	5859	9809	5357	4452	6826	3681	3145
镇平县	28763	16414	12349	22067	11709	10358	15252	7850	7402
内乡县	19840	11017	8823	15112	8009	7103	10072	5001	5071
淅川县	21751	11461	10290	15599	8033	7566	9776	4868	4908
社旗县	23207	12976	10231	14968	8669	6299	11202	6186	5016
唐河县	47976	27273	20703	35237	19883	15354	23900	13406	10494
新野县	25361	13537	11824	18192	9666	8526	12189	6082	6107
桐柏县	11039	5929	5110	9391	5084	4307	6295	3423	2872
邓州市	50394	26586	23808	35689	18646	17043	23123	11221	11902

1-7c 续表 23

单位：人

地区	60-64岁			65-69岁			70-74岁		
	小计	男	女	小计	男	女	小计	男	女
商丘市	**231245**	**116090**	**115155**	**173261**	**84989**	**88272**	**122622**	**58667**	**63955**
梁园区	16669	8227	8442	11005	5573	5432	7545	3679	3866
睢阳区	21873	11014	10859	16536	8144	8392	11086	5402	5684
民权县	22570	11148	11422	16692	8093	8599	10987	5128	5859
睢县	22927	11208	11719	16355	7799	8556	11659	5508	6151
宁陵县	17090	8308	8782	12213	5786	6427	9011	4160	4851
柘城县	30282	15004	15278	21923	10728	11195	14994	7217	7777
虞城县	29884	15564	14320	22286	11236	11050	15387	7505	7882
夏邑县	30878	15788	15090	24519	11846	12673	18081	8601	9480
永城市	39072	19829	19243	31732	15784	15948	23872	11467	12405
信阳市	**226516**	**117270**	**109246**	**180723**	**91526**	**89197**	**120137**	**59478**	**60659**
浉河区	12854	6600	6254	9465	4970	4495	6375	3395	2980
平桥区	18093	9429	8664	12841	6631	6210	8859	4446	4413
罗山县	20208	10471	9737	14290	7267	7023	10961	5087	5874
光山县	25286	12887	12399	19875	10567	9308	13876	7137	6739
新县	11101	6143	4958	9881	5078	4803	6315	3019	3296
商城县	24153	12537	11616	20619	10921	9698	12795	6634	6161
固始县	48308	25182	23126	39325	20039	19286	26181	13337	12844
潢川县	21371	10788	10583	15804	7753	8051	11077	5071	6006
淮滨县	19419	9866	9553	16813	8079	8734	10844	4998	5846
息县	25723	13367	12356	21810	10221	11589	12854	6354	6500
周口市	**311704**	**153218**	**158486**	**212388**	**102046**	**110342**	**148565**	**69768**	**78797**
川汇区	7151	3386	3765	4595	2168	2427	3541	1673	1868
扶沟县	22544	10559	11985	13432	6273	7159	9861	4491	5370
西华县	23100	11308	11792	15012	7120	7892	12282	5567	6715
商水县	33309	16454	16855	22595	10948	11647	17123	7879	9244
沈丘县	37357	18472	18885	27050	12873	14177	17406	8165	9241
郸城县	39444	19780	19664	27727	13453	14274	17862	8570	9292
淮阳县	37598	18764	18834	27488	13654	13834	18882	9215	9667
太康县	45312	22240	23072	24801	12027	12774	18205	8654	9551
鹿邑县	29922	14767	15155	24063	11477	12586	15800	7400	8400
项城市	35967	17488	18479	25625	12053	13572	17603	8154	9449
驻马店市	**257770**	**131041**	**126729**	**189201**	**94846**	**94355**	**136805**	**68093**	**68712**
驿城区	11366	5974	5392	7927	4099	3828	5902	2976	2926
西平县	29441	15296	14145	18679	9629	9050	14978	7385	7593
上蔡县	40164	19280	20884	27381	13160	14221	21101	10028	11073
平舆县	30534	15011	15523	21748	10553	11195	14466	7047	7419
正阳县	21281	10932	10349	16854	8392	8462	12371	6213	6158
确山县	11995	5921	6074	9932	4932	5000	7262	3651	3611
泌阳县	31068	17206	13862	23465	13089	10376	18571	10264	8307
汝南县	26274	13437	12837	18231	9042	9189	13527	6742	6785
遂平县	19394	10231	9163	13854	7402	6452	9415	4974	4441
新蔡县	36253	17753	18500	31130	14548	16582	19212	8813	10399
济源市	**17597**	**8557**	**9040**	**7481**	**3474**	**4007**	**6574**	**2996**	**3578**
济源市	17597	8557	9040	7481	3474	4007	6574	2996	3578

1-7c 续表 24

单位：人

地区	75-79岁			80-84岁			85-89岁		
	小计	男	女	小计	男	女	小计	男	女
总 计	**1059622**	**473766**	**585856**	**605796**	**243573**	**362223**	**269332**	**89667**	**179665**
郑州市	**55067**	**25043**	**30024**	**34570**	**14246**	**20324**	**15485**	**5177**	**10308**
中原区	932	439	493	569	246	323	255	80	175
二七区	1122	540	582	706	315	391	346	132	214
管城回族区	1475	720	755	903	382	521	408	140	268
金水区	1069	480	589	868	332	536	419	134	285
上街区	331	155	176	256	112	144	110	34	76
惠济区	1494	670	824	897	356	541	419	143	276
中牟县	9243	4107	5136	6188	2485	3703	2995	946	2049
巩义市	8759	3999	4760	5487	2216	3271	2633	905	1728
荥阳市	6727	3035	3692	4786	2022	2764	2152	737	1415
新密市	8932	4058	4874	5354	2265	3089	2194	748	1446
新郑市	7844	3612	4232	4752	1942	2810	2010	653	1357
登封市	7139	3228	3911	3804	1573	2231	1544	525	1019
开封市	**51620**	**22681**	**28939**	**34668**	**14029**	**20639**	**15664**	**5157**	**10507**
龙亭区	605	261	344	338	125	213	159	60	99
顺河回族区	582	243	339	285	120	165	168	60	108
鼓楼区	171	90	81	76	26	50	34	8	26
禹王台区	433	204	229	254	106	148	132	42	90
金明区	771	339	432	473	178	295	265	71	194
杞县	12706	5651	7055	8592	3439	5153	3635	1178	2457
通许县	7219	3164	4055	4991	2096	2895	2332	769	1563
尉氏县	11492	5045	6447	7818	3396	4422	3463	1232	2231
开封县	8605	3753	4852	5700	2134	3566	2681	861	1820
兰考县	9036	3931	5105	6141	2409	3732	2795	876	1919
洛阳市	**63542**	**27785**	**35757**	**34583**	**13483**	**21100**	**14873**	**4809**	**10064**
老城区	302	128	174	185	69	116	88	31	57
西工区	504	231	273	292	115	177	160	51	109
瀍河回族区	210	92	118	129	52	77	80	25	55
涧西区	945	418	527	561	242	319	271	88	183
吉利区	492	227	265	266	99	167	123	41	82
洛龙区	3145	1351	1794	2121	808	1313	955	309	646
孟津县	5368	2171	3197	3166	1093	2073	1531	446	1085
新安县	5753	2589	3164	2738	1087	1651	1254	387	867
栾川县	3397	1564	1833	1757	741	1016	631	275	356
嵩县	7423	3327	4096	4233	1702	2531	1639	572	1067
汝阳县	6318	2904	3414	3374	1453	1921	1523	487	1036
宜阳县	8200	3521	4679	3890	1439	2451	1716	554	1162
洛宁县	4802	2136	2666	2259	906	1353	725	257	468
伊川县	9401	4098	5303	4967	1978	2989	2038	643	1395
偃师市	7282	3028	4254	4645	1699	2946	2139	643	1496

1-7c 续表 25

单位：人

地区	75-79岁			80-84岁			85-89岁		
	小计	男	女	小计	男	女	小计	男	女
平顶山市	**63169**	**29591**	**33578**	**31118**	**13456**	**17662**	**14524**	**5152**	**9372**
新华区	1024	451	573	494	223	271	326	124	202
卫东区	537	261	276	234	97	137	138	47	91
石龙区	115	59	56	64	28	36	11	5	6
湛河区	1643	765	878	821	371	450	433	152	281
宝丰县	7169	3288	3881	3360	1453	1907	1715	597	1118
叶县	13920	6393	7527	6555	2755	3800	3526	1230	2296
鲁山县	12882	6300	6582	6394	2884	3510	2332	893	1439
郏县	8677	3889	4788	4154	1760	2394	2005	696	1309
舞钢市	4624	2410	2214	2738	1236	1502	1403	484	919
汝州市	12578	5775	6803	6304	2649	3655	2635	924	1711
安阳市	**52200**	**22346**	**29854**	**30025**	**11323**	**18702**	**13164**	**4171**	**8993**
文峰区	1071	410	661	602	155	447	275	56	219
北关区	312	123	189	173	53	120	86	25	61
殷都区	328	135	193	163	50	113	73	21	52
龙安区	1402	605	797	632	239	393	238	74	164
安阳县	8304	3283	5021	4460	1467	2993	1788	462	1326
汤阴县	4340	1782	2558	2787	949	1838	1284	372	912
滑县	16628	7440	9188	10639	4280	6359	5314	1817	3497
内黄县	10111	4413	5698	5804	2254	3550	2456	836	1620
林州市	9704	4155	5549	4765	1876	2889	1650	508	1142
鹤壁市	**10834**	**4806**	**6028**	**6372**	**2462**	**3910**	**2659**	**820**	**1839**
鹤山区	399	183	216	179	75	104	94	34	60
山城区	488	226	262	277	104	173	124	37	87
淇滨区	1196	520	676	669	231	438	242	71	171
浚县	6614	2957	3657	4102	1623	2479	1774	538	1236
淇县	2137	920	1217	1145	429	716	425	140	285
新乡市	**49914**	**22010**	**27904**	**32766**	**13256**	**19510**	**15138**	**5129**	**10009**
红旗区	492	207	285	262	101	161	112	35	77
卫滨区									
凤泉区	769	348	421	505	214	291	224	77	147
牧野区	370	162	208	201	91	110	80	31	49
新乡县	2758	1136	1622	1790	690	1100	841	260	581
获嘉县	4009	1768	2241	2560	1034	1526	1132	367	765
原阳县	8925	3866	5059	5532	2309	3223	2557	902	1655
延津县	5230	2365	2865	3329	1345	1984	1586	547	1039
封丘县	8314	3653	4661	5702	2269	3433	2784	940	1844
长垣县	6222	2659	3563	5715	2230	3485	2926	969	1957
卫辉市	4287	1911	2376	2524	1007	1517	976	309	667
辉县市	8538	3935	4603	4646	1966	2680	1920	692	1228
焦作市	**30755**	**13524**	**17231**	**18537**	**7191**	**11346**	**8196**	**2662**	**5534**
解放区									
中站区	877	406	471	496	206	290	202	71	131
马村区	988	462	526	562	256	306	231	92	139
山阳区	797	382	415	432	167	265	202	79	123
修武县	3238	1528	1710	1865	764	1101	800	278	522
博爱县	4225	1840	2385	2298	853	1445	944	278	666
武陟县	8127	3675	4452	5304	2089	3215	2556	848	1708
温县	4701	1957	2744	3082	1179	1903	1344	419	925
沁阳市	3569	1533	2036	1983	754	1229	784	236	548
孟州市	4233	1741	2492	2515	923	1592	1133	361	772

1-7c 续表 26 单位：人

地区	75-79岁			80-84岁			85-89岁		
	小计	男	女	小计	男	女	小计	男	女
濮阳市	**40572**	**17348**	**23224**	**23562**	**8870**	**14692**	**10457**	**3184**	**7273**
华龙区	3521	1496	2025	1760	654	1106	845	272	573
清丰县	9450	4021	5429	4907	1856	3051	2332	737	1595
南乐县	6738	2974	3764	3770	1553	2217	1660	535	1125
范县	5835	2548	3287	3393	1258	2135	1413	405	1008
台前县	4089	1744	2345	2727	1045	1682	1107	368	739
濮阳县	10939	4565	6374	7005	2504	4501	3100	867	2233
许昌市	**57379**	**25749**	**31630**	**32329**	**13590**	**18739**	**13950**	**4769**	**9181**
魏都区	336	148	188	197	84	113	78	21	57
许昌县	11359	4949	6410	7037	2961	4076	2823	917	1906
鄢陵县	8419	3872	4547	4953	2251	2702	1948	701	1247
襄城县	11791	5335	6456	6026	2590	3436	2932	1047	1885
禹州市	17272	7868	9404	8921	3628	5293	4019	1384	2635
长葛市	8202	3577	4625	5195	2076	3119	2150	699	1451
漯河市	**35281**	**15983**	**19298**	**22218**	**9190**	**13028**	**10529**	**3668**	**6861**
源汇区	3166	1370	1796	2185	840	1345	1084	360	724
郾城区	6364	2892	3472	4196	1768	2428	1966	681	1285
召陵区	5736	2426	3310	3401	1383	2018	1400	473	927
舞阳县	9946	4561	5385	5980	2369	3611	3047	957	2090
临颍县	10069	4734	5335	6456	2830	3626	3032	1197	1835
三门峡市	**22612**	**10294**	**12318**	**10740**	**4546**	**6194**	**4421**	**1667**	**2754**
湖滨区	787	340	447	377	164	213	155	55	100
渑池县	4229	1896	2333	1775	747	1028	833	294	539
陕县	4542	2080	2462	2086	884	1202	870	359	511
卢氏县	4157	2086	2071	2016	916	1100	710	274	436
义马市	180	80	100	64	28	36	42	17	25
灵宝市	8717	3812	4905	4422	1807	2615	1811	668	1143
南阳市	**119985**	**57124**	**62861**	**58297**	**24606**	**33691**	**27775**	**9681**	**18094**
宛城区	7827	3625	4202	3524	1505	2019	1910	683	1227
卧龙区	7626	3577	4049	3540	1494	2046	1817	624	1193
南召县	6576	3566	3010	3444	1724	1720	1471	625	846
方城县	13816	7132	6684	6605	3211	3394	3238	1247	1991
西峡县	5139	2508	2631	2787	1207	1580	1133	425	708
镇平县	10891	5080	5811	5392	2238	3154	2633	898	1735
内乡县	7766	3368	4398	4324	1533	2791	1748	533	1215
淅川县	7379	3222	4157	3961	1511	2450	1599	503	1096
社旗县	7661	3719	3942	3614	1618	1996	1850	675	1175
唐河县	16937	8471	8466	8490	3674	4816	4078	1378	2700
新野县	8744	4011	4733	3776	1496	2280	1971	639	1332
桐柏县	4443	2358	2085	1730	764	966	820	322	498
邓州市	15180	6487	8693	7110	2631	4479	3507	1129	2378

1-7c 续表 27

单位：人

地区	75-79岁			80-84岁			85-89岁		
	小计	男	女	小计	男	女	小计	男	女
商丘市	**101879**	**45267**	**56612**	**64391**	**25970**	**38421**	**28551**	**9738**	**18813**
梁园区	6920	3017	3903	4061	1605	2456	1750	602	1148
睢阳区	9035	4091	4944	5457	2136	3321	2404	856	1548
民权县	8567	3810	4757	5250	2110	3140	2465	828	1637
睢县	10003	4421	5582	6452	2599	3853	2848	904	1944
宁陵县	7505	3301	4204	4846	1910	2936	2438	830	1608
柘城县	10920	4811	6109	7066	2796	4270	3127	1080	2047
虞城县	13316	6057	7259	8548	3610	4938	3425	1214	2211
夏邑县	15390	6761	8629	9857	3876	5981	4351	1471	2880
永城市	20223	8998	11225	12854	5328	7526	5743	1953	3790
信阳市	**75927**	**34661**	**41266**	**37358**	**15085**	**22273**	**15706**	**5030**	**10676**
浉河区	5114	2628	2486	2250	1027	1223	940	377	563
平桥区	7401	3397	4004	3750	1573	2177	1449	481	968
罗山县	8143	3833	4310	4140	1766	2374	1567	546	1021
光山县	7535	3426	4109	3364	1244	2120	1459	413	1046
新县	2572	1153	1419	1338	527	811	626	215	411
商城县	6116	2903	3213	2976	1277	1699	1402	471	931
固始县	16597	7860	8737	8629	3774	4855	3727	1268	2459
潢川县	6318	2636	3682	2830	1013	1817	1160	317	843
淮滨县	6996	2874	4122	3415	1203	2212	1422	406	1016
息县	9135	3951	5184	4666	1681	2985	1954	536	1418
周口市	**113441**	**48491**	**64950**	**71222**	**27629**	**43593**	**29043**	**9318**	**19725**
川汇区	2727	1084	1643	1573	598	975	659	213	446
扶沟县	8905	3871	5034	5781	2447	3334	2582	885	1697
西华县	10418	4440	5978	6273	2475	3798	2523	780	1743
商水县	13397	5456	7941	7606	2729	4877	3005	852	2153
沈丘县	13709	5719	7990	8598	3205	5393	3441	1147	2294
郸城县	12882	5747	7135	8144	3232	4912	3048	984	2064
淮阳县	14011	6202	7809	9469	3735	5734	4116	1316	2800
太康县	13900	6070	7830	9259	3744	5515	3487	1193	2294
鹿邑县	11321	4861	6460	7362	2812	4550	3161	1007	2154
项城市	12171	5041	7130	7157	2652	4505	3021	941	2080
驻马店市	**109497**	**48601**	**60896**	**59903**	**23428**	**36475**	**27836**	**9084**	**18752**
驿城区	5516	2536	2980	3122	1297	1825	1636	558	1078
西平县	14246	6366	7880	9175	3624	5551	4388	1511	2877
上蔡县	17022	7044	9978	9315	3298	6017	3976	1191	2785
平舆县	11503	4711	6792	5812	2152	3660	2302	678	1624
正阳县	9300	4330	4970	4828	1921	2907	2264	722	1542
确山县	6511	3059	3452	3305	1491	1814	1693	609	1084
泌阳县	11838	6120	5718	5941	2675	3266	3332	1256	2076
汝南县	11907	5137	6770	6490	2505	3985	3023	986	2037
遂平县	8876	3991	4885	5351	2166	3185	2597	858	1739
新蔡县	12778	5307	7471	6564	2299	4265	2625	715	1910
济源市	**5948**	**2462**	**3486**	**3137**	**1213**	**1924**	**1361**	**451**	**910**
济源市	5948	2462	3486	3137	1213	1924	1361	451	910

1-7c 续表 28 单位：人

地区	90-94岁			95-99岁			100岁及以上		
	小计	男	女	小计	男	女	小计	男	女
总计	**77190**	**20719**	**56471**	**18130**	**4207**	**13923**	**2072**	**451**	**1621**
郑州市	**4421**	**1235**	**3186**	**895**	**219**	**676**	**105**	**33**	**72**
中原区	92	19	73	19	8	11	3	2	1
二七区	94	23	71	20	11	9	1		1
管城回族区	114	32	82	28	7	21	4	1	3
金水区	136	39	97	38	11	27	2		2
上街区	40	8	32	2	1	1			
惠济区	122	25	97	27	5	22	3	2	1
中牟县	884	258	626	167	43	124	46	19	27
巩义市	827	256	571	136	32	104	8	1	7
荥阳市	635	164	471	112	26	86	11	2	9
新密市	542	147	395	106	21	85	19	5	14
新郑市	554	165	389	154	34	120	7	1	6
登封市	381	99	282	86	20	66	1		1
开封市	**4812**	**1198**	**3614**	**1112**	**246**	**866**	**153**	**28**	**125**
龙亭区	48	13	35	13	4	9	2	1	1
顺河回族区	54	7	47	15	5	10	2	1	1
鼓楼区	14	4	10	5	2	3			
禹王台区	44	11	33	6		6			
金明区	92	19	73	17	2	15	6		6
杞县	1066	262	804	256	56	200	40	7	33
通许县	713	177	536	162	32	130	33	8	25
尉氏县	1055	267	788	206	50	156	19	4	15
开封县	831	197	634	185	29	156	39	5	34
兰考县	895	241	654	247	66	181	12	2	10
洛阳市	**4252**	**1087**	**3165**	**930**	**226**	**704**	**79**	**11**	**68**
老城区	18	2	16	6	2	4			
西工区	48	14	34	12	1	11			
瀍河回族区	21	7	14	8		8			
涧西区	84	22	62	24	4	20			
吉利区	40	9	31	13	3	10	1		1
洛龙区	267	58	209	57	10	47	8	2	6
孟津县	489	112	377	128	25	103	5		5
新安县	294	85	209	65	15	50	4	1	3
栾川县	136	48	88	25	10	15	2		2
嵩县	485	130	355	83	22	61			
汝阳县	428	111	317	71	13	58			
宜阳县	488	113	375	116	27	89	2		2
洛宁县	163	47	116	41	12	29	1	1	
伊川县	619	166	453	135	44	91	30	4	26
偃师市	672	163	509	146	38	108	26	3	23

1-7c 续表 29

单位：人

地 区	90-94岁			95-99岁			100岁及以上		
	小计	男	女	小计	男	女	小计	男	女
平顶山市	**4692**	**1248**	**3444**	**1113**	**279**	**834**	**124**	**29**	**95**
新华区	84	21	63	26	7	19			
卫东区	35	13	22	8	2	6	2	1	1
石龙区	5	1	4	1		1			
湛河区	140	36	104	27	4	23	1	1	
宝丰县	567	156	411	148	30	118	10	2	8
叶县	1158	297	861	298	83	215	7	4	3
鲁山县	848	242	606	189	52	137	45	11	34
郏县	619	159	460	156	35	121	11		11
舞钢市	400	110	290	82	24	58	15	5	10
汝州市	836	213	623	178	42	136	33	5	28
安阳市	**3909**	**940**	**2969**	**756**	**149**	**607**	**114**	**34**	**80**
文峰区	71	12	59	7	2	5	4	1	3
北关区	15	3	12	3	1	2	1	1	
殷都区	17	1	16	5		5			
龙安区	49	11	38	6	4	2			
安阳县	419	91	328	81	16	65	7	4	3
汤阴县	347	89	258	50	9	41	6	1	5
滑县	1883	450	1433	412	85	327	64	17	47
内黄县	742	202	540	147	30	117	31	10	21
林州市	366	81	285	45	2	43	1		1
鹤壁市	**673**	**184**	**489**	**126**	**26**	**100**	**9**	**1**	**8**
鹤山区	18	6	12	3	1	2			
山城区	14	5	9	5	1	4	1		1
淇滨区	50	18	32	7		7			
浚县	482	127	355	100	23	77	8	1	7
淇县	109	28	81	11	1	10			
新乡市	**4628**	**1296**	**3332**	**954**	**203**	**751**	**126**	**36**	**90**
红旗区	32	6	26	7	2	5	3	2	1
卫滨区									
凤泉区	48	17	31	9	3	6	1		1
牧野区	28	5	23	5	2	3			
新乡县	223	67	156	45	12	33	1	1	
获嘉县	348	94	254	60	12	48	6	1	5
原阳县	832	227	605	183	42	141	3		3
延津县	477	131	346	103	22	81	2		2
封丘县	898	272	626	224	52	172	82	29	53
长垣县	1075	320	755	226	44	182	18	2	16
卫辉市	219	52	167	31	3	28	4		4
辉县市	448	105	343	61	9	52	6	1	5
焦作市	**2234**	**504**	**1730**	**446**	**75**	**371**	**42**	**11**	**31**
解放区									
中站区	47	11	36	8	1	7	4		4
马村区	63	15	48	7	2	5	2	1	1
山阳区	46	17	29	14	4	10	3	3	
修武县	185	46	139	40	9	31	5	1	4
博爱县	205	43	162	39	8	31	5	1	4
武陟县	798	171	627	157	19	138	14	3	11
温县	400	94	306	92	18	74	6	2	4
沁阳市	173	26	147	33	5	28	1		1
孟州市	317	81	236	56	9	47	2		2

1-7c 续表 30　　单位：人

地 区	90-94岁			95-99岁			100岁及以上		
	小计	男	女	小计	男	女	小计	男	女
濮阳市	**2953**	**752**	**2201**	**630**	**138**	**492**	**71**	**19**	**52**
华龙区	242	63	179	49	10	39	3	1	2
清丰县	634	147	487	137	30	107	20	6	14
南乐县	483	126	357	113	24	89	18	4	14
范县	388	104	284	76	16	60	7	2	5
台前县	320	92	228	80	13	67	5	1	4
濮阳县	886	220	666	175	45	130	18	5	13
许昌市	**3876**	**1024**	**2852**	**870**	**173**	**697**	**77**	**17**	**60**
魏都区	32	7	25	5	2	3			
许昌县	787	201	586	188	36	152	11	5	6
鄢陵县	614	173	441	153	32	121	13	3	10
襄城县	723	206	517	145	28	117	12	1	11
禹州市	1067	277	790	255	58	197	25	7	18
长葛市	653	160	493	124	17	107	16	1	15
漯河市	**3036**	**849**	**2187**	**767**	**190**	**577**	**37**	**11**	**26**
源汇区	327	81	246	81	12	69			
郾城区	534	142	392	128	35	93	15	6	9
召陵区	469	112	357	134	30	104	7	2	5
舞阳县	837	208	629	189	42	147	3		3
临颍县	869	306	563	235	71	164	12	3	9
三门峡市	**1063**	**342**	**721**	**240**	**87**	**153**	**28**	**10**	**18**
湖滨区	28	4	24	5	3	2	1	1	
渑池县	231	79	152	58	21	37	2		2
陕县	182	77	105	40	18	22	7	4	3
卢氏县	161	43	118	27	8	19	5	3	2
义马市	13	3	10	3	2	1			
灵宝市	448	136	312	107	35	72	13	2	11
南阳市	**7920**	**2384**	**5536**	**2018**	**550**	**1468**	**130**	**36**	**94**
宛城区	577	184	393	147	47	100	5	1	4
卧龙区	569	168	401	146	42	104	22	8	14
南召县	387	143	244	89	27	62			
方城县	891	298	593	232	48	184	12	3	9
西峡县	289	85	204	69	25	44	6	2	4
镇平县	847	249	598	202	60	142	21	5	16
内乡县	497	128	369	139	34	105	10	4	6
淅川县	403	117	286	122	33	89	1	1	
社旗县	552	174	378	113	31	82	21	6	15
唐河县	1114	328	786	281	73	208	9	1	8
新野县	512	133	379	130	25	105	13	2	11
桐柏县	218	76	142	55	12	43	1		1
邓州市	1064	301	763	293	93	200	9	3	6

1-7c 续表 31 单位：人

地 区	90-94岁			95-99岁			100岁及以上		
	小计	男	女	小计	男	女	小计	男	女
商丘市	**8465**	**2461**	**6004**	**2301**	**546**	**1755**	**561**	**104**	**457**
梁园区	465	138	327	132	34	98	16	3	13
睢阳区	682	213	469	227	47	180			
民权县	764	228	536	165	45	120	13	4	9
睢县	914	257	657	238	52	186	63	14	49
宁陵县	725	213	512	198	52	146	76	11	65
柘城县	947	268	679	222	58	164	53	10	43
虞城县	922	293	629	246	57	189	22	8	14
夏邑县	1392	381	1011	422	103	319	132	23	109
永城市	1654	470	1184	451	98	353	186	31	155
信阳市	**3083**	**775**	**2308**	**687**	**165**	**522**	**23**	**3**	**20**
浉河区	196	64	132	43	10	33			
平桥区	230	58	172	52	9	43	3		3
罗山县	309	84	225	60	15	45	2		2
光山县	290	68	222	92	26	66	2		2
新县	103	34	69	20	8	12			
商城县	269	75	194	57	16	41	1	1	
固始县	733	188	545	146	38	108	13	2	11
潢川县	194	39	155	50	11	39	1		1
淮滨县	313	73	240	85	16	69			
息县	446	92	354	82	16	66	1		1
周口市	**8831**	**2283**	**6548**	**2309**	**504**	**1805**	**250**	**51**	**199**
川汇区	198	61	137	49	10	39	6	1	5
扶沟县	789	194	595	160	33	127	26	3	23
西华县	793	206	587	193	32	161	48	8	40
商水县	914	209	705	232	55	177	5		5
沈丘县	997	253	744	227	52	175	46	6	40
郸城县	832	231	601	241	56	185	4	2	2
淮阳县	1340	354	986	401	98	303	33	16	17
太康县	1048	289	759	292	76	216	12	4	8
鹿邑县	942	234	708	240	42	198	5	1	4
项城市	978	252	726	274	50	224	65	10	55
驻马店市	**8006**	**2066**	**5940**	**1924**	**420**	**1504**	**138**	**17**	**121**
驿城区	400	125	275	104	27	77			
西平县	1282	296	986	275	53	222	39	3	36
上蔡县	1249	289	960	292	59	233	10	2	8
平舆县	769	180	589	225	37	188	18	2	16
正阳县	519	147	372	121	19	102	7	1	6
确山县	371	92	279	71	17	54			
泌阳县	1218	379	839	279	81	198	33	6	27
汝南县	725	212	513	164	31	133	17		17
遂平县	700	177	523	155	35	120	10	2	8
新蔡县	773	169	604	238	61	177	4	1	3
济源市	**336**	**91**	**245**	**52**	**11**	**41**	**5**		**5**
济源市	336	91	245	52	11	41	5		5

1-8 各地区分性别、受教育程度的6岁及以上人口

单位：人

地 区	6岁及以上人口			未上过学		
	合计	男	女	小计	男	女
总 计	**85563558**	**42777392**	**42786166**	**4529564**	**1306814**	**3222750**
郑州市	**7997214**	**4081668**	**3915546**	**218671**	**59267**	**159404**
中原区	852285	436901	415384	12035	3250	8785
二七区	672192	341299	330893	10721	2594	8127
管城回族区	599242	310932	288310	14808	4084	10724
金水区	1501914	766050	735864	18502	4740	13762
上街区	124525	61643	62882	1834	401	1433
惠济区	249697	121691	128006	5918	1648	4270
中牟县	640910	326717	314193	39307	11638	27669
巩义市	756460	383855	372605	22952	5902	17050
荥阳市	568130	286838	281292	12171	3193	8978
新密市	734595	376409	358186	29685	8270	21415
新郑市	692130	351238	340892	22709	6141	16568
登封市	605134	318095	287039	28029	7406	20623
开封市	**4232904**	**2121934**	**2110970**	**286291**	**79335**	**206956**
龙亭区	118443	56826	61617	5662	1672	3990
顺河回族区	219077	107023	112054	7838	2018	5820
鼓楼区	134970	65437	69533	4565	1035	3530
禹王台区	122685	60296	62389	5141	1266	3875
金明区	242647	124017	118630	7428	2554	4874
杞县	865762	439459	426303	66902	18731	48171
通许县	510455	258429	252026	35657	9818	25839
尉氏县	785655	399496	386159	55246	15015	40231
开封县	624006	315490	308516	43589	12205	31384
兰考县	609204	295461	313743	54263	15021	39242
洛阳市	**6041561**	**3037896**	**3003665**	**205664**	**54558**	**151106**
老城区	151795	73959	77836	3663	713	2950
西工区	352834	179034	173800	4951	1295	3656
瀍河回族区	169372	85231	84141	3723	753	2970
涧西区	584010	293226	290784	9230	2039	7191
吉利区	64945	32206	32739	1341	247	1094
洛龙区	482865	238033	244832	10981	2325	8656
孟津县	384138	192062	192076	11894	2618	9276
新安县	434268	221950	212318	12645	3307	9338
栾川县	314046	163315	150731	14778	5234	9544
嵩县	452714	227007	225707	26459	8672	17787
汝阳县	365384	184539	180845	27405	8127	19278
宜阳县	579266	290014	289252	21761	5214	16547
洛宁县	388532	194308	194224	9438	2962	6476
伊川县	695647	350805	344842	29413	7129	22284
偃师市	621745	312207	309538	17982	3923	14059

1-8 续表 1

单位：人

地 区	6岁及以上人口			未上过学		
	合计	男	女	小计	男	女
平顶山市	**4401647**	**2245534**	**2156113**	**220034**	**68365**	**151669**
新华区	364173	187259	176914	11545	3337	8208
卫东区	283933	142922	141011	7625	1993	5632
石龙区	50931	28382	22549	2087	884	1203
湛河区	265183	133841	131342	6853	1964	4889
宝丰县	434910	221640	213270	22035	6415	15620
叶县	703261	356435	346826	36473	11697	24776
鲁山县	686585	352850	333735	42135	15405	26730
郏县	508685	262435	246250	30667	9355	21312
舞钢市	285994	147597	138397	12331	4324	8007
汝州市	817992	412173	405819	48283	12991	35292
安阳市	**4636693**	**2199325**	**2437368**	**190246**	**47183**	**143063**
文峰区	408616	199335	209281	8790	1807	6983
北关区	230024	111661	118363	4033	848	3185
殷都区	228362	115592	112770	3888	847	3041
龙安区	195190	99237	95953	5635	1391	4244
安阳县	755073	349689	405384	29882	6717	23165
汤阴县	380023	180630	199393	19406	3832	15574
滑县	1117064	549942	567122	52949	14291	38658
内黄县	614700	305979	308721	38727	11171	27556
林州市	707641	287260	420381	26936	6279	20657
鹤壁市	**1430855**	**726987**	**703868**	**62081**	**16457**	**45624**
鹤山区	123983	63890	60093	3873	1247	2626
山城区	216282	110597	105685	6554	1851	4703
淇滨区	251530	126551	124979	8141	2002	6139
浚县	596656	302601	294055	33837	8751	25086
淇县	242404	123348	119056	9676	2606	7070
新乡市	**5166658**	**2567798**	**2598860**	**194120**	**52669**	**141451**
红旗区	366148	179020	187128	7541	1843	5698
卫滨区	181667	89121	92546	4525	1033	3492
凤泉区	130831	69009	61822	4801	1381	3420
牧野区	298124	147125	150999	5852	1468	4384
新乡县	308346	155385	152961	9382	1948	7434
获嘉县	364297	181427	182870	12430	2857	9573
原阳县	591943	294745	297198	32446	9823	22623
延津县	417088	209675	207413	19929	5702	14227
封丘县	664672	335980	328692	32267	9235	23032
长垣县	734524	360239	374285	28807	7382	21425
卫辉市	435215	216309	218906	16591	4491	12100
辉县市	673803	329763	344040	19549	5506	14043
焦作市	**3294561**	**1663097**	**1631464**	**87598**	**21264**	**66334**
解放区	280431	143129	137302	4843	1276	3567
中站区	98777	49416	49361	4385	1039	3346
马村区	129256	68452	60804	4968	1372	3596
山阳区	307140	156127	151013	5137	1280	3857
修武县	265081	135830	129251	9697	2679	7018
博爱县	400542	202980	197562	12557	3029	9528
武陟县	657339	330863	326476	15827	4050	11777
温县	393787	196463	197324	12407	2449	9958
沁阳市	416059	207242	208817	11221	2560	8661
孟州市	346149	172595	173554	6556	1530	5026

1-8 续表 2

单位：人

地　区	6岁及以上人口			未上过学		
	合计	男	女	小计	男	女
濮阳市	**3241079**	**1594545**	**1646534**	**223154**	**59583**	**163571**
华龙区	603034	300151	302883	22889	6017	16872
清丰县	567164	279643	287521	38201	9774	28427
南乐县	409243	193322	215921	25059	6131	18928
范县	426278	209134	217144	34971	10526	24445
台前县	295633	146212	149421	25535	6350	19185
濮阳县	939727	466083	473644	76499	20785	55714
许昌市	**3915539**	**1987892**	**1927647**	**170335**	**46511**	**123824**
魏都区	472541	232770	239771	6586	1688	4898
许昌县	697495	354983	342512	28383	7615	20768
鄢陵县	497497	256130	241367	24655	6846	17809
襄城县	603317	301690	301627	26659	8070	18589
禹州市	1024867	527785	497082	57524	16026	41498
长葛市	619822	314534	305288	26528	6266	20262
漯河市	**2345645**	**1190303**	**1155342**	**117476**	**34619**	**82857**
源汇区	301727	149230	152497	11525	3247	8278
郾城区	458587	235626	222961	18670	5654	13016
召陵区	440094	222690	217404	28158	8034	20124
舞阳县	492735	249043	243692	22180	6220	15960
临颍县	652502	333714	318788	36943	11464	25479
三门峡市	**2098602**	**1077471**	**1021131**	**43349**	**13359**	**29990**
湖滨区	308356	156135	152221	4014	896	3118
渑池县	319090	161649	157441	6664	1815	4849
陕县	325142	169291	155851	4781	1558	3223
卢氏县	328791	171006	157785	11475	4280	7195
义马市	136383	70554	65829	1972	513	1459
灵宝市	680840	348836	332004	14443	4297	10146
南阳市	**9131458**	**4645645**	**4485813**	**472606**	**175079**	**297527**
宛城区	796314	403081	393233	32387	11172	21215
卧龙区	836583	415328	421255	32661	11204	21457
南召县	496254	258850	237404	30800	13362	17438
方城县	797453	404633	392820	60747	23904	36843
西峡县	405973	210273	195700	23481	9815	13666
镇平县	762305	393132	369173	34865	12176	22689
内乡县	503562	253783	249779	26645	9071	17574
淅川县	614161	311075	303086	32705	10613	22092
社旗县	567566	289401	278165	38417	15867	22550
唐河县	1149664	588216	561448	61493	24352	37141
新野县	549974	274347	275627	27798	8970	18828
桐柏县	345644	176326	169318	16602	6522	10080
邓州市	1306005	667200	638805	54005	18051	35954

1-8 续表 3

单位：人

地区	6岁及以上人口			未上过学		
	合计	男	女	小计	男	女
商丘市	**6751347**	**3336162**	**3415185**	**577529**	**161547**	**415982**
梁园区	738312	370073	368239	37806	11421	26385
睢阳区	688148	344867	343281	48714	13821	34893
民权县	645463	316049	329414	51840	14856	36984
睢县	653905	320868	333037	59607	16500	43107
宁陵县	477353	233136	244217	37525	10520	27005
柘城县	714631	349994	364637	54365	13624	40741
虞城县	885162	440481	444681	79159	23751	55408
夏邑县	839218	412604	426614	84196	21652	62544
永城市	1109155	548090	561065	124317	35402	88915
信阳市	**5531420**	**2738420**	**2793000**	**425796**	**129091**	**296705**
浉河区	552036	268192	283844	19094	6287	12807
平桥区	570033	282323	287710	28461	8775	19686
罗山县	447542	223155	224387	34358	10448	23910
光山县	534518	269872	264646	37813	10115	27698
新县	251583	125352	126231	18036	5029	13007
商城县	448563	217671	230892	51132	15588	35544
固始县	918227	458305	459922	78621	25465	53156
潢川县	573259	281540	291719	51505	15427	36078
淮滨县	520605	253869	266736	52476	15182	37294
息县	715054	358141	356913	54300	16775	37525
周口市	**8160510**	**3984347**	**4176163**	**654260**	**169025**	**485235**
川汇区	470375	233031	237344	21388	5700	15688
扶沟县	577423	290030	287393	27767	7440	20327
西华县	717490	364405	353085	39490	11015	28475
商水县	857333	415500	441833	83938	22369	61569
沈丘县	894847	432602	462245	90900	23167	67733
郸城县	912585	447127	465458	99916	25549	74367
淮阳县	989517	478956	510561	83797	22369	61428
太康县	994786	490720	504066	80375	19706	60669
鹿邑县	828952	386661	442291	76371	18701	57670
项城市	917202	445315	471887	50318	13009	37309
驻马店市	**6558238**	**3259571**	**3298667**	**367454**	**115384**	**252070**
驿城区	661497	337513	323984	22090	7365	14725
西平县	649503	323689	325814	28160	8321	19839
上蔡县	978774	475095	503679	71619	19776	51843
平舆县	686992	337719	349273	34039	10000	24039
正阳县	568398	274504	293894	31260	9301	21959
确山县	358679	171368	187311	22611	7938	14673
泌阳县	726495	377324	349171	41199	16811	24388
汝南县	702753	352602	350151	33724	11229	22495
遂平县	449875	233106	216769	22048	7847	14201
新蔡县	775272	376651	398621	60704	16796	43908
济源市	**627627**	**318797**	**308830**	**12900**	**3518**	**9382**
济源市	627627	318797	308830	12900	3518	9382

1-8 续表 4

单位：人

地区	小学			初中			高中		
	小计	男	女	小计	男	女	小计	男	女
总计	**22669174**	**10652923**	**12016251**	**39925272**	**20767503**	**19157769**	**12423541**	**6871168**	**5552373**
郑州市	**1409417**	**666861**	**742556**	**3066410**	**1631635**	**1434775**	**1668277**	**884317**	**783960**
中原区	111138	52980	58158	269781	140805	128976	218475	113025	105450
二七区	79890	37599	42291	182772	92440	90332	168116	85152	82964
管城回族区	96687	47580	49107	221869	120931	100938	153235	80270	72965
金水区	151607	73379	78228	331342	176762	154580	365916	185019	180897
上街区	18425	8347	10078	47126	23503	23623	35685	18312	17373
惠济区	41506	19656	21850	90712	49246	41466	51884	26674	25210
中牟县	180214	85226	94988	302680	162809	139871	78951	45271	33680
巩义市	149916	70984	78932	377449	199825	177624	150141	79574	70567
荥阳市	112574	51265	61309	293674	152661	141013	112455	60251	52204
新密市	171130	82137	88993	371178	196784	174394	122958	67911	55047
新郑市	144297	67636	76661	301802	160931	140871	97246	56271	40975
登封市	152033	70072	81961	276025	154938	121087	113215	66587	46628
开封市	**1105732**	**525642**	**580090**	**1975433**	**1054539**	**920894**	**582310**	**314899**	**267411**
龙亭区	23569	11533	12036	40667	20422	20245	26677	13015	13662
顺河回族区	35946	17090	18856	76255	38136	38119	61427	30300	31127
鼓楼区	22019	10257	11762	44295	22288	22007	39177	19140	20037
禹王台区	21716	10521	11195	50919	26000	24919	33555	16782	16773
金明区	37675	19020	18655	68843	35963	32880	45446	22729	22717
杞县	249775	118831	130944	440230	239770	200460	86740	49970	36770
通许县	140800	68249	72551	260057	139432	120625	61140	34054	27086
尉氏县	203607	94728	108879	409722	222977	186745	90511	52517	37994
开封县	189426	90852	98574	301572	164128	137444	68409	37456	30953
兰考县	181199	84561	96638	282873	145423	137450	69228	38936	30292
洛阳市	**1447774**	**662457**	**785317**	**2870447**	**1497545**	**1372902**	**1004412**	**545963**	**458449**
老城区	23402	10693	12709	58621	29247	29374	44480	21888	22592
西工区	47063	22820	24243	106607	54605	52002	105844	52764	53080
瀍河回族区	22213	10371	11842	60917	31161	29756	52823	27000	25823
涧西区	77441	35140	42301	179718	89790	89928	173332	87015	86317
吉利区	10546	4802	5744	25173	12687	12486	17583	8904	8679
洛龙区	86672	39490	47182	245297	124688	120609	74649	39590	35059
孟津县	87130	39149	47981	210804	109344	101460	58054	32129	25925
新安县	109644	48507	61137	221526	116819	104707	70731	41759	28972
栾川县	87409	41909	45500	148648	79811	68837	47583	27348	20235
嵩县	150093	67740	82353	207886	110817	97069	52695	30844	21851
汝阳县	120503	56180	64323	166527	90327	76200	39139	23040	16099
宜阳县	163966	72932	91034	312272	164733	147539	64045	37589	26456
洛宁县	110872	50296	60576	206929	105190	101739	49631	29307	20324
伊川县	199612	91702	107910	379320	201317	178003	70508	41229	29279
偃师市	151208	70726	80482	340202	177009	163193	83315	45557	37758

1-8 续表 5 单位：人

地区	小学			初中			高中		
	小计	男	女	小计	男	女	小计	男	女
平顶山市	**1066702**	**513299**	**553403**	**2208772**	**1156213**	**1052559**	**605663**	**343175**	**262488**
新华区	57485	28860	28625	138149	70767	67382	81793	43657	38136
卫东区	43775	21260	22515	106871	53050	53821	76411	40105	36306
石龙区	11229	6270	4959	22244	12141	10103	10605	6350	4255
湛河区	43153	20885	22268	102460	51087	51373	63584	33323	30261
宝丰县	102392	47562	54830	246014	130105	115909	46549	27928	18621
叶县	185220	89111	96109	398950	207610	191340	66282	38790	27492
鲁山县	192191	92404	99787	367367	194415	172952	63752	38796	24956
郏县	143894	70772	73122	257065	138218	118847	58888	34119	24769
舞钢市	58244	29143	29101	143015	73470	69545	51539	29161	22378
汝州市	229119	107032	122087	426637	225350	201287	86260	50946	35314
安阳市	**1283135**	**565745**	**717390**	**2307033**	**1132195**	**1174838**	**595139**	**320281**	**274858**
文峰区	80797	36406	44391	146243	74836	71407	81929	42422	39507
北关区	40337	18348	21989	82596	40713	41883	66799	32871	33928
殷都区	42603	19950	22653	92660	48027	44633	59288	30796	28492
龙安区	49409	22094	27315	98355	52936	45419	30658	16914	13744
安阳县	261763	109497	152266	387965	191293	196672	63765	35993	27772
汤阴县	108965	47560	61405	198449	99657	98792	40137	22611	17526
滑县	322788	149446	173342	602243	311744	290499	106490	57861	48629
内黄县	167739	79138	88601	339842	177609	162233	53976	30423	23553
林州市	208734	83306	125428	358680	135380	223300	92097	50390	41707
鹤壁市	**377473**	**179264**	**198209**	**689172**	**365727**	**323445**	**212924**	**117837**	**95087**
鹤山区	28006	12842	15164	60445	31902	28543	26738	15226	11512
山城区	44510	21192	23318	90022	46796	43226	57492	31050	26442
淇滨区	54702	26106	28596	100335	52297	48038	48280	25168	23112
浚县	181215	86689	94526	316598	170468	146130	49849	28413	21436
淇县	69040	32435	36605	121772	64264	57508	30565	17980	12585
新乡市	**1215739**	**573304**	**642435**	**2499248**	**1273733**	**1225515**	**894037**	**486144**	**407893**
红旗区	55711	26164	29547	99566	50216	49350	88850	45138	43712
卫滨区	31880	14413	17467	62209	30939	31270	57197	29288	27909
凤泉区	30986	15576	15410	61030	33532	27498	25811	14077	11734
牧野区	49504	23684	25820	102581	53360	49221	74510	38486	36024
新乡县	76670	35503	41167	140643	73365	67278	66577	36889	29688
获嘉县	89931	42137	47794	196959	100436	96523	50364	28357	22007
原阳县	165394	79730	85664	299097	151359	147738	79710	45523	34187
延津县	103390	48528	54862	202418	103654	98764	73348	41999	31349
封丘县	170304	82663	87641	355696	184597	171099	88015	49813	38202
长垣县	195573	94887	100686	390653	196206	194447	96865	50402	46463
卫辉市	96696	44247	52449	232967	120342	112625	69995	37525	32470
辉县市	149700	65772	83928	355429	175727	179702	122795	68647	54148
焦作市	**660168**	**310609**	**349559**	**1635544**	**842855**	**792689**	**641948**	**343431**	**298517**
解放区	42763	21144	21619	93768	48212	45556	81278	40795	40483
中站区	19364	9457	9907	48235	25087	23148	20430	10600	9830
马村区	27220	13741	13479	64903	35609	29294	24671	13703	10968
山阳区	41493	19845	21648	91301	45184	46117	78741	39877	38864
修武县	58236	28394	29842	142708	75158	67550	40893	22546	18347
博爱县	86478	41182	45296	223818	115834	107984	60478	33764	26714
武陟县	159244	74085	85159	345138	177402	167736	115629	63897	51732
温县	81228	37964	43264	222526	113749	108777	62734	34368	28366
沁阳市	80845	36424	44421	209517	107285	102232	94329	50584	43745
孟州市	63297	28373	34924	193630	99335	94295	62765	33297	29468

1-8 续表 6 单位：人

地　区	小　学			初　中			高　中		
	小计	男	女	小计	男	女	小计	男	女
濮阳市	**956032**	**434088**	**521944**	**1475903**	**784785**	**691118**	**394237**	**212806**	**181431**
华龙区	115673	54894	60779	212162	108738	103424	139604	70257	69347
清丰县	168738	76323	92415	289816	154911	134905	54444	30037	24407
南乐县	126838	52865	73973	205281	106061	99220	39498	21749	17749
范县	154134	71309	82825	182921	96764	86157	41793	23468	18325
台前县	101326	45210	56116	136249	75359	60890	23611	14225	9386
濮阳县	289323	133487	155836	449474	242952	206522	95287	53070	42217
许昌市	**921866**	**442290**	**479576**	**2015465**	**1049766**	**965699**	**586265**	**332581**	**253684**
魏都区	60101	28695	31406	148160	72452	75708	151765	76793	74972
许昌县	170380	81534	88846	407754	212391	195363	73106	43328	29778
鄢陵县	123355	57396	65959	253383	133590	119793	81964	50386	31578
襄城县	167610	80751	86859	328250	167387	160863	63868	36252	27616
禹州市	257935	125623	132312	547878	292591	255287	122573	72199	50374
长葛市	142485	68291	74194	330040	171355	158685	92989	53623	39366
漯河市	**494102**	**244654**	**249448**	**1178446**	**610332**	**568114**	**396583**	**217645**	**178938**
源汇区	50964	25275	25689	131279	65973	65306	65103	34314	30789
郾城区	87861	43714	44147	213729	111521	102208	88658	48552	40106
召陵区	105470	51098	54372	225291	119116	106175	61062	33653	27409
舞阳县	95812	47354	48458	266515	135458	131057	87903	48659	39244
临颍县	153995	77213	76782	341632	178264	163368	93857	52467	41390
三门峡市	**475319**	**210091**	**265228**	**999139**	**530746**	**468393**	**429752**	**240269**	**189483**
湖滨区	47772	21740	26032	109054	54916	54138	93548	49136	44412
渑池县	75808	32881	42927	161105	83925	77180	58658	33896	24762
陕县	69803	30342	39461	169071	90827	78244	64355	37149	27206
卢氏县	105815	47991	57824	150472	82806	67666	48623	28766	19857
义马市	23886	10797	13089	57053	29636	27417	35872	19901	15971
灵宝市	152235	66340	85895	352384	188636	163748	128696	71421	57275
南阳市	**2679500**	**1311755**	**1367745**	**4386682**	**2264894**	**2121788**	**1115780**	**633542**	**482238**
宛城区	193555	93167	100388	350295	177097	173198	126986	68574	58412
卧龙区	197093	95748	101345	357724	181944	175780	135145	71561	63584
南召县	161900	79561	82339	234914	124829	110085	50246	30323	19923
方城县	246435	118838	127597	373280	193397	179883	85766	50880	34886
西峡县	122810	61258	61552	174460	91063	83397	64413	36564	27849
镇平县	245676	122051	123625	393194	207409	185785	70341	41110	29231
内乡县	161433	77568	83865	247609	127443	120166	52782	30710	22072
淅川县	199239	95362	103877	295462	155033	140429	66755	38856	27899
社旗县	173304	86439	86865	274633	141391	133242	64932	36726	28206
唐河县	316440	159078	157362	579275	296810	282465	143570	81224	62346
新野县	155035	75064	79971	297733	150156	147577	52784	30425	22359
桐柏县	105791	51593	54198	157164	80884	76280	47787	27180	20607
邓州市	400789	196028	204761	650939	337438	313501	154273	89409	64864

1-8 续表 7

单位：人

地区	小学			初中			高中		
	小计	男	女	小计	男	女	小计	男	女
商丘市	**1995673**	**932616**	**1063057**	**3187295**	**1685245**	**1502050**	**733767**	**415072**	**318695**
梁园区	165829	79145	86684	356989	185491	171498	107735	58695	49040
睢阳区	195425	92911	102514	321676	169702	151974	78333	43527	34806
民权县	184923	87036	97887	321520	166241	155279	69961	38243	31718
睢县	204187	97680	106507	304536	160775	143761	67304	35997	31307
宁陵县	148976	69183	79793	227470	117796	109674	52216	29427	22789
柘城县	226945	102909	124036	337537	177312	160225	75755	44607	31148
虞城县	282772	131409	151363	424352	227978	196374	82959	48321	34638
夏邑县	261139	120643	140496	393864	212325	181539	80561	47025	33536
永城市	325477	151700	173777	499351	267625	231726	118943	69230	49713
信阳市	**1911769**	**912064**	**999705**	**2226308**	**1147732**	**1078576**	**689895**	**403234**	**286661**
浉河区	124105	60721	63384	212269	106600	105669	99496	52084	47412
平桥区	169093	79401	89692	259198	132527	126671	76398	43091	33307
罗山县	148756	72209	76547	187809	95753	92056	57689	33773	23916
光山县	194646	93240	101406	212323	110518	101805	71354	44808	26546
新县	88271	41268	47003	92329	47202	45127	40464	24165	16299
商城县	154209	77412	76797	168065	79930	88135	59698	35362	24336
固始县	355200	174276	180924	354300	181294	173006	102599	60988	41611
潢川县	204166	96180	107986	231864	120062	111802	64076	37492	26584
淮滨县	198733	90317	108416	203027	108914	94113	52339	31208	21131
息县	274590	127040	147550	305124	164932	140192	65782	40263	25519
周口市	**2571884**	**1181190**	**1390694**	**3785392**	**1993699**	**1791693**	**891917**	**503083**	**388834**
川汇区	103340	50783	52557	182289	93164	89125	86178	45680	40498
扶沟县	145899	68934	76965	308729	160676	148053	72352	40712	31640
西华县	198616	94436	104180	377251	201481	175770	79396	44908	34488
商水县	306893	144377	162516	379143	199359	179784	72457	41253	31204
沈丘县	280321	128210	152111	415255	217361	197894	90135	53375	36760
郸城县	321513	148459	173054	380306	209931	170375	91251	52392	38859
淮阳县	328962	149338	179624	450709	236669	214040	107971	60679	47292
太康县	306987	140539	166448	497499	269967	227532	89260	49091	40169
鹿邑县	306764	135123	171641	357298	182476	174822	75079	42734	32345
项城市	272589	120991	151598	436913	222615	214298	127838	72259	55579
驻马店市	**1982971**	**935989**	**1046982**	**3153555**	**1610556**	**1542999**	**810923**	**463714**	**347209**
驿城区	131509	65579	65930	289495	147205	142290	134185	72139	62046
西平县	172626	85089	87537	351181	175091	176090	79385	45236	34149
上蔡县	334894	153621	181273	461527	237260	224267	86846	50948	35898
平舆县	211296	96048	115248	342072	173544	168528	86005	50509	35496
正阳县	183135	82536	100599	280672	139944	140728	56262	32766	23496
确山县	119475	56584	62891	161524	76805	84719	42006	22962	19044
泌阳县	218906	109710	109196	350048	184496	165552	93896	53873	40023
汝南县	203468	97254	106214	355413	181803	173610	90532	51643	38889
遂平县	95199	46230	48969	248153	129556	118597	67680	40399	27281
新蔡县	312463	143338	169125	313470	164852	148618	74126	43239	30887
济源市	**113918**	**51005**	**62913**	**265028**	**135306**	**129722**	**169712**	**93175**	**76537**
济源市	113918	51005	62913	265028	135306	129722	169712	93175	76537

1-8 续表 8

单位：人

地区	大学专科			大学本科			研究生		
	小计	男	女	小计	男	女	小计	男	女
总计	**4034524**	**2108974**	**1925550**	**1858760**	**1001945**	**856815**	**122723**	**68065**	**54658**
郑州市	**1016214**	**506358**	**509856**	**564749**	**304125**	**260624**	**53476**	**29105**	**24371**
中原区	124308	61968	62340	103636	58329	45307	12912	6544	6368
二七区	150242	80513	69729	71758	38346	33412	8693	4655	4038
管城回族区	77595	38683	38912	32140	17742	14398	2908	1642	1266
金水区	370374	182036	188338	239022	129891	109131	25151	14223	10928
上街区	15292	7715	7577	5850	3158	2692	313	207	106
惠济区	47025	17360	29665	11922	6751	5171	730	356	374
中牟县	29967	16729	13238	9367	4806	4561	424	238	186
巩义市	40148	19993	20155	15220	7271	7949	634	306	328
荥阳市	29106	15203	13903	7834	4089	3745	316	176	140
新密市	31914	17015	14899	7405	4094	3311	325	198	127
新郑市	71188	33849	37339	54132	26026	28106	756	384	372
登封市	29055	15294	13761	6463	3622	2841	314	176	138
开封市	**189404**	**97978**	**91426**	**86324**	**45741**	**40583**	**7410**	**3800**	**3610**
龙亭区	12328	5561	6767	8843	4226	4617	697	397	300
顺河回族区	23271	11896	11375	12646	6679	5967	1694	904	790
鼓楼区	17344	8594	8750	7188	3916	3272	382	207	175
禹王台区	8758	4352	4406	2485	1320	1165	111	55	56
金明区	46902	24649	22253	33593	17799	15794	2760	1303	1457
杞县	17416	9548	7868	4075	2277	1798	624	332	292
通许县	10352	5526	4826	2320	1280	1040	129	70	59
尉氏县	20499	10961	9538	5615	3053	2562	455	245	210
开封县	16463	8423	8040	4338	2315	2023	209	111	98
兰考县	16071	8468	7603	5221	2876	2345	349	176	173
洛阳市	**331713**	**175218**	**156495**	**169914**	**95197**	**74717**	**11637**	**6958**	**4679**
老城区	15522	7971	7551	5822	3297	2525	285	150	135
西工区	58199	30281	27918	27258	15433	11825	2912	1836	1076
瀍河回族区	20960	10815	10145	8206	4799	3407	530	332	198
涧西区	83313	42809	40504	55937	33408	22529	5039	3025	2014
吉利区	6604	3365	3239	3545	2102	1443	153	99	54
洛龙区	32011	16198	15813	31958	15014	16944	1297	728	569
孟津县	11765	6329	5436	4327	2404	1923	164	89	75
新安县	14373	8424	5949	5118	2996	2122	231	138	93
栾川县	11876	6741	5135	3603	2181	1422	149	91	58
嵩县	12055	6888	5167	3389	1968	1421	137	78	59
汝阳县	8688	4999	3689	3047	1828	1219	75	38	37
宜阳县	12953	7151	5802	4091	2291	1800	178	104	74
洛宁县	9120	5081	4039	2475	1430	1045	67	42	25
伊川县	12744	7087	5657	3889	2260	1629	161	81	80
偃师市	21530	11079	10451	7249	3786	3463	259	127	132

1-8 续表 9

单位：人

地区	大学专科			大学本科			研究生		
	小计	男	女	小计	男	女	小计	男	女
平顶山市	**208954**	**112745**	**96209**	**87496**	**49323**	**38173**	**4026**	**2414**	**1612**
新华区	39940	21358	18582	33974	18503	15471	1287	777	510
卫东区	35194	18500	16694	13375	7593	5782	682	421	261
石龙区	3631	2037	1594	1099	678	421	36	22	14
湛河区	36336	19245	17091	11976	6826	5150	821	511	310
宝丰县	13501	7154	6347	4253	2385	1868	166	91	75
叶县	12985	7263	5722	3195	1873	1322	156	91	65
鲁山县	15567	8593	6974	5349	3113	2236	224	124	100
郏县	14854	8074	6780	3171	1817	1354	146	80	66
舞钢市	16146	8796	7350	4556	2609	1947	163	94	69
汝州市	20800	11725	9075	6548	3926	2622	345	203	142
安阳市	**165621**	**86400**	**79221**	**91972**	**45566**	**46406**	**3547**	**1955**	**1592**
文峰区	43064	22056	21008	46325	20974	25351	1468	834	634
北关区	26047	13347	12700	9780	5286	4494	432	248	184
殷都区	20421	10569	9852	9139	5186	3953	363	217	146
龙安区	8394	4448	3946	2655	1415	1240	84	39	45
安阳县	8086	4323	3763	3445	1783	1662	167	83	84
汤阴县	9512	5083	4429	3449	1820	1629	105	67	38
滑县	24067	12289	11778	8010	4058	3952	517	253	264
内黄县	10178	5419	4759	3988	2099	1889	250	120	130
林州市	15852	8866	6986	5181	2945	2236	161	94	67
鹤壁市	**67739**	**35591**	**32148**	**20538**	**11560**	**8978**	**928**	**551**	**377**
鹤山区	4062	2213	1849	807	434	373	52	26	26
山城区	14054	7623	6431	3530	2012	1518	120	73	47
淇滨区	29166	14751	14415	10471	5948	4523	435	279	156
浚县	11849	6436	5413	3122	1751	1371	186	93	93
淇县	8608	4568	4040	2608	1415	1193	135	80	55
新乡市	**225805**	**117638**	**108167**	**129077**	**60020**	**69057**	**8632**	**4290**	**4342**
红旗区	55842	29211	26631	55965	25042	30923	2673	1406	1267
卫滨区	19465	10070	9395	6079	3213	2866	312	165	147
凤泉区	5972	3214	2758	2125	1174	951	106	55	51
牧野区	29874	15337	14537	32289	13185	19104	3514	1605	1909
新乡县	12156	6133	6023	2732	1450	1282	186	97	89
获嘉县	11511	6031	5480	2943	1525	1418	159	84	75
原阳县	12261	6610	5651	2835	1596	1239	200	104	96
延津县	13993	7603	6390	3789	2075	1714	221	114	107
封丘县	14179	7435	6744	3873	2063	1810	338	174	164
长垣县	17665	8749	8916	4687	2466	2221	274	147	127
卫辉市	12502	6471	6031	6061	3027	3034	403	206	197
辉县市	20385	10774	9611	5699	3204	2495	246	133	113
焦作市	**184492**	**94194**	**90298**	**79863**	**47766**	**32097**	**4948**	**2978**	**1970**
解放区	37150	19522	17628	19820	11694	8126	809	486	323
中站区	5004	2553	2451	1294	650	644	65	30	35
马村区	5398	2821	2577	1991	1143	848	105	63	42
山阳区	53767	26041	27726	33723	21997	11726	2978	1903	1075
修武县	10207	5318	4889	3227	1685	1542	113	50	63
博爱县	13731	7299	6432	3309	1791	1518	171	81	90
武陟县	16495	8698	7797	4767	2604	2163	239	127	112
温县	11407	5968	5439	3349	1886	1463	136	79	57
沁阳市	15119	7808	7311	4831	2488	2343	197	93	104
孟州市	16214	8166	8048	3552	1828	1724	135	66	69

1-8 续表 10

单位：人

地　区	大学专科			大学本科			研究生		
	小计	男	女	小计	男	女	小计	男	女
濮阳市	**129756**	**68119**	**61637**	**59359**	**33622**	**25737**	**2638**	**1542**	**1096**
华龙区	72262	37023	35239	38757	22185	16572	1687	1037	650
清丰县	11720	6262	5458	4076	2244	1832	169	92	77
南乐县	9113	4661	4452	3318	1780	1538	136	75	61
范县	8986	5096	3890	3271	1869	1402	202	102	100
台前县	6469	3666	2803	2360	1354	1006	83	48	35
濮阳县	21206	11411	9795	7577	4190	3387	361	188	173
许昌市	**158126**	**82588**	**75538**	**60817**	**32573**	**28244**	**2665**	**1583**	**1082**
魏都区	70299	34618	35681	34155	17634	16521	1475	890	585
许昌县	13236	7463	5773	4353	2502	1851	283	150	133
鄢陵县	11424	6345	5079	2581	1490	1091	135	77	58
襄城县	12269	6635	5634	4379	2426	1953	282	169	113
禹州市	28964	15757	13207	9703	5405	4298	290	184	106
长葛市	21934	11770	10164	5646	3116	2530	200	113	87
漯河市	**123039**	**62989**	**60050**	**34093**	**18974**	**15119**	**1906**	**1090**	**816**
源汇区	34030	15538	18492	8432	4657	3775	394	226	168
郾城区	37664	19360	18304	11397	6457	4940	608	368	240
召陵区	15391	8186	7205	4338	2383	1955	384	220	164
舞阳县	15638	8747	6891	4412	2461	1951	275	144	131
临颍县	20316	11158	9158	5514	3016	2498	245	132	113
三门峡市	**113910**	**62090**	**51820**	**35702**	**20117**	**15585**	**1431**	**799**	**632**
湖滨区	37039	19863	17176	16228	9169	7059	701	415	286
渑池县	12789	6909	5880	3905	2153	1752	161	70	91
陕县	13421	7446	5975	3599	1916	1683	112	53	59
卢氏县	9928	5671	4257	2393	1442	951	85	50	35
义马市	13305	7200	6105	4120	2404	1716	175	103	72
灵宝市	27428	15001	12427	5457	3033	2424	197	108	89
南阳市	**337323**	**183474**	**153849**	**133499**	**73474**	**60025**	**6068**	**3427**	**2641**
宛城区	58914	33074	25840	32683	19084	13599	1494	913	581
卧龙区	69713	33344	36369	42610	20584	22026	1637	943	694
南召县	14711	8479	6232	3522	2211	1311	161	85	76
方城县	23242	13090	10152	7303	4154	3149	680	370	310
西峡县	16200	8910	7290	4446	2576	1870	163	87	76
镇平县	13579	7726	5853	4390	2544	1846	260	116	144
内乡县	11520	6839	4681	3500	2115	1385	73	37	36
淅川县	15285	8459	6826	4457	2608	1849	258	144	114
社旗县	13370	7346	6024	2707	1526	1181	203	106	97
唐河县	37171	20341	16830	11297	6182	5115	418	229	189
新野县	12988	7567	5421	3462	2071	1391	174	94	80
桐柏县	13838	7567	6271	4340	2516	1824	122	64	58
邓州市	36792	20732	16060	8782	5303	3479	425	239	186

1-8 续表 11

单位：人

地 区	大学专科			大学本科			研究生		
	小计	男	女	小计	男	女	小计	男	女
商丘市	**186999**	**104355**	**82644**	**67170**	**35666**	**31504**	**2914**	**1661**	**1253**
梁园区	40429	21629	18800	28819	13288	15531	705	404	301
睢阳区	32490	18389	14101	10829	6108	4721	681	409	272
民权县	13594	7580	6014	3456	1997	1459	169	96	73
睢县	13960	7544	6416	4065	2238	1827	246	134	112
宁陵县	9041	4984	4057	2039	1184	855	86	42	44
柘城县	16994	9689	7305	2769	1721	1048	266	132	134
虞城县	13277	7493	5784	2380	1390	990	263	139	124
夏邑县	14807	8232	6575	4509	2648	1861	142	79	63
永城市	32407	18815	13592	8304	5092	3212	356	226	130
信阳市	**182466**	**96328**	**86138**	**92282**	**48217**	**44065**	**2904**	**1754**	**1150**
浉河区	51635	22947	28688	43963	18675	25288	1474	878	596
平桥区	28992	13933	15059	7703	4484	3219	188	112	76
罗山县	13932	7919	6013	4883	2978	1905	115	75	40
光山县	13282	7927	5355	4933	3153	1780	167	111	56
新县	9317	5681	3636	3096	1959	1137	70	48	22
商城县	10316	6186	4130	5060	3145	1915	83	48	35
固始县	19028	10969	8059	8194	5134	3060	285	179	106
潢川县	14672	8266	6406	6770	3989	2781	206	124	82
淮滨县	10207	5911	4296	3659	2247	1412	164	90	74
息县	11085	6589	4496	4021	2453	1568	152	89	63
周口市	**184710**	**99265**	**85445**	**68550**	**36047**	**32503**	**3797**	**2038**	**1759**
川汇区	47916	24223	23693	28182	12868	15314	1082	613	469
扶沟县	17102	9156	7946	5361	3007	2354	213	105	108
西华县	17678	9629	8049	4813	2808	2005	246	128	118
商水县	10555	5753	4802	4058	2249	1809	289	140	149
沈丘县	14788	8452	6336	3286	1967	1319	162	70	92
郸城县	14794	8099	6695	4436	2488	1948	369	209	160
淮阳县	13680	7400	6280	4050	2320	1730	348	181	167
太康县	16408	9009	7399	3964	2252	1712	293	156	137
鹿邑县	10467	5866	4601	2742	1638	1104	231	123	108
项城市	21322	11678	9644	7658	4450	3208	564	313	251
驻马店市	**177244**	**96214**	**81030**	**62871**	**35896**	**26975**	**3220**	**1818**	**1402**
驿城区	56547	29542	27005	26226	14815	11411	1445	868	577
西平县	13774	7574	6200	4231	2309	1922	146	69	77
上蔡县	18155	10171	7984	5516	3201	2315	217	118	99
平舆县	9945	5524	4421	3446	1985	1461	189	109	80
正阳县	12536	7252	5284	4374	2609	1765	159	96	63
确山县	9488	5067	4421	3494	1966	1528	81	46	35
泌阳县	17122	9383	7739	5011	2889	2122	313	162	151
汝南县	14912	8058	6854	4354	2440	1914	350	175	175
遂平县	12812	6817	5995	3847	2186	1661	136	71	65
新蔡县	11953	6826	5127	2372	1496	876	184	104	80
济源市	**51009**	**27430**	**23579**	**14484**	**8061**	**6423**	**576**	**302**	**274**
济源市	51009	27430	23579	14484	8061	6423	576	302	274

1-8a 各地区分性别、受教育程度的6岁及以上人口(城市)

单位：人

地　区	6岁及以上人口			未上过学		
	合计	男	女	小计	男	女
总　计	**17199491**	**8640720**	**8558771**	**351259**	**91893**	**259366**
郑州市	**4363451**	**2220767**	**2142684**	**63757**	**16637**	**47120**
中原区	784460	401960	382500	10517	2774	7743
二七区	549977	273603	276374	8358	1890	6468
管城回族区	461831	236466	225365	9306	2437	6869
金水区	1358344	694833	663511	15038	3815	11223
上街区	110986	54812	56174	1389	299	1090
惠济区	153117	73887	79230	2527	724	1803
中牟县	561	291	270	26	6	20
巩义市	160067	79402	80665	1830	455	1375
荥阳市	204278	102845	101433	2927	913	2014
新密市	245702	128015	117687	6248	1855	4393
新郑市	207634	104251	103383	4009	1060	2949
登封市	126494	70402	56092	1582	409	1173
开封市	**685547**	**337038**	**348509**	**19722**	**5049**	**14673**
龙亭区	86193	40659	45534	2794	714	2080
顺河回族区	185863	90299	95564	5522	1278	4244
鼓楼区	126403	61077	65326	4050	896	3154
禹王台区	94548	46103	48445	3813	870	2943
金明区	192540	98900	93640	3543	1291	2252
杞县						
通许县						
尉氏县						
开封县						
兰考县						
洛阳市	**1673080**	**835914**	**837166**	**28877**	**6450**	**22427**
老城区	134335	65457	68878	2922	542	2380
西工区	324429	164876	159553	4251	1175	3076
瀍河回族区	156924	79170	77754	3359	687	2672
涧西区	536274	269439	266835	7468	1703	5765
吉利区	42783	21265	21518	731	136	595
洛龙区	251436	122510	128926	4664	1058	3606
孟津县	1675	825	850	46	14	32
新安县						
栾川县						
嵩县	3034	1048	1986	70	17	53
汝阳县						
宜阳县						
洛宁县						
伊川县	4618	2342	2276	320	76	244
偃师市	217572	108982	108590	5046	1042	4004

1-8a 续表 1

单位：人

地区	6岁及以上人口			未上过学		
	合计	男	女	小计	男	女
平顶山市	**1068097**	**544823**	**523274**	**26530**	**7195**	**19335**
新华区	291017	149801	141216	7004	1896	5108
卫东区	258294	130039	128255	6007	1501	4506
石龙区	39087	21578	17509	1402	513	889
湛河区	191345	96848	94497	3162	855	2307
宝丰县	843	427	416	25	5	20
叶县						
鲁山县						
郏县						
舞钢市	116546	59529	57017	2936	921	2015
汝州市	170965	86601	84364	5994	1504	4490
安阳市	**1076241**	**527761**	**548480**	**19325**	**4328**	**14997**
文峰区	322317	157341	164976	5607	1220	4387
北关区	206377	99929	106448	3350	712	2638
殷都区	203207	102395	100812	3300	727	2573
龙安区	104369	52303	52066	2099	494	1605
安阳县	35794	17552	18242	994	203	791
汤阴县	610	316	294	19	6	13
滑县						
内黄县	241	117	124	21	8	13
林州市	203326	97808	105518	3935	958	2977
鹤壁市	**448300**	**227520**	**220780**	**11536**	**3227**	**8309**
鹤山区	100485	52054	48431	3192	1059	2133
山城区	180840	92298	88542	5000	1385	3615
淇滨区	162624	81038	81586	3210	756	2454
浚县						
淇县	4351	2130	2221	134	27	107
新乡市	**1159234**	**572739**	**586495**	**23724**	**5968**	**17756**
红旗区	330340	160555	169785	6016	1487	4529
卫滨区	181667	89121	92546	4525	1033	3492
凤泉区	45613	26121	19492	1493	613	880
牧野区	275061	135487	139574	5149	1311	3838
新乡县	1153	581	572	18	2	16
获嘉县						
原阳县						
延津县						
封丘县						
长垣县	4028	2064	1964	187	49	138
卫辉市	119321	57911	61410	3138	743	2395
辉县市	202051	100899	101152	3198	730	2468
焦作市	**870251**	**441322**	**428929**	**16907**	**4156**	**12751**
解放区	280431	143129	137302	4843	1276	3567
中站区	56656	28329	28327	2556	630	1926
马村区	62564	33828	28736	2582	661	1921
山阳区	255450	129127	126323	3432	813	2619
修武县						
博爱县	393	194	199	18	5	13
武陟县	503	247	256	21	6	15
温县						
沁阳市	107817	53331	54486	2119	464	1655
孟州市	106437	53137	53300	1336	301	1035

1-8a 续表 2 单位：人

地区	6岁及以上人口			未上过学		
	合计	男	女	小计	男	女
濮阳市	**445995**	**222286**	**223709**	**11149**	**2936**	**8213**
华龙区	421850	210394	211456	9011	2261	6750
清丰县						
南乐县	2601	1227	1374	103	21	82
范县	19143	9489	9654	1818	614	1204
台前县						
濮阳县	2401	1176	1225	217	40	177
许昌市	**882754**	**441529**	**441225**	**17674**	**4292**	**13382**
魏都区	442787	217280	225507	6094	1555	4539
许昌县	36045	17952	18093	1062	231	831
鄢陵县						
襄城县						
禹州市	224200	115506	108694	6004	1564	4440
长葛市	179722	90791	88931	4514	942	3572
漯河市	**483275**	**240852**	**242423**	**11880**	**3066**	**8814**
源汇区	163464	78867	84597	4057	1018	3039
郾城区	188893	97191	91702	3202	910	2292
召陵区	130918	64794	66124	4621	1138	3483
舞阳县						
临颍县						
三门峡市	**527807**	**266394**	**261413**	**6197**	**1506**	**4691**
湖滨区	270458	137058	133400	3162	678	2484
渑池县						
陕县	2160	1107	1053	56	16	40
卢氏县						
义马市	111115	55906	55209	1806	467	1339
灵宝市	144074	72323	71751	1173	345	828
南阳市	**938321**	**472746**	**465575**	**16001**	**5142**	**10859**
宛城区	294107	149011	145096	5274	1588	3686
卧龙区	376327	182780	193547	5588	1760	3828
南召县						
方城县						
西峡县						
镇平县						
内乡县						
淅川县						
社旗县						
唐河县						
新野县						
桐柏县						
邓州市	267887	140955	126932	5139	1794	3345

1-8a 续表 3

单位：人

地 区	6岁及以上人口			未上过学		
	合计	男	女	小计	男	女
商丘市	**830005**	**418919**	**411086**	**34452**	**9817**	**24635**
梁园区	342061	168717	173344	11654	3001	8653
睢阳区	207796	106275	101521	8316	2440	5876
民权县						
睢县						
宁陵县						
柘城县						
虞城县						
夏邑县						
永城市	280148	143927	136221	14482	4376	10106
信阳市	**498009**	**238243**	**259766**	**10333**	**2786**	**7547**
浉河区	306772	143502	163270	5326	1353	3973
平桥区	191237	94741	96496	5007	1433	3574
罗山县						
光山县						
新县						
商城县						
固始县						
潢川县						
淮滨县						
息县						
周口市	**607714**	**304617**	**303097**	**21116**	**5649**	**15467**
川汇区	288513	141872	146641	10553	2765	7788
扶沟县						
西华县						
商水县						
沈丘县	599	298	301	70	12	58
郸城县	7540	3656	3884	563	148	415
淮阳县	36089	17414	18675	2554	735	1819
太康县						
鹿邑县						
项城市	274973	141377	133596	7376	1989	5387
驻马店市	**412937**	**211071**	**201866**	**9451**	**2956**	**6495**
驿城区	412937	211071	201866	9451	2956	6495
西平县						
上蔡县						
平舆县						
正阳县						
确山县						
泌阳县						
汝南县						
遂平县						
新蔡县						
济源市	**228473**	**116179**	**112294**	**2628**	**733**	**1895**
济源市	228473	116179	112294	2628	733	1895

1-8a 续表 4

单位：人

地区	小学			初中			高中		
	小计	男	女	小计	男	女	小计	男	女
总 计	**2583016**	**1239581**	**1343435**	**5781643**	**2929107**	**2852536**	**4634895**	**2389382**	**2245513**
郑州市	**534149**	**257933**	**276216**	**1258048**	**659325**	**598723**	**1170435**	**601868**	**568567**
中原区	98158	46785	51373	236166	122833	113333	205341	106324	99017
二七区	62275	29527	32748	134283	66498	67785	151405	75467	75938
管城回族区	63098	30951	32147	152483	81211	71272	131994	67884	64110
金水区	129986	63646	66340	292944	155340	137604	352432	177603	174829
上街区	15664	7104	8560	39817	19669	20148	33402	17038	16364
惠济区	18791	9043	9748	47944	26494	21450	30933	16284	14649
中牟县	203	100	103	272	150	122	55	32	23
巩义市	20146	9603	10543	53099	26747	26352	52461	26782	25679
荥阳市	32425	15160	17265	82493	41514	40979	59426	31065	28361
新密市	44346	22266	22080	104214	55284	48930	63872	34083	29789
新郑市	31589	15566	16023	70980	36620	34360	46964	25971	20993
登封市	17468	8182	9286	43353	26965	16388	42150	23335	18815
开封市	**96851**	**46628**	**50223**	**202755**	**102023**	**100732**	**191081**	**93525**	**97556**
龙亭区	12923	6129	6794	25414	12476	12938	23805	11476	12329
顺河回族区	26833	12542	14291	58622	28946	29676	58043	28458	29585
鼓楼区	19299	8967	10332	40029	20002	20027	38281	18583	19698
禹王台区	14817	7100	7717	35460	18167	17293	29991	14750	15241
金明区	22979	11890	11089	43230	22432	20798	40961	20258	20703
杞县									
通许县									
尉氏县									
开封县									
兰考县									
洛阳市	**238357**	**111199**	**127158**	**573595**	**288928**	**284667**	**463106**	**232673**	**230433**
老城区	19768	9006	10762	48193	23932	24261	42289	20784	21505
西工区	41867	20476	21391	89939	46085	43854	101365	50348	51017
瀍河回族区	19770	9197	10573	53696	27542	26154	50790	25965	24825
涧西区	67405	30749	36656	152990	75750	77240	165345	82626	82719
吉利区	6509	2970	3539	13542	6692	6850	12808	6427	6381
洛龙区	36297	16417	19880	105870	52856	53014	46049	23795	22254
孟津县	222	112	110	818	425	393	574	268	306
新安县									
栾川县									
嵩县	322	163	159	629	299	330	1827	460	1367
汝阳县									
宜阳县									
洛宁县									
伊川县	1337	662	675	2801	1506	1295	144	89	55
偃师市	44860	21447	23413	105117	53841	51276	41915	21911	20004

1-8a 续表 5 单位：人

地区	小学			初中			高中		
	小计	男	女	小计	男	女	小计	男	女
平顶山市	**164434**	**81143**	**83291**	**391459**	**196463**	**194996**	**279299**	**147918**	**131381**
新华区	40237	20317	19920	100189	51038	49151	71157	37360	33797
卫东区	38243	18460	19783	92574	45745	46829	73064	38244	34820
石龙区	7946	4364	3582	17097	9239	7858	8477	5069	3408
湛河区	25867	12502	13365	58266	28571	29695	56666	29306	27360
宝丰县	285	134	151	481	252	229	49	33	16
叶县									
鲁山县									
郏县									
舞钢市	18063	8890	9173	46532	23234	23298	32639	17603	15036
汝州市	33793	16476	17317	76320	38384	37936	37247	20303	16944
安阳市	**197245**	**90370**	**106875**	**411203**	**202190**	**209013**	**272220**	**140234**	**131986**
文峰区	54300	24940	29360	100917	50200	50717	76374	38884	37490
北关区	33799	15464	18335	70012	33994	36018	63495	31174	32321
殷都区	36496	17139	19357	78437	40366	38071	55711	28560	27151
龙安区	22075	9881	12194	46801	24243	22558	23482	12432	11050
安阳县	10579	4640	5939	21148	10942	10206	2623	1537	1086
汤阴县	177	69	108	334	194	140	61	38	23
滑县									
内黄县	66	26	40	138	72	66	15	11	4
林州市	39753	18211	21542	93416	42179	51237	50459	27598	22861
鹤壁市	**85332**	**40772**	**44560**	**171483**	**87870**	**83613**	**119561**	**63593**	**55968**
鹤山区	22027	10294	11733	46769	24674	22095	23934	13540	10394
山城区	33682	16251	17431	71105	36362	34743	53854	28892	24962
淇滨区	28098	13558	14540	51453	25708	25745	41284	20879	20405
浚县									
淇县	1525	669	856	2156	1126	1030	489	282	207
新乡市	**188293**	**88338**	**99955**	**391601**	**199652**	**191949**	**313276**	**160424**	**152852**
红旗区	47055	22028	25027	84273	42277	41996	80324	40172	40152
卫滨区	31880	14413	17467	62209	30939	31270	57197	29288	27909
凤泉区	9419	5529	3890	17706	10727	6979	11970	6411	5559
牧野区	44601	21428	23173	91377	47700	43677	69136	35355	33781
新乡县	297	141	156	614	336	278	172	79	93
获嘉县									
原阳县									
延津县									
封丘县									
长垣县	1130	573	557	2272	1221	1051	360	183	177
卫辉市	19119	8740	10379	47958	23962	23996	34807	17176	17631
辉县市	34792	15486	19306	85192	42490	42702	59310	31760	27550
焦作市	**130232**	**63409**	**66823**	**305136**	**155752**	**149384**	**238983**	**120963**	**118020**
解放区	42763	21144	21619	93768	48212	45556	81278	40795	40483
中站区	10335	5109	5226	25670	13269	12401	13486	6959	6527
马村区	12472	6480	5992	29360	16694	12666	13811	7683	6128
山阳区	31925	15126	16799	68093	33182	34911	66861	33541	33320
修武县									
博爱县	81	30	51	205	105	100	70	44	26
武陟县	166	70	96	293	158	135	23	13	10
温县									
沁阳市	16748	8044	8704	40836	20560	20276	34455	17038	17417
孟州市	15742	7406	8336	46911	23572	23339	28999	14890	14109

1-8a 续表 6

单位：人

地区	小学			初中			高中		
	小计	男	女	小计	男	女	小计	男	女
濮阳市	**70690**	**33576**	**37114**	**129128**	**63517**	**65611**	**131300**	**65684**	**65616**
华龙区	63152	29916	33236	118715	58136	60579	127701	63743	63958
清丰县									
南乐县	881	364	517	1291	666	625	265	156	109
范县	5979	2960	3019	7738	3991	3747	3218	1715	1503
台前县									
濮阳县	678	336	342	1384	724	660	116	70	46
许昌市	**133104**	**64811**	**68293**	**331142**	**165666**	**165476**	**249211**	**128978**	**120233**
魏都区	55317	26377	28940	134474	65451	69023	142468	71574	70894
许昌县	8498	4189	4309	21211	10645	10566	4137	2264	1873
鄢陵县									
襄城县									
禹州市	38271	19077	19194	97253	50137	47116	56393	30437	25956
长葛市	31018	15168	15850	78204	39433	38771	46213	24703	21510
漯河市	**68303**	**33778**	**34525**	**164005**	**81942**	**82063**	**141924**	**73370**	**68554**
源汇区	21891	10635	11256	48104	23275	24829	49924	25464	24460
郾城区	24929	12587	12342	61173	31455	29718	56278	29646	26632
召陵区	21483	10556	10927	54728	27212	27516	35722	18260	17462
舞阳县									
临颍县									
三门峡市	**79405**	**36448**	**42957**	**185834**	**92447**	**93387**	**167887**	**87660**	**80227**
湖滨区	38709	17906	20803	87570	43609	43961	88308	46079	42229
渑池县									
陕县	396	179	217	1260	684	576	369	194	175
卢氏县									
义马市	19855	8969	10886	44590	22146	22444	29259	15773	13486
灵宝市	20445	9394	11051	52414	26008	26406	49951	25614	24337
南阳市	**145415**	**70953**	**74462**	**323430**	**160385**	**163045**	**250601**	**131045**	**119556**
宛城区	44967	21367	23600	94992	45668	49324	77138	39705	37433
卧龙区	53264	25702	27562	112030	54541	57489	99627	50592	49035
南召县									
方城县									
西峡县									
镇平县									
内乡县									
淅川县									
社旗县									
唐河县									
新野县									
桐柏县									
邓州市	47184	23884	23300	116408	60176	56232	73836	40748	33088

1-8a 续表 7

单位：人

地区	小学			初中			高中		
	小计	男	女	小计	男	女	小计	男	女
商丘市	**147778**	**72634**	**75144**	**324078**	**163822**	**160256**	**190967**	**101535**	**89432**
梁园区	54291	26180	28111	132285	65581	66704	80163	42221	37942
睢阳区	39979	19872	20107	76364	38765	37599	45611	23999	21612
民权县									
睢县									
宁陵县									
柘城县									
虞城县									
夏邑县									
永城市	53508	26582	26926	115429	59476	55953	65193	35315	29878
信阳市	**84694**	**40116**	**44578**	**163769**	**80518**	**83251**	**120080**	**62326**	**57754**
浉河区	44567	21132	23435	87948	42610	45338	77480	39119	38361
平桥区	40127	18984	21143	75821	37908	37913	42600	23207	19393
罗山县									
光山县									
新县									
商城县									
固始县									
潢川县									
淮滨县									
息县									
周口市	**124883**	**61118**	**63765**	**236579**	**119534**	**117045**	**146391**	**78699**	**67692**
川汇区	53940	26816	27124	99880	49576	50304	65070	33953	31117
扶沟县									
西华县									
商水县									
沈丘县	185	67	118	305	196	109	35	21	14
郸城县	2761	1213	1548	3413	1779	1634	710	462	248
淮阳县	11792	5518	6274	19175	9671	9504	2230	1297	933
太康县									
鹿邑县									
项城市	56205	27504	28701	113806	58312	55494	78346	42966	35380
驻马店市	**64457**	**32650**	**31807**	**148412**	**74489**	**73923**	**110724**	**58095**	**52629**
驿城区	64457	32650	31807	148412	74489	73923	110724	58095	52629
西平县									
上蔡县									
平舆县									
正阳县									
确山县									
泌阳县									
汝南县									
遂平县									
新蔡县									
济源市	**29394**	**13705**	**15689**	**69986**	**34584**	**35402**	**77849**	**40792**	**37057**
济源市	29394	13705	15689	69986	34584	35402	77849	40792	37057

1-8a 续表 8 单位：人

地　区	大学专科			大学本科			研究生		
	小计	男	女	小计	男	女	小计	男	女
总　计	**2399609**	**1216228**	**1183381**	**1350482**	**719452**	**631030**	**98587**	**55077**	**43510**
郑州市	**810797**	**398529**	**412268**	**474517**	**258295**	**216222**	**51748**	**28180**	**23568**
中原区	120443	59936	60507	100998	56809	44189	12837	6499	6338
二七区	115969	58772	57197	69152	36862	32290	8535	4587	3948
管城回族区	71687	35614	36073	30456	16780	13676	2807	1589	1218
金水区	333450	165151	168299	209427	115097	94330	25067	14181	10886
上街区	14734	7429	7305	5671	3068	2603	309	205	104
惠济区	41598	14872	26726	10658	6149	4509	666	321	345
中牟县	4	2	2				1	1	
巩义市	21060	10585	10475	11030	5029	6001	441	201	240
荥阳市	20640	10856	9784	6135	3203	2932	232	134	98
新密市	21217	11280	9937	5566	3096	2470	239	151	88
新郑市	32521	15011	17510	21143	9815	11328	428	208	220
登封市	17474	9021	8453	4281	2387	1894	186	103	83
开封市	**105414**	**53383**	**52031**	**64130**	**33595**	**30535**	**5594**	**2835**	**2759**
龙亭区	11813	5293	6520	8753	4178	4575	691	393	298
顺河回族区	22634	11573	11061	12530	6607	5923	1679	895	784
鼓楼区	17202	8527	8675	7164	3898	3266	378	204	174
禹王台区	8026	3924	4102	2336	1239	1097	105	53	52
金明区	45739	24066	21673	33347	17673	15674	2741	1290	1451
杞县									
通许县									
尉氏县									
开封县									
兰考县									
洛阳市	**222946**	**114731**	**108215**	**135987**	**75770**	**60217**	**10212**	**6163**	**4049**
老城区	15133	7780	7353	5751	3265	2486	279	148	131
西工区	57192	29739	27453	26911	15222	11689	2904	1831	1073
瀍河回族区	20645	10682	9963	8138	4768	3370	526	329	197
涧西区	82313	42294	40019	55736	33304	22432	5017	3013	2004
吉利区	5707	2947	2760	3337	1997	1340	149	96	53
洛龙区	26863	13485	13378	30527	14245	16282	1166	654	512
孟津县	13	6	7	2		2			
新安县									
栾川县									
嵩县	46	21	25	138	86	52	2	2	
汝阳县									
宜阳县									
洛宁县									
伊川县	14	8	6	2	1	1			
偃师市	15020	7769	7251	5445	2882	2563	169	90	79

1-8a 续表 9

单位：人

地 区	大学专科			大学本科			研究生		
	小计	男	女	小计	男	女	小计	男	女
平顶山市	**135445**	**72214**	**63231**	**67865**	**37998**	**29867**	**3065**	**1892**	**1173**
新华区	37772	20229	17543	33400	18199	15201	1258	762	496
卫东区	34496	18149	16347	13236	7523	5713	674	417	257
石龙区	3173	1777	1396	963	596	367	29	20	9
湛河区	34910	18460	16450	11704	6668	5036	770	486	284
宝丰县	3	3							
叶县									
鲁山县									
郏县									
舞钢市	12471	6659	5812	3790	2147	1643	115	75	40
汝州市	12620	6937	5683	4772	2865	1907	219	132	87
安阳市	**106260**	**55256**	**51004**	**67572**	**33993**	**33579**	**2416**	**1390**	**1026**
文峰区	41484	21371	20113	42211	19911	22300	1424	815	609
北关区	25651	13134	12517	9643	5206	4437	427	245	182
殷都区	19849	10250	9599	9056	5138	3918	358	215	143
龙安区	7386	3914	3472	2452	1306	1146	74	33	41
安阳县	349	172	177	96	55	41	5	3	2
汤阴县	15	7	8	4	2	2			
滑县									
内黄县	1		1						
林州市	11525	6408	5117	4110	2375	1735	128	79	49
鹤壁市	**45451**	**23548**	**21903**	**14375**	**8151**	**6224**	**562**	**359**	**203**
鹤山区	3806	2080	1726	720	388	332	37	19	18
山城区	13649	7376	6273	3438	1962	1476	112	70	42
淇滨区	27949	14066	13883	10217	5801	4416	413	270	143
浚县									
淇县	47	26	21						
新乡市	**130185**	**67678**	**62507**	**105171**	**47244**	**57927**	**6984**	**3435**	**3549**
红旗区	54265	28248	26017	55749	24943	30806	2658	1400	1258
卫滨区	19465	10070	9395	6079	3213	2866	312	165	147
凤泉区	3511	1960	1551	1458	855	603	56	26	30
牧野区	29192	15003	14189	32110	13094	19016	3496	1596	1900
新乡县	44	16	28	7	6	1	1	1	
获嘉县									
原阳县									
延津县									
封丘县									
长垣县	73	34	39	6	4	2			
卫辉市	8767	4531	4236	5234	2601	2633	298	158	140
辉县市	14868	7816	7052	4528	2528	2000	163	89	74
焦作市	**113494**	**56649**	**56845**	**61475**	**37874**	**23601**	**4024**	**2519**	**1505**
解放区	37150	19522	17628	19820	11694	8126	809	486	323
中站区	3587	1837	1750	974	504	470	48	21	27
马村区	3184	1664	1520	1115	625	490	40	21	19
山阳区	48953	22840	26113	33243	21735	11508	2943	1890	1053
修武县									
博爱县	18	10	8	1		1			
武陟县									
温县									
沁阳市	9813	5205	4608	3714	1949	1765	132	71	61
孟州市	10789	5571	5218	2608	1367	1241	52	30	22

1-8a 续表 10

单位：人

地 区	大学专科			大学本科			研究生		
	小计	男	女	小计	男	女	小计	男	女
濮阳市	**63837**	**33628**	**30209**	**38260**	**21939**	**16321**	**1631**	**1006**	**625**
华龙区	63540	33486	30054	38108	21846	16262	1623	1006	617
清丰县									
南乐县	47	14	33	13	6	7	1		1
范县	246	124	122	137	85	52	7		7
台前县									
濮阳县	4	4		2	2				
许昌市	**104059**	**52592**	**51467**	**45815**	**24126**	**21689**	**1749**	**1064**	**685**
魏都区	69101	33954	35147	33866	17483	16383	1467	886	581
许昌县	821	434	387	305	183	122	11	6	5
鄢陵县									
襄城县									
禹州市	18766	10065	8701	7354	4118	3236	159	108	51
长葛市	15371	8139	7232	4290	2342	1948	112	64	48
漯河市	**74963**	**36155**	**38808**	**21169**	**11912**	**9257**	**1031**	**629**	**402**
源汇区	31220	13897	17323	7930	4380	3550	338	198	140
郾城区	32802	16549	16253	9987	5721	4266	522	323	199
召陵区	10941	5709	5232	3252	1811	1441	171	108	63
舞阳县									
临颍县									
三门峡市	**64364**	**34634**	**29730**	**23185**	**13154**	**10031**	**935**	**545**	**390**
湖滨区	35986	19307	16679	16036	9074	6962	687	405	282
渑池县									
陕县	73	31	42	6	3	3			
卢氏县									
义马市	11574	6198	5376	3875	2264	1611	156	89	67
灵宝市	16731	9098	7633	3268	1813	1455	92	51	41
南阳市	**128481**	**66297**	**62184**	**71677**	**37352**	**34325**	**2716**	**1572**	**1144**
宛城区	45416	25618	19798	25280	14462	10818	1040	603	437
卧龙区	63424	29747	33677	40885	19561	21324	1509	877	632
南召县									
方城县									
西峡县									
镇平县									
内乡县									
淅川县									
社旗县									
唐河县									
新野县									
桐柏县									
邓州市	19641	10932	8709	5512	3329	2183	167	92	75

1-8a 续表 11 单位：人

地　区	大学专科			大学本科			研究生		
	小计	男	女	小计	男	女	小计	男	女
商丘市	**87268**	**48118**	**39150**	**44076**	**22161**	**21915**	**1386**	**832**	**554**
梁园区	35492	18844	16648	27614	12566	15048	562	324	238
睢阳区	27198	15356	11842	9770	5505	4265	558	338	220
民权县									
睢县									
宁陵县									
柘城县									
虞城县									
夏邑县									
永城市	24578	13918	10660	6692	4090	2602	266	170	96
信阳市	**69659**	**30618**	**39041**	**47909**	**20944**	**26965**	**1565**	**935**	**630**
浉河区	47393	20531	26862	42621	17896	24725	1437	861	576
平桥区	22266	10087	12179	5288	3048	2240	128	74	54
罗山县									
光山县									
新县									
商城县									
固始县									
潢川县									
淮滨县									
息县									
周口市	**46547**	**24407**	**22140**	**30944**	**14496**	**16448**	**1254**	**714**	**540**
川汇区	32869	16994	15875	25295	11246	14049	906	522	384
扶沟县									
西华县									
商水县									
沈丘县	3	2	1				1		1
郸城县	70	43	27	20	10	10	3	1	2
淮阳县	276	160	116	54	30	24	8	3	5
太康县									
鹿邑县									
项城市	13329	7208	6121	5575	3210	2365	336	188	148
驻马店市	**53136**	**27670**	**25466**	**25404**	**14387**	**11017**	**1353**	**824**	**529**
驿城区	53136	27670	25466	25404	14387	11017	1353	824	529
西平县									
上蔡县									
平舆县									
正阳县									
确山县									
泌阳县									
汝南县									
遂平县									
新蔡县									
济源市	**37303**	**20121**	**17182**	**10951**	**6061**	**4890**	**362**	**183**	**179**
济源市	37303	20121	17182	10951	6061	4890	362	183	179

1-8b 各地区分性别、受教育程度的6岁及以上人口(镇)

单位：人

地　区	6岁及以上人口			未上过学		
	合计	男	女	小计	男	女
总　计	**16448562**	**8323636**	**8124926**	**661873**	**184049**	**477824**
郑州市	**774788**	**399295**	**375493**	**26046**	**6953**	**19093**
中原区						
二七区	32704	17307	15397	405	110	295
管城回族区	3762	1877	1885	75	21	54
金水区						
上街区						
惠济区	10230	5115	5115	294	70	224
中牟县	159136	81673	77463	5570	1536	4034
巩义市	185371	96701	88670	5402	1441	3961
荥阳市	45722	23114	22608	1045	289	756
新密市	87569	44314	43255	4085	1053	3032
新郑市	107840	55309	52531	2612	770	1842
登封市	142454	73885	68569	6558	1663	4895
开封市	**857424**	**437365**	**420059**	**44351**	**12538**	**31813**
龙亭区						
顺河回族区						
鼓楼区						
禹王台区						
金明区	1787	896	891	134	40	94
杞县	220673	117073	103600	10623	3157	7466
通许县	127640	64281	63359	7023	1902	5121
尉氏县	198304	100953	97351	10404	2959	7445
开封县	152386	75163	77223	7740	2065	5675
兰考县	156634	78999	77635	8427	2415	6012
洛阳市	**1026775**	**519227**	**507548**	**25746**	**6817**	**18929**
老城区						
西工区						
瀍河回族区						
涧西区	4048	2008	2040	147	19	128
吉利区						
洛龙区	42524	21329	21195	882	177	705
孟津县	131057	66757	64300	2782	655	2127
新安县	149295	76305	72990	2760	718	2042
栾川县	115858	59548	56310	2947	977	1970
嵩县	90499	45718	44781	2712	927	1785
汝阳县	84291	42361	41930	3245	874	2371
宜阳县	122426	61376	61050	3132	630	2502
洛宁县	77762	38296	39466	800	263	537
伊川县	144926	73003	71923	4541	1197	3344
偃师市	64089	32526	31563	1798	380	1418

1-8b 续表 1

单位：人

地　　区	6岁及以上人口			未上过学		
	合计	男	女	小计	男	女
平顶山市	**791658**	**403070**	**388588**	**30851**	**9376**	**21475**
新华区	24133	13152	10981	1125	349	776
卫东区						
石龙区						
湛河区						
宝丰县	135139	69074	66065	4398	1146	3252
叶县	188116	94887	93229	6596	2031	4565
鲁山县	172691	86949	85742	6954	2268	4686
郏县	155367	80295	75072	5982	1891	4091
舞钢市	19866	10402	9464	794	288	506
汝州市	96346	48311	48035	5002	1403	3599
安阳市	**749250**	**364604**	**384646**	**24657**	**5794**	**18863**
文峰区						
北关区	3118	1399	1719	55	13	42
殷都区	2885	2096	789	85	32	53
龙安区	6764	3413	3351	247	63	184
安阳县	230558	114101	116457	6587	1553	5034
汤阴县	135540	66141	69399	4995	876	4119
滑县	172316	84514	87802	5639	1342	4297
内黄县	108700	56429	52271	4072	1209	2863
林州市	89369	36511	52858	2977	706	2271
鹤壁市	**242358**	**122693**	**119665**	**9129**	**2295**	**6834**
鹤山区						
山城区						
淇滨区	4647	2320	2327	161	30	131
浚县	137606	69635	67971	5953	1516	4437
淇县	100105	50738	49367	3015	749	2266
新乡市	**983257**	**495753**	**487504**	**31968**	**8362**	**23606**
红旗区	2321	1148	1173	98	26	72
卫滨区						
凤泉区	26670	13456	13214	949	246	703
牧野区						
新乡县	132845	66674	66171	3225	656	2569
获嘉县	127128	63231	63897	3874	833	3041
原阳县	120006	61103	58903	4978	1477	3501
延津县	111184	56029	55155	3183	908	2275
封丘县	161228	81347	79881	6075	1689	4386
长垣县	232329	117659	114670	7165	1819	5346
卫辉市	33064	16621	16443	1487	406	1081
辉县市	36482	18485	17997	934	302	632
焦作市	**685045**	**347529**	**337516**	**17029**	**4049**	**12980**
解放区						
中站区						
马村区	10677	6209	4468	280	64	216
山阳区						
修武县	92731	47697	45034	2513	609	1904
博爱县	156398	79152	77246	4113	1019	3094
武陟县	158379	79729	78650	3551	838	2713
温县	141317	71269	70048	3454	726	2728
沁阳市	100938	50834	50104	2621	673	1948
孟州市	24605	12639	11966	497	120	377

1-8b 续表 2

单位：人

地区	6岁及以上人口			未上过学		
	合计	男	女	小计	男	女
濮阳市	**595562**	**295207**	**300355**	**28843**	**6984**	**21859**
华龙区	14097	6223	7874	284	82	202
清丰县	96140	47341	48799	3685	812	2873
南乐县	83975	39807	44168	4097	905	3192
范县	70429	35582	34847	2534	612	1922
台前县	61076	31191	29885	3534	869	2665
濮阳县	269845	135063	134782	14709	3704	11005
许昌市	**652566**	**339691**	**312875**	**22923**	**5953**	**16970**
魏都区						
许昌县	153904	78440	75464	4360	1050	3310
鄢陵县	138148	77306	60842	3664	915	2749
襄城县	165475	83205	82270	4703	1317	3386
禹州市	118562	61579	56983	6675	1869	4806
长葛市	76477	39161	37316	3521	802	2719
漯河市	**446746**	**227785**	**218961**	**17383**	**5145**	**12238**
源汇区	3718	1931	1787	258	74	184
郾城区	11634	6576	5058	416	148	268
召陵区	41842	21236	20606	3023	943	2080
舞阳县	160625	81383	79242	5404	1483	3921
临颍县	228927	116659	112268	8282	2497	5785
三门峡市	**401179**	**210099**	**191080**	**5675**	**1813**	**3862**
湖滨区						
渑池县	113721	57321	56400	1532	455	1077
陕县	110796	59230	51566	1252	475	777
卢氏县	83538	42177	41361	1194	379	815
义马市	17744	10897	6847	58	14	44
灵宝市	75380	40474	34906	1639	490	1149
南阳市	**2115952**	**1082458**	**1033494**	**63206**	**22120**	**41086**
宛城区	107223	53209	54014	4299	1323	2976
卧龙区	53330	27576	25754	2152	768	1384
南召县	140500	71717	68783	3477	1292	2185
方城县	207595	107224	100371	7464	2757	4707
西峡县	149559	75882	73677	3777	1445	2332
镇平县	223331	115164	108167	5140	1717	3423
内乡县	144172	72163	72009	4549	1364	3185
淅川县	186996	94199	92797	5304	1622	3682
社旗县	160727	82856	77871	6777	2749	4028
唐河县	343759	178099	165660	10205	3676	6529
新野县	162623	81656	80967	4074	1281	2793
桐柏县	119181	60365	58816	2156	770	1386
邓州市	116956	62348	54608	3832	1356	2476

1-8b 续表 3

单位：人

地 区	6岁及以上人口			未上过学		
	合计	男	女	小计	男	女
商丘市	**1195715**	**595666**	**600049**	**77486**	**20752**	**56734**
梁园区	8339	4371	3968	385	114	271
睢阳区	24624	12275	12349	1834	489	1345
民权县	158374	78755	79619	8685	2343	6342
睢县	169419	83241	86178	10662	2833	7829
宁陵县	108201	53786	54415	5726	1577	4149
柘城县	177364	90253	87111	8108	2165	5943
虞城县	225795	112620	113175	16127	4703	11424
夏邑县	223761	111600	112161	15440	3733	11707
永城市	99838	48765	51073	10519	2795	7724
信阳市	**1431126**	**720800**	**710326**	**71250**	**20271**	**50979**
浉河区	13166	6705	6461	202	65	137
平桥区	71908	35832	36076	2674	714	1960
罗山县	137183	70641	66542	5670	1776	3894
光山县	149220	75870	73350	6076	1440	4636
新县	91479	45665	45814	2888	681	2207
商城县	125257	63063	62194	8284	2489	5795
固始县	265649	133536	132113	14453	4139	10314
潢川县	226008	111977	114031	11991	3369	8622
淮滨县	147385	72851	74534	10347	3017	7330
息县	203871	104660	99211	8665	2581	6084
周口市	**1843971**	**915585**	**928386**	**114310**	**29595**	**84715**
川汇区						
扶沟县	159067	80627	78440	5039	1327	3712
西华县	197601	101218	96383	8637	2387	6250
商水县	210546	104653	105893	15993	4155	11838
沈丘县	241581	120671	120910	17701	4561	13140
郸城县	240147	120025	120122	17768	4743	13025
淮阳县	235665	115545	120120	13605	3546	10059
太康县	258431	127827	130604	15998	3826	12172
鹿邑县	242856	116581	126275	16427	4179	12248
项城市	58077	28438	29639	3142	871	2271
驻马店市	**1570957**	**803944**	**767013**	**49506**	**14838**	**34668**
驿城区	4610	2285	2325	171	43	128
西平县	170081	85415	84666	4555	1277	3278
上蔡县	260066	133781	126285	11677	3438	8239
平舆县	194167	97795	96372	6029	1684	4345
正阳县	126264	63463	62801	4429	1173	3256
确山县	110235	54310	55925	3788	1272	2516
泌阳县	207551	108647	98904	4535	1751	2784
汝南县	187419	93957	93462	4730	1545	3185
遂平县	138417	78135	60282	2631	758	1873
新蔡县	172147	86156	85991	6961	1897	5064
济源市	**84233**	**42865**	**41368**	**1514**	**394**	**1120**
济源市	84233	42865	41368	1514	394	1120

1-8b 续表 4

单位：人

地 区	小 学			初 中			高 中		
	小计	男	女	小计	男	女	小计	男	女
总 计	**3691002**	**1769667**	**1921335**	**7442804**	**3829719**	**3613085**	**3415580**	**1864082**	**1551498**
郑州市	**152727**	**72947**	**79780**	**346449**	**184964**	**161485**	**133307**	**73636**	**59671**
中原区									
二七区	2491	1186	1305	7816	4270	3546	2579	1441	1138
管城回族区	985	456	529	1548	784	764	869	475	394
金水区									
上街区									
惠济区	2028	967	1061	4216	2244	1972	2923	1467	1456
中牟县	29585	14431	15154	53553	27856	25697	38284	20028	18256
巩义市	34274	16689	17585	102611	55428	47183	33368	18200	15168
荥阳市	9612	4358	5254	26548	13903	12645	7242	3920	3322
新密市	21423	10334	11089	47207	24736	22471	12824	7132	5692
新郑市	14939	6984	7955	34377	18655	15722	10981	6488	4493
登封市	37390	17542	19848	68573	37088	31485	24237	14485	9752
开封市	**186536**	**91749**	**94787**	**392352**	**209057**	**183295**	**176100**	**93113**	**82987**
龙亭区									
顺河回族区									
鼓楼区									
禹王台区									
金明区	391	199	192	1075	555	520	139	73	66
杞县	45887	23116	22771	113491	62871	50620	39198	21648	17550
通许县	28144	14050	14094	56715	29441	27274	28541	14995	13546
尉氏县	40971	19838	21133	91348	48407	42941	42103	22578	19525
开封县	38455	18443	20012	63568	33232	30336	31151	15523	15628
兰考县	32688	16103	16585	66155	34551	31604	34968	18296	16672
洛阳市	**211334**	**99804**	**111530**	**465028**	**235951**	**229077**	**234483**	**126612**	**107871**
老城区									
西工区									
瀍河回族区									
涧西区	762	366	396	2147	1109	1038	824	425	399
吉利区									
洛龙区	8576	3998	4578	24400	12518	11882	6250	3375	2875
孟津县	24471	11243	13228	63683	33354	30329	28661	15303	13358
新安县	27722	12547	15175	65131	33019	32112	40841	22719	18122
栾川县	24268	11830	12438	51623	26386	25237	25378	13782	11596
嵩县	19245	9282	9963	35349	17350	17999	21652	11707	9945
汝阳县	20101	9658	10443	34039	17197	16842	18551	9900	8651
宜阳县	25146	11649	13497	54724	27811	26913	29056	15558	13498
洛宁县	14837	6984	7853	33048	15629	17419	20959	10999	9960
伊川县	31315	15198	16117	65392	33111	32281	32606	17334	15272
偃师市	14891	7049	7842	35492	18467	17025	9705	5510	4195

1-8b 续表 5

单位：人

地区	小学			初中			高中		
	小计	男	女	小计	男	女	小计	男	女
平顶山市	**171013**	**82155**	**88858**	**395156**	**202995**	**192161**	**139502**	**78474**	**61028**
新华区	5455	2845	2610	12075	6647	5428	4315	2635	1680
卫东区									
石龙区									
湛河区									
宝丰县	24577	11656	12921	67026	34373	32653	25881	14802	11079
叶县	39597	19035	20562	96996	49276	47720	34982	19101	15881
鲁山县	36705	17392	19313	86594	43674	42920	29122	16370	12752
郏县	35050	17328	17722	68530	35827	32703	32853	18184	14669
舞钢市	3945	2016	1929	9845	5062	4783	3379	1954	1425
汝州市	25684	11883	13801	54090	28136	25954	8970	5428	3542
安阳市	**179304**	**81973**	**97331**	**367284**	**182596**	**184688**	**135060**	**71333**	**63727**
文峰区									
北关区	440	194	246	1191	641	550	1358	510	848
殷都区	566	370	196	1437	1078	359	653	514	139
龙安区	2091	895	1196	3619	1998	1621	728	416	312
安阳县	63435	28108	35327	119524	62330	57194	34371	18526	15845
汤阴县	31248	14362	16886	63710	31963	31747	25348	13469	11879
滑县	35581	16972	18609	78143	39270	38873	37586	18982	18604
内黄县	22052	11114	10938	50790	27018	23772	23400	12540	10860
林州市	23891	9958	13933	48870	18298	30572	11616	6376	5240
鹤壁市	**60797**	**29378**	**31419**	**111932**	**58338**	**53594**	**41171**	**22346**	**18825**
鹤山区									
山城区									
淇滨区	1522	696	826	2253	1197	1056	540	303	237
浚县	33996	16519	17477	64483	33887	30596	23079	12230	10849
淇县	25279	12163	13116	45196	23254	21942	17552	9813	7739
新乡市	**218053**	**105384**	**112669**	**460905**	**237059**	**223846**	**208723**	**111623**	**97100**
红旗区	593	295	298	997	483	514	500	276	224
卫滨区									
凤泉区	7004	3261	3743	13847	7214	6633	3946	2270	1676
牧野区									
新乡县	30226	14022	16204	56151	29086	27065	34796	18610	16186
获嘉县	28242	13345	14897	61723	31225	30498	23801	12859	10942
原阳县	26914	13226	13688	52473	27087	25386	27377	14746	12631
延津县	22201	10591	11610	45730	22929	22801	30222	16167	14055
封丘县	36819	18137	18682	80220	41106	39114	27901	15168	12733
长垣县	50730	25432	25298	110973	57931	53042	48637	24980	23657
卫辉市	7892	3734	4158	18365	9588	8777	4716	2590	2126
辉县市	7432	3341	4091	20426	10410	10016	6827	3957	2870
焦作市	**137965**	**66568**	**71397**	**346486**	**177936**	**168550**	**135158**	**73200**	**61958**
解放区									
中站区									
马村区	1887	969	918	4546	2979	1567	2397	1324	1073
山阳区									
修武县	18607	9232	9375	43648	23010	20638	18795	9998	8797
博爱县	31370	15432	15938	83656	42647	41009	25945	13982	11963
武陟县	35259	16767	18492	73045	37049	35996	33551	18060	15491
温县	25753	12595	13158	71707	36304	35403	29996	16101	13895
沁阳市	20190	9344	10846	55142	28165	26977	20832	11634	9198
孟州市	4899	2229	2670	14742	7782	6960	3642	2101	1541

1-8b 续表6 单位：人

地区	小学			初中			高中		
	小计	男	女	小计	男	女	小计	男	女
濮阳市	**135265**	**62129**	**73136**	**248900**	**129604**	**119296**	**124140**	**65609**	**58531**
华龙区	1808	782	1026	3385	1772	1613	1559	825	734
清丰县	21089	9653	11436	36804	18959	17845	23861	12146	11715
南乐县	19102	8220	10882	34960	17357	17603	18018	9199	8819
范县	14540	6964	7576	26623	13537	13086	18816	9942	8874
台前县	15895	7429	8466	25171	13530	11641	10589	6008	4581
濮阳县	62831	29081	33750	121957	64449	57508	51297	27489	23808
许昌市	**134715**	**65467**	**69248**	**328400**	**172394**	**156006**	**131335**	**76645**	**54690**
魏都区									
许昌县	31000	14995	16005	85537	43808	41729	23673	13393	10280
鄢陵县	20561	9858	10703	55416	31093	24323	49386	30433	18953
襄城县	33116	16101	17015	78455	39390	39065	36960	19816	17144
禹州市	31119	15245	15874	64507	34722	29785	13353	8128	5225
长葛市	18919	9268	9651	44485	23381	21104	7963	4875	3088
漯河市	**81739**	**41232**	**40507**	**207091**	**105735**	**101356**	**108460**	**58183**	**50277**
源汇区	791	394	397	2049	1070	979	495	310	185
郾城区	1826	1126	700	3520	2084	1436	5243	2857	2386
召陵区	9715	4767	4948	23606	12374	11232	4371	2574	1797
舞阳县	26385	13120	13265	72122	36280	35842	43287	23082	20205
临颍县	43022	21825	21197	105794	53927	51867	55064	29360	25704
三门峡市	**69881**	**32166**	**37715**	**174797**	**92785**	**82012**	**113286**	**62669**	**50617**
湖滨区									
渑池县	19994	9040	10954	48529	24232	24297	31604	17123	14481
陕县	17313	8384	8929	45955	24832	21123	34938	19358	15580
卢氏县	15751	6953	8798	32567	16343	16224	25516	13736	11780
义马市	1919	922	997	8255	5319	2936	5728	3595	2133
灵宝市	14904	6867	8037	39491	22059	17432	15500	8857	6643
南阳市	**467122**	**230904**	**236218**	**950928**	**478154**	**472774**	**444560**	**245079**	**199481**
宛城区	25475	12224	13251	43421	21201	22220	19474	10150	9324
卧龙区	12759	6401	6358	28036	14388	13648	7937	4619	3318
南召县	32347	15682	16665	62683	31243	31440	28237	15669	12568
方城县	43835	21315	22520	88534	44956	43578	45695	25835	19860
西峡县	31794	15757	16037	58008	28477	29531	39609	21267	18342
镇平县	51776	26173	25603	108817	55356	53461	43125	23804	19321
内乡县	34788	16504	18284	65973	32416	33557	29087	16120	12967
淅川县	45159	21949	23210	83959	41609	42350	38124	21093	17031
社旗县	36808	18809	17999	72714	37185	35529	33414	18072	15342
唐河县	66950	34149	32801	145472	73818	71654	83657	46004	37653
新野县	31065	15084	15981	82962	40363	42599	31393	17253	14140
桐柏县	25273	12347	12926	48667	23853	24814	29076	15672	13404
邓州市	29093	14510	14583	61682	33289	28393	15732	9521	6211

1-8b 续表 7

单位：人

地区	小学			初中			高中		
	小计	男	女	小计	男	女	小计	男	女
商丘市	**294986**	**139553**	**155433**	**533298**	**278405**	**254893**	**224358**	**120685**	**103673**
梁园区	1887	969	918	4977	2643	2334	796	479	317
睢阳区	7335	3645	3690	13140	6866	6274	2004	1119	885
民权县	32716	15689	17027	66104	33892	32212	38703	19985	18718
睢县	40174	19505	20669	70673	36602	34071	36968	18531	18437
宁陵县	25234	12043	13191	47812	24466	23346	22589	12000	10589
柘城县	40268	18910	21358	79396	41098	38298	37921	21477	16444
虞城县	59778	28018	31760	99710	52501	47209	40890	22266	18624
夏邑县	56756	26534	30222	103050	54743	48307	36383	19896	16487
永城市	30838	14240	16598	48436	25594	22842	8104	4932	3172
信阳市	**379554**	**181616**	**197938**	**562028**	**281214**	**280814**	**308883**	**174295**	**134588**
浉河区	2795	1296	1499	5570	2710	2860	2752	1597	1155
平桥区	16369	7706	8663	32270	15992	16278	15750	8648	7102
罗山县	30517	15470	15047	54210	27247	26963	32890	18102	14788
光山县	42496	20240	22256	58256	29258	28998	29678	17422	12256
新县	21804	9940	11864	30597	14364	16233	27348	15368	11980
商城县	29299	14499	14800	44996	21438	23558	32638	18626	14012
固始县	74744	36867	37877	100273	49480	50793	56774	31842	24932
潢川县	63993	30181	33812	89822	44781	45041	42564	23762	18802
淮滨县	41862	18968	22894	55096	28574	26522	30155	16619	13536
息县	55675	26449	29226	90938	47370	43568	38334	22309	16025
周口市	**467037**	**221275**	**245762**	**810161**	**421496**	**388665**	**358073**	**191804**	**166269**
川汇区									
扶沟县	29993	14902	15091	71253	35964	35289	37705	20307	17398
西华县	43200	21580	21620	90782	47836	42946	40706	21522	19184
商水县	60531	28914	31617	90302	48019	42283	34827	18757	16070
沈丘县	56550	27159	29391	111008	57361	53647	45596	25650	19946
郸城县	62365	29721	32644	94453	50568	43885	52259	28006	24253
淮阳县	57670	26572	31098	94872	48568	46304	59152	31281	27871
太康县	66998	31904	35094	119432	63095	56337	44265	22523	21742
鹿邑县	73613	33354	40259	106844	54027	52817	37692	20364	17328
项城市	16117	7169	8948	31215	16058	15157	5871	3394	2477
驻马店市	**329063**	**159086**	**169977**	**706057**	**363074**	**342983**	**372519**	**204274**	**168245**
驿城区	1155	542	613	2621	1299	1322	533	335	198
西平县	34491	17173	17318	79008	39191	39817	40224	21469	18755
上蔡县	59657	29539	30118	120103	62237	57866	50711	28502	22209
平舆县	43358	20075	23283	92444	47481	44963	41864	22832	19032
正阳县	26124	12268	13856	56085	28244	27841	28006	15115	12891
确山县	25983	12540	13443	45563	22262	23301	24398	12560	11838
泌阳县	39089	19840	19249	92780	47746	45034	56120	31067	25053
汝南县	37812	18316	19496	81682	40607	41075	49411	26022	23389
遂平县	15843	7611	8232	67157	38934	28223	40619	24291	16328
新蔡县	45551	21182	24369	68614	35073	33541	40633	22081	18552
济源市	**13911**	**6281**	**7630**	**35552**	**17962**	**17590**	**26462**	**14502**	**11960**
济源市	13911	6281	7630	35552	17962	17590	26462	14502	11960

1-8b 续表 8

单位：人

地 区	大学专科			大学本科			研究生		
	小计	男	女	小计	男	女	小计	男	女
总 计	**903005**	**488369**	**414636**	**323513**	**181638**	**141875**	**10785**	**6112**	**4673**
郑州市	**75441**	**40147**	**35294**	**40013**	**20209**	**19804**	**805**	**439**	**366**
中原区									
二七区	17548	9200	8348	1775	1064	711	90	36	54
管城回族区	192	92	100	90	47	43	3	2	1
金水区									
上街区									
惠济区	592	283	309	166	78	88	11	6	5
中牟县	23777	13533	10244	8060	4101	3959	307	188	119
巩义市	7949	3989	3960	1665	903	762	102	51	51
荥阳市	1070	540	530	189	94	95	16	10	6
新密市	1562	799	763	440	242	198	28	18	10
新郑市	18246	9281	8965	26488	13031	13457	197	100	97
登封市	4505	2430	2075	1140	649	491	51	28	23
开封市	**43101**	**22609**	**20492**	**14232**	**7884**	**6348**	**752**	**415**	**337**
龙亭区									
顺河回族区									
鼓楼区									
禹王台区									
金明区	44	26	18	4	3	1			
杞县	8787	4757	4030	2520	1440	1080	167	84	83
通许县	5682	3008	2674	1488	847	641	47	38	9
尉氏县	10060	5289	4771	3183	1746	1437	235	136	99
开封县	8558	4340	4218	2822	1512	1310	92	48	44
兰考县	9970	5189	4781	4215	2336	1879	211	109	102
洛阳市	**65807**	**36149**	**29658**	**23643**	**13472**	**10171**	**734**	**422**	**312**
老城区									
西工区									
瀍河回族区									
涧西区	134	70	64	33	19	14	1		1
吉利区									
洛龙区	1724	898	826	643	337	306	49	26	23
孟津县	8177	4404	3773	3191	1751	1440	92	47	45
新安县	8985	5066	3919	3725	2158	1567	131	78	53
栾川县	8886	4942	3944	2646	1563	1083	110	68	42
嵩县	8786	4890	3896	2659	1511	1148	96	51	45
汝阳县	5933	3291	2642	2372	1411	961	50	30	20
宜阳县	7505	4124	3381	2787	1562	1225	76	42	34
洛宁县	6093	3257	2836	1993	1142	851	32	22	10
伊川县	8012	4401	3611	2975	1711	1264	85	51	34
偃师市	1572	806	766	619	307	312	12	7	5

1-8b 续表 9 单位：人

地区	大学专科			大学本科			研究生		
	小计	男	女	小计	男	女	小计	男	女
平顶山市	**42097**	**22619**	**19478**	**12601**	**7213**	**5388**	**438**	**238**	**200**
新华区	908	530	378	243	139	104	12	7	5
卫东区									
石龙区									
湛河区									
宝丰县	9839	5203	4636	3323	1840	1483	95	54	41
叶县	7833	4220	3613	2039	1181	858	73	43	30
鲁山县	9441	5025	4416	3739	2144	1595	136	76	60
郏县	10529	5647	4882	2343	1375	968	80	43	37
舞钢市	1486	841	645	407	238	169	10	3	7
汝州市	2061	1153	908	507	296	211	32	12	20
安阳市	**29399**	**15767**	**13632**	**13150**	**6909**	**6241**	**396**	**232**	**164**
文峰区									
北关区	66	34	32	7	6	1	1	1	
殷都区	131	94	37	12	7	5	1	1	
龙安区	69	36	33	10	5	5			
安阳县	4294	2390	1904	2268	1154	1114	79	40	39
汤阴县	7211	3848	3363	2948	1570	1378	80	53	27
滑县	10448	5384	5064	4762	2472	2290	157	92	65
内黄县	5623	3057	2566	2691	1449	1242	72	42	30
林州市	1557	924	633	452	246	206	6	3	3
鹤壁市	**14498**	**7678**	**6820**	**4651**	**2561**	**2090**	**180**	**97**	**83**
鹤山区									
山城区									
淇滨区	146	83	63	21	11	10	4		4
浚县	7650	4108	3542	2364	1335	1029	81	40	41
淇县	6702	3487	3215	2266	1215	1051	95	57	38
新乡市	**48336**	**25149**	**23187**	**14507**	**7759**	**6748**	**765**	**417**	**348**
红旗区	109	57	52	23	11	12	1		1
卫滨区									
凤泉区	736	372	364	170	81	89	18	12	6
牧野区									
新乡县	6632	3357	3275	1693	882	811	122	61	61
获嘉县	7280	3816	3464	2119	1107	1012	89	46	43
原阳县	6344	3463	2881	1844	1061	783	76	43	33
延津县	7166	3974	3192	2555	1394	1161	127	66	61
封丘县	7729	3938	3791	2361	1236	1125	123	73	50
长垣县	11145	5541	5604	3490	1848	1642	189	108	81
卫辉市	474	241	233	117	57	60	13	5	8
辉县市	721	390	331	135	82	53	7	3	4
焦作市	**36360**	**19131**	**17229**	**11612**	**6413**	**5199**	**435**	**232**	**203**
解放区									
中站区									
马村区	957	490	467	578	359	219	32	24	8
山阳区									
修武县	6676	3546	3130	2426	1269	1157	66	33	33
博爱县	8842	4726	4116	2374	1304	1070	98	42	56
武陟县	9574	5103	4471	3268	1839	1429	131	73	58
温县	7850	4085	3765	2477	1408	1069	80	50	30
沁阳市	1763	838	925	368	173	195	22	7	15
孟州市	698	343	355	121	61	60	6	3	3

1-8b 续表 10 单位：人

地区	大学专科			大学本科			研究生		
	小计	男	女	小计	男	女	小计	男	女
濮阳市	**42005**	**21710**	**20295**	**15936**	**8906**	**7030**	**473**	**265**	**208**
华龙区	6908	2672	4236	146	88	58	7	2	5
清丰县	7287	3885	3402	3323	1834	1489	91	52	39
南乐县	5263	2756	2507	2460	1326	1134	75	44	31
范县	5566	3161	2405	2262	1319	943	88	47	41
台前县	3974	2243	1731	1863	1081	782	50	31	19
濮阳县	13007	6993	6014	5882	3258	2624	162	89	73
许昌市	**26173**	**14135**	**12038**	**8577**	**4846**	**3731**	**443**	**251**	**192**
魏都区									
许昌县	6738	3717	3021	2484	1418	1066	112	59	53
鄢陵县	7230	3907	3323	1811	1054	757	80	46	34
襄城县	8597	4556	4041	3434	1899	1535	210	126	84
禹州市	2327	1291	1036	555	313	242	26	11	15
长葛市	1281	664	617	293	162	131	15	9	6
漯河市	**24311**	**13330**	**10981**	**7482**	**3997**	**3485**	**280**	**163**	**117**
源汇区	100	69	31	25	14	11			
郾城区	440	271	169	187	89	98	2	1	1
召陵区	867	455	412	240	107	133	20	16	4
舞阳县	10035	5553	4482	3246	1781	1465	146	84	62
临颍县	12869	6982	5887	3784	2006	1778	112	62	50
三门峡市	**28599**	**15715**	**12884**	**8681**	**4812**	**3869**	**260**	**139**	**121**
湖滨区									
渑池县	8860	4732	4128	3102	1695	1407	100	44	56
陕县	8464	4655	3809	2807	1489	1318	67	37	30
卢氏县	6707	3694	3013	1764	1048	716	39	24	15
义马市	1559	914	645	211	122	89	14	11	3
灵宝市	3009	1720	1289	797	458	339	40	23	17
南阳市	**141060**	**77561**	**63499**	**47495**	**27717**	**19778**	**1581**	**923**	**658**
宛城区	7987	4122	3865	6242	3953	2289	325	236	89
卧龙区	1726	969	757	712	425	287	8	6	2
南召县	10822	6020	4802	2871	1773	1098	63	38	25
方城县	16412	9147	7265	5420	3081	2339	235	133	102
西峡县	12594	6766	5828	3656	2102	1554	121	68	53
镇平县	10473	5807	4666	3891	2260	1631	109	47	62
内乡县	7295	4255	3040	2439	1485	954	41	19	22
淅川县	10890	5866	5024	3416	1979	1437	144	81	63
社旗县	9015	4905	4110	1918	1091	827	81	45	36
唐河县	27852	15169	12683	9377	5152	4225	246	131	115
新野县	10137	5880	4257	2920	1747	1173	72	48	24
桐柏县	10314	5590	4724	3603	2084	1519	92	49	43
邓州市	5543	3065	2478	1030	585	445	44	22	22

1-8b 续表 11

单位：人

地 区	大学专科			大学本科			研究生		
	小计	男	女	小计	男	女	小计	男	女
商丘市	**51015**	**27889**	**23126**	**14086**	**8111**	**5975**	**486**	**271**	**215**
梁园区	246	140	106	47	25	22	1	1	
睢阳区	264	136	128	43	18	25	4	2	2
民权县	9296	5211	4085	2787	1586	1201	83	49	34
睢县	8034	4198	3836	2839	1538	1301	69	34	35
宁陵县	5250	2778	2472	1544	896	648	46	26	20
柘城县	9751	5416	4335	1789	1113	676	131	74	57
虞城县	7795	4278	3517	1421	816	605	74	38	36
夏邑县	8810	4763	4047	3255	1890	1365	67	41	26
永城市	1569	969	600	361	229	132	11	6	5
信阳市	**76160**	**43142**	**33018**	**32348**	**19702**	**12646**	**903**	**560**	**343**
浉河区	1482	837	645	355	195	160	10	5	5
平桥区	3440	1928	1512	1379	830	549	26	14	12
罗山县	10136	5761	4375	3675	2229	1446	85	56	29
光山县	8849	5060	3789	3738	2363	1375	127	87	40
新县	6580	3886	2694	2210	1392	818	52	34	18
商城县	6615	3889	2726	3369	2090	1279	56	32	24
固始县	12946	7182	5764	6282	3915	2367	177	111	66
潢川县	11751	6475	5276	5726	3310	2416	161	99	62
淮滨县	6963	3899	3064	2853	1714	1139	109	60	49
息县	7398	4225	3173	2761	1664	1097	100	62	38
周口市	**69788**	**37443**	**32345**	**23741**	**13495**	**10246**	**861**	**477**	**384**
川汇区									
扶沟县	10901	5768	5133	4060	2302	1758	116	57	59
西华县	10725	5818	4907	3465	2026	1439	86	49	37
商水县	6021	3227	2794	2772	1527	1245	100	54	46
沈丘县	8364	4586	3778	2319	1334	985	43	20	23
郸城县	9639	4997	4642	3457	1864	1593	206	126	80
淮阳县	7568	3984	3584	2717	1550	1167	81	44	37
太康县	9151	4985	4166	2492	1441	1051	95	53	42
鹿邑县	6188	3421	2767	1985	1179	806	107	57	50
项城市	1231	657	574	474	272	202	27	17	10
驻马店市	**84015**	**45606**	**38409**	**28920**	**16568**	**12352**	**877**	**498**	**379**
驿城区	83	43	40	46	22	24	1	1	
西平县	8699	4615	4084	3027	1646	1381	77	44	33
上蔡县	13309	7396	5913	4514	2614	1900	95	55	40
平舆县	7356	3944	3412	2978	1694	1284	138	85	53
正阳县	8227	4657	3570	3308	1958	1350	85	48	37
确山县	7423	3932	3491	3029	1714	1315	51	30	21
泌阳县	11168	6038	5130	3709	2127	1582	150	78	72
汝南县	10178	5469	4709	3453	1921	1532	153	77	76
遂平县	8944	4686	4258	3157	1814	1343	66	41	25
新蔡县	8628	4826	3802	1699	1058	641	61	39	22
济源市	**4840**	**2589**	**2251**	**1838**	**1064**	**774**	**116**	**73**	**43**
济源市	4840	2589	2251	1838	1064	774	116	73	43

1-8c　各地区分性别、受教育程度的6岁及以上人口(乡村)

单位：人

地　区	6岁及以上人口			未上过学		
	合计	男	女	小计	男	女
总　计	**51915505**	**25813036**	**26102469**	**3516432**	**1030872**	**2485560**
郑州市	**2858975**	**1461606**	**1397369**	**128868**	**35677**	**93191**
中原区	67825	34941	32884	1518	476	1042
二七区	89511	50389	39122	1958	594	1364
管城回族区	133649	72589	61060	5427	1626	3801
金水区	143570	71217	72353	3464	925	2539
上街区	13539	6831	6708	445	102	343
惠济区	86350	42689	43661	3097	854	2243
中牟县	481213	244753	236460	33711	10096	23615
巩义市	411022	207752	203270	15720	4006	11714
荥阳市	318130	160879	157251	8199	1991	6208
新密市	401324	204080	197244	19352	5362	13990
新郑市	376656	191678	184978	16088	4311	11777
登封市	336186	173808	162378	19889	5334	14555
开封市	**2689933**	**1347531**	**1342402**	**222218**	**61748**	**160470**
龙亭区	32250	16167	16083	2868	958	1910
顺河回族区	33214	16724	16490	2316	740	1576
鼓楼区	8567	4360	4207	515	139	376
禹王台区	28137	14193	13944	1328	396	932
金明区	48320	24221	24099	3751	1223	2528
杞县	645089	322386	322703	56279	15574	40705
通许县	382815	194148	188667	28634	7916	20718
尉氏县	587351	298543	288808	44842	12056	32786
开封县	471620	240327	231293	35849	10140	25709
兰考县	452570	216462	236108	45836	12606	33230
洛阳市	**3341706**	**1682755**	**1658951**	**151041**	**41291**	**109750**
老城区	17460	8502	8958	741	171	570
西工区	28405	14158	14247	700	120	580
瀍河回族区	12448	6061	6387	364	66	298
涧西区	43688	21779	21909	1615	317	1298
吉利区	22162	10941	11221	610	111	499
洛龙区	188905	94194	94711	5435	1090	4345
孟津县	251406	124480	126926	9066	1949	7117
新安县	284973	145645	139328	9885	2589	7296
栾川县	198188	103767	94421	11831	4257	7574
嵩县	359181	180241	178940	23677	7728	15949
汝阳县	281093	142178	138915	24160	7253	16907
宜阳县	456840	228638	228202	18629	4584	14045
洛宁县	310770	156012	154758	8638	2699	5939
伊川县	546103	275460	270643	24552	5856	18696
偃师市	340084	170699	169385	11138	2501	8637

1-8c 续表 1

单位：人

地 区	6岁及以上人口			未上过学		
	合计	男	女	小计	男	女
平顶山市	**2541892**	**1297641**	**1244251**	**162653**	**51794**	**110859**
新华区	49023	24306	24717	3416	1092	2324
卫东区	25639	12883	12756	1618	492	1126
石龙区	11844	6804	5040	685	371	314
湛河区	73838	36993	36845	3691	1109	2582
宝丰县	298928	152139	146789	17612	5264	12348
叶县	515145	261548	253597	29877	9666	20211
鲁山县	513894	265901	247993	35181	13137	22044
郏县	353318	182140	171178	24685	7464	17221
舞钢市	149582	77666	71916	8601	3115	5486
汝州市	550681	277261	273420	37287	10084	27203
安阳市	**2811202**	**1306960**	**1504242**	**146264**	**37061**	**109203**
文峰区	86299	41994	44305	3183	587	2596
北关区	20529	10333	10196	628	123	505
殷都区	22270	11101	11169	503	88	415
龙安区	84057	43521	40536	3289	834	2455
安阳县	488721	218036	270685	22301	4961	17340
汤阴县	243873	114173	129700	14392	2950	11442
滑县	944748	465428	479320	47310	12949	34361
内黄县	505759	249433	256326	34634	9954	24680
林州市	414946	152941	262005	20024	4615	15409
鹤壁市	**740197**	**376774**	**363423**	**41416**	**10935**	**30481**
鹤山区	23498	11836	11662	681	188	493
山城区	35442	18299	17143	1554	466	1088
淇滨区	84259	43193	41066	4770	1216	3554
浚县	459050	232966	226084	27884	7235	20649
淇县	137948	70480	67468	6527	1830	4697
新乡市	**3024167**	**1499306**	**1524861**	**138428**	**38339**	**100089**
红旗区	33487	17317	16170	1427	330	1097
卫滨区						
凤泉区	58548	29432	29116	2359	522	1837
牧野区	23063	11638	11425	703	157	546
新乡县	174348	88130	86218	6139	1290	4849
获嘉县	237169	118196	118973	8556	2024	6532
原阳县	471937	233642	238295	27468	8346	19122
延津县	305904	153646	152258	16746	4794	11952
封丘县	503444	254633	248811	26192	7546	18646
长垣县	498167	240516	257651	21455	5514	15941
卫辉市	282830	141777	141053	11966	3342	8624
辉县市	435270	210379	224891	15417	4474	10943
焦作市	**1739265**	**874246**	**865019**	**53662**	**13059**	**40603**
解放区						
中站区	42121	21087	21034	1829	409	1420
马村区	56015	28415	27600	2106	647	1459
山阳区	51690	27000	24690	1705	467	1238
修武县	172350	88133	84217	7184	2070	5114
博爱县	243751	123634	120117	8426	2005	6421
武陟县	498457	250887	247570	12255	3206	9049
温县	252470	125194	127276	8953	1723	7230
沁阳市	207304	103077	104227	6481	1423	5058
孟州市	215107	106819	108288	4723	1109	3614

1-8c 续表 2 单位：人

地　区	6岁及以上人口			未上过学		
	合计	男	女	小计	男	女
濮阳市	**2199522**	**1077052**	**1122470**	**183162**	**49663**	**133499**
华龙区	167087	83534	83553	13594	3674	9920
清丰县	471024	232302	238722	34516	8962	25554
南乐县	322667	152288	170379	20859	5205	15654
范县	336706	164063	172643	30619	9300	21319
台前县	234557	115021	119536	22001	5481	16520
濮阳县	667481	329844	337637	61573	17041	44532
许昌市	**2380219**	**1206672**	**1173547**	**129738**	**36266**	**93472**
魏都区	29754	15490	14264	492	133	359
许昌县	507546	258591	248955	22961	6334	16627
鄢陵县	359349	178824	180525	20991	5931	15060
襄城县	437842	218485	219357	21956	6753	15203
禹州市	682105	350700	331405	44845	12593	32252
长葛市	363623	184582	179041	18493	4522	13971
漯河市	**1415624**	**721666**	**693958**	**88213**	**26408**	**61805**
源汇区	134545	68432	66113	7210	2155	5055
郾城区	258060	131859	126201	15052	4596	10456
召陵区	267334	136660	130674	20514	5953	14561
舞阳县	332110	167660	164450	16776	4737	12039
临颍县	423575	217055	206520	28661	8967	19694
三门峡市	**1169616**	**600978**	**568638**	**31477**	**10040**	**21437**
湖滨区	37898	19077	18821	852	218	634
渑池县	205369	104328	101041	5132	1360	3772
陕县	212186	108954	103232	3473	1067	2406
卢氏县	245253	128829	116424	10281	3901	6380
义马市	7524	3751	3773	108	32	76
灵宝市	461386	236039	225347	11631	3462	8169
南阳市	**6077185**	**3090441**	**2986744**	**393399**	**147817**	**245582**
宛城区	394984	200861	194123	22814	8261	14553
卧龙区	406926	204972	201954	24921	8676	16245
南召县	355754	187133	168621	27323	12070	15253
方城县	589858	297409	292449	53283	21147	32136
西峡县	256414	134391	122023	19704	8370	11334
镇平县	538974	277968	261006	29725	10459	19266
内乡县	359390	181620	177770	22096	7707	14389
淅川县	427165	216876	210289	27401	8991	18410
社旗县	406839	206545	200294	31640	13118	18522
唐河县	805905	410117	395788	51288	20676	30612
新野县	387351	192691	194660	23724	7689	16035
桐柏县	226463	115961	110502	14446	5752	8694
邓州市	921162	463897	457265	45034	14901	30133

1-8c 续表 3

单位：人

地区	6岁及以上人口			未上过学		
	合计	男	女	小计	男	女
商丘市	**4725627**	**2321577**	**2404050**	**465591**	**130978**	**334613**
梁园区	387912	196985	190927	25767	8306	17461
睢阳区	455728	226317	229411	38564	10892	27672
民权县	487089	237294	249795	43155	12513	30642
睢县	484486	237627	246859	48945	13667	35278
宁陵县	369152	179350	189802	31799	8943	22856
柘城县	537267	259741	277526	46257	11459	34798
虞城县	659367	327861	331506	63032	19048	43984
夏邑县	615457	301004	314453	68756	17919	50837
永城市	729169	355398	373771	99316	28231	71085
信阳市	**3602285**	**1779377**	**1822908**	**344213**	**106034**	**238179**
浉河区	232098	117985	114113	13566	4869	8697
平桥区	306888	151750	155138	20780	6628	14152
罗山县	310359	152514	157845	28688	8672	20016
光山县	385298	194002	191296	31737	8675	23062
新县	160104	79687	80417	15148	4348	10800
商城县	323306	154608	168698	42848	13099	29749
固始县	652578	324769	327809	64168	21326	42842
潢川县	347251	169563	177688	39514	12058	27456
淮滨县	373220	181018	192202	42129	12165	29964
息县	511183	253481	257702	45635	14194	31441
周口市	**5708825**	**2764145**	**2944680**	**518834**	**133781**	**385053**
川汇区	181862	91159	90703	10835	2935	7900
扶沟县	418356	209403	208953	22728	6113	16615
西华县	519889	263187	256702	30853	8628	22225
商水县	646787	310847	335940	67945	18214	49731
沈丘县	652667	311633	341034	73129	18594	54535
郸城县	664898	323446	341452	81585	20658	60927
淮阳县	717763	345997	371766	67638	18088	49550
太康县	736355	362893	373462	64377	15880	48497
鹿邑县	586096	270080	316016	59944	14522	45422
项城市	584152	275500	308652	39800	10149	29651
驻马店市	**4574344**	**2244556**	**2329788**	**308497**	**97590**	**210907**
驿城区	243950	124157	119793	12468	4366	8102
西平县	479422	238274	241148	23605	7044	16561
上蔡县	718708	341314	377394	59942	16338	43604
平舆县	492825	239924	252901	28010	8316	19694
正阳县	442134	211041	231093	26831	8128	18703
确山县	248444	117058	131386	18823	6666	12157
泌阳县	518944	268677	250267	36664	15060	21604
汝南县	515334	258645	256689	28994	9684	19310
遂平县	311458	154971	156487	19417	7089	12328
新蔡县	603125	290495	312630	53743	14899	38844
济源市	**314921**	**159753**	**155168**	**8758**	**2391**	**6367**
济源市	314921	159753	155168	8758	2391	6367

1-8c 续表 4 单位：人

地区	小学			初中			高中		
	小计	男	女	小计	男	女	小计	男	女
总 计	**16395156**	**7643675**	**8751481**	**26700825**	**14008677**	**12692148**	**4373066**	**2617704**	**1755362**
郑州市	**722541**	**335981**	**386560**	**1461913**	**787346**	**674567**	**364535**	**208813**	**155722**
中原区	12980	6195	6785	33615	17972	15643	13134	6701	6433
二七区	15124	6886	8238	40673	21672	19001	14132	8244	5888
管城回族区	32604	16173	16431	67838	38936	28902	20372	11911	8461
金水区	21621	9733	11888	38398	21422	16976	13484	7416	6068
上街区	2761	1243	1518	7309	3834	3475	2283	1274	1009
惠济区	20687	9646	11041	38552	20508	18044	18028	8923	9105
中牟县	150426	70695	79731	248855	134803	114052	40612	25211	15401
巩义市	95496	44692	50804	221739	117650	104089	64312	34592	29720
荥阳市	70537	31747	38790	184633	97244	87389	45787	25266	20521
新密市	105361	49537	55824	219757	116764	102993	46262	26696	19566
新郑市	97769	45086	52683	196445	105656	90789	39301	23812	15489
登封市	97175	44348	52827	164099	90885	73214	46828	28767	18061
开封市	**822345**	**387265**	**435080**	**1380326**	**743459**	**636867**	**215129**	**128261**	**86868**
龙亭区	10646	5404	5242	15253	7946	7307	2872	1539	1333
顺河回族区	9113	4548	4565	17633	9190	8443	3384	1842	1542
鼓楼区	2720	1290	1430	4266	2286	1980	896	557	339
禹王台区	6899	3421	3478	15459	7833	7626	3564	2032	1532
金明区	14305	6931	7374	24538	12976	11562	4346	2398	1948
杞县	203888	95715	108173	326739	176899	149840	47542	28322	19220
通许县	112656	54199	58457	203342	109991	93351	32599	19059	13540
尉氏县	162636	74890	87746	318374	174570	143804	48408	29939	18469
开封县	150971	72409	78562	238004	130896	107108	37258	21933	15325
兰考县	148511	68458	80053	216718	110872	105846	34260	20640	13620
洛阳市	**998083**	**451454**	**546629**	**1831824**	**972666**	**859158**	**306823**	**186678**	**120145**
老城区	3634	1687	1947	10428	5315	5113	2191	1104	1087
西工区	5196	2344	2852	16668	8520	8148	4479	2416	2063
瀍河回族区	2443	1174	1269	7221	3619	3602	2033	1035	998
涧西区	9274	4025	5249	24581	12931	11650	7163	3964	3199
吉利区	4037	1832	2205	11631	5995	5636	4775	2477	2298
洛龙区	41799	19075	22724	115027	59314	55713	22350	12420	9930
孟津县	62437	27794	34643	146303	75565	70738	28819	16558	12261
新安县	81922	35960	45962	156395	83800	72595	29890	19040	10850
栾川县	63141	30079	33062	97025	53425	43600	22205	13566	8639
嵩县	130526	58295	72231	171908	93168	78740	29216	18677	10539
汝阳县	100402	46522	53880	132488	73130	59358	20588	13140	7448
宜阳县	138820	61283	77537	257548	136922	120626	34989	22031	12958
洛宁县	96035	43312	52723	173881	89561	84320	28672	18308	10364
伊川县	166960	75842	91118	311127	166700	144427	37758	23806	13952
偃师市	91457	42230	49227	199593	104701	94892	31695	18136	13559

1-8c 续表 5

单位：人

地 区	小 学			初 中			高 中		
	小计	男	女	小计	男	女	小计	男	女
平顶山市	**731255**	**350001**	**381254**	**1422157**	**756755**	**665402**	**186862**	**116783**	**70079**
新华区	11793	5698	6095	25885	13082	12803	6321	3662	2659
卫东区	5532	2800	2732	14297	7305	6992	3347	1861	1486
石龙区	3283	1906	1377	5147	2902	2245	2128	1281	847
湛河区	17286	8383	8903	44194	22516	21678	6918	4017	2901
宝丰县	77530	35772	41758	178507	95480	83027	20619	13093	7526
叶县	145623	70076	75547	301954	158334	143620	31300	19689	11611
鲁山县	155486	75012	80474	280773	150741	130032	34630	22426	12204
郏县	108844	53444	55400	188535	102391	86144	26035	15935	10100
舞钢市	36236	18237	17999	86638	45174	41464	15521	9604	5917
汝州市	169642	78673	90969	296227	158830	137397	40043	25215	14828
安阳市	**906586**	**393402**	**513184**	**1528546**	**747409**	**781137**	**187859**	**108714**	**79145**
文峰区	26497	11466	15031	45326	24636	20690	5555	3538	2017
北关区	6098	2690	3408	11393	6078	5315	1946	1187	759
殷都区	5541	2441	3100	12786	6583	6203	2924	1722	1202
龙安区	25243	11318	13925	47935	26695	21240	6448	4066	2382
安阳县	187749	76749	111000	247293	118021	129272	26771	15930	10841
汤阴县	77540	33129	44411	134405	67500	66905	14728	9104	5624
滑县	287207	132474	154733	524100	272474	251626	68904	38879	30025
内黄县	145621	67998	77623	288914	150519	138395	30561	17872	12689
林州市	145090	55137	89953	216394	74903	141491	30022	16416	13606
鹤壁市	**231344**	**109114**	**122230**	**405757**	**219519**	**186238**	**52192**	**31898**	**20294**
鹤山区	5979	2548	3431	13676	7228	6448	2804	1686	1118
山城区	10828	4941	5887	18917	10434	8483	3638	2158	1480
淇滨区	25082	11852	13230	46629	25392	21237	6456	3986	2470
浚县	147219	70170	77049	252115	136581	115534	26770	16183	10587
淇县	42236	19603	22633	74420	39884	34536	12524	7885	4639
新乡市	**809393**	**379582**	**429811**	**1646742**	**837022**	**809720**	**372038**	**214097**	**157941**
红旗区	8063	3841	4222	14296	7456	6840	8026	4690	3336
卫滨区									
凤泉区	14563	6786	7777	29477	15591	13886	9895	5396	4499
牧野区	4903	2256	2647	11204	5660	5544	5374	3131	2243
新乡县	46147	21340	24807	83878	43943	39935	31609	18200	13409
获嘉县	61689	28792	32897	135236	69211	66025	26563	15498	11065
原阳县	138480	66504	71976	246624	124272	122352	52333	30777	21556
延津县	81189	37937	43252	156688	80725	75963	43126	25832	17294
封丘县	133485	64526	68959	275476	143491	131985	60114	34645	25469
长垣县	143713	68882	74831	277408	137054	140354	47868	25239	22629
卫辉市	69685	31773	37912	166644	86792	79852	30472	17759	12713
辉县市	107476	46945	60531	249811	122827	126984	56658	32930	23728
焦作市	**391971**	**180632**	**211339**	**983922**	**509167**	**474755**	**267807**	**149268**	**118539**
解放区									
中站区	9029	4348	4681	22565	11818	10747	6944	3641	3303
马村区	12861	6292	6569	30997	15936	15061	8463	4696	3767
山阳区	9568	4719	4849	23208	12002	11206	11880	6336	5544
修武县	39629	19162	20467	99060	52148	46912	22098	12548	9550
博爱县	55027	25720	29307	139957	73082	66875	34463	19738	14725
武陟县	123819	57248	66571	271800	140195	131605	82055	45824	36231
温县	55475	25369	30106	150819	77445	73374	32738	18267	14471
沁阳市	43907	19036	24871	113539	58560	54979	39042	21912	17130
孟州市	42656	18738	23918	131977	67981	63996	30124	16306	13818

1-8c 续表 6

单位：人

地区	小学			初中			高中		
	小计	男	女	小计	男	女	小计	男	女
濮阳市	**750077**	**338383**	**411694**	**1097875**	**591664**	**506211**	**138797**	**81513**	**57284**
华龙区	50713	24196	26517	90062	48830	41232	10344	5689	4655
清丰县	147649	66670	80979	253012	135952	117060	30583	17891	12692
南乐县	106855	44281	62574	169030	88038	80992	21215	12394	8821
范县	133615	61385	72230	148560	79236	69324	19759	11811	7948
台前县	85431	37781	47650	111078	61829	49249	13022	8217	4805
濮阳县	225814	104070	121744	326133	177779	148354	43874	25511	18363
许昌市	**654047**	**312012**	**342035**	**1355923**	**711706**	**644217**	**205719**	**126958**	**78761**
魏都区	4784	2318	2466	13686	7001	6685	9297	5219	4078
许昌县	130882	62350	68532	301006	157938	143068	45296	27671	17625
鄢陵县	102794	47538	55256	197967	102497	95470	32578	19953	12625
襄城县	134494	64650	69844	249795	127997	121798	26908	16436	10472
禹州市	188545	91301	97244	386118	207732	178386	52827	33634	19193
长葛市	92548	43855	48693	207351	108541	98810	38813	24045	14768
漯河市	**344060**	**169644**	**174416**	**807350**	**422655**	**384695**	**146199**	**86092**	**60107**
源汇区	28282	14246	14036	81126	41628	39498	14684	8540	6144
郾城区	61106	30001	31105	149036	77982	71054	27137	16049	11088
召陵区	74272	35775	38497	146957	79530	67427	20969	12819	8150
舞阳县	69427	34234	35193	194393	99178	95215	44616	25577	19039
临颍县	110973	55388	55585	235838	124337	111501	38793	23107	15686
三门峡市	**326033**	**141477**	**184556**	**638508**	**345514**	**292994**	**148579**	**89940**	**58639**
湖滨区	9063	3834	5229	21484	11307	10177	5240	3057	2183
渑池县	55814	23841	31973	112576	59693	52883	27054	16773	10281
陕县	52094	21779	30315	121856	65311	56545	29048	17597	11451
卢氏县	90064	41038	49026	117905	66463	51442	23107	15030	8077
义马市	2112	906	1206	4208	2171	2037	885	533	352
灵宝市	116886	50079	66807	260479	140569	119910	63245	36950	26295
南阳市	**2066963**	**1009898**	**1057065**	**3112324**	**1626355**	**1485969**	**420619**	**257418**	**163201**
宛城区	123113	59576	63537	211882	110228	101654	30374	18719	11655
卧龙区	131070	63645	67425	217658	113015	104643	27581	16350	11231
南召县	129553	63879	65674	172231	93586	78645	22009	14654	7355
方城县	202600	97523	105077	284746	148441	136305	40071	25045	15026
西峡县	91016	45501	45515	116452	62586	53866	24804	15297	9507
镇平县	193900	95878	98022	284377	152053	132324	27216	17306	9910
内乡县	126645	61064	65581	181636	95027	86609	23695	14590	9105
淅川县	154080	73413	80667	211503	113424	98079	28631	17763	10868
社旗县	136496	67630	68866	201919	104206	97713	31518	18654	12864
唐河县	249490	124929	124561	433803	222992	210811	59913	35220	24693
新野县	123970	59980	63990	214771	109793	104978	21391	13172	8219
桐柏县	80518	39246	41272	108497	57031	51466	18711	11508	7203
邓州市	324512	157634	166878	472849	243973	228876	64705	39140	25565

1-8c 续表 7

单位：人

地区	小学			初中			高中		
	小计	男	女	小计	男	女	小计	男	女
商丘市	**1552909**	**720429**	**832480**	**2329919**	**1243018**	**1086901**	**318442**	**192852**	**125590**
梁园区	109651	51996	57655	219727	117267	102460	26776	15995	10781
睢阳区	148111	69394	78717	232172	124071	108101	30718	18409	12309
民权县	152207	71347	80860	255416	132349	123067	31258	18258	13000
睢县	164013	78175	85838	233863	124173	109690	30336	17466	12870
宁陵县	123742	57140	66602	179658	93330	86328	29627	17427	12200
柘城县	186677	83999	102678	258141	136214	121927	37834	23130	14704
虞城县	222994	103391	119603	324642	175477	149165	42069	26055	16014
夏邑县	204383	94109	110274	290814	157582	133232	44178	27129	17049
永城市	241131	110878	130253	335486	182555	152931	45646	28983	16663
信阳市	**1447521**	**690332**	**757189**	**1500511**	**786000**	**714511**	**260932**	**166613**	**94319**
浉河区	76743	38293	38450	118751	61280	57471	19264	11368	7896
平桥区	112597	52711	59886	151107	78627	72480	18048	11236	6812
罗山县	118239	56739	61500	133599	68506	65093	24799	15671	9128
光山县	152150	73000	79150	154067	81260	72807	41676	27386	14290
新县	66467	31328	35139	61732	32838	28894	13116	8797	4319
商城县	124910	62913	61997	123069	58492	64577	27060	16736	10324
固始县	280456	137409	143047	254027	131814	122213	45825	29146	16679
潢川县	140173	65999	74174	142042	75281	66761	21512	13730	7782
淮滨县	156871	71349	85522	147931	80340	67591	22184	14589	7595
息县	218915	100591	118324	214186	117562	96624	27448	17954	9494
周口市	**1979964**	**898797**	**1081167**	**2738652**	**1452669**	**1285983**	**387453**	**232580**	**154873**
川汇区	49400	23967	25433	82409	43588	38821	21108	11727	9381
扶沟县	115906	54032	61874	237476	124712	112764	34647	20405	14242
西华县	155416	72856	82560	286469	153645	132824	38690	23386	15304
商水县	246362	115463	130899	288841	151340	137501	37630	22496	15134
沈丘县	223586	100984	122602	303942	159804	144138	44504	27704	16800
郸城县	256387	117525	138862	282440	157584	124856	38282	23924	14358
淮阳县	259500	117248	142252	336662	178430	158232	46589	28101	18488
太康县	239989	108635	131354	378067	206872	171195	44995	26568	18427
鹿邑县	233151	101769	131382	250454	128449	122005	37387	22370	15017
项城市	200267	86318	113949	291892	148245	143647	43621	25899	17722
驻马店市	**1589451**	**744253**	**845198**	**2299086**	**1172993**	**1126093**	**327680**	**201345**	**126335**
驿城区	65897	32387	33510	138462	71417	67045	22928	13709	9219
西平县	138135	67916	70219	272173	135900	136273	39161	23767	15394
上蔡县	275237	124082	151155	341424	175023	166401	36135	22446	13689
平舆县	167938	75973	91965	249628	126063	123565	44141	27677	16464
正阳县	157011	70268	86743	224587	111700	112887	28256	17651	10605
确山县	93492	44044	49448	115961	54543	61418	17608	10402	7206
泌阳县	179817	89870	89947	257268	136750	120518	37776	22806	14970
汝南县	165656	78938	86718	273731	141196	132535	41121	25621	15500
遂平县	79356	38619	40737	180996	90622	90374	27061	16108	10953
新蔡县	266912	122156	144756	244856	129779	115077	33493	21158	12335
济源市	**70613**	**31019**	**39594**	**159490**	**82760**	**76730**	**65401**	**37881**	**27520**
济源市	70613	31019	39594	159490	82760	76730	65401	37881	27520

1-8c 续表 8 单位：人

地　区	大学专科			大学本科			研究生		
	小计	男	女	小计	男	女	小计	男	女
总　计	**731910**	**404377**	**327533**	**184765**	**100855**	**83910**	**13351**	**6876**	**6475**
郑州市	**129976**	**67682**	**62294**	**50219**	**25621**	**24598**	**923**	**486**	**437**
中原区	3865	2032	1833	2638	1520	1118	75	45	30
二七区	16725	12541	4184	831	420	411	68	32	36
管城回族区	5716	2977	2739	1594	915	679	98	51	47
金水区	36924	16885	20039	29595	14794	14801	84	42	42
上街区	558	286	272	179	90	89	4	2	2
惠济区	4835	2205	2630	1098	524	574	53	29	24
中牟县	6186	3194	2992	1307	705	602	116	49	67
巩义市	11139	5419	5720	2525	1339	1186	91	54	37
荥阳市	7396	3807	3589	1510	792	718	68	32	36
新密市	9135	4936	4199	1399	756	643	58	29	29
新郑市	20421	9557	10864	6501	3180	3321	131	76	55
登封市	7076	3843	3233	1042	586	456	77	45	32
开封市	**40889**	**21986**	**18903**	**7962**	**4262**	**3700**	**1064**	**550**	**514**
龙亭区	515	268	247	90	48	42	6	4	2
顺河回族区	637	323	314	116	72	44	15	9	6
鼓楼区	142	67	75	24	18	6	4	3	1
禹王台区	732	428	304	149	81	68	6	2	4
金明区	1119	557	562	242	123	119	19	13	6
杞县	8629	4791	3838	1555	837	718	457	248	209
通许县	4670	2518	2152	832	433	399	82	32	50
尉氏县	10439	5672	4767	2432	1307	1125	220	109	111
开封县	7905	4083	3822	1516	803	713	117	63	54
兰考县	6101	3279	2822	1006	540	466	138	67	71
洛阳市	**42960**	**24338**	**18622**	**10284**	**5955**	**4329**	**691**	**373**	**318**
老城区	389	191	198	71	32	39	6	2	4
西工区	1007	542	465	347	211	136	8	5	3
瀍河回族区	315	133	182	68	31	37	4	3	1
涧西区	866	445	421	168	85	83	21	12	9
吉利区	897	418	479	208	105	103	4	3	1
洛龙区	3424	1815	1609	788	432	356	82	48	34
孟津县	3575	1919	1656	1134	653	481	72	42	30
新安县	5388	3358	2030	1393	838	555	100	60	40
栾川县	2990	1799	1191	957	618	339	39	23	16
嵩县	3223	1977	1246	592	371	221	39	25	14
汝阳县	2755	1708	1047	675	417	258	25	8	17
宜阳县	5448	3027	2421	1304	729	575	102	62	40
洛宁县	3027	1824	1203	482	288	194	35	20	15
伊川县	4718	2678	2040	912	548	364	76	30	46
偃师市	4938	2504	2434	1185	597	588	78	30	48

1-8c 续表 9 单位：人

地区	大学专科			大学本科			研究生		
	小计	男	女	小计	男	女	小计	男	女
平顶山市	**31412**	**17912**	**13500**	**7030**	**4112**	**2918**	**523**	**284**	**239**
新华区	1260	599	661	331	165	166	17	8	9
卫东区	698	351	347	139	70	69	8	4	4
石龙区	458	260	198	136	82	54	7	2	5
湛河区	1426	785	641	272	158	114	51	25	26
宝丰县	3659	1948	1711	930	545	385	71	37	34
叶县	5152	3043	2109	1156	692	464	83	48	35
鲁山县	6126	3568	2558	1610	969	641	88	48	40
郏县	4325	2427	1898	828	442	386	66	37	29
舞钢市	2189	1296	893	359	224	135	38	16	22
汝州市	6119	3635	2484	1269	765	504	94	59	35
安阳市	**29962**	**15377**	**14585**	**11250**	**4664**	**6586**	**735**	**333**	**402**
文峰区	1580	685	895	4114	1063	3051	44	19	25
北关区	330	179	151	130	74	56	4	2	2
殷都区	441	225	216	71	41	30	4	1	3
龙安区	939	498	441	193	104	89	10	6	4
安阳县	3443	1761	1682	1081	574	507	83	40	43
汤阴县	2286	1228	1058	497	248	249	25	14	11
滑县	13619	6905	6714	3248	1586	1662	360	161	199
内黄县	4554	2362	2192	1297	650	647	178	78	100
林州市	2770	1534	1236	619	324	295	27	12	15
鹤壁市	**7790**	**4365**	**3425**	**1512**	**848**	**664**	**186**	**95**	**91**
鹤山区	256	133	123	87	46	41	15	7	8
山城区	405	247	158	92	50	42	8	3	5
淇滨区	1071	602	469	233	136	97	18	9	9
浚县	4199	2328	1871	758	416	342	105	53	52
淇县	1859	1055	804	342	200	142	40	23	17
新乡市	**47284**	**24811**	**22473**	**9399**	**5017**	**4382**	**883**	**438**	**445**
红旗区	1468	906	562	193	88	105	14	6	8
卫滨区									
凤泉区	1725	882	843	497	238	259	32	17	15
牧野区	682	334	348	179	91	88	18	9	9
新乡县	5480	2760	2720	1032	562	470	63	35	28
获嘉县	4231	2215	2016	824	418	406	70	38	32
原阳县	5917	3147	2770	991	535	456	124	61	63
延津县	6827	3629	3198	1234	681	553	94	48	46
封丘县	6450	3497	2953	1512	827	685	215	101	114
长垣县	6447	3174	3273	1191	614	577	85	39	46
卫辉市	3261	1699	1562	710	369	341	92	43	49
辉县市	4796	2568	2228	1036	594	442	76	41	35
焦作市	**34638**	**18414**	**16224**	**6776**	**3479**	**3297**	**489**	**227**	**262**
解放区									
中站区	1417	716	701	320	146	174	17	9	8
马村区	1257	667	590	298	159	139	33	18	15
山阳区	4814	3201	1613	480	262	218	35	13	22
修武县	3531	1772	1759	801	416	385	47	17	30
博爱县	4871	2563	2308	934	487	447	73	39	34
武陟县	6921	3595	3326	1499	765	734	108	54	54
温县	3557	1883	1674	872	478	394	56	29	27
沁阳市	3543	1765	1778	749	366	383	43	15	28
孟州市	4727	2252	2475	823	400	423	77	33	44

1-8c 续表 10

单位：人

地　区	大学专科			大学本科			研究生		
	小计	男	女	小计	男	女	小计	男	女
濮阳市	**23914**	**12781**	**11133**	**5163**	**2777**	**2386**	**534**	**271**	**263**
华龙区	1814	865	949	503	251	252	57	29	28
清丰县	4433	2377	2056	753	410	343	78	40	38
南乐县	3803	1891	1912	845	448	397	60	31	29
范县	3174	1811	1363	872	465	407	107	55	52
台前县	2495	1423	1072	497	273	224	33	17	16
濮阳县	8195	4414	3781	1693	930	763	199	99	100
许昌市	**27894**	**15861**	**12033**	**6425**	**3601**	**2824**	**473**	**268**	**205**
魏都区	1198	664	534	289	151	138	8	4	4
许昌县	5677	3312	2365	1564	901	663	160	85	75
鄢陵县	4194	2438	1756	770	436	334	55	31	24
襄城县	3672	2079	1593	945	527	418	72	43	29
禹州市	7871	4401	3470	1794	974	820	105	65	40
长葛市	5282	2967	2315	1063	612	451	73	40	33
漯河市	**23765**	**13504**	**10261**	**5442**	**3065**	**2377**	**595**	**298**	**297**
源汇区	2710	1572	1138	477	263	214	56	28	28
郾城区	4422	2540	1882	1223	647	576	84	44	40
召陵区	3583	2022	1561	846	465	381	193	96	97
舞阳县	5603	3194	2409	1166	680	486	129	60	69
临颍县	7447	4176	3271	1730	1010	720	133	70	63
三门峡市	**20947**	**11741**	**9206**	**3836**	**2151**	**1685**	**236**	**115**	**121**
湖滨区	1053	556	497	192	95	97	14	10	4
渑池县	3929	2177	1752	803	458	345	61	26	35
陕县	4884	2760	2124	786	424	362	45	16	29
卢氏县	3221	1977	1244	629	394	235	46	26	20
义马市	172	88	84	34	18	16	5	3	2
灵宝市	7688	4183	3505	1392	762	630	65	34	31
南阳市	**67782**	**39616**	**28166**	**14327**	**8405**	**5922**	**1771**	**932**	**839**
宛城区	5511	3334	2177	1161	669	492	129	74	55
卧龙区	4563	2628	1935	1013	598	415	120	60	60
南召县	3889	2459	1430	651	438	213	98	47	51
方城县	6830	3943	2887	1883	1073	810	445	237	208
西峡县	3606	2144	1462	790	474	316	42	19	23
镇平县	3106	1919	1187	499	284	215	151	69	82
内乡县	4225	2584	1641	1061	630	431	32	18	14
淅川县	4395	2593	1802	1041	629	412	114	63	51
社旗县	4355	2441	1914	789	435	354	122	61	61
唐河县	9319	5172	4147	1920	1030	890	172	98	74
新野县	2851	1687	1164	542	324	218	102	46	56
桐柏县	3524	1977	1547	737	432	305	30	15	15
邓州市	11608	6735	4873	2240	1389	851	214	125	89

1-8c 续表 11

单位：人

地 区	大学专科			大学本科			研究生		
	小计	男	女	小计	男	女	小计	男	女
商丘市	**48716**	**28348**	**20368**	**9008**	**5394**	**3614**	**1042**	**558**	**484**
梁园区	4691	2645	2046	1158	697	461	142	79	63
睢阳区	5028	2897	2131	1016	585	431	119	69	50
民权县	4298	2369	1929	669	411	258	86	47	39
睢县	5926	3346	2580	1226	700	526	177	100	77
宁陵县	3791	2206	1585	495	288	207	40	16	24
柘城县	7243	4273	2970	980	608	372	135	58	77
虞城县	5482	3215	2267	959	574	385	189	101	88
夏邑县	5997	3469	2528	1254	758	496	75	38	37
永城市	6260	3928	2332	1251	773	478	79	50	29
信阳市	**36647**	**22568**	**14079**	**12025**	**7571**	**4454**	**436**	**259**	**177**
浉河区	2760	1579	1181	987	584	403	27	12	15
平桥区	3286	1918	1368	1036	606	430	34	24	10
罗山县	3796	2158	1638	1208	749	459	30	19	11
光山县	4433	2867	1566	1195	790	405	40	24	16
新县	2737	1795	942	886	567	319	18	14	4
商城县	3701	2297	1404	1691	1055	636	27	16	11
固始县	6082	3787	2295	1912	1219	693	108	68	40
潢川县	2921	1791	1130	1044	679	365	45	25	20
淮滨县	3244	2012	1232	806	533	273	55	30	25
息县	3687	2364	1323	1260	789	471	52	27	25
周口市	**68375**	**37415**	**30960**	**13865**	**8056**	**5809**	**1682**	**847**	**835**
川汇区	15047	7229	7818	2887	1622	1265	176	91	85
扶沟县	6201	3388	2813	1301	705	596	97	48	49
西华县	6953	3811	3142	1348	782	566	160	79	81
商水县	4534	2526	2008	1286	722	564	189	86	103
沈丘县	6421	3864	2557	967	633	334	118	50	68
郸城县	5085	3059	2026	959	614	345	160	82	78
淮阳县	5836	3256	2580	1279	740	539	259	134	125
太康县	7257	4024	3233	1472	811	661	198	103	95
鹿邑县	4279	2445	1834	757	459	298	124	66	58
项城市	6762	3813	2949	1609	968	641	201	108	93
驻马店市	**40093**	**22938**	**17155**	**8547**	**4941**	**3606**	**990**	**496**	**494**
驿城区	3328	1829	1499	776	406	370	91	43	48
西平县	5075	2959	2116	1204	663	541	69	25	44
上蔡县	4846	2775	2071	1002	587	415	122	63	59
平舆县	2589	1580	1009	468	291	177	51	24	27
正阳县	4309	2595	1714	1066	651	415	74	48	26
确山县	2065	1135	930	465	252	213	30	16	14
泌阳县	5954	3345	2609	1302	762	540	163	84	79
汝南县	4734	2589	2145	901	519	382	197	98	99
遂平县	3868	2131	1737	690	372	318	70	30	40
新蔡县	3325	2000	1325	673	438	235	123	65	58
济源市	**8866**	**4720**	**4146**	**1695**	**936**	**759**	**98**	**46**	**52**
济源市	8866	4720	4146	1695	936	759	98	46	52

1-9 各地区分性别的15岁及以上文盲人口

单位：人、%

地　区	15岁及以上人口			文盲人口			文盲人口占15岁及以上人口比重		
	合计	男	女	合计	男	女	合计	男	女
总　计	**74282621**	**36472067**	**37810554**	**3991461**	**1079950**	**2911511**	**5.37**	**2.96**	**7.70**
郑州市	**7246991**	**3672114**	**3574877**	**182436**	**43941**	**138495**	**2.52**	**1.20**	**3.87**
中原区	780656	398477	382179	9087	1988	7099	1.16	0.50	1.86
二七区	616771	311356	305415	8295	1607	6688	1.34	0.52	2.19
管城回族区	538802	277620	261182	11785	2696	9089	2.19	0.97	3.48
金水区	1387682	704555	683127	13632	2634	10998	0.98	0.37	1.61
上街区	112166	55178	56988	1317	203	1114	1.17	0.37	1.95
惠济区	228970	110565	118405	4643	1089	3554	2.03	0.98	3.00
中牟县	560734	280218	280516	35540	9892	25648	6.34	3.53	9.14
巩义市	684228	345257	338971	18730	4123	14607	2.74	1.19	4.31
荥阳市	514673	258338	256335	9979	2322	7657	1.94	0.90	2.99
新密市	653456	331485	321971	25645	6719	18926	3.92	2.03	5.88
新郑市	632843	317718	315125	18902	4553	14349	2.99	1.43	4.55
登封市	536010	281347	254663	24881	6115	18766	4.64	2.17	7.37
开封市	**3676827**	**1804619**	**1872208**	**259227**	**67951**	**191276**	**7.05**	**3.77**	**10.22**
龙亭区	108075	51236	56839	5116	1443	3673	4.73	2.82	6.46
顺河回族区	199936	96738	103198	6783	1605	5178	3.39	1.66	5.02
鼓楼区	122897	59023	63874	3974	832	3142	3.23	1.41	4.92
禹王台区	111026	53982	57044	4464	1005	3459	4.02	1.86	6.06
金明区	221793	112667	109126	6584	2167	4417	2.97	1.92	4.05
杞县	740952	367836	373116	58697	15212	43485	7.92	4.14	11.65
通许县	434323	214321	220002	33779	8988	24791	7.78	4.19	11.27
尉氏县	688595	342965	345630	49715	12729	36986	7.22	3.71	10.70
开封县	538170	266722	271448	41026	11090	29936	7.62	4.16	11.03
兰考县	511060	239129	271931	49089	12880	36209	9.61	5.39	13.32
洛阳市	**5236810**	**2610546**	**2626264**	**171770**	**40979**	**130791**	**3.28**	**1.57**	**4.98**
老城区	136895	66223	70672	2856	455	2401	2.09	0.69	3.40
西工区	321132	162540	158592	4108	990	3118	1.28	0.61	1.97
瀍河回族区	155611	78102	77509	2913	447	2466	1.87	0.57	3.18
涧西区	530172	265350	264822	7070	1202	5868	1.33	0.45	2.22
吉利区	57512	28419	29093	1113	183	930	1.94	0.64	3.20
洛龙区	434320	212368	221952	8735	1461	7274	2.01	0.69	3.28
孟津县	338992	169059	169933	9303	1630	7673	2.74	0.96	4.52
新安县	372320	189966	182354	10510	2451	8059	2.82	1.29	4.42
栾川县	276996	143300	133696	12725	4372	8353	4.59	3.05	6.25
嵩县	379099	188179	190920	22424	6862	15562	5.92	3.65	8.15
汝阳县	301583	150177	151406	24740	6949	17791	8.20	4.63	11.75
宜阳县	485156	239772	245384	18670	4040	14630	3.85	1.68	5.96
洛宁县	325103	160816	164287	7208	1995	5213	2.22	1.24	3.17
伊川县	575154	285858	289296	24897	5412	19485	4.33	1.89	6.74
偃师市	546765	270417	276348	14498	2530	11968	2.65	0.94	4.33

1-9 续表 1

单位：人、%

地区	15岁及以上人口			文盲人口			文盲人口占15岁及以上人口比重		
	合计	男	女	合计	男	女	合计	男	女
平顶山市	**3912182**	**1974352**	**1937830**	**193780**	**57130**	**136650**	**4.95**	**2.89**	**7.05**
新华区	331203	169372	161831	9638	2553	7085	2.91	1.51	4.38
卫东区	255315	127552	127763	6566	1590	4976	2.57	1.25	3.89
石龙区	46647	26008	20639	1870	776	1094	4.01	2.98	5.30
湛河区	239899	120091	119808	5473	1382	4091	2.28	1.15	3.41
宝丰县	392393	198316	194077	18747	5065	13682	4.78	2.55	7.05
叶县	631900	316194	315706	33400	10304	23096	5.29	3.26	7.32
鲁山县	606730	308878	297852	36339	12789	23550	5.99	4.14	7.91
郏县	442455	224976	217479	27580	7944	19636	6.23	3.53	9.03
舞钢市	258545	132778	125767	10897	3717	7180	4.21	2.80	5.71
汝州市	707095	350187	356908	43270	11010	32260	6.12	3.14	9.04
安阳市	**4042493**	**1870037**	**2172456**	**156313**	**33769**	**122544**	**3.87**	**1.81**	**5.64**
文峰区	364629	175454	189175	7070	1158	5912	1.94	0.66	3.13
北关区	203951	97616	106335	3171	532	2639	1.55	0.54	2.48
殷都区	202830	101620	101210	3093	533	2560	1.52	0.52	2.53
龙安区	173845	87614	86231	4562	942	3620	2.62	1.08	4.20
安阳县	652437	293525	358912	24215	4417	19798	3.71	1.50	5.52
汤阴县	328962	152032	176930	15532	2649	12883	4.72	1.74	7.28
滑县	969194	468232	500962	44654	10834	33820	4.61	2.31	6.75
内黄县	536437	261709	274728	33749	8988	24761	6.29	3.43	9.01
林州市	610208	232235	377973	20267	3716	16551	3.32	1.60	4.38
鹤壁市	**1216223**	**605746**	**610477**	**53495**	**12676**	**40819**	**4.40**	**2.09**	**6.69**
鹤山区	110662	56574	54088	3119	932	2187	2.82	1.65	4.04
山城区	190109	96236	93873	5221	1270	3951	2.75	1.32	4.21
淇滨区	214996	106272	108724	6946	1455	5491	3.23	1.37	5.05
浚县	499554	247185	252369	30526	7296	23230	6.11	2.95	9.20
淇县	200902	99479	101423	7683	1723	5960	3.82	1.73	5.88
新乡市	**4510234**	**2202120**	**2308114**	**164599**	**40361**	**124238**	**3.65**	**1.83**	**5.38**
红旗区	330642	159802	170840	6005	1237	4768	1.82	0.77	2.79
卫滨区	162559	79140	83419	3614	688	2926	2.22	0.87	3.51
凤泉区	116194	61126	55068	3820	990	2830	3.29	1.62	5.14
牧野区	271129	132868	138261	4504	975	3529	1.66	0.73	2.55
新乡县	264897	131327	133570	7931	1406	6525	2.99	1.07	4.89
获嘉县	311608	152554	159054	10097	1924	8173	3.24	1.26	5.14
原阳县	500214	242668	257546	28798	8176	20622	5.76	3.37	8.01
延津县	358501	176965	181536	16914	4399	12515	4.72	2.49	6.89
封丘县	574734	283936	290798	27117	6960	20157	4.72	2.45	6.93
长垣县	626031	297046	328985	25824	6248	19576	4.13	2.10	5.95
卫辉市	387947	191355	196592	13892	3290	10602	3.58	1.72	5.39
辉县市	605778	293333	312445	16083	4068	12015	2.65	1.39	3.85
焦作市	**2872431**	**1428807**	**1443624**	**72176**	**14745**	**57431**	**2.51**	**1.03**	**3.98**
解放区	251720	127705	124015	4057	977	3080	1.61	0.77	2.48
中站区	87781	43421	44360	3956	851	3105	4.51	1.96	7.00
马村区	112513	59312	53201	4367	1083	3284	3.88	1.83	6.17
山阳区	275798	139270	136528	4133	865	3268	1.50	0.62	2.39
修武县	227321	114186	113135	8172	2015	6157	3.59	1.76	5.44
博爱县	346794	171878	174916	10437	2056	8381	3.01	1.20	4.79
武陟县	557081	273569	283512	12277	2479	9798	2.20	0.91	3.46
温县	343104	168315	174789	10809	1896	8913	3.15	1.13	5.10
沁阳市	364134	179141	184993	9040	1638	7402	2.48	0.91	4.00
孟州市	306185	152010	154175	4928	885	4043	1.61	0.58	2.62

1-9 续表 2 单位：人、%

地区	15岁及以上人口			文盲人口			文盲人口占15岁及以上人口比重		
	合计	男	女	合计	男	女	合计	男	女
濮阳市	**2799052**	**1347993**	**1451059**	**203399**	**51093**	**152306**	**7.27**	**3.79**	**10.50**
华龙区	530389	259784	270605	20916	5149	15767	3.94	1.98	5.83
清丰县	497487	240456	257031	35421	8539	26882	7.12	3.55	10.46
南乐县	349106	160827	188279	22933	5309	17624	6.57	3.30	9.36
范县	356497	169976	186521	31388	8939	22449	8.80	5.26	12.04
台前县	253212	121900	131312	23786	5564	18222	9.39	4.56	13.88
濮阳县	812361	395050	417311	68955	17593	51362	8.49	4.45	12.31
许昌市	**3458646**	**1725266**	**1733380**	**151264**	**38851**	**112413**	**4.37**	**2.25**	**6.49**
魏都区	434388	211928	222460	5408	1178	4230	1.24	0.56	1.90
许昌县	618542	309506	309036	25206	6392	18814	4.08	2.07	6.09
鄢陵县	436551	219839	216712	20974	5448	15526	4.80	2.48	7.16
襄城县	523837	256308	267529	23309	6703	16606	4.45	2.62	6.21
禹州市	900824	456308	444516	52412	13798	38614	5.82	3.02	8.69
长葛市	544504	271377	273127	23955	5332	18623	4.40	1.96	6.82
漯河市	**2089211**	**1042812**	**1046399**	**98090**	**26554**	**71536**	**4.70**	**2.55**	**6.84**
源汇区	272986	132922	140064	9213	2321	6892	3.37	1.75	4.92
郾城区	410658	207772	202886	15343	4354	10989	3.74	2.10	5.42
召陵区	385037	190620	194417	23644	6150	17494	6.14	3.23	9.00
舞阳县	442972	221760	221212	18476	4813	13663	4.17	2.17	6.18
临颍县	577558	289738	287820	31414	8916	22498	5.44	3.08	7.82
三门峡市	**1885156**	**965605**	**919551**	**33009**	**8953**	**24056**	**1.75**	**0.93**	**2.62**
湖滨区	277163	139915	137248	2870	506	2364	1.04	0.36	1.72
渑池县	279981	141772	138209	5506	1323	4183	1.97	0.93	3.03
陕县	293554	152998	140556	3191	868	2323	1.09	0.57	1.65
卢氏县	292296	152017	140279	9329	3280	6049	3.19	2.16	4.31
义马市	121956	62914	59042	1556	336	1220	1.28	0.53	2.07
灵宝市	620206	315989	304217	10557	2640	7917	1.70	0.84	2.60
南阳市	**7914416**	**3971948**	**3942468**	**403507**	**143249**	**260258**	**5.10**	**3.61**	**6.60**
宛城区	707970	355036	352934	28195	9292	18903	3.98	2.62	5.36
卧龙区	733763	359536	374227	26800	8588	18212	3.65	2.39	4.87
南召县	426133	220302	205831	28207	12053	16154	6.62	5.47	7.85
方城县	688739	345602	343137	51523	19714	31809	7.48	5.70	9.27
西峡县	348834	179524	169310	20253	8260	11993	5.81	4.60	7.08
镇平县	656283	331304	324979	28802	9358	19444	4.39	2.82	5.98
内乡县	431667	214909	216758	23388	7620	15768	5.42	3.55	7.27
淅川县	511866	254572	257294	28846	8916	19930	5.64	3.50	7.75
社旗县	490709	247535	243174	32234	12852	19382	6.57	5.19	7.97
唐河县	1016314	513751	502563	53762	20610	33152	5.29	4.01	6.60
新野县	481324	236215	245109	23069	6933	16136	4.79	2.94	6.58
桐柏县	299631	151143	148488	14228	5477	8751	4.75	3.62	5.89
邓州市	1121183	562519	558664	44200	13576	30624	3.94	2.41	5.48

1-9 续表 3 单位：人、%

地区	15岁及以上人口			文盲人口			文盲人口占15岁及以上人口比重		
	合计	男	女	合计	男	女	合计	男	女
商丘市	**5791582**	**2787022**	**3004560**	**535990**	**144187**	**391803**	**9.25**	**5.17**	**13.04**
梁园区	654074	322673	331401	33221	9539	23682	5.08	2.96	7.15
睢阳区	594361	290667	303694	43659	11909	31750	7.35	4.10	10.45
民权县	549339	261445	287894	46575	12682	33893	8.48	4.85	11.77
睢县	554536	263742	290794	55780	14849	40931	10.06	5.63	14.08
宁陵县	406530	192299	214231	35542	9651	25891	8.74	5.02	12.09
柘城县	601909	283169	318740	50710	12181	38529	8.42	4.30	12.09
虞城县	749935	365384	384551	72309	20804	51505	9.64	5.69	13.39
夏邑县	718564	342807	375757	81313	20394	60919	11.32	5.95	16.21
永城市	962334	464836	497498	116881	32178	84703	12.15	6.92	17.03
信阳市	**4672674**	**2254988**	**2417686**	**388144**	**113174**	**274970**	**8.31**	**5.02**	**11.37**
浉河区	496111	238346	257765	16560	5177	11383	3.34	2.17	4.42
平桥区	499161	244149	255012	26154	7797	18357	5.24	3.19	7.20
罗山县	388398	190453	197945	31192	9118	22074	8.03	4.79	11.15
光山县	440675	216147	224528	32461	8053	24408	7.37	3.73	10.87
新县	208599	101314	107285	17093	4676	12417	8.19	4.62	11.57
商城县	361666	167647	194019	47679	14127	33552	13.18	8.43	17.29
固始县	759791	363961	395830	72102	22458	49644	9.49	6.17	12.54
潢川县	485376	231117	254259	46411	13418	32993	9.56	5.81	12.98
淮滨县	432443	205968	226475	48911	13647	35264	11.31	6.63	15.57
息县	600454	295886	304568	49581	14703	34878	8.26	4.97	11.45
周口市	**6818952**	**3219308**	**3599644**	**591078**	**143786**	**447292**	**8.67**	**4.47**	**12.43**
川汇区	408141	197398	210743	18596	4518	14078	4.56	2.29	6.68
扶沟县	492188	240111	252077	23634	5763	17871	4.80	2.40	7.09
西华县	607891	299948	307943	34154	8754	25400	5.62	2.92	8.25
商水县	687994	317101	370893	75773	19035	56738	11.01	6.00	15.30
沈丘县	750876	351935	398941	86856	21552	65304	11.57	6.12	16.37
郸城县	756554	360741	395813	90493	21828	68665	11.96	6.05	17.35
淮阳县	825871	386837	439034	75793	19209	56584	9.18	4.97	12.89
太康县	834145	399590	434555	74635	17391	57244	8.95	4.35	13.17
鹿邑县	671963	297718	374245	68993	15810	53183	10.27	5.31	14.21
项城市	783329	367929	415400	42151	9926	32225	5.38	2.70	7.76
驻马店市	**5579233**	**2707049**	**2872184**	**324024**	**96558**	**227466**	**5.81**	**3.57**	**7.92**
驿城区	583827	294119	289708	18508	5696	12812	3.17	1.94	4.42
西平县	560618	271542	289076	24245	6691	17554	4.32	2.46	6.07
上蔡县	793582	370397	423185	64731	17002	47729	8.16	4.59	11.28
平舆县	587724	280241	307483	29390	8042	21348	5.00	2.87	6.94
正阳县	490125	230910	259215	28613	8262	20351	5.84	3.58	7.85
确山县	291322	134115	157207	20672	7071	13601	7.10	5.27	8.65
泌阳县	621822	317923	303899	35734	14164	21570	5.75	4.46	7.10
汝南县	603249	295727	307522	27120	8362	18758	4.50	2.83	6.10
遂平县	404300	208024	196276	19308	6622	12686	4.78	3.18	6.46
新蔡县	642664	304051	338613	55703	14646	41057	8.67	4.82	12.13
济源市	**559508**	**281735**	**277773**	**9160**	**1993**	**7167**	**1.64**	**0.71**	**2.58**
济源市	559508	281735	277773	9160	1993	7167	1.64	0.71	2.58

1-9a 各地区分性别的15岁及以上文盲人口(城市)

单位：人、%

地　区	15岁及以上人口			文盲人口			文盲人口占15岁及以上人口比重		
	合计	男	女	合计	男	女	合计	男	女
总　计	**15484601**	**7707678**	**7776923**	**288478**	**66108**	**222370**	**1.86**	**0.86**	**2.86**
郑州市	**3982709**	**2014454**	**1968255**	**48850**	**10280**	**38570**	**1.23**	**0.51**	**1.96**
中原区	718612	366493	352119	7886	1646	6240	1.10	0.45	1.77
二七区	502629	248035	254594	6336	1090	5246	1.26	0.44	2.06
管城回族区	417433	212107	205326	7335	1528	5807	1.76	0.72	2.83
金水区	1253812	638181	615631	10635	1896	8739	0.85	0.30	1.42
上街区	99665	48872	50793	999	154	845	1.00	0.32	1.66
惠济区	141378	67453	73925	1922	433	1489	1.36	0.64	2.01
中牟县	491	254	237	12	4	8	2.44	1.57	3.38
巩义市	144650	71189	73461	1257	203	1054	0.87	0.29	1.43
荥阳市	183593	91901	91692	2355	685	1670	1.28	0.75	1.82
新密市	217674	112508	105166	5412	1538	3874	2.49	1.37	3.68
新郑市	190022	94390	95632	3380	807	2573	1.78	0.85	2.69
登封市	112750	63071	49679	1321	296	1025	1.17	0.47	2.06
开封市	**629351**	**307055**	**322296**	**17079**	**4031**	**13048**	**2.71**	**1.31**	**4.05**
龙亭区	79356	36964	42392	2497	605	1892	3.15	1.64	4.46
顺河回族区	170552	82193	88359	4787	1005	3782	2.81	1.22	4.28
鼓楼区	115518	55329	60189	3492	706	2786	3.02	1.28	4.63
禹王台区	86044	41540	44504	3346	695	2651	3.89	1.67	5.96
金明区	177881	91029	86852	2957	1020	1937	1.66	1.12	2.23
杞县									
通许县									
尉氏县									
开封县									
兰考县									
洛阳市	**1514740**	**752736**	**762004**	**22453**	**4005**	**18448**	**1.48**	**0.53**	**2.42**
老城区	121233	58624	62609	2315	352	1963	1.91	0.60	3.14
西工区	295286	149652	145634	3459	893	2566	1.17	0.60	1.76
瀍河回族区	144229	72622	71607	2601	389	2212	1.80	0.54	3.09
涧西区	487010	243868	243142	5486	940	4546	1.13	0.39	1.87
吉利区	37876	18759	19117	586	89	497	1.55	0.47	2.60
洛龙区	229708	111346	118362	3672	665	3007	1.60	0.60	2.54
孟津县	1530	743	787	18	2	16	1.18	0.27	2.03
新安县									
栾川县									
嵩县	2820	932	1888	56	10	46	1.99	1.07	2.44
汝阳县									
宜阳县									
洛宁县									
伊川县	3850	1909	1941	309	68	241	8.03	3.56	12.42
偃师市	191198	94281	96917	3951	597	3354	2.07	0.63	3.46

1-9a 续表 1

单位：人、%

地区	15岁及以上人口			文盲人口			文盲人口占15岁及以上人口比重		
	合计	男	女	合计	男	女	合计	男	女
平顶山市	**963090**	**487598**	**475492**	**22650**	**5610**	**17040**	**2.35**	**1.15**	**3.58**
新华区	265469	136001	129468	5728	1375	4353	2.16	1.01	3.36
卫东区	232275	116099	116176	5144	1173	3971	2.21	1.01	3.42
石龙区	35791	19774	16017	1240	433	807	3.46	2.19	5.04
湛河区	173496	87227	86269	2555	594	1961	1.47	0.68	2.27
宝丰县	755	383	372	23	4	19	3.05	1.04	5.11
叶县									
鲁山县									
郏县									
舞钢市	105397	53581	51816	2644	800	1844	2.51	1.49	3.56
汝州市	149907	74533	75374	5316	1231	4085	3.55	1.65	5.42
安阳市	**954342**	**460886**	**493456**	**14721**	**2555**	**12166**	**1.54**	**0.55**	**2.47**
文峰区	288163	138838	149325	4467	805	3662	1.55	0.58	2.45
北关区	182851	87248	95603	2660	452	2208	1.45	0.52	2.31
殷都区	180377	89850	90527	2627	466	2161	1.46	0.52	2.39
龙安区	92420	45817	46603	1607	287	1320	1.74	0.63	2.83
安阳县	31375	15135	16240	795	116	679	2.53	0.77	4.18
汤阴县	527	276	251	16	4	12	3.04	1.45	4.78
滑县									
内黄县	206	97	109	19	7	12	9.22	7.22	11.01
林州市	178423	83625	94798	2530	418	2112	1.42	0.50	2.23
鹤壁市	**392601**	**196924**	**195677**	**9331**	**2273**	**7058**	**2.38**	**1.15**	**3.61**
鹤山区	89591	46077	43514	2625	810	1815	2.93	1.76	4.17
山城区	159305	80486	78819	3917	922	2995	2.46	1.15	3.80
淇滨区	140213	68709	71504	2693	522	2171	1.92	0.76	3.04
浚县									
淇县	3492	1652	1840	96	19	77	2.75	1.15	4.18
新乡市	**1048479**	**513886**	**534593**	**18983**	**4137**	**14846**	**1.81**	**0.81**	**2.78**
红旗区	299355	143871	155484	4687	977	3710	1.57	0.68	2.39
卫滨区	162559	79140	83419	3614	688	2926	2.22	0.87	3.51
凤泉区	41292	23796	17496	1226	499	727	2.97	2.10	4.16
牧野区	250712	122656	128056	3922	875	3047	1.56	0.71	2.38
新乡县	999	494	505	17	2	15	1.70	0.40	2.97
获嘉县									
原阳县									
延津县									
封丘县									
长垣县	3454	1715	1739	163	35	128	4.72	2.04	7.36
卫辉市	108306	52154	56152	2650	550	2100	2.45	1.05	3.74
辉县市	181802	90060	91742	2704	511	2193	1.49	0.57	2.39
焦作市	**777936**	**391738**	**386198**	**14272**	**3099**	**11173**	**1.83**	**0.79**	**2.89**
解放区	251720	127705	124015	4057	977	3080	1.61	0.77	2.48
中站区	50638	25054	25584	2275	502	1773	4.49	2.00	6.93
马村区	55142	29842	25300	2392	575	1817	4.34	1.93	7.18
山阳区	230565	115831	114734	2738	537	2201	1.19	0.46	1.92
修武县									
博爱县	347	173	174	16	3	13	4.61	1.73	7.47
武陟县	421	195	226	19	5	14	4.51	2.56	6.19
温县									
沁阳市	94768	46021	48747	1773	329	1444	1.87	0.71	2.96
孟州市	94335	46917	47418	1002	171	831	1.06	0.36	1.75

1-9a 续表 2

单位：人、%

地　区	15岁及以上人口			文盲人口			文盲人口占15岁及以上人口比重		
	合计	男	女	合计	男	女	合计	男	女
濮阳市	**389517**	**190992**	**198525**	**9689**	**2316**	**7373**	**2.49**	**1.21**	**3.71**
华龙区	368791	181007	187784	7752	1731	6021	2.10	0.96	3.21
清丰县									
南乐县	2245	1046	1199	99	19	80	4.41	1.82	6.67
范县	16352	7915	8437	1623	527	1096	9.93	6.66	12.99
台前县									
濮阳县	2129	1024	1105	215	39	176	10.10	3.81	15.93
许昌市	**797719**	**393924**	**403795**	**15252**	**3298**	**11954**	**1.91**	**0.84**	**2.96**
魏都区	406912	197751	209161	4972	1069	3903	1.22	0.54	1.87
许昌县	31913	15581	16332	961	202	759	3.01	1.30	4.65
鄢陵县									
襄城县									
禹州市	200188	101711	98477	5238	1240	3998	2.62	1.22	4.06
长葛市	158706	78881	79825	4081	787	3294	2.57	1.00	4.13
漯河市	**436253**	**214412**	**221841**	**10207**	**2400**	**7807**	**2.34**	**1.12**	**3.52**
源汇区	148394	70501	77893	3499	793	2706	2.36	1.12	3.47
郾城区	170417	86682	83735	2635	721	1914	1.55	0.83	2.29
召陵区	117442	57229	60213	4073	886	3187	3.47	1.55	5.29
舞阳县									
临颍县									
三门峡市	**472712**	**237257**	**235455**	**4678**	**905**	**3773**	**0.99**	**0.38**	**1.60**
湖滨区	242810	122687	120123	2414	415	1999	0.99	0.34	1.66
渑池县									
陕县	1948	993	955	52	13	39	2.67	1.31	4.08
卢氏县									
义马市	98820	49392	49428	1453	315	1138	1.47	0.64	2.30
灵宝市	129134	64185	64949	759	162	597	0.59	0.25	0.92
南阳市	**836205**	**417784**	**418421**	**12833**	**3705**	**9128**	**1.53**	**0.89**	**2.18**
宛城区	262418	132357	130061	4353	1199	3154	1.66	0.91	2.43
卧龙区	335897	161560	174337	4369	1210	3159	1.30	0.75	1.81
南召县									
方城县									
西峡县									
镇平县									
内乡县									
淅川县									
社旗县									
唐河县									
新野县									
桐柏县									
邓州市	237890	123867	114023	4111	1296	2815	1.73	1.05	2.47

1-9a 续表 3

单位：人、%

地区	15岁及以上人口			文盲人口			文盲人口占15岁及以上人口比重		
	合计	男	女	合计	男	女	合计	男	女
商丘市	**737033**	**366200**	**370833**	**30858**	**8366**	**22492**	**4.19**	**2.28**	**6.07**
梁园区	306916	149188	157728	10244	2469	7775	3.34	1.65	4.93
睢阳区	184224	92770	91454	7219	2007	5212	3.92	2.16	5.70
民权县									
睢县									
宁陵县									
柘城县									
虞城县									
夏邑县									
永城市	245893	124242	121651	13395	3890	9505	5.45	3.13	7.81
信阳市	**451346**	**213475**	**237871**	**9178**	**2340**	**6838**	**2.03**	**1.10**	**2.87**
浉河区	279708	129068	150640	4568	1075	3493	1.63	0.83	2.32
平桥区	171638	84407	87231	4610	1265	3345	2.69	1.50	3.83
罗山县									
光山县									
新县									
商城县									
固始县									
潢川县									
淮滨县									
息县									
周口市	**526984**	**258329**	**268655**	**18051**	**4358**	**13693**	**3.43**	**1.69**	**5.10**
川汇区	252466	121332	131134	9111	2138	6973	3.61	1.76	5.32
扶沟县									
西华县									
商水县									
沈丘县	517	248	269	67	10	57	12.96	4.03	21.19
郸城县	6176	2908	3268	452	103	349	7.32	3.54	10.68
淮阳县	30446	14207	16239	2239	594	1645	7.35	4.18	10.13
太康县									
鹿邑县									
项城市	237379	119634	117745	6182	1513	4669	2.60	1.26	3.97
驻马店市	**369403**	**187087**	**182316**	**7667**	**2081**	**5586**	**2.08**	**1.11**	**3.06**
驿城区	369403	187087	182316	7667	2081	5586	2.08	1.11	3.06
西平县									
上蔡县									
平舆县									
正阳县									
确山县									
泌阳县									
汝南县									
遂平县									
新蔡县									
济源市	**204181**	**102941**	**101240**	**1726**	**349**	**1377**	**0.85**	**0.34**	**1.36**
济源市	204181	102941	101240	1726	349	1377	0.85	0.34	1.36

1-9b 各地区分性别的15岁及以上文盲人口(镇)

单位：人、%

地　区	15岁及以上人口			文盲人口			文盲人口占15岁及以上人口比重		
	合计	男	女	合计	男	女	合计	男	女
总　计	**14328868**	**7128685**	**7200183**	**583495**	**150780**	**432715**	**4.07**	**2.12**	**6.01**
郑州市	**701512**	**358683**	**342829**	**22192**	**5251**	**16941**	**3.16**	**1.46**	**4.94**
中原区									
二七区	31550	16690	14860	322	72	250	1.02	0.43	1.68
管城回族区	3184	1573	1611	55	13	42	1.73	0.83	2.61
金水区									
上街区									
惠济区	9355	4648	4707	210	47	163	2.24	1.01	3.46
中牟县	141538	71581	69957	4991	1201	3790	3.53	1.68	5.42
巩义市	168737	87616	81121	4452	1032	3420	2.64	1.18	4.22
荥阳市	41276	20721	20555	825	209	616	2.00	1.01	3.00
新密市	78001	38888	39113	3561	852	2709	4.57	2.19	6.93
新郑市	101625	51777	49848	2074	499	1575	2.04	0.96	3.16
登封市	126246	65189	61057	5702	1326	4376	4.52	2.03	7.17
开封市	**750319**	**375576**	**374743**	**40235**	**10705**	**29530**	**5.36**	**2.85**	**7.88**
龙亭区									
顺河回族区									
鼓楼区									
禹王台区									
金明区	1609	790	819	127	38	89	7.89	4.81	10.87
杞县	195283	102308	92975	9172	2484	6688	4.70	2.43	7.19
通许县	109671	53948	55723	6652	1738	4914	6.07	3.22	8.82
尉氏县	174411	87009	87402	9487	2537	6950	5.44	2.92	7.95
开封县	133308	64434	68874	7123	1819	5304	5.34	2.82	7.70
兰考县	136037	67087	68950	7674	2089	5585	5.64	3.11	8.10
洛阳市	**879086**	**439641**	**439445**	**21147**	**4876**	**16271**	**2.41**	**1.11**	**3.70**
老城区									
西工区									
瀍河回族区									
涧西区	3636	1796	1840	139	13	126	3.82	0.72	6.85
吉利区									
洛龙区	37288	18433	18855	717	109	608	1.92	0.59	3.22
孟津县	114638	58298	56340	2096	358	1738	1.83	0.61	3.08
新安县	129650	66204	63446	2286	532	1754	1.76	0.80	2.76
栾川县	101361	51668	49693	2533	825	1708	2.50	1.60	3.44
嵩县	76423	38152	38271	2131	652	1479	2.79	1.71	3.86
汝阳县	69330	34229	35101	2819	687	2132	4.07	2.01	6.07
宜阳县	104400	51569	52831	2738	478	2260	2.62	0.93	4.28
洛宁县	65424	31632	33792	504	118	386	0.77	0.37	1.14
伊川县	120377	59460	60917	3624	834	2790	3.01	1.40	4.58
偃师市	56559	28200	28359	1560	270	1290	2.76	0.96	4.55

1-9b 续表 1

单位：人、%

地区	15岁及以上人口			文盲人口			文盲人口占15岁及以上人口比重		
	合计	男	女	合计	男	女	合计	男	女
平顶山市	**701791**	**353555**	**348236**	**27072**	**7714**	**19358**	**3.86**	**2.18**	**5.56**
新华区	21541	11776	9765	995	292	703	4.62	2.48	7.20
卫东区									
石龙区									
湛河区									
宝丰县	122122	61907	60215	3711	863	2848	3.04	1.39	4.73
叶县	169181	84270	84911	5951	1720	4231	3.52	2.04	4.98
鲁山县	152616	76138	76478	6176	1942	4234	4.05	2.55	5.54
郏县	135790	69300	66490	5279	1554	3725	3.89	2.24	5.60
舞钢市	17894	9327	8567	683	236	447	3.82	2.53	5.22
汝州市	82647	40837	41810	4277	1107	3170	5.18	2.71	7.58
安阳市	**654965**	**312008**	**342957**	**20266**	**4055**	**16211**	**3.09**	**1.30**	**4.73**
文峰区									
北关区	2902	1297	1605	35	6	29	1.21	0.46	1.81
殷都区	2728	2015	713	49	19	30	1.80	0.94	4.21
龙安区	5982	2980	3002	170	29	141	2.84	0.97	4.70
安阳县	202775	98987	103788	5338	1048	4290	2.63	1.06	4.13
汤阴县	118137	56316	61821	4082	598	3484	3.46	1.06	5.64
滑县	151783	73098	78685	4900	1035	3865	3.23	1.42	4.91
内黄县	93649	47925	45724	3429	906	2523	3.66	1.89	5.52
林州市	77009	29390	47619	2263	414	1849	2.94	1.41	3.88
鹤壁市	**202907**	**100087**	**102820**	**7810**	**1717**	**6093**	**3.85**	**1.72**	**5.93**
鹤山区									
山城区									
淇滨区	3891	1865	2026	139	21	118	3.57	1.13	5.82
浚县	116539	57596	58943	5322	1238	4084	4.57	2.15	6.93
淇县	82477	40626	41851	2349	458	1891	2.85	1.13	4.52
新乡市	**852547**	**421504**	**431043**	**27393**	**6458**	**20935**	**3.21**	**1.53**	**4.86**
红旗区	1941	932	1009	88	21	67	4.53	2.25	6.64
卫滨区									
凤泉区	23298	11598	11700	728	158	570	3.12	1.36	4.87
牧野区									
新乡县	114620	56623	57997	2632	454	2178	2.30	0.80	3.76
获嘉县	108976	53305	55671	3281	582	2699	3.01	1.09	4.85
原阳县	103851	51707	52144	4376	1200	3176	4.21	2.32	6.09
延津县	96519	47612	48907	2619	648	1971	2.71	1.36	4.03
封丘县	139973	68964	71009	5119	1299	3820	3.66	1.88	5.38
长垣县	200910	99464	101446	6518	1580	4938	3.24	1.59	4.87
卫辉市	29568	14745	14823	1287	301	986	4.35	2.04	6.65
辉县市	32891	16554	16337	745	215	530	2.27	1.30	3.24
焦作市	**589679**	**293325**	**296354**	**13902**	**2703**	**11199**	**2.36**	**0.92**	**3.78**
解放区									
中站区									
马村区	9344	5533	3811	256	51	205	2.74	0.92	5.38
山阳区									
修武县	79366	39978	39388	2053	418	1635	2.59	1.05	4.15
博爱县	134867	66670	68197	3429	695	2734	2.54	1.04	4.01
武陟县	133813	65464	68349	2771	505	2266	2.07	0.77	3.32
温县	122753	60832	61921	2987	558	2429	2.43	0.92	3.92
沁阳市	87751	43633	44118	2019	409	1610	2.30	0.94	3.65
孟州市	21785	11215	10570	387	67	320	1.78	0.60	3.03

1-9b 续表 2

单位：人、%

地区	15岁及以上人口			文盲人口			文盲人口占15岁及以上人口比重		
	合计	男	女	合计	男	女	合计	男	女
濮阳市	**523789**	**254855**	**268934**	**26245**	**5894**	**20351**	**5.01**	**2.31**	**7.57**
华龙区	13555	5936	7619	215	50	165	1.59	0.84	2.17
清丰县	85307	41234	44073	3269	644	2625	3.83	1.56	5.96
南乐县	72125	33571	38554	3782	796	2986	5.24	2.37	7.74
范县	61207	30279	30928	2135	448	1687	3.49	1.48	5.45
台前县	52826	26336	26490	3314	770	2544	6.27	2.92	9.60
濮阳县	238769	117499	121270	13530	3186	10344	5.67	2.71	8.53
许昌市	**579821**	**297680**	**282141**	**20749**	**5076**	**15673**	**3.58**	**1.71**	**5.56**
魏都区									
许昌县	136928	68514	68414	3927	889	3038	2.87	1.30	4.44
鄢陵县	125328	69634	55694	3284	757	2527	2.62	1.09	4.54
襄城县	147195	72943	74252	4189	1104	3085	2.85	1.51	4.15
禹州市	103420	52889	50531	6170	1642	4528	5.97	3.10	8.96
长葛市	66950	33700	33250	3179	684	2495	4.75	2.03	7.50
漯河市	**399434**	**200783**	**198651**	**14355**	**3871**	**10484**	**3.59**	**1.93**	**5.28**
源汇区	3313	1698	1615	230	60	170	6.94	3.53	10.53
郾城区	10943	6188	4755	392	141	251	3.58	2.28	5.28
召陵区	36569	18076	18493	2424	698	1726	6.63	3.86	9.33
舞阳县	144559	72652	71907	4366	1091	3275	3.02	1.50	4.55
临颍县	204050	102169	101881	6943	1881	5062	3.40	1.84	4.97
三门峡市	**360434**	**188981**	**171453**	**4227**	**1184**	**3043**	**1.17**	**0.63**	**1.77**
湖滨区									
渑池县	100201	50471	49730	1245	334	911	1.24	0.66	1.83
陕县	100529	53887	46642	879	285	594	0.87	0.53	1.27
卢氏县	74325	37427	36898	879	260	619	1.18	0.69	1.68
义马市	16453	10194	6259	23	1	22	0.14	0.01	0.35
灵宝市	68926	37002	31924	1201	304	897	1.74	0.82	2.81
南阳市	**1846826**	**933955**	**912871**	**52865**	**17421**	**35444**	**2.86**	**1.87**	**3.88**
宛城区	95278	46762	48516	3880	1155	2725	4.07	2.47	5.62
卧龙区	47039	24112	22927	1817	632	1185	3.86	2.62	5.17
南召县	120976	61138	59838	3105	1129	1976	2.57	1.85	3.30
方城县	183965	94405	89560	6010	2098	3912	3.27	2.22	4.37
西峡县	129646	65247	64399	3145	1158	1987	2.43	1.77	3.09
镇平县	193752	97929	95823	4021	1176	2845	2.08	1.20	2.97
内乡县	124536	61644	62892	3891	1098	2793	3.12	1.78	4.44
淅川县	157315	77681	79634	4421	1255	3166	2.81	1.62	3.98
社旗县	142234	72762	69472	5437	2106	3331	3.82	2.89	4.79
唐河县	302413	154862	147551	8913	3055	5858	2.95	1.97	3.97
新野县	143917	71426	72491	3392	1001	2391	2.36	1.40	3.30
桐柏县	103305	51691	51614	1772	591	1181	1.72	1.14	2.29
邓州市	102450	54296	48154	3061	967	2094	2.99	1.78	4.35

1-9b 续表 3

单位：人、%

地区	15岁及以上人口			文盲人口			文盲人口占15岁及以上人口比重		
	合计	男	女	合计	男	女	合计	男	女
商丘市	**1035751**	**503084**	**532667**	**71234**	**18136**	**53098**	**6.88**	**3.60**	**9.97**
梁园区	7381	3849	3532	361	99	262	4.89	2.57	7.42
睢阳区	21152	10210	10942	1682	429	1253	7.95	4.20	11.45
民权县	138879	67366	71513	7760	1957	5803	5.59	2.91	8.11
睢县	146731	70070	76661	9879	2502	7377	6.73	3.57	9.62
宁陵县	93571	45349	48222	5387	1427	3960	5.76	3.15	8.21
柘城县	153185	75804	77381	7334	1849	5485	4.79	2.44	7.09
虞城县	194067	94830	99237	14368	3940	10428	7.40	4.15	10.51
夏邑县	193805	94168	99637	14751	3452	11299	7.61	3.67	11.34
永城市	86980	41438	45542	9712	2481	7231	11.17	5.99	15.88
信阳市	**1219683**	**600786**	**618897**	**65095**	**17716**	**47379**	**5.34**	**2.95**	**7.66**
浉河区	11426	5755	5671	180	58	122	1.58	1.01	2.15
平桥区	63134	31160	31974	2506	642	1864	3.97	2.06	5.83
罗山县	120847	61528	59319	5143	1559	3584	4.26	2.53	6.04
光山县	123709	61222	62487	5129	1056	4073	4.15	1.72	6.52
新县	75941	36948	38993	2583	552	2031	3.40	1.49	5.21
商城县	106542	52301	54241	7710	2269	5441	7.24	4.34	10.03
固始县	224603	109005	115598	13504	3666	9838	6.01	3.36	8.51
潢川县	192085	92472	99613	10714	2918	7796	5.58	3.16	7.83
淮滨县	124484	60410	64074	9655	2705	6950	7.76	4.48	10.85
息县	176912	89985	86927	7971	2291	5680	4.51	2.55	6.53
周口市	**1573945**	**760386**	**813559**	**104616**	**25682**	**78934**	**6.65**	**3.38**	**9.70**
川汇区									
扶沟县	138177	68141	70036	4369	1070	3299	3.16	1.57	4.71
西华县	169936	84968	84968	7724	2001	5723	4.55	2.36	6.74
商水县	174980	83769	91211	14312	3447	10865	8.18	4.11	11.91
沈丘县	209773	102395	107378	17205	4361	12844	8.20	4.26	11.96
郸城县	203674	99920	103754	16113	4047	12066	7.91	4.05	11.63
淮阳县	203650	97313	106337	12530	3127	9403	6.15	3.21	8.84
太康县	220629	106017	114612	15186	3485	11701	6.88	3.29	10.21
鹿邑县	202751	93892	108859	14606	3482	11124	7.20	3.71	10.22
项城市	50375	23971	26404	2571	662	1909	5.10	2.76	7.23
驻马店市	**1380152**	**695279**	**684873**	**43041**	**12111**	**30930**	**3.12**	**1.74**	**4.52**
驿城区	4025	1954	2071	156	39	117	3.88	2.00	5.65
西平县	148744	72871	75873	3829	956	2873	2.57	1.31	3.79
上蔡县	223297	112349	110948	10531	2966	7565	4.72	2.64	6.82
平舆县	171701	84796	86905	5266	1377	3889	3.07	1.62	4.48
正阳县	111951	55500	56451	4011	998	3013	3.58	1.80	5.34
确山县	93368	44896	48472	3461	1126	2335	3.71	2.51	4.82
泌阳县	182018	94179	87839	3817	1398	2419	2.10	1.48	2.75
汝南县	166821	82418	84403	3551	1068	2483	2.13	1.30	2.94
遂平县	128209	72560	55649	2231	592	1639	1.74	0.82	2.95
新蔡县	150018	73756	76262	6188	1591	4597	4.12	2.16	6.03
济源市	**76227**	**38517**	**37710**	**1051**	**210**	**841**	**1.38**	**0.55**	**2.23**
济源市	76227	38517	37710	1051	210	841	1.38	0.55	2.23

1-9c 各地区分性别的15岁及以上文盲人口(乡村)

单位：人、%

地区	15岁及以上人口			文盲人口			文盲人口占15岁及以上人口比重		
	合计	男	女	合计	男	女	合计	男	女
总计	**44469152**	**21635704**	**22833448**	**3119488**	**863062**	**2256426**	**7.01**	**3.99**	**9.88**
郑州市	**2562770**	**1298977**	**1263793**	**111394**	**28410**	**82984**	**4.35**	**2.19**	**6.57**
中原区	62044	31984	30060	1201	342	859	1.94	1.07	2.86
二七区	82592	46631	35961	1637	445	1192	1.98	0.95	3.31
管城回族区	118185	63940	54245	4395	1155	3240	3.72	1.81	5.97
金水区	133870	66374	67496	2997	738	2259	2.24	1.11	3.35
上街区	12501	6306	6195	318	49	269	2.54	0.78	4.34
惠济区	78237	38464	39773	2511	609	1902	3.21	1.58	4.78
中牟县	418705	208383	210322	30537	8687	21850	7.29	4.17	10.39
巩义市	370841	186452	184389	13021	2888	10133	3.51	1.55	5.50
荥阳市	289804	145716	144088	6799	1428	5371	2.35	0.98	3.73
新密市	357781	180089	177692	16672	4329	12343	4.66	2.40	6.95
新郑市	341196	171551	169645	13448	3247	10201	3.94	1.89	6.01
登封市	297014	153087	143927	17858	4493	13365	6.01	2.93	9.29
开封市	**2297157**	**1121988**	**1175169**	**201913**	**53215**	**148698**	**8.79**	**4.74**	**12.65**
龙亭区	28719	14272	14447	2619	838	1781	9.12	5.87	12.33
顺河回族区	29384	14545	14839	1996	600	1396	6.79	4.13	9.41
鼓楼区	7379	3694	3685	482	126	356	6.53	3.41	9.66
禹王台区	24982	12442	12540	1118	310	808	4.48	2.49	6.44
金明区	42303	20848	21455	3500	1109	2391	8.27	5.32	11.14
杞县	545669	265528	280141	49525	12728	36797	9.08	4.79	13.14
通许县	324652	160373	164279	27127	7250	19877	8.36	4.52	12.10
尉氏县	514184	255956	258228	40228	10192	30036	7.82	3.98	11.63
开封县	404862	202288	202574	33903	9271	24632	8.37	4.58	12.16
兰考县	375023	172042	202981	41415	10791	30624	11.04	6.27	15.09
洛阳市	**2842984**	**1418169**	**1424815**	**128170**	**32098**	**96072**	**4.51**	**2.26**	**6.74**
老城区	15662	7599	8063	541	103	438	3.45	1.36	5.43
西工区	25846	12888	12958	649	97	552	2.51	0.75	4.26
瀍河回族区	11382	5480	5902	312	58	254	2.74	1.06	4.30
涧西区	39526	19686	19840	1445	249	1196	3.66	1.26	6.03
吉利区	19636	9660	9976	527	94	433	2.68	0.97	4.34
洛龙区	167324	82589	84735	4346	687	3659	2.60	0.83	4.32
孟津县	222824	110018	112806	7189	1270	5919	3.23	1.15	5.25
新安县	242670	123762	118908	8224	1919	6305	3.39	1.55	5.30
栾川县	175635	91632	84003	10192	3547	6645	5.80	3.87	7.91
嵩县	299856	149095	150761	20237	6200	14037	6.75	4.16	9.31
汝阳县	232253	115948	116305	21921	6262	15659	9.44	5.40	13.46
宜阳县	380756	188203	192553	15932	3562	12370	4.18	1.89	6.42
洛宁县	259679	129184	130495	6704	1877	4827	2.58	1.45	3.70
伊川县	450927	224489	226438	20964	4510	16454	4.65	2.01	7.27
偃师市	299008	147936	151072	8987	1663	7324	3.01	1.12	4.85

1-9c 续表 1

单位：人、%

地区	15岁及以上人口			文盲人口			文盲人口占15岁及以上人口比重		
	合计	男	女	合计	男	女	合计	男	女
平顶山市	**2247301**	**1133199**	**1114102**	**144058**	**43806**	**100252**	**6.41**	**3.87**	**9.00**
新华区	44193	21595	22598	2915	886	2029	6.60	4.10	8.98
卫东区	23040	11453	11587	1422	417	1005	6.17	3.64	8.67
石龙区	10856	6234	4622	630	343	287	5.80	5.50	6.21
湛河区	66403	32864	33539	2918	788	2130	4.39	2.40	6.35
宝丰县	269516	136026	133490	15013	4198	10815	5.57	3.09	8.10
叶县	462719	231924	230795	27449	8584	18865	5.93	3.70	8.17
鲁山县	454114	232740	221374	30163	10847	19316	6.64	4.66	8.73
郏县	306665	155676	150989	22301	6390	15911	7.27	4.10	10.54
舞钢市	135254	69870	65384	7570	2681	4889	5.60	3.84	7.48
汝州市	474541	234817	239724	33677	8672	25005	7.10	3.69	10.43
安阳市	**2433186**	**1097143**	**1336043**	**121326**	**27159**	**94167**	**4.99**	**2.48**	**7.05**
文峰区	76466	36616	39850	2603	353	2250	3.40	0.96	5.65
北关区	18198	9071	9127	476	74	402	2.62	0.82	4.40
殷都区	19725	9755	9970	417	48	369	2.11	0.49	3.70
龙安区	75443	38817	36626	2785	626	2159	3.69	1.61	5.89
安阳县	418287	179403	238884	18082	3253	14829	4.32	1.81	6.21
汤阴县	210298	95440	114858	11434	2047	9387	5.44	2.14	8.17
滑县	817411	395134	422277	39754	9799	29955	4.86	2.48	7.09
内黄县	442582	213687	228895	30301	8075	22226	6.85	3.78	9.71
林州市	354776	119220	235556	15474	2884	12590	4.36	2.42	5.34
鹤壁市	**620715**	**308735**	**311980**	**36354**	**8686**	**27668**	**5.86**	**2.81**	**8.87**
鹤山区	21071	10497	10574	494	122	372	2.34	1.16	3.52
山城区	30804	15750	15054	1304	348	956	4.23	2.21	6.35
淇滨区	70892	35698	35194	4114	912	3202	5.80	2.55	9.10
浚县	383015	189589	193426	25204	6058	19146	6.58	3.20	9.90
淇县	114933	57201	57732	5238	1246	3992	4.56	2.18	6.91
新乡市	**2609208**	**1266730**	**1342478**	**118223**	**29766**	**88457**	**4.53**	**2.35**	**6.59**
红旗区	29346	14999	14347	1230	239	991	4.19	1.59	6.91
卫滨区									
凤泉区	51604	25732	25872	1866	333	1533	3.62	1.29	5.93
牧野区	20417	10212	10205	582	100	482	2.85	0.98	4.72
新乡县	149278	74210	75068	5282	950	4332	3.54	1.28	5.77
获嘉县	202632	99249	103383	6816	1342	5474	3.36	1.35	5.29
原阳县	396363	190961	205402	24422	6976	17446	6.16	3.65	8.49
延津县	261982	129353	132629	14295	3751	10544	5.46	2.90	7.95
封丘县	434761	214972	219789	21998	5661	16337	5.06	2.63	7.43
长垣县	421667	195867	225800	19143	4633	14510	4.54	2.37	6.43
卫辉市	250073	124456	125617	9955	2439	7516	3.98	1.96	5.98
辉县市	391085	186719	204366	12634	3342	9292	3.23	1.79	4.55
焦作市	**1504816**	**743744**	**761072**	**44002**	**8943**	**35059**	**2.92**	**1.20**	**4.61**
解放区									
中站区	37143	18367	18776	1681	349	1332	4.53	1.90	7.09
马村区	48027	23937	24090	1719	457	1262	3.58	1.91	5.24
山阳区	45233	23439	21794	1395	328	1067	3.08	1.40	4.90
修武县	147955	74208	73747	6119	1597	4522	4.14	2.15	6.13
博爱县	211580	105035	106545	6992	1358	5634	3.30	1.29	5.29
武陟县	422847	207910	214937	9487	1969	7518	2.24	0.95	3.50
温县	220351	107483	112868	7822	1338	6484	3.55	1.24	5.74
沁阳市	181615	89487	92128	5248	900	4348	2.89	1.01	4.72
孟州市	190065	93878	96187	3539	647	2892	1.86	0.69	3.01

1-9c 续表 2

单位：人、%

地　区	15岁及以上人口			文盲人口			文盲人口占15岁及以上人口比重		
	合计	男	女	合计	男	女	合计	男	女
濮阳市	**1885746**	**902146**	**983600**	**167465**	**42883**	**124582**	**8.88**	**4.75**	**12.67**
华龙区	148043	72841	75202	12949	3368	9581	8.75	4.62	12.74
清丰县	412180	199222	212958	32152	7895	24257	7.80	3.96	11.39
南乐县	274736	126210	148526	19052	4494	14558	6.93	3.56	9.80
范县	278938	131782	147156	27630	7964	19666	9.91	6.04	13.36
台前县	200386	95564	104822	20472	4794	15678	10.22	5.02	14.96
濮阳县	571463	276527	294936	55210	14368	40842	9.66	5.20	13.85
许昌市	**2081106**	**1033662**	**1047444**	**115263**	**30477**	**84786**	**5.54**	**2.95**	**8.09**
魏都区	27476	14177	13299	436	109	327	1.59	0.77	2.46
许昌县	449701	225411	224290	20318	5301	15017	4.52	2.35	6.70
鄢陵县	311223	150205	161018	17690	4691	12999	5.68	3.12	8.07
襄城县	376642	183365	193277	19120	5599	13521	5.08	3.05	7.00
禹州市	597216	301708	295508	41004	10916	30088	6.87	3.62	10.18
长葛市	318848	158796	160052	16695	3861	12834	5.24	2.43	8.02
漯河市	**1253524**	**627617**	**625907**	**73528**	**20283**	**53245**	**5.87**	**3.23**	**8.51**
源汇区	121279	60723	60556	5484	1468	4016	4.52	2.42	6.63
郾城区	229298	114902	114396	12316	3492	8824	5.37	3.04	7.71
召陵区	231026	115315	115711	17147	4566	12581	7.42	3.96	10.87
舞阳县	298413	149108	149305	14110	3722	10388	4.73	2.50	6.96
临颍县	373508	187569	185939	24471	7035	17436	6.55	3.75	9.38
三门峡市	**1052010**	**539367**	**512643**	**24104**	**6864**	**17240**	**2.29**	**1.27**	**3.36**
湖滨区	34353	17228	17125	456	91	365	1.33	0.53	2.13
渑池县	179780	91301	88479	4261	989	3272	2.37	1.08	3.70
陕县	191077	98118	92959	2260	570	1690	1.18	0.58	1.82
卢氏县	217971	114590	103381	8450	3020	5430	3.88	2.64	5.25
义马市	6683	3328	3355	80	20	60	1.20	0.60	1.79
灵宝市	422146	214802	207344	8597	2174	6423	2.04	1.01	3.10
南阳市	**5231385**	**2620209**	**2611176**	**337809**	**122123**	**215686**	**6.46**	**4.66**	**8.26**
宛城区	350274	175917	174357	19962	6938	13024	5.70	3.94	7.47
卧龙区	350827	173864	176963	20614	6746	13868	5.88	3.88	7.84
南召县	305157	159164	145993	25102	10924	14178	8.23	6.86	9.71
方城县	504774	251197	253577	45513	17616	27897	9.02	7.01	11.00
西峡县	219188	114277	104911	17108	7102	10006	7.81	6.21	9.54
镇平县	462531	233375	229156	24781	8182	16599	5.36	3.51	7.24
内乡县	307131	153265	153866	19497	6522	12975	6.35	4.26	8.43
淅川县	354551	176891	177660	24425	7661	16764	6.89	4.33	9.44
社旗县	348475	174773	173702	26797	10746	16051	7.69	6.15	9.24
唐河县	713901	358889	355012	44849	17555	27294	6.28	4.89	7.69
新野县	337407	164789	172618	19677	5932	13745	5.83	3.60	7.96
桐柏县	196326	99452	96874	12456	4886	7570	6.34	4.91	7.81
邓州市	780843	384356	396487	37028	11313	25715	4.74	2.94	6.49

1-9c 续表 3

单位：人、%

地 区	15岁及以上人口			文盲人口			文盲人口占15岁及以上人口比重		
	合计	男	女	合计	男	女	合计	男	女
商丘市	**4018798**	**1917738**	**2101060**	**433898**	**117685**	**316213**	**10.80**	**6.14**	**15.05**
梁园区	339777	169636	170141	22616	6971	15645	6.66	4.11	9.20
睢阳区	388985	187687	201298	34758	9473	25285	8.94	5.05	12.56
民权县	410460	194079	216381	38815	10725	28090	9.46	5.53	12.98
睢县	407805	193672	214133	45901	12347	33554	11.26	6.38	15.67
宁陵县	312959	146950	166009	30155	8224	21931	9.64	5.60	13.21
柘城县	448724	207365	241359	43376	10332	33044	9.67	4.98	13.69
虞城县	555868	270554	285314	57941	16864	41077	10.42	6.23	14.40
夏邑县	524759	248639	276120	66562	16942	49620	12.68	6.81	17.97
永城市	629461	299156	330305	93774	25807	67967	14.90	8.63	20.58
信阳市	**3001645**	**1440727**	**1560918**	**313871**	**93118**	**220753**	**10.46**	**6.46**	**14.14**
浉河区	204977	103523	101454	11812	4044	7768	5.76	3.91	7.66
平桥区	264389	128582	135807	19038	5890	13148	7.20	4.58	9.68
罗山县	267551	128925	138626	26049	7559	18490	9.74	5.86	13.34
光山县	316966	154925	162041	27332	6997	20335	8.62	4.52	12.55
新县	132658	64366	68292	14510	4124	10386	10.94	6.41	15.21
商城县	255124	115346	139778	39969	11858	28111	15.67	10.28	20.11
固始县	535188	254956	280232	58598	18792	39806	10.95	7.37	14.20
潢川县	293291	138645	154646	35697	10500	25197	12.17	7.57	16.29
淮滨县	307959	145558	162401	39256	10942	28314	12.75	7.52	17.43
息县	423542	205901	217641	41610	12412	29198	9.82	6.03	13.42
周口市	**4718023**	**2200593**	**2517430**	**468411**	**113746**	**354665**	**9.93**	**5.17**	**14.09**
川汇区	155675	76066	79609	9485	2380	7105	6.09	3.13	8.92
扶沟县	354011	171970	182041	19265	4693	14572	5.44	2.73	8.00
西华县	437955	214980	222975	26430	6753	19677	6.03	3.14	8.82
商水县	513014	233332	279682	61461	15588	45873	11.98	6.68	16.40
沈丘县	540586	249292	291294	69584	17181	52403	12.87	6.89	17.99
郸城县	546704	257913	288791	73928	17678	56250	13.52	6.85	19.48
淮阳县	591775	275317	316458	61024	15488	45536	10.31	5.63	14.39
太康县	613516	293573	319943	59449	13906	45543	9.69	4.74	14.23
鹿邑县	469212	203826	265386	54387	12328	42059	11.59	6.05	15.85
项城市	495575	224324	271251	33398	7751	25647	6.74	3.46	9.46
驻马店市	**3829678**	**1824683**	**2004995**	**273316**	**82366**	**190950**	**7.14**	**4.51**	**9.52**
驿城区	210399	105078	105321	10685	3576	7109	5.08	3.40	6.75
西平县	411874	198671	213203	20416	5735	14681	4.96	2.89	6.89
上蔡县	570285	258048	312237	54200	14036	40164	9.50	5.44	12.86
平舆县	416023	195445	220578	24124	6665	17459	5.80	3.41	7.92
正阳县	378174	175410	202764	24602	7264	17338	6.51	4.14	8.55
确山县	197954	89219	108735	17211	5945	11266	8.69	6.66	10.36
泌阳县	439804	223744	216060	31917	12766	19151	7.26	5.71	8.86
汝南县	436428	213309	223119	23569	7294	16275	5.40	3.42	7.29
遂平县	276091	135464	140627	17077	6030	11047	6.19	4.45	7.86
新蔡县	492646	230295	262351	49515	13055	36460	10.05	5.67	13.90
济源市	**279100**	**140277**	**138823**	**6383**	**1434**	**4949**	**2.29**	**1.02**	**3.56**
济源市	279100	140277	138823	6383	1434	4949	2.29	1.02	3.56

1-10 各地区家庭户规模

单位：户、%

地　区	家庭户户　数	一人户		二人户		三人户	
		户数	比重	户数	比重	户数	比重
总　计	**25928729**	**2643470**	**10.20**	**4971716**	**19.17**	**6092683**	**23.50**
郑州市	**2436665**	**403807**	**16.57**	**481911**	**19.78**	**638210**	**26.19**
中原区	275145	52654	19.14	63779	23.18	89994	32.71
二七区	209512	35886	17.13	48672	23.23	70755	33.77
管城回族区	198660	34335	17.28	45295	22.80	60191	30.30
金水区	529454	171010	32.30	119949	22.66	136466	25.77
上街区	44227	4994	11.29	11056	25.00	17284	39.08
惠济区	73950	15729	21.27	13075	17.68	18099	24.47
中牟县	178841	11359	6.35	27194	15.21	34199	19.12
巩义市	209263	18854	9.01	36520	17.45	47574	22.73
荥阳市	170820	16356	9.57	31218	18.28	43435	25.43
新密市	209086	17470	8.36	35385	16.92	46970	22.46
新郑市	171626	12760	7.43	25896	15.09	38694	22.55
登封市	166081	12400	7.47	23872	14.37	34549	20.80
开封市	**1241002**	**113260**	**9.13**	**222506**	**17.93**	**267820**	**21.58**
龙亭区	36201	3786	10.46	7670	21.19	11394	31.47
顺河回族区	75091	8606	11.46	18445	24.56	27091	36.08
鼓楼区	48745	6340	13.01	12402	25.44	18077	37.08
禹王台区	43808	6498	14.83	10368	23.67	14926	34.07
金明区	63163	4751	7.52	13224	20.94	21290	33.71
杞县	254692	30476	11.97	52482	20.61	43800	17.20
通许县	147798	10676	7.22	22941	15.52	26519	17.94
尉氏县	210863	13964	6.62	24298	11.52	34305	16.27
开封县	174082	10325	5.93	24403	14.02	31700	18.21
兰考县	186559	17838	9.56	36273	19.44	38718	20.75
洛阳市	**1806277**	**175196**	**9.70**	**334455**	**18.52**	**448974**	**24.86**
老城区	51086	5836	11.42	10310	20.18	19278	37.74
西工区	124356	18889	15.19	31213	25.10	46407	37.32
瀍河回族区	55916	6522	11.66	14024	25.08	22023	39.39
涧西区	205892	29124	14.15	49763	24.17	79447	38.59
吉利区	22495	2508	11.15	6051	26.90	7514	33.40
洛龙区	128086	10534	8.22	20268	15.82	29760	23.23
孟津县	117010	11618	9.93	24155	20.64	27620	23.60
新安县	126185	10421	8.26	24826	19.67	26657	21.13
栾川县	94755	9436	9.96	15192	16.03	21464	22.65
嵩县	140686	16474	11.71	25065	17.82	28991	20.61
汝阳县	106635	8909	8.35	17482	16.39	20120	18.87
宜阳县	161239	10651	6.61	23709	14.70	29520	18.31
洛宁县	113064	9081	8.03	18686	16.53	23634	20.90
伊川县	180478	11007	6.10	22339	12.38	27362	15.16
偃师市	178394	14186	7.95	31372	17.59	39177	21.96

1-10 续表 1

单位：户、%

地 区	家庭户	一人户		二人户		三人户	
	户 数	户数	比重	户数	比重	户数	比重
平顶山市	**1336013**	**127879**	**9.57**	**226292**	**16.94**	**337363**	**25.25**
新华区	105171	11253	10.70	20433	19.43	37470	35.63
卫东区	98009	9053	9.24	21293	21.73	41755	42.60
石龙区	12096	1634	13.51	2579	21.32	3427	28.33
湛河区	82749	7584	9.17	17124	20.69	30004	36.26
宝丰县	134196	13026	9.71	21178	15.78	31573	23.53
叶县	211326	18473	8.74	34450	16.30	50181	23.75
鲁山县	212963	23056	10.83	34389	16.15	40159	18.86
郏县	152856	14689	9.61	23907	15.64	31882	20.86
舞钢市	94266	11992	12.72	19493	20.68	27939	29.64
汝州市	232381	17119	7.37	31446	13.53	42973	18.49
安阳市	**1486536**	**153548**	**10.33**	**292723**	**19.69**	**377668**	**25.41**
文峰区	121130	10422	8.60	21758	17.96	41583	34.33
北关区	74565	6986	9.37	14719	19.74	27732	37.19
殷都区	77673	8826	11.36	17233	22.19	28628	36.86
龙安区	59642	4869	8.16	9585	16.07	16291	27.31
安阳县	246385	25641	10.41	49011	19.89	60044	24.37
汤阴县	117542	9098	7.74	21793	18.54	27058	23.02
滑县	348913	29055	8.33	61388	17.59	74580	21.37
内黄县	176350	17484	9.91	28761	16.31	30030	17.03
林州市	264336	41167	15.57	68475	25.90	71722	27.13
鹤壁市	**401216**	**25201**	**6.28**	**55914**	**13.94**	**89179**	**22.23**
鹤山区	36620	3309	9.04	5462	14.92	10381	28.35
山城区	64156	4756	7.41	9814	15.30	21362	33.30
淇滨区	72151	4442	6.16	11691	16.20	20850	28.90
浚县	161483	8796	5.45	20669	12.80	25332	15.69
淇县	66806	3898	5.83	8278	12.39	11254	16.85
新乡市	**1435177**	**96772**	**6.74**	**211057**	**14.71**	**302480**	**21.08**
红旗区	100756	10058	9.98	20543	20.39	33231	32.98
卫滨区	58807	6212	10.56	12719	21.63	20165	34.29
凤泉区	34506	1875	5.43	4414	12.79	7865	22.79
牧野区	87379	8577	9.82	18696	21.40	28923	33.10
新乡县	75553	2889	3.82	6327	8.37	10670	14.12
获嘉县	98431	6231	6.33	12009	12.20	17090	17.36
原阳县	153294	7248	4.73	16591	10.82	24169	15.77
延津县	112847	6244	5.53	14224	12.60	17308	15.34
封丘县	183688	10663	5.80	22861	12.45	28680	15.61
长垣县	201140	12213	6.07	28310	14.07	37197	18.49
卫辉市	123462	7825	6.34	17521	14.19	26113	21.15
辉县市	205314	16737	8.15	36842	17.94	51069	24.87
焦作市	**873312**	**49165**	**5.63**	**119253**	**13.66**	**201895**	**23.12**
解放区	85673	6625	7.73	17008	19.85	34118	39.82
中站区	29395	2069	7.04	4809	16.36	8678	29.52
马村区	33514	1697	5.06	4026	12.01	7938	23.69
山阳区	82653	5695	6.89	14735	17.83	29787	36.04
修武县	70251	3203	4.56	8842	12.59	13287	18.91
博爱县	104346	4944	4.74	11926	11.43	19799	18.97
武陟县	159610	6660	4.17	15185	9.51	22885	14.34
温县	102810	5991	5.83	13461	13.09	19269	18.74
沁阳市	110845	5536	4.99	14251	12.86	24122	21.76
孟州市	94215	6745	7.16	15010	15.93	22012	23.36

1-10 续表 2

单位：户、%

地 区	家庭户户数	一人户		二人户		三人户	
		户数	比重	户数	比重	户数	比重
濮阳市	**952240**	**72405**	**7.60**	**166344**	**17.47**	**212521**	**22.32**
华龙区	189020	14508	7.68	38313	20.27	65453	34.63
清丰县	168657	13129	7.78	29465	17.47	32154	19.06
南乐县	117025	7864	6.72	19712	16.84	23392	19.99
范县	128171	11141	8.69	24185	18.87	26318	20.53
台前县	87190	7084	8.12	16198	18.58	16241	18.63
濮阳县	262177	18679	7.12	38471	14.67	48963	18.68
许昌市	**1156026**	**102402**	**8.86**	**214262**	**18.53**	**274439**	**23.74**
魏都区	130468	12763	9.78	28871	22.13	51421	39.41
许昌县	206259	17054	8.27	32154	15.59	44339	21.50
鄢陵县	143836	12465	8.67	27918	19.41	31708	22.04
襄城县	197761	22041	11.15	44537	22.52	43933	22.22
禹州市	299663	25767	8.60	55038	18.37	64137	21.40
长葛市	178039	12312	6.92	25744	14.46	38901	21.85
漯河市	**662051**	**53795**	**8.13**	**106554**	**16.09**	**159704**	**24.12**
源汇区	86536	7263	8.39	14948	17.27	28393	32.81
郾城区	124851	10410	8.34	21037	16.85	33143	26.55
召陵区	124304	9236	7.43	18283	14.71	27728	22.31
舞阳县	146113	13949	9.55	25763	17.63	35376	24.21
临颍县	180247	12937	7.18	26523	14.71	35064	19.45
三门峡市	**629601**	**63899**	**10.15**	**115563**	**18.35**	**181154**	**28.77**
湖滨区	105174	14795	14.07	25045	23.81	40130	38.16
渑池县	92965	9543	10.27	14972	16.10	22015	23.68
陕县	96596	9261	9.59	18456	19.11	27822	28.80
卢氏县	103953	12154	11.69	18014	17.33	26148	25.15
义马市	43518	4380	10.06	9610	22.08	14924	34.29
灵宝市	187395	13766	7.35	29466	15.72	50115	26.74
南阳市	**2747972**	**266131**	**9.68**	**485285**	**17.66**	**625293**	**22.75**
宛城区	243365	22137	9.10	46020	18.91	66272	27.23
卧龙区	246304	23844	9.68	47399	19.24	67053	27.22
南召县	154116	15924	10.33	25552	16.58	33465	21.71
方城县	258477	31360	12.13	47421	18.35	52447	20.29
西峡县	123310	12071	9.79	20234	16.41	30374	24.63
镇平县	230732	22392	9.70	38912	16.86	51149	22.17
内乡县	161421	17001	10.53	30244	18.74	36084	22.35
淅川县	175665	14649	8.34	25901	14.74	34442	19.61
社旗县	160689	13630	8.48	23123	14.39	31804	19.79
唐河县	331373	31659	9.55	59276	17.89	71859	21.69
新野县	180935	19345	10.69	36964	20.43	43170	23.86
桐柏县	114417	12333	10.78	23589	20.62	26172	22.87
邓州市	367168	29786	8.11	60650	16.52	81002	22.06

1-10 续表 3

单位：户、%

地　区	家庭户户　数	一人户		二人户		三人户	
		户数	比重	户数	比重	户数	比重
商丘市	**2198804**	**243157**	**11.06**	**533076**	**24.24**	**479505**	**21.81**
梁园区	202356	15954	7.88	32756	16.19	46729	23.09
睢阳区	213987	19132	8.94	45847	21.43	49219	23.00
民权县	208487	20844	10.00	49162	23.58	46905	22.50
睢县	209412	21513	10.27	51800	24.74	44325	21.17
宁陵县	153492	15135	9.86	36248	23.62	33909	22.09
柘城县	245310	28107	11.46	66653	27.17	55278	22.53
虞城县	285503	31414	11.00	70233	24.60	57204	20.04
夏邑县	301523	41032	13.61	88024	29.19	63352	21.01
永城市	378734	50026	13.21	92353	24.38	82584	21.81
信阳市	**1825919**	**227959**	**12.48**	**428367**	**23.46**	**419905**	**23.00**
浉河区	181403	22314	12.30	46535	25.65	56068	30.91
平桥区	198222	25223	12.72	51343	25.90	51616	26.04
罗山县	157754	21519	13.64	40540	25.70	37087	23.51
光山县	171030	19520	11.41	36014	21.06	34324	20.07
新县	88835	12621	14.21	22554	25.39	23509	26.46
商城县	155274	21475	13.83	39038	25.14	38296	24.66
固始县	328592	51438	15.65	86371	26.29	69693	21.21
潢川县	185398	21135	11.40	42205	22.76	42226	22.78
淮滨县	152684	13520	8.85	28483	18.65	29945	19.61
息县	206727	19194	9.28	35284	17.07	37141	17.97
周口市	**2505505**	**231873**	**9.25**	**520147**	**20.76**	**541359**	**21.61**
川汇区	130444	10108	7.75	20986	16.09	36122	27.69
扶沟县	169346	14697	8.68	33262	19.64	36084	21.31
西华县	207536	15391	7.42	34864	16.80	40217	19.38
商水县	261378	24008	9.19	51048	19.53	56274	21.53
沈丘县	275005	25670	9.33	55630	20.23	58318	21.21
郸城县	293894	31534	10.73	67470	22.96	62160	21.15
淮阳县	297172	26308	8.85	61316	20.63	59164	19.91
太康县	320656	31259	9.75	78249	24.40	64870	20.23
鹿邑县	276486	27687	10.01	67927	24.57	67163	24.29
项城市	273588	25211	9.21	49395	18.05	60987	22.29
驻马店市	**2056880**	**225029**	**10.94**	**429958**	**20.90**	**489066**	**23.78**
驿城区	192007	18179	9.47	36670	19.10	57304	29.84
西平县	203031	21146	10.42	43573	21.46	50699	24.97
上蔡县	304479	39556	12.99	63852	20.97	63632	20.90
平舆县	217875	22410	10.29	47283	21.70	52275	23.99
正阳县	188866	19166	10.15	41020	21.72	44684	23.66
确山县	131582	17627	13.40	33872	25.74	34964	26.57
泌阳县	226512	25397	11.21	45749	20.20	50006	22.08
汝南县	212598	21958	10.33	36997	17.40	43982	20.69
遂平县	133735	15023	11.23	26954	20.15	35093	26.24
新蔡县	246195	24567	9.98	53988	21.93	56427	22.92
济源市	**177533**	**11992**	**6.75**	**28049**	**15.80**	**46148**	**25.99**
济源市	177533	11992	6.75	28049	15.80	46148	25.99

1-10 续表 4

单位：户、%

地 区	四人户		五人户		六人户	
	户数	比重	户数	比重	户数	比重
总 计	**6142375**	**23.69**	**3437022**	**13.26**	**1712777**	**6.61**
郑州市	**476043**	**19.54**	**244837**	**10.05**	**126738**	**5.20**
中原区	40207	14.61	18475	6.71	6699	2.43
二七区	32123	15.33	14650	6.99	4953	2.36
管城回族区	35410	17.82	14397	7.25	5937	2.99
金水区	61857	11.68	27026	5.10	8495	1.60
上街区	6586	14.89	2879	6.51	1030	2.33
惠济区	14932	20.19	6976	9.43	3569	4.83
中牟县	48172	26.94	28352	15.85	19818	11.08
巩义市	50962	24.35	29469	14.08	15486	7.40
荥阳市	40151	23.50	22288	13.05	12166	7.12
新密市	52377	25.05	29907	14.30	18101	8.66
新郑市	45592	26.56	25080	14.61	16336	9.52
登封市	47674	28.71	25338	15.26	14148	8.52
开封市	**305253**	**24.60**	**178176**	**14.36**	**93340**	**7.52**
龙亭区	6638	18.34	3828	10.57	1847	5.10
顺河回族区	10990	14.64	5967	7.95	2596	3.46
鼓楼区	6597	13.53	3389	6.95	1294	2.65
禹王台区	6646	15.17	3250	7.42	1442	3.29
金明区	11614	18.39	6727	10.65	3724	5.90
杞县	60842	23.89	35849	14.08	13741	5.40
通许县	44705	30.25	23923	16.19	13029	8.82
尉氏县	59755	28.34	38617	18.31	25968	12.32
开封县	50592	29.06	30141	17.31	17405	10.00
兰考县	46874	25.13	26485	14.20	12294	6.59
洛阳市	**422174**	**23.37**	**244869**	**13.56**	**115855**	**6.41**
老城区	8619	16.87	4255	8.33	1579	3.09
西工区	16498	13.27	7955	6.40	2208	1.78
瀍河回族区	7779	13.91	3715	6.64	1153	2.06
涧西区	27884	13.54	13586	6.60	4053	1.97
吉利区	3601	16.01	1709	7.60	823	3.66
洛龙区	33015	25.78	18324	14.31	9899	7.73
孟津县	28793	24.61	14877	12.71	6912	5.91
新安县	34383	27.25	17964	14.24	8104	6.42
栾川县	27996	29.55	12689	13.39	6080	6.42
嵩县	34167	24.29	20244	14.39	9807	6.97
汝阳县	27117	25.43	18501	17.35	9250	8.67
宜阳县	45413	28.17	29572	18.34	14193	8.80
洛宁县	32400	28.66	17954	15.88	7402	6.55
伊川县	49410	27.38	37404	20.72	18819	10.43
偃师市	45099	25.28	26120	14.64	15573	8.73

1-10 续表 5

单位：户、%

地　区	四人户		五人户		六人户	
	户数	比重	户数	比重	户数	比重
平顶山市	**322861**	**24.17**	**180398**	**13.50**	**89982**	**6.74**
新华区	19797	18.82	9896	9.41	3617	3.44
卫东区	15387	15.70	7079	7.22	2194	2.24
石龙区	2674	22.11	1109	9.17	471	3.89
湛河区	15182	18.35	7636	9.23	3329	4.02
宝丰县	35791	26.67	18709	13.94	9691	7.22
叶县	53612	25.37	30816	14.58	16026	7.58
鲁山县	56479	26.52	33193	15.59	15619	7.33
郏县	43379	28.38	21148	13.84	12166	7.96
舞钢市	18032	19.13	10474	11.11	4623	4.90
汝州市	62528	26.91	40338	17.36	22246	9.57
安阳市	**354843**	**23.87**	**174836**	**11.76**	**89734**	**6.04**
文峰区	25768	21.27	12732	10.51	6073	5.01
北关区	14139	18.96	7304	9.80	2381	3.19
殷都区	12789	16.47	6345	8.17	2588	3.33
龙安区	15366	25.76	7261	12.17	4010	6.72
安阳县	61027	24.77	29313	11.90	15106	6.13
汤阴县	28917	24.60	16633	14.15	10093	8.59
滑县	102264	29.31	46635	13.37	23982	6.87
内黄县	46683	26.47	25550	14.49	16457	9.33
林州市	47890	18.12	23063	8.72	9044	3.42
鹤壁市	**109287**	**27.24**	**62667**	**15.62**	**38922**	**9.70**
鹤山区	9324	25.46	4749	12.97	2007	5.48
山城区	14996	23.37	7789	12.14	3164	4.93
淇滨区	17490	24.24	9655	13.38	5404	7.49
浚县	47175	29.21	29188	18.07	20408	12.64
淇县	20302	30.39	11286	16.89	7939	11.88
新乡市	**375533**	**26.17**	**228385**	**15.91**	**142629**	**9.94**
红旗区	17678	17.55	9968	9.89	5831	5.79
卫滨区	10158	17.27	5597	9.52	2474	4.21
凤泉区	8556	24.80	5540	16.06	3985	11.55
牧野区	15447	17.68	8946	10.24	4264	4.88
新乡县	21721	28.75	13898	18.40	12825	16.97
获嘉县	26758	27.18	16567	16.83	12203	12.40
原阳县	42843	27.95	29124	19.00	19443	12.68
延津县	33459	29.65	21039	18.64	13610	12.06
封丘县	56087	30.53	33776	18.39	21196	11.54
长垣县	58630	29.15	35886	17.84	18081	8.99
卫辉市	33331	27.00	19792	16.03	12931	10.47
辉县市	50865	24.77	28252	13.76	15786	7.69
焦作市	**223624**	**25.61**	**141120**	**16.16**	**91108**	**10.43**
解放区	14742	17.21	8454	9.87	2855	3.33
中站区	6922	23.55	3776	12.85	2033	6.92
马村区	9208	27.48	5267	15.72	3465	10.34
山阳区	16327	19.75	9641	11.66	3989	4.83
修武县	19825	28.22	12076	17.19	9105	12.96
博爱县	29513	28.28	18165	17.41	13176	12.63
武陟县	45835	28.72	30848	19.33	22877	14.33
温县	28093	27.33	18001	17.51	12219	11.89
沁阳市	29295	26.43	19904	17.96	12795	11.54
孟州市	23864	25.33	14988	15.91	8594	9.12

1-10 续表 6　　单位：户、%

地　区	四人户		五人户		六人户	
	户数	比重	户数	比重	户数	比重
濮阳市	**238277**	**25.02**	**136448**	**14.33**	**75381**	**7.92**
华龙区	37837	20.02	17859	9.45	8885	4.70
清丰县	45522	26.99	25683	15.23	14262	8.46
南乐县	29832	25.49	17708	15.13	10655	9.10
范县	32951	25.71	19021	14.84	8914	6.95
台前县	22289	25.56	13109	15.03	7557	8.67
濮阳县	69846	26.64	43068	16.43	25108	9.58
许昌市	**282453**	**24.43**	**160337**	**13.87**	**87713**	**7.59**
魏都区	20078	15.39	12234	9.38	3444	2.64
许昌县	56200	27.25	32347	15.68	17788	8.62
鄢陵县	37692	26.20	19661	13.67	10326	7.18
襄城县	45877	23.20	26662	13.48	10692	5.41
禹州市	76387	25.49	41712	13.92	25916	8.65
长葛市	46219	25.96	27721	15.57	19547	10.98
漯河市	**162595**	**24.56**	**106689**	**16.11**	**50078**	**7.56**
源汇区	18314	21.16	10869	12.56	4679	5.41
郾城区	29818	23.88	17768	14.23	9060	7.26
召陵区	31748	25.54	20334	16.36	11319	9.11
舞阳县	34873	23.87	21619	14.80	10112	6.92
临颍县	47842	26.54	36099	20.03	14908	8.27
三门峡市	**149023**	**23.67**	**73281**	**11.64**	**32713**	**5.20**
湖滨区	15263	14.51	6874	6.54	2118	2.01
渑池县	26447	28.45	11766	12.66	5523	5.94
陕县	23355	24.18	11052	11.44	5006	5.18
卢氏县	28653	27.56	12670	12.19	4944	4.76
义马市	8866	20.37	3736	8.58	1276	2.93
灵宝市	46439	24.78	27183	14.51	13846	7.39
南阳市	**671864**	**24.45**	**394785**	**14.37**	**188069**	**6.84**
宛城区	54778	22.51	31146	12.80	14694	6.04
卧龙区	54432	22.10	31117	12.63	13754	5.58
南召县	40274	26.13	22226	14.42	10350	6.72
方城县	64111	24.80	37554	14.53	16140	6.24
西峡县	32220	26.13	17437	14.14	8315	6.74
镇平县	58065	25.17	33607	14.57	17335	7.51
内乡县	39646	24.56	22663	14.04	11250	6.97
淅川县	46036	26.21	29095	16.56	15215	8.66
社旗县	42058	26.17	28183	17.54	12559	7.82
唐河县	80265	24.22	48402	14.61	23816	7.19
新野县	40338	22.29	24178	13.36	11036	6.10
桐柏县	29273	25.58	13833	12.09	6094	5.33
邓州市	90368	24.61	55344	15.07	27511	7.49

1-10 续表 7 单位：户、%

地区	四人户		五人户		六人户	
	户数	比重	户数	比重	户数	比重
商丘市	**522727**	**23.77**	**257486**	**11.71**	**100707**	**4.58**
梁园区	50220	24.82	30644	15.14	14062	6.95
睢阳区	53906	25.19	26768	12.51	11929	5.57
民权县	49614	23.80	25929	12.44	10381	4.98
睢县	50184	23.96	26351	12.58	9692	4.63
宁陵县	36337	23.67	18597	12.12	8134	5.30
柘城县	56921	23.20	25327	10.32	8659	3.53
虞城县	70681	24.76	36198	12.68	12402	4.34
夏邑县	66594	22.09	27830	9.23	9706	3.22
永城市	88270	23.31	39842	10.52	15742	4.16
信阳市	**394919**	**21.63**	**208273**	**11.41**	**95366**	**5.22**
浉河区	33343	18.38	15316	8.44	5852	3.23
平桥区	38877	19.61	18652	9.41	8798	4.44
罗山县	32989	20.91	15427	9.78	7109	4.51
光山县	42483	24.84	21808	12.75	11036	6.45
新县	18901	21.28	7386	8.31	2651	2.98
商城县	32024	20.62	15416	9.93	6302	4.06
固始县	69421	21.13	30726	9.35	14211	4.32
潢川县	40948	22.09	22809	12.30	11174	6.03
淮滨县	36528	23.92	24858	16.28	11411	7.47
息县	49405	23.90	35875	17.35	16822	8.14
周口市	**615787**	**24.58**	**348074**	**13.89**	**160347**	**6.40**
川汇区	31884	24.44	17213	13.20	8963	6.87
扶沟县	43511	25.69	23585	13.93	13430	7.93
西华县	57308	27.61	31725	15.29	19596	9.44
商水县	65022	24.88	37182	14.23	18392	7.04
沈丘县	67734	24.63	39003	14.18	18019	6.55
郸城县	70233	23.90	38658	13.15	14713	5.01
淮阳县	73077	24.59	45204	15.21	19537	6.57
太康县	75377	23.51	42210	13.16	17881	5.58
鹿邑县	62145	22.48	32738	11.84	12110	4.38
项城市	69496	25.40	40556	14.82	17706	6.47
驻马店市	**468280**	**22.77**	**269329**	**13.09**	**121124**	**5.89**
驿城区	41118	21.41	22245	11.59	11896	6.20
西平县	44755	22.04	26524	13.06	12653	6.23
上蔡县	70170	23.05	37794	12.41	19215	6.31
平舆县	50978	23.40	26501	12.16	12691	5.82
正阳县	45088	23.87	23452	12.42	10746	5.69
确山县	27339	20.78	11475	8.72	4879	3.71
泌阳县	55120	24.33	31046	13.71	11935	5.27
汝南县	48404	22.77	40473	19.04	15195	7.15
遂平县	28518	21.32	17621	13.18	7899	5.91
新蔡县	56790	23.07	32198	13.08	14015	5.69
济源市	**46832**	**26.38**	**27032**	**15.23**	**12971**	**7.31**
济源市	46832	26.38	27032	15.23	12971	7.31

1-10 续表 8

单位：户、%

地区	七人户		八人户		九人户		十人及以上户	
	户数	比重	户数	比重	户数	比重	户数	比重
总计	**584531**	**2.25**	**196633**	**0.76**	**80190**	**0.31**	**67332**	**0.26**
郑州市	**41442**	**1.70**	**14192**	**0.58**	**5550**	**0.23**	**3935**	**0.16**
中原区	1984	0.72	800	0.29	309	0.11	244	0.09
二七区	1575	0.75	494	0.24	247	0.12	157	0.07
管城回族区	1956	0.98	644	0.32	250	0.13	245	0.12
金水区	2677	0.51	1334	0.25	349	0.07	291	0.05
上街区	242	0.55	102	0.23	39	0.09	15	0.03
惠济区	1010	1.37	306	0.41	156	0.21	98	0.13
中牟县	6861	3.84	1860	1.04	624	0.35	402	0.22
巩义市	5916	2.83	2382	1.14	1186	0.57	914	0.44
荥阳市	3315	1.94	1206	0.71	433	0.25	252	0.15
新密市	5816	2.78	1873	0.90	719	0.34	468	0.22
新郑市	4875	2.84	1532	0.89	545	0.32	316	0.18
登封市	5215	3.14	1659	1.00	693	0.42	533	0.32
开封市	**34975**	**2.82**	**12225**	**0.99**	**5546**	**0.45**	**7901**	**0.64**
龙亭区	642	1.77	238	0.66	99	0.27	59	0.16
顺河回族区	854	1.14	359	0.48	114	0.15	69	0.09
鼓楼区	466	0.96	135	0.28	32	0.07	13	0.03
禹王台区	427	0.97	146	0.33	60	0.14	45	0.10
金明区	1220	1.93	376	0.60	138	0.22	99	0.16
杞县	6114	2.40	3296	1.29	2437	0.96	5655	2.22
通许县	4095	2.77	1147	0.78	423	0.29	340	0.23
尉氏县	9776	4.64	2853	1.35	823	0.39	504	0.24
开封县	6386	3.67	1923	1.10	713	0.41	494	0.28
兰考县	4995	2.68	1752	0.94	707	0.38	623	0.33
洛阳市	**42593**	**2.36**	**13212**	**0.73**	**5111**	**0.28**	**3838**	**0.21**
老城区	598	1.17	309	0.60	148	0.29	154	0.30
西工区	739	0.59	288	0.23	111	0.09	48	0.04
瀍河回族区	398	0.71	190	0.34	69	0.12	43	0.08
涧西区	1254	0.61	495	0.24	171	0.08	115	0.06
吉利区	205	0.91	59	0.26	19	0.08	6	0.03
洛龙区	3704	2.89	1449	1.13	634	0.49	499	0.39
孟津县	2079	1.78	583	0.50	212	0.18	161	0.14
新安县	2634	2.09	746	0.59	268	0.21	182	0.14
栾川县	1413	1.49	312	0.33	116	0.12	57	0.06
嵩县	3976	2.83	1150	0.82	455	0.32	357	0.25
汝阳县	3791	3.56	1039	0.97	271	0.25	155	0.15
宜阳县	5497	3.41	1622	1.01	602	0.37	460	0.29
洛宁县	2597	2.30	799	0.71	311	0.28	200	0.18
伊川县	9036	5.01	2893	1.60	1198	0.66	1010	0.56
偃师市	4672	2.62	1278	0.72	526	0.29	391	0.22

1-10 续表 9

单位：户、%

地 区	七人户		八人户		九人户		十人及以上户	
	户数	比重	户数	比重	户数	比重	户数	比重
平顶山市	**32384**	**2.42**	**10897**	**0.82**	**4509**	**0.34**	**3448**	**0.26**
新华区	1505	1.43	639	0.61	301	0.29	260	0.25
卫东区	726	0.74	315	0.32	108	0.11	99	0.10
石龙区	145	1.20	34	0.28	14	0.12	9	0.07
湛河区	1155	1.40	412	0.50	194	0.23	129	0.16
宝丰县	2933	2.19	855	0.64	280	0.21	160	0.12
叶县	4897	2.32	1625	0.77	760	0.36	486	0.23
鲁山县	6166	2.90	2212	1.04	947	0.44	743	0.35
郏县	3749	2.45	1086	0.71	464	0.30	386	0.25
舞钢市	1219	1.29	344	0.36	96	0.10	54	0.06
汝州市	9889	4.26	3375	1.45	1345	0.58	1122	0.48
安阳市	**27151**	**1.83**	**8863**	**0.60**	**3515**	**0.24**	**3655**	**0.25**
文峰区	1827	1.51	616	0.51	212	0.18	139	0.11
北关区	738	0.99	340	0.46	121	0.16	105	0.14
殷都区	723	0.93	304	0.39	139	0.18	98	0.13
龙安区	1427	2.39	461	0.77	203	0.34	169	0.28
安阳县	4103	1.67	1299	0.53	538	0.22	303	0.12
汤阴县	2802	2.38	786	0.67	249	0.21	113	0.10
滑县	7328	2.10	2290	0.66	824	0.24	567	0.16
内黄县	6074	3.44	2214	1.26	1041	0.59	2056	1.17
林州市	2129	0.81	553	0.21	188	0.07	105	0.04
鹤壁市	**13447**	**3.35**	**4077**	**1.02**	**1476**	**0.37**	**1046**	**0.26**
鹤山区	792	2.16	386	1.05	114	0.31	96	0.26
山城区	1300	2.03	486	0.76	278	0.43	211	0.33
淇滨区	1787	2.48	536	0.74	195	0.27	101	0.14
浚县	6885	4.26	1935	1.20	638	0.40	457	0.28
淇县	2683	4.02	734	1.10	251	0.38	181	0.27
新乡市	**50582**	**3.52**	**16089**	**1.12**	**6313**	**0.44**	**5337**	**0.37**
红旗区	2076	2.06	785	0.78	313	0.31	273	0.27
卫滨区	895	1.52	375	0.64	135	0.23	77	0.13
凤泉区	1508	4.37	454	1.32	169	0.49	140	0.41
牧野区	1575	1.80	560	0.64	207	0.24	184	0.21
新乡县	4632	6.13	1464	1.94	638	0.84	489	0.65
获嘉县	4815	4.89	1566	1.59	650	0.66	542	0.55
原阳县	8665	5.65	2957	1.93	1161	0.76	1093	0.71
延津县	4786	4.24	1310	1.16	438	0.39	429	0.38
封丘县	7042	3.83	2059	1.12	711	0.39	613	0.33
长垣县	6346	3.16	2319	1.15	1090	0.54	1068	0.53
卫辉市	4225	3.42	1104	0.89	383	0.31	237	0.19
辉县市	4017	1.96	1136	0.55	418	0.20	192	0.09
焦作市	**30021**	**3.44**	**9942**	**1.14**	**4262**	**0.49**	**2922**	**0.33**
解放区	1082	1.26	501	0.58	179	0.21	109	0.13
中站区	658	2.24	249	0.85	123	0.42	78	0.27
马村区	1260	3.76	386	1.15	159	0.47	108	0.32
山阳区	1488	1.80	567	0.69	242	0.29	182	0.22
修武县	2754	3.92	722	1.03	277	0.39	160	0.23
博爱县	3936	3.77	1489	1.43	801	0.77	597	0.57
武陟县	9715	6.09	3248	2.03	1353	0.85	1004	0.63
温县	3842	3.74	1104	1.07	484	0.47	346	0.34
沁阳市	3260	2.94	1046	0.94	408	0.37	228	0.21
孟州市	2026	2.15	630	0.67	236	0.25	110	0.12

1-10 续表 10　　　　单位：户、%

地　区	七人户		八人户		九人户		十人及以上户	
	户数	比重	户数	比重	户数	比重	户数	比重
濮阳市	**30573**	**3.21**	**11123**	**1.17**	**5085**	**0.53**	**4083**	**0.43**
华龙区	3774	2.00	1294	0.68	592	0.31	505	0.27
清丰县	5379	3.19	1799	1.07	778	0.46	486	0.29
南乐县	4455	3.81	1847	1.58	854	0.73	706	0.60
范县	3547	2.77	1200	0.94	497	0.39	397	0.31
台前县	2828	3.24	985	1.13	458	0.53	441	0.51
濮阳县	10590	4.04	3998	1.52	1906	0.73	1548	0.59
许昌市	**23993**	**2.08**	**6561**	**0.57**	**2366**	**0.20**	**1500**	**0.13**
魏都区	995	0.76	462	0.35	127	0.10	73	0.06
许昌县	4378	2.12	1268	0.61	458	0.22	273	0.13
鄢陵县	2770	1.93	829	0.58	281	0.20	186	0.13
襄城县	2890	1.46	730	0.37	265	0.13	134	0.07
禹州市	7618	2.54	1917	0.64	683	0.23	488	0.16
长葛市	5342	3.00	1355	0.76	552	0.31	346	0.19
漯河市	**14743**	**2.23**	**4608**	**0.70**	**1958**	**0.30**	**1327**	**0.20**
源汇区	1338	1.55	434	0.50	170	0.20	128	0.15
郾城区	2476	1.98	704	0.56	274	0.22	161	0.13
召陵区	3629	2.92	1160	0.93	521	0.42	346	0.28
舞阳县	2960	2.03	887	0.61	348	0.24	226	0.15
临颍县	4340	2.41	1423	0.79	645	0.36	466	0.26
三门峡市	**9308**	**1.48**	**2848**	**0.45**	**1147**	**0.18**	**665**	**0.11**
湖滨区	581	0.55	227	0.22	71	0.07	70	0.07
渑池县	1749	1.88	560	0.60	243	0.26	147	0.16
陕县	1195	1.24	278	0.29	105	0.11	66	0.07
卢氏县	1013	0.97	245	0.24	72	0.07	40	0.04
义马市	472	1.08	148	0.34	66	0.15	40	0.09
灵宝市	4298	2.29	1390	0.74	590	0.31	302	0.16
南阳市	**66969**	**2.44**	**26443**	**0.96**	**12171**	**0.44**	**10962**	**0.40**
宛城区	4779	1.96	1997	0.82	824	0.34	718	0.30
卧龙区	4813	1.95	1805	0.73	830	0.34	1257	0.51
南召县	3896	2.53	1404	0.91	586	0.38	439	0.28
方城县	6014	2.33	2040	0.79	819	0.32	571	0.22
西峡县	1925	1.56	468	0.38	185	0.15	81	0.07
镇平县	5417	2.35	2082	0.90	1024	0.44	749	0.32
内乡县	3187	1.97	833	0.52	318	0.20	195	0.12
淅川县	6083	3.46	2290	1.30	990	0.56	964	0.55
社旗县	5084	3.16	2210	1.38	1076	0.67	962	0.60
唐河县	8993	2.71	3824	1.15	1799	0.54	1480	0.45
新野县	3431	1.90	1370	0.76	637	0.35	466	0.26
桐柏县	2038	1.78	659	0.58	247	0.22	179	0.16
邓州市	11309	3.08	5461	1.49	2836	0.77	2901	0.79

1-10 续表 11

单位：户、%

地 区	七人户		八人户		九人户		十人及以上户	
	户数	比重	户数	比重	户数	比重	户数	比重
商丘市	**37613**	**1.71**	**13913**	**0.63**	**5739**	**0.26**	**4881**	**0.22**
梁园区	6322	3.12	2785	1.38	1435	0.71	1449	0.72
睢阳区	4446	2.08	1662	0.78	586	0.27	492	0.23
民权县	3716	1.78	1185	0.57	463	0.22	288	0.14
睢县	3508	1.68	1208	0.58	434	0.21	397	0.19
宁陵县	3021	1.97	1142	0.74	510	0.33	459	0.30
柘城县	2940	1.20	906	0.37	312	0.13	207	0.08
虞城县	4366	1.53	1659	0.58	698	0.24	648	0.23
夏邑县	3216	1.07	1074	0.36	396	0.13	299	0.10
永城市	6078	1.60	2292	0.61	905	0.24	642	0.17
信阳市	**31833**	**1.74**	**11120**	**0.61**	**4535**	**0.25**	**3642**	**0.20**
浉河区	1290	0.71	451	0.25	143	0.08	91	0.05
平桥区	2466	1.24	773	0.39	321	0.16	153	0.08
罗山县	1971	1.25	657	0.42	281	0.18	174	0.11
光山县	3641	2.13	1238	0.72	522	0.31	444	0.26
新县	731	0.82	265	0.30	126	0.14	91	0.10
商城县	1848	1.19	545	0.35	199	0.13	131	0.08
固始县	4196	1.28	1464	0.45	582	0.18	490	0.15
潢川县	3282	1.77	971	0.52	387	0.21	261	0.14
淮滨县	4948	3.24	1813	1.19	647	0.42	531	0.35
息县	7460	3.61	2943	1.42	1327	0.64	1276	0.62
周口市	**57458**	**2.29**	**18430**	**0.74**	**6755**	**0.27**	**5275**	**0.21**
川汇区	3397	2.60	1102	0.84	387	0.30	282	0.22
扶沟县	3615	2.13	792	0.47	246	0.15	124	0.07
西华县	5869	2.83	1654	0.80	537	0.26	375	0.18
商水县	6748	2.58	1853	0.71	540	0.21	311	0.12
沈丘县	6557	2.38	2319	0.84	975	0.35	780	0.28
郸城县	5768	1.96	1898	0.65	727	0.25	733	0.25
淮阳县	8044	2.71	2721	0.92	1039	0.35	762	0.26
太康县	6687	2.09	2345	0.73	929	0.29	849	0.26
鹿邑县	4354	1.57	1483	0.54	491	0.18	388	0.14
项城市	6419	2.35	2263	0.83	884	0.32	671	0.25
驻马店市	**36132**	**1.76**	**11304**	**0.55**	**3877**	**0.19**	**2781**	**0.14**
驿城区	3224	1.68	907	0.47	276	0.14	188	0.10
西平县	2739	1.35	675	0.33	179	0.09	88	0.04
上蔡县	6869	2.26	2185	0.72	725	0.24	481	0.16
平舆县	3638	1.67	1241	0.57	486	0.22	372	0.17
正阳县	3085	1.63	1027	0.54	332	0.18	266	0.14
确山县	1085	0.82	252	0.19	62	0.05	27	0.02
泌阳县	4384	1.94	1607	0.71	684	0.30	584	0.26
汝南县	4056	1.91	1023	0.48	321	0.15	189	0.09
遂平县	1920	1.44	490	0.37	146	0.11	71	0.05
新蔡县	5132	2.08	1897	0.77	666	0.27	515	0.21
济源市	**3314**	**1.87**	**786**	**0.44**	**275**	**0.15**	**134**	**0.08**
济源市	3314	1.87	786	0.44	275	0.15	134	0.08

1-10a 各地区家庭户规模(城市)

单位：户、%

地　区	家庭户户　数	一人户 户数	一人户 比重	二人户 户数	二人户 比重	三人户 户数	三人户 比重
总　计	**5349707**	**703520**	**13.15**	**1146329**	**21.43**	**1838439**	**34.37**
郑州市	**1454120**	**316733**	**21.78**	**328502**	**22.59**	**450318**	**30.97**
中原区	257878	50793	19.70	61187	23.73	86184	33.42
二七区	187044	33796	18.07	45464	24.31	66467	35.54
管城回族区	156720	25806	16.47	37860	24.16	53274	33.99
金水区	503178	165442	32.88	116079	23.07	132013	26.24
上街区	40284	4608	11.44	10276	25.51	16416	40.75
惠济区	47407	13796	29.10	9117	19.23	11781	24.85
中牟县	172	17	9.88	24	13.95	30	17.44
巩义市	44861	3453	7.70	8412	18.75	15540	34.64
荥阳市	61400	5728	9.33	11566	18.84	20556	33.48
新密市	73454	7254	9.88	15107	20.57	21782	29.65
新郑市	51159	4003	7.82	9047	17.68	16542	32.33
登封市	30563	2037	6.66	4363	14.28	9733	31.85
开封市	**225649**	**27985**	**12.40**	**57785**	**25.61**	**85729**	**37.99**
龙亭区	27388	3315	12.10	6647	24.27	9839	35.92
顺河回族区	66266	8231	12.42	17626	26.60	25528	38.52
鼓楼区	46393	6243	13.46	12141	26.17	17667	38.08
禹王台区	35999	5876	16.32	9499	26.39	13481	37.45
金明区	49603	4320	8.71	11872	23.93	19214	38.74
杞县							
通许县							
尉氏县							
开封县							
兰考县							
洛阳市	**551676**	**71217**	**12.91**	**128769**	**23.34**	**201566**	**36.54**
老城区	46235	5540	11.98	9736	21.06	18304	39.59
西工区	116236	18323	15.76	30030	25.84	44423	38.22
瀍河回族区	52307	6256	11.96	13526	25.86	21130	40.40
涧西区	192192	28297	14.72	47948	24.95	76484	39.80
吉利区	15704	1867	11.89	4754	30.27	5950	37.89
洛龙区	64578	5879	9.10	11771	18.23	17922	27.75
孟津县	353	25	7.08	48	13.60	83	23.51
新安县							
栾川县							
嵩县	460	50	10.87	94	20.43	118	25.65
汝阳县							
宜阳县							
洛宁县							
伊川县	1097	18	1.64	66	6.02	86	7.84
偃师市	62514	4962	7.94	10796	17.27	17066	27.30

1-10a 续表 1

单位：户、%

地 区	家庭户	一人户		二人户		三人户	
	户 数	户数	比重	户数	比重	户数	比重
平顶山市	**332137**	**33359**	**10.04**	**69684**	**20.98**	**128132**	**38.58**
新华区	83747	9067	10.83	17232	20.58	32985	39.39
卫东区	90118	8457	9.38	19992	22.18	39837	44.21
石龙区	10074	1445	14.34	2222	22.06	2923	29.02
湛河区	61939	6262	10.11	14538	23.47	25998	41.97
宝丰县	229	6	2.62	21	9.17	35	15.28
叶县							
鲁山县							
郏县							
舞钢市	38786	4569	11.78	9203	23.73	15131	39.01
汝州市	47244	3553	7.52	6476	13.71	11223	23.76
安阳市	**345418**	**32975**	**9.55**	**69415**	**20.10**	**124448**	**36.03**
文峰区	98373	9147	9.30	19499	19.82	37681	38.30
北关区	67546	6276	9.29	13616	20.16	26155	38.72
殷都区	70432	8119	11.53	16113	22.88	27070	38.43
龙安区	33109	2529	7.64	5912	17.86	11216	33.88
安阳县	11795	1172	9.94	2494	21.14	2599	22.03
汤阴县	164	6	3.66	26	15.85	33	20.12
滑县							
内黄县	77	8	10.39	12	15.58	15	19.48
林州市	63922	5718	8.95	11743	18.37	19679	30.79
鹤壁市	**133714**	**9604**	**7.18**	**21816**	**16.32**	**46496**	**34.77**
鹤山区	29579	2480	8.38	4324	14.62	9093	30.74
山城区	54879	4264	7.77	8745	15.94	19933	36.32
淇滨区	48106	2807	5.84	8635	17.95	17307	35.98
浚县							
淇县	1150	53	4.61	112	9.74	163	14.17
新乡市	**335933**	**31040**	**9.24**	**67799**	**20.18**	**111385**	**33.16**
红旗区	92493	9723	10.51	19839	21.45	32129	34.74
卫滨区	58807	6212	10.56	12719	21.63	20165	34.29
凤泉区	12943	1052	8.13	2531	19.55	4771	36.86
牧野区	81398	8319	10.22	18142	22.29	27993	34.39
新乡县	287	6	2.09	30	10.45	37	12.89
获嘉县							
原阳县							
延津县							
封丘县							
长垣县	1106	59	5.33	137	12.39	143	12.93
卫辉市	32356	2524	7.80	6320	19.53	10427	32.23
辉县市	56543	3145	5.56	8081	14.29	15720	27.80
焦作市	**245926**	**17175**	**6.98**	**44080**	**17.92**	**89375**	**36.34**
解放区	85673	6625	7.73	17008	19.85	34118	39.82
中站区	17410	1348	7.74	2995	17.20	5884	33.80
马村区	16534	1008	6.10	2250	13.61	4574	27.66
山阳区	69940	5079	7.26	13321	19.05	27510	39.33
修武县							
博爱县	103			13	12.62	19	18.45
武陟县	125	8	6.40	6	4.80	19	15.20
温县							
沁阳市	28140	1364	4.85	3954	14.05	8219	29.21
孟州市	28001	1743	6.22	4533	16.19	9032	32.26

1-10a 续表 2 单位：户、%

地区	家庭户户数	一人户户数	一人户比重	二人户户数	二人户比重	三人户户数	三人户比重
濮阳市	**145986**	**11637**	**7.97**	**32221**	**22.07**	**58138**	**39.82**
华龙区	139433	11138	7.99	31064	22.28	56954	40.85
清丰县							
南乐县	739	43	5.82	121	16.37	144	19.49
范县	5183	413	7.97	949	18.31	949	18.31
台前县							
濮阳县	631	43	6.81	87	13.79	91	14.42
许昌市	**246008**	**21700**	**8.82**	**49667**	**20.19**	**84563**	**34.37**
魏都区	124422	12271	9.86	27884	22.41	49718	39.96
许昌县	10245	642	6.27	1348	13.16	2185	21.33
鄢陵县							
襄城县							
禹州市	57584	4824	8.38	11475	19.93	16535	28.71
长葛市	53757	3963	7.37	8960	16.67	16125	30.00
漯河市	**139288**	**12319**	**8.84**	**26219**	**18.82**	**53248**	**38.23**
源汇区	48093	4293	8.93	9722	20.22	20223	42.05
郾城区	49722	4095	8.24	8855	17.81	18726	37.66
召陵区	41473	3931	9.48	7642	18.43	14299	34.48
舞阳县							
临颍县							
三门峡市	**172593**	**20667**	**11.97**	**38423**	**22.26**	**67732**	**39.24**
湖滨区	93136	13603	14.61	22436	24.09	37126	39.86
渑池县							
陕县	622	22	3.54	78	12.54	206	33.12
卢氏县							
义马市	36239	3662	10.11	7831	21.61	12394	34.20
灵宝市	42596	3380	7.94	8078	18.96	18006	42.27
南阳市	**266558**	**25540**	**9.58**	**59875**	**22.46**	**93611**	**35.12**
宛城区	90965	9138	10.05	20931	23.01	33470	36.79
卧龙区	109410	11077	10.12	25816	23.60	40154	36.70
南召县							
方城县							
西峡县							
镇平县							
内乡县							
淅川县							
社旗县							
唐河县							
新野县							
桐柏县							
邓州市	66183	5325	8.05	13128	19.84	19987	30.20

1-10a 续表 3

单位：户、%

地　区	家庭户	一人户		二人户		三人户	
	户　数	户数	比重	户数	比重	户数	比重
商丘市	**243950**	**24476**	**10.03**	**46625**	**19.11**	**72382**	**29.67**
梁园区	100322	10175	10.14	19564	19.50	32437	32.33
睢阳区	62116	5277	8.50	11651	18.76	19206	30.92
民权县							
睢县							
宁陵县							
柘城县							
虞城县							
夏邑县							
永城市	81512	9024	11.07	15410	18.91	20739	25.44
信阳市	**161075**	**19000**	**11.80**	**42332**	**26.28**	**59708**	**37.07**
浉河区	97415	11967	12.28	26070	26.76	38029	39.04
平桥区	63660	7033	11.05	16262	25.55	21679	34.05
罗山县							
光山县							
新县							
商城县							
固始县							
潢川县							
淮滨县							
息县							
周口市	**166081**	**10787**	**6.50**	**25766**	**15.51**	**46630**	**28.08**
川汇区	83065	6707	8.07	14336	17.26	26579	32.00
扶沟县							
西华县							
商水县							
沈丘县	203	15	7.39	56	27.59	44	21.67
郸城县	2432	245	10.07	523	21.50	474	19.49
淮阳县	11701	1060	9.06	2557	21.85	2565	21.92
太康县							
鹿邑县							
项城市	68680	2760	4.02	8294	12.08	16968	24.71
驻马店市	**120308**	**13548**	**11.26**	**27113**	**22.54**	**43309**	**36.00**
驿城区	120308	13548	11.26	27113	22.54	43309	36.00
西平县							
上蔡县							
平舆县							
正阳县							
确山县							
泌阳县							
汝南县							
遂平县							
新蔡县							
济源市	**63287**	**3758**	**5.94**	**10238**	**16.18**	**21669**	**34.24**
济源市	63287	3758	5.94	10238	16.18	21669	34.24

1-10a 续表 4 单位：户、%

地 区	四人户		五人户		六人户	
	户数	比重	户数	比重	户数	比重
总 计	**933720**	**17.45**	**458693**	**8.57**	**174179**	**3.26**
郑州市	**215934**	**14.85**	**94351**	**6.49**	**32327**	**2.22**
中原区	35692	13.84	16100	6.24	5217	2.02
二七区	25985	13.89	11378	6.08	2731	1.46
管城回族区	25825	16.48	9846	6.28	2823	1.80
金水区	55307	10.99	24063	4.78	6584	1.31
上街区	5674	14.08	2296	5.70	725	1.80
惠济区	7561	15.95	3184	6.72	1307	2.76
中牟县	45	26.16	32	18.60	19	11.05
巩义市	9653	21.52	4753	10.59	1957	4.36
荥阳市	13051	21.26	6346	10.34	2911	4.74
新密市	16754	22.81	7266	9.89	3670	5.00
新郑市	12011	23.48	5587	10.92	2857	5.58
登封市	8376	27.41	3500	11.45	1526	4.99
开封市	**30169**	**13.37**	**15643**	**6.93**	**5398**	**2.39**
龙亭区	4144	15.13	2227	8.13	762	2.78
顺河回族区	8236	12.43	4311	6.51	1477	2.23
鼓楼区	5928	12.78	2957	6.37	985	2.12
禹王台区	4375	12.15	2015	5.60	508	1.41
金明区	7486	15.09	4133	8.33	1666	3.36
杞县						
通许县						
尉氏县						
开封县						
兰考县						
洛阳市	**84846**	**15.38**	**41426**	**7.51**	**14978**	**2.71**
老城区	7171	15.51	3473	7.51	1097	2.37
西工区	14412	12.40	6709	5.77	1477	1.27
瀍河回族区	6789	12.98	3182	6.08	869	1.66
涧西区	23779	12.37	11352	5.91	2837	1.48
吉利区	1879	11.97	800	5.09	335	2.13
洛龙区	15536	24.06	7359	11.40	3498	5.42
孟津县	104	29.46	50	14.16	34	9.63
新安县						
栾川县						
嵩县	102	22.17	51	11.09	24	5.22
汝阳县						
宜阳县						
洛宁县						
伊川县	328	29.90	289	26.34	148	13.49
偃师市	14746	23.59	8161	13.05	4659	7.45

1-10a 续表 5

单位：户、%

地区	四人户		五人户		六人户	
	户数	比重	户数	比重	户数	比重
平顶山市	**57004**	**17.16**	**27838**	**8.38**	**9662**	**2.91**
新华区	14104	16.84	6928	8.27	1929	2.30
卫东区	13210	14.66	6021	6.68	1575	1.75
石龙区	2091	20.76	869	8.63	365	3.62
湛河区	9117	14.72	4096	6.61	1192	1.92
宝丰县	74	32.31	57	24.89	25	10.92
叶县						
鲁山县						
郏县						
舞钢市	5528	14.25	2885	7.44	1024	2.64
汝州市	12880	27.26	6982	14.78	3552	7.52
安阳市	**67094**	**19.42**	**32385**	**9.38**	**12822**	**3.71**
文峰区	18668	18.98	8781	8.93	3121	3.17
北关区	12275	18.17	6339	9.38	1772	2.62
殷都区	10896	15.47	5296	7.52	1934	2.75
龙安区	7299	22.05	3351	10.12	1806	5.45
安阳县	3098	26.27	1422	12.06	754	6.39
汤阴县	34	20.73	31	18.90	22	13.41
滑县						
内黄县	22	28.57	5	6.49	10	12.99
林州市	14802	23.16	7160	11.20	3403	5.32
鹤壁市	**30282**	**22.65**	**15428**	**11.54**	**6180**	**4.62**
鹤山区	7394	25.00	3660	12.37	1534	5.19
山城区	12163	22.16	6031	10.99	2131	3.88
淇滨区	10376	21.57	5509	11.45	2360	4.91
浚县						
淇县	349	30.35	228	19.83	155	13.48
新乡市	**63194**	**18.81**	**35196**	**10.48**	**17853**	**5.31**
红旗区	15334	16.58	8393	9.07	4341	4.69
卫滨区	10158	17.27	5597	9.52	2474	4.21
凤泉区	2456	18.98	1357	10.48	542	4.19
牧野区	13619	16.73	7844	9.64	3445	4.23
新乡县	91	31.71	48	16.72	50	17.42
获嘉县						
原阳县						
延津县						
封丘县						
长垣县	364	32.91	170	15.37	180	16.27
卫辉市	6532	20.19	3830	11.84	1843	5.70
辉县市	14640	25.89	7957	14.07	4978	8.80
焦作市	**48682**	**19.80**	**28355**	**11.53**	**11724**	**4.77**
解放区	14742	17.21	8454	9.87	2855	3.33
中站区	3713	21.33	2029	11.65	936	5.38
马村区	4451	26.92	2341	14.16	1215	7.35
山阳区	12496	17.87	7322	10.47	2513	3.59
修武县						
博爱县	30	29.13	19	18.45	17	16.50
武陟县	34	27.20	30	24.00	20	16.00
温县						
沁阳市	6925	24.61	4300	15.28	2286	8.12
孟州市	6291	22.47	3860	13.79	1882	6.72

1-10a 续表 6 单位：户、%

地　区	四人户		五人户		六人户	
	户数	比重	户数	比重	户数	比重
濮阳市	**26158**	**17.92**	**10801**	**7.40**	**4147**	**2.84**
华龙区	24455	17.54	9748	6.99	3574	2.56
清丰县						
南乐县	167	22.60	127	17.19	92	12.45
范县	1367	26.37	822	15.86	393	7.58
台前县						
濮阳县	169	26.78	104	16.48	88	13.95
许昌市	**46649**	**18.96**	**26749**	**10.87**	**11834**	**4.81**
魏都区	18540	14.90	11439	9.19	3050	2.45
许昌县	2864	27.96	1728	16.87	1083	10.57
鄢陵县						
襄城县						
禹州市	12544	21.78	7039	12.22	3659	6.35
长葛市	12701	23.63	6543	12.17	4042	7.52
漯河市	**25498**	**18.31**	**14142**	**10.15**	**5304**	**3.81**
源汇区	7844	16.31	4181	8.69	1278	2.66
郾城区	9574	19.26	5395	10.85	2122	4.27
召陵区	8080	19.48	4566	11.01	1904	4.59
舞阳县						
临颍县						
三门峡市	**27666**	**16.03**	**12178**	**7.06**	**3872**	**2.24**
湖滨区	12449	13.37	5430	5.83	1384	1.49
渑池县						
陕县	144	23.15	103	16.56	54	8.68
卢氏县						
义马市	7460	20.59	3161	8.72	1082	2.99
灵宝市	7613	17.87	3484	8.18	1352	3.17
南阳市	**49172**	**18.45**	**25033**	**9.39**	**7639**	**2.87**
宛城区	16351	17.98	7317	8.04	2405	2.64
卧龙区	18236	16.67	9665	8.83	2394	2.19
南召县						
方城县						
西峡县						
镇平县						
内乡县						
淅川县						
社旗县						
唐河县						
新野县						
桐柏县						
邓州市	14585	22.04	8051	12.16	2840	4.29

1-10a 续表 7

单位：户、%

地 区	四人户		五人户		六人户	
	户数	比重	户数	比重	户数	比重
商丘市	**56952**	**23.35**	**26045**	**10.68**	**10509**	**4.31**
梁园区	20798	20.73	10279	10.25	4116	4.10
睢阳区	14920	24.02	6467	10.41	2928	4.71
民权县						
睢县						
宁陵县						
柘城县						
虞城县						
夏邑县						
永城市	21234	26.05	9299	11.41	3465	4.25
信阳市	**24620**	**15.28**	**10972**	**6.81**	**3143**	**1.95**
浉河区	13239	13.59	6170	6.33	1353	1.39
平桥区	11381	17.88	4802	7.54	1790	2.81
罗山县						
光山县						
新县						
商城县						
固始县						
潢川县						
淮滨县						
息县						
周口市	**44240**	**26.64**	**23710**	**14.28**	**9733**	**5.86**
川汇区	18694	22.51	9495	11.43	4524	5.45
扶沟县						
西华县						
商水县						
沈丘县	48	23.65	26	12.81	9	4.43
郸城县	653	26.85	372	15.30	112	4.61
淮阳县	3064	26.19	1505	12.86	674	5.76
太康县						
鹿邑县						
项城市	21781	31.71	12312	17.93	4414	6.43
驻马店市	**20797**	**17.29**	**10101**	**8.40**	**3819**	**3.17**
驿城区	20797	17.29	10101	8.40	3819	3.17
西平县						
上蔡县						
平舆县						
正阳县						
确山县						
泌阳县						
汝南县						
遂平县						
新蔡县						
济源市	**14763**	**23.33**	**8340**	**13.18**	**3235**	**5.11**
济源市	14763	23.33	8340	13.18	3235	5.11

1-10a 续表 8　　　　单位：户、%

地区	七人户		八人户		九人户		十人及以上户	
	户数	比重	户数	比重	户数	比重	户数	比重
总　计	**56554**	**1.06**	**22313**	**0.42**	**8724**	**0.16**	**7236**	**0.14**
郑州市	**9681**	**0.67**	**3937**	**0.27**	**1328**	**0.09**	**1009**	**0.07**
中原区	1579	0.61	676	0.26	248	0.10	202	0.08
二七区	792	0.42	249	0.13	109	0.06	73	0.04
管城回族区	789	0.50	287	0.18	118	0.08	92	0.06
金水区	2085	0.41	1129	0.22	256	0.05	220	0.04
上街区	171	0.42	78	0.19	30	0.07	10	0.02
惠济区	408	0.86	134	0.28	69	0.15	50	0.11
中牟县	4	2.33	1	0.58				
巩义市	670	1.49	263	0.59	96	0.21	64	0.14
荥阳市	728	1.19	326	0.53	118	0.19	70	0.11
新密市	1088	1.48	326	0.44	120	0.16	87	0.12
新郑市	762	1.49	230	0.45	69	0.13	51	0.10
登封市	605	1.98	238	0.78	95	0.31	90	0.29
开封市	**1851**	**0.82**	**713**	**0.32**	**229**	**0.10**	**147**	**0.07**
龙亭区	275	1.00	119	0.43	40	0.15	20	0.07
顺河回族区	504	0.76	239	0.36	69	0.10	45	0.07
鼓楼区	331	0.71	102	0.22	28	0.06	11	0.02
禹王台区	144	0.40	61	0.17	20	0.06	20	0.06
金明区	597	1.20	192	0.39	72	0.15	51	0.10
杞县								
通许县								
尉氏县								
开封县								
兰考县								
洛阳市	**5191**	**0.94**	**2070**	**0.38**	**883**	**0.16**	**730**	**0.13**
老城区	432	0.93	231	0.50	116	0.25	135	0.29
西工区	546	0.47	202	0.17	76	0.07	38	0.03
瀍河回族区	314	0.60	152	0.29	51	0.10	38	0.07
涧西区	882	0.46	390	0.20	133	0.07	90	0.05
吉利区	91	0.58	20	0.13	8	0.05		
洛龙区	1454	2.25	611	0.95	292	0.45	256	0.40
孟津县	5	1.42	3	0.85	1	0.28		
新安县								
栾川县								
嵩县	10	2.17	6	1.30	4	0.87	1	0.22
汝阳县								
宜阳县								
洛宁县								
伊川县	105	9.57	27	2.46	15	1.37	15	1.37
偃师市	1352	2.16	428	0.68	187	0.30	157	0.25

1-10a 续表 9　　　　单位：户、%

地区	七人户		八人户		九人户		十人及以上户	
	户数	比重	户数	比重	户数	比重	户数	比重
平顶山市	**3720**	**1.12**	**1544**	**0.46**	**657**	**0.20**	**537**	**0.16**
新华区	794	0.95	380	0.45	175	0.21	153	0.18
卫东区	581	0.64	261	0.29	93	0.10	91	0.10
石龙区	116	1.15	27	0.27	9	0.09	7	0.07
湛河区	395	0.64	200	0.32	88	0.14	53	0.09
宝丰县	7	3.06	2	0.87	2	0.87		
叶县								
鲁山县								
郏县								
舞钢市	283	0.73	111	0.29	33	0.09	19	0.05
汝州市	1544	3.27	563	1.19	257	0.54	214	0.45
安阳市	**3845**	**1.11**	**1472**	**0.43**	**550**	**0.16**	**412**	**0.12**
文峰区	937	0.95	361	0.37	102	0.10	76	0.08
北关区	604	0.89	302	0.45	105	0.16	102	0.15
殷都区	558	0.79	255	0.36	107	0.15	84	0.12
龙安区	602	1.82	202	0.61	102	0.31	90	0.27
安阳县	176	1.49	58	0.49	17	0.14	5	0.04
汤阴县	7	4.27	3	1.83	2	1.22		
滑县								
内黄县	4	5.19	1	1.30				
林州市	957	1.50	290	0.45	115	0.18	55	0.09
鹤壁市	**2273**	**1.70**	**948**	**0.71**	**396**	**0.30**	**291**	**0.22**
鹤山区	614	2.08	321	1.09	82	0.28	77	0.26
山城区	857	1.56	365	0.67	216	0.39	174	0.32
淇滨区	740	1.54	247	0.51	87	0.18	38	0.08
浚县								
淇县	62	5.39	15	1.30	11	0.96	2	0.17
新乡市	**5854**	**1.74**	**2152**	**0.64**	**853**	**0.25**	**607**	**0.18**
红旗区	1590	1.72	645	0.70	262	0.28	237	0.26
卫滨区	895	1.52	375	0.64	135	0.23	77	0.13
凤泉区	154	1.19	46	0.36	22	0.17	12	0.09
牧野区	1252	1.54	447	0.55	177	0.22	160	0.20
新乡县	17	5.92	5	1.74	1	0.35	2	0.70
获嘉县								
原阳县								
延津县								
封丘县								
长垣县	38	3.44	10	0.90	3	0.27	2	0.18
卫辉市	529	1.63	208	0.64	95	0.29	48	0.15
辉县市	1379	2.44	416	0.74	158	0.28	69	0.12
焦作市	**3829**	**1.56**	**1628**	**0.66**	**649**	**0.26**	**429**	**0.17**
解放区	1082	1.26	501	0.58	179	0.21	109	0.13
中站区	319	1.83	106	0.61	52	0.30	28	0.16
马村区	431	2.61	151	0.91	73	0.44	40	0.24
山阳区	961	1.37	421	0.60	172	0.25	145	0.21
修武县								
博爱县	5	4.85						
武陟县	7	5.60			1	0.80		
温县								
沁阳市	609	2.16	279	0.99	124	0.44	80	0.28
孟州市	415	1.48	170	0.61	48	0.17	27	0.10

1-10a 续表 10 单位：户、%

地区	七人户		八人户		九人户		十人及以上户	
	户数	比重	户数	比重	户数	比重	户数	比重
濮阳市	**1713**	**1.17**	**622**	**0.43**	**304**	**0.21**	**245**	**0.17**
华龙区	1471	1.05	541	0.39	272	0.20	216	0.15
清丰县								
南乐县	26	3.52	13	1.76	3	0.41	3	0.41
范县	185	3.57	59	1.14	26	0.50	20	0.39
台前县								
濮阳县	31	4.91	9	1.43	3	0.48	6	0.95
许昌市	**3176**	**1.29**	**1068**	**0.43**	**355**	**0.14**	**247**	**0.10**
魏都区	897	0.72	431	0.35	121	0.10	71	0.06
许昌县	293	2.86	67	0.65	24	0.23	11	0.11
鄢陵县								
襄城县								
禹州市	989	1.72	302	0.52	117	0.20	100	0.17
长葛市	997	1.85	268	0.50	93	0.17	65	0.12
漯河市	**1541**	**1.11**	**545**	**0.39**	**283**	**0.20**	**189**	**0.14**
源汇区	340	0.71	121	0.25	42	0.09	49	0.10
郾城区	607	1.22	190	0.38	103	0.21	55	0.11
召陵区	594	1.43	234	0.56	138	0.33	85	0.20
舞阳县								
临颍县								
三门峡市	**1262**	**0.73**	**473**	**0.27**	**184**	**0.11**	**136**	**0.08**
湖滨区	420	0.45	178	0.19	48	0.05	62	0.07
渑池县								
陕县	12	1.93	2	0.32	1	0.16		
卢氏县								
义马市	413	1.14	135	0.37	63	0.17	38	0.10
灵宝市	417	0.98	158	0.37	72	0.17	36	0.08
南阳市	**2500**	**0.94**	**1391**	**0.52**	**595**	**0.22**	**1202**	**0.45**
宛城区	643	0.71	495	0.54	100	0.11	115	0.13
卧龙区	776	0.71	327	0.30	157	0.14	808	0.74
南召县								
方城县								
西峡县								
镇平县								
内乡县								
淅川县								
社旗县								
唐河县								
新野县								
桐柏县								
邓州市	1081	1.63	569	0.86	338	0.51	279	0.42

1-10a 续表 11 单位：户、%

地 区	七人户		八人户		九人户		十人及以上户	
	户数	比重	户数	比重	户数	比重	户数	比重
商丘市	**4080**	**1.67**	**1643**	**0.67**	**698**	**0.29**	**540**	**0.22**
梁园区	1672	1.67	674	0.67	318	0.32	289	0.29
睢阳区	1009	1.62	421	0.68	135	0.22	102	0.16
民权县								
睢县								
宁陵县								
柘城县								
虞城县								
夏邑县								
永城市	1399	1.72	548	0.67	245	0.30	149	0.18
信阳市	**758**	**0.47**	**349**	**0.22**	**117**	**0.07**	**76**	**0.05**
浉河区	334	0.34	172	0.18	50	0.05	31	0.03
平桥区	424	0.67	177	0.28	67	0.11	45	0.07
罗山县								
光山县								
新县								
商城县								
固始县								
潢川县								
淮滨县								
息县								
周口市	**3364**	**2.03**	**1134**	**0.68**	**431**	**0.26**	**286**	**0.17**
川汇区	1710	2.06	625	0.75	234	0.28	161	0.19
扶沟县								
西华县								
商水县								
沈丘县	4	1.97	1	0.49				
郸城县	33	1.36	15	0.62	2	0.08	3	0.12
淮阳县	197	1.68	50	0.43	20	0.17	9	0.08
太康县								
鹿邑县								
项城市	1420	2.07	443	0.65	175	0.25	113	0.16
驻马店市	**1076**	**0.89**	**346**	**0.29**	**113**	**0.09**	**86**	**0.07**
驿城区	1076	0.89	346	0.29	113	0.09	86	0.07
西平县								
上蔡县								
平舆县								
正阳县								
确山县								
泌阳县								
汝南县								
遂平县								
新蔡县								
济源市	**840**	**1.33**	**278**	**0.44**	**99**	**0.16**	**67**	**0.11**
济源市	840	1.33	278	0.44	99	0.16	67	0.11

1-10b 各地区家庭户规模(镇)

单位：户、%

地　区	家庭户户　数	一人户		二人户		三人户	
		户数	比重	户数	比重	户数	比重
总　计	**4550905**	**379693**	**8.34**	**797389**	**17.52**	**1079075**	**23.71**
郑州市	**192583**	**16563**	**8.60**	**31528**	**16.37**	**41512**	**21.56**
中原区							
二七区	3604	455	12.62	627	17.40	737	20.45
管城回族区	1071	57	5.32	170	15.87	189	17.65
金水区							
上街区							
惠济区	2713	252	9.29	420	15.48	667	24.59
中牟县	41566	3502	8.43	8172	19.66	11492	27.65
巩义市	47186	3962	8.40	7349	15.57	9307	19.72
荥阳市	14038	1421	10.12	2611	18.60	2980	21.23
新密市	23591	1630	6.91	3450	14.62	4434	18.80
新郑市	18065	1680	9.30	2734	15.13	3528	19.53
登封市	40749	3604	8.84	5995	14.71	8178	20.07
开封市	**212503**	**15334**	**7.22**	**29848**	**14.05**	**41001**	**19.29**
龙亭区							
顺河回族区							
鼓楼区							
禹王台区							
金明区	481	18	3.74	42	8.73	86	17.88
杞县	42944	1822	4.24	4812	11.21	6694	15.59
通许县	35860	3029	8.45	5561	15.51	7385	20.59
尉氏县	52174	5412	10.37	7482	14.34	9807	18.80
开封县	41352	2591	6.27	6236	15.08	9392	22.71
兰考县	39692	2462	6.20	5715	14.40	7637	19.24
洛阳市	**285577**	**23468**	**8.22**	**47057**	**16.48**	**68722**	**24.06**
老城区							
西工区							
瀍河回族区							
涧西区	1195	62	5.19	167	13.97	357	29.87
吉利区							
洛龙区	11602	926	7.98	1631	14.06	2331	20.09
孟津县	38272	3389	8.86	8010	20.93	10775	28.15
新安县	41220	3327	8.07	7959	19.31	10972	26.62
栾川县	34875	3327	9.54	5025	14.41	9183	26.33
嵩县	26332	2843	10.80	4164	15.81	6713	25.49
汝阳县	23529	1721	7.31	3602	15.31	5013	21.31
宜阳县	33394	2532	7.58	5465	16.37	8155	24.42
洛宁县	21718	1470	6.77	3519	16.20	5518	25.41
伊川县	36540	2599	7.11	4954	13.56	6646	18.19
偃师市	16900	1272	7.53	2561	15.15	3059	18.10

1-10b 续表 1

单位：户、%

地 区	家庭户	一人户		二人户		三人户	
	户 数	户数	比重	户数	比重	户数	比重
平顶山市	**232279**	**23278**	**10.02**	**37491**	**16.14**	**57242**	**24.64**
新华区	7356	1021	13.88	1362	18.52	2073	28.18
卫东区							
石龙区							
湛河区							
宝丰县	41658	5051	12.12	7514	18.04	12118	29.09
叶县	54252	4644	8.56	9149	16.86	14980	27.61
鲁山县	51661	4934	9.55	8375	16.21	11251	21.78
郏县	44442	4148	9.33	6820	15.35	10939	24.61
舞钢市	6698	1596	23.83	1224	18.27	1346	20.10
汝州市	26212	1884	7.19	3047	11.62	4535	17.30
安阳市	**213727**	**19441**	**9.10**	**38656**	**18.09**	**50819**	**23.78**
文峰区							
北关区	694	71	10.23	132	19.02	210	30.26
殷都区	856	286	33.41	285	33.29	158	18.46
龙安区	2004	195	9.73	323	16.12	350	17.47
安阳县	67894	6030	8.88	11570	17.04	16531	24.35
汤阴县	40034	2887	7.21	7665	19.15	10070	25.15
滑县	47465	3376	7.11	7198	15.16	11365	23.94
内黄县	22523	1427	6.34	3083	13.69	4023	17.86
林州市	32257	5169	16.02	8400	26.04	8112	25.15
鹤壁市	**64863**	**3483**	**5.37**	**8281**	**12.77**	**12220**	**18.84**
鹤山区							
山城区							
淇滨区	1130	72	6.37	147	13.01	146	12.92
浚县	35777	1881	5.26	4709	13.16	6624	18.51
淇县	27956	1530	5.47	3425	12.25	5450	19.49
新乡市	**256237**	**14659**	**5.72**	**30664**	**11.97**	**44712**	**17.45**
红旗区	527	8	1.52	27	5.12	39	7.40
卫滨区							
凤泉区	6605	249	3.77	576	8.72	904	13.69
牧野区							
新乡县	32392	1319	4.07	2885	8.91	4839	14.94
获嘉县	37886	3528	9.31	6113	16.14	8351	22.04
原阳县	29813	1394	4.68	3081	10.33	5049	16.94
延津县	28095	1388	4.94	3438	12.24	5366	19.10
封丘县	44227	2413	5.46	5400	12.21	7423	16.78
长垣县	57148	3127	5.47	6564	11.49	8868	15.52
卫辉市	9172	476	5.19	1005	10.96	1544	16.83
辉县市	10372	757	7.30	1575	15.19	2329	22.45
焦作市	**179125**	**8372**	**4.67**	**21629**	**12.07**	**38147**	**21.30**
解放区							
中站区							
马村区	2905	199	6.85	473	16.28	1279	44.03
山阳区							
修武县	25344	1151	4.54	3564	14.06	6186	24.41
博爱县	41528	1911	4.60	4768	11.48	9148	22.03
武陟县	40218	1639	4.08	4224	10.50	7327	18.22
温县	36772	1926	5.24	4853	13.20	8200	22.30
沁阳市	26401	1196	4.53	2959	11.21	4952	18.76
孟州市	5957	350	5.88	788	13.23	1055	17.71

1-10b 续表 2

单位：户、%

地　　区	家庭户户　数	一人户		二人户		三人户	
		户数	比重	户数	比重	户数	比重
濮阳市	**167420**	**13145**	**7.85**	**32554**	**19.44**	**41382**	**24.72**
华龙区	2611	239	9.15	848	32.48	688	26.35
清丰县	29134	2524	8.66	6888	23.64	7825	26.86
南乐县	21879	1371	6.27	3485	15.93	5212	23.82
范县	21526	1820	8.45	4770	22.16	6318	29.35
台前县	16882	1375	8.14	3422	20.27	3816	22.60
濮阳县	75388	5816	7.71	13141	17.43	17523	23.24
许昌市	**175318**	**14039**	**8.01**	**28564**	**16.29**	**39391**	**22.47**
魏都区							
许昌县	44437	3379	7.60	6775	15.25	11149	25.09
鄢陵县	28164	1781	6.32	4056	14.40	6845	24.30
襄城县	47125	4536	9.63	9140	19.40	11060	23.47
禹州市	34579	2927	8.46	5937	17.17	6855	19.82
长葛市	21013	1416	6.74	2656	12.64	3482	16.57
漯河市	**118044**	**8772**	**7.43**	**18696**	**15.84**	**27843**	**23.59**
源汇区	1101	94	8.54	150	13.62	258	23.43
郾城区	1449	240	16.56	249	17.18	249	17.18
召陵区	10999	805	7.32	1538	13.98	1872	17.02
舞阳县	45229	4046	8.95	8611	19.04	12752	28.19
临颍县	59266	3587	6.05	8148	13.75	12712	21.45
三门峡市	**111466**	**11579**	**10.39**	**21205**	**19.02**	**35533**	**31.88**
湖滨区							
渑池县	31138	3043	9.77	5194	16.68	9644	30.97
陕县	32211	3693	11.47	6922	21.49	11796	36.62
卢氏县	25445	2610	10.26	4702	18.48	8208	32.26
义马市	4822	455	9.44	1292	26.79	2006	41.60
灵宝市	17850	1778	9.96	3095	17.34	3879	21.73
南阳市	**600754**	**53845**	**8.96**	**110218**	**18.35**	**162169**	**26.99**
宛城区	35101	3129	8.91	8717	24.83	10517	29.96
卧龙区	14150	1610	11.38	2360	16.68	2627	18.57
南召县	44161	4294	9.72	8507	19.26	12446	28.18
方城县	56266	5048	8.97	7975	14.17	12595	22.38
西峡县	43808	3972	9.07	6676	15.24	13509	30.84
镇平县	62119	5698	9.17	10741	17.29	17029	27.41
内乡县	44679	4521	10.12	9167	20.52	11675	26.13
淅川县	53258	3970	7.45	8208	15.41	13732	25.78
社旗县	42871	3323	7.75	6396	14.92	11046	25.77
唐河县	87602	8709	9.94	19447	22.20	23335	26.64
新野县	49673	3776	7.60	9977	20.09	15634	31.47
桐柏县	38656	3524	9.12	7948	20.56	12135	31.39
邓州市	28410	2271	7.99	4099	14.43	5889	20.73

1-10b 续表 3

单位：户、%

地　区	家庭户户数	一人户		二人户		三人户	
		户数	比重	户数	比重	户数	比重
商丘市	**363529**	**36808**	**10.13**	**80684**	**22.19**	**82773**	**22.77**
梁园区	2542	435	17.11	443	17.43	413	16.25
睢阳区	7173	630	8.78	1292	18.01	1388	19.35
民权县	47158	3888	8.24	9702	20.57	12900	27.35
睢县	46730	4059	8.69	9971	21.34	10663	22.82
宁陵县	30419	2731	8.98	5816	19.12	6413	21.08
柘城县	54290	5646	10.40	11935	21.98	12500	23.02
虞城县	67652	6821	10.08	15211	22.48	14842	21.94
夏邑县	73262	8068	11.01	17925	24.47	16627	22.70
永城市	34303	4530	13.21	8389	24.46	7027	20.49
信阳市	**435973**	**42465**	**9.74**	**92312**	**21.17**	**113870**	**26.12**
浉河区	5184	982	18.94	1314	25.35	1429	27.57
平桥区	24470	2956	12.08	6124	25.03	7288	29.78
罗山县	44035	4787	10.87	11308	25.68	12878	29.24
光山县	45438	3597	7.92	8108	17.84	10477	23.06
新县	29349	2468	8.41	6170	21.02	9826	33.48
商城县	38731	5008	12.93	8937	23.07	10182	26.29
固始县	84351	9067	10.75	19845	23.53	21928	26.00
潢川县	70297	7045	10.02	15843	22.54	19360	27.54
淮滨县	40917	3257	7.96	7414	18.12	9514	23.25
息县	53201	3298	6.20	7249	13.63	10988	20.65
周口市	**512629**	**42082**	**8.21**	**95689**	**18.67**	**111363**	**21.72**
川汇区							
扶沟县	40247	3146	7.82	7440	18.49	9734	24.19
西华县	57097	4799	8.40	11078	19.40	13304	23.30
商水县	57995	4698	8.10	10353	17.85	12242	21.11
沈丘县	67140	5400	8.04	11606	17.29	14082	20.97
郸城县	65537	5079	7.75	10461	15.96	13989	21.35
淮阳县	61171	5106	8.35	11626	19.01	12596	20.59
太康县	73507	6058	8.24	15021	20.43	15060	20.49
鹿邑县	72727	5989	8.23	14960	20.57	17048	23.44
项城市	17208	1807	10.50	3144	18.27	3308	19.22
驻马店市	**406196**	**30709**	**7.56**	**68875**	**16.96**	**105286**	**25.92**
驿城区	1284	70	5.45	154	11.99	271	21.11
西平县	46879	4189	8.94	9393	20.04	12921	27.56
上蔡县	59748	4452	7.45	9901	16.57	13743	23.00
平舆县	51868	3566	6.88	8422	16.24	13096	25.25
正阳县	35412	2694	7.61	6090	17.20	9468	26.74
确山县	35983	3656	10.16	8026	22.30	11355	31.56
泌阳县	52270	4244	8.12	8572	16.40	13071	25.01
汝南县	48783	3050	6.25	6812	13.96	10679	21.89
遂平县	28484	1843	6.47	4777	16.77	9514	33.40
新蔡县	45485	2945	6.47	6728	14.79	11168	24.55
济源市	**22682**	**1651**	**7.28**	**3438**	**15.16**	**5090**	**22.44**
济源市	22682	1651	7.28	3438	15.16	5090	22.44

1-10b 续表 4

单位：户、%

地　区	四人户		五人户		六人户	
	户数	比重	户数	比重	户数	比重
总　计	**1142692**	**25.11**	**653435**	**14.36**	**314193**	**6.90**
郑州市	**49568**	**25.74**	**27395**	**14.23**	**16708**	**8.68**
中原区						
二七区	854	23.70	451	12.51	314	8.71
管城回族区	359	33.52	146	13.63	96	8.96
金水区						
上街区						
惠济区	713	26.28	378	13.93	221	8.15
中牟县	9843	23.68	4454	10.72	2813	6.77
巩义市	11864	25.14	7217	15.29	4191	8.88
荥阳市	3454	24.60	1936	13.79	1105	7.87
新密市	6099	25.85	4065	17.23	2587	10.97
新郑市	4988	27.61	2599	14.39	1794	9.93
登封市	11394	27.96	6149	15.09	3587	8.80
开封市	**57603**	**27.11**	**34373**	**16.18**	**17527**	**8.25**
龙亭区						
顺河回族区						
鼓楼区						
禹王台区						
金明区	127	26.40	107	22.25	75	15.59
杞县	10650	24.80	8071	18.79	2672	6.22
通许县	10814	30.16	5069	14.14	2734	7.62
尉氏县	13420	25.72	8250	15.81	5104	9.78
开封县	11583	28.01	6279	15.18	3532	8.54
兰考县	11009	27.74	6597	16.62	3410	8.59
洛阳市	**78812**	**27.60**	**38843**	**13.60**	**18397**	**6.44**
老城区						
西工区						
瀍河回族区						
涧西区	305	25.52	177	14.81	86	7.20
吉利区						
洛龙区	3121	26.90	1855	15.99	1091	9.40
孟津县	9098	23.77	4276	11.17	1985	5.19
新安县	11111	26.96	4867	11.81	2048	4.97
栾川县	10804	30.98	4144	11.88	1812	5.20
嵩县	6946	26.38	3303	12.54	1422	5.40
汝阳县	6862	29.16	3729	15.85	1682	7.15
宜阳县	8957	26.82	4726	14.15	2249	6.73
洛宁县	6439	29.65	2727	12.56	1256	5.78
伊川县	10565	28.91	6237	17.07	3008	8.23
偃师市	4604	27.24	2802	16.58	1758	10.40

1-10b 续表 5

单位：户、%

地　区	四人户		五人户		六人户	
	户数	比重	户数	比重	户数	比重
平顶山市	**57720**	**24.85**	**30747**	**13.24**	**15972**	**6.88**
新华区	1540	20.94	678	9.22	377	5.13
卫东区						
石龙区						
湛河区						
宝丰县	9379	22.51	4429	10.63	2118	5.08
叶县	12787	23.57	7051	13.00	3789	6.98
鲁山县	13715	26.55	7375	14.28	3392	6.57
郏县	12151	27.34	5595	12.59	3179	7.15
舞钢市	1260	18.81	824	12.30	324	4.84
汝州市	6888	26.28	4795	18.29	2793	10.66
安阳市	**53471**	**25.02**	**27029**	**12.65**	**15490**	**7.25**
文峰区						
北关区	152	21.90	77	11.10	42	6.05
殷都区	89	10.40	33	3.86	2	0.23
龙安区	552	27.54	284	14.17	191	9.53
安阳县	18527	27.29	8398	12.37	4800	7.07
汤阴县	9683	24.19	5123	12.80	3267	8.16
滑县	12971	27.33	6710	14.14	3722	7.84
内黄县	5695	25.29	3373	14.98	2173	9.65
林州市	5802	17.99	3031	9.40	1293	4.01
鹤壁市	**19250**	**29.68**	**10546**	**16.26**	**7310**	**11.27**
鹤山区						
山城区						
淇滨区	309	27.35	186	16.46	188	16.64
浚县	10156	28.39	6018	16.82	4118	11.51
淇县	8785	31.42	4342	15.53	3004	10.75
新乡市	**72914**	**28.46**	**46283**	**18.06**	**29584**	**11.55**
红旗区	146	27.70	108	20.49	131	24.86
卫滨区						
凤泉区	1804	27.31	1252	18.96	1123	17.00
牧野区						
新乡县	9184	28.35	5829	18.00	5377	16.60
获嘉县	9466	24.99	4950	13.07	3471	9.16
原阳县	8751	29.35	5414	18.16	3588	12.04
延津县	7727	27.50	5720	20.36	2871	10.22
封丘县	13582	30.71	7734	17.49	4930	11.15
长垣县	16816	29.43	11980	20.96	5832	10.21
卫辉市	2683	29.25	1645	17.94	1276	13.91
辉县市	2755	26.56	1651	15.92	985	9.50
焦作市	**49614**	**27.70**	**30039**	**16.77**	**20392**	**11.38**
解放区						
中站区						
马村区	547	18.83	246	8.47	109	3.75
山阳区						
修武县	6756	26.66	3899	15.38	2610	10.30
博爱县	11359	27.35	6994	16.84	4638	11.17
武陟县	11729	29.16	6850	17.03	5047	12.55
温县	10377	28.22	5873	15.97	3739	10.17
沁阳市	7255	27.48	5130	19.43	3505	13.28
孟州市	1591	26.71	1047	17.58	744	12.49

1-10b 续表 6

单位：户、%

地　区	四人户		五人户		六人户	
	户数	比重	户数	比重	户数	比重
濮阳市	**38805**	**23.18**	**21351**	**12.75**	**11618**	**6.94**
华龙区	405	15.51	216	8.27	128	4.90
清丰县	6109	20.97	3171	10.88	1651	5.67
南乐县	5421	24.78	3059	13.98	1848	8.45
范县	4829	22.43	2407	11.18	828	3.85
台前县	4155	24.61	2201	13.04	1096	6.49
濮阳县	17886	23.73	10297	13.66	6067	8.05
许昌市	**44058**	**25.13**	**29220**	**16.67**	**14098**	**8.04**
魏都区						
许昌县	11434	25.73	6812	15.33	3559	8.01
鄢陵县	7809	27.73	4256	15.11	2367	8.40
襄城县	9830	20.86	9510	20.18	2127	4.51
禹州市	9236	26.71	4949	14.31	3258	9.42
长葛市	5749	27.36	3693	17.57	2787	13.26
漯河市	**26789**	**22.69**	**24662**	**20.89**	**7919**	**6.71**
源汇区	288	26.16	195	17.71	91	8.27
郾城区	322	22.22	220	15.18	109	7.52
召陵区	2889	26.27	2005	18.23	1357	12.34
舞阳县	9727	21.51	6330	14.00	2612	5.78
临颍县	13563	22.88	15912	26.85	3750	6.33
三门峡市	**25603**	**22.97**	**11064**	**9.93**	**4479**	**4.02**
湖滨区						
渑池县	8025	25.77	3153	10.13	1361	4.37
陕县	6089	18.90	2508	7.79	868	2.69
卢氏县	6230	24.48	2543	9.99	853	3.35
义马市	728	15.10	257	5.33	63	1.31
灵宝市	4531	25.38	2603	14.58	1334	7.47
南阳市	**141304**	**23.52**	**77961**	**12.98**	**34126**	**5.68**
宛城区	5968	17.00	3659	10.42	1869	5.32
卧龙区	3608	25.50	1994	14.09	1112	7.86
南召县	10575	23.95	4877	11.04	2081	4.71
方城县	15354	27.29	9002	16.00	3748	6.66
西峡县	11017	25.15	5398	12.32	2414	5.51
镇平县	15184	24.44	7567	12.18	3757	6.05
内乡县	10318	23.09	5458	12.22	2492	5.58
淅川县	14394	27.03	7415	13.92	3449	6.48
社旗县	10392	24.24	6895	16.08	2725	6.36
唐河县	17605	20.10	10670	12.18	4611	5.26
新野县	10410	20.96	6499	13.08	2143	4.31
桐柏县	9052	23.42	3876	10.03	1423	3.68
邓州市	7427	26.14	4651	16.37	2302	8.10

1-10b 续表 7

单位：户、%

地 区	四人户		五人户		六人户	
	户数	比重	户数	比重	户数	比重
商丘市	**92602**	**25.47**	**43365**	**11.93**	**17210**	**4.73**
梁园区	568	22.34	315	12.39	186	7.32
睢阳区	1853	25.83	1121	15.63	537	7.49
民权县	11784	24.99	5665	12.01	2112	4.48
睢县	11614	24.85	6064	12.98	2675	5.72
宁陵县	7406	24.35	4244	13.95	2275	7.48
柘城县	15083	27.78	6196	11.41	1986	3.66
虞城县	17658	26.10	8430	12.46	3035	4.49
夏邑县	18726	25.56	7560	10.32	2829	3.86
永城市	7910	23.06	3770	10.99	1575	4.59
信阳市	**100906**	**23.15**	**53005**	**12.16**	**21113**	**4.84**
浉河区	1045	20.16	299	5.77	92	1.77
平桥区	4675	19.11	2122	8.67	900	3.68
罗山县	8790	19.96	3836	8.71	1641	3.73
光山县	12897	28.38	5881	12.94	2931	6.45
新县	7412	25.25	2418	8.24	742	2.53
商城县	8048	20.78	4095	10.57	1696	4.38
固始县	20138	23.87	8168	9.68	3507	4.16
潢川县	14961	21.28	7985	11.36	3482	4.95
淮滨县	9547	23.33	6900	16.86	2432	5.94
息县	13393	25.17	11301	21.24	3690	6.94
周口市	**134062**	**26.15**	**73872**	**14.41**	**35195**	**6.87**
川汇区						
扶沟县	10404	25.85	5353	13.30	3031	7.53
西华县	14939	26.16	7425	13.00	3996	7.00
商水县	15097	26.03	8546	14.74	4590	7.91
沈丘县	17855	26.59	10154	15.12	5085	7.57
郸城县	19544	29.82	9368	14.29	4115	6.28
淮阳县	15415	25.20	9269	15.15	4300	7.03
太康县	18737	25.49	10690	14.54	4819	6.56
鹿邑县	17906	24.62	10384	14.28	4031	5.54
项城市	4165	24.20	2683	15.59	1228	7.14
驻马店市	**93436**	**23.00**	**69930**	**17.22**	**25114**	**6.18**
驿城区	373	29.05	193	15.03	149	11.60
西平县	9944	21.21	6586	14.05	2930	6.25
上蔡县	15677	26.24	8759	14.66	4749	7.95
平舆县	13120	25.29	7725	14.89	4012	7.74
正阳县	8182	23.11	5570	15.73	2139	6.04
确山县	7714	21.44	3391	9.42	1416	3.94
泌阳县	12982	24.84	9192	17.59	2516	4.81
汝南县	8527	17.48	16284	33.38	2249	4.61
遂平县	5896	20.70	4067	14.28	1727	6.06
新蔡县	11021	24.23	8163	17.95	3227	7.09
济源市	**6175**	**27.22**	**3750**	**16.53**	**1941**	**8.56**
济源市	6175	27.22	3750	16.53	1941	8.56

1-10b 续表 8

单位：户、%

地区	七人户		八人户		九人户		十人及以上户	
	户数	比重	户数	比重	户数	比重	户数	比重
总计	**108172**	**2.38**	**39591**	**0.87**	**17938**	**0.39**	**18727**	**0.41**
郑州市	**5729**	**2.97**	**1978**	**1.03**	**937**	**0.49**	**665**	**0.35**
中原区								
二七区	103	2.86	34	0.94	19	0.53	10	0.28
管城回族区	43	4.01	8	0.75	2	0.19	1	0.09
金水区								
上街区								
惠济区	44	1.62	13	0.48	3	0.11	2	0.07
中牟县	870	2.09	258	0.62	100	0.24	62	0.15
巩义市	1779	3.77	803	1.70	397	0.84	317	0.67
荥阳市	335	2.39	121	0.86	49	0.35	26	0.19
新密市	836	3.54	271	1.15	135	0.57	84	0.36
新郑市	491	2.72	144	0.80	61	0.34	46	0.25
登封市	1228	3.01	326	0.80	171	0.42	117	0.29
开封市	**7127**	**3.35**	**3245**	**1.53**	**2133**	**1.00**	**4312**	**2.03**
龙亭区								
顺河回族区								
鼓楼区								
禹王台区								
金明区	14	2.91	7	1.46	5	1.04		
杞县	1681	3.91	1424	3.32	1436	3.34	3682	8.57
通许县	837	2.33	264	0.74	90	0.25	77	0.21
尉氏县	1830	3.51	581	1.11	164	0.31	124	0.24
开封县	1118	2.70	375	0.91	142	0.34	104	0.25
兰考县	1647	4.15	594	1.50	296	0.75	325	0.82
洛阳市	**6470**	**2.27**	**2213**	**0.77**	**872**	**0.31**	**723**	**0.25**
老城区								
西工区								
瀍河回族区								
涧西区	22	1.84	14	1.17	5	0.42		
吉利区								
洛龙区	392	3.38	162	1.40	47	0.41	46	0.40
孟津县	501	1.31	135	0.35	59	0.15	44	0.11
新安县	629	1.53	185	0.45	76	0.18	46	0.11
栾川县	432	1.24	97	0.28	30	0.09	21	0.06
嵩县	561	2.13	200	0.76	101	0.38	79	0.30
汝阳县	625	2.66	199	0.85	53	0.23	43	0.18
宜阳县	788	2.36	315	0.94	104	0.31	103	0.31
洛宁县	422	1.94	191	0.88	99	0.46	77	0.35
伊川县	1508	4.13	569	1.56	235	0.64	219	0.60
偃师市	590	3.49	146	0.86	63	0.37	45	0.27

1-10b 续表 9 单位：户、%

地区	七人户		八人户		九人户		十人及以上户	
	户数	比重	户数	比重	户数	比重	户数	比重
平顶山市	**5877**	**2.53**	**2162**	**0.93**	**927**	**0.40**	**863**	**0.37**
新华区	151	2.05	73	0.99	40	0.54	41	0.56
卫东区								
石龙区								
湛河区								
宝丰县	683	1.64	226	0.54	83	0.20	57	0.14
叶县	1179	2.17	412	0.76	159	0.29	102	0.19
鲁山县	1442	2.79	575	1.11	301	0.58	301	0.58
郏县	982	2.21	342	0.77	129	0.29	157	0.35
舞钢市	91	1.36	23	0.34	6	0.09	4	0.06
汝州市	1349	5.15	511	1.95	209	0.80	201	0.77
安阳市	**4676**	**2.19**	**1717**	**0.80**	**812**	**0.38**	**1616**	**0.76**
文峰区								
北关区	8	1.15	1	0.14	1	0.14		
殷都区	1	0.12					2	0.23
龙安区	64	3.19	30	1.50	9	0.45	6	0.30
安阳县	1250	1.84	437	0.64	217	0.32	134	0.20
汤阴县	917	2.29	275	0.69	93	0.23	54	0.13
滑县	1234	2.60	492	1.04	204	0.43	193	0.41
内黄县	890	3.95	391	1.74	260	1.15	1208	5.36
林州市	312	0.97	91	0.28	28	0.09	19	0.06
鹤壁市	**2493**	**3.84**	**746**	**1.15**	**307**	**0.47**	**227**	**0.35**
鹤山区								
山城区								
淇滨区	60	5.31	10	0.88	6	0.53	6	0.53
浚县	1464	4.09	461	1.29	195	0.55	151	0.42
淇县	969	3.47	275	0.98	106	0.38	70	0.25
新乡市	**10583**	**4.13**	**3618**	**1.41**	**1603**	**0.63**	**1617**	**0.63**
红旗区	44	8.35	13	2.47	1	0.19	10	1.90
卫滨区								
凤泉区	450	6.81	151	2.29	47	0.71	49	0.74
牧野区								
新乡县	1843	5.69	593	1.83	291	0.90	232	0.72
获嘉县	1276	3.37	412	1.09	175	0.46	144	0.38
原阳县	1483	4.97	531	1.78	252	0.85	270	0.91
延津县	991	3.53	273	0.97	130	0.46	191	0.68
封丘县	1626	3.68	669	1.51	212	0.48	238	0.54
长垣县	2249	3.94	822	1.44	441	0.77	449	0.79
卫辉市	397	4.33	96	1.05	31	0.34	19	0.21
辉县市	224	2.16	58	0.56	23	0.22	15	0.14
焦作市	**6578**	**3.67**	**2340**	**1.31**	**1139**	**0.64**	**875**	**0.49**
解放区								
中站区								
马村区	34	1.17	7	0.24	6	0.21	5	0.17
山阳区								
修武县	739	2.92	247	0.97	107	0.42	85	0.34
博爱县	1439	3.47	617	1.49	354	0.85	300	0.72
武陟县	2058	5.12	723	1.80	355	0.88	266	0.66
温县	1173	3.19	361	0.98	163	0.44	107	0.29
沁阳市	925	3.50	306	1.16	104	0.39	69	0.26
孟州市	210	3.53	79	1.33	50	0.84	43	0.72

1-10b 续表 10

单位：户、%

地区	七人户		八人户		九人户		十人及以上户	
	户数	比重	户数	比重	户数	比重	户数	比重
濮阳市	**4749**	**2.84**	**1910**	**1.14**	**990**	**0.59**	**916**	**0.55**
华龙区	52	1.99	15	0.57	8	0.31	12	0.46
清丰县	604	2.07	201	0.69	98	0.34	63	0.22
南乐县	778	3.56	344	1.57	168	0.77	193	0.88
范县	347	1.61	123	0.57	47	0.22	37	0.17
台前县	453	2.68	196	1.16	87	0.52	81	0.48
濮阳县	2515	3.34	1031	1.37	582	0.77	530	0.70
许昌市	**4096**	**2.34**	**1123**	**0.64**	**434**	**0.25**	**295**	**0.17**
魏都区								
许昌县	922	2.07	244	0.55	99	0.22	64	0.14
鄢陵县	697	2.47	213	0.76	87	0.31	53	0.19
襄城县	615	1.31	188	0.40	76	0.16	43	0.09
禹州市	999	2.89	245	0.71	92	0.27	81	0.23
长葛市	863	4.11	233	1.11	80	0.38	54	0.26
漯河市	**2252**	**1.91**	**677**	**0.57**	**251**	**0.21**	**183**	**0.16**
源汇区	18	1.63	4	0.36	2	0.18	1	0.09
郾城区	34	2.35	20	1.38	2	0.14	4	0.28
召陵区	367	3.34	118	1.07	30	0.27	18	0.16
舞阳县	773	1.71	215	0.48	94	0.21	69	0.15
临颍县	1060	1.79	320	0.54	123	0.21	91	0.15
三门峡市	**1316**	**1.18**	**403**	**0.36**	**174**	**0.16**	**110**	**0.10**
湖滨区								
渑池县	435	1.40	152	0.49	75	0.24	56	0.18
陕县	249	0.77	50	0.16	24	0.07	12	0.04
卢氏县	201	0.79	67	0.26	20	0.08	11	0.04
义马市	16	0.33	4	0.08			1	0.02
灵宝市	415	2.32	130	0.73	55	0.31	30	0.17
南阳市	**11808**	**1.97**	**4933**	**0.82**	**2361**	**0.39**	**2029**	**0.34**
宛城区	679	1.93	264	0.75	130	0.37	169	0.48
卧龙区	467	3.30	190	1.34	99	0.70	83	0.59
南召县	758	1.72	346	0.78	157	0.36	120	0.27
方城县	1465	2.60	578	1.03	283	0.50	218	0.39
西峡县	561	1.28	171	0.39	55	0.13	35	0.08
镇平县	1216	1.96	496	0.80	251	0.40	180	0.29
内乡县	714	1.60	217	0.49	80	0.18	37	0.08
淅川县	1249	2.35	450	0.84	224	0.42	167	0.31
社旗县	1132	2.64	502	1.17	226	0.53	234	0.55
唐河县	1632	1.86	837	0.96	392	0.45	364	0.42
新野县	683	1.37	303	0.61	150	0.30	98	0.20
桐柏县	425	1.10	146	0.38	65	0.17	62	0.16
邓州市	827	2.91	433	1.52	249	0.88	262	0.92

1-10b 续表 11

单位：户、%

地区	七人户		八人户		九人户		十人及以上户	
	户数	比重	户数	比重	户数	比重	户数	比重
商丘市	**6171**	**1.70**	**2256**	**0.62**	**920**	**0.25**	**740**	**0.20**
梁园区	106	4.17	43	1.69	22	0.87	11	0.43
睢阳区	208	2.90	75	1.05	41	0.57	28	0.39
民权县	710	1.51	249	0.53	78	0.17	70	0.15
睢县	1005	2.15	401	0.86	160	0.34	118	0.25
宁陵县	855	2.81	349	1.15	156	0.51	174	0.57
柘城县	654	1.20	189	0.35	64	0.12	37	0.07
虞城县	1015	1.50	379	0.56	159	0.24	102	0.15
夏邑县	965	1.32	315	0.43	131	0.18	116	0.16
永城市	653	1.90	256	0.75	109	0.32	84	0.24
信阳市	**7235**	**1.66**	**2767**	**0.63**	**1208**	**0.28**	**1092**	**0.25**
浉河区	11	0.21	7	0.14	2	0.04	3	0.06
平桥区	265	1.08	79	0.32	42	0.17	19	0.08
罗山县	498	1.13	164	0.37	72	0.16	61	0.14
光山县	924	2.03	322	0.71	157	0.35	144	0.32
新县	196	0.67	66	0.22	30	0.10	21	0.07
商城县	491	1.27	163	0.42	66	0.17	45	0.12
固始县	1026	1.22	393	0.47	148	0.18	131	0.16
潢川县	1032	1.47	341	0.49	146	0.21	102	0.15
淮滨县	1088	2.66	416	1.02	166	0.41	183	0.45
息县	1704	3.20	816	1.53	379	0.71	383	0.72
周口市	**12688**	**2.48**	**4456**	**0.87**	**1700**	**0.33**	**1522**	**0.30**
川汇区								
扶沟县	797	1.98	206	0.51	76	0.19	60	0.15
西华县	1098	1.92	284	0.50	96	0.17	78	0.14
商水县	1691	2.92	509	0.88	167	0.29	102	0.18
沈丘县	1720	2.56	699	1.04	277	0.41	262	0.39
郸城县	1877	2.86	600	0.92	242	0.37	262	0.40
淮阳县	1693	2.77	683	1.12	252	0.41	231	0.38
太康县	1801	2.45	713	0.97	319	0.43	289	0.39
鹿邑县	1508	2.07	554	0.76	190	0.26	157	0.22
项城市	503	2.92	208	1.21	81	0.47	81	0.47
驻马店市	**7847**	**1.93**	**2938**	**0.72**	**1131**	**0.28**	**930**	**0.23**
驿城区	50	3.89	18	1.40	5	0.39	1	0.08
西平县	627	1.34	197	0.42	49	0.10	43	0.09
上蔡县	1676	2.81	516	0.86	169	0.28	106	0.18
平舆县	1163	2.24	431	0.83	183	0.35	150	0.29
正阳县	658	1.86	351	0.99	121	0.34	139	0.39
确山县	306	0.85	81	0.23	23	0.06	15	0.04
泌阳县	953	1.82	396	0.76	187	0.36	157	0.30
汝南县	701	1.44	265	0.54	117	0.24	99	0.20
遂平县	441	1.55	139	0.49	53	0.19	27	0.09
新蔡县	1272	2.80	544	1.20	224	0.49	193	0.42
济源市	**477**	**2.10**	**109**	**0.48**	**39**	**0.17**	**12**	**0.05**
济源市	477	2.10	109	0.48	39	0.17	12	0.05

1-10c 各地区家庭户规模(乡村)

单位：户、%

地区	家庭户户数	一人户		二人户		三人户	
		户数	比重	户数	比重	户数	比重
总 计	**16028117**	**1560257**	**9.73**	**3027998**	**18.89**	**3175169**	**19.81**
郑州市	**789962**	**70511**	**8.93**	**121881**	**15.43**	**146380**	**18.53**
中原区	17267	1861	10.78	2592	15.01	3810	22.07
二七区	18864	1635	8.67	2581	13.68	3551	18.82
管城回族区	40869	8472	20.73	7265	17.78	6728	16.46
金水区	26276	5568	21.19	3870	14.73	4453	16.95
上街区	3943	386	9.79	780	19.78	868	22.01
惠济区	23830	1681	7.05	3538	14.85	5651	23.71
中牟县	137103	7840	5.72	18998	13.86	22677	16.54
巩义市	117216	11439	9.76	20759	17.71	22727	19.39
荥阳市	95382	9207	9.65	17041	17.87	19899	20.86
新密市	112041	8586	7.66	16828	15.02	20754	18.52
新郑市	102402	7077	6.91	14115	13.78	18624	18.19
登封市	94769	6759	7.13	13514	14.26	16638	17.56
开封市	**802850**	**69941**	**8.71**	**134873**	**16.80**	**141090**	**17.57**
龙亭区	8813	471	5.34	1023	11.61	1555	17.64
顺河回族区	8825	375	4.25	819	9.28	1563	17.71
鼓楼区	2352	97	4.12	261	11.10	410	17.43
禹王台区	7809	622	7.97	869	11.13	1445	18.50
金明区	13079	413	3.16	1310	10.02	1990	15.22
杞县	211748	28654	13.53	47670	22.51	37106	17.52
通许县	111938	7647	6.83	17380	15.53	19134	17.09
尉氏县	158689	8552	5.39	16816	10.60	24498	15.44
开封县	132730	7734	5.83	18167	13.69	22308	16.81
兰考县	146867	15376	10.47	30558	20.81	31081	21.16
洛阳市	**969024**	**80511**	**8.31**	**158629**	**16.37**	**178686**	**18.44**
老城区	4851	296	6.10	574	11.83	974	20.08
西工区	8120	566	6.97	1183	14.57	1984	24.43
瀍河回族区	3609	266	7.37	498	13.80	893	24.74
涧西区	12505	765	6.12	1648	13.18	2606	20.84
吉利区	6791	641	9.44	1297	19.10	1564	23.03
洛龙区	51906	3729	7.18	6866	13.23	9507	18.32
孟津县	78385	8204	10.47	16097	20.54	16762	21.38
新安县	84965	7094	8.35	16867	19.85	15685	18.46
栾川县	59880	6109	10.20	10167	16.98	12281	20.51
嵩县	113894	13581	11.92	20807	18.27	22160	19.46
汝阳县	83106	7188	8.65	13880	16.70	15107	18.18
宜阳县	127845	8119	6.35	18244	14.27	21365	16.71
洛宁县	91346	7611	8.33	15167	16.60	18116	19.83
伊川县	142841	8390	5.87	17319	12.12	20630	14.44
偃师市	98980	7952	8.03	18015	18.20	19052	19.25

1-10c 续表 1

单位：户、%

地区	家庭户	一人户		二人户		三人户	
	户数	户数	比重	户数	比重	户数	比重
平顶山市	**771597**	**71242**	**9.23**	**119117**	**15.44**	**151989**	**19.70**
新华区	14068	1165	8.28	1839	13.07	2412	17.15
卫东区	7891	596	7.55	1301	16.49	1918	24.31
石龙区	2022	189	9.35	357	17.66	504	24.93
湛河区	20810	1322	6.35	2586	12.43	4006	19.25
宝丰县	92309	7969	8.63	13643	14.78	19420	21.04
叶县	157074	13829	8.80	25301	16.11	35201	22.41
鲁山县	161302	18122	11.23	26014	16.13	28908	17.92
郏县	108414	10541	9.72	17087	15.76	20943	19.32
舞钢市	48782	5827	11.94	9066	18.58	11462	23.50
汝州市	158925	11682	7.35	21923	13.79	27215	17.12
安阳市	**927391**	**101132**	**10.91**	**184652**	**19.91**	**202401**	**21.82**
文峰区	22757	1275	5.60	2259	9.93	3902	17.15
北关区	6325	639	10.10	971	15.35	1367	21.61
殷都区	6385	421	6.59	835	13.08	1400	21.93
龙安区	24529	2145	8.74	3350	13.66	4725	19.26
安阳县	166696	18439	11.06	34947	20.96	40914	24.54
汤阴县	77344	6205	8.02	14102	18.23	16955	21.92
滑县	301448	25679	8.52	54190	17.98	63215	20.97
内黄县	153750	16049	10.44	25666	16.69	25992	16.91
林州市	168157	30280	18.01	48332	28.74	43931	26.12
鹤壁市	**202639**	**12114**	**5.98**	**25817**	**12.74**	**30463**	**15.03**
鹤山区	7041	829	11.77	1138	16.16	1288	18.29
山城区	9277	492	5.30	1069	11.52	1429	15.40
淇滨区	22915	1563	6.82	2909	12.69	3397	14.82
浚县	125706	6915	5.50	15960	12.70	18708	14.88
淇县	37700	2315	6.14	4741	12.58	5641	14.96
新乡市	**843007**	**51073**	**6.06**	**112594**	**13.36**	**146383**	**17.36**
红旗区	7736	327	4.23	677	8.75	1063	13.74
卫滨区							
凤泉区	14958	574	3.84	1307	8.74	2190	14.64
牧野区	5981	258	4.31	554	9.26	930	15.55
新乡县	42874	1564	3.65	3412	7.96	5794	13.51
获嘉县	60545	2703	4.46	5896	9.74	8739	14.43
原阳县	123481	5854	4.74	13510	10.94	19120	15.48
延津县	84752	4856	5.73	10786	12.73	11942	14.09
封丘县	139461	8250	5.92	17461	12.52	21257	15.24
长垣县	142886	9027	6.32	21609	15.12	28186	19.73
卫辉市	81934	4825	5.89	10196	12.44	14142	17.26
辉县市	138399	12835	9.27	27186	19.64	33020	23.86
焦作市	**448261**	**23618**	**5.27**	**53544**	**11.94**	**74373**	**16.59**
解放区							
中站区	11985	721	6.02	1814	15.14	2794	23.31
马村区	14075	490	3.48	1303	9.26	2085	14.81
山阳区	12713	616	4.85	1414	11.12	2277	17.91
修武县	44907	2052	4.57	5278	11.75	7101	15.81
博爱县	62715	3033	4.84	7145	11.39	10632	16.95
武陟县	119267	5013	4.20	10955	9.19	15539	13.03
温县	66038	4065	6.16	8608	13.03	11069	16.76
沁阳市	56304	2976	5.29	7338	13.03	10951	19.45
孟州市	60257	4652	7.72	9689	16.08	11925	19.79

1-10c 续表 2

单位：户、%

地区	家庭户	一人户		二人户		三人户	
	户数	户数	比重	户数	比重	户数	比重
濮阳市	**638834**	**47623**	**7.45**	**101569**	**15.90**	**113001**	**17.69**
华龙区	46976	3131	6.67	6401	13.63	7811	16.63
清丰县	139523	10605	7.60	22577	16.18	24329	17.44
南乐县	94407	6450	6.83	16106	17.06	18036	19.10
范县	101462	8908	8.78	18466	18.20	19051	18.78
台前县	70308	5709	8.12	12776	18.17	12425	17.67
濮阳县	186158	12820	6.89	25243	13.56	31349	16.84
许昌市	**734700**	**66663**	**9.07**	**136031**	**18.52**	**150485**	**20.48**
魏都区	6046	492	8.14	987	16.32	1703	28.17
许昌县	151577	13033	8.60	24031	15.85	31005	20.45
鄢陵县	115672	10684	9.24	23862	20.63	24863	21.49
襄城县	150636	17505	11.62	35397	23.50	32873	21.82
禹州市	207500	18016	8.68	37626	18.13	40747	19.64
长葛市	103269	6933	6.71	14128	13.68	19294	18.68
漯河市	**404719**	**32704**	**8.08**	**61639**	**15.23**	**78613**	**19.42**
源汇区	37342	2876	7.70	5076	13.59	7912	21.19
郾城区	73680	6075	8.25	11933	16.20	14168	19.23
召陵区	71832	4500	6.26	9103	12.67	11557	16.09
舞阳县	100884	9903	9.82	17152	17.00	22624	22.43
临颍县	120981	9350	7.73	18375	15.19	22352	18.48
三门峡市	**345542**	**31653**	**9.16**	**55935**	**16.19**	**77889**	**22.54**
湖滨区	12038	1192	9.90	2609	21.67	3004	24.95
渑池县	61827	6500	10.51	9778	15.82	12371	20.01
陕县	63763	5546	8.70	11456	17.97	15820	24.81
卢氏县	78508	9544	12.16	13312	16.96	17940	22.85
义马市	2457	263	10.70	487	19.82	524	21.33
灵宝市	126949	8608	6.78	18293	14.41	28230	22.24
南阳市	**1880660**	**186746**	**9.93**	**315192**	**16.76**	**369513**	**19.65**
宛城区	117299	9870	8.41	16372	13.96	22285	19.00
卧龙区	122744	11157	9.09	19223	15.66	24272	19.77
南召县	109955	11630	10.58	17045	15.50	21019	19.12
方城县	202211	26312	13.01	39446	19.51	39852	19.71
西峡县	79502	8099	10.19	13558	17.05	16865	21.21
镇平县	168613	16694	9.90	28171	16.71	34120	20.24
内乡县	116742	12480	10.69	21077	18.05	24409	20.91
淅川县	122407	10679	8.72	17693	14.45	20710	16.92
社旗县	117818	10307	8.75	16727	14.20	20758	17.62
唐河县	243771	22950	9.41	39829	16.34	48524	19.91
新野县	131262	15569	11.86	26987	20.56	27536	20.98
桐柏县	75761	8809	11.63	15641	20.65	14037	18.53
邓州市	272575	22190	8.14	43423	15.93	55126	20.22

1-10c 续表 3 单位：户、%

地　区	家庭户	一人户		二人户		三人户	
	户　数	户数	比重	户数	比重	户数	比重
商丘市	**1591325**	**181873**	**11.43**	**405767**	**25.50**	**324350**	**20.38**
梁园区	99492	5344	5.37	12749	12.81	13879	13.95
睢阳区	144698	13225	9.14	32904	22.74	28625	19.78
民权县	161329	16956	10.51	39460	24.46	34005	21.08
睢县	162682	17454	10.73	41829	25.71	33662	20.69
宁陵县	123073	12404	10.08	30432	24.73	27496	22.34
柘城县	191020	22461	11.76	54718	28.65	42778	22.39
虞城县	217851	24593	11.29	55022	25.26	42362	19.45
夏邑县	228261	32964	14.44	70099	30.71	46725	20.47
永城市	262919	36472	13.87	68554	26.07	54818	20.85
信阳市	**1228871**	**166494**	**13.55**	**293723**	**23.90**	**246327**	**20.04**
浉河区	78804	9365	11.88	19151	24.30	16610	21.08
平桥区	110092	15234	13.84	28957	26.30	22649	20.57
罗山县	113719	16732	14.71	29232	25.71	24209	21.29
光山县	125592	15923	12.68	27906	22.22	23847	18.99
新县	59486	10153	17.07	16384	27.54	13683	23.00
商城县	116543	16467	14.13	30101	25.83	28114	24.12
固始县	244241	42371	17.35	66526	27.24	47765	19.56
潢川县	115101	14090	12.24	26362	22.90	22866	19.87
淮滨县	111767	10263	9.18	21069	18.85	20431	18.28
息县	153526	15896	10.35	28035	18.26	26153	17.03
周口市	**1826795**	**179004**	**9.80**	**398692**	**21.82**	**383366**	**20.99**
川汇区	47379	3401	7.18	6650	14.04	9543	20.14
扶沟县	129099	11551	8.95	25822	20.00	26350	20.41
西华县	150439	10592	7.04	23786	15.81	26913	17.89
商水县	203383	19310	9.49	40695	20.01	44032	21.65
沈丘县	207662	20255	9.75	43968	21.17	44192	21.28
郸城县	225925	26210	11.60	56486	25.00	47697	21.11
淮阳县	224300	20142	8.98	47133	21.01	44003	19.62
太康县	247149	25201	10.20	63228	25.58	49810	20.15
鹿邑县	203759	21698	10.65	52967	25.99	50115	24.60
项城市	187700	20644	11.00	37957	20.22	40711	21.69
驻马店市	**1530376**	**180772**	**11.81**	**333970**	**21.82**	**340471**	**22.25**
驿城区	70415	4561	6.48	9403	13.35	13724	19.49
西平县	156152	16957	10.86	34180	21.89	37778	24.19
上蔡县	244731	35104	14.34	53951	22.05	49889	20.39
平舆县	166007	18844	11.35	38861	23.41	39179	23.60
正阳县	153454	16472	10.73	34930	22.76	35216	22.95
确山县	95599	13971	14.61	25846	27.04	23609	24.70
泌阳县	174242	21153	12.14	37177	21.34	36935	21.20
汝南县	163815	18908	11.54	30185	18.43	33303	20.33
遂平县	105251	13180	12.52	22177	21.07	25579	24.30
新蔡县	200710	21622	10.77	47260	23.55	45259	22.55
济源市	**91564**	**6583**	**7.19**	**14373**	**15.70**	**19389**	**21.18**
济源市	91564	6583	7.19	14373	15.70	19389	21.18

1-10c 续表 4 单位：户、%

地 区	四人户		五人户		六人户	
	户数	比重	户数	比重	户数	比重
总 计	**4065963**	**25.37**	**2324894**	**14.51**	**1224405**	**7.64**
郑州市	**210541**	**26.65**	**123091**	**15.58**	**77703**	**9.84**
中原区	4515	26.15	2375	13.75	1482	8.58
二七区	5284	28.01	2821	14.95	1908	10.11
管城回族区	9226	22.57	4405	10.78	3018	7.38
金水区	6550	24.93	2963	11.28	1911	7.27
上街区	912	23.13	583	14.79	305	7.74
惠济区	6658	27.94	3414	14.33	2041	8.56
中牟县	38284	27.92	23866	17.41	16986	12.39
巩义市	29445	25.12	17499	14.93	9338	7.97
荥阳市	23646	24.79	14006	14.68	8150	8.54
新密市	29524	26.35	18576	16.58	11844	10.57
新郑市	28593	27.92	16894	16.50	11685	11.41
登封市	27904	29.44	15689	16.55	9035	9.53
开封市	**217481**	**27.09**	**128160**	**15.96**	**70415**	**8.77**
龙亭区	2494	28.30	1601	18.17	1085	12.31
顺河回族区	2754	31.21	1656	18.76	1119	12.68
鼓楼区	669	28.44	432	18.37	309	13.14
禹王台区	2271	29.08	1235	15.82	934	11.96
金明区	4001	30.59	2487	19.02	1983	15.16
杞县	50192	23.70	27778	13.12	11069	5.23
通许县	33891	30.28	18854	16.84	10295	9.20
尉氏县	46335	29.20	30367	19.14	20864	13.15
开封县	39009	29.39	23862	17.98	13873	10.45
兰考县	35865	24.42	19888	13.54	8884	6.05
洛阳市	**258516**	**26.68**	**164600**	**16.99**	**82480**	**8.51**
老城区	1448	29.85	782	16.12	482	9.94
西工区	2086	25.69	1246	15.34	731	9.00
瀍河回族区	990	27.43	533	14.77	284	7.87
涧西区	3800	30.39	2057	16.45	1130	9.04
吉利区	1722	25.36	909	13.39	488	7.19
洛龙区	14358	27.66	9110	17.55	5310	10.23
孟津县	19591	24.99	10551	13.46	4893	6.24
新安县	23272	27.39	13097	15.41	6056	7.13
栾川县	17192	28.71	8545	14.27	4268	7.13
嵩县	27119	23.81	16890	14.83	8361	7.34
汝阳县	20255	24.37	14772	17.77	7568	9.11
宜阳县	36456	28.52	24846	19.43	11944	9.34
洛宁县	25961	28.42	15227	16.67	6146	6.73
伊川县	38517	26.96	30878	21.62	15663	10.97
偃师市	25749	26.01	15157	15.31	9156	9.25

1-10c 续表 5

单位：户、%

地区	四人户		五人户		六人户	
	户数	比重	户数	比重	户数	比重
平顶山市	**208137**	**26.97**	**121813**	**15.79**	**64348**	**8.34**
新华区	4153	29.52	2290	16.28	1311	9.32
卫东区	2177	27.59	1058	13.41	619	7.84
石龙区	583	28.83	240	11.87	106	5.24
湛河区	6065	29.14	3540	17.01	2137	10.27
宝丰县	26338	28.53	14223	15.41	7548	8.18
叶县	40825	25.99	23765	15.13	12237	7.79
鲁山县	42764	26.51	25818	16.01	12227	7.58
郏县	31228	28.80	15553	14.35	8987	8.29
舞钢市	11244	23.05	6765	13.87	3275	6.71
汝州市	42760	26.91	28561	17.97	15901	10.01
安阳市	**234278**	**25.26**	**115422**	**12.45**	**61422**	**6.62**
文峰区	7100	31.20	3951	17.36	2952	12.97
北关区	1712	27.07	888	14.04	567	8.96
殷都区	1804	28.25	1016	15.91	652	10.21
龙安区	7515	30.64	3626	14.78	2013	8.21
安阳县	39402	23.64	19493	11.69	9552	5.73
汤阴县	19200	24.82	11479	14.84	6804	8.80
滑县	89293	29.62	39925	13.24	20260	6.72
内黄县	40966	26.64	22172	14.42	14274	9.28
林州市	27286	16.23	12872	7.65	4348	2.59
鹤壁市	**59755**	**29.49**	**36693**	**18.11**	**25432**	**12.55**
鹤山区	1930	27.41	1089	15.47	473	6.72
山城区	2833	30.54	1758	18.95	1033	11.14
淇滨区	6805	29.70	3960	17.28	2856	12.46
浚县	37019	29.45	23170	18.43	16290	12.96
淇县	11168	29.62	6716	17.81	4780	12.68
新乡市	**239425**	**28.40**	**146906**	**17.43**	**95192**	**11.29**
红旗区	2198	28.41	1467	18.96	1359	17.57
卫滨区						
凤泉区	4296	28.72	2931	19.59	2320	15.51
牧野区	1828	30.56	1102	18.43	819	13.69
新乡县	12446	29.03	8021	18.71	7398	17.26
获嘉县	17292	28.56	11617	19.19	8732	14.42
原阳县	34092	27.61	23710	19.20	15855	12.84
延津县	25732	30.36	15319	18.08	10739	12.67
封丘县	42505	30.48	26042	18.67	16266	11.66
长垣县	41450	29.01	23736	16.61	12069	8.45
卫辉市	24116	29.43	14317	17.47	9812	11.98
辉县市	33470	24.18	18644	13.47	9823	7.10
焦作市	**125328**	**27.96**	**82726**	**18.45**	**58992**	**13.16**
解放区						
中站区	3209	26.78	1747	14.58	1097	9.15
马村区	4210	29.91	2680	19.04	2141	15.21
山阳区	3831	30.13	2319	18.24	1476	11.61
修武县	13069	29.10	8177	18.21	6495	14.46
博爱县	18124	28.90	11152	17.78	8521	13.59
武陟县	34072	28.57	23968	20.10	17810	14.93
温县	17716	26.83	12128	18.37	8480	12.84
沁阳市	15115	26.85	10474	18.60	7004	12.44
孟州市	15982	26.52	10081	16.73	5968	9.90

1-10c 续表 6 单位：户、%

地　区	四人户		五人户		六人户	
	户数	比重	户数	比重	户数	比重
濮阳市	**173314**	**27.13**	**104296**	**16.33**	**59616**	**9.33**
华龙区	12977	27.62	7895	16.81	5183	11.03
清丰县	39413	28.25	22512	16.13	12611	9.04
南乐县	24244	25.68	14522	15.38	8715	9.23
范县	26755	26.37	15792	15.56	7693	7.58
台前县	18134	25.79	10908	15.51	6461	9.19
濮阳县	51791	27.82	32667	17.55	18953	10.18
许昌市	**191746**	**26.10**	**104368**	**14.21**	**61781**	**8.41**
魏都区	1538	25.44	795	13.15	394	6.52
许昌县	41902	27.64	23807	15.71	13146	8.67
鄢陵县	29883	25.83	15405	13.32	7959	6.88
襄城县	36047	23.93	17152	11.39	8565	5.69
禹州市	54607	26.32	29724	14.32	18999	9.16
长葛市	27769	26.89	17485	16.93	12718	12.32
漯河市	**110308**	**27.26**	**67885**	**16.77**	**36855**	**9.11**
源汇区	10182	27.27	6493	17.39	3310	8.86
郾城区	19922	27.04	12153	16.49	6829	9.27
召陵区	20779	28.93	13763	19.16	8058	11.22
舞阳县	25146	24.93	15289	15.16	7500	7.43
临颍县	34279	28.33	20187	16.69	11158	9.22
三门峡市	**95754**	**27.71**	**50039**	**14.48**	**24362**	**7.05**
湖滨区	2814	23.38	1444	12.00	734	6.10
渑池县	18422	29.80	8613	13.93	4162	6.73
陕县	17122	26.85	8441	13.24	4084	6.40
卢氏县	22423	28.56	10127	12.90	4091	5.21
义马市	678	27.59	318	12.94	131	5.33
灵宝市	34295	27.01	21096	16.62	11160	8.79
南阳市	**481388**	**25.60**	**291791**	**15.52**	**146304**	**7.78**
宛城区	32459	27.67	20170	17.20	10420	8.88
卧龙区	32588	26.55	19458	15.85	10248	8.35
南召县	29699	27.01	17349	15.78	8269	7.52
方城县	48757	24.11	28552	14.12	12392	6.13
西峡县	21203	26.67	12039	15.14	5901	7.42
镇平县	42881	25.43	26040	15.44	13578	8.05
内乡县	29328	25.12	17205	14.74	8758	7.50
淅川县	31642	25.85	21680	17.71	11766	9.61
社旗县	31666	26.88	21288	18.07	9834	8.35
唐河县	62660	25.70	37732	15.48	19205	7.88
新野县	29928	22.80	17679	13.47	8893	6.77
桐柏县	20221	26.69	9957	13.14	4671	6.17
邓州市	68356	25.08	42642	15.64	22369	8.21

1-10c 续表 7

单位：户、%

地区	四人户		五人户		六人户	
	户数	比重	户数	比重	户数	比重
商丘市	**373173**	**23.45**	**188076**	**11.82**	**72988**	**4.59**
梁园区	28854	29.00	20050	20.15	9760	9.81
睢阳区	37133	25.66	19180	13.26	8464	5.85
民权县	37830	23.45	20264	12.56	8269	5.13
睢县	38570	23.71	20287	12.47	7017	4.31
宁陵县	28931	23.51	14353	11.66	5859	4.76
柘城县	41838	21.90	19131	10.02	6673	3.49
虞城县	53023	24.34	27768	12.75	9367	4.30
夏邑县	47868	20.97	20270	8.88	6877	3.01
永城市	59126	22.49	26773	10.18	10702	4.07
信阳市	**269393**	**21.92**	**144296**	**11.74**	**71110**	**5.79**
浉河区	19059	24.19	8847	11.23	4407	5.59
平桥区	22821	20.73	11728	10.65	6108	5.55
罗山县	24199	21.28	11591	10.19	5468	4.81
光山县	29586	23.56	15927	12.68	8105	6.45
新县	11489	19.31	4968	8.35	1909	3.21
商城县	23976	20.57	11321	9.71	4606	3.95
固始县	49283	20.18	22558	9.24	10704	4.38
潢川县	25987	22.58	14824	12.88	7692	6.68
淮滨县	26981	24.14	17958	16.07	8979	8.03
息县	36012	23.46	24574	16.01	13132	8.55
周口市	**437485**	**23.95**	**250492**	**13.71**	**115419**	**6.32**
川汇区	13190	27.84	7718	16.29	4439	9.37
扶沟县	33107	25.64	18232	14.12	10399	8.06
西华县	42369	28.16	24300	16.15	15600	10.37
商水县	49925	24.55	28636	14.08	13802	6.79
沈丘县	49831	24.00	28823	13.88	12925	6.22
郸城县	50036	22.15	28918	12.80	10486	4.64
淮阳县	54598	24.34	34430	15.35	14563	6.49
太康县	56640	22.92	31520	12.75	13062	5.29
鹿邑县	44239	21.71	22354	10.97	8079	3.96
项城市	43550	23.20	25561	13.62	12064	6.43
驻马店市	**354047**	**23.13**	**189298**	**12.37**	**92191**	**6.02**
驿城区	19948	28.33	11951	16.97	7928	11.26
西平县	34811	22.29	19938	12.77	9723	6.23
上蔡县	54493	22.27	29035	11.86	14466	5.91
平舆县	37858	22.81	18776	11.31	8679	5.23
正阳县	36906	24.05	17882	11.65	8607	5.61
确山县	19625	20.53	8084	8.46	3463	3.62
泌阳县	42138	24.18	21854	12.54	9419	5.41
汝南县	39877	24.34	24189	14.77	12946	7.90
遂平县	22622	21.49	13554	12.88	6172	5.86
新蔡县	45769	22.80	24035	11.97	10788	5.37
济源市	**25894**	**28.28**	**14942**	**16.32**	**7795**	**8.51**
济源市	25894	28.28	14942	16.32	7795	8.51

1-10c 续表 8

单位：户、%

地 区	七人户		八人户		九人户		十人及以上户	
	户数	比重	户数	比重	户数	比重	户数	比重
总 计	**419805**	**2.62**	**134729**	**0.84**	**53528**	**0.33**	**41369**	**0.26**
郑州市	**26032**	**3.30**	**8277**	**1.05**	**3285**	**0.42**	**2261**	**0.29**
中原区	405	2.35	124	0.72	61	0.35	42	0.24
二七区	680	3.60	211	1.12	119	0.63	74	0.39
管城回族区	1124	2.75	349	0.85	130	0.32	152	0.37
金水区	592	2.25	205	0.78	93	0.35	71	0.27
上街区	71	1.80	24	0.61	9	0.23	5	0.13
惠济区	558	2.34	159	0.67	84	0.35	46	0.19
中牟县	5987	4.37	1601	1.17	524	0.38	340	0.25
巩义市	3467	2.96	1316	1.12	693	0.59	533	0.45
荥阳市	2252	2.36	759	0.80	266	0.28	156	0.16
新密市	3892	3.47	1276	1.14	464	0.41	297	0.27
新郑市	3622	3.54	1158	1.13	415	0.41	219	0.21
登封市	3382	3.57	1095	1.16	427	0.45	326	0.34
开封市	**25997**	**3.24**	**8267**	**1.03**	**3184**	**0.40**	**3442**	**0.43**
龙亭区	367	4.16	119	1.35	59	0.67	39	0.44
顺河回族区	350	3.97	120	1.36	45	0.51	24	0.27
鼓楼区	135	5.74	33	1.40	4	0.17	2	0.09
禹王台区	283	3.62	85	1.09	40	0.51	25	0.32
金明区	609	4.66	177	1.35	61	0.47	48	0.37
杞县	4433	2.09	1872	0.88	1001	0.47	1973	0.93
通许县	3258	2.91	883	0.79	333	0.30	263	0.23
尉氏县	7946	5.01	2272	1.43	659	0.42	380	0.24
开封县	5268	3.97	1548	1.17	571	0.43	390	0.29
兰考县	3348	2.28	1158	0.79	411	0.28	298	0.20
洛阳市	**30932**	**3.19**	**8929**	**0.92**	**3356**	**0.35**	**2385**	**0.25**
老城区	166	3.42	78	1.61	32	0.66	19	0.39
西工区	193	2.38	86	1.06	35	0.43	10	0.12
瀍河回族区	84	2.33	38	1.05	18	0.50	5	0.14
涧西区	350	2.80	91	0.73	33	0.26	25	0.20
吉利区	114	1.68	39	0.57	11	0.16	6	0.09
洛龙区	1858	3.58	676	1.30	295	0.57	197	0.38
孟津县	1573	2.01	445	0.57	152	0.19	117	0.15
新安县	2005	2.36	561	0.66	192	0.23	136	0.16
栾川县	981	1.64	215	0.36	86	0.14	36	0.06
嵩县	3405	2.99	944	0.83	350	0.31	277	0.24
汝阳县	3166	3.81	840	1.01	218	0.26	112	0.13
宜阳县	4709	3.68	1307	1.02	498	0.39	357	0.28
洛宁县	2175	2.38	608	0.67	212	0.23	123	0.13
伊川县	7423	5.20	2297	1.61	948	0.66	776	0.54
偃师市	2730	2.76	704	0.71	276	0.28	189	0.19

1-10c 续表 9

单位：户、%

地 区	七人户		八人户		九人户		十人及以上户	
	户数	比重	户数	比重	户数	比重	户数	比重
平顶山市	**22787**	**2.95**	**7191**	**0.93**	**2925**	**0.38**	**2048**	**0.27**
新华区	560	3.98	186	1.32	86	0.61	66	0.47
卫东区	145	1.84	54	0.68	15	0.19	8	0.10
石龙区	29	1.43	7	0.35	5	0.25	2	0.10
湛河区	760	3.65	212	1.02	106	0.51	76	0.37
宝丰县	2243	2.43	627	0.68	195	0.21	103	0.11
叶县	3718	2.37	1213	0.77	601	0.38	384	0.24
鲁山县	4724	2.93	1637	1.01	646	0.40	442	0.27
郏县	2767	2.55	744	0.69	335	0.31	229	0.21
舞钢市	845	1.73	210	0.43	57	0.12	31	0.06
汝州市	6996	4.40	2301	1.45	879	0.55	707	0.44
安阳市	**18630**	**2.01**	**5674**	**0.61**	**2153**	**0.23**	**1627**	**0.18**
文峰区	890	3.91	255	1.12	110	0.48	63	0.28
北关区	126	1.99	37	0.58	15	0.24	3	0.05
殷都区	164	2.57	49	0.77	32	0.50	12	0.19
龙安区	761	3.10	229	0.93	92	0.38	73	0.30
安阳县	2677	1.61	804	0.48	304	0.18	164	0.10
汤阴县	1878	2.43	508	0.66	154	0.20	59	0.08
滑县	6094	2.02	1798	0.60	620	0.21	374	0.12
内黄县	5180	3.37	1822	1.19	781	0.51	848	0.55
林州市	860	0.51	172	0.10	45	0.03	31	0.02
鹤壁市	**8681**	**4.28**	**2383**	**1.18**	**773**	**0.38**	**528**	**0.26**
鹤山区	178	2.53	65	0.92	32	0.45	19	0.27
山城区	443	4.78	121	1.30	62	0.67	37	0.40
淇滨区	987	4.31	279	1.22	102	0.45	57	0.25
浚县	5421	4.31	1474	1.17	443	0.35	306	0.24
淇县	1652	4.38	444	1.18	134	0.36	109	0.29
新乡市	**34145**	**4.05**	**10319**	**1.22**	**3857**	**0.46**	**3113**	**0.37**
红旗区	442	5.71	127	1.64	50	0.65	26	0.34
卫滨区								
凤泉区	904	6.04	257	1.72	100	0.67	79	0.53
牧野区	323	5.40	113	1.89	30	0.50	24	0.40
新乡县	2772	6.47	866	2.02	346	0.81	255	0.59
获嘉县	3539	5.85	1154	1.91	475	0.78	398	0.66
原阳县	7182	5.82	2426	1.96	909	0.74	823	0.67
延津县	3795	4.48	1037	1.22	308	0.36	238	0.28
封丘县	5416	3.88	1390	1.00	499	0.36	375	0.27
长垣县	4059	2.84	1487	1.04	646	0.45	617	0.43
卫辉市	3299	4.03	800	0.98	257	0.31	170	0.21
辉县市	2414	1.74	662	0.48	237	0.17	108	0.08
焦作市	**19614**	**4.38**	**5974**	**1.33**	**2474**	**0.55**	**1618**	**0.36**
解放区								
中站区	339	2.83	143	1.19	71	0.59	50	0.42
马村区	795	5.65	228	1.62	80	0.57	63	0.45
山阳区	527	4.15	146	1.15	70	0.55	37	0.29
修武县	2015	4.49	475	1.06	170	0.38	75	0.17
博爱县	2492	3.97	872	1.39	447	0.71	297	0.47
武陟县	7650	6.41	2525	2.12	997	0.84	738	0.62
温县	2669	4.04	743	1.13	321	0.49	239	0.36
沁阳市	1726	3.07	461	0.82	180	0.32	79	0.14
孟州市	1401	2.33	381	0.63	138	0.23	40	0.07

1-10c 续表 10 单位：户、%

地 区	七人户		八人户		九人户		十人及以上户	
	户数	比重	户数	比重	户数	比重	户数	比重
濮阳市	**24111**	**3.77**	**8591**	**1.34**	**3791**	**0.59**	**2922**	**0.46**
华龙区	2251	4.79	738	1.57	312	0.66	277	0.59
清丰县	4775	3.42	1598	1.15	680	0.49	423	0.30
南乐县	3651	3.87	1490	1.58	683	0.72	510	0.54
范县	3015	2.97	1018	1.00	424	0.42	340	0.34
台前县	2375	3.38	789	1.12	371	0.53	360	0.51
濮阳县	8044	4.32	2958	1.59	1321	0.71	1012	0.54
许昌市	**16721**	**2.28**	**4370**	**0.59**	**1577**	**0.21**	**958**	**0.13**
魏都区	98	1.62	31	0.51	6	0.10	2	0.03
许昌县	3163	2.09	957	0.63	335	0.22	198	0.13
鄢陵县	2073	1.79	616	0.53	194	0.17	133	0.11
襄城县	2275	1.51	542	0.36	189	0.13	91	0.06
禹州市	5630	2.71	1370	0.66	474	0.23	307	0.15
长葛市	3482	3.37	854	0.83	379	0.37	227	0.22
漯河市	**10950**	**2.71**	**3386**	**0.84**	**1424**	**0.35**	**955**	**0.24**
源汇区	980	2.62	309	0.83	126	0.34	78	0.21
郾城区	1835	2.49	494	0.67	169	0.23	102	0.14
召陵区	2668	3.71	808	1.12	353	0.49	243	0.34
舞阳县	2187	2.17	672	0.67	254	0.25	157	0.16
临颍县	3280	2.71	1103	0.91	522	0.43	375	0.31
三门峡市	**6730**	**1.95**	**1972**	**0.57**	**789**	**0.23**	**419**	**0.12**
湖滨区	161	1.34	49	0.41	23	0.19	8	0.07
渑池县	1314	2.13	408	0.66	168	0.27	91	0.15
陕县	934	1.46	226	0.35	80	0.13	54	0.08
卢氏县	812	1.03	178	0.23	52	0.07	29	0.04
义马市	43	1.75	9	0.37	3	0.12	1	0.04
灵宝市	3466	2.73	1102	0.87	463	0.36	236	0.19
南阳市	**52661**	**2.80**	**20119**	**1.07**	**9215**	**0.49**	**7731**	**0.41**
宛城区	3457	2.95	1238	1.06	594	0.51	434	0.37
卧龙区	3570	2.91	1288	1.05	574	0.47	366	0.30
南召县	3138	2.85	1058	0.96	429	0.39	319	0.29
方城县	4549	2.25	1462	0.72	536	0.27	353	0.17
西峡县	1364	1.72	297	0.37	130	0.16	46	0.06
镇平县	4201	2.49	1586	0.94	773	0.46	569	0.34
内乡县	2473	2.12	616	0.53	238	0.20	158	0.14
淅川县	4834	3.95	1840	1.50	766	0.63	797	0.65
社旗县	3952	3.35	1708	1.45	850	0.72	728	0.62
唐河县	7361	3.02	2987	1.23	1407	0.58	1116	0.46
新野县	2748	2.09	1067	0.81	487	0.37	368	0.28
桐柏县	1613	2.13	513	0.68	182	0.24	117	0.15
邓州市	9401	3.45	4459	1.64	2249	0.83	2360	0.87

1-10c 续表 11 单位：户、%

地区	七人户		八人户		九人户		十人及以上户	
	户数	比重	户数	比重	户数	比重	户数	比重
商丘市	**27362**	**1.72**	**10014**	**0.63**	**4121**	**0.26**	**3601**	**0.23**
梁园区	4544	4.57	2068	2.08	1095	1.10	1149	1.15
睢阳区	3229	2.23	1166	0.81	410	0.28	362	0.25
民权县	3006	1.86	936	0.58	385	0.24	218	0.14
睢县	2503	1.54	807	0.50	274	0.17	279	0.17
宁陵县	2166	1.76	793	0.64	354	0.29	285	0.23
柘城县	2286	1.20	717	0.38	248	0.13	170	0.09
虞城县	3351	1.54	1280	0.59	539	0.25	546	0.25
夏邑县	2251	0.99	759	0.33	265	0.12	183	0.08
永城市	4026	1.53	1488	0.57	551	0.21	409	0.16
信阳市	**23840**	**1.94**	**8004**	**0.65**	**3210**	**0.26**	**2474**	**0.20**
浉河区	945	1.20	272	0.35	91	0.12	57	0.07
平桥区	1777	1.61	517	0.47	212	0.19	89	0.08
罗山县	1473	1.30	493	0.43	209	0.18	113	0.10
光山县	2717	2.16	916	0.73	365	0.29	300	0.24
新县	535	0.90	199	0.33	96	0.16	70	0.12
商城县	1357	1.16	382	0.33	133	0.11	86	0.07
固始县	3170	1.30	1071	0.44	434	0.18	359	0.15
潢川县	2250	1.95	630	0.55	241	0.21	159	0.14
淮滨县	3860	3.45	1397	1.25	481	0.43	348	0.31
息县	5756	3.75	2127	1.39	948	0.62	893	0.58
周口市	**41406**	**2.27**	**12840**	**0.70**	**4624**	**0.25**	**3467**	**0.19**
川汇区	1687	3.56	477	1.01	153	0.32	121	0.26
扶沟县	2818	2.18	586	0.45	170	0.13	64	0.05
西华县	4771	3.17	1370	0.91	441	0.29	297	0.20
商水县	5057	2.49	1344	0.66	373	0.18	209	0.10
沈丘县	4833	2.33	1619	0.78	698	0.34	518	0.25
郸城县	3858	1.71	1283	0.57	483	0.21	468	0.21
淮阳县	6154	2.74	1988	0.89	767	0.34	522	0.23
太康县	4886	1.98	1632	0.66	610	0.25	560	0.23
鹿邑县	2846	1.40	929	0.46	301	0.15	231	0.11
项城市	4496	2.40	1612	0.86	628	0.33	477	0.25
驻马店市	**27209**	**1.78**	**8020**	**0.52**	**2633**	**0.17**	**1765**	**0.12**
驿城区	2098	2.98	543	0.77	158	0.22	101	0.14
西平县	2112	1.35	478	0.31	130	0.08	45	0.03
上蔡县	5193	2.12	1669	0.68	556	0.23	375	0.15
平舆县	2475	1.49	810	0.49	303	0.18	222	0.13
正阳县	2427	1.58	676	0.44	211	0.14	127	0.08
确山县	779	0.81	171	0.18	39	0.04	12	0.01
泌阳县	3431	1.97	1211	0.70	497	0.29	427	0.25
汝南县	3355	2.05	758	0.46	204	0.12	90	0.05
遂平县	1479	1.41	351	0.33	93	0.09	44	0.04
新蔡县	3860	1.92	1353	0.67	442	0.22	322	0.16
济源市	**1997**	**2.18**	**399**	**0.44**	**137**	**0.15**	**55**	**0.06**
济源市	1997	2.18	399	0.44	137	0.15	55	0.06

1-11 各地区家庭户类别

单位：户、%

地　区	家庭户户　数	一代户		二代户	
		户数	比重	户数	比重
总　计	**25928729**	**6523188**	**25.16**	**13551628**	**52.26**
郑州市	**2436665**	**807827**	**33.15**	**1183904**	**48.59**
中原区	275145	106370	38.66	134313	48.82
二七区	209512	76890	36.70	106612	50.89
管城回族区	198660	74583	37.54	100134	50.40
金水区	529454	280051	52.89	204191	38.57
上街区	44227	14009	31.68	24600	55.62
惠济区	73950	27171	36.74	34328	46.42
中牟县	178841	33090	18.50	90487	50.60
巩义市	209263	47322	22.61	112450	53.74
荥阳市	170820	40952	23.97	86648	50.72
新密市	209086	44247	21.16	107251	51.30
新郑市	171626	32813	19.12	90285	52.61
登封市	166081	30329	18.26	92605	55.76
开封市	**1241002**	**287880**	**23.20**	**655332**	**52.81**
龙亭区	36201	9357	25.85	19073	52.69
顺河回族区	75091	22470	29.92	40124	53.43
鼓楼区	48745	15787	32.39	25678	52.68
禹王台区	43808	13910	31.75	23099	52.73
金明区	63163	15357	24.31	34412	54.48
杞县	254692	76991	30.23	129965	51.03
通许县	147798	28897	19.55	80173	54.24
尉氏县	210863	30050	14.25	106771	50.64
开封县	174082	29319	16.84	94596	54.34
兰考县	186559	45742	24.52	101441	54.37
洛阳市	**1806277**	**430720**	**23.85**	**995818**	**55.13**
老城区	51086	13613	26.65	29142	57.04
西工区	124356	43068	34.63	64995	52.27
瀍河回族区	55916	17107	30.59	31125	55.66
涧西区	205892	68388	33.22	110018	53.43
吉利区	22495	7482	33.26	11655	51.81
洛龙区	128086	26128	20.40	70905	55.36
孟津县	117010	29890	25.54	60685	51.86
新安县	126185	30334	24.04	71535	56.69
栾川县	94755	20402	21.53	53743	56.72
嵩县	140686	33786	24.02	78888	56.07
汝阳县	106635	22022	20.65	58773	55.12
宜阳县	161239	28366	17.59	91748	56.90
洛宁县	113064	22232	19.66	66614	58.92
伊川县	180478	29020	16.08	106059	58.77
偃师市	178394	38882	21.80	89933	50.41

1-11 续表 1

单位：户、%

地 区	家庭户	一代户		二代户	
	户 数	户数	比重	户数	比重
平顶山市	**1336013**	**298591**	**22.35**	**727705**	**54.47**
新华区	105171	28065	26.69	60814	57.82
卫东区	98009	26476	27.01	58740	59.93
石龙区	12096	3745	30.96	6795	56.18
湛河区	82749	21578	26.08	47603	57.53
宝丰县	134196	28520	21.25	74917	55.83
叶县	211326	43582	20.62	110129	52.11
鲁山县	212963	46676	21.92	114435	53.73
郏县	152856	32428	21.21	83071	54.35
舞钢市	94266	27497	29.17	46900	49.75
汝州市	232381	40024	17.22	124301	53.49
安阳市	**1486536**	**352951**	**23.74**	**787060**	**52.95**
文峰区	121130	27283	22.52	69955	57.75
北关区	74565	18764	25.16	43077	57.77
殷都区	77673	22707	29.23	43200	55.62
龙安区	59642	12200	20.46	34579	57.98
安阳县	246385	57743	23.44	127682	51.82
汤阴县	117542	24275	20.65	57430	48.86
滑县	348913	77718	22.27	196591	56.34
内黄县	176350	39411	22.35	85391	48.42
林州市	264336	72850	27.56	129155	48.86
鹤壁市	**401216**	**69020**	**17.20**	**220940**	**55.07**
鹤山区	36620	7288	19.90	22625	61.78
山城区	64156	12318	19.20	39129	60.99
淇滨区	72151	13982	19.38	41151	57.03
浚县	161483	25277	15.65	83008	51.40
淇县	66806	10155	15.20	35027	52.43
新乡市	**1435177**	**254025**	**17.70**	**749104**	**52.20**
红旗区	100756	26144	25.95	54035	53.63
卫滨区	58807	15457	26.28	31655	53.83
凤泉区	34506	5428	15.73	18147	52.59
牧野区	87379	22836	26.13	46068	52.72
新乡县	75553	7472	9.89	35200	46.59
获嘉县	98431	14637	14.87	48359	49.13
原阳县	153294	19079	12.45	78325	51.09
延津县	112847	17580	15.58	58726	52.04
封丘县	183688	28327	15.42	97783	53.23
长垣县	201140	32861	16.34	110987	55.18
卫辉市	123462	20943	16.96	64793	52.48
辉县市	205314	43261	21.07	105026	51.15
焦作市	**873312**	**139619**	**15.99**	**454059**	**51.99**
解放区	85673	20156	23.53	49275	57.52
中站区	29395	5796	19.72	15688	53.37
马村区	33514	4911	14.65	19128	57.07
山阳区	82653	17806	21.54	48244	58.37
修武县	70251	10070	14.33	36366	51.77
博爱县	104346	13955	13.37	51537	49.39
武陟县	159610	17478	10.95	82033	51.40
温县	102810	15789	15.36	52130	50.71
沁阳市	110845	15834	14.28	53289	48.08
孟州市	94215	17824	18.92	46369	49.22

1-11 续表 2

单位：户、%

地　区	家庭户	一代户		二代户	
	户　数	户数	比重	户数	比重
濮阳市	**952240**	**205468**	**21.58**	**512471**	**53.82**
华龙区	189020	46096	24.39	111722	59.11
清丰县	168657	36732	21.78	86999	51.58
南乐县	117025	22775	19.46	58675	50.14
范县	128171	30725	23.97	69573	54.28
台前县	87190	20349	23.34	44623	51.18
濮阳县	262177	48791	18.61	140879	53.73
许昌市	**1156026**	**273436**	**23.65**	**585931**	**50.68**
魏都区	130468	37424	28.68	72665	55.70
许昌县	206259	41320	20.03	105686	51.24
鄢陵县	143836	33815	23.51	72527	50.42
襄城县	197761	59013	29.84	98239	49.68
禹州市	299663	69895	23.32	148490	49.55
长葛市	178039	31969	17.96	88324	49.61
漯河市	**662051**	**136243**	**20.58**	**341721**	**51.62**
源汇区	86536	18495	21.37	47323	54.69
郾城区	124851	27046	21.66	66190	53.02
召陵区	124304	23600	18.99	64934	52.24
舞阳县	146113	32991	22.58	71967	49.25
临颍县	180247	34111	18.92	91307	50.66
三门峡市	**629601**	**148145**	**23.53**	**355038**	**56.39**
湖滨区	105174	35302	33.57	58042	55.19
渑池县	92965	19847	21.35	54488	58.61
陕县	96596	22900	23.71	53022	54.89
卢氏县	103953	23969	23.06	58881	56.64
义马市	43518	11130	25.58	27083	62.23
灵宝市	187395	34997	18.68	103522	55.24
南阳市	**2747972**	**625773**	**22.77**	**1428065**	**51.97**
宛城区	243365	58013	23.84	129871	53.36
卧龙区	246304	61009	24.77	129771	52.69
南召县	154116	34156	22.16	84923	55.10
方城县	258477	65270	25.25	136907	52.97
西峡县	123310	27389	22.21	64115	51.99
镇平县	230732	51035	22.12	115117	49.89
内乡县	161421	38020	23.55	79283	49.12
淅川县	175665	33268	18.94	93987	53.50
社旗县	160689	31057	19.33	84906	52.84
唐河县	331373	73401	22.15	171022	51.61
新野县	180935	47414	26.20	87605	48.42
桐柏县	114417	31568	27.59	62597	54.71
邓州市	367168	74173	20.20	187961	51.19

1-11 续表 3

单位：户、%

地 区	家庭户	一代户		二代户	
	户 数	户数	比重	户数	比重
商丘市	**2198804**	**687771**	**31.28**	**1196526**	**54.42**
梁园区	202356	42659	21.08	117469	58.05
睢阳区	213987	58463	27.32	120720	56.41
民权县	208487	61886	29.68	115799	55.54
睢县	209412	65306	31.19	113320	54.11
宁陵县	153492	44265	28.84	83802	54.60
柘城县	245310	82130	33.48	131042	53.42
虞城县	285503	92995	32.57	159956	56.03
夏邑县	301523	115967	38.46	154908	51.38
永城市	378734	124100	32.77	199510	52.68
信阳市	**1825919**	**571740**	**31.31**	**902043**	**49.40**
浉河区	181403	60352	33.27	93267	51.41
平桥区	198222	68156	34.38	95762	48.31
罗山县	157754	53272	33.77	74501	47.23
光山县	171030	47937	28.03	86380	50.51
新县	88835	28691	32.30	46360	52.19
商城县	155274	49898	32.14	76180	49.06
固始县	328592	120910	36.80	153821	46.81
潢川县	185398	55189	29.77	90714	48.93
淮滨县	152684	38031	24.91	80971	53.03
息县	206727	49304	23.85	104087	50.35
周口市	**2505505**	**649692**	**25.93**	**1321855**	**52.76**
川汇区	130444	27269	20.90	74531	57.14
扶沟县	169346	41077	24.26	85024	50.21
西华县	207536	43177	20.80	108307	52.19
商水县	261378	63963	24.47	134566	51.48
沈丘县	275005	68416	24.88	142063	51.66
郸城县	293894	86777	29.53	159640	54.32
淮阳县	297172	77522	26.09	155203	52.23
太康县	320656	99966	31.18	165844	51.72
鹿邑县	276486	79928	28.91	152951	55.32
项城市	273588	61597	22.51	143726	52.53
驻马店市	**2056880**	**550812**	**26.78**	**1035496**	**50.34**
驿城区	192007	46895	24.42	103106	53.70
西平县	203031	52800	26.01	95296	46.94
上蔡县	304479	86795	28.51	151159	49.65
平舆县	217875	57349	26.32	109822	50.41
正阳县	188866	50944	26.97	96061	50.86
确山县	131582	41406	31.47	67867	51.58
泌阳县	226512	62626	27.65	119705	52.85
汝南县	212598	50077	23.55	100530	47.29
遂平县	133735	33659	25.17	63324	47.35
新蔡县	246195	68261	27.73	128626	52.25
济源市	**177533**	**33475**	**18.86**	**98560**	**55.52**
济源市	177533	33475	18.86	98560	55.52

1-11 续表 4 单位：户、%

地 区	三代户		四代户		五代及以上户	
	户数	比重	户数	比重	户数	比重
总 计	**5609674**	**21.63**	**243967**	**0.94**	**272**	
郑州市	**428713**	**17.59**	**16198**	**0.66**	**23**	
中原区	33832	12.30	630	0.23		
二七区	25534	12.19	476	0.23		
管城回族区	23351	11.75	591	0.30	1	
金水区	44463	8.40	748	0.14	1	
上街区	5462	12.35	156	0.35		
惠济区	12045	16.29	405	0.55	1	
中牟县	52181	29.18	3074	1.72	9	0.01
巩义市	47651	22.77	1837	0.88	3	
荥阳市	41629	24.37	1591	0.93		
新密市	54957	26.28	2626	1.26	5	
新郑市	46212	26.93	2313	1.35	3	
登封市	41396	24.93	1751	1.05		
开封市	**283442**	**22.84**	**14331**	**1.15**	**17**	
龙亭区	7514	20.76	256	0.71	1	
顺河回族区	12211	16.26	285	0.38	1	
鼓楼区	7107	14.58	173	0.35		
禹王台区	6678	15.24	121	0.28		
金明区	12826	20.31	568	0.90		
杞县	45457	17.85	2275	0.89	4	
通许县	37003	25.04	1724	1.17	1	
尉氏县	69540	32.98	4493	2.13	9	
开封县	47542	27.31	2624	1.51	1	
兰考县	37564	20.14	1812	0.97		
洛阳市	**368251**	**20.39**	**11481**	**0.64**	**7**	
老城区	8197	16.05	134	0.26		
西工区	16086	12.94	207	0.17		
瀍河回族区	7602	13.60	82	0.15		
涧西区	27013	13.12	472	0.23	1	
吉利区	3289	14.62	69	0.31		
洛龙区	30137	23.53	915	0.71	1	
孟津县	25494	21.79	941	0.80		
新安县	23578	18.69	737	0.58	1	
栾川县	20043	21.15	567	0.60		
嵩县	27285	19.39	727	0.52		
汝阳县	24887	23.34	952	0.89	1	
宜阳县	39738	24.65	1386	0.86	1	
洛宁县	23563	20.84	654	0.58	1	
伊川县	43799	24.27	1600	0.89		
偃师市	47540	26.65	2038	1.14	1	

1-11 续表 5

单位：户、%

地区	三代户		四代户		五代及以上户	
	户数	比重	户数	比重	户数	比重
平顶山市	**299041**	**22.38**	**10669**	**0.80**	**7**	
新华区	16048	15.26	244	0.23		
卫东区	12594	12.85	199	0.20		
石龙区	1537	12.71	19	0.16		
湛河区	13246	16.01	322	0.39		
宝丰县	29846	22.24	913	0.68		
叶县	55140	26.09	2471	1.17	4	
鲁山县	50227	23.58	1625	0.76		
郏县	36025	23.57	1332	0.87		
舞钢市	19081	20.24	788	0.84		
汝州市	65297	28.10	2756	1.19	3	
安阳市	**332221**	**22.35**	**14278**	**0.96**	**26**	
文峰区	23196	19.15	695	0.57	1	
北关区	12498	16.76	226	0.30		
殷都区	11550	14.87	216	0.28		
龙安区	12561	21.06	302	0.51		
安阳县	58485	23.74	2472	1.00	3	
汤阴县	33821	28.77	2007	1.71	9	0.01
滑县	71040	20.36	3556	1.02	8	
内黄县	48604	27.56	2940	1.67	4	
林州市	60466	22.87	1864	0.71	1	
鹤壁市	**106172**	**26.46**	**5075**	**1.26**	**9**	
鹤山区	6614	18.06	93	0.25		
山城区	12370	19.28	339	0.53		
淇滨区	16408	22.74	610	0.85		
浚县	50139	31.05	3053	1.89	6	
淇县	20641	30.90	980	1.47	3	
新乡市	**411640**	**28.68**	**20379**	**1.42**	**29**	
红旗区	19818	19.67	759	0.75		
卫滨区	11439	19.45	256	0.44		
凤泉区	10535	30.53	396	1.15		
牧野区	18018	20.62	457	0.52		
新乡县	30809	40.78	2068	2.74	4	0.01
获嘉县	33189	33.72	2244	2.28	2	
原阳县	52629	34.33	3249	2.12	12	0.01
延津县	34671	30.72	1867	1.65	3	
封丘县	54787	29.83	2787	1.52	4	
长垣县	54543	27.12	2747	1.37	2	
卫辉市	36350	29.44	1376	1.11		
辉县市	54852	26.72	2173	1.06	2	
焦作市	**267561**	**30.64**	**12066**	**1.38**	**7**	
解放区	15974	18.65	268	0.31		
中站区	7728	26.29	183	0.62		
马村区	9226	27.53	249	0.74		
山阳区	16243	19.65	360	0.44		
修武县	22800	32.46	1015	1.44		
博爱县	37187	35.64	1665	1.60	2	
武陟县	56470	35.38	3627	2.27	2	
温县	33293	32.38	1597	1.55	1	
沁阳市	39920	36.01	1800	1.62	2	
孟州市	28720	30.48	1302	1.38		

1-11 续表 6

单位：户、%

地区	三代户		四代户		五代及以上户	
	户数	比重	户数	比重	户数	比重
濮阳市	**222442**	**23.36**	**11841**	**1.24**	**18**	
华龙区	29747	15.74	1453	0.77	2	
清丰县	42220	25.03	2704	1.60	2	
南乐县	33512	28.64	2058	1.76	5	
范县	26691	20.82	1182	0.92		
台前县	21291	24.42	926	1.06	1	
濮阳县	68981	26.31	3518	1.34	8	
许昌市	**282343**	**24.42**	**14306**	**1.24**	**10**	
魏都区	20010	15.34	368	0.28	1	
许昌县	56392	27.34	2860	1.39	1	
鄢陵县	35758	24.86	1735	1.21	1	
襄城县	38960	19.70	1549	0.78		
禹州市	77113	25.73	4160	1.39	5	
长葛市	54110	30.39	3634	2.04	2	
漯河市	**175825**	**26.56**	**8253**	**1.25**	**9**	
源汇区	19854	22.94	862	1.00	2	
郾城区	30241	24.22	1374	1.10		
召陵区	34174	27.49	1594	1.28	2	
舞阳县	39079	26.75	2075	1.42	1	
临颍县	52477	29.11	2348	1.30	4	
三门峡市	**122411**	**19.44**	**4006**	**0.64**	**1**	
湖滨区	11615	11.04	215	0.20		
渑池县	18086	19.45	544	0.59		
陕县	19937	20.64	736	0.76	1	
卢氏县	20506	19.73	597	0.57		
义马市	5246	12.05	59	0.14		
灵宝市	47021	25.09	1855	0.99		
南阳市	**666671**	**24.26**	**27439**	**1.00**	**24**	
宛城区	53536	22.00	1944	0.80	1	
卧龙区	53572	21.75	1951	0.79	1	
南召县	33846	21.96	1189	0.77	2	
方城县	54520	21.09	1779	0.69	1	
西峡县	30532	24.76	1273	1.03	1	
镇平县	61614	26.70	2962	1.28	4	
内乡县	42142	26.11	1972	1.22	4	
淅川县	46417	26.42	1992	1.13	1	
社旗县	42896	26.70	1830	1.14		
唐河县	83334	25.15	3614	1.09	2	
新野县	43845	24.23	2070	1.14	1	
桐柏县	19705	17.22	547	0.48		
邓州市	100712	27.43	4316	1.18	6	

1-11 续表 7 单位：户、%

地 区	三代户		四代户		五代及以上户	
	户数	比重	户数	比重	户数	比重
商丘市	**301366**	**13.71**	**13122**	**0.60**	**19**	
梁园区	40414	19.97	1810	0.89	4	
睢阳区	33351	15.59	1451	0.68	2	
民权县	29629	14.21	1171	0.56	2	
睢县	29496	14.09	1290	0.62		
宁陵县	24304	15.83	1119	0.73	2	
柘城县	30941	12.61	1196	0.49	1	
虞城县	31280	10.96	1268	0.44	4	
夏邑县	29355	9.74	1291	0.43	2	
永城市	52596	13.89	2526	0.67	2	
信阳市	**340142**	**18.63**	**11985**	**0.66**	**9**	
浉河区	27196	14.99	588	0.32		
平桥区	33155	16.73	1149	0.58		
罗山县	28991	18.38	990	0.63		
光山县	35571	20.80	1142	0.67		
新县	13503	15.20	281	0.32		
商城县	28234	18.18	961	0.62	1	
固始县	52067	15.85	1793	0.55	1	
潢川县	38145	20.57	1350	0.73		
淮滨县	32387	21.21	1294	0.85	1	
息县	50893	24.62	2437	1.18	6	
周口市	**509578**	**20.34**	**24369**	**0.97**	**11**	
川汇区	27649	21.20	995	0.76		
扶沟县	41365	24.43	1880	1.11		
西华县	53198	25.63	2852	1.37	2	
商水县	59772	22.87	3075	1.18	2	
沈丘县	61723	22.44	2801	1.02	2	
郸城县	45714	15.55	1763	0.60		
淮阳县	61088	20.56	3357	1.13	2	
太康县	52513	16.38	2331	0.73	2	
鹿邑县	41846	15.13	1761	0.64		
项城市	64710	23.65	3554	1.30	1	
驻马店市	**448080**	**21.78**	**22450**	**1.09**	**42**	
驿城区	40059	20.86	1944	1.01	3	
西平县	51926	25.58	3000	1.48	9	
上蔡县	63237	20.77	3285	1.08	3	
平舆县	48283	22.16	2413	1.11	8	
正阳县	39691	21.02	2167	1.15	3	
确山县	21418	16.28	891	0.68		
泌阳县	42478	18.75	1701	0.75	2	
汝南县	58910	27.71	3071	1.44	10	
遂平县	34703	25.95	2047	1.53	2	
新蔡县	47375	19.24	1931	0.78	2	
济源市	**43775**	**24.66**	**1719**	**0.97**	**4**	
济源市	43775	24.66	1719	0.97	4	

1-11a 各地区家庭户类别(城市)

单位：户、%

地区	家庭户	一代户		二代户	
	户数	户数	比重	户数	比重
总 计	**5349707**	**1639769**	**30.65**	**2904202**	**54.29**
郑州市	**1454120**	**601008**	**41.33**	**691655**	**47.57**
中原区	257878	102379	39.70	125736	48.76
二七区	187044	72020	38.50	95095	50.84
管城回族区	156720	58954	37.62	81912	52.27
金水区	503178	271032	53.86	192144	38.19
上街区	40284	12994	32.26	22872	56.78
惠济区	47407	22100	46.62	19904	41.99
中牟县	172	35	20.35	86	50.00
巩义市	44861	10413	23.21	27143	60.50
荥阳市	61400	15317	24.95	34723	56.55
新密市	73454	19256	26.22	41732	56.81
新郑市	51159	11217	21.93	30061	58.76
登封市	30563	5291	17.31	20247	66.25
开封市	**225649**	**71538**	**31.70**	**121025**	**53.63**
龙亭区	27388	8123	29.66	14644	53.47
顺河回族区	66266	21457	32.38	35317	53.30
鼓楼区	46393	15457	33.32	24507	52.82
禹王台区	35999	12689	35.25	18977	52.72
金明区	49603	13812	27.85	27580	55.60
杞县					
通许县					
尉氏县					
开封县					
兰考县					
洛阳市	**551676**	**171739**	**31.13**	**299449**	**54.28**
老城区	46235	12918	27.94	26572	57.47
西工区	116236	41605	35.79	60872	52.37
瀍河回族区	52307	16501	31.55	29176	55.78
涧西区	192192	66194	34.44	102600	53.38
吉利区	15704	5750	36.61	8356	53.21
洛龙区	64578	14981	23.20	37431	57.96
孟津县	353	63	17.85	182	51.56
新安县					
栾川县					
嵩县	460	119	25.87	256	55.65
汝阳县					
宜阳县					
洛宁县					
伊川县	1097	71	6.47	575	52.42
偃师市	62514	13537	21.65	33429	53.47

1-11a 续表 1

单位：户、%

地 区	家庭户	一代户		二代户	
	户 数	户数	比重	户数	比重
平顶山市	**332137**	**90699**	**27.31**	**193442**	**58.24**
新华区	83747	23577	28.15	48521	57.94
卫东区	90118	24877	27.60	54411	60.38
石龙区	10074	3273	32.49	5562	55.21
湛河区	61939	18248	29.46	36620	59.12
宝丰县	229	19	8.30	143	62.45
叶县					
鲁山县					
郏县					
舞钢市	38786	12415	32.01	20825	53.69
汝州市	47244	8290	17.55	27360	57.91
安阳市	**345418**	**86261**	**24.97**	**199845**	**57.86**
文峰区	98373	24450	24.85	58144	59.11
北关区	67546	17244	25.53	39459	58.42
殷都区	70432	21145	30.02	39531	56.13
龙安区	33109	7267	21.95	19595	59.18
安阳县	11795	3318	28.13	5966	50.58
汤阴县	164	28	17.07	73	44.51
滑县					
内黄县	77	19	24.68	37	48.05
林州市	63922	12790	20.01	37040	57.95
鹤壁市	**133714**	**26838**	**20.07**	**82004**	**61.33**
鹤山区	29579	5649	19.10	18532	62.65
山城区	54879	11031	20.10	33965	61.89
淇滨区	48106	10025	20.84	28869	60.01
浚县					
淇县	1150	133	11.57	638	55.48
新乡市	**335933**	**83306**	**24.80**	**182002**	**54.18**
红旗区	92493	25266	27.32	50093	54.16
卫滨区	58807	15457	26.28	31655	53.83
凤泉区	12943	3086	23.84	7579	58.56
牧野区	81398	22165	27.23	42940	52.75
新乡县	287	31	10.80	134	46.69
获嘉县					
原阳县					
延津县					
封丘县					
长垣县	1106	176	15.91	553	50.00
卫辉市	32356	7466	23.07	17265	53.36
辉县市	56543	9659	17.08	31783	56.21
焦作市	**245926**	**52079**	**21.18**	**140527**	**57.14**
解放区	85673	20156	23.53	49275	57.52
中站区	17410	3630	20.85	9563	54.93
马村区	16534	2801	16.94	9835	59.48
山阳区	69940	16075	22.98	41291	59.04
修武县					
博爱县	103	10	9.71	46	44.66
武陟县	125	13	10.40	62	49.60
温县					
沁阳市	28140	4295	15.26	15176	53.93
孟州市	28001	5099	18.21	15279	54.57

1-11a 续表 2

单位：户、%

地 区	家庭户	一代户		二代户	
	户 数	户数	比重	户数	比重
濮阳市	**145986**	**38129**	**26.12**	**90514**	**62.00**
华龙区	139433	36683	26.31	87049	62.43
清丰县					
南乐县	739	141	19.08	304	41.14
范县	5183	1198	23.11	2831	54.62
台前县					
濮阳县	631	107	16.96	330	52.30
许昌市	**246008**	**63186**	**25.68**	**134213**	**54.56**
魏都区	124422	36115	29.03	69289	55.69
许昌县	10245	1608	15.70	5255	51.29
鄢陵县					
襄城县					
禹州市	57584	14331	24.89	29917	51.95
长葛市	53757	11132	20.71	29752	55.35
漯河市	**139288**	**33416**	**23.99**	**80639**	**57.89**
源汇区	48093	11990	24.93	28137	58.51
郾城区	49722	11436	23.00	29271	58.87
召陵区	41473	9990	24.09	23231	56.01
舞阳县					
临颍县					
三门峡市	**172593**	**51084**	**29.60**	**101772**	**58.97**
湖滨区	93136	32094	34.46	51994	55.83
渑池县					
陕县	622	70	11.25	364	58.52
卢氏县					
义马市	36239	9069	25.03	22639	62.47
灵宝市	42596	9851	23.13	26775	62.86
南阳市	**266558**	**74843**	**28.08**	**149799**	**56.20**
宛城区	90965	26223	28.83	51400	56.51
卧龙区	109410	32929	30.10	60849	55.62
南召县					
方城县					
西峡县					
镇平县					
内乡县					
淅川县					
社旗县					
唐河县					
新野县					
桐柏县					
邓州市	66183	15691	23.71	37550	56.74

1-11a 续表 3

单位：户、%

地区	家庭户 户数	一代户 户数	一代户 比重	二代户 户数	二代户 比重
商丘市	**243950**	**62403**	**25.58**	**145532**	**59.66**
梁园区	100322	25572	25.49	59138	58.95
睢阳区	62116	15111	24.33	37610	60.55
民权县					
睢县					
宁陵县					
柘城县					
虞城县					
夏邑县					
永城市	81512	21720	26.65	48784	59.85
信阳市	**161075**	**53903**	**33.46**	**87151**	**54.11**
浉河区	97415	33244	34.13	52638	54.03
平桥区	63660	20659	32.45	34513	54.21
罗山县					
光山县					
新县					
商城县					
固始县					
潢川县					
淮滨县					
息县					
周口市	**166081**	**32084**	**19.32**	**99540**	**59.93**
川汇区	83065	18348	22.09	48501	58.39
扶沟县					
西华县					
商水县					
沈丘县	203	62	30.54	104	51.23
郸城县	2432	683	28.08	1401	57.61
淮阳县	11701	3084	26.36	6190	52.90
太康县					
鹿邑县					
项城市	68680	9907	14.42	43344	63.11
驻马店市	**120308**	**35049**	**29.13**	**67107**	**55.78**
驿城区	120308	35049	29.13	67107	55.78
西平县					
上蔡县					
平舆县					
正阳县					
确山县					
泌阳县					
汝南县					
遂平县					
新蔡县					
济源市	**63287**	**12204**	**19.28**	**37986**	**60.02**
济源市	63287	12204	19.28	37986	60.02

1-11a 续表 4

单位：户、%

地　区	三代户		四代户		五代及以上户	
	户数	比重	户数	比重	户数	比重
总　计	**787053**	**14.71**	**18672**	**0.35**	**11**	
郑州市	**158304**	**10.89**	**3150**	**0.22**	**3**	
中原区	29278	11.35	485	0.19		
二七区	19684	10.52	245	0.13		
管城回族区	15573	9.94	281	0.18		
金水区	39484	7.85	517	0.10	1	
上街区	4322	10.73	96	0.24		
惠济区	5238	11.05	164	0.35	1	
中牟县	50	29.07	1	0.58		
巩义市	7169	15.98	136	0.30		
荥阳市	11034	17.97	326	0.53		
新密市	12042	16.39	423	0.58	1	
新郑市	9557	18.68	324	0.63		
登封市	4873	15.94	152	0.50		
开封市	**32436**	**14.37**	**650**	**0.29**		
龙亭区	4515	16.49	106	0.39		
顺河回族区	9342	14.10	150	0.23		
鼓楼区	6303	13.59	126	0.27		
禹王台区	4281	11.89	52	0.14		
金明区	7995	16.12	216	0.44		
杞县						
通许县						
尉氏县						
开封县						
兰考县						
洛阳市	**78934**	**14.31**	**1552**	**0.28**	**2**	
老城区	6646	14.37	99	0.21		
西工区	13626	11.72	133	0.11		
瀍河回族区	6556	12.53	74	0.14		
涧西区	23088	12.01	309	0.16	1	
吉利区	1569	9.99	29	0.18		
洛龙区	11904	18.43	262	0.41		
孟津县	104	29.46	4	1.13		
新安县						
栾川县						
嵩县	81	17.61	4	0.87		
汝阳县						
宜阳县						
洛宁县						
伊川县	433	39.47	18	1.64		
偃师市	14927	23.88	620	0.99	1	

1-11a 续表 5

单位：户、%

地 区	三代户		四代户		五代及以上户	
	户数	比重	户数	比重	户数	比重
平顶山市	**47082**	**14.18**	**913**	**0.27**	**1**	
新华区	11542	13.78	107	0.13		
卫东区	10695	11.87	135	0.15		
石龙区	1225	12.16	14	0.14		
湛河区	6994	11.29	77	0.12		
宝丰县	63	27.51	4	1.75		
叶县						
鲁山县						
郏县						
舞钢市	5395	13.91	151	0.39		
汝州市	11168	23.64	425	0.90	1	
安阳市	**58059**	**16.81**	**1252**	**0.36**	**1**	
文峰区	15466	15.72	313	0.32		
北关区	10683	15.82	160	0.24		
殷都区	9586	13.61	170	0.24		
龙安区	6115	18.47	132	0.40		
安阳县	2417	20.49	94	0.80		
汤阴县	60	36.59	3	1.83		
滑县						
内黄县	21	27.27				
林州市	13711	21.45	380	0.59	1	
鹤壁市	**24297**	**18.17**	**575**	**0.43**		
鹤山区	5333	18.03	65	0.22		
山城区	9661	17.60	222	0.40		
淇滨区	8945	18.59	267	0.56		
浚县						
淇县	358	31.13	21	1.83		
新乡市	**68737**	**20.46**	**1888**	**0.56**		
红旗区	16573	17.92	561	0.61		
卫滨区	11439	19.45	256	0.44		
凤泉区	2234	17.26	44	0.34		
牧野区	15936	19.58	357	0.44		
新乡县	113	39.37	9	3.14		
获嘉县						
原阳县						
延津县						
封丘县						
长垣县	356	32.19	21	1.90		
卫辉市	7429	22.96	196	0.61		
辉县市	14657	25.92	444	0.79		
焦作市	**52140**	**21.20**	**1180**	**0.48**		
解放区	15974	18.65	268	0.31		
中站区	4136	23.76	81	0.47		
马村区	3817	23.09	81	0.49		
山阳区	12359	17.67	215	0.31		
修武县						
博爱县	44	42.72	3	2.91		
武陟县	48	38.40	2	1.60		
温县						
沁阳市	8402	29.86	267	0.95		
孟州市	7360	26.28	263	0.94		

1-11a 续表 6 单位：户、%

地区	三代户		四代户		五代及以上户	
	户数	比重	户数	比重	户数	比重
濮阳市	**16810**	**11.51**	**533**	**0.37**		
华龙区	15243	10.93	458	0.33		
清丰县						
南乐县	277	37.48	17	2.30		
范县	1105	21.32	49	0.95		
台前县						
濮阳县	185	29.32	9	1.43		
许昌市	**46937**	**19.08**	**1671**	**0.68**	**1**	
魏都区	18693	15.02	324	0.26	1	
许昌县	3207	31.30	175	1.71		
鄢陵县						
襄城县						
禹州市	12848	22.31	488	0.85		
长葛市	12189	22.67	684	1.27		
漯河市	**24541**	**17.62**	**692**	**0.50**		
源汇区	7771	16.16	195	0.41		
郾城区	8768	17.63	247	0.50		
召陵区	8002	19.29	250	0.60		
舞阳县						
临颍县						
三门峡市	**19400**	**11.24**	**337**	**0.20**		
湖滨区	8932	9.59	116	0.12		
渑池县						
陕县	181	29.10	7	1.13		
卢氏县						
义马市	4481	12.37	50	0.14		
灵宝市	5806	13.63	164	0.39		
南阳市	**41175**	**15.45**	**741**	**0.28**		
宛城区	13139	14.44	203	0.22		
卧龙区	15428	14.10	204	0.19		
南召县						
方城县						
西峡县						
镇平县						
内乡县						
淅川县						
社旗县						
唐河县						
新野县						
桐柏县						
邓州市	12608	19.05	334	0.50		

1-11a 续表 7

单位：户、%

地 区	三代户		四代户		五代及以上户	
	户数	比重	户数	比重	户数	比重
商丘市	**34887**	**14.30**	**1126**	**0.46**	**2**	
梁园区	15180	15.13	432	0.43		
睢阳区	9076	14.61	317	0.51	2	
民权县						
睢县						
宁陵县						
柘城县						
虞城县						
夏邑县						
永城市	10631	13.04	377	0.46		
信阳市	**19728**	**12.25**	**293**	**0.18**		
浉河区	11412	11.71	121	0.12		
平桥区	8316	13.06	172	0.27		
罗山县						
光山县						
新县						
商城县						
固始县						
潢川县						
淮滨县						
息县						
周口市	**33262**	**20.03**	**1195**	**0.72**		
川汇区	15757	18.97	459	0.55		
扶沟县						
西华县						
商水县						
沈丘县	34	16.75	3	1.48		
郸城县	329	13.53	19	0.78		
淮阳县	2313	19.77	114	0.97		
太康县						
鹿邑县						
项城市	14829	21.59	600	0.87		
驻马店市	**17593**	**14.62**	**558**	**0.46**	**1**	
驿城区	17593	14.62	558	0.46	1	
西平县						
上蔡县						
平舆县						
正阳县						
确山县						
泌阳县						
汝南县						
遂平县						
新蔡县						
济源市	**12731**	**20.12**	**366**	**0.58**		
济源市	12731	20.12	366	0.58		

1-11b 各地区家庭户类别(镇)

单位：户、%

地 区	家庭户	一代户		二代户	
	户 数	户数	比重	户数	比重
总 计	**4550905**	**1011930**	**22.24**	**2491597**	**54.75**
郑州市	**192583**	**41698**	**21.65**	**100386**	**52.13**
中原区					
二七区	3604	1026	28.47	1730	48.00
管城回族区	1071	220	20.54	616	57.52
金水区					
上街区					
惠济区	2713	555	20.46	1492	54.99
中牟县	41566	10051	24.18	23151	55.70
巩义市	47186	9787	20.74	24867	52.70
荥阳市	14038	3476	24.76	6679	47.58
新密市	23591	4229	17.93	11268	47.76
新郑市	18065	3943	21.83	9026	49.96
登封市	40749	8411	20.64	21557	52.90
开封市	**212503**	**39820**	**18.74**	**118884**	**55.94**
龙亭区					
顺河回族区					
鼓楼区					
禹王台区					
金明区	481	49	10.19	206	42.83
杞县	42944	8517	19.83	24697	57.51
通许县	35860	7390	20.61	20112	56.08
尉氏县	52174	9797	18.78	27543	52.79
开封县	41352	7458	18.04	23060	55.77
兰考县	39692	6609	16.65	23266	58.62
洛阳市	**285577**	**59768**	**20.93**	**171058**	**59.90**
老城区					
西工区					
瀍河回族区					
涧西区	1195	193	16.15	655	54.81
吉利区					
洛龙区	11602	2146	18.50	6340	54.65
孟津县	38272	9446	24.68	21500	56.18
新安县	41220	9846	23.89	24944	60.51
栾川县	34875	6944	19.91	21770	62.42
嵩县	26332	5945	22.58	16464	62.52
汝阳县	23529	4521	19.21	14389	61.15
宜阳县	33394	6566	19.66	19758	59.17
洛宁县	21718	4012	18.47	13881	63.91
伊川县	36540	6844	18.73	22894	62.65
偃师市	16900	3305	19.56	8463	50.08

1-11b 续表 1　　　　单位：户、%

地　区	家庭户	一代户		二代户	
	户　数	户数	比重	户数	比重
平顶山市	**232279**	**51564**	**22.20**	**127822**	**55.03**
新华区	7356	2063	28.05	4181	56.84
卫东区					
石龙区					
湛河区					
宝丰县	41658	10946	26.28	23347	56.04
叶县	54252	11662	21.50	29223	53.87
鲁山县	51661	10988	21.27	29102	56.33
郏县	44442	9425	21.21	25192	56.69
舞钢市	6698	2519	37.61	2874	42.91
汝州市	26212	3961	15.11	13903	53.04
安阳市	**213727**	**47142**	**22.06**	**111147**	**52.00**
文峰区					
北关区	694	154	22.19	399	57.49
殷都区	856	478	55.84	351	41.00
龙安区	2004	452	22.55	1045	52.15
安阳县	67894	14917	21.97	36904	54.36
汤阴县	40034	8660	21.63	20432	51.04
滑县	47465	9317	19.63	26166	55.13
内黄县	22523	4093	18.17	11160	49.55
林州市	32257	9071	28.12	14690	45.54
鹤壁市	**64863**	**10072**	**15.53**	**35021**	**53.99**
鹤山区					
山城区					
淇滨区	1130	185	16.37	522	46.19
浚县	35777	5747	16.06	18982	53.06
淇县	27956	4140	14.81	15517	55.51
新乡市	**256237**	**38004**	**14.83**	**134148**	**52.35**
红旗区	527	26	4.93	230	43.64
卫滨区					
凤泉区	6605	725	10.98	3159	47.83
牧野区					
新乡县	32392	3486	10.76	15178	46.86
获嘉县	37886	7694	20.31	19628	51.81
原阳县	29813	3724	12.49	15898	53.33
延津县	28095	4077	14.51	14820	52.75
封丘县	44227	6742	15.24	23671	53.52
长垣县	57148	8379	14.66	31577	55.25
卫辉市	9172	1236	13.48	4721	51.47
辉县市	10372	1915	18.46	5266	50.77
焦作市	**179125**	**24233**	**13.53**	**94829**	**52.94**
解放区					
中站区					
马村区	2905	567	19.52	1904	65.54
山阳区					
修武县	25344	3988	15.74	13877	54.75
博爱县	41528	5586	13.45	21286	51.26
武陟县	40218	4742	11.79	21806	54.22
温县	36772	5200	14.14	20751	56.43
沁阳市	26401	3283	12.44	12442	47.13
孟州市	5957	867	14.55	2763	46.38

1-11b 续表 2 单位：户、%

地　区	家庭户	一代户		二代户	
	户　数	户数	比重	户数	比重
濮阳市	**167420**	**40613**	**24.26**	**90590**	**54.11**
华龙区	2611	1007	38.57	1126	43.13
清丰县	29134	8363	28.71	15092	51.80
南乐县	21879	4063	18.57	11418	52.19
范县	21526	6015	27.94	12648	58.76
台前县	16882	4407	26.10	9307	55.13
濮阳县	75388	16758	22.23	40999	54.38
许昌市	**175318**	**38407**	**21.91**	**90689**	**51.73**
魏都区					
许昌县	44437	8672	19.52	23636	53.19
鄢陵县	28164	4893	17.37	15513	55.08
襄城县	47125	13765	29.21	24586	52.17
禹州市	34579	7682	22.22	17191	49.72
长葛市	21013	3395	16.16	9763	46.46
漯河市	**118044**	**23400**	**19.82**	**59418**	**50.34**
源汇区	1101	196	17.80	557	50.59
郾城区	1449	438	30.23	623	43.00
召陵区	10999	2009	18.27	5273	47.94
舞阳县	45229	10721	23.70	23086	51.04
临颍县	59266	10036	16.93	29879	50.42
三门峡市	**111466**	**27009**	**24.23**	**66335**	**59.51**
湖滨区					
渑池县	31138	6691	21.49	19496	62.61
陕县	32211	9089	28.22	18807	58.39
卢氏县	25445	5739	22.55	15524	61.01
义马市	4822	1448	30.03	3082	63.92
灵宝市	17850	4042	22.64	9426	52.81
南阳市	**600754**	**137289**	**22.85**	**332684**	**55.38**
宛城区	35101	10349	29.48	17919	51.05
卧龙区	14150	3338	23.59	6993	49.42
南召县	44161	10855	24.58	25726	58.26
方城县	56266	10889	19.35	32236	57.29
西峡县	43808	9467	21.61	24794	56.60
镇平县	62119	14188	22.84	34022	54.77
内乡县	44679	11266	25.22	22823	51.08
淅川县	53258	10018	18.81	31484	59.12
社旗县	42871	8238	19.22	23903	55.76
唐河县	87602	21426	24.46	47525	54.25
新野县	49673	12146	24.45	27148	54.65
桐柏县	38656	9925	25.68	23166	59.93
邓州市	28410	5184	18.25	14945	52.60

1-11b 续表 3

单位：户、%

地 区	家庭户户数	一代户		二代户	
		户数	比重	户数	比重
商丘市	**363529**	**104597**	**28.77**	**206616**	**56.84**
梁园区	2542	731	28.76	1344	52.87
睢阳区	7173	1771	24.69	3904	54.43
民权县	47158	11624	24.65	28247	59.90
睢县	46730	12686	27.15	25840	55.30
宁陵县	30419	7440	24.46	16713	54.94
柘城县	54290	15545	28.63	31893	58.75
虞城县	67652	19986	29.54	39482	58.36
夏邑县	73262	23628	32.25	41661	56.87
永城市	34303	11186	32.61	17532	51.11
信阳市	**435973**	**115601**	**26.52**	**239170**	**54.86**
浉河区	5184	1900	36.65	2793	53.88
平桥区	24470	7923	32.38	12681	51.82
罗山县	44035	13944	31.67	22980	52.19
光山县	45438	10008	22.03	26056	57.34
新县	29349	6766	23.05	18803	64.07
商城县	38731	11679	30.15	19899	51.38
固始县	84351	25048	29.69	45706	54.19
潢川县	70297	19308	27.47	37774	53.73
淮滨县	40917	9695	23.69	23412	57.22
息县	53201	9330	17.54	29066	54.63
周口市	**512629**	**119920**	**23.39**	**282963**	**55.20**
川汇区					
扶沟县	40247	9053	22.49	21474	53.36
西华县	57097	13617	23.85	31008	54.31
商水县	57995	12964	22.35	30732	52.99
沈丘县	67140	14536	21.65	35740	53.23
郸城县	65537	14023	21.40	40663	62.05
淮阳县	61171	14678	24.00	32667	53.40
太康县	73507	19212	26.14	40563	55.18
鹿邑县	72727	17701	24.34	41601	57.20
项城市	17208	4136	24.04	8515	49.48
驻马店市	**406196**	**88515**	**21.79**	**218070**	**53.69**
驿城区	1284	156	12.15	685	53.35
西平县	46879	11466	24.46	23107	49.29
上蔡县	59748	11854	19.84	32876	55.02
平舆县	51868	10123	19.52	28415	54.78
正阳县	35412	8277	23.37	19281	54.45
确山县	35983	9872	27.44	19958	55.47
泌阳县	52270	13276	25.40	30053	57.50
汝南县	48783	9150	18.76	22576	46.28
遂平县	28484	5358	18.81	15337	53.84
新蔡县	45485	8983	19.75	25782	56.68
济源市	**22682**	**4278**	**18.86**	**11767**	**51.88**
济源市	22682	4278	18.86	11767	51.88

1-11b 续表 4

单位：户、%

地　区	三代户		四代户		五代及以上户	
	户数	比重	户数	比重	户数	比重
总　计	**1006109**	**22.11**	**41222**	**0.91**	**47**	
郑州市	**48304**	**25.08**	**2194**	**1.14**	**1**	
中原区						
二七区	816	22.64	32	0.89		
管城回族区	230	21.48	5	0.47		
金水区						
上街区						
惠济区	647	23.85	19	0.70		
中牟县	8014	19.28	350	0.84		
巩义市	11952	25.33	579	1.23	1	
荥阳市	3713	26.45	170	1.21		
新密市	7697	32.63	397	1.68		
新郑市	4885	27.04	211	1.17		
登封市	10350	25.40	431	1.06		
开封市	**51402**	**24.19**	**2392**	**1.13**	**5**	
龙亭区						
顺河回族区						
鼓楼区						
禹王台区						
金明区	212	44.07	14	2.91		
杞县	9291	21.64	436	1.02	3	0.01
通许县	8011	22.34	346	0.96	1	
尉氏县	14126	27.07	707	1.36	1	
开封县	10353	25.04	481	1.16		
兰考县	9409	23.71	408	1.03		
洛阳市	**53186**	**18.62**	**1564**	**0.55**	**1**	
老城区						
西工区						
瀍河回族区						
涧西区	335	28.03	12	1.00		
吉利区						
洛龙区	2997	25.83	119	1.03		
孟津县	7097	18.54	229	0.60		
新安县	6262	15.19	168	0.41		
栾川县	6045	17.33	116	0.33		
嵩县	3846	14.61	77	0.29		
汝阳县	4485	19.06	134	0.57		
宜阳县	6860	20.54	210	0.63		
洛宁县	3759	17.31	65	0.30	1	
伊川县	6587	18.03	215	0.59		
偃师市	4913	29.07	219	1.30		

1-11b 续表 5

单位：户、%

地区	三代户		四代户		五代及以上户	
	户数	比重	户数	比重	户数	比重
平顶山市	**51166**	**22.03**	**1727**	**0.74**		
新华区	1086	14.76	26	0.35		
卫东区						
石龙区						
湛河区						
宝丰县	7199	17.28	166	0.40		
叶县	12873	23.73	494	0.91		
鲁山县	11272	21.82	299	0.58		
郏县	9492	21.36	333	0.75		
舞钢市	1239	18.50	66	0.99		
汝州市	8005	30.54	343	1.31		
安阳市	**53220**	**24.90**	**2213**	**1.04**	**5**	
文峰区						
北关区	137	19.74	4	0.58		
殷都区	27	3.15				
龙安区	495	24.70	12	0.60		
安阳县	15602	22.98	470	0.69	1	
汤阴县	10444	26.09	495	1.24	3	0.01
滑县	11410	24.04	571	1.20	1	
内黄县	6888	30.58	382	1.70		
林州市	8217	25.47	279	0.86		
鹤壁市	**18886**	**29.12**	**882**	**1.36**	**2**	
鹤山区						
山城区						
淇滨区	395	34.96	28	2.48		
浚县	10542	29.47	506	1.41		
淇县	7949	28.43	348	1.24	2	0.01
新乡市	**79785**	**31.14**	**4289**	**1.67**	**11**	
红旗区	262	49.72	9	1.71		
卫滨区						
凤泉区	2588	39.18	133	2.01		
牧野区						
新乡县	12864	39.71	861	2.66	3	0.01
获嘉县	9952	26.27	611	1.61	1	
原阳县	9644	32.35	545	1.83	2	0.01
延津县	8812	31.37	384	1.37	2	0.01
封丘县	13193	29.83	620	1.40	1	
长垣县	16328	28.57	863	1.51	1	
卫辉市	3086	33.65	129	1.41		
辉县市	3056	29.46	134	1.29	1	0.01
焦作市	**57477**	**32.09**	**2585**	**1.44**	**1**	
解放区						
中站区						
马村区	426	14.66	8	0.28		
山阳区						
修武县	7233	28.54	246	0.97		
博爱县	14130	34.03	526	1.27		
武陟县	12845	31.94	824	2.05	1	
温县	10414	28.32	407	1.11		
沁阳市	10213	38.68	463	1.75		
孟州市	2216	37.20	111	1.86		

1-11b 续表 6 单位：户、%

地 区	三代户		四代户		五代及以上户	
	户数	比重	户数	比重	户数	比重
濮阳市	**34489**	**20.60**	**1728**	**1.03**		
华龙区	456	17.46	22	0.84		
清丰县	5427	18.63	252	0.86		
南乐县	6022	27.52	376	1.72		
范县	2753	12.79	110	0.51		
台前县	3044	18.03	124	0.73		
濮阳县	16787	22.27	844	1.12		
许昌市	**44025**	**25.11**	**2196**	**1.25**	**1**	
魏都区						
许昌县	11525	25.94	604	1.36		
鄢陵县	7415	26.33	343	1.22		
襄城县	8522	18.08	252	0.53		
禹州市	9251	26.75	455	1.32		
长葛市	7312	34.80	542	2.58	1	
漯河市	**33868**	**28.69**	**1357**	**1.15**	**1**	
源汇区	328	29.79	20	1.82		
郾城区	367	25.33	21	1.45		
召陵区	3531	32.10	186	1.69		
舞阳县	10870	24.03	552	1.22		
临颍县	18772	31.67	578	0.98	1	
三门峡市	**17613**	**15.80**	**509**	**0.46**		
湖滨区						
渑池县	4808	15.44	143	0.46		
陕县	4212	13.08	103	0.32		
卢氏县	4079	16.03	103	0.40		
义马市	291	6.03	1	0.02		
灵宝市	4223	23.66	159	0.89		
南阳市	**126303**	**21.02**	**4475**	**0.74**	**3**	
宛城区	6612	18.84	221	0.63		
卧龙区	3659	25.86	160	1.13		
南召县	7373	16.70	207	0.47		
方城县	12780	22.71	361	0.64		
西峡县	9176	20.95	371	0.85		
镇平县	13373	21.53	536	0.86		
内乡县	10185	22.80	405	0.91		
淅川县	11309	21.23	447	0.84		
社旗县	10341	24.12	389	0.91		
唐河县	18009	20.56	641	0.73	1	
新野县	10078	20.29	301	0.61		
桐柏县	5470	14.15	95	0.25		
邓州市	7938	27.94	341	1.20	2	0.01

1-11b 续表 7

单位：户、%

地区	三代户		四代户		五代及以上户	
	户数	比重	户数	比重	户数	比重
商丘市	**50306**	**13.84**	**2007**	**0.55**	**3**	
梁园区	444	17.47	23	0.90		
睢阳区	1427	19.89	71	0.99		
民权县	7043	14.93	244	0.52		
睢县	7881	16.86	323	0.69		
宁陵县	5987	19.68	278	0.91	1	
柘城县	6648	12.25	204	0.38		
虞城县	7899	11.68	284	0.42	1	
夏邑县	7660	10.46	312	0.43	1	
永城市	5317	15.50	268	0.78		
信阳市	**78873**	**18.09**	**2327**	**0.53**	**2**	
浉河区	486	9.38	5	0.10		
平桥区	3770	15.41	96	0.39		
罗山县	6895	15.66	216	0.49		
光山县	9139	20.11	235	0.52		
新县	3713	12.65	67	0.23		
商城县	6965	17.98	188	0.49		
固始县	13244	15.70	353	0.42		
潢川县	12864	18.30	351	0.50		
淮滨县	7574	18.51	236	0.58		
息县	14223	26.73	580	1.09	2	
周口市	**105046**	**20.49**	**4698**	**0.92**	**2**	
川汇区						
扶沟县	9339	23.20	381	0.95		
西华县	11930	20.89	542	0.95		
商水县	13567	23.39	732	1.26		
沈丘县	16151	24.06	713	1.06		
郸城县	10476	15.98	375	0.57		
淮阳县	13183	21.55	642	1.05	1	
太康县	13219	17.98	512	0.70	1	
鹿邑县	12885	17.72	540	0.74		
项城市	4296	24.97	261	1.52		
驻马店市	**95795**	**23.58**	**3807**	**0.94**	**9**	
驿城区	413	32.17	30	2.34		
西平县	11755	25.08	550	1.17	1	
上蔡县	14341	24.00	676	1.13	1	
平舆县	12674	24.44	653	1.26	3	0.01
正阳县	7539	21.29	315	0.89		
确山县	5935	16.49	218	0.61		
泌阳县	8652	16.55	288	0.55	1	
汝南县	16678	34.19	377	0.77	2	
遂平县	7447	26.14	341	1.20	1	
新蔡县	10361	22.78	359	0.79		
济源市	**6365**	**28.06**	**272**	**1.20**		
济源市	6365	28.06	272	1.20		

1-11c 各地区家庭户类别(乡村)

单位：户、%

地　区	家庭户	一代户		二代户	
	户　数	户数	比重	户数	比重
总　计	**16028117**	**3871489**	**24.15**	**8155829**	**50.88**
郑州市	**789962**	**165121**	**20.90**	**391863**	**49.61**
中原区	17267	3991	23.11	8577	49.67
二七区	18864	3844	20.38	9787	51.88
管城回族区	40869	15409	37.70	17606	43.08
金水区	26276	9019	34.32	12047	45.85
上街区	3943	1015	25.74	1728	43.82
惠济区	23830	4516	18.95	12932	54.27
中牟县	137103	23004	16.78	67250	49.05
巩义市	117216	27122	23.14	60440	51.56
荥阳市	95382	22159	23.23	45246	47.44
新密市	112041	20762	18.53	54251	48.42
新郑市	102402	17653	17.24	51198	50.00
登封市	94769	16627	17.54	50801	53.61
开封市	**802850**	**176522**	**21.99**	**415423**	**51.74**
龙亭区	8813	1234	14.00	4429	50.26
顺河回族区	8825	1013	11.48	4807	54.47
鼓楼区	2352	330	14.03	1171	49.79
禹王台区	7809	1221	15.64	4122	52.79
金明区	13079	1496	11.44	6626	50.66
杞县	211748	68474	32.34	105268	49.71
通许县	111938	21507	19.21	60061	53.66
尉氏县	158689	20253	12.76	79228	49.93
开封县	132730	21861	16.47	71536	53.90
兰考县	146867	39133	26.65	78175	53.23
洛阳市	**969024**	**199213**	**20.56**	**525311**	**54.21**
老城区	4851	695	14.33	2570	52.98
西工区	8120	1463	18.02	4123	50.78
瀍河回族区	3609	606	16.79	1949	54.00
涧西区	12505	2001	16.00	6763	54.08
吉利区	6791	1732	25.50	3299	48.58
洛龙区	51906	9001	17.34	27134	52.28
孟津县	78385	20381	26.00	39003	49.76
新安县	84965	20488	24.11	46591	54.84
栾川县	59880	13458	22.47	31973	53.40
嵩县	113894	27722	24.34	62168	54.58
汝阳县	83106	17501	21.06	44384	53.41
宜阳县	127845	21800	17.05	71990	56.31
洛宁县	91346	18220	19.95	52733	57.73
伊川县	142841	22105	15.48	82590	57.82
偃师市	98980	22040	22.27	48041	48.54

1-11c 续表 1

单位：户、%

地　区	家庭户	一代户		二代户	
	户　数	户数	比重	户数	比重
平顶山市	**771597**	**156328**	**20.26**	**406441**	**52.68**
新华区	14068	2425	17.24	8112	57.66
卫东区	7891	1599	20.26	4329	54.86
石龙区	2022	472	23.34	1233	60.98
湛河区	20810	3330	16.00	10983	52.78
宝丰县	92309	17555	19.02	51427	55.71
叶县	157074	31920	20.32	80906	51.51
鲁山县	161302	35688	22.12	85333	52.90
郏县	108414	23003	21.22	57879	53.39
舞钢市	48782	12563	25.75	23201	47.56
汝州市	158925	27773	17.48	83038	52.25
安阳市	**927391**	**219548**	**23.67**	**476068**	**51.33**
文峰区	22757	2833	12.45	11811	51.90
北关区	6325	1366	21.60	3219	50.89
殷都区	6385	1084	16.98	3318	51.97
龙安区	24529	4481	18.27	13939	56.83
安阳县	166696	39508	23.70	84812	50.88
汤阴县	77344	15587	20.15	36925	47.74
滑县	301448	68401	22.69	170425	56.54
内黄县	153750	35299	22.96	74194	48.26
林州市	168157	50989	30.32	77425	46.04
鹤壁市	**202639**	**32110**	**15.85**	**103915**	**51.28**
鹤山区	7041	1639	23.28	4093	58.13
山城区	9277	1287	13.87	5164	55.66
淇滨区	22915	3772	16.46	11760	51.32
浚县	125706	19530	15.54	64026	50.93
淇县	37700	5882	15.60	18872	50.06
新乡市	**843007**	**132715**	**15.74**	**432954**	**51.36**
红旗区	7736	852	11.01	3712	47.98
卫滨区					
凤泉区	14958	1617	10.81	7409	49.53
牧野区	5981	671	11.22	3128	52.30
新乡县	42874	3955	9.22	19888	46.39
获嘉县	60545	6943	11.47	28731	47.45
原阳县	123481	15355	12.44	62427	50.56
延津县	84752	13503	15.93	43906	51.81
封丘县	139461	21585	15.48	74112	53.14
长垣县	142886	24306	17.01	78857	55.19
卫辉市	81934	12241	14.94	42807	52.25
辉县市	138399	31687	22.90	67977	49.12
焦作市	**448261**	**63307**	**14.12**	**218703**	**48.79**
解放区					
中站区	11985	2166	18.07	6125	51.11
马村区	14075	1543	10.96	7389	52.50
山阳区	12713	1731	13.62	6953	54.69
修武县	44907	6082	13.54	22489	50.08
博爱县	62715	8359	13.33	30205	48.16
武陟县	119267	12723	10.67	60165	50.45
温县	66038	10589	16.03	31379	47.52
沁阳市	56304	8256	14.66	25671	45.59
孟州市	60257	11858	19.68	28327	47.01

1-11c 续表 2

单位：户、%

地区	家庭户	一代户		二代户	
	户数	户数	比重	户数	比重
濮阳市	**638834**	**126726**	**19.84**	**331367**	**51.87**
华龙区	46976	8406	17.89	23547	50.13
清丰县	139523	28369	20.33	71907	51.54
南乐县	94407	18571	19.67	46953	49.73
范县	101462	23512	23.17	54094	53.31
台前县	70308	15942	22.67	35316	50.23
濮阳县	186158	31926	17.15	99550	53.48
许昌市	**734700**	**171843**	**23.39**	**361029**	**49.14**
魏都区	6046	1309	21.65	3376	55.84
许昌县	151577	31040	20.48	76795	50.66
鄢陵县	115672	28922	25.00	57014	49.29
襄城县	150636	45248	30.04	73653	48.89
禹州市	207500	47882	23.08	101382	48.86
长葛市	103269	17442	16.89	48809	47.26
漯河市	**404719**	**79427**	**19.63**	**201664**	**49.83**
源汇区	37342	6309	16.90	18629	49.89
郾城区	73680	15172	20.59	36296	49.26
召陵区	71832	11601	16.15	36430	50.72
舞阳县	100884	22270	22.07	48881	48.45
临颍县	120981	24075	19.90	61428	50.77
三门峡市	**345542**	**70052**	**20.27**	**186931**	**54.10**
湖滨区	12038	3208	26.65	6048	50.24
渑池县	61827	13156	21.28	34992	56.60
陕县	63763	13741	21.55	33851	53.09
卢氏县	78508	18230	23.22	43357	55.23
义马市	2457	613	24.95	1362	55.43
灵宝市	126949	21104	16.62	67321	53.03
南阳市	**1880660**	**413641**	**21.99**	**945582**	**50.28**
宛城区	117299	21441	18.28	60552	51.62
卧龙区	122744	24742	20.16	61929	50.45
南召县	109955	23301	21.19	59197	53.84
方城县	202211	54381	26.89	104671	51.76
西峡县	79502	17922	22.54	39321	49.46
镇平县	168613	36847	21.85	81095	48.10
内乡县	116742	26754	22.92	56460	48.36
淅川县	122407	23250	18.99	62503	51.06
社旗县	117818	22819	19.37	61003	51.78
唐河县	243771	51975	21.32	123497	50.66
新野县	131262	35268	26.87	60457	46.06
桐柏县	75761	21643	28.57	39431	52.05
邓州市	272575	53298	19.55	135466	49.70

1-11c 续表 3

单位：户、%

地 区	家庭户	一代户		二代户	
	户 数	户数	比重	户数	比重
商丘市	**1591325**	**520771**	**32.73**	**844378**	**53.06**
梁园区	99492	16356	16.44	56987	57.28
睢阳区	144698	41581	28.74	79206	54.74
民权县	161329	50262	31.15	87552	54.27
睢县	162682	52620	32.35	87480	53.77
宁陵县	123073	36825	29.92	67089	54.51
柘城县	191020	66585	34.86	99149	51.91
虞城县	217851	73009	33.51	120474	55.30
夏邑县	228261	92339	40.45	113247	49.61
永城市	262919	91194	34.69	133194	50.66
信阳市	**1228871**	**402236**	**32.73**	**575722**	**46.85**
浉河区	78804	25208	31.99	37836	48.01
平桥区	110092	39574	35.95	48568	44.12
罗山县	113719	39328	34.58	51521	45.31
光山县	125592	37929	30.20	60324	48.03
新县	59486	21925	36.86	27557	46.33
商城县	116543	38219	32.79	56281	48.29
固始县	244241	95862	39.25	108115	44.27
潢川县	115101	35881	31.17	52940	45.99
淮滨县	111767	28336	25.35	57559	51.50
息县	153526	39974	26.04	75021	48.87
周口市	**1826795**	**497688**	**27.24**	**939352**	**51.42**
川汇区	47379	8921	18.83	26030	54.94
扶沟县	129099	32024	24.81	63550	49.23
西华县	150439	29560	19.65	77299	51.38
商水县	203383	50999	25.08	103834	51.05
沈丘县	207662	53818	25.92	106219	51.15
郸城县	225925	72071	31.90	117576	52.04
淮阳县	224300	59760	26.64	116346	51.87
太康县	247149	80754	32.67	125281	50.69
鹿邑县	203759	62227	30.54	111350	54.65
项城市	187700	47554	25.34	91867	48.94
驻马店市	**1530376**	**427248**	**27.92**	**750319**	**49.03**
驿城区	70415	11690	16.60	35314	50.15
西平县	156152	41334	26.47	72189	46.23
上蔡县	244731	74941	30.62	118283	48.33
平舆县	166007	47226	28.45	81407	49.04
正阳县	153454	42667	27.80	76780	50.03
确山县	95599	31534	32.99	47909	50.11
泌阳县	174242	49350	28.32	89652	51.45
汝南县	163815	40927	24.98	77954	47.59
遂平县	105251	28301	26.89	47987	45.59
新蔡县	200710	59278	29.53	102844	51.24
济源市	**91564**	**16993**	**18.56**	**48807**	**53.30**
济源市	91564	16993	18.56	48807	53.30

1-11c 续表 4

单位：户、%

地 区	三代户		四代户		五代及以上户	
	户数	比重	户数	比重	户数	比重
总 计	**3816512**	**23.81**	**184073**	**1.15**	**214**	
郑州市	**222105**	**28.12**	**10854**	**1.37**	**19**	
中原区	4554	26.37	145	0.84		
二七区	5034	26.69	199	1.05		
管城回族区	7548	18.47	305	0.75	1	
金水区	4979	18.95	231	0.88		
上街区	1140	28.91	60	1.52		
惠济区	6160	25.85	222	0.93		
中牟县	44117	32.18	2723	1.99	9	0.01
巩义市	28530	24.34	1122	0.96	2	
荥阳市	26882	28.18	1095	1.15		
新密市	35218	31.43	1806	1.61	4	
新郑市	31770	31.02	1778	1.74	3	
登封市	26173	27.62	1168	1.23		
开封市	**199604**	**24.86**	**11289**	**1.41**	**12**	
龙亭区	2999	34.03	150	1.70	1	0.01
顺河回族区	2869	32.51	135	1.53	1	0.01
鼓楼区	804	34.18	47	2.00		
禹王台区	2397	30.70	69	0.88		
金明区	4619	35.32	338	2.58		
杞县	36166	17.08	1839	0.87	1	
通许县	28992	25.90	1378	1.23		
尉氏县	55414	34.92	3786	2.39	8	0.01
开封县	37189	28.02	2143	1.61	1	
兰考县	28155	19.17	1404	0.96		
洛阳市	**236131**	**24.37**	**8365**	**0.86**	**4**	
老城区	1551	31.97	35	0.72		
西工区	2460	30.30	74	0.91		
瀍河回族区	1046	28.98	8	0.22		
涧西区	3590	28.71	151	1.21		
吉利区	1720	25.33	40	0.59		
洛龙区	15236	29.35	534	1.03	1	
孟津县	18293	23.34	708	0.90		
新安县	17316	20.38	569	0.67	1	
栾川县	13998	23.38	451	0.75		
嵩县	23358	20.51	646	0.57		
汝阳县	20402	24.55	818	0.98	1	
宜阳县	32878	25.72	1176	0.92	1	
洛宁县	19804	21.68	589	0.64		
伊川县	36779	25.75	1367	0.96		
偃师市	27700	27.99	1199	1.21		

1-11c 续表 5

单位：户、%

地 区	三代户		四代户		五代及以上户	
	户数	比重	户数	比重	户数	比重
平顶山市	**200793**	**26.02**	**8029**	**1.04**	**6**	
新华区	3420	24.31	111	0.79		
卫东区	1899	24.07	64	0.81		
石龙区	312	15.43	5	0.25		
湛河区	6252	30.04	245	1.18		
宝丰县	22584	24.47	743	0.80		
叶县	42267	26.91	1977	1.26	4	
鲁山县	38955	24.15	1326	0.82		
郏县	26533	24.47	999	0.92		
舞钢市	12447	25.52	571	1.17		
汝州市	46124	29.02	1988	1.25	2	
安阳市	**220942**	**23.82**	**10813**	**1.17**	**20**	
文峰区	7730	33.97	382	1.68	1	
北关区	1678	26.53	62	0.98		
殷都区	1937	30.34	46	0.72		
龙安区	5951	24.26	158	0.64		
安阳县	40466	24.28	1908	1.14	2	
汤阴县	23317	30.15	1509	1.95	6	0.01
滑县	59630	19.78	2985	0.99	7	
内黄县	41695	27.12	2558	1.66	4	
林州市	38538	22.92	1205	0.72		
鹤壁市	**62989**	**31.08**	**3618**	**1.79**	**7**	
鹤山区	1281	18.19	28	0.40		
山城区	2709	29.20	117	1.26		
淇滨区	7068	30.84	315	1.37		
浚县	39597	31.50	2547	2.03	6	
淇县	12334	32.72	611	1.62	1	
新乡市	**263118**	**31.21**	**14202**	**1.68**	**18**	
红旗区	2983	38.56	189	2.44		
卫滨区						
凤泉区	5713	38.19	219	1.46		
牧野区	2082	34.81	100	1.67		
新乡县	17832	41.59	1198	2.79	1	
获嘉县	23237	38.38	1633	2.70	1	
原阳县	42985	34.81	2704	2.19	10	0.01
延津县	25859	30.51	1483	1.75	1	
封丘县	41594	29.82	2167	1.55	3	
长垣县	37859	26.50	1863	1.30	1	
卫辉市	25835	31.53	1051	1.28		
辉县市	37139	26.83	1595	1.15	1	
焦作市	**157944**	**35.23**	**8301**	**1.85**	**6**	
解放区						
中站区	3592	29.97	102	0.85		
马村区	4983	35.40	160	1.14		
山阳区	3884	30.55	145	1.14		
修武县	15567	34.66	769	1.71		
博爱县	23013	36.69	1136	1.81	2	
武陟县	43577	36.54	2801	2.35	1	
温县	22879	34.65	1190	1.80	1	
沁阳市	21305	37.84	1070	1.90	2	
孟州市	19144	31.77	928	1.54		

1-11c 续表 6 单位：户、%

地 区	三代户		四代户		五代及以上户	
	户数	比重	户数	比重	户数	比重
濮阳市	**171143**	**26.79**	**9580**	**1.50**	**18**	
华龙区	14048	29.90	973	2.07	2	
清丰县	36793	26.37	2452	1.76	2	
南乐县	27213	28.83	1665	1.76	5	0.01
范县	22833	22.50	1023	1.01		
台前县	18247	25.95	802	1.14	1	
濮阳县	52009	27.94	2665	1.43	8	
许昌市	**191381**	**26.05**	**10439**	**1.42**	**8**	
魏都区	1317	21.78	44	0.73		
许昌县	41660	27.48	2081	1.37	1	
鄢陵县	28343	24.50	1392	1.20	1	
襄城县	30438	20.21	1297	0.86		
禹州市	55014	26.51	3217	1.55	5	
长葛市	34609	33.51	2408	2.33	1	
漯河市	**117416**	**29.01**	**6204**	**1.53**	**8**	
源汇区	11755	31.48	647	1.73	2	0.01
郾城区	21106	28.65	1106	1.50		
召陵区	22641	31.52	1158	1.61	2	
舞阳县	28209	27.96	1523	1.51	1	
临颍县	33705	27.86	1770	1.46	3	
三门峡市	**85398**	**24.71**	**3160**	**0.91**	**1**	
湖滨区	2683	22.29	99	0.82		
渑池县	13278	21.48	401	0.65		
陕县	15544	24.38	626	0.98	1	
卢氏县	16427	20.92	494	0.63		
义马市	474	19.29	8	0.33		
灵宝市	36992	29.14	1532	1.21		
南阳市	**499193**	**26.54**	**22223**	**1.18**	**21**	
宛城区	33785	28.80	1520	1.30	1	
卧龙区	34485	28.10	1587	1.29	1	
南召县	26473	24.08	982	0.89	2	
方城县	41740	20.64	1418	0.70	1	
西峡县	21356	26.86	902	1.13	1	
镇平县	48241	28.61	2426	1.44	4	
内乡县	31957	27.37	1567	1.34	4	
淅川县	35108	28.68	1545	1.26	1	
社旗县	32555	27.63	1441	1.22		
唐河县	65325	26.80	2973	1.22	1	
新野县	33767	25.72	1769	1.35	1	
桐柏县	14235	18.79	452	0.60		
邓州市	80166	29.41	3641	1.34	4	

1-11c 续表 7

单位：户、%

地　　区	三代户		四代户		五代及以上户	
	户数	比重	户数	比重	户数	比重
商丘市	**216173**	**13.58**	**9989**	**0.63**	**14**	
梁园区	24790	24.92	1355	1.36	4	
睢阳区	22848	15.79	1063	0.73		
民权县	22586	14.00	927	0.57	2	
睢县	21615	13.29	967	0.59		
宁陵县	18317	14.88	841	0.68	1	
柘城县	24293	12.72	992	0.52	1	
虞城县	23381	10.73	984	0.45	3	
夏邑县	21695	9.50	979	0.43	1	
永城市	36648	13.94	1881	0.72	2	
信阳市	**241541**	**19.66**	**9365**	**0.76**	**7**	
浉河区	15298	19.41	462	0.59		
平桥区	21069	19.14	881	0.80		
罗山县	22096	19.43	774	0.68		
光山县	26432	21.05	907	0.72		
新县	9790	16.46	214	0.36		
商城县	21269	18.25	773	0.66	1	
固始县	38823	15.90	1440	0.59	1	
潢川县	25281	21.96	999	0.87		
淮滨县	24813	22.20	1058	0.95	1	
息县	36670	23.89	1857	1.21	4	
周口市	**371270**	**20.32**	**18476**	**1.01**	**9**	
川汇区	11892	25.10	536	1.13		
扶沟县	32026	24.81	1499	1.16		
西华县	41268	27.43	2310	1.54	2	
商水县	46205	22.72	2343	1.15	2	
沈丘县	45538	21.93	2085	1.00	2	
郸城县	34909	15.45	1369	0.61		
淮阳县	45592	20.33	2601	1.16	1	
太康县	39294	15.90	1819	0.74	1	
鹿邑县	28961	14.21	1221	0.60		
项城市	45585	24.29	2693	1.43	1	
驻马店市	**334692**	**21.87**	**18085**	**1.18**	**32**	
驿城区	22053	31.32	1356	1.93	2	
西平县	40171	25.73	2450	1.57	8	0.01
上蔡县	48896	19.98	2609	1.07	2	
平舆县	35609	21.45	1760	1.06	5	
正阳县	32152	20.95	1852	1.21	3	
确山县	15483	16.20	673	0.70		
泌阳县	33826	19.41	1413	0.81	1	
汝南县	42232	25.78	2694	1.64	8	
遂平县	27256	25.90	1706	1.62	1	
新蔡县	37014	18.44	1572	0.78	2	
济源市	**24679**	**26.95**	**1081**	**1.18**	**4**	
济源市	24679	26.95	1081	1.18	4	

1-12 各地区分性别、月份的出生人口
(2009.11.1-2010.10.31)

单位：人

地 区	出生人口			2009年11月		
	合计	男	女	小计	男	女
总 计	**1044716**	**564972**	**479744**	**125539**	**66543**	**58996**
郑州市	**80418**	**43112**	**37306**	**7411**	**4014**	**3397**
中原区	8087	4276	3811	720	388	332
二七区	5709	3070	2639	495	279	216
管城回族区	5031	2691	2340	494	278	216
金水区	12664	6777	5887	1077	598	479
上街区	942	481	461	63	35	28
惠济区	3149	1743	1406	290	167	123
中牟县	8311	4525	3786	678	367	311
巩义市	7775	4180	3595	730	376	354
荥阳市	6936	3618	3318	609	313	296
新密市	7383	4021	3362	793	433	360
新郑市	7291	3916	3375	685	382	303
登封市	7140	3814	3326	777	398	379
开封市	**50896**	**27013**	**23883**	**5559**	**2864**	**2695**
龙亭区	1235	652	583	125	63	62
顺河回族区	1692	907	785	172	95	77
鼓楼区	1045	545	500	87	47	40
禹王台区	941	515	426	82	42	40
金明区	1733	881	852	134	63	71
杞县	11055	5713	5342	1460	695	765
通许县	6662	3542	3120	796	397	399
尉氏县	10745	5874	4871	1383	764	619
开封县	8414	4528	3886	790	437	353
兰考县	7374	3856	3518	530	261	269
洛阳市	**70272**	**36984**	**33288**	**7018**	**3670**	**3348**
老城区	1291	702	589	105	51	54
西工区	2685	1409	1276	223	107	116
瀍河回族区	1375	743	632	111	63	48
涧西区	5071	2660	2411	472	253	219
吉利区	613	293	320	43	19	24
洛龙区	6149	3232	2917	575	282	293
孟津县	4532	2446	2086	430	227	203
新安县	5430	2929	2501	439	225	214
栾川县	4147	2198	1949	413	218	195
嵩县	6308	3198	3110	646	349	297
汝阳县	5431	2897	2534	544	286	258
宜阳县	7244	3818	3426	725	375	350
洛宁县	4457	2366	2091	578	303	275
伊川县	8237	4240	3997	1061	556	505
偃师市	7302	3853	3449	653	356	297

1-12 续表 1

单位：人

地　区	出生人口			2009年11月		
	合计	男	女	小计	男	女
平顶山市	**62169**	**34013**	**28156**	**7116**	**3821**	**3295**
新华区	3746	2008	1738	356	201	155
卫东区	2655	1418	1237	350	173	177
石龙区	472	255	217	37	14	23
湛河区	2240	1206	1034	215	116	99
宝丰县	6803	3752	3051	666	355	311
叶县	9672	5268	4404	1108	590	518
鲁山县	11768	6401	5367	1382	760	622
郏县	8242	4541	3701	1030	566	464
舞钢市	4272	2357	1915	471	256	215
汝州市	12299	6807	5492	1501	790	711
安阳市	**62452**	**35144**	**27308**	**7365**	**4025**	**3340**
文峰区	4786	2712	2074	488	262	226
北关区	1995	1148	847	194	114	80
殷都区	2036	1163	873	177	96	81
龙安区	2518	1462	1056	321	189	132
安阳县	10442	6087	4355	1214	707	507
汤阴县	5588	3022	2566	668	339	329
滑县	16367	9273	7094	1724	932	792
内黄县	8345	4397	3948	1022	525	497
林州市	10375	5880	4495	1557	861	696
鹤壁市	**17363**	**9453**	**7910**	**1964**	**1020**	**944**
鹤山区	1178	637	541	121	66	55
山城区	2265	1268	997	295	154	141
淇滨区	2771	1495	1276	318	142	176
浚县	7467	4008	3459	906	481	425
淇县	3682	2045	1637	324	177	147
新乡市	**62337**	**33973**	**28364**	**6838**	**3665**	**3173**
红旗区	3604	2016	1588	387	213	174
卫滨区	1681	906	775	165	86	79
凤泉区	1538	865	673	145	85	60
牧野区	2790	1508	1282	273	159	114
新乡县	3370	1758	1612	302	147	155
获嘉县	4822	2716	2106	484	270	214
原阳县	7981	4510	3471	881	488	393
延津县	5135	2902	2233	571	332	239
封丘县	8114	4276	3838	847	462	385
长垣县	8947	4723	4224	1250	646	604
卫辉市	5977	3305	2672	544	277	267
辉县市	8378	4488	3890	989	500	489
焦作市	**36071**	**18740**	**17331**	**3648**	**1855**	**1793**
解放区	2128	1122	1006	189	103	86
中站区	1137	633	504	99	53	46
马村区	1437	763	674	108	60	48
山阳区	2415	1257	1158	235	124	111
修武县	3404	1778	1626	340	187	153
博爱县	5085	2616	2469	412	213	199
武陟县	8257	4291	3966	952	483	469
温县	4417	2293	2124	540	258	282
沁阳市	4452	2295	2157	452	219	233
孟州市	3339	1692	1647	321	155	166

1-12 续表 2 单位：人

地区	出生人口			2009年11月		
	合计	男	女	小计	男	女
濮阳市	**47766**	**26685**	**21081**	**5847**	**3168**	**2679**
华龙区	6868	3818	3050	684	391	293
清丰县	9333	5214	4119	1149	631	518
南乐县	5691	3128	2563	703	351	352
范县	5684	3238	2446	984	529	455
台前县	4530	2344	2186	585	290	295
濮阳县	15660	8943	6717	1742	976	766
许昌市	**51170**	**27544**	**23626**	**6196**	**3265**	**2931**
魏都区	3934	2056	1878	430	248	182
许昌县	9896	5412	4484	961	497	464
鄢陵县	6569	3434	3135	1134	560	574
襄城县	9145	4910	4235	1548	830	718
禹州市	13635	7391	6244	1284	680	604
长葛市	7991	4341	3650	839	450	389
漯河市	**24895**	**13407**	**11488**	**2954**	**1566**	**1388**
源汇区	2778	1435	1343	332	172	160
郾城区	4612	2471	2141	528	295	233
召陵区	4503	2499	2004	513	290	223
舞阳县	5639	3053	2586	643	363	280
临颍县	7363	3949	3414	938	446	492
三门峡市	**19700**	**10237**	**9463**	**2065**	**1069**	**996**
湖滨区	2285	1179	1106	191	98	93
渑池县	2757	1457	1300	266	131	135
陕县	3382	1770	1612	330	176	154
卢氏县	3690	1866	1824	389	204	185
义马市	979	492	487	60	28	32
灵宝市	6607	3473	3134	829	432	397
南阳市	**122465**	**65650**	**56815**	**16418**	**8547**	**7871**
宛城区	9349	5018	4331	1213	652	561
卧龙区	9264	5009	4255	1138	601	537
南召县	6505	3536	2969	829	454	375
方城县	10914	5690	5224	1330	721	609
西峡县	4665	2435	2230	593	298	295
镇平县	10283	5378	4905	1698	846	852
内乡县	8674	4749	3925	994	515	479
淅川县	7431	3886	3545	968	496	472
社旗县	8189	4404	3785	1157	561	596
唐河县	15079	8380	6699	1806	948	858
新野县	9879	5299	4580	1337	674	663
桐柏县	4382	2360	2022	600	325	275
邓州市	17851	9506	8345	2755	1456	1299

1-12 续表 3

单位：人

地 区	出生人口			2009年11月		
	合计	男	女	小计	男	女
商丘市	**80958**	**44910**	**36048**	**12432**	**6758**	**5674**
梁园区	8856	4944	3912	1350	726	624
睢阳区	7499	4082	3417	1246	698	548
民权县	7624	4127	3497	1176	633	543
睢县	7866	4384	3482	900	465	435
宁陵县	5695	3137	2558	1067	584	483
柘城县	8607	4611	3996	1499	793	706
虞城县	10662	5936	4726	1609	886	723
夏邑县	10092	5371	4721	1553	798	755
永城市	14057	8318	5739	2032	1175	857
信阳市	**74496**	**41092**	**33404**	**9251**	**5005**	**4246**
浉河区	6393	3336	3057	653	345	308
平桥区	8576	4697	3879	1069	549	520
罗山县	7284	4214	3070	745	418	327
光山县	5467	3038	2429	652	355	297
新县	2804	1607	1197	344	188	156
商城县	6400	3646	2754	805	462	343
固始县	12526	6882	5644	1503	793	710
潢川县	8684	4927	3757	1076	639	437
淮滨县	7834	4232	3602	1305	689	616
息县	8528	4513	4015	1099	567	532
周口市	**93299**	**49464**	**43835**	**12384**	**6452**	**5932**
川汇区	4725	2559	2166	651	361	290
扶沟县	6513	3389	3124	942	481	461
西华县	8012	4235	3777	814	429	385
商水县	10468	5472	4996	1608	821	787
沈丘县	10657	5841	4816	1428	732	696
郸城县	9657	5002	4655	1147	573	574
淮阳县	11526	5737	5789	1439	716	723
太康县	11447	5982	5465	1471	758	713
鹿邑县	9447	5096	4351	1399	764	635
项城市	10847	6151	4696	1485	817	668
驻马店市	**80241**	**43419**	**36822**	**10311**	**5383**	**4928**
驿城区	6814	3671	3143	645	353	292
西平县	7892	4287	3605	948	501	447
上蔡县	13860	7469	6391	2314	1222	1092
平舆县	7781	4097	3684	1274	632	642
正阳县	7174	3782	3392	669	293	376
确山县	4387	2264	2123	364	157	207
泌阳县	8638	4674	3964	1207	669	538
汝南县	8683	4797	3886	818	423	395
遂平县	5454	2885	2569	551	290	261
新蔡县	9558	5493	4065	1521	843	678
济源市	**7748**	**4132**	**3616**	**762**	**396**	**366**
济源市	7748	4132	3616	762	396	366

1-12 续表 4 单位：人

地 区	2009年12月			2010年1月		
	小计	男	女	小计	男	女
总 计	**127442**	**67898**	**59544**	**92500**	**49915**	**42585**
郑州市	**7436**	**4004**	**3432**	**7326**	**3852**	**3474**
中原区	729	410	319	742	405	337
二七区	583	311	272	509	266	243
管城回族区	462	239	223	454	221	233
金水区	1204	648	556	1135	590	545
上街区	79	44	35	86	43	43
惠济区	294	170	124	266	146	120
中牟县	669	349	320	735	385	350
巩义市	666	357	309	721	390	331
荥阳市	574	276	298	636	330	306
新密市	705	392	313	800	426	374
新郑市	688	375	313	612	316	296
登封市	783	433	350	630	334	296
开封市	**5217**	**2711**	**2506**	**4561**	**2411**	**2150**
龙亭区	107	54	53	97	52	45
顺河回族区	154	86	68	140	80	60
鼓楼区	109	66	43	85	42	43
禹王台区	86	50	36	76	36	40
金明区	144	64	80	136	67	69
杞县	1322	680	642	998	513	485
通许县	730	382	348	578	311	267
尉氏县	1282	691	591	1014	548	466
开封县	738	374	364	752	407	345
兰考县	545	264	281	685	355	330
洛阳市	**6572**	**3419**	**3153**	**6376**	**3350**	**3026**
老城区	93	48	45	137	67	70
西工区	219	104	115	254	143	111
瀍河回族区	130	70	60	111	57	54
涧西区	421	218	203	440	270	170
吉利区	47	19	28	48	17	31
洛龙区	557	297	260	540	277	263
孟津县	396	218	178	377	192	185
新安县	376	218	158	525	278	247
栾川县	349	191	158	386	209	177
嵩县	557	268	289	599	314	285
汝阳县	449	247	202	492	254	238
宜阳县	725	354	371	677	339	338
洛宁县	577	325	252	429	234	195
伊川县	1034	515	519	719	364	355
偃师市	642	327	315	642	335	307

1-12 续表 5

单位：人

地 区	2009年12月			2010年1月		
	小计	男	女	小计	男	女
平顶山市	**6730**	**3662**	**3068**	**5711**	**3076**	**2635**
新华区	373	216	157	325	156	169
卫东区	405	209	196	215	116	99
石龙区	50	28	22	44	24	20
湛河区	269	132	137	199	114	85
宝丰县	634	357	277	608	336	272
叶县	998	531	467	924	500	424
鲁山县	1168	624	544	1205	638	567
郏县	985	536	449	652	340	312
舞钢市	442	245	197	372	196	176
汝州市	1406	784	622	1167	656	511
安阳市	**6002**	**3321**	**2681**	**5121**	**2892**	**2229**
文峰区	422	239	183	375	211	164
北关区	202	115	87	160	97	63
殷都区	203	122	81	151	88	63
龙安区	292	170	122	211	122	89
安阳县	961	544	417	894	501	393
汤阴县	474	254	220	409	214	195
滑县	1426	806	620	1407	814	593
内黄县	922	484	438	691	367	324
林州市	1100	587	513	823	478	345
鹤壁市	**2088**	**1167**	**921**	**1435**	**782**	**653**
鹤山区	258	127	131	107	62	45
山城区	419	234	185	201	109	92
淇滨区	304	178	126	233	121	112
浚县	780	441	339	576	316	260
淇县	327	187	140	318	174	144
新乡市	**7150**	**3800**	**3350**	**5306**	**2832**	**2474**
红旗区	377	207	170	266	149	117
卫滨区	189	97	92	146	72	74
凤泉区	143	80	63	116	67	49
牧野区	277	158	119	239	116	123
新乡县	323	166	157	272	129	143
获嘉县	454	254	200	404	237	167
原阳县	1044	562	482	740	423	317
延津县	518	278	240	419	224	195
封丘县	918	505	413	644	326	318
长垣县	1396	691	705	748	392	356
卫辉市	484	256	228	541	295	246
辉县市	1027	546	481	771	402	369
焦作市	**3534**	**1843**	**1691**	**3084**	**1625**	**1459**
解放区	178	88	90	182	88	94
中站区	109	58	51	98	57	41
马村区	109	59	50	115	68	47
山阳区	231	119	112	204	112	92
修武县	321	166	155	288	161	127
博爱县	443	236	207	479	257	222
武陟县	851	456	395	726	356	370
温县	536	279	257	331	167	164
沁阳市	448	222	226	385	207	178
孟州市	308	160	148	276	152	124

1-12 续表 6 单位：人

地 区	2009年12月			2010年1月		
	小计	男	女	小计	男	女
濮阳市	**5211**	**2842**	**2369**	**4234**	**2393**	**1841**
华龙区	652	365	287	602	335	267
清丰县	973	540	433	815	476	339
南乐县	547	293	254	579	331	248
范县	898	503	395	443	257	186
台前县	582	301	281	366	170	196
濮阳县	1559	840	719	1429	824	605
许昌市	**6307**	**3361**	**2946**	**4348**	**2348**	**2000**
魏都区	558	292	266	350	191	159
许昌县	1074	572	502	898	497	401
鄢陵县	1288	669	619	513	265	248
襄城县	1370	732	638	854	471	383
禹州市	1244	669	575	1097	602	495
长葛市	773	427	346	636	322	314
漯河市	**2736**	**1460**	**1276**	**2322**	**1272**	**1050**
源汇区	308	171	137	278	136	142
郾城区	471	248	223	413	217	196
召陵区	451	232	219	438	243	195
舞阳县	655	364	291	569	314	255
临颍县	851	445	406	624	362	262
三门峡市	**1913**	**986**	**927**	**1631**	**829**	**802**
湖滨区	164	82	82	187	105	82
渑池县	283	150	133	259	128	131
陕县	307	171	136	281	137	144
卢氏县	336	151	185	273	135	138
义马市	83	38	45	76	38	38
灵宝市	740	394	346	555	286	269
南阳市	**18210**	**9509**	**8701**	**10868**	**5854**	**5014**
宛城区	1185	634	551	846	433	413
卧龙区	1158	647	511	835	449	386
南召县	837	422	415	524	300	224
方城县	1382	690	692	948	489	459
西峡县	559	271	288	428	231	197
镇平县	1784	955	829	884	471	413
内乡县	1010	526	484	787	459	328
淅川县	949	501	448	655	354	301
社旗县	1587	830	757	651	355	296
唐河县	2327	1246	1081	1449	807	642
新野县	1386	683	703	842	432	410
桐柏县	724	385	339	309	161	148
邓州市	3322	1719	1603	1710	913	797

1-12 续表 7

单位：人

地区	2009年12月			2010年1月		
	小计	男	女	小计	男	女
商丘市	**14829**	**8107**	**6722**	**7145**	**3886**	**3259**
梁园区	1883	1052	831	770	414	356
睢阳区	1499	789	710	702	363	339
民权县	1597	885	712	712	373	339
睢县	1010	568	442	756	416	340
宁陵县	1151	646	505	470	264	206
柘城县	1627	851	776	678	345	333
虞城县	2194	1195	999	937	539	398
夏邑县	1754	914	840	881	441	440
永城市	2114	1207	907	1239	731	508
信阳市	**9293**	**5015**	**4278**	**6698**	**3723**	**2975**
浉河区	620	318	302	564	295	269
平桥区	849	491	358	775	410	365
罗山县	769	445	324	652	378	274
光山县	706	380	326	572	337	235
新县	305	172	133	250	149	101
商城县	827	471	356	571	326	245
固始县	1345	706	639	1078	579	499
潢川县	1052	555	497	763	428	335
淮滨县	1261	633	628	747	434	313
息县	1559	844	715	726	387	339
周口市	**13012**	**6759**	**6253**	**8277**	**4417**	**3860**
川汇区	642	342	300	421	253	168
扶沟县	911	451	460	556	280	276
西华县	821	434	387	687	338	349
商水县	1662	836	826	943	513	430
沈丘县	1630	887	743	987	538	449
郸城县	1310	665	645	832	426	406
淮阳县	1463	710	753	995	527	468
太康县	1635	857	778	1034	542	492
鹿邑县	1301	681	620	888	481	407
项城市	1637	896	741	934	519	415
驻马店市	**10469**	**5542**	**4927**	**7362**	**3979**	**3383**
驿城区	681	361	320	642	338	304
西平县	884	477	407	700	379	321
上蔡县	2178	1157	1021	1091	601	490
平舆县	1379	717	662	744	395	349
正阳县	621	293	328	754	399	355
确山县	330	143	187	348	178	170
泌阳县	1237	665	572	797	434	363
汝南县	826	426	400	923	517	406
遂平县	699	342	357	448	219	229
新蔡县	1634	961	673	915	519	396
济源市	**733**	**390**	**343**	**695**	**394**	**301**
济源市	733	390	343	695	394	301

1-12 续表 8

单位：人

地区	2010年2月			2010年3月			2010年4月		
	小计	男	女	小计	男	女	小计	男	女
总 计	**92838**	**50130**	**42708**	**96276**	**52052**	**44224**	**77448**	**42168**	**35280**
郑州市	**7136**	**3839**	**3297**	**7683**	**4123**	**3560**	**6704**	**3617**	**3087**
中原区	725	404	321	815	428	387	699	344	355
二七区	536	294	242	548	268	280	495	272	223
管城回族区	454	260	194	507	270	237	417	216	201
金水区	1123	595	528	1249	677	572	1132	599	533
上街区	82	33	49	84	45	39	90	45	45
惠济区	254	139	115	303	186	117	246	135	111
中牟县	771	432	339	756	405	351	630	364	266
巩义市	615	337	278	714	397	317	650	350	300
荥阳市	615	305	310	656	345	311	570	317	253
新密市	651	364	287	646	342	304	607	331	276
新郑市	668	349	319	664	364	300	602	344	258
登封市	642	327	315	741	396	345	566	300	266
开封市	**4498**	**2418**	**2080**	**4573**	**2436**	**2137**	**3932**	**2094**	**1838**
龙亭区	99	53	46	125	65	60	91	49	42
顺河回族区	148	79	69	185	94	91	117	55	62
鼓楼区	79	43	36	96	47	49	85	51	34
禹王台区	73	41	32	98	51	47	69	44	25
金明区	147	72	75	175	93	82	165	81	84
杞县	998	520	478	918	471	447	784	413	371
通许县	593	318	275	579	320	259	522	281	241
尉氏县	984	545	439	931	513	418	858	443	415
开封县	680	370	310	734	388	346	673	371	302
兰考县	697	377	320	732	394	338	568	306	262
洛阳市	**6187**	**3122**	**3065**	**6530**	**3421**	**3109**	**5604**	**2901**	**2703**
老城区	113	60	53	132	67	65	151	86	65
西工区	273	142	131	267	144	123	221	128	93
瀍河回族区	107	51	56	132	74	58	125	70	55
涧西区	452	218	234	529	282	247	424	215	209
吉利区	39	20	19	73	41	32	55	23	32
洛龙区	483	245	238	523	273	250	498	244	254
孟津县	408	213	195	389	217	172	357	187	170
新安县	499	267	232	479	248	231	401	207	194
栾川县	345	167	178	398	195	203	368	191	177
嵩县	548	263	285	605	296	309	476	248	228
汝阳县	539	273	266	478	243	235	438	228	210
宜阳县	626	323	303	654	349	305	583	302	281
洛宁县	417	216	201	484	254	230	344	167	177
伊川县	705	350	355	721	367	354	576	300	276
偃师市	633	314	319	666	371	295	587	305	282

1-12 续表 9

单位：人

地区	2010年2月			2010年3月			2010年4月		
	小计	男	女	小计	男	女	小计	男	女
平顶山市	**5437**	**3016**	**2421**	**5767**	**3157**	**2610**	**4607**	**2523**	**2084**
新华区	340	178	162	379	211	168	297	149	148
卫东区	199	118	81	232	133	99	186	91	95
石龙区	41	22	19	45	18	27	33	19	14
湛河区	206	116	90	222	126	96	196	107	89
宝丰县	535	314	221	633	360	273	523	278	245
叶县	849	464	385	877	475	402	723	404	319
鲁山县	1048	540	508	1083	588	495	883	483	400
郏县	663	373	290	742	418	324	560	312	248
舞钢市	371	207	164	426	223	203	331	177	154
汝州市	1185	684	501	1128	605	523	875	503	372
安阳市	**5385**	**3000**	**2385**	**5762**	**3278**	**2484**	**4530**	**2564**	**1966**
文峰区	387	214	173	462	262	200	437	232	205
北关区	172	103	69	184	105	79	147	81	66
殷都区	178	104	74	200	123	77	150	86	64
龙安区	200	110	90	246	147	99	186	110	76
安阳县	865	479	386	977	588	389	818	490	328
汤阴县	483	256	227	479	266	213	394	207	187
滑县	1513	845	668	1557	900	657	1189	692	497
内黄县	657	346	311	733	365	368	540	292	248
林州市	930	543	387	924	522	402	669	374	295
鹤壁市	**1449**	**800**	**649**	**1524**	**838**	**686**	**1243**	**682**	**561**
鹤山区	105	66	39	121	58	63	73	38	35
山城区	188	107	81	203	131	72	150	81	69
淇滨区	220	118	102	238	130	108	207	107	100
浚县	628	334	294	629	334	295	519	287	232
淇县	308	175	133	333	185	148	294	169	125
新乡市	**5370**	**2969**	**2401**	**5584**	**3052**	**2532**	**4634**	**2573**	**2061**
红旗区	284	170	114	329	182	147	318	181	137
卫滨区	158	98	60	137	68	69	150	93	57
凤泉区	117	58	59	120	60	60	110	69	41
牧野区	241	130	111	266	143	123	233	115	118
新乡县	280	137	143	282	146	136	285	151	134
获嘉县	416	232	184	441	247	194	343	198	145
原阳县	696	390	306	721	411	310	539	307	232
延津县	435	272	163	438	250	188	362	208	154
封丘县	703	387	316	717	368	349	598	308	290
长垣县	789	394	395	797	427	370	557	315	242
卫辉市	555	313	242	602	366	236	502	285	217
辉县市	696	388	308	734	384	350	637	343	294
焦作市	**3024**	**1494**	**1530**	**3231**	**1631**	**1600**	**2683**	**1413**	**1270**
解放区	175	85	90	195	97	98	192	100	92
中站区	97	55	42	100	51	49	92	52	40
马村区	114	55	59	136	67	69	103	56	47
山阳区	178	79	99	244	122	122	226	109	117
修武县	272	130	142	319	149	170	258	136	122
博爱县	434	190	244	449	218	231	354	191	163
武陟县	723	367	356	723	372	351	604	314	290
温县	414	222	192	381	205	176	306	180	126
沁阳市	371	196	175	387	199	188	304	156	148
孟州市	246	115	131	297	151	146	244	119	125

1-12 续表 10

单位：人

地区	2010年2月			2010年3月			2010年4月		
	小计	男	女	小计	男	女	小计	男	女
濮阳市	**4330**	**2383**	**1947**	**4545**	**2517**	**2028**	**3447**	**1983**	**1464**
华龙区	606	330	276	645	341	304	512	272	240
清丰县	868	479	389	911	506	405	645	363	282
南乐县	554	310	244	572	314	258	458	264	194
范县	485	278	207	538	309	229	367	235	132
台前县	383	193	190	416	225	191	285	151	134
濮阳县	1434	793	641	1463	822	641	1180	698	482
许昌市	**4542**	**2424**	**2118**	**4726**	**2563**	**2163**	**3991**	**2151**	**1840**
魏都区	322	151	171	420	214	206	304	172	132
许昌县	888	492	396	934	542	392	781	424	357
鄢陵县	566	278	288	573	293	280	452	248	204
襄城县	843	446	397	797	421	376	666	364	302
禹州市	1245	691	554	1257	676	581	1151	593	558
长葛市	678	366	312	745	417	328	637	350	287
漯河市	**2182**	**1200**	**982**	**2240**	**1202**	**1038**	**1929**	**1050**	**879**
源汇区	256	149	107	253	133	120	220	114	106
郾城区	386	196	190	418	233	185	374	204	170
召陵区	399	222	177	370	189	181	352	210	142
舞阳县	502	271	231	528	287	241	448	232	216
临颍县	639	362	277	671	360	311	535	290	245
三门峡市	**1741**	**933**	**808**	**1879**	**966**	**913**	**1642**	**829**	**813**
湖滨区	208	101	107	241	113	128	231	121	110
渑池县	273	151	122	281	154	127	225	109	116
陕县	307	171	136	337	183	154	280	145	135
卢氏县	307	159	148	330	167	163	307	143	164
义马市	97	55	42	108	48	60	90	45	45
灵宝市	549	296	253	582	301	281	509	266	243
南阳市	**10797**	**5735**	**5062**	**11295**	**6029**	**5266**	**8451**	**4564**	**3887**
宛城区	894	477	417	850	447	403	647	346	301
卧龙区	848	455	393	909	459	450	629	331	298
南召县	564	300	264	579	315	264	451	254	197
方城县	1005	504	501	1025	543	482	766	378	388
西峡县	391	204	187	413	207	206	381	189	192
镇平县	859	429	430	897	433	464	714	377	337
内乡县	753	387	366	786	437	349	683	399	284
淅川县	643	324	319	694	391	303	497	238	259
社旗县	656	377	279	758	397	361	500	283	217
唐河县	1398	775	623	1555	878	677	1024	578	446
新野县	802	442	360	807	436	371	670	373	297
桐柏县	345	173	172	396	207	189	304	184	120
邓州市	1639	888	751	1626	879	747	1185	634	551

1-12 续表 11

单位：人

地 区	2010年2月			2010年3月			2010年4月		
	小计	男	女	小计	男	女	小计	男	女
商丘市	**7707**	**4314**	**3393**	**7760**	**4310**	**3450**	**5535**	**3107**	**2428**
梁园区	747	420	327	773	437	336	544	309	235
睢阳区	753	420	333	724	381	343	481	254	227
民权县	775	414	361	745	411	334	539	288	251
睢县	777	440	337	773	429	344	599	334	265
宁陵县	538	292	246	528	288	240	326	187	139
柘城县	730	404	326	774	409	365	590	322	268
虞城县	1057	580	477	1105	621	484	732	409	323
夏邑县	1064	577	487	1007	546	461	741	402	339
永城市	1266	767	499	1331	788	543	983	602	381
信阳市	**6524**	**3583**	**2941**	**6562**	**3651**	**2911**	**5160**	**2885**	**2275**
浉河区	534	275	259	565	318	247	487	259	228
平桥区	780	432	348	766	440	326	607	323	284
罗山县	578	341	237	635	395	240	567	329	238
光山县	513	281	232	509	263	246	398	215	183
新县	256	142	114	236	132	104	228	139	89
商城县	503	280	223	532	294	238	465	259	206
固始县	1057	575	482	1052	587	465	796	475	321
潢川县	800	450	350	781	467	314	581	318	263
淮滨县	742	419	323	692	362	330	497	275	222
息县	761	388	373	794	393	401	534	293	241
周口市	**8380**	**4476**	**3904**	**8299**	**4405**	**3894**	**6644**	**3513**	**3131**
川汇区	409	219	190	413	232	181	310	165	145
扶沟县	593	306	287	568	314	254	464	233	231
西华县	720	375	345	700	370	330	575	331	244
商水县	952	508	444	961	509	452	744	377	367
沈丘县	948	554	394	983	553	430	771	418	353
郸城县	834	422	412	899	454	445	697	374	323
淮阳县	1040	521	519	1008	475	533	824	388	436
太康县	1078	561	517	1004	486	518	788	413	375
鹿邑县	858	471	387	841	464	377	753	406	347
项城市	948	539	409	922	548	374	718	408	310
驻马店市	**7497**	**4071**	**3426**	**7611**	**4099**	**3512**	**6067**	**3391**	**2676**
驿城区	570	307	263	631	354	277	550	304	246
西平县	709	389	320	710	366	344	591	335	256
上蔡县	1328	693	635	1236	665	571	1050	554	496
平舆县	762	407	355	716	375	341	533	296	237
正阳县	709	373	336	710	374	336	587	318	269
确山县	390	202	188	469	237	232	387	209	178
泌阳县	781	431	350	807	441	366	599	348	251
汝南县	810	461	349	859	468	391	686	403	283
遂平县	530	285	245	537	296	241	450	252	198
新蔡县	908	523	385	936	523	413	634	372	262
济源市	**652**	**353**	**299**	**705**	**374**	**331**	**645**	**328**	**317**
济源市	652	353	299	705	374	331	645	328	317

1-12 续表 12

单位：人

地区	2010年5月			2010年6月			2010年7月		
	小计	男	女	小计	男	女	小计	男	女
总计	**80197**	**43942**	**36255**	**78288**	**42881**	**35407**	**73456**	**39635**	**33821**
郑州市	**6917**	**3687**	**3230**	**6494**	**3498**	**2996**	**6417**	**3357**	**3060**
中原区	666	326	340	639	329	310	618	338	280
二七区	500	267	233	467	257	210	467	254	213
管城回族区	424	237	187	372	196	176	369	197	172
金水区	1135	611	524	1011	549	462	995	504	491
上街区	81	50	31	96	53	43	75	35	40
惠济区	276	152	124	250	132	118	256	125	131
中牟县	714	393	321	684	363	321	695	384	311
巩义市	663	356	307	620	342	278	642	335	307
荥阳市	601	305	296	585	316	269	585	295	290
新密市	615	335	280	579	320	259	575	286	289
新郑市	620	335	285	619	331	288	569	296	273
登封市	622	320	302	572	310	262	571	308	263
开封市	**4095**	**2201**	**1894**	**4124**	**2228**	**1896**	**3962**	**2107**	**1855**
龙亭区	112	55	57	111	59	52	98	51	47
顺河回族区	137	71	66	116	66	50	145	71	74
鼓楼区	87	48	39	87	40	47	90	44	46
禹王台区	81	43	38	81	46	35	83	43	40
金明区	157	96	61	123	66	57	148	72	76
杞县	751	415	336	844	442	402	747	385	362
通许县	527	275	252	525	280	245	554	291	263
尉氏县	919	497	422	909	504	405	855	479	376
开封县	657	367	290	725	401	324	659	352	307
兰考县	667	334	333	603	324	279	583	319	264
洛阳市	**5726**	**3082**	**2644**	**5714**	**3025**	**2689**	**5551**	**2910**	**2641**
老城区	96	54	42	92	55	37	98	61	37
西工区	246	129	117	213	110	103	223	121	102
瀍河回族区	124	63	61	121	65	56	109	52	57
涧西区	410	218	192	419	221	198	420	202	218
吉利区	47	24	23	45	19	26	48	27	21
洛龙区	490	254	236	541	311	230	504	277	227
孟津县	321	188	133	366	200	166	368	213	155
新安县	474	241	233	482	256	226	444	257	187
栾川县	338	171	167	365	204	161	325	166	159
嵩县	520	279	241	552	260	292	546	263	283
汝阳县	463	266	197	439	230	209	467	240	227
宜阳县	565	313	252	583	313	270	572	290	282
洛宁县	345	193	152	310	143	167	305	170	135
伊川县	697	369	328	627	339	288	575	288	287
偃师市	590	320	270	559	299	260	547	283	264

1-12 续表 13

单位：人

地区	2010年5月			2010年6月			2010年7月		
	小计	男	女	小计	男	女	小计	男	女
平顶山市	**4984**	**2736**	**2248**	**4923**	**2750**	**2173**	**4695**	**2491**	**2204**
新华区	315	176	139	319	168	151	281	145	136
卫东区	179	100	79	190	109	81	187	94	93
石龙区	31	22	9	40	25	15	38	21	17
湛河区	175	92	83	175	89	86	153	76	77
宝丰县	587	320	267	597	333	264	521	268	253
叶县	749	413	336	794	460	334	761	402	359
鲁山县	1009	565	444	895	490	405	880	480	400
郏县	588	324	264	604	328	276	615	331	284
舞钢市	363	187	176	352	216	136	356	190	166
汝州市	988	537	451	957	532	425	903	484	419
安阳市	**4743**	**2689**	**2054**	**4908**	**2832**	**2076**	**4425**	**2488**	**1937**
文峰区	377	216	161	386	223	163	388	214	174
北关区	174	94	80	181	96	85	163	91	72
殷都区	146	71	75	173	109	64	150	89	61
龙安区	199	107	92	187	110	77	197	122	75
安阳县	837	503	334	794	453	341	772	451	321
汤阴县	414	224	190	447	262	185	433	248	185
滑县	1311	743	568	1382	820	562	1145	641	504
内黄县	586	316	270	577	317	260	564	290	274
林州市	699	415	284	781	442	339	613	342	271
鹤壁市	**1295**	**719**	**576**	**1242**	**708**	**534**	**1240**	**644**	**596**
鹤山区	90	55	35	84	49	35	72	39	33
山城区	170	98	72	148	86	62	120	62	58
淇滨区	183	105	78	198	116	82	222	115	107
浚县	563	301	262	520	296	224	562	278	284
淇县	289	160	129	292	161	131	264	150	114
新乡市	**4822**	**2642**	**2180**	**4846**	**2703**	**2143**	**4654**	**2547**	**2107**
红旗区	299	174	125	281	161	120	284	150	134
卫滨区	134	63	71	126	64	62	129	72	57
凤泉区	122	68	54	129	69	60	124	67	57
牧野区	212	108	104	220	121	99	247	130	117
新乡县	314	180	134	274	152	122	270	160	110
获嘉县	385	221	164	388	203	185	393	213	180
原阳县	653	370	283	608	355	253	536	317	219
延津县	373	202	171	423	229	194	423	245	178
封丘县	606	317	289	649	341	308	622	311	311
长垣县	610	339	271	622	350	272	538	288	250
卫辉市	505	277	228	481	283	198	454	245	209
辉县市	609	323	286	645	375	270	634	349	285
焦作市	**2808**	**1449**	**1359**	**2976**	**1605**	**1371**	**2802**	**1468**	**1334**
解放区	187	99	88	192	114	78	187	108	79
中站区	87	47	40	92	56	36	91	51	40
马村区	128	59	69	134	65	69	132	70	62
山阳区	173	97	76	218	118	100	161	82	79
修武县	261	124	137	298	163	135	252	147	105
博爱县	382	198	184	433	238	195	420	208	212
武陟县	620	332	288	645	365	280	671	348	323
温县	348	175	173	347	177	170	298	150	148
沁阳市	360	192	168	369	184	185	341	168	173
孟州市	262	126	136	248	125	123	249	136	113

1-12 续表 14

单位：人

地区	2010年5月			2010年6月			2010年7月		
	小计	男	女	小计	男	女	小计	男	女
濮阳市	**3595**	**2040**	**1555**	**3799**	**2177**	**1622**	**3268**	**1788**	**1480**
华龙区	552	306	246	605	345	260	501	282	219
清丰县	689	389	300	792	447	345	631	338	293
南乐县	458	246	212	447	265	182	410	216	194
范县	343	213	130	384	217	167	333	186	147
台前县	347	168	179	315	171	144	295	146	149
濮阳县	1206	718	488	1256	732	524	1098	620	478
许昌市	**4189**	**2295**	**1894**	**3950**	**2097**	**1853**	**3888**	**2122**	**1766**
魏都区	333	174	159	279	142	137	250	128	122
许昌县	832	443	389	791	450	341	779	438	341
鄢陵县	440	247	193	407	218	189	360	198	162
襄城县	742	393	349	707	364	343	714	379	335
禹州市	1167	656	511	1081	563	518	1143	639	504
长葛市	675	382	293	685	360	325	642	340	302
漯河市	**1976**	**1065**	**911**	**1967**	**1068**	**899**	**1875**	**1008**	**867**
源汇区	243	124	119	216	92	124	229	114	115
郾城区	383	186	197	384	206	178	362	190	172
召陵区	348	196	152	368	221	147	341	194	147
舞阳县	448	252	196	464	243	221	385	214	171
临颍县	554	307	247	535	306	229	558	296	262
三门峡市	**1661**	**859**	**802**	**1582**	**842**	**740**	**1491**	**778**	**713**
湖滨区	191	115	76	222	114	108	173	89	84
渑池县	225	113	112	225	125	100	205	101	104
陕县	289	142	147	278	143	135	270	137	133
卢氏县	330	175	155	321	173	148	311	156	155
义马市	77	47	30	79	33	46	81	42	39
灵宝市	549	267	282	457	254	203	451	253	198
南阳市	**8873**	**4937**	**3936**	**8437**	**4574**	**3863**	**7905**	**4312**	**3593**
宛城区	749	412	337	652	362	290	632	350	282
卧龙区	725	393	332	653	360	293	636	354	282
南召县	509	283	226	452	260	192	494	271	223
方城县	856	474	382	834	433	401	741	387	354
西峡县	372	219	153	372	198	174	314	165	149
镇平县	642	357	285	668	362	306	582	340	242
内乡县	654	380	274	655	348	307	633	345	288
淅川县	520	286	234	546	260	286	522	272	250
社旗县	534	318	216	518	283	235	539	301	238
唐河县	1081	596	485	1002	587	415	947	535	412
新野县	738	415	323	683	380	303	650	374	276
桐柏县	295	152	143	327	177	150	277	151	126
邓州市	1198	652	546	1075	564	511	938	467	471

1-12 续表 15

单位：人

地区	2010年5月			2010年6月			2010年7月		
	小计	男	女	小计	男	女	小计	男	女
商丘市	**5150**	**2912**	**2238**	**4640**	**2568**	**2072**	**4135**	**2315**	**1820**
梁园区	509	279	230	513	293	220	447	248	199
睢阳区	441	237	204	351	203	148	318	183	135
民权县	512	274	238	416	223	193	318	164	154
睢县	591	348	243	517	275	242	509	288	221
宁陵县	386	205	181	329	172	157	262	138	124
柘城县	531	290	241	457	247	210	410	239	171
虞城县	643	370	273	538	310	228	524	297	227
夏邑县	598	358	240	584	299	285	531	285	246
永城市	939	551	388	935	546	389	816	473	343
信阳市	**5710**	**3164**	**2546**	**5328**	**2981**	**2347**	**5109**	**2873**	**2236**
浉河区	531	270	261	453	227	226	517	274	243
平桥区	661	359	302	566	328	238	601	331	270
罗山县	527	293	234	579	320	259	555	317	238
光山县	445	252	193	420	234	186	344	201	143
新县	249	148	101	206	124	82	197	114	83
商城县	476	273	203	449	261	188	485	284	201
固始县	1030	564	466	1005	546	459	918	513	405
潢川县	653	380	273	605	351	254	596	346	250
淮滨县	573	318	255	486	274	212	404	226	178
息县	565	307	258	559	316	243	492	267	225
周口市	**6915**	**3719**	**3196**	**6745**	**3600**	**3145**	**6114**	**3205**	**2909**
川汇区	333	166	167	361	192	169	327	166	161
扶沟县	451	256	195	413	190	223	470	259	211
西华县	573	303	270	658	335	323	606	328	278
商水县	729	377	352	669	370	299	582	294	288
沈丘县	768	423	345	771	432	339	660	336	324
郸城县	816	439	377	661	342	319	654	345	309
淮阳县	839	415	424	928	473	455	814	399	415
太康县	873	490	383	781	423	358	729	384	345
鹿邑县	788	419	369	749	411	338	567	297	270
项城市	745	431	314	754	432	322	705	397	308
驻马店市	**6093**	**3397**	**2696**	**5946**	**3275**	**2671**	**5325**	**2912**	**2413**
驿城区	597	329	268	570	300	270	509	267	242
西平县	637	373	264	650	362	288	546	304	242
上蔡县	963	530	433	945	546	399	741	406	335
平舆县	518	270	248	460	252	208	413	229	184
正阳县	618	336	282	616	337	279	566	325	241
确山县	392	202	190	390	211	179	389	208	181
泌阳县	603	340	263	624	319	305	558	301	257
汝南县	728	412	316	672	382	290	661	348	313
遂平县	435	248	187	445	238	207	367	194	173
新蔡县	602	357	245	574	328	246	575	330	245
济源市	**645**	**349**	**296**	**667**	**350**	**317**	**600**	**310**	**290**
济源市	645	349	296	667	350	317	600	310	290

1-12 续表 16

单位：人

地 区	2010年8月			2010年9月			2010年10月		
	小计	男	女	小计	男	女	小计	男	女
总 计	**74669**	**40980**	**33689**	**63914**	**34790**	**29124**	**62149**	**34038**	**28111**
郑州市	**6343**	**3446**	**2897**	**5464**	**2969**	**2495**	**5087**	**2706**	**2381**
中原区	630	345	285	559	281	278	545	278	267
二七区	429	225	204	384	215	169	296	162	134
管城回族区	395	223	172	343	177	166	340	177	163
金水区	970	523	447	859	472	387	774	411	363
上街区	66	29	37	62	32	30	78	37	41
惠济区	248	128	120	217	121	96	249	142	107
中牟县	729	391	338	652	370	282	598	322	276
巩义市	615	334	281	552	286	266	587	320	267
荥阳市	567	314	253	505	284	221	433	218	215
新密市	564	311	253	438	250	188	410	231	179
新郑市	586	333	253	512	255	257	466	236	230
登封市	544	290	254	381	226	155	311	172	139
开封市	**4075**	**2167**	**1908**	**3317**	**1770**	**1547**	**2983**	**1606**	**1377**
龙亭区	118	67	51	78	39	39	74	45	29
顺河回族区	142	78	64	143	76	67	93	56	37
鼓楼区	86	45	41	81	39	42	73	33	40
禹王台区	72	40	32	89	47	42	51	32	19
金明区	170	86	84	101	49	52	133	72	61
杞县	825	427	398	730	388	342	678	364	314
通许县	494	263	231	427	230	197	337	194	143
尉氏县	739	400	339	446	247	199	425	243	182
开封县	739	405	334	634	332	302	633	324	309
兰考县	690	356	334	588	323	265	486	243	243
洛阳市	**5677**	**3042**	**2635**	**4640**	**2491**	**2149**	**4677**	**2551**	**2126**
老城区	98	59	39	89	49	40	87	45	42
西工区	239	123	116	149	81	68	158	77	81
瀍河回族区	116	63	53	92	47	45	97	68	29
涧西区	424	226	198	351	177	174	309	160	149
吉利区	59	25	34	55	29	26	54	30	24
洛龙区	519	266	253	421	235	186	498	271	227
孟津县	356	191	165	375	200	175	389	200	189
新安县	527	287	240	387	217	170	397	228	169
栾川县	310	173	137	270	154	116	280	159	121
嵩县	497	256	241	382	200	182	380	202	178
汝阳县	428	239	189	344	188	156	350	203	147
宜阳县	579	316	263	500	285	215	455	259	196
洛宁县	283	151	132	213	113	100	172	97	75
伊川县	608	320	288	488	247	241	426	225	201
偃师市	634	347	287	524	269	255	625	327	298

1-12 续表 17 单位：人

地区	2010年8月			2010年9月			2010年10月		
	小计	男	女	小计	男	女	小计	男	女
平顶山市	**4693**	**2651**	**2042**	**3856**	**2092**	**1764**	**3650**	**2038**	**1612**
新华区	312	181	131	222	109	113	227	118	109
卫东区	204	112	92	143	80	63	165	83	82
石龙区	48	27	21	36	17	19	29	18	11
湛河区	187	102	85	121	71	50	122	65	57
宝丰县	552	323	229	477	252	225	470	256	214
叶县	672	354	318	618	330	288	599	345	254
鲁山县	929	528	401	711	389	322	575	316	259
郏县	627	357	270	578	315	263	598	341	257
舞钢市	273	156	117	237	145	92	278	159	119
汝州市	889	511	378	713	384	329	587	337	250
安阳市	**4795**	**2746**	**2049**	**4539**	**2592**	**1947**	**4877**	**2717**	**2160**
文峰区	404	241	163	318	196	122	342	202	140
北关区	176	100	76	122	80	42	120	72	48
殷都区	177	87	90	164	97	67	167	91	76
龙安区	197	98	99	141	90	51	141	87	54
安阳县	819	498	321	702	422	280	789	451	338
汤阴县	417	223	194	462	253	209	508	276	232
滑县	1264	727	537	1190	666	524	1259	687	572
内黄县	634	355	279	671	352	319	748	388	360
林州市	707	417	290	769	436	333	803	463	340
鹤壁市	**1252**	**666**	**586**	**1283**	**680**	**603**	**1348**	**747**	**601**
鹤山区	61	34	27	47	22	25	39	21	18
山城区	138	79	59	114	54	60	119	73	46
淇滨区	214	119	95	210	121	89	224	123	101
浚县	579	289	290	599	313	286	606	338	268
淇县	260	145	115	313	170	143	360	192	168
新乡市	**4674**	**2583**	**2091**	**4159**	**2246**	**1913**	**4300**	**2361**	**1939**
红旗区	302	155	147	209	119	90	268	155	113
卫滨区	120	60	60	122	76	46	105	57	48
凤泉区	150	93	57	129	82	47	133	67	66
牧野区	228	129	99	186	101	85	168	98	70
新乡县	280	148	132	226	112	114	262	130	132
获嘉县	368	212	156	361	205	156	385	224	161
原阳县	561	337	224	518	290	228	484	260	224
延津县	415	248	167	368	197	171	390	217	173
封丘县	675	341	334	597	311	286	538	299	239
长垣县	557	295	262	496	254	242	587	332	255
卫辉市	464	252	212	417	217	200	428	239	189
辉县市	554	313	241	530	282	248	552	283	269
焦作市	**2950**	**1581**	**1369**	**2663**	**1378**	**1285**	**2668**	**1398**	**1270**
解放区	191	93	98	143	80	63	117	67	50
中站区	105	58	47	77	44	33	90	51	39
马村区	116	68	48	117	63	54	125	73	52
山阳区	204	123	81	185	96	89	156	76	80
修武县	252	137	115	270	136	134	273	142	131
博爱县	461	245	216	402	212	190	416	210	206
武陟县	626	320	306	566	282	284	550	296	254
温县	353	191	162	300	158	142	263	131	132
沁阳市	351	184	167	334	174	160	350	194	156
孟州市	291	162	129	269	133	136	328	158	170

1-12 续表 18 单位：人

地 区	2010年8月			2010年9月			2010年10月		
	小计	男	女	小计	男	女	小计	男	女
濮阳市	**3252**	**1868**	**1384**	**2910**	**1658**	**1252**	**3328**	**1868**	**1460**
华龙区	551	319	232	452	261	191	506	271	235
清丰县	583	332	251	589	332	257	688	381	307
南乐县	356	200	156	255	145	110	352	193	159
范县	319	177	142	286	159	127	304	175	129
台前县	303	165	138	290	165	125	363	199	164
濮阳县	1140	675	465	1038	596	442	1115	649	466
许昌市	**3663**	**1977**	**1686**	**2797**	**1501**	**1296**	**2573**	**1440**	**1133**
魏都区	272	132	140	190	97	93	226	115	111
许昌县	790	414	376	630	331	299	538	312	226
鄢陵县	351	196	155	242	134	108	243	128	115
襄城县	444	256	188	237	125	112	223	129	94
禹州市	1128	608	520	967	529	438	871	485	386
长葛市	678	371	307	531	285	246	472	271	201
漯河市	**1861**	**977**	**884**	**1516**	**836**	**680**	**1337**	**703**	**634**
源汇区	203	95	108	136	80	56	104	55	49
郾城区	362	208	154	302	176	126	229	112	117
召陵区	350	192	158	309	162	147	264	148	116
舞阳县	384	196	188	299	155	144	314	162	152
临颍县	562	286	276	470	263	207	426	226	200
三门峡市	**1599**	**843**	**756**	**1276**	**678**	**598**	**1220**	**625**	**595**
湖滨区	211	109	102	136	78	58	130	54	76
渑池县	206	119	87	179	108	71	130	68	62
陕县	310	155	155	190	94	96	203	116	87
卢氏县	303	158	145	236	121	115	247	124	123
义马市	67	36	31	71	36	35	90	46	44
灵宝市	502	266	236	464	241	223	420	217	203
南阳市	**8193**	**4496**	**3697**	**6684**	**3635**	**3049**	**6334**	**3458**	**2876**
宛城区	642	354	288	514	280	234	525	271	254
卧龙区	680	350	330	543	324	219	510	286	224
南召县	479	254	225	396	215	181	391	208	183
方城县	833	449	384	647	318	329	547	304	243
西峡县	347	198	149	264	132	132	231	123	108
镇平县	660	330	330	474	242	232	421	236	185
内乡县	669	366	303	525	287	238	525	300	225
淅川县	545	293	252	485	257	228	407	214	193
社旗县	511	278	233	413	235	178	365	186	179
唐河县	893	525	368	779	439	340	818	466	352
新野县	666	386	280	617	323	294	681	381	300
桐柏县	281	152	129	301	166	135	223	127	96
邓州市	987	561	426	726	417	309	690	356	334

1-12 续表 19

单位：人

地 区	2010年8月			2010年9月			2010年10月		
	小计	男	女	小计	男	女	小计	男	女
商丘市	**4233**	**2430**	**1803**	**3750**	**2089**	**1661**	**3642**	**2114**	**1528**
梁园区	478	276	202	384	220	164	458	270	188
睢阳区	370	222	148	318	166	152	296	166	130
民权县	287	157	130	268	155	113	279	150	129
睢县	546	321	225	462	253	209	426	247	179
宁陵县	234	138	96	208	116	92	196	107	89
柘城县	474	254	220	435	219	216	402	238	164
虞城县	498	273	225	441	244	197	384	212	172
夏邑县	546	292	254	410	220	190	423	239	184
永城市	800	497	303	824	496	328	778	485	293
信阳市	**5453**	**3027**	**2426**	**4639**	**2545**	**2094**	**4769**	**2640**	**2129**
浉河区	573	290	283	449	232	217	447	233	214
平桥区	652	356	296	576	307	269	674	371	303
罗山县	609	359	250	518	301	217	550	318	232
光山县	416	239	177	302	176	126	190	105	85
新县	204	102	102	156	93	63	173	104	69
商城县	483	272	211	423	239	184	381	225	156
固始县	980	567	413	858	459	399	904	518	386
潢川县	651	368	283	541	307	234	585	318	267
淮滨县	370	197	173	351	185	166	406	220	186
息县	515	277	238	465	246	219	459	228	231
周口市	**6329**	**3405**	**2924**	**5650**	**3053**	**2597**	**4550**	**2460**	**2090**
川汇区	303	159	144	300	162	138	255	142	113
扶沟县	437	246	191	371	195	176	337	178	159
西华县	681	360	321	619	331	288	558	301	257
商水县	567	302	265	555	313	242	496	252	244
沈丘县	654	372	282	573	326	247	484	270	214
郸城县	764	412	352	603	314	289	440	236	204
淮阳县	818	410	408	774	396	378	584	307	277
太康县	858	451	407	665	343	322	531	274	257
鹿邑县	515	271	244	468	255	213	320	176	144
项城市	732	422	310	722	418	304	545	324	221
驻马店市	**5056**	**2758**	**2298**	**4248**	**2285**	**1963**	**4256**	**2327**	**1929**
驿城区	537	286	251	442	227	215	440	245	195
西平县	527	290	237	490	239	251	500	272	228
上蔡县	728	404	324	604	326	278	682	365	317
平舆县	348	185	163	311	156	155	323	183	140
正阳县	550	306	244	391	213	178	383	215	168
确山县	345	191	154	295	163	132	288	163	125
泌阳县	554	279	275	452	244	208	419	203	216
汝南县	633	366	267	538	308	230	529	283	246
遂平县	370	187	183	322	172	150	300	162	138
新蔡县	464	264	200	403	237	166	392	236	156
济源市	**571**	**317**	**254**	**523**	**292**	**231**	**550**	**279**	**271**
济源市	571	317	254	523	292	231	550	279	271

1-13 各地区分性别、月份的死亡人口
(2009.11.1-2010.10.31)

单位：人

地　区	死亡人口			2009年11月		
	合计	男	女	小计	男	女
总　计	**509591**	**294237**	**215354**	**35260**	**20804**	**14456**
郑州市	**35310**	**19796**	**15514**	**3004**	**1678**	**1326**
中原区	2764	1624	1140	240	143	97
二七区	2069	1158	911	141	89	52
管城回族区	1841	1048	793	140	82	58
金水区	3365	2020	1345	280	168	112
上街区	675	379	296	61	38	23
惠济区	843	447	396	81	47	34
中牟县	3872	2090	1782	322	172	150
巩义市	4523	2465	2058	347	173	174
荥阳市	3290	1848	1442	282	154	128
新密市	4939	2705	2234	497	269	228
新郑市	3677	2004	1673	366	200	166
登封市	3452	2008	1444	247	143	104
开封市	**26848**	**15893**	**10955**	**1794**	**1091**	**703**
龙亭区	765	456	309	73	46	27
顺河回族区	795	500	295	63	35	28
鼓楼区	647	378	269	43	31	12
禹王台区	982	562	420	79	43	36
金明区	701	421	280	55	24	31
杞县	6313	3718	2595	372	220	152
通许县	3116	1806	1310	237	143	94
尉氏县	5168	3103	2065	358	232	126
开封县	4322	2514	1808	217	132	85
兰考县	4039	2435	1604	297	185	112
洛阳市	**32295**	**18390**	**13905**	**2359**	**1387**	**972**
老城区	602	340	262	64	42	22
西工区	1182	735	447	84	54	30
瀍河回族区	591	339	252	46	26	20
涧西区	2081	1223	858	165	106	59
吉利区	294	160	134	25	12	13
洛龙区	1882	1045	837	130	82	48
孟津县	2605	1446	1159	128	78	50
新安县	2159	1244	915	185	112	73
栾川县	2013	1148	865	168	103	65
嵩县	2622	1556	1066	166	103	63
汝阳县	2215	1236	979	147	75	72
宜阳县	3848	2300	1548	230	139	91
洛宁县	1831	1031	800	144	80	64
伊川县	4561	2596	1965	355	200	155
偃师市	3809	1991	1818	322	175	147

1-13 续表 1

单位：人

地 区	死亡人口			2009年11月		
	合计	男	女	小计	男	女
平顶山市	**27962**	**16748**	**11214**	**2231**	**1364**	**867**
新华区	1467	905	562	105	74	31
卫东区	1463	886	577	147	77	70
石龙区	108	67	41	10	6	4
湛河区	1140	667	473	76	44	32
宝丰县	3196	1871	1325	252	151	101
叶县	4931	3070	1861	364	251	113
鲁山县	4131	2442	1689	286	160	126
郏县	3918	2310	1608	338	207	131
舞钢市	1718	1057	661	121	74	47
汝州市	5890	3473	2417	532	320	212
安阳市	**27554**	**15664**	**11890**	**2070**	**1205**	**865**
文峰区	1307	726	581	95	53	42
北关区	670	404	266	61	40	21
殷都区	826	481	345	59	37	22
龙安区	853	474	379	61	33	28
安阳县	4911	2678	2233	312	169	143
汤阴县	2811	1514	1297	225	122	103
滑县	6691	4135	2556	528	334	194
内黄县	3984	2288	1696	304	172	132
林州市	5501	2964	2537	425	245	180
鹤壁市	**8335**	**4825**	**3510**	**633**	**364**	**269**
鹤山区	696	420	276	44	24	20
山城区	1145	715	430	91	55	36
淇滨区	1382	791	591	108	62	46
浚县	3662	2093	1569	268	163	105
淇县	1450	806	644	122	60	62
新乡市	**28906**	**16615**	**12291**	**1952**	**1152**	**800**
红旗区	1289	760	529	92	56	36
卫滨区	730	435	295	38	22	16
凤泉区	714	394	320	39	24	15
牧野区	1411	876	535	60	36	24
新乡县	1706	949	757	126	69	57
获嘉县	2216	1230	986	147	85	62
原阳县	3367	1946	1421	259	158	101
延津县	2716	1647	1069	186	117	69
封丘县	3989	2357	1632	266	159	107
长垣县	4146	2466	1680	262	161	101
卫辉市	2376	1282	1094	146	85	61
辉县市	4246	2273	1973	331	180	151
焦作市	**16803**	**9208**	**7595**	**1362**	**747**	**615**
解放区	624	367	257	48	20	28
中站区	390	210	180	34	21	13
马村区	521	304	217	40	24	16
山阳区	705	395	310	54	35	19
修武县	1826	978	848	174	99	75
博爱县	1841	989	852	129	72	57
武陟县	4091	2206	1885	355	183	172
温县	1977	1088	889	161	93	68
沁阳市	2768	1584	1184	218	122	96
孟州市	2060	1087	973	149	78	71

1-13 续表 2

单位：人

地 区	死亡人口			2009年11月		
	合计	男	女	小计	男	女
濮阳市	**19657**	**11299**	**8358**	**1399**	**837**	**562**
华龙区	2076	1221	855	132	83	49
清丰县	3588	2090	1498	240	141	99
南乐县	2659	1516	1143	228	122	106
范县	2770	1594	1176	207	127	80
台前县	1901	1024	877	174	92	82
濮阳县	6663	3854	2809	418	272	146
许昌市	**24694**	**14188**	**10506**	**1787**	**1016**	**771**
魏都区	1454	851	603	208	109	99
许昌县	3643	2060	1583	245	150	95
鄢陵县	3214	1894	1320	151	89	62
襄城县	5371	3168	2203	415	242	173
禹州市	6991	4026	2965	502	286	216
长葛市	4021	2189	1832	266	140	126
漯河市	**12905**	**7555**	**5350**	**790**	**472**	**318**
源汇区	1367	801	566	92	47	45
郾城区	2483	1460	1023	137	80	57
召陵区	2180	1280	900	143	86	57
舞阳县	2779	1562	1217	183	107	76
临颍县	4096	2452	1644	235	152	83
三门峡市	**9749**	**5441**	**4308**	**630**	**355**	**275**
湖滨区	1038	618	420	68	41	27
渑池县	1227	686	541	86	50	36
陕县	1568	890	678	108	69	39
卢氏县	2316	1207	1109	146	71	75
义马市	293	165	128	17	9	8
灵宝市	3307	1875	1432	205	115	90
南阳市	**60010**	**35754**	**24256**	**3940**	**2396**	**1544**
宛城区	3968	2401	1567	179	111	68
卧龙区	3733	2272	1461	212	137	75
南召县	3390	1954	1436	231	140	91
方城县	5310	3274	2036	377	236	141
西峡县	2381	1326	1055	113	68	45
镇平县	6373	3763	2610	431	254	177
内乡县	4344	2465	1879	299	174	125
淅川县	2788	1602	1186	175	104	71
社旗县	4094	2524	1570	220	130	90
唐河县	7721	4767	2954	523	317	206
新野县	5345	3078	2267	464	279	185
桐柏县	2473	1497	976	176	110	66
邓州市	8090	4831	3259	540	336	204

1-13 续表 3

单位：人

地 区	死亡人口			2009年11月		
	合计	男	女	小计	男	女
商丘市	**40712**	**23350**	**17362**	**2410**	**1428**	**982**
梁园区	4225	2488	1737	320	185	135
睢阳区	4451	2598	1853	213	130	83
民权县	3784	2106	1678	227	134	93
睢县	3807	2220	1587	291	173	118
宁陵县	2745	1590	1155	149	89	60
柘城县	4585	2633	1952	253	153	100
虞城县	5042	3003	2039	282	166	116
夏邑县	5012	2687	2325	270	159	111
永城市	7061	4025	3036	405	239	166
信阳市	**36074**	**20903**	**15171**	**2195**	**1341**	**854**
浉河区	2910	1697	1213	164	96	68
平桥区	3275	1864	1411	221	119	102
罗山县	2830	1585	1245	133	76	57
光山县	3332	1957	1375	184	115	69
新县	1555	923	632	90	49	41
商城县	3286	1916	1370	200	126	74
固始县	6388	3677	2711	354	236	118
潢川县	3076	1817	1259	204	130	74
淮滨县	3608	2112	1496	264	157	107
息县	5814	3355	2459	381	237	144
周口市	**51948**	**30360**	**21588**	**3308**	**2023**	**1285**
川汇区	2157	1344	813	152	100	52
扶沟县	3791	2231	1560	291	175	116
西华县	4517	2686	1831	278	171	107
商水县	5461	3249	2212	393	238	155
沈丘县	6014	3557	2457	474	298	176
郸城县	5340	2910	2430	289	157	132
淮阳县	6479	3734	2745	329	192	137
太康县	6877	4018	2859	423	262	161
鹿邑县	5330	3209	2121	343	205	138
项城市	5982	3422	2560	336	225	111
驻马店市	**45987**	**26210**	**19777**	**3129**	**1816**	**1313**
驿城区	3923	2250	1673	313	196	117
西平县	4738	2599	2139	360	197	163
上蔡县	7648	4308	3340	542	325	217
平舆县	4318	2448	1870	232	139	93
正阳县	3629	2074	1555	238	137	101
确山县	2711	1594	1117	163	90	73
泌阳县	5461	3317	2144	325	192	133
汝南县	4708	2634	2074	340	190	150
遂平县	3457	1926	1531	278	172	106
新蔡县	5394	3060	2334	338	178	160
济源市	**3842**	**2038**	**1804**	**267**	**132**	**135**
济源市	3842	2038	1804	267	132	135

1-13 续表 4

单位：人

地 区	2009年12月			2010年1月		
	小计	男	女	小计	男	女
总 计	**40873**	**23893**	**16980**	**37436**	**21261**	**16175**
郑州市	**3212**	**1828**	**1384**	**3426**	**1862**	**1564**
中原区	210	137	73	309	188	121
二七区	142	75	67	235	137	98
管城回族区	161	91	70	163	89	74
金水区	299	175	124	291	171	120
上街区	47	15	32	65	33	32
惠济区	97	53	44	80	50	30
中牟县	361	184	177	360	183	177
巩义市	385	216	169	437	229	208
荥阳市	273	169	104	308	162	146
新密市	576	316	260	524	292	232
新郑市	363	201	162	356	183	173
登封市	298	196	102	298	145	153
开封市	**2051**	**1253**	**798**	**1781**	**1042**	**739**
龙亭区	83	46	37	64	42	22
顺河回族区	75	46	29	70	45	25
鼓楼区	36	25	11	75	48	27
禹王台区	92	45	47	102	55	47
金明区	65	41	24	57	36	21
杞县	458	287	171	459	250	209
通许县	202	115	87	192	112	80
尉氏县	423	273	150	287	177	110
开封县	300	183	117	246	129	117
兰考县	317	192	125	229	148	81
洛阳市	**2538**	**1475**	**1063**	**2643**	**1469**	**1174**
老城区	57	32	25	38	22	16
西工区	88	59	29	89	50	39
瀍河回族区	44	23	21	38	17	21
涧西区	197	118	79	181	90	91
吉利区	29	19	10	26	10	16
洛龙区	138	89	49	172	94	78
孟津县	200	102	98	209	117	92
新安县	189	112	77	162	100	62
栾川县	145	91	54	186	102	84
嵩县	163	99	64	208	129	79
汝阳县	170	95	75	198	112	86
宜阳县	320	194	126	267	162	105
洛宁县	131	70	61	108	66	42
伊川县	356	208	148	359	194	165
偃师市	311	164	147	402	204	198

1-13 续表 5 单位：人

地区	2009年12月			2010年1月		
	小计	男	女	小计	男	女
平顶山市	**2357**	**1426**	**931**	**2038**	**1210**	**828**
新华区	107	67	40	111	62	49
卫东区	101	60	41	100	63	37
石龙区	9	6	3	6	3	3
湛河区	77	49	28	114	69	45
宝丰县	254	150	104	259	144	115
叶县	461	283	178	361	217	144
鲁山县	302	181	121	309	190	119
郏县	382	221	161	291	177	114
舞钢市	134	86	48	93	56	37
汝州市	530	323	207	394	229	165
安阳市	**2505**	**1390**	**1115**	**2501**	**1366**	**1135**
文峰区	109	49	60	112	63	49
北关区	60	37	23	65	38	27
殷都区	78	49	29	83	52	31
龙安区	66	39	27	79	43	36
安阳县	440	235	205	477	237	240
汤阴县	272	142	130	245	133	112
滑县	598	363	235	527	309	218
内黄县	377	213	164	356	192	164
林州市	505	263	242	557	299	258
鹤壁市	**680**	**408**	**272**	**584**	**330**	**254**
鹤山区	62	33	29	44	27	17
山城区	103	73	30	72	46	26
淇滨区	142	88	54	95	57	38
浚县	254	138	116	248	129	119
淇县	119	76	43	125	71	54
新乡市	**2434**	**1377**	**1057**	**2154**	**1193**	**961**
红旗区	81	53	28	105	64	41
卫滨区	85	48	37	62	35	27
凤泉区	47	28	19	78	39	39
牧野区	87	57	30	137	79	58
新乡县	136	73	63	125	65	60
获嘉县	209	118	91	199	112	87
原阳县	324	180	144	225	134	91
延津县	195	120	75	151	76	75
封丘县	330	194	136	204	113	91
长垣县	360	212	148	268	160	108
卫辉市	166	95	71	204	103	101
辉县市	414	199	215	396	213	183
焦作市	**1420**	**771**	**649**	**1477**	**787**	**690**
解放区	47	25	22	54	34	20
中站区	32	20	12	31	14	17
马村区	59	36	23	38	21	17
山阳区	46	25	21	60	33	27
修武县	179	96	83	192	98	94
博爱县	147	81	66	178	97	81
武陟县	373	196	177	328	169	159
温县	181	98	83	133	59	74
沁阳市	202	108	94	240	134	106
孟州市	154	86	68	223	128	95

1-13 续表 6

单位：人

地区	2009年12月			2010年1月		
	小计	男	女	小计	男	女
濮阳市	**1555**	**916**	**639**	**1335**	**740**	**595**
华龙区	133	90	43	152	84	68
清丰县	234	131	103	277	153	124
南乐县	288	164	124	202	114	88
范县	292	175	117	178	106	72
台前县	169	89	80	118	56	62
濮阳县	439	267	172	408	227	181
许昌市	**1991**	**1179**	**812**	**1737**	**967**	**770**
魏都区	92	61	31	96	53	43
许昌县	318	181	137	209	114	95
鄢陵县	267	164	103	201	124	77
襄城县	433	270	163	324	180	144
禹州市	576	336	240	543	297	246
长葛市	305	167	138	364	199	165
漯河市	**924**	**546**	**378**	**870**	**509**	**361**
源汇区	108	68	40	74	49	25
郾城区	215	128	87	149	99	50
召陵区	163	95	68	147	89	58
舞阳县	213	116	97	219	116	103
临颍县	225	139	86	281	156	125
三门峡市	**764**	**434**	**330**	**711**	**400**	**311**
湖滨区	72	51	21	84	49	35
渑池县	130	70	60	78	48	30
陕县	117	68	49	116	68	48
卢氏县	155	82	73	180	92	88
义马市	23	15	8	16	8	8
灵宝市	267	148	119	237	135	102
南阳市	**4720**	**2807**	**1913**	**4067**	**2408**	**1659**
宛城区	235	147	88	226	138	88
卧龙区	299	178	121	229	135	94
南召县	209	125	84	197	128	69
方城县	456	268	188	365	235	130
西峡县	148	79	69	162	78	84
镇平县	460	274	186	506	299	207
内乡县	329	181	148	304	161	143
淅川县	208	121	87	167	93	74
社旗县	317	209	108	270	166	104
唐河县	641	393	248	457	285	172
新野县	502	289	213	486	261	225
桐柏县	248	146	102	179	107	72
邓州市	668	397	271	519	322	197

1-13 续表 7

单位：人

地区	2009年12月			2010年1月		
	小计	男	女	小计	男	女
商丘市	**3036**	**1821**	**1215**	**2732**	**1580**	**1152**
梁园区	431	251	180	379	230	149
睢阳区	303	173	130	267	155	112
民权县	263	154	109	247	110	137
睢县	341	203	138	287	181	106
宁陵县	194	123	71	215	126	89
柘城县	293	178	115	264	155	109
虞城县	427	290	137	385	234	151
夏邑县	299	174	125	239	128	111
永城市	485	275	210	449	261	188
信阳市	**2717**	**1590**	**1127**	**2469**	**1411**	**1058**
浉河区	202	117	85	258	143	115
平桥区	244	137	107	219	121	98
罗山县	192	107	85	174	92	82
光山县	255	148	107	249	157	92
新县	109	61	48	134	73	61
商城县	296	172	124	204	123	81
固始县	453	271	182	439	250	189
潢川县	223	138	85	209	111	98
淮滨县	285	169	116	235	145	90
息县	458	270	188	348	196	152
周口市	**3987**	**2376**	**1611**	**3280**	**1946**	**1334**
川汇区	200	120	80	147	85	62
扶沟县	316	185	131	208	131	77
西华县	334	201	133	302	188	114
商水县	503	306	197	332	204	128
沈丘县	544	326	218	346	210	136
郸城县	399	231	168	344	190	154
淮阳县	306	181	125	381	217	164
太康县	563	336	227	391	221	170
鹿邑县	356	224	132	459	269	190
项城市	466	266	200	370	231	139
驻马店市	**3688**	**2152**	**1536**	**3286**	**1847**	**1439**
驿城区	297	175	122	277	154	123
西平县	470	267	203	323	161	162
上蔡县	626	365	261	514	295	219
平舆县	347	197	150	352	196	156
正阳县	291	168	123	233	129	104
确山县	218	145	73	187	110	77
泌阳县	339	228	111	284	175	109
汝南县	393	207	186	309	169	140
遂平县	300	166	134	326	175	151
新蔡县	407	234	173	481	283	198
济源市	**294**	**144**	**150**	**345**	**194**	**151**
济源市	294	144	150	345	194	151

1-13　续表 8

单位：人

地　区	2010年2月			2010年3月			2010年4月		
	小计	男	女	小计	男	女	小计	男	女
总　计	**47187**	**27065**	**20122**	**50778**	**29063**	**21715**	**44419**	**25550**	**18869**
郑州市	**3333**	**1818**	**1515**	**3159**	**1716**	**1443**	**2723**	**1553**	**1170**
中原区	241	134	107	222	130	92	201	112	89
二七区	169	83	86	169	88	81	157	100	57
管城回族区	139	77	62	164	83	81	165	95	70
金水区	266	163	103	267	158	109	271	174	97
上街区	70	40	30	50	26	24	63	39	24
惠济区	75	37	38	66	33	33	71	34	37
中牟县	383	206	177	365	190	175	303	175	128
巩义市	432	226	206	399	224	175	385	204	181
荥阳市	320	166	154	324	190	134	238	127	111
新密市	492	266	226	449	231	218	347	201	146
新郑市	387	207	180	335	173	162	253	135	118
登封市	359	213	146	349	190	159	269	157	112
开封市	**2600**	**1502**	**1098**	**2657**	**1548**	**1109**	**2432**	**1383**	**1049**
龙亭区	65	33	32	66	35	31	57	34	23
顺河回族区	65	36	29	77	45	32	60	35	25
鼓楼区	58	37	21	48	26	22	57	31	26
禹王台区	103	53	50	96	61	35	83	42	41
金明区	64	37	27	66	42	24	61	40	21
杞县	661	392	269	583	324	259	611	343	268
通许县	309	172	137	318	180	138	275	157	118
尉氏县	513	308	205	552	325	227	472	274	198
开封县	402	224	178	456	281	175	394	210	184
兰考县	360	210	150	395	229	166	362	217	145
洛阳市	**2817**	**1584**	**1233**	**3201**	**1807**	**1394**	**2610**	**1477**	**1133**
老城区	51	30	21	66	36	30	48	20	28
西工区	93	58	35	121	72	49	96	60	36
瀍河回族区	48	24	24	50	33	17	55	30	25
涧西区	180	107	73	202	115	87	174	93	81
吉利区	20	11	9	27	15	12	26	8	18
洛龙区	143	74	69	178	95	83	161	90	71
孟津县	217	119	98	218	117	101	240	139	101
新安县	175	94	81	207	108	99	172	103	69
栾川县	178	99	79	217	119	98	155	80	75
嵩县	242	146	96	237	140	97	221	143	78
汝阳县	201	130	71	219	121	98	163	94	69
宜阳县	342	202	140	434	261	173	288	178	110
洛宁县	149	85	64	200	106	94	167	91	76
伊川县	422	232	190	485	286	199	380	208	172
偃师市	356	173	183	340	183	157	264	140	124

1-13 续表 9 单位：人

地区	2010年2月			2010年3月			2010年4月		
	小计	男	女	小计	男	女	小计	男	女
平顶山市	**2625**	**1576**	**1049**	**2870**	**1700**	**1170**	**2480**	**1456**	**1024**
新华区	161	93	68	165	98	67	145	88	57
卫东区	134	90	44	160	97	63	113	62	51
石龙区	7	4	3	10	7	3	9	7	2
湛河区	91	56	35	90	58	32	99	58	41
宝丰县	305	182	123	315	176	139	325	188	137
叶县	503	301	202	528	321	207	434	255	179
鲁山县	410	255	155	411	229	182	379	216	163
郏县	353	196	157	386	222	164	340	201	139
舞钢市	134	78	56	164	106	58	138	82	56
汝州市	527	321	206	641	386	255	498	299	199
安阳市	**2654**	**1434**	**1220**	**2781**	**1561**	**1220**	**2250**	**1287**	**963**
文峰区	107	65	42	140	79	61	110	61	49
北关区	57	34	23	56	35	21	53	32	21
殷都区	67	40	27	72	40	32	67	36	31
龙安区	58	29	29	78	36	42	82	47	35
安阳县	488	250	238	505	280	225	394	209	185
汤阴县	285	147	138	268	145	123	243	130	113
滑县	701	407	294	702	423	279	502	318	184
内黄县	378	200	178	435	251	184	360	207	153
林州市	513	262	251	525	272	253	439	247	192
鹤壁市	**723**	**419**	**304**	**816**	**436**	**380**	**680**	**383**	**297**
鹤山区	57	36	21	84	46	38	44	27	17
山城区	102	58	44	106	59	47	93	57	36
淇滨区	106	56	50	150	78	72	115	59	56
浚县	331	202	129	356	189	167	317	177	140
淇县	127	67	60	120	64	56	111	63	48
新乡市	**2519**	**1433**	**1086**	**2898**	**1638**	**1260**	**2364**	**1355**	**1009**
红旗区	108	56	52	146	88	58	123	73	50
卫滨区	51	33	18	57	34	23	55	29	26
凤泉区	60	32	28	86	51	35	54	29	25
牧野区	144	79	65	143	86	57	116	76	40
新乡县	174	99	75	181	101	80	137	74	63
获嘉县	203	128	75	223	117	106	180	96	84
原阳县	250	137	113	306	164	142	269	158	111
延津县	238	146	92	297	175	122	233	143	90
封丘县	326	194	132	355	211	144	385	227	158
长垣县	371	225	146	477	273	204	322	189	133
卫辉市	231	115	116	234	130	104	182	88	94
辉县市	363	189	174	393	208	185	308	173	135
焦作市	**1542**	**809**	**733**	**1648**	**925**	**723**	**1358**	**750**	**608**
解放区	56	27	29	51	33	18	47	30	17
中站区	29	12	17	35	21	14	20	13	7
马村区	48	19	29	55	34	21	34	22	12
山阳区	78	41	37	62	39	23	51	35	16
修武县	204	97	107	178	97	81	143	72	71
博爱县	166	89	77	183	93	90	166	91	75
武陟县	385	213	172	421	240	181	322	185	137
温县	184	101	83	218	117	101	170	91	79
沁阳市	233	125	108	240	138	102	244	141	103
孟州市	159	85	74	205	113	92	161	70	91

1-13 续表 10

单位：人

地　区	2010年2月			2010年3月			2010年4月		
	小计	男	女	小计	男	女	小计	男	女
濮阳市	**1923**	**1096**	**827**	**1961**	**1164**	**797**	**1706**	**958**	**748**
华龙区	180	104	76	225	133	92	187	112	75
清丰县	353	208	145	387	240	147	345	205	140
南乐县	246	128	118	262	153	109	248	133	115
范县	263	155	108	278	184	94	208	110	98
台前县	188	112	76	184	89	95	137	69	68
濮阳县	693	389	304	625	365	260	581	329	252
许昌市	**2312**	**1308**	**1004**	**2511**	**1447**	**1064**	**2208**	**1251**	**957**
魏都区	120	65	55	127	80	47	115	80	35
许昌县	294	152	142	364	198	166	340	188	152
鄢陵县	267	158	109	306	176	130	309	170	139
襄城县	522	321	201	572	348	224	496	287	209
禹州市	713	403	310	735	421	314	596	333	263
长葛市	396	209	187	407	224	183	352	193	159
漯河市	**1185**	**706**	**479**	**1334**	**758**	**576**	**1186**	**724**	**462**
源汇区	104	57	47	121	62	59	133	76	57
郾城区	223	130	93	247	132	115	226	145	81
召陵区	180	107	73	243	142	101	216	145	71
舞阳县	251	148	103	289	171	118	218	120	98
临颍县	427	264	163	434	251	183	393	238	155
三门峡市	**837**	**463**	**374**	**973**	**547**	**426**	**800**	**439**	**361**
湖滨区	81	45	36	103	58	45	103	59	44
渑池县	97	59	38	135	86	49	111	60	51
陕县	163	97	66	148	80	68	127	65	62
卢氏县	195	98	97	251	129	122	209	114	95
义马市	20	14	6	26	14	12	24	11	13
灵宝市	281	150	131	310	180	130	226	130	96
南阳市	**5327**	**3220**	**2107**	**6073**	**3586**	**2487**	**5215**	**3150**	**2065**
宛城区	304	190	114	375	235	140	378	241	137
卧龙区	299	191	108	387	228	159	328	204	124
南召县	271	163	108	336	191	145	266	161	105
方城县	536	335	201	538	323	215	472	288	184
西峡县	211	111	100	241	134	107	204	124	80
镇平县	580	349	231	648	363	285	578	353	225
内乡县	438	240	198	440	259	181	367	208	159
淅川县	271	157	114	305	176	129	218	121	97
社旗县	373	230	143	448	279	169	375	222	153
唐河县	682	439	243	798	476	322	716	435	281
新野县	481	292	189	467	262	205	342	200	142
桐柏县	208	125	83	239	152	87	205	130	75
邓州市	673	398	275	851	508	343	766	463	303

1-13 续表 11

单位：人

地区	2010年2月			2010年3月			2010年4月		
	小计	男	女	小计	男	女	小计	男	女
商丘市	**3992**	**2276**	**1716**	**4322**	**2507**	**1815**	**3815**	**2219**	**1596**
梁园区	377	224	153	376	216	160	379	231	148
睢阳区	402	226	176	537	333	204	438	271	167
民权县	376	192	184	413	234	179	340	197	143
睢县	394	211	183	416	246	170	339	183	156
宁陵县	250	152	98	281	167	114	258	153	105
柘城县	545	320	225	539	328	211	430	242	188
虞城县	551	323	228	564	323	241	443	256	187
夏邑县	458	266	192	487	285	202	504	278	226
永城市	639	362	277	709	375	334	684	408	276
信阳市	**3177**	**1822**	**1355**	**3423**	**1982**	**1441**	**3090**	**1730**	**1360**
浉河区	277	152	125	257	153	104	231	122	109
平桥区	271	148	123	305	169	136	258	137	121
罗山县	220	120	100	251	136	115	275	149	126
光山县	289	159	130	343	189	154	277	177	100
新县	137	89	48	146	90	56	114	66	48
商城县	320	196	124	312	174	138	294	176	118
固始县	566	324	242	616	354	262	577	311	266
潢川县	251	136	115	290	178	112	284	166	118
淮滨县	348	211	137	365	207	158	282	151	131
息县	498	287	211	538	332	206	498	275	223
周口市	**5216**	**3095**	**2121**	**5339**	**3049**	**2290**	**4924**	**2860**	**2064**
川汇区	236	145	91	228	147	81	184	114	70
扶沟县	303	185	118	377	213	164	320	178	142
西华县	444	265	179	421	240	181	406	240	166
商水县	532	324	208	564	316	248	473	294	179
沈丘县	549	338	211	636	349	287	554	338	216
郸城县	554	310	244	581	333	248	497	267	230
淮阳县	660	389	271	630	361	269	766	431	335
太康县	750	443	307	744	415	329	651	386	265
鹿邑县	599	359	240	585	353	232	449	259	190
项城市	589	337	252	573	322	251	624	353	271
驻马店市	**4086**	**2355**	**1731**	**4466**	**2507**	**1959**	**4254**	**2391**	**1863**
驿城区	289	159	130	369	199	170	320	166	154
西平县	443	248	195	502	260	242	445	235	210
上蔡县	731	432	299	702	396	306	745	431	314
平舆县	386	199	187	400	222	178	472	259	213
正阳县	336	193	143	376	227	149	306	171	135
确山县	221	135	86	270	149	121	265	151	114
泌阳县	449	272	177	539	333	206	518	311	207
汝南县	368	228	140	459	245	214	456	261	195
遂平县	315	170	145	335	195	140	277	149	128
新蔡县	548	319	229	514	281	233	450	257	193
济源市	**319**	**149**	**170**	**346**	**185**	**161**	**324**	**184**	**140**
济源市	319	149	170	346	185	161	324	184	140

1-13 续表 12

单位：人

地　区	2010年5月			2010年6月			2010年7月		
	小计	男	女	小计	男	女	小计	男	女
总　计	**41518**	**24076**	**17442**	**39681**	**22962**	**16719**	**44495**	**25842**	**18653**
郑州市	**2732**	**1599**	**1133**	**2506**	**1406**	**1100**	**2676**	**1523**	**1153**
中原区	211	139	72	201	116	85	213	127	86
二七区	165	97	68	168	109	59	182	94	88
管城回族区	145	88	57	134	83	51	152	83	69
金水区	302	173	129	252	148	104	248	149	99
上街区	40	27	13	44	21	23	58	36	22
惠济区	70	38	32	69	32	37	53	21	32
中牟县	287	170	117	281	157	124	290	168	122
巩义市	375	218	157	341	176	165	328	183	145
荥阳市	241	130	111	236	137	99	274	158	116
新密市	352	189	163	313	155	158	315	174	141
新郑市	278	171	107	229	126	103	276	168	108
登封市	266	159	107	238	146	92	287	162	125
开封市	**2128**	**1225**	**903**	**2230**	**1356**	**874**	**2411**	**1469**	**942**
龙亭区	62	36	26	52	31	21	67	42	25
顺河回族区	68	50	18	47	30	17	61	46	15
鼓楼区	58	30	28	49	25	24	48	32	16
禹王台区	98	53	45	65	42	23	71	48	23
金明区	58	32	26	50	36	14	56	37	19
杞县	456	249	207	515	317	198	603	374	229
通许县	247	139	108	264	159	105	294	171	123
尉氏县	414	245	169	454	261	193	437	252	185
开封县	369	217	152	382	225	157	395	222	173
兰考县	298	174	124	352	230	122	379	245	134
洛阳市	**2788**	**1578**	**1210**	**2408**	**1370**	**1038**	**2760**	**1585**	**1175**
老城区	32	18	14	36	20	16	51	28	23
西工区	108	76	32	77	46	31	86	43	43
瀍河回族区	65	34	31	46	29	17	52	39	13
涧西区	162	99	63	148	94	54	146	76	70
吉利区	17	8	9	32	22	10	26	17	9
洛龙区	155	95	60	143	94	49	157	71	86
孟津县	313	164	149	222	121	101	166	106	60
新安县	175	99	76	160	88	72	179	105	74
栾川县	149	85	64	144	91	53	210	118	92
嵩县	265	151	114	180	101	79	256	131	125
汝阳县	177	91	86	167	88	79	174	110	64
宜阳县	308	180	128	275	161	114	408	252	156
洛宁县	153	87	66	120	62	58	152	88	64
伊川县	426	239	187	382	209	173	382	231	151
偃师市	283	152	131	276	144	132	315	170	145

1-13 续表 13

单位：人

地区	2010年5月			2010年6月			2010年7月		
	小计	男	女	小计	男	女	小计	男	女
平顶山市	**2154**	**1339**	**815**	**1949**	**1170**	**779**	**2408**	**1435**	**973**
新华区	133	87	46	116	72	44	108	68	40
卫东区	106	67	39	113	73	40	126	82	44
石龙区	14	9	5	8	4	4	7	4	3
湛河区	93	49	44	80	40	40	115	61	54
宝丰县	289	187	102	242	141	101	256	138	118
叶县	361	247	114	316	204	112	420	260	160
鲁山县	302	183	119	297	183	114	377	228	149
郏县	287	164	123	288	169	119	337	215	122
舞钢市	151	103	48	121	78	43	160	85	75
汝州市	418	243	175	368	206	162	502	294	208
安阳市	**2072**	**1216**	**856**	**1942**	**1136**	**806**	**2184**	**1274**	**910**
文峰区	84	53	31	86	48	38	115	68	47
北关区	49	28	21	41	27	14	50	27	23
殷都区	61	35	26	53	32	21	64	34	30
龙安区	76	50	26	53	28	25	63	41	22
安阳县	374	219	155	361	207	154	400	241	159
汤阴县	188	110	78	183	95	88	207	104	103
滑县	505	320	185	456	298	158	521	342	179
内黄县	293	174	119	296	173	123	336	191	145
林州市	442	227	215	413	228	185	428	226	202
鹤壁市	**662**	**390**	**272**	**646**	**360**	**286**	**718**	**425**	**293**
鹤山区	61	38	23	51	27	24	55	38	17
山城区	89	61	28	84	58	26	89	47	42
淇滨区	106	56	50	110	64	46	108	77	31
浚县	294	173	121	290	163	127	341	195	146
淇县	112	62	50	111	48	63	125	68	57
新乡市	**2323**	**1384**	**939**	**2246**	**1274**	**972**	**2444**	**1434**	**1010**
红旗区	90	45	45	80	44	36	112	72	40
卫滨区	53	29	24	62	39	23	62	43	19
凤泉区	53	31	22	56	30	26	62	36	26
牧野区	110	68	42	102	64	38	122	81	41
新乡县	150	87	63	115	52	63	141	86	55
获嘉县	174	95	79	160	81	79	149	70	79
原阳县	268	164	104	288	165	123	304	166	138
延津县	235	142	93	173	112	61	242	164	78
封丘县	324	197	127	377	212	165	353	214	139
长垣县	344	223	121	307	180	127	388	228	160
卫辉市	202	122	80	198	115	83	175	90	85
辉县市	320	181	139	328	180	148	334	184	150
焦作市	**1274**	**713**	**561**	**1205**	**667**	**538**	**1252**	**699**	**553**
解放区	49	28	21	35	20	15	45	32	13
中站区	26	14	12	35	19	16	30	12	18
马村区	45	25	20	40	27	13	31	20	11
山阳区	44	27	17	64	37	27	48	25	23
修武县	133	72	61	125	67	58	106	54	52
博爱县	160	83	77	154	98	56	104	51	53
武陟县	279	149	130	283	142	141	340	202	138
温县	165	94	71	112	58	54	152	84	68
沁阳市	220	139	81	193	115	78	238	139	99
孟州市	153	82	71	164	84	80	158	80	78

1-13 续表 14 单位：人

地区	2010年5月			2010年6月			2010年7月		
	小计	男	女	小计	男	女	小计	男	女
濮阳市	**1526**	**896**	**630**	**1513**	**861**	**652**	**1837**	**1041**	**796**
华龙区	197	118	79	173	102	71	177	103	74
清丰县	261	154	107	284	169	115	316	167	149
南乐县	164	97	67	177	101	76	213	130	83
范县	240	135	105	207	114	93	284	153	131
台前县	156	88	68	158	76	82	182	109	73
濮阳县	508	304	204	514	299	215	665	379	286
许昌市	**2031**	**1182**	**849**	**1920**	**1068**	**852**	**2079**	**1220**	**859**
魏都区	125	77	48	116	64	52	109	69	40
许昌县	292	175	117	282	162	120	320	186	134
鄢陵县	292	180	112	276	156	120	300	183	117
襄城县	435	244	191	424	229	195	414	242	172
禹州市	550	323	227	511	290	221	607	362	245
长葛市	337	183	154	311	167	144	329	178	151
漯河市	**1111**	**608**	**503**	**973**	**580**	**393**	**1118**	**663**	**455**
源汇区	112	64	48	108	60	48	131	78	53
郾城区	223	106	117	170	109	61	201	115	86
召陵区	187	105	82	173	97	76	185	109	76
舞阳县	231	137	94	195	119	76	226	140	86
临颍县	358	196	162	327	195	132	375	221	154
三门峡市	**882**	**526**	**356**	**761**	**408**	**353**	**801**	**453**	**348**
湖滨区	93	62	31	85	49	36	77	46	31
渑池县	108	60	48	83	35	48	99	51	48
陕县	145	95	50	121	60	61	114	62	52
卢氏县	218	115	103	186	98	88	212	115	97
义马市	27	17	10	21	15	6	27	16	11
灵宝市	291	177	114	265	151	114	272	163	109
南阳市	**4810**	**2847**	**1963**	**4514**	**2701**	**1813**	**5594**	**3337**	**2257**
宛城区	379	230	149	321	176	145	437	260	177
卧龙区	301	193	108	271	176	95	362	203	159
南召县	275	148	127	268	144	124	401	243	158
方城县	397	243	154	391	241	150	440	268	172
西峡县	199	104	95	179	107	72	249	147	102
镇平县	500	300	200	463	274	189	546	316	230
内乡县	353	193	160	346	210	136	408	250	158
淅川县	221	144	77	206	120	86	292	154	138
社旗县	340	207	133	314	198	116	395	241	154
唐河县	587	364	223	592	360	232	708	455	253
新野县	423	243	180	371	209	162	427	265	162
桐柏县	190	112	78	214	137	77	191	113	78
邓州市	645	366	279	578	349	229	738	422	316

1-13 续表 15

单位：人

地区	2010年5月			2010年6月			2010年7月		
	小计	男	女	小计	男	女	小计	男	女
商丘市	**3523**	**1990**	**1533**	**3638**	**2086**	**1552**	**3543**	**2011**	**1532**
梁园区	355	199	156	320	207	113	340	199	141
睢阳区	409	219	190	396	233	163	377	207	170
民权县	311	178	133	342	187	155	340	202	138
睢县	294	179	115	290	172	118	311	184	127
宁陵县	266	152	114	268	137	131	238	145	93
柘城县	428	231	197	438	258	180	391	215	176
虞城县	418	243	175	424	260	164	432	254	178
夏邑县	460	239	221	490	245	245	485	255	230
永城市	582	350	232	670	387	283	629	350	279
信阳市	**3070**	**1762**	**1308**	**2844**	**1663**	**1181**	**3442**	**2005**	**1437**
浉河区	239	144	95	228	131	97	260	168	92
平桥区	306	176	130	268	166	102	287	169	118
罗山县	271	158	113	227	134	93	317	179	138
光山县	268	152	116	260	152	108	334	208	126
新县	134	75	59	102	60	42	120	73	47
商城县	282	146	136	238	132	106	288	157	131
固始县	523	289	234	486	288	198	611	351	260
潢川县	263	158	105	256	145	111	283	159	124
淮滨县	303	171	132	282	170	112	324	181	143
息县	481	293	188	497	285	212	618	360	258
周口市	**4216**	**2420**	**1796**	**4375**	**2567**	**1808**	**4745**	**2730**	**2015**
川汇区	167	108	59	167	109	58	187	109	78
扶沟县	296	171	125	317	192	125	358	215	143
西华县	386	226	160	390	237	153	406	244	162
商水县	435	244	191	422	265	157	489	264	225
沈丘县	412	230	182	471	284	187	499	302	197
郸城县	415	217	198	405	219	186	554	292	262
淮阳县	617	358	259	623	362	261	676	381	295
太康县	600	358	242	568	319	249	600	341	259
鹿邑县	465	266	199	442	273	169	455	279	176
项城市	423	242	181	570	307	263	521	303	218
驻马店市	**3865**	**2223**	**1642**	**3730**	**2133**	**1597**	**4181**	**2366**	**1815**
驿城区	353	205	148	326	195	131	348	208	140
西平县	379	223	156	346	201	145	363	190	173
上蔡县	640	348	292	644	326	318	590	337	253
平舆县	394	214	180	393	236	157	389	230	159
正阳县	311	180	131	318	180	138	324	172	152
确山县	239	140	99	229	138	91	252	144	108
泌阳县	392	239	153	412	267	145	675	391	284
汝南县	406	235	171	362	198	164	503	271	232
遂平县	283	164	119	261	142	119	267	141	126
新蔡县	468	275	193	439	250	189	470	282	188
济源市	**351**	**178**	**173**	**281**	**156**	**125**	**302**	**172**	**130**
济源市	351	178	173	281	156	125	302	172	130

1-13 续表 16 单位：人

地区	2010年8月			2010年9月			2010年10月		
	小计	男	女	小计	男	女	小计	男	女
总 计	**42846**	**24692**	**18154**	**41197**	**23692**	**17505**	**43901**	**25337**	**18564**
郑州市	**2745**	**1564**	**1181**	**2724**	**1541**	**1183**	**3070**	**1708**	**1362**
中原区	209	127	82	240	127	113	267	144	123
二七区	179	93	86	180	96	84	182	97	85
管城回族区	146	86	60	169	104	65	163	87	76
金水区	265	167	98	304	177	127	320	197	123
上街区	60	40	20	52	34	18	65	30	35
惠济区	50	23	27	69	42	27	62	37	25
中牟县	317	170	147	290	152	138	313	163	150
巩义市	317	179	138	310	184	126	467	253	214
荥阳市	249	140	109	252	134	118	293	181	112
新密市	365	216	149	335	205	130	374	191	183
新郑市	279	150	129	245	125	120	310	165	145
登封市	309	173	136	278	161	117	254	163	91
开封市	**2160**	**1294**	**866**	**2117**	**1211**	**906**	**2487**	**1519**	**968**
龙亭区	49	36	13	49	28	21	78	47	31
顺河回族区	63	38	25	70	42	28	76	52	24
鼓楼区	51	29	22	50	26	24	74	38	36
禹王台区	50	29	21	64	40	24	79	51	28
金明区	47	21	26	51	34	17	71	41	30
杞县	504	291	213	542	324	218	549	347	202
通许县	235	144	91	244	135	109	299	179	120
尉氏县	422	259	163	387	214	173	449	283	166
开封县	387	233	154	339	194	145	435	264	171
兰考县	352	214	138	321	174	147	377	217	160
洛阳市	**2659**	**1513**	**1146**	**2525**	**1440**	**1085**	**2987**	**1705**	**1282**
老城区	45	24	21	51	33	18	63	35	28
西工区	92	63	29	122	75	47	126	79	47
瀍河回族区	50	28	22	43	25	18	54	31	23
涧西区	154	93	61	165	108	57	207	124	83
吉利区	13	7	6	27	15	12	26	16	10
洛龙区	159	86	73	150	76	74	196	99	97
孟津县	240	131	109	211	118	93	241	134	107
新安县	187	106	81	171	104	67	197	113	84
栾川县	165	91	74	139	88	51	157	81	76
嵩县	222	123	99	199	123	76	263	167	96
汝阳县	201	93	108	176	99	77	222	128	94
宜阳县	316	187	129	310	174	136	350	210	140
洛宁县	155	94	61	178	98	80	174	104	70
伊川县	357	222	135	308	168	140	349	199	150
偃师市	303	165	138	275	136	139	362	185	177

1-13 续表 17

单位：人

地区	2010年8月			2010年9月			2010年10月		
	小计	男	女	小计	男	女	小计	男	女
平顶山市	**2365**	**1397**	**968**	**2216**	**1305**	**911**	**2269**	**1370**	**899**
新华区	108	68	40	88	52	36	120	76	44
卫东区	131	74	57	110	62	48	122	79	43
石龙区	9	3	6	7	6	1	12	8	4
湛河区	99	66	33	130	70	60	76	47	29
宝丰县	268	164	104	205	118	87	226	132	94
叶县	401	229	172	392	260	132	390	242	148
鲁山县	352	204	148	333	192	141	373	221	152
郏县	324	187	137	290	164	126	302	187	115
舞钢市	178	113	65	169	98	71	155	98	57
汝州市	495	289	206	492	283	209	493	280	213
安阳市	**2061**	**1175**	**886**	**2051**	**1186**	**865**	**2483**	**1434**	**1049**
文峰区	113	60	53	107	60	47	129	67	62
北关区	60	37	23	49	29	20	69	40	29
殷都区	53	27	26	76	43	33	93	56	37
龙安区	74	41	33	70	34	36	93	53	40
安阳县	381	207	174	345	179	166	434	245	189
汤阴县	196	114	82	206	116	90	293	156	137
滑县	543	340	203	483	298	185	625	383	242
内黄县	255	144	111	289	200	89	305	171	134
林州市	386	205	181	426	227	199	442	263	179
鹤壁市	**727**	**436**	**291**	**669**	**416**	**253**	**797**	**458**	**339**
鹤山区	81	51	30	52	39	13	61	34	27
山城区	114	74	40	100	68	32	102	59	43
淇滨区	110	59	51	94	58	36	138	77	61
浚县	302	178	124	311	188	123	350	198	152
淇县	120	74	46	112	63	49	146	90	56
新乡市	**2468**	**1459**	**1009**	**2398**	**1382**	**1016**	**2706**	**1534**	**1172**
红旗区	98	61	37	109	63	46	145	85	60
卫滨区	56	41	15	75	37	38	74	45	29
凤泉区	66	30	36	63	31	32	50	33	17
牧野区	120	70	50	143	95	48	127	85	42
新乡县	120	64	56	154	93	61	147	86	61
获嘉县	176	104	72	192	116	76	204	108	96
原阳县	300	190	110	250	147	103	324	183	141
延津县	249	154	95	245	143	102	272	155	117
封丘县	333	200	133	340	207	133	396	229	167
长垣县	373	221	152	320	180	140	354	214	140
卫辉市	228	136	92	182	91	91	228	112	116
辉县市	349	188	161	325	179	146	385	199	186
焦作市	**1332**	**726**	**606**	**1335**	**747**	**588**	**1598**	**867**	**731**
解放区	55	37	18	72	43	29	65	38	27
中站区	40	21	19	45	23	22	33	20	13
马村区	29	14	15	44	26	18	58	36	22
山阳区	64	32	32	61	30	31	73	36	37
修武县	107	56	51	121	77	44	164	93	71
博爱县	134	64	70	151	78	73	169	92	77
武陟县	343	184	159	302	157	145	360	186	174
温县	155	89	66	140	86	54	206	118	88
沁阳市	238	136	102	241	141	100	261	146	115
孟州市	167	93	74	158	86	72	209	102	107

1-13 续表 18

单位：人

地区	2010年8月			2010年9月			2010年10月		
	小计	男	女	小计	男	女	小计	男	女
濮阳市	**1580**	**899**	**681**	**1594**	**917**	**677**	**1728**	**974**	**754**
华龙区	168	87	81	176	108	68	176	97	79
清丰县	289	158	131	261	155	106	341	209	132
南乐县	196	116	80	190	121	69	245	137	108
范县	227	132	95	206	109	97	180	94	86
台前县	141	83	58	154	90	64	140	71	69
濮阳县	559	323	236	607	334	273	646	366	280
许昌市	**1987**	**1153**	**834**	**2003**	**1147**	**856**	**2128**	**1250**	**878**
魏都区	111	63	48	102	57	45	133	73	60
许昌县	330	190	140	310	173	137	339	191	148
鄢陵县	261	156	105	295	180	115	289	158	131
襄城县	413	245	168	443	255	188	480	305	175
禹州市	550	312	238	529	315	214	579	348	231
长葛市	322	187	135	324	167	157	308	175	133
漯河市	**1177**	**680**	**497**	**1060**	**610**	**450**	**1177**	**699**	**478**
源汇区	129	78	51	110	71	39	145	91	54
郾城区	238	141	97	220	136	84	234	139	95
召陵区	214	116	98	168	96	72	161	93	68
舞阳县	254	130	124	237	120	117	263	138	125
临颍县	342	215	127	325	187	138	374	238	136
三门峡市	**827**	**448**	**379**	**800**	**425**	**375**	**963**	**543**	**420**
湖滨区	82	52	30	87	45	42	103	61	42
渑池县	97	54	43	95	56	39	108	57	51
陕县	131	68	63	133	73	60	145	85	60
卢氏县	190	106	84	173	81	92	201	106	95
义马市	25	14	11	26	9	17	41	23	18
灵宝市	302	154	148	286	161	125	365	211	154
南阳市	**5653**	**3319**	**2334**	**4975**	**2947**	**2028**	**5122**	**3036**	**2086**
宛城区	408	235	173	372	231	141	354	207	147
卧龙区	343	218	125	336	201	135	366	208	158
南召县	364	203	161	280	150	130	292	158	134
方城县	530	334	196	444	277	167	364	226	138
西峡县	212	120	92	203	106	97	260	148	112
镇平县	638	366	272	475	276	199	548	339	209
内乡县	362	208	154	341	178	163	357	203	154
淅川县	271	136	135	208	136	72	246	140	106
社旗县	390	236	154	347	214	133	305	192	113
唐河县	700	423	277	643	408	235	674	412	262
新野县	450	244	206	437	248	189	495	286	209
桐柏县	224	129	95	189	104	85	210	132	78
邓州市	761	467	294	700	418	282	651	385	266

1-13 续表 19

单位：人

地区	2010年8月			2010年9月			2010年10月		
	小计	男	女	小计	男	女	小计	男	女
商丘市	**3281**	**1843**	**1438**	**3376**	**1865**	**1511**	**3044**	**1724**	**1320**
梁园区	301	175	126	320	177	143	327	194	133
睢阳区	323	189	134	448	270	178	338	192	146
民权县	317	178	139	309	173	136	299	167	132
睢县	271	162	109	280	158	122	293	168	125
宁陵县	220	118	102	204	114	90	202	114	88
柘城县	366	217	149	350	186	164	288	150	138
虞城县	364	211	153	364	217	147	388	226	162
夏邑县	504	245	259	461	222	239	355	191	164
永城市	615	348	267	640	348	292	554	322	232
信阳市	**3246**	**1882**	**1364**	**3042**	**1760**	**1282**	**3359**	**1955**	**1404**
浉河区	260	163	97	254	147	107	280	161	119
平桥区	269	149	120	280	158	122	347	215	132
罗山县	293	166	127	234	130	104	243	138	105
光山县	299	169	130	301	180	121	273	151	122
新县	151	88	63	160	97	63	158	102	56
商城县	291	179	112	274	163	111	287	172	115
固始县	575	331	244	556	312	244	632	360	272
潢川县	259	161	98	265	161	104	289	174	115
淮滨县	326	197	129	273	162	111	321	191	130
息县	523	279	244	445	250	195	529	291	238
周口市	**4377**	**2540**	**1837**	**4176**	**2410**	**1766**	**4005**	**2344**	**1661**
川汇区	134	83	51	160	105	55	195	119	76
扶沟县	308	177	131	322	183	139	375	226	149
西华县	368	222	146	378	215	163	404	237	167
商水县	493	293	200	416	253	163	409	248	161
沈丘县	557	317	240	488	272	216	484	293	191
郸城县	429	239	190	477	249	228	396	206	190
淮阳县	479	268	211	529	315	214	483	279	204
太康县	595	350	245	544	325	219	448	262	186
鹿邑县	431	263	168	384	236	148	362	223	139
项城市	583	328	255	478	257	221	449	251	198
驻马店市	**3869**	**2185**	**1684**	**3803**	**2202**	**1601**	**3630**	**2033**	**1597**
驿城区	309	183	126	322	183	139	400	227	173
西平县	373	197	176	366	205	161	368	215	153
上蔡县	712	401	311	649	347	302	553	305	248
平舆县	364	220	144	329	192	137	260	144	116
正阳县	299	175	124	286	167	119	311	175	136
确山县	223	125	98	225	141	84	219	126	93
泌阳县	493	294	199	510	315	195	525	300	225
汝南县	369	203	166	383	220	163	360	207	153
遂平县	271	149	122	276	172	104	268	131	137
新蔡县	456	238	218	457	260	197	366	203	163
济源市	**332**	**179**	**153**	**333**	**181**	**152**	**348**	**184**	**164**
济源市	332	179	153	333	181	152	348	184	164

1-14 各地区家庭户的住房间数和面积

地 区	家庭户户数（户）	家庭户人数（人）	平均每户住房间数（间/户）	人均住房建筑面积（平方米/人）	人均住房间数（间/人）
总 计	**25928729**	**90028072**	**4.17**	**32.52**	**1.20**
郑州市	**2436665**	**7667756**	**3.76**	**36.23**	**1.19**
中原区	275145	769378	3.04	34.27	1.09
二七区	209512	595923	2.96	33.06	1.04
管城回族区	198660	578644	3.41	33.79	1.17
金水区	529454	1289637	2.27	29.81	0.93
上街区	44227	128925	2.88	37.65	0.99
惠济区	73950	224244	4.55	46.56	1.50
中牟县	178841	694487	6.80	46.95	1.75
巩义市	209263	759815	4.13	31.44	1.14
荥阳市	170820	593642	4.57	39.87	1.31
新密市	209086	764008	4.53	37.77	1.24
新郑市	171626	641193	4.77	40.40	1.28
登封市	166081	627860	4.43	37.50	1.17
开封市	**1241002**	**4516754**	**5.05**	**28.93**	**1.39**
龙亭区	36201	118025	4.82	34.67	1.48
顺河回族区	75091	226753	3.22	25.68	1.07
鼓楼区	48745	141250	3.55	27.79	1.23
禹王台区	43808	128678	3.64	25.62	1.24
金明区	63163	211361	5.17	44.70	1.54
杞县	254692	929479	5.23	24.14	1.43
通许县	147798	557980	5.82	30.88	1.54
尉氏县	210863	857334	5.52	33.68	1.36
开封县	174082	683510	5.78	28.64	1.47
兰考县	186559	662384	4.44	24.12	1.25
洛阳市	**1806277**	**6290627**	**3.95**	**33.99**	**1.13**
老城区	51086	159285	3.50	37.67	1.12
西工区	124356	348529	2.54	29.96	0.91
瀍河回族区	55916	162656	2.55	30.64	0.87
涧西区	205892	586501	2.61	31.43	0.91
吉利区	22495	67179	3.67	41.30	1.23
洛龙区	128086	471988	4.91	45.50	1.33
孟津县	117010	396726	4.00	37.09	1.18
新安县	126185	444773	3.77	33.03	1.07
栾川县	94755	330218	3.53	29.62	1.01
嵩县	140686	495382	4.16	30.33	1.18
汝阳县	106635	399655	4.05	30.11	1.08
宜阳县	161239	623139	4.25	31.54	1.10
洛宁县	113064	410652	3.62	27.37	1.00
伊川县	180478	743245	5.10	34.27	1.24
偃师市	178394	650699	5.26	41.66	1.44

1-14 续表 1

地 区	家庭户 户 数 (户)	家庭户 人 数 (人)	平均每户 住房间数 (间/户)	人均住房 建筑面积 (平方米/人)	人 均 住房间数 (间/人)
平顶山市	**1336013**	**4717793**	**3.75**	**28.84**	**1.06**
新华区	105171	336292	2.91	29.20	0.91
卫东区	98009	296773	2.72	28.28	0.90
石龙区	12096	37650	2.34	26.09	0.75
湛河区	82749	265301	3.01	28.42	0.94
宝丰县	134196	476564	4.28	28.91	1.20
叶县	211326	761936	3.73	32.65	1.04
鲁山县	212963	775282	3.25	23.26	0.89
郏县	152856	553675	4.06	24.69	1.12
舞钢市	94266	299797	3.74	32.00	1.18
汝州市	232381	914523	4.89	32.12	1.24
安阳市	**1486536**	**5045401**	**4.74**	**36.87**	**1.40**
文峰区	121130	402952	3.92	38.92	1.18
北关区	74565	237123	3.24	31.41	1.02
殷都区	77673	237451	2.77	30.89	0.91
龙安区	59642	212152	4.43	34.43	1.24
安阳县	246385	832218	5.59	38.39	1.66
汤阴县	117542	422564	4.38	35.26	1.22
滑县	348913	1244769	5.19	33.36	1.46
内黄县	176350	679629	5.59	29.58	1.45
林州市	264336	776543	4.36	51.25	1.48
鹤壁市	**401216**	**1539665**	**4.42**	**32.39**	**1.15**
鹤山区	36620	129109	3.29	22.90	0.93
山城区	64156	224121	2.97	24.52	0.85
淇滨区	72151	260641	4.31	34.94	1.19
浚县	161483	657468	5.52	33.82	1.36
淇县	66806	268326	3.88	37.53	0.97
新乡市	**1435177**	**5523813**	**4.53**	**34.01**	**1.18**
红旗区	100756	333002	3.63	41.79	1.10
卫滨区	58807	186914	3.70	33.94	1.16
凤泉区	34506	137329	4.22	34.20	1.06
牧野区	87379	284207	3.25	35.08	1.00
新乡县	75553	335902	4.36	38.76	0.98
获嘉县	98431	402455	4.12	34.34	1.01
原阳县	153294	653860	5.30	36.17	1.24
延津县	112847	459773	4.53	33.18	1.11
封丘县	183688	741582	5.27	26.69	1.31
长垣县	201140	787266	5.34	27.04	1.36
卫辉市	123462	475505	4.47	35.75	1.16
辉县市	205314	726018	4.08	40.13	1.15
焦作市	**873312**	**3399186**	**4.32**	**34.52**	**1.11**
解放区	85673	275807	2.91	32.25	0.90
中站区	29395	105012	4.39	29.90	1.23
马村区	33514	132010	3.82	30.90	0.97
山阳区	82653	281079	3.32	36.45	0.98
修武县	70251	284272	3.55	37.55	0.88
博爱县	104346	429059	4.91	28.21	1.19
武陟县	159610	697277	5.77	30.92	1.32
温县	102810	410147	4.86	35.84	1.22
沁阳市	110845	437146	3.59	39.01	0.91
孟州市	94215	347377	4.33	42.86	1.17

1-14 续表 2

地　区	家庭户 户　数 （户）	家庭户 人　数 （人）	平均每户 住房间数 （间/户）	人均住房 建筑面积 （平方米/人）	人　均 住房间数 （间/人）
濮阳市	**952240**	**3523269**	**4.15**	**27.27**	**1.12**
华龙区	189020	629069	3.21	30.01	0.97
清丰县	168657	628847	4.42	28.76	1.19
南乐县	117025	450411	4.99	26.62	1.30
范县	128171	462059	3.93	27.06	1.09
台前县	87190	324767	4.08	29.23	1.10
濮阳县	262177	1028116	4.39	24.44	1.12
许昌市	**1156026**	**4070297**	**4.06**	**34.60**	**1.15**
魏都区	130468	399854	3.43	39.59	1.12
许昌县	206259	755468	4.43	39.14	1.21
鄢陵县	143836	505172	4.37	36.05	1.24
襄城县	197761	653737	3.63	32.75	1.10
禹州市	299663	1077938	3.92	31.41	1.09
长葛市	178039	678128	4.55	32.37	1.19
漯河市	**662051**	**2403155**	**3.80**	**33.40**	**1.05**
源汇区	86536	293952	3.75	38.80	1.10
郾城区	124851	441575	3.78	36.14	1.07
召陵区	124304	469002	3.95	36.14	1.05
舞阳县	146113	513520	3.99	28.63	1.13
临颍县	180247	685106	3.60	31.02	0.95
三门峡市	**629601**	**2102846**	**3.53**	**29.27**	**1.06**
湖滨区	105174	300783	2.34	25.95	0.82
渑池县	92965	323802	4.30	31.29	1.24
陕县	96596	320617	3.44	29.43	1.04
卢氏县	103953	344368	3.47	26.91	1.05
义马市	43518	135693	3.59	28.01	1.15
灵宝市	187395	677583	3.89	31.15	1.08
南阳市	**2747972**	**9811401**	**4.31**	**31.82**	**1.21**
宛城区	243365	840648	4.33	34.80	1.25
卧龙区	246304	844618	4.24	34.08	1.24
南召县	154116	550228	3.42	20.47	0.96
方城县	258477	896881	4.71	32.91	1.36
西峡县	123310	429412	4.05	33.21	1.16
镇平县	230732	829812	4.73	34.03	1.32
内乡县	161421	559076	3.84	34.22	1.11
淅川县	175665	671074	4.05	26.08	1.06
社旗县	160689	613054	4.27	26.56	1.12
唐河县	331373	1197465	4.69	32.77	1.30
新野县	180935	616901	4.35	34.39	1.28
桐柏县	114417	384519	3.95	30.49	1.17
邓州市	367168	1377713	4.35	33.24	1.16

1-14 续表 3

地 区	家庭户户数(户)	家庭户人数(人)	平均每户住房间数(间/户)	人均住房建筑面积(平方米/人)	人均住房间数(间/人)
商丘市	**2198804**	**7209926**	**4.51**	**31.55**	**1.38**
梁园区	202356	755600	4.88	31.23	1.31
睢阳区	213987	734552	4.35	35.43	1.27
民权县	208487	693114	4.23	24.38	1.27
睢县	209412	691179	4.70	27.11	1.42
宁陵县	153492	516412	5.06	31.35	1.51
柘城县	245310	766377	4.78	33.89	1.53
虞城县	285503	938662	4.55	29.08	1.38
夏邑县	301523	908806	3.79	34.37	1.26
永城市	378734	1205224	4.62	34.44	1.45
信阳市	**1825919**	**5929252**	**3.36**	**33.39**	**1.03**
浉河区	181403	543603	3.02	32.86	1.01
平桥区	198222	612245	2.79	32.93	0.90
罗山县	157754	489043	3.61	35.05	1.16
光山县	171030	584429	3.71	34.85	1.09
新县	88835	266089	2.78	35.72	0.93
商城县	155274	477923	4.38	40.85	1.42
固始县	328592	1001403	3.28	35.98	1.07
潢川县	185398	614184	3.54	32.77	1.07
淮滨县	152684	559803	3.21	26.03	0.88
息县	206727	780530	3.26	29.08	0.86
周口市	**2505505**	**8729158**	**4.62**	**30.18**	**1.33**
川汇区	130444	466911	4.40	38.50	1.23
扶沟县	169346	597227	3.97	31.36	1.12
西华县	207536	774322	3.86	26.11	1.03
商水县	261378	921449	5.45	35.51	1.55
沈丘县	275005	967489	4.19	28.53	1.19
郸城县	293894	985788	4.50	31.45	1.34
淮阳县	297172	1057576	4.68	25.34	1.32
太康县	320656	1085335	5.00	26.97	1.48
鹿邑县	276486	900958	5.48	35.82	1.68
项城市	273588	972103	4.12	27.66	1.16
驻马店市	**2056880**	**6907557**	**3.90**	**32.03**	**1.16**
驿城区	192007	645273	3.84	35.90	1.14
西平县	203031	675143	3.72	38.98	1.12
上蔡县	304479	1020501	4.19	30.41	1.25
平舆县	217875	730099	3.67	29.34	1.10
正阳县	188866	632973	4.06	35.24	1.21
确山县	131582	396731	3.11	33.15	1.03
泌阳县	226512	770250	4.40	32.10	1.29
汝南县	212598	756535	4.12	29.07	1.16
遂平县	133735	443301	3.78	32.52	1.14
新蔡县	246195	836751	3.68	27.19	1.08
济源市	**177533**	**640216**	**3.81**	**42.06**	**1.06**
济源市	177533	640216	3.81	42.06	1.06

1-14a 各地区家庭户的住房间数和面积(城市)

地　区	家庭户户　数(户)	家庭户人　数(人)	平均每户住房间数(间/户)	人均住房建筑面积(平方米/人)	人　均住房间数(间/人)
总　计	**5349707**	**16318821**	**3.17**	**34.02**	**1.04**
郑州市	**1454120**	**3976842**	**2.67**	**32.03**	**0.98**
中原区	257878	707238	2.77	31.99	1.01
二七区	187044	510678	2.34	28.05	0.86
管城回族区	156720	440739	2.59	29.30	0.92
金水区	503178	1203121	2.10	28.77	0.88
上街区	40284	115139	2.69	36.53	0.94
惠济区	47407	126495	3.24	37.79	1.21
中牟县	172	645	5.92	56.04	1.58
巩义市	44861	149451	3.27	32.13	0.98
荥阳市	61400	201504	4.16	41.17	1.27
新密市	73454	240403	3.79	37.91	1.16
新郑市	51159	173262	3.80	40.45	1.12
登封市	30563	108167	4.30	43.07	1.21
开封市	**225649**	**654377**	**3.45**	**31.03**	**1.19**
龙亭区	27388	81885	4.14	35.46	1.39
顺河回族区	66266	189971	2.90	25.29	1.01
鼓楼区	46393	131443	3.35	27.35	1.18
禹王台区	35999	97837	3.11	23.46	1.14
金明区	49603	153241	4.13	43.74	1.34
杞县					
通许县					
尉氏县					
开封县					
兰考县					
洛阳市	**551676**	**1638686**	**3.04**	**34.13**	**1.02**
老城区	46235	140052	3.38	37.77	1.12
西工区	116236	318226	2.38	28.31	0.87
瀍河回族区	52307	149281	2.49	29.32	0.87
涧西区	192192	534073	2.42	30.39	0.87
吉利区	15704	43620	3.12	36.54	1.12
洛龙区	64578	223544	4.46	43.67	1.29
孟津县	353	1308	3.56	36.33	0.96
新安县					
栾川县					
嵩县	460	1563	4.77	35.91	1.40
汝阳县					
宜阳县					
洛宁县					
伊川县	1097	5301	4.07	30.00	0.84
偃师市	62514	221718	4.88	42.43	1.38

1-14a 续表 1

地　区	家庭户 户　数 (户)	家庭户 人　数 (人)	平均每户 住房间数 (间/户)	人均住房 建筑面积 (平方米/人)	人　均 住房间数 (间/人)
平顶山市	**332137**	**1032827**	**2.89**	**29.54**	**0.93**
新华区	83747	257177	2.56	27.49	0.83
卫东区	90118	268445	2.62	28.23	0.88
石龙区	10074	30741	2.21	25.02	0.73
湛河区	61939	183216	2.66	29.95	0.90
宝丰县	229	967	5.72	25.84	1.35
叶县					
鲁山县					
郏县					
舞钢市	38786	114433	2.90	30.49	0.98
汝州市	47244	177848	4.40	34.28	1.17
安阳市	**345418**	**1100589**	**3.44**	**37.24**	**1.08**
文峰区	98373	309649	3.40	38.24	1.08
北关区	67546	212124	2.97	30.45	0.95
殷都区	70432	211067	2.76	30.72	0.92
龙安区	33109	112617	3.56	35.39	1.05
安阳县	11795	39882	5.26	43.45	1.56
汤阴县	164	671	4.15	29.95	1.01
滑县					
内黄县	77	286	4.77	32.81	1.28
林州市	63922	214293	4.32	48.77	1.29
鹤壁市	**133714**	**458193**	**3.15**	**27.62**	**0.92**
鹤山区	29579	103884	3.20	21.25	0.91
山城区	54879	185862	2.87	23.85	0.85
淇滨区	48106	163541	3.41	35.27	1.00
浚县					
淇县	1150	4906	4.80	50.70	1.13
新乡市	**335933**	**1109202**	**3.48**	**37.16**	**1.05**
红旗区	92493	296399	3.43	40.33	1.07
卫滨区	58807	186914	3.70	33.94	1.16
凤泉区	12943	42065	3.20	37.23	0.99
牧野区	81398	258627	3.11	32.70	0.98
新乡县	287	1270	5.07	46.66	1.14
获嘉县					
原阳县					
延津县					
封丘县					
长垣县	1106	4541	4.82	27.87	1.17
卫辉市	32356	109586	3.44	34.96	1.01
辉县市	56543	209800	3.92	42.34	1.06
焦作市	**245926**	**830739**	**3.21**	**34.42**	**0.95**
解放区	85673	275807	2.91	32.25	0.90
中站区	17410	59453	3.72	28.38	1.09
马村区	16534	61338	3.38	26.67	0.91
山阳区	69940	229145	3.10	34.20	0.95
修武县					
博爱县	103	435	3.20	22.01	0.76
武陟县	125	541	6.14	55.11	1.42
温县					
沁阳市	28140	105327	3.56	39.38	0.95
孟州市	28001	98693	3.65	44.14	1.03

1-14a 续表 2

地　区	家庭户户数（户）	家庭户人数（人）	平均每户住房间数（间/户）	人均住房建筑面积（平方米/人）	人均住房间数（间/人）
濮阳市	**145986**	**456470**	**3.02**	**30.31**	**0.97**
华龙区	139433	431649	2.94	30.32	0.95
清丰县					
南乐县	739	2919	5.53	34.15	1.40
范县	5183	19312	4.56	29.55	1.22
台前县					
濮阳县	631	2590	4.55	29.96	1.11
许昌市	**246008**	**803014**	**3.53**	**37.32**	**1.08**
魏都区	124422	378778	3.32	38.75	1.09
许昌县	10245	39404	5.01	48.71	1.30
鄢陵县					
襄城县					
禹州市	57584	196147	3.57	33.82	1.05
长葛市	53757	188685	3.72	35.69	1.06
漯河市	**139288**	**449002**	**3.69**	**42.29**	**1.14**
源汇区	48093	148779	3.28	40.19	1.06
郾城区	49722	163328	3.80	43.53	1.16
召陵区	41473	136895	4.02	43.10	1.22
舞阳县					
临颍县					
三门峡市	**172593**	**511344**	**2.72**	**28.27**	**0.92**
湖滨区	93136	260672	2.21	25.33	0.79
渑池县					
陕县	622	2320	4.33	35.97	1.16
卢氏县					
义马市	36239	113599	3.55	28.21	1.13
灵宝市	42596	134753	3.12	33.87	0.98
南阳市	**266558**	**840760**	**3.75**	**38.02**	**1.19**
宛城区	90965	278419	3.77	41.61	1.23
卧龙区	109410	336822	3.76	37.27	1.22
南召县					
方城县					
西峡县					
镇平县					
内乡县					
淅川县					
社旗县					
唐河县					
新野县					
桐柏县					
邓州市	66183	225519	3.69	34.70	1.08

1-14a 续表 3

地　区	家庭户户　数(户)	家庭户人　数(人)	平均每户住房间数(间/户)	人均住房建筑面积(平方米/人)	人　均住房间数(间/人)
商丘市	**243950**	**810145**	**4.22**	**35.69**	**1.27**
梁园区	100322	329244	4.18	36.69	1.27
睢阳区	62116	208595	4.32	39.77	1.29
民权县					
睢县					
宁陵县					
柘城县					
虞城县					
夏邑县					
永城市	81512	272306	4.20	31.35	1.26
信阳市	**161075**	**464969**	**2.69**	**34.88**	**0.93**
浉河区	97415	274643	2.78	35.00	0.99
平桥区	63660	190326	2.55	34.70	0.85
罗山县					
光山县					
新县					
商城县					
固始县					
潢川县					
淮滨县					
息县					
周口市	**166081**	**595665**	**4.04**	**33.35**	**1.13**
川汇区	83065	285324	4.09	38.28	1.19
扶沟县					
西华县					
商水县					
沈丘县	203	671	4.94	34.69	1.49
郸城县	2432	8259	5.33	26.59	1.57
淮阳县	11701	39745	5.10	32.64	1.50
太康县					
鹿邑县					
项城市	68680	261666	3.76	28.30	0.99
驻马店市	**120308**	**366879**	**3.64**	**38.10**	**1.19**
驿城区	120308	366879	3.64	38.10	1.19
西平县					
上蔡县					
平舆县					
正阳县					
确山县					
泌阳县					
汝南县					
遂平县					
新蔡县					
济源市	**63287**	**219118**	**3.74**	**42.65**	**1.08**
济源市	63287	219118	3.74	42.65	1.08

1-14b 各地区家庭户的住房间数和面积(镇)

地区	家庭户户数(户)	家庭户人数(人)	平均每户住房间数(间/户)	人均住房建筑面积(平方米/人)	人均住房间数(间/人)
总计	**4550905**	**16389217**	**4.10**	**32.04**	**1.14**
郑州市	**192583**	**711285**	**4.84**	**40.09**	**1.31**
中原区					
二七区	3604	12741	5.84	51.47	1.65
管城回族区	1071	4099	3.93	51.32	1.03
金水区					
上街区					
惠济区	2713	9621	6.87	57.02	1.94
中牟县	41566	142559	5.55	46.68	1.62
巩义市	47186	181142	4.36	32.29	1.14
荥阳市	14038	49734	4.89	44.39	1.38
新密市	23591	92303	4.89	40.14	1.25
新郑市	18065	67116	5.27	43.39	1.42
登封市	40749	151970	4.24	37.99	1.14
开封市	**212503**	**851541**	**5.01**	**27.95**	**1.25**
龙亭区					
顺河回族区					
鼓楼区					
禹王台区					
金明区	481	2052	7.61	34.83	1.78
杞县	42944	210782	5.16	19.53	1.05
通许县	35860	130925	5.63	34.59	1.54
尉氏县	52174	195599	5.02	34.03	1.34
开封县	41352	155364	5.25	30.81	1.40
兰考县	39692	156819	4.00	23.21	1.01
洛阳市	**285577**	**1022399**	**3.99**	**35.08**	**1.12**
老城区					
西工区					
瀍河回族区					
涧西区	1195	4399	6.13	52.58	1.66
吉利区					
洛龙区	11602	44472	5.37	43.48	1.40
孟津县	38272	127073	3.72	37.56	1.12
新安县	41220	140294	3.59	35.53	1.06
栾川县	34875	120057	3.36	33.44	0.98
嵩县	26332	91476	3.79	31.95	1.09
汝阳县	23529	87052	4.33	33.98	1.17
宜阳县	33394	121000	3.79	34.24	1.05
洛宁县	21718	78192	3.27	28.88	0.91
伊川县	36540	143506	4.59	34.27	1.17
偃师市	16900	64878	5.67	42.03	1.48

1-14b 续表 1

地　　区	家庭户 户　数 （户）	家庭户 人　数 （人）	平均每户 住房间数 （间/户）	人均住房 建筑面积 （平方米/人）	人　　均 住房间数 （间/人）
平顶山市	**232279**	**826555**	**3.73**	**29.68**	**1.05**
新华区	7356	24214	2.84	31.29	0.86
卫东区					
石龙区					
湛河区					
宝丰县	41658	136725	3.77	29.49	1.15
叶县	54252	191082	3.46	34.32	0.98
鲁山县	51661	188262	3.24	24.40	0.89
郏县	44442	158714	4.03	28.66	1.13
舞钢市	6698	20127	4.15	31.86	1.38
汝州市	26212	107431	4.84	31.68	1.18
安阳市	**213727**	**771795**	**4.84**	**34.78**	**1.34**
文峰区					
北关区	694	2283	4.63	45.85	1.41
殷都区	856	1934	1.72	13.06	0.76
龙安区	2004	7497	6.32	32.51	1.69
安阳县	67894	239256	5.54	33.47	1.57
汤阴县	40034	142395	4.13	33.99	1.16
滑县	47465	176095	4.63	34.51	1.25
内黄县	22523	106540	5.19	24.50	1.10
林州市	32257	95795	4.32	51.47	1.45
鹤壁市	**64863**	**258910**	**4.34**	**34.75**	**1.09**
鹤山区					
山城区					
淇滨区	1130	4715	6.08	38.01	1.46
浚县	35777	143902	4.90	32.61	1.22
淇县	27956	110293	3.56	37.41	0.90
新乡市	**256237**	**1046454**	**4.67**	**33.92**	**1.14**
红旗区	527	2616	9.09	48.64	1.83
卫滨区					
凤泉区	6605	29623	5.13	32.32	1.14
牧野区					
新乡县	32392	142476	4.33	40.02	0.99
获嘉县	37886	139593	3.33	35.95	0.90
原阳县	29813	126930	5.23	37.43	1.23
延津县	28095	113426	4.23	33.93	1.05
封丘县	44227	179337	5.10	29.09	1.26
长垣县	57148	236225	5.27	28.93	1.28
卫辉市	9172	37752	5.10	41.60	1.24
辉县市	10372	38476	4.11	38.10	1.11
焦作市	**179125**	**721399**	**4.43**	**34.44**	**1.10**
解放区					
中站区					
马村区	2905	9452	2.33	25.51	0.72
山阳区					
修武县	25344	98018	3.67	38.94	0.95
博爱县	41528	168521	4.52	28.51	1.11
武陟县	40218	169720	5.19	33.56	1.23
温县	36772	143245	4.31	37.37	1.11
沁阳市	26401	108251	4.12	37.20	1.01
孟州市	5957	24192	5.07	37.53	1.25

1-14b 续表 2

地区	家庭户户数（户）	家庭户人数（人）	平均每户住房间数（间/户）	人均住房建筑面积（平方米/人）	人均住房间数（间/人）
濮阳市	**167420**	**601605**	**3.82**	**25.88**	**1.06**
华龙区	2611	8151	3.54	31.19	1.13
清丰县	29134	97382	3.59	27.90	1.07
南乐县	21879	83882	4.25	24.77	1.11
范县	21526	70900	3.28	26.00	0.99
台前县	16882	60281	3.91	29.86	1.09
濮阳县	75388	281009	3.93	24.48	1.05
许昌市	**175318**	**641177**	**4.08**	**34.64**	**1.12**
魏都区					
许昌县	44437	161551	4.47	44.98	1.23
鄢陵县	28164	105181	4.28	34.28	1.15
襄城县	47125	162569	3.61	30.77	1.05
禹州市	34579	127332	3.74	30.78	1.01
长葛市	21013	84544	4.63	28.56	1.15
漯河市	**118044**	**433238**	**3.74**	**31.30**	**1.02**
源汇区	1101	4027	3.15	29.30	0.86
郾城区	1449	4984	4.24	36.75	1.23
召陵区	10999	43193	3.93	34.72	1.00
舞阳县	45229	154642	3.91	32.46	1.14
临颍县	59266	226392	3.58	29.77	0.94
三门峡市	**111466**	**360463**	**3.36**	**30.16**	**1.04**
湖滨区					
渑池县	31138	103964	3.71	31.67	1.11
陕县	32211	97544	3.02	31.20	1.00
卢氏县	25445	81630	3.17	29.01	0.99
义马市	4822	13787	2.18	18.61	0.76
灵宝市	17850	63538	3.95	30.06	1.11
南阳市	**600754**	**2086431**	**3.95**	**31.45**	**1.14**
宛城区	35101	115518	3.71	31.25	1.13
卧龙区	14150	51864	3.61	30.10	0.98
南召县	44161	148597	3.39	23.28	1.01
方城县	56266	207854	4.22	29.47	1.14
西峡县	43808	149577	4.09	37.21	1.20
镇平县	62119	216103	4.28	33.75	1.23
内乡县	44679	149257	3.92	35.68	1.17
淅川县	53258	193048	3.96	28.93	1.09
社旗县	42871	158154	3.60	26.74	0.98
唐河县	87602	294599	4.12	32.70	1.22
新野县	49673	167209	4.06	36.12	1.21
桐柏县	38656	125360	3.66	32.39	1.13
邓州市	28410	109291	4.03	28.71	1.05

1-14b 续表 3

地 区	家庭户户 数(户)	家庭户人 数(人)	平均每户住房间数(间/户)	人均住房建筑面积(平方米/人)	人 均住房间数(间/人)
商丘市	**363529**	**1214672**	**4.36**	**31.56**	**1.30**
梁园区	2542	8929	3.70	25.96	1.05
睢阳区	7173	26347	4.02	31.38	1.09
民权县	47158	158647	4.05	25.92	1.20
睢县	46730	161782	4.43	29.05	1.28
宁陵县	30419	110255	4.76	31.72	1.31
柘城县	54290	177318	5.02	34.72	1.54
虞城县	67652	225400	4.29	28.66	1.29
夏邑县	73262	235178	3.67	35.30	1.14
永城市	34303	110816	5.05	36.50	1.56
信阳市	**435973**	**1459515**	**3.13**	**33.06**	**0.94**
浉河区	5184	14308	2.75	33.43	1.00
平桥区	24470	74847	2.62	31.52	0.86
罗山县	44035	136367	3.09	34.89	1.00
光山县	45438	161784	3.47	35.13	0.97
新县	29349	92888	2.71	36.49	0.86
商城县	38731	122116	3.89	38.45	1.24
固始县	84351	270056	3.04	36.21	0.95
潢川县	70297	229901	2.97	31.60	0.91
淮滨县	40917	148295	3.22	27.30	0.89
息县	53201	208953	3.12	27.71	0.79
周口市	**512629**	**1840887**	**4.49**	**29.91**	**1.25**
川汇区					
扶沟县	40247	142379	3.58	32.31	1.01
西华县	57097	199398	3.53	28.09	1.01
商水县	57995	211275	5.20	32.97	1.43
沈丘县	67140	246521	4.04	28.06	1.10
郸城县	65537	240904	4.40	32.68	1.20
淮阳县	61171	222022	4.27	25.29	1.18
太康县	73507	262935	4.82	26.39	1.35
鹿邑县	72727	253197	5.56	34.86	1.60
项城市	17208	62256	4.42	27.60	1.22
驻马店市	**406196**	**1457314**	**3.62**	**29.54**	**1.01**
驿城区	1284	5091	3.70	22.90	0.93
西平县	46879	158952	3.51	38.74	1.04
上蔡县	59748	219190	3.94	28.78	1.07
平舆县	51868	189728	3.53	28.04	0.97
正阳县	35412	126644	3.59	28.57	1.01
确山县	35983	113244	2.87	31.10	0.91
泌阳县	52270	186830	3.81	30.03	1.07
汝南县	48783	186891	3.74	25.82	0.98
遂平县	28484	99190	3.87	32.53	1.11
新蔡县	45485	171554	3.51	25.30	0.93
济源市	**22682**	**83577**	**3.65**	**43.97**	**0.99**
济源市	22682	83577	3.65	43.97	0.99

1-14c 各地区家庭户的住房间数和面积(乡村)

地　区	家庭户户　数(户)	家庭户人　数(人)	平均每户住房间数(间/户)	人均住房建筑面积(平方米/人)	人　均住房间数(间/人)
总　计	**16028117**	**57320034**	**4.53**	**32.23**	**1.27**
郑州市	**789962**	**2979629**	**5.50**	**40.92**	**1.46**
中原区	17267	62140	7.11	60.26	1.97
二七区	18864	72504	8.58	65.12	2.23
管城回族区	40869	133806	6.55	48.04	2.00
金水区	26276	86516	5.50	44.32	1.67
上街区	3943	13786	4.73	47.04	1.35
惠济区	23830	88128	6.89	58.00	1.86
中牟县	137103	551283	7.17	47.01	1.78
巩义市	117216	429222	4.36	30.84	1.19
荥阳市	95382	342404	4.78	38.45	1.33
新密市	112041	431302	4.94	37.19	1.28
新郑市	102402	400815	5.17	39.87	1.32
登封市	94769	367723	4.56	35.67	1.18
开封市	**802850**	**3010836**	**5.51**	**28.76**	**1.47**
龙亭区	8813	36140	6.93	32.90	1.69
顺河回族区	8825	36782	5.58	27.68	1.34
鼓楼区	2352	9807	7.61	33.66	1.83
禹王台区	7809	30841	6.12	32.48	1.55
金明区	13079	56068	9.02	47.68	2.10
杞县	211748	718697	5.24	25.50	1.54
通许县	111938	427055	5.87	29.75	1.54
尉氏县	158689	661735	5.68	33.57	1.36
开封县	132730	528146	5.95	28.00	1.50
兰考县	146867	505565	4.56	24.41	1.32
洛阳市	**969024**	**3629542**	**4.45**	**33.62**	**1.19**
老城区	4851	19233	4.60	36.97	1.16
西工区	8120	30303	4.89	47.31	1.31
瀍河回族区	3609	13375	3.35	45.33	0.90
涧西区	12505	48029	5.09	41.14	1.33
吉利区	6791	23559	4.96	50.11	1.43
洛龙区	51906	203972	5.37	47.93	1.37
孟津县	78385	268345	4.13	36.87	1.21
新安县	84965	304479	3.85	31.88	1.07
栾川县	59880	210161	3.64	27.44	1.04
嵩县	113894	402343	4.24	29.94	1.20
汝阳县	83106	312603	3.97	29.03	1.06
宜阳县	127845	502139	4.36	30.89	1.11
洛宁县	91346	332460	3.70	27.02	1.02
伊川县	142841	594438	5.24	34.31	1.26
偃师市	98980	364103	5.44	41.13	1.48

1-14c 续表 1

地　区	家庭户户　数(户)	家庭户人　数(人)	平均每户住房间数(间/户)	人均住房建筑面积(平方米/人)	人　均住房间数(间/人)
平顶山市	**771597**	**2858411**	**4.13**	**28.34**	**1.11**
新华区	14068	54901	5.00	36.31	1.28
卫东区	7891	28328	3.86	28.77	1.08
石龙区	2022	6909	2.97	30.81	0.87
湛河区	20810	82085	4.06	25.00	1.03
宝丰县	92309	338872	4.50	28.68	1.23
叶县	157074	570854	3.83	32.09	1.05
鲁山县	161302	587020	3.25	22.89	0.89
郏县	108414	394961	4.07	23.10	1.12
舞钢市	48782	165237	4.36	33.07	1.29
汝州市	158925	629244	5.04	31.59	1.27
安阳市	**927391**	**3173017**	**5.20**	**37.26**	**1.52**
文峰区	22757	93303	6.16	41.18	1.50
北关区	6325	22716	5.95	38.89	1.66
殷都区	6385	24450	3.04	33.73	0.79
龙安区	24529	92038	5.45	33.42	1.45
安阳县	166696	553080	5.64	40.15	1.70
汤阴县	77344	279498	4.51	35.92	1.25
滑县	301448	1068674	5.28	33.17	1.49
内黄县	153750	572803	5.65	30.53	1.52
林州市	168157	466455	4.38	52.35	1.58
鹤壁市	**202639**	**822562**	**5.27**	**34.29**	**1.30**
鹤山区	7041	25225	3.67	29.67	1.02
山城区	9277	38259	3.57	27.76	0.86
淇滨区	22915	92385	6.10	34.20	1.51
浚县	125706	513566	5.69	34.16	1.39
淇县	37700	153127	4.08	37.20	1.01
新乡市	**843007**	**3368157**	**4.91**	**33.01**	**1.23**
红旗区	7736	33987	5.64	54.05	1.28
卫滨区					
凤泉区	14958	65641	4.69	33.10	1.07
牧野区	5981	25580	5.14	59.20	1.20
新乡县	42874	192156	4.37	37.78	0.98
获嘉县	60545	262862	4.62	33.48	1.06
原阳县	123481	526930	5.31	35.86	1.25
延津县	84752	346347	4.63	32.93	1.13
封丘县	139461	562245	5.32	25.93	1.32
长垣县	142886	546500	5.37	26.22	1.40
卫辉市	81934	328167	4.81	35.34	1.20
辉县市	138399	477742	4.14	39.32	1.20
焦作市	**448261**	**1847048**	**4.87**	**34.59**	**1.18**
解放区					
中站区	11985	45559	5.36	31.89	1.41
马村区	14075	61220	4.65	35.97	1.07
山阳区	12713	51934	4.50	46.39	1.10
修武县	44907	186254	3.49	36.82	0.84
博爱县	62715	260103	5.17	28.02	1.25
武陟县	119267	527016	5.97	30.04	1.35
温县	66038	266902	5.17	35.01	1.28
沁阳市	56304	223568	3.35	39.72	0.84
孟州市	60257	224492	4.58	42.88	1.23

1-14c 续表 2

地　区	家庭户 户　数 (户)	家庭户 人　数 (人)	平均每户 住房间数 (间/户)	人均住房 建筑面积 (平方米/人)	人　均 住房间数 (间/人)
濮阳市	**638834**	**2465194**	**4.49**	**27.04**	**1.16**
华龙区	46976	189269	4.00	29.25	0.99
清丰县	139523	531465	4.59	28.92	1.21
南乐县	94407	363610	5.16	26.99	1.34
范县	101462	371847	4.03	27.13	1.10
台前县	70308	264486	4.12	29.08	1.10
濮阳县	186158	744517	4.58	24.40	1.15
许昌市	**734700**	**2626106**	**4.23**	**33.76**	**1.18**
魏都区	6046	21076	5.81	54.64	1.67
许昌县	151577	554513	4.37	36.77	1.20
鄢陵县	115672	399991	4.39	36.52	1.27
襄城县	150636	491168	3.63	33.41	1.11
禹州市	207500	754459	4.05	30.89	1.11
长葛市	103269	404899	4.96	31.61	1.27
漯河市	**404719**	**1520915**	**3.86**	**31.38**	**1.03**
源汇区	37342	141146	4.38	37.60	1.16
郾城区	73680	273263	3.75	31.71	1.01
召陵区	71832	288914	3.90	33.06	0.97
舞阳县	100884	358878	4.02	26.99	1.13
临颍县	120981	458714	3.61	31.64	0.95
三门峡市	**345542**	**1231039**	**3.99**	**29.43**	**1.12**
湖滨区	12038	40111	3.32	29.99	1.00
渑池县	61827	219838	4.60	31.10	1.29
陕县	63763	220753	3.64	28.57	1.05
卢氏县	78508	262738	3.56	26.26	1.06
义马市	2457	8307	6.83	40.87	2.02
灵宝市	126949	479292	4.14	30.54	1.10
南阳市	**1880660**	**6884210**	**4.50**	**31.18**	**1.23**
宛城区	117299	446711	4.95	31.47	1.30
卧龙区	122744	455932	4.74	32.17	1.28
南召县	109955	401631	3.44	19.43	0.94
方城县	202211	689027	4.84	33.94	1.42
西峡县	79502	279835	4.04	31.08	1.15
镇平县	168613	613709	4.89	34.12	1.34
内乡县	116742	409819	3.81	33.69	1.08
淅川县	122407	478026	4.09	24.94	1.05
社旗县	117818	454900	4.51	26.50	1.17
唐河县	243771	902866	4.89	32.79	1.32
新野县	131262	449692	4.46	33.75	1.30
桐柏县	75761	259159	4.09	29.58	1.20
邓州市	272575	1042903	4.54	33.40	1.19

1-14c 续表 3

地　　区	家庭户 户　数 (户)	家庭户 人　数 (人)	平均每户 住房间数 (间/户)	人均住房 建筑面积 (平方米/人)	人　　均 住房间数 (间/人)
商丘市	**1591325**	**5185109**	**4.59**	**30.90**	**1.41**
梁园区	99492	417427	5.61	27.03	1.34
睢阳区	144698	499610	4.37	33.82	1.27
民权县	161329	534467	4.28	23.92	1.29
睢县	162682	529397	4.77	26.52	1.47
宁陵县	123073	406157	5.14	31.24	1.56
柘城县	191020	589059	4.71	33.63	1.53
虞城县	217851	713262	4.63	29.21	1.41
夏邑县	228261	673628	3.83	34.04	1.30
永城市	262919	822102	4.70	35.19	1.50
信阳市	**1228871**	**4004768**	**3.52**	**33.34**	**1.08**
浉河区	78804	254652	3.32	30.52	1.03
平桥区	110092	347072	2.96	32.26	0.94
罗山县	113719	352676	3.81	35.11	1.23
光山县	125592	422645	3.80	34.74	1.13
新县	59486	173201	2.81	35.31	0.97
商城县	116543	355807	4.54	41.68	1.49
固始县	244241	731347	3.36	35.90	1.12
潢川县	115101	384283	3.89	33.47	1.17
淮滨县	111767	411508	3.21	25.57	0.87
息县	153526	571577	3.31	29.58	0.89
周口市	**1826795**	**6292606**	**4.71**	**29.97**	**1.37**
川汇区	47379	181587	4.95	38.85	1.29
扶沟县	129099	454848	4.09	31.06	1.16
西华县	150439	574924	3.98	25.42	1.04
商水县	203383	710174	5.52	36.26	1.58
沈丘县	207662	720297	4.23	28.69	1.22
郸城县	225925	736625	4.52	31.10	1.39
淮阳县	224300	795809	4.77	24.99	1.34
太康县	247149	822400	5.05	27.15	1.52
鹿邑县	203759	647761	5.45	36.20	1.71
项城市	187700	648181	4.22	27.41	1.22
驻马店市	**1530376**	**5083364**	**4.00**	**32.31**	**1.20**
驿城区	70415	273303	4.20	33.19	1.08
西平县	156152	516191	3.78	39.05	1.14
上蔡县	244731	801311	4.25	30.86	1.30
平舆县	166007	540371	3.72	29.79	1.14
正阳县	153454	506329	4.17	36.91	1.26
确山县	95599	283487	3.20	33.97	1.08
泌阳县	174242	583420	4.58	32.76	1.37
汝南县	163815	569644	4.23	30.14	1.22
遂平县	105251	344111	3.76	32.51	1.15
新蔡县	200710	665197	3.72	27.68	1.12
济源市	**91564**	**337521**	**3.90**	**41.21**	**1.06**
济源市	91564	337521	3.90	41.21	1.06

第一部分 全部数据资料

第二卷 民族

2-1 全省各民族分年龄、性别的人口

单位：人

年龄	合计			汉族		
	合计	男	女	小计	男	女
总 计	**94029939**	**47493063**	**46536876**	**92908354**	**46924281**	**45984073**
0-4岁	**7107069**	**3951617**	**3155452**	**7024756**	**3905793**	**3118963**
0	1043852	564511	479341	1030847	557456	473391
1	1631032	915880	715152	1611914	905139	706775
2	1536539	855448	681091	1518989	845585	673404
3	1428435	796439	631996	1412237	787478	624759
4	1467211	819339	647872	1450769	810135	640634
5-9岁	**6480010**	**3655027**	**2824983**	**6406777**	**3613863**	**2792914**
5	1359312	764054	595258	1344293	755584	588709
6	1346853	758736	588117	1332032	750413	581619
7	1269086	716736	552350	1254721	708696	546025
8	1240249	701404	538845	1225919	693422	532497
9	1264510	714097	550413	1249812	705748	544064
10-14岁	**6160239**	**3414352**	**2745887**	**6088091**	**3374448**	**2713643**
10	1302123	733659	568464	1287084	725206	561878
11	1222220	683113	539107	1207962	675264	532698
12	1301589	721726	579863	1286272	713207	573065
13	1180501	649355	531146	1166810	641812	524998
14	1153806	626499	527307	1139963	618959	521004
15-19岁	**7418890**	**3861615**	**3557275**	**7330529**	**3816077**	**3514452**
15	1268724	682803	585921	1253843	674794	579049
16	1308970	688066	620904	1293482	680006	613476
17	1565496	816562	748934	1547492	807216	740276
18	1648362	849653	798709	1629388	840114	789274
19	1627338	824531	802807	1606324	813947	792377
20-24岁	**9611242**	**4641380**	**4969862**	**9485285**	**4580461**	**4904824**
20	2286579	1138695	1147884	2258052	1124656	1133396
21	2098831	1016608	1082223	2071055	1003184	1067871
22	1885531	901189	984342	1859613	888645	970968
23	1853600	883024	970576	1828597	871051	957546
24	1486701	701864	784837	1467968	692925	775043
25-29岁	**6125379**	**2934786**	**3190593**	**6044867**	**2896297**	**3148570**
25	1209418	575325	634093	1193911	567953	625958
26	1136365	539965	596400	1121490	532970	588520
27	1213970	582841	631129	1197446	574947	622499
28	1351885	651447	700438	1333697	642667	691030
29	1213741	585208	628533	1198323	577760	620563

2-1 续表 1

单位：人

年 龄	合 计			汉 族		
	合计	男	女	小计	男	女
30-34岁	**5997389**	**2948021**	**3049368**	**5921519**	**2910521**	**3010998**
30	1227254	601722	625532	1211707	594156	617551
31	1241214	606772	634442	1225337	599009	626328
32	1223315	601522	621793	1207808	593801	614007
33	1090811	536684	554127	1076594	529587	547007
34	1214795	601321	613474	1200073	593968	606105
35-39岁	**7374290**	**3683925**	**3690365**	**7287194**	**3639830**	**3647364**
35	1248188	621413	626775	1233449	613993	619456
36	1446899	720530	726369	1429580	711650	717930
37	1492370	747144	745226	1474793	738266	736527
38	1594596	796890	797706	1575629	787298	788331
39	1592237	797948	794289	1573743	788623	785120
40-44岁	**8331878**	**4087217**	**4244661**	**8234607**	**4038442**	**4196165**
40	1804163	902210	901953	1782649	891316	891333
41	1612476	789059	823417	1593061	779283	813778
42	1800378	879817	920561	1779546	869319	910227
43	1468192	711506	756686	1451751	703344	748407
44	1646669	804625	842044	1627600	795180	832420
45-49岁	**6859450**	**3329233**	**3530217**	**6775704**	**3287743**	**3487961**
45	1526982	746977	780005	1508886	737977	770909
46	1480106	716651	763455	1461555	707493	754062
47	1844831	906084	938747	1822061	894804	927257
48	1338024	648154	689870	1322026	640121	681905
49	669507	311367	358140	661176	307348	353828
50-54岁	**4915502**	**2431122**	**2484380**	**4853645**	**2400676**	**2452969**
50	854388	418473	435915	843358	413196	430162
51	749520	369836	379684	740033	365140	374893
52	1017224	506798	510426	1003745	500092	503653
53	1197550	595957	601593	1182847	588748	594099
54	1096820	540058	556762	1083662	533500	550162
55-59岁	**5680391**	**2823720**	**2856671**	**5614555**	**2790780**	**2823775**
55	1228164	614749	613415	1213668	607506	606162
56	1198458	598537	599921	1184091	591328	592763
57	1113430	553397	560033	1100286	546836	553450
58	1129813	559510	570303	1117332	553213	564119
59	1010526	497527	512999	999178	491897	507281
60-64岁	**4108866**	**2069949**	**2038917**	**4064413**	**2047453**	**2016960**
60	984969	494218	490751	973869	488651	485218
61	879738	444812	434926	870107	439890	430217
62	781496	393081	388415	773217	388833	384384
63	762287	385529	376758	754289	381525	372764
64	700376	352309	348067	692931	348554	344377

2-1 续表 2

单位：人

年 龄	合 计			汉 族		
	合计	男	女	小计	男	女
65-69岁	**2803020**	**1392429**	**1410591**	**2772620**	**1377199**	**1395421**
65	698121	353959	344162	690671	350186	340485
66	538471	270113	268358	532813	267208	265605
67	499057	240611	258446	493712	237991	255721
68	547508	271464	276044	541234	268353	272881
69	519863	256282	263581	514190	253461	260729
70-74岁	**2091708**	**1021455**	**1070253**	**2069228**	**1010418**	**1058810**
70	517081	257534	259547	511330	254648	256682
71	370385	180055	190330	366277	178024	188253
72	413954	204097	209857	409505	201866	207639
73	402426	196325	206101	398142	194218	203924
74	387862	183444	204418	383974	181662	202312
75-79岁	**1572918**	**714570**	**858348**	**1556821**	**707102**	**849719**
75	393028	183455	209573	389167	181635	207532
76	348572	159021	189551	344779	157236	187543
77	334183	152101	182082	330834	150537	180297
78	261943	116776	145167	259312	115569	143743
79	235192	103217	131975	232729	102125	130604
80-84岁	**873698**	**363668**	**510030**	**865081**	**360004**	**505077**
80	260280	113271	147009	257706	112095	145611
81	176630	74126	102504	174953	73449	101504
82	172307	71854	100453	170551	71074	99477
83	142982	57380	85602	141602	56851	84751
84	121499	47037	74462	120269	46535	73734
85-89岁	**379099**	**131034**	**248065**	**375356**	**129695**	**245661**
85	114289	42077	72212	113140	41665	71475
86	89710	31542	58168	88811	31200	57611
87	70821	24046	46775	70157	23807	46350
88	56388	18394	37994	55837	18205	37632
89	47891	14975	32916	47411	14818	32593
90-94岁	**109292**	**30531**	**78761**	**108092**	**30168**	**77924**
90	41141	12466	28675	40706	12332	28374
91	24335	6690	17645	24068	6605	17463
92	19304	5148	14156	19119	5105	14014
93	13683	3537	10146	13501	3478	10023
94	10829	2690	8139	10698	2648	8050
95-99岁	**26668**	**6738**	**19930**	**26328**	**6651**	**19677**
95	8289	2056	6233	8185	2027	6158
96	6152	1497	4655	6067	1477	4590
97	4932	1254	3678	4875	1243	3632
98	4233	1143	3090	4176	1125	3051
99	3062	788	2274	3025	779	2246
100岁及以上	**2941**	**674**	**2267**	**2886**	**660**	**2226**

2-1 续表 3

单位：人

年 龄	蒙古族			回 族			藏 族		
	小计	男	女	小计	男	女	小计	男	女
总 计	**63473**	**39117**	**24356**	**957964**	**479252**	**478712**	**1811**	**598**	**1213**
0-4岁	**7230**	**4146**	**3084**	**67113**	**37400**	**29713**	**75**	**34**	**41**
0	986	547	439	10737	5832	4905	22	7	15
1	1690	978	712	15453	8653	6800	14	5	9
2	1480	861	619	14357	8118	6239	15	7	8
3	1527	854	673	13139	7270	5869	13	6	7
4	1547	906	641	13427	7527	5900	11	9	2
5-9岁	**5943**	**3368**	**2575**	**61176**	**34536**	**26640**	**55**	**25**	**30**
5	1295	728	567	12443	7072	5371	18	9	9
6	1214	668	546	12299	6938	5361	14	7	7
7	1254	721	533	11893	6687	5206	5	1	4
8	1104	646	458	12026	6686	5340	8	4	4
9	1076	605	471	12515	7153	5362	10	4	6
10-14岁	**4781**	**2622**	**2159**	**62189**	**34621**	**27568**	**67**	**33**	**34**
10	1066	586	480	12824	7258	5566	20	6	14
11	970	527	443	12279	6816	5463	14	7	7
12	1006	577	429	13258	7403	5855	9	8	1
13	898	478	420	11784	6538	5246	10	7	3
14	841	454	387	12044	6606	5438	14	5	9
15-19岁	**4643**	**2414**	**2229**	**75592**	**39008**	**36584**	**208**	**94**	**114**
15	849	457	392	12933	6943	5990	27	14	13
16	800	390	410	13469	7036	6433	32	15	17
17	892	469	423	15564	8077	7487	35	15	20
18	917	466	451	16279	8209	8070	48	18	30
19	1185	632	553	17347	8743	8604	66	32	34
20-24岁	**7774**	**4201**	**3573**	**103094**	**49820**	**53274**	**307**	**125**	**182**
20	2016	1074	942	22955	11279	11676	94	42	52
21	1828	957	871	22245	10796	11449	71	30	41
22	1639	871	768	21059	10184	10875	52	25	27
23	1326	731	595	20952	9999	10953	57	19	38
24	965	568	397	15883	7562	8321	33	9	24
25-29岁	**4374**	**2584**	**1790**	**67828**	**32419**	**35409**	**135**	**39**	**96**
25	793	472	321	13034	6211	6823	25	4	21
26	790	455	335	12473	5905	6568	28	6	22
27	934	541	393	13974	6665	7309	33	15	18
28	977	586	391	15358	7376	7982	30	10	20
29	880	530	350	12989	6262	6727	19	4	15

2-1 续表 4

单位：人

年 龄	蒙古族			回 族			藏 族		
	小计	男	女	小计	男	女	小计	男	女
30-34岁	**3825**	**2416**	**1409**	**64784**	**31753**	**33031**	**142**	**42**	**100**
30	830	520	310	13194	6393	6801	23	6	17
31	752	486	266	13607	6610	6997	24	9	15
32	785	472	313	13252	6558	6694	30	7	23
33	724	463	261	12125	5984	6141	36	12	24
34	734	475	259	12606	6208	6398	29	8	21
35-39岁	**4374**	**2864**	**1510**	**75046**	**37275**	**37771**	**147**	**40**	**107**
35	766	498	268	12619	6234	6385	30	9	21
36	892	580	312	14851	7478	7373	32	9	23
37	856	565	291	15139	7467	7672	30	10	20
38	970	620	350	16383	8147	8236	28	6	22
39	890	601	289	16054	7949	8105	27	6	21
40-44岁	**4682**	**3133**	**1549**	**84412**	**41505**	**42907**	**177**	**48**	**129**
40	983	673	310	18689	9289	9400	38	10	28
41	918	644	274	16881	8328	8553	44	10	34
42	1044	674	370	18072	8966	9106	37	12	25
43	831	543	288	14235	6918	7317	32	7	25
44	906	599	307	16535	8004	8531	26	9	17
45-49岁	**4049**	**2695**	**1354**	**72456**	**35197**	**37259**	**142**	**34**	**108**
45	919	621	298	15647	7634	8013	33	8	25
46	895	603	292	16136	7844	8292	36	4	32
47	1047	665	382	19818	9660	10158	35	10	25
48	787	525	262	13727	6726	7001	20	10	10
49	401	281	120	7128	3333	3795	18	2	16
50-54岁	**2874**	**1971**	**903**	**53864**	**25676**	**28188**	**92**	**20**	**72**
50	470	297	173	9549	4457	5092	18	1	17
51	458	304	154	8216	3954	4262	16	5	11
52	603	429	174	11732	5627	6105	17	3	14
53	695	485	210	12866	6105	6761	25	6	19
54	648	456	192	11501	5533	5968	16	5	11
55-59岁	**3039**	**2238**	**801**	**58251**	**28141**	**30110**	**81**	**19**	**62**
55	611	443	168	12833	6171	6662	21	5	16
56	668	504	164	12695	6168	6527	12	5	7
57	608	446	162	11670	5636	6034	25	4	21
58	627	454	173	10989	5338	5651	11	3	8
59	525	391	134	10064	4828	5236	12	2	10
60-64岁	**2074**	**1584**	**490**	**39369**	**19171**	**20198**	**58**	**11**	**47**
60	466	332	134	9893	4814	5079	16	3	13
61	463	350	113	8541	4185	4356	14	2	12
62	384	323	61	7357	3623	3734	13	4	9
63	385	291	94	7035	3388	3647	5		5
64	376	288	88	6543	3161	3382	10	2	8

2-1 续表 5

单位：人

年 龄	蒙古族			回 族			藏 族		
	小计	男	女	小计	男	女	小计	男	女
65-69岁	**1591**	**1236**	**355**	**26682**	**12794**	**13888**	**36**	**5**	**31**
65	386	321	65	6536	3171	3365	8		8
66	309	241	68	4947	2417	2530	8	1	7
67	278	203	75	4664	2193	2471	9	2	7
68	335	261	74	5522	2620	2902	6	1	5
69	283	210	73	5013	2393	2620	5	1	4
70-74岁	**1023**	**762**	**261**	**19594**	**9207**	**10387**	**37**	**13**	**24**
70	260	193	67	5062	2450	2612	10	2	8
71	161	122	39	3591	1706	1885	6	1	5
72	218	167	51	3860	1856	2004	5	3	2
73	203	145	58	3725	1749	1976	7	2	5
74	181	135	46	3356	1446	1910	9	5	4
75-79岁	**712**	**547**	**165**	**14040**	**6139**	**7901**	**29**	**11**	**18**
75	206	153	53	3307	1480	1827	10	2	8
76	160	125	35	3312	1489	1823	4	1	3
77	134	98	36	2960	1302	1658	7	2	5
78	108	90	18	2308	983	1325	4	2	2
79	104	81	23	2153	885	1268	4	4	
80-84岁	**311**	**217**	**94**	**7617**	**3061**	**4556**	**14**	**4**	**10**
80	102	76	26	2255	960	1295	6	2	4
81	56	38	18	1484	569	915	1		1
82	68	52	16	1546	651	895	4	1	3
83	40	28	12	1232	448	784	2		2
84	45	23	22	1100	433	667	1	1	
85-89岁	**126**	**89**	**37**	**3396**	**1133**	**2263**	**6**		**6**
85	41	30	11	1033	342	691			
86	40	28	12	805	290	515	2		2
87	18	12	6	604	203	401	2		2
88	14	10	4	510	162	348	2		2
89	13	9	4	444	136	308			
90-94岁	**38**	**23**	**15**	**1095**	**310**	**785**	**3**	**1**	**2**
90	11	6	5	399	116	283			
91	8	7	1	249	73	176	1		1
92	10	4	6	159	35	124	2	1	1
93	6	5	1	166	50	116			
94	3	1	2	122	36	86			
95-99岁	**7**	**5**	**2**	**316**	**75**	**241**			
95	1	1		99	26	73			
96	4	3	1	77	16	61			
97	1		1	54	10	44			
98	1	1		52	15	37			
99				34	8	26			
100岁及以上	**3**	**2**	**1**	**50**	**11**	**39**			

2-1 续表 6 单位：人

年龄	维吾尔族			苗族			彝族		
	小计	男	女	小计	男	女	小计	男	女
总计	**3035**	**1646**	**1389**	**4321**	**1683**	**2638**	**1764**	**672**	**1092**
0-4岁	**219**	**111**	**108**	**306**	**162**	**144**	**107**	**63**	**44**
0	31	20	11	58	28	30	14	10	4
1	65	33	32	79	40	39	24	13	11
2	44	21	23	57	32	25	29	16	13
3	39	17	22	55	29	26	18	10	8
4	40	20	20	57	33	24	22	14	8
5-9岁	**188**	**90**	**98**	**153**	**80**	**73**	**64**	**33**	**31**
5	42	19	23	32	15	17	17	7	10
6	45	20	25	32	18	14	9	3	6
7	31	17	14	33	15	18	10	4	6
8	46	22	24	22	12	10	11	7	4
9	24	12	12	34	20	14	17	12	5
10-14岁	**145**	**79**	**66**	**135**	**72**	**63**	**81**	**47**	**34**
10	28	16	12	30	15	15	11	9	2
11	36	20	16	22	11	11	24	12	12
12	28	16	12	28	15	13	12	6	6
13	26	12	14	31	17	14	17	8	9
14	27	15	12	24	14	10	17	12	5
15-19岁	**438**	**236**	**202**	**407**	**216**	**191**	**176**	**77**	**99**
15	28	18	10	43	29	14	20	11	9
16	52	35	17	54	31	23	29	12	17
17	88	40	48	67	36	31	25	17	8
18	123	70	53	106	57	49	40	16	24
19	147	73	74	137	63	74	62	21	41
20-24岁	**631**	**316**	**315**	**1008**	**383**	**625**	**366**	**143**	**223**
20	199	93	106	223	84	139	87	38	49
21	143	70	73	223	89	134	85	32	53
22	116	68	48	213	95	118	70	27	43
23	109	48	61	195	69	126	63	22	41
24	64	37	27	154	46	108	61	24	37
25-29岁	**256**	**142**	**114**	**566**	**152**	**414**	**223**	**81**	**142**
25	65	30	35	135	38	97	52	22	30
26	54	29	25	125	32	93	33	12	21
27	44	28	16	109	24	85	51	18	33
28	53	31	22	104	29	75	51	19	32
29	40	24	16	93	29	64	36	10	26

2-1 续表 7 单位：人

年 龄	维吾尔族			苗 族			彝 族		
	小计	男	女	小计	男	女	小计	男	女
30-34岁	**202**	**120**	**82**	**428**	**148**	**280**	**176**	**55**	**121**
30	52	30	22	98	36	62	37	10	27
31	37	20	17	97	31	66	35	12	23
32	45	27	18	83	30	53	37	12	25
33	34	22	12	63	22	41	34	11	23
34	34	21	13	87	29	58	33	10	23
35-39岁	**191**	**108**	**83**	**412**	**147**	**265**	**159**	**47**	**112**
35	35	21	14	111	40	71	26	10	16
36	35	18	17	84	38	46	37	12	25
37	38	24	14	70	19	51	36	10	26
38	48	29	19	78	26	52	32	10	22
39	35	16	19	69	24	45	28	5	23
40-44岁	**194**	**111**	**83**	**331**	**96**	**235**	**165**	**41**	**124**
40	41	24	17	96	24	72	40	12	28
41	30	14	16	63	16	47	28	10	18
42	51	27	24	63	18	45	38	11	27
43	31	21	10	55	15	40	30	4	26
44	41	25	16	54	23	31	29	4	25
45-49岁	**175**	**95**	**80**	**204**	**71**	**133**	**107**	**34**	**73**
45	37	17	20	45	17	28	23	6	17
46	37	21	16	49	16	33	21	6	15
47	49	24	25	54	19	35	24	7	17
48	35	23	12	38	11	27	28	10	18
49	17	10	7	18	8	10	11	5	6
50-54岁	**99**	**54**	**45**	**118**	**47**	**71**	**46**	**17**	**29**
50	21	11	10	26	6	20	11	3	8
51	13	6	7	28	15	13	6	1	5
52	19	13	6	26	9	17	11	5	6
53	22	11	11	21	11	10	8	4	4
54	24	13	11	17	6	11	10	4	6
55-59岁	**115**	**71**	**44**	**89**	**28**	**61**	**27**	**10**	**17**
55	29	19	10	22	6	16	8	3	5
56	19	12	7	16	5	11	7	4	3
57	21	12	9	16	7	9	4	2	2
58	26	18	8	19	4	15	2		2
59	20	10	10	16	6	10	6	1	5
60-64岁	**70**	**46**	**24**	**61**	**25**	**36**	**27**	**9**	**18**
60	18	12	6	18	7	11	6		6
61	12	9	3	13	6	7	7	4	3
62	15	11	4	9	3	6	5	2	3
63	13	7	6	8	4	4	6	2	4
64	12	7	5	13	5	8	3	1	2

2-1 续表 8 单位：人

年 龄	维吾尔族			苗 族			彝 族		
	小计	男	女	小计	男	女	小计	男	女
65-69岁	**35**	**22**	**13**	**27**	**10**	**17**	**12**	**2**	**10**
65	11	5	6	6	4	2	5		5
66	4	3	1	7	4	3	1		1
67	7	5	2	7	1	6	3		3
68	7	4	3	4	1	3	1		1
69	6	5	1	3		3	2	2	
70-74岁	**38**	**22**	**16**	**31**	**18**	**13**	**12**	**6**	**6**
70	7	3	4	14	9	5	5	2	3
71	11	8	3	8	3	5	2	2	
72	2	1	1	3	1	2	2		2
73	8	4	4	5	4	1	2	2	
74	10	6	4	1	1		1		1
75-79岁	**27**	**16**	**11**	**32**	**19**	**13**	**7**	**3**	**4**
75	6	3	3	4	1	3			
76	5	3	2	5	3	2	2		2
77	6	3	3	6	4	2			
78	5	5		12	8	4	1		1
79	5	2	3	5	3	2	4	3	1
80-84岁	**5**	**3**	**2**	**8**	**5**	**3**	**6**	**2**	**4**
80	3	1	2	5	5		1	1	
81				2		2	3	1	2
82	1	1							
83	1	1		1		1	2		2
84									
85-89岁	**5**	**2**	**3**	**4**	**3**	**1**			
85	2	1	1						
86	2	1	1	1	1				
87				2	1	1			
88									
89	1		1	1	1				
90-94岁	**1**	**1**					**3**	**2**	**1**
90									
91							1	1	
92									
93							1		1
94	1	1					1	1	
95-99岁	**1**	**1**		**1**	**1**				
95									
96									
97									
98	1	1		1	1				
99									
100岁及以上									

2-1 续表 9 单位：人

年 龄	壮 族			布依族			朝鲜族		
	小计	男	女	小计	男	女	小计	男	女
总 计	**5361**	**2004**	**3357**	**5958**	**2604**	**3354**	**1457**	**664**	**793**
0-4岁	**375**	**184**	**191**	**326**	**157**	**169**	**94**	**56**	**38**
0	70	27	43	45	20	25	16	11	5
1	87	48	39	91	43	48	22	17	5
2	83	42	41	76	33	43	12	8	4
3	75	39	36	65	31	34	23	7	16
4	60	28	32	49	30	19	21	13	8
5-9岁	**199**	**98**	**101**	**296**	**137**	**159**	**81**	**33**	**48**
5	34	20	14	63	34	29	19	8	11
6	48	22	26	66	35	31	15	8	7
7	41	22	19	55	23	32	12	4	8
8	35	15	20	71	27	44	18	6	12
9	41	19	22	41	18	23	17	7	10
10-14岁	**118**	**63**	**55**	**295**	**140**	**155**	**68**	**29**	**39**
10	23	8	15	57	29	28	9	8	1
11	25	14	11	56	24	32	15	5	10
12	18	11	7	51	21	30	15	8	7
13	27	17	10	75	39	36	14	3	11
14	25	13	12	56	27	29	15	5	10
15-19岁	**309**	**145**	**164**	**321**	**165**	**156**	**110**	**53**	**57**
15	36	21	15	52	29	23	14	8	6
16	35	20	15	43	24	19	18	8	10
17	46	24	22	59	32	27	17	12	5
18	68	29	39	69	31	38	21	11	10
19	124	51	73	98	49	49	40	14	26
20-24岁	**1310**	**453**	**857**	**640**	**261**	**379**	**247**	**112**	**135**
20	235	83	152	100	41	59	52	21	31
21	325	118	207	145	60	85	69	32	37
22	282	110	172	152	61	91	53	28	25
23	281	85	196	151	64	87	44	16	28
24	187	57	130	92	35	57	29	15	14
25-29岁	**745**	**171**	**574**	**450**	**170**	**280**	**96**	**52**	**44**
25	175	46	129	85	36	49	22	13	9
26	158	37	121	83	30	53	14	9	5
27	128	24	104	75	32	43	14	9	5
28	152	32	120	118	42	76	29	16	13
29	132	32	100	89	30	59	17	5	12

2-1 续表 10 单位：人

年 龄	壮 族			布依族			朝鲜族		
	小计	男	女	小计	男	女	小计	男	女
30-34岁	**536**	**166**	**370**	**463**	**195**	**268**	**93**	**38**	**55**
30	137	32	105	85	31	54	18	9	9
31	121	35	86	84	35	49	26	13	13
32	101	33	68	121	54	67	15	7	8
33	87	36	51	79	34	45	15	4	11
34	90	30	60	94	41	53	19	5	14
35-39岁	**366**	**152**	**214**	**459**	**181**	**278**	**137**	**65**	**72**
35	71	30	41	75	26	49	20	8	12
36	76	33	43	91	41	50	25	11	14
37	75	28	47	80	34	46	31	18	13
38	73	31	42	104	44	60	27	15	12
39	71	30	41	109	36	73	34	13	21
40-44岁	**336**	**124**	**212**	**501**	**215**	**286**	**146**	**72**	**74**
40	72	24	48	128	58	70	41	22	19
41	79	30	49	106	45	61	23	17	6
42	70	26	44	107	49	58	24	9	15
43	49	19	30	64	30	34	17	4	13
44	66	25	41	96	33	63	41	20	21
45-49岁	**317**	**123**	**194**	**529**	**220**	**309**	**101**	**45**	**56**
45	60	24	36	100	42	58	20	9	11
46	67	19	48	113	41	72	19	9	10
47	75	31	44	141	70	71	28	12	16
48	77	33	44	107	36	71	25	13	12
49	38	16	22	68	31	37	9	2	7
50-54岁	**216**	**82**	**134**	**401**	**171**	**230**	**80**	**37**	**43**
50	48	21	27	77	31	46	18	10	8
51	26	7	19	60	31	29	18	5	13
52	53	18	35	85	42	43	22	12	10
53	41	14	27	88	36	52	15	6	9
54	48	22	26	91	31	60	7	4	3
55-59岁	**149**	**57**	**92**	**455**	**216**	**239**	**49**	**23**	**26**
55	26	9	17	82	40	42	13	8	5
56	32	10	22	120	53	67	11	4	7
57	25	11	14	88	40	48	9	3	6
58	31	12	19	80	42	38	10	4	6
59	35	15	20	85	41	44	6	4	2
60-64岁	**115**	**51**	**64**	**264**	**123**	**141**	**44**	**16**	**28**
60	31	15	16	62	33	29	11	5	6
61	19	11	8	62	28	34	4	2	2
62	16	6	10	54	26	28	11	3	8
63	22	10	12	38	14	24	13	5	8
64	27	9	18	48	22	26	5	1	4

2-1　续表 11　　　　单位：人

年龄	壮族			布依族			朝鲜族		
	小计	男	女	小计	男	女	小计	男	女
65-69岁	**82**	**40**	**42**	**206**	**95**	**111**	**23**	**4**	**19**
65	25	14	11	55	26	29	6		6
66	13	6	7	34	13	21	2		2
67	13	8	5	34	18	16	3	2	1
68	19	6	13	46	23	23	8	1	7
69	12	6	6	37	15	22	4	1	3
70-74岁	**79**	**37**	**42**	**173**	**81**	**92**	**42**	**13**	**29**
70	20	10	10	46	18	28	8	2	6
71	18	6	12	29	15	14	7	2	5
72	16	8	8	47	22	25	9	3	6
73	16	8	8	25	14	11	11	5	6
74	9	5	4	26	12	14	7	1	6
75-79岁	**70**	**38**	**32**	**103**	**47**	**56**	**36**	**14**	**22**
75	17	5	12	26	7	19	11	3	8
76	21	10	11	20	10	10	13	4	9
77	13	8	5	26	14	12	5	3	2
78	10	7	3	15	9	6	3	1	2
79	9	8	1	16	7	9	4	3	1
80-84岁	**29**	**17**	**12**	**44**	**21**	**23**	**9**	**1**	**8**
80	10	9	1	11	8	3	3	1	2
81	6	1	5	12	2	10	3		3
82	10	6	4	9	3	6	2		2
83	2		2	5	3	2			
84	1	1		7	5	2	1		1
85-89岁	**8**	**3**	**5**	**21**	**8**	**13**	**1**	**1**	
85	4	1	3	9	3	6			
86	2	1	1	1	1				
87	2	1	1	4	1	3			
88				4	2	2	1	1	
89				3	1	2			
90-94岁	**1**		**1**	**9**	**1**	**8**			
90				4		4			
91				1		1			
92				4	1	3			
93	1		1						
94									
95-99岁	**1**		**1**	**2**		**2**			
95	1		1	1		1			
96				1		1			
97									
98									
99									
100岁及以上									

2-1 续表 12

单位：人

年 龄	满 族			侗 族			瑶 族		
	小计	男	女	小计	男	女	小计	男	女
总 计	**55493**	**31697**	**23796**	**558**	**254**	**304**	**763**	**276**	**487**
0-4岁	**5148**	**2800**	**2348**	**45**	**22**	**23**	**78**	**50**	**28**
0	791	431	360	8	7	1	13	3	10
1	1281	742	539	14	6	8	19	14	5
2	1114	573	541	6	3	3	19	14	5
3	984	553	431	11	3	8	12	8	4
4	978	501	477	6	3	3	15	11	4
5-9岁	**4165**	**2285**	**1880**	**31**	**12**	**19**	**39**	**20**	**19**
5	858	451	407	5	1	4	7	5	2
6	887	500	387	7	4	3	9	4	5
7	838	448	390	6	1	5	10	5	5
8	822	466	356	8	4	4	8	5	3
9	760	420	340	5	2	3	5	1	4
10-14岁	**3502**	**1802**	**1700**	**14**	**8**	**6**	**13**	**5**	**8**
10	774	418	356	1	1		3		3
11	672	339	333	5	3	2	3	2	1
12	726	367	359	2	1	1	5	1	4
13	674	349	325	2		2			
14	656	329	327	4	3	1	2	2	
15-19岁	**4583**	**2306**	**2277**	**45**	**21**	**24**	**50**	**17**	**33**
15	699	372	327	5	3	2	4	2	2
16	772	387	385	3	2	1	2		2
17	957	481	476	5	2	3	3	2	1
18	917	442	475	10	2	8	18	8	10
19	1238	624	614	22	12	10	23	5	18
20-24岁	**7052**	**3604**	**3448**	**147**	**67**	**80**	**232**	**78**	**154**
20	1711	880	831	30	14	16	49	21	28
21	1739	851	888	42	20	22	68	22	46
22	1558	797	761	29	12	17	59	21	38
23	1232	672	560	24	11	13	36	11	25
24	812	404	408	22	10	12	20	3	17
25-29岁	**3848**	**2058**	**1790**	**64**	**20**	**44**	**131**	**28**	**103**
25	726	372	354	6	1	5	34	10	24
26	708	355	353	12	5	7	28	7	21
27	791	428	363	12	4	8	16	2	14
28	878	495	383	20	9	11	23	3	20
29	745	408	337	14	1	13	30	6	24

2-1 续表13

单位：人

年 龄	满族			侗族			瑶族		
	小计	男	女	小计	男	女	小计	男	女
30-34岁	**3351**	**1899**	**1452**	**65**	**39**	**26**	**68**	**25**	**43**
30	678	374	304	9	5	4	15	5	10
31	719	384	335	9	4	5	12	1	11
32	655	374	281	20	12	8	17	9	8
33	669	389	280	12	7	5	11	5	6
34	630	378	252	15	11	4	13	5	8
35-39岁	**3894**	**2470**	**1424**	**39**	**19**	**20**	**44**	**15**	**29**
35	669	431	238	8	6	2	7	2	5
36	771	492	279	10	3	7	11	4	7
37	799	515	284	10	5	5	8	4	4
38	836	513	323	5	1	4	7	1	6
39	819	519	300	6	4	2	11	4	7
40-44岁	**4460**	**2729**	**1731**	**22**	**9**	**13**	**32**	**13**	**19**
40	979	622	357	4	1	3	7	1	6
41	879	516	363	4	2	2	8	6	2
42	934	562	372	5	3	2	7	2	5
43	761	465	296	6	2	4	4	2	2
44	907	564	343	3	1	2	6	2	4
45-49岁	**4191**	**2450**	**1741**	**29**	**10**	**19**	**24**	**3**	**21**
45	883	499	384	1		1	9	1	8
46	830	481	349	13	3	10	7		7
47	1137	650	487	7	2	5	2		2
48	876	541	335	4	4		4	1	3
49	465	279	186	4	1	3	2	1	1
50-54岁	**3145**	**1982**	**1163**	**11**	**5**	**6**	**15**	**6**	**9**
50	601	357	244	4	3	1	1		1
51	495	313	182	2		2	1	1	
52	718	470	248				6	2	4
53	705	433	272	2	1	1	4	2	2
54	626	409	217	3	1	2	3	1	2
55-59岁	**2686**	**1727**	**959**	**20**	**10**	**10**	**10**	**3**	**7**
55	652	449	203	7	4	3	1	1	
56	608	366	242	7	3	4	3		3
57	488	314	174	1	1		2		2
58	508	339	169	5	2	3	2	1	1
59	430	259	171				2	1	1
60-64岁	**1665**	**1148**	**517**	**10**	**6**	**4**	**7**	**2**	**5**
60	414	280	134	1	1		2		2
61	360	261	99	4	2	2	1	1	
62	284	185	99	1		1	1		1
63	329	221	108	1	1		2	1	1
64	278	201	77	3	2	1	1		1

2-1 续表 14

单位：人

年 龄	满 族			侗 族			瑶 族		
	小计	男	女	小计	男	女	小计	男	女
65-69岁	**1281**	**814**	**467**	**4**	**2**	**2**	**10**	**4**	**6**
65	305	188	117	1	1		3		3
66	228	162	66				2	1	1
67	245	150	95	1	1		3	1	2
68	246	155	91	2		2	2	2	
69	257	159	98						
70-74岁	**1128**	**716**	**412**	**7**	**3**	**4**	**6**	**5**	**1**
70	232	143	89	2	1	1	3	3	
71	218	142	76	1	1				
72	231	147	84	1		1	1		1
73	233	152	81	2		2	1	1	
74	214	132	82	1	1		1	1	
75-79岁	**795**	**521**	**274**	**4**	**1**	**3**	**4**	**2**	**2**
75	223	141	82						
76	187	112	75	1		1	2	1	1
77	143	105	38	1		1	1	1	
78	121	87	34	2	1	1	1		1
79	121	76	45						
80-84岁	**423**	**276**	**147**						
80	126	90	36						
81	82	55	27						
82	97	58	39						
83	69	42	27						
84	49	31	18						
85-89岁	**131**	**86**	**45**	**1**		**1**			
85	49	33	16	1		1			
86	32	15	17						
87	24	18	6						
88	12	10	2						
89	14	10	4						
90-94岁	**36**	**19**	**17**						
90	13	9	4						
91	4	2	2						
92	10	2	8						
93	6	3	3						
94	3	3							
95-99岁	**8**	**4**	**4**						
95	2	2							
96									
97	2	1	1						
98	1		1						
99	3	1	2						
100岁及以上	**1**	**1**							

2-1 续表 15

单位：人

年 龄	白 族			土家族			哈尼族		
	小计	男	女	小计	男	女	小计	男	女
总 计	**581**	**245**	**336**	**5287**	**2642**	**2645**	**373**	**83**	**290**
0-4岁	**25**	**16**	**9**	**389**	**211**	**178**	**20**	**9**	**11**
0	7	4	3	76	45	31	4	1	3
1	9	5	4	89	50	39	4	2	2
2	3	3		82	40	42	7	3	4
3	3	1	2	80	47	33	2	2	
4	3	3		62	29	33	3	1	2
5-9岁	**25**	**5**	**20**	**278**	**151**	**127**	**12**	**8**	**4**
5	5		5	67	36	31	2	2	
6	5	2	3	51	29	22	5	5	
7	8	2	6	52	24	28	2		2
8	3	1	2	56	32	24	1		1
9	4		4	52	30	22	2	1	1
10-14岁	**14**	**10**	**4**	**241**	**121**	**120**	**10**	**3**	**7**
10	2	2		62	30	32	4		4
11	7	4	3	49	27	22			
12	2	2		48	26	22	3	1	2
13	1		1	46	25	21	1	1	
14	2	2		36	13	23	2	1	1
15-19岁	**56**	**29**	**27**	**488**	**301**	**187**	**20**	**12**	**8**
15	7	2	5	57	33	24	2	2	
16	4	2	2	68	40	28			
17	5	5		79	45	34	5	2	3
18	22	11	11	109	73	36	2	2	
19	18	9	9	175	110	65	11	6	5
20-24岁	**120**	**55**	**65**	**1028**	**531**	**497**	**77**	**30**	**47**
20	32	13	19	254	146	108	10	6	4
21	27	9	18	260	144	116	21	9	12
22	23	12	11	206	95	111	16	6	10
23	24	15	9	169	87	82	14	6	8
24	14	6	8	139	59	80	16	3	13
25-29岁	**50**	**20**	**30**	**540**	**222**	**318**	**63**	**10**	**53**
25	10	4	6	109	40	69	6		6
26	10	3	7	106	43	63	17	4	13
27	9	3	6	96	40	56	12		12
28	12	7	5	130	58	72	19	3	16
29	9	3	6	99	41	58	9	3	6

2-1 续表 16

单位：人

年 龄	白 族			土家族			哈尼族		
	小计	男	女	小计	男	女	小计	男	女
30-34岁	**38**	**12**	**26**	**495**	**234**	**261**	**45**	**4**	**41**
30	11	4	7	101	47	54	8	2	6
31	5	1	4	99	48	51	12		12
32	3	1	2	85	38	47	13	2	11
33	14	4	10	101	50	51	5		5
34	5	2	3	109	51	58	7		7
35-39岁	**45**	**17**	**28**	**541**	**270**	**271**	**39**	**4**	**35**
35	9	2	7	97	43	54	13		13
36	10	5	5	128	69	59	8	1	7
37	10	6	4	111	67	44	8	2	6
38	7	3	4	112	52	60	4	1	3
39	9	1	8	93	39	54	6		6
40-44岁	**61**	**21**	**40**	**426**	**189**	**237**	**36**	**1**	**35**
40	8	1	7	99	39	60	3	1	2
41	9	3	6	87	43	44	5		5
42	9	3	6	81	36	45	11		11
43	16	6	10	77	31	46	7		7
44	19	8	11	82	40	42	10		10
45-49岁	**40**	**13**	**27**	**316**	**139**	**177**	**29**	**1**	**28**
45	9	2	7	59	27	32	4		4
46	6	2	4	77	30	47	8		8
47	11	3	8	76	37	39	7		7
48	10	5	5	69	27	42	7	1	6
49	4	1	3	35	18	17	3		3
50-54岁	**24**	**9**	**15**	**159**	**78**	**81**	**11**	**1**	**10**
50	4	2	2	43	24	19	1		1
51	3	2	1	26	14	12	2		2
52	5	4	1	31	18	13	2		2
53	8	1	7	34	14	20	3		3
54	4		4	25	8	17	3	1	2
55-59岁	**28**	**15**	**13**	**113**	**46**	**67**	**5**		**5**
55	8	4	4	22	11	11	1		1
56	3	2	1	30	13	17			
57	5	4	1	23	9	14	3		3
58	7	3	4	16	5	11	1		1
59	5	2	3	22	8	14			
60-64岁	**15**	**3**	**12**	**120**	**58**	**62**	**4**		**4**
60	1		1	19	6	13	1		1
61	8	1	7	23	11	12	1		1
62	1	1		25	12	13			
63	2		2	25	10	15	2		2
64	3	1	2	28	19	9			

2-1 续表 17 单位：人

年龄	白族			土家族			哈尼族		
	小计	男	女	小计	男	女	小计	男	女
65-69岁	**15**	**8**	**7**	**63**	**39**	**24**	**1**		**1**
65	3		3	18	10	8	1		1
66	8	7	1	16	11	5			
67	2		2	10	7	3			
68	2	1	1	11	6	5			
69				8	5	3			
70-74岁	**12**	**7**	**5**	**40**	**19**	**21**			
70	1	1		10	6	4			
71	4	3	1	6	1	5			
72	3	3		10	3	7			
73	1		1	6	3	3			
74	3		3	8	6	2			
75-79岁	**5**	**2**	**3**	**28**	**20**	**8**			
75	2	2		9	7	2			
76				3	1	2			
77				3	3				
78	1		1	10	6	4			
79	2		2	3	3				
80-84岁	**4**	**1**	**3**	**18**	**11**	**7**	**1**		**1**
80	1		1	8	5	3	1		1
81	1	1		4	2	2			
82				3	2	1			
83	2		2	3	2	1			
84									
85-89岁	**3**	**1**	**2**	**1**		**1**			
85									
86	3	1	2	1		1			
87									
88									
89									
90-94岁	**1**	**1**		**1**	**1**				
90	1	1							
91				1	1				
92									
93									
94									
95-99岁				**2**	**1**	**1**			
95									
96				1	1				
97									
98				1		1			
99									
100岁及以上									

2-1 续表 18

单位：人

年 龄	哈萨克族			傣 族			黎 族		
	小计	男	女	小计	男	女	小计	男	女
总 计	**4805**	**2330**	**2475**	**511**	**105**	**406**	**1002**	**405**	**597**
0-4岁	**255**	**157**	**98**	**31**	**9**	**22**	**77**	**45**	**32**
0	34	19	15	5	3	2	13	9	4
1	66	43	23	13	3	10	18	11	7
2	52	26	26	8	3	5	15	8	7
3	51	35	16	3		3	17	11	6
4	52	34	18	2		2	14	6	8
5-9岁	**193**	**101**	**92**	**17**	**11**	**6**	**27**	**13**	**14**
5	37	18	19	4	1	3	8	5	3
6	37	22	15	4	3	1	8	2	6
7	38	22	16	4	4		4	2	2
8	39	21	18	4	3	1	3	2	1
9	42	18	24	1		1	4	2	2
10-14岁	**184**	**107**	**77**	**10**	**6**	**4**	**32**	**16**	**16**
10	47	27	20	6	4	2	10	6	4
11	25	14	11	1	1		6	2	4
12	43	24	19	1		1	5	2	3
13	34	21	13	1		1	2		2
14	35	21	14	1	1		9	6	3
15-19岁	**310**	**164**	**146**	**38**	**15**	**23**	**61**	**30**	**31**
15	42	26	16	2	1	1	12	5	7
16	30	19	11	4	3	1	9	7	2
17	57	29	28	5	2	3	14	10	4
18	73	38	35	8	2	6	14	5	9
19	108	52	56	19	7	12	12	3	9
20-24岁	**570**	**253**	**317**	**86**	**21**	**65**	**161**	**54**	**107**
20	149	69	80	19	4	15	39	12	27
21	170	78	92	15	3	12	52	16	36
22	102	39	63	23	8	15	24	5	19
23	88	36	52	19	5	14	21	8	13
24	61	31	30	10	1	9	25	13	12
25-29岁	**267**	**103**	**164**	**67**	**8**	**59**	**71**	**21**	**50**
25	48	20	28	8		8	17	5	12
26	39	13	26	19	2	17	12	5	7
27	50	24	26	10	1	9	17	2	15
28	61	22	39	16	4	12	15	5	10
29	69	24	45	14	1	13	10	4	6

2-1 续表 19

单位：人

年 龄	哈萨克族			傣 族			黎 族		
	小计	男	女	小计	男	女	小计	男	女
30-34岁	**324**	**150**	**174**	**62**	**9**	**53**	**84**	**21**	**63**
30	66	27	39	15	4	11	16	5	11
31	73	33	40	13	1	12	17	5	12
32	58	32	26	12	1	11	23	3	20
33	56	20	36	13	1	12	13	5	8
34	71	38	33	9	2	7	15	3	12
35-39岁	**396**	**187**	**209**	**57**	**5**	**52**	**86**	**36**	**50**
35	67	26	41	8	2	6	6	2	4
36	67	32	35	12		12	24	7	17
37	84	41	43	23	2	21	26	11	15
38	96	53	43	8	1	7	18	9	9
39	82	35	47	6		6	12	7	5
40-44岁	**491**	**250**	**241**	**66**	**13**	**53**	**91**	**37**	**54**
40	97	49	48	13	1	12	13	4	9
41	91	51	40	13	3	10	18	9	9
42	108	50	58	12	2	10	21	10	11
43	100	54	46	11	1	10	24	12	12
44	95	46	49	17	6	11	15	2	13
45-49岁	**377**	**166**	**211**	**32**	**1**	**31**	**68**	**27**	**41**
45	87	45	42	12		12	15	5	10
46	89	32	57	3		3	8	4	4
47	86	38	48	10		10	25	11	14
48	73	35	38	4	1	3	17	7	10
49	42	16	26	3		3	3		3
50-54岁	**290**	**146**	**144**	**22**	**3**	**19**	**56**	**26**	**30**
50	41	26	15	7	1	6	14	5	9
51	45	14	31	4	1	3	12	6	6
52	66	29	37	5	1	4	7	3	4
53	74	46	28	5		5	11	5	6
54	64	31	33	1		1	12	7	5
55-59岁	**356**	**180**	**176**	**13**	**2**	**11**	**70**	**30**	**40**
55	76	35	41	3	1	2	18	7	11
56	63	29	34	5		5	13	5	8
57	81	40	41	2		2	20	10	10
58	83	45	38	1		1	11	3	8
59	53	31	22	2	1	1	8	5	3
60-64岁	**298**	**139**	**159**	**3**	**1**	**2**	**34**	**14**	**20**
60	72	31	41	1		1	4	1	3
61	54	25	29	1		1	8	6	2
62	58	30	28	1	1		7	2	5
63	64	32	32				8	2	6
64	50	21	29				7	3	4

2-1 续表 20

单位：人

年 龄	哈萨克族			傣 族			黎 族		
	小计	男	女	小计	男	女	小计	男	女
65-69岁	**159**	**84**	**75**	**3**		**3**	**27**	**11**	**16**
65	36	16	20				5	2	3
66	33	19	14	2		2	10	3	7
67	26	13	13	1		1	6	5	1
68	36	21	15				6	1	5
69	28	15	13						
70-74岁	**125**	**61**	**64**	**4**	**1**	**3**	**22**	**9**	**13**
70	40	24	16	2	1	1	8	4	4
71	20	10	10	2		2	3	1	2
72	22	10	12				4	1	3
73	15	6	9				2	1	1
74	28	11	17				5	2	3
75-79岁	**102**	**47**	**55**				**16**	**7**	**9**
75	23	10	13				2		2
76	27	15	12				5	1	4
77	25	13	12				3	2	1
78	10	2	8				3	1	2
79	17	7	10				3	3	
80-84岁	**74**	**24**	**50**				**14**	**7**	**7**
80	23	8	15				2	2	
81	14	5	9				3	2	1
82	7	2	5				2	1	1
83	8	2	6				7	2	5
84	22	7	15						
85-89岁	**24**	**8**	**16**				**3**		**3**
85	3		3				1		1
86	9	4	5						
87	4	1	3				2		2
88	5	3	2						
89	3		3						
90-94岁	**7**	**3**	**4**				**2**	**1**	**1**
90	4	2	2				1		1
91	2	1	1						
92									
93	1		1				1	1	
94									
95-99岁	**2**		**2**						
95									
96	2		2						
97									
98									
99									
100岁及以上	**1**		**1**						

2-1 续表 21

单位：人

年龄	傈僳族			佤族			畲族		
	小计	男	女	小计	男	女	小计	男	女
总计	**167**	**25**	**142**	**1572**	**337**	**1235**	**200**	**104**	**96**
0-4岁	**5**	**4**	**1**	**56**	**27**	**29**	**20**	**11**	**9**
0	2	2		9	2	7	5	3	2
1				17	7	10	1	1	
2	1	1		9	6	3	4	2	2
3	1	1		9	5	4	6	3	3
4	1		1	12	7	5	4	2	2
5-9岁	**9**	**4**	**5**	**30**	**13**	**17**	**13**	**6**	**7**
5	2	2		9	4	5	4	1	3
6	3		3	6	4	2	5	4	1
7				5	1	4	1		1
8	3	1	2	4	1	3	1	1	
9	1	1		6	3	3	2		2
10-14岁	**2**	**1**	**1**	**40**	**17**	**23**	**11**	**5**	**6**
10				10	6	4	4	2	2
11				8	2	6	2	2	
12	1	1		10	6	4			
13	1		1	7	2	5	4	1	3
14				5	1	4	1		1
15-19岁	**14**	**5**	**9**	**72**	**19**	**53**	**13**	**8**	**5**
15	2	2		6	4	2	1	1	
16	2		2	9	1	8			
17	3	1	2	10	5	5	2	2	
18	4	2	2	20	5	15	6	2	4
19	3		3	27	4	23	4	3	1
20-24岁	**32**	**7**	**25**	**205**	**37**	**168**	**42**	**25**	**17**
20	9	4	5	53	10	43	21	12	9
21	6	1	5	50	9	41	8	5	3
22	4		4	40	6	34	6	3	3
23	7	1	6	32	8	24	2	2	
24	6	1	5	30	4	26	5	3	2
25-29岁	**24**		**24**	**161**	**21**	**140**	**21**	**9**	**12**
25	7		7	36	7	29	4	2	2
26	2		2	37	5	32	7	3	4
27	8		8	33	3	30	2	1	1
28	4		4	25	4	21	5	1	4
29	3		3	30	2	28	3	2	1

2-1 续表 22 单位：人

年龄	傈僳族			佤族			畲族		
	小计	男	女	小计	男	女	小计	男	女
30-34岁	**30**		**30**	**169**	**18**	**151**	**27**	**16**	**11**
30	13		13	39	4	35	4	2	2
31	6		6	31	2	29	7	5	2
32	3		3	35	2	33	4	2	2
33	5		5	30	3	27	5	2	3
34	3		3	34	7	27	7	5	2
35-39岁	**20**	**1**	**19**	**180**	**24**	**156**	**16**	**7**	**9**
35	2		2	21	3	18	5		5
36	5	1	4	40	7	33	5	2	3
37	4		4	40	7	33	3	3	
38	3		3	44	5	39	2	1	1
39	6		6	35	2	33	1	1	
40-44岁	**15**	**1**	**14**	**192**	**32**	**160**	**16**	**9**	**7**
40	4		4	47	4	43	3	3	
41	2		2	34	9	25			
42	3		3	41	6	35	5	4	1
43	3	1	2	29	6	23	2		2
44	3		3	41	7	34	6	2	4
45-49岁	**8**		**8**	**172**	**37**	**135**	**10**	**3**	**7**
45	1		1	40	8	32	2	2	
46	1		1	46	12	34	2		2
47	3		3	41	8	33	2		2
48	2		2	30	6	24	1	1	
49	1		1	15	3	12	3		3
50-54岁	**4**	**1**	**3**	**90**	**15**	**75**	**7**	**2**	**5**
50	1		1	21	1	20	3	1	2
51	1		1	17	2	15	2		2
52	1		1	20	2	18	1	1	
53				20	6	14	1		1
54	1	1		12	4	8			
55-59岁	**1**		**1**	**64**	**23**	**41**			
55				18	4	14			
56				12	5	7			
57				10	4	6			
58				9	4	5			
59	1		1	15	6	9			
60-64岁	**1**	**1**		**40**	**14**	**26**	**1**	**1**	
60	1	1		11	5	6			
61				3	1	2			
62				11	4	7			
63				8	3	5	1	1	
64				7	1	6			

2-1 续表 23 单位：人

年 龄	傈僳族			佤 族			畲 族		
	小计	男	女	小计	男	女	小计	男	女
65-69岁	**1**		**1**	**33**	**12**	**21**	**2**	**1**	**1**
65				8	3	5			
66				9	4	5			
67	1		1	7	2	5	1		1
68				4		4			
69				5	3	2	1	1	
70-74岁				**27**	**14**	**13**			
70				4	2	2			
71				8	3	5			
72				4	3	1			
73				5	2	3			
74				6	4	2			
75-79岁				**20**	**5**	**15**	**1**	**1**	
75				3	2	1	1	1	
76				8		8			
77				4	1	3			
78				3	1	2			
79				2	1	1			
80-84岁				**14**	**5**	**9**			
80				6	4	2			
81				4		4			
82				2		2			
83				1	1				
84				1		1			
85-89岁	**1**		**1**	**6**	**4**	**2**			
85				3	2	1			
86									
87				1	1				
88	1		1	2	1	1			
89									
90-94岁				**1**		**1**			
90				1		1			
91									
92									
93									
94									
95-99岁									
95									
96									
97									
98									
99									
100岁及以上									

2-1 续表 24 单位：人

年龄	高山族			拉祜族			水族		
	小计	男	女	小计	男	女	小计	男	女
总计	**780**	**397**	**383**	**700**	**51**	**649**	**333**	**172**	**161**
0-4岁	**82**	**45**	**37**	**18**	**9**	**9**	**14**	**4**	**10**
0	16	4	12	3	1	2	5	1	4
1	14	9	5	4	2	2	1		1
2	22	16	6	3	2	1	3	1	2
3	17	7	10				2	1	1
4	13	9	4	8	4	4	3	1	2
5-9岁	**63**	**31**	**32**	**11**	**2**	**9**	**13**	**7**	**6**
5	21	13	8	2	1	1	2	1	1
6	16	6	10	1		1	4	2	2
7	15	8	7	4		4	1	1	
8	8	2	6	3		3	3	1	2
9	3	2	1	1	1		3	2	1
10-14岁	**42**	**21**	**21**	**8**	**1**	**7**	**13**	**12**	**1**
10	9	5	4	2	1	1	4	4	
11	9	3	6	3		3	2	2	
12	11	4	7	2		2	4	3	1
13	10	7	3	1		1	1	1	
14	3	2	1				2	2	
15-19岁	**50**	**27**	**23**	**29**	**9**	**20**	**26**	**18**	**8**
15	7	6	1	3	3		3	1	2
16	12	6	6	3	1	2	3	3	
17	5	3	2	3	2	1	3	2	1
18	6	2	4	9	3	6	8	5	3
19	20	10	10	11		11	9	7	2
20-24岁	**67**	**31**	**36**	**120**	**13**	**107**	**36**	**23**	**13**
20	16	8	8	19	6	13	7	6	1
21	14	7	7	17	1	16	10	5	5
22	13	4	9	38	1	37	10	8	2
23	15	7	8	25	4	21	4	1	3
24	9	5	4	21	1	20	5	3	2
25-29岁	**68**	**33**	**35**	**104**	**3**	**101**	**31**	**16**	**15**
25	13	7	6	15		15	11	6	5
26	13	5	8	24		24	6	3	3
27	13	5	8	23		23	4	3	1
28	11	8	3	21	2	19	4	3	1
29	18	8	10	21	1	20	6	1	5

2-1 续表 25 单位：人

年 龄	高山族			拉祜族			水 族		
	小计	男	女	小计	男	女	小计	男	女
30-34岁	**43**	**19**	**24**	**95**	**4**	**91**	**23**	**13**	**10**
30	10	3	7	25	1	24	3	1	2
31	8	3	5	17	1	16	8	3	5
32	12	6	6	22	1	21	3	3	
33	8	6	2	16	1	15	4	2	2
34	5	1	4	15		15	5	4	1
35-39岁	**46**	**29**	**17**	**82**	**3**	**79**	**32**	**14**	**18**
35	9	7	2	14		14	5	2	3
36	8	5	3	17	1	16	10	3	7
37	9	6	3	16		16	3	1	2
38	13	8	5	18		18	7	4	3
39	7	3	4	17	2	15	7	4	3
40-44岁	**56**	**30**	**26**	**84**	**2**	**82**	**37**	**15**	**22**
40	13	8	5	26		26	4	2	2
41	12	4	8	17		17	8	3	5
42	7	3	4	20	1	19	12	5	7
43	13	9	4	11	1	10	4	2	2
44	11	6	5	10		10	9	3	6
45-49岁	**64**	**32**	**32**	**75**		**75**	**30**	**14**	**16**
45	18	8	10	24		24	10	5	5
46	16	11	5	19		19	9	4	5
47	9	5	4	16		16	5	3	2
48	11	3	8	12		12	5	2	3
49	10	5	5	4		4	1		1
50-54岁	**45**	**24**	**21**	**35**	**2**	**33**	**15**	**10**	**5**
50	10	5	5	12		12	1	1	
51	5	3	2	5		5	4	4	
52	7	2	5	9	1	8	2	1	1
53	13	8	5	6		6	6	4	2
54	10	6	4	3	1	2	2		2
55-59岁	**65**	**34**	**31**	**21**	**1**	**20**	**15**	**7**	**8**
55	10	7	3	4		4	6	3	3
56	14	7	7	5	1	4	3	2	1
57	15	7	8	4		4	1		1
58	12	6	6	4		4	4	1	3
59	14	7	7	4		4	1	1	
60-64岁	**34**	**14**	**20**	**10**	**2**	**8**	**16**	**5**	**11**
60	10	3	7	4	1	3	4	1	3
61	1	1		4	1	3	6	4	2
62	4	2	2				2		2
63	11	5	6	1		1	2		2
64	8	3	5	1		1	2		2

2-1 续表 26

单位：人

年 龄	高山族			拉祜族			水 族		
	小计	男	女	小计	男	女	小计	男	女
65-69岁	**25**	**14**	**11**	**6**		**6**	**11**	**6**	**5**
65	9	5	4	1		1	5	3	2
66	6	3	3	2		2	3	2	1
67	3	2	1	3		3	1	1	
68	5	3	2				1		1
69	2	1	1				1		1
70-74岁	**13**	**7**	**6**	**1**		**1**	**9**	**5**	**4**
70	3	3					1	1	
71				1		1			
72	1		1				3	1	2
73	3	1	2				1		1
74	6	3	3				4	3	1
75-79岁	**12**	**6**	**6**	**1**		**1**	**6**	**1**	**5**
75	1		1				1	1	
76	4	2	2				2		2
77	1		1	1		1	1		1
78	3	1	2				2		2
79	3	3							
80-84岁	**4**		**4**				**3**	**1**	**2**
80	1		1				2		2
81	1		1						
82							1	1	
83	2		2						
84									
85-89岁	**1**		**1**				**3**	**1**	**2**
85	1		1				1		1
86									
87							1	1	
88									
89							1		1
90-94岁									
90									
91									
92									
93									
94									
95-99岁									
95									
96									
97									
98									
99									
100岁及以上									

2-1 续表 27 单位：人

年龄	东乡族			纳西族			景颇族		
	小计	男	女	小计	男	女	小计	男	女
总计	**72**	**47**	**25**	**123**	**35**	**88**	**130**	**12**	**118**
0-4岁	**4**	**2**	**2**	**7**	**1**	**6**	**5**	**3**	**2**
0				1		1	1	1	
1	1		1	2		2	1		1
2	3	2	1	2	1	1	1	1	
3				1		1	2	1	1
4				1		1			
5-9岁	**5**	**3**	**2**	**6**	**5**	**1**	**3**	**2**	**1**
5				2	2		2	2	
6	2	2							
7	3	1	2						
8				1	1				
9				3	2	1	1		1
10-14岁	**3**	**1**	**2**	**6**	**1**	**5**	**4**	**3**	**1**
10	1		1				1		1
11	1		1				1	1	
12	1	1					2	2	
13				3	1	2			
14				3		3			
15-19岁	**11**	**9**	**2**	**11**	**5**	**6**	**8**	**2**	**6**
15	1	1					2	1	1
16				1	1				
17				6	2	4			
18	3	3		2	1	1	3	1	2
19	7	5	2	2	1	1	3		3
20-24岁	**21**	**14**	**7**	**19**	**8**	**11**	**20**	**1**	**19**
20	8	5	3	5	3	2	3		3
21	6	4	2	3		3	2		2
22	2	1	1	8	3	5	9	1	8
23	3	2	1	2	1	1	5		5
24	2	2		1	1		1		1
25-29岁	**8**	**6**	**2**	**5**		**5**	**29**	**1**	**28**
25	1	1		2		2	8		8
26	2	2					8		8
27	3	2	1	1		1	5		5
28	1		1	1		1	6	1	5
29	1	1		1		1	2		2

2-1 续表 28

单位：人

年 龄	东乡族			纳西族			景颇族		
	小计	男	女	小计	男	女	小计	男	女
30-34岁	**5**	**3**	**2**	**9**	**2**	**7**	**28**		**28**
30							6		6
31	1	1		4	1	3	4		4
32	2	1	1	1		1	10		10
33	1		1	2	1	1	5		5
34	1	1		2		2	3		3
35-39岁	**4**	**2**	**2**	**11**	**3**	**8**	**11**		**11**
35	3	2	1				3		3
36	1		1	2		2	3		3
37				3	2	1	3		3
38				1		1	1		1
39				5	1	4	1		1
40-44岁	**4**	**2**	**2**	**11**	**2**	**9**	**11**		**11**
40	1	1		1		1	7		7
41	1		1	3		3	1		1
42				2		2	1		1
43	1		1	4	2	2	1		1
44	1	1		1		1	1		1
45-49岁	**1**	**1**		**10**	**1**	**9**	**6**		**6**
45									
46				5		5	2		2
47	1	1		1		1	3		3
48				2	1	1			
49				2		2	1		1
50-54岁	**2**	**1**	**1**	**7**		**7**	**2**		**2**
50	1	1		2		2			
51				1		1	1		1
52	1		1	1		1			
53				2		2	1		1
54				1		1			
55-59岁	**2**	**1**	**1**	**6**	**1**	**5**			
55	1		1						
56									
57				3		3			
58				1	1				
59	1	1		2		2			
60-64岁	**1**	**1**		**3**	**1**	**2**	**1**		**1**
60	1	1					1		1
61									
62				2		2			
63				1	1				
64									

2-1 续表 29

单位：人

年 龄	东乡族			纳西族			景颇族		
	小计	男	女	小计	男	女	小计	男	女
65-69岁				**6**	**3**	**3**	**1**		**1**
65				1		1			
66				1	1				
67				1		1	1		1
68									
69				3	2	1			
70-74岁	**1**	**1**		**2**		**2**			
70									
71	1	1							
72				2		2			
73									
74									
75-79岁				**2**	**2**				
75									
76				1	1				
77				1	1				
78									
79									
80-84岁				**2**		**2**	**1**		**1**
80				1		1	1		1
81									
82				1		1			
83									
84									
85-89岁									
85									
86									
87									
88									
89									
90-94岁									
90									
91									
92									
93									
94									
95-99岁									
95									
96									
97									
98									
99									
100岁及以上									

2-1 续表 30

单位：人

年 龄	柯尔克孜族			土 族			达斡尔族		
	小计	男	女	小计	男	女	小计	男	女
总 计	**37**	**20**	**17**	**576**	**236**	**340**	**122**	**42**	**80**
0-4岁				**42**	**17**	**25**	**9**	**4**	**5**
0				5	2	3	1		1
1				8	1	7	2	1	1
2				12	7	5	1		1
3				8	2	6	4	2	2
4				9	5	4	1	1	
5-9岁	**1**		**1**	**23**	**15**	**8**	**6**		**6**
5				3	1	2			
6				4	2	2	2		2
7				9	8	1			
8				3	2	1	2		2
9	1		1	4	2	2	2		2
10-14岁	**1**		**1**	**22**	**7**	**15**	**7**	**5**	**2**
10				6	2	4	2		2
11				6	3	3			
12				6	1	5	1	1	
13	1		1	3	1	2	2	2	
14				1		1	2	2	
15-19岁	**10**	**6**	**4**	**59**	**33**	**26**	**10**	**6**	**4**
15				2	1	1	3	1	2
16	1	1		4	2	2			
17				12	7	5			
18	2	1	1	19	9	10	2	1	1
19	7	4	3	22	14	8	5	4	1
20-24岁	**14**	**8**	**6**	**96**	**45**	**51**	**28**	**7**	**21**
20	7	4	3	31	18	13	6	2	4
21	4	3	1	22	9	13	4		4
22	3	1	2	14	7	7	12	2	10
23				20	7	13	2	1	1
24				9	4	5	4	2	2
25-29岁	**3**	**2**	**1**	**56**	**15**	**41**	**9**	**3**	**6**
25	1	1		9	2	7	2	1	1
26	1	1		12	5	7	1	1	
27				15	5	10	4	1	3
28	1		1	10		10	1		1
29				10	3	7	1		1

2-1　续表 31　　　　单位：人

年　龄	柯尔克孜族			土　族			达斡尔族		
	小计	男	女	小计	男	女	小计	男	女
30-34岁				**44**	**14**	**30**	**15**	**6**	**9**
30				6		6	1		1
31				13	6	7	5	1	4
32				9	4	5	4	2	2
33				7	2	5	1	1	
34				9	2	7	4	2	2
35-39岁	**2**	**1**	**1**	**59**	**21**	**38**	**12**	**4**	**8**
35				5	1	4	1	1	
36	1		1	18	7	11	2		2
37				13	5	8	2	1	1
38				12	3	9	4		4
39	1	1		11	5	6	3	2	1
40-44岁	**2**		**2**	**49**	**16**	**33**	**4**	**1**	**3**
40				17	7	10	2	1	1
41	1		1	10	1	9	1		1
42	1		1	6	1	5			
43				3	1	2	1		1
44				13	6	7			
45-49岁				**33**	**8**	**25**	**7**	**3**	**4**
45				10	4	6	3	2	1
46				5	1	4	2	1	1
47				10	1	9	1		1
48				4	1	3	1		1
49				4	1	3			
50-54岁				**23**	**9**	**14**	**3**		**3**
50				5	2	3	1		1
51				4	2	2	1		1
52				3	3				
53				8		8			
54				3	2	1	1		1
55-59岁	**3**	**2**	**1**	**15**	**9**	**6**	**3**		**3**
55	2	2		3	2	1	1		1
56	1		1	4	3	1	1		1
57				4	2	2			
58				2	1	1	1		1
59				2	1	1			
60-64岁				**17**	**8**	**9**	**6**	**2**	**4**
60				3		3	2	1	1
61				5	4	1	2		2
62				6	3	3			
63									
64				3	1	2	2	1	1

2-1 续表 32 单位：人

年 龄	柯尔克孜族			土 族			达斡尔族		
	小计	男	女	小计	男	女	小计	男	女
65-69岁				**13**	**5**	**8**	**1**		**1**
65				6		6	1		1
66				5	4	1			
67				1		1			
68				1	1				
69									
70-74岁	**1**	**1**		**12**	**9**	**3**	**1**	**1**	
70				3	2	1			
71				1	1				
72				1		1			
73	1	1		3	3		1	1	
74				4	3	1			
75-79岁				**9**	**3**	**6**	**1**		**1**
75				2		2			
76				2	1	1			
77				2	1	1			
78				1		1	1		1
79				2	1	1			
80-84岁				**3**	**2**	**1**			
80				1	1				
81									
82				1	1				
83				1		1			
84									
85-89岁									
85									
86									
87									
88									
89									
90-94岁				**1**		**1**			
90				1		1			
91									
92									
93									
94									
95-99岁									
95									
96									
97									
98									
99									
100岁及以上									

2-1 续表 33 单位：人

年 龄	仫佬族			羌 族			布朗族		
	小计	男	女	小计	男	女	小计	男	女
总 计	**72**	**30**	**42**	**216**	**103**	**113**	**80**	**18**	**62**
0-4岁	**7**	**5**	**2**	**11**	**4**	**7**	**5**	**1**	**4**
0	1	1		3	2	1	1	1	
1	3	2	1						
2	1	1		3	1	2	1		1
3	2	1	1	2		2	3		3
4				3	1	2			
5-9岁	**1**	**1**		**16**	**11**	**5**	**5**	**1**	**4**
5				3	2	1	2	1	1
6				3	1	2	1		1
7				6	4	2			
8	1	1		4	4		2		2
9									
10-14岁				**13**	**9**	**4**	**3**		**3**
10				2	2		2		2
11				2	1	1			
12				4	4		1		1
13				1	1				
14				4	1	3			
15-19岁	**3**	**2**	**1**	**31**	**15**	**16**	**1**	**1**	
15				1	1				
16				4	2	2	1	1	
17				9	7	2			
18	2	1	1	10	2	8			
19	1	1		7	3	4			
20-24岁	**32**	**16**	**16**	**32**	**14**	**18**	**13**	**8**	**5**
20	3	2	1	10	3	7	1	1	
21	11	4	7	4		4	4	4	
22	5	2	3	9	6	3	2	1	1
23	7	3	4	4	2	2	4	1	3
24	6	5	1	5	3	2	2	1	1
25-29岁	**11**	**1**	**10**	**13**	**6**	**7**	**13**	**2**	**11**
25	5		5	3	1	2	4	1	3
26	4	1	3	4	4		5		5
27	1		1	1		1	1		1
28	1		1	4	1	3	3	1	2
29				1		1			

2-1 续表 34　　　　单位：人

年 龄	仫佬族			羌 族			布朗族		
	小计	男	女	小计	男	女	小计	男	女
30-34岁	**4**	**1**	**3**	**10**	**4**	**6**	**11**	**2**	**9**
30				1		1	3		3
31	1		1	2	1	1			
32	1	1		2		2			
33	1		1	1		1	5	1	4
34	1		1	4	3	1	3	1	2
35-39岁	**4**	**1**	**3**	**32**	**15**	**17**	**4**	**1**	**3**
35	2	1	1	6	3	3	1		1
36				9	5	4	1		1
37				8	3	5			
38	2		2	4	3	1	1		1
39				5	1	4	1	1	
40-44岁	**3**	**1**	**2**	**18**	**10**	**8**	**10**		**10**
40	1		1	3	2	1	2		2
41	1		1	6	3	3	3		3
42				3	2	1			
43	1	1		4	2	2	1		1
44				2	1	1	4		4
45-49岁	**2**		**2**	**20**	**8**	**12**	**7**		**7**
45				6	3	3	1		1
46				6	1	5	3		3
47	1		1	3	3		2		2
48				3	1	2			
49	1		1	2		2	1		1
50-54岁	**3**		**3**	**4**		**4**	**1**		**1**
50				1		1	1		1
51									
52	2		2						
53									
54	1		1	3		3			
55-59岁				**6**	**4**	**2**	**2**	**1**	**1**
55				2	2		1		1
56				1		1			
57							1	1	
58				1	1				
59				2	1	1			
60-64岁	**2**	**2**		**3**	**1**	**2**	**2**		**2**
60	2	2		1	1		1		1
61									
62							1		1
63				1		1			
64				1		1			

2-1 续表 35 单位：人

年 龄	仫佬族			羌 族			布朗族		
	小计	男	女	小计	男	女	小计	男	女
65-69岁				**2**	**1**	**1**			
65									
66									
67				1		1			
68				1	1				
69									
70-74岁				**2**	**1**	**1**	**3**	**1**	**2**
70									
71				1		1			
72							2		2
73									
74				1	1		1	1	
75-79岁				**2**		**2**			
75									
76				1		1			
77									
78									
79				1		1			
80-84岁				**1**		**1**			
80									
81									
82				1		1			
83									
84									
85-89岁									
85									
86									
87									
88									
89									
90-94岁									
90									
91									
92									
93									
94									
95-99岁									
95									
96									
97									
98									
99									
100岁及以上									

2-1 续表 36

单位：人

年 龄	撒拉族			毛南族			仡佬族		
	小计	男	女	小计	男	女	小计	男	女
总 计	**279**	**168**	**111**	**23**	**6**	**17**	**240**	**119**	**121**
0-4岁	**17**	**6**	**11**	**1**		**1**	**22**	**15**	**7**
0	5	1	4				4	4	
1	3	2	1				5	3	2
2	3	2	1	1		1	6	4	2
3	3		3				4	3	1
4	3	1	2				3	1	2
5-9岁	**14**	**10**	**4**	**1**		**1**	**14**	**11**	**3**
5	1	1							
6	4	3	1				3	3	
7	3	2	1				5	4	1
8	2	2					2	2	
9	4	2	2	1		1	4	2	2
10-14岁	**18**	**10**	**8**				**4**	**1**	**3**
10	6	3	3						
11	5	2	3				2		2
12	2	1	1				1	1	
13	4	4							
14	1		1				1		1
15-19岁	**27**	**15**	**12**	**2**	**1**	**1**	**26**	**10**	**16**
15	6	5	1				1		1
16	5	2	3				3	1	2
17	5	2	3				6	3	3
18	7	3	4	1		1	6	2	4
19	4	3	1	1	1		10	4	6
20-24岁	**50**	**36**	**14**	**9**	**3**	**6**	**78**	**45**	**33**
20	12	10	2				7	4	3
21	7	6	1	1		1	23	10	13
22	13	9	4	2		2	21	16	5
23	8	4	4	3	3		21	12	9
24	10	7	3	3		3	6	3	3
25-29岁	**35**	**21**	**14**	**5**		**5**	**34**	**11**	**23**
25	10	7	3	1		1	8	2	6
26	7	3	4	1		1	8	3	5
27	7	4	3	2		2	6	1	5
28	6	3	3	1		1	8	3	5
29	5	4	1				4	2	2

2-1 续表 37 单位：人

年 龄	撒拉族			毛南族			仡佬族		
	小计	男	女	小计	男	女	小计	男	女
30-34岁	**41**	**25**	**16**	**4**	**2**	**2**	**21**	**8**	**13**
30	10	4	6	2	1	1	5	2	3
31	8	6	2				2	1	1
32	15	12	3				5	3	2
33	5	3	2	1		1	6	1	5
34	3		3	1	1		3	1	2
35-39岁	**30**	**16**	**14**				**12**	**4**	**8**
35	7	2	5				4	2	2
36	4	2	2				2	1	1
37	10	9	1				2		2
38	2	2					2		2
39	7	1	6				2	1	1
40-44岁	**23**	**14**	**9**				**12**	**4**	**8**
40	9	6	3				4	1	3
41	7	4	3				2	2	
42	5	3	2				4		4
43							1		1
44	2	1	1				1	1	
45-49岁	**11**	**9**	**2**				**11**	**7**	**4**
45							3	2	1
46	2	2					1		1
47	5	4	1				3	2	1
48	2	2					3	2	1
49	2	1	1				1	1	
50-54岁	**5**	**2**	**3**				**2**	**2**	
50									
51	1		1				1	1	
52	2		2						
53							1	1	
54	2	2							
55-59岁	**2**	**1**	**1**				**1**	**1**	
55									
56	2	1	1						
57									
58									
59							1	1	
60-64岁	**3**	**2**	**1**						
60									
61	2	1	1						
62									
63									
64	1	1							

2-1 续表 38 单位：人

年 龄	撒拉族			毛南族			仡佬族		
	小计	男	女	小计	男	女	小计	男	女
65-69岁				**1**		**1**			
65									
66									
67				1		1			
68									
69									
70-74岁	**2**		**2**				**1**		**1**
70									
71	1		1				1		1
72									
73	1		1						
74									
75-79岁	**1**	**1**					**2**		**2**
75							1		1
76									
77									
78							1		1
79	1	1							
80-84岁									
80									
81									
82									
83									
84									
85-89岁									
85									
86									
87									
88									
89									
90-94岁									
90									
91									
92									
93									
94									
95-99岁									
95									
96									
97									
98									
99									
100岁及以上									

2-1 续表 39 单位：人

年 龄	锡伯族			阿昌族			普米族		
	小计	男	女	小计	男	女	小计	男	女
总 计	**273**	**123**	**150**	**148**	**67**	**81**	**9**	**2**	**7**
0-4岁	**19**	**8**	**11**	**9**	**6**	**3**	**1**		**1**
0	4	3	1						
1	3	1	2	2	2				
2	6	2	4	2	1	1			
3	3	2	1	3	2	1	1		1
4	3		3	2	1	1			
5-9岁	**12**	**8**	**4**	**3**	**2**	**1**			
5	2	2							
6	3	3		1	1				
7	3		3						
8	3	3		1	1				
9	1		1	1		1			
10-14岁	**15**	**7**	**8**	**8**	**5**	**3**			
10	3		3	2	1	1			
11	1	1		1	1				
12	3	2	1	1	1				
13	5	4	1	2	1	1			
14	3		3	2	1	1			
15-19岁	**32**	**11**	**21**	**10**	**3**	**7**			
15	2	2		3	1	2			
16	3	1	2						
17	6	2	4	1	1				
18	7	1	6	1		1			
19	14	5	9	5	1	4			
20-24岁	**35**	**12**	**23**	**36**	**19**	**17**	**1**	**1**	
20	4	1	3	9	4	5	1	1	
21	8	2	6	14	7	7			
22	5	2	3	4	3	1			
23	10	3	7	4	3	1			
24	8	4	4	5	2	3			
25-29岁	**31**	**17**	**14**	**11**	**2**	**9**	**6**		**6**
25	6	5	1	2		2			
26	6	4	2	3	1	2	2		2
27	6	4	2	2	1	1	1		1
28	7	2	5	4		4	2		2
29	6	2	4				1		1

2-1 续表 40　　　　单位：人

年 龄	锡伯族			阿昌族			普米族		
	小计	男	女	小计	男	女	小计	男	女
30-34岁	**16**	**5**	**11**	**13**	**3**	**10**			
30	4	1	3	6	1	5			
31	1		1	1		1			
32	1		1	3	2	1			
33	8	3	5	2		2			
34	2	1	1	1		1			
35-39岁	**23**	**9**	**14**	**8**	**3**	**5**			
35	5		5						
36	6	4	2	5	1	4			
37	8	4	4	2	1	1			
38				1	1				
39	4	1	3						
40-44岁	**14**	**4**	**10**	**11**	**3**	**8**			
40	1		1	5		5			
41	4		4	1		1			
42	6	2	4	2	2				
43	1		1	1		1			
44	2	2		2	1	1			
45-49岁	**20**	**9**	**11**	**11**	**3**	**8**	**1**	**1**	
45	4	1	3	1		1	1	1	
46	3	2	1	5	3	2			
47	4	3	1	3		3			
48	3	1	2	1		1			
49	6	2	4	1		1			
50-54岁	**20**	**14**	**6**	**7**	**5**	**2**			
50	4	3	1	1		1			
51	1		1	2	1	1			
52	7	4	3	2	2				
53	7	6	1	2	2				
54	1	1							
55-59岁	**8**	**5**	**3**	**10**	**4**	**6**			
55	3	2	1	1		1			
56	1		1	3	1	2			
57	1		1	2	2				
58	1	1		2		2			
59	2	2		2	1	1			
60-64岁	**10**	**5**	**5**	**5**	**3**	**2**			
60	1	1		4	3	1			
61	4	3	1	1		1			
62									
63	3	1	2						
64	2		2						

2-1　续表 41　　单位：人

年　龄	锡伯族			阿昌族			普米族		
	小计	男	女	小计	男	女	小计	男	女
65-69岁	**6**	**2**	**4**	**1**	**1**				
65	1		1	1	1				
66	1	1							
67	1	1							
68	3		3						
69									
70-74岁	**6**	**4**	**2**						
70	1	1							
71	1		1						
72									
73	1	1							
74	3	2	1						
75-79岁	**5**	**3**	**2**	**3**	**3**				
75	1		1	1	1				
76	1	1		1	1				
77	1	1							
78	2	1	1	1	1				
79									
80-84岁	**1**		**1**	**2**	**2**				
80				1	1				
81				1	1				
82									
83	1		1						
84									
85-89岁									
85									
86									
87									
88									
89									
90-94岁									
90									
91									
92									
93									
94									
95-99岁									
95									
96									
97									
98									
99									
100岁及以上									

2-1 续表 42

单位：人

年 龄	塔吉克族			怒 族			乌孜别克族		
	小计	男	女	小计	男	女	小计	男	女
总 计	**23**	**8**	**15**	**186**	**92**	**94**	**16**	**13**	**3**
0-4岁	**1**	**1**		**10**	**3**	**7**			
0				2		2			
1				3	1	2			
2				2		2			
3				2	1	1			
4	1	1		1	1				
5-9岁				**8**	**4**	**4**	**1**	**1**	
5				4	2	2	1	1	
6				2		2			
7				1	1				
8									
9				1	1				
10-14岁	**1**	**1**		**1**	**1**				
10	1	1							
11									
12									
13				1	1				
14									
15-19岁	**4**	**1**	**3**	**12**	**10**	**2**	**4**	**4**	
15									
16	2		2	4	4				
17	2	1	1	1	1		2	2	
18				2	2				
19				5	3	2	2	2	
20-24岁	**4**		**4**	**14**	**5**	**9**	**2**	**2**	
20	1		1	4	1	3	1	1	
21	1		1	4	2	2			
22				4	1	3			
23	2		2	2	1	1			
24							1	1	
25-29岁	**2**	**1**	**1**	**15**	**6**	**9**	**1**	**1**	
25							1	1	
26	2	1	1	3		3			
27				3	2	1			
28				6	2	4			
29				3	2	1			

2-1 续表 43 单位：人

年 龄	塔吉克族			怒 族			乌孜别克族		
	小计	男	女	小计	男	女	小计	男	女
30-34岁	**3**	**1**	**2**	**18**	**8**	**10**	**1**		**1**
30				3	1	2			
31	2	1	1	2	1	1	1		1
32				6	3	3			
33	1		1	2		2			
34				5	3	2			
35-39岁	**2**	**1**	**1**	**18**	**11**	**7**			
35				2	2				
36				4	2	2			
37	2	1	1	5	3	2			
38				1	1				
39				6	3	3			
40-44岁				**10**	**3**	**7**	**1**		**1**
40				1	1				
41				2		2			
42				2	1	1	1		1
43				2		2			
44				3	1	2			
45-49岁				**12**	**7**	**5**	**2**	**2**	
45				3	3				
46				3	1	2			
47				4	2	2	2	2	
48									
49				2	1	1			
50-54岁	**1**	**1**		**13**	**5**	**8**	**1**		**1**
50				1	1				
51	1	1		2	1	1			
52				2		2	1		1
53				3	1	2			
54				5	2	3			
55-59岁	**1**		**1**	**19**	**14**	**5**	**1**	**1**	
55				2	2				
56				2	2				
57	1		1	4	2	2			
58				6	5	1	1	1	
59				5	3	2			
60-64岁	**1**		**1**	**13**	**7**	**6**			
60	1		1	4	1	3			
61				2	2				
62				3	2	1			
63				4	2	2			
64									

2-1 续表 44 单位：人

年 龄	塔吉克族			怒 族			乌孜别克族		
	小计	男	女	小计	男	女	小计	男	女
65-69岁				**8**	**3**	**5**	**1**	**1**	
65				1		1	1	1	
66									
67				2	1	1			
68				3	1	2			
69				2	1	1			
70-74岁	**2**	**1**	**1**	**8**	**3**	**5**			
70	1		1	3	2	1			
71				1		1			
72	1	1							
73				2		2			
74				2	1	1			
75-79岁				**6**	**2**	**4**			
75				1	1				
76				2	1	1			
77				1		1			
78				1		1			
79				1		1			
80-84岁				**1**		**1**	**1**	**1**	
80							1	1	
81									
82									
83									
84				1		1			
85-89岁	**1**		**1**						
85	1		1						
86									
87									
88									
89									
90-94岁									
90									
91									
92									
93									
94									
95-99岁									
95									
96									
97									
98									
99									
100岁及以上									

2-1 续表 45

单位：人

年 龄	俄罗斯族			鄂温克族			德 昂 族		
	小计	男	女	小计	男	女	小计	男	女
总 计	**32**	**12**	**20**	**23**	**7**	**16**	**11**		**11**
0-4岁	**3**	**2**	**1**	**1**		**1**			
0	1	1							
1				1		1			
2									
3	2	1	1						
4									
5-9岁	**3**		**3**						
5									
6	1		1						
7	1		1						
8									
9	1		1						
10-14岁	**2**	**1**	**1**	**2**	**2**		**1**		**1**
10	1	1							
11	1		1	1	1				
12							1		1
13				1	1				
14									
15-19岁	**2**		**2**	**2**	**1**	**1**	**2**		**2**
15							1		1
16	1		1						
17									
18	1		1	1		1			
19				1	1		1		1
20-24岁	**5**	**2**	**3**	**11**	**1**	**10**	**1**		**1**
20	1		1	4		4			
21	3	1	2	7	1	6			
22							1		1
23									
24	1	1							
25-29岁	**1**	**1**					**1**		**1**
25	1	1							
26									
27									
28							1		1
29									

2-1 续表 46

单位：人

年 龄	俄罗斯族			鄂温克族			德 昂 族		
	小计	男	女	小计	男	女	小计	男	女
30-34岁	**5**	**1**	**4**	**1**		**1**	**2**		**2**
30	3	1	2				1		1
31	1		1	1		1			
32									
33	1		1				1		1
34									
35-39岁	**3**	**2**	**1**				**4**		**4**
35	1		1						
36									
37	1	1					2		2
38							2		2
39	1	1							
40-44岁	**3**	**1**	**2**	**3**	**1**	**2**			
40	2		2	1		1			
41				1		1			
42									
43	1	1		1	1				
44									
45-49岁				**1**	**1**				
45									
46									
47									
48				1	1				
49									
50-54岁				**1**	**1**				
50				1	1				
51									
52									
53									
54									
55-59岁	**2**	**1**	**1**						
55	1		1						
56	1	1							
57									
58									
59									
60-64岁	**3**	**1**	**2**	**1**		**1**			
60									
61									
62	3	1	2						
63				1		1			
64									

2-1 续表 47

单位：人

年 龄	俄罗斯族			鄂温克族			德 昂 族		
	小计	男	女	小计	男	女	小计	男	女
65-69岁									
65									
66									
67									
68									
69									
70-74岁									
70									
71									
72									
73									
74									
75-79岁									
75									
76									
77									
78									
79									
80-84岁									
80									
81									
82									
83									
84									
85-89岁									
85									
86									
87									
88									
89									
90-94岁									
90									
91									
92									
93									
94									
95-99岁									
95									
96									
97									
98									
99									
100岁及以上									

2-1 续表 48

单位：人

年 龄	保安族			裕固族			京 族		
	小计	男	女	小计	男	女	小计	男	女
总 计	**4**	**2**	**2**	**52**	**21**	**31**	**120**	**51**	**69**
0-4岁				**2**		**2**	**7**	**5**	**2**
0				1		1	3	2	1
1							3	2	1
2				1		1			
3							1	1	
4									
5-9岁				**1**	**1**		**7**	**4**	**3**
5							1	1	
6							1		1
7							1		1
8									
9				1	1		4	3	1
10-14岁				**1**		**1**	**3**	**1**	**2**
10							2		2
11									
12				1		1			
13									
14							1	1	
15-19岁	**1**		**1**	**8**	**2**	**6**	**5**	**3**	**2**
15				1	1				
16				2		2	3	2	1
17				2	1	1			
18	1		1	1		1	1	1	
19				2		2	1		1
20-24岁				**8**	**4**	**4**	**22**	**6**	**16**
20				3	2	1	9	4	5
21				2	1	1	5		5
22				1	1		4	1	3
23				1		1	3	1	2
24				1		1	1		1
25-29岁	**1**	**1**		**2**		**2**	**1**		**1**
25				2		2			
26									
27	1	1							
28							1		1
29									

2-1 续表 49

单位：人

年 龄	保安族			裕固族			京 族		
	小计	男	女	小计	男	女	小计	男	女
30-34岁				**4**	**2**	**2**	**13**	**6**	**7**
30				1	1		2	1	1
31				1		1	1		1
32				1		1	5	4	1
33				1	1		2		2
34							3	1	2
35-39岁				**5**	**2**	**3**	**8**	**2**	**6**
35									
36				2	1	1			
37				1	1		1	1	
38				1		1	3		3
39				1		1	4	1	3
40-44岁	**1**	**1**		**6**	**3**	**3**	**8**	**2**	**6**
40				1	1		2		2
41							4	2	2
42	1	1		4	2	2			
43				1		1	1		1
44							1		1
45-49岁				**3**	**1**	**2**	**10**	**5**	**5**
45							3	1	2
46							1	1	
47				1		1	4	2	2
48				2	1	1	2	1	1
49									
50-54岁				**4**	**3**	**1**	**7**	**4**	**3**
50				1		1	3	2	1
51				1	1		1		1
52				1	1		2	1	1
53									
54				1	1		1	1	
55-59岁				**4**	**1**	**3**	**5**	**3**	**2**
55				1	1				
56							1	1	
57				1		1			
58				2		2	1	1	
59							3	1	2
60-64岁				**1**		**1**	**12**	**4**	**8**
60				1		1	3	1	2
61							2		2
62									
63							3	2	1
64							4	1	3

2-1 续表 50 单位：人

年 龄	保安族			裕固族			京 族		
	小计	男	女	小计	男	女	小计	男	女
65-69岁	**1**		**1**				**5**	**2**	**3**
65							1		1
66							2	1	1
67	1		1				1		1
68							1	1	
69									
70-74岁				**1**		**1**	**4**	**3**	**1**
70				1		1	1	1	
71							1	1	
72									
73							2	1	1
74									
75-79岁				**2**	**2**		**2**	**1**	**1**
75							1		1
76				1	1				
77				1	1				
78							1	1	
79									
80-84岁									
80									
81									
82									
83									
84									
85-89岁							**1**		**1**
85									
86							1		1
87									
88									
89									
90-94岁									
90									
91									
92									
93									
94									
95-99岁									
95									
96									
97									
98									
99									
100岁及以上									

2-1 续表 51 单位：人

年龄	塔塔尔族			独龙族			鄂伦春族		
	小计	男	女	小计	男	女	小计	男	女
总计	**4**	**2**	**2**	**55**	**27**	**28**	**14**	**6**	**8**
0-4岁				**2**	**1**	**1**			
0									
1				2	1	1			
2									
3									
4									
5-9岁				**2**	**2**		**2**	**1**	**1**
5				1	1				
6							1		1
7				1	1		1	1	
8									
9									
10-14岁				**2**	**1**	**1**	**2**		**2**
10							1		1
11				1		1			
12				1	1				
13									
14							1		1
15-19岁				**1**	**1**		**2**	**1**	**1**
15									
16				1	1				
17							1		1
18							1	1	
19									
20-24岁	**2**		**2**	**4**		**4**	**3**	**1**	**2**
20							3	1	2
21				1		1			
22	2		2						
23				3		3			
24									
25-29岁				**6**	**1**	**5**			
25									
26				3		3			
27				1	1				
28				2		2			
29									

2-1 续表 52

单位：人

年 龄	塔塔尔族			独 龙 族			鄂伦春族		
	小计	男	女	小计	男	女	小计	男	女
30-34岁				**2**	**1**	**1**	**1**		**1**
30									
31									
32							1		1
33				1	1				
34				1		1			
35-39岁				**3**	**1**	**2**	**3**	**2**	**1**
35				1		1			
36							1	1	
37				2	1	1			
38							1		1
39							1	1	
40-44岁				**4**	**3**	**1**	**1**	**1**	
40									
41									
42				2	2		1	1	
43									
44				2	1	1			
45-49岁	**1**	**1**		**6**	**5**	**1**			
45				1	1				
46				2	2				
47				3	2	1			
48	1	1							
49									
50-54岁				**5**	**4**	**1**			
50				1	1				
51									
52				1		1			
53									
54				3	3				
55-59岁				**8**	**4**	**4**			
55				2		2			
56				1	1				
57				3	2	1			
58				2	1	1			
59									
60-64岁	**1**	**1**		**2**	**1**	**1**			
60	1	1		1	1				
61									
62									
63									
64				1		1			

2-1　续表 53　　　　　　　　　　　　　　　　　　　　单位：人

年　龄	塔塔尔族			独龙族			鄂伦春族		
	小计	男	女	小计	男	女	小计	男	女
65-69岁				**2**	**1**	**1**			
65									
66				1		1			
67									
68									
69				1	1				
70-74岁				**2**		**2**			
70									
71				2		2			
72									
73									
74									
75-79岁				**2**	**1**	**1**			
75				1		1			
76									
77									
78									
79				1	1				
80-84岁				**2**		**2**			
80				1		1			
81									
82									
83				1		1			
84									
85-89岁									
85									
86									
87									
88									
89									
90-94岁									
90									
91									
92									
93									
94									
95-99岁									
95									
96									
97									
98									
99									
100岁及以上									

2-1 续表 54

单位：人

年　龄	赫哲族			门巴族			珞巴族		
	小计	男	女	小计	男	女	小计	男	女
总　计	**30**	**13**	**17**	**45**	**16**	**29**			
0-4岁				**4**	**3**	**1**			
0									
1									
2				1	1				
3				1	1				
4				2	1	1			
5-9岁				**2**	**1**	**1**			
5									
6									
7				1	1				
8				1		1			
9									
10-14岁	**3**	**2**	**1**	**3**	**2**	**1**			
10									
11	1	1							
12	1		1	1	1				
13				1	1				
14	1	1		1		1			
15-19岁	**3**	**1**	**2**	**2**		**2**			
15	1		1	1		1			
16									
17									
18									
19	2	1	1	1		1			
20-24岁	**6**	**1**	**5**	**3**	**1**	**2**			
20	1		1	1		1			
21	1		1	1	1				
22	2		2	1		1			
23									
24	2	1	1						
25-29岁	**5**	**3**	**2**	**3**	**1**	**2**			
25	1	1							
26	1		1	1		1			
27									
28	2	1	1	2	1	1			
29	1	1							

2-1 续表 55

单位：人

年 龄	赫哲族			门巴族			珞巴族		
	小计	男	女	小计	男	女	小计	男	女
30-34岁	**1**	**1**		**3**	**1**	**2**			
30	1	1		1		1			
31									
32									
33				1		1			
34				1	1				
35-39岁				**4**	**2**	**2**			
35				1	1				
36				1		1			
37									
38				1		1			
39				1	1				
40-44岁	**1**		**1**	**4**	**1**	**3**			
40				1	1				
41	1		1	2		2			
42									
43									
44				1		1			
45-49岁	**3**	**1**	**2**	**5**	**2**	**3**			
45	1	1							
46				3	2	1			
47	1		1	1		1			
48				1		1			
49	1		1						
50-54岁	**4**	**1**	**3**	**3**	**1**	**2**			
50	1		1						
51	2		2						
52				1		1			
53				1	1				
54	1	1		1		1			
55-59岁	**1**	**1**		**3**	**1**	**2**			
55	1	1		2		2			
56									
57				1	1				
58									
59									
60-64岁	**2**	**2**		**4**		**4**			
60	1	1		1		1			
61									
62				1		1			
63				1		1			
64	1	1		1		1			

2-1 续表 56

单位：人

年 龄	赫哲族			门巴族			珞巴族		
	小计	男	女	小计	男	女	小计	男	女
65-69岁				**1**		**1**			
65									
66									
67				1		1			
68									
69									
70-74岁									
70									
71									
72									
73									
74									
75-79岁	**1**		**1**						
75									
76									
77	1		1						
78									
79									
80-84岁				**1**		**1**			
80									
81									
82									
83									
84				1		1			
85-89岁									
85									
86									
87									
88									
89									
90-94岁									
90									
91									
92									
93									
94									
95-99岁									
95									
96									
97									
98									
99									
100岁及以上									

2-1 续表57

单位：人

年龄	基诺族			其他未识别的民族			外国人加入中国籍		
	小计	男	女	小计	男	女	小计	男	女
总计	**7**	**1**	**6**	**99**	**43**	**56**	**195**	**77**	**118**
0-4岁				**6**	**1**	**5**	**10**	**4**	**6**
0							2		2
1				3		3	1		1
2				1		1	2	1	1
3				1	1		3	3	
4				1		1	2		2
5-9岁	**1**		**1**	**5**	**4**	**1**	**10**	**8**	**2**
5				1	1				
6				1	1		2	1	1
7	1		1	2	1	1	5	4	1
8				1	1				
9							3	3	
10-14岁				**1**		**1**	**7**	**3**	**4**
10							3	2	1
11				1		1	1	1	
12							2		2
13									
14							1		1
15-19岁				**11**	**5**	**6**	**2**	**1**	**1**
15				2	2				
16									
17				1	1		1	1	
18				4	1	3			
19				4	1	3	1		1
20-24岁	**1**		**1**	**23**	**12**	**11**	**12**	**4**	**8**
20				7	3	4	6	3	3
21				4	4		1	1	
22				6	1	5	1		1
23	1		1	4	2	2	4		4
24				2	2				
25-29岁	**2**		**2**	**11**	**3**	**8**	**9**	**2**	**7**
25				1	1		3	1	2
26	1		1	1	1		1		1
27	1		1	3		3	2		2
28				2		2			
29				4	1	3	3	1	2

2-1 续表 58

单位：人

年龄	基诺族			其他未识别的民族			外国人加入中国籍		
	小计	男	女	小计	男	女	小计	男	女
30-34岁	**1**		**1**	**10**	**5**	**5**	**16**	**3**	**13**
30				1		1	3	1	2
31	1		1	2	1	1	4	1	3
32				3	2	1	4	1	3
33							3		3
34				4	2	2	2		2
35-39岁	**2**	**1**	**1**	**9**	**4**	**5**	**15**	**7**	**8**
35	1	1		1	1		2	1	1
36				3	2	1	5	2	3
37	1		1	1		1	1		1
38				2	1	1	3	1	2
39				2		2	4	3	1
40-44岁				**6**	**1**	**5**	**22**	**5**	**17**
40				1		1	4	1	3
41				1		1	4	1	3
42				2	1	1	7	1	6
43				2		2	2	1	1
44							5	1	4
45-49岁				**6**	**2**	**4**	**12**	**3**	**9**
45				1	1				
46				1		1			
47				4	1	3	5	2	3
48							3		3
49							4	1	3
50-54岁				**3**	**2**	**1**	**17**	**6**	**11**
50				1	1		3	2	1
51							3	1	2
52				2	1	1	3	2	1
53							5		5
54							3	1	2
55-59岁				**2**	**2**		**10**	**2**	**8**
55				1	1		1		1
56							3	1	2
57				1	1		1		1
58							3	1	2
59							2		2
60-64岁				**2**	**1**	**1**	**18**	**10**	**8**
60				1	1		4	1	3
61							4	1	3
62							4	4	
63				1		1	2	1	1
64							4	3	1

2-1 续表 59 单位：人

年 龄	基诺族			其他未识别的民族			外国人加入中国籍		
	小计	男	女	小计	男	女	小计	男	女
65-69岁				**1**		**1**	**15**	**8**	**7**
65				1		1	3	2	1
66							4	1	3
67							6	4	2
68							2	1	1
69									
70-74岁				**2**	**1**	**1**	**7**	**5**	**2**
70				1		1	2	2	
71							2	2	
72				1	1				
73							2	1	1
74							1		1
75-79岁							**9**	**3**	**6**
75							1		1
76							3	2	1
77							2	1	1
78							1		1
79							2		2
80-84岁				**1**		**1**	**3**	**3**	
80				1		1	1	1	
81									
82							1	1	
83									
84							1	1	
85-89岁									
85									
86									
87									
88									
89									
90-94岁							**1**		**1**
90									
91									
92									
93									
94							1		1
95-99岁									
95									
96									
97									
98									
99									
100岁及以上									

2-2 全省各民族分性别、受教育程度的6岁及以上人口

单位：人

民　族	6岁及以上人口			未上过学		
	合计	男	女	小计	男	女
总　计	**85563558**	**42777392**	**42786166**	**4529564**	**1306814**	**3222750**
汉　族	84539305	42262904	42276401	4489487	1294361	3195126
蒙古族	54948	34243	20705	1416	904	512
回　族	878408	434780	443628	35147	10231	24916
藏　族	1718	555	1163	168	14	154
维吾尔族	2774	1516	1258	80	41	39
苗　族	3983	1506	2477	172	15	157
彝　族	1640	602	1038	107	36	71
壮　族	4952	1800	3152	114	23	91
布依族	5569	2413	3156	141	22	119
朝鲜族	1344	600	744	13		13
满　族	49487	28446	21041	1555	947	608
侗　族	508	231	277	9	1	8
瑶　族	678	221	457	6		6
白　族	551	229	322	26	7	19
土家族	4831	2395	2436	78	23	55
哈尼族	351	72	279	33	7	26
哈萨克族	4513	2155	2358	360	88	272
傣　族	476	95	381	47	2	45
黎　族	917	355	562	73	11	62
傈僳族	160	19	141	18	1	17
佤　族	1507	306	1201	193	21	172
畲　族	176	92	84	1		1
高山族	677	339	338	15	3	12
拉祜族	680	41	639	106	4	102
水　族	317	167	150	23	5	18
东乡族	68	45	23	3	1	2
纳西族	114	32	82	6		6
景颇族	123	7	116	15		15
柯尔克孜族	37	20	17			
土　族	531	218	313	28	6	22
达斡尔族	113	38	75	5	1	4
仫佬族	65	25	40	1		1
羌　族	202	97	105	6		6
布朗族	73	16	57	11	3	8
撒拉族	261	161	100	34	13	21
毛南族	22	6	16			
仡佬族	218	104	114	2		2
锡伯族	252	113	139	1	1	
阿昌族	139	61	78			
普米族	8	2	6			
塔吉克族	22	7	15	2	1	1
怒　族	172	87	85	16	3	13
乌孜别克族	15	12	3	1	1	
俄罗斯族	29	10	19			
鄂温克族	22	7	15			
德昂族	11		11			
保安族	4	2	2			
裕固族	50	21	29	2	2	
京　族	112	45	67	7	3	4
塔塔尔族	4	2	2			
独龙族	52	25	27	5		5
鄂伦春族	14	6	8	1		1
赫哲族	30	13	17	5	1	4
门巴族	41	13	28	3		3
珞巴族						
基诺族	7	1	6			
其他未识别的民族	92	41	51	3	1	2
外国人加入中国籍	185	73	112	19	10	9

2-2 续表 1 单位：人

民族	小学			初中			高中		
	小计	男	女	小计	男	女	小计	男	女
总　计	**22669174**	**10652923**	**12016251**	**39925272**	**20767503**	**19157769**	**12423541**	**6871168**	**5552373**
汉　族	22433994	10536578	11897416	39460154	20526326	18933828	12246021	6778494	5467527
蒙古族	14368	9251	5117	24531	16312	8219	7614	4226	3388
回　族	200576	97416	103160	409546	208794	200752	153491	79805	73686
藏　族	453	75	378	459	163	296	309	138	171
维吾尔族	480	262	218	1051	645	406	676	336	340
苗　族	1002	294	708	1418	472	946	560	284	276
彝　族	463	155	308	634	210	424	198	84	114
壮　族	751	238	513	1727	427	1300	839	389	450
布依族	967	381	586	1882	802	1080	1559	745	814
朝鲜族	148	59	89	236	92	144	329	148	181
满　族	11220	6641	4579	17028	10539	6489	8979	4989	3990
侗　族	67	29	38	129	46	83	101	43	58
瑶　族	93	22	71	219	42	177	102	37	65
白　族	112	36	76	152	62	90	102	48	54
土家族	814	387	427	1478	639	839	1038	562	476
哈尼族	116	12	104	129	17	112	31	16	15
哈萨克族	1172	512	660	1788	957	831	655	358	297
傣　族	159	22	137	167	25	142	38	12	26
黎　族	192	72	120	340	132	208	117	56	61
傈僳族	78	5	73	50	5	45	6	2	4
佤　族	633	86	547	508	142	366	80	35	45
畲　族	27	12	15	49	25	24	37	22	15
高山族	156	70	86	333	170	163	87	51	36
拉祜族	381	13	368	169	14	155	11	5	6
水　族	57	28	29	147	75	72	51	33	18
东乡族	24	16	8	14	9	5	13	10	3
纳西族	26	3	23	40	7	33	12	10	2
景颇族	57	5	52	47	1	46	1		1
柯尔克孜族	3	2	1	9	3	6	19	14	5
土　族	101	34	67	172	54	118	102	52	50
达斡尔族	13	1	12	23	10	13	24	8	16
仫佬族	5	2	3	22	2	20	8	4	4
羌　族	47	23	24	70	38	32	40	13	27
布朗族	30		30	17	2	15	3		3
撒拉族	112	68	44	81	61	20	19	10	9
毛南族	4		4	5		5	1	1	
仡佬族	30	17	13	65	17	48	37	17	20
锡伯族	24	14	10	41	18	23	67	33	34
阿昌族	22	8	14	25	11	14	35	19	16
普米族	2		2	2		2	3	2	1
塔吉克族	2	2		5		5	9	3	6
怒　族	34	13	21	69	38	31	23	16	7
乌孜别克族	2	2		7	4	3	1	1	
俄罗斯族	6	1	5	4	1	3	9	1	8
鄂温克族	1		1	7	2	5	4	2	2
德昂族	3		3	7		7	1		1
保安族	1		1	2	2		1		1
裕固族	6	2	4	14	6	8	11	4	7
京　族	37	14	23	32	13	19	13	8	5
塔塔尔族							2	2	
独龙族	9	5	4	25	13	12	9	5	4
鄂伦春族	2	1	1	3	1	2	3		3
赫哲族	3	2	1	12	8	4	6	2	4
门巴族	8	1	7	17	6	11	6	4	2
珞巴族									
基诺族	2		2	2	1	1	2		2
其他未识别的民族	17	7	10	39	16	23	10	4	6
外国人加入中国籍	62	24	38	70	26	44	16	5	11

2-2 续表 2

单位：人

民 族	大学专科			大学本科			研究生		
	小计	男	女	小计	男	女	小计	男	女
总 计	**4034524**	**2108974**	**1925550**	**1858760**	**1001945**	**856815**	**122723**	**68065**	**54658**
汉 族	3970804	2077960	1892844	1818452	982297	836155	120393	66888	53505
蒙古族	3593	1867	1726	3243	1599	1644	183	84	99
回 族	51077	24600	26477	27040	13129	13911	1531	805	726
藏 族	153	76	77	166	82	84	10	7	3
维吾尔族	195	101	94	284	126	158	8	5	3
苗 族	315	173	142	487	255	232	29	13	16
彝 族	82	42	40	152	73	79	4	2	2
壮 族	546	275	271	938	431	507	37	17	20
布依族	627	284	343	373	171	202	20	8	12
朝鲜族	230	116	114	354	167	187	34	18	16
满 族	5244	2655	2589	5104	2524	2580	357	151	206
侗 族	76	48	28	119	62	57	7	2	5
瑶 族	77	43	34	172	73	99	9	4	5
白 族	56	20	36	100	55	45	3	1	2
土家族	569	314	255	812	443	369	42	27	15
哈尼族	15	5	10	25	14	11	2	1	1
哈萨克族	295	128	167	231	107	124	12	5	7
傣 族	21	11	10	44	23	21			
黎 族	109	49	60	83	34	49	3	1	2
傈僳族	2	1	1	6	5	1			
佤 族	36	11	25	54	10	44	3	1	2
畲 族	16	7	9	40	23	17	6	3	3
高山族	47	24	23	35	18	17	4	3	1
拉祜族	4	3	1	9	2	7			
水 族	27	18	9	12	8	4			
东乡族	5	4	1	9	5	4			
纳西族	11	5	6	19	7	12			
景颇族	1		1	2	1	1			
柯尔克孜族	3		3	3	1	2			
土 族	58	33	25	66	37	29	4	2	2
达斡尔族	17	5	12	29	12	17	2	1	1
仫佬族	8	5	3	21	12	9			
羌 族	11	6	5	24	15	9	4	2	2
布朗族	4	3	1	8	8				
撒拉族	9	6	3	6	3	3			
毛南族	6	2	4	6	3	3			
仡佬族	23	12	11	59	39	20	2	2	
锡伯族	56	20	36	58	24	34	5	3	2
阿昌族	25	9	16	30	12	18	2	2	
普米族				1		1			
塔吉克族	2	1	1	2		2			
怒 族	20	10	10	8	5	3	2	2	
乌孜别克族				4	4				
俄罗斯族	1	1		8	5	3	1	1	
鄂温克族	4	2	2	6	1	5			
德昂族									
保安族									
裕固族	5	3	2	12	4	8			
京 族	11	1	10	11	5	6	1	1	
塔塔尔族				2		2			
独龙族	2	1	1	2	1	1			
鄂伦春族	2	2		2	1	1	1	1	
赫哲族	1		1	3		3			
门巴族	2	1	1	5	1	4			
珞巴族									
基诺族				1		1			
其他未识别的民族	7	5	2	16	8	8			
外国人加入中国籍	14	6	8	2		2	2	2	

第一部分　全部数据资料

第三卷　年龄

3-1 全省分年龄、性别的人口

单位：人、%

年龄	人口数			占总人口比重			性别比
	合计	男	女	合计	男	女	(女=100)
总计	**94029939**	**47493063**	**46536876**	**100.00**	**50.51**	**49.49**	**102.05**
0-4岁	**7107069**	**3951617**	**3155452**	**7.56**	**4.20**	**3.36**	**125.23**
0	1043852	564511	479341	1.11	0.60	0.51	117.77
1	1631032	915880	715152	1.73	0.97	0.76	128.07
2	1536539	855448	681091	1.63	0.91	0.72	125.60
3	1428435	796439	631996	1.52	0.85	0.67	126.02
4	1467211	819339	647872	1.56	0.87	0.69	126.47
5-9岁	**6480010**	**3655027**	**2824983**	**6.89**	**3.89**	**3.00**	**129.38**
5	1359312	764054	595258	1.45	0.81	0.63	128.36
6	1346853	758736	588117	1.43	0.81	0.63	129.01
7	1269086	716736	552350	1.35	0.76	0.59	129.76
8	1240249	701404	538845	1.32	0.75	0.57	130.17
9	1264510	714097	550413	1.34	0.76	0.59	129.74
10-14岁	**6160239**	**3414352**	**2745887**	**6.55**	**3.63**	**2.92**	**124.34**
10	1302123	733659	568464	1.38	0.78	0.60	129.06
11	1222220	683113	539107	1.30	0.73	0.57	126.71
12	1301589	721726	579863	1.38	0.77	0.62	124.46
13	1180501	649355	531146	1.26	0.69	0.56	122.26
14	1153806	626499	527307	1.23	0.67	0.56	118.81
15-19岁	**7418890**	**3861615**	**3557275**	**7.89**	**4.11**	**3.78**	**108.56**
15	1268724	682803	585921	1.35	0.73	0.62	116.53
16	1308970	688066	620904	1.39	0.73	0.66	110.82
17	1565496	816562	748934	1.66	0.87	0.80	109.03
18	1648362	849653	798709	1.75	0.90	0.85	106.38
19	1627338	824531	802807	1.73	0.88	0.85	102.71
20-24岁	**9611242**	**4641380**	**4969862**	**10.22**	**4.94**	**5.29**	**93.39**
20	2286579	1138695	1147884	2.43	1.21	1.22	99.20
21	2098831	1016608	1082223	2.23	1.08	1.15	93.94
22	1885531	901189	984342	2.01	0.96	1.05	91.55
23	1853600	883024	970576	1.97	0.94	1.03	90.98
24	1486701	701864	784837	1.58	0.75	0.83	89.43
25-29岁	**6125379**	**2934786**	**3190593**	**6.51**	**3.12**	**3.39**	**91.98**
25	1209418	575325	634093	1.29	0.61	0.67	90.73
26	1136365	539965	596400	1.21	0.57	0.63	90.54
27	1213970	582841	631129	1.29	0.62	0.67	92.35
28	1351885	651447	700438	1.44	0.69	0.74	93.01
29	1213741	585208	628533	1.29	0.62	0.67	93.11

3-1 续表 1 单位：人、%

年 龄	人口数			占总人口比重			性别比
	合计	男	女	合计	男	女	(女=100)
30-34岁	**5997389**	**2948021**	**3049368**	**6.38**	**3.14**	**3.24**	**96.68**
30	1227254	601722	625532	1.31	0.64	0.67	96.19
31	1241214	606772	634442	1.32	0.65	0.67	95.64
32	1223315	601522	621793	1.30	0.64	0.66	96.74
33	1090811	536684	554127	1.16	0.57	0.59	96.85
34	1214795	601321	613474	1.29	0.64	0.65	98.02
35-39岁	**7374290**	**3683925**	**3690365**	**7.84**	**3.92**	**3.92**	**99.83**
35	1248188	621413	626775	1.33	0.66	0.67	99.14
36	1446899	720530	726369	1.54	0.77	0.77	99.20
37	1492370	747144	745226	1.59	0.79	0.79	100.26
38	1594596	796890	797706	1.70	0.85	0.85	99.90
39	1592237	797948	794289	1.69	0.85	0.84	100.46
40-44岁	**8331878**	**4087217**	**4244661**	**8.86**	**4.35**	**4.51**	**96.29**
40	1804163	902210	901953	1.92	0.96	0.96	100.03
41	1612476	789059	823417	1.71	0.84	0.88	95.83
42	1800378	879817	920561	1.91	0.94	0.98	95.57
43	1468192	711506	756686	1.56	0.76	0.80	94.03
44	1646669	804625	842044	1.75	0.86	0.90	95.56
45-49岁	**6859450**	**3329233**	**3530217**	**7.29**	**3.54**	**3.75**	**94.31**
45	1526982	746977	780005	1.62	0.79	0.83	95.77
46	1480106	716651	763455	1.57	0.76	0.81	93.87
47	1844831	906084	938747	1.96	0.96	1.00	96.52
48	1338024	648154	689870	1.42	0.69	0.73	93.95
49	669507	311367	358140	0.71	0.33	0.38	86.94
50-54岁	**4915502**	**2431122**	**2484380**	**5.23**	**2.59**	**2.64**	**97.86**
50	854388	418473	435915	0.91	0.45	0.46	96.00
51	749520	369836	379684	0.80	0.39	0.40	97.41
52	1017224	506798	510426	1.08	0.54	0.54	99.29
53	1197550	595957	601593	1.27	0.63	0.64	99.06
54	1096820	540058	556762	1.17	0.57	0.59	97.00
55-59岁	**5680391**	**2823720**	**2856671**	**6.04**	**3.00**	**3.04**	**98.85**
55	1228164	614749	613415	1.31	0.65	0.65	100.22
56	1198458	598537	599921	1.27	0.64	0.64	99.77
57	1113430	553397	560033	1.18	0.59	0.60	98.82
58	1129813	559510	570303	1.20	0.60	0.61	98.11
59	1010526	497527	512999	1.07	0.53	0.55	96.98
60-64岁	**4108866**	**2069949**	**2038917**	**4.37**	**2.20**	**2.17**	**101.52**
60	984969	494218	490751	1.05	0.53	0.52	100.71
61	879738	444812	434926	0.94	0.47	0.46	102.27
62	781496	393081	388415	0.83	0.42	0.41	101.20
63	762287	385529	376758	0.81	0.41	0.40	102.33
64	700376	352309	348067	0.74	0.37	0.37	101.22

3-1 续表 2

单位：人、%

年龄	人口数			占总人口比重			性别比
	合计	男	女	合计	男	女	(女=100)
65-69岁	**2803020**	**1392429**	**1410591**	**2.98**	**1.48**	**1.50**	**98.71**
65	698121	353959	344162	0.74	0.38	0.37	102.85
66	538471	270113	268358	0.57	0.29	0.29	100.65
67	499057	240611	258446	0.53	0.26	0.27	93.10
68	547508	271464	276044	0.58	0.29	0.29	98.34
69	519863	256282	263581	0.55	0.27	0.28	97.23
70-74岁	**2091708**	**1021455**	**1070253**	**2.22**	**1.09**	**1.14**	**95.44**
70	517081	257534	259547	0.55	0.27	0.28	99.22
71	370385	180055	190330	0.39	0.19	0.20	94.60
72	413954	204097	209857	0.44	0.22	0.22	97.26
73	402426	196325	206101	0.43	0.21	0.22	95.26
74	387862	183444	204418	0.41	0.20	0.22	89.74
75-79岁	**1572918**	**714570**	**858348**	**1.67**	**0.76**	**0.91**	**83.25**
75	393028	183455	209573	0.42	0.20	0.22	87.54
76	348572	159021	189551	0.37	0.17	0.20	83.89
77	334183	152101	182082	0.36	0.16	0.19	83.53
78	261943	116776	145167	0.28	0.12	0.15	80.44
79	235192	103217	131975	0.25	0.11	0.14	78.21
80-84岁	**873698**	**363668**	**510030**	**0.93**	**0.39**	**0.54**	**71.30**
80	260280	113271	147009	0.28	0.12	0.16	77.05
81	176630	74126	102504	0.19	0.08	0.11	72.32
82	172307	71854	100453	0.18	0.08	0.11	71.53
83	142982	57380	85602	0.15	0.06	0.09	67.03
84	121499	47037	74462	0.13	0.05	0.08	63.17
85-89岁	**379099**	**131034**	**248065**	**0.40**	**0.14**	**0.26**	**52.82**
85	114289	42077	72212	0.12	0.04	0.08	58.27
86	89710	31542	58168	0.10	0.03	0.06	54.23
87	70821	24046	46775	0.08	0.03	0.05	51.41
88	56388	18394	37994	0.06	0.02	0.04	48.41
89	47891	14975	32916	0.05	0.02	0.04	45.49
90-94岁	**109292**	**30531**	**78761**	**0.12**	**0.03**	**0.08**	**38.76**
90	41141	12466	28675	0.04	0.01	0.03	43.47
91	24335	6690	17645	0.03	0.01	0.02	37.91
92	19304	5148	14156	0.02	0.01	0.02	36.37
93	13683	3537	10146	0.01		0.01	34.86
94	10829	2690	8139	0.01		0.01	33.05
95-99岁	**26668**	**6738**	**19930**	**0.03**	**0.01**	**0.02**	**33.81**
95	8289	2056	6233	0.01		0.01	32.99
96	6152	1497	4655	0.01			32.16
97	4932	1254	3678	0.01			34.09
98	4233	1143	3090				36.99
99	3062	788	2274				34.65
100岁及以上	**2941**	**674**	**2267**				**29.73**

3-1a 全省分年龄、性别的人口(城市)

单位：人、%

年 龄	人口数			占总人口比重			性别比
	合计	男	女	合计	男	女	(女=100)
总 计	**18331493**	**9258578**	**9072915**	**100.00**	**50.51**	**49.49**	**102.05**
0-4岁	**943300**	**514402**	**428898**	**5.15**	**2.81**	**2.34**	**119.94**
0	145411	77926	67485	0.79	0.43	0.37	115.47
1	204449	112034	92415	1.12	0.61	0.50	121.23
2	201705	110370	91335	1.10	0.60	0.50	120.84
3	198427	108351	90076	1.08	0.59	0.49	120.29
4	193308	105721	87587	1.05	0.58	0.48	120.70
5-9岁	**949853**	**520823**	**429030**	**5.18**	**2.84**	**2.34**	**121.40**
5	188702	103456	85246	1.03	0.56	0.47	121.36
6	192447	105247	87200	1.05	0.57	0.48	120.70
7	182453	100494	81959	1.00	0.55	0.45	122.61
8	190727	104643	86084	1.04	0.57	0.47	121.56
9	195524	106983	88541	1.07	0.58	0.48	120.83
10-14岁	**953739**	**515675**	**438064**	**5.20**	**2.81**	**2.39**	**117.72**
10	208248	113816	94432	1.14	0.62	0.52	120.53
11	189515	102961	86554	1.03	0.56	0.47	118.96
12	197228	106735	90493	1.08	0.58	0.49	117.95
13	179365	96563	82802	0.98	0.53	0.45	116.62
14	179383	95600	83783	0.98	0.52	0.46	114.10
15-19岁	**1488278**	**758763**	**729515**	**8.12**	**4.14**	**3.98**	**104.01**
15	218045	115774	102271	1.19	0.63	0.56	113.20
16	261430	135740	125690	1.43	0.74	0.69	108.00
17	322345	165170	157175	1.76	0.90	0.86	105.09
18	332152	167417	164735	1.81	0.91	0.90	101.63
19	354306	174662	179644	1.93	0.95	0.98	97.23
20-24岁	**2233929**	**1096166**	**1137763**	**12.19**	**5.98**	**6.21**	**96.34**
20	525874	254363	271511	2.87	1.39	1.48	93.68
21	519415	253093	266322	2.83	1.38	1.45	95.03
22	453665	225037	228628	2.47	1.23	1.25	98.43
23	415915	206520	209395	2.27	1.13	1.14	98.63
24	319060	157153	161907	1.74	0.86	0.88	97.06
25-29岁	**1421923**	**692596**	**729327**	**7.76**	**3.78**	**3.98**	**94.96**
25	259620	127835	131785	1.42	0.70	0.72	97.00
26	257150	125048	132102	1.40	0.68	0.72	94.66
27	290224	140620	149604	1.58	0.77	0.82	93.99
28	327656	159009	168647	1.79	0.87	0.92	94.29
29	287273	140084	147189	1.57	0.76	0.80	95.17

3-1a 续表 1

单位：人、%

年 龄	人 口 数			占总人口比重			性别比
	合计	男	女	合计	男	女	(女=100)
30-34岁	**1532648**	**757207**	**775441**	**8.36**	**4.13**	**4.23**	**97.65**
30	290623	143900	146723	1.59	0.78	0.80	98.08
31	320109	157824	162285	1.75	0.86	0.89	97.25
32	314885	155040	159845	1.72	0.85	0.87	96.99
33	292135	144347	147788	1.59	0.79	0.81	97.67
34	314896	156096	158800	1.72	0.85	0.87	98.30
35-39岁	**1811117**	**913206**	**897911**	**9.88**	**4.98**	**4.90**	**101.70**
35	318120	157846	160274	1.74	0.86	0.87	98.49
36	363524	181069	182455	1.98	0.99	1.00	99.24
37	371890	188236	183654	2.03	1.03	1.00	102.49
38	382604	194323	188281	2.09	1.06	1.03	103.21
39	374979	191732	183247	2.05	1.05	1.00	104.63
40-44岁	**1736405**	**890373**	**846032**	**9.47**	**4.86**	**4.62**	**105.24**
40	409896	211029	198867	2.24	1.15	1.08	106.12
41	356054	181613	174441	1.94	0.99	0.95	104.11
42	377446	193263	184183	2.06	1.05	1.00	104.93
43	278469	142699	135770	1.52	0.78	0.74	105.10
44	314540	161769	152771	1.72	0.88	0.83	105.89
45-49岁	**1384679**	**713552**	**671127**	**7.55**	**3.89**	**3.66**	**106.32**
45	308038	159541	148497	1.68	0.87	0.81	107.44
46	312075	161084	150991	1.70	0.88	0.82	106.68
47	389294	200065	189229	2.12	1.09	1.03	105.73
48	242716	125557	117159	1.32	0.68	0.64	107.17
49	132556	67305	65251	0.72	0.37	0.36	103.15
50-54岁	**972531**	**492728**	**479803**	**5.31**	**2.69**	**2.62**	**102.69**
50	191378	98138	93240	1.04	0.54	0.51	105.25
51	160159	82064	78095	0.87	0.45	0.43	105.08
52	206427	105188	101239	1.13	0.57	0.55	103.90
53	220305	110422	109883	1.20	0.60	0.60	100.49
54	194262	96916	97346	1.06	0.53	0.53	99.56
55-59岁	**934074**	**458802**	**475272**	**5.10**	**2.50**	**2.59**	**96.53**
55	209129	103658	105471	1.14	0.57	0.58	98.28
56	203254	100712	102542	1.11	0.55	0.56	98.22
57	183067	89903	93164	1.00	0.49	0.51	96.50
58	176069	86027	90042	0.96	0.47	0.49	95.54
59	162555	78502	84053	0.89	0.43	0.46	93.40
60-64岁	**654201**	**316137**	**338064**	**3.57**	**1.72**	**1.84**	**93.51**
60	158282	77234	81048	0.86	0.42	0.44	95.29
61	142712	69054	73658	0.78	0.38	0.40	93.75
62	122387	58536	63851	0.67	0.32	0.35	91.68
63	118513	57155	61358	0.65	0.31	0.33	93.15
64	112307	54158	58149	0.61	0.30	0.32	93.14

3-1a 续表 2 单位：人、%

年 龄	人口数			占总人口比重			性别比
	合计	男	女	合计	男	女	(女=100)
65-69岁	**463587**	**218855**	**244732**	**2.53**	**1.19**	**1.34**	**89.43**
65	109167	51898	57269	0.60	0.28	0.31	90.62
66	83398	39460	43938	0.45	0.22	0.24	89.81
67	81269	38053	43216	0.44	0.21	0.24	88.05
68	95863	45062	50801	0.52	0.25	0.28	88.70
69	93890	44382	49508	0.51	0.24	0.27	89.65
70-74岁	**393455**	**186963**	**206492**	**2.15**	**1.02**	**1.13**	**90.54**
70	93646	44495	49151	0.51	0.24	0.27	90.53
71	73311	33821	39490	0.40	0.18	0.22	85.64
72	80261	38317	41944	0.44	0.21	0.23	91.35
73	75042	36239	38803	0.41	0.20	0.21	93.39
74	71195	34091	37104	0.39	0.19	0.20	91.88
75-79岁	**260265**	**125355**	**134910**	**1.42**	**0.68**	**0.74**	**92.92**
75	66263	31328	34935	0.36	0.17	0.19	89.68
76	58333	27586	30747	0.32	0.15	0.17	89.72
77	54483	26588	27895	0.30	0.15	0.15	95.31
78	42886	20694	22192	0.23	0.11	0.12	93.25
79	38300	19159	19141	0.21	0.10	0.10	100.09
80-84岁	**129381**	**61102**	**68279**	**0.71**	**0.33**	**0.37**	**89.49**
80	39276	19283	19993	0.21	0.11	0.11	96.45
81	27652	13079	14573	0.15	0.07	0.08	89.75
82	24905	11814	13091	0.14	0.06	0.07	90.25
83	20920	9516	11404	0.11	0.05	0.06	83.44
84	16628	7410	9218	0.09	0.04	0.05	80.39
85-89岁	**49756**	**19956**	**29800**	**0.27**	**0.11**	**0.16**	**66.97**
85	15021	6296	8725	0.08	0.03	0.05	72.16
86	11991	4923	7068	0.07	0.03	0.04	69.65
87	8954	3549	5405	0.05	0.02	0.03	65.66
88	7596	2919	4677	0.04	0.02	0.03	62.41
89	6194	2269	3925	0.03	0.01	0.02	57.81
90-94岁	**14136**	**4669**	**9467**	**0.08**	**0.03**	**0.05**	**49.32**
90	5045	1753	3292	0.03	0.01	0.02	53.25
91	3199	1074	2125	0.02	0.01	0.01	50.54
92	2566	832	1734	0.01		0.01	47.98
93	1857	552	1305	0.01		0.01	42.30
94	1469	458	1011	0.01		0.01	45.30
95-99岁	**3794**	**1120**	**2674**	**0.02**	**0.01**	**0.01**	**41.88**
95	1194	328	866	0.01			37.88
96	900	260	640				40.63
97	679	199	480				41.46
98	587	212	375				56.53
99	434	121	313				38.66
100岁及以上	**442**	**128**	**314**				**40.76**

3-1b 全省分年龄、性别的人口(镇)

单位：人、%

年 龄	人口数			占总人口比重			性别比
	合计	男	女	合计	男	女	(女=100)
总 计	**17888274**	**9134021**	**8754253**	**100.00**	**51.06**	**48.94**	**104.34**
0-4岁	**1202574**	**675859**	**526715**	**6.72**	**3.78**	**2.94**	**128.32**
0	171912	93645	78267	0.96	0.52	0.44	119.65
1	275348	156457	118891	1.54	0.87	0.66	131.60
2	260284	146219	114065	1.46	0.82	0.64	128.19
3	243073	137224	105849	1.36	0.77	0.59	129.64
4	251957	142314	109643	1.41	0.80	0.61	129.80
5-9岁	**1166757**	**663451**	**503306**	**6.52**	**3.71**	**2.81**	**131.82**
5	237138	134526	102612	1.33	0.75	0.57	131.10
6	237245	135307	101938	1.33	0.76	0.57	132.73
7	229303	130216	99087	1.28	0.73	0.55	131.42
8	227508	129570	97938	1.27	0.72	0.55	132.30
9	235563	133832	101731	1.32	0.75	0.57	131.55
10-14岁	**1190075**	**666026**	**524049**	**6.65**	**3.72**	**2.93**	**127.09**
10	247538	141130	106408	1.38	0.79	0.59	132.63
11	231249	130421	100828	1.29	0.73	0.56	129.35
12	249701	139954	109747	1.40	0.78	0.61	127.52
13	228482	127008	101474	1.28	0.71	0.57	125.16
14	233105	127513	105592	1.30	0.71	0.59	120.76
15-19岁	**1856373**	**964706**	**891667**	**10.38**	**5.39**	**4.98**	**108.19**
15	290623	155154	135469	1.62	0.87	0.76	114.53
16	344742	178424	166318	1.93	1.00	0.93	107.28
17	436811	226033	210778	2.44	1.26	1.18	107.24
18	427934	220947	206987	2.39	1.24	1.16	106.74
19	356263	184148	172115	1.99	1.03	0.96	106.99
20-24岁	**1777200**	**877890**	**899310**	**9.93**	**4.91**	**5.03**	**97.62**
20	430284	220133	210151	2.41	1.23	1.17	104.75
21	374025	185133	188892	2.09	1.03	1.06	98.01
22	340658	165902	174756	1.90	0.93	0.98	94.93
23	346688	168726	177962	1.94	0.94	0.99	94.81
24	285545	137996	147549	1.60	0.77	0.82	93.53
25-29岁	**1215287**	**594056**	**621231**	**6.79**	**3.32**	**3.47**	**95.63**
25	236739	115543	121196	1.32	0.65	0.68	95.34
26	222670	108455	114215	1.24	0.61	0.64	94.96
27	242000	118541	123459	1.35	0.66	0.69	96.02
28	269256	131927	137329	1.51	0.74	0.77	96.07
29	244622	119590	125032	1.37	0.67	0.70	95.65

3-1b 续表 1 单位：人、%

年龄	人口数			占总人口比重			性别比
	合计	男	女	合计	男	女	(女=100)
30-34岁	**1241073**	**618350**	**622723**	**6.94**	**3.46**	**3.48**	**99.30**
30	254343	126677	127666	1.42	0.71	0.71	99.23
31	257102	127094	130008	1.44	0.71	0.73	97.76
32	254391	126861	127530	1.42	0.71	0.71	99.48
33	224164	111432	112732	1.25	0.62	0.63	98.85
34	251073	126286	124787	1.40	0.71	0.70	101.20
35-39岁	**1508403**	**763084**	**745319**	**8.43**	**4.27**	**4.17**	**102.38**
35	258650	130368	128282	1.45	0.73	0.72	101.63
36	299373	150370	149003	1.67	0.84	0.83	100.92
37	305421	154221	151200	1.71	0.86	0.85	102.00
38	326759	166073	160686	1.83	0.93	0.90	103.35
39	318200	162052	156148	1.78	0.91	0.87	103.78
40-44岁	**1609785**	**805544**	**804241**	**9.00**	**4.50**	**4.50**	**100.16**
40	360635	183729	176906	2.02	1.03	0.99	103.86
41	313544	156861	156683	1.75	0.88	0.88	100.11
42	349431	175035	174396	1.95	0.98	0.97	100.37
43	276763	136574	140189	1.55	0.76	0.78	97.42
44	309412	153345	156067	1.73	0.86	0.87	98.26
45-49岁	**1278851**	**630349**	**648502**	**7.15**	**3.52**	**3.63**	**97.20**
45	287912	143562	144350	1.61	0.80	0.81	99.45
46	277549	137046	140503	1.55	0.77	0.79	97.54
47	342821	169804	173017	1.92	0.95	0.97	98.14
48	250176	122793	127383	1.40	0.69	0.71	96.40
49	120393	57144	63249	0.67	0.32	0.35	90.35
50-54岁	**874857**	**434204**	**440653**	**4.89**	**2.43**	**2.46**	**98.54**
50	153144	76984	76160	0.86	0.43	0.43	101.08
51	132206	65839	66367	0.74	0.37	0.37	99.20
52	182591	91731	90860	1.02	0.51	0.51	100.96
53	211483	104341	107142	1.18	0.58	0.60	97.39
54	195433	95309	100124	1.09	0.53	0.56	95.19
55-59岁	**986621**	**487467**	**499154**	**5.52**	**2.73**	**2.79**	**97.66**
55	218206	108390	109816	1.22	0.61	0.61	98.70
56	209442	104043	105399	1.17	0.58	0.59	98.71
57	193337	95227	98110	1.08	0.53	0.55	97.06
58	194452	95809	98643	1.09	0.54	0.55	97.13
59	171184	83998	87186	0.96	0.47	0.49	96.34
60-64岁	**697658**	**351349**	**346309**	**3.90**	**1.96**	**1.94**	**101.46**
60	171060	86432	84628	0.96	0.48	0.47	102.13
61	148776	74826	73950	0.83	0.42	0.41	101.18
62	131861	65811	66050	0.74	0.37	0.37	99.64
63	127844	64905	62939	0.71	0.36	0.35	103.12
64	118117	59375	58742	0.66	0.33	0.33	101.08

3-1b 续表 2　　　　单位：人、%

年龄	人口数			占总人口比重			性别比
	合计	男	女	合计	男	女	(女=100)
65-69岁	**465302**	**231574**	**233728**	**2.60**	**1.29**	**1.31**	**99.08**
65	117631	59416	58215	0.66	0.33	0.33	102.06
66	89774	44834	44940	0.50	0.25	0.25	99.76
67	81468	39529	41939	0.46	0.22	0.23	94.25
68	90732	45403	45329	0.51	0.25	0.25	100.16
69	85697	42392	43305	0.48	0.24	0.24	97.89
70-74岁	**342758**	**167610**	**175148**	**1.92**	**0.94**	**0.98**	**95.70**
70	86640	43063	43577	0.48	0.24	0.24	98.82
71	60334	29270	31064	0.34	0.16	0.17	94.22
72	67825	33360	34465	0.38	0.19	0.19	96.79
73	65126	31993	33133	0.36	0.18	0.19	96.56
74	62833	29924	32909	0.35	0.17	0.18	90.93
75-79岁	**253031**	**115449**	**137582**	**1.41**	**0.65**	**0.77**	**83.91**
75	63415	29479	33936	0.35	0.16	0.19	86.87
76	56499	25959	30540	0.32	0.15	0.17	85.00
77	53973	24678	29295	0.30	0.14	0.16	84.24
78	42048	18976	23072	0.24	0.11	0.13	82.25
79	37096	16357	20739	0.21	0.09	0.12	78.87
80-84岁	**138521**	**58993**	**79528**	**0.77**	**0.33**	**0.44**	**74.18**
80	42019	18829	23190	0.23	0.11	0.13	81.19
81	27949	11826	16123	0.16	0.07	0.09	73.35
82	26986	11573	15413	0.15	0.06	0.09	75.09
83	22265	9140	13125	0.12	0.05	0.07	69.64
84	19302	7625	11677	0.11	0.04	0.07	65.30
85-89岁	**60011**	**21411**	**38600**	**0.34**	**0.12**	**0.22**	**55.47**
85	18053	6848	11205	0.10	0.04	0.06	61.12
86	14172	5120	9052	0.08	0.03	0.05	56.56
87	11159	3955	7204	0.06	0.02	0.04	54.90
88	8980	2980	6000	0.05	0.02	0.03	49.67
89	7647	2508	5139	0.04	0.01	0.03	48.80
90-94岁	**17966**	**5143**	**12823**	**0.10**	**0.03**	**0.07**	**40.11**
90	6636	2020	4616	0.04	0.01	0.03	43.76
91	4066	1172	2894	0.02	0.01	0.02	40.50
92	3141	837	2304	0.02		0.01	36.33
93	2319	632	1687	0.01		0.01	37.46
94	1804	482	1322	0.01		0.01	36.46
95-99岁	**4744**	**1411**	**3333**	**0.03**	**0.01**	**0.02**	**42.33**
95	1416	421	995	0.01		0.01	42.31
96	1044	283	761	0.01			37.19
97	935	285	650	0.01			43.85
98	782	258	524				49.24
99	567	164	403				40.69
100岁及以上	**427**	**95**	**332**				**28.61**

3-1c 全省分年龄、性别的人口(乡村)

单位：人、%

年 龄	人 口 数			占总人口比重			性别比
	合计	男	女	合计	男	女	(女=100)
总 计	**57810172**	**29100464**	**28709708**	**100.00**	**50.34**	**49.66**	**101.36**
0-4岁	**4961195**	**2761356**	**2199839**	**8.58**	**4.78**	**3.81**	**125.53**
0	726529	392940	333589	1.26	0.68	0.58	117.79
1	1151235	647389	503846	1.99	1.12	0.87	128.49
2	1074550	598859	475691	1.86	1.04	0.82	125.89
3	986935	550864	436071	1.71	0.95	0.75	126.32
4	1021946	571304	450642	1.77	0.99	0.78	126.78
5-9岁	**4363400**	**2470753**	**1892647**	**7.55**	**4.27**	**3.27**	**130.54**
5	933472	526072	407400	1.61	0.91	0.70	129.13
6	917161	518182	398979	1.59	0.90	0.69	129.88
7	857330	486026	371304	1.48	0.84	0.64	130.90
8	822014	467191	354823	1.42	0.81	0.61	131.67
9	833423	473282	360141	1.44	0.82	0.62	131.42
10-14岁	**4016425**	**2232651**	**1783774**	**6.95**	**3.86**	**3.09**	**125.16**
10	846337	478713	367624	1.46	0.83	0.64	130.22
11	801456	449731	351725	1.39	0.78	0.61	127.86
12	854660	475037	379623	1.48	0.82	0.66	125.13
13	772654	425784	346870	1.34	0.74	0.60	122.75
14	741318	403386	337932	1.28	0.70	0.58	119.37
15-19岁	**4074239**	**2138146**	**1936093**	**7.05**	**3.70**	**3.35**	**110.44**
15	760056	411875	348181	1.31	0.71	0.60	118.29
16	702798	373902	328896	1.22	0.65	0.57	113.68
17	806340	425359	380981	1.39	0.74	0.66	111.65
18	888276	461289	426987	1.54	0.80	0.74	108.03
19	916769	465721	451048	1.59	0.81	0.78	103.25
20-24岁	**5600113**	**2667324**	**2932789**	**9.69**	**4.61**	**5.07**	**90.95**
20	1330421	664199	666222	2.30	1.15	1.15	99.70
21	1205391	578382	627009	2.09	1.00	1.08	92.24
22	1091208	510250	580958	1.89	0.88	1.00	87.83
23	1090997	507778	583219	1.89	0.88	1.01	87.06
24	882096	406715	475381	1.53	0.70	0.82	85.56
25-29岁	**3488169**	**1648134**	**1840035**	**6.03**	**2.85**	**3.18**	**89.57**
25	713059	331947	381112	1.23	0.57	0.66	87.10
26	656545	306462	350083	1.14	0.53	0.61	87.54
27	681746	323680	358066	1.18	0.56	0.62	90.40
28	754973	360511	394462	1.31	0.62	0.68	91.39
29	681846	325534	356312	1.18	0.56	0.62	91.36

3-1c 续表 1

单位：人、%

年 龄	人 口 数			占总人口比重			性别比
	合计	男	女	合计	男	女	(女=100)
30-34岁	**3223668**	**1572464**	**1651204**	**5.58**	**2.72**	**2.86**	**95.23**
30	682288	331145	351143	1.18	0.57	0.61	94.30
31	664003	321854	342149	1.15	0.56	0.59	94.07
32	654039	319621	334418	1.13	0.55	0.58	95.58
33	574512	280905	293607	0.99	0.49	0.51	95.67
34	648826	318939	329887	1.12	0.55	0.57	96.68
35-39岁	**4054770**	**2007635**	**2047135**	**7.01**	**3.47**	**3.54**	**98.07**
35	671418	333199	338219	1.16	0.58	0.59	98.52
36	784002	389091	394911	1.36	0.67	0.68	98.53
37	815059	404687	410372	1.41	0.70	0.71	98.61
38	885233	436494	448739	1.53	0.76	0.78	97.27
39	899058	444164	454894	1.56	0.77	0.79	97.64
40-44岁	**4985688**	**2391300**	**2594388**	**8.62**	**4.14**	**4.49**	**92.17**
40	1033632	507452	526180	1.79	0.88	0.91	96.44
41	942878	450585	492293	1.63	0.78	0.85	91.53
42	1073501	511519	561982	1.86	0.88	0.97	91.02
43	912960	432233	480727	1.58	0.75	0.83	89.91
44	1022717	489511	533206	1.77	0.85	0.92	91.81
45-49岁	**4195920**	**1985332**	**2210588**	**7.26**	**3.43**	**3.82**	**89.81**
45	931032	443874	487158	1.61	0.77	0.84	91.11
46	890482	418521	471961	1.54	0.72	0.82	88.68
47	1112716	536215	576501	1.92	0.93	1.00	93.01
48	845132	399804	445328	1.46	0.69	0.77	89.78
49	416558	186918	229640	0.72	0.32	0.40	81.40
50-54岁	**3068114**	**1504190**	**1563924**	**5.31**	**2.60**	**2.71**	**96.18**
50	509866	243351	266515	0.88	0.42	0.46	91.31
51	457155	221933	235222	0.79	0.38	0.41	94.35
52	628206	309879	318327	1.09	0.54	0.55	97.35
53	765762	381194	384568	1.32	0.66	0.67	99.12
54	707125	347833	359292	1.22	0.60	0.62	96.81
55-59岁	**3759696**	**1877451**	**1882245**	**6.50**	**3.25**	**3.26**	**99.75**
55	800829	402701	398128	1.39	0.70	0.69	101.15
56	785762	393782	391980	1.36	0.68	0.68	100.46
57	737026	368267	368759	1.27	0.64	0.64	99.87
58	759292	377674	381618	1.31	0.65	0.66	98.97
59	676787	335027	341760	1.17	0.58	0.59	98.03
60-64岁	**2757007**	**1402463**	**1354544**	**4.77**	**2.43**	**2.34**	**103.54**
60	655627	330552	325075	1.13	0.57	0.56	101.68
61	588250	300932	287318	1.02	0.52	0.50	104.74
62	527248	268734	258514	0.91	0.46	0.45	103.95
63	515930	263469	252461	0.89	0.46	0.44	104.36
64	469952	238776	231176	0.81	0.41	0.40	103.29

3-1c 续表 2 单位：人、%

年 龄	人口数 合计	人口数 男	人口数 女	占总人口比重 合计	占总人口比重 男	占总人口比重 女	性别比(女=100)
65-69岁	**1874131**	**942000**	**932131**	**3.24**	**1.63**	**1.61**	**101.06**
65	471323	242645	228678	0.82	0.42	0.40	106.11
66	365299	185819	179480	0.63	0.32	0.31	103.53
67	336320	163029	173291	0.58	0.28	0.30	94.08
68	360913	180999	179914	0.62	0.31	0.31	100.60
69	340276	169508	170768	0.59	0.29	0.30	99.26
70-74岁	**1355495**	**666882**	**688613**	**2.34**	**1.15**	**1.19**	**96.84**
70	336795	169976	166819	0.58	0.29	0.29	101.89
71	236740	116964	119776	0.41	0.20	0.21	97.65
72	265868	132420	133448	0.46	0.23	0.23	99.23
73	262258	128093	134165	0.45	0.22	0.23	95.47
74	253834	119429	134405	0.44	0.21	0.23	88.86
75-79岁	**1059622**	**473766**	**585856**	**1.83**	**0.82**	**1.01**	**80.87**
75	263350	122648	140702	0.46	0.21	0.24	87.17
76	233740	105476	128264	0.40	0.18	0.22	82.23
77	225727	100835	124892	0.39	0.17	0.22	80.74
78	177009	77106	99903	0.31	0.13	0.17	77.18
79	159796	67701	92095	0.28	0.12	0.16	73.51
80-84岁	**605796**	**243573**	**362223**	**1.05**	**0.42**	**0.63**	**67.24**
80	178985	75159	103826	0.31	0.13	0.18	72.39
81	121029	49221	71808	0.21	0.09	0.12	68.55
82	120416	48467	71949	0.21	0.08	0.12	67.36
83	99797	38724	61073	0.17	0.07	0.11	63.41
84	85569	32002	53567	0.15	0.06	0.09	59.74
85-89岁	**269332**	**89667**	**179665**	**0.47**	**0.16**	**0.31**	**49.91**
85	81215	28933	52282	0.14	0.05	0.09	55.34
86	63547	21499	42048	0.11	0.04	0.07	51.13
87	50708	16542	34166	0.09	0.03	0.06	48.42
88	39812	12495	27317	0.07	0.02	0.05	45.74
89	34050	10198	23852	0.06	0.02	0.04	42.76
90-94岁	**77190**	**20719**	**56471**	**0.13**	**0.04**	**0.10**	**36.69**
90	29460	8693	20767	0.05	0.02	0.04	41.86
91	17070	4444	12626	0.03	0.01	0.02	35.20
92	13597	3479	10118	0.02	0.01	0.02	34.38
93	9507	2353	7154	0.02		0.01	32.89
94	7556	1750	5806	0.01		0.01	30.14
95-99岁	**18130**	**4207**	**13923**	**0.03**	**0.01**	**0.02**	**30.22**
95	5679	1307	4372	0.01		0.01	29.89
96	4208	954	3254	0.01		0.01	29.32
97	3318	770	2548	0.01			30.22
98	2864	673	2191				30.72
99	2061	503	1558				32.28
100岁及以上	**2072**	**451**	**1621**				**27.82**

3-2 各地区人口年龄构成和抚养比(一)

单位：人、%

地 区	人 口 数			
	合计	0-14岁	15-59岁	60岁及以上
总 计	**94029939**	**19747318**	**62314411**	**11968210**
郑州市	8627089	1380098	6326315	920676
开封市	4676483	999656	3086504	590323
洛阳市	6549941	1313131	4434612	802198
平顶山市	4904701	992519	3275229	636953
安阳市	5173188	1130695	3411026	631467
鹤壁市	1569208	352985	1048927	167296
新乡市	5708191	1197957	3818013	692221
焦作市	3540101	667670	2466327	406104
濮阳市	3598740	799688	2360215	438837
许昌市	4307488	848842	2873297	585349
漯河市	2544266	455055	1731767	357444
三门峡市	2234018	348862	1607166	277990
南阳市	10263660	2349244	6596940	1317476
商丘市	7362975	1571393	4821803	969779
信阳市	6109106	1436432	3782301	890373
周口市	8953793	2134841	5631402	1187550
驻马店市	7231234	1652001	4559162	1020071
济源市	675757	116249	483405	76103

3-2 续表

单位：人、%

地 区	占总人口比重			抚 养 比		
	0-14岁	15-59岁	60岁及以上	总抚养比	少儿抚养比	老年抚养比
总 计	**21.00**	**66.27**	**12.73**	**50.90**	**31.69**	**19.21**
郑州市	16.00	73.33	10.67	36.37	21.82	14.55
开封市	21.38	66.00	12.62	51.51	32.39	19.13
洛阳市	20.05	67.70	12.25	47.70	29.61	18.09
平顶山市	20.24	66.78	12.99	49.75	30.30	19.45
安阳市	21.86	65.94	12.21	51.66	33.15	18.51
鹤壁市	22.49	66.84	10.66	49.60	33.65	15.95
新乡市	20.99	66.89	12.13	49.51	31.38	18.13
焦作市	18.86	69.67	11.47	43.54	27.07	16.47
濮阳市	22.22	65.58	12.19	52.48	33.88	18.59
许昌市	19.71	66.70	13.59	49.91	29.54	20.37
漯河市	17.89	68.07	14.05	46.92	26.28	20.64
三门峡市	15.62	71.94	12.44	39.00	21.71	17.30
南阳市	22.89	64.27	12.84	55.58	35.61	19.97
商丘市	21.34	65.49	13.17	52.70	32.59	20.11
信阳市	23.51	61.91	14.57	61.52	37.98	23.54
周口市	23.84	62.89	13.26	59.00	37.91	21.09
驻马店市	22.85	63.05	14.11	58.61	36.23	22.37
济源市	17.20	71.54	11.26	39.79	24.05	15.74

3-2a 各地区人口年龄构成和抚养比(一)(城市)

单位：人、%

地区	人口数			
	合计	0-14岁	15-59岁	60岁及以上
总计	**18331493**	**2846892**	**13515584**	**1969017**
郑州市	4638804	656095	3559784	422925
开封市	723504	94153	523936	105415
洛阳市	1775772	261032	1279192	235548
平顶山市	1142947	179857	833677	129413
安阳市	1156698	202356	827399	126943
鹤壁市	477406	84805	342200	50401
新乡市	1242563	194084	900939	147540
焦作市	918805	140869	674867	103069
濮阳市	477847	88330	340745	48772
许昌市	944683	146964	695664	102055
漯河市	514418	78165	379292	56961
三门峡市	557195	84483	412715	59997
南阳市	1008633	172428	730561	105644
商丘市	884411	147378	649616	87417
信阳市	531880	80534	392915	58431
周口市	649133	122149	465270	61714
驻马店市	442461	73058	324453	44950
济源市	244333	40152	182359	21822

3-2a 续表

单位：人、%

地区	占总人口比重			抚养比		
	0-14岁	15-59岁	60岁及以上	总抚养比	少儿抚养比	老年抚养比
总计	**15.53**	**73.73**	**10.74**	**35.63**	**21.06**	**14.57**
郑州市	14.14	76.74	9.12	30.31	18.43	11.88
开封市	13.01	72.42	14.57	38.09	17.97	20.12
洛阳市	14.70	72.04	13.26	38.82	20.41	18.41
平顶山市	15.74	72.94	11.32	37.10	21.57	15.52
安阳市	17.49	71.53	10.97	39.80	24.46	15.34
鹤壁市	17.76	71.68	10.56	39.51	24.78	14.73
新乡市	15.62	72.51	11.87	37.92	21.54	16.38
焦作市	15.33	73.45	11.22	36.15	20.87	15.27
濮阳市	18.48	71.31	10.21	40.24	25.92	14.31
许昌市	15.56	73.64	10.80	35.80	21.13	14.67
漯河市	15.19	73.73	11.07	35.63	20.61	15.02
三门峡市	15.16	74.07	10.77	35.01	20.47	14.54
南阳市	17.10	72.43	10.47	38.06	23.60	14.46
商丘市	16.66	73.45	9.88	36.14	22.69	13.46
信阳市	15.14	73.87	10.99	35.37	20.50	14.87
周口市	18.82	71.68	9.51	39.52	26.25	13.26
驻马店市	16.51	73.33	10.16	36.37	22.52	13.85
济源市	16.43	74.64	8.93	33.98	22.02	11.97

3-2b 各地区人口年龄构成和抚养比(一)(镇)

单位：人、%

地区	人口数			
	合计	0-14岁	15-59岁	60岁及以上
总计	**17888274**	**3559406**	**12348450**	**1980418**
郑州市	838691	137179	610233	91279
开封市	934977	184658	653836	96483
洛阳市	1112583	233497	773015	106071
平顶山市	879473	177682	598256	103535
安阳市	828968	174003	567007	87958
鹤壁市	266879	63972	175804	27103
新乡市	1086285	233738	731489	121058
焦作市	738783	149104	511188	78491
濮阳市	649236	125447	450454	73335
许昌市	711961	132140	494465	85356
漯河市	480168	80734	333933	65501
三门峡市	425498	65064	314523	45911
南阳市	2324966	478140	1593271	253555
商丘市	1287146	251395	886665	149086
信阳市	1555885	336202	1047901	171782
周口市	1988422	414477	1345862	228083
驻马店市	1687989	307837	1196111	184041
济源市	90364	14137	64437	11790

3-2b 续表

单位：人、%

地区	占总人口比重			抚养比		
	0-14岁	15-59岁	60岁及以上	总抚养比	少儿抚养比	老年抚养比
总计	**19.90**	**69.03**	**11.07**	**44.86**	**28.82**	**16.04**
郑州市	16.36	72.76	10.88	37.44	22.48	14.96
开封市	19.75	69.93	10.32	43.00	28.24	14.76
洛阳市	20.99	69.48	9.53	43.93	30.21	13.72
平顶山市	20.20	68.02	11.77	47.01	29.70	17.31
安阳市	20.99	68.40	10.61	46.20	30.69	15.51
鹤壁市	23.97	65.87	10.16	51.80	36.39	15.42
新乡市	21.52	67.34	11.14	48.50	31.95	16.55
焦作市	20.18	69.19	10.62	44.52	29.17	15.35
濮阳市	19.32	69.38	11.30	44.13	27.85	16.28
许昌市	18.56	69.45	11.99	43.99	26.72	17.26
漯河市	16.81	69.55	13.64	43.79	24.18	19.62
三门峡市	15.29	73.92	10.79	35.28	20.69	14.60
南阳市	20.57	68.53	10.91	45.92	30.01	15.91
商丘市	19.53	68.89	11.58	45.17	28.35	16.81
信阳市	21.61	67.35	11.04	48.48	32.08	16.39
周口市	20.84	67.68	11.47	47.74	30.80	16.95
驻马店市	18.24	70.86	10.90	41.12	25.74	15.39
济源市	15.64	71.31	13.05	40.24	21.94	18.30

3-2c 各地区人口年龄构成和抚养比(一)(乡村)

单位：人、%

地 区	人口数			
	合计	0-14岁	15-59岁	60岁及以上
总 计	**57810172**	**13341020**	**36450377**	**8018775**
郑州市	3149594	586824	2156298	406472
开封市	3018002	720845	1908732	388425
洛阳市	3661586	818602	2382405	460579
平顶山市	2882281	634980	1843296	404005
安阳市	3187522	754336	2016620	416566
鹤壁市	824923	204208	530923	89792
新乡市	3379343	770135	2185585	423623
焦作市	1882513	377697	1280272	224544
濮阳市	2471657	585911	1569016	316730
许昌市	2650844	569738	1683168	397938
漯河市	1549680	296156	1018542	234982
三门峡市	1251325	199315	879928	172082
南阳市	6930061	1698676	4273108	958277
商丘市	5191418	1172620	3285522	733276
信阳市	4021341	1019696	2341485	660160
周口市	6316238	1598215	3820270	897753
驻马店市	5100784	1271106	3038598	791080
济源市	341060	61960	236609	42491

3-2c 续表

单位：人、%

地 区	占总人口比重			抚 养 比		
	0-14岁	15-59岁	60岁及以上	总抚养比	少儿抚养比	老年抚养比
总 计	**23.08**	**63.05**	**13.87**	**58.60**	**36.60**	**22.00**
郑州市	18.63	68.46	12.91	46.06	27.21	18.85
开封市	23.88	63.24	12.87	58.12	37.77	20.35
洛阳市	22.36	65.06	12.58	53.69	34.36	19.33
平顶山市	22.03	63.95	14.02	56.37	34.45	21.92
安阳市	23.67	63.27	13.07	58.06	37.41	20.66
鹤壁市	24.75	64.36	10.88	55.38	38.46	16.91
新乡市	22.79	64.67	12.54	54.62	35.24	19.38
焦作市	20.06	68.01	11.93	47.04	29.50	17.54
濮阳市	23.71	63.48	12.81	57.53	37.34	20.19
许昌市	21.49	63.50	15.01	57.49	33.85	23.64
漯河市	19.11	65.73	15.16	52.15	29.08	23.07
三门峡市	15.93	70.32	13.75	42.21	22.65	19.56
南阳市	24.51	61.66	13.83	62.18	39.75	22.43
商丘市	22.59	63.29	14.12	58.01	35.69	22.32
信阳市	25.36	58.23	16.42	71.74	43.55	28.19
周口市	25.30	60.48	14.21	65.33	41.84	23.50
驻马店市	24.92	59.57	15.51	67.87	41.83	26.03
济源市	18.17	69.37	12.46	44.14	26.19	17.96

3-3 各地区人口年龄构成和抚养比(二)

单位：人、%

地 区	人口数			
	合计	0-14岁	15-64岁	65岁及以上
总 计	**94029939**	**19747318**	**66423277**	**7859344**
郑州市	8627089	1380098	6629356	617635
开封市	4676483	999656	3289556	387271
洛阳市	6549941	1313131	4705634	531176
平顶山市	4904701	992519	3480328	431854
安阳市	5173188	1130695	3650050	392443
鹤壁市	1569208	352985	1111733	104490
新乡市	5708191	1197957	4063689	446545
焦作市	3540101	667670	2608787	263644
濮阳市	3598740	799688	2523420	275632
许昌市	4307488	848842	3076350	382296
漯河市	2544266	455055	1850655	238556
三门峡市	2234018	348862	1702198	182958
南阳市	10263660	2349244	7058934	855482
商丘市	7362975	1571393	5128197	663385
信阳市	6109106	1436432	4090539	582135
周口市	8953793	2134841	6042730	776222
驻马店市	7231234	1652001	4895923	683310
济源市	675757	116249	515198	44310

3-3 续表

单位：人、%

地 区	占总人口比重			抚 养 比		
	0-14岁	15-64岁	65岁及以上	总抚养比	少儿抚养比	老年抚养比
总 计	**21.00**	**70.64**	**8.36**	**41.56**	**29.73**	**11.83**
郑州市	16.00	76.84	7.16	30.13	20.82	9.32
开封市	21.38	70.34	8.28	42.16	30.39	11.77
洛阳市	20.05	71.84	8.11	39.19	27.91	11.29
平顶山市	20.24	70.96	8.80	40.93	28.52	12.41
安阳市	21.86	70.56	7.59	41.73	30.98	10.75
鹤壁市	22.49	70.85	6.66	41.15	31.75	9.40
新乡市	20.99	71.19	7.82	40.47	29.48	10.99
焦作市	18.86	73.69	7.45	35.70	25.59	10.11
濮阳市	22.22	70.12	7.66	42.61	31.69	10.92
许昌市	19.71	71.42	8.88	40.02	27.59	12.43
漯河市	17.89	72.74	9.38	37.48	24.59	12.89
三门峡市	15.62	76.19	8.19	31.24	20.49	10.75
南阳市	22.89	68.78	8.34	45.40	33.28	12.12
商丘市	21.34	69.65	9.01	43.58	30.64	12.94
信阳市	23.51	66.96	9.53	49.35	35.12	14.23
周口市	23.84	67.49	8.67	48.17	35.33	12.85
驻马店市	22.85	67.71	9.45	47.70	33.74	13.96
济源市	17.20	76.24	6.56	31.16	22.56	8.60

3-3a 各地区人口年龄构成和抚养比(二)(城市)

单位：人、%

地区	人口数			
	合计	0-14岁	15-64岁	65岁及以上
总计	**18331493**	**2846892**	**14169785**	**1314816**
郑州市	4638804	656095	3694762	287947
开封市	723504	94153	555845	73506
洛阳市	1775772	261032	1352557	162183
平顶山市	1142947	179857	877492	85598
安阳市	1156698	202356	872756	81586
鹤壁市	477406	84805	358036	34565
新乡市	1242563	194084	949458	99021
焦作市	918805	140869	708104	69832
濮阳市	477847	88330	361084	28433
许昌市	944683	146964	731047	66672
漯河市	514418	78165	397914	38339
三门峡市	557195	84483	432774	39938
南阳市	1008633	172428	768319	67886
商丘市	884411	147378	677390	59643
信阳市	531880	80534	413101	38245
周口市	649133	122149	487433	39551
驻马店市	442461	73058	339963	29440
济源市	244333	40152	191750	12431

3-3a 续表

单位：人、%

地区	占总人口比重			抚养比		
	0-14岁	15-64岁	65岁及以上	总抚养比	少儿抚养比	老年抚养比
总计	**15.53**	**77.30**	**7.17**	**29.37**	**20.09**	**9.28**
郑州市	14.14	79.65	6.21	25.55	17.76	7.79
开封市	13.01	76.83	10.16	30.16	16.94	13.22
洛阳市	14.70	76.17	9.13	31.29	19.30	11.99
平顶山市	15.74	76.77	7.49	30.25	20.50	9.75
安阳市	17.49	75.45	7.05	32.53	23.19	9.35
鹤壁市	17.76	75.00	7.24	33.34	23.69	9.65
新乡市	15.62	76.41	7.97	30.87	20.44	10.43
焦作市	15.33	77.07	7.60	29.76	19.89	9.86
濮阳市	18.48	75.56	5.95	32.34	24.46	7.87
许昌市	15.56	77.39	7.06	29.22	20.10	9.12
漯河市	15.19	77.35	7.45	29.28	19.64	9.63
三门峡市	15.16	77.67	7.17	28.75	19.52	9.23
南阳市	17.10	76.17	6.73	31.28	22.44	8.84
商丘市	16.66	76.59	6.74	30.56	21.76	8.80
信阳市	15.14	77.67	7.19	28.75	19.49	9.26
周口市	18.82	75.09	6.09	33.17	25.06	8.11
驻马店市	16.51	76.83	6.65	30.15	21.49	8.66
济源市	16.43	78.48	5.09	27.42	20.94	6.48

3-3b 各地区人口年龄构成和抚养比(二)(镇)

单位：人、%

地　区	人口数			
	合计	0-14岁	15-64岁	65岁及以上
总　计	**17888274**	**3559406**	**13046108**	**1282760**
郑州市	838691	137179	641832	59680
开封市	934977	184658	688568	61751
洛阳市	1112583	233497	810145	68941
平顶山市	879473	177682	632724	69067
安阳市	828968	174003	601095	53870
鹤壁市	266879	63972	186592	16315
新乡市	1086285	233738	775667	76880
焦作市	738783	149104	539736	49943
濮阳市	649236	125447	479181	44608
许昌市	711961	132140	524601	55220
漯河市	480168	80734	356171	43263
三门峡市	425498	65064	329940	30494
南阳市	2324966	478140	1684222	162604
商丘市	1287146	251395	934040	101711
信阳市	1555885	336202	1109437	110246
周口市	1988422	414477	1423323	150622
驻马店市	1687989	307837	1259592	120560
济源市	90364	14137	69242	6985

3-3b 续表

单位：人、%

地　区	占总人口比重			抚养比		
	0-14岁	15-64岁	65岁及以上	总抚养比	少儿抚养比	老年抚养比
总　计	**19.90**	**72.93**	**7.17**	**37.12**	**27.28**	**9.83**
郑州市	16.36	76.53	7.12	30.67	21.37	9.30
开封市	19.75	73.65	6.60	35.79	26.82	8.97
洛阳市	20.99	72.82	6.20	37.33	28.82	8.51
平顶山市	20.20	71.94	7.85	39.00	28.08	10.92
安阳市	20.99	72.51	6.50	37.91	28.95	8.96
鹤壁市	23.97	69.92	6.11	43.03	34.28	8.74
新乡市	21.52	71.41	7.08	40.05	30.13	9.91
焦作市	20.18	73.06	6.76	36.88	27.63	9.25
濮阳市	19.32	73.81	6.87	35.49	26.18	9.31
许昌市	18.56	73.68	7.76	35.71	25.19	10.53
漯河市	16.81	74.18	9.01	34.81	22.67	12.15
三门峡市	15.29	77.54	7.17	28.96	19.72	9.24
南阳市	20.57	72.44	6.99	38.04	28.39	9.65
商丘市	19.53	72.57	7.90	37.80	26.91	10.89
信阳市	21.61	71.31	7.09	40.24	30.30	9.94
周口市	20.84	71.58	7.57	39.70	29.12	10.58
驻马店市	18.24	74.62	7.14	34.01	24.44	9.57
济源市	15.64	76.63	7.73	30.50	20.42	10.09

3-3c 各地区人口年龄构成和抚养比(二)(乡村)

单位：人、%

地　　区	人　口　数			
	合计	0-14岁	15-64岁	65岁及以上
总　计	**57810172**	**13341020**	**39207384**	**5261768**
郑州市	3149594	586824	2292762	270008
开封市	3018002	720845	2045143	252014
洛阳市	3661586	818602	2542932	300052
平顶山市	2882281	634980	1970112	277189
安阳市	3187522	754336	2176199	256987
鹤壁市	824923	204208	567105	53610
新乡市	3379343	770135	2338564	270644
焦作市	1882513	377697	1360947	143869
濮阳市	2471657	585911	1683155	202591
许昌市	2650844	569738	1820702	260404
漯河市	1549680	296156	1096570	156954
三门峡市	1251325	199315	939484	112526
南阳市	6930061	1698676	4606393	624992
商丘市	5191418	1172620	3516767	502031
信阳市	4021341	1019696	2568001	433644
周口市	6316238	1598215	4131974	586049
驻马店市	5100784	1271106	3296368	533310
济源市	341060	61960	254206	24894

3-3c　续表

单位：人、%

地　　区	占总人口比重			抚　养　比		
	0-14岁	15-64岁	65岁及以上	总抚养比	少儿抚养比	老年抚养比
总　计	**23.08**	**67.82**	**9.10**	**47.45**	**34.03**	**13.42**
郑州市	18.63	72.80	8.57	37.37	25.59	11.78
开封市	23.88	67.76	8.35	47.57	35.25	12.32
洛阳市	22.36	69.45	8.19	43.99	32.19	11.80
平顶山市	22.03	68.35	9.62	46.30	32.23	14.07
安阳市	23.67	68.27	8.06	46.47	34.66	11.81
鹤壁市	24.75	68.75	6.50	45.46	36.01	9.45
新乡市	22.79	69.20	8.01	44.51	32.93	11.57
焦作市	20.06	72.29	7.64	38.32	27.75	10.57
濮阳市	23.71	68.10	8.20	46.85	34.81	12.04
许昌市	21.49	68.68	9.82	45.59	31.29	14.30
漯河市	19.11	70.76	10.13	41.32	27.01	14.31
三门峡市	15.93	75.08	8.99	33.19	21.22	11.98
南阳市	24.51	66.47	9.02	50.44	36.88	13.57
商丘市	22.59	67.74	9.67	47.62	33.34	14.28
信阳市	25.36	63.86	10.78	56.59	39.71	16.89
周口市	25.30	65.42	9.28	52.86	38.68	14.18
驻马店市	24.92	64.62	10.46	54.74	38.56	16.18
济源市	18.17	74.53	7.30	34.17	24.37	9.79

第一部分 全部数据资料

第四卷 受教育程度

4-1 全省分年龄、性别、受教育程度的6岁及以上人口

单位：人

年龄	6岁及以上人口			未上过学		
	合计	男	女	小计	男	女
总计	**85563558**	**42777392**	**42786166**	**4529564**	**1306814**	**3222750**
6-9岁	**5120698**	**2890973**	**2229725**	**116191**	**64945**	**51246**
6	1346853	758736	588117	67793	37979	29814
7	1269086	716736	552350	20915	11634	9281
8	1240249	701404	538845	14381	8005	6376
9	1264510	714097	550413	13102	7327	5775
10-14岁	**6160239**	**3414352**	**2745887**	**46581**	**25766**	**20815**
10	1302123	733659	568464	13770	7733	6037
11	1222220	683113	539107	11468	6354	5114
12	1301589	721726	579863	8640	4767	3873
13	1180501	649355	531146	6764	3793	2971
14	1153806	626499	527307	5939	3119	2820
15-19岁	**7418890**	**3861615**	**3557275**	**28772**	**15065**	**13707**
15	1268724	682803	585921	5742	3096	2646
16	1308970	688066	620904	5133	2718	2415
17	1565496	816562	748934	5679	2941	2738
18	1648362	849653	798709	6081	3169	2912
19	1627338	824531	802807	6137	3141	2996
20-24岁	**9611242**	**4641380**	**4969862**	**41671**	**20518**	**21153**
20	2286579	1138695	1147884	9328	4823	4505
21	2098831	1016608	1082223	8635	4330	4305
22	1885531	901189	984342	8143	3978	4165
23	1853600	883024	970576	8429	4073	4356
24	1486701	701864	784837	7136	3314	3822
25-29岁	**6125379**	**2934786**	**3190593**	**34203**	**15460**	**18743**
25	1209418	575325	634093	6420	2892	3528
26	1136365	539965	596400	6109	2753	3356
27	1213970	582841	631129	6736	3050	3686
28	1351885	651447	700438	7663	3479	4184
29	1213741	585208	628533	7275	3286	3989
30-34岁	**5997389**	**2948021**	**3049368**	**44899**	**18892**	**26007**
30	1227254	601722	625532	8491	3648	4843
31	1241214	606772	634442	8533	3686	4847
32	1223315	601522	621793	9200	3877	5323
33	1090811	536684	554127	8398	3531	4867
34	1214795	601321	613474	10277	4150	6127
35-39岁	**7374290**	**3683925**	**3690365**	**77533**	**28935**	**48598**
35	1248188	621413	626775	11756	4776	6980
36	1446899	720530	726369	13739	5597	8142
37	1492370	747144	745226	15517	5774	9743
38	1594596	796890	797706	17971	6376	11595
39	1592237	797948	794289	18550	6412	12138
40-44岁	**8331878**	**4087217**	**4244661**	**130523**	**39018**	**91505**
40	1804163	902210	901953	23907	7688	16219
41	1612476	789059	823417	23394	7265	16129
42	1800378	879817	920561	28113	8453	19660
43	1468192	711506	756686	25182	7180	18002
44	1646669	804625	842044	29927	8432	21495

4-1 续表 1

单位：人

年 龄	6岁及以上人口			未上过学		
	合计	男	女	小计	男	女
45-49岁	**6859450**	**3329233**	**3530217**	**147887**	**35410**	**112477**
45	1526982	746977	780005	28837	7761	21076
46	1480106	716651	763455	28986	7424	21562
47	1844831	906084	938747	37294	9097	28197
48	1338024	648154	689870	32451	7152	25299
49	669507	311367	358140	20319	3976	16343
50-54岁	**4915502**	**2431122**	**2484380**	**244098**	**58068**	**186030**
50	854388	418473	435915	29245	6760	22485
51	749520	369836	379684	31534	7490	24044
52	1017224	506798	510426	50084	12618	37466
53	1197550	595957	601593	65671	15545	50126
54	1096820	540058	556762	67564	15655	51909
55-59岁	**5680391**	**2823720**	**2856671**	**489544**	**126483**	**363061**
55	1228164	614749	613415	84079	20859	63220
56	1198458	598537	599921	92970	23231	69739
57	1113430	553397	560033	97238	25171	72067
58	1129813	559510	570303	110906	29347	81559
59	1010526	497527	512999	104351	27875	76476
60-64岁	**4108866**	**2069949**	**2038917**	**528736**	**148471**	**380265**
60	984969	494218	490751	112777	32120	80657
61	879738	444812	434926	108853	30906	77947
62	781496	393081	388415	102627	28988	73639
63	762287	385529	376758	104049	29056	74993
64	700376	352309	348067	100430	27401	73029
65-69岁	**2803020**	**1392429**	**1410591**	**525272**	**145080**	**380192**
65	698121	353959	344162	108129	29914	78215
66	538471	270113	268358	94153	25997	68156
67	499057	240611	258446	96955	25855	71100
68	547508	271464	276044	111250	31173	80077
69	519863	256282	263581	114785	32141	82644
70-74岁	**2091708**	**1021455**	**1070253**	**612600**	**178279**	**434321**
70	517081	257534	259547	129477	38385	91092
71	370385	180055	190330	101310	29252	72058
72	413954	204097	209857	122897	36413	86484
73	402426	196325	206101	127573	37234	90339
74	387862	183444	204418	131343	36995	94348
75-79岁	**1572918**	**714570**	**858348**	**658382**	**185460**	**472922**
75	393028	183455	209573	146521	41946	104575
76	348572	159021	189551	139414	39325	100089
77	334183	152101	182082	142794	40503	102291
78	261943	116776	145167	118521	33204	85317
79	235192	103217	131975	111132	30482	80650
80-84岁	**873698**	**363668**	**510030**	**473560**	**130053**	**343507**
80	260280	113271	147009	132355	37656	94699
81	176630	74126	102504	94213	25910	68303
82	172307	71854	100453	95226	26561	68665
83	142982	57380	85602	80924	21633	59291
84	121499	47037	74462	70842	18293	52549
85岁及以上	**518000**	**168977**	**349023**	**329112**	**70911**	**258201**

4-1 续表 2

单位：人

年 龄	小 学			初 中			高 中		
	小计	男	女	小计	男	女	小计	男	女
总 计	**22669174**	**10652923**	**12016251**	**39925272**	**20767503**	**19157769**	**12423541**	**6871168**	**5552373**
6-9岁	**4919619**	**2778407**	**2141212**	**84847**	**47600**	**37247**	**41**	**21**	**20**
6	1263237	711889	551348	15823	8868	6955			
7	1229979	694852	535127	18192	10250	7942			
8	1205862	682150	523712	19986	11237	8749	20	12	8
9	1220541	689516	531025	30846	17245	13601	21	9	12
10-14岁	**3332987**	**1883461**	**1449526**	**2676754**	**1452014**	**1224740**	**103787**	**53055**	**50732**
10	1219753	688348	531405	68555	37560	30995	39	16	23
11	976155	550307	425848	234441	126369	108072	137	74	63
12	676684	385500	291184	616062	331355	284707	167	89	78
13	310343	176278	134065	837595	455670	381925	25772	13604	12168
14	150052	83028	67024	920101	501060	419041	77672	39272	38400
15-19岁	**395642**	**200004**	**195638**	**3661551**	**1955613**	**1705938**	**2902883**	**1498476**	**1404407**
15	95938	51586	44352	870264	479192	391072	288974	145176	143798
16	71350	36650	34700	668659	363249	305410	547575	277923	269652
17	71254	35748	35506	669835	359117	310718	777099	400122	376977
18	76515	37315	39200	706479	371020	335459	743235	386966	356269
19	80585	38705	41880	746314	383035	363279	546000	288289	257711
20-24岁	**446203**	**192334**	**253869**	**5216227**	**2464153**	**2752074**	**1986759**	**1040794**	**945965**
20	116031	54436	61595	1126557	562938	563619	564914	299956	264958
21	88490	38586	49904	1090137	519196	570941	430349	225363	204986
22	84104	35531	48573	1036191	479528	556663	361451	188398	173053
23	84686	34885	49801	1075432	496473	578959	353138	183599	169539
24	72892	28896	43996	887910	406018	481892	276907	143478	133429
25-29岁	**347261**	**133878**	**213383**	**3728429**	**1759437**	**1968992**	**1092397**	**568458**	**523939**
25	63292	24766	38526	731175	338400	392775	220769	115438	105331
26	61197	23310	37887	687217	319572	367645	203381	105847	97534
27	66809	26003	40806	734685	348093	386592	216969	112537	104432
28	78190	30050	48140	825659	394330	431329	239207	124269	114938
29	77773	29749	48024	749693	359042	390651	212071	110367	101704
30-34岁	**494493**	**193480**	**301013**	**3680115**	**1805576**	**1874539**	**1047718**	**555021**	**492697**
30	87166	33831	53335	750613	365522	385091	219778	116599	103179
31	94093	36847	57246	758176	368952	389224	221030	116676	104354
32	101935	40097	61838	747210	366917	380293	215763	114172	101591
33	96234	37865	58369	669702	329734	339968	187808	99411	88397
34	115065	44840	70225	754414	374451	379963	203339	108163	95176
35-39岁	**883614**	**340124**	**543490**	**4653028**	**2351108**	**2301920**	**1127833**	**613715**	**514118**
35	130379	52024	78355	779661	389777	389884	201422	107742	93680
36	160265	62952	97313	910394	456546	453848	227077	121691	105386
37	176099	68411	107688	940858	475842	465016	230031	125133	104898
38	203216	76583	126633	1009222	511903	497319	237982	130864	107118
39	213655	80154	133501	1012893	517040	495853	231321	128285	103036
40-44岁	**1370521**	**484486**	**886035**	**5248532**	**2661307**	**2587225**	**1103563**	**621181**	**482382**
40	257932	94450	163482	1141792	584967	556825	259326	145403	113923
41	255915	91922	163993	1014057	509958	504099	218921	121756	97165
42	299275	105853	193422	1131919	570924	560995	237170	133441	103729
43	261831	90269	171562	930094	469495	460599	178164	100993	77171
44	295568	101992	193576	1030670	525963	504707	209982	119588	90394

4-1 续表 3　　　　单位：人

年 龄	小学			初中			高中		
	小计	男	女	小计	男	女	小计	男	女
45-49岁	**1255786**	**395241**	**860545**	**3907019**	**1977816**	**1929203**	**1201412**	**703378**	**498034**
45	270963	91107	179856	924800	470480	454320	223116	128655	94461
46	259570	83511	176059	862997	432980	430017	247228	142427	104801
47	318193	100802	217391	1047064	533979	513085	344670	200838	143832
48	261616	78589	183027	730234	371181	359053	253802	152834	100968
49	145444	41232	104212	341924	169196	172728	132596	78624	53972
50-54岁	**1379590**	**475066**	**904524**	**2279888**	**1264815**	**1015073**	**832081**	**516234**	**315847**
50	189736	61298	128438	419499	219210	200289	180558	108579	71979
51	190435	64289	126146	348502	186939	161563	149856	92421	57435
52	283797	99332	184465	464926	257825	207101	180923	112688	68235
53	359891	125601	234290	550869	314654	236215	179530	112845	66685
54	355731	124546	231185	496092	286187	209905	141214	89701	51513
55-59岁	**2283458**	**893583**	**1389875**	**2289742**	**1391234**	**898508**	**476927**	**318518**	**158409**
55	428301	157656	270645	541521	322574	218947	137934	89487	48447
56	449792	170733	279059	507173	305762	201411	114700	76381	38319
57	450861	176736	274125	450673	274496	176177	87576	59046	28530
58	491622	198495	293127	429805	265322	164483	74187	50753	23434
59	462882	189963	272919	360570	223080	137490	62530	42851	19679
60-64岁	**2055511**	**935950**	**1119561**	**1214304**	**770154**	**444150**	**232989**	**160623**	**72366**
60	467865	202736	265129	322616	202309	120307	62302	43499	18803
61	436710	197812	238898	263393	166770	96623	53304	37032	16272
62	399809	183747	216062	220760	140048	80712	43756	29995	13761
63	393902	184590	209312	212051	135602	76449	39308	26930	12378
64	357225	167065	190160	195484	125425	70059	34319	23167	11152
65-69岁	**1379042**	**657199**	**721843**	**691898**	**450305**	**241593**	**148467**	**99035**	**49432**
65	352303	168126	184177	191944	124903	67041	33131	22087	11044
66	267129	127594	139535	139952	91594	48358	26891	17713	9178
67	243326	112081	131245	120706	77232	43474	27329	18024	9305
68	264531	127268	137263	127526	83168	44358	31948	21438	10510
69	251753	122130	129623	111770	73408	38362	29168	19773	9395
70-74岁	**988597**	**500867**	**487730**	**337543**	**230864**	**106679**	**95643**	**67783**	**27860**
70	247471	123761	123710	100513	67561	32952	26946	18572	8374
71	176135	87751	88384	63723	42413	21310	18282	12541	5741
72	194585	99766	94819	64888	44791	20097	19229	13637	5592
73	189758	97879	91879	57322	40280	17042	16400	12014	4386
74	180648	91710	88938	51097	35819	15278	14786	11019	3767
75-79岁	**677502**	**353478**	**324024**	**164738**	**119396**	**45342**	**45341**	**35031**	**10310**
75	179113	92436	86677	46414	32958	13456	12717	9606	3111
76	153988	79277	74711	38383	27448	10935	10392	7944	2448
77	142599	75134	67465	34062	24927	9135	9423	7332	2091
78	108079	56960	51119	24664	18216	6448	6924	5446	1478
79	93723	49671	44052	21215	15847	5368	5885	4703	1182
80-84岁	**310453**	**165153**	**145300**	**62582**	**47008**	**15574**	**17768**	**14041**	**3727**
80	97307	52185	45122	21374	16121	5253	6133	4846	1287
81	63814	34004	29810	12844	9660	3184	3765	2966	799
82	60393	32470	27923	11674	8818	2856	3264	2613	651
83	48795	25666	23129	9296	6940	2356	2574	2025	549
84	40144	20828	19316	7394	5469	1925	2032	1591	441
85岁及以上	**148895**	**70212**	**78683**	**28075**	**19103**	**8972**	**7932**	**5804**	**2128**

4-1 续表 4

单位：人

年 龄	大学专科			大学本科			研究生		
	小计	男	女	小计	男	女	小计	男	女
总 计	**4034524**	**2108974**	**1925550**	**1858760**	**1001945**	**856815**	**122723**	**68065**	**54658**
6-9岁									
6									
7									
8									
9									
10-14岁	**105**	**43**	**62**	**22**	**10**	**12**	**3**	**3**	
10	4	1	3	2	1	1			
11	14	6	8	5	3	2			
12	30	13	17	5	1	4	1	1	
13	23	7	16	2	1	1	2	2	
14	34	16	18	8	4	4			
15-19岁	**307024**	**137506**	**169518**	**121847**	**54345**	**67502**	**1171**	**606**	**565**
15	6906	3294	3612	709	357	352	191	102	89
16	14393	6634	7759	1698	804	894	162	88	74
17	33616	15018	18598	7794	3496	4298	219	120	99
18	83635	37055	46580	32161	14000	18161	256	128	128
19	168474	75505	92969	79485	35688	43797	343	168	175
20-24岁	**1210989**	**576879**	**634110**	**688391**	**337224**	**351167**	**21002**	**9478**	**11524**
20	308648	141246	167402	160401	74955	85446	700	341	359
21	299600	141995	157605	180107	86437	93670	1513	701	812
22	237874	115399	122475	154090	76766	77324	3678	1589	2089
23	206704	100769	105935	118024	60042	57982	7187	3183	4004
24	158163	77470	80693	75769	39024	36745	7924	3664	4260
25-29岁	**596647**	**293121**	**303526**	**290416**	**147289**	**143127**	**36026**	**17143**	**18883**
25	123424	61385	62039	57123	29012	28111	7215	3432	3783
26	114668	56507	58161	56791	28652	28139	7002	3324	3678
27	120925	59236	61689	60504	30410	30094	7342	3512	3830
28	128919	62985	65934	64370	32648	31722	7877	3686	4191
29	108711	53008	55703	51628	26567	25061	6590	3189	3401
30-34岁	**497034**	**250971**	**246063**	**210013**	**111526**	**98487**	**23117**	**12555**	**10562**
30	108178	54248	53930	47100	24793	22307	5928	3081	2847
31	107201	53174	54027	46578	24442	22136	5603	2995	2608
32	102089	51552	50537	42505	22375	20130	4613	2532	2081
33	88375	44594	43781	36741	19570	17171	3553	1979	1574
34	91191	47403	43788	37089	20346	16743	3420	1968	1452
35-39岁	**437550**	**236408**	**201142**	**180069**	**104497**	**75572**	**14663**	**9138**	**5525**
35	86569	45580	40989	35395	19741	15654	3006	1773	1233
36	94397	50272	44125	37977	21610	16367	3050	1862	1188
37	89692	48513	41179	37131	21541	15590	3042	1930	1112
38	87074	47830	39244	36190	21480	14710	2941	1854	1087
39	79818	44213	35605	33376	20125	13251	2624	1719	905
40-44岁	**324701**	**184572**	**140129**	**143214**	**89226**	**53988**	**10824**	**7427**	**3397**
40	84069	47081	36988	34553	20906	13647	2584	1715	869
41	67877	38098	29779	30103	18557	11546	2209	1503	706
42	70198	40102	30096	31458	19505	11953	2245	1539	706
43	48949	28234	20715	22258	14140	8118	1714	1195	519
44	53608	31057	22551	24842	16118	8724	2072	1475	597

4-1 续表 5 单位：人

年 龄	大学专科			大学本科			研究生		
	小计	男	女	小计	男	女	小计	男	女
45-49岁	**240581**	**144290**	**96291**	**97639**	**66163**	**31476**	**9126**	**6935**	**2191**
45	53088	31386	21702	23854	15819	8035	2324	1769	555
46	55219	32519	22700	23785	16065	7720	2321	1725	596
47	67965	40855	27110	26988	18473	8515	2657	2040	617
48	42946	26530	16416	15695	10873	4822	1280	995	285
49	21363	13000	8363	7317	4933	2384	544	406	138
50-54岁	**137592**	**87424**	**50168**	**39177**	**27206**	**11971**	**3076**	**2309**	**767**
50	26755	16616	10139	7928	5492	2436	667	518	149
51	22161	13793	8368	6519	4523	1996	513	381	132
52	28891	18302	10589	7985	5554	2431	618	479	139
53	31929	20597	11332	8924	6173	2751	736	542	194
54	27856	18116	9740	7821	5464	2357	542	389	153
55-59岁	**110780**	**73548**	**37232**	**28163**	**19120**	**9043**	**1777**	**1234**	**543**
55	28388	18696	9692	7429	5090	2339	512	387	125
56	26470	17449	9021	6927	4686	2241	426	295	131
57	21392	14157	7235	5382	3592	1790	308	199	109
58	18466	12328	6138	4558	3086	1472	269	179	90
59	16064	10918	5146	3867	2666	1201	262	174	88
60-64岁	**61661**	**43434**	**18227**	**14971**	**10882**	**4089**	**694**	**435**	**259**
60	15602	10864	4738	3625	2578	1047	182	112	70
61	14116	9887	4229	3205	2306	899	157	99	58
62	11924	8382	3542	2500	1850	650	120	71	49
63	10501	7535	2966	2365	1746	619	111	70	41
64	9518	6766	2752	3276	2402	874	124	83	41
65-69岁	**42287**	**29023**	**13264**	**15609**	**11485**	**4124**	**445**	**302**	**143**
65	8994	6240	2754	3503	2600	903	117	89	28
66	7413	5027	2386	2844	2136	708	89	52	37
67	7877	5325	2552	2788	2038	750	76	56	20
68	9051	6131	2920	3113	2227	886	89	59	30
69	8952	6300	2652	3361	2484	877	74	46	28
70-74岁	**39059**	**29366**	**9693**	**17922**	**14057**	**3865**	**344**	**239**	**105**
70	8865	6376	2489	3721	2820	901	88	59	29
71	7243	5294	1949	3635	2765	870	57	39	18
72	8289	6280	2009	4000	3166	834	66	44	22
73	7659	5906	1753	3641	2958	683	73	54	19
74	7003	5510	1493	2925	2348	577	60	43	17
75-79岁	**19456**	**15385**	**4071**	**7263**	**5691**	**1572**	**236**	**129**	**107**
75	5949	4703	1246	2262	1778	484	52	28	24
76	4602	3642	960	1741	1355	386	52	30	22
77	3865	3100	765	1386	1073	313	54	32	22
78	2754	2148	606	975	789	186	26	13	13
79	2286	1792	494	899	696	203	52	26	26
80-84岁	**6426**	**5078**	**1348**	**2769**	**2249**	**520**	**140**	**86**	**54**
80	2194	1725	469	860	702	158	57	36	21
81	1372	1079	293	596	491	105	26	16	10
82	1184	951	233	544	429	115	22	12	10
83	948	758	190	425	345	80	20	13	7
84	728	565	163	344	282	62	15	9	6
85岁及以上	**2632**	**1926**	**706**	**1275**	**975**	**300**	**79**	**46**	**33**

4-1a 全省分年龄、性别、受教育程度的6岁及以上人口(城市)

单位：人

年 龄	6岁及以上人口			未上过学		
	合计	男	女	小计	男	女
总 计	**17199491**	**8640720**	**8558771**	**351259**	**91893**	**259366**
6-9岁	**761151**	**417367**	**343784**	**18924**	**10678**	**8246**
6	192447	105247	87200	13619	7691	5928
7	182453	100494	81959	2356	1335	1021
8	190727	104643	86084	1529	874	655
9	195524	106983	88541	1420	778	642
10-14岁	**953739**	**515675**	**438064**	**4685**	**2635**	**2050**
10	208248	113816	94432	1565	891	674
11	189515	102961	86554	1206	683	523
12	197228	106735	90493	782	445	337
13	179365	96563	82802	595	337	258
14	179383	95600	83783	537	279	258
15-19岁	**1488278**	**758763**	**729515**	**2427**	**1317**	**1110**
15	218045	115774	102271	505	276	229
16	261430	135740	125690	469	270	199
17	322345	165170	157175	442	223	219
18	332152	167417	164735	505	274	231
19	354306	174662	179644	506	274	232
20-24岁	**2233929**	**1096166**	**1137763**	**3562**	**1990**	**1572**
20	525874	254363	271511	757	429	328
21	519415	253093	266322	749	422	327
22	453665	225037	228628	722	417	305
23	415915	206520	209395	764	416	348
24	319060	157153	161907	570	306	264
25-29岁	**1421923**	**692596**	**729327**	**2622**	**1458**	**1164**
25	259620	127835	131785	481	261	220
26	257150	125048	132102	459	271	188
27	290224	140620	149604	487	258	229
28	327656	159009	168647	587	333	254
29	287273	140084	147189	608	335	273
30-34岁	**1532648**	**757207**	**775441**	**3519**	**1845**	**1674**
30	290623	143900	146723	615	339	276
31	320109	157824	162285	711	368	343
32	314885	155040	159845	703	370	333
33	292135	144347	147788	700	365	335
34	314896	156096	158800	790	403	387
35-39岁	**1811117**	**913206**	**897911**	**6051**	**2925**	**3126**
35	318120	157846	160274	918	496	422
36	363524	181069	182455	1139	568	571
37	371890	188236	183654	1204	586	618
38	382604	194323	188281	1364	632	732
39	374979	191732	183247	1426	643	783
40-44岁	**1736405**	**890373**	**846032**	**8076**	**3540**	**4536**
40	409896	211029	198867	1630	728	902
41	356054	181613	174441	1535	708	827
42	377446	193263	184183	1776	776	1000
43	278469	142699	135770	1432	604	828
44	314540	161769	152771	1703	724	979

4-1a　续表 1　　　　单位：人

年　龄	6岁及以上人口			未上过学		
	合计	男	女	小计	男	女
45-49岁	**1384679**	**713552**	**671127**	**7641**	**2740**	**4901**
45	308038	159541	148497	1482	590	892
46	312075	161084	150991	1586	590	996
47	389294	200065	189229	2008	732	1276
48	242716	125557	117159	1602	543	1059
49	132556	67305	65251	963	285	678
50-54岁	**972531**	**492728**	**479803**	**13560**	**3865**	**9695**
50	191378	98138	93240	1670	548	1122
51	160159	82064	78095	1799	589	1210
52	206427	105188	101239	2912	882	2030
53	220305	110422	109883	3474	920	2554
54	194262	96916	97346	3705	926	2779
55-59岁	**934074**	**458802**	**475272**	**27604**	**6868**	**20736**
55	209129	103658	105471	4659	1237	3422
56	203254	100712	102542	5133	1234	3899
57	183067	89903	93164	5473	1372	4101
58	176069	86027	90042	6260	1535	4725
59	162555	78502	84053	6079	1490	4589
60-64岁	**654201**	**316137**	**338064**	**30386**	**7365**	**23021**
60	158282	77234	81048	6743	1699	5044
61	142712	69054	73658	6412	1624	4788
62	122387	58536	63851	5705	1463	4242
63	118513	57155	61358	5682	1260	4422
64	112307	54158	58149	5844	1319	4525
65-69岁	**463587**	**218855**	**244732**	**32854**	**7033**	**25821**
65	109167	51898	57269	6304	1400	4904
66	83398	39460	43938	5605	1259	4346
67	81269	38053	43216	5555	1189	4366
68	95863	45062	50801	7283	1486	5797
69	93890	44382	49508	8107	1699	6408
70-74岁	**393455**	**186963**	**206492**	**51850**	**10469**	**41381**
70	93646	44495	49151	9707	2081	7626
71	73311	33821	39490	8907	1779	7128
72	80261	38317	41944	10418	2132	8286
73	75042	36239	38803	11086	2212	8874
74	71195	34091	37104	11732	2265	9467
75-79岁	**260265**	**125355**	**134910**	**59760**	**12016**	**47744**
75	66263	31328	34935	12687	2502	10185
76	58333	27586	30747	12392	2473	9919
77	54483	26588	27895	12809	2571	10238
78	42886	20694	22192	11316	2238	9078
79	38300	19159	19141	10556	2232	8324
80-84岁	**129381**	**61102**	**68279**	**45080**	**9485**	**35595**
80	39276	19283	19993	12066	2594	9472
81	27652	13079	14573	9515	1999	7516
82	24905	11814	13091	8953	1915	7038
83	20920	9516	11404	7926	1652	6274
84	16628	7410	9218	6620	1325	5295
85岁及以上	**68128**	**25873**	**42255**	**32658**	**5664**	**26994**

4-1a 续表 2

单位：人

年 龄	小 学			初 中			高 中		
	小计	男	女	小计	男	女	小计	男	女
总 计	**2583016**	**1239581**	**1343435**	**5781643**	**2929107**	**2852536**	**4634895**	**2389382**	**2245513**
6-9岁	**732977**	**401610**	**331367**	**9221**	**5063**	**4158**	**29**	**16**	**13**
6	177172	96668	80504	1656	888	768			
7	178198	98087	80111	1899	1072	827			
8	186981	102493	84488	2201	1267	934	16	9	7
9	190626	104362	86264	3465	1836	1629	13	7	6
10-14岁	**457866**	**251987**	**205879**	**460771**	**245604**	**215167**	**30331**	**15410**	**14921**
10	198325	108403	89922	8327	4511	3816	26	9	17
11	152448	83292	69156	35759	18928	16831	91	52	39
12	76201	43021	33180	120129	63208	56921	94	50	44
13	21642	12164	9478	149713	80167	69546	7398	3889	3509
14	9250	5107	4143	146843	78790	68053	22722	11410	11312
15-19岁	**28987**	**16264**	**12723**	**368003**	**207445**	**160558**	**830770**	**423198**	**407572**
15	5815	3224	2591	109467	61803	47664	97776	48439	49337
16	4990	2798	2192	66168	38144	28024	179847	90151	89696
17	5575	3122	2453	61803	35207	26596	230416	116284	114132
18	5827	3290	2537	62963	35083	27880	194382	99970	94412
19	6780	3830	2950	67602	37208	30394	128349	68354	59995
20-24岁	**33013**	**18584**	**14429**	**492603**	**251263**	**241340**	**544217**	**281639**	**262578**
20	9463	5295	4168	99990	53632	46358	129063	67884	61179
21	6143	3571	2572	99540	51396	48144	112876	59069	53807
22	5765	3278	2487	98087	49412	48675	105885	54906	50979
23	6225	3472	2753	106056	53029	53027	108356	55399	52957
24	5417	2968	2449	88930	43794	45136	88037	44381	43656
25-29岁	**25360**	**13590**	**11770**	**420691**	**204549**	**216142**	**408632**	**200969**	**207663**
25	4377	2373	2004	73696	36081	37615	73249	37017	36232
26	4391	2406	1985	73003	35343	37660	72683	36084	36599
27	5004	2738	2266	85156	41353	43803	82473	40266	42207
28	5758	3026	2732	98903	48111	50792	94999	46181	48818
29	5830	3047	2783	89933	43661	46272	85228	41421	43807
30-34岁	**40848**	**20799**	**20049**	**530737**	**256232**	**274505**	**482214**	**238412**	**243802**
30	6535	3338	3197	93653	45372	48281	89538	44450	45088
31	7873	4088	3785	108131	52468	55663	100110	49327	50783
32	8423	4314	4109	108293	52181	56112	100085	49239	50846
33	8379	4248	4131	103635	49973	53662	92443	45906	46537
34	9638	4811	4827	117025	56238	60787	100038	49490	50548
35-39岁	**71143**	**35109**	**36034**	**736607**	**355417**	**381190**	**563930**	**285839**	**278091**
35	11171	5584	5587	122298	58393	63905	100078	49821	50257
36	13164	6504	6660	143670	68524	75146	113785	56987	56798
37	14252	7142	7110	150412	72653	77759	116306	59208	57098
38	15831	7645	8186	159739	77431	82308	118448	60485	57963
39	16725	8234	8491	160488	78416	82072	115313	59338	55975
40-44岁	**96611**	**45724**	**50887**	**779324**	**382070**	**397254**	**523300**	**271083**	**252217**
40	19339	9432	9907	178479	87966	90513	126912	66074	60838
41	19320	9237	10083	157136	76542	80594	108572	55980	52592
42	21310	10033	11277	168925	82665	86260	114146	59221	54925
43	17329	8111	9218	129902	63568	66334	80366	41739	38627
44	19313	8911	10402	144882	71329	73553	93304	48069	45235

4-1a 续表 3

单位：人

年龄	小学			初中			高中		
	小计	男	女	小计	男	女	小计	男	女
45-49岁	**80038**	**33879**	**46159**	**564996**	**278801**	**286195**	**490729**	**250435**	**240294**
45	17506	7952	9554	135765	66958	68807	98156	50694	47462
46	16718	7269	9449	129204	63743	65461	107220	54702	52518
47	20906	8716	12190	156383	77289	79094	141266	71032	70234
48	15458	6277	9181	94054	46615	47439	91770	47242	44528
49	9450	3665	5785	49590	24196	25394	52317	26765	25552
50-54岁	**112682**	**42756**	**69926**	**392334**	**195520**	**196814**	**332614**	**174398**	**158216**
50	15692	6307	9385	73636	36718	36918	75771	39221	36550
51	16294	6495	9799	62229	31112	31117	59920	31443	28477
52	23645	9200	14445	82373	41200	41173	72351	38092	34259
53	28026	10342	17684	92033	45733	46300	69201	36142	33059
54	29025	10412	18613	82063	40757	41306	55371	29500	25871
55-59岁	**202965**	**74729**	**128236**	**431247**	**219485**	**211762**	**176970**	**97033**	**79937**
55	36079	13028	23051	90677	45409	45268	53572	28700	24872
56	38430	14305	24125	94265	47622	46643	42550	23090	19460
57	40382	14966	25416	87579	44637	42942	31243	17268	13975
58	43761	16278	27483	83823	43179	40644	26363	14871	11492
59	44313	16152	28161	74903	38638	36265	23242	13104	10138
60-64岁	**217119**	**83385**	**133734**	**255452**	**132798**	**122654**	**96566**	**55628**	**40938**
60	46926	17697	29229	68126	35441	32685	23127	13462	9665
61	46098	17539	28559	55718	28862	26856	21990	12620	9370
62	42543	16307	26236	45218	23329	21889	18679	10558	8121
63	42142	16515	25627	44113	23019	21094	17411	10079	7332
64	39410	15327	24083	42277	22147	20130	15359	8909	6450
65-69岁	**159112**	**61073**	**98039**	**159527**	**83132**	**76395**	**68882**	**38805**	**30077**
65	38179	14796	23383	40879	21288	19591	14530	8148	6382
66	28187	10967	17220	29732	15444	14288	12236	6729	5507
67	26783	10028	16755	27753	14236	13517	13086	7285	5801
68	32649	12516	20133	31710	16543	15167	15219	8655	6564
69	33314	12766	20548	29453	15621	13832	13811	7988	5823
70-74岁	**151876**	**59527**	**92349**	**98677**	**55846**	**42831**	**48583**	**30038**	**18545**
70	35158	13826	21332	27214	14997	12217	12455	7229	5226
71	27975	10551	17424	18736	10023	8713	9375	5529	3846
72	31078	12124	18954	19537	11066	8471	9969	6160	3809
73	29316	11639	17677	17446	10282	7164	8745	5739	3006
74	28349	11387	16962	15744	9478	6266	8039	5381	2658
75-79岁	**103069**	**45737**	**57332**	**53222**	**35224**	**17998**	**24405**	**17344**	**7061**
75	26772	11008	15764	14136	8736	5400	6666	4547	2119
76	23311	9777	13534	12300	7852	4448	5625	3929	1696
77	21582	9895	11687	11142	7504	3638	5073	3655	1418
78	16740	7823	8917	8265	5748	2517	3806	2782	1024
79	14664	7234	7430	7379	5384	1995	3235	2431	804
80-84岁	**47644**	**24281**	**23363**	**20653**	**15305**	**5348**	**9240**	**6788**	**2452**
80	14720	7423	7297	7077	5196	1881	3161	2326	835
81	10167	5120	5047	4412	3271	1141	2066	1521	545
82	9219	4787	4432	3785	2861	924	1686	1265	421
83	7599	3875	3724	3081	2267	814	1333	964	369
84	5939	3076	2863	2298	1710	588	994	712	282
85岁及以上	**21706**	**10547**	**11159**	**7578**	**5353**	**2225**	**3483**	**2347**	**1136**

4-1a 续表 4

单位：人

年 龄	大学专科			大学本科			研究生		
	小计	男	女	小计	男	女	小计	男	女
总 计	**2399609**	**1216228**	**1183381**	**1350482**	**719452**	**631030**	**98587**	**55077**	**43510**
6-9岁									
6									
7									
8									
9									
10-14岁	**71**	**31**	**40**	**14**	**7**	**7**	**1**	**1**	
10	3	1	2	2	1	1			
11	9	4	5	2	2				
12	18	10	8	4	1	3			
13	14	4	10	2	1	1	1	1	
14	27	12	15	4	2	2			
15-19岁	**174458**	**74212**	**100246**	**83386**	**36193**	**47193**	**247**	**134**	**113**
15	4071	1834	2237	386	186	200	25	12	13
16	8977	3923	5054	949	432	517	30	22	8
17	19512	8366	11146	4564	1949	2615	33	19	14
18	47099	19816	27283	21320	8959	12361	56	25	31
19	94799	40273	54526	56167	24667	31500	103	56	47
20-24岁	**643749**	**294072**	**349677**	**501738**	**242025**	**259713**	**15047**	**6593**	**8454**
20	169316	73488	95828	117002	53510	63492	283	125	158
21	163676	74214	89462	135605	64063	71542	826	358	468
22	125159	59012	66147	115503	56949	58554	2544	1063	1481
23	105276	49715	55561	83932	42195	41737	5306	2294	3012
24	80322	37643	42679	49696	25308	24388	6088	2753	3335
25-29岁	**337445**	**159658**	**177787**	**198113**	**98879**	**99234**	**29060**	**13493**	**15567**
25	65126	31097	34029	37135	18425	18710	5556	2581	2975
26	63269	29790	33479	37934	18663	19271	5411	2491	2920
27	69400	32626	36774	41807	20606	21201	5897	2773	3124
28	75877	35793	40084	45011	22592	22419	6521	2973	3548
29	63773	30352	33421	36226	18593	17633	5675	2675	3000
30-34岁	**306127**	**150030**	**156097**	**148755**	**78892**	**69863**	**20448**	**10997**	**9451**
30	62489	30554	31935	32690	17253	15437	5103	2594	2509
31	65249	31470	33779	33020	17456	15564	5015	2647	2368
32	63060	30845	32215	30197	15825	14372	4124	2266	1858
33	57126	27907	29219	26672	14191	12481	3180	1757	1423
34	58203	29254	28949	26176	14167	12009	3026	1733	1293
35-39岁	**289372**	**150894**	**138478**	**131341**	**75042**	**56299**	**12673**	**7980**	**4693**
35	55906	28211	27695	25151	13798	11353	2598	1543	1055
36	61920	31688	30232	27231	15194	12037	2615	1604	1011
37	59760	31335	28425	27306	15617	11689	2650	1695	955
38	57983	30836	27147	26695	15662	11033	2544	1632	912
39	53803	28824	24979	24958	14771	10187	2266	1506	760
40-44岁	**213272**	**116884**	**96388**	**106823**	**64775**	**42048**	**8999**	**6297**	**2702**
40	55621	30155	25466	25721	15196	10525	2194	1478	716
41	45340	24496	20844	22342	13387	8955	1809	1263	546
42	46055	25230	20825	23372	14049	9323	1862	1289	573
43	31578	17553	14025	16459	10122	6337	1403	1002	401
44	34678	19450	15228	18929	12021	6908	1731	1265	466

4-1a 续表 5

单位：人

年龄	大学专科			大学本科			研究生		
	小计	男	女	小计	男	女	小计	男	女
45-49岁	**157443**	**91337**	**66106**	**76144**	**50303**	**25841**	**7688**	**6057**	**1631**
45	34709	19854	14855	18413	11925	6488	2007	1568	439
46	36611	20875	15736	18743	12383	6360	1993	1522	471
47	45306	26384	18922	21192	14140	7052	2233	1772	461
48	26827	15978	10849	11990	8057	3933	1015	845	170
49	13990	8246	5744	5806	3798	2008	440	350	90
50-54岁	**88027**	**53380**	**34647**	**30940**	**20907**	**10033**	**2374**	**1902**	**472**
50	17712	10601	7111	6352	4298	2054	545	445	100
51	14415	8663	5752	5103	3441	1662	399	321	78
52	18452	11211	7241	6215	4214	2001	479	389	90
53	19986	12125	7861	7033	4721	2312	552	439	113
54	17462	10780	6682	6237	4233	2004	399	308	91
55-59岁	**71718**	**45007**	**26711**	**22466**	**14806**	**7660**	**1104**	**874**	**230**
55	17874	11062	6812	5902	3920	1982	366	302	64
56	17047	10619	6428	5549	3622	1927	280	220	60
57	13942	8767	5175	4264	2752	1512	184	141	43
58	12077	7645	4432	3647	2415	1232	138	104	34
59	10778	6914	3864	3104	2097	1007	136	107	29
60-64岁	**42163**	**28092**	**14071**	**12184**	**8602**	**3582**	**331**	**267**	**64**
60	10375	6847	3528	2903	2021	882	82	67	15
61	9807	6516	3291	2607	1831	776	80	62	18
62	8201	5420	2781	1988	1417	571	53	42	11
63	7193	4867	2326	1926	1377	549	46	38	8
64	6587	4442	2145	2760	1956	804	70	58	12
65-69岁	**29628**	**19069**	**10559**	**13360**	**9563**	**3797**	**224**	**180**	**44**
65	6241	4081	2160	2964	2127	837	70	58	12
66	5190	3271	1919	2410	1761	649	38	29	9
67	5647	3572	2075	2400	1704	696	45	39	6
68	6309	3982	2327	2654	1850	804	39	30	9
69	6241	4163	2078	2932	2121	811	32	24	8
70-74岁	**26795**	**19042**	**7753**	**15494**	**11895**	**3599**	**180**	**146**	**34**
70	5853	3940	1913	3219	2392	827	40	30	10
71	5073	3521	1552	3215	2394	821	30	24	6
72	5779	4138	1641	3448	2671	777	32	26	6
73	5288	3850	1438	3117	2480	637	44	37	7
74	4802	3593	1209	2495	1958	537	34	29	5
75-79岁	**13420**	**10120**	**3300**	**6285**	**4840**	**1445**	**104**	**74**	**30**
75	4058	3044	1014	1924	1476	448	20	15	5
76	3177	2388	789	1506	1150	356	22	17	5
77	2642	2023	619	1213	927	286	22	13	9
78	1915	1428	487	833	667	166	11	8	3
79	1628	1237	391	809	620	189	29	21	8
80-84岁	**4295**	**3260**	**1035**	**2398**	**1929**	**469**	**71**	**54**	**17**
80	1483	1133	350	741	590	151	28	21	7
81	960	731	229	517	426	91	15	11	4
82	773	599	174	478	379	99	11	8	3
83	597	450	147	371	297	74	13	11	2
84	482	347	135	291	237	54	4	3	1
85岁及以上	**1626**	**1140**	**486**	**1041**	**794**	**247**	**36**	**28**	**8**

4-1b 全省分年龄、性别、受教育程度的6岁及以上人口(镇)

单位：人

年 龄	6岁及以上人口			未上过学		
	合计	男	女	小计	男	女
总 计	**16448562**	**8323636**	**8124926**	**661873**	**184049**	**477824**
6-9岁	**929619**	**528925**	**400694**	**17848**	**10126**	**7722**
6	237245	135307	101938	10555	5987	4568
7	229303	130216	99087	3110	1742	1368
8	227508	129570	97938	2186	1228	958
9	235563	133832	101731	1997	1169	828
10-14岁	**1190075**	**666026**	**524049**	**7117**	**3997**	**3120**
10	247538	141130	106408	2128	1218	910
11	231249	130421	100828	1724	988	736
12	249701	139954	109747	1287	703	584
13	228482	127008	101474	1050	606	444
14	233105	127513	105592	928	482	446
15-19岁	**1856373**	**964706**	**891667**	**4299**	**2320**	**1979**
15	290623	155154	135469	863	498	365
16	344742	178424	166318	782	402	380
17	436811	226033	210778	818	442	376
18	427934	220947	206987	920	489	431
19	356263	184148	172115	916	489	427
20-24岁	**1777200**	**877890**	**899310**	**6034**	**3114**	**2920**
20	430284	220133	210151	1393	724	669
21	374025	185133	188892	1221	645	576
22	340658	165902	174756	1185	608	577
23	346688	168726	177962	1174	606	568
24	285545	137996	147549	1061	531	530
25-29岁	**1215287**	**594056**	**621231**	**4740**	**2280**	**2460**
25	236739	115543	121196	864	420	444
26	222670	108455	114215	838	394	444
27	242000	118541	123459	927	456	471
28	269256	131927	137329	1093	528	565
29	244622	119590	125032	1018	482	536
30-34岁	**1241073**	**618350**	**622723**	**5976**	**2715**	**3261**
30	254343	126677	127666	1159	518	641
31	257102	127094	130008	1119	513	606
32	254391	126861	127530	1259	579	680
33	224164	111432	112732	1125	505	620
34	251073	126286	124787	1314	600	714
35-39岁	**1508403**	**763084**	**745319**	**10480**	**4323**	**6157**
35	258650	130368	128282	1609	735	874
36	299373	150370	149003	1816	813	1003
37	305421	154221	151200	2025	836	1189
38	326759	166073	160686	2442	940	1502
39	318200	162052	156148	2588	999	1589
40-44岁	**1609785**	**805544**	**804241**	**17332**	**5785**	**11547**
40	360635	183729	176906	3198	1127	2071
41	313544	156861	156683	3075	1121	1954
42	349431	175035	174396	3730	1247	2483
43	276763	136574	140189	3227	1010	2217
44	309412	153345	156067	4102	1280	2822

4-1b 续表 1

单位：人

年 龄	6岁及以上人口			未上过学		
	合计	男	女	小计	男	女
45-49岁	**1278851**	**630349**	**648502**	**20117**	**5155**	**14962**
45	287912	143562	144350	3899	1178	2721
46	277549	137046	140503	3846	1069	2777
47	342821	169804	173017	5045	1301	3744
48	250176	122793	127383	4532	1054	3478
49	120393	57144	63249	2795	553	2242
50-54岁	**874857**	**434204**	**440653**	**35947**	**8494**	**27453**
50	153144	76984	76160	4097	995	3102
51	132206	65839	66367	4517	1113	3404
52	182591	91731	90860	7474	1865	5609
53	211483	104341	107142	9736	2235	7501
54	195433	95309	100124	10123	2286	7837
55-59岁	**986621**	**487467**	**499154**	**73334**	**18013**	**55321**
55	218206	108390	109816	12779	3045	9734
56	209442	104043	105399	14001	3336	10665
57	193337	95227	98110	14500	3588	10912
58	194452	95809	98643	16622	4187	12435
59	171184	83998	87186	15432	3857	11575
60-64岁	**697658**	**351349**	**346309**	**77565**	**20735**	**56830**
60	171060	86432	84628	16835	4535	12300
61	148776	74826	73950	15943	4328	11615
62	131861	65811	66050	15069	4071	10998
63	127844	64905	62939	15229	4050	11179
64	118117	59375	58742	14489	3751	10738
65-69岁	**465302**	**231574**	**233728**	**75403**	**19424**	**55979**
65	117631	59416	58215	15776	4017	11759
66	89774	44834	44940	13491	3518	9973
67	81468	39529	41939	13736	3456	10280
68	90732	45403	45329	15819	4151	11668
69	85697	42392	43305	16581	4282	12299
70-74岁	**342758**	**167610**	**175148**	**90085**	**24285**	**65800**
70	86640	43063	43577	19102	5229	13873
71	60334	29270	31064	14960	3991	10969
72	67825	33360	34465	18314	5007	13307
73	65126	31993	33133	18610	5026	13584
74	62833	29924	32909	19099	5032	14067
75-79岁	**253031**	**115449**	**137582**	**96451**	**25274**	**71177**
75	63415	29479	33936	21410	5563	15847
76	56499	25959	30540	20381	5329	15052
77	53973	24678	29295	20928	5502	15426
78	42048	18976	23072	17579	4770	12809
79	37096	16357	20739	16153	4110	12043
80-84岁	**138521**	**58993**	**79528**	**69624**	**17887**	**51737**
80	42019	18829	23190	19466	5259	14207
81	27949	11826	16123	14069	3580	10489
82	26986	11573	15413	13856	3648	10208
83	22265	9140	13125	11826	2929	8897
84	19302	7625	11677	10407	2471	7936
85岁及以上	**83148**	**28060**	**55088**	**49521**	**10122**	**39399**

4-1b 续表 2

单位：人

年龄	小学			初中			高中		
	小计	男	女	小计	男	女	小计	男	女
总计	**3691002**	**1769667**	**1921335**	**7442804**	**3829719**	**3613085**	**3415580**	**1864082**	**1551498**
6-9岁	**895454**	**509651**	**385803**	**16314**	**9147**	**7167**	**3**	**1**	**2**
6	223759	127630	96129	2931	1690	1241			
7	222635	126473	96162	3558	2001	1557			
8	221382	126174	95208	3939	2167	1772	1	1	
9	227678	129374	98304	5886	3289	2597	2		2
10-14岁	**589109**	**336881**	**252228**	**555082**	**305803**	**249279**	**38752**	**19341**	**19411**
10	231779	132422	99357	13627	7488	6139	3	2	1
11	179047	102041	77006	50462	27385	23077	13	6	7
12	111921	64666	47255	136471	74573	61898	17	11	6
13	45585	26203	19382	173512	95853	77659	8331	4345	3986
14	20777	11549	9228	181010	100504	80506	30388	14977	15411
15-19岁	**57407**	**30186**	**27221**	**626657**	**338257**	**288400**	**1098816**	**561354**	**537462**
15	13478	7477	6001	159970	89489	70481	114764	56917	57847
16	10327	5456	4871	113064	61962	51102	217677	109249	108428
17	10398	5467	4931	110577	59602	50975	307274	156936	150338
18	11153	5652	5501	116634	61555	55079	280135	144276	135859
19	12051	6134	5917	126412	65649	60763	178966	93976	84990
20-24岁	**63444**	**29861**	**33583**	**911442**	**436337**	**475105**	**474018**	**250188**	**223830**
20	17261	8613	8648	191530	97073	94457	149280	79760	69520
21	12483	5940	6543	187512	90390	97122	98155	51656	46499
22	11918	5487	6431	181167	84991	96176	80342	42254	38088
23	11807	5404	6403	191478	89759	101719	80736	42291	38445
24	9975	4417	5558	159755	74124	85631	65505	34227	31278
25-29岁	**48152**	**20611**	**27541**	**697687**	**332482**	**365205**	**268673**	**141894**	**126779**
25	8676	3844	4832	134243	63204	71039	53963	28559	25404
26	8280	3533	4747	126776	59790	66986	49793	26251	23542
27	9343	4008	5335	138620	66343	72277	53471	28190	25281
28	10870	4599	6271	155546	74601	80945	58559	31019	27540
29	10983	4627	6356	142502	68544	73958	52887	27875	25012
30-34岁	**70682**	**30171**	**40511**	**720732**	**351561**	**369171**	**270225**	**145497**	**124728**
30	12293	5319	6974	144697	70611	74086	57895	31211	26684
31	13380	5725	7655	149146	72037	77109	56085	30228	25857
32	14495	6225	8270	147391	71916	75475	55681	29972	25709
33	14021	5967	8054	131586	64204	67382	47554	25418	22136
34	16493	6935	9558	147912	72793	75119	53010	28668	24342
35-39岁	**130277**	**53779**	**76498**	**909913**	**450817**	**459096**	**302118**	**166078**	**136040**
35	18867	7976	10891	153272	75287	77985	53982	29358	24624
36	23592	9920	13672	179060	87842	91218	61147	32930	28217
37	26076	10749	15327	184313	91187	93126	61404	33687	27717
38	29937	12232	17705	198426	98914	99512	64777	36104	28673
39	31805	12902	18903	194842	97587	97255	60808	33999	26809
40-44岁	**199872**	**76483**	**123389**	**984579**	**488893**	**495686**	**285114**	**159446**	**125668**
40	37717	14993	22724	219756	110628	109128	69358	38880	30478
41	37637	14713	22924	191583	94567	97016	55845	31063	24782
42	44108	17044	27064	213391	105661	107730	61282	34430	26852
43	37540	13724	23816	170782	84243	86539	45975	25646	20329
44	42870	16009	26861	189067	93794	95273	52654	29427	23227

4-1b 续表 3

单位：人

年 龄	小 学			初 中			高 中		
	小计	男	女	小计	男	女	小计	男	女
45-49岁	**184464**	**61622**	**122842**	**714639**	**351443**	**363196**	**275309**	**157370**	**117939**
45	39619	14390	25229	170383	84551	85832	54259	30788	23471
46	37855	13108	24747	158763	77807	80956	57605	32592	25013
47	47229	15760	31469	190949	94074	96875	76709	43764	32945
48	38522	11980	26542	133519	65722	67797	58150	33734	24416
49	21239	6384	14855	61025	29289	31736	28586	16492	12094
50-54岁	**213627**	**74521**	**139106**	**413734**	**220035**	**193699**	**170484**	**103225**	**67259**
50	28349	9725	18624	76145	39198	36947	36558	21709	14849
51	28885	10133	18752	61938	31951	29987	30164	18150	12014
52	44371	15827	28544	85143	45529	39614	36963	22626	14337
53	56142	19471	36671	99280	53783	45497	36850	22302	14548
54	55880	19365	36515	91228	49574	41654	29949	18438	11511
55-59岁	**359586**	**137282**	**222304**	**414957**	**240168**	**174789**	**108260**	**70719**	**37541**
55	67828	24559	43269	99218	55902	43316	30141	19113	11028
56	70987	26401	44586	91376	52480	38896	25713	16702	9011
57	71052	27170	43882	81588	47182	34406	20330	13268	7062
58	77227	30347	46880	78126	46136	31990	17583	11751	5832
59	72492	28805	43687	64649	38468	26181	14493	9885	4608
60-64岁	**323259**	**141509**	**181750**	**228517**	**140395**	**88122**	**53090**	**37197**	**15893**
60	74463	31437	43026	60811	37234	23577	14899	10306	4593
61	68716	29896	38820	49130	29945	19185	11637	8152	3485
62	62712	27404	35308	41491	25259	16232	9706	6863	2843
63	61411	27827	33584	39719	24653	15066	8938	6378	2560
64	55957	24945	31012	37366	23304	14062	7910	5498	2412
65-69岁	**215350**	**98305**	**117045**	**131174**	**82955**	**48219**	**33255**	**23109**	**10146**
65	55569	25345	30224	36485	23072	13413	7508	5191	2317
66	41747	18917	22830	26523	16741	9782	6125	4186	1939
67	37371	16543	20828	22597	13997	8600	5979	4170	1809
68	41417	19204	22213	24228	15444	8784	7145	5008	2137
69	39246	18296	20950	21341	13701	7640	6498	4554	1944
70-74岁	**157016**	**76396**	**80620**	**65286**	**43713**	**21573**	**20691**	**15297**	**5394**
70	39803	19011	20792	19426	12741	6685	6032	4311	1721
71	28043	13561	14482	11907	7698	4209	3714	2650	1064
72	30800	15146	15654	12590	8513	4077	4097	3035	1062
73	29803	14779	15024	11159	7772	3387	3612	2773	839
74	28567	13899	14668	10204	6989	3215	3236	2528	708
75-79岁	**108067**	**53993**	**54074**	**33551**	**24048**	**9503**	**10416**	**8333**	**2083**
75	28290	13921	14369	9307	6443	2864	2948	2323	625
76	24851	12341	12510	7852	5522	2330	2386	1905	481
77	22905	11490	11415	7032	5164	1868	2181	1735	446
78	17172	8651	8521	5104	3760	1344	1566	1276	290
79	14849	7590	7259	4256	3159	1097	1335	1094	241
80-84岁	**50228**	**26568**	**23660**	**12788**	**9694**	**3094**	**4233**	**3484**	**749**
80	15971	8493	7478	4521	3405	1116	1493	1209	284
81	10070	5297	4773	2599	1962	637	893	730	163
82	9701	5248	4453	2372	1815	557	747	614	133
83	7770	4068	3702	1811	1408	403	612	521	91
84	6716	3462	3254	1485	1104	381	488	410	78
85岁及以上	**25008**	**11848**	**13160**	**5752**	**3971**	**1781**	**2123**	**1549**	**574**

4-1b 续表 4

单位：人

年 龄	大学专科			大学本科			研究生		
	小计	男	女	小计	男	女	小计	男	女
总 计	**903005**	**488369**	**414636**	**323513**	**181638**	**141875**	**10785**	**6112**	**4673**
6-9岁									
6									
7									
8									
9									
10-14岁	**11**	**3**	**8**	**3**		**3**	**1**	**1**	
10	1		1						
11	1	1		2		2			
12	4		4				1	1	
13	4	1	3						
14	1	1		1		1			
15-19岁	**52636**	**24753**	**27883**	**16299**	**7705**	**8594**	**259**	**131**	**128**
15	1335	666	669	164	84	80	49	23	26
16	2459	1140	1319	398	198	200	35	17	18
17	6102	2772	3330	1599	789	810	43	25	18
18	14322	6720	7602	4718	2227	2491	52	28	24
19	28418	13455	14963	9420	4407	5013	80	38	42
20-24岁	**230903**	**112775**	**118128**	**88771**	**44389**	**44382**	**2588**	**1226**	**1362**
20	53214	25405	27809	17484	8496	8988	122	62	60
21	54306	26561	27745	20058	9789	10269	290	152	138
22	46291	22726	23565	19214	9608	9606	541	228	313
23	42877	21077	21800	17799	9189	8610	817	400	417
24	34215	17006	17209	14216	7307	6909	818	384	434
25-29岁	**133083**	**65061**	**68022**	**59721**	**30118**	**29603**	**3231**	**1610**	**1621**
25	26798	13297	13501	11439	5839	5600	756	380	376
26	24688	12238	12450	11562	5900	5662	733	349	384
27	26786	13078	13708	12193	6142	6051	660	324	336
28	29094	14167	14927	13443	6687	6756	651	326	325
29	25717	12281	13436	11084	5550	5534	431	231	200
30-34岁	**124590**	**62803**	**61787**	**47516**	**24776**	**22740**	**1352**	**827**	**525**
30	27297	13395	13902	10596	5382	5214	406	241	165
31	26637	13123	13514	10429	5278	5151	306	190	116
32	25643	12992	12651	9675	5027	4648	247	150	97
33	21643	11003	10640	8038	4212	3826	197	123	74
34	23370	12290	11080	8778	4877	3901	196	123	73
35-39岁	**113383**	**62954**	**50429**	**41202**	**24441**	**16761**	**1030**	**692**	**338**
35	22249	12063	10186	8474	4821	3653	197	128	69
36	24563	13475	11088	8957	5231	3726	238	159	79
37	23115	12746	10369	8281	4877	3404	207	139	68
38	22787	12819	9968	8180	4919	3261	210	145	65
39	20669	11851	8818	7310	4593	2717	178	121	57
40-44岁	**89773**	**52882**	**36891**	**32210**	**21401**	**10809**	**905**	**654**	**251**
40	22732	13102	9630	7686	4877	2809	188	122	66
41	18369	10763	7606	6844	4500	2344	191	134	57
42	19523	11683	7840	7188	4815	2373	209	155	54
43	13891	8281	5610	5186	3551	1635	162	119	43
44	15258	9053	6205	5306	3658	1648	155	124	31

4-1b 续表 5

单位：人

年　龄	大学专科			大学本科			研究生		
	小计	男	女	小计	男	女	小计	男	女
45-49岁	**64517**	**40182**	**24335**	**19082**	**14031**	**5051**	**723**	**546**	**177**
45	14655	9021	5634	4922	3505	1417	175	129	46
46	14802	9074	5728	4513	3269	1244	165	127	38
47	17555	10922	6633	5124	3826	1298	210	157	53
48	12099	7759	4340	3223	2442	781	131	102	29
49	5406	3406	2000	1300	989	311	42	31	11
50-54岁	**33918**	**22503**	**11415**	**6914**	**5255**	**1659**	**233**	**171**	**62**
50	6596	4298	2298	1352	1022	330	47	37	10
51	5454	3543	1911	1209	924	285	39	25	14
52	7100	4720	2380	1482	1118	364	58	46	12
53	7857	5325	2532	1563	1186	377	55	39	16
54	6911	4617	2294	1308	1005	303	34	24	10
55-59岁	**25653**	**17727**	**7926**	**4650**	**3457**	**1193**	**181**	**101**	**80**
55	6950	4792	2158	1261	958	303	29	21	8
56	6197	4261	1936	1122	843	279	46	20	26
57	4907	3321	1586	924	682	242	36	16	20
58	4137	2848	1289	723	519	204	34	21	13
59	3462	2505	957	620	455	165	36	23	13
60-64岁	**12880**	**9641**	**3239**	**2233**	**1815**	**418**	**114**	**57**	**57**
60	3430	2467	963	586	436	150	36	17	19
61	2846	2112	734	475	376	99	29	17	12
62	2459	1862	597	404	342	62	20	10	10
63	2196	1706	490	335	285	50	16	6	10
64	1949	1494	455	433	376	57	13	7	6
65-69岁	**8236**	**6185**	**2051**	**1830**	**1563**	**267**	**54**	**33**	**21**
65	1838	1395	443	447	392	55	8	4	4
66	1513	1150	363	358	309	49	17	13	4
67	1464	1091	373	314	268	46	7	4	3
68	1746	1292	454	367	298	69	10	6	4
69	1675	1257	418	344	296	48	12	6	6
70-74岁	**7732**	**6207**	**1525**	**1907**	**1684**	**223**	**41**	**28**	**13**
70	1863	1421	442	400	337	63	14	13	1
71	1382	1083	299	324	284	40	4	3	1
72	1579	1268	311	435	385	50	10	6	4
73	1519	1262	257	414	375	39	9	6	3
74	1389	1173	216	334	303	31	4		4
75-79岁	**3772**	**3146**	**626**	**739**	**638**	**101**	**35**	**17**	**18**
75	1198	1001	197	256	225	31	6	3	3
76	845	709	136	173	150	23	11	3	8
77	778	663	115	142	118	24	7	6	1
78	524	430	94	99	86	13	4	3	1
79	427	343	84	69	59	10	7	2	5
80-84岁	**1332**	**1097**	**235**	**290**	**251**	**39**	**26**	**12**	**14**
80	454	364	90	100	94	6	14	5	9
81	255	208	47	60	48	12	3	1	2
82	253	205	48	56	43	13	1		1
83	206	178	28	38	35	3	2	1	1
84	164	142	22	36	31	5	6	5	1
85岁及以上	**586**	**450**	**136**	**146**	**114**	**32**	**12**	**6**	**6**

4-1c 全省分年龄、性别、受教育程度的6岁及以上人口(乡村)

单位：人

年 龄	6岁及以上人口			未上过学		
	合计	男	女	小计	男	女
总 计	**51915505**	**25813036**	**26102469**	**3516432**	**1030872**	**2485560**
6-9岁	**3429928**	**1944681**	**1485247**	**79419**	**44141**	**35278**
6	917161	518182	398979	43619	24301	19318
7	857330	486026	371304	15449	8557	6892
8	822014	467191	354823	10666	5903	4763
9	833423	473282	360141	9685	5380	4305
10-14岁	**4016425**	**2232651**	**1783774**	**34779**	**19134**	**15645**
10	846337	478713	367624	10077	5624	4453
11	801456	449731	351725	8538	4683	3855
12	854660	475037	379623	6571	3619	2952
13	772654	425784	346870	5119	2850	2269
14	741318	403386	337932	4474	2358	2116
15-19岁	**4074239**	**2138146**	**1936093**	**22046**	**11428**	**10618**
15	760056	411875	348181	4374	2322	2052
16	702798	373902	328896	3882	2046	1836
17	806340	425359	380981	4419	2276	2143
18	888276	461289	426987	4656	2406	2250
19	916769	465721	451048	4715	2378	2337
20-24岁	**5600113**	**2667324**	**2932789**	**32075**	**15414**	**16661**
20	1330421	664199	666222	7178	3670	3508
21	1205391	578382	627009	6665	3263	3402
22	1091208	510250	580958	6236	2953	3283
23	1090997	507778	583219	6491	3051	3440
24	882096	406715	475381	5505	2477	3028
25-29岁	**3488169**	**1648134**	**1840035**	**26841**	**11722**	**15119**
25	713059	331947	381112	5075	2211	2864
26	656545	306462	350083	4812	2088	2724
27	681746	323680	358066	5322	2336	2986
28	754973	360511	394462	5983	2618	3365
29	681846	325534	356312	5649	2469	3180
30-34岁	**3223668**	**1572464**	**1651204**	**35404**	**14332**	**21072**
30	682288	331145	351143	6717	2791	3926
31	664003	321854	342149	6703	2805	3898
32	654039	319621	334418	7238	2928	4310
33	574512	280905	293607	6573	2661	3912
34	648826	318939	329887	8173	3147	5026
35-39岁	**4054770**	**2007635**	**2047135**	**61002**	**21687**	**39315**
35	671418	333199	338219	9229	3545	5684
36	784002	389091	394911	10784	4216	6568
37	815059	404687	410372	12288	4352	7936
38	885233	436494	448739	14165	4804	9361
39	899058	444164	454894	14536	4770	9766
40-44岁	**4985688**	**2391300**	**2594388**	**105115**	**29693**	**75422**
40	1033632	507452	526180	19079	5833	13246
41	942878	450585	492293	18784	5436	13348
42	1073501	511519	561982	22607	6430	16177
43	912960	432233	480727	20523	5566	14957
44	1022717	489511	533206	24122	6428	17694

4-1c 续表 1

单位：人

年 龄	6岁及以上人口			未上过学		
	合计	男	女	小计	男	女
45-49岁	**4195920**	**1985332**	**2210588**	**120129**	**27515**	**92614**
45	931032	443874	487158	23456	5993	17463
46	890482	418521	471961	23554	5765	17789
47	1112716	536215	576501	30241	7064	23177
48	845132	399804	445328	26317	5555	20762
49	416558	186918	229640	16561	3138	13423
50-54岁	**3068114**	**1504190**	**1563924**	**194591**	**45709**	**148882**
50	509866	243351	266515	23478	5217	18261
51	457155	221933	235222	25218	5788	19430
52	628206	309879	318327	39698	9871	29827
53	765762	381194	384568	52461	12390	40071
54	707125	347833	359292	53736	12443	41293
55-59岁	**3759696**	**1877451**	**1882245**	**388606**	**101602**	**287004**
55	800829	402701	398128	66641	16577	50064
56	785762	393782	391980	73836	18661	55175
57	737026	368267	368759	77265	20211	57054
58	759292	377674	381618	88024	23625	64399
59	676787	335027	341760	82840	22528	60312
60-64岁	**2757007**	**1402463**	**1354544**	**420785**	**120371**	**300414**
60	655627	330552	325075	89199	25886	63313
61	588250	300932	287318	86498	24954	61544
62	527248	268734	258514	81853	23454	58399
63	515930	263469	252461	83138	23746	59392
64	469952	238776	231176	80097	22331	57766
65-69岁	**1874131**	**942000**	**932131**	**417015**	**118623**	**298392**
65	471323	242645	228678	86049	24497	61552
66	365299	185819	179480	75057	21220	53837
67	336320	163029	173291	77664	21210	56454
68	360913	180999	179914	88148	25536	62612
69	340276	169508	170768	90097	26160	63937
70-74岁	**1355495**	**666882**	**688613**	**470665**	**143525**	**327140**
70	336795	169976	166819	100668	31075	69593
71	236740	116964	119776	77443	23482	53961
72	265868	132420	133448	94165	29274	64891
73	262258	128093	134165	97877	29996	67881
74	253834	119429	134405	100512	29698	70814
75-79岁	**1059622**	**473766**	**585856**	**502171**	**148170**	**354001**
75	263350	122648	140702	112424	33881	78543
76	233740	105476	128264	106641	31523	75118
77	225727	100835	124892	109057	32430	76627
78	177009	77106	99903	89626	26196	63430
79	159796	67701	92095	84423	24140	60283
80-84岁	**605796**	**243573**	**362223**	**358856**	**102681**	**256175**
80	178985	75159	103826	100823	29803	71020
81	121029	49221	71808	70629	20331	50298
82	120416	48467	71949	72417	20998	51419
83	99797	38724	61073	61172	17052	44120
84	85569	32002	53567	53815	14497	39318
85岁及以上	**366724**	**115044**	**251680**	**246933**	**55125**	**191808**

4-1c 续表 2

单位：人

年 龄	小学			初中			高中		
	小计	男	女	小计	男	女	小计	男	女
总 计	**16395156**	**7643675**	**8751481**	**26700825**	**14008677**	**12692148**	**4373066**	**2617704**	**1755362**
6-9岁	**3291188**	**1867146**	**1424042**	**59312**	**33390**	**25922**	**9**	**4**	**5**
6	862306	487591	374715	11236	6290	4946			
7	829146	470292	358854	12735	7177	5558			
8	797499	453483	344016	13846	7803	6043	3	2	1
9	802237	455780	346457	21495	12120	9375	6	2	4
10-14岁	**2286012**	**1294593**	**991419**	**1660901**	**900607**	**760294**	**34704**	**18304**	**16400**
10	789649	447523	342126	46601	25561	21040	10	5	5
11	644660	364974	279686	148220	80056	68164	33	16	17
12	488562	277813	210749	359462	193574	165888	56	28	28
13	243116	137911	105205	514370	279650	234720	10043	5370	4673
14	120025	66372	53653	592248	321766	270482	24562	12885	11677
15-19岁	**309248**	**153554**	**155694**	**2666891**	**1409911**	**1256980**	**973297**	**513924**	**459373**
15	76645	40885	35760	600827	327900	272927	76434	39820	36614
16	56033	28396	27637	489427	263143	226284	150051	78523	71528
17	55281	27159	28122	497455	264308	233147	239409	126902	112507
18	59535	28373	31162	526882	274382	252500	268718	142720	125998
19	61754	28741	33013	552300	280178	272122	238685	125959	112726
20-24岁	**349746**	**143889**	**205857**	**3812182**	**1776553**	**2035629**	**968524**	**508967**	**459557**
20	89307	40528	48779	835037	412233	422804	286571	152312	134259
21	69864	29075	40789	803085	377410	425675	219318	114638	104680
22	66421	26766	39655	756937	345125	411812	175224	91238	83986
23	66654	26009	40645	777898	353685	424213	164046	85909	78137
24	57500	21511	35989	639225	288100	351125	123365	64870	58495
25-29岁	**273749**	**99677**	**174072**	**2610051**	**1222406**	**1387645**	**415092**	**225595**	**189497**
25	50239	18549	31690	523236	239115	284121	93557	49862	43695
26	48526	17371	31155	487438	224439	262999	80905	43512	37393
27	52462	19257	33205	510909	240397	270512	81025	44081	36944
28	61562	22425	39137	571210	271618	299592	85649	47069	38580
29	60960	22075	38885	517258	246837	270421	73956	41071	32885
30-34岁	**382963**	**142510**	**240453**	**2428646**	**1197783**	**1230863**	**295279**	**171112**	**124167**
30	68338	25174	43164	512263	249539	262724	72345	40938	31407
31	72840	27034	45806	500899	244447	256452	64835	37121	27714
32	79017	29558	49459	491526	242820	248706	59997	34961	25036
33	73834	27650	46184	434481	215557	218924	47811	28087	19724
34	88934	33094	55840	489477	245420	244057	50291	30005	20286
35-39岁	**682194**	**251236**	**430958**	**3006508**	**1544874**	**1461634**	**261785**	**161798**	**99987**
35	100341	38464	61877	504091	256097	247994	47362	28563	18799
36	123509	46528	76981	587664	300180	287484	52145	31774	20371
37	135771	50520	85251	606133	312002	294131	52321	32238	20083
38	157448	56706	100742	651057	335558	315499	54757	34275	20482
39	165125	59018	106107	657563	341037	316526	55200	34948	20252
40-44岁	**1074038**	**362279**	**711759**	**3484629**	**1790344**	**1694285**	**295149**	**190652**	**104497**
40	200876	70025	130851	743557	386373	357184	63056	40449	22607
41	198958	67972	130986	665338	338849	326489	54504	34713	19791
42	233857	78776	155081	749603	382598	367005	61742	39790	21952
43	206962	68434	138528	629410	321684	307726	51823	33608	18215
44	233385	77072	156313	696721	360840	335881	64024	42092	21932

4-1c 续表 3

单位：人

年龄	小学			初中			高中		
	小计	男	女	小计	男	女	小计	男	女
45-49岁	**991284**	**299740**	**691544**	**2627384**	**1347572**	**1279812**	**435374**	**295573**	**139801**
45	213838	68765	145073	618652	318971	299681	70701	47173	23528
46	204997	63134	141863	575030	291430	283600	82403	55133	27270
47	250058	76326	173732	699732	362616	337116	126695	86042	40653
48	207636	60332	147304	502661	258844	243817	103882	71858	32024
49	114755	31183	83572	231309	115711	115598	51693	35367	16326
50-54岁	**1053281**	**357789**	**695492**	**1473820**	**849260**	**624560**	**328983**	**238611**	**90372**
50	145695	45266	100429	269718	143294	126424	68229	47649	20580
51	145256	47661	97595	224335	123876	100459	59772	42828	16944
52	215781	74305	141476	297410	171096	126314	71609	51970	19639
53	275723	95788	179935	359556	215138	144418	73479	54401	19078
54	270826	94769	176057	322801	195856	126945	55894	41763	14131
55-59岁	**1720907**	**681572**	**1039335**	**1443538**	**931581**	**511957**	**191697**	**150766**	**40931**
55	324394	120069	204325	351626	221263	130363	54221	41674	12547
56	340375	130027	210348	321532	205660	115872	46437	36589	9848
57	339427	134600	204827	281506	182677	98829	36003	28510	7493
58	370634	151870	218764	267856	176007	91849	30241	24131	6110
59	346077	145006	201071	221018	145974	75044	24795	19862	4933
60-64岁	**1515133**	**711056**	**804077**	**730335**	**496961**	**233374**	**83333**	**67798**	**15535**
60	346476	153602	192874	193679	129634	64045	24276	19731	4545
61	321896	150377	171519	158545	107963	50582	19677	16260	3417
62	294554	140036	154518	134051	91460	42591	15371	12574	2797
63	290349	140248	150101	128219	87930	40289	12959	10473	2486
64	261858	126793	135065	115841	79974	35867	11050	8760	2290
65-69岁	**1004580**	**497821**	**506759**	**401197**	**284218**	**116979**	**46330**	**37121**	**9209**
65	258555	127985	130570	114580	80543	34037	11093	8748	2345
66	197195	97710	99485	83697	59409	24288	8530	6798	1732
67	179172	85510	93662	70356	48999	21357	8264	6569	1695
68	190465	95548	94917	71588	51181	20407	9584	7775	1809
69	179193	91068	88125	60976	44086	16890	8859	7231	1628
70-74岁	**679705**	**364944**	**314761**	**173580**	**131305**	**42275**	**26369**	**22448**	**3921**
70	172510	90924	81586	53873	39823	14050	8459	7032	1427
71	120117	63639	56478	33080	24692	8388	5193	4362	831
72	132707	72496	60211	32761	25212	7549	5163	4442	721
73	130639	71461	59178	28717	22226	6491	4043	3502	541
74	123732	66424	57308	25149	19352	5797	3511	3110	401
75-79岁	**466366**	**253748**	**212618**	**77965**	**60124**	**17841**	**10520**	**9354**	**1166**
75	124051	67507	56544	22971	17779	5192	3103	2736	367
76	105826	57159	48667	18231	14074	4157	2381	2110	271
77	98112	53749	44363	15888	12259	3629	2169	1942	227
78	74167	40486	33681	11295	8708	2587	1552	1388	164
79	64210	34847	29363	9580	7304	2276	1315	1178	137
80-84岁	**212581**	**114304**	**98277**	**29141**	**22009**	**7132**	**4295**	**3769**	**526**
80	66616	36269	30347	9776	7520	2256	1479	1311	168
81	43577	23587	19990	5833	4427	1406	806	715	91
82	41473	22435	19038	5517	4142	1375	831	734	97
83	33426	17723	15703	4404	3265	1139	629	540	89
84	27489	14290	13199	3611	2655	956	550	469	81
85岁及以上	**102181**	**47817**	**54364**	**14745**	**9779**	**4966**	**2326**	**1908**	**418**

4-1c 续表 4

单位：人

年 龄	大学专科			大学本科			研究生		
	小计	男	女	小计	男	女	小计	男	女
总 计	**731910**	**404377**	**327533**	**184765**	**100855**	**83910**	**13351**	**6876**	**6475**
6-9岁									
6									
7									
8									
9									
10-14岁	**23**	**9**	**14**	**5**	**3**	**2**	**1**	**1**	
10									
11	4	1	3	1	1				
12	8	3	5	1		1			
13	5	2	3				1	1	
14	6	3	3	3	2	1			
15-19岁	**79930**	**38541**	**41389**	**22162**	**10447**	**11715**	**665**	**341**	**324**
15	1500	794	706	159	87	72	117	67	50
16	2957	1571	1386	351	174	177	97	49	48
17	8002	3880	4122	1631	758	873	143	76	67
18	22214	10519	11695	6123	2814	3309	148	75	73
19	45257	21777	23480	13898	6614	7284	160	74	86
20-24岁	**336337**	**170032**	**166305**	**97882**	**50810**	**47072**	**3367**	**1659**	**1708**
20	86118	42353	43765	25915	12949	12966	295	154	141
21	81618	41220	40398	24444	12585	11859	397	191	206
22	66424	33661	32763	19373	10209	9164	593	298	295
23	58551	29977	28574	16293	8658	7635	1064	489	575
24	43626	22821	20805	11857	6409	5448	1018	527	491
25-29岁	**126119**	**68402**	**57717**	**32582**	**18292**	**14290**	**3735**	**2040**	**1695**
25	31500	16991	14509	8549	4748	3801	903	471	432
26	26711	14479	12232	7295	4089	3206	858	484	374
27	24739	13532	11207	6504	3662	2842	785	415	370
28	23948	13025	10923	5916	3369	2547	705	387	318
29	19221	10375	8846	4318	2424	1894	484	283	201
30-34岁	**66317**	**38138**	**28179**	**13742**	**7858**	**5884**	**1317**	**731**	**586**
30	18392	10299	8093	3814	2158	1656	419	246	173
31	15315	8581	6734	3129	1708	1421	282	158	124
32	13386	7715	5671	2633	1523	1110	242	116	126
33	9606	5684	3922	2031	1167	864	176	99	77
34	9618	5859	3759	2135	1302	833	198	112	86
35-39岁	**34795**	**22560**	**12235**	**7526**	**5014**	**2512**	**960**	**466**	**494**
35	8414	5306	3108	1770	1122	648	211	102	109
36	7914	5109	2805	1789	1185	604	197	99	98
37	6817	4432	2385	1544	1047	497	185	96	89
38	6304	4175	2129	1315	899	416	187	77	110
39	5346	3538	1808	1108	761	347	180	92	88
40-44岁	**21656**	**14806**	**6850**	**4181**	**3050**	**1131**	**920**	**476**	**444**
40	5716	3824	1892	1146	833	313	202	115	87
41	4168	2839	1329	917	670	247	209	106	103
42	4620	3189	1431	898	641	257	174	95	79
43	3480	2400	1080	613	467	146	149	74	75
44	3672	2554	1118	607	439	168	186	86	100

4-1c 续表 5 单位：人

年龄	大学专科			大学本科			研究生		
	小计	男	女	小计	男	女	小计	男	女
45-49岁	**18621**	**12771**	**5850**	**2413**	**1829**	**584**	**715**	**332**	**383**
45	3724	2511	1213	519	389	130	142	72	70
46	3806	2570	1236	529	413	116	163	76	87
47	5104	3549	1555	672	507	165	214	111	103
48	4020	2793	1227	482	374	108	134	48	86
49	1967	1348	619	211	146	65	62	25	37
50-54岁	**15647**	**11541**	**4106**	**1323**	**1044**	**279**	**469**	**236**	**233**
50	2447	1717	730	224	172	52	75	36	39
51	2292	1587	705	207	158	49	75	35	40
52	3339	2371	968	288	222	66	81	44	37
53	4086	3147	939	328	266	62	129	64	65
54	3483	2719	764	276	226	50	109	57	52
55-59岁	**13409**	**10814**	**2595**	**1047**	**857**	**190**	**492**	**259**	**233**
55	3564	2842	722	266	212	54	117	64	53
56	3226	2569	657	256	221	35	100	55	45
57	2543	2069	474	194	158	36	88	42	46
58	2252	1835	417	188	152	36	97	54	43
59	1824	1499	325	143	114	29	90	44	46
60-64岁	**6618**	**5701**	**917**	**554**	**465**	**89**	**249**	**111**	**138**
60	1797	1550	247	136	121	15	64	28	36
61	1463	1259	204	123	99	24	48	20	28
62	1264	1100	164	108	91	17	47	19	28
63	1112	962	150	104	84	20	49	26	23
64	982	830	152	83	70	13	41	18	23
65-69岁	**4423**	**3769**	**654**	**419**	**359**	**60**	**167**	**89**	**78**
65	915	764	151	92	81	11	39	27	12
66	710	606	104	76	66	10	34	10	24
67	766	662	104	74	66	8	24	13	11
68	996	857	139	92	79	13	40	23	17
69	1036	880	156	85	67	18	30	16	14
70-74岁	**4532**	**4117**	**415**	**521**	**478**	**43**	**123**	**65**	**58**
70	1149	1015	134	102	91	11	34	16	18
71	788	690	98	96	87	9	23	12	11
72	931	874	57	117	110	7	24	12	12
73	852	794	58	110	103	7	20	11	9
74	812	744	68	96	87	9	22	14	8
75-79岁	**2264**	**2119**	**145**	**239**	**213**	**26**	**97**	**38**	**59**
75	693	658	35	82	77	5	26	10	16
76	580	545	35	62	55	7	19	10	9
77	445	414	31	31	28	3	25	13	12
78	315	290	25	43	36	7	11	2	9
79	231	212	19	21	17	4	16	3	13
80-84岁	**799**	**721**	**78**	**81**	**69**	**12**	**43**	**20**	**23**
80	257	228	29	19	18	1	15	10	5
81	157	140	17	19	17	2	8	4	4
82	158	147	11	10	7	3	10	4	6
83	145	130	15	16	13	3	5	1	4
84	82	76	6	17	14	3	5	1	4
85岁及以上	**420**	**336**	**84**	**88**	**67**	**21**	**31**	**12**	**19**

4-2 全省分年龄、性别的15岁及以上文盲人口

单位：人、%

年 龄	15岁及以上人口			文盲人口			文盲人口占15岁及以上人口比重		
	合计	男	女	合计	男	女	合计	男	女
总 计	**74282621**	**36472067**	**37810554**	**3991461**	**1079950**	**2911511**	**5.37**	**2.96**	**7.70**
15-19岁	**7418890**	**3861615**	**3557275**	**15496**	**8013**	**7483**	**0.21**	**0.21**	**0.21**
15	1268724	682803	585921	2899	1499	1400	0.23	0.22	0.24
16	1308970	688066	620904	2768	1445	1323	0.21	0.21	0.21
17	1565496	816562	748934	3097	1590	1507	0.20	0.19	0.20
18	1648362	849653	798709	3353	1741	1612	0.20	0.20	0.20
19	1627338	824531	802807	3379	1738	1641	0.21	0.21	0.20
20-24岁	**9611242**	**4641380**	**4969862**	**25011**	**12371**	**12640**	**0.26**	**0.27**	**0.25**
20	2286579	1138695	1147884	5343	2835	2508	0.23	0.25	0.22
21	2098831	1016608	1082223	5149	2567	2582	0.25	0.25	0.24
22	1885531	901189	984342	4865	2390	2475	0.26	0.27	0.25
23	1853600	883024	970576	5125	2478	2647	0.28	0.28	0.27
24	1486701	701864	784837	4529	2101	2428	0.30	0.30	0.31
25-29岁	**6125379**	**2934786**	**3190593**	**23576**	**10486**	**13090**	**0.38**	**0.36**	**0.41**
25	1209418	575325	634093	4318	1943	2375	0.36	0.34	0.37
26	1136365	539965	596400	4026	1781	2245	0.35	0.33	0.38
27	1213970	582841	631129	4594	2047	2547	0.38	0.35	0.40
28	1351885	651447	700438	5387	2366	3021	0.40	0.36	0.43
29	1213741	585208	628533	5251	2349	2902	0.43	0.40	0.46
30-34岁	**5997389**	**2948021**	**3049368**	**34386**	**13882**	**20504**	**0.57**	**0.47**	**0.67**
30	1227254	601722	625532	6266	2618	3648	0.51	0.44	0.58
31	1241214	606772	634442	6436	2697	3739	0.52	0.44	0.59
32	1223315	601522	621793	7127	2887	4240	0.58	0.48	0.68
33	1090811	536684	554127	6513	2639	3874	0.60	0.49	0.70
34	1214795	601321	613474	8044	3041	5003	0.66	0.51	0.82
35-39岁	**7374290**	**3683925**	**3690365**	**63269**	**22202**	**41067**	**0.86**	**0.60**	**1.11**
35	1248188	621413	626775	9387	3699	5688	0.75	0.60	0.91
36	1446899	720530	726369	11021	4243	6778	0.76	0.59	0.93
37	1492370	747144	745226	12668	4444	8224	0.85	0.59	1.10
38	1594596	796890	797706	14891	4928	9963	0.93	0.62	1.25
39	1592237	797948	794289	15302	4888	10414	0.96	0.61	1.31
40-44岁	**8331878**	**4087217**	**4244661**	**111598**	**30635**	**80963**	**1.34**	**0.75**	**1.91**
40	1804163	902210	901953	20131	5953	14178	1.12	0.66	1.57
41	1612476	789059	823417	19912	5673	14239	1.23	0.72	1.73
42	1800378	879817	920561	24093	6661	17432	1.34	0.76	1.89
43	1468192	711506	756686	21650	5676	15974	1.47	0.80	2.11
44	1646669	804625	842044	25812	6672	19140	1.57	0.83	2.27

4-2 续表

单位：人、%

年 龄	15岁及以上人口			文盲人口			文盲人口占15岁及以上人口比重		
	合计	男	女	合计	男	女	合计	男	女
45-49岁	**6859450**	**3329233**	**3530217**	**129933**	**28111**	**101822**	**1.89**	**0.84**	**2.88**
45	1526982	746977	780005	25010	6102	18908	1.64	0.82	2.42
46	1480106	716651	763455	25373	5921	19452	1.71	0.83	2.55
47	1844831	906084	938747	32655	7158	25497	1.77	0.79	2.72
48	1338024	648154	689870	28731	5691	23040	2.15	0.88	3.34
49	669507	311367	358140	18164	3239	14925	2.71	1.04	4.17
50-54岁	**4915502**	**2431122**	**2484380**	**223479**	**50572**	**172907**	**4.55**	**2.08**	**6.96**
50	854388	418473	435915	26338	5751	20587	3.08	1.37	4.72
51	749520	369836	379684	28541	6367	22174	3.81	1.72	5.84
52	1017224	506798	510426	45866	11026	34840	4.51	2.18	6.83
53	1197550	595957	601593	60288	13604	46684	5.03	2.28	7.76
54	1096820	540058	556762	62446	13824	48622	5.69	2.56	8.73
55-59岁	**5680391**	**2823720**	**2856671**	**453869**	**113688**	**340181**	**7.99**	**4.03**	**11.91**
55	1228164	614749	613415	77498	18478	59020	6.31	3.01	9.62
56	1198458	598537	599921	86144	20780	65364	7.19	3.47	10.90
57	1113430	553397	560033	90418	22759	67659	8.12	4.11	12.08
58	1129813	559510	570303	102949	26499	76450	9.11	4.74	13.41
59	1010526	497527	512999	96860	25172	71688	9.59	5.06	13.97
60-64岁	**4108866**	**2069949**	**2038917**	**490965**	**134775**	**356190**	**11.95**	**6.51**	**17.47**
60	984969	494218	490751	104374	29057	75317	10.60	5.88	15.35
61	879738	444812	434926	101182	28131	73051	11.50	6.32	16.80
62	781496	393081	388415	95408	26290	69118	12.21	6.69	17.79
63	762287	385529	376758	96695	26377	70318	12.68	6.84	18.66
64	700376	352309	348067	93306	24920	68386	13.32	7.07	19.65
65-69岁	**2803020**	**1392429**	**1410591**	**489293**	**133085**	**356208**	**17.46**	**9.56**	**25.25**
65	698121	353959	344162	100562	27323	73239	14.40	7.72	21.28
66	538471	270113	268358	87812	23834	63978	16.31	8.82	23.84
67	499057	240611	258446	90516	23758	66758	18.14	9.87	25.83
68	547508	271464	276044	103560	28598	74962	18.91	10.53	27.16
69	519863	256282	263581	106843	29572	77271	20.55	11.54	29.32
70-74岁	**2091708**	**1021455**	**1070253**	**570024**	**164510**	**405514**	**27.25**	**16.11**	**37.89**
70	517081	257534	259547	120647	35396	85251	23.33	13.74	32.85
71	370385	180055	190330	94193	26955	67238	25.43	14.97	35.33
72	413954	204097	209857	114374	33589	80785	27.63	16.46	38.50
73	402426	196325	206101	118593	34363	84230	29.47	17.50	40.87
74	387862	183444	204418	122217	34207	88010	31.51	18.65	43.05
75-79岁	**1572918**	**714570**	**858348**	**612743**	**171416**	**441327**	**38.96**	**23.99**	**51.42**
75	393028	183455	209573	136417	38736	97681	34.71	21.11	46.61
76	348572	159021	189551	129989	36327	93662	37.29	22.84	49.41
77	334183	152101	182082	132849	37519	95330	39.75	24.67	52.36
78	261943	116776	145167	110164	30655	79509	42.06	26.25	54.77
79	235192	103217	131975	103324	28179	75145	43.93	27.30	56.94
80-84岁	**873698**	**363668**	**510030**	**441203**	**120666**	**320537**	**50.50**	**33.18**	**62.85**
80	260280	113271	147009	123263	34896	88367	47.36	30.81	60.11
81	176630	74126	102504	87775	24068	63707	49.69	32.47	62.15
82	172307	71854	100453	88780	24715	64065	51.52	34.40	63.78
83	142982	57380	85602	75421	20057	55364	52.75	34.95	64.68
84	121499	47037	74462	65964	16930	49034	54.29	35.99	65.85
85岁及以上	**518000**	**168977**	**349023**	**306616**	**65538**	**241078**	**59.19**	**38.79**	**69.07**

4-2a 全省分年龄、性别的15岁及以上文盲人口(城市)

单位：人、%

年 龄	15岁及以上人口			文盲人口			文盲人口占15岁及以上人口比重		
	合计	男	女	合计	男	女	合计	男	女
总 计	**15484601**	**7707678**	**7776923**	**288478**	**66108**	**222370**	**1.86**	**0.86**	**2.86**
15-19岁	**1488278**	**758763**	**729515**	**1394**	**766**	**628**	**0.09**	**0.10**	**0.09**
15	218045	115774	102271	296	168	128	0.14	0.15	0.13
16	261430	135740	125690	285	166	119	0.11	0.12	0.09
17	322345	165170	157175	257	126	131	0.08	0.08	0.08
18	332152	167417	164735	286	150	136	0.09	0.09	0.08
19	354306	174662	179644	270	156	114	0.08	0.09	0.06
20-24岁	**2233929**	**1096166**	**1137763**	**2085**	**1236**	**849**	**0.09**	**0.11**	**0.07**
20	525874	254363	271511	433	260	173	0.08	0.10	0.06
21	519415	253093	266322	431	264	167	0.08	0.10	0.06
22	453665	225037	228628	423	249	174	0.09	0.11	0.08
23	415915	206520	209395	453	264	189	0.11	0.13	0.09
24	319060	157153	161907	345	199	146	0.11	0.13	0.09
25-29岁	**1421923**	**692596**	**729327**	**1681**	**946**	**735**	**0.12**	**0.14**	**0.10**
25	259620	127835	131785	312	181	131	0.12	0.14	0.10
26	257150	125048	132102	283	159	124	0.11	0.13	0.09
27	290224	140620	149604	321	182	139	0.11	0.13	0.09
28	327656	159009	168647	371	204	167	0.11	0.13	0.10
29	287273	140084	147189	394	220	174	0.14	0.16	0.12
30-34岁	**1532648**	**757207**	**775441**	**2535**	**1357**	**1178**	**0.17**	**0.18**	**0.15**
30	290623	143900	146723	427	237	190	0.15	0.16	0.13
31	320109	157824	162285	507	274	233	0.16	0.17	0.14
32	314885	155040	159845	513	276	237	0.16	0.18	0.15
33	292135	144347	147788	503	269	234	0.17	0.19	0.16
34	314896	156096	158800	585	301	284	0.19	0.19	0.18
35-39岁	**1811117**	**913206**	**897911**	**4621**	**2228**	**2393**	**0.26**	**0.24**	**0.27**
35	318120	157846	160274	690	377	313	0.22	0.24	0.20
36	363524	181069	182455	854	439	415	0.23	0.24	0.23
37	371890	188236	183654	926	460	466	0.25	0.24	0.25
38	382604	194323	188281	1055	475	580	0.28	0.24	0.31
39	374979	191732	183247	1096	477	619	0.29	0.25	0.34
40-44岁	**1736405**	**890373**	**846032**	**6430**	**2724**	**3706**	**0.37**	**0.31**	**0.44**
40	409896	211029	198867	1281	550	731	0.31	0.26	0.37
41	356054	181613	174441	1234	555	679	0.35	0.31	0.39
42	377446	193263	184183	1426	594	832	0.38	0.31	0.45
43	278469	142699	135770	1142	459	683	0.41	0.32	0.50
44	314540	161769	152771	1347	566	781	0.43	0.35	0.51

4-2a 续表 单位：人、%

年 龄	15岁及以上人口			文盲人口			文盲人口占15岁及以上人口比重		
	合计	男	女	合计	男	女	合计	男	女
45-49岁	**1384679**	**713552**	**671127**	**6233**	**2125**	**4108**	**0.45**	**0.30**	**0.61**
45	308038	159541	148497	1195	453	742	0.39	0.28	0.50
46	312075	161084	150991	1273	448	825	0.41	0.28	0.55
47	389294	200065	189229	1631	587	1044	0.42	0.29	0.55
48	242716	125557	117159	1323	409	914	0.55	0.33	0.78
49	132556	67305	65251	811	228	583	0.61	0.34	0.89
50-54岁	**972531**	**492728**	**479803**	**11806**	**3217**	**8589**	**1.21**	**0.65**	**1.79**
50	191378	98138	93240	1441	457	984	0.75	0.47	1.06
51	160159	82064	78095	1544	467	1077	0.96	0.57	1.38
52	206427	105188	101239	2509	723	1786	1.22	0.69	1.76
53	220305	110422	109883	3056	797	2259	1.39	0.72	2.06
54	194262	96916	97346	3256	773	2483	1.68	0.80	2.55
55-59岁	**934074**	**458802**	**475272**	**24568**	**5905**	**18663**	**2.63**	**1.29**	**3.93**
55	209129	103658	105471	4100	1045	3055	1.96	1.01	2.90
56	203254	100712	102542	4566	1055	3511	2.25	1.05	3.42
57	183067	89903	93164	4886	1195	3691	2.67	1.33	3.96
58	176069	86027	90042	5621	1345	4276	3.19	1.56	4.75
59	162555	78502	84053	5395	1265	4130	3.32	1.61	4.91
60-64岁	**654201**	**316137**	**338064**	**27060**	**6377**	**20683**	**4.14**	**2.02**	**6.12**
60	158282	77234	81048	5970	1474	4496	3.77	1.91	5.55
61	142712	69054	73658	5690	1404	4286	3.99	2.03	5.82
62	122387	58536	63851	5088	1264	3824	4.16	2.16	5.99
63	118513	57155	61358	5066	1101	3965	4.27	1.93	6.46
64	112307	54158	58149	5246	1134	4112	4.67	2.09	7.07
65-69岁	**463587**	**218855**	**244732**	**29399**	**6091**	**23308**	**6.34**	**2.78**	**9.52**
65	109167	51898	57269	5660	1231	4429	5.18	2.37	7.73
66	83398	39460	43938	5040	1104	3936	6.04	2.80	8.96
67	81269	38053	43216	4990	1040	3950	6.14	2.73	9.14
68	95863	45062	50801	6481	1254	5227	6.76	2.78	10.29
69	93890	44382	49508	7228	1462	5766	7.70	3.29	11.65
70-74岁	**393455**	**186963**	**206492**	**46214**	**9166**	**37048**	**11.75**	**4.90**	**17.94**
70	93646	44495	49151	8713	1826	6887	9.30	4.10	14.01
71	73311	33821	39490	7926	1558	6368	10.81	4.61	16.13
72	80261	38317	41944	9228	1850	7378	11.50	4.83	17.59
73	75042	36239	38803	9889	1936	7953	13.18	5.34	20.50
74	71195	34091	37104	10458	1996	8462	14.69	5.85	22.81
75-79岁	**260265**	**125355**	**134910**	**53749**	**10573**	**43176**	**20.65**	**8.43**	**32.00**
75	66263	31328	34935	11370	2208	9162	17.16	7.05	26.23
76	58333	27586	30747	11212	2199	9013	19.22	7.97	29.31
77	54483	26588	27895	11465	2238	9227	21.04	8.42	33.08
78	42886	20694	22192	10196	1973	8223	23.77	9.53	37.05
79	38300	19159	19141	9506	1955	7551	24.82	10.20	39.45
80-84岁	**129381**	**61102**	**68279**	**40824**	**8328**	**32496**	**31.55**	**13.63**	**47.59**
80	39276	19283	19993	10845	2267	8578	27.61	11.76	42.91
81	27652	13079	14573	8622	1757	6865	31.18	13.43	47.11
82	24905	11814	13091	8157	1715	6442	32.75	14.52	49.21
83	20920	9516	11404	7201	1433	5768	34.42	15.06	50.58
84	16628	7410	9218	5999	1156	4843	36.08	15.60	52.54
85岁及以上	**68128**	**25873**	**42255**	**29879**	**5069**	**24810**	**43.86**	**19.59**	**58.71**

4-2b 全省分年龄、性别的15岁及以上文盲人口(镇)

单位：人、%

年 龄	15岁及以上人口			文盲人口			文盲人口占15岁及以上人口比重		
	合计	男	女	合计	男	女	合计	男	女
总 计	**14328868**	**7128685**	**7200183**	**583495**	**150780**	**432715**	**4.07**	**2.12**	**6.01**
15-19岁	**1856373**	**964706**	**891667**	**2340**	**1235**	**1105**	**0.13**	**0.13**	**0.12**
15	290623	155154	135469	457	245	212	0.16	0.16	0.16
16	344742	178424	166318	431	211	220	0.13	0.12	0.13
17	436811	226033	210778	446	246	200	0.10	0.11	0.09
18	427934	220947	206987	477	244	233	0.11	0.11	0.11
19	356263	184148	172115	529	289	240	0.15	0.16	0.14
20-24岁	**1777200**	**877890**	**899310**	**3472**	**1826**	**1646**	**0.20**	**0.21**	**0.18**
20	430284	220133	210151	751	415	336	0.17	0.19	0.16
21	374025	185133	188892	720	373	347	0.19	0.20	0.18
22	340658	165902	174756	664	347	317	0.19	0.21	0.18
23	346688	168726	177962	690	361	329	0.20	0.21	0.18
24	285545	137996	147549	647	330	317	0.23	0.24	0.21
25-29岁	**1215287**	**594056**	**621231**	**3185**	**1539**	**1646**	**0.26**	**0.26**	**0.26**
25	236739	115543	121196	581	286	295	0.25	0.25	0.24
26	222670	108455	114215	545	261	284	0.24	0.24	0.25
27	242000	118541	123459	594	300	294	0.25	0.25	0.24
28	269256	131927	137329	739	355	384	0.27	0.27	0.28
29	244622	119590	125032	726	337	389	0.30	0.28	0.31
30-34岁	**1241073**	**618350**	**622723**	**4431**	**1999**	**2432**	**0.36**	**0.32**	**0.39**
30	254343	126677	127666	833	376	457	0.33	0.30	0.36
31	257102	127094	130008	813	376	437	0.32	0.30	0.34
32	254391	126861	127530	950	428	522	0.37	0.34	0.41
33	224164	111432	112732	855	384	471	0.38	0.34	0.42
34	251073	126286	124787	980	435	545	0.39	0.34	0.44
35-39岁	**1508403**	**763084**	**745319**	**8461**	**3322**	**5139**	**0.56**	**0.44**	**0.69**
35	258650	130368	128282	1262	565	697	0.49	0.43	0.54
36	299373	150370	149003	1467	628	839	0.49	0.42	0.56
37	305421	154221	151200	1632	645	987	0.53	0.42	0.65
38	326759	166073	160686	1961	720	1241	0.60	0.43	0.77
39	318200	162052	156148	2139	764	1375	0.67	0.47	0.88
40-44岁	**1609785**	**805544**	**804241**	**14722**	**4588**	**10134**	**0.91**	**0.57**	**1.26**
40	360635	183729	176906	2683	896	1787	0.74	0.49	1.01
41	313544	156861	156683	2607	891	1716	0.83	0.57	1.10
42	349431	175035	174396	3178	988	2190	0.91	0.56	1.26
43	276763	136574	140189	2747	807	1940	0.99	0.59	1.38
44	309412	153345	156067	3507	1006	2501	1.13	0.66	1.60

4-2b 续表 单位：人、%

年龄	15岁及以上人口			文盲人口			文盲人口占15岁及以上人口比重		
	合计	男	女	合计	男	女	合计	男	女
45-49岁	**1278851**	**630349**	**648502**	**17605**	**4111**	**13494**	**1.38**	**0.65**	**2.08**
45	287912	143562	144350	3341	932	2409	1.16	0.65	1.67
46	277549	137046	140503	3345	856	2489	1.21	0.62	1.77
47	342821	169804	173017	4410	1020	3390	1.29	0.60	1.96
48	250176	122793	127383	4036	867	3169	1.61	0.71	2.49
49	120393	57144	63249	2473	436	2037	2.05	0.76	3.22
50-54岁	**874857**	**434204**	**440653**	**32862**	**7387**	**25475**	**3.76**	**1.70**	**5.78**
50	153144	76984	76160	3623	816	2807	2.37	1.06	3.69
51	132206	65839	66367	4059	935	3124	3.07	1.42	4.71
52	182591	91731	90860	6851	1651	5200	3.75	1.80	5.72
53	211483	104341	107142	8974	1952	7022	4.24	1.87	6.55
54	195433	95309	100124	9355	2033	7322	4.79	2.13	7.31
55-59岁	**986621**	**487467**	**499154**	**68170**	**16304**	**51866**	**6.91**	**3.34**	**10.39**
55	218206	108390	109816	11780	2711	9069	5.40	2.50	8.26
56	209442	104043	105399	13044	3007	10037	6.23	2.89	9.52
57	193337	95227	98110	13513	3273	10240	6.99	3.44	10.44
58	194452	95809	98643	15462	3811	11651	7.95	3.98	11.81
59	171184	83998	87186	14371	3502	10869	8.40	4.17	12.47
60-64岁	**697658**	**351349**	**346309**	**72019**	**18756**	**53263**	**10.32**	**5.34**	**15.38**
60	171060	86432	84628	15543	4087	11456	9.09	4.73	13.54
61	148776	74826	73950	14880	3949	10931	10.00	5.28	14.78
62	131861	65811	66050	13995	3665	10330	10.61	5.57	15.64
63	127844	64905	62939	14162	3665	10497	11.08	5.65	16.68
64	118117	59375	58742	13439	3390	10049	11.38	5.71	17.11
65-69岁	**465302**	**231574**	**233728**	**70407**	**17848**	**52559**	**15.13**	**7.71**	**22.49**
65	117631	59416	58215	14748	3683	11065	12.54	6.20	19.01
66	89774	44834	44940	12630	3230	9400	14.07	7.20	20.92
67	81468	39529	41939	12798	3171	9627	15.71	8.02	22.95
68	90732	45403	45329	14738	3825	10913	16.24	8.42	24.08
69	85697	42392	43305	15493	3939	11554	18.08	9.29	26.68
70-74岁	**342758**	**167610**	**175148**	**84058**	**22426**	**61632**	**24.52**	**13.38**	**35.19**
70	86640	43063	43577	17846	4814	13032	20.60	11.18	29.91
71	60334	29270	31064	13929	3705	10224	23.09	12.66	32.91
72	67825	33360	34465	17104	4617	12487	25.22	13.84	36.23
73	65126	31993	33133	17394	4642	12752	26.71	14.51	38.49
74	62833	29924	32909	17785	4648	13137	28.31	15.53	39.92
75-79岁	**253031**	**115449**	**137582**	**90254**	**23463**	**66791**	**35.67**	**20.32**	**48.55**
75	63415	29479	33936	20083	5163	14920	31.67	17.51	43.97
76	56499	25959	30540	19118	4968	14150	33.84	19.14	46.33
77	53973	24678	29295	19575	5132	14443	36.27	20.80	49.30
78	42048	18976	23072	16404	4395	12009	39.01	23.16	52.05
79	37096	16357	20739	15074	3805	11269	40.64	23.26	54.34
80-84岁	**138521**	**58993**	**79528**	**65160**	**16633**	**48527**	**47.04**	**28.19**	**61.02**
80	42019	18829	23190	18251	4890	13361	43.44	25.97	57.62
81	27949	11826	16123	13132	3326	9806	46.99	28.12	60.82
82	26986	11573	15413	12983	3418	9565	48.11	29.53	62.06
83	22265	9140	13125	11079	2722	8357	49.76	29.78	63.67
84	19302	7625	11677	9715	2277	7438	50.33	29.86	63.70
85岁及以上	**83148**	**28060**	**55088**	**46349**	**9343**	**37006**	**55.74**	**33.30**	**67.18**

4-2c 全省分年龄、性别的15岁及以上文盲人口(乡村)

单位：人、%

年 龄	15岁及以上人口			文盲人口			文盲人口占15岁及以上人口比重		
	合计	男	女	合计	男	女	合计	男	女
总 计	**44469152**	**21635704**	**22833448**	**3119488**	**863062**	**2256426**	**7.01**	**3.99**	**9.88**
15-19岁	**4074239**	**2138146**	**1936093**	**11762**	**6012**	**5750**	**0.29**	**0.28**	**0.30**
15	760056	411875	348181	2146	1086	1060	0.28	0.26	0.30
16	702798	373902	328896	2052	1068	984	0.29	0.29	0.30
17	806340	425359	380981	2394	1218	1176	0.30	0.29	0.31
18	888276	461289	426987	2590	1347	1243	0.29	0.29	0.29
19	916769	465721	451048	2580	1293	1287	0.28	0.28	0.29
20-24岁	**5600113**	**2667324**	**2932789**	**19454**	**9309**	**10145**	**0.35**	**0.35**	**0.35**
20	1330421	664199	666222	4159	2160	1999	0.31	0.33	0.30
21	1205391	578382	627009	3998	1930	2068	0.33	0.33	0.33
22	1091208	510250	580958	3778	1794	1984	0.35	0.35	0.34
23	1090997	507778	583219	3982	1853	2129	0.36	0.36	0.37
24	882096	406715	475381	3537	1572	1965	0.40	0.39	0.41
25-29岁	**3488169**	**1648134**	**1840035**	**18710**	**8001**	**10709**	**0.54**	**0.49**	**0.58**
25	713059	331947	381112	3425	1476	1949	0.48	0.44	0.51
26	656545	306462	350083	3198	1361	1837	0.49	0.44	0.52
27	681746	323680	358066	3679	1565	2114	0.54	0.48	0.59
28	754973	360511	394462	4277	1807	2470	0.57	0.50	0.63
29	681846	325534	356312	4131	1792	2339	0.61	0.55	0.66
30-34岁	**3223668**	**1572464**	**1651204**	**27420**	**10526**	**16894**	**0.85**	**0.67**	**1.02**
30	682288	331145	351143	5006	2005	3001	0.73	0.61	0.85
31	664003	321854	342149	5116	2047	3069	0.77	0.64	0.90
32	654039	319621	334418	5664	2183	3481	0.87	0.68	1.04
33	574512	280905	293607	5155	1986	3169	0.90	0.71	1.08
34	648826	318939	329887	6479	2305	4174	1.00	0.72	1.27
35-39岁	**4054770**	**2007635**	**2047135**	**50187**	**16652**	**33535**	**1.24**	**0.83**	**1.64**
35	671418	333199	338219	7435	2757	4678	1.11	0.83	1.38
36	784002	389091	394911	8700	3176	5524	1.11	0.82	1.40
37	815059	404687	410372	10110	3339	6771	1.24	0.83	1.65
38	885233	436494	448739	11875	3733	8142	1.34	0.86	1.81
39	899058	444164	454894	12067	3647	8420	1.34	0.82	1.85
40-44岁	**4985688**	**2391300**	**2594388**	**90446**	**23323**	**67123**	**1.81**	**0.98**	**2.59**
40	1033632	507452	526180	16167	4507	11660	1.56	0.89	2.22
41	942878	450585	492293	16071	4227	11844	1.70	0.94	2.41
42	1073501	511519	561982	19489	5079	14410	1.82	0.99	2.56
43	912960	432233	480727	17761	4410	13351	1.95	1.02	2.78
44	1022717	489511	533206	20958	5100	15858	2.05	1.04	2.97

4-2c 续表 单位：人、%

年 龄	15岁及以上人口			文盲人口			文盲人口占15岁及以上人口比重		
	合计	男	女	合计	男	女	合计	男	女
45-49岁	**4195920**	**1985332**	**2210588**	**106095**	**21875**	**84220**	**2.53**	**1.10**	**3.81**
45	931032	443874	487158	20474	4717	15757	2.20	1.06	3.23
46	890482	418521	471961	20755	4617	16138	2.33	1.10	3.42
47	1112716	536215	576501	26614	5551	21063	2.39	1.04	3.65
48	845132	399804	445328	23372	4415	18957	2.77	1.10	4.26
49	416558	186918	229640	14880	2575	12305	3.57	1.38	5.36
50-54岁	**3068114**	**1504190**	**1563924**	**178811**	**39968**	**138843**	**5.83**	**2.66**	**8.88**
50	509866	243351	266515	21274	4478	16796	4.17	1.84	6.30
51	457155	221933	235222	22938	4965	17973	5.02	2.24	7.64
52	628206	309879	318327	36506	8652	27854	5.81	2.79	8.75
53	765762	381194	384568	48258	10855	37403	6.30	2.85	9.73
54	707125	347833	359292	49835	11018	38817	7.05	3.17	10.80
55-59岁	**3759696**	**1877451**	**1882245**	**361131**	**91479**	**269652**	**9.61**	**4.87**	**14.33**
55	800829	402701	398128	61618	14722	46896	7.69	3.66	11.78
56	785762	393782	391980	68534	16718	51816	8.72	4.25	13.22
57	737026	368267	368759	72019	18291	53728	9.77	4.97	14.57
58	759292	377674	381618	81866	21343	60523	10.78	5.65	15.86
59	676787	335027	341760	77094	20405	56689	11.39	6.09	16.59
60-64岁	**2757007**	**1402463**	**1354544**	**391886**	**109642**	**282244**	**14.21**	**7.82**	**20.84**
60	655627	330552	325075	82861	23496	59365	12.64	7.11	18.26
61	588250	300932	287318	80612	22778	57834	13.70	7.57	20.13
62	527248	268734	258514	76325	21361	54964	14.48	7.95	21.26
63	515930	263469	252461	77467	21611	55856	15.02	8.20	22.12
64	469952	238776	231176	74621	20396	54225	15.88	8.54	23.46
65-69岁	**1874131**	**942000**	**932131**	**389487**	**109146**	**280341**	**20.78**	**11.59**	**30.08**
65	471323	242645	228678	80154	22409	57745	17.01	9.24	25.25
66	365299	185819	179480	70142	19500	50642	19.20	10.49	28.22
67	336320	163029	173291	72728	19547	53181	21.62	11.99	30.69
68	360913	180999	179914	82341	23519	58822	22.81	12.99	32.69
69	340276	169508	170768	84122	24171	59951	24.72	14.26	35.11
70-74岁	**1355495**	**666882**	**688613**	**439752**	**132918**	**306834**	**32.44**	**19.93**	**44.56**
70	336795	169976	166819	94088	28756	65332	27.94	16.92	39.16
71	236740	116964	119776	72338	21692	50646	30.56	18.55	42.28
72	265868	132420	133448	88042	27122	60920	33.11	20.48	45.65
73	262258	128093	134165	91310	27785	63525	34.82	21.69	47.35
74	253834	119429	134405	93974	27563	66411	37.02	23.08	49.41
75-79岁	**1059622**	**473766**	**585856**	**468740**	**137380**	**331360**	**44.24**	**29.00**	**56.56**
75	263350	122648	140702	104964	31365	73599	39.86	25.57	52.31
76	233740	105476	128264	99659	29160	70499	42.64	27.65	54.96
77	225727	100835	124892	101809	30149	71660	45.10	29.90	57.38
78	177009	77106	99903	83564	24287	59277	47.21	31.50	59.33
79	159796	67701	92095	78744	22419	56325	49.28	33.11	61.16
80-84岁	**605796**	**243573**	**362223**	**335219**	**95705**	**239514**	**55.34**	**39.29**	**66.12**
80	178985	75159	103826	94167	27739	66428	52.61	36.91	63.98
81	121029	49221	71808	66021	18985	47036	54.55	38.57	65.50
82	120416	48467	71949	67640	19582	48058	56.17	40.40	66.79
83	99797	38724	61073	57141	15902	41239	57.26	41.06	67.52
84	85569	32002	53567	50250	13497	36753	58.72	42.18	68.61
85岁及以上	**366724**	**115044**	**251680**	**230388**	**51126**	**179262**	**62.82**	**44.44**	**71.23**

4-3 全省分年龄、性别、受教育程度的15岁及以上文盲人口

单位：人

年 龄	15岁及以上人口			文盲人口		
				合 计		
	合计	男	女	合计	男	女
总 计	**74282621**	**36472067**	**37810554**	**3991461**	**1079950**	**2911511**
15-19岁	**7418890**	**3861615**	**3557275**	**15496**	**8013**	**7483**
15	1268724	682803	585921	2899	1499	1400
16	1308970	688066	620904	2768	1445	1323
17	1565496	816562	748934	3097	1590	1507
18	1648362	849653	798709	3353	1741	1612
19	1627338	824531	802807	3379	1738	1641
20-24岁	**9611242**	**4641380**	**4969862**	**25011**	**12371**	**12640**
20	2286579	1138695	1147884	5343	2835	2508
21	2098831	1016608	1082223	5149	2567	2582
22	1885531	901189	984342	4865	2390	2475
23	1853600	883024	970576	5125	2478	2647
24	1486701	701864	784837	4529	2101	2428
25-29岁	**6125379**	**2934786**	**3190593**	**23576**	**10486**	**13090**
25	1209418	575325	634093	4318	1943	2375
26	1136365	539965	596400	4026	1781	2245
27	1213970	582841	631129	4594	2047	2547
28	1351885	651447	700438	5387	2366	3021
29	1213741	585208	628533	5251	2349	2902
30-34岁	**5997389**	**2948021**	**3049368**	**34386**	**13882**	**20504**
30	1227254	601722	625532	6266	2618	3648
31	1241214	606772	634442	6436	2697	3739
32	1223315	601522	621793	7127	2887	4240
33	1090811	536684	554127	6513	2639	3874
34	1214795	601321	613474	8044	3041	5003
35-39岁	**7374290**	**3683925**	**3690365**	**63269**	**22202**	**41067**
35	1248188	621413	626775	9387	3699	5688
36	1446899	720530	726369	11021	4243	6778
37	1492370	747144	745226	12668	4444	8224
38	1594596	796890	797706	14891	4928	9963
39	1592237	797948	794289	15302	4888	10414
40-44岁	**8331878**	**4087217**	**4244661**	**111598**	**30635**	**80963**
40	1804163	902210	901953	20131	5953	14178
41	1612476	789059	823417	19912	5673	14239
42	1800378	879817	920561	24093	6661	17432
43	1468192	711506	756686	21650	5676	15974
44	1646669	804625	842044	25812	6672	19140

4-3 续表 1

单位：人

年龄	15岁及以上人口			文盲人口 合计		
	合计	男	女	合计	男	女
45-49岁	**6859450**	**3329233**	**3530217**	**129933**	**28111**	**101822**
45	1526982	746977	780005	25010	6102	18908
46	1480106	716651	763455	25373	5921	19452
47	1844831	906084	938747	32655	7158	25497
48	1338024	648154	689870	28731	5691	23040
49	669507	311367	358140	18164	3239	14925
50-54岁	**4915502**	**2431122**	**2484380**	**223479**	**50572**	**172907**
50	854388	418473	435915	26338	5751	20587
51	749520	369836	379684	28541	6367	22174
52	1017224	506798	510426	45866	11026	34840
53	1197550	595957	601593	60288	13604	46684
54	1096820	540058	556762	62446	13824	48622
55-59岁	**5680391**	**2823720**	**2856671**	**453869**	**113688**	**340181**
55	1228164	614749	613415	77498	18478	59020
56	1198458	598537	599921	86144	20780	65364
57	1113430	553397	560033	90418	22759	67659
58	1129813	559510	570303	102949	26499	76450
59	1010526	497527	512999	96860	25172	71688
60-64岁	**4108866**	**2069949**	**2038917**	**490965**	**134775**	**356190**
60	984969	494218	490751	104374	29057	75317
61	879738	444812	434926	101182	28131	73051
62	781496	393081	388415	95408	26290	69118
63	762287	385529	376758	96695	26377	70318
64	700376	352309	348067	93306	24920	68386
65-69岁	**2803020**	**1392429**	**1410591**	**489293**	**133085**	**356208**
65	698121	353959	344162	100562	27323	73239
66	538471	270113	268358	87812	23834	63978
67	499057	240611	258446	90516	23758	66758
68	547508	271464	276044	103560	28598	74962
69	519863	256282	263581	106843	29572	77271
70-74岁	**2091708**	**1021455**	**1070253**	**570024**	**164510**	**405514**
70	517081	257534	259547	120647	35396	85251
71	370385	180055	190330	94193	26955	67238
72	413954	204097	209857	114374	33589	80785
73	402426	196325	206101	118593	34363	84230
74	387862	183444	204418	122217	34207	88010
75-79岁	**1572918**	**714570**	**858348**	**612743**	**171416**	**441327**
75	393028	183455	209573	136417	38736	97681
76	348572	159021	189551	129989	36327	93662
77	334183	152101	182082	132849	37519	95330
78	261943	116776	145167	110164	30655	79509
79	235192	103217	131975	103324	28179	75145
80-84岁	**873698**	**363668**	**510030**	**441203**	**120666**	**320537**
80	260280	113271	147009	123263	34896	88367
81	176630	74126	102504	87775	24068	63707
82	172307	71854	100453	88780	24715	64065
83	142982	57380	85602	75421	20057	55364
84	121499	47037	74462	65964	16930	49034
85岁及以上	**518000**	**168977**	**349023**	**306616**	**65538**	**241078**

4-3 续表 2

单位：人

年 龄	文盲人口					
	未上过学			小 学		
	小计	男	女	小计	男	女
总 计	**3952038**	**1067280**	**2884758**	**39423**	**12670**	**26753**
15-19岁	**14945**	**7724**	**7221**	**551**	**289**	**262**
15	2792	1442	1350	107	57	50
16	2660	1391	1269	108	54	54
17	2993	1529	1464	104	61	43
18	3246	1689	1557	107	52	55
19	3254	1673	1581	125	65	60
20-24岁	**24312**	**12039**	**12273**	**699**	**332**	**367**
20	5167	2737	2430	176	98	78
21	5005	2493	2512	144	74	70
22	4730	2332	2398	135	58	77
23	4991	2419	2572	134	59	75
24	4419	2058	2361	110	43	67
25-29岁	**23019**	**10259**	**12760**	**557**	**227**	**330**
25	4218	1904	2314	100	39	61
26	3941	1745	2196	85	36	49
27	4491	2002	2489	103	45	58
28	5246	2318	2928	141	48	93
29	5123	2290	2833	128	59	69
30-34岁	**33564**	**13548**	**20016**	**822**	**334**	**488**
30	6133	2567	3566	133	51	82
31	6285	2630	3655	151	67	84
32	6946	2815	4131	181	72	109
33	6336	2562	3774	177	77	100
34	7864	2974	4890	180	67	113
35-39岁	**61831**	**21669**	**40162**	**1438**	**533**	**905**
35	9170	3603	5567	217	96	121
36	10780	4147	6633	241	96	145
37	12399	4337	8062	269	107	162
38	14535	4800	9735	356	128	228
39	14947	4782	10165	355	106	249
40-44岁	**109317**	**29912**	**79405**	**2281**	**723**	**1558**
40	19712	5825	13887	419	128	291
41	19472	5530	13942	440	143	297
42	23568	6487	17081	525	174	351
43	21218	5535	15683	432	141	291
44	25347	6535	18812	465	137	328

4-3 续表 3

单位：人

年 龄	文盲人口					
	未上过学			小 学		
	小计	男	女	小计	男	女
45-49岁	**127754**	**27576**	**100178**	**2179**	**535**	**1644**
45	24588	5987	18601	422	115	307
46	24864	5796	19068	509	125	384
47	32105	7031	25074	550	127	423
48	28265	5590	22675	466	101	365
49	17932	3172	14760	232	67	165
50-54岁	**220331**	**49719**	**170612**	**3148**	**853**	**2295**
50	25948	5643	20305	390	108	282
51	28129	6260	21869	412	107	305
52	45214	10840	34374	652	186	466
53	59433	13382	46051	855	222	633
54	61607	13594	48013	839	230	609
55-59岁	**448236**	**112127**	**336109**	**5633**	**1561**	**4072**
55	76517	18210	58307	981	268	713
56	85058	20484	64574	1086	296	790
57	89236	22439	66797	1182	320	862
58	101737	26162	75575	1212	337	875
59	95688	24832	70856	1172	340	832
60-64岁	**485559**	**133007**	**352552**	**5406**	**1768**	**3638**
60	103250	28682	74568	1124	375	749
61	100041	27757	72284	1141	374	767
62	94302	25925	68377	1106	365	741
63	95666	26035	69631	1029	342	687
64	92300	24608	67692	1006	312	694
65-69岁	**484726**	**131599**	**353127**	**4567**	**1486**	**3081**
65	99512	26957	72555	1050	366	684
66	86969	23578	63391	843	256	587
67	89670	23483	66187	846	275	571
68	102642	28298	74344	918	300	618
69	105933	29283	76650	910	289	621
70-74岁	**565704**	**162975**	**402729**	**4320**	**1535**	**2785**
70	119684	35041	84643	963	355	608
71	93450	26690	66760	743	265	478
72	113525	33280	80245	849	309	540
73	117729	34056	83673	864	307	557
74	121316	33908	87408	901	299	602
75-79岁	**608849**	**170157**	**438692**	**3894**	**1259**	**2635**
75	135475	38416	97059	942	320	622
76	129131	36068	93063	858	259	599
77	131989	37246	94743	860	273	587
78	109503	30446	79057	661	209	452
79	102751	27981	74770	573	198	375
80-84岁	**438800**	**119847**	**318953**	**2403**	**819**	**1584**
80	122549	34639	87910	714	257	457
81	87337	23925	63412	438	143	295
82	88279	24534	63745	501	181	320
83	74980	19907	55073	441	150	291
84	65655	16842	48813	309	88	221
85岁及以上	**305091**	**65122**	**239969**	**1525**	**416**	**1109**

4-3a 全省分年龄、性别、受教育程度的15岁及以上文盲人口(城市)

单位：人

年龄	15岁及以上人口			文盲人口		
				合计		
	合计	男	女	合计	男	女
总 计	**15484601**	**7707678**	**7776923**	**288478**	**66108**	**222370**
15-19岁	**1488278**	**758763**	**729515**	**1394**	**766**	**628**
15	218045	115774	102271	296	168	128
16	261430	135740	125690	285	166	119
17	322345	165170	157175	257	126	131
18	332152	167417	164735	286	150	136
19	354306	174662	179644	270	156	114
20-24岁	**2233929**	**1096166**	**1137763**	**2085**	**1236**	**849**
20	525874	254363	271511	433	260	173
21	519415	253093	266322	431	264	167
22	453665	225037	228628	423	249	174
23	415915	206520	209395	453	264	189
24	319060	157153	161907	345	199	146
25-29岁	**1421923**	**692596**	**729327**	**1681**	**946**	**735**
25	259620	127835	131785	312	181	131
26	257150	125048	132102	283	159	124
27	290224	140620	149604	321	182	139
28	327656	159009	168647	371	204	167
29	287273	140084	147189	394	220	174
30-34岁	**1532648**	**757207**	**775441**	**2535**	**1357**	**1178**
30	290623	143900	146723	427	237	190
31	320109	157824	162285	507	274	233
32	314885	155040	159845	513	276	237
33	292135	144347	147788	503	269	234
34	314896	156096	158800	585	301	284
35-39岁	**1811117**	**913206**	**897911**	**4621**	**2228**	**2393**
35	318120	157846	160274	690	377	313
36	363524	181069	182455	854	439	415
37	371890	188236	183654	926	460	466
38	382604	194323	188281	1055	475	580
39	374979	191732	183247	1096	477	619
40-44岁	**1736405**	**890373**	**846032**	**6430**	**2724**	**3706**
40	409896	211029	198867	1281	550	731
41	356054	181613	174441	1234	555	679
42	377446	193263	184183	1426	594	832
43	278469	142699	135770	1142	459	683
44	314540	161769	152771	1347	566	781

4-3a 续表 1

单位：人

年 龄	15岁及以上人口			文盲人口		
				合 计		
	合计	男	女	合计	男	女
45-49岁	**1384679**	**713552**	**671127**	**6233**	**2125**	**4108**
45	308038	159541	148497	1195	453	742
46	312075	161084	150991	1273	448	825
47	389294	200065	189229	1631	587	1044
48	242716	125557	117159	1323	409	914
49	132556	67305	65251	811	228	583
50-54岁	**972531**	**492728**	**479803**	**11806**	**3217**	**8589**
50	191378	98138	93240	1441	457	984
51	160159	82064	78095	1544	467	1077
52	206427	105188	101239	2509	723	1786
53	220305	110422	109883	3056	797	2259
54	194262	96916	97346	3256	773	2483
55-59岁	**934074**	**458802**	**475272**	**24568**	**5905**	**18663**
55	209129	103658	105471	4100	1045	3055
56	203254	100712	102542	4566	1055	3511
57	183067	89903	93164	4886	1195	3691
58	176069	86027	90042	5621	1345	4276
59	162555	78502	84053	5395	1265	4130
60-64岁	**654201**	**316137**	**338064**	**27060**	**6377**	**20683**
60	158282	77234	81048	5970	1474	4496
61	142712	69054	73658	5690	1404	4286
62	122387	58536	63851	5088	1264	3824
63	118513	57155	61358	5066	1101	3965
64	112307	54158	58149	5246	1134	4112
65-69岁	**463587**	**218855**	**244732**	**29399**	**6091**	**23308**
65	109167	51898	57269	5660	1231	4429
66	83398	39460	43938	5040	1104	3936
67	81269	38053	43216	4990	1040	3950
68	95863	45062	50801	6481	1254	5227
69	93890	44382	49508	7228	1462	5766
70-74岁	**393455**	**186963**	**206492**	**46214**	**9166**	**37048**
70	93646	44495	49151	8713	1826	6887
71	73311	33821	39490	7926	1558	6368
72	80261	38317	41944	9228	1850	7378
73	75042	36239	38803	9889	1936	7953
74	71195	34091	37104	10458	1996	8462
75-79岁	**260265**	**125355**	**134910**	**53749**	**10573**	**43176**
75	66263	31328	34935	11370	2208	9162
76	58333	27586	30747	11212	2199	9013
77	54483	26588	27895	11465	2238	9227
78	42886	20694	22192	10196	1973	8223
79	38300	19159	19141	9506	1955	7551
80-84岁	**129381**	**61102**	**68279**	**40824**	**8328**	**32496**
80	39276	19283	19993	10845	2267	8578
81	27652	13079	14573	8622	1757	6865
82	24905	11814	13091	8157	1715	6442
83	20920	9516	11404	7201	1433	5768
84	16628	7410	9218	5999	1156	4843
85岁及以上	**68128**	**25873**	**42255**	**29879**	**5069**	**24810**

4-3a 续表 2

单位：人

年 龄	文盲人口					
	未上过学			小 学		
	小计	男	女	小计	男	女
总 计	**284318**	**64727**	**219591**	**4160**	**1381**	**2779**
15-19岁	**1331**	**729**	**602**	**63**	**37**	**26**
15	288	164	124	8	4	4
16	273	160	113	12	6	6
17	238	114	124	19	12	7
18	274	141	133	12	9	3
19	258	150	108	12	6	6
20-24岁	**1994**	**1175**	**819**	**91**	**61**	**30**
20	407	244	163	26	16	10
21	410	248	162	21	16	5
22	408	240	168	15	9	6
23	436	253	183	17	11	6
24	333	190	143	12	9	3
25-29岁	**1618**	**915**	**703**	**63**	**31**	**32**
25	299	175	124	13	6	7
26	273	155	118	10	4	6
27	305	172	133	16	10	6
28	355	198	157	16	6	10
29	386	215	171	8	5	3
30-34岁	**2439**	**1306**	**1133**	**96**	**51**	**45**
30	408	225	183	19	12	7
31	488	262	226	19	12	7
32	491	267	224	22	9	13
33	482	257	225	21	12	9
34	570	295	275	15	6	9
35-39岁	**4471**	**2146**	**2325**	**150**	**82**	**68**
35	664	362	302	26	15	11
36	825	423	402	29	16	13
37	903	444	459	23	16	7
38	1012	452	560	43	23	20
39	1067	465	602	29	12	17
40-44岁	**6231**	**2637**	**3594**	**199**	**87**	**112**
40	1241	534	707	40	16	24
41	1196	541	655	38	14	24
42	1379	571	808	47	23	24
43	1103	441	662	39	18	21
44	1312	550	762	35	16	19

4-3a 续表 3

单位：人

年 龄	文盲人口					
	未上过学			小 学		
	小计	男	女	小计	男	女
45-49岁	**6057**	**2061**	**3996**	**176**	**64**	**112**
45	1153	434	719	42	19	23
46	1238	437	801	35	11	24
47	1588	568	1020	43	19	24
48	1291	402	889	32	7	25
49	787	220	567	24	8	16
50-54岁	**11536**	**3130**	**8406**	**270**	**87**	**183**
50	1407	446	961	34	11	23
51	1509	456	1053	35	11	24
52	2450	700	1750	59	23	36
53	2981	774	2207	75	23	52
54	3189	754	2435	67	19	48
55-59岁	**24073**	**5755**	**18318**	**495**	**150**	**345**
55	4010	1011	2999	90	34	56
56	4473	1028	3445	93	27	66
57	4793	1166	3627	93	29	64
58	5514	1315	4199	107	30	77
59	5283	1235	4048	112	30	82
60-64岁	**26507**	**6197**	**20310**	**553**	**180**	**373**
60	5843	1435	4408	127	39	88
61	5580	1368	4212	110	36	74
62	4988	1230	3758	100	34	66
63	4952	1061	3891	114	40	74
64	5144	1103	4041	102	31	71
65-69岁	**28923**	**5970**	**22953**	**476**	**121**	**355**
65	5567	1196	4371	93	35	58
66	4942	1085	3857	98	19	79
67	4894	1020	3874	96	20	76
68	6382	1223	5159	99	31	68
69	7138	1446	5692	90	16	74
70-74岁	**45676**	**9014**	**36662**	**538**	**152**	**386**
70	8595	1784	6811	118	42	76
71	7826	1534	6292	100	24	76
72	9116	1820	7296	112	30	82
73	9805	1916	7889	84	20	64
74	10334	1960	8374	124	36	88
75-79岁	**53265**	**10431**	**42834**	**484**	**142**	**342**
75	11249	2170	9079	121	38	83
76	11109	2164	8945	103	35	68
77	11361	2212	9149	104	26	78
78	10107	1953	8154	89	20	69
79	9439	1932	7507	67	23	44
80-84岁	**40517**	**8240**	**32277**	**307**	**88**	**219**
80	10754	2239	8515	91	28	63
81	8554	1738	6816	68	19	49
82	8107	1696	6411	50	19	31
83	7138	1420	5718	63	13	50
84	5964	1147	4817	35	9	26
85岁及以上	**29680**	**5021**	**24659**	**199**	**48**	**151**

4-3b 全省分年龄、性别、受教育程度的15岁及以上文盲人口(镇)

单位：人

年 龄	15岁及以上人口			文盲人口 合 计		
	合计	男	女	合计	男	女
总 计	**14328868**	**7128685**	**7200183**	**583495**	**150780**	**432715**
15-19岁	**1856373**	**964706**	**891667**	**2340**	**1235**	**1105**
15	290623	155154	135469	457	245	212
16	344742	178424	166318	431	211	220
17	436811	226033	210778	446	246	200
18	427934	220947	206987	477	244	233
19	356263	184148	172115	529	289	240
20-24岁	**1777200**	**877890**	**899310**	**3472**	**1826**	**1646**
20	430284	220133	210151	751	415	336
21	374025	185133	188892	720	373	347
22	340658	165902	174756	664	347	317
23	346688	168726	177962	690	361	329
24	285545	137996	147549	647	330	317
25-29岁	**1215287**	**594056**	**621231**	**3185**	**1539**	**1646**
25	236739	115543	121196	581	286	295
26	222670	108455	114215	545	261	284
27	242000	118541	123459	594	300	294
28	269256	131927	137329	739	355	384
29	244622	119590	125032	726	337	389
30-34岁	**1241073**	**618350**	**622723**	**4431**	**1999**	**2432**
30	254343	126677	127666	833	376	457
31	257102	127094	130008	813	376	437
32	254391	126861	127530	950	428	522
33	224164	111432	112732	855	384	471
34	251073	126286	124787	980	435	545
35-39岁	**1508403**	**763084**	**745319**	**8461**	**3322**	**5139**
35	258650	130368	128282	1262	565	697
36	299373	150370	149003	1467	628	839
37	305421	154221	151200	1632	645	987
38	326759	166073	160686	1961	720	1241
39	318200	162052	156148	2139	764	1375
40-44岁	**1609785**	**805544**	**804241**	**14722**	**4588**	**10134**
40	360635	183729	176906	2683	896	1787
41	313544	156861	156683	2607	891	1716
42	349431	175035	174396	3178	988	2190
43	276763	136574	140189	2747	807	1940
44	309412	153345	156067	3507	1006	2501

4-3b 续表 1

单位：人

年 龄	15岁及以上人口			文盲人口		
				合 计		
	合计	男	女	合计	男	女
45-49岁	**1278851**	**630349**	**648502**	**17605**	**4111**	**13494**
45	287912	143562	144350	3341	932	2409
46	277549	137046	140503	3345	856	2489
47	342821	169804	173017	4410	1020	3390
48	250176	122793	127383	4036	867	3169
49	120393	57144	63249	2473	436	2037
50-54岁	**874857**	**434204**	**440653**	**32862**	**7387**	**25475**
50	153144	76984	76160	3623	816	2807
51	132206	65839	66367	4059	935	3124
52	182591	91731	90860	6851	1651	5200
53	211483	104341	107142	8974	1952	7022
54	195433	95309	100124	9355	2033	7322
55-59岁	**986621**	**487467**	**499154**	**68170**	**16304**	**51866**
55	218206	108390	109816	11780	2711	9069
56	209442	104043	105399	13044	3007	10037
57	193337	95227	98110	13513	3273	10240
58	194452	95809	98643	15462	3811	11651
59	171184	83998	87186	14371	3502	10869
60-64岁	**697658**	**351349**	**346309**	**72019**	**18756**	**53263**
60	171060	86432	84628	15543	4087	11456
61	148776	74826	73950	14880	3949	10931
62	131861	65811	66050	13995	3665	10330
63	127844	64905	62939	14162	3665	10497
64	118117	59375	58742	13439	3390	10049
65-69岁	**465302**	**231574**	**233728**	**70407**	**17848**	**52559**
65	117631	59416	58215	14748	3683	11065
66	89774	44834	44940	12630	3230	9400
67	81468	39529	41939	12798	3171	9627
68	90732	45403	45329	14738	3825	10913
69	85697	42392	43305	15493	3939	11554
70-74岁	**342758**	**167610**	**175148**	**84058**	**22426**	**61632**
70	86640	43063	43577	17846	4814	13032
71	60334	29270	31064	13929	3705	10224
72	67825	33360	34465	17104	4617	12487
73	65126	31993	33133	17394	4642	12752
74	62833	29924	32909	17785	4648	13137
75-79岁	**253031**	**115449**	**137582**	**90254**	**23463**	**66791**
75	63415	29479	33936	20083	5163	14920
76	56499	25959	30540	19118	4968	14150
77	53973	24678	29295	19575	5132	14443
78	42048	18976	23072	16404	4395	12009
79	37096	16357	20739	15074	3805	11269
80-84岁	**138521**	**58993**	**79528**	**65160**	**16633**	**48527**
80	42019	18829	23190	18251	4890	13361
81	27949	11826	16123	13132	3326	9806
82	26986	11573	15413	12983	3418	9565
83	22265	9140	13125	11079	2722	8357
84	19302	7625	11677	9715	2277	7438
85岁及以上	**83148**	**28060**	**55088**	**46349**	**9343**	**37006**

4-3b 续表 2

单位：人

年 龄	文盲人口					
	未上过学			小 学		
	小计	男	女	小计	男	女
总 计	**576644**	**148553**	**428091**	**6851**	**2227**	**4624**
15-19岁	**2235**	**1185**	**1050**	**105**	**50**	**55**
15	431	230	201	26	15	11
16	418	205	213	13	6	7
17	426	234	192	20	12	8
18	457	235	222	20	9	11
19	503	281	222	26	8	18
20-24岁	**3364**	**1771**	**1593**	**108**	**55**	**53**
20	720	394	326	31	21	10
21	700	365	335	20	8	12
22	648	338	310	16	9	7
23	668	350	318	22	11	11
24	628	324	304	19	6	13
25-29岁	**3075**	**1487**	**1588**	**110**	**52**	**58**
25	563	280	283	18	6	12
26	531	254	277	14	7	7
27	573	290	283	21	10	11
28	708	339	369	31	16	15
29	700	324	376	26	13	13
30-34岁	**4285**	**1922**	**2363**	**146**	**77**	**69**
30	811	367	444	22	9	13
31	782	355	427	31	21	10
32	925	416	509	25	12	13
33	821	367	454	34	17	17
34	946	417	529	34	18	16
35-39岁	**8216**	**3226**	**4990**	**245**	**96**	**149**
35	1224	544	680	38	21	17
36	1423	611	812	44	17	27
37	1587	629	958	45	16	29
38	1902	699	1203	59	21	38
39	2080	743	1337	59	21	38
40-44岁	**14352**	**4461**	**9891**	**370**	**127**	**243**
40	2615	882	1733	68	14	54
41	2540	862	1678	67	29	38
42	3077	955	2122	101	33	68
43	2681	784	1897	66	23	43
44	3439	978	2461	68	28	40

4-3b 续表 3

单位：人

年龄	文盲人口					
	未上过学			小学		
	小计	男	女	小计	男	女
45-49岁	**17235**	**4005**	**13230**	**370**	**106**	**264**
45	3271	913	2358	70	19	51
46	3240	825	2415	105	31	74
47	4327	1000	3327	83	20	63
48	3960	845	3115	76	22	54
49	2437	422	2015	36	14	22
50-54岁	**32310**	**7230**	**25080**	**552**	**157**	**395**
50	3552	796	2756	71	20	51
51	3986	914	3072	73	21	52
52	6735	1618	5117	116	33	83
53	8814	1902	6912	160	50	110
54	9223	2000	7223	132	33	99
55-59岁	**67156**	**16029**	**51127**	**1014**	**275**	**739**
55	11596	2659	8937	184	52	132
56	12836	2951	9885	208	56	152
57	13313	3220	10093	200	53	147
58	15268	3764	11504	194	47	147
59	14143	3435	10708	228	67	161
60-64岁	**71043**	**18458**	**52585**	**976**	**298**	**678**
60	15335	4022	11313	208	65	143
61	14646	3885	10761	234	64	170
62	13792	3610	10182	203	55	148
63	13987	3609	10378	175	56	119
64	13283	3332	9951	156	58	98
65-69岁	**69644**	**17595**	**52049**	**763**	**253**	**510**
65	14560	3618	10942	188	65	123
66	12485	3183	9302	145	47	98
67	12667	3130	9537	131	41	90
68	14581	3767	10814	157	58	99
69	15351	3897	11454	142	42	100
70-74岁	**83312**	**22168**	**61144**	**746**	**258**	**488**
70	17672	4762	12910	174	52	122
71	13805	3656	10149	124	49	75
72	16941	4558	12383	163	59	104
73	17251	4589	12662	143	53	90
74	17643	4603	13040	142	45	97
75-79岁	**89570**	**23248**	**66322**	**684**	**215**	**469**
75	19923	5100	14823	160	63	97
76	18965	4926	14039	153	42	111
77	19425	5088	14337	150	44	106
78	16278	4358	11920	126	37	89
79	14979	3776	11203	95	29	66
80-84岁	**64759**	**16490**	**48269**	**401**	**143**	**258**
80	18122	4842	13280	129	48	81
81	13059	3301	9758	73	25	48
82	12903	3389	9514	80	29	51
83	11008	2695	8313	71	27	44
84	9667	2263	7404	48	14	34
85岁及以上	**46088**	**9278**	**36810**	**261**	**65**	**196**

4-3c 全省分年龄、性别、受教育程度的15岁及以上文盲人口(乡村)

单位：人

年 龄	15岁及以上人口			文盲人口		
				合 计		
	合计	男	女	合计	男	女
总 计	**44469152**	**21635704**	**22833448**	**3119488**	**863062**	**2256426**
15-19岁	**4074239**	**2138146**	**1936093**	**11762**	**6012**	**5750**
15	760056	411875	348181	2146	1086	1060
16	702798	373902	328896	2052	1068	984
17	806340	425359	380981	2394	1218	1176
18	888276	461289	426987	2590	1347	1243
19	916769	465721	451048	2580	1293	1287
20-24岁	**5600113**	**2667324**	**2932789**	**19454**	**9309**	**10145**
20	1330421	664199	666222	4159	2160	1999
21	1205391	578382	627009	3998	1930	2068
22	1091208	510250	580958	3778	1794	1984
23	1090997	507778	583219	3982	1853	2129
24	882096	406715	475381	3537	1572	1965
25-29岁	**3488169**	**1648134**	**1840035**	**18710**	**8001**	**10709**
25	713059	331947	381112	3425	1476	1949
26	656545	306462	350083	3198	1361	1837
27	681746	323680	358066	3679	1565	2114
28	754973	360511	394462	4277	1807	2470
29	681846	325534	356312	4131	1792	2339
30-34岁	**3223668**	**1572464**	**1651204**	**27420**	**10526**	**16894**
30	682288	331145	351143	5006	2005	3001
31	664003	321854	342149	5116	2047	3069
32	654039	319621	334418	5664	2183	3481
33	574512	280905	293607	5155	1986	3169
34	648826	318939	329887	6479	2305	4174
35-39岁	**4054770**	**2007635**	**2047135**	**50187**	**16652**	**33535**
35	671418	333199	338219	7435	2757	4678
36	784002	389091	394911	8700	3176	5524
37	815059	404687	410372	10110	3339	6771
38	885233	436494	448739	11875	3733	8142
39	899058	444164	454894	12067	3647	8420
40-44岁	**4985688**	**2391300**	**2594388**	**90446**	**23323**	**67123**
40	1033632	507452	526180	16167	4507	11660
41	942878	450585	492293	16071	4227	11844
42	1073501	511519	561982	19489	5079	14410
43	912960	432233	480727	17761	4410	13351
44	1022717	489511	533206	20958	5100	15858

4-3c 续表 1 单位：人

年龄	15岁及以上人口			文盲人口 合计		
	合计	男	女	合计	男	女
45-49岁	**4195920**	**1985332**	**2210588**	**106095**	**21875**	**84220**
45	931032	443874	487158	20474	4717	15757
46	890482	418521	471961	20755	4617	16138
47	1112716	536215	576501	26614	5551	21063
48	845132	399804	445328	23372	4415	18957
49	416558	186918	229640	14880	2575	12305
50-54岁	**3068114**	**1504190**	**1563924**	**178811**	**39968**	**138843**
50	509866	243351	266515	21274	4478	16796
51	457155	221933	235222	22938	4965	17973
52	628206	309879	318327	36506	8652	27854
53	765762	381194	384568	48258	10855	37403
54	707125	347833	359292	49835	11018	38817
55-59岁	**3759696**	**1877451**	**1882245**	**361131**	**91479**	**269652**
55	800829	402701	398128	61618	14722	46896
56	785762	393782	391980	68534	16718	51816
57	737026	368267	368759	72019	18291	53728
58	759292	377674	381618	81866	21343	60523
59	676787	335027	341760	77094	20405	56689
60-64岁	**2757007**	**1402463**	**1354544**	**391886**	**109642**	**282244**
60	655627	330552	325075	82861	23496	59365
61	588250	300932	287318	80612	22778	57834
62	527248	268734	258514	76325	21361	54964
63	515930	263469	252461	77467	21611	55856
64	469952	238776	231176	74621	20396	54225
65-69岁	**1874131**	**942000**	**932131**	**389487**	**109146**	**280341**
65	471323	242645	228678	80154	22409	57745
66	365299	185819	179480	70142	19500	50642
67	336320	163029	173291	72728	19547	53181
68	360913	180999	179914	82341	23519	58822
69	340276	169508	170768	84122	24171	59951
70-74岁	**1355495**	**666882**	**688613**	**439752**	**132918**	**306834**
70	336795	169976	166819	94088	28756	65332
71	236740	116964	119776	72338	21692	50646
72	265868	132420	133448	88042	27122	60920
73	262258	128093	134165	91310	27785	63525
74	253834	119429	134405	93974	27563	66411
75-79岁	**1059622**	**473766**	**585856**	**468740**	**137380**	**331360**
75	263350	122648	140702	104964	31365	73599
76	233740	105476	128264	99659	29160	70499
77	225727	100835	124892	101809	30149	71660
78	177009	77106	99903	83564	24287	59277
79	159796	67701	92095	78744	22419	56325
80-84岁	**605796**	**243573**	**362223**	**335219**	**95705**	**239514**
80	178985	75159	103826	94167	27739	66428
81	121029	49221	71808	66021	18985	47036
82	120416	48467	71949	67640	19582	48058
83	99797	38724	61073	57141	15902	41239
84	85569	32002	53567	50250	13497	36753
85岁及以上	**366724**	**115044**	**251680**	**230388**	**51126**	**179262**

4-3c 续表 2

单位：人

年 龄	文盲人口					
	未上过学			小 学		
	小计	男	女	小计	男	女
总 计	**3091076**	**854000**	**2237076**	**28412**	**9062**	**19350**
15-19岁	**11379**	**5810**	**5569**	**383**	**202**	**181**
15	2073	1048	1025	73	38	35
16	1969	1026	943	83	42	41
17	2329	1181	1148	65	37	28
18	2515	1313	1202	75	34	41
19	2493	1242	1251	87	51	36
20-24岁	**18954**	**9093**	**9861**	**500**	**216**	**284**
20	4040	2099	1941	119	61	58
21	3895	1880	2015	103	50	53
22	3674	1754	1920	104	40	64
23	3887	1816	2071	95	37	58
24	3458	1544	1914	79	28	51
25-29岁	**18326**	**7857**	**10469**	**384**	**144**	**240**
25	3356	1449	1907	69	27	42
26	3137	1336	1801	61	25	36
27	3613	1540	2073	66	25	41
28	4183	1781	2402	94	26	68
29	4037	1751	2286	94	41	53
30-34岁	**26840**	**10320**	**16520**	**580**	**206**	**374**
30	4914	1975	2939	92	30	62
31	5015	2013	3002	101	34	67
32	5530	2132	3398	134	51	83
33	5033	1938	3095	122	48	74
34	6348	2262	4086	131	43	88
35-39岁	**49144**	**16297**	**32847**	**1043**	**355**	**688**
35	7282	2697	4585	153	60	93
36	8532	3113	5419	168	63	105
37	9909	3264	6645	201	75	126
38	11621	3649	7972	254	84	170
39	11800	3574	8226	267	73	194
40-44岁	**88734**	**22814**	**65920**	**1712**	**509**	**1203**
40	15856	4409	11447	311	98	213
41	15736	4127	11609	335	100	235
42	19112	4961	14151	377	118	259
43	17434	4310	13124	327	100	227
44	20596	5007	15589	362	93	269

4-3c 续表 3 单位：人

年 龄	文盲人口					
	未上过学			小 学		
	小计	男	女	小计	男	女
45-49岁	**104462**	**21510**	**82952**	**1633**	**365**	**1268**
45	20164	4640	15524	310	77	233
46	20386	4534	15852	369	83	286
47	26190	5463	20727	424	88	336
48	23014	4343	18671	358	72	286
49	14708	2530	12178	172	45	127
50-54岁	**176485**	**39359**	**137126**	**2326**	**609**	**1717**
50	20989	4401	16588	285	77	208
51	22634	4890	17744	304	75	229
52	36029	8522	27507	477	130	347
53	47638	10706	36932	620	149	471
54	49195	10840	38355	640	178	462
55-59岁	**357007**	**90343**	**266664**	**4124**	**1136**	**2988**
55	60911	14540	46371	707	182	525
56	67749	16505	51244	785	213	572
57	71130	18053	53077	889	238	651
58	80955	21083	59872	911	260	651
59	76262	20162	56100	832	243	589
60-64岁	**388009**	**108352**	**279657**	**3877**	**1290**	**2587**
60	82072	23225	58847	789	271	518
61	79815	22504	57311	797	274	523
62	75522	21085	54437	803	276	527
63	76727	21365	55362	740	246	494
64	73873	20173	53700	748	223	525
65-69岁	**386159**	**108034**	**278125**	**3328**	**1112**	**2216**
65	79385	22143	57242	769	266	503
66	69542	19310	50232	600	190	410
67	72109	19333	52776	619	214	405
68	81679	23308	58371	662	211	451
69	83444	23940	59504	678	231	447
70-74岁	**436716**	**131793**	**304923**	**3036**	**1125**	**1911**
70	93417	28495	64922	671	261	410
71	71819	21500	50319	519	192	327
72	87468	26902	60566	574	220	354
73	90673	27551	63122	637	234	403
74	93339	27345	65994	635	218	417
75-79岁	**466014**	**136478**	**329536**	**2726**	**902**	**1824**
75	104303	31146	73157	661	219	442
76	99057	28978	70079	602	182	420
77	101203	29946	71257	606	203	403
78	83118	24135	58983	446	152	294
79	78333	22273	56060	411	146	265
80-84岁	**333524**	**95117**	**238407**	**1695**	**588**	**1107**
80	93673	27558	66115	494	181	313
81	65724	18886	46838	297	99	198
82	67269	19449	47820	371	133	238
83	56834	15792	41042	307	110	197
84	50024	13432	36592	226	65	161
85岁及以上	**229323**	**50823**	**178500**	**1065**	**303**	**762**

第一部分 全部数据资料

第五卷 家庭

5-1 全省不同规模的家庭户类别

单位：户

家庭户规模	家庭户户数	一代户	二代户	三代户	四代户	五代及以上户
总 计	**25928729**	**6523188**	**13551628**	**5609674**	**243967**	**272**
一人户	2643470	2643470				
二人户	4971716	3657643	1314073			
三人户	6092683	152879	5705539	234265		
四人户	6142375	36988	4958487	1140525	6375	
五人户	3437022	20655	1282837	2097327	36197	6
六人户	1712777	4352	212459	1422535	73409	22
七人户	584531	2276	49508	456903	75774	70
八人户	196633	1614	15697	146897	32336	89
九人户	80190	550	6156	62028	11408	48
十人及以上户	67332	2761	6872	49194	8468	37

5-1a 全省不同规模的家庭户类别(城市)

单位：户

家庭户规模	家庭户户数	一代户	二代户	三代户	四代户	五代及以上户
总 计	**5349707**	**1639769**	**2904202**	**787053**	**18672**	**11**
一人户	703520	703520				
二人户	1146329	876535	269794			
三人户	1838439	37886	1765509	35044		
四人户	933720	12271	705094	215921	434	
五人户	458693	5440	132359	318188	2706	
六人户	174179	1404	22075	144453	6246	1
七人户	56554	671	5766	44452	5661	4
八人户	22313	911	2088	17109	2202	3
九人户	8724	184	724	6950	864	2
十人及以上户	7236	947	793	4936	559	1

5-1b 全省不同规模的家庭户类别(镇)

单位：户

家庭户规模	家庭户户数	一代户	二代户	三代户	四代户	五代及以上户
总　计	**4550905**	**1011930**	**2491597**	**1006109**	**41222**	**47**
一人户	379693	379693				
二人户	797389	593295	204094			
三人户	1079075	20478	1026014	32583		
四人户	1142692	6284	957154	178458	796	
五人户	653435	8727	245875	393687	5146	
六人户	314193	1006	39123	262002	12061	1
七人户	108172	797	10215	83891	13259	10
八人户	39591	351	3952	29392	5877	19
九人户	17938	199	2063	13463	2202	11
十人及以上户	18727	1100	3107	12633	1881	6

5-1c 全省不同规模的家庭户类别(乡村)

单位：户

家庭户规模	家庭户户数	一代户	二代户	三代户	四代户	五代及以上户
总　计	**16028117**	**3871489**	**8155829**	**3816512**	**184073**	**214**
一人户	1560257	1560257				
二人户	3027998	2187813	840185			
三人户	3175169	94515	2914016	166638		
四人户	4065963	18433	3296239	746146	5145	
五人户	2324894	6488	904603	1385452	28345	6
六人户	1224405	1942	151261	1016080	55102	20
七人户	419805	808	33527	328560	56854	56
八人户	134729	352	9657	100396	24257	67
九人户	53528	167	3369	41615	8342	35
十人及以上户	41369	714	2972	31625	6028	30

5-2 各地区分年龄、性别的一人户

单位：户

地 区	合 计			14岁及以下		
	合计	男	女	小计	男	女
总 计	**2643470**	**1440044**	**1203426**	**168058**	**101483**	**66575**
郑州市	403807	231325	172482	5438	3089	2349
开封市	113260	58953	54307	6510	3830	2680
洛阳市	175196	91610	83586	6001	3266	2735
平顶山市	127879	76267	51612	5750	3324	2426
安阳市	153548	68341	85207	5980	3514	2466
鹤壁市	25201	14069	11132	787	476	311
新乡市	96772	52581	44191	2587	1572	1015
焦作市	49165	24489	24676	1160	674	486
濮阳市	72405	38131	34274	2724	1595	1129
许昌市	102402	57269	45133	6345	3930	2415
漯河市	53795	30345	23450	2395	1526	869
三门峡市	63899	35432	28467	1412	760	652
南阳市	266131	160452	105679	20387	12477	7910
商丘市	243157	122694	120463	23233	14377	8856
信阳市	227959	125473	102486	26113	15664	10449
周口市	231873	122613	109260	26231	15857	10374
驻马店市	225029	123672	101357	24644	15345	9299
济源市	11992	6328	5664	361	207	154

5-2 续表 1

单位：户

地 区	15-19岁			20-24岁			25-29岁		
	小计	男	女	小计	男	女	小计	男	女
总 计	**85000**	**52911**	**32089**	**211836**	**122850**	**88986**	**157817**	**98095**	**59722**
郑州市	13474	7582	5892	99421	54340	45081	72475	44418	28057
开封市	2964	1870	1094	4843	2928	1915	4661	2851	1810
洛阳市	4820	2692	2128	13959	7875	6084	11440	7214	4226
平顶山市	2799	1707	1092	8119	5241	2878	6811	4592	2219
安阳市	3181	1966	1215	7697	4843	2854	5870	3763	2107
鹤壁市	481	324	157	1272	883	389	948	611	337
新乡市	1682	1071	611	5230	3504	1726	4658	2985	1673
焦作市	772	453	319	2103	1348	755	2298	1407	891
濮阳市	1420	938	482	3469	2144	1325	2985	1873	1112
许昌市	2216	1473	743	4979	3350	1629	4020	2625	1395
漯河市	1107	739	368	2498	1596	902	2762	1731	1031
三门峡市	1557	827	730	5343	2909	2434	4116	2631	1485
南阳市	6885	4581	2304	11284	7159	4125	8836	5774	3062
商丘市	8881	5619	3262	11714	6863	4851	7099	4317	2782
信阳市	11359	7483	3876	8940	5186	3754	5250	3106	2144
周口市	10738	6650	4088	10799	6429	4370	6676	3942	2734
驻马店市	10444	6798	3646	9395	5747	3648	6178	3763	2415
济源市	220	138	82	771	505	266	734	492	242

5-2 续表 2

单位：户

地区	30-34岁			35-39岁			40-44岁		
	小计	男	女	小计	男	女	小计	男	女
总　计	**112699**	**74735**	**37964**	**122897**	**83891**	**39006**	**174513**	**103668**	**70845**
郑州市	36072	23632	12440	27895	18861	9034	26254	17403	8851
开封市	4323	2758	1565	5645	3646	1999	8379	4829	3550
洛阳市	9036	6068	2968	10334	7147	3187	12728	8186	4542
平顶山市	6056	4202	1854	7249	5135	2114	8931	6056	2875
安阳市	5238	3558	1680	6614	4206	2408	11261	5018	6243
鹤壁市	1084	760	324	1404	976	428	1830	1253	577
新乡市	4184	2767	1417	4972	3509	1463	7105	4448	2657
焦作市	2368	1479	889	2820	1883	937	3677	2434	1243
濮阳市	2722	1723	999	3353	2175	1178	4653	2526	2127
许昌市	3485	2393	1092	4069	2893	1176	6279	3939	2340
漯河市	2386	1498	888	2445	1643	802	3273	2089	1184
三门峡市	3622	2498	1124	5026	3633	1393	5449	3785	1664
南阳市	9229	6369	2860	10869	7781	3088	16585	10934	5651
商丘市	5723	3619	2104	7211	4583	2628	14211	6879	7332
信阳市	4655	2997	1658	7556	5175	2381	13640	7662	5978
周口市	5510	3671	1839	6583	4403	2180	14146	7163	6983
驻马店市	6415	4330	2085	8167	5745	2422	15296	8512	6784
济源市	591	413	178	685	497	188	816	552	264

5-2 续表 3

单位：户

地区	45-49岁			50-54岁			55-59岁		
	小计	男	女	小计	男	女	小计	男	女
总　计	**187625**	**96727**	**90898**	**159646**	**90133**	**69513**	**215657**	**125718**	**89939**
郑州市	21269	13101	8168	15546	9449	6097	16460	9949	6511
开封市	8406	4327	4079	8471	4622	3849	10960	6091	4869
洛阳市	13820	7808	6012	12457	7084	5373	14245	8114	6131
平顶山市	8725	5364	3361	8007	5342	2665	11034	7507	3527
安阳市	13102	4331	8771	12975	4603	8372	15910	6512	9398
鹤壁市	1637	1018	619	1608	1050	558	2346	1435	911
新乡市	7270	3977	3293	6701	3899	2802	8869	5133	3736
焦作市	3647	2088	1559	3477	1914	1563	4399	2287	2112
濮阳市	4552	2250	2302	4658	2806	1852	6470	3980	2490
许昌市	7205	3920	3285	6566	4001	2565	9741	6159	3582
漯河市	3379	1966	1413	3228	2103	1125	4794	3142	1652
三门峡市	5055	3319	1736	4341	2671	1670	4791	2680	2111
南阳市	19085	11280	7805	17508	11243	6265	26783	17168	9615
商丘市	14439	6062	8377	13339	6968	6371	19014	10448	8566
信阳市	18787	9165	9622	11708	6781	4927	18372	11497	6875
周口市	17239	7112	10127	14800	7706	7094	19861	11331	8530
驻马店市	19146	9089	10057	13355	7346	6009	20419	11619	8800
济源市	862	550	312	901	545	356	1189	666	523

5-2 续表 4

单位：户

地 区	60-64岁			65-69岁			70-74岁		
	小计	男	女	小计	男	女	小计	男	女
总 计	**220800**	**123947**	**96853**	**215160**	**109838**	**105322**	**224812**	**102275**	**122537**
郑州市	14202	7527	6675	12590	5871	6719	14887	5871	9016
开封市	10358	5470	4888	9328	4481	4847	9547	3973	5574
洛阳市	12889	6342	6547	12473	5230	7243	14770	5540	9230
平顶山市	11054	6854	4200	10909	6171	4738	11925	5904	6021
安阳市	14719	6302	8417	12489	5400	7089	13370	5230	8140
鹤壁市	2599	1375	1224	2379	1083	1296	2794	1179	1615
新乡市	9315	5101	4214	8610	4059	4551	9066	3962	5104
焦作市	4182	1808	2374	3992	1602	2390	4864	1805	3059
濮阳市	7843	4314	3529	7497	3530	3967	7178	3146	4032
许昌市	9826	5673	4153	8958	4626	4332	10468	4861	5607
漯河市	5072	3052	2020	4823	2684	2139	5125	2435	2690
三门峡市	4736	2327	2409	4725	2054	2671	5385	2136	3249
南阳市	28284	17864	10420	27762	16215	11547	27224	14807	12417
商丘市	20886	11226	9660	22308	10884	11424	23561	10522	13039
信阳市	21392	13300	8092	24619	13456	11163	23371	10972	12399
周口市	21616	12577	9039	20885	11066	9819	20868	9947	10921
驻马店市	20623	12312	8311	20023	11149	8874	19418	9664	9754
济源市	1204	523	681	790	277	513	991	321	670

5-2 续表 5

单位：户

地 区	75-79岁			80-84岁			85-89岁		
	小计	男	女	小计	男	女	小计	男	女
总 计	**201022**	**82671**	**118351**	**121055**	**47797**	**73258**	**49126**	**18179**	**30947**
郑州市	14124	5245	8879	8847	3238	5609	3587	1322	2265
开封市	9051	3584	5467	6294	2512	3782	2569	893	1676
洛阳市	14012	4854	9158	8084	2810	5274	3180	1085	2095
平顶山市	11413	5143	6270	5835	2510	3325	2455	940	1515
安阳市	12840	4788	8052	7949	2884	5065	3289	1127	2162
鹤壁市	2159	904	1255	1253	520	733	492	184	308
新乡市	7946	3244	4702	5472	2227	3245	2343	878	1465
焦作市	4701	1700	3001	2985	1048	1937	1301	434	867
濮阳市	6508	2691	3817	4200	1667	2533	1638	597	1041
许昌市	9883	4095	5788	5670	2320	3350	2101	800	1301
漯河市	5205	2156	3049	3355	1299	2056	1499	552	947
三门峡市	4727	1818	2909	2415	950	1465	926	347	579
南阳市	20758	10265	10493	9550	4396	5154	3880	1669	2211
商丘市	23620	9631	13989	17550	6934	10616	7541	2831	4710
信阳市	18075	7585	10490	9539	3830	5709	3819	1379	2440
周口市	18109	7716	10393	11934	4854	7080	4370	1662	2708
驻马店市	16846	6915	9931	9545	3584	5961	3923	1403	2520
济源市	1045	337	708	578	214	364	213	76	137

5-2 续表 6

单位：户

地　　区	90-94岁			95-99岁			100岁及以上		
	小计	男	女	小计	男	女	小计	男	女
总　计	**12603**	**4178**	**8425**	**2747**	**842**	**1905**	**397**	**106**	**291**
郑州市	1046	343	703	202	75	127	18	9	9
开封市	753	242	511	178	40	138	20	6	14
洛阳市	766	243	523	166	49	117	16	3	13
平顶山市	647	219	428	140	50	90	20	6	14
安阳市	896	259	637	146	34	112	22	3	19
鹤壁市	109	36	73	18	2	16	1		1
新乡市	619	210	409	128	31	97	15	4	11
焦作市	340	111	229	69	13	56	10	1	9
濮阳市	445	146	299	85	26	59	5	4	1
许昌市	482	177	305	100	32	68	9	2	7
漯河市	368	116	252	72	16	56	9	2	7
三门峡市	213	66	147	54	18	36	6	3	3
南阳市	973	377	596	234	87	147	15	6	9
商丘市	2163	743	1420	514	159	355	150	29	121
信阳市	624	188	436	135	46	89	5	1	4
周口市	1166	406	760	287	97	190	55	24	31
驻马店市	959	283	676	212	65	147	21	3	18
济源市	34	13	21	7	2	5			

5-2a　各地区分年龄、性别的一人户(城市)

单位：户

地　　区	合　　计			14岁及以下		
	合计	男	女	小计	男	女
总　计	**703520**	**376251**	**327269**	**11279**	**6257**	**5022**
郑州市	316733	179830	136903	3407	1901	1506
开封市	27985	12521	15464	530	271	259
洛阳市	71217	36388	34829	1111	597	514
平顶山市	33359	18251	15108	531	272	259
安阳市	32975	16212	16763	766	434	332
鹤壁市	9604	5026	4578	386	213	173
新乡市	31040	15618	15422	644	369	275
焦作市	17175	8511	8664	359	185	174
濮阳市	11637	5636	6001	207	115	92
许昌市	21700	11205	10495	399	223	176
漯河市	12319	6182	6137	277	172	105
三门峡市	20667	10460	10207	222	117	105
南阳市	25540	13163	12377	498	277	221
商丘市	24476	13015	11461	730	412	318
信阳市	19000	9163	9837	447	241	206
周口市	10787	5883	4904	471	283	188
驻马店市	13548	7211	6337	221	129	92
济源市	3758	1976	1782	73	46	27

5-2a 续表 1

单位：户

地 区	15-19岁			20-24岁			25-29岁		
	小计	男	女	小计	男	女	小计	男	女
总 计	**19872**	**10969**	**8903**	**128090**	**69427**	**58663**	**104851**	**63362**	**41489**
郑州市	11369	6204	5165	90814	48477	42337	67707	40944	26763
开封市	277	171	106	1318	693	625	1764	978	786
洛阳市	2387	1275	1112	9591	5271	4320	7752	4759	2993
平顶山市	540	299	241	3307	1981	1326	3418	2200	1218
安阳市	661	403	258	2674	1633	1041	2790	1837	953
鹤壁市	193	103	90	713	444	269	640	399	241
新乡市	431	238	193	2330	1358	972	2649	1589	1060
焦作市	229	136	93	1110	653	457	1410	821	589
濮阳市	235	140	95	1172	570	602	1407	791	616
许昌市	380	251	129	2028	1237	791	2140	1271	869
漯河市	194	107	87	1161	632	529	1622	934	688
三门峡市	815	418	397	3324	1672	1652	2258	1394	864
南阳市	546	323	223	2058	1164	894	2382	1410	972
商丘市	605	341	264	2347	1359	988	2535	1542	993
信阳市	273	152	121	1457	792	665	1490	841	649
周口市	312	175	137	883	501	382	953	555	398
驻马店市	339	182	157	1364	743	621	1437	786	651
济源市	86	51	35	439	247	192	497	311	186

5-2a 续表 2

单位：户

地 区	30-34岁			35-39岁			40-44岁		
	小计	男	女	小计	男	女	小计	男	女
总 计	**63073**	**39507**	**23566**	**54667**	**34473**	**20194**	**53929**	**32595**	**21334**
郑州市	32571	20955	11616	23617	15472	8145	20248	12954	7294
开封市	1476	867	609	1714	1022	692	2080	1209	871
洛阳市	5527	3538	1989	5311	3334	1977	5640	3358	2282
平顶山市	2898	1827	1071	3179	2010	1169	3348	2077	1271
安阳市	2415	1539	876	2586	1600	986	2787	1540	1247
鹤壁市	688	430	258	790	487	303	857	522	335
新乡市	2188	1277	911	2319	1444	875	2687	1597	1090
焦作市	1413	830	583	1400	830	570	1633	959	674
濮阳市	1227	678	549	1204	639	565	1145	561	584
许昌市	1726	1039	687	1671	1005	666	1902	1081	821
漯河市	1405	771	634	1126	658	468	1020	583	437
三门峡市	1675	1075	600	1786	1057	729	1824	1026	798
南阳市	2277	1365	912	2183	1313	870	2491	1409	1082
商丘市	2092	1239	853	2133	1316	817	2093	1268	825
信阳市	1228	732	496	1415	890	525	1642	929	713
周口市	730	430	300	765	476	289	919	588	331
驻马店市	1208	703	505	1175	738	437	1291	766	525
济源市	329	212	117	293	182	111	322	168	154

5-2a 续表 3

单位：户

地区	45-49岁			50-54岁			55-59岁		
	小计	男	女	小计	男	女	小计	男	女
总计	**47071**	**26529**	**20542**	**33867**	**18438**	**15429**	**33021**	**17680**	**15341**
郑州市	15522	9404	6118	9899	5751	4148	8623	5012	3611
开封市	2369	1250	1119	2280	1117	1163	2291	1105	1186
洛阳市	5595	3081	2514	4273	2291	1982	3670	1874	1796
平顶山市	2905	1633	1272	2037	1156	881	1915	1050	865
安阳市	2613	1349	1264	2115	1009	1106	2211	1030	1181
鹤壁市	778	451	327	581	360	221	615	327	288
新乡市	2719	1527	1192	2169	1164	1005	2159	1136	1023
焦作市	1532	806	726	1179	612	567	1163	569	594
濮阳市	933	461	472	553	266	287	573	283	290
许昌市	1721	928	793	1367	752	615	1545	825	720
漯河市	875	460	415	628	312	316	706	369	337
三门峡市	1484	788	696	1067	551	516	934	504	430
南阳市	2190	1148	1042	1594	829	765	1762	884	878
商丘市	1598	925	673	1062	633	429	1378	796	582
信阳市	1951	997	954	1286	630	656	1506	783	723
周口市	780	453	327	686	403	283	740	450	290
驻马店市	1233	707	526	876	477	399	1013	559	454
济源市	273	161	112	215	125	90	217	124	93

5-2a 续表 4

单位：户

地区	60-64岁			65-69岁			70-74岁		
	小计	男	女	小计	男	女	小计	男	女
总计	**28869**	**14024**	**14845**	**28451**	**11128**	**17323**	**35795**	**11495**	**24300**
郑州市	6515	3408	3107	5697	2408	3289	7294	2359	4935
开封市	1938	830	1108	1985	718	1267	2679	731	1948
洛阳市	3283	1522	1761	3540	1296	2244	5042	1493	3549
平顶山市	1866	971	895	1873	735	1138	2332	830	1502
安阳市	2051	859	1192	2225	770	1455	2778	826	1952
鹤壁市	631	311	320	709	243	466	936	331	605
新乡市	1816	842	974	1891	724	1167	2527	792	1735
焦作市	1004	450	554	1048	393	655	1382	445	937
濮阳市	689	292	397	726	229	497	747	271	476
许昌市	1420	708	712	1195	482	713	1539	531	1008
漯河市	681	337	344	559	224	335	688	208	480
三门峡市	932	428	504	912	335	577	1281	374	907
南阳市	1696	833	863	1601	658	943	1774	633	1141
商丘市	1354	695	659	1546	675	871	1587	622	965
信阳市	1228	565	663	1310	500	810	1467	411	1056
周口市	766	447	319	742	350	392	784	307	477
驻马店市	788	426	362	712	329	383	733	269	464
济源市	211	100	111	180	59	121	225	62	163

5-2a 续表 5

单位：户

地 区	75-79岁			80-84岁			85-89岁		
	小计	男	女	小计	男	女	小计	男	女
总 计	**32355**	**10549**	**21806**	**18661**	**6498**	**12163**	**7334**	**2502**	**4832**
郑州市	7087	2317	4770	4118	1438	2680	1629	591	1038
开封市	2543	723	1820	1703	528	1175	744	217	527
洛阳市	4602	1383	3219	2610	866	1744	987	351	636
平顶山市	1884	721	1163	907	341	566	331	119	212
安阳市	2378	768	1610	1285	420	865	506	154	352
鹤壁市	638	235	403	311	107	204	113	52	61
新乡市	2321	796	1525	1439	511	928	582	199	383
焦作市	1192	410	782	733	278	455	306	103	203
濮阳市	478	209	269	237	97	140	83	31	52
许昌市	1480	467	1013	836	277	559	278	96	182
漯河市	694	203	491	421	140	281	194	52	142
三门峡市	1197	366	831	648	244	404	235	83	152
南阳市	1461	495	966	686	294	392	253	92	161
商丘市	1619	585	1034	1123	393	730	514	161	353
信阳市	1282	356	926	725	247	478	235	80	155
周口市	629	239	390	417	152	265	162	57	105
驻马店市	647	210	437	339	124	215	139	49	90
济源市	223	66	157	123	41	82	43	15	28

5-2a 续表 6

单位：户

地 区	90-94岁			95-99岁			100岁及以上		
	小计	男	女	小计	男	女	小计	男	女
总 计	**1879**	**670**	**1209**	**416**	**133**	**283**	**40**	**15**	**25**
郑州市	495	184	311	111	45	66	10	6	4
开封市	233	77	156	58	13	45	3	1	2
洛阳市	246	82	164	43	16	27	7	1	6
平顶山市	65	21	44	19	6	13	4	2	2
安阳市	111	36	75	19	4	15	4	1	3
鹤壁市	21	11	10	4		4			
新乡市	131	46	85	37	8	29	1	1	
焦作市	70	28	42	12	3	9			
濮阳市	17	3	14	4		4			
许昌市	57	26	31	14	6	8	2		2
漯河市	61	19	42	6	1	5	1		1
三门峡市	54	22	32	17	5	12	2	1	1
南阳市	73	29	44	15	7	8			
商丘市	128	42	86	29	10	19	3	1	2
信阳市	43	14	29	14	3	11	1		1
周口市	40	14	26	6	2	4	2	1	1
驻马店市	26	11	15	7	3	4			
济源市	8	5	3	1	1				

5-2b 各地区分年龄、性别的一人户(镇)

单位：户

地区	合计			14岁及以下		
	合计	男	女	小计	男	女
总计	**379693**	**205080**	**174613**	**16975**	**10210**	**6765**
郑州市	16563	9515	7048	305	171	134
开封市	15334	8435	6899	520	284	236
洛阳市	23468	12086	11382	741	410	331
平顶山市	23278	13537	9741	707	408	299
安阳市	19441	8443	10998	550	322	228
鹤壁市	3483	1963	1520	88	53	35
新乡市	14659	8408	6251	372	225	147
焦作市	8372	4158	4214	210	130	80
濮阳市	13145	6978	6167	254	145	109
许昌市	14039	8118	5921	506	305	201
漯河市	8772	4799	3973	295	195	100
三门峡市	11579	6666	4913	209	106	103
南阳市	53845	30904	22941	1882	1130	752
商丘市	36808	18203	18605	2931	1773	1158
信阳市	42465	22697	19768	2350	1416	934
周口市	42082	22301	19781	3554	2179	1375
驻马店市	30709	16985	13724	1458	929	529
济源市	1651	884	767	43	29	14

5-2b 续表1

单位：户

地区	15-19岁			20-24岁			25-29岁		
	小计	男	女	小计	男	女	小计	男	女
总计	**9347**	**5773**	**3574**	**22228**	**13852**	**8376**	**20917**	**12809**	**8108**
郑州市	249	155	94	1137	774	363	1052	668	384
开封市	355	219	136	874	553	321	1128	643	485
洛阳市	653	352	301	1979	1012	967	1879	1127	752
平顶山市	436	240	196	1816	1055	761	1657	1036	621
安阳市	327	207	120	910	611	299	936	514	422
鹤壁市	74	59	15	193	155	38	138	87	51
新乡市	306	193	113	797	570	227	830	520	310
焦作市	156	98	58	348	237	111	352	217	135
濮阳市	179	122	57	665	458	207	640	409	231
许昌市	238	159	79	862	627	235	793	577	216
漯河市	209	141	68	415	273	142	495	301	194
三门峡市	170	90	80	820	478	342	857	541	316
南阳市	955	562	393	3194	2052	1142	3228	2016	1212
商丘市	1164	713	451	1823	1120	703	1326	783	543
信阳市	1437	922	515	2483	1442	1041	2130	1267	863
周口市	1624	999	625	2273	1418	855	1762	1079	683
驻马店市	790	526	264	1552	943	609	1649	985	664
济源市	25	16	9	87	74	13	65	39	26

5-2b 续表 2

单位：户

地区	30-34岁			35-39岁			40-44岁		
	小计	男	女	小计	男	女	小计	男	女
总计	**19213**	**12450**	**6763**	**22371**	**15146**	**7225**	**29688**	**17990**	**11698**
郑州市	863	591	272	1029	761	268	1423	1013	410
开封市	1181	695	486	1219	744	475	1200	759	441
洛阳市	1465	946	519	1662	1126	536	1874	1185	689
平顶山市	1526	1032	494	1675	1156	519	1864	1219	645
安阳市	823	530	293	1011	661	350	1529	709	820
鹤壁市	141	105	36	165	117	48	239	155	84
新乡市	857	565	292	909	676	233	1083	732	351
焦作市	395	226	169	513	344	169	660	423	237
濮阳市	708	454	254	912	629	283	1060	625	435
许昌市	622	438	184	738	533	205	931	611	320
漯河市	385	249	136	431	272	159	627	364	263
三门峡市	716	489	227	1028	725	303	1134	771	363
南阳市	3341	2160	1181	3547	2340	1207	4678	2914	1764
商丘市	1074	655	419	1347	898	449	2249	1177	1072
信阳市	1823	1154	669	2504	1677	827	3477	2051	1426
周口市	1546	1008	538	1682	1117	565	2978	1632	1346
驻马店市	1677	1109	568	1883	1279	604	2572	1579	993
济源市	70	44	26	116	91	25	110	71	39

5-2b 续表 3

单位：户

地区	45-49岁			50-54岁			55-59岁		
	小计	男	女	小计	男	女	小计	男	女
总计	**30004**	**16350**	**13654**	**24217**	**13986**	**10231**	**31068**	**18148**	**12920**
郑州市	1252	793	459	1130	710	420	1355	850	505
开封市	1025	610	415	882	579	303	1198	714	484
洛阳市	1914	1067	847	1532	847	685	1691	958	733
平顶山市	1623	1006	617	1538	1011	527	1817	1203	614
安阳市	1692	613	1079	1641	632	1009	1882	778	1104
鹤壁市	218	129	89	226	143	83	318	194	124
新乡市	960	597	363	873	546	327	1326	796	530
焦作市	645	358	287	555	294	261	698	372	326
濮阳市	951	527	424	842	536	306	1102	639	463
许昌市	971	594	377	835	556	279	1229	789	440
漯河市	598	329	269	567	363	204	773	502	271
三门峡市	1027	682	345	785	502	283	838	511	327
南阳市	4608	2614	1994	3697	2266	1431	4733	2834	1899
商丘市	2213	1057	1156	2015	988	1027	2800	1501	1299
信阳市	4248	2265	1983	2477	1423	1054	3184	1925	1259
周口市	3222	1504	1718	2643	1430	1213	3346	1954	1392
驻马店市	2709	1520	1189	1851	1084	767	2609	1539	1070
济源市	128	85	43	128	76	52	169	89	80

5-2b 续表 4

单位：户

地 区	60-64岁			65-69岁			70-74岁		
	小计	男	女	小计	男	女	小计	男	女
总 计	**32205**	**17581**	**14624**	**31607**	**15302**	**16305**	**33204**	**14125**	**19079**
郑州市	1408	746	662	1243	639	604	1408	623	785
开封市	1313	751	562	1164	595	569	1166	475	691
洛阳市	1532	732	800	1575	629	946	1762	632	1130
平顶山市	1780	1024	756	1718	952	766	1841	877	964
安阳市	1788	701	1087	1556	619	937	1665	563	1102
鹤壁市	368	200	168	334	168	166	389	162	227
新乡市	1394	787	607	1310	664	646	1307	598	709
焦作市	745	326	419	733	289	444	808	285	523
濮阳市	1441	724	717	1213	517	696	1251	487	764
许昌市	1275	725	550	1190	584	606	1410	659	751
漯河市	772	439	333	743	391	352	812	372	440
三门峡市	815	455	360	809	371	438	945	373	572
南阳市	4739	2787	1952	4591	2439	2152	4590	2138	2452
商丘市	3107	1601	1506	3333	1541	1792	3631	1538	2093
信阳市	3321	1900	1421	3803	1779	2024	3827	1536	2291
周口市	3602	2045	1557	3607	1747	1860	3729	1672	2057
驻马店市	2634	1553	1081	2545	1331	1214	2531	1081	1450
济源市	171	85	86	140	47	93	132	54	78

5-2b 续表 5

单位：户

地 区	75-79岁			80-84岁			85-89岁		
	小计	男	女	小计	男	女	小计	男	女
总 计	**29397**	**11304**	**18093**	**17666**	**6690**	**10976**	**7256**	**2624**	**4632**
郑州市	1300	515	785	896	321	575	401	149	252
开封市	1022	402	620	679	271	408	282	108	174
洛阳市	1733	564	1169	999	356	643	369	109	260
平顶山市	1811	734	1077	902	371	531	414	152	262
安阳市	1616	526	1090	1004	309	695	406	124	282
鹤壁市	295	120	175	201	86	115	72	25	47
新乡市	1029	439	590	795	323	472	391	138	253
焦作市	744	286	458	525	173	352	210	76	134
濮阳市	946	341	605	652	244	408	242	84	158
许昌市	1318	536	782	733	292	441	305	113	192
漯河市	825	323	502	548	196	352	220	75	145
三门峡市	807	319	488	411	169	242	158	69	89
南阳市	3571	1566	2005	1624	715	909	670	296	374
商丘市	3551	1342	2209	2677	961	1716	1155	429	726
信阳市	3053	1093	1960	1565	583	982	632	215	417
周口市	3365	1326	2039	2111	824	1287	756	276	480
驻马店市	2258	826	1432	1259	465	794	549	180	369
济源市	153	46	107	85	31	54	24	6	18

5-2b 续表 6

单位：户

地　区	90-94岁			95-99岁			100岁及以上		
	小计	男	女	小计	男	女	小计	男	女
总　计	**1837**	**573**	**1264**	**428**	**145**	**283**	**65**	**22**	**43**
郑州市	92	29	63	19	6	13	1	1	
开封市	99	25	74	23	6	17	4	2	2
洛阳市	84	24	60	20	8	12	4	2	2
平顶山市	121	46	75	29	15	14	3		3
安阳市	89	20	69	15	3	12	1	1	
鹤壁市	21	5	16	3		3			
新乡市	105	33	72	14	5	9	1	1	
焦作市	56	18	38	16	5	11	3	1	2
濮阳市	74	31	43	13	6	7			
许昌市	72	18	54	10	2	8	1		1
漯河市	44	12	32	13	2	11			
三门峡市	36	10	26	12	4	8	2	1	1
南阳市	147	53	94	48	20	28	2	2	
商丘市	309	97	212	83	24	59	20	5	15
信阳市	120	37	83	30	12	18	1		1
周口市	215	72	143	50	13	37	17	6	11
驻马店市	148	42	106	30	14	16	5		5
济源市	5	1	4						

5-2c 各地区分年龄、性别的一人户(乡村)

单位：户

地　区	合　计			14岁及以下		
	合计	男	女	小计	男	女
总　计	**1560257**	**858713**	**701544**	**139804**	**85016**	**54788**
郑州市	70511	41980	28531	1726	1017	709
开封市	69941	37997	31944	5460	3275	2185
洛阳市	80511	43136	37375	4149	2259	1890
平顶山市	71242	44479	26763	4512	2644	1868
安阳市	101132	43686	57446	4664	2758	1906
鹤壁市	12114	7080	5034	313	210	103
新乡市	51073	28555	22518	1571	978	593
焦作市	23618	11820	11798	591	359	232
濮阳市	47623	25517	22106	2263	1335	928
许昌市	66663	37946	28717	5440	3402	2038
漯河市	32704	19364	13340	1823	1159	664
三门峡市	31653	18306	13347	981	537	444
南阳市	186746	116385	70361	18007	11070	6937
商丘市	181873	91476	90397	19572	12192	7380
信阳市	166494	93613	72881	23316	14007	9309
周口市	179004	94429	84575	22206	13395	8811
驻马店市	180772	99476	81296	22965	14287	8678
济源市	6583	3468	3115	245	132	113

5-2c 续表 1

单位：户

地区	15-19岁			20-24岁			25-29岁		
	小计	男	女	小计	男	女	小计	男	女
总计	**55781**	**36169**	**19612**	**61518**	**39571**	**21947**	**32049**	**21924**	**10125**
郑州市	1856	1223	633	7470	5089	2381	3716	2806	910
开封市	2332	1480	852	2651	1682	969	1769	1230	539
洛阳市	1780	1065	715	2389	1592	797	1809	1328	481
平顶山市	1823	1168	655	2996	2205	791	1736	1356	380
安阳市	2193	1356	837	4113	2599	1514	2144	1412	732
鹤壁市	214	162	52	366	284	82	170	125	45
新乡市	945	640	305	2103	1576	527	1179	876	303
焦作市	387	219	168	645	458	187	536	369	167
濮阳市	1006	676	330	1632	1116	516	938	673	265
许昌市	1598	1063	535	2089	1486	603	1087	777	310
漯河市	704	491	213	922	691	231	645	496	149
三门峡市	572	319	253	1199	759	440	1001	696	305
南阳市	5384	3696	1688	6032	3943	2089	3226	2348	878
商丘市	7112	4565	2547	7544	4384	3160	3238	1992	1246
信阳市	9649	6409	3240	5000	2952	2048	1630	998	632
周口市	8802	5476	3326	7643	4510	3133	3961	2308	1653
驻马店市	9315	6090	3225	6479	4061	2418	3092	1992	1100
济源市	109	71	38	245	184	61	172	142	30

5-2c 续表 2

单位：户

地区	30-34岁			35-39岁			40-44岁		
	小计	男	女	小计	男	女	小计	男	女
总计	**30413**	**22778**	**7635**	**45859**	**34272**	**11587**	**90896**	**53083**	**37813**
郑州市	2638	2086	552	3249	2628	621	4583	3436	1147
开封市	1666	1196	470	2712	1880	832	5099	2861	2238
洛阳市	2044	1584	460	3361	2687	674	5214	3643	1571
平顶山市	1632	1343	289	2395	1969	426	3719	2760	959
安阳市	2000	1489	511	3017	1945	1072	6945	2769	4176
鹤壁市	255	225	30	449	372	77	734	576	158
新乡市	1139	925	214	1744	1389	355	3335	2119	1216
焦作市	560	423	137	907	709	198	1384	1052	332
濮阳市	787	591	196	1237	907	330	2448	1340	1108
许昌市	1137	916	221	1660	1355	305	3446	2247	1199
漯河市	596	478	118	888	713	175	1626	1142	484
三门峡市	1231	934	297	2212	1851	361	2491	1988	503
南阳市	3611	2844	767	5139	4128	1011	9416	6611	2805
商丘市	2557	1725	832	3731	2369	1362	9869	4434	5435
信阳市	1604	1111	493	3637	2608	1029	8521	4682	3839
周口市	3234	2233	1001	4136	2810	1326	10249	4943	5306
驻马店市	3530	2518	1012	5109	3728	1381	11433	6167	5266
济源市	192	157	35	276	224	52	384	313	71

5-2c 续表 3

单位：户

地 区	45-49岁			50-54岁			55-59岁		
	小计	男	女	小计	男	女	小计	男	女
总 计	**110550**	**53848**	**56702**	**101562**	**57709**	**43853**	**151568**	**89890**	**61678**
郑州市	4495	2904	1591	4517	2988	1529	6482	4087	2395
开封市	5012	2467	2545	5309	2926	2383	7471	4272	3199
洛阳市	6311	3660	2651	6652	3946	2706	8884	5282	3602
平顶山市	4197	2725	1472	4432	3175	1257	7302	5254	2048
安阳市	8797	2369	6428	9219	2962	6257	11817	4704	7113
鹤壁市	641	438	203	801	547	254	1413	914	499
新乡市	3591	1853	1738	3659	2189	1470	5384	3201	2183
焦作市	1470	924	546	1743	1008	735	2538	1346	1192
濮阳市	2668	1262	1406	3263	2004	1259	4795	3058	1737
许昌市	4513	2398	2115	4364	2693	1671	6967	4545	2422
漯河市	1906	1177	729	2033	1428	605	3315	2271	1044
三门峡市	2544	1849	695	2489	1618	871	3019	1665	1354
南阳市	12287	7518	4769	12217	8148	4069	20288	13450	6838
商丘市	10628	4080	6548	10262	5347	4915	14836	8151	6685
信阳市	12588	5903	6685	7945	4728	3217	13682	8789	4893
周口市	13237	5155	8082	11471	5873	5598	15775	8927	6848
驻马店市	15204	6862	8342	10628	5785	4843	16797	9521	7276
济源市	461	304	157	558	344	214	803	453	350

5-2c 续表 4

单位：户

地 区	60-64岁			65-69岁			70-74岁		
	小计	男	女	小计	男	女	小计	男	女
总 计	**159726**	**92342**	**67384**	**155102**	**83408**	**71694**	**155813**	**76655**	**79158**
郑州市	6279	3373	2906	5650	2824	2826	6185	2889	3296
开封市	7107	3889	3218	6179	3168	3011	5702	2767	2935
洛阳市	8074	4088	3986	7358	3305	4053	7966	3415	4551
平顶山市	7408	4859	2549	7318	4484	2834	7752	4197	3555
安阳市	10880	4742	6138	8708	4011	4697	8927	3841	5086
鹤壁市	1600	864	736	1336	672	664	1469	686	783
新乡市	6105	3472	2633	5409	2671	2738	5232	2572	2660
焦作市	2433	1032	1401	2211	920	1291	2674	1075	1599
濮阳市	5713	3298	2415	5558	2784	2774	5180	2388	2792
许昌市	7131	4240	2891	6573	3560	3013	7519	3671	3848
漯河市	3619	2276	1343	3521	2069	1452	3625	1855	1770
三门峡市	2989	1444	1545	3004	1348	1656	3159	1389	1770
南阳市	21849	14244	7605	21570	13118	8452	20860	12036	8824
商丘市	16425	8930	7495	17429	8668	8761	18343	8362	9981
信阳市	16843	10835	6008	19506	11177	8329	18077	9025	9052
周口市	17248	10085	7163	16536	8969	7567	16355	7968	8387
驻马店市	17201	10333	6868	16766	9489	7277	16154	8314	7840
济源市	822	338	484	470	171	299	634	205	429

5-2c 续表 5

单位：户

地　区	75-79岁			80-84岁			85-89岁		
	小计	男	女	小计	男	女	小计	男	女
总　计	**139270**	**60818**	**78452**	**84728**	**34609**	**50119**	**34536**	**13053**	**21483**
郑州市	5737	2413	3324	3833	1479	2354	1557	582	975
开封市	5486	2459	3027	3912	1713	2199	1543	568	975
洛阳市	7677	2907	4770	4475	1588	2887	1824	625	1199
平顶山市	7718	3688	4030	4026	1798	2228	1710	669	1041
安阳市	8846	3494	5352	5660	2155	3505	2377	849	1528
鹤壁市	1226	549	677	741	327	414	307	107	200
新乡市	4596	2009	2587	3238	1393	1845	1370	541	829
焦作市	2765	1004	1761	1727	597	1130	785	255	530
濮阳市	5084	2141	2943	3311	1326	1985	1313	482	831
许昌市	7085	3092	3993	4101	1751	2350	1518	591	927
漯河市	3686	1630	2056	2386	963	1423	1085	425	660
三门峡市	2723	1133	1590	1356	537	819	533	195	338
南阳市	15726	8204	7522	7240	3387	3853	2957	1281	1676
商丘市	18450	7704	10746	13750	5580	8170	5872	2241	3631
信阳市	13740	6136	7604	7249	3000	4249	2952	1084	1868
周口市	14115	6151	7964	9406	3878	5528	3452	1329	2123
驻马店市	13941	5879	8062	7947	2995	4952	3235	1174	2061
济源市	669	225	444	370	142	228	146	55	91

5-2c 续表 6

单位：户

地　区	90-94岁			95-99岁			100岁及以上		
	小计	男	女	小计	男	女	小计	男	女
总　计	**8887**	**2935**	**5952**	**1903**	**564**	**1339**	**292**	**69**	**223**
郑州市	459	130	329	72	24	48	7	2	5
开封市	421	140	281	97	21	76	13	3	10
洛阳市	436	137	299	103	25	78	5		5
平顶山市	461	152	309	92	29	63	13	4	9
安阳市	696	203	493	112	27	85	17	1	16
鹤壁市	67	20	47	11	2	9	1		1
新乡市	383	131	252	77	18	59	13	2	11
焦作市	214	65	149	41	5	36	7		7
濮阳市	354	112	242	68	20	48	5	4	1
许昌市	353	133	220	76	24	52	6	2	4
漯河市	263	85	178	53	13	40	8	2	6
三门峡市	123	34	89	25	9	16	2	1	1
南阳市	753	295	458	171	60	111	13	4	9
商丘市	1726	604	1122	402	125	277	127	23	104
信阳市	461	137	324	91	31	60	3	1	2
周口市	911	320	591	231	82	149	36	17	19
驻马店市	785	230	555	175	48	127	16	3	13
济源市	21	7	14	6	1	5			

5-3 各地区家庭户中民族混合户户数

单位：户、%

地区	家庭户	单一民族户		二个民族户		三个民族户		四个及以上民族户	
	户数	户数	占家庭户比重	户数	占家庭户比重	户数	占家庭户比重	户数	占家庭户比重
总计	**25928729**	**25803651**	**99.52**	**124756**	**0.48**	**315**		**7**	
郑州市	2436665	2416456	99.17	20149	0.83	60			
开封市	1241002	1231689	99.25	9274	0.75	37		2	
洛阳市	1806277	1796476	99.46	9780	0.54	21			
平顶山市	1336013	1328374	99.43	7609	0.57	28		2	
安阳市	1486536	1484502	99.86	2028	0.14	6			
鹤壁市	401216	400630	99.85	584	0.15	2			
新乡市	1435177	1431052	99.71	4121	0.29	4			
焦作市	873312	871189	99.76	2119	0.24	4			
濮阳市	952240	950153	99.78	2082	0.22	5			
许昌市	1156026	1152875	99.73	3143	0.27	7		1	
漯河市	662051	659744	99.65	2302	0.35	5			
三门峡市	629601	627979	99.74	1618	0.26	3		1	
南阳市	2747972	2714357	98.78	33518	1.22	97			
商丘市	2198804	2193490	99.76	5313	0.24	1			
信阳市	1825919	1818467	99.59	7443	0.41	8		1	
周口市	2505505	2498030	99.70	7454	0.30	21			
驻马店市	2056880	2050967	99.71	5907	0.29	6			
济源市	177533	177221	99.82	312	0.18				

5-3a 各地区家庭户中民族混合户户数(城市)

单位：户、%

地区	家庭户	单一民族户		二个民族户		三个民族户		四个及以上民族户	
	户数	户数	占家庭户比重	户数	占家庭户比重	户数	占家庭户比重	户数	占家庭户比重
总计	**5349707**	**5292697**	**98.93**	**56836**	**1.06**	**171**		**3**	
郑州市	1454120	1435632	98.73	18431	1.27	57			
开封市	225649	219603	97.32	6026	2.67	20	0.01		
洛阳市	551676	545724	98.92	5937	1.08	15			
平顶山市	332137	328710	98.97	3412	1.03	14		1	
安阳市	345418	344479	99.73	934	0.27	5			
鹤壁市	133714	133418	99.78	294	0.22	2			
新乡市	335933	333282	99.21	2647	0.79	4			
焦作市	245926	244466	99.41	1456	0.59	4			
濮阳市	145986	145238	99.49	745	0.51	3			
许昌市	246008	244277	99.30	1726	0.70	4		1	
漯河市	139288	137724	98.88	1561	1.12	3			
三门峡市	172593	171832	99.56	759	0.44	1		1	
南阳市	266558	261295	98.03	5232	1.96	31	0.01		
商丘市	243950	241275	98.90	2674	1.10	1			
信阳市	161075	159499	99.02	1575	0.98	1			
周口市	166081	164311	98.93	1764	1.06	6			
驻马店市	120308	118817	98.76	1491	1.24				
济源市	63287	63115	99.73	172	0.27				

5-3b 各地区家庭户中民族混合户户数(镇)

单位：户、%

地区	家庭户户数	单一民族户		二个民族户		三个民族户		四个及以上民族户	
		户数	占家庭户比重	户数	占家庭户比重	户数	占家庭户比重	户数	占家庭户比重
总　计	**4550905**	**4523578**	**99.40**	**27273**	**0.60**	**54**			
郑州市	192583	192140	99.77	442	0.23	1			
开封市	212503	211481	99.52	1015	0.48	7			
洛阳市	285577	283952	99.43	1624	0.57	1			
平顶山市	232279	231284	99.57	989	0.43	6			
安阳市	213727	213564	99.92	163	0.08				
鹤壁市	64863	64727	99.79	136	0.21				
新乡市	256237	255814	99.83	423	0.17				
焦作市	179125	178787	99.81	338	0.19				
濮阳市	167420	166950	99.72	469	0.28	1			
许昌市	175318	174484	99.52	833	0.48	1			
漯河市	118044	117924	99.90	120	0.10				
三门峡市	111466	110887	99.48	577	0.52	2			
南阳市	600754	589828	98.18	10897	1.81	29			
商丘市	363529	362473	99.71	1056	0.29				
信阳市	435973	432619	99.23	3353	0.77	1			
周口市	512629	509931	99.47	2695	0.53	3			
驻马店市	406196	404107	99.49	2087	0.51	2			
济源市	22682	22626	99.75	56	0.25				

5-3c 各地区家庭户中民族混合户户数(乡村)

单位：户、%

地区	家庭户户数	单一民族户		二个民族户		三个民族户		四个及以上民族户	
		户数	占家庭户比重	户数	占家庭户比重	户数	占家庭户比重	户数	占家庭户比重
总　计	**16028117**	**15987376**	**99.75**	**40647**	**0.25**	**90**		**4**	
郑州市	789962	788684	99.84	1276	0.16	2			
开封市	802850	800605	99.72	2233	0.28	10		2	
洛阳市	969024	966800	99.77	2219	0.23	5			
平顶山市	771597	768380	99.58	3208	0.42	8		1	
安阳市	927391	926459	99.90	931	0.10	1			
鹤壁市	202639	202485	99.92	154	0.08				
新乡市	843007	841956	99.88	1051	0.12				
焦作市	448261	447936	99.93	325	0.07				
濮阳市	638834	637965	99.86	868	0.14	1			
许昌市	734700	734114	99.92	584	0.08	2			
漯河市	404719	404096	99.85	621	0.15	2			
三门峡市	345542	345260	99.92	282	0.08				
南阳市	1880660	1863234	99.07	17389	0.92	37			
商丘市	1591325	1589742	99.90	1583	0.10				
信阳市	1228871	1226349	99.79	2515	0.20	6		1	
周口市	1826795	1823788	99.84	2995	0.16	12			
驻马店市	1530376	1528043	99.85	2329	0.15	4			
济源市	91564	91480	99.91	84	0.09				

5-4 各地区有60岁及以上老年人口的家庭户户数

单位：户

地区	合计	有一个60岁及以上老年人的户				有二个60岁及以上老年人的户				有三个60岁及以上老年人的户
		小计	单身老人户	一个老年人与未成年的亲属户	其他	小计	只有一对老夫妇的户	一对老夫妇与未成年的亲属户	其他	
总计	**8172454**	**4633381**	**1047722**	**121764**	**3463895**	**3430380**	**1351836**	**186300**	**1892244**	**108693**
郑州市	620181	337487	69503	2813	265171	274898	103608	5472	165818	7796
开封市	401317	223247	48098	4380	170769	171741	67129	6877	97735	6329
洛阳市	550548	312015	66356	4541	241118	233096	93652	6848	132596	5437
平顶山市	436860	253587	54398	4553	194636	177799	61897	7434	108468	5474
安阳市	437948	252916	65720	4403	182793	179974	79046	5233	95695	5058
鹤壁市	115690	66116	11804	653	53659	48275	17330	1053	29892	1299
新乡市	470964	261398	43514	2618	215266	202438	62233	4204	136001	7128
焦作市	278655	159466	22444	1206	135816	115953	33469	2189	80295	3236
濮阳市	297434	163080	35399	2201	125480	130129	54739	3936	71454	4225
许昌市	397716	222707	47497	4813	170397	169131	62373	9571	97187	5878
漯河市	235544	134493	25528	1994	106971	97267	30201	3839	63227	3784
三门峡市	186058	107907	23187	864	83856	76446	29345	1406	45695	1705
南阳市	932555	588523	118680	18372	451471	331379	113059	21880	196440	12653
商丘市	644640	332784	118293	8186	206305	301694	176945	13502	111247	10162
信阳市	619006	358718	101579	22003	235136	254990	112102	32431	110457	5298
周口市	801756	433855	99290	18847	315718	355327	141596	32166	181565	12574
驻马店市	693261	394758	91570	19060	284128	288417	106225	27870	154322	10086
济源市	52321	30324	4862	257	25205	21426	6887	389	14150	571

5-4a 各地区有60岁及以上老年人口的家庭户户数(城市)

单位：户

地区	合计	有一个60岁及以上老年人的户				有二个60岁及以上老年人的户				有三个60岁及以上老年人的户
		小计	单身老人户	一个老年人与未成年的亲属户	其他	小计	只有一对老夫妇的户	一对老夫妇与未成年的亲属户	其他	
总计	**1294097**	**672601**	**153800**	**6084**	**512717**	**609845**	**264540**	**13018**	**332287**	**11651**
郑州市	279540	144421	32956	1186	110279	132564	57159	2668	72737	2555
开封市	70703	37668	11886	228	25554	32412	16108	550	15754	623
洛阳市	154909	76967	20360	552	56055	76725	35062	1532	40131	1217
平顶山市	84402	44043	9281	421	34341	39701	17207	963	21531	658
安阳市	85510	45855	11357	476	34022	39084	17461	717	20906	571
鹤壁市	33556	17285	3363	167	13755	15996	5949	312	9735	275
新乡市	97718	50907	10745	323	39839	45881	17470	671	27740	930
焦作市	67940	35466	5747	215	29504	31898	10682	557	20659	576
濮阳市	31018	13951	2981	164	10806	16817	8836	471	7510	250
许昌市	66265	34707	6821	292	27594	30764	12445	661	17658	794
漯河市	35215	18707	3305	172	15230	16125	5792	312	10021	383
三门峡市	38708	20032	5278	193	14561	18423	8733	421	9269	253
南阳市	67878	36986	7559	449	28978	30215	13696	871	15648	677
商丘市	57959	29672	7903	378	21391	27575	13387	649	13539	712
信阳市	39217	21138	6305	241	14592	17875	10351	496	7028	204
周口市	41180	21546	3548	375	17623	19058	6628	686	11744	576
驻马店市	27859	15539	3391	195	11953	12079	5583	357	6139	241
济源市	14520	7711	1014	57	6640	6653	1991	124	4538	156

5-4b 各地区有60岁及以上老年人口的家庭户户数(镇)

单位：户

地区	合计	有一个60岁及以上老年人的户				有二个60岁及以上老年人的户				有三个60岁及以上老年人的户
		小计	单身老人户	一个老年人与未成年的亲属户	其他	小计	只有一对老夫妇的户	一对老夫妇与未成年的亲属户	其他	
总计	**1324513**	**745702**	**153665**	**15027**	**577010**	**561659**	**214147**	**22586**	**324926**	**17152**
郑州市	61434	34323	6768	282	27273	26167	8987	500	16680	944
开封市	63982	34898	5752	461	28685	27840	8900	808	18132	1244
洛阳市	71344	40689	8078	653	31958	29948	12397	903	16648	707
平顶山市	69765	40990	8619	675	31696	27972	9651	1038	17283	803
安阳市	60147	34452	8140	483	25829	24950	9927	607	14416	745
鹤壁市	18506	10418	1683	114	8621	7864	2634	205	5025	224
新乡市	81559	44934	6346	353	38235	35235	9347	617	25271	1390
焦作市	53488	30987	3840	265	26882	21845	5627	417	15801	656
濮阳市	49211	26729	5832	297	20600	21891	10134	508	11249	591
许昌市	57927	32606	6314	465	25827	24389	8558	868	14963	932
漯河市	41796	23639	3977	319	19343	17592	5242	606	11744	565
三门峡市	27508	15994	3995	156	11843	11311	4928	207	6176	203
南阳市	170374	103695	19982	1898	81815	64803	24729	2456	37618	1876
商丘市	98906	50981	17866	1071	32044	46494	26841	1758	17895	1431
信阳市	118237	67743	16352	3408	47983	49588	20932	4203	24453	906
周口市	152668	82129	17452	2616	62061	68276	26833	4578	36865	2263
驻马店市	120028	66147	11959	1483	52705	52308	17511	2276	32521	1573
济源市	7633	4348	710	28	3610	3186	969	31	2186	99

5-4c 各地区有60岁及以上老年人口的家庭户户数(乡村)

单位：户

地区	合计	有一个60岁及以上老年人的户				有二个60岁及以上老年人的户				有三个60岁及以上老年人的户
		小计	单身老人户	一个老年人与未成年的亲属户	其他	小计	只有一对老夫妇的户	一对老夫妇与未成年的亲属户	其他	
总计	**5553844**	**3215078**	**740257**	**100653**	**2374168**	**2258876**	**873149**	**150696**	**1235031**	**79890**
郑州市	279207	158743	29779	1345	127619	116167	37462	2304	76401	4297
开封市	266632	150681	30460	3691	116530	111489	42121	5519	63849	4462
洛阳市	324295	194359	37918	3336	153105	126423	46193	4413	75817	3513
平顶山市	282693	168554	36498	3457	128599	110126	35039	5433	69654	4013
安阳市	292291	172609	46223	3444	122942	115940	51658	3909	60373	3742
鹤壁市	63628	38413	6758	372	31283	24415	8747	536	15132	800
新乡市	291687	165557	26423	1942	137192	121322	35416	2916	82990	4808
焦作市	157227	93013	12857	726	79430	62210	17160	1215	43835	2004
濮阳市	217205	122400	26586	1740	94074	91421	35769	2957	52695	3384
许昌市	273524	155394	34362	4056	116976	113978	41370	8042	64566	4152
漯河市	158533	92147	18246	1503	72398	63550	19167	2921	41462	2836
三门峡市	119842	71881	13914	515	57452	46712	15684	778	30250	1249
南阳市	694303	447842	91139	16025	340678	236361	74634	18553	143174	10100
商丘市	487775	252131	92524	6737	152870	227625	136717	11095	79813	8019
信阳市	461552	269837	78922	18354	172561	187527	80819	27732	78976	4188
周口市	607908	330180	78290	15856	236034	267993	108135	26902	132956	9735
驻马店市	545374	313072	76220	17382	219470	224030	83131	25237	115662	8272
济源市	30168	18265	3138	172	14955	11587	3927	234	7426	316

5-5 各地区有65岁及以上老年人口的家庭户户数

单位：户

地　区	合　计	有一个65岁及以上老年人的户				有二个65岁及以上老年人的户				有三个65岁及以上老年人的户
		小计	单身老人户	一个老年人与未成年的亲属户	其他	小计	只有一对老夫妇的户	一对老夫妇与未成年的亲属户	其他	
总　计	**5754338**	**3782040**	**826922**	**77762**	**2877356**	**1939986**	**860915**	**78609**	**1000462**	**32312**
郑州市	444511	279886	55301	1763	222822	162254	68775	2479	91000	2371
开封市	282282	182356	37740	2718	141898	98039	43001	2901	52137	1887
洛阳市	390772	257074	53467	2956	200651	132165	60015	2956	69194	1533
平顶山市	316853	210997	43344	3088	164565	103954	40841	3299	59814	1902
安阳市	294243	199614	51001	2441	146172	93235	45845	1935	45455	1394
鹤壁市	77923	52091	9205	385	42501	25499	10410	423	14666	333
新乡市	326966	212360	34199	1633	176528	112542	39598	1839	71105	2064
焦作市	195369	131258	18262	763	112233	63267	21424	923	40920	844
濮阳市	202522	132545	27556	1327	103662	68761	32066	1605	35090	1216
许昌市	280566	184911	37671	3001	144239	94050	40152	3700	50198	1605
漯河市	168048	111422	20456	1265	89701	55516	20091	1491	33934	1110
三门峡市	131332	88517	18451	571	69495	42353	18357	596	23400	462
南阳市	649111	466160	90396	11663	364101	178872	70027	8932	99913	4079
商丘市	466981	275961	97407	5205	173349	187644	118820	6125	62699	3376
信阳市	435588	294444	80187	14643	199614	139741	67809	13491	58441	1403
周口市	561880	354814	77674	11822	265318	203337	91038	13475	98824	3729
驻马店市	496063	324340	70947	12390	241003	168799	68789	12321	87689	2924
济源市	33328	23290	3658	128	19504	9958	3857	118	5983	80

5-5a 各地区有65岁及以上老年人口的家庭户户数(城市)

单位：户

地　区	合　计	有一个65岁及以上老年人的户				有二个65岁及以上老年人的户				有三个65岁及以上老年人的户
		小计	单身老人户	一个老年人与未成年的亲属户	其他	小计	只有一对老夫妇的户	一对老夫妇与未成年的亲属户	其他	
总　计	**917883**	**551431**	**124931**	**3750**	**422750**	**362688**	**176256**	**6099**	**180333**	**3764**
郑州市	201120	118609	26441	731	91437	81676	39335	1285	41056	835
开封市	52084	31705	9948	151	21606	20165	10957	273	8935	214
洛阳市	113394	65903	17077	346	48480	47127	24106	743	22278	364
平顶山市	59496	35876	7415	283	28178	23402	11242	461	11699	218
安阳市	58560	36533	9306	260	26967	21837	11040	314	10483	190
鹤壁市	24243	14180	2732	111	11337	9951	4098	160	5693	112
新乡市	69837	42149	8929	204	33016	27420	11936	333	15151	268
焦作市	49100	29772	4743	146	24883	19139	7361	276	11502	189
濮阳市	19665	11251	2292	87	8872	8327	4996	194	3137	87
许昌市	46291	28266	5401	165	22700	17778	8249	294	9235	247
漯河市	25044	15376	2624	108	12644	9547	3958	147	5442	121
三门峡市	27452	16462	4346	131	11985	10908	5762	203	4943	82
南阳市	46347	29188	5863	281	23044	16901	8513	380	8008	258
商丘市	41677	24245	6549	257	17439	17203	9166	344	7693	229
信阳市	27327	17180	5077	136	11967	10091	6281	186	3624	56
周口市	28056	16950	2782	219	13949	10908	4399	300	6209	198
驻马店市	19178	11936	2603	110	9223	7173	3643	160	3370	69
济源市	9012	5850	803	24	5023	3135	1214	46	1875	27

5-5b 各地区有65岁及以上老年人口的家庭户户数(镇)

单位：户

地　区	合　计	有一个65岁及以上老年人的户				有二个65岁及以上老年人的户				有三个65岁及以上老年人的户
		小计	单　身老人户	一个老年人与未成年的亲属户	其他	小计	只有一对老夫妇的　户	一对老夫妇与未成年的亲属户	其他	
总　计	**918510**	**601229**	**121460**	**9183**	**470586**	**312068**	**134860**	**9464**	**167744**	**5213**
郑州市	43337	28393	5360	171	22862	14665	5727	231	8707	279
开封市	44022	28122	4439	291	23392	15487	5616	349	9522	413
洛阳市	49676	32932	6546	415	25971	16542	7823	403	8316	202
平顶山市	49578	33338	6839	453	26046	15959	6290	485	9184	281
安阳市	40093	27420	6352	259	20809	12459	5574	205	6680	214
鹤壁市	12199	8312	1315	58	6939	3840	1512	85	2243	47
新乡市	55776	36157	4952	222	30983	19208	5957	284	12967	411
焦作市	36852	25262	3095	156	22011	11439	3547	195	7697	151
濮阳市	32529	21350	4391	172	16787	11007	5424	199	5384	172
许昌市	40572	27107	5039	281	21787	13175	5428	315	7432	290
漯河市	29331	19175	3205	198	15772	9983	3451	236	6296	173
三门峡市	19286	12910	3180	99	9631	6327	3112	84	3131	49
南阳市	116435	81037	15243	1130	64664	34787	15160	973	18654	611
商丘市	71290	41949	14759	705	26485	28835	18012	823	10000	506
信阳市	81388	54214	13031	2037	39146	26918	12722	1677	12519	256
周口市	107511	66973	13850	1610	51513	39832	17599	1948	20285	706
驻马店市	83747	53205	9325	912	42968	30099	11369	966	17764	443
济源市	4888	3373	539	14	2820	1506	537	6	963	9

5-5c 各地区有65岁及以上老年人口的家庭户户数(乡村)

单位：户

地　区	合　计	有一个65岁及以上老年人的户				有二个65岁及以上老年人的户				有三个65岁及以上老年人的户
		小计	单　身老人户	一个老年人与未成年的亲属户	其他	小计	只有一对老夫妇的　户	一对老夫妇与未成年的亲属户	其他	
总　计	**3917945**	**2629380**	**580531**	**64829**	**1984020**	**1265230**	**549799**	**63046**	**652385**	**23335**
郑州市	200054	132884	23500	861	108523	65913	23713	963	41237	1257
开封市	186176	122529	23353	2276	96900	62387	26428	2279	33680	1260
洛阳市	227702	158239	29844	2195	126200	68496	28086	1810	38600	967
平顶山市	207779	141783	29090	2352	110341	64593	23309	2353	38931	1403
安阳市	195590	135661	35343	1922	98396	58939	29231	1416	28292	990
鹤壁市	41481	29599	5158	216	24225	11708	4800	178	6730	174
新乡市	201353	134054	20318	1207	112529	65914	21705	1222	42987	1385
焦作市	109417	76224	10424	461	65339	32689	10516	452	21721	504
濮阳市	150328	99944	20873	1068	78003	49427	21646	1212	26569	957
许昌市	193703	129538	27231	2555	99752	63097	26475	3091	33531	1068
漯河市	113673	76871	14627	959	61285	35986	12682	1108	22196	816
三门峡市	84594	59145	10925	341	47879	25118	9483	309	15326	331
南阳市	486329	355935	69290	10252	276393	127184	46354	7579	73251	3210
商丘市	354014	209767	76099	4243	129425	141606	91642	4958	45006	2641
信阳市	326873	223050	62079	12470	148501	102732	48806	11628	42298	1091
周口市	426313	270891	61042	9993	199856	152597	69040	11227	72330	2825
驻马店市	393138	259199	59019	11368	188812	131527	53777	11195	66555	2412
济源市	19428	14067	2316	90	11661	5317	2106	66	3145	44

第一部分 全部数据资料

第六卷 死亡

6-1 各地区分年龄、性别的死亡人口
(2009.11.1-2010.10.31)

单位：人

地区	死亡人口			0岁		
	合计	男	女	小计	男	女
总计	**509591**	**294237**	**215354**	**1199**	**655**	**544**
郑州市	35310	19796	15514	171	82	89
开封市	26848	15893	10955	126	78	48
洛阳市	32295	18390	13905	100	52	48
平顶山市	27962	16748	11214	102	62	40
安阳市	27554	15664	11890	67	44	23
鹤壁市	8335	4825	3510	24	14	10
新乡市	28906	16615	12291	65	34	31
焦作市	16803	9208	7595	50	28	22
濮阳市	19657	11299	8358	75	28	47
许昌市	24694	14188	10506	52	31	21
漯河市	12905	7555	5350	6	2	4
三门峡市	9749	5441	4308	17	11	6
南阳市	60010	35754	24256	84	47	37
商丘市	40712	23350	17362	41	18	23
信阳市	36074	20903	15171	95	54	41
周口市	51948	30360	21588	62	34	28
驻马店市	45987	26210	19777	50	30	20
济源市	3842	2038	1804	12	6	6

6-1 续表 1

单位：人

地区	1-4岁			5-9岁			10-14岁		
	小计	男	女	小计	男	女	小计	男	女
总计	**2003**	**1224**	**779**	**1309**	**908**	**401**	**1404**	**1042**	**362**
郑州市	125	74	51	61	43	18	77	54	23
开封市	122	64	58	62	42	20	49	40	9
洛阳市	116	68	48	105	63	42	123	86	37
平顶山市	144	84	60	74	53	21	75	56	19
安阳市	99	60	39	59	36	23	51	37	14
鹤壁市	30	24	6	27	17	10	34	27	7
新乡市	177	105	72	89	64	25	97	72	25
焦作市	42	27	15	44	30	14	49	39	10
濮阳市	80	52	28	44	33	11	59	43	16
许昌市	94	59	35	68	47	21	64	51	13
漯河市	40	27	13	26	17	9	34	29	5
三门峡市	23	16	7	22	12	10	14	9	5
南阳市	237	147	90	182	134	48	146	106	40
商丘市	164	103	61	82	60	22	97	69	28
信阳市	215	126	89	123	73	50	128	94	34
周口市	97	60	37	116	89	27	157	122	35
驻马店市	186	122	64	116	91	25	143	105	38
济源市	12	6	6	9	4	5	7	3	4

6-1 续表 2

单位：人

地区	15-19岁			20-24岁			25-29岁		
	小计	男	女	小计	男	女	小计	男	女
总 计	**2322**	**1708**	**614**	**4144**	**2941**	**1203**	**3551**	**2561**	**990**
郑州市	178	133	45	338	237	101	251	179	72
开封市	118	92	26	182	127	55	165	122	43
洛阳市	230	167	63	310	223	87	271	192	79
平顶山市	132	93	39	270	196	74	213	155	58
安阳市	141	111	30	261	199	62	195	144	51
鹤壁市	49	40	9	79	53	26	59	42	17
新乡市	149	120	29	276	196	80	212	164	48
焦作市	113	82	31	186	148	38	148	113	35
濮阳市	83	64	19	176	124	52	179	138	41
许昌市	118	91	27	232	169	63	203	138	65
漯河市	48	32	16	87	59	28	85	65	20
三门峡市	44	26	18	79	55	24	72	53	19
南阳市	178	126	52	462	314	148	457	326	131
商丘市	156	127	29	282	220	62	233	158	75
信阳市	193	133	60	288	189	99	169	118	51
周口市	226	162	64	347	242	105	366	273	93
驻马店市	148	96	52	251	168	83	250	163	87
济源市	18	13	5	38	22	16	23	18	5

6-1 续表 3

单位：人

地区	30-34岁			35-39岁			40-44岁		
	小计	男	女	小计	男	女	小计	男	女
总 计	**4822**	**3437**	**1385**	**8928**	**6294**	**2634**	**14774**	**10165**	**4609**
郑州市	294	210	84	593	399	194	970	674	296
开封市	224	166	58	409	296	113	751	547	204
洛阳市	321	236	85	678	457	221	990	674	316
平顶山市	344	255	89	566	397	169	838	553	285
安阳市	284	225	59	506	372	134	764	546	218
鹤壁市	90	61	29	178	138	40	274	189	85
新乡市	271	199	72	493	353	140	835	577	258
焦作市	150	102	48	291	211	80	512	356	156
濮阳市	150	106	44	289	214	75	441	301	140
许昌市	257	170	87	430	322	108	622	454	168
漯河市	102	76	26	147	106	41	330	243	87
三门峡市	122	79	43	201	138	63	332	230	102
南阳市	684	449	235	1019	687	332	1720	1186	534
商丘市	312	224	88	559	400	159	1067	746	321
信阳市	262	179	83	740	487	253	1205	791	414
周口市	494	364	130	862	614	248	1532	1019	513
驻马店市	417	305	112	903	657	246	1492	1012	480
济源市	44	31	13	64	46	18	99	67	32

6-1 续表 4

单位：人

地 区	45-49岁			50-54岁			55-59岁		
	小计	男	女	小计	男	女	小计	男	女
总 计	**17967**	**11966**	**6001**	**22751**	**14594**	**8157**	**37517**	**23965**	**13552**
郑州市	1198	825	373	1557	1022	535	2248	1446	802
开封市	892	619	273	1238	860	378	1896	1256	640
洛阳市	1112	731	381	1668	1058	610	2451	1507	944
平顶山市	1024	670	354	1323	848	475	1968	1260	708
安阳市	874	625	249	1382	863	519	2245	1442	803
鹤壁市	278	178	100	391	261	130	727	448	279
新乡市	969	665	304	1292	821	471	2198	1402	796
焦作市	581	406	175	803	518	285	1233	740	493
濮阳市	527	364	163	865	567	298	1460	977	483
许昌市	784	506	278	1000	636	364	1732	1117	615
漯河市	426	290	136	469	301	168	880	593	287
三门峡市	413	280	133	537	325	212	727	403	324
南阳市	2463	1617	846	2929	1824	1105	5087	3185	1902
商丘市	1227	802	425	1510	977	533	2559	1658	901
信阳市	1532	963	569	1381	897	484	2645	1710	935
周口市	1626	1112	514	2294	1482	812	3885	2558	1327
驻马店市	1874	1198	676	1898	1200	698	3232	2047	1185
济源市	167	115	52	214	134	80	344	216	128

6-1 续表 5

单位：人

地 区	60-64岁			65-69岁			70-74岁		
	小计	男	女	小计	男	女	小计	男	女
总 计	**45953**	**29132**	**16821**	**52241**	**32618**	**19623**	**72537**	**43157**	**29380**
郑州市	2713	1688	1025	2823	1704	1119	4605	2669	1936
开封市	2136	1401	735	2543	1631	912	3411	2045	1366
洛阳市	2855	1771	1084	3155	1994	1161	4355	2515	1840
平顶山市	2430	1575	855	2869	1842	1027	4013	2502	1511
安阳市	2870	1748	1122	2572	1622	950	3780	2213	1567
鹤壁市	897	543	354	787	482	305	1189	712	477
新乡市	2572	1633	939	2771	1724	1047	3767	2262	1505
焦作市	1445	873	572	1472	845	627	2126	1226	900
濮阳市	1925	1260	665	2041	1260	781	2577	1562	1015
许昌市	2085	1298	787	2141	1346	795	3457	2090	1367
漯河市	1033	673	360	1058	681	377	1651	1003	648
三门峡市	860	485	375	1143	667	476	1494	833	661
南阳市	6161	3979	2182	7424	4775	2649	9442	5818	3624
商丘市	3181	2046	1135	4011	2454	1557	5954	3468	2486
信阳市	3729	2415	1314	4840	3019	1821	5808	3447	2361
周口市	4825	3075	1750	5559	3449	2110	7897	4726	3171
驻马店市	3880	2470	1410	4742	2967	1775	6528	3785	2743
济源市	356	199	157	290	156	134	483	281	202

6-1 续表 6

单位：人

地 区	75-79岁			80-84岁			85-89岁		
	小计	男	女	小计	男	女	小计	男	女
总 计	**81498**	**46012**	**35486**	**72198**	**36701**	**35497**	**41410**	**18140**	**23270**
郑州市	5554	3209	2345	5702	2899	2803	3684	1594	2090
开封市	4388	2566	1822	4321	2281	2040	2502	1179	1323
洛阳市	5078	2867	2211	4365	2203	2162	2566	1083	1483
平顶山市	4477	2664	1813	3519	1947	1572	2227	1069	1158
安阳市	4196	2293	1903	3838	1857	1981	2248	888	1360
鹤壁市	1251	716	535	1116	570	546	618	248	370
新乡市	4322	2428	1894	4300	2150	2150	2676	1170	1506
焦作市	2591	1369	1222	2470	1206	1264	1682	676	1006
濮阳市	3144	1817	1327	2898	1420	1478	1755	707	1048
许昌市	4213	2346	1867	3895	2037	1858	2191	925	1266
漯河市	2412	1388	1024	2136	1127	1009	1317	625	692
三门峡市	1604	883	721	1166	562	604	613	276	337
南阳市	8901	5187	3714	6678	3425	3253	3760	1733	2027
商丘市	7073	3942	3131	6674	3404	3270	3594	1706	1888
信阳市	5367	2940	2427	4224	2062	2162	2325	960	1365
周口市	8762	4924	3838	7684	3937	3747	3566	1548	2018
驻马店市	7565	4177	3388	6670	3364	3306	3745	1624	2121
济源市	600	296	304	542	250	292	341	129	212

6-1 续表 7

单位：人

地 区	90-94岁			95-99岁			100岁及以上		
	小计	男	女	小计	男	女	小计	男	女
总 计	**15829**	**5539**	**10290**	**4140**	**1218**	**2922**	**1094**	**260**	**834**
郑州市	1620	534	1086	437	98	339	111	23	88
开封市	1005	385	620	234	77	157	74	19	55
洛阳市	1099	358	741	268	64	204	79	21	58
平顶山市	1043	372	671	254	84	170	57	11	46
安阳市	877	276	601	198	57	141	47	6	41
鹤壁市	177	47	130	46	13	33	14	2	12
新乡市	1030	375	655	267	80	187	78	21	57
焦作市	622	178	444	156	28	128	37	7	30
濮阳市	678	208	470	166	40	126	45	14	31
许昌市	799	284	515	205	57	148	52	14	38
漯河市	465	178	287	112	36	76	41	4	37
三门峡市	216	83	133	43	15	28	7		7
南阳市	1476	542	934	403	122	281	117	25	92
商丘市	1332	532	800	475	196	279	129	40	89
信阳市	639	199	440	139	41	98	27	6	21
周口市	1180	440	740	329	110	219	82	20	62
驻马店市	1431	511	920	373	93	280	93	25	68
济源市	140	37	103	35	7	28	4	2	2

6-1a 各地区分年龄、性别的死亡人口

(2009.11.1-2010.10.31)(城市)

单位：人

地 区	死亡人口			0岁		
	合计	男	女	小计	男	女
总 计	**58758**	**34688**	**24070**	**315**	**160**	**155**
郑州市	12444	7259	5185	121	50	71
开封市	3091	1867	1224	91	59	32
洛阳市	5711	3325	2386	22	12	10
平顶山市	4292	2638	1654	13	7	6
安阳市	3500	2027	1473	13	8	5
鹤壁市	2206	1369	837	6	3	3
新乡市	4500	2647	1853	12	4	8
焦作市	2449	1421	1028	10	6	4
濮阳市	1161	681	480			
许昌市	3020	1743	1277	5	3	2
漯河市	1724	1012	712			
三门峡市	1435	844	591			
南阳市	2155	1305	850			
商丘市	3976	2362	1614	5	2	3
信阳市	1471	894	577	6	3	3
周口市	2553	1567	986	9	2	7
驻马店市	1969	1147	822	1		1
济源市	1101	580	521	1	1	

6-1a 续表 1

单位：人

地 区	1-4岁			5-9岁			10-14岁		
	小计	男	女	小计	男	女	小计	男	女
总 计	**221**	**124**	**97**	**113**	**68**	**45**	**131**	**79**	**52**
郑州市	30	17	13	17	14	3	23	17	6
开封市	37	20	17	3	1	2	2	1	1
洛阳市	29	17	12	25	10	15	13	6	7
平顶山市	10	6	4	5	5		5	2	3
安阳市	12	6	6	1		1	10	5	5
鹤壁市				4	3	1	3	2	1
新乡市	48	26	22	22	12	10	17	12	5
焦作市	5	4	1	3	2	1	3	3	
濮阳市	6	4	2	6	3	3	4	2	2
许昌市	13	6	7	6	2	4	13	5	8
漯河市	5	3	2	3	2	1	4	4	
三门峡市	1	1		2	2		2	1	1
南阳市	4	3	1	1	1		5	3	2
商丘市	5	4	1	4	3	1	8	2	6
信阳市	6	2	4	1		1	3	2	1
周口市	3	3		3	2	1	10	7	3
驻马店市	2	1	1	6	6		5	5	
济源市	5	1	4	1		1	1		1

6-1a 续表 2

单位：人

地　区	15-19岁			20-24岁			25-29岁		
	小计	男	女	小计	男	女	小计	男	女
总　计	**184**	**128**	**56**	**395**	**266**	**129**	**364**	**229**	**135**
郑州市	34	24	10	65	47	18	76	46	30
开封市	7	5	2	7	4	3	9	5	4
洛阳市	19	12	7	46	32	14	38	24	14
平顶山市	16	12	4	33	24	9	28	19	9
安阳市	16	11	5	23	16	7	14	8	6
鹤壁市	8	6	2	20	14	6	17	10	7
新乡市	10	7	3	35	20	15	25	16	9
焦作市	18	14	4	27	22	5	17	14	3
濮阳市	4	2	2	18	11	7	13	9	4
许昌市	17	12	5	49	30	19	45	21	24
漯河市	3	1	2	7	4	3	9	6	3
三门峡市	5	1	4	5	4	1	10	7	3
南阳市	3	3		8	3	5	11	8	3
商丘市	8	7	1	19	15	4	15	9	6
信阳市	4	3	1	5	3	2	9	6	3
周口市	7	4	3	14	8	6	13	12	1
驻马店市	3	2	1	8	5	3	8	5	3
济源市	2	2		6	4	2	7	4	3

6-1a 续表 3

单位：人

地　区	30-34岁			35-39岁			40-44岁		
	小计	男	女	小计	男	女	小计	男	女
总　计	**555**	**372**	**183**	**1125**	**823**	**302**	**1751**	**1282**	**469**
郑州市	92	58	34	208	140	68	340	252	88
开封市	14	9	5	40	34	6	81	66	15
洛阳市	56	39	17	120	81	39	177	129	48
平顶山市	47	37	10	99	72	27	148	101	47
安阳市	39	30	9	83	59	24	108	77	31
鹤壁市	23	14	9	65	55	10	93	71	22
新乡市	29	19	10	91	71	20	142	98	44
焦作市	27	19	8	47	37	10	88	72	16
濮阳市	11	8	3	34	24	10	34	20	14
许昌市	64	31	33	68	55	13	78	60	18
漯河市	15	7	8	20	16	4	52	39	13
三门峡市	23	16	7	30	23	7	62	44	18
南阳市	26	19	7	40	25	15	83	65	18
商丘市	31	24	7	51	38	13	75	53	22
信阳市	6	6		48	32	16	58	39	19
周口市	28	19	9	39	31	8	76	54	22
驻马店市	14	9	5	23	15	8	27	22	5
济源市	10	8	2	19	15	4	29	20	9

6-1a 续表 4

单位：人

地 区	45-49岁			50-54岁			55-59岁		
	小计	男	女	小计	男	女	小计	男	女
总 计	**2359**	**1715**	**644**	**2940**	**1974**	**966**	**4211**	**2764**	**1447**
郑州市	505	384	121	575	396	179	753	498	255
开封市	140	107	33	185	147	38	227	158	69
洛阳市	204	146	58	292	203	89	349	238	111
平顶山市	172	129	43	197	123	74	305	185	120
安阳市	147	105	42	204	133	71	337	215	122
鹤壁市	100	71	29	118	77	41	157	95	62
新乡市	172	126	46	255	162	93	353	233	120
焦作市	113	87	26	142	101	41	175	113	62
濮阳市	34	23	11	61	35	26	91	60	31
许昌市	130	87	43	175	110	65	246	168	78
漯河市	70	51	19	66	44	22	118	81	37
三门峡市	68	49	19	83	57	26	107	61	46
南阳市	107	71	36	118	81	37	192	118	74
商丘市	111	74	37	146	94	52	260	169	91
信阳市	77	45	32	74	47	27	113	81	32
周口市	86	69	17	114	86	28	188	123	65
驻马店市	80	58	22	77	42	35	140	98	42
济源市	43	33	10	58	36	22	100	70	30

6-1a 续表 5

单位：人

地 区	60-64岁			65-69岁			70-74岁		
	小计	男	女	小计	男	女	小计	男	女
总 计	**4921**	**3043**	**1878**	**5871**	**3597**	**2274**	**8730**	**5253**	**3477**
郑州市	909	575	334	929	561	368	1817	1048	769
开封市	207	146	61	293	174	119	397	245	152
洛阳市	408	246	162	594	362	232	838	467	371
平顶山市	415	246	169	562	337	225	757	483	274
安阳市	374	223	151	369	251	118	517	302	215
鹤壁市	222	131	91	267	160	107	392	252	140
新乡市	383	239	144	446	274	172	638	387	251
焦作市	207	110	97	244	134	110	338	195	143
濮阳市	141	90	51	145	86	59	172	101	71
许昌市	247	144	103	247	150	97	381	239	142
漯河市	136	89	47	162	109	53	239	142	97
三门峡市	106	64	42	148	96	52	214	128	86
南阳市	210	123	87	265	169	96	360	218	142
商丘市	326	222	104	415	243	172	620	402	218
信阳市	139	92	47	176	111	65	204	137	67
周口市	230	150	80	325	209	116	426	266	160
驻马店市	164	102	62	192	128	64	281	155	126
济源市	97	51	46	92	43	49	139	86	53

6-1a 续表 6

单位：人

地 区	75-79岁			80-84岁			85-89岁		
	小计	男	女	小计	男	女	小计	男	女
总 计	**9480**	**5536**	**3944**	**7911**	**4240**	**3671**	**4664**	**2182**	**2482**
郑州市	2092	1231	861	2002	1101	901	1130	555	575
开封市	479	293	186	442	221	221	270	121	149
洛阳市	982	575	407	771	431	340	447	208	239
平顶山市	652	394	258	446	266	180	258	135	123
安阳市	498	276	222	372	173	199	262	108	154
鹤壁市	329	207	122	233	141	92	111	50	61
新乡市	728	427	301	567	286	281	362	165	197
焦作市	405	231	174	295	150	145	202	85	117
濮阳市	166	102	64	114	60	54	71	28	43
许昌市	400	239	161	423	224	199	272	109	163
漯河市	303	175	128	280	147	133	161	70	91
三门峡市	272	156	116	154	71	83	90	41	49
南阳市	322	192	130	206	117	89	130	62	68
商丘市	681	383	298	620	328	292	355	195	160
信阳市	224	144	80	168	84	84	113	46	67
周口市	445	252	193	313	172	141	148	72	76
驻马店市	336	172	164	344	199	145	185	94	91
济源市	166	87	79	161	69	92	97	38	59

6-1a 续表 7

单位：人

地 区	90-94岁			95-99岁			100岁及以上		
	小计	男	女	小计	男	女	小计	男	女
总 计	**1839**	**645**	**1194**	**527**	**173**	**354**	**151**	**35**	**116**
郑州市	549	200	349	143	39	104	34	6	28
开封市	120	41	79	27	8	19	13	2	11
洛阳市	186	64	122	64	17	47	31	6	25
平顶山市	91	42	49	26	10	16	7	3	4
安阳市	88	21	67	9		9	4		4
鹤壁市	27	5	22	9	2	7	2		2
新乡市	129	47	82	27	13	14	9	3	6
焦作市	67	18	49	14	3	11	2	1	1
濮阳市	30	12	18	4	1	3	2		2
许昌市	95	37	58	37	7	30	9	4	5
漯河市	51	19	32	14	2	12	6	1	5
三门峡市	41	17	24	10	5	5	2		2
南阳市	49	17	32	12	6	6	3	1	2
商丘市	130	44	86	76	46	30	15	5	10
信阳市	33	10	23	3	1	2	1		1
周口市	50	20	30	21	5	16	5	1	4
驻马店市	51	24	27	17	4	13	5	1	4
济源市	52	7	45	14	4	10	1	1	

6-1b 各地区分年龄、性别的死亡人口
(2009.11.1-2010.10.31)(镇)

单位：人

地区	死亡人口			0岁		
	合计	男	女	小计	男	女
总计	**80179**	**46638**	**33541**	**146**	**84**	**62**
郑州市	4077	2259	1818	8	4	4
开封市	4449	2667	1782	1	1	
洛阳市	4571	2668	1903	14	5	9
平顶山市	4877	2934	1943	20	14	6
安阳市	3872	2188	1684	12	10	2
鹤壁市	1113	642	471	3	3	
新乡市	5342	3053	2289	3	3	
焦作市	3501	1987	1514	4	3	1
濮阳市	3213	1837	1376	14	4	10
许昌市	3509	2045	1464	10	5	5
漯河市	2330	1339	991	1		1
三门峡市	1406	804	602	2	2	
南阳市	9279	5528	3751	15	6	9
商丘市	5961	3471	2490	6	3	3
信阳市	5077	2978	2099	8	6	2
周口市	10413	6089	4324	12	7	5
驻马店市	6668	3881	2787	12	7	5
济源市	521	268	253	1	1	

6-1b 续表 1

单位：人

地区	1-4岁			5-9岁			10-14岁		
	小计	男	女	小计	男	女	小计	男	女
总计	**281**	**161**	**120**	**174**	**114**	**60**	**191**	**142**	**49**
郑州市	14	8	6	8	3	5	8	5	3
开封市	13	6	7	11	8	3	10	7	3
洛阳市	13	4	9	9	6	3	12	9	3
平顶山市	24	17	7	10	9	1	9	8	1
安阳市	12	9	3	8	7	1	8	6	2
鹤壁市	6	6		7	4	3	3	3	
新乡市	17	9	8	12	9	3	11	8	3
焦作市	8	6	2	13	9	4	8	5	3
濮阳市	9	5	4	1	1		3	3	
许昌市	12	6	6	13	10	3	12	10	2
漯河市	5	3	2	5	2	3	1	1	
三门峡市	5	5		5	1	4	3	2	1
南阳市	29	13	16	17	9	8	24	16	8
商丘市	31	18	13	14	8	6	14	8	6
信阳市	27	17	10	14	9	5	18	13	5
周口市	24	12	12	14	11	3	27	21	6
驻马店市	30	16	14	11	7	4	20	17	3
济源市	2	1	1	2	1	1			

6-1b 续表 2 单位：人

地区	15-19岁			20-24岁			25-29岁		
	小计	男	女	小计	男	女	小计	男	女
总计	**358**	**259**	**99**	**639**	**458**	**181**	**557**	**405**	**152**
郑州市	17	12	5	52	36	16	42	31	11
开封市	17	15	2	31	15	16	21	15	6
洛阳市	34	25	9	38	23	15	44	27	17
平顶山市	16	12	4	42	33	9	38	30	8
安阳市	21	18	3	37	26	11	25	20	5
鹤壁市	5	3	2	6	3	3	4	3	1
新乡市	26	23	3	57	42	15	50	42	8
焦作市	22	12	10	44	34	10	25	17	8
濮阳市	11	9	2	21	13	8	37	30	7
许昌市	17	11	6	39	32	7	31	23	8
漯河市	8	4	4	12	10	2	10	9	1
三门峡市	7	3	4	8	7	1	6	5	1
南阳市	30	20	10	86	60	26	80	57	23
商丘市	29	21	8	45	37	8	31	26	5
信阳市	19	12	7	30	25	5	23	18	5
周口市	52	36	16	61	41	20	54	39	15
驻马店市	24	20	4	26	19	7	35	12	23
济源市	3	3		4	2	2	1	1	

6-1b 续表 3 单位：人

地区	30-34岁			35-39岁			40-44岁		
	小计	男	女	小计	男	女	小计	男	女
总计	**694**	**505**	**189**	**1396**	**999**	**397**	**2343**	**1658**	**685**
郑州市	27	22	5	66	44	22	118	81	37
开封市	40	32	8	64	47	17	132	96	36
洛阳市	40	26	14	75	49	26	120	77	43
平顶山市	50	43	7	110	75	35	127	97	30
安阳市	36	30	6	81	63	18	126	91	35
鹤壁市	12	9	3	29	20	9	30	19	11
新乡市	59	44	15	89	68	21	146	107	39
焦作市	23	18	5	60	44	16	110	80	30
濮阳市	13	7	6	40	28	12	85	62	23
许昌市	23	19	4	61	47	14	89	72	17
漯河市	11	9	2	24	19	5	45	31	14
三门峡市	17	11	6	26	22	4	54	34	20
南阳市	109	62	47	151	105	46	282	196	86
商丘市	40	27	13	94	67	27	161	115	46
信阳市	42	27	15	107	67	40	153	106	47
周口市	82	62	20	161	115	46	330	224	106
驻马店市	65	54	11	145	111	34	221	159	62
济源市	5	3	2	13	8	5	14	11	3

6-1b 续表 4

单位：人

地　区	45-49岁			50-54岁			55-59岁		
	小计	男	女	小计	男	女	小计	男	女
总　计	**2876**	**1911**	**965**	**3646**	**2334**	**1312**	**6019**	**3874**	**2145**
郑州市	118	71	47	170	106	64	291	184	107
开封市	125	87	38	185	134	51	280	180	100
洛阳市	163	107	56	225	139	86	360	201	159
平顶山市	173	112	61	244	152	92	353	233	120
安阳市	122	89	33	216	127	89	320	203	117
鹤壁市	23	14	9	53	37	16	97	61	36
新乡市	156	103	53	206	136	70	404	268	136
焦作市	129	90	39	159	110	49	262	171	91
濮阳市	92	67	25	145	97	48	236	150	86
许昌市	115	73	42	128	73	55	252	166	86
漯河市	51	29	22	61	37	24	163	109	54
三门峡市	77	55	22	89	55	34	125	69	56
南阳市	413	280	133	497	308	189	811	515	296
商丘市	212	145	67	256	178	78	374	252	122
信阳市	234	141	93	190	111	79	373	233	140
周口市	361	244	117	458	302	156	770	511	259
驻马店市	290	189	101	336	215	121	510	342	168
济源市	22	15	7	28	17	11	38	26	12

6-1b 续表 5

单位：人

地　区	60-64岁			65-69岁			70-74岁		
	小计	男	女	小计	男	女	小计	男	女
总　计	**7364**	**4730**	**2634**	**8284**	**5179**	**3105**	**11444**	**6764**	**4680**
郑州市	324	213	111	355	215	140	524	308	216
开封市	372	252	120	469	320	149	605	359	246
洛阳市	429	276	153	499	327	172	608	356	252
平顶山市	426	285	141	508	342	166	700	430	270
安阳市	423	251	172	367	224	143	550	332	218
鹤壁市	133	72	61	100	64	36	139	91	48
新乡市	483	308	175	503	301	202	664	384	280
焦作市	310	197	113	326	196	130	441	273	168
濮阳市	292	196	96	303	188	115	409	253	156
许昌市	284	191	93	276	179	97	457	277	180
漯河市	203	119	84	215	125	90	326	191	135
三门峡市	128	80	48	133	78	55	216	118	98
南阳市	990	640	350	1083	687	396	1400	834	566
商丘市	475	320	155	581	353	228	904	526	378
信阳市	567	362	205	708	430	278	881	537	344
周口市	913	579	334	1123	689	434	1597	939	658
驻马店市	551	353	198	691	430	261	963	527	436
济源市	61	36	25	44	31	13	60	29	31

6-1b 续表 6

单位：人

地区	75-79岁			80-84岁			85-89岁		
	小计	男	女	小计	男	女	小计	男	女
总计	**12779**	**7291**	**5488**	**11123**	**5726**	**5397**	**6416**	**2850**	**3566**
郑州市	613	365	248	611	268	343	450	198	252
开封市	688	415	273	706	387	319	447	207	240
洛阳市	771	461	310	587	317	270	348	165	183
平顶山市	742	432	310	621	341	280	399	185	214
安阳市	610	324	286	499	235	264	270	91	179
鹤壁市	167	101	66	166	74	92	101	42	59
新乡市	777	436	341	847	434	413	536	230	306
焦作市	489	252	237	538	266	272	325	149	176
濮阳市	485	283	202	487	246	241	347	144	203
许昌市	644	355	289	624	339	285	304	124	180
漯河市	453	252	201	387	218	169	228	120	108
三门峡市	219	134	85	152	76	76	88	35	53
南阳市	1314	783	531	976	518	458	630	290	340
商丘市	1021	545	476	914	469	445	491	246	245
信阳市	782	442	340	520	267	253	277	121	156
周口市	1801	1044	757	1567	807	760	664	272	392
驻马店市	1120	637	483	856	436	420	464	215	249
济源市	83	30	53	65	28	37	47	16	31

6-1b 续表 7

单位：人

地区	90-94岁			95-99岁			100岁及以上		
	小计	男	女	小计	男	女	小计	男	女
总计	**2525**	**938**	**1587**	**728**	**212**	**516**	**196**	**44**	**152**
郑州市	178	59	119	69	21	48	14	5	9
开封市	174	67	107	42	12	30	16	5	11
洛阳市	140	57	83	32	7	25	10	4	6
平顶山市	194	68	126	59	16	43	12		12
安阳市	104	28	76	19	4	15	6		6
鹤壁市	22	9	13	6	3	3	1	1	
新乡市	213	80	133	68	14	54	15	4	11
焦作市	155	47	108	40	7	33	10	1	9
濮阳市	125	35	90	43	12	31	15	4	11
许昌市	93	26	67	17	4	13	8	3	5
漯河市	97	44	53	19	6	13	5	1	4
三门峡市	30	9	21	13	3	10	3		3
南阳市	243	102	141	73	24	49	26	3	23
商丘市	175	75	100	71	27	44	22	5	17
信阳市	84	24	60	17	8	9	3	2	1
周口市	253	106	147	76	27	49	13	1	12
驻马店市	226	94	132	55	16	39	17	5	12
济源市	19	8	11	9	1	8			

6-1c 各地区分年龄、性别的死亡人口
(2009.11.1-2010.10.31)(乡村)

单位：人

地 区	死亡人口			0岁		
	合计	男	女	小计	男	女
总 计	**370654**	**212911**	**157743**	**738**	**411**	**327**
郑州市	18789	10278	8511	42	28	14
开封市	19308	11359	7949	34	18	16
洛阳市	22013	12397	9616	64	35	29
平顶山市	18793	11176	7617	69	41	28
安阳市	20182	11449	8733	42	26	16
鹤壁市	5016	2814	2202	15	8	7
新乡市	19064	10915	8149	50	27	23
焦作市	10853	5800	5053	36	19	17
濮阳市	15283	8781	6502	61	24	37
许昌市	18165	10400	7765	37	23	14
漯河市	8851	5204	3647	5	2	3
三门峡市	6908	3793	3115	15	9	6
南阳市	48576	28921	19655	69	41	28
商丘市	30775	17517	13258	30	13	17
信阳市	29526	17031	12495	81	45	36
周口市	38982	22704	16278	41	25	16
驻马店市	37350	21182	16168	37	23	14
济源市	2220	1190	1030	10	4	6

6-1c 续表 1

单位：人

地 区	1-4岁			5-9岁			10-14岁		
	小计	男	女	小计	男	女	小计	男	女
总 计	**1501**	**939**	**562**	**1022**	**726**	**296**	**1082**	**821**	**261**
郑州市	81	49	32	36	26	10	46	32	14
开封市	72	38	34	48	33	15	37	32	5
洛阳市	74	47	27	71	47	24	98	71	27
平顶山市	110	61	49	59	39	20	61	46	15
安阳市	75	45	30	50	29	21	33	26	7
鹤壁市	24	18	6	16	10	6	28	22	6
新乡市	112	70	42	55	43	12	69	52	17
焦作市	29	17	12	28	19	9	38	31	7
濮阳市	65	43	22	37	29	8	52	38	14
许昌市	69	47	22	49	35	14	39	36	3
漯河市	30	21	9	18	13	5	29	24	5
三门峡市	17	10	7	15	9	6	9	6	3
南阳市	204	131	73	164	124	40	117	87	30
商丘市	128	81	47	64	49	15	75	59	16
信阳市	182	107	75	108	64	44	107	79	28
周口市	70	45	25	99	76	23	120	94	26
驻马店市	154	105	49	99	78	21	118	83	35
济源市	5	4	1	6	3	3	6	3	3

6-1c 续表 2

单位：人

地区	15-19岁			20-24岁			25-29岁		
	小计	男	女	小计	男	女	小计	男	女
总计	**1780**	**1321**	**459**	**3110**	**2217**	**893**	**2630**	**1927**	**703**
郑州市	127	97	30	221	154	67	133	102	31
开封市	94	72	22	144	108	36	135	102	33
洛阳市	177	130	47	226	168	58	189	141	48
平顶山市	100	69	31	195	139	56	147	106	41
安阳市	104	82	22	201	157	44	156	116	40
鹤壁市	36	31	5	53	36	17	38	29	9
新乡市	113	90	23	184	134	50	137	106	31
焦作市	73	56	17	115	92	23	106	82	24
濮阳市	68	53	15	137	100	37	129	99	30
许昌市	84	68	16	144	107	37	127	94	33
漯河市	37	27	10	68	45	23	66	50	16
三门峡市	32	22	10	66	44	22	56	41	15
南阳市	145	103	42	368	251	117	366	261	105
商丘市	119	99	20	218	168	50	187	123	64
信阳市	170	118	52	253	161	92	137	94	43
周口市	167	122	45	272	193	79	299	222	77
驻马店市	121	74	47	217	144	73	207	146	61
济源市	13	8	5	28	16	12	15	13	2

6-1c 续表 3

单位：人

地区	30-34岁			35-39岁			40-44岁		
	小计	男	女	小计	男	女	小计	男	女
总计	**3573**	**2560**	**1013**	**6407**	**4472**	**1935**	**10680**	**7225**	**3455**
郑州市	175	130	45	319	215	104	512	341	171
开封市	170	125	45	305	215	90	538	385	153
洛阳市	225	171	54	483	327	156	693	468	225
平顶山市	247	175	72	357	250	107	563	355	208
安阳市	209	165	44	342	250	92	530	378	152
鹤壁市	55	38	17	84	63	21	151	99	52
新乡市	183	136	47	313	214	99	547	372	175
焦作市	100	65	35	184	130	54	314	204	110
濮阳市	126	91	35	215	162	53	322	219	103
许昌市	170	120	50	301	220	81	455	322	133
漯河市	76	60	16	103	71	32	233	173	60
三门峡市	82	52	30	145	93	52	216	152	64
南阳市	549	368	181	828	557	271	1355	925	430
商丘市	241	173	68	414	295	119	831	578	253
信阳市	214	146	68	585	388	197	994	646	348
周口市	384	283	101	662	468	194	1126	741	385
驻马店市	338	242	96	735	531	204	1244	831	413
济源市	29	20	9	32	23	9	56	36	20

6-1c 续表 4

单位：人

地 区	45-49岁			50-54岁			55-59岁		
	小计	男	女	小计	男	女	小计	男	女
总 计	**12732**	**8340**	**4392**	**16165**	**10286**	**5879**	**27287**	**17327**	**9960**
郑州市	575	370	205	812	520	292	1204	764	440
开封市	627	425	202	868	579	289	1389	918	471
洛阳市	745	478	267	1151	716	435	1742	1068	674
平顶山市	679	429	250	882	573	309	1310	842	468
安阳市	605	431	174	962	603	359	1588	1024	564
鹤壁市	155	93	62	220	147	73	473	292	181
新乡市	641	436	205	831	523	308	1441	901	540
焦作市	339	229	110	502	307	195	796	456	340
濮阳市	401	274	127	659	435	224	1133	767	366
许昌市	539	346	193	697	453	244	1234	783	451
漯河市	305	210	95	342	220	122	599	403	196
三门峡市	268	176	92	365	213	152	495	273	222
南阳市	1943	1266	677	2314	1435	879	4084	2552	1532
商丘市	904	583	321	1108	705	403	1925	1237	688
信阳市	1221	777	444	1117	739	378	2159	1396	763
周口市	1179	799	380	1722	1094	628	2927	1924	1003
驻马店市	1504	951	553	1485	943	542	2582	1607	975
济源市	102	67	35	128	81	47	206	120	86

6-1c 续表 5

单位：人

地 区	60-64岁			65-69岁			70-74岁		
	小计	男	女	小计	男	女	小计	男	女
总 计	**33668**	**21359**	**12309**	**38086**	**23842**	**14244**	**52363**	**31140**	**21223**
郑州市	1480	900	580	1539	928	611	2264	1313	951
开封市	1557	1003	554	1781	1137	644	2409	1441	968
洛阳市	2018	1249	769	2062	1305	757	2909	1692	1217
平顶山市	1589	1044	545	1799	1163	636	2556	1589	967
安阳市	2073	1274	799	1836	1147	689	2713	1579	1134
鹤壁市	542	340	202	420	258	162	658	369	289
新乡市	1706	1086	620	1822	1149	673	2465	1491	974
焦作市	928	566	362	902	515	387	1347	758	589
濮阳市	1492	974	518	1593	986	607	1996	1208	788
许昌市	1554	963	591	1618	1017	601	2619	1574	1045
漯河市	694	465	229	681	447	234	1086	670	416
三门峡市	626	341	285	862	493	369	1064	587	477
南阳市	4961	3216	1745	6076	3919	2157	7682	4766	2916
商丘市	2380	1504	876	3015	1858	1157	4430	2540	1890
信阳市	3023	1961	1062	3956	2478	1478	4723	2773	1950
周口市	3682	2346	1336	4111	2551	1560	5874	3521	2353
驻马店市	3165	2015	1150	3859	2409	1450	5284	3103	2181
济源市	198	112	86	154	82	72	284	166	118

6-1c 续表 6

单位：人

地区	75-79岁			80-84岁			85-89岁		
	小计	男	女	小计	男	女	小计	男	女
总 计	**59239**	**33185**	**26054**	**53164**	**26735**	**26429**	**30330**	**13108**	**17222**
郑州市	2849	1613	1236	3089	1530	1559	2104	841	1263
开封市	3221	1858	1363	3173	1673	1500	1785	851	934
洛阳市	3325	1831	1494	3007	1455	1552	1771	710	1061
平顶山市	3083	1838	1245	2452	1340	1112	1570	749	821
安阳市	3088	1693	1395	2967	1449	1518	1716	689	1027
鹤壁市	755	408	347	717	355	362	406	156	250
新乡市	2817	1565	1252	2886	1430	1456	1778	775	1003
焦作市	1697	886	811	1637	790	847	1155	442	713
濮阳市	2493	1432	1061	2297	1114	1183	1337	535	802
许昌市	3169	1752	1417	2848	1474	1374	1615	692	923
漯河市	1656	961	695	1469	762	707	928	435	493
三门峡市	1113	593	520	860	415	445	435	200	235
南阳市	7265	4212	3053	5496	2790	2706	3000	1381	1619
商丘市	5371	3014	2357	5140	2607	2533	2748	1265	1483
信阳市	4361	2354	2007	3536	1711	1825	1935	793	1142
周口市	6516	3628	2888	5804	2958	2846	2754	1204	1550
驻马店市	6109	3368	2741	5470	2729	2741	3096	1315	1781
济源市	351	179	172	316	153	163	197	75	122

6-1c 续表 7

单位：人

地区	90-94岁			95-99岁			100岁及以上		
	小计	男	女	小计	男	女	小计	男	女
总 计	**11465**	**3956**	**7509**	**2885**	**833**	**2052**	**747**	**181**	**566**
郑州市	893	275	618	225	38	187	63	12	51
开封市	711	277	434	165	57	108	45	12	33
洛阳市	773	237	536	172	40	132	38	11	27
平顶山市	758	262	496	169	58	111	38	8	30
安阳市	685	227	458	170	53	117	37	6	31
鹤壁市	128	33	95	31	8	23	11	1	10
新乡市	688	248	440	172	53	119	54	14	40
焦作市	400	113	287	102	18	84	25	5	20
濮阳市	523	161	362	119	27	92	28	10	18
许昌市	611	221	390	151	46	105	35	7	28
漯河市	317	115	202	79	28	51	30	2	28
三门峡市	145	57	88	20	7	13	2		2
南阳市	1184	423	761	318	92	226	88	21	67
商丘市	1027	413	614	328	123	205	92	30	62
信阳市	522	165	357	119	32	87	23	4	19
周口市	877	314	563	232	78	154	64	18	46
驻马店市	1154	393	761	301	73	228	71	19	52
济源市	69	22	47	12	2	10	3	1	2

6-2 各地区分性别、受教育程度的6岁及以上死亡人口
(2009.11.1-2010.10.31)

单位：人

地 区	6岁及以上死亡人口			未上过学		
	合计	男	女	小计	男	女
总 计	**506095**	**292167**	**213928**	**214507**	**89456**	**125051**
郑州市	34994	19625	15369	11764	3966	7798
开封市	26590	15747	10843	13240	5925	7315
洛阳市	32065	18261	13804	10053	3408	6645
平顶山市	27697	16589	11108	11561	5230	6331
安阳市	27376	15552	11824	10141	3549	6592
鹤壁市	8272	4781	3491	3383	1333	2050
新乡市	28646	16463	12183	10910	4269	6641
焦作市	16706	9149	7557	5187	1522	3665
濮阳市	19492	11212	8280	9582	4018	5564
许昌市	24524	14085	10439	10588	4309	6279
漯河市	12852	7521	5331	5871	2514	3357
三门峡市	9708	5413	4295	2167	787	1380
南阳市	59642	35528	24114	24168	11365	12803
商丘市	40489	23218	17271	23053	10324	12729
信阳市	35734	20707	15027	16787	7177	9610
周口市	51765	30251	21514	25593	11256	14337
驻马店市	45727	26040	19687	19385	8209	11176
济源市	3816	2025	1791	1074	295	779

6-2 续表 1

单位：人

地 区	小 学			初 中			高 中		
	小计	男	女	小计	男	女	小计	男	女
总 计	**179837**	**116563**	**63274**	**93036**	**71163**	**21873**	**15359**	**12325**	**3034**
郑州市	12505	7679	4826	7573	5544	2029	2227	1717	510
开封市	7623	5248	2375	4658	3700	958	860	700	160
洛阳市	12394	7660	4734	7546	5591	1955	1676	1278	398
平顶山市	9472	6274	3198	5671	4278	1393	865	708	157
安阳市	10848	6921	3927	5491	4323	1168	769	661	108
鹤壁市	2928	1931	997	1572	1211	361	309	246	63
新乡市	10606	6730	3876	5819	4393	1426	1144	935	209
焦作市	6551	3856	2695	4087	3071	1016	771	610	161
濮阳市	6482	4436	2046	2871	2315	556	457	365	92
许昌市	8791	5828	2963	4409	3387	1022	608	480	128
漯河市	4229	2890	1339	2355	1801	554	338	271	67
三门峡市	4860	2674	2186	2199	1577	622	423	330	93
南阳市	23031	14808	8223	10959	8186	2773	1250	977	273
商丘市	11388	7923	3465	5259	4296	963	667	571	96
信阳市	12774	8713	4061	5212	4021	1191	797	660	137
周口市	16582	11240	5342	8512	6834	1678	929	794	135
驻马店市	17257	10898	6359	7875	5966	1909	1040	841	199
济源市	1516	854	662	968	669	299	229	181	48

6-2 续表 2

单位：人

地　区	大学专科			大学本科			研究生		
	小计	男	女	小计	男	女	小计	男	女
总　计	**2495**	**1959**	**536**	**809**	**664**	**145**	**52**	**37**	**15**
郑州市	638	493	145	278	218	60	9	8	1
开封市	150	125	25	56	47	9	3	2	1
洛阳市	278	220	58	115	101	14	3	3	
平顶山市	100	73	27	27	26	1	1		1
安阳市	102	80	22	23	17	6	2	1	1
鹤壁市	64	46	18	16	14	2			
新乡市	116	89	27	49	46	3	2	1	1
焦作市	89	76	13	20	13	7	1	1	
濮阳市	71	54	17	27	23	4	2	1	1
许昌市	102	64	38	24	16	8	2	1	1
漯河市	48	38	10	8	4	4	3	3	
三门峡市	50	39	11	8	5	3	1	1	
南阳市	177	142	35	49	42	7	8	8	
商丘市	104	90	14	16	13	3	2	1	1
信阳市	123	104	19	40	32	8	1		1
周口市	112	95	17	30	28	2	7	4	3
驻马店市	148	110	38	18	14	4	4	2	2
济源市	23	21	2	5	5		1		1

6-2a 各地区分性别、受教育程度的6岁及以上死亡人口 (2009.11.1-2010.10.31)(城市)

单位：人

地　区	6岁及以上死亡人口			未上过学		
	合计	男	女	小计	男	女
总　计	**58199**	**34389**	**23810**	**16084**	**5860**	**10224**
郑州市	12287	7186	5101	2850	885	1965
开封市	2961	1788	1173	812	261	551
洛阳市	5659	3295	2364	1142	279	863
平顶山市	4266	2622	1644	1235	578	657
安阳市	3475	2013	1462	842	229	613
鹤壁市	2198	1365	833	597	248	349
新乡市	4435	2615	1820	1090	355	735
焦作市	2434	1411	1023	536	147	389
濮阳市	1153	676	477	379	140	239
许昌市	3002	1734	1268	948	354	594
漯河市	1718	1009	709	607	229	378
三门峡市	1434	843	591	274	95	179
南阳市	2151	1302	849	481	189	292
商丘市	3965	2355	1610	1916	894	1022
信阳市	1459	889	570	343	133	210
周口市	2541	1562	979	980	442	538
驻马店市	1966	1146	820	759	333	426
济源市	1095	578	517	293	69	224

6-2a 续表 1

单位：人

地 区	小 学			初 中			高 中		
	小计	男	女	小计	男	女	小计	男	女
总 计	**19757**	**11972**	**7785**	**14580**	**10603**	**3977**	**5672**	**4312**	**1360**
郑州市	3814	2200	1614	3180	2244	936	1612	1214	398
开封市	865	544	321	824	624	200	331	254	77
洛阳市	1872	1064	808	1643	1176	467	723	542	181
平顶山市	1588	981	607	1020	723	297	342	277	65
安阳市	1310	782	528	979	728	251	271	220	51
鹤壁市	842	543	299	506	379	127	190	147	43
新乡市	1668	1005	663	1151	836	315	419	329	90
焦作市	878	493	385	713	540	173	247	185	62
濮阳市	358	230	128	239	174	65	126	91	35
许昌市	1052	676	376	685	494	191	235	165	70
漯河市	566	365	201	395	301	94	121	94	27
三门峡市	578	325	253	375	272	103	172	125	47
南阳市	813	492	321	588	415	173	192	144	48
商丘市	1123	756	367	721	542	179	172	139	33
信阳市	513	315	198	385	280	105	144	100	44
周口市	883	572	311	524	419	105	119	97	22
驻马店市	669	432	237	359	255	104	135	98	37
济源市	365	197	168	293	201	92	121	91	30

6-2a 续表 2

单位：人

地 区	大学专科			大学本科			研究生		
	小计	男	女	小计	男	女	小计	男	女
总 计	**1477**	**1133**	**344**	**605**	**492**	**113**	**24**	**17**	**7**
郑州市	560	430	130	262	205	57	9	8	1
开封市	87	70	17	42	35	7			
洛阳市	186	151	35	91	81	10	2	2	
平顶山市	63	46	17	17	17		1		1
安阳市	60	43	17	11	10	1	2	1	1
鹤壁市	48	35	13	15	13	2			
新乡市	69	55	14	38	35	3			
焦作市	46	37	9	14	9	5			
濮阳市	32	26	6	17	14	3	2	1	1
许昌市	61	32	29	19	12	7	2	1	1
漯河市	23	16	7	4	2	2	2	2	
三门峡市	29	22	7	6	4	2			
南阳市	57	46	11	19	15	4	1	1	
商丘市	24	17	7	9	7	2			
信阳市	54	46	8	20	15	5			
周口市	24	22	2	10	10		1		1
驻马店市	36	23	13	7	4	3	1	1	
济源市	18	16	2	4	4		1		1

6-2b 各地区分性别、受教育程度的6岁及以上死亡人口
(2009.11.1-2010.10.31)(镇)

单位：人

地区	6岁及以上死亡人口			未上过学		
	合计	男	女	小计	男	女
总计	**79716**	**46369**	**33347**	**32115**	**13368**	**18747**
郑州市	4053	2246	1807	1587	553	1034
开封市	4435	2660	1775	2162	972	1190
洛阳市	4542	2657	1885	1296	524	772
平顶山市	4832	2902	1930	1868	791	1077
安阳市	3848	2169	1679	1295	405	890
鹤壁市	1101	630	471	466	188	278
新乡市	5321	3040	2281	2125	823	1302
焦作市	3488	1977	1511	1064	341	723
濮阳市	3190	1828	1362	1515	624	891
许昌市	3481	2030	1451	1556	664	892
漯河市	2323	1335	988	1055	463	592
三门峡市	1399	797	602	278	121	157
南阳市	9232	5508	3724	3042	1355	1687
商丘市	5922	3449	2473	3139	1358	1781
信阳市	5039	2954	2085	2248	1014	1234
周口市	10372	6067	4305	4915	2122	2793
驻马店市	6621	3855	2766	2363	1014	1349
济源市	517	265	252	141	36	105

6-2b 续表 1

单位：人

地区	小学			初中			高中		
	小计	男	女	小计	男	女	小计	男	女
总计	**28223**	**18140**	**10083**	**15768**	**11974**	**3794**	**3056**	**2435**	**621**
郑州市	1492	951	541	826	623	203	130	105	25
开封市	1271	885	386	797	632	165	161	132	29
洛阳市	1700	1054	646	1102	764	338	378	266	112
平顶山市	1639	1068	571	1109	865	244	201	167	34
安阳市	1548	974	574	851	656	195	129	112	17
鹤壁市	382	254	128	206	154	52	38	28	10
新乡市	1839	1173	666	1092	834	258	241	189	52
焦作市	1327	804	523	903	671	232	169	139	30
濮阳市	992	661	331	538	430	108	117	91	26
许昌市	1194	790	404	630	493	137	90	76	14
漯河市	832	555	277	367	263	104	59	46	13
三门峡市	655	356	299	358	237	121	97	75	22
南阳市	3647	2275	1372	2071	1507	564	389	302	87
商丘市	1700	1188	512	891	736	155	155	134	21
信阳市	1775	1142	633	797	619	178	186	151	35
周口市	3383	2294	1089	1776	1402	374	246	205	41
驻马店市	2631	1602	1029	1323	998	325	243	194	49
济源市	216	114	102	131	90	41	27	23	4

6-2b 续表 2

单位：人

地区	大学专科			大学本科			研究生		
	小计	男	女	小计	男	女	小计	男	女
总 计	**445**	**356**	**89**	**106**	**95**	**11**	**3**	**1**	**2**
郑州市	13	9	4	5	5				
开封市	34	30	4	9	9		1		1
洛阳市	52	38	14	14	11	3			
平顶山市	11	7	4	4	4				
安阳市	20	18	2	5	4	1			
鹤壁市	9	6	3						
新乡市	16	13	3	8	8				
焦作市	23	21	2	2	1	1			
濮阳市	20	15	5	8	7	1			
许昌市	10	6	4	1	1				
漯河市	8	7	1	2	1	1			
三门峡市	11	8	3						
南阳市	60	48	12	23	21	2			
商丘市	33	30	3	4	3	1			
信阳市	27	22	5	6	6				
周口市	42	36	6	8	7	1	2	1	1
驻马店市	55	41	14	6	6				
济源市	1	1		1	1				

6-2c 各地区分性别、受教育程度的6岁及以上死亡人口 (2009.11.1-2010.10.31)(乡村)

单位：人

地区	6岁及以上死亡人口			未上过学		
	合计	男	女	小计	男	女
总 计	**368180**	**211409**	**156771**	**166308**	**70228**	**96080**
郑州市	18654	10193	8461	7327	2528	4799
开封市	19194	11299	7895	10266	4692	5574
洛阳市	21864	12309	9555	7615	2605	5010
平顶山市	18599	11065	7534	8458	3861	4597
安阳市	20053	11370	8683	8004	2915	5089
鹤壁市	4973	2786	2187	2320	897	1423
新乡市	18890	10808	8082	7695	3091	4604
焦作市	10784	5761	5023	3587	1034	2553
濮阳市	15149	8708	6441	7688	3254	4434
许昌市	18041	10321	7720	8084	3291	4793
漯河市	8811	5177	3634	4209	1822	2387
三门峡市	6875	3773	3102	1615	571	1044
南阳市	48259	28718	19541	20645	9821	10824
商丘市	30602	17414	13188	17998	8072	9926
信阳市	29236	16864	12372	14196	6030	8166
周口市	38852	22622	16230	19698	8692	11006
驻马店市	37140	21039	16101	16263	6862	9401
济源市	2204	1182	1022	640	190	450

6-2c 续表 1

单位：人

地　　区	小　　学			初　　中			高　　中		
	小计	男	女	小计	男	女	小计	男	女
总　计	**131857**	**86451**	**45406**	**62688**	**48586**	**14102**	**6631**	**5578**	**1053**
郑州市	7199	4528	2671	3567	2677	890	485	398	87
开封市	5487	3819	1668	3037	2444	593	368	314	54
洛阳市	8822	5542	3280	4801	3651	1150	575	470	105
平顶山市	6245	4225	2020	3542	2690	852	322	264	58
安阳市	7990	5165	2825	3661	2939	722	369	329	40
鹤壁市	1704	1134	570	860	678	182	81	71	10
新乡市	7099	4552	2547	3576	2723	853	484	417	67
焦作市	4346	2559	1787	2471	1860	611	355	286	69
濮阳市	5132	3545	1587	2094	1711	383	214	183	31
许昌市	6545	4362	2183	3094	2400	694	283	239	44
漯河市	2831	1970	861	1593	1237	356	158	131	27
三门峡市	3627	1993	1634	1466	1068	398	154	130	24
南阳市	18571	12041	6530	8300	6264	2036	669	531	138
商丘市	8565	5979	2586	3647	3018	629	340	298	42
信阳市	10486	7256	3230	4030	3122	908	467	409	58
周口市	12316	8374	3942	6212	5013	1199	564	492	72
驻马店市	13957	8864	5093	6193	4713	1480	662	549	113
济源市	935	543	392	544	378	166	81	67	14

6-2c 续表 2

单位：人

地　　区	大学专科			大学本科			研究生		
	小计	男	女	小计	男	女	小计	男	女
总　计	**573**	**470**	**103**	**98**	**77**	**21**	**25**	**19**	**6**
郑州市	65	54	11	11	8	3			
开封市	29	25	4	5	3	2	2	2	
洛阳市	40	31	9	10	9	1	1	1	
平顶山市	26	20	6	6	5	1			
安阳市	22	19	3	7	3	4			
鹤壁市	7	5	2	1	1				
新乡市	31	21	10	3	3		2	1	1
焦作市	20	18	2	4	3	1	1	1	
濮阳市	19	13	6	2	2				
许昌市	31	26	5	4	3	1			
漯河市	17	15	2	2	1	1	1	1	
三门峡市	10	9	1	2	1	1	1	1	
南阳市	60	48	12	7	6	1	7	7	
商丘市	47	43	4	3	3		2	1	1
信阳市	42	36	6	14	11	3	1		1
周口市	46	37	9	12	11	1	4	3	1
驻马店市	57	46	11	5	4	1	3	1	2
济源市	4	4							

6-3 各地区分性别、婚姻状况的15岁及以上死亡人口
(2009.11.1-2010.10.31)

单位：人

地区	15岁及以上死亡人口			未婚		
	合计	男	女	小计	男	女
总计	**503676**	**290408**	**213268**	**28703**	**25122**	**3581**
郑州市	34876	19543	15333	1664	1459	205
开封市	26489	15669	10820	1155	994	161
洛阳市	31851	18121	13730	1662	1423	239
平顶山市	27567	16493	11074	2363	2100	263
安阳市	27278	15487	11791	1290	1162	128
鹤壁市	8220	4743	3477	388	333	55
新乡市	28478	16340	12138	1193	1032	161
焦作市	16618	9084	7534	659	559	100
濮阳市	19399	11143	8256	1056	877	179
许昌市	24416	14000	10416	1453	1300	153
漯河市	12799	7480	5319	743	650	93
三门峡市	9673	5393	4280	375	300	75
南阳市	59361	35320	24041	5988	5469	519
商丘市	40328	23100	17228	1673	1411	262
信阳市	35513	20556	14957	2036	1779	257
周口市	51516	30055	21461	2334	1969	365
驻马店市	45492	25862	19630	2539	2199	340
济源市	3802	2019	1783	132	106	26

6-3 续表

单位：人

地区	有配偶			离婚			丧偶		
	小计	男	女	小计	男	女	小计	男	女
总计	**275592**	**176263**	**99329**	**6803**	**5050**	**1753**	**192578**	**83973**	**108605**
郑州市	19650	12473	7177	530	402	128	13032	5209	7823
开封市	14517	9619	4898	349	268	81	10468	4788	5680
洛阳市	18161	11536	6625	495	354	141	11533	4808	6725
平顶山市	15605	10087	5518	459	353	106	9140	3953	5187
安阳市	15024	9708	5316	387	301	86	10577	4316	6261
鹤壁市	4661	3004	1657	126	97	29	3045	1309	1736
新乡市	15674	10002	5672	412	302	110	11199	5004	6195
焦作市	9148	5826	3322	197	160	37	6614	2539	4075
濮阳市	10174	6502	3672	247	194	53	7922	3570	4352
许昌市	12633	8085	4548	328	235	93	10002	4380	5622
漯河市	6953	4491	2462	160	128	32	4943	2211	2732
三门峡市	5444	3318	2126	169	117	52	3685	1658	2027
南阳市	31361	19998	11363	928	705	223	21084	9148	11936
商丘市	21687	13673	8014	417	285	132	16551	7731	8820
信阳市	19668	12634	7034	390	274	116	13419	5869	7550
周口市	28756	18460	10296	575	417	158	19851	9209	10642
驻马店市	24526	15623	8903	572	413	159	17855	7627	10228
济源市	1950	1224	726	62	45	17	1658	644	1014

6-3a 各地区分性别、婚姻状况的15岁及以上死亡人口 (2009.11.1-2010.10.31)(城市)

单位：人

地 区	15岁及以上死亡人口			未 婚		
	合计	男	女	小计	男	女
总 计	**57978**	**34257**	**23721**	**1767**	**1395**	**372**
郑州市	12253	7161	5092	348	277	71
开封市	2958	1786	1172	50	37	13
洛阳市	5622	3280	2342	148	117	31
平顶山市	4259	2618	1641	151	117	34
安阳市	3464	2008	1456	85	72	13
鹤壁市	2193	1361	832	63	48	15
新乡市	4401	2593	1808	132	101	31
焦作市	2428	1406	1022	89	74	15
濮阳市	1145	672	473	71	52	19
许昌市	2983	1727	1256	174	127	47
漯河市	1712	1003	709	46	35	11
三门峡市	1430	840	590	35	27	8
南阳市	2145	1298	847	71	59	12
商丘市	3954	2351	1603	114	93	21
信阳市	1455	887	568	45	39	6
周口市	2528	1553	975	71	61	10
驻马店市	1955	1135	820	49	40	9
济源市	1093	578	515	25	19	6

6-3a 续表

单位：人

地 区	有配偶			离 婚			丧 偶		
	小计	男	女	小计	男	女	小计	男	女
总 计	**34870**	**23504**	**11366**	**1170**	**823**	**347**	**20171**	**8535**	**11636**
郑州市	7576	5084	2492	229	168	61	4100	1632	2468
开封市	1736	1247	489	78	65	13	1094	437	657
洛阳市	3591	2406	1185	117	81	36	1766	676	1090
平顶山市	2850	1884	966	88	56	32	1170	561	609
安阳市	2138	1460	678	74	52	22	1167	424	743
鹤壁市	1382	956	426	37	26	11	711	331	380
新乡市	2458	1679	779	118	77	41	1693	736	957
焦作市	1530	1018	512	43	34	9	766	280	486
濮阳市	704	448	256	16	10	6	354	162	192
许昌市	1638	1091	547	74	51	23	1097	458	639
漯河市	986	664	322	17	13	4	663	291	372
三门峡市	907	595	312	34	24	10	454	194	260
南阳市	1303	880	423	42	30	12	729	329	400
商丘市	2222	1463	759	60	36	24	1558	759	799
信阳市	877	623	254	32	19	13	501	206	295
周口市	1485	1020	465	40	33	7	932	439	493
驻马店市	959	632	327	51	35	16	896	428	468
济源市	528	354	174	20	13	7	520	192	328

6-3b 各地区分性别、婚姻状况的15岁及以上死亡人口(2009.11.1-2010.10.31)(镇)

单位：人

地区	15岁及以上死亡人口			未婚		
	合计	男	女	小计	男	女
总计	**79387**	**46137**	**33250**	**3905**	**3393**	**512**
郑州市	4039	2239	1800	229	200	29
开封市	4414	2645	1769	185	150	35
洛阳市	4523	2644	1879	188	154	34
平顶山市	4814	2886	1928	345	319	26
安阳市	3832	2156	1676	148	138	10
鹤壁市	1094	626	468	43	36	7
新乡市	5299	3024	2275	210	181	29
焦作市	3468	1964	1504	136	108	28
濮阳市	3186	1824	1362	126	102	24
许昌市	3462	2014	1448	176	155	21
漯河市	2318	1333	985	113	93	20
三门峡市	1391	794	597	50	40	10
南阳市	9194	5484	3710	830	763	67
商丘市	5896	3434	2462	243	195	48
信阳市	5010	2933	2077	186	164	22
周口市	10336	6038	4298	386	326	60
驻马店市	6595	3834	2761	295	256	39
济源市	516	265	251	16	13	3

6-3b 续表

单位：人

地区	有配偶			离婚			丧偶		
	小计	男	女	小计	男	女	小计	男	女
总计	**43510**	**28228**	**15282**	**1074**	**788**	**286**	**30898**	**13728**	**17170**
郑州市	2185	1370	815	49	40	9	1576	629	947
开封市	2304	1572	732	55	43	12	1870	880	990
洛阳市	2509	1630	879	76	44	32	1750	816	934
平顶山市	2720	1806	914	81	66	15	1668	695	973
安阳市	2100	1359	741	62	50	12	1522	609	913
鹤壁市	616	408	208	10	7	3	425	175	250
新乡市	2839	1825	1014	62	47	15	2188	971	1217
焦作市	1875	1238	637	38	31	7	1419	587	832
濮阳市	1692	1098	594	39	30	9	1329	594	735
许昌市	1731	1116	615	41	29	12	1514	714	800
漯河市	1206	763	443	26	20	6	973	457	516
三门峡市	817	508	309	33	16	17	491	230	261
南阳市	4956	3171	1785	173	127	46	3235	1423	1812
商丘市	3249	2095	1154	60	40	20	2344	1104	1240
信阳市	2995	1933	1062	59	40	19	1770	796	974
周口市	5771	3733	2038	123	93	30	4056	1886	2170
驻马店市	3680	2433	1247	74	56	18	2546	1089	1457
济源市	265	170	95	13	9	4	222	73	149

6-3c 各地区分性别、婚姻状况的15岁及以上死亡人口 (2009.11.1-2010.10.31)(乡村)

单位：人

地区	15岁及以上死亡人口			未婚		
	合计	男	女	小计	男	女
总计	**366311**	**210014**	**156297**	**23031**	**20334**	**2697**
郑州市	18584	10143	8441	1087	982	105
开封市	19117	11238	7879	920	807	113
洛阳市	21706	12197	9509	1326	1152	174
平顶山市	18494	10989	7505	1867	1664	203
安阳市	19982	11323	8659	1057	952	105
鹤壁市	4933	2756	2177	282	249	33
新乡市	18778	10723	8055	851	750	101
焦作市	10722	5714	5008	434	377	57
濮阳市	15068	8647	6421	859	723	136
许昌市	17971	10259	7712	1103	1018	85
漯河市	8769	5144	3625	584	522	62
三门峡市	6852	3759	3093	290	233	57
南阳市	48022	28538	19484	5087	4647	440
商丘市	30478	17315	13163	1316	1123	193
信阳市	29048	16736	12312	1805	1576	229
周口市	38652	22464	16188	1877	1582	295
驻马店市	36942	20893	16049	2195	1903	292
济源市	2193	1176	1017	91	74	17

6-3c 续表

单位：人

地区	有配偶			离婚			丧偶		
	小计	男	女	小计	男	女	小计	男	女
总计	**197212**	**124531**	**72681**	**4559**	**3439**	**1120**	**141509**	**61710**	**79799**
郑州市	9889	6019	3870	252	194	58	7356	2948	4408
开封市	10477	6800	3677	216	160	56	7504	3471	4033
洛阳市	12061	7500	4561	302	229	73	8017	3316	4701
平顶山市	10035	6397	3638	290	231	59	6302	2697	3605
安阳市	10786	6889	3897	251	199	52	7888	3283	4605
鹤壁市	2663	1640	1023	79	64	15	1909	803	1106
新乡市	10377	6498	3879	232	178	54	7318	3297	4021
焦作市	5743	3570	2173	116	95	21	4429	1672	2757
濮阳市	7778	4956	2822	192	154	38	6239	2814	3425
许昌市	9264	5878	3386	213	155	58	7391	3208	4183
漯河市	4761	3064	1697	117	95	22	3307	1463	1844
三门峡市	3720	2215	1505	102	77	25	2740	1234	1506
南阳市	25102	15947	9155	713	548	165	17120	7396	9724
商丘市	16216	10115	6101	297	209	88	12649	5868	6781
信阳市	15796	10078	5718	299	215	84	11148	4867	6281
周口市	21500	13707	7793	412	291	121	14863	6884	7979
驻马店市	19887	12558	7329	447	322	125	14413	6110	8303
济源市	1157	700	457	29	23	6	916	379	537

6-4 全省分年龄、性别的死亡人口状况
(2009.11.1-2010.10.31)

单位：人、‰

年 龄	平均人口			死亡人口			死亡率		
	合计	男	女	合计	男	女	合计	男	女
总 计	**93850904**	**47403398**	**46447506**	**509591**	**294237**	**215354**	**5.43**	**6.21**	**4.64**
0-4岁	**7386310**	**4115188**	**3271122**	**3202**	**1879**	**1323**	**0.43**	**0.46**	**0.40**
0	1438233	793974	644259	1199	655	544	0.83	0.83	0.84
1	1578192	881944	696248	788	471	317	0.50	0.53	0.46
2	1493174	830559	662615	499	298	201	0.33	0.36	0.30
3	1458389	814275	644114	388	241	147	0.27	0.30	0.23
4	1418322	794436	623886	328	214	114	0.23	0.27	0.18
5-9岁	**6388472**	**3605811**	**2782661**	**1309**	**908**	**401**	**0.20**	**0.25**	**0.14**
5	1326027	745714	580313	294	191	103	0.22	0.26	0.18
6	1303705	736623	567082	240	156	84	0.18	0.21	0.15
7	1260921	712716	548205	266	188	78	0.21	0.26	0.14
8	1234771	697839	536932	256	187	69	0.21	0.27	0.13
9	1263048	712919	550129	253	186	67	0.20	0.26	0.12
10-14岁	**6202457**	**3423742**	**2778715**	**1404**	**1042**	**362**	**0.23**	**0.30**	**0.13**
10	1303801	731868	571933	273	198	75	0.21	0.27	0.13
11	1281920	713494	568426	291	213	78	0.23	0.30	0.14
12	1221829	675922	545907	265	200	65	0.22	0.30	0.12
13	1175836	643172	532664	278	203	75	0.24	0.32	0.14
14	1219071	659286	559785	297	228	69	0.24	0.35	0.12
15-19岁	**7829121**	**4036928**	**3792193**	**2322**	**1708**	**614**	**0.30**	**0.42**	**0.16**
15	1262764	671590	591174	301	230	71	0.24	0.34	0.12
16	1397332	729144	668188	337	232	105	0.24	0.32	0.16
17	1650495	857982	792513	488	363	125	0.30	0.42	0.16
18	1619010	828414	790596	486	356	130	0.30	0.43	0.16
19	1899520	949798	949722	710	527	183	0.37	0.55	0.19
20-24岁	**9184966**	**4412825**	**4772141**	**4144**	**2941**	**1203**	**0.45**	**0.67**	**0.25**
20	2288614	1124813	1163801	943	675	268	0.41	0.60	0.23
21	1996443	958777	1037666	857	619	238	0.43	0.65	0.23
22	1923673	918242	1005431	798	562	236	0.41	0.61	0.23
23	1639772	776732	863040	814	574	240	0.50	0.74	0.28
24	1336464	634261	702203	732	511	221	0.55	0.81	0.31
25-29岁	**6112393**	**2936933**	**3175460**	**3551**	**2561**	**990**	**0.58**	**0.87**	**0.31**
25	1158486	549772	608714	644	459	185	0.56	0.83	0.30
26	1163779	555589	608190	656	458	198	0.56	0.82	0.33
27	1293703	623113	670590	712	498	214	0.55	0.80	0.32
28	1280027	617617	662410	723	537	186	0.56	0.87	0.28
29	1216398	590842	625556	816	609	207	0.67	1.03	0.33

6-4 续表 1

单位：人、‰

年 龄	平均人口			死亡人口			死亡率		
	合计	男	女	合计	男	女	合计	男	女
30-34岁	**6010763**	**2959320**	**3051443**	**4822**	**3437**	**1385**	**0.80**	**1.16**	**0.45**
30	1270528	623108	647420	943	694	249	0.74	1.11	0.38
31	1221612	598443	623169	958	692	266	0.78	1.16	0.43
32	1142214	561455	580759	868	609	259	0.76	1.08	0.45
33	1163442	575203	588239	893	640	253	0.77	1.11	0.43
34	1212967	601111	611856	1160	802	358	0.96	1.33	0.59
35-39岁	**7645595**	**3821204**	**3824391**	**8928**	**6294**	**2634**	**1.17**	**1.65**	**0.69**
35	1336130	664117	672013	1383	975	408	1.04	1.47	0.61
36	1458476	728435	730041	1514	1062	452	1.04	1.46	0.62
37	1586455	793370	793085	1818	1271	547	1.15	1.60	0.69
38	1573597	789392	784205	1887	1332	555	1.20	1.69	0.71
39	1690937	845890	845047	2326	1654	672	1.38	1.96	0.80
40-44岁	**8231991**	**4026720**	**4205271**	**14774**	**10165**	**4609**	**1.79**	**2.52**	**1.10**
40	1714328	849911	864417	2735	1896	839	1.60	2.23	0.97
41	1805372	882996	922376	2873	1927	946	1.59	2.18	1.03
42	1569013	761506	807507	2915	2029	886	1.86	2.66	1.10
43	1539286	745972	793314	2864	1975	889	1.86	2.65	1.12
44	1603992	786335	817657	3387	2338	1049	2.11	2.97	1.28
45-49岁	**6469523**	**3140162**	**3329361**	**17967**	**11966**	**6001**	**2.78**	**3.81**	**1.80**
45	1476267	718288	757979	3675	2465	1210	2.49	3.43	1.60
46	1700869	828844	872025	4001	2650	1351	2.35	3.20	1.55
47	1693100	833680	859420	4505	3026	1479	2.66	3.63	1.72
48	919030	441151	477879	3061	1988	1073	3.33	4.51	2.25
49	680257	318199	362058	2725	1837	888	4.01	5.77	2.45
50-54岁	**5150679**	**2554283**	**2596396**	**22751**	**14594**	**8157**	**4.42**	**5.71**	**3.14**
50	817114	404530	412584	3199	2058	1141	3.92	5.09	2.77
51	899044	445423	453621	3501	2243	1258	3.89	5.04	2.77
52	1163098	579778	583320	4676	3014	1662	4.02	5.20	2.85
53	1142956	565613	577343	5171	3259	1912	4.52	5.76	3.31
54	1128467	558939	569528	6204	4020	2184	5.50	7.19	3.83
55-59岁	**5611089**	**2796640**	**2814449**	**37517**	**23965**	**13552**	**6.69**	**8.57**	**4.82**
55	1239559	622365	617194	6760	4354	2406	5.45	7.00	3.90
56	1166309	584014	582295	6918	4403	2515	5.93	7.54	4.32
57	1142538	567961	574577	7492	4795	2697	6.56	8.44	4.69
58	1047127	516734	530393	7547	4810	2737	7.21	9.31	5.16
59	1015556	505566	509990	8800	5603	3197	8.67	11.08	6.27
60-64岁	**3997729**	**2023000**	**1974729**	**45953**	**29132**	**16821**	**11.49**	**14.40**	**8.52**
60	952548	483939	468609	9521	6054	3467	10.00	12.51	7.40
61	812578	408765	403813	8303	5259	3044	10.22	12.87	7.54
62	771393	390635	380758	8895	5609	3286	11.53	14.36	8.63
63	725033	366560	358473	8793	5572	3221	12.13	15.20	8.99
64	736177	373101	363076	10441	6638	3803	14.18	17.79	10.47

6-4 续表 2

单位：人、‰

年 龄	平均人口			死亡人口			死亡率		
	合计	男	女	合计	男	女	合计	男	女
65-69岁	**2713571**	**1348824**	**1364747**	**52241**	**32618**	**19623**	**19.25**	**24.18**	**14.38**
65	628693	319878	308815	9766	6088	3678	15.53	19.03	11.91
66	480121	232862	247259	8132	5015	3117	16.94	21.54	12.61
67	551695	273096	278599	10221	6437	3784	18.53	23.57	13.58
68	534047	264486	269561	10996	6829	4167	20.59	25.82	15.46
69	519015	258502	260513	13126	8249	4877	25.29	31.91	18.72
70-74岁	**2065702**	**1005247**	**1060455**	**72537**	**43157**	**29380**	**35.11**	**42.93**	**27.71**
70	443961	219363	224598	13770	8290	5480	31.02	37.79	24.40
71	400890	196911	203979	12212	7335	4877	30.46	37.25	23.91
72	418454	206662	211792	14967	9067	5900	35.77	43.87	27.86
73	398232	191598	206634	14745	8555	6190	37.03	44.65	29.96
74	404165	190713	213452	16843	9910	6933	41.67	51.96	32.48
75-79岁	**1545327**	**700391**	**844936**	**81498**	**46012**	**35486**	**52.74**	**65.69**	**42.00**
75	376225	174141	202084	16873	9878	6995	44.85	56.72	34.61
76	358899	164664	194235	14964	8588	6376	41.69	52.15	32.83
77	287471	129846	157625	15944	9010	6934	55.46	69.39	43.99
78	252847	112954	139893	15576	8658	6918	61.60	76.65	49.45
79	269885	118786	151099	18141	9878	8263	67.22	83.16	54.69
80-84岁	**823893**	**340088**	**483805**	**72198**	**36701**	**35497**	**87.63**	**107.92**	**73.37**
80	214438	92508	121930	18082	9605	8477	84.32	103.83	69.52
81	184162	77846	106316	14571	7529	7042	79.12	96.72	66.24
82	161663	66682	94981	14312	7250	7062	88.53	108.73	74.35
83	139283	55625	83658	12899	6373	6526	92.61	114.57	78.01
84	124347	47427	76920	12334	5944	6390	99.19	125.33	83.07
85-89岁	**356152**	**122127**	**234025**	**41410**	**18140**	**23270**	**116.27**	**148.53**	**99.43**
85	103558	37650	65908	10758	5027	5731	103.88	133.52	86.95
86	85757	29921	55836	9321	4196	5125	108.69	140.24	91.79
87	65640	22213	43427	7692	3350	4342	117.18	150.81	99.98
88	52369	17038	35331	6684	2742	3942	127.63	160.93	111.57
89	48828	15305	33523	6955	2825	4130	142.44	184.58	123.20
90-94岁	**98076**	**27075**	**71001**	**15829**	**5539**	**10290**	**161.40**	**204.58**	**144.93**
90	34654	10344	24310	5561	2170	3391	160.47	209.78	139.49
91	23082	6308	16774	3443	1250	2193	149.16	198.16	130.74
92	17095	4526	12569	2881	938	1943	168.53	207.25	154.59
93	12835	3314	9521	2186	648	1538	170.32	195.53	161.54
94	10410	2583	7827	1758	533	1225	168.88	206.35	156.51
95-99岁	**24147**	**6180**	**17967**	**4140**	**1218**	**2922**	**171.45**	**197.09**	**162.63**
95	7732	1920	5812	1366	412	954	176.67	214.58	164.14
96	5676	1449	4227	937	268	669	165.08	184.96	158.27
97	4838	1293	3545	764	233	531	157.92	180.20	149.79
98	3791	1000	2791	617	186	431	162.75	186.00	154.42
99	2110	518	1592	456	119	337	216.11	229.73	211.68
100岁及以上	**2948**	**710**	**2238**	**1094**	**260**	**834**	**371.10**	**366.20**	**372.65**

6-4a 全省分年龄、性别的死亡人口状况
(2009.11.1-2010.10.31)(城市)

单位：人、‰

年龄	平均人口			死亡人口			死亡率		
	合计	男	女	合计	男	女	合计	男	女
总计	**18297723**	**9242124**	**9055599**	**58758**	**34688**	**24070**	**3.21**	**3.75**	**2.66**
0-4岁	**977962**	**533980**	**443982**	**536**	**284**	**252**	**0.55**	**0.53**	**0.57**
0	186230	101023	85207	315	160	155	1.69	1.58	1.82
1	202813	111222	91591	96	57	39	0.47	0.51	0.43
2	204423	111668	92755	52	27	25	0.25	0.24	0.27
3	193826	105657	88169	42	25	17	0.22	0.24	0.19
4	190670	104410	86260	31	15	16	0.16	0.14	0.19
5-9岁	**955256**	**523639**	**431617**	**113**	**68**	**45**	**0.12**	**0.13**	**0.10**
5	192788	105428	87360	23	15	8	0.12	0.14	0.09
6	179719	98933	80786	17	11	6	0.09	0.11	0.07
7	191672	105437	86235	25	15	10	0.13	0.14	0.12
8	189304	103662	85642	29	14	15	0.15	0.14	0.18
9	201773	110179	91594	19	13	6	0.09	0.12	0.07
10-14岁	**957753**	**516805**	**440948**	**131**	**79**	**52**	**0.14**	**0.15**	**0.12**
10	202648	110527	92121	29	19	10	0.14	0.17	0.11
11	196462	106685	89777	24	12	12	0.12	0.11	0.13
12	184819	99704	85115	25	15	10	0.14	0.15	0.12
13	178858	95843	83015	21	11	10	0.12	0.11	0.12
14	194966	104046	90920	32	22	10	0.16	0.21	0.11
15-19岁	**1627944**	**820620**	**807324**	**184**	**128**	**56**	**0.11**	**0.16**	**0.07**
15	238123	124961	113162	29	22	7	0.12	0.18	0.06
16	289573	149037	140536	23	15	8	0.08	0.10	0.06
17	334482	170274	164208	41	30	11	0.12	0.18	0.07
18	335061	167446	167615	39	28	11	0.12	0.17	0.07
19	430705	208902	221803	52	33	19	0.12	0.16	0.09
20-24岁	**2124011**	**1044474**	**1079537**	**395**	**266**	**129**	**0.19**	**0.25**	**0.12**
20	544560	264501	280059	84	58	26	0.15	0.22	0.09
21	490909	241207	249702	82	53	29	0.17	0.22	0.12
22	442775	219784	222991	75	53	22	0.17	0.24	0.10
23	360378	178187	182191	78	55	23	0.22	0.31	0.13
24	285389	140795	144594	76	47	29	0.27	0.33	0.20
25-29岁	**1432194**	**697337**	**734857**	**364**	**229**	**135**	**0.25**	**0.33**	**0.18**
25	253842	123833	130009	63	41	22	0.25	0.33	0.17
26	272857	131994	140863	74	48	26	0.27	0.36	0.18
27	312928	152337	160591	79	42	37	0.25	0.28	0.23
28	310276	150627	159649	58	36	22	0.19	0.24	0.14
29	282291	138546	143745	90	62	28	0.32	0.45	0.19

6-4a 续表 1

单位：人、‰

年 龄	平均人口			死亡人口			死亡率		
	合计	男	女	合计	男	女	合计	男	女
30-34岁	**1551548**	**766970**	**784578**	**555**	**372**	**183**	**0.36**	**0.49**	**0.23**
30	316328	156646	159682	98	68	30	0.31	0.43	0.19
31	314759	154998	159761	122	85	37	0.39	0.55	0.23
32	300780	148110	152670	105	69	36	0.35	0.47	0.24
33	305444	151559	153885	104	72	32	0.34	0.48	0.21
34	314237	155657	158580	126	78	48	0.40	0.50	0.30
35-39岁	**1855758**	**939565**	**916193**	**1125**	**823**	**302**	**0.61**	**0.88**	**0.33**
35	337669	167708	169961	171	136	35	0.51	0.81	0.21
36	366121	183747	182374	181	127	54	0.49	0.69	0.30
37	386003	196144	189859	235	157	78	0.61	0.80	0.41
38	373799	190803	182996	264	202	62	0.71	1.06	0.34
39	392166	201163	191003	274	201	73	0.70	1.00	0.38
40-44岁	**1686973**	**865380**	**821593**	**1751**	**1282**	**469**	**1.04**	**1.48**	**0.57**
40	379506	194870	184636	330	245	85	0.87	1.26	0.46
41	391410	199795	191615	353	262	91	0.90	1.31	0.47
42	312325	160300	152025	308	216	92	0.99	1.35	0.61
43	289950	148385	141565	346	240	106	1.19	1.62	0.75
44	313782	162030	151752	414	319	95	1.32	1.97	0.63
45-49岁	**1314545**	**677160**	**637385**	**2359**	**1715**	**644**	**1.79**	**2.53**	**1.01**
45	300852	156531	144321	418	295	123	1.39	1.88	0.85
46	360814	185132	175682	557	399	158	1.54	2.16	0.90
47	336062	173661	162401	612	448	164	1.82	2.58	1.01
48	163617	84045	79572	358	266	92	2.19	3.17	1.16
49	153200	77791	75409	414	307	107	2.70	3.95	1.42
50-54岁	**989941**	**500122**	**489819**	**2940**	**1974**	**966**	**2.97**	**3.95**	**1.97**
50	182321	93740	88581	466	328	138	2.56	3.50	1.56
51	183906	94098	89808	510	344	166	2.77	3.66	1.85
52	223027	112544	110483	625	419	206	2.80	3.72	1.86
53	204472	102146	102326	606	401	205	2.96	3.93	2.00
54	196215	97594	98621	733	482	251	3.74	4.94	2.55
55-59岁	**916155**	**449820**	**466335**	**4211**	**2764**	**1447**	**4.60**	**6.14**	**3.10**
55	209829	104084	105745	790	532	258	3.77	5.11	2.44
56	196394	96805	99589	819	549	270	4.17	5.67	2.71
57	180345	88855	91490	839	534	305	4.65	6.01	3.33
58	166476	80716	85760	812	523	289	4.88	6.48	3.37
59	163111	79360	83751	951	626	325	5.83	7.89	3.88
60-64岁	**634751**	**306557**	**328194**	**4921**	**3043**	**1878**	**7.75**	**9.93**	**5.72**
60	153908	75046	78862	1003	627	376	6.52	8.35	4.77
61	129626	62226	67400	922	579	343	7.11	9.30	5.09
62	119153	57253	61900	940	569	371	7.89	9.94	5.99
63	115101	55864	59237	962	587	375	8.36	10.51	6.33
64	116963	56168	60795	1094	681	413	9.35	12.12	6.79

6-4a 续表 2 单位：人、‰

年龄	平均人口			死亡人口			死亡率		
	合计	男	女	合计	男	女	合计	男	女
65-69岁	**454146**	**214850**	**239296**	**5871**	**3597**	**2274**	**12.93**	**16.74**	**9.50**
65	96426	45781	50645	1052	659	393	10.91	14.39	7.76
66	75598	35472	40126	910	543	367	12.04	15.31	9.15
67	93268	43910	49358	1118	703	415	11.99	16.01	8.41
68	94875	44933	49942	1226	724	502	12.92	16.11	10.05
69	93979	44754	49225	1565	968	597	16.65	21.63	12.13
70-74岁	**384553**	**183108**	**201445**	**8730**	**5253**	**3477**	**22.70**	**28.69**	**17.26**
70	83847	39385	44462	1568	950	618	18.70	24.12	13.90
71	77654	36471	41183	1491	878	613	19.20	24.07	14.88
72	78963	38155	40808	1916	1187	729	24.26	31.11	17.86
73	74048	35776	38272	1847	1084	763	24.94	30.30	19.94
74	70041	33321	36720	1908	1154	754	27.24	34.63	20.53
75-79岁	**251252**	**122004**	**129248**	**9480**	**5536**	**3944**	**37.73**	**45.38**	**30.52**
75	62519	29617	32902	1956	1163	793	31.29	39.27	24.10
76	58503	28357	30146	1875	1134	741	32.05	39.99	24.58
77	47562	22941	24621	1848	1087	761	38.85	47.38	30.91
78	41386	20647	20739	1793	1020	773	43.32	49.40	37.27
79	41282	20442	20840	2008	1132	876	48.64	55.38	42.03
80-84岁	**119874**	**56037**	**63837**	**7911**	**4240**	**3671**	**65.99**	**75.66**	**57.51**
80	33193	16119	17074	1941	1074	867	58.48	66.63	50.78
81	27060	12787	14273	1617	874	743	59.76	68.35	52.06
82	23413	11052	12361	1532	827	705	65.43	74.83	57.03
83	19475	8680	10795	1473	763	710	75.64	87.90	65.77
84	16733	7399	9334	1348	702	646	80.56	94.88	69.21
85-89岁	**46374**	**18348**	**28026**	**4664**	**2182**	**2482**	**100.57**	**118.92**	**88.56**
85	13576	5626	7950	1121	570	551	82.57	101.32	69.31
86	11052	4468	6584	1076	513	563	97.36	114.82	85.51
87	8662	3424	5238	896	431	465	103.44	125.88	88.77
88	6898	2659	4239	804	352	452	116.56	132.38	106.63
89	6186	2171	4015	767	316	451	123.99	145.56	112.33
90-94岁	**12871**	**4206**	**8665**	**1839**	**645**	**1194**	**142.88**	**153.35**	**137.80**
90	4371	1547	2824	622	233	389	142.30	150.61	137.75
91	3011	1008	2003	406	153	253	134.84	151.79	126.31
92	2322	681	1641	343	119	224	147.72	174.74	136.50
93	1714	532	1182	280	82	198	163.36	154.14	167.51
94	1453	438	1015	188	58	130	129.39	132.42	128.08
95-99岁	**3417**	**1014**	**2403**	**527**	**173**	**354**	**154.23**	**170.61**	**147.32**
95	1126	306	820	177	65	112	157.19	212.42	136.59
96	793	238	555	119	33	86	150.06	138.66	154.96
97	676	219	457	92	31	61	136.09	141.55	133.48
98	518	172	346	80	25	55	154.44	145.35	158.96
99	304	79	225	59	19	40	194.08	240.51	177.78
100岁及以上	**445**	**128**	**317**	**151**	**35**	**116**	**339.33**	**273.44**	**365.93**

6-4b 全省分年龄、性别的死亡人口状况
(2009.11.1-2010.10.31)(镇)

单位：人、‰

年 龄	平均人口			死亡人口			死亡率		
	合计	男	女	合计	男	女	合计	男	女
总 计	**17858150**	**9118741**	**8739409**	**80179**	**46638**	**33541**	**4.49**	**5.11**	**3.84**
0-4岁	**1257344**	**707760**	**549584**	**427**	**245**	**182**	**0.34**	**0.35**	**0.33**
0	241815	134775	107040	146	84	62	0.60	0.62	0.58
1	267070	151026	116044	121	67	54	0.45	0.44	0.47
2	253142	142158	110984	69	43	26	0.27	0.30	0.23
3	249744	140886	108858	49	27	22	0.20	0.19	0.20
4	245573	138915	106658	42	24	18	0.17	0.17	0.17
5-9岁	**1160161**	**660551**	**499610**	**174**	**114**	**60**	**0.15**	**0.17**	**0.12**
5	232038	132293	99745	36	24	12	0.16	0.18	0.12
6	232434	132409	100025	35	22	13	0.15	0.17	0.13
7	229771	130672	99099	35	23	12	0.15	0.18	0.12
8	227430	129136	98294	24	15	9	0.11	0.12	0.09
9	238488	136041	102447	44	30	14	0.18	0.22	0.14
10-14岁	**1219296**	**677929**	**541367**	**191**	**142**	**49**	**0.16**	**0.21**	**0.09**
10	247617	140402	107215	37	26	11	0.15	0.19	0.10
11	244037	137266	106771	28	23	5	0.11	0.17	0.05
12	235285	131482	103803	41	32	9	0.17	0.24	0.09
13	230999	127435	103564	34	25	9	0.15	0.20	0.09
14	261358	141344	120014	51	36	15	0.20	0.25	0.13
15-19岁	**1914382**	**990649**	**923733**	**358**	**259**	**99**	**0.19**	**0.26**	**0.11**
15	313946	164456	149490	40	31	9	0.13	0.19	0.06
16	384981	198842	186139	47	33	14	0.12	0.17	0.08
17	448265	231812	216453	80	62	18	0.18	0.27	0.08
18	387069	200348	186721	87	60	27	0.22	0.30	0.14
19	380121	195191	184930	104	73	31	0.27	0.37	0.17
20-24岁	**1699424**	**834560**	**864864**	**639**	**458**	**181**	**0.38**	**0.55**	**0.21**
20	416651	209829	206822	147	110	37	0.35	0.52	0.18
21	358323	175566	182757	132	102	30	0.37	0.58	0.16
22	352771	171640	181131	111	81	30	0.31	0.47	0.17
23	311807	150991	160816	136	87	49	0.44	0.58	0.30
24	259872	126534	133338	113	78	35	0.43	0.62	0.26
25-29岁	**1219235**	**596900**	**622335**	**557**	**405**	**152**	**0.46**	**0.68**	**0.24**
25	226186	110095	116091	95	70	25	0.42	0.64	0.22
26	231169	112773	118396	111	80	31	0.48	0.71	0.26
27	257264	126039	131225	118	78	40	0.46	0.62	0.30
28	255013	125196	129817	108	82	26	0.42	0.66	0.20
29	249603	122797	126806	125	95	30	0.50	0.77	0.24

6-4b 续表 1

单位：人、‰

年　龄	平均人口			死亡人口			死亡率		
	合计	男	女	合计	男	女	合计	男	女
30-34岁	**1244940**	**621085**	**623855**	**694**	**505**	**189**	**0.56**	**0.81**	**0.30**
30	263203	130714	132489	149	111	38	0.57	0.85	0.29
31	254529	126540	127989	139	106	33	0.55	0.84	0.26
32	235219	116880	118339	128	83	45	0.54	0.71	0.38
33	241039	120870	120169	114	85	29	0.47	0.70	0.24
34	250950	126081	124869	164	120	44	0.65	0.95	0.35
35-39岁	**1558111**	**788918**	**769193**	**1396**	**999**	**397**	**0.90**	**1.27**	**0.52**
35	277729	139826	137903	213	145	68	0.77	1.04	0.49
36	299404	150552	148852	233	168	65	0.78	1.12	0.44
37	325274	164521	160753	272	199	73	0.84	1.21	0.45
38	317289	162089	155200	299	214	85	0.94	1.32	0.55
39	338415	171930	166485	379	273	106	1.12	1.59	0.64
40-44岁	**1579640**	**788795**	**790845**	**2343**	**1658**	**685**	**1.48**	**2.10**	**0.87**
40	338751	171837	166914	429	291	138	1.27	1.69	0.83
41	351125	175698	175427	460	331	129	1.31	1.88	0.74
42	297738	147876	149862	475	339	136	1.60	2.29	0.91
43	290189	143116	147073	482	339	143	1.66	2.37	0.97
44	301837	150268	151569	497	358	139	1.65	2.38	0.92
45-49岁	**1201305**	**592149**	**609156**	**2876**	**1911**	**965**	**2.39**	**3.23**	**1.58**
45	279108	138483	140625	603	401	202	2.16	2.90	1.44
46	314982	155477	159505	606	398	208	1.92	2.56	1.30
47	316323	157155	159168	728	487	241	2.30	3.10	1.51
48	168315	82042	86273	497	325	172	2.95	3.96	1.99
49	122577	58992	63585	442	300	142	3.61	5.09	2.23
50-54岁	**915471**	**454181**	**461290**	**3646**	**2334**	**1312**	**3.98**	**5.14**	**2.84**
50	144487	73033	71454	519	342	177	3.59	4.68	2.48
51	160805	80221	80584	545	349	196	3.39	4.35	2.43
52	206653	102870	103783	735	465	270	3.56	4.52	2.60
53	202618	99358	103260	853	537	316	4.21	5.40	3.06
54	200908	98699	102209	994	641	353	4.95	6.49	3.45
55-59岁	**970932**	**481419**	**489513**	**6019**	**3874**	**2145**	**6.20**	**8.05**	**4.38**
55	218297	109061	109236	1085	727	358	4.97	6.67	3.28
56	202918	100518	102400	1133	715	418	5.58	7.11	4.08
57	197392	97640	99752	1207	753	454	6.11	7.71	4.55
58	177903	87170	90733	1245	790	455	7.00	9.06	5.01
59	174422	87030	87392	1349	889	460	7.73	10.21	5.26
60-64岁	**676322**	**341738**	**334584**	**7364**	**4730**	**2634**	**10.89**	**13.84**	**7.87**
60	163165	83054	80111	1507	961	546	9.24	11.57	6.82
61	137434	68688	68746	1303	850	453	9.48	12.37	6.59
62	129224	65456	63768	1439	898	541	11.14	13.72	8.48
63	122653	62201	60452	1404	888	516	11.45	14.28	8.54
64	123846	62339	61507	1711	1133	578	13.82	18.17	9.40

6-4b 续表 2

单位：人、‰

年 龄	平均人口			死亡人口			死亡率		
	合计	男	女	合计	男	女	合计	男	女
65-69岁	**450126**	**224264**	**225862**	**8284**	**5179**	**3105**	**18.40**	**23.09**	**13.75**
65	104845	53209	51636	1486	931	555	14.17	17.50	10.75
66	79106	38481	40625	1242	767	475	15.70	19.93	11.69
67	91114	45352	45762	1650	1030	620	18.11	22.71	13.55
68	87700	43683	44017	1833	1139	694	20.90	26.07	15.77
69	87361	43539	43822	2073	1312	761	23.73	30.13	17.37
70-74岁	**335864**	**163640**	**172224**	**11444**	**6764**	**4680**	**34.07**	**41.33**	**27.17**
70	72250	35605	36645	2219	1312	907	30.71	36.85	24.75
71	66114	32447	33667	1940	1177	763	29.34	36.27	22.66
72	67836	33637	34199	2359	1424	935	34.78	42.33	27.34
73	64320	31130	33190	2303	1314	989	35.81	42.21	29.80
74	65344	30821	34523	2623	1537	1086	40.14	49.87	31.46
75-79岁	**248532**	**113586**	**134946**	**12779**	**7291**	**5488**	**51.42**	**64.19**	**40.67**
75	60832	28151	32681	2624	1586	1038	43.14	56.34	31.76
76	58087	26896	31191	2269	1293	976	39.06	48.07	31.29
77	46179	20992	25187	2479	1371	1108	53.68	65.31	43.99
78	39983	17973	22010	2518	1424	1094	62.98	79.23	49.70
79	43451	19574	23877	2889	1617	1272	66.49	82.61	53.27
80-84岁	**129729**	**54707**	**75022**	**11123**	**5726**	**5397**	**85.74**	**104.67**	**71.94**
80	33879	14876	19003	2811	1545	1266	82.97	103.86	66.62
81	29000	12555	16445	2194	1117	1077	75.66	88.97	65.49
82	25391	10663	14728	2200	1137	1063	86.64	106.63	72.18
83	21810	8879	12931	1979	962	1017	90.74	108.35	78.65
84	19649	7734	11915	1939	965	974	98.68	124.77	81.75
85-89岁	**56472**	**19897**	**36575**	**6416**	**2850**	**3566**	**113.61**	**143.24**	**97.50**
85	16413	6087	10326	1726	841	885	105.16	138.16	85.71
86	13454	4853	8601	1393	636	757	103.54	131.05	88.01
87	10323	3623	6700	1161	520	641	112.47	143.53	95.67
88	8411	2814	5597	1058	426	632	125.79	151.39	112.92
89	7871	2520	5351	1078	427	651	136.96	169.44	121.66
90-94岁	**16112**	**4633**	**11479**	**2525**	**938**	**1587**	**156.72**	**202.46**	**138.25**
90	5661	1727	3934	895	372	523	158.10	215.40	132.94
91	3753	1052	2701	567	218	349	151.08	207.22	129.21
92	2777	758	2019	429	140	289	154.48	184.70	143.14
93	2194	626	1568	343	108	235	156.34	172.52	149.87
94	1727	470	1257	291	100	191	168.50	212.77	151.95
95-99岁	**4309**	**1277**	**3032**	**728**	**212**	**516**	**168.95**	**166.01**	**170.18**
95	1354	372	982	246	69	177	181.68	185.48	180.24
96	979	299	680	179	51	128	182.84	170.57	188.24
97	914	288	626	128	44	84	140.04	152.78	134.19
98	708	218	490	101	25	76	142.66	114.68	155.10
99	354	100	254	74	23	51	209.04	230.00	200.79
100岁及以上	**443**	**103**	**340**	**196**	**44**	**152**	**442.44**	**427.18**	**447.06**

6-4c 全省分年龄、性别的死亡人口状况
(2009.11.1-2010.10.31)(乡村)

单位：人、‰

年龄	平均人口			死亡人口			死亡率		
	合计	男	女	合计	男	女	合计	男	女
总计	**57695031**	**29042533**	**28652498**	**370654**	**212911**	**157743**	**6.42**	**7.33**	**5.51**
0-4岁	**5151004**	**2873448**	**2277556**	**2239**	**1350**	**889**	**0.43**	**0.47**	**0.39**
0	1010188	558176	452012	738	411	327	0.73	0.74	0.72
1	1108309	619696	488613	571	347	224	0.52	0.56	0.46
2	1035609	576733	458876	378	228	150	0.37	0.40	0.33
3	1014819	567732	447087	297	189	108	0.29	0.33	0.24
4	982079	551111	430968	255	175	80	0.26	0.32	0.19
5-9岁	**4273055**	**2421621**	**1851434**	**1022**	**726**	**296**	**0.24**	**0.30**	**0.16**
5	901201	507993	393208	235	152	83	0.26	0.30	0.21
6	891552	505281	386271	188	123	65	0.21	0.24	0.17
7	839478	476607	362871	206	150	56	0.25	0.31	0.15
8	818037	465041	352996	203	158	45	0.25	0.34	0.13
9	822787	466699	356088	190	143	47	0.23	0.31	0.13
10-14岁	**4025408**	**2229008**	**1796400**	**1082**	**821**	**261**	**0.27**	**0.37**	**0.15**
10	853536	480939	372597	207	153	54	0.24	0.32	0.14
11	841421	469543	371878	239	178	61	0.28	0.38	0.16
12	801725	444736	356989	199	153	46	0.25	0.34	0.13
13	765979	419894	346085	223	167	56	0.29	0.40	0.16
14	762747	413896	348851	214	170	44	0.28	0.41	0.13
15-19岁	**4286795**	**2225659**	**2061136**	**1780**	**1321**	**459**	**0.42**	**0.59**	**0.22**
15	710695	382173	328522	232	177	55	0.33	0.46	0.17
16	722778	381265	341513	267	184	83	0.37	0.48	0.24
17	867748	455896	411852	367	271	96	0.42	0.59	0.23
18	896880	460620	436260	360	268	92	0.40	0.58	0.21
19	1088694	545705	542989	554	421	133	0.51	0.77	0.24
20-24岁	**5361531**	**2533791**	**2827740**	**3110**	**2217**	**893**	**0.58**	**0.88**	**0.32**
20	1327403	650483	676920	712	507	205	0.54	0.78	0.30
21	1147211	542004	605207	643	464	179	0.56	0.86	0.30
22	1128127	526818	601309	612	428	184	0.54	0.81	0.31
23	967587	447554	520033	600	432	168	0.62	0.97	0.32
24	791203	366932	424271	543	386	157	0.69	1.05	0.37
25-29岁	**3460964**	**1642696**	**1818268**	**2630**	**1927**	**703**	**0.76**	**1.17**	**0.39**
25	678458	315844	362614	486	348	138	0.72	1.10	0.38
26	659753	310822	348931	471	330	141	0.71	1.06	0.40
27	723511	344737	378774	515	378	137	0.71	1.10	0.36
28	714738	341794	372944	557	419	138	0.78	1.23	0.37
29	684504	329499	355005	601	452	149	0.88	1.37	0.42

6-4c 续表 1

单位：人、‰

年 龄	平均人口			死亡人口			死亡率		
	合计	男	女	合计	男	女	合计	男	女
30-34岁	**3214275**	**1571265**	**1643010**	**3573**	**2560**	**1013**	**1.11**	**1.63**	**0.62**
30	690997	335748	355249	696	515	181	1.01	1.53	0.51
31	652324	316905	335419	697	501	196	1.07	1.58	0.58
32	606215	296465	309750	635	457	178	1.05	1.54	0.57
33	616959	302774	314185	675	483	192	1.09	1.60	0.61
34	647780	319373	328407	870	604	266	1.34	1.89	0.81
35-39岁	**4231726**	**2092721**	**2139005**	**6407**	**4472**	**1935**	**1.51**	**2.14**	**0.90**
35	720732	356583	364149	999	694	305	1.39	1.95	0.84
36	792951	394136	398815	1100	767	333	1.39	1.95	0.84
37	875178	432705	442473	1311	915	396	1.50	2.11	0.90
38	882509	436500	446009	1324	916	408	1.50	2.10	0.91
39	960356	472797	487559	1673	1180	493	1.74	2.50	1.01
40-44岁	**4965378**	**2372545**	**2592833**	**10680**	**7225**	**3455**	**2.15**	**3.05**	**1.33**
40	996071	483204	512867	1976	1360	616	1.98	2.81	1.20
41	1062837	507503	555334	2060	1334	726	1.94	2.63	1.31
42	958950	453330	505620	2132	1474	658	2.22	3.25	1.30
43	959147	454471	504676	2036	1396	640	2.12	3.07	1.27
44	988373	474037	514336	2476	1661	815	2.51	3.50	1.58
45-49岁	**3953673**	**1870853**	**2082820**	**12732**	**8340**	**4392**	**3.22**	**4.46**	**2.11**
45	896307	423274	473033	2654	1769	885	2.96	4.18	1.87
46	1025073	488235	536838	2838	1853	985	2.77	3.80	1.83
47	1040715	502864	537851	3165	2091	1074	3.04	4.16	2.00
48	587098	275064	312034	2206	1397	809	3.76	5.08	2.59
49	404480	181416	223064	1869	1230	639	4.62	6.78	2.86
50-54岁	**3245267**	**1599980**	**1645287**	**16165**	**10286**	**5879**	**4.98**	**6.43**	**3.57**
50	490306	237757	252549	2214	1388	826	4.52	5.84	3.27
51	554333	271104	283229	2446	1550	896	4.41	5.72	3.16
52	733418	364364	369054	3316	2130	1186	4.52	5.85	3.21
53	735866	364109	371757	3712	2321	1391	5.04	6.37	3.74
54	731344	362646	368698	4477	2897	1580	6.12	7.99	4.29
55-59岁	**3724002**	**1865401**	**1858601**	**27287**	**17327**	**9960**	**7.33**	**9.29**	**5.36**
55	811433	409220	402213	4885	3095	1790	6.02	7.56	4.45
56	766997	386691	380306	4966	3139	1827	6.47	8.12	4.80
57	764801	381466	383335	5446	3508	1938	7.12	9.20	5.06
58	702748	348848	353900	5490	3497	1993	7.81	10.02	5.63
59	678023	339176	338847	6500	4088	2412	9.59	12.05	7.12
60-64岁	**2686656**	**1374705**	**1311951**	**33668**	**21359**	**12309**	**12.53**	**15.54**	**9.38**
60	635475	325839	309636	7011	4466	2545	11.03	13.71	8.22
61	545518	277851	267667	6078	3830	2248	11.14	13.78	8.40
62	523016	267926	255090	6516	4142	2374	12.46	15.46	9.31
63	487279	248495	238784	6427	4097	2330	13.19	16.49	9.76
64	495368	254594	240774	7636	4824	2812	15.41	18.95	11.68

6-4c 续表 2

单位：人、‰

年 龄	平均人口			死亡人口			死亡率		
	合计	男	女	合计	男	女	合计	男	女
65-69岁	**1809299**	**909710**	**899589**	**38086**	**23842**	**14244**	**21.05**	**26.21**	**15.83**
65	427422	220888	206534	7228	4498	2730	16.91	20.36	13.22
66	325417	158909	166508	5980	3705	2275	18.38	23.32	13.66
67	367313	183834	183479	7453	4704	2749	20.29	25.59	14.98
68	351472	175870	175602	7937	4966	2971	22.58	28.24	16.92
69	337675	170209	167466	9488	5969	3519	28.10	35.07	21.01
70-74岁	**1345285**	**658499**	**686786**	**52363**	**31140**	**21223**	**38.92**	**47.29**	**30.90**
70	287864	144373	143491	9983	6028	3955	34.68	41.75	27.56
71	257122	127993	129129	8781	5280	3501	34.15	41.25	27.11
72	271655	134870	136785	10692	6456	4236	39.36	47.87	30.97
73	259864	124692	135172	10595	6157	4438	40.77	49.38	32.83
74	268780	126571	142209	12312	7219	5093	45.81	57.04	35.81
75-79岁	**1045543**	**464801**	**580742**	**59239**	**33185**	**26054**	**56.66**	**71.40**	**44.86**
75	252874	116373	136501	12293	7129	5164	48.61	61.26	37.83
76	242309	109411	132898	10820	6161	4659	44.65	56.31	35.06
77	193730	85913	107817	11617	6552	5065	59.96	76.26	46.98
78	171478	74334	97144	11265	6214	5051	65.69	83.60	52.00
79	185152	78770	106382	13244	7129	6115	71.53	90.50	57.48
80-84岁	**574290**	**229344**	**344946**	**53164**	**26735**	**26429**	**92.57**	**116.57**	**76.62**
80	147366	61513	85853	13330	6986	6344	90.46	113.57	73.89
81	128102	52504	75598	10760	5538	5222	84.00	105.48	69.08
82	112859	44967	67892	10580	5286	5294	93.75	117.55	77.98
83	97998	38066	59932	9447	4648	4799	96.40	122.10	80.07
84	87965	32294	55671	9047	4277	4770	102.85	132.44	85.68
85-89岁	**253306**	**83882**	**169424**	**30330**	**13108**	**17222**	**119.74**	**156.27**	**101.65**
85	73569	25937	47632	7911	3616	4295	107.53	139.41	90.17
86	61251	20600	40651	6852	3047	3805	111.87	147.91	93.60
87	46655	15166	31489	5635	2399	3236	120.78	158.18	102.77
88	37060	11565	25495	4822	1964	2858	130.11	169.82	112.10
89	34771	10614	24157	5110	2082	3028	146.96	196.16	125.35
90-94岁	**69093**	**18236**	**50857**	**11465**	**3956**	**7509**	**165.94**	**216.93**	**147.65**
90	24622	7070	17552	4044	1565	2479	164.24	221.36	141.24
91	16318	4248	12070	2470	879	1591	151.37	206.92	131.81
92	11996	3087	8909	2109	679	1430	175.81	219.95	160.51
93	8927	2156	6771	1563	458	1105	175.09	212.43	163.20
94	7230	1675	5555	1279	375	904	176.90	223.88	162.74
95-99岁	**16421**	**3889**	**12532**	**2885**	**833**	**2052**	**175.69**	**214.19**	**163.74**
95	5252	1242	4010	943	278	665	179.55	223.83	165.84
96	3904	912	2992	639	184	455	163.68	201.75	152.07
97	3248	786	2462	544	158	386	167.49	201.02	156.78
98	2565	610	1955	436	136	300	169.98	222.95	153.45
99	1452	339	1113	323	77	246	222.45	227.14	221.02
100岁及以上	**2060**	**479**	**1581**	**747**	**181**	**566**	**362.62**	**377.87**	**358.00**

6-5 全省各民族的死亡人口

(2009.11.1-2010.10.31)

单位：人

民 族	死亡人口		
	合计	男	女
总 计	**509591**	**294237**	**215354**
汉 族	504214	291041	213173
蒙古族	307	219	88
回 族	4262	2487	1775
藏 族	42	15	27
维吾尔族	27	14	13
苗 族	21	9	12
彝 族	11	7	4
壮 族	55	33	22
布依族	76	42	34
朝鲜族	4	2	2
满 族	189	137	52
侗 族	20	14	6
瑶 族	4	2	2
白 族	149	86	63
土家族	8	3	5
哈尼族			
哈萨克族	63	38	25
傣 族			
黎 族	25	16	9
傈僳族			
佤 族	17	9	8
畲 族			
高山族	4	3	1
拉祜族			
水 族	58	39	19
东乡族			
纳西族	1		1
景颇族			
柯尔克孜族			
土 族	10	5	5
达斡尔族			
仫佬族			
羌 族			
布朗族			
撒拉族			
毛南族			
仡佬族	1	1	
锡伯族	1	1	
阿昌族			
普米族			
塔吉克族			
怒 族	8	3	5
乌孜别克族	1		1
俄罗斯族			
鄂温克族			
德昂族			
保安族			
裕固族			
京 族	5	4	1
塔塔尔族			
独龙族			
鄂伦春族	1	1	
赫哲族			
门巴族	2	1	1
珞巴族			
基诺族			
其他未识别的民族	1	1	
外国人加入中国籍	4	4	

6-5a 全省各民族的死亡人口
(2009.11.1-2010.10.31)(城市)

单位：人

民 族	死亡人口		
	合计	男	女
总 计	**58758**	**34688**	**24070**
汉 族	57527	33975	23552
蒙古族	27	15	12
回 族	1047	608	439
藏 族	8	3	5
维吾尔族	2	2	
苗 族	2	1	1
彝 族			
壮 族	8	4	4
布依族	64	34	30
朝鲜族	1		1
满 族	42	25	17
侗 族	1		1
瑶 族	1		1
白 族	11	9	2
土家族	5	3	2
哈尼族			
哈萨克族	5	4	1
傣 族			
黎 族	1	1	
傈僳族			
佤 族			
畲 族			
高山族			
拉祜族			
水 族	4	2	2
东乡族			
纳西族			
景颇族			
柯尔克孜族			
土 族			
达斡尔族			
仫佬族			
羌 族			
布朗族			
撒拉族			
毛南族			
仡佬族	1	1	
锡伯族			
阿昌族			
普米族			
塔吉克族			
怒 族			
乌孜别克族			
俄罗斯族			
鄂温克族			
德昂族			
保安族			
裕固族			
京 族			
塔塔尔族			
独龙族			
鄂伦春族	1	1	
赫哲族			
门巴族			
珞巴族			
基诺族			
其他未识别的民族			
外国人加入中国籍			

6-5b 全省各民族的死亡人口
(2009.11.1-2010.10.31)(镇)

单位：人

民族	死亡人口		
	合计	男	女
总 计	**80179**	**46638**	**33541**
汉 族	78475	45600	32875
蒙古族	64	56	8
回 族	1541	925	616
藏 族	4		4
维吾尔族	6	3	3
苗 族	2	2	
彝 族	4	2	2
壮 族	6	5	1
布依族			
朝鲜族	2	1	1
满 族	24	18	6
侗 族	1	1	
瑶 族			
白 族	27	15	12
土家族	2		2
哈尼族			
哈萨克族	5	3	2
傣 族			
黎 族	1	1	
傈僳族			
佤 族	1		1
畲 族			
高山族			
拉祜族			
水 族	12	5	7
东乡族			
纳西族	1		1
景颇族			
柯尔克孜族			
土 族			
达斡尔族			
仫佬族			
羌 族			
布朗族			
撒拉族			
毛南族			
仡佬族			
锡伯族	1	1	
阿昌族			
普米族			
塔吉克族			
怒 族			
乌孜别克族			
俄罗斯族			
鄂温克族			
德昂族			
保安族			
裕固族			
京 族			
塔塔尔族			
独龙族			
鄂伦春族			
赫哲族			
门巴族			
珞巴族			
基诺族			
其他未识别的民族			
外国人加入中国籍			

6-5c 全省各民族的死亡人口
(2009.11.1-2010.10.31)(乡村)

单位：人

民族	死亡人口		
	合计	男	女
总计	**370654**	**212911**	**157743**
汉族	368212	211466	156746
蒙古族	216	148	68
回族	1674	954	720
藏族	30	12	18
维吾尔族	19	9	10
苗族	17	6	11
彝族	7	5	2
壮族	41	24	17
布依族	12	8	4
朝鲜族	1	1	
满族	123	94	29
侗族	18	13	5
瑶族	3	2	1
白族	111	62	49
土家族	1		1
哈尼族			
哈萨克族	53	31	22
傣族			
黎族	23	14	9
傈僳族			
佤族	16	9	7
畲族			
高山族	4	3	1
拉祜族			
水族	42	32	10
东乡族			
纳西族			
景颇族			
柯尔克孜族			
土族	10	5	5
达斡尔族			
仫佬族			
羌族			
布朗族			
撒拉族			
毛南族			
仡佬族			
锡伯族			
阿昌族			
普米族			
塔吉克族			
怒族	8	3	5
乌孜别克族	1		1
俄罗斯族			
鄂温克族			
德昂族			
保安族			
裕固族			
京族	5	4	1
塔塔尔族			
独龙族			
鄂伦春族			
赫哲族			
门巴族	2	1	1
珞巴族			
基诺族			
其他未识别的民族	1	1	
外国人加入中国籍	4	4	

第一部分 全部数据资料

第七卷 户口登记状况

7-1 全省按现住地、户口登记地、

现住地	合计			户口 省内		
	合计	男	女	小计	男	女
总 计	**9764067**	**5012932**	**4751135**	**9171933**	**4668758**	**4503175**
郑州市	2704542	1433967	1270575	2459064	1282964	1176100
开封市	326967	158838	168129	310599	150019	160580
洛阳市	845615	433852	411763	785807	398720	387087
平顶山市	486258	247301	238957	463598	234400	229198
安阳市	475407	231385	244022	446213	216475	229738
鹤壁市	103910	50175	53735	100050	48124	51926
新乡市	447945	219354	228591	427543	208264	219279
焦作市	388751	201702	187049	365353	188389	176964
濮阳市	277527	132524	145003	259046	123534	135512
许昌市	466982	248392	218590	436766	227962	208804
漯河市	188830	93876	94954	182233	90339	91894
三门峡市	196080	103340	92740	180463	93574	86889
南阳市	876767	454890	421877	850213	440865	409348
商丘市	322939	163750	159189	307428	155374	152054
信阳市	656499	321622	334877	629214	308739	320475
周口市	392062	195298	196764	382650	190604	192046
驻马店市	506119	268269	237850	490592	259382	231210
济源市	100867	54397	46470	95101	51030	44071

7-1a 全省按现住地、户口登记地、

现住地	合计			户口 省内		
	合计	男	女	小计	男	女
总 计	**6063254**	**3095957**	**2967297**	**5676822**	**2865834**	**2810988**
郑州市	2229486	1169097	1060389	2029149	1045173	983976
开封市	207506	100906	106600	196502	94898	101604
洛阳市	536275	270475	265800	494045	246194	247851
平顶山市	315173	162186	152987	300643	152548	148095
安阳市	294910	143097	151813	278229	134158	144071
鹤壁市	67219	33314	33905	65256	32220	33036
新乡市	315664	151933	163731	301136	143972	157164
焦作市	235500	122472	113028	221608	114273	107335
濮阳市	148869	75075	73794	139599	70309	69290
许昌市	282286	143294	138992	275182	139111	136071
漯河市	133610	66403	67207	128952	63733	65219
三门峡市	107741	55990	51751	99041	50856	48185
南阳市	401002	208825	192177	390691	203068	187623
商丘市	190362	97824	92538	180394	92396	87998
信阳市	252376	117157	135219	242598	111535	131063
周口市	146617	73462	73155	143041	71645	71396
驻马店市	112328	58796	53532	108714	56591	52123
济源市	86330	45651	40679	82042	43154	38888

性别分的户口登记地在外乡镇街道的人口

单位：人

登记地								
省内						省外		
其中市辖区内人户分离			不包括市辖区内的人户分离					
小计	男	女	小计	男	女	小计	男	女
1726056	**845702**	**880354**	**7445877**	**3823056**	**3622821**	**592134**	**344174**	**247960**
444934	216944	227990	2014130	1066020	948110	245478	151003	94475
102033	49019	53014	208566	101000	107566	16368	8819	7549
188553	92346	96207	597254	306374	290880	59808	35132	24676
122576	61679	60897	341022	172721	168301	22660	12901	9759
127203	61619	65584	319010	154856	164154	29194	14910	14284
39149	19527	19622	60901	28597	32304	3860	2051	1809
86192	42208	43984	341351	166056	175295	20402	11090	9312
87985	43249	44736	277368	145140	132228	23398	13313	10085
57447	28495	28952	201599	95039	106560	18481	8990	9491
63129	30330	32799	373637	197632	176005	30216	20430	9786
47852	23979	23873	134381	66360	68021	6597	3537	3060
18120	8847	9273	162343	84727	77616	15617	9766	5851
140140	70784	69356	710073	370081	339992	26554	14025	12529
50424	24377	26047	257004	130997	126007	15511	8376	7135
94760	45239	49521	534454	263500	270954	27285	12883	14402
26101	12628	13473	356549	177976	178573	9412	4694	4718
29458	14432	15026	461134	244950	216184	15527	8887	6640
			95101	51030	44071	5766	3367	2399

性别分的户口登记地在外乡镇街道的人口(城市)

单位：人

登记地								
省内						省外		
其中市辖区内人户分离			不包括市辖区内的人户分离					
小计	男	女	小计	男	女	小计	男	女
1666455	**811514**	**854941**	**4010367**	**2054320**	**1956047**	**386432**	**230123**	**156309**
437799	212965	224834	1591350	832208	759142	200337	123924	76413
100809	48265	52544	95693	46633	49060	11004	6008	4996
182213	88286	93927	311832	157908	153924	42230	24281	17949
118104	58892	59212	182539	93656	88883	14530	9638	4892
123772	59950	63822	154457	74208	80249	16681	8939	7742
36879	18112	18767	28377	14108	14269	1963	1094	869
84962	41396	43566	216174	102576	113598	14528	7961	6567
81831	39664	42167	139777	74609	65168	13892	8199	5693
56050	27754	28296	83549	42555	40994	9270	4766	4504
59219	28253	30966	215963	110858	105105	7104	4183	2921
46031	22780	23251	82921	40953	41968	4658	2670	1988
17722	8610	9112	81319	42246	39073	8700	5134	3566
136389	68417	67972	254302	134651	119651	10311	5757	4554
50348	24325	26023	130046	68071	61975	9968	5428	4540
90821	42982	47839	151777	68553	83224	9778	5622	4156
14431	6720	7711	128610	64925	63685	3576	1817	1759
29075	14143	14932	79639	42448	37191	3614	2205	1409
			82042	43154	38888	4288	2497	1791

7-1b 全省按现住地、户口登记地、

现住地	户口					
	合计			省内		
	合计	男	女	小计	男	女
总计	**2754067**	**1432442**	**1321625**	**2659137**	**1373594**	**1285543**
郑州市	186049	102131	83918	174180	95341	78839
开封市	101394	50098	51296	99724	49179	50545
洛阳市	218573	113196	105377	209227	106834	102393
平顶山市	120855	62293	58562	118194	60846	57348
安阳市	113765	59503	54262	110071	57309	52762
鹤壁市	20313	9654	10659	19732	9337	10395
新乡市	93277	47822	45455	90353	46192	44161
焦作市	77838	40348	37490	73688	38011	35677
濮阳市	107247	48810	58437	101867	45953	55914
许昌市	137671	78339	59332	120428	65666	54762
漯河市	44765	22381	22384	43882	21865	22017
三门峡市	71563	37621	33942	66799	34408	32391
南阳市	419885	219420	200465	411084	214364	196720
商丘市	119105	59435	59670	116916	58101	58815
信阳市	355556	183903	171653	346837	179257	167580
周口市	201772	101847	99925	199337	100461	98876
驻马店市	357826	191919	165907	350613	186980	163633
济源市	6613	3722	2891	6205	3490	2715

7-1c 全省按现住地、户口登记地、

现住地	户口					
	合计			省内		
	合计	男	女	小计	男	女
总计	**946746**	**484533**	**462213**	**835974**	**429330**	**406644**
郑州市	289007	162739	126268	255735	142450	113285
开封市	18067	7834	10233	14373	5942	8431
洛阳市	90767	50181	40586	82535	45692	36843
平顶山市	50230	22822	27408	44761	21006	23755
安阳市	66732	28785	37947	57913	25008	32905
鹤壁市	16378	7207	9171	15062	6567	8495
新乡市	39004	19599	19405	36054	18100	17954
焦作市	75413	38882	36531	70057	36105	33952
濮阳市	21411	8639	12772	17580	7272	10308
许昌市	47025	26759	20266	41156	23185	17971
漯河市	10455	5092	5363	9399	4741	4658
三门峡市	16776	9729	7047	14623	8310	6313
南阳市	55880	26645	29235	48438	23433	25005
商丘市	13472	6491	6981	10118	4877	5241
信阳市	48567	20562	28005	39779	17947	21832
周口市	43673	19989	23684	40272	18498	21774
驻马店市	35965	17554	18411	31265	15811	15454
济源市	7924	5024	2900	6854	4386	2468

性别分的户口登记地在外乡镇街道的人口(镇)

单位：人

登记地								
省内						省外		
其中市辖区内人户分离			不包括市辖区内的人户分离					
小计	男	女	小计	男	女	小计	男	女
10292	**5223**	**5069**	**2648845**	**1368371**	**1280474**	**94930**	**58848**	**36082**
695	343	352	173485	94998	78487	11869	6790	5079
7	5	2	99717	49174	50543	1670	919	751
2109	1218	891	207118	105616	101502	9346	6362	2984
774	430	344	117420	60416	57004	2661	1447	1214
1217	442	775	108854	56867	51987	3694	2194	1500
9	4	5	19723	9333	10390	581	317	264
175	105	70	90178	46087	44091	2924	1630	1294
507	247	260	73181	37764	35417	4150	2337	1813
902	376	526	100965	45577	55388	5380	2857	2523
			120428	65666	54762	17243	12673	4570
564	279	285	43318	21586	21732	883	516	367
			66799	34408	32391	4764	3213	1551
1657	899	758	409427	213465	195962	8801	5056	3745
9	6	3	116907	58095	58812	2189	1334	855
1667	869	798	345170	178388	166782	8719	4646	4073
			199337	100461	98876	2435	1386	1049
			350613	186980	163633	7213	4939	2274
			6205	3490	2715	408	232	176

性别分的户口登记地在外乡镇街道的人口(乡村)

单位：人

登记地								
省内						省外		
其中市辖区内人户分离			不包括市辖区内的人户分离					
小计	男	女	小计	男	女	小计	男	女
49309	**28965**	**20344**	**786665**	**400365**	**386300**	**110772**	**55203**	**55569**
6440	3636	2804	249295	138814	110481	33272	20289	12983
1217	749	468	13156	5193	7963	3694	1892	1802
4231	2842	1389	78304	42850	35454	8232	4489	3743
3698	2357	1341	41063	18649	22414	5469	1816	3653
2214	1227	987	55699	23781	31918	8819	3777	5042
2261	1411	850	12801	5156	7645	1316	640	676
1055	707	348	34999	17393	17606	2950	1499	1451
5647	3338	2309	64410	32767	31643	5356	2777	2579
495	365	130	17085	6907	10178	3831	1367	2464
3910	2077	1833	37246	21108	16138	5869	3574	2295
1257	920	337	8142	3821	4321	1056	351	705
398	237	161	14225	8073	6152	2153	1419	734
2094	1468	626	46344	21965	24379	7442	3212	4230
67	46	21	10051	4831	5220	3354	1614	1740
2272	1388	884	37507	16559	20948	8788	2615	6173
11670	5908	5762	28602	12590	16012	3401	1491	1910
383	289	94	30882	15522	15360	4700	1743	2957
			6854	4386	2468	1070	638	432

7-2 全省按户口登记地、年龄、性别分的

年龄	合计			户口 省 省内		
	合计	男	女	小计	男	女
总计	**9764067**	**5012932**	**4751135**	**9171933**	**4668758**	**4503175**
0-4岁	**352849**	**195948**	**156901**	**334577**	**185800**	**148777**
0	22483	12274	10209	21376	11647	9729
1	74820	41846	32974	70820	39585	31235
2	83229	46144	37085	78912	43789	35123
3	84548	46826	37722	80202	44418	35784
4	87769	48858	38911	83267	46361	36906
5-9岁	**433783**	**242062**	**191721**	**414356**	**231126**	**183230**
5	85664	47620	38044	81268	45150	36118
6	87685	49113	38572	83478	46747	36731
7	84531	47235	37296	80866	45146	35720
8	86846	48559	38287	83258	46542	36716
9	89057	49535	39522	85486	47541	37945
10-14岁	**451430**	**246803**	**204627**	**434994**	**237601**	**197393**
10	95739	53538	42201	91995	51450	40545
11	84622	46731	37891	81462	44968	36494
12	90992	49874	41118	87850	48109	39741
13	83680	45443	38237	80637	43754	36883
14	96397	51217	45180	93050	49320	43730
15-19岁	**1616981**	**806350**	**810631**	**1553705**	**765663**	**788042**
15	175931	91690	84241	167467	85573	81894
16	287755	145439	142316	276955	137791	139164
17	408132	205812	202320	394932	196535	198397
18	398041	197163	200878	384360	188564	195796
19	347122	166246	180876	329991	157200	172791
20-24岁	**1742871**	**815399**	**927472**	**1625405**	**754273**	**871132**
20	469822	219043	250779	441974	204550	237424
21	429772	200252	229520	402913	186285	216628
22	341994	161077	180917	318694	148941	169753
23	288417	135803	152614	266861	124534	142327
24	212866	99224	113642	194963	89963	105000
25-29岁	**868163**	**418743**	**449420**	**793195**	**377642**	**415553**
25	170283	80631	89652	154808	72465	82343
26	161717	76840	84877	146581	68794	77787
27	175880	84699	91181	161385	76690	84695
28	192642	93622	99020	176550	84614	91936
29	167641	82951	84690	153871	75079	78792

户口登记地在外乡镇街道的人口

单位：人

登记地					
内			省外		
其中市辖区内人户分离					
小计	男	女	小计	男	女
1726056	**845702**	**880354**	**592134**	**344174**	**247960**
81253	**43378**	**37875**	**18272**	**10148**	**8124**
5854	3077	2777	1107	627	480
17032	9190	7842	4000	2261	1739
19259	10303	8956	4317	2355	1962
20071	10658	9413	4346	2408	1938
19037	10150	8887	4502	2497	2005
96010	**51397**	**44613**	**19427**	**10936**	**8491**
19081	10132	8949	4396	2470	1926
19043	10221	8822	4207	2366	1841
17604	9418	8186	3665	2089	1576
20056	10761	9295	3588	2017	1571
20226	10865	9361	3571	1994	1577
100145	**53025**	**47120**	**16436**	**9202**	**7234**
22907	12317	10590	3744	2088	1656
19884	10546	9338	3160	1763	1397
20355	10796	9559	3142	1765	1377
18463	9669	8794	3043	1689	1354
18536	9697	8839	3347	1897	1450
138505	**67386**	**71119**	**63276**	**40687**	**22589**
23275	11688	11587	8464	6117	2347
30421	14751	15670	10800	7648	3152
33964	16512	17452	13200	9277	3923
27166	13317	13849	13681	8599	5082
23679	11118	12561	17131	9046	8085
127428	**59842**	**67586**	**117466**	**61126**	**56340**
29986	14225	15761	27848	14493	13355
27523	13014	14509	26859	13967	12892
24596	11739	12857	23300	12136	11164
24128	11353	12775	21556	11269	10287
21195	9511	11684	17903	9261	8642
135700	**56458**	**79242**	**74968**	**41101**	**33867**
20232	8721	11511	15475	8166	7309
22463	9239	13224	15136	8046	7090
28348	11620	16728	14495	8009	6486
34254	14065	20189	16092	9008	7084
30403	12813	17590	13770	7872	5898

7-2 续表 1

年龄	合计			户口 省 省内		
	合计	男	女	小计	男	女
30-34岁	**830076**	**421866**	**408210**	**765230**	**383564**	**381666**
30	172557	87328	85229	158619	79349	79270
31	174122	87884	86238	160779	80106	80673
32	169589	86042	83547	156366	78143	78223
33	150079	76203	73876	138726	69357	69369
34	163729	84409	79320	150740	76609	74131
35-39岁	**887661**	**471840**	**415821**	**823295**	**432393**	**390902**
35	164571	85794	78777	152106	78237	73869
36	182375	95507	86868	169329	87653	81676
37	181414	96905	84509	168302	88779	79523
38	185536	99514	86022	172268	91297	80971
39	173765	94120	79645	161290	86427	74863
40-44岁	**773666**	**417984**	**355682**	**717642**	**383535**	**334107**
40	191935	103802	88133	178203	95359	82844
41	156910	84692	72218	145555	77700	67855
42	169432	91447	77985	157041	83839	73202
43	123123	66635	56488	114024	61054	52970
44	132266	71408	60858	122819	65583	57236
45-49岁	**545025**	**296700**	**248325**	**509732**	**274567**	**235165**
45	125924	68772	57152	117020	63189	53831
46	121838	66047	55791	113770	61025	52745
47	143819	78043	65776	135243	72657	62586
48	101781	55953	45828	95365	51908	43457
49	51663	27885	23778	48334	25788	22546
50-54岁	**323754**	**175141**	**148613**	**306279**	**164303**	**141976**
50	66108	36613	29495	62344	34281	28063
51	51605	28222	23383	48625	26317	22308
52	67933	36919	31014	64203	34555	29648
53	72118	38567	33551	68429	36296	32133
54	65990	34820	31170	62678	32854	29824
55-59岁	**317775**	**168129**	**149646**	**302786**	**159468**	**143318**
55	71094	37748	33346	67621	35700	31921
56	68785	36438	32347	65393	34486	30907
57	61995	32447	29548	59026	30741	28285
58	61301	32656	28645	58401	30997	27404
59	54600	28840	25760	52345	27544	24801
60-64岁	**230924**	**126113**	**104811**	**221090**	**120508**	**100582**
60	59405	32572	26833	56888	31110	25778
61	49041	26597	22444	47001	25445	21556
62	43367	23523	19844	41551	22504	19047
63	40970	22442	18528	39215	21434	17781
64	38141	20979	17162	36435	20015	16420

单位：人

登记地					
内			省外		
其中市辖区内人户分离					
小计	男	女	小计	男	女
171880	**76104**	**95776**	**64846**	**38302**	**26544**
31176	13647	17529	13938	7979	5959
34991	15464	19527	13343	7778	5565
36291	16001	20290	13223	7899	5324
34144	15177	18967	11353	6846	4507
35278	15815	19463	12989	7800	5189
194252	**92254**	**101998**	**64366**	**39447**	**24919**
35425	16144	19281	12465	7557	4908
39742	18383	21359	13046	7854	5192
40067	19205	20862	13112	8126	4986
40362	19402	20960	13268	8217	5051
38656	19120	19536	12475	7693	4782
174089	**87728**	**86361**	**56024**	**34449**	**21575**
42541	21156	21385	13732	8443	5289
36498	18239	18259	11355	6992	4363
38330	19339	18991	12391	7608	4783
26349	13425	12924	9099	5581	3518
30371	15569	14802	9447	5825	3622
142800	**74027**	**68773**	**35293**	**22133**	**13160**
30744	15958	14786	8904	5583	3321
32282	16699	15583	8068	5022	3046
40274	20762	19512	8576	5386	3190
25199	13299	11900	6416	4045	2371
14301	7309	6992	3329	2097	1232
97808	**49602**	**48206**	**17475**	**10838**	**6637**
19837	10149	9688	3764	2332	1432
16251	8285	7966	2980	1905	1075
20984	10741	10243	3730	2364	1366
21560	10671	10889	3689	2271	1418
19176	9756	9420	3312	1966	1346
87266	**44173**	**43093**	**14989**	**8661**	**6328**
19956	10068	9888	3473	2048	1425
19596	9971	9625	3392	1952	1440
16973	8490	8483	2969	1706	1263
16027	8118	7909	2900	1659	1241
14714	7526	7188	2255	1296	959
59342	**30676**	**28666**	**9834**	**5605**	**4229**
14762	7645	7117	2517	1462	1055
13043	6716	6327	2040	1152	888
11044	5615	5429	1816	1019	797
10560	5461	5099	1755	1008	747
9933	5239	4694	1706	964	742

7-2 续表 2

年龄	合计			户口 省 省内		
	合计	男	女	小计	男	女
65-69岁	**152351**	**82004**	**70347**	**145077**	**77869**	**67208**
65	38170	20841	17329	36574	19935	16639
66	28734	15406	13328	27219	14543	12676
67	26642	14124	12518	25242	13358	11884
68	30503	16423	14080	29073	15596	13477
69	28302	15210	13092	26969	14437	12532
70-74岁	**113971**	**62935**	**51036**	**107911**	**59208**	**48703**
70	30765	17011	13754	29178	16048	13130
71	20438	10964	9474	19359	10319	9040
72	22675	12617	10058	21438	11864	9574
73	20515	11552	8963	19405	10841	8564
74	19578	10791	8787	18531	10136	8395
75-79岁	**70237**	**38755**	**31482**	**66698**	**36556**	**30142**
75	18805	10304	8501	17875	9702	8173
76	15838	8694	7144	15049	8203	6846
77	14531	8079	6452	13770	7620	6150
78	11389	6294	5095	10825	5940	4885
79	9674	5384	4290	9179	5091	4088
80-84岁	**33665**	**18152**	**15513**	**32048**	**17154**	**14894**
80	11107	6131	4976	10545	5772	4773
81	6582	3549	3033	6281	3362	2919
82	6467	3510	2957	6159	3328	2831
83	5224	2793	2431	4981	2648	2333
84	4285	2169	2116	4082	2044	2038
85-89岁	**12962**	**5821**	**7141**	**12332**	**5503**	**6829**
85	3959	1898	2061	3760	1792	1968
86	3096	1403	1693	2971	1330	1641
87	2357	1064	1293	2238	1007	1231
88	1913	782	1131	1806	735	1071
89	1637	674	963	1557	639	918
90-94岁	**4113**	**1499**	**2614**	**3877**	**1393**	**2484**
90	1490	563	927	1404	525	879
91	873	320	553	821	291	530
92	763	287	476	712	265	447
93	523	179	344	500	172	328
94	464	150	314	440	140	300
95-99岁	**1640**	**638**	**1002**	**1545**	**585**	**960**
95	386	137	249	361	123	238
96	348	118	230	331	110	221
97	348	128	220	331	119	212
98	329	167	162	305	151	154
99	229	88	141	217	82	135
100岁及以上	**170**	**50**	**120**	**159**	**47**	**112**

单位：人

登记地					
内			省外		
其中市辖区内人户分离					
小计	男	女	小计	男	女
43584	**21622**	**21962**	**7274**	**4135**	**3139**
9985	5033	4952	1596	906	690
7813	3907	3906	1515	863	652
7790	3873	3917	1400	766	634
9117	4435	4682	1430	827	603
8879	4374	4505	1333	773	560
36547	**18257**	**18290**	**6060**	**3727**	**2333**
8955	4443	4512	1587	963	624
6733	3212	3521	1079	645	434
7571	3767	3804	1237	753	484
6822	3544	3278	1110	711	399
6466	3291	3175	1047	655	392
23059	**11871**	**11188**	**3539**	**2199**	**1340**
6010	2922	3088	930	602	328
5238	2711	2527	789	491	298
4877	2570	2307	761	459	302
3673	1905	1768	564	354	210
3261	1763	1498	495	293	202
10879	**5635**	**5244**	**1617**	**998**	**619**
3454	1812	1642	562	359	203
2230	1180	1050	301	187	114
2082	1091	991	308	182	126
1718	886	832	243	145	98
1395	666	729	203	125	78
4003	**1733**	**2270**	**630**	**318**	**312**
1241	570	671	199	106	93
948	406	542	125	73	52
727	321	406	119	57	62
583	225	358	107	47	60
504	211	293	80	35	45
1114	**413**	**701**	**236**	**106**	**130**
424	167	257	86	38	48
249	94	155	52	29	23
194	76	118	51	22	29
135	45	90	23	7	16
112	31	81	24	10	14
343	**102**	**241**	**95**	**53**	**42**
97	27	70	25	14	11
96	32	64	17	8	9
55	15	40	17	9	8
50	16	34	24	16	8
45	12	33	12	6	6
49	**19**	**30**	**11**	**3**	**8**

7-2a 全省按户口登记地、年龄、性别分的

年龄	合计			户口		
				省		
				省内		
	合计	男	女	小计	男	女
总计	**6063254**	**3095957**	**2967297**	**5676822**	**2865834**	**2810988**
0-4岁	**230093**	**126509**	**103584**	**217009**	**119206**	**97803**
0	15538	8457	7081	14688	7974	6714
1	49042	27082	21960	46217	25506	20711
2	54450	29892	24558	51364	28180	23184
3	55308	30307	25001	52199	28570	23629
4	55755	30771	24984	52541	28976	23565
5-9岁	**270636**	**149950**	**120686**	**256857**	**142092**	**114765**
5	53976	29681	24295	50847	27905	22942
6	54822	30441	24381	51872	28764	23108
7	52352	29143	23209	49802	27677	22125
8	54305	30216	24089	51739	28750	22989
9	55181	30469	24712	52597	28996	23601
10-14岁	**264126**	**144312**	**119814**	**252883**	**137912**	**114971**
10	59000	32813	26187	56344	31319	25025
11	51304	28121	23183	49150	26913	22237
12	54148	29600	24548	51965	28332	23633
13	48311	26150	22161	46244	24965	21279
14	51363	27628	23735	49180	26383	22797
15-19岁	**748040**	**372735**	**375305**	**707947**	**346688**	**361259**
15	83020	44677	38343	77295	40400	36895
16	126614	65325	61289	119446	60020	59426
17	172407	87276	85131	164945	82124	82821
18	175474	86175	89299	167521	81342	86179
19	190525	89282	101243	178740	82802	95938
20-24岁	**1202502**	**575544**	**626958**	**1124688**	**531266**	**593422**
20	307997	142273	165724	288944	131711	157233
21	303069	142982	160087	284809	132671	152138
22	243848	118808	125040	228341	109866	118475
23	202168	99813	102355	188385	91841	96544
24	145420	71668	73752	134209	65177	69032
25-29岁	**587133**	**292333**	**294800**	**538878**	**264090**	**274788**
25	114090	56839	57251	104442	51217	53225
26	109654	54205	55449	99931	48649	51282
27	119171	59149	60022	109861	53671	56190
28	131486	65287	66199	121003	59121	61882
29	112732	56853	55879	103641	51432	52209

户口登记地在外乡镇街道的人口(城市)

单位：人

登记地					
内			省外		
其中市辖区内人户分离					
小计	男	女	小计	男	女
1666455	**811514**	**854941**	**386432**	**230123**	**156309**
79140	**42265**	**36875**	**13084**	**7303**	**5781**
5731	3015	2716	850	483	367
16601	8973	7628	2825	1576	1249
18766	10037	8729	3086	1712	1374
19535	10375	9160	3109	1737	1372
18507	9865	8642	3214	1795	1419
93281	**49875**	**43406**	**13779**	**7858**	**5921**
18540	9850	8690	3129	1776	1353
18491	9916	8575	2950	1677	1273
17090	9129	7961	2550	1466	1084
19525	10455	9070	2566	1466	1100
19635	10525	9110	2584	1473	1111
97565	**51631**	**45934**	**11243**	**6400**	**4843**
22314	12001	10313	2656	1494	1162
19356	10256	9100	2154	1208	946
19778	10488	9290	2183	1268	915
18030	9434	8596	2067	1185	882
18087	9452	8635	2183	1245	938
130922	**63717**	**67205**	**40093**	**26047**	**14046**
22504	11298	11206	5725	4277	1448
28845	14007	14838	7168	5305	1863
31733	15443	16290	7462	5152	2310
25645	12530	13115	7953	4833	3120
22195	10439	11756	11785	6480	5305
120769	**56703**	**64066**	**77814**	**44278**	**33536**
27835	13224	14611	19053	10562	8491
25827	12197	13630	18260	10311	7949
23438	11141	12297	15507	8942	6565
23216	10958	12258	13783	7972	5811
20453	9183	11270	11211	6491	4720
131320	**54515**	**76805**	**48255**	**28243**	**20012**
19489	8380	11109	9648	5622	4026
21706	8914	12792	9723	5556	4167
27437	11219	16218	9310	5478	3832
33209	13587	19622	10483	6166	4317
29479	12415	17064	9091	5421	3670

7-2a 续表 1

年 龄	户口					
	合 计			省		
				省 内		
	合计	男	女	小计	男	女
30-34岁	**549171**	**280165**	**269006**	**506680**	**254254**	**252426**
30	113236	58109	55127	104409	52800	51609
31	116381	59230	57151	107548	53912	53636
32	112238	56844	55394	103559	51480	52079
33	100450	51003	49447	92806	46302	46504
34	106866	54979	51887	98358	49760	48598
35-39岁	**573439**	**302753**	**270686**	**531236**	**276516**	**254720**
35	106097	54948	51149	97988	49898	48090
36	118232	61565	56667	109551	56223	53328
37	117232	62344	54888	108618	56967	51651
38	119260	63392	55868	110598	57957	52641
39	112618	60504	52114	104481	55471	49010
40-44岁	**500394**	**267500**	**232894**	**464039**	**245124**	**218915**
40	123163	65935	57228	114290	60422	53868
41	102962	54931	48031	95560	50395	45165
42	109772	58635	51137	101705	53657	48048
43	79033	42329	36704	73109	38719	34390
44	85464	45670	39794	79375	41931	37444
45-49岁	**355749**	**190585**	**165164**	**332585**	**176174**	**156411**
45	81596	43956	37640	75864	40358	35506
46	80143	42810	37333	74761	39477	35284
47	96455	51432	45023	90759	47914	42845
48	64346	34794	29552	60152	32168	27984
49	33209	17593	15616	31049	16257	14792
50-54岁	**212763**	**111591**	**101172**	**201573**	**104834**	**96739**
50	43461	23361	20100	41131	21944	19187
51	34457	18364	16093	32550	17158	15392
52	44794	23599	21195	42414	22145	20269
53	47405	24461	22944	44956	22999	21957
54	42646	21806	20840	40522	20588	19934
55-59岁	**199993**	**100782**	**99211**	**190161**	**95401**	**94760**
55	45642	23287	22355	43391	22021	21370
56	43983	22370	21613	41736	21143	20593
57	39140	19635	19505	37162	18551	18611
58	37406	18793	18613	35524	17780	17744
59	33822	16697	17125	32348	15906	16442
60-64岁	**135617**	**67513**	**68104**	**129430**	**64246**	**65184**
60	34634	17340	17294	33073	16495	16578
61	29590	14806	14784	28249	14117	14132
62	25317	12454	12863	24146	11828	12318
63	23864	11834	12030	22775	11258	11517
64	22212	11079	11133	21187	10548	10639

单位：人

登记地					
内			省外		
其中市辖区内人户分离					
小计	男	女	小计	男	女
166736	**73491**	**93245**	**42491**	**25911**	**16580**
30171	13153	17018	8827	5309	3518
33870	14915	18955	8833	5318	3515
35211	15456	19755	8679	5364	3315
33199	14677	18522	7644	4701	2943
34285	15290	18995	8508	5219	3289
189105	**89402**	**99703**	**42203**	**26237**	**15966**
34423	15614	18809	8109	5050	3059
38667	17796	20871	8681	5342	3339
38999	18616	20383	8614	5377	3237
39308	18801	20507	8662	5435	3227
37708	18575	19133	8137	5033	3104
169754	**85119**	**84635**	**36355**	**22376**	**13979**
41483	20539	20944	8873	5513	3360
35651	17747	17904	7402	4536	2866
37329	18722	18607	8067	4978	3089
25694	13035	12659	5924	3610	2314
29597	15076	14521	6089	3739	2350
139369	**71891**	**67478**	**23164**	**14411**	**8753**
30019	15519	14500	5732	3598	2134
31542	16231	15311	5382	3333	2049
39309	20165	19144	5696	3518	2178
24549	12882	11667	4194	2626	1568
13950	7094	6856	2160	1336	824
95067	**47852**	**47215**	**11190**	**6757**	**4433**
19312	9828	9484	2330	1417	913
15842	8033	7809	1907	1206	701
20386	10360	10026	2380	1454	926
20934	10265	10669	2449	1462	987
18593	9366	9227	2124	1218	906
83884	**41834**	**42050**	**9832**	**5381**	**4451**
19269	9628	9641	2251	1266	985
18929	9534	9395	2247	1227	1020
16327	8052	8275	1978	1084	894
15323	7602	7721	1882	1013	869
14036	7018	7018	1474	791	683
55829	**27968**	**27861**	**6187**	**3267**	**2920**
13924	7009	6915	1561	845	716
12352	6198	6154	1341	689	652
10386	5097	5289	1171	626	545
9894	4939	4955	1089	576	513
9273	4725	4548	1025	531	494

7-2a 续表 2

年龄	合计			户口 省 省内		
	合计	男	女	小计	男	女
65-69岁	**90127**	**43691**	**46436**	**85942**	**41565**	**44377**
65	21969	10673	11296	21049	10206	10843
66	16959	8257	8702	16082	7800	8282
67	15918	7685	8233	15101	7278	7823
68	18252	8805	9447	17444	8401	9043
69	17029	8271	8758	16266	7880	8386
70-74岁	**68781**	**34193**	**34588**	**65465**	**32375**	**33090**
70	17807	8829	8978	16919	8350	8569
71	12622	6071	6551	12015	5741	6274
72	13859	6897	6962	13177	6525	6652
73	12579	6457	6122	11979	6110	5869
74	11914	5939	5975	11375	5649	5726
75-79岁	**42459**	**21147**	**21312**	**40613**	**20124**	**20489**
75	11084	5328	5756	10602	5059	5543
76	9576	4782	4794	9182	4558	4624
77	8883	4521	4362	8475	4299	4176
78	6881	3398	3483	6589	3235	3354
79	6035	3118	2917	5765	2973	2792
80-84岁	**20492**	**10147**	**10345**	**19656**	**9705**	**9951**
80	6551	3282	3269	6269	3127	3142
81	4064	2038	2026	3904	1946	1958
82	3988	2017	1971	3827	1936	1891
83	3240	1592	1648	3116	1531	1585
84	2649	1218	1431	2540	1165	1375
85-89岁	**8063**	**3256**	**4807**	**7707**	**3098**	**4609**
85	2408	1045	1363	2302	997	1305
86	1918	775	1143	1852	738	1114
87	1434	585	849	1370	556	814
88	1257	459	798	1185	432	753
89	1046	392	654	998	375	623
90-94岁	**2629**	**896**	**1733**	**2492**	**839**	**1653**
90	953	328	625	908	307	601
91	562	194	368	528	176	352
92	486	186	300	460	177	283
93	328	102	226	312	100	212
94	300	86	214	284	79	205
95-99岁	**936**	**319**	**617**	**878**	**290**	**588**
95	230	71	159	216	62	154
96	213	70	143	200	64	136
97	183	62	121	173	58	115
98	180	76	104	166	68	98
99	130	40	90	123	38	85
100岁及以上	**111**	**36**	**75**	**103**	**35**	**68**

单位：人

登记地					
内			省 外		
其中市辖区内人户分离					
小计	男	女	小计	男	女
41207	**19818**	**21389**	**4185**	**2126**	**2059**
9300	4488	4812	920	467	453
7375	3579	3796	877	457	420
7415	3590	3825	817	407	410
8657	4104	4553	808	404	404
8460	4057	4403	763	391	372
34796	**16952**	**17844**	**3316**	**1818**	**1498**
8468	4075	4393	888	479	409
6436	2996	3440	607	330	277
7193	3486	3707	682	372	310
6528	3319	3209	600	347	253
6171	3076	3095	539	290	249
21986	**11052**	**10934**	**1846**	**1023**	**823**
5709	2691	3018	482	269	213
5014	2539	2475	394	224	170
4655	2404	2251	408	222	186
3481	1756	1725	292	163	129
3127	1662	1465	270	145	125
10415	**5291**	**5124**	**836**	**442**	**394**
3281	1681	1600	282	155	127
2141	1116	1025	160	92	68
2000	1035	965	161	81	80
1650	833	817	124	61	63
1343	626	717	109	53	56
3848	**1626**	**2222**	**356**	**158**	**198**
1182	534	648	106	48	58
909	377	532	66	37	29
700	305	395	64	29	35
571	214	357	72	27	45
486	196	290	48	17	31
1083	**399**	**684**	**137**	**57**	**80**
413	159	254	45	21	24
237	91	146	34	18	16
188	74	114	26	9	17
134	44	90	16	2	14
111	31	80	16	7	9
334	**96**	**238**	**58**	**29**	**29**
94	26	68	14	9	5
93	30	63	13	6	7
55	15	40	10	4	6
49	15	34	14	8	6
43	10	33	7	2	5
45	**17**	**28**	**8**	**1**	**7**

7-2b 全省按户口登记地、年龄、性别分的

年龄	合计			户口 省 省内		
	合计	男	女	小计	男	女
总计	**2754067**	**1432442**	**1321625**	**2659137**	**1373594**	**1285543**
0-4岁	**98440**	**56013**	**42427**	**95934**	**54625**	**41309**
0	5711	3150	2561	5586	3075	2511
1	20416	11799	8617	19854	11459	8395
2	22929	12977	9952	22353	12675	9678
3	23483	13347	10136	22865	13022	9843
4	25901	14740	11161	25276	14394	10882
5-9岁	**134844**	**76811**	**58033**	**131869**	**75164**	**56705**
5	25668	14652	11016	25005	14297	10708
6	26917	15479	11438	26258	15107	11151
7	26697	15141	11556	26111	14799	11312
8	27137	15420	11717	26624	15142	11482
9	28425	16119	12306	27871	15819	12052
10-14岁	**161057**	**88629**	**72428**	**158159**	**87022**	**71137**
10	31102	17698	13404	30498	17360	13138
11	28200	15802	12398	27650	15488	12162
12	31432	17437	13995	30906	17165	13741
13	30707	16912	13795	30193	16625	13568
14	39616	20780	18836	38912	20384	18528
15-19岁	**734300**	**368501**	**365799**	**720541**	**359005**	**361536**
15	81465	40833	40632	80011	39951	40060
16	141043	69734	71309	138758	68301	70457
17	204749	103012	101737	200531	99754	100777
18	188508	94919	93589	184835	92142	92693
19	118535	60003	58532	116406	58857	57549
20-24岁	**313431**	**153809**	**159622**	**297954**	**145466**	**152488**
20	100157	50469	49688	96759	48690	48069
21	69965	34013	35952	66625	32238	34387
22	54140	26233	27907	51151	24625	26526
23	49341	24006	25335	46241	22292	23949
24	39828	19088	20740	37178	17621	19557
25-29岁	**187097**	**92707**	**94390**	**175618**	**85882**	**89736**
25	34797	16850	17947	32461	15548	16913
26	33208	16296	16912	31004	15001	16003
27	38439	19038	19401	36129	17656	18473
28	41903	20998	20905	39431	19502	19929
29	38750	19525	19225	36593	18175	18418

户口登记地在外乡镇街道的人口(镇)

单位：人

登记地					
内			省外		
其中市辖区内人户分离					
小计	男	女	小计	男	女
10292	**5223**	**5069**	**94930**	**58848**	**36082**
386	**200**	**186**	**2506**	**1388**	**1118**
24	11	13	125	75	50
69	35	34	562	340	222
91	48	43	576	302	274
107	56	51	618	325	293
95	50	45	625	346	279
548	**277**	**271**	**2975**	**1647**	**1328**
95	38	57	663	355	308
114	62	52	659	372	287
91	46	45	586	342	244
118	70	48	513	278	235
130	61	69	554	300	254
533	**275**	**258**	**2898**	**1607**	**1291**
141	66	75	604	338	266
111	58	53	550	314	236
102	53	49	526	272	254
86	47	39	514	287	227
93	51	42	704	396	308
1833	**768**	**1065**	**13759**	**9496**	**4263**
213	64	149	1454	882	572
414	138	276	2285	1433	852
717	301	416	4218	3258	960
259	135	124	3673	2777	896
230	130	100	2129	1146	983
871	**436**	**435**	**15477**	**8343**	**7134**
274	132	142	3398	1779	1619
229	122	107	3340	1775	1565
146	81	65	2989	1608	1381
113	54	59	3100	1714	1386
109	47	62	2650	1467	1183
758	**307**	**451**	**11479**	**6825**	**4654**
116	60	56	2336	1302	1034
117	45	72	2204	1295	909
164	67	97	2310	1382	928
191	74	117	2472	1496	976
170	61	109	2157	1350	807

7-2b 续表 1

年龄	合计			户口 省 省内		
	合计	男	女	小计	男	女
30-34岁	**207056**	**107369**	**99687**	**196610**	**100692**	**95918**
30	42486	22045	20441	40125	20577	19548
31	42163	21633	20530	40059	20297	19762
32	42469	22159	20310	40356	20786	19570
33	37141	19082	18059	35383	17959	17424
34	42797	22450	20347	40687	21073	19614
35-39岁	**241471**	**129677**	**111794**	**230814**	**122718**	**108096**
35	44580	23728	20852	42516	22425	20091
36	49299	26037	23262	47218	24734	22484
37	49512	26537	22975	47290	25034	22256
38	51115	27750	23365	48851	26269	22582
39	46965	25625	21340	44939	24256	20683
40-44岁	**208047**	**112316**	**95731**	**198839**	**106302**	**92537**
40	52609	28708	23901	50264	27181	23083
41	41310	22366	18944	39447	21128	18319
42	45448	24477	20971	43420	23181	20239
43	33286	17865	15421	31838	16907	14931
44	35394	18900	16494	33870	17905	15965
45-49岁	**143223**	**77345**	**65878**	**137589**	**73665**	**63924**
45	33325	18047	15278	31886	17104	14782
46	31640	16917	14723	30388	16129	14259
47	35437	19140	16297	34108	18273	15835
48	28627	15627	13000	27596	14944	12652
49	14194	7614	6580	13611	7215	6396
50-54岁	**80993**	**43576**	**37417**	**78200**	**41734**	**36466**
50	16639	9423	7216	15985	8970	7015
51	12580	6851	5729	12096	6529	5567
52	16735	9041	7694	16147	8648	7499
53	18170	9661	8509	17622	9312	8310
54	16869	8600	8269	16350	8275	8075
55-59岁	**83851**	**42842**	**41009**	**81573**	**41391**	**40182**
55	18475	9565	8910	17891	9187	8704
56	17953	9246	8707	17460	8933	8527
57	16565	8323	8242	16122	8054	8068
58	16672	8531	8141	16251	8269	7982
59	14186	7177	7009	13849	6948	6901
60-64岁	**62226**	**32218**	**30008**	**60733**	**31302**	**29431**
60	16372	8692	7680	15982	8434	7548
61	12928	6589	6339	12633	6404	6229
62	11732	5950	5782	11481	5802	5679
63	11130	5797	5333	10854	5630	5224
64	10064	5190	4874	9783	5032	4751

单位：人

登记地					
内			省外		
其中市辖区内人户分离					
小计	男	女	小计	男	女
911	**448**	**463**	**10446**	**6677**	**3769**
146	69	77	2361	1468	893
185	95	90	2104	1336	768
197	91	106	2113	1373	740
183	87	96	1758	1123	635
200	106	94	2110	1377	733
1079	**541**	**538**	**10657**	**6959**	**3698**
209	108	101	2064	1303	761
243	117	126	2081	1303	778
210	100	110	2222	1503	719
217	107	110	2264	1481	783
200	109	91	2026	1369	657
844	**495**	**349**	**9208**	**6014**	**3194**
215	126	89	2345	1527	818
171	104	67	1863	1238	625
197	117	80	2028	1296	732
119	61	58	1448	958	490
142	87	55	1524	995	529
630	**357**	**273**	**5634**	**3680**	**1954**
136	80	56	1439	943	496
130	80	50	1252	788	464
180	94	86	1329	867	462
117	68	49	1031	683	348
67	35	32	583	399	184
388	**220**	**168**	**2793**	**1842**	**951**
70	39	31	654	453	201
58	27	31	484	322	162
93	60	33	588	393	195
97	57	40	548	349	199
70	37	33	519	325	194
417	**242**	**175**	**2278**	**1451**	**827**
84	45	39	584	378	206
83	44	39	493	313	180
73	32	41	443	269	174
88	59	29	421	262	159
89	62	27	337	229	108
418	**221**	**197**	**1493**	**916**	**577**
103	55	48	390	258	132
81	43	38	295	185	110
72	40	32	251	148	103
77	33	44	276	167	109
85	50	35	281	158	123

7-2b 续表 2

年龄	户口					
	合计			省		
				省内		
	合计	男	女	小计	男	女
65-69岁	**39978**	**20554**	**19424**	**38751**	**19849**	**18902**
65	10153	5300	4853	9890	5141	4749
66	7629	3833	3796	7376	3689	3687
67	7034	3568	3466	6773	3424	3349
68	7861	4122	3739	7620	3979	3641
69	7301	3731	3570	7092	3616	3476
70-74岁	**27706**	**14773**	**12933**	**26687**	**14121**	**12566**
70	8061	4219	3842	7799	4053	3746
71	4733	2477	2256	4566	2374	2192
72	5405	2931	2474	5210	2814	2396
73	4852	2647	2205	4659	2524	2135
74	4655	2499	2156	4453	2356	2097
75-79岁	**17187**	**9105**	**8082**	**16558**	**8709**	**7849**
75	4696	2513	2183	4551	2419	2132
76	3967	2072	1895	3790	1964	1826
77	3533	1892	1641	3396	1806	1590
78	2745	1462	1283	2655	1402	1253
79	2246	1166	1080	2166	1118	1048
80-84岁	**8290**	**4186**	**4104**	**8011**	**4022**	**3989**
80	2799	1452	1347	2706	1395	1311
81	1616	801	815	1557	771	786
82	1562	786	776	1508	759	749
83	1233	621	612	1190	592	598
84	1080	526	554	1050	505	545
85-89岁	**3243**	**1423**	**1820**	**3137**	**1371**	**1766**
85	988	446	542	950	426	524
86	782	353	429	759	341	418
87	603	269	334	585	261	324
88	460	192	268	448	187	261
89	410	163	247	395	156	239
90-94岁	**1023**	**337**	**686**	**976**	**315**	**661**
90	366	124	242	345	116	229
91	210	70	140	199	63	136
92	193	58	135	183	53	130
93	134	45	89	132	44	88
94	120	40	80	117	39	78
95-99岁	**566**	**245**	**321**	**548**	**234**	**314**
95	119	48	71	112	45	67
96	96	30	66	95	29	66
97	142	55	87	141	54	87
98	124	73	51	119	70	49
99	85	39	46	81	36	45
100岁及以上	**38**	**6**	**32**	**36**	**5**	**31**

单位：人

登记地					
内			省　外		
其中市辖区内人户分离					
小计	男	女	小计	男	女
279	**178**	**101**	**1227**	**705**	**522**
90	63	27	263	159	104
56	36	20	253	144	109
46	27	19	261	144	117
50	30	20	241	143	98
37	22	15	209	115	94
202	**128**	**74**	**1019**	**652**	**367**
64	38	26	262	166	96
42	25	17	167	103	64
37	22	15	195	117	78
30	27	3	193	123	70
29	16	13	202	143	59
118	**83**	**35**	**629**	**396**	**233**
34	20	14	145	94	51
28	21	7	177	108	69
22	18	4	137	86	51
18	13	5	90	60	30
16	11	5	80	48	32
55	**38**	**17**	**279**	**164**	**115**
27	18	9	93	57	36
6	6		59	30	29
11	7	4	54	27	27
6	4	2	43	29	14
5	3	2	30	21	9
15	**9**	**6**	**106**	**52**	**54**
7	4	3	38	20	18
5	4	1	23	12	11
2		2	18	8	10
			12	5	7
1	1		15	7	8
5		**5**	**47**	**22**	**25**
1		1	21	8	13
3		3	11	7	4
1		1	10	5	5
			2	1	1
			3	1	2
			18	**11**	**7**
			7	3	4
			1	1	
			1	1	
			5	3	2
			4	3	1
2		**2**	**2**	**1**	**1**

7-2c 全省按户口登记地、年龄、性别分的

年 龄	合 计			户口 省 省 内		
	合计	男	女	小计	男	女
总 计	**946746**	**484533**	**462213**	**835974**	**429330**	**406644**
0-4岁	**24316**	**13426**	**10890**	**21634**	**11969**	**9665**
0	1234	667	567	1102	598	504
1	5362	2965	2397	4749	2620	2129
2	5850	3275	2575	5195	2934	2261
3	5757	3172	2585	5138	2826	2312
4	6113	3347	2766	5450	2991	2459
5-9岁	**28303**	**15301**	**13002**	**25630**	**13870**	**11760**
5	6020	3287	2733	5416	2948	2468
6	5946	3193	2753	5348	2876	2472
7	5482	2951	2531	4953	2670	2283
8	5404	2923	2481	4895	2650	2245
9	5451	2947	2504	5018	2726	2292
10-14岁	**26247**	**13862**	**12385**	**23952**	**12667**	**11285**
10	5637	3027	2610	5153	2771	2382
11	5118	2808	2310	4662	2567	2095
12	5412	2837	2575	4979	2612	2367
13	4662	2381	2281	4200	2164	2036
14	5418	2809	2609	4958	2553	2405
15-19岁	**134641**	**65114**	**69527**	**125217**	**59970**	**65247**
15	11446	6180	5266	10161	5222	4939
16	20098	10380	9718	18751	9470	9281
17	30976	15524	15452	29456	14657	14799
18	34059	16069	17990	32004	15080	16924
19	38062	16961	21101	34845	15541	19304
20-24岁	**226938**	**86046**	**140892**	**202763**	**77541**	**125222**
20	61668	26301	35367	56271	24149	32122
21	56738	23257	33481	51479	21376	30103
22	44006	16036	27970	39202	14450	24752
23	36908	11984	24924	32235	10401	21834
24	27618	8468	19150	23576	7165	16411
25-29岁	**93933**	**33703**	**60230**	**78699**	**27670**	**51029**
25	21396	6942	14454	17905	5700	12205
26	18855	6339	12516	15646	5144	10502
27	18270	6512	11758	15395	5363	10032
28	19253	7337	11916	16116	5991	10125
29	16159	6573	9586	13637	5472	8165

户口登记地在外乡镇街道的人口(乡村)

单位：人

登记地					
内			省外		
其中市辖区内人户分离					
小计	男	女	小计	男	女
49309	**28965**	**20344**	**110772**	**55203**	**55569**
1727	**913**	**814**	**2682**	**1457**	**1225**
99	51	48	132	69	63
362	182	180	613	345	268
402	218	184	655	341	314
429	227	202	619	346	273
435	235	200	663	356	307
2181	**1245**	**936**	**2673**	**1431**	**1242**
446	244	202	604	339	265
438	243	195	598	317	281
423	243	180	529	281	248
413	236	177	509	273	236
461	279	182	433	221	212
2047	**1119**	**928**	**2295**	**1195**	**1100**
452	250	202	484	256	228
417	232	185	456	241	215
475	255	220	433	225	208
347	188	159	462	217	245
356	194	162	460	256	204
5750	**2901**	**2849**	**9424**	**5144**	**4280**
558	326	232	1285	958	327
1162	606	556	1347	910	437
1514	768	746	1520	867	653
1262	652	610	2055	989	1066
1254	549	705	3217	1420	1797
5788	**2703**	**3085**	**24175**	**8505**	**15670**
1877	869	1008	5397	2152	3245
1467	695	772	5259	1881	3378
1012	517	495	4804	1586	3218
799	341	458	4673	1583	3090
633	281	352	4042	1303	2739
3622	**1636**	**1986**	**15234**	**6033**	**9201**
627	281	346	3491	1242	2249
640	280	360	3209	1195	2014
747	334	413	2875	1149	1726
854	404	450	3137	1346	1791
754	337	417	2522	1101	1421

7-2c 续表 1

年龄	合计			户口 省 省内		
	合计	男	女	小计	男	女
30-34岁	**73849**	**34332**	**39517**	**61940**	**28618**	**33322**
30	16835	7174	9661	14085	5972	8113
31	15578	7021	8557	13172	5897	7275
32	14882	7039	7843	12451	5877	6574
33	12488	6118	6370	10537	5096	5441
34	14066	6980	7086	11695	5776	5919
35-39岁	**72751**	**39410**	**33341**	**61245**	**33159**	**28086**
35	13894	7118	6776	11602	5914	5688
36	14844	7905	6939	12560	6696	5864
37	14670	8024	6646	12394	6778	5616
38	15161	8372	6789	12819	7071	5748
39	14182	7991	6191	11870	6700	5170
40-44岁	**65225**	**38168**	**27057**	**54764**	**32109**	**22655**
40	16163	9159	7004	13649	7756	5893
41	12638	7395	5243	10548	6177	4371
42	14212	8335	5877	11916	7001	4915
43	10804	6441	4363	9077	5428	3649
44	11408	6838	4570	9574	5747	3827
45-49岁	**46053**	**28770**	**17283**	**39558**	**24728**	**14830**
45	11003	6769	4234	9270	5727	3543
46	10055	6320	3735	8621	5419	3202
47	11927	7471	4456	10376	6470	3906
48	8808	5532	3276	7617	4796	2821
49	4260	2678	1582	3674	2316	1358
50-54岁	**29998**	**19974**	**10024**	**26506**	**17735**	**8771**
50	6008	3829	2179	5228	3367	1861
51	4568	3007	1561	3979	2630	1349
52	6404	4279	2125	5642	3762	1880
53	6543	4445	2098	5851	3985	1866
54	6475	4414	2061	5806	3991	1815
55-59岁	**33931**	**24505**	**9426**	**31052**	**22676**	**8376**
55	6977	4896	2081	6339	4492	1847
56	6849	4822	2027	6197	4410	1787
57	6290	4489	1801	5742	4136	1606
58	7223	5332	1891	6626	4948	1678
59	6592	4966	1626	6148	4690	1458
60-64岁	**33081**	**26382**	**6699**	**30927**	**24960**	**5967**
60	8399	6540	1859	7833	6181	1652
61	6523	5202	1321	6119	4924	1195
62	6318	5119	1199	5924	4874	1050
63	5976	4811	1165	5586	4546	1040
64	5865	4710	1155	5465	4435	1030

单位：人

登记地					
内			省外		
其中市辖区内人户分离					
小计	男	女	小计	男	女
4233	**2165**	**2068**	**11909**	**5714**	**6195**
859	425	434	2750	1202	1548
936	454	482	2406	1124	1282
883	454	429	2431	1162	1269
762	413	349	1951	1022	929
793	419	374	2371	1204	1167
4068	**2311**	**1757**	**11506**	**6251**	**5255**
793	422	371	2292	1204	1088
832	470	362	2284	1209	1075
858	489	369	2276	1246	1030
837	494	343	2342	1301	1041
748	436	312	2312	1291	1021
3491	**2114**	**1377**	**10461**	**6059**	**4402**
843	491	352	2514	1403	1111
676	388	288	2090	1218	872
804	500	304	2296	1334	962
536	329	207	1727	1013	714
632	406	226	1834	1091	743
2801	**1779**	**1022**	**6495**	**4042**	**2453**
589	359	230	1733	1042	691
610	388	222	1434	901	533
785	503	282	1551	1001	550
533	349	184	1191	736	455
284	180	104	586	362	224
2353	**1530**	**823**	**3492**	**2239**	**1253**
455	282	173	780	462	318
351	225	126	589	377	212
505	321	184	762	517	245
529	349	180	692	460	232
513	353	160	669	423	246
2965	**2097**	**868**	**2879**	**1829**	**1050**
603	395	208	638	404	234
584	393	191	652	412	240
573	406	167	548	353	195
616	457	159	597	384	213
589	446	143	444	276	168
3095	**2487**	**608**	**2154**	**1422**	**732**
735	581	154	566	359	207
610	475	135	404	278	126
586	478	108	394	245	149
589	489	100	390	265	125
575	464	111	400	275	125

7-2c 续表 2

年 龄	合 计			户口 省 省 内		
	合计	男	女	小计	男	女
65-69岁	**22246**	**17759**	**4487**	**20384**	**16455**	**3929**
65	6048	4868	1180	5635	4588	1047
66	4146	3316	830	3761	3054	707
67	3690	2871	819	3368	2656	712
68	4390	3496	894	4009	3216	793
69	3972	3208	764	3611	2941	670
70-74岁	**17484**	**13969**	**3515**	**15759**	**12712**	**3047**
70	4897	3963	934	4460	3645	815
71	3083	2416	667	2778	2204	574
72	3411	2789	622	3051	2525	526
73	3084	2448	636	2767	2207	560
74	3009	2353	656	2703	2131	572
75-79岁	**10591**	**8503**	**2088**	**9527**	**7723**	**1804**
75	3025	2463	562	2722	2224	498
76	2295	1840	455	2077	1681	396
77	2115	1666	449	1899	1515	384
78	1763	1434	329	1581	1303	278
79	1393	1100	293	1248	1000	248
80-84岁	**4883**	**3819**	**1064**	**4381**	**3427**	**954**
80	1757	1397	360	1570	1250	320
81	902	710	192	820	645	175
82	917	707	210	824	633	191
83	751	580	171	675	525	150
84	556	425	131	492	374	118
85-89岁	**1656**	**1142**	**514**	**1488**	**1034**	**454**
85	563	407	156	508	369	139
86	396	275	121	360	251	109
87	320	210	110	283	190	93
88	196	131	65	173	116	57
89	181	119	62	164	108	56
90-94岁	**461**	**266**	**195**	**409**	**239**	**170**
90	171	111	60	151	102	49
91	101	56	45	94	52	42
92	84	43	41	69	35	34
93	61	32	29	56	28	28
94	44	24	20	39	22	17
95-99岁	**138**	**74**	**64**	**119**	**61**	**58**
95	37	18	19	33	16	17
96	39	18	21	36	17	19
97	23	11	12	17	7	10
98	25	18	7	20	13	7
99	14	9	5	13	8	5
100岁及以上	**21**	**8**	**13**	**20**	**7**	**13**

单位：人

登记地					
内			省　外		
其中市辖区内人户分离					
小计	男	女	小计	男	女
2098	**1626**	**472**	**1862**	**1304**	**558**
595	482	113	413	280	133
382	292	90	385	262	123
329	256	73	322	215	107
410	301	109	381	280	101
382	295	87	361	267	94
1549	**1177**	**372**	**1725**	**1257**	**468**
423	330	93	437	318	119
255	191	64	305	212	93
341	259	82	360	264	96
264	198	66	317	241	76
266	199	67	306	222	84
955	**736**	**219**	**1064**	**780**	**284**
267	211	56	303	239	64
196	151	45	218	159	59
200	148	52	216	151	65
174	136	38	182	131	51
118	90	28	145	100	45
409	**306**	**103**	**502**	**392**	**110**
146	113	33	187	147	40
83	58	25	82	65	17
71	49	22	93	74	19
62	49	13	76	55	21
47	37	10	64	51	13
140	**98**	**42**	**168**	**108**	**60**
52	32	20	55	38	17
34	25	9	36	24	12
25	16	9	37	20	17
12	11	1	23	15	8
17	14	3	17	11	6
26	**14**	**12**	**52**	**27**	**25**
10	8	2	20	9	11
9	3	6	7	4	3
5	2	3	15	8	7
1	1		5	4	1
1		1	5	2	3
9	**6**	**3**	**19**	**13**	**6**
3	1	2	4	2	2
3	2	1	3	1	2
			6	4	2
1	1		5	5	
2	2		1	1	
2	**2**		**1**	**1**	

7-3 全省按现住地、性别分的户口登记地在外省的人口

单位：人

现住地	户口登记地					
	合计			北京		
	合计	男	女	小计	男	女
总计	**592134**	**344174**	**247960**	**6863**	**4095**	**2768**
郑州市	245478	151003	94475	1970	1164	806
开封市	16368	8819	7549	263	141	122
洛阳市	59808	35132	24676	620	380	240
平顶山市	22660	12901	9759	381	275	106
安阳市	29194	14910	14284	356	221	135
鹤壁市	3860	2051	1809	81	56	25
新乡市	20402	11090	9312	344	190	154
焦作市	23398	13313	10085	276	182	94
濮阳市	18481	8990	9491	363	209	154
许昌市	30216	20430	9786	214	128	86
漯河市	6597	3537	3060	76	42	34
三门峡市	15617	9766	5851	105	63	42
南阳市	26554	14025	12529	506	270	236
商丘市	15511	8376	7135	222	137	85
信阳市	27285	12883	14402	351	209	142
周口市	9412	4694	4718	330	195	135
驻马店市	15527	8887	6640	370	212	158
济源市	5766	3367	2399	35	21	14

7-3 续表 1

单位：人

现住地	户口登记地								
	天津			河北			山西		
	小计	男	女	小计	男	女	小计	男	女
总计	**4674**	**2483**	**2191**	**38663**	**21489**	**17174**	**36250**	**22165**	**14085**
郑州市	1385	772	613	13976	8162	5814	10092	6076	4016
开封市	123	58	65	838	432	406	673	334	339
洛阳市	698	396	302	2652	1557	1095	7601	5103	2498
平顶山市	280	137	143	926	523	403	989	726	263
安阳市	456	217	239	9381	4716	4665	3586	1927	1659
鹤壁市	61	31	30	443	271	172	317	178	139
新乡市	217	99	118	1203	638	565	1374	698	676
焦作市	186	97	89	1214	676	538	2544	1459	1085
濮阳市	261	138	123	2339	1021	1318	499	267	232
许昌市	84	46	38	1340	936	404	3472	2615	857
漯河市	50	29	21	288	157	131	508	267	241
三门峡市	42	21	21	506	313	193	1607	875	732
南阳市	220	105	115	929	537	392	686	368	318
商丘市	238	123	115	420	228	192	418	242	176
信阳市	98	42	56	837	502	335	429	209	220
周口市	98	61	37	473	282	191	440	252	188
驻马店市	148	91	57	662	388	274	438	255	183
济源市	29	20	9	236	150	86	577	314	263

7-3 续表 2

单位：人

现住地	户口登记地								
	内蒙古			辽宁			吉林		
	小计	男	女	小计	男	女	小计	男	女
总 计	**7851**	**4251**	**3600**	**8996**	**5132**	**3864**	**8437**	**4590**	**3847**
郑州市	3367	1895	1472	4234	2508	1726	3685	2096	1589
开封市	317	188	129	271	129	142	330	162	168
洛阳市	784	392	392	1107	612	495	1080	586	494
平顶山市	594	325	269	272	154	118	306	192	114
安阳市	296	134	162	366	201	165	500	232	268
鹤壁市	40	19	21	81	40	41	79	39	40
新乡市	310	151	159	370	188	182	358	176	182
焦作市	254	151	103	302	148	154	250	126	124
濮阳市	266	128	138	291	150	141	261	119	142
许昌市	357	171	186	239	153	86	290	169	121
漯河市	81	45	36	129	63	66	107	60	47
三门峡市	56	35	21	109	65	44	115	62	53
南阳市	387	232	155	347	192	155	244	134	110
商丘市	262	126	136	148	87	61	130	71	59
信阳市	120	53	67	166	84	82	300	130	170
周口市	108	60	48	200	104	96	169	70	99
驻马店市	135	75	60	291	204	87	182	135	47
济源市	117	71	46	73	50	23	51	31	20

7-3 续表 3

单位：人

现住地	户口登记地								
	黑龙江			上海			江苏		
	小计	男	女	小计	男	女	小计	男	女
总 计	**14519**	**7569**	**6950**	**3670**	**2250**	**1420**	**31668**	**20699**	**10969**
郑州市	7074	3837	3237	1250	801	449	16009	10818	5191
开封市	426	197	229	184	109	75	593	323	270
洛阳市	1357	715	642	450	272	178	3322	2131	1191
平顶山市	462	227	235	272	212	60	901	539	362
安阳市	662	306	356	106	63	43	689	409	280
鹤壁市	122	46	76	25	14	11	125	70	55
新乡市	585	291	294	97	48	49	1065	647	418
焦作市	420	211	209	100	47	53	1651	989	662
濮阳市	1174	551	623	103	50	53	536	305	231
许昌市	313	168	145	144	77	67	2027	1582	445
漯河市	216	116	100	13	8	5	272	188	84
三门峡市	190	103	87	32	20	12	500	316	184
南阳市	403	211	192	192	120	72	772	488	284
商丘市	338	167	171	231	146	85	913	533	380
信阳市	317	167	150	204	109	95	1062	600	462
周口市	145	79	66	171	100	71	446	271	175
驻马店市	245	142	103	81	42	39	539	344	195
济源市	70	35	35	15	12	3	246	146	100

7-3 续表 4　　单位：人

现住地	户口登记地								
	浙江			安徽			福建		
	小计	男	女	小计	男	女	小计	男	女
总 计	**33679**	**20679**	**13000**	**61209**	**36260**	**24949**	**20286**	**13022**	**7264**
郑州市	17387	10479	6908	30739	19353	11386	10737	6758	3979
开封市	641	363	278	1297	696	601	338	183	155
洛阳市	2976	1775	1201	4227	2467	1760	1812	1152	660
平顶山市	921	598	323	1087	541	546	632	416	216
安阳市	915	550	365	1012	559	453	743	485	258
鹤壁市	100	58	42	247	120	127	102	69	33
新乡市	911	519	392	2770	1598	1172	547	351	196
焦作市	876	546	330	2844	1616	1228	548	363	185
濮阳市	425	246	179	455	222	233	261	146	115
许昌市	2746	2178	568	1738	1187	551	545	378	167
漯河市	293	169	124	521	299	222	192	107	85
三门峡市	655	384	271	1034	631	403	349	217	132
南阳市	1252	743	509	1066	569	497	835	503	332
商丘市	790	452	338	3991	2229	1762	349	218	131
信阳市	1155	614	541	4323	2147	2176	737	477	260
周口市	577	318	259	1270	594	676	264	149	115
驻马店市	848	569	279	1410	736	674	1198	990	208
济源市	211	118	93	1178	696	482	97	60	37

7-3 续表 5　　单位：人

现住地	户口登记地								
	江西			山东			河南		
	小计	男	女	小计	男	女	小计	男	女
总 计	**19261**	**11435**	**7826**	**49067**	**28362**	**20705**			
郑州市	8424	5348	3076	18357	11405	6952			
开封市	465	279	186	1777	956	821			
洛阳市	1731	963	768	3821	2329	1492			
平顶山市	888	544	344	1515	779	736			
安阳市	548	301	247	1825	982	843			
鹤壁市	97	62	35	239	125	114			
新乡市	622	343	279	2439	1397	1042			
焦作市	403	229	174	2481	1392	1089			
濮阳市	166	91	75	6435	3208	3227			
许昌市	1149	735	414	1845	1311	534			
漯河市	230	135	95	376	193	183			
三门峡市	400	234	166	521	317	204			
南阳市	1004	553	451	1262	625	637			
商丘市	440	216	224	2977	1583	1394			
信阳市	1590	764	826	1191	708	483			
周口市	340	156	184	1013	477	536			
驻马店市	693	436	257	545	319	226			
济源市	71	46	25	448	256	192			

7-3 续表 6　　单位：人

现住地	户口登记地								
	湖　北			湖　南			广　东		
	小计	男	女	小计	男	女	小计	男	女
总　计	**60084**	**35537**	**24547**	**24661**	**13495**	**11166**	**16888**	**10199**	**6689**
郑州市	26341	16676	9665	11447	6879	4568	6336	4425	1911
开封市	1098	543	555	497	234	263	506	280	226
洛阳市	5809	3315	2494	2121	1162	959	1190	694	496
平顶山市	2846	1762	1084	1204	560	644	907	551	356
安阳市	1380	785	595	833	404	429	406	199	207
鹤壁市	376	214	162	168	107	61	117	71	46
新乡市	1238	737	501	763	410	353	411	238	173
焦作市	1879	1050	829	713	374	339	370	212	158
濮阳市	1064	527	537	428	219	209	233	117	116
许昌市	1649	1024	625	977	620	357	824	542	282
漯河市	756	404	352	378	205	173	439	253	186
三门峡市	1693	1174	519	556	317	239	143	73	70
南阳市	5486	2879	2607	1147	507	640	1974	1051	923
商丘市	586	295	291	361	159	202	357	208	149
信阳市	5489	2872	2617	1774	749	1025	1058	439	619
周口市	492	229	263	414	175	239	550	291	259
驻马店市	1626	877	749	771	357	414	1008	528	480
济源市	276	174	102	109	57	52	59	27	32

7-3 续表 7　　单位：人

现住地	户口登记地								
	广　西			海　南			重　庆		
	小计	男	女	小计	男	女	小计	男	女
总　计	**7194**	**3003**	**4191**	**3145**	**1519**	**1626**	**14346**	**8607**	**5739**
郑州市	2384	1347	1037	1097	620	477	6865	4307	2558
开封市	218	91	127	235	97	138	331	189	142
洛阳市	684	325	359	162	74	88	1652	938	714
平顶山市	416	119	297	97	40	57	678	447	231
安阳市	221	63	158	190	100	90	467	239	228
鹤壁市	73	27	46	28	12	16	110	57	53
新乡市	223	101	122	323	118	205	410	225	185
焦作市	241	127	114	157	84	73	427	234	193
濮阳市	75	17	58	33	13	20	287	147	140
许昌市	464	205	259	71	38	33	284	158	126
漯河市	131	49	82	44	20	24	125	66	59
三门峡市	77	26	51	22	13	9	801	524	277
南阳市	387	95	292	205	98	107	849	514	335
商丘市	219	111	108	123	58	65	154	86	68
信阳市	845	143	702	163	49	114	500	244	256
周口市	173	48	125	46	19	27	106	57	49
驻马店市	338	94	244	136	61	75	217	124	93
济源市	25	15	10	13	5	8	83	51	32

7-3 续表 8

单位：人

现住地	户口登记地								
	四川			贵州			云南		
	小计	男	女	小计	男	女	小计	男	女
总　计	**39356**	**23229**	**16127**	**11227**	**5563**	**5664**	**8826**	**3324**	**5502**
郑州市	16164	10135	6029	3761	2354	1407	2178	1119	1059
开封市	1327	819	508	304	149	155	998	601	397
洛阳市	3661	2040	1621	695	365	330	566	239	327
平顶山市	1998	1312	686	602	204	398	640	110	530
安阳市	1314	565	749	758	191	567	325	100	225
鹤壁市	311	176	135	171	27	144	87	22	65
新乡市	1219	686	533	416	124	292	245	76	169
焦作市	1721	923	798	458	251	207	262	124	138
濮阳市	888	417	471	262	44	218	98	15	83
许昌市	2148	1359	789	1332	815	517	530	299	231
漯河市	336	163	173	111	41	70	95	28	67
三门峡市	2126	1417	709	84	31	53	78	27	51
南阳市	1810	942	868	497	178	319	541	135	406
商丘市	387	187	200	163	68	95	224	91	133
信阳市	1460	650	810	768	210	558	1064	136	928
周口市	368	168	200	155	43	112	188	49	139
驻马店市	1073	646	427	656	451	205	617	117	500
济源市	1045	624	421	34	17	17	90	36	54

7-3 续表 9

单位：人

现住地	户口登记地								
	西藏			陕西			甘肃		
	小计	男	女	小计	男	女	小计	男	女
总　计	**1309**	**590**	**719**	**29910**	**17939**	**11971**	**12010**	**6860**	**5150**
郑州市	669	306	363	9676	5705	3971	4119	2433	1686
开封市	43	22	21	827	468	359	604	317	287
洛阳市	95	31	64	4808	2906	1902	1866	1065	801
平顶山市	40	21	19	1540	964	576	393	189	204
安阳市	75	24	51	937	486	451	320	158	162
鹤壁市	9	5	4	117	56	61	45	22	23
新乡市	42	19	23	1050	573	477	245	130	115
焦作市	36	16	20	1648	1025	623	490	280	210
濮阳市	15	9	6	443	202	241	302	141	161
许昌市	29	11	18	1666	1167	499	1782	1194	588
漯河市	31	16	15	241	132	109	161	77	84
三门峡市	11	4	7	3338	2257	1081	233	120	113
南阳市	71	42	29	1707	994	713	436	245	191
商丘市	35	17	18	315	155	160	323	167	156
信阳市	52	21	31	566	266	300	200	82	118
周口市	17	9	8	259	125	134	160	77	83
驻马店市	37	16	21	466	265	201	214	93	121
济源市	2	1	1	306	193	113	117	70	47

7-3 续表 10

单位：人

现住地	户口登记地								
	青海			宁夏			新疆		
	小计	男	女	小计	男	女	小计	男	女
总 计	**7212**	**4092**	**3120**	**2441**	**1383**	**1058**	**8432**	**4353**	**4079**
郑州市	1794	1025	769	828	487	341	3133	1713	1420
开封市	369	215	154	81	45	36	394	199	195
洛阳市	1067	555	512	335	191	144	859	402	457
平顶山市	275	158	117	115	54	61	483	222	261
安阳市	256	136	120	107	62	45	164	95	69
鹤壁市	43	28	15	12	10	2	34	19	15
新乡市	303	175	128	73	40	33	229	104	125
焦作市	260	140	120	172	121	51	215	120	95
濮阳市	262	139	123	28	16	12	228	116	112
许昌市	1298	806	492	233	113	120	426	245	181
漯河市	194	100	94	41	22	19	162	83	79
三门峡市	78	44	34	28	12	16	128	71	57
南阳市	446	255	191	187	101	86	706	339	367
商丘市	88	54	34	28	17	11	281	145	136
信阳市	146	70	76	35	16	19	285	121	164
周口市	87	59	28	51	26	25	302	151	151
驻马店市	181	100	81	64	39	25	338	181	157
济源市	65	33	32	23	11	12	65	27	38

7-3a 全省按现住地、性别分的户口登记地在外省的人口(城市)

单位：人

现住地	户口登记地					
	合计			北京		
	合计	男	女	小计	男	女
总 计	**386432**	**230123**	**156309**	**3918**	**2352**	**1566**
郑州市	200337	123924	76413	1793	1068	725
开封市	11004	6008	4996	156	75	81
洛阳市	42230	24281	17949	469	282	187
平顶山市	14530	9638	4892	281	226	55
安阳市	16681	8939	7742	147	90	57
鹤壁市	1963	1094	869	27	18	9
新乡市	14528	7961	6567	255	138	117
焦作市	13892	8199	5693	103	60	43
濮阳市	9270	4766	4504	130	71	59
许昌市	7104	4183	2921	69	41	28
漯河市	4658	2670	1988	49	23	26
三门峡市	8700	5134	3566	51	27	24
南阳市	10311	5757	4554	125	65	60
商丘市	9968	5428	4540	43	26	17
信阳市	9778	5622	4156	63	39	24
周口市	3576	1817	1759	59	34	25
驻马店市	3614	2205	1409	73	52	21
济源市	4288	2497	1791	25	17	8

7-3a 续表 1

单位：人

现住地	户口登记地 天津 小计	天津 男	天津 女	河北 小计	河北 男	河北 女	山西 小计	山西 男	山西 女
总 计	**3450**	**1815**	**1635**	**26073**	**14898**	**11175**	**20614**	**12197**	**8417**
郑州市	1144	638	506	11527	6769	4758	7954	4767	3187
开封市	81	40	41	663	363	300	550	276	274
洛阳市	646	370	276	2063	1166	897	4129	2625	1504
平顶山市	228	120	108	571	373	198	776	621	155
安阳市	346	155	191	5568	2939	2629	1323	717	606
鹤壁市	47	22	25	230	144	86	110	60	50
新乡市	189	82	107	919	481	438	762	378	384
焦作市	153	81	72	857	485	372	1320	816	504
濮阳市	178	88	90	844	446	398	198	110	88
许昌市	37	19	18	524	318	206	464	209	255
漯河市	44	25	19	212	126	86	431	228	203
三门峡市	22	14	8	330	207	123	1152	617	535
南阳市	97	41	56	503	311	192	289	154	135
商丘市	123	64	59	294	158	136	274	149	125
信阳市	58	23	35	413	266	147	293	161	132
周口市	6	4	2	153	98	55	144	70	74
驻马店市	26	13	13	181	106	75	91	51	40
济源市	25	16	9	221	142	79	354	188	166

7-3a 续表 2

单位：人

现住地	户口登记地 内蒙古 小计	内蒙古 男	内蒙古 女	辽宁 小计	辽宁 男	辽宁 女	吉林 小计	吉林 男	吉林 女
总 计	**6142**	**3302**	**2840**	**6827**	**3814**	**3013**	**6520**	**3555**	**2965**
郑州市	2780	1538	1242	3624	2122	1502	3133	1792	1341
开封市	277	163	114	238	112	126	309	152	157
洛阳市	700	350	350	908	503	405	852	450	402
平顶山市	523	288	235	226	129	97	223	149	74
安阳市	176	82	94	235	128	107	394	184	210
鹤壁市	30	15	15	53	23	30	59	30	29
新乡市	233	113	120	299	138	161	286	137	149
焦作市	204	122	82	244	120	124	177	90	87
濮阳市	132	59	73	170	89	81	163	78	85
许昌市	269	118	151	101	59	42	111	66	45
漯河市	66	40	26	106	52	54	98	57	41
三门峡市	27	16	11	74	44	30	83	46	37
南阳市	222	138	84	182	103	79	182	105	77
商丘市	231	108	123	123	68	55	103	54	49
信阳市	64	33	31	67	32	35	132	63	69
周口市	40	17	23	80	31	49	128	49	79
驻马店市	64	38	26	46	28	18	43	26	17
济源市	104	64	40	51	33	18	44	27	17

7-3a 续表 3　　单位：人

现住地	户口登记地								
	黑龙江			上海			江苏		
	小计	男	女	小计	男	女	小计	男	女
总　计	**11501**	**6048**	**5453**	**2351**	**1442**	**909**	**22698**	**14922**	**7776**
郑州市	6001	3253	2748	1123	710	413	13972	9520	4452
开封市	362	165	197	137	73	64	442	246	196
洛阳市	1170	614	556	377	213	164	2453	1503	950
平顶山市	353	180	173	227	186	41	538	351	187
安阳市	455	216	239	72	38	34	442	255	187
鹤壁市	83	34	49	18	9	9	97	59	38
新乡市	450	220	230	75	35	40	756	463	293
焦作市	304	154	150	57	26	31	963	593	370
濮阳市	851	410	441	48	25	23	310	182	128
许昌市	238	130	108	38	17	21	380	249	131
漯河市	195	108	87	6	3	3	175	113	62
三门峡市	167	90	77	13	8	5	307	201	106
南阳市	250	134	116	33	24	9	405	277	128
商丘市	282	144	138	44	27	17	523	314	209
信阳市	119	68	51	27	11	16	462	301	161
周口市	57	34	23	23	16	7	122	80	42
驻马店市	106	64	42	25	15	10	141	92	49
济源市	58	30	28	8	6	2	210	123	87

7-3a 续表 4　　单位：人

现住地	户口登记地								
	浙江			安徽			福建		
	小计	男	女	小计	男	女	小计	男	女
总　计	**24259**	**14440**	**9819**	**42068**	**25779**	**16289**	**14045**	**8729**	**5316**
郑州市	15479	9237	6242	25084	15888	9196	8161	5165	2996
开封市	459	261	198	1040	588	452	262	150	112
洛阳市	2319	1356	963	3123	1818	1305	1450	874	576
平顶山市	607	414	193	670	392	278	443	305	138
安阳市	774	474	300	757	436	321	423	228	195
鹤壁市	68	38	30	135	68	67	62	38	24
新乡市	726	423	303	1915	1105	810	491	313	178
焦作市	594	368	226	1801	1067	734	416	264	152
濮阳市	233	129	104	296	159	137	204	119	85
许昌市	361	208	153	593	379	214	280	190	90
漯河市	209	121	88	424	236	188	145	76	69
三门峡市	461	261	200	798	498	300	265	159	106
南阳市	606	366	240	490	299	191	373	210	163
商丘市	386	218	168	2143	1216	927	295	185	110
信阳市	421	240	181	947	543	404	373	223	150
周口市	169	96	73	469	253	216	152	86	66
驻马店市	184	116	68	463	295	168	155	86	69
济源市	203	114	89	920	539	381	95	58	37

7-3a 续表 5

单位：人

现住地	户口登记地								
	江西			山东			河南		
	小计	男	女	小计	男	女	小计	男	女
总　计	**12792**	**7825**	**4967**	**34134**	**19894**	**14240**			
郑州市	6507	4191	2316	15150	9472	5678			
开封市	379	239	140	1189	655	534			
洛阳市	1350	752	598	2913	1726	1187			
平顶山市	608	424	184	1186	635	551			
安阳市	427	247	180	1203	651	552			
鹤壁市	52	32	20	130	76	54			
新乡市	528	301	227	1618	919	699			
焦作市	290	186	104	1298	730	568			
濮阳市	53	26	27	2927	1510	1417			
许昌市	359	204	155	600	345	255			
漯河市	156	97	59	310	166	144			
三门峡市	190	104	86	295	189	106			
南阳市	483	253	230	840	413	427			
商丘市	305	146	159	2573	1364	1209			
信阳市	694	379	315	742	460	282			
周口市	198	94	104	674	304	370			
驻马店市	150	107	43	159	96	63			
济源市	63	43	20	327	183	144			

7-3a 续表 6

单位：人

现住地	户口登记地								
	湖北			湖南			广东		
	小计	男	女	小计	男	女	小计	男	女
总　计	**40822**	**25057**	**15765**	**14688**	**8512**	**6176**	**10014**	**6621**	**3393**
郑州市	22407	14267	8140	7450	4534	2916	5806	4065	1741
开封市	819	429	390	343	173	170	255	155	100
洛阳市	4554	2559	1995	1386	783	603	893	544	349
平顶山市	1754	1218	536	795	452	343	456	351	105
安阳市	843	482	361	524	267	257	284	141	143
鹤壁市	202	116	86	79	45	34	69	44	25
新乡市	931	555	376	644	350	294	332	200	132
焦作市	1352	766	586	468	276	192	237	156	81
濮阳市	800	405	395	149	81	68	144	77	67
许昌市	534	332	202	409	260	149	152	99	53
漯河市	527	308	219	267	169	98	162	110	52
三门峡市	840	535	305	312	189	123	75	40	35
南阳市	1819	1016	803	448	221	227	364	216	148
商丘市	384	218	166	287	129	158	103	58	45
信阳市	2056	1263	793	663	326	337	323	170	153
周口市	202	101	101	198	103	95	128	67	61
驻马店市	617	373	244	179	103	76	184	105	79
济源市	181	114	67	87	51	36	47	23	24

7-3a 续表 7　　单位：人

现住地	户口登记地								
	广西			海南			重庆		
	小计	男	女	小计	男	女	小计	男	女
总　计	**3881**	**2168**	**1713**	**2407**	**1203**	**1204**	**10187**	**6217**	**3970**
郑州市	1788	1067	721	863	483	380	5661	3553	2108
开封市	141	80	61	223	93	130	245	148	97
洛阳市	449	239	210	132	63	69	996	541	455
平顶山市	164	97	67	69	35	34	492	375	117
安阳市	93	41	52	168	92	76	324	175	149
鹤壁市	29	16	13	24	10	14	66	35	31
新乡市	179	90	89	302	112	190	346	197	149
焦作市	172	119	53	140	78	62	303	183	120
濮阳市	19	9	10	15	10	5	194	101	93
许昌市	141	75	66	27	16	11	150	89	61
漯河市	59	35	24	23	10	13	93	54	39
三门峡市	23	9	14	18	10	8	529	320	209
南阳市	104	49	55	106	63	43	288	161	127
商丘市	184	98	86	115	54	61	82	48	34
信阳市	216	79	137	104	36	68	237	133	104
周口市	68	33	35	13	5	8	36	22	14
驻马店市	32	18	14	55	28	27	72	36	36
济源市	20	14	6	10	5	5	73	46	27

7-3a 续表 8　　单位：人

现住地	户口登记地								
	四川			贵州			云南		
	小计	男	女	小计	男	女	小计	男	女
总　计	**24141**	**14992**	**9149**	**4650**	**2901**	**1749**	**2996**	**1670**	**1326**
郑州市	12769	8069	4700	2776	1783	993	1348	804	544
开封市	439	244	195	162	95	67	160	73	87
洛阳市	2398	1333	1065	409	252	157	347	197	150
平顶山市	1243	1021	222	216	133	83	134	73	61
安阳市	616	327	289	91	48	43	76	43	33
鹤壁市	128	79	49	28	13	15	30	17	13
新乡市	831	493	338	150	74	76	154	66	88
焦作市	856	495	361	219	160	59	150	96	54
濮阳市	450	228	222	45	20	25	18	6	12
许昌市	330	215	115	37	28	9	47	32	15
漯河市	250	147	103	59	32	27	34	24	10
三门峡市	1317	838	479	52	24	28	25	10	15
南阳市	678	363	315	104	61	43	95	49	46
商丘市	232	129	103	61	31	30	127	64	63
信阳市	555	389	166	123	80	43	111	51	60
周口市	120	63	57	39	20	19	71	23	48
驻马店市	195	134	61	55	33	22	44	30	14
济源市	734	425	309	24	14	10	25	12	13

7-3a　续表 9　　单位：人

现住地	户口登记地								
	西藏			陕西			甘肃		
	小计	男	女	小计	男	女	小计	男	女
总　计	**993**	**472**	**521**	**16183**	**9354**	**6829**	**6913**	**4000**	**2913**
郑州市	653	299	354	7413	4319	3094	3221	1913	1308
开封市	33	16	17	597	369	228	393	225	168
洛阳市	47	27	20	2723	1557	1166	1307	747	560
平顶山市	25	13	12	894	641	253	257	156	101
安阳市	37	19	18	455	238	217	124	58	66
鹤壁市	3	2	1	37	16	21	18	7	11
新乡市	29	13	16	622	317	305	136	74	62
焦作市	20	8	12	603	346	257	240	144	96
濮阳市	10	6	4	264	124	140	157	71	86
许昌市	12	4	8	300	190	110	163	90	73
漯河市	21	11	10	142	82	60	107	61	46
三门峡市	5	2	3	997	533	464	145	78	67
南阳市	42	26	16	426	225	201	174	111	63
商丘市	17	10	7	202	108	94	215	120	95
信阳市	24	10	14	185	96	89	85	51	34
周口市	8	3	5	62	35	27	47	21	26
驻马店市	7	3	4	102	65	37	35	16	19
济源市				159	93	66	89	57	32

7-3a　续表 10　　单位：人

现住地	户口登记地								
	青海			宁夏			新疆		
	小计	男	女	小计	男	女	小计	男	女
总　计	**4012**	**2186**	**1826**	**1485**	**869**	**616**	**5668**	**2889**	**2779**
郑州市	1366	766	600	660	390	270	2724	1482	1242
开封市	284	163	121	69	39	30	297	148	149
洛阳市	834	427	407	222	135	87	611	275	336
平顶山市	134	75	59	100	53	47	337	152	185
安阳市	129	65	64	61	35	26	114	68	46
鹤壁市	27	17	10	4	2	2	18	9	9
新乡市	158	87	71	36	17	19	176	70	106
焦作市	143	78	65	73	58	15	135	74	61
濮阳市	146	70	76	18	10	8	104	47	57
许昌市	141	80	61	80	43	37	157	78	79
漯河市	146	81	65	21	10	11	121	65	56
三门峡市	44	24	20	17	8	9	66	33	33
南阳市	240	133	107	52	31	21	291	139	152
商丘市	44	29	15	9	4	5	164	87	77
信阳市	62	32	30	17	8	9	142	56	86
周口市	18	10	8	10	6	4	82	39	43
驻马店市	36	19	17	21	13	8	73	44	29
济源市	60	30	30	15	7	8	56	23	33

7-3b 全省按现住地、性别分的户口登记地在外省的人口(镇)

单位：人

现住地	户口登记地					
	合计			北京		
	合计	男	女	小计	男	女
总 计	**94930**	**58848**	**36082**	**960**	**549**	**411**
郑州市	11869	6790	5079	56	33	23
开封市	1670	919	751	33	19	14
洛阳市	9346	6362	2984	47	33	14
平顶山市	2661	1447	1214	25	15	10
安阳市	3694	2194	1500	54	36	18
鹤壁市	581	317	264	12	8	4
新乡市	2924	1630	1294	30	13	17
焦作市	4150	2337	1813	46	29	17
濮阳市	5380	2857	2523	92	49	43
许昌市	17243	12673	4570	57	35	22
漯河市	883	516	367	14	11	3
三门峡市	4764	3213	1551	31	20	11
南阳市	8801	5056	3745	207	104	103
商丘市	2189	1334	855	17	11	6
信阳市	8719	4646	4073	86	50	36
周口市	2435	1386	1049	38	20	18
驻马店市	7213	4939	2274	112	61	51
济源市	408	232	176	3	2	1

7-3b 续表 1

单位：人

现住地	户口登记地								
	天津			河北			山西		
	小计	男	女	小计	男	女	小计	男	女
总 计	**466**	**258**	**208**	**5010**	**3088**	**1922**	**9217**	**6356**	**2861**
郑州市	115	71	44	792	436	356	854	528	326
开封市	16	7	9	49	31	18	63	32	31
洛阳市	19	11	8	307	238	69	2758	2028	730
平顶山市	12	7	5	152	79	73	94	59	35
安阳市	36	17	19	1068	625	443	530	281	249
鹤壁市	4	2	2	80	45	35	52	31	21
新乡市	8	4	4	132	78	54	290	156	134
焦作市	19	9	10	173	102	71	661	338	323
濮阳市	28	18	10	653	334	319	113	59	54
许昌市	9	5	4	580	468	112	2639	2148	491
漯河市	4	2	2	27	16	11	34	20	14
三门峡市	17	5	12	114	74	40	341	196	145
南阳市	78	38	40	243	149	94	277	164	113
商丘市	10	4	6	49	33	16	64	43	21
信阳市	21	11	10	213	133	80	62	26	36
周口市	18	9	9	77	40	37	113	72	41
驻马店市	51	37	14	298	205	93	209	139	70
济源市	1	1		3	2	1	63	36	27

7-3b 续表 2 单位：人

现住地	户口登记地								
	内蒙古			辽宁			吉林		
	小计	男	女	小计	男	女	小计	男	女
总 计	**866**	**477**	**389**	**977**	**614**	**363**	**1012**	**576**	**436**
郑州市	241	124	117	150	98	52	174	92	82
开封市	29	19	10	13	5	8	14	8	6
洛阳市	47	27	20	82	52	30	101	65	36
平顶山市	43	27	16	23	14	9	38	20	18
安阳市	33	16	17	59	34	25	39	22	17
鹤壁市	1		1	11	6	5	6	3	3
新乡市	46	25	21	32	18	14	43	22	21
焦作市	24	14	10	33	14	19	40	21	19
濮阳市	74	42	32	62	31	31	68	30	38
许昌市	50	29	21	98	70	28	150	90	60
漯河市	12	4	8	9	5	4	4	1	3
三门峡市	23	17	6	19	8	11	14	8	6
南阳市	125	73	52	112	62	50	41	21	20
商丘市	14	6	8	10	9	1	21	14	7
信阳市	34	15	19	47	29	18	125	53	72
周口市	16	7	9	33	17	16	17	10	7
驻马店市	45	27	18	171	132	39	114	94	20
济源市	9	5	4	13	10	3	3	2	1

7-3b 续表 3 单位：人

现住地	户口登记地								
	黑龙江			上海			江苏		
	小计	男	女	小计	男	女	小计	男	女
总 计	**1500**	**750**	**750**	**426**	**252**	**174**	**4688**	**3355**	**1333**
郑州市	387	183	204	20	14	6	487	276	211
开封市	43	22	21	15	11	4	67	35	32
洛阳市	91	46	45	40	31	9	563	459	104
平顶山市	66	32	34	9	4	5	154	98	56
安阳市	72	38	34	17	11	6	142	104	38
鹤壁市	18	5	13				12	6	6
新乡市	96	51	45	7	4	3	147	85	62
焦作市	55	30	25	19	11	8	229	137	92
濮阳市	181	83	98	20	9	11	117	70	47
许昌市	39	20	19	66	26	40	1418	1186	232
漯河市	10	4	6	1	1		31	24	7
三门峡市	15	11	4	13	7	6	142	86	56
南阳市	116	61	55	64	39	25	232	151	81
商丘市	31	12	19	17	14	3	124	74	50
信阳市	123	58	65	62	35	27	351	224	127
周口市	60	33	27	38	21	17	170	120	50
驻马店市	93	59	34	18	14	4	297	216	81
济源市	4	2	2				5	4	1

7-3b 续表 4 单位：人

现住地	户口登记地								
	浙江			安徽			福建		
	小计	男	女	小计	男	女	小计	男	女
总　计	**5695**	**4031**	**1664**	**9528**	**5512**	**4016**	**2428**	**1785**	**643**
郑州市	354	221	133	1609	920	689	209	107	102
开封市	74	39	35	117	59	58	40	22	18
洛阳市	336	224	112	457	314	143	130	91	39
平顶山市	168	99	69	211	106	105	112	76	36
安阳市	97	56	41	140	83	57	191	161	30
鹤壁市	21	14	7	86	48	38	9	5	4
新乡市	127	74	53	508	305	203	17	15	2
焦作市	204	132	72	525	272	253	104	85	19
濮阳市	157	100	57	96	51	45	45	22	23
许昌市	2217	1863	354	779	565	214	127	99	28
漯河市	70	44	26	71	52	19	40	27	13
三门峡市	161	98	63	170	101	69	52	33	19
南阳市	448	264	184	377	208	169	240	137	103
商丘市	134	84	50	714	444	270	34	23	11
信阳市	465	255	210	2272	1243	1029	163	93	70
周口市	157	99	58	522	277	245	64	41	23
驻马店市	503	364	139	714	374	340	850	747	103
济源市	2	1	1	160	90	70	1	1	

7-3b 续表 5 单位：人

现住地	户口登记地								
	江西			山东			河南		
	小计	男	女	小计	男	女	小计	男	女
总　计	**3576**	**2207**	**1369**	**7315**	**4361**	**2954**			
郑州市	544	310	234	836	456	380			
开封市	51	34	17	320	180	140			
洛阳市	278	169	109	484	368	116			
平顶山市	113	62	51	105	61	44			
安阳市	64	38	26	219	154	65			
鹤壁市	10	5	5	55	28	27			
新乡市	53	24	29	583	350	233			
焦作市	45	19	26	375	218	157			
濮阳市	87	60	27	2491	1311	1180			
许昌市	644	442	202	653	494	159			
漯河市	42	26	16	27	19	8			
三门峡市	185	121	64	114	66	48			
南阳市	346	219	127	219	137	82			
商丘市	97	57	40	240	157	83			
信阳市	535	295	240	147	80	67			
周口市	89	52	37	121	73	48			
驻马店市	391	273	118	261	174	87			
济源市	2	1	1	65	35	30			

7-3b 续表 6 单位：人

现住地	户口登记地								
	湖北			湖南			广东		
	小计	男	女	小计	男	女	小计	男	女
总计	**9827**	**5918**	**3909**	**4035**	**2304**	**1731**	**2247**	**1309**	**938**
郑州市	1133	728	405	845	398	447	151	96	55
开封市	166	93	73	63	35	28	45	23	22
洛阳市	666	423	243	418	243	175	104	62	42
平顶山市	401	225	176	142	75	67	112	61	51
安阳市	190	118	72	88	65	23	39	17	22
鹤壁市	35	20	15	37	31	6	10	5	5
新乡市	145	80	65	56	33	23	30	16	14
焦作市	283	175	108	112	60	52	44	21	23
濮阳市	188	99	89	221	132	89	33	16	17
许昌市	820	534	286	397	318	79	270	204	66
漯河市	118	69	49	49	27	22	113	60	53
三门峡市	644	466	178	176	100	76	27	15	12
南阳市	2308	1329	979	392	222	170	533	293	240
商丘市	114	60	54	36	20	16	89	67	22
信阳市	1798	1030	768	567	290	277	271	133	138
周口市	175	96	79	104	50	54	90	57	33
驻马店市	630	367	263	326	202	124	281	161	120
济源市	13	6	7	6	3	3	5	2	3

7-3b 续表 7 单位：人

现住地	户口登记地								
	广西			海南			重庆		
	小计	男	女	小计	男	女	小计	男	女
总计	**1038**	**458**	**580**	**341**	**151**	**190**	**2166**	**1334**	**832**
郑州市	181	86	95	44	27	17	278	181	97
开封市	14	8	6	5	2	3	54	28	26
洛阳市	73	44	29	15	7	8	424	244	180
平顶山市	40	13	27	10	2	8	75	36	39
安阳市	16	2	14	10	5	5	45	22	23
鹤壁市	10	1	9	4	2	2	11	5	6
新乡市	19	9	10	12	5	7	36	21	15
焦作市	19	3	16	7	3	4	68	37	31
濮阳市	10	4	6	8	3	5	72	43	29
许昌市	220	111	109	29	15	14	85	58	27
漯河市	20	7	13	11	6	5	23	11	12
三门峡市	22	13	9	4	3	1	223	159	64
南阳市	93	33	60	69	26	43	412	274	138
商丘市	6	6		3	2	1	56	30	26
信阳市	147	45	102	44	12	32	148	76	72
周口市	27	8	19	9	4	5	51	32	19
驻马店市	121	65	56	57	27	30	99	74	25
济源市							6	3	3

7-3b 续表 8

单位：人

现住地	户口登记地								
	四川			贵州			云南		
	小计	男	女	小计	男	女	小计	男	女
总 计	**5698**	**3527**	**2171**	**2500**	**1517**	**983**	**1087**	**520**	**567**
郑州市	748	446	302	300	191	109	170	68	102
开封市	88	48	40	19	8	11	16	7	9
洛阳市	491	320	171	57	39	18	41	20	21
平顶山市	154	77	77	65	25	40	40	10	30
安阳市	127	62	65	84	28	56	24	12	12
鹤壁市	18	6	12	14	2	12	13		13
新乡市	96	41	55	70	15	55	12	3	9
焦作市	363	199	164	140	70	70	29	10	19
濮阳市	227	111	116	27	12	15	13	6	7
许昌市	1192	826	366	1013	661	352	306	213	93
漯河市	26	12	14	11	6	5	12	4	8
三门峡市	546	367	179	13	4	9	18	10	8
南阳市	535	319	216	82	35	47	93	36	57
商丘市	81	46	35	21	10	11	16	5	11
信阳市	329	139	190	138	51	87	152	49	103
周口市	100	56	44	47	19	28	31	9	22
驻马店市	570	447	123	398	340	58	98	57	41
济源市	7	5	2	1	1		3	1	2

7-3b 续表 9

单位：人

现住地	户口登记地								
	西藏			陕西			甘肃		
	小计	男	女	小计	男	女	小计	男	女
总 计	**163**	**81**	**82**	**5797**	**3815**	**1982**	**2807**	**1739**	**1068**
郑州市	9	3	6	618	394	224	323	169	154
开封市	9	5	4	64	33	31	84	47	37
洛阳市	4	2	2	779	486	293	268	176	92
平顶山市	8	5	3	172	102	70	30	15	15
安阳市	5	2	3	145	81	64	74	49	25
鹤壁市	6	3	3	20	16	4	9	6	3
新乡市	5	1	4	155	83	72	42	23	19
焦作市	11	6	5	304	200	104	85	47	38
濮阳市	2	2		91	48	43	89	47	42
许昌市	7	4	3	860	602	258	1353	918	435
漯河市	7	4	3	40	26	14	14	7	7
三门峡市	4	2	2	1557	1153	404	59	34	25
南阳市	17	9	8	530	318	212	135	78	57
商丘市	11	5	6	40	20	20	48	24	24
信阳市	21	9	12	203	115	88	52	24	28
周口市	8	6	2	72	44	28	41	23	18
驻马店市	27	12	15	135	85	50	87	46	41
济源市	2	1	1	12	9	3	14	6	8

7-3b 续表 10

单位：人

现住地	户口登记地								
	青海			宁夏			新疆		
	小计	男	女	小计	男	女	小计	男	女
总 计	**1992**	**1151**	**841**	**461**	**264**	**197**	**1107**	**589**	**518**
郑州市	91	54	37	46	28	18	104	52	52
开封市	48	34	14	2	1	1	49	24	25
洛阳市	130	73	57	48	24	24	88	43	45
平顶山市	40	21	19	6		6	41	21	20
安阳市	48	27	21	17	14	3	21	14	7
鹤壁市	8	5	3	4	4		5	5	
新乡市	93	55	38	15	10	5	19	11	8
焦作市	34	15	19	62	43	19	37	17	20
濮阳市	62	34	28	6	3	3	47	28	19
许昌市	974	567	407	83	41	42	108	61	47
漯河市	18	8	10	8	4	4	17	9	8
三门峡市	24	14	10	6	3	3	30	19	11
南阳市	155	91	64	93	54	39	229	112	117
商丘市	34	18	16	10	7	3	48	29	19
信阳市	67	33	34	3		3	73	40	33
周口市	51	38	13	20	8	12	76	45	31
驻马店市	113	63	50	32	20	12	112	57	55
济源市	2	1	1				3	2	1

7-3c 全省按现住地、性别分的户口登记地在外省的人口(乡村)

单位：人

现住地	户口登记地					
	合计			北京		
	合计	男	女	小计	男	女
总 计	**110772**	**55203**	**55569**	**1985**	**1194**	**791**
郑州市	33272	20289	12983	121	63	58
开封市	3694	1892	1802	74	47	27
洛阳市	8232	4489	3743	104	65	39
平顶山市	5469	1816	3653	75	34	41
安阳市	8819	3777	5042	155	95	60
鹤壁市	1316	640	676	42	30	12
新乡市	2950	1499	1451	59	39	20
焦作市	5356	2777	2579	127	93	34
濮阳市	3831	1367	2464	141	89	52
许昌市	5869	3574	2295	88	52	36
漯河市	1056	351	705	13	8	5
三门峡市	2153	1419	734	23	16	7
南阳市	7442	3212	4230	174	101	73
商丘市	3354	1614	1740	162	100	62
信阳市	8788	2615	6173	202	120	82
周口市	3401	1491	1910	233	141	92
驻马店市	4700	1743	2957	185	99	86
济源市	1070	638	432	7	2	5

7-3c 续表 1

单位：人

现住地	户口登记地								
	天津			河北			山西		
	小计	男	女	小计	男	女	小计	男	女
总计	**758**	**410**	**348**	**7580**	**3503**	**4077**	**6419**	**3612**	**2807**
郑州市	126	63	63	1657	957	700	1284	781	503
开封市	26	11	15	126	38	88	60	26	34
洛阳市	33	15	18	282	153	129	714	450	264
平顶山市	40	10	30	203	71	132	119	46	73
安阳市	74	45	29	2745	1152	1593	1733	929	804
鹤壁市	10	7	3	133	82	51	155	87	68
新乡市	20	13	7	152	79	73	322	164	158
焦作市	14	7	7	184	89	95	563	305	258
濮阳市	55	32	23	842	241	601	188	98	90
许昌市	38	22	16	236	150	86	369	258	111
漯河市	2	2		49	15	34	43	19	24
三门峡市	3	2	1	62	32	30	114	62	52
南阳市	45	26	19	183	77	106	120	50	70
商丘市	105	55	50	77	37	40	80	50	30
信阳市	19	8	11	211	103	108	74	22	52
周口市	74	48	26	243	144	99	183	110	73
驻马店市	71	41	30	183	77	106	138	65	73
济源市	3	3		12	6	6	160	90	70

7-3c 续表 2

单位：人

现住地	户口登记地								
	内蒙古			辽宁			吉林		
	小计	男	女	小计	男	女	小计	男	女
总计	**843**	**472**	**371**	**1192**	**704**	**488**	**905**	**459**	**446**
郑州市	346	233	113	460	288	172	378	212	166
开封市	11	6	5	20	12	8	7	2	5
洛阳市	37	15	22	117	57	60	127	71	56
平顶山市	28	10	18	23	11	12	45	23	22
安阳市	87	36	51	72	39	33	67	26	41
鹤壁市	9	4	5	17	11	6	14	6	8
新乡市	31	13	18	39	32	7	29	17	12
焦作市	26	15	11	25	14	11	33	15	18
濮阳市	60	27	33	59	30	29	30	11	19
许昌市	38	24	14	40	24	16	29	13	16
漯河市	3	1	2	14	6	8	5	2	3
三门峡市	6	2	4	16	13	3	18	8	10
南阳市	40	21	19	53	27	26	21	8	13
商丘市	17	12	5	15	10	5	6	3	3
信阳市	22	5	17	52	23	29	43	14	29
周口市	52	36	16	87	56	31	24	11	13
驻马店市	26	10	16	74	44	30	25	15	10
济源市	4	2	2	9	7	2	4	2	2

7-3c　续表 3　　　　单位：人

现住地	户口登记地								
	黑龙江			上海			江苏		
	小计	男	女	小计	男	女	小计	男	女
总　计	**1518**	**771**	**747**	**893**	**556**	**337**	**4282**	**2422**	**1860**
郑州市	686	401	285	107	77	30	1550	1022	528
开封市	21	10	11	32	25	7	84	42	42
洛阳市	96	55	41	33	28	5	306	169	137
平顶山市	43	15	28	36	22	14	209	90	119
安阳市	135	52	83	17	14	3	105	50	55
鹤壁市	21	7	14	7	5	2	16	5	11
新乡市	39	20	19	15	9	6	162	99	63
焦作市	61	27	34	24	10	14	459	259	200
濮阳市	142	58	84	35	16	19	109	53	56
许昌市	36	18	18	40	34	6	229	147	82
漯河市	11	4	7	6	4	2	66	51	15
三门峡市	8	2	6	6	5	1	51	29	22
南阳市	37	16	21	95	57	38	135	60	75
商丘市	25	11	14	170	105	65	266	145	121
信阳市	75	41	34	115	63	52	249	75	174
周口市	28	12	16	110	63	47	154	71	83
驻马店市	46	19	27	38	13	25	101	36	65
济源市	8	3	5	7	6	1	31	19	12

7-3c　续表 4　　　　单位：人

现住地	户口登记地								
	浙江			安徽			福建		
	小计	男	女	小计	男	女	小计	男	女
总　计	**3725**	**2208**	**1517**	**9613**	**4969**	**4644**	**3813**	**2508**	**1305**
郑州市	1554	1021	533	4046	2545	1501	2367	1486	881
开封市	108	63	45	140	49	91	36	11	25
洛阳市	321	195	126	647	335	312	232	187	45
平顶山市	146	85	61	206	43	163	77	35	42
安阳市	44	20	24	115	40	75	129	96	33
鹤壁市	11	6	5	26	4	22	31	26	5
新乡市	58	22	36	347	188	159	39	23	16
焦作市	78	46	32	518	277	241	28	14	14
濮阳市	35	17	18	63	12	51	12	5	7
许昌市	168	107	61	366	243	123	138	89	49
漯河市	14	4	10	26	11	15	7	4	3
三门峡市	33	25	8	66	32	34	32	25	7
南阳市	198	113	85	199	62	137	222	156	66
商丘市	270	150	120	1134	569	565	20	10	10
信阳市	269	119	150	1104	361	743	201	161	40
周口市	251	123	128	279	64	215	48	22	26
驻马店市	161	89	72	233	67	166	193	157	36
济源市	6	3	3	98	67	31	1	1	

7-3c 续表 5

单位：人

现住地	户口登记地								
	江西			山东			河南		
	小计	男	女	小计	男	女	小计	男	女
总 计	**2893**	**1403**	**1490**	**7618**	**4107**	**3511**			
郑州市	1373	847	526	2371	1477	894			
开封市	35	6	29	268	121	147			
洛阳市	103	42	61	424	235	189			
平顶山市	167	58	109	224	83	141			
安阳市	57	16	41	403	177	226			
鹤壁市	35	25	10	54	21	33			
新乡市	41	18	23	238	128	110			
焦作市	68	24	44	808	444	364			
濮阳市	26	5	21	1017	387	630			
许昌市	146	89	57	592	472	120			
漯河市	32	12	20	39	8	31			
三门峡市	25	9	16	112	62	50			
南阳市	175	81	94	203	75	128			
商丘市	38	13	25	164	62	102			
信阳市	361	90	271	302	168	134			
周口市	53	10	43	218	100	118			
驻马店市	152	56	96	125	49	76			
济源市	6	2	4	56	38	18			

7-3c 续表 6

单位：人

现住地	户口登记地								
	湖北			湖南			广东		
	小计	男	女	小计	男	女	小计	男	女
总 计	**9435**	**4562**	**4873**	**5938**	**2679**	**3259**	**4627**	**2269**	**2358**
郑州市	2801	1681	1120	3152	1947	1205	379	264	115
开封市	113	21	92	91	26	65	206	102	104
洛阳市	589	333	256	317	136	181	193	88	105
平顶山市	691	319	372	267	33	234	339	139	200
安阳市	347	185	162	221	72	149	83	41	42
鹤壁市	139	78	61	52	31	21	38	22	16
新乡市	162	102	60	63	27	36	49	22	27
焦作市	244	109	135	133	38	95	89	35	54
濮阳市	76	23	53	58	6	52	56	24	32
许昌市	295	158	137	171	42	129	402	239	163
漯河市	111	27	84	62	9	53	164	83	81
三门峡市	209	173	36	68	28	40	41	18	23
南阳市	1359	534	825	307	64	243	1077	542	535
商丘市	88	17	71	38	10	28	165	83	82
信阳市	1635	579	1056	544	133	411	464	136	328
周口市	115	32	83	112	22	90	332	167	165
驻马店市	379	137	242	266	52	214	543	262	281
济源市	82	54	28	16	3	13	7	2	5

7-3c 续表 7

单位：人

现住地	户口登记地								
	广西			海南			重庆		
	小计	男	女	小计	男	女	小计	男	女
总计	**2275**	**377**	**1898**	**397**	**165**	**232**	**1993**	**1056**	**937**
郑州市	415	194	221	190	110	80	926	573	353
开封市	63	3	60	7	2	5	32	13	19
洛阳市	162	42	120	15	4	11	232	153	79
平顶山市	212	9	203	18	3	15	111	36	75
安阳市	112	20	92	12	3	9	98	42	56
鹤壁市	34	10	24				33	17	16
新乡市	25	2	23	9	1	8	28	7	21
焦作市	50	5	45	10	3	7	56	14	42
濮阳市	46	4	42	10		10	21	3	18
许昌市	103	19	84	15	7	8	49	11	38
漯河市	52	7	45	10	4	6	9	1	8
三门峡市	32	4	28				49	45	4
南阳市	190	13	177	30	9	21	149	79	70
商丘市	29	7	22	5	2	3	16	8	8
信阳市	482	19	463	15	1	14	115	35	80
周口市	78	7	71	24	10	14	19	3	16
驻马店市	185	11	174	24	6	18	46	14	32
济源市	5	1	4	3		3	4	2	2

7-3c 续表 8

单位：人

现住地	户口登记地								
	四川			贵州			云南		
	小计	男	女	小计	男	女	小计	男	女
总计	**9517**	**4710**	**4807**	**4077**	**1145**	**2932**	**4743**	**1134**	**3609**
郑州市	2647	1620	1027	685	380	305	660	247	413
开封市	800	527	273	123	46	77	822	521	301
洛阳市	772	387	385	229	74	155	178	22	156
平顶山市	601	214	387	321	46	275	466	27	439
安阳市	571	176	395	583	115	468	225	45	180
鹤壁市	165	91	74	129	12	117	44	5	39
新乡市	292	152	140	196	35	161	79	7	72
焦作市	502	229	273	99	21	78	83	18	65
濮阳市	211	78	133	190	12	178	67	3	64
许昌市	626	318	308	282	126	156	177	54	123
漯河市	60	4	56	41	3	38	49		49
三门峡市	263	212	51	19	3	16	35	7	28
南阳市	597	260	337	311	82	229	353	50	303
商丘市	74	12	62	81	27	54	81	22	59
信阳市	576	122	454	507	79	428	801	36	765
周口市	148	49	99	69	4	65	86	17	69
驻马店市	308	65	243	203	78	125	475	30	445
济源市	304	194	110	9	2	7	62	23	39

7-3c 续表 9

单位：人

现住地	户口登记地								
	西藏			陕西			甘肃		
	小计	男	女	小计	男	女	小计	男	女
总 计	**153**	**37**	**116**	**7930**	**4770**	**3160**	**2290**	**1121**	**1169**
郑州市	7	4	3	1645	992	653	575	351	224
开封市	1	1		166	66	100	127	45	82
洛阳市	44	2	42	1306	863	443	291	142	149
平顶山市	7	3	4	474	221	253	106	18	88
安阳市	33	3	30	337	167	170	122	51	71
鹤壁市				60	24	36	18	9	9
新乡市	8	5	3	273	173	100	67	33	34
焦作市	5	2	3	741	479	262	165	89	76
濮阳市	3	1	2	88	30	58	56	23	33
许昌市	10	3	7	506	375	131	266	186	80
漯河市	3	1	2	59	24	35	40	9	31
三门峡市	2		2	784	571	213	29	8	21
南阳市	12	7	5	751	451	300	127	56	71
商丘市	7	2	5	73	27	46	60	23	37
信阳市	7	2	5	178	55	123	63	7	56
周口市	1		1	125	46	79	72	33	39
驻马店市	3	1	2	229	115	114	92	31	61
济源市				135	91	44	14	7	7

7-3c 续表 10

单位：人

现住地	户口登记地								
	青海			宁夏			新疆		
	小计	男	女	小计	男	女	小计	男	女
总 计	**1208**	**755**	**453**	**495**	**250**	**245**	**1657**	**875**	**782**
郑州市	337	205	132	122	69	53	305	179	126
开封市	37	18	19	10	5	5	48	27	21
洛阳市	103	55	48	65	32	33	160	84	76
平顶山市	101	62	39	9	1	8	105	49	56
安阳市	79	44	35	29	13	16	29	13	16
鹤壁市	8	6	2	4	4		11	5	6
新乡市	52	33	19	22	13	9	34	23	11
焦作市	83	47	36	37	20	17	43	29	14
濮阳市	54	35	19	4	3	1	77	41	36
许昌市	183	159	24	70	29	41	161	106	55
漯河市	30	11	19	12	8	4	24	9	15
三门峡市	10	6	4	5	1	4	32	19	13
南阳市	51	31	20	42	16	26	186	88	98
商丘市	10	7	3	9	6	3	69	29	40
信阳市	17	5	12	15	8	7	70	25	45
周口市	18	11	7	21	12	9	144	67	77
驻马店市	32	18	14	11	6	5	153	80	73
济源市	3	2	1	8	4	4	6	2	4

7-4 全省按现住地、离开户口登记地时间分的户口登记地在外乡镇街道的人口

单位：人

现住地	离开户口登记地时间							
	合计							
	合计	半年至一年	一年至二年	二年至三年	三年至四年	四年至五年	五年至六年	六年以上
总　计	**9764067**	**1960655**	**2267219**	**1697074**	**884970**	**470853**	**299032**	**2184264**
郑州市	2704542	570129	730130	493566	269247	128329	78914	434227
开封市	326967	52974	69917	70901	29164	15019	10996	77996
洛阳市	845615	131154	178748	144709	82060	51722	34146	223076
平顶山市	486258	77680	98889	78667	45129	24576	15863	145454
安阳市	475407	76223	105481	84471	48822	25882	17363	117165
鹤壁市	103910	24391	24599	17250	8335	4500	2853	21982
新乡市	447945	59933	105018	90188	45021	22216	14655	110914
焦作市	388751	56484	75976	61877	36846	21149	14286	122133
濮阳市	277527	34007	61447	50303	25979	17760	10640	77391
许昌市	466982	89386	112238	68191	33630	18621	11079	133837
漯河市	188830	53595	42030	27490	13724	8857	6052	37082
三门峡市	196080	41149	43768	34509	17966	9748	6257	42683
南阳市	876767	177733	166708	121476	72690	40793	26472	270895
商丘市	322939	64942	87473	74819	28035	13208	9075	45387
信阳市	656499	143681	139874	106736	57185	32354	18531	158138
周口市	392062	117990	92341	71103	27754	12894	7881	62099
驻马店市	506119	177283	108271	79830	32326	17391	10066	80952
济源市	100867	11921	24311	20988	11057	5834	3903	22853

7-4　续表 1

单位：人

现住地	离开户口登记地时间							
	省内							
	小计	半年至一年	一年至二年	二年至三年	三年至四年	四年至五年	五年至六年	六年以上
总　计	**9171933**	**1815922**	**2124008**	**1607224**	**827653**	**441225**	**279957**	**2075944**
郑州市	2459064	504860	670191	454698	244787	116147	71144	397237
开封市	310599	48977	65834	68192	27672	14360	10523	75041
洛阳市	785807	117079	164689	136138	76364	48613	32051	210873
平顶山市	463598	73505	93811	74731	42507	23151	15235	140658
安阳市	446213	71060	99656	79982	45681	24304	15952	109578
鹤壁市	100050	23292	23798	16769	8035	4358	2734	21064
新乡市	427543	56499	100344	86528	42885	21180	13963	106144
焦作市	365353	52873	71154	58408	34477	19719	13373	115349
濮阳市	259046	31224	58083	47732	24242	16546	9847	71372
许昌市	436766	79993	99034	65538	32330	17962	10742	131167
漯河市	182233	51713	40473	26695	13148	8551	5819	35834
三门峡市	180463	36571	40210	32316	16556	9053	5851	39906
南阳市	850213	171398	161214	117476	70039	39412	25691	264983
商丘市	307428	61617	82991	72099	26386	12487	8491	43357
信阳市	629214	136981	134151	102711	54450	30875	17628	152418
周口市	382650	114762	90191	69538	27011	12549	7684	60915
驻马店市	490592	172433	105026	77611	30937	16486	9614	78485
济源市	95101	11085	23158	20062	10146	5472	3615	21563

7-4 续表 2

单位：人

现住地	离开户口登记地时间							
	省外							
	小计	半年至一年	一年至二年	二年至三年	三年至四年	四年至五年	五年至六年	六年以上
总　计	**592134**	**144733**	**143211**	**89850**	**57317**	**29628**	**19075**	**108320**
郑州市	245478	65269	59939	38868	24460	12182	7770	36990
开封市	16368	3997	4083	2709	1492	659	473	2955
洛阳市	59808	14075	14059	8571	5696	3109	2095	12203
平顶山市	22660	4175	5078	3936	2622	1425	628	4796
安阳市	29194	5163	5825	4489	3141	1578	1411	7587
鹤壁市	3860	1099	801	481	300	142	119	918
新乡市	20402	3434	4674	3660	2136	1036	692	4770
焦作市	23398	3611	4822	3469	2369	1430	913	6784
濮阳市	18481	2783	3364	2571	1737	1214	793	6019
许昌市	30216	9393	13204	2653	1300	659	337	2670
漯河市	6597	1882	1557	795	576	306	233	1248
三门峡市	15617	4578	3558	2193	1410	695	406	2777
南阳市	26554	6335	5494	4000	2651	1381	781	5912
商丘市	15511	3325	4482	2720	1649	721	584	2030
信阳市	27285	6700	5723	4025	2735	1479	903	5720
周口市	9412	3228	2150	1565	743	345	197	1184
驻马店市	15527	4850	3245	2219	1389	905	452	2467
济源市	5766	836	1153	926	911	362	288	1290

7-4a 全省按现住地、离开户口登记地时间分的户口登记地在外乡镇街道的人口(城市)

单位：人

现住地	离开户口登记地时间							
	合计							
	合计	半年至一年	一年至二年	二年至三年	三年至四年	四年至五年	五年至六年	六年以上
总　计	**6063254**	**1079473**	**1390378**	**1056883**	**617532**	**326290**	**209124**	**1383574**
郑州市	2229486	476465	566754	395606	229855	113436	69686	377684
开封市	207506	24967	43406	41849	22375	11211	8550	55148
洛阳市	536275	76200	113682	93799	57410	34318	23090	137776
平顶山市	315173	46277	64909	50454	29339	16440	10267	97487
安阳市	294910	48040	62911	52761	34143	18306	11979	66770
鹤壁市	67219	18961	19438	11901	5191	2488	1273	7967
新乡市	315664	34977	72532	67813	34916	16641	10983	77802
焦作市	235500	27821	52166	41355	24911	13392	9238	66617
濮阳市	148869	18074	33012	27797	17361	12965	7140	32520
许昌市	282286	48500	65713	47418	25203	12699	7525	75228
漯河市	133610	31858	31808	21217	10889	6883	4792	26163
三门峡市	107741	23085	25622	17554	11193	5407	3475	21405
南阳市	401002	55197	66596	53094	35954	20574	14552	155035
商丘市	190362	38427	47064	36291	19374	10140	7217	31849
信阳市	252376	56461	43951	36987	22401	11500	7443	73633
周口市	146617	25525	36344	25429	16137	7521	4222	31439
驻马店市	112328	18974	23073	16676	11423	7095	4187	30900
济源市	86330	9664	21397	18882	9457	5274	3505	18151

7-4a 续表 1　　单位：人

现住地	离开户口登记地时间							
	省内							
	小计	半年至一年	一年至二年	二年至三年	三年至四年	四年至五年	五年至六年	六年以上
总　计	**5676822**	**992199**	**1299295**	**993857**	**576276**	**305917**	**195925**	**1313353**
郑州市	2029149	423197	520295	363996	209390	103092	63090	346089
开封市	196502	23414	40137	39602	21213	10754	8212	53170
洛阳市	494045	68851	102472	87361	52931	31938	21485	129007
平顶山市	300643	44014	61605	47803	27483	15479	9930	94329
安阳市	278229	45032	59230	49915	32051	17523	11159	63319
鹤壁市	65256	18393	18912	11606	5020	2430	1220	7675
新乡市	301136	32653	69285	64912	33177	15875	10497	74737
焦作市	221608	25821	49071	39067	23343	12576	8694	63036
濮阳市	139599	16810	31081	26370	16396	12253	6707	29982
许昌市	275182	46970	63957	46271	24415	12373	7329	73867
漯河市	128952	30468	30731	20683	10465	6666	4621	25318
三门峡市	99041	20805	23502	16253	10434	5013	3242	19792
南阳市	390691	53421	64386	51307	34817	20054	14246	152460
商丘市	180394	36976	44201	34354	18091	9651	6765	30356
信阳市	242598	53548	41950	35496	21330	11053	7228	71993
周口市	143041	24583	35592	24643	15739	7369	4153	30962
驻马店市	108714	18169	22420	16138	11088	6838	4065	29996
济源市	82042	9074	20468	18080	8893	4980	3282	17265

7-4a 续表 2　　单位：人

现住地	离开户口登记地时间							
	省外							
	小计	半年至一年	一年至二年	二年至三年	三年至四年	四年至五年	五年至六年	六年以上
总　计	**386432**	**87274**	**91083**	**63026**	**41256**	**20373**	**13199**	**70221**
郑州市	200337	53268	46459	31610	20465	10344	6596	31595
开封市	11004	1553	3269	2247	1162	457	338	1978
洛阳市	42230	7349	11210	6438	4479	2380	1605	8769
平顶山市	14530	2263	3304	2651	1856	961	337	3158
安阳市	16681	3008	3681	2846	2092	783	820	3451
鹤壁市	1963	568	526	295	171	58	53	292
新乡市	14528	2324	3247	2901	1739	766	486	3065
焦作市	13892	2000	3095	2288	1568	816	544	3581
濮阳市	9270	1264	1931	1427	965	712	433	2538
许昌市	7104	1530	1756	1147	788	326	196	1361
漯河市	4658	1390	1077	534	424	217	171	845
三门峡市	8700	2280	2120	1301	759	394	233	1613
南阳市	10311	1776	2210	1787	1137	520	306	2575
商丘市	9968	1451	2863	1937	1283	489	452	1493
信阳市	9778	2913	2001	1491	1071	447	215	1640
周口市	3576	942	752	786	398	152	69	477
驻马店市	3614	805	653	538	335	257	122	904
济源市	4288	590	929	802	564	294	223	886

7-4b 全省按现住地、离开户口登记地时间分的户口登记地在外乡镇街道的人口(镇)

单位：人

现住地	离开户口登记地时间							
	合计							
	合计	半年至一年	一年至二年	二年至三年	三年至四年	四年至五年	五年至六年	六年以上
总 计	**2754067**	**665585**	**642068**	**496416**	**196968**	**105664**	**63831**	**583535**
郑州市	186049	29653	61556	44348	16964	6143	3775	23610
开封市	101394	22631	23495	27152	5531	3006	1856	17723
洛阳市	218573	40343	46411	38782	17709	12547	7728	55053
平顶山市	120855	23222	23802	20300	11748	5500	3700	32583
安阳市	113765	15751	29477	23119	9330	3909	2654	29525
鹤壁市	20313	2091	2713	3512	1645	1099	805	8448
新乡市	93277	16678	23641	17607	7597	3995	2594	21165
焦作市	77838	8558	11571	9110	6906	4778	3183	33732
濮阳市	107247	11413	24610	20092	7083	3823	2777	37449
许昌市	137671	29865	35622	14179	5983	4269	2400	45353
漯河市	44765	18168	8313	5302	2271	1549	975	8187
三门峡市	71563	14606	14420	14147	5686	3582	2256	16866
南阳市	419885	108290	88730	60700	32075	17532	10223	102335
商丘市	119105	22071	37263	36655	7663	2543	1525	11385
信阳市	355556	76549	85803	62704	30812	18188	9488	72012
周口市	201772	80347	43674	38252	8964	4168	2735	23632
驻马店市	357826	144213	79311	59225	18700	8807	4990	42580
济源市	6613	1136	1656	1230	301	226	167	1897

7-4b 续表 1

单位：人

现住地	离开户口登记地时间							
	省内							
	小计	半年至一年	一年至二年	二年至三年	三年至四年	四年至五年	五年至六年	六年以上
总 计	**2659137**	**639653**	**615733**	**484616**	**189830**	**101695**	**61389**	**566221**
郑州市	174180	27173	57921	42055	15581	5709	3502	22239
开封市	99724	22306	23154	26957	5390	2907	1786	17224
洛阳市	209227	35480	45205	38016	17228	12247	7507	53544
平顶山市	118194	22733	23216	19881	11482	5387	3605	31890
安阳市	110071	15075	28824	22527	9018	3656	2498	28473
鹤壁市	19732	2023	2590	3427	1598	1071	773	8250
新乡市	90353	16089	23106	17170	7385	3862	2469	20272
焦作市	73688	7893	10831	8593	6573	4510	3039	32249
濮阳市	101867	10766	23760	19426	6610	3509	2545	35251
许昌市	120428	24812	25339	13252	5732	4113	2336	44844
漯河市	43882	17979	8068	5171	2201	1511	949	8003
三门峡市	66799	12868	13711	13503	5227	3359	2131	16000
南阳市	411084	105910	87043	59521	31229	17038	9958	100385
商丘市	116916	21516	36433	36312	7543	2455	1479	11178
信阳市	346837	74760	83994	61504	29994	17719	9174	69692
周口市	199337	79611	43124	37886	8794	4054	2665	23203
驻马店市	350613	141652	77816	58237	17983	8382	4835	41708
济源市	6205	1007	1598	1178	262	206	138	1816

7-4b 续表 2

单位：人

现住地	离开户口登记地时间 省外 小计	半年至一年	一年至二年	二年至三年	三年至四年	四年至五年	五年至六年	六年以上
总 计	**94930**	**25932**	**26335**	**11800**	**7138**	**3969**	**2442**	**17314**
郑州市	11869	2480	3635	2293	1383	434	273	1371
开封市	1670	325	341	195	141	99	70	499
洛阳市	9346	4863	1206	766	481	300	221	1509
平顶山市	2661	489	586	419	266	113	95	693
安阳市	3694	676	653	592	312	253	156	1052
鹤壁市	581	68	123	85	47	28	32	198
新乡市	2924	589	535	437	212	133	125	893
焦作市	4150	665	740	517	333	268	144	1483
濮阳市	5380	647	850	666	473	314	232	2198
许昌市	17243	5053	10283	927	251	156	64	509
漯河市	883	189	245	131	70	38	26	184
三门峡市	4764	1738	709	644	459	223	125	866
南阳市	8801	2380	1687	1179	846	494	265	1950
商丘市	2189	555	830	343	120	88	46	207
信阳市	8719	1789	1809	1200	818	469	314	2320
周口市	2435	736	550	366	170	114	70	429
驻马店市	7213	2561	1495	988	717	425	155	872
济源市	408	129	58	52	39	20	29	81

7-4c 全省按现住地、离开户口登记地时间分的户口登记地在外乡镇街道的人口(乡村)

单位：人

现住地	离开户口登记地时间 合计 合计	半年至一年	一年至二年	二年至三年	三年至四年	四年至五年	五年至六年	六年以上
总 计	**946746**	**215597**	**234773**	**143775**	**70470**	**38899**	**26077**	**217155**
郑州市	289007	64011	101820	53612	22428	8750	5453	32933
开封市	18067	5376	3016	1900	1258	802	590	5125
洛阳市	90767	14611	18655	12128	6941	4857	3328	30247
平顶山市	50230	8181	10178	7913	4042	2636	1896	15384
安阳市	66732	12432	13093	8591	5349	3667	2730	20870
鹤壁市	16378	3339	2448	1837	1499	913	775	5567
新乡市	39004	8278	8845	4768	2508	1580	1078	11947
焦作市	75413	20105	12239	11412	5029	2979	1865	21784
濮阳市	21411	4520	3825	2414	1535	972	723	7422
许昌市	47025	11021	10903	6594	2444	1653	1154	13256
漯河市	10455	3569	1909	971	564	425	285	2732
三门峡市	16776	3458	3726	2808	1087	759	526	4412
南阳市	55880	14246	11382	7682	4661	2687	1697	13525
商丘市	13472	4444	3146	1873	998	525	333	2153
信阳市	48567	10671	10120	7045	3972	2666	1600	12493
周口市	43673	12118	12323	7422	2653	1205	924	7028
驻马店市	35965	14096	5887	3929	2203	1489	889	7472
济源市	7924	1121	1258	876	1299	334	231	2805

7-4c 续表 1

单位：人

现住地	离开户口登记地时间							
	省内							
	小计	半年至一年	一年至二年	二年至三年	三年至四年	四年至五年	五年至六年	六年以上
总 计	**835974**	**184070**	**208980**	**128751**	**61547**	**33613**	**22643**	**196370**
郑州市	255735	54490	91975	48647	19816	7346	4552	28909
开封市	14373	3257	2543	1633	1069	699	525	4647
洛阳市	82535	12748	17012	10761	6205	4428	3059	28322
平顶山市	44761	6758	8990	7047	3542	2285	1700	14439
安阳市	57913	10953	11602	7540	4612	3125	2295	17786
鹤壁市	15062	2876	2296	1736	1417	857	741	5139
新乡市	36054	7757	7953	4446	2323	1443	997	11135
焦作市	70057	19159	11252	10748	4561	2633	1640	20064
濮阳市	17580	3648	3242	1936	1236	784	595	6139
许昌市	41156	8211	9738	6015	2183	1476	1077	12456
漯河市	9399	3266	1674	841	482	374	249	2513
三门峡市	14623	2898	2997	2560	895	681	478	4114
南阳市	48438	12067	9785	6648	3993	2320	1487	12138
商丘市	10118	3125	2357	1433	752	381	247	1823
信阳市	39779	8673	8207	5711	3126	2103	1226	10733
周口市	40272	10568	11475	7009	2478	1126	866	6750
驻马店市	31265	12612	4790	3236	1866	1266	714	6781
济源市	6854	1004	1092	804	991	286	195	2482

7-4c 续表 2

单位：人

现住地	离开户口登记地时间							
	省外							
	小计	半年至一年	一年至二年	二年至三年	三年至四年	四年至五年	五年至六年	六年以上
总 计	**110772**	**31527**	**25793**	**15024**	**8923**	**5286**	**3434**	**20785**
郑州市	33272	9521	9845	4965	2612	1404	901	4024
开封市	3694	2119	473	267	189	103	65	478
洛阳市	8232	1863	1643	1367	736	429	269	1925
平顶山市	5469	1423	1188	866	500	351	196	945
安阳市	8819	1479	1491	1051	737	542	435	3084
鹤壁市	1316	463	152	101	82	56	34	428
新乡市	2950	521	892	322	185	137	81	812
焦作市	5356	946	987	664	468	346	225	1720
濮阳市	3831	872	583	478	299	188	128	1283
许昌市	5869	2810	1165	579	261	177	77	800
漯河市	1056	303	235	130	82	51	36	219
三门峡市	2153	560	729	248	192	78	48	298
南阳市	7442	2179	1597	1034	668	367	210	1387
商丘市	3354	1319	789	440	246	144	86	330
信阳市	8788	1998	1913	1334	846	563	374	1760
周口市	3401	1550	848	413	175	79	58	278
驻马店市	4700	1484	1097	693	337	223	175	691
济源市	1070	117	166	72	308	48	36	323

7-5 全省按户口登记地、性别、受教育程度分的户口登记地在外乡镇街道的人口

单位：人

受教育程度	合计			省内		
				省内		
	合计	男	女	小计	男	女
总　计	**9325554**	**4769364**	**4556190**	**8756088**	**4437808**	**4318280**
未上过学	130506	36883	93623	120098	33897	86201
小　学	1113653	560661	552992	1037233	521629	515604
初　中	2910656	1502320	1408336	2666738	1357617	1309121
高　中	2921847	1529937	1391910	2803740	1454631	1349109
大学专科	1359564	681822	677742	1305575	649471	656104
大学本科	842688	432554	410134	779902	397631	382271
研究生	46640	25187	21453	42802	22932	19870

7-5 续表

单位：人

受教育程度	省内			省外		
	其中：市辖区内人户分离					
	小计	男	女	小计	男	女
总　计	**1625722**	**792192**	**833530**	**569466**	**331556**	**237910**
未上过学	19516	5148	14368	10408	2986	7422
小　学	191210	93630	97580	76420	39032	37388
初　中	342711	163919	178792	243918	144703	99215
高　中	504167	242009	262158	118107	75306	42801
大学专科	337048	165251	171797	53989	32351	21638
大学本科	209754	110397	99357	62786	34923	27863
研究生	21316	11838	9478	3838	2255	1583

7-5a 全省按户口登记地、性别、受教育程度分的户口登记地在外乡镇街道的人口(城市)

单位：人

受教育程度	合计			省内		
				省内		
	合计	男	女	小计	男	女
总　计	**5779185**	**2939767**	**2839418**	**5408966**	**2718723**	**2690243**
未上过学	74744	20843	53901	69307	19146	50161
小　学	650483	326969	323514	605011	302730	302281
初　中	1660285	872902	787383	1518143	783359	734784
高　中	1616817	834204	782613	1538997	785865	753132
大学专科	1034389	505178	529211	991023	479425	511598
大学本科	698933	356327	342606	646408	326875	319533
研究生	43534	23344	20190	40077	21323	18754

7-5a 续表

单位：人

受教育程度	省内			省外		
	其中：市辖区内人户分离					
	小计	男	女	小计	男	女
总　计	**1568775**	**759399**	**809376**	**370219**	**221044**	**149175**
未上过学	18654	4793	13861	5437	1697	3740
小　学	183667	88915	94752	45472	24239	21233
初　中	324506	152304	172202	142142	89543	52599
高　中	487443	232965	254478	77820	48339	29481
大学专科	328574	160823	167751	43366	25753	17613
大学本科	204786	107850	96936	52525	29452	23073
研究生	21145	11749	9396	3457	2021	1436

7-5b 全省按户口登记地、性别、受教育程度分的户口登记地在外乡镇街道的人口(镇)

单位：人

受教育程度	合计			省内 省内		
	合计	男	女	小计	男	女
总　计	**2629959**	**1361777**	**1268182**	**2538198**	**1304672**	**1233526**
未上过学	38825	10388	28437	37183	9931	27252
小　学	340731	169586	171145	329118	163406	165712
初　中	846025	436163	409862	804452	409943	394509
高　中	1103489	581961	521528	1077643	564105	513538
大学专科	206861	112240	94621	201245	108793	92452
大学本科	91614	49982	41632	86404	47194	39210
研究生	2414	1457	957	2153	1300	853

7-5b 续表

单位：人

受教育程度	省内 其中：市辖区内人户分离			省外		
	小计	男	女	小计	男	女
总　计	**9811**	**4985**	**4826**	**91761**	**57105**	**34656**
未上过学	115	38	77	1642	457	1185
小　学	1267	627	640	11613	6180	5433
初　中	2409	1339	1070	41573	26220	15353
高　中	3455	1593	1862	25846	17856	7990
大学专科	1740	935	805	5616	3447	2169
大学本科	793	438	355	5210	2788	2422
研究生	32	15	17	261	157	104

7-5c 全省按户口登记地、性别、受教育程度分的户口登记地在外乡镇街道的人口(乡村)

单位：人

受教育程度	合计			省内		
				省内		
	合计	男	女	小计	男	女
总计	**916410**	**467820**	**448590**	**808924**	**414413**	**394511**
未上过学	16937	5652	11285	13608	4820	8788
小学	122439	64106	58333	103104	55493	47611
初中	404346	193255	211091	344143	164315	179828
高中	201541	113772	87769	187100	104661	82439
大学专科	118314	64404	53910	113307	61253	52054
大学本科	52141	26245	25896	47090	23562	23528
研究生	692	386	306	572	309	263

7-5c 续表

单位：人

受教育程度	省内			省外		
	其中：市辖区内人户分离					
	小计	男	女	小计	男	女
总计	**47136**	**27808**	**19328**	**107486**	**53407**	**54079**
未上过学	747	317	430	3329	832	2497
小学	6276	4088	2188	19335	8613	10722
初中	15796	10276	5520	60203	28940	31263
高中	13269	7451	5818	14441	9111	5330
大学专科	6734	3493	3241	5007	3151	1856
大学本科	4175	2109	2066	5051	2683	2368
研究生	139	74	65	120	77	43

7-6 全省按现住地、受教育程度、性别分的户口登记地在本省其他乡镇街道人口

单位：人

现住地	合计			未上过学		
	合计	男	女	小计	男	女
总　计	**8756088**	**4437808**	**4318280**	**120098**	**33897**	**86201**
郑州市	2357640	1227282	1130358	24497	7208	17289
开封市	298994	143528	155466	5101	1293	3808
洛阳市	745367	377207	368160	9321	2334	6987
平顶山市	439739	221259	218480	7186	1940	5246
安阳市	424130	204183	219947	5523	1569	3954
鹤壁市	96181	45958	50223	2181	585	1596
新乡市	408579	197733	210846	5573	1643	3930
焦作市	352074	181108	170966	4917	1548	3369
濮阳市	246475	116498	129977	4642	941	3701
许昌市	418964	218236	200728	4527	1410	3117
漯河市	175042	86451	88591	2836	815	2021
三门峡市	170332	88170	82162	1512	426	1086
南阳市	797353	410816	386537	10767	3268	7499
商丘市	297271	149486	147785	4077	1140	2937
信阳市	594564	288954	305610	15218	4098	11120
周口市	371692	184314	187378	4994	1409	3585
驻马店市	471237	248131	223106	6544	2022	4522
济源市	90454	48494	41960	682	248	434

7-6 续表 1

单位：人

现住地	小学			初中			高中		
	小计	男	女	小计	男	女	小计	男	女
总　计	**1037233**	**521629**	**515604**	**2666738**	**1357617**	**1309121**	**2803740**	**1454631**	**1349109**
郑州市	218726	111998	106728	641726	354342	287384	596556	314111	282445
开封市	28953	14239	14714	67754	31614	36140	107490	51886	55604
洛阳市	94718	46591	48127	250644	127757	122887	230140	116870	113270
平顶山市	53299	26877	26422	153064	73388	79676	133648	69971	63677
安阳市	58337	29526	28811	146757	68881	77876	127852	63310	64542
鹤壁市	13854	6684	7170	36994	16858	20136	28561	14698	13863
新乡市	46496	23877	22619	104741	51726	53015	123967	62481	61486
焦作市	42311	22540	19771	105504	54485	51019	112250	55543	56707
濮阳市	31544	14355	17189	67302	30393	36909	93163	45257	47906
许昌市	43835	23427	20408	140897	74558	66339	152957	81169	71788
漯河市	17278	8851	8427	47195	23232	23963	67950	35358	32592
三门峡市	23429	11249	12180	65312	33680	31632	60950	32319	28631
南阳市	117869	58621	59248	285673	141552	144121	256634	136768	119866
商丘市	29949	15400	14549	75830	37687	38143	127717	63753	63964
信阳市	108302	52017	56285	195440	93314	102126	169500	93295	76205
周口市	37126	19184	17942	86420	40977	45443	190470	97709	92761
驻马店市	61739	31407	30332	173060	91382	81678	188487	100967	87520
济源市	9468	4786	4682	22425	11791	10634	35448	19166	16282

7-6 续表 2

单位：人

现住地	大学专科			大学本科			研究生		
	小计	男	女	小计	男	女	小计	男	女
总　计	**1305575**	**649471**	**656104**	**779902**	**397631**	**382271**	**42802**	**22932**	**19870**
郑州市	544354	264839	279515	307717	162341	145376	24064	12443	11621
开封市	49403	24173	25230	37120	18793	18327	3173	1530	1643
洛阳市	90471	45997	44474	66586	35617	30969	3487	2041	1446
平顶山市	56576	29474	27102	34757	18859	15898	1209	750	459
安阳市	41228	20870	20358	43537	19504	24033	896	523	373
鹤壁市	11662	5463	6199	2793	1583	1210	136	87	49
新乡市	56279	29251	27028	68810	27595	41215	2713	1160	1553
焦作市	56190	27431	28759	29395	18579	10816	1507	982	525
濮阳市	34774	17226	17548	14577	8035	6542	473	291	182
许昌市	51027	24807	26220	24840	12326	12514	881	539	342
漯河市	32970	14389	18581	6534	3629	2905	279	177	102
三门峡市	13651	7458	6193	5312	2934	2378	166	104	62
南阳市	88107	48506	39601	37059	21377	15682	1244	724	520
商丘市	34657	19626	15031	24540	11563	12977	501	317	184
信阳市	63236	27578	35658	42058	18130	23928	810	522	288
周口市	33405	16759	16646	18659	7921	10738	618	355	263
驻马店市	29446	15568	13878	11433	6467	4966	528	318	210
济源市	18139	10056	8083	4175	2378	1797	117	69	48

7-6a 全省按现住地、受教育程度、性别分的户口登记地在本省其他乡镇街道人口(城市)

单位：人

现住地	合　计			未上过学		
	合计	男	女	小计	男	女
总　计	**5408966**	**2718723**	**2690243**	**69307**	**19146**	**50161**
郑州市	1939946	996301	943645	20587	5783	14804
开封市	188648	90574	98074	3221	830	2391
洛阳市	469153	233046	236107	5214	1250	3964
平顶山市	285626	144259	141367	4547	1142	3405
安阳市	263669	126014	137655	3151	752	2399
鹤壁市	62684	30815	31869	1450	389	1061
新乡市	287840	136723	151117	4015	1166	2849
焦作市	212855	109515	103340	3055	936	2119
濮阳市	131862	66031	65831	1959	467	1492
许昌市	263382	132744	130638	2956	868	2088
漯河市	123286	60704	62582	2046	556	1490
三门峡市	93085	47659	45426	832	239	593
南阳市	366391	189386	177005	4714	1434	3280
商丘市	173439	88392	85047	2699	814	1885
信阳市	229820	104458	125362	3773	1056	2717
周口市	137404	68385	69019	2244	532	1712
驻马店市	102184	52942	49242	2253	730	1523
济源市	77692	40775	36917	591	202	389

7-6a 续表 1

单位：人

现住地	小学			初中			高中		
	小计	男	女	小计	男	女	小计	男	女
总 计	**605011**	**302730**	**302281**	**1518143**	**783359**	**734784**	**1538997**	**785865**	**753132**
郑州市	183584	92193	91391	519593	282084	237509	521075	271301	249774
开封市	18591	8932	9659	40092	19237	20855	44915	21203	23712
洛阳市	53094	25903	27191	138733	70703	68030	135702	65827	69875
平顶山市	33034	16866	16168	88419	43642	44777	81928	41771	40157
安阳市	36517	17816	18701	81317	38468	42849	73728	35789	37939
鹤壁市	8165	3805	4360	20747	10206	10541	20752	10864	9888
新乡市	31063	15589	15474	65205	33183	32022	73570	36346	37224
焦作市	26575	13992	12583	56730	29951	26779	57360	28023	29337
濮阳市	16032	7890	8142	34479	16875	17604	46552	23134	23418
许昌市	28166	14893	13273	82600	42755	39845	88874	45549	43325
漯河市	12485	6248	6237	31653	16004	15649	41026	21782	19244
三门峡市	13023	6328	6695	38909	19800	19109	29421	15473	13948
南阳市	50510	25020	25490	115720	58557	57163	109993	56983	53010
商丘市	19418	10173	9245	46736	23823	22913	53011	26650	26361
信阳市	32016	15274	16742	64851	31718	33133	52963	27421	25542
周口市	18011	8877	9134	39097	19198	19899	50349	27441	22908
驻马店市	16717	9058	7659	35131	18158	16973	28056	14399	13657
济源市	8010	3873	4137	18131	8997	9134	29722	15909	13813

7-6a 续表 2

单位：人

现住地	大学专科			大学本科			研究生		
	小计	男	女	小计	男	女	小计	男	女
总 计	**991023**	**479425**	**511598**	**646408**	**326875**	**319533**	**40077**	**21323**	**18754**
郑州市	425980	201719	224261	245611	131067	114544	23516	12154	11362
开封市	43661	21239	22422	35069	17648	17421	3099	1485	1614
洛阳市	72767	35546	37221	60351	31904	28447	3292	1913	1379
平顶山市	45584	23373	22211	31010	16780	14230	1104	685	419
安阳市	32557	16321	16236	35624	16418	19206	775	450	325
鹤壁市	9399	4314	5085	2068	1171	897	103	66	37
新乡市	45758	23514	22244	65670	25850	39820	2559	1075	1484
焦作市	42265	19271	22994	25489	16437	9052	1381	905	476
濮阳市	21169	11156	10013	11281	6264	5017	390	245	145
许昌市	39489	18289	21200	20633	9982	10651	664	408	256
漯河市	30309	12873	17436	5509	3079	2430	258	162	96
三门峡市	7657	4019	3638	3124	1726	1398	119	74	45
南阳市	57221	31145	26076	27289	15694	11595	944	553	391
商丘市	28930	16435	12495	22190	10210	11980	455	287	168
信阳市	43742	16665	27077	31911	11964	19947	564	360	204
周口市	13682	7026	6656	13619	5079	8540	402	232	170
驻马店市	13420	6874	6546	6245	3508	2737	362	215	147
济源市	17433	9646	7787	3715	2094	1621	90	54	36

7-6b 全省按现住地、受教育程度、性别分的户口登记地在本省其他乡镇街道人口(镇)

单位：人

现住地	合计			未上过学		
	合计	男	女	小计	男	女
总　计	**2538198**	**1304672**	**1233526**	**37183**	**9931**	**27252**
郑州市	169185	92533	76652	1640	534	1106
开封市	96374	47232	49142	1515	355	1160
洛阳市	196571	100004	96567	2497	580	1917
平顶山市	111091	56915	54176	1540	420	1120
安阳市	104317	54094	50223	1374	472	902
鹤壁市	18755	8763	9992	416	82	334
新乡市	85539	43397	42142	962	246	716
焦作市	70404	36174	34230	937	242	695
濮阳市	97301	43339	53962	2185	299	1886
许昌市	115637	62956	52681	907	238	669
漯河市	42616	21133	21483	595	162	433
三门峡市	63028	32426	30602	511	119	392
南阳市	385518	199618	185900	4772	1404	3368
商丘市	114024	56395	57629	1128	245	883
信阳市	327368	167919	159449	10213	2698	7515
周口市	195152	98059	97093	2174	724	1450
驻马店市	339211	180281	158930	3793	1099	2694
济源市	6107	3434	2673	24	12	12

7-6b 续表 1

单位：人

现住地	小学			初中			高中		
	小计	男	女	小计	男	女	小计	男	女
总　计	**329118**	**163406**	**165712**	**804452**	**409943**	**394509**	**1077643**	**564105**	**513538**
郑州市	12577	6988	5589	41129	24680	16449	34534	18742	15792
开封市	8458	4313	4145	19656	9760	9896	60028	29251	30777
洛阳市	28976	13938	15038	72896	36715	36181	75011	39028	35983
平顶山市	14263	6943	7320	41721	20326	21395	41519	22586	18933
安阳市	12937	6985	5952	33717	17603	16114	45880	23373	22507
鹤壁市	3488	1670	1818	7235	3202	4033	5326	2599	2727
新乡市	11350	5851	5499	24330	12127	12203	38059	19411	18648
焦作市	10215	5331	4884	26078	13161	12917	22095	11314	10781
濮阳市	12827	5052	7775	22073	9782	12291	44214	20820	23394
许昌市	10926	5540	5386	40172	21968	18204	50690	28032	22658
漯河市	3617	1851	1766	11042	5334	5708	24321	12096	12225
三门峡市	8360	3792	4568	20594	10597	9997	26697	14101	12596
南阳市	58721	29486	29235	147353	73172	74181	137637	74613	63024
商丘市	9167	4573	4594	23198	11503	11695	73123	35933	37190
信阳市	68139	33014	35125	112861	55040	57821	109843	62016	47827
周口市	15215	8357	6858	36656	17847	18809	130800	65443	65357
驻马店市	39496	19476	20020	122460	66283	56177	154250	82904	71346
济源市	386	246	140	1281	843	438	3616	1843	1773

7-6b 续表 2

单位：人

现住地	大学专科			大学本科			研究生		
	小计	男	女	小计	男	女	小计	男	女
总　计	**201245**	**108793**	**92452**	**86404**	**47194**	**39210**	**2153**	**1300**	**853**
郑州市	49832	26810	23022	29131	14599	14532	342	180	162
开封市	4763	2452	2311	1887	1058	829	67	43	24
洛阳市	12459	7027	5432	4585	2624	1961	147	92	55
平顶山市	8919	4916	4003	3049	1676	1373	80	48	32
安阳市	6539	3646	2893	3772	1954	1818	98	61	37
鹤壁市	1671	856	815	597	338	259	22	16	6
新乡市	7999	4196	3803	2708	1493	1215	131	73	58
焦作市	8055	4388	3667	2921	1672	1249	103	66	37
濮阳市	12796	5655	7141	3130	1688	1442	76	43	33
许昌市	9222	5112	4110	3520	1947	1573	200	119	81
漯河市	2163	1218	945	860	457	403	18	15	3
三门峡市	4905	2745	2160	1917	1043	874	44	29	15
南阳市	27907	15609	12298	8857	5178	3679	271	156	115
商丘市	5142	2848	2294	2222	1265	957	44	28	16
信阳市	17078	9517	7561	9009	5484	3525	225	150	75
周口市	7116	3848	3268	3061	1759	1302	130	81	49
驻马店市	14282	7708	6574	4796	2725	2071	134	86	48
济源市	397	242	155	382	234	148	21	14	7

7-6c 全省按现住地、受教育程度、性别分的户口登记地在本省其他乡镇街道人口(乡村)

单位：人

现住地	合　计			未上过学		
	合计	男	女	小计	男	女
总　计	**808924**	**414413**	**394511**	**13608**	**4820**	**8788**
郑州市	248509	138448	110061	2270	891	1379
开封市	13972	5722	8250	365	108	257
洛阳市	79643	44157	35486	1610	504	1106
平顶山市	43022	20085	22937	1099	378	721
安阳市	56144	24075	32069	998	345	653
鹤壁市	14742	6380	8362	315	114	201
新乡市	35200	17613	17587	596	231	365
焦作市	68815	35419	33396	925	370	555
濮阳市	17312	7128	10184	498	175	323
许昌市	39945	22536	17409	664	304	360
漯河市	9140	4614	4526	195	97	98
三门峡市	14219	8085	6134	169	68	101
南阳市	45444	21812	23632	1281	430	851
商丘市	9808	4699	5109	250	81	169
信阳市	37376	16577	20799	1232	344	888
周口市	39136	17870	21266	576	153	423
驻马店市	29842	14908	14934	498	193	305
济源市	6655	4285	2370	67	34	33

7-6c 续表 1

单位：人

现住地	小学			初中			高中		
	小计	男	女	小计	男	女	小计	男	女
总 计	**103104**	**55493**	**47611**	**344143**	**164315**	**179828**	**187100**	**104661**	**82439**
郑州市	22565	12817	9748	81004	47578	33426	40947	24068	16879
开封市	1904	994	910	8006	2617	5389	2547	1432	1115
洛阳市	12648	6750	5898	39015	20339	18676	19427	12015	7412
平顶山市	6002	3068	2934	22924	9420	13504	10201	5614	4587
安阳市	8883	4725	4158	31723	12810	18913	8244	4148	4096
鹤壁市	2201	1209	992	9012	3450	5562	2483	1235	1248
新乡市	4083	2437	1646	15206	6416	8790	12338	6724	5614
焦作市	5521	3217	2304	22696	11373	11323	32795	16206	16589
濮阳市	2685	1413	1272	10750	3736	7014	2397	1303	1094
许昌市	4743	2994	1749	18125	9835	8290	13393	7588	5805
漯河市	1176	752	424	4500	1894	2606	2603	1480	1123
三门峡市	2046	1129	917	5809	3283	2526	4832	2745	2087
南阳市	8638	4115	4523	22600	9823	12777	9004	5172	3832
商丘市	1364	654	710	5896	2361	3535	1583	1170	413
信阳市	8147	3729	4418	17728	6556	11172	6694	3858	2836
周口市	3900	1950	1950	10667	3932	6735	9321	4825	4496
驻马店市	5526	2873	2653	15469	6941	8528	6181	3664	2517
济源市	1072	667	405	3013	1951	1062	2110	1414	696

7-6c 续表 2

单位：人

现住地	大学专科			大学本科			研究生		
	小计	男	女	小计	男	女	小计	男	女
总 计	**113307**	**61253**	**52054**	**47090**	**23562**	**23528**	**572**	**309**	**263**
郑州市	68542	36310	32232	32975	16675	16300	206	109	97
开封市	979	482	497	164	87	77	7	2	5
洛阳市	5245	3424	1821	1650	1089	561	48	36	12
平顶山市	2073	1185	888	698	403	295	25	17	8
安阳市	2132	903	1229	4141	1132	3009	23	12	11
鹤壁市	592	293	299	128	74	54	11	5	6
新乡市	2522	1541	981	432	252	180	23	12	11
焦作市	5870	3772	2098	985	470	515	23	11	12
濮阳市	809	415	394	166	83	83	7	3	4
许昌市	2316	1406	910	687	397	290	17	12	5
漯河市	498	298	200	165	93	72	3		3
三门峡市	1089	694	395	271	165	106	3	1	2
南阳市	2979	1752	1227	913	505	408	29	15	14
商丘市	585	343	242	128	88	40	2	2	
信阳市	2416	1396	1020	1138	682	456	21	12	9
周口市	12607	5885	6722	1979	1083	896	86	42	44
驻马店市	1744	986	758	392	234	158	32	17	15
济源市	309	168	141	78	50	28	6	1	5

7-7 全省按现住地、受教育程度、性别分的户口登记地在外省人口

单位：人

现住地	合计			未上过学		
	合计	男	女	小计	男	女
总 计	**569466**	**331556**	**237910**	**10408**	**2986**	**7422**
郑州市	235567	145444	90123	2985	924	2061
开封市	15845	8518	7327	465	162	303
洛阳市	57248	33683	23565	930	252	678
平顶山市	21920	12504	9416	458	106	352
安阳市	28136	14361	13775	735	197	538
鹤壁市	3741	1990	1751	134	28	106
新乡市	19647	10678	8969	608	161	447
焦作市	22361	12748	9613	760	233	527
濮阳市	17693	8526	9167	751	160	591
许昌市	29829	20214	9615	250	83	167
漯河市	6355	3411	2944	136	56	80
三门峡市	14937	9378	5559	151	58	93
南阳市	25461	13439	12022	479	121	358
商丘市	14948	8057	6891	358	103	255
信阳市	26091	12198	13893	680	173	507
周口市	9187	4577	4610	156	51	105
驻马店市	15042	8634	6408	263	80	183
济源市	5458	3196	2262	109	38	71

7-7 续表 1

单位：人

现住地	小学			初中			高中		
	小计	男	女	小计	男	女	小计	男	女
总 计	**76420**	**39032**	**37388**	**243918**	**144703**	**99215**	**118107**	**75306**	**42801**
郑州市	27003	14378	12625	96844	63262	33582	50594	32709	17885
开封市	2212	1149	1063	5311	2772	2539	2309	1323	986
洛阳市	7120	3645	3475	24290	14722	9568	12932	8011	4921
平顶山市	3047	1602	1445	9821	5438	4383	3654	2442	1212
安阳市	5254	2503	2751	13515	6977	6538	4166	2355	1811
鹤壁市	559	228	331	1585	812	773	841	583	258
新乡市	3272	1699	1573	6922	3959	2963	3476	2021	1455
焦作市	4314	2317	1997	9338	5371	3967	3439	1945	1494
濮阳市	3146	1409	1737	7845	3644	4201	3807	2112	1695
许昌市	2084	1212	872	12758	8418	4340	11944	8902	3042
漯河市	752	364	388	2346	1149	1197	1641	978	663
三门峡市	2548	1413	1135	8127	5292	2835	2935	1874	1061
南阳市	3659	1759	1900	11842	6101	5741	4547	2646	1901
商丘市	1967	948	1019	6599	3556	3043	2195	1456	739
信阳市	4854	2027	2827	11975	5099	6876	4351	2644	1707
周口市	1052	535	517	4201	1992	2209	1405	864	541
驻马店市	2241	1117	1124	8327	4785	3542	2953	1902	1051
济源市	1336	727	609	2272	1354	918	918	539	379

7-7 续表 2

单位：人

现住地	大学专科			大学本科			研究生		
	小计	男	女	小计	男	女	小计	男	女
总　计	**53989**	**32351**	**21638**	**62786**	**34923**	**27863**	**3838**	**2255**	**1583**
郑州市	28101	16947	11154	27977	16050	11927	2063	1174	889
开封市	2470	1516	954	2854	1490	1364	224	106	118
洛阳市	4893	2874	2019	6686	3914	2772	397	265	132
平顶山市	1896	1228	668	2956	1633	1323	88	55	33
安阳市	1411	810	601	2971	1463	1508	84	56	28
鹤壁市	442	216	226	156	107	49	24	16	8
新乡市	1594	918	676	3566	1809	1757	209	111	98
焦作市	1889	1078	811	2412	1660	752	209	144	65
濮阳市	1369	732	637	685	415	270	90	54	36
许昌市	1130	722	408	1618	850	768	45	27	18
漯河市	1121	624	497	324	220	104	35	20	15
三门峡市	775	485	290	364	237	127	37	19	18
南阳市	1944	1178	766	2868	1553	1315	122	81	41
商丘市	953	618	335	2851	1360	1491	25	16	9
信阳市	1770	1019	751	2371	1189	1182	90	47	43
周口市	815	541	274	1529	581	948	29	13	16
驻马店市	803	449	354	409	268	141	46	33	13
济源市	613	396	217	189	124	65	21	18	3

7-7a 全省按现住地、受教育程度、性别分的户口登记地在外省人口(城市)

单位：人

现住地	合　计			未上过学		
	合计	男	女	小计	男	女
总　计	**370219**	**221044**	**149175**	**5437**	**1697**	**3740**
郑州市	191979	119245	72734	2231	705	1526
开封市	10614	5790	4824	144	41	103
洛阳市	40259	23147	17112	589	158	431
平顶山市	14071	9384	4687	188	51	137
安阳市	15946	8545	7401	242	62	180
鹤壁市	1890	1058	832	39	9	30
新乡市	13976	7666	6310	368	105	263
焦作市	13252	7842	5410	371	132	239
濮阳市	8766	4457	4309	312	67	245
许昌市	6914	4069	2845	95	36	59
漯河市	4471	2571	1900	87	39	48
三门峡市	8275	4887	3388	77	29	48
南阳市	9863	5523	4340	143	58	85
商丘市	9605	5224	4381	207	73	134
信阳市	9356	5382	3974	135	41	94
周口市	3498	1774	1724	43	13	30
驻马店市	3440	2124	1316	84	48	36
济源市	4044	2356	1688	82	30	52

7-7a 续表 1

单位：人

现住地	小学			初中			高中		
	小计	男	女	小计	男	女	小计	男	女
总 计	**45472**	**24239**	**21233**	**142142**	**89543**	**52599**	**77820**	**48339**	**29481**
郑州市	21186	11227	9959	77636	51059	26577	43562	27824	15738
开封市	1069	510	559	2519	1380	1139	1651	942	709
洛阳市	4745	2345	2400	15811	9436	6375	8331	4981	3350
平顶山市	1629	1062	567	5137	3763	1374	2701	1936	765
安阳市	2443	1286	1157	6774	3752	3022	2841	1560	1281
鹤壁市	205	98	107	733	412	321	471	314	157
新乡市	2147	1147	1000	4244	2566	1678	2434	1360	1074
焦作市	2452	1380	1072	4738	2836	1902	1957	1116	841
濮阳市	1435	662	773	3302	1705	1597	2333	1232	1101
许昌市	839	506	333	2449	1541	908	1392	814	578
漯河市	523	270	253	1341	788	553	1279	780	499
三门峡市	1424	764	660	4093	2419	1674	1954	1241	713
南阳市	1087	594	493	3097	1762	1335	1851	1053	798
商丘市	1140	598	542	3292	1851	1441	1381	873	508
信阳市	1270	719	551	3137	1976	1161	1682	1079	603
周口市	310	171	139	841	488	353	590	378	212
驻马店市	671	432	239	1370	844	526	729	450	279
济源市	897	468	429	1628	965	663	681	406	275

7-7a 续表 2

单位：人

现住地	大学专科			大学本科			研究生		
	小计	男	女	小计	男	女	小计	男	女
总 计	**43366**	**25753**	**17613**	**52525**	**29452**	**23073**	**3457**	**2021**	**1436**
郑州市	24360	14521	9839	21014	12782	8232	1990	1127	863
开封市	2249	1382	867	2768	1432	1336	214	103	111
洛阳市	4102	2349	1753	6310	3631	2679	371	247	124
平顶山市	1563	1021	542	2780	1505	1275	73	46	27
安阳市	971	531	440	2603	1304	1299	72	50	22
鹤壁市	307	134	173	117	78	39	18	13	5
新乡市	1293	759	534	3312	1639	1673	178	90	88
焦作市	1406	771	635	2148	1484	664	180	123	57
濮阳市	818	443	375	509	308	201	57	40	17
许昌市	617	398	219	1489	752	737	33	22	11
漯河市	973	525	448	236	151	85	32	18	14
三门峡市	494	301	193	214	124	90	19	9	10
南阳市	1173	741	432	2438	1268	1170	74	47	27
商丘市	775	503	272	2793	1317	1476	17	9	8
信阳市	1028	578	450	2040	957	1083	64	32	32
周口市	292	213	79	1405	503	902	17	8	9
驻马店市	362	210	152	194	118	76	30	22	8
济源市	583	373	210	155	99	56	18	15	3

7-7b 全省按现住地、受教育程度、性别分的户口登记地在外省人口(镇)

单位：人

现住地	合计			未上过学		
	合计	男	女	小计	男	女
总 计	**91761**	**57105**	**34656**	**1642**	**457**	**1185**
郑州市	11527	6596	4931	201	51	150
开封市	1604	879	725	88	29	59
洛阳市	9026	6189	2837	103	32	71
平顶山市	2538	1378	1160	63	14	49
安阳市	3559	2126	1433	111	43	68
鹤壁市	551	303	248	17	2	15
新乡市	2800	1562	1238	118	31	87
焦作市	3958	2250	1708	124	30	94
濮阳市	5141	2723	2418	249	52	197
许昌市	17160	12625	4535	28	13	15
漯河市	850	497	353	16	4	12
三门峡市	4545	3087	1458	44	16	28
南阳市	8375	4822	3553	107	19	88
商丘市	2093	1280	813	39	9	30
信阳市	8285	4399	3886	226	79	147
周口市	2350	1341	1009	56	22	34
驻马店市	7016	4827	2189	49	10	39
济源市	383	221	162	3	1	2

7-7b 续表 1

单位：人

现住地	小学			初中			高中		
	小计	男	女	小计	男	女	小计	男	女
总 计	**11613**	**6180**	**5433**	**41573**	**26220**	**15353**	**25846**	**17856**	**7990**
郑州市	1321	719	602	3812	2463	1349	1702	1125	577
开封市	248	128	120	687	359	328	385	246	139
洛阳市	1056	619	437	4315	3154	1161	3041	2042	999
平顶山市	442	223	219	1320	697	623	475	287	188
安阳市	650	348	302	1844	1128	716	564	344	220
鹤壁市	112	47	65	239	132	107	108	79	29
新乡市	565	291	274	1246	705	541	479	289	190
焦作市	885	479	406	2005	1194	811	554	302	252
濮阳市	872	416	456	2219	1183	1036	1137	697	440
许昌市	371	223	148	6577	4529	2048	9763	7589	2174
漯河市	98	57	41	337	178	159	239	141	98
三门峡市	693	373	320	2734	1993	741	725	468	257
南阳市	1243	654	589	4101	2404	1697	1905	1136	769
商丘市	298	142	156	1088	660	428	484	342	142
信阳市	1606	798	808	3798	1882	1916	1932	1187	745
周口市	343	211	132	1161	610	551	475	302	173
驻马店市	721	407	314	3931	2859	1072	1795	1233	562
济源市	89	45	44	159	90	69	83	47	36

7-7b 续表 2

单位：人

现住地	大学专科			大学本科			研究生		
	小计	男	女	小计	男	女	小计	男	女
总　计	**5616**	**3447**	**2169**	**5210**	**2788**	**2422**	**261**	**157**	**104**
郑州市	1358	864	494	3088	1347	1741	45	27	18
开封市	139	83	56	49	31	18	8	3	5
洛阳市	340	220	120	160	116	44	11	6	5
平顶山市	148	99	49	80	54	26	10	4	6
安阳市	258	179	79	125	79	46	7	5	2
鹤壁市	48	26	22	22	14	8	5	3	2
新乡市	169	94	75	198	136	62	25	16	9
焦作市	234	144	90	141	91	50	15	10	5
濮阳市	483	266	217	156	95	61	25	14	11
许昌市	331	203	128	82	64	18	8	4	4
漯河市	116	83	33	44	34	10			
三门峡市	218	142	76	115	86	29	16	9	7
南阳市	599	330	269	384	254	130	36	25	11
商丘市	132	89	43	47	34	13	5	4	1
信阳市	478	290	188	223	151	72	22	12	10
周口市	218	136	82	90	57	33	7	3	4
驻马店市	331	186	145	176	123	53	13	9	4
济源市	16	13	3	30	22	8	3	3	

7-7c 全省按现住地、受教育程度、性别分的户口登记地在外省人口(乡村)

单位：人

现住地	合　计			未上过学		
	合计	男	女	小计	男	女
总　计	**107486**	**53407**	**54079**	**3329**	**832**	**2497**
郑州市	32061	19603	12458	553	168	385
开封市	3627	1849	1778	233	92	141
洛阳市	7963	4347	3616	238	62	176
平顶山市	5311	1742	3569	207	41	166
安阳市	8631	3690	4941	382	92	290
鹤壁市	1300	629	671	78	17	61
新乡市	2871	1450	1421	122	25	97
焦作市	5151	2656	2495	265	71	194
濮阳市	3786	1346	2440	190	41	149
许昌市	5755	3520	2235	127	34	93
漯河市	1034	343	691	33	13	20
三门峡市	2117	1404	713	30	13	17
南阳市	7223	3094	4129	229	44	185
商丘市	3250	1553	1697	112	21	91
信阳市	8450	2417	6033	319	53	266
周口市	3339	1462	1877	57	16	41
驻马店市	4586	1683	2903	130	22	108
济源市	1031	619	412	24	7	17

7-7c 续表 1

单位：人

现住地	小学			初中			高中		
	小计	男	女	小计	男	女	小计	男	女
总　计	**19335**	**8613**	**10722**	**60203**	**28940**	**31263**	**14441**	**9111**	**5330**
郑州市	4496	2432	2064	15396	9740	5656	5330	3760	1570
开封市	895	511	384	2105	1033	1072	273	135	138
洛阳市	1319	681	638	4164	2132	2032	1560	988	572
平顶山市	976	317	659	3364	978	2386	478	219	259
安阳市	2161	869	1292	4897	2097	2800	761	451	310
鹤壁市	242	83	159	613	268	345	262	190	72
新乡市	560	261	299	1432	688	744	563	372	191
焦作市	977	458	519	2595	1341	1254	928	527	401
濮阳市	839	331	508	2324	756	1568	337	183	154
许昌市	874	483	391	3732	2348	1384	789	499	290
漯河市	131	37	94	668	183	485	123	57	66
三门峡市	431	276	155	1300	880	420	256	165	91
南阳市	1329	511	818	4644	1935	2709	791	457	334
商丘市	529	208	321	2219	1045	1174	330	241	89
信阳市	1978	510	1468	5040	1241	3799	737	378	359
周口市	399	153	246	2199	894	1305	340	184	156
驻马店市	849	278	571	3026	1082	1944	429	219	210
济源市	350	214	136	485	299	186	154	86	68

7-7c 续表 2

单位：人

现住地	大学专科			大学本科			研究生		
	小计	男	女	小计	男	女	小计	男	女
总　计	**5007**	**3151**	**1856**	**5051**	**2683**	**2368**	**120**	**77**	**43**
郑州市	2383	1562	821	3875	1921	1954	28	20	8
开封市	82	51	31	37	27	10	2		2
洛阳市	451	305	146	216	167	49	15	12	3
平顶山市	185	108	77	96	74	22	5	5	
安阳市	182	100	82	243	80	163	5	1	4
鹤壁市	87	56	31	17	15	2	1		1
新乡市	132	65	67	56	34	22	6	5	1
焦作市	249	163	86	123	85	38	14	11	3
濮阳市	68	23	45	20	12	8	8		8
许昌市	182	121	61	47	34	13	4	1	3
漯河市	32	16	16	44	35	9	3	2	1
三门峡市	63	42	21	35	27	8	2	1	1
南阳市	172	107	65	46	31	15	12	9	3
商丘市	46	26	20	11	9	2	3	3	
信阳市	264	151	113	108	81	27	4	3	1
周口市	305	192	113	34	21	13	5	2	3
驻马店市	110	53	57	39	27	12	3	2	1
济源市	14	10	4	4	3	1			

7-8 全省分年龄、性别、迁移原因的户口登记地在外乡镇街道的人口

单位：人

年龄	合计			务工经商		
	合计	男	女	小计	男	女
总计	**9764067**	**5012932**	**4751135**	**2532996**	**1492245**	**1040751**
0-4岁	**352849**	**195948**	**156901**			
0	22483	12274	10209			
1	74820	41846	32974			
2	83229	46144	37085			
3	84548	46826	37722			
4	87769	48858	38911			
5-9岁	**433783**	**242062**	**191721**			
5	85664	47620	38044			
6	87685	49113	38572			
7	84531	47235	37296			
8	86846	48559	38287			
9	89057	49535	39522			
10-14岁	**451430**	**246803**	**204627**			
10	95739	53538	42201			
11	84622	46731	37891			
12	90992	49874	41118			
13	83680	45443	38237			
14	96397	51217	45180			
15-19岁	**1616981**	**806350**	**810631**	**100518**	**53346**	**47172**
15	175931	91690	84241	4916	2902	2014
16	287755	145439	142316	8778	4996	3782
17	408132	205812	202320	17376	9534	7842
18	398041	197163	200878	28951	15161	13790
19	347122	166246	180876	40497	20753	19744
20-24岁	**1742871**	**815399**	**927472**	**447466**	**233478**	**213988**
20	469822	219043	250779	71960	36772	35188
21	429772	200252	229520	82368	41708	40660
22	341994	161077	180917	90829	46394	44435
23	288417	135803	152614	107970	57413	50557
24	212866	99224	113642	94339	51191	43148
25-29岁	**868163**	**418743**	**449420**	**402794**	**233952**	**168842**
25	170283	80631	89652	80126	45300	34826
26	161717	76840	84877	76177	43758	32419
27	175880	84699	91181	81637	47432	34205
28	192642	93622	99020	87624	51685	35939
29	167641	82951	84690	77230	45777	31453

7-8 续表 1

单位：人

年 龄	合 计			务工经商		
	合计	男	女	小计	男	女
30-34岁	**830076**	**421866**	**408210**	**370478**	**222755**	**147723**
30	172557	87328	85229	80612	48579	32033
31	174122	87884	86238	77600	46533	31067
32	169589	86042	83547	74754	44896	29858
33	150079	76203	73876	64668	38850	25818
34	163729	84409	79320	72844	43897	28947
35-39岁	**887661**	**471840**	**415821**	**392917**	**239767**	**153150**
35	164571	85794	78777	73056	44199	28857
36	182375	95507	86868	80571	48808	31763
37	181414	96905	84509	80055	49186	30869
38	185536	99514	86022	82557	50412	32145
39	173765	94120	79645	76678	47162	29516
40-44岁	**773666**	**417984**	**355682**	**339285**	**205266**	**134019**
40	191935	103802	88133	85138	51945	33193
41	156910	84692	72218	68626	41637	26989
42	169432	91447	77985	74271	44782	29489
43	123123	66635	56488	54976	33015	21961
44	132266	71408	60858	56274	33887	22387
45-49岁	**545025**	**296700**	**248325**	**215559**	**131827**	**83732**
45	125924	68772	57152	52060	31858	20202
46	121838	66047	55791	48103	29118	18985
47	143819	78043	65776	54449	33301	21148
48	101781	55953	45828	41214	25407	15807
49	51663	27885	23778	19733	12143	7590
50-54岁	**323754**	**175141**	**148613**	**101670**	**65178**	**36492**
50	66108	36613	29495	23332	14983	8349
51	51605	28222	23383	16266	10473	5793
52	67933	36919	31014	21219	13723	7496
53	72118	38567	33551	21776	13986	7790
54	65990	34820	31170	19077	12013	7064
55-59岁	**317775**	**168129**	**149646**	**81013**	**52418**	**28595**
55	71094	37748	33346	19832	12753	7079
56	68785	36438	32347	18165	11786	6379
57	61995	32447	29548	15640	10053	5587
58	61301	32656	28645	15155	9888	5267
59	54600	28840	25760	12221	7938	4283
60-64岁	**230924**	**126113**	**104811**	**43307**	**28835**	**14472**
60	59405	32572	26833	13114	8777	4337
61	49041	26597	22444	9166	6125	3041
62	43367	23523	19844	7836	5218	2618
63	40970	22442	18528	7018	4712	2306
64	38141	20979	17162	6173	4003	2170
65岁及以上	**389109**	**209854**	**179255**	**37989**	**25423**	**12566**

7-8 续表 2 单位：人

年 龄	工作调动			学习培训		
	小计	男	女	小计	男	女
总 计	**544510**	**348969**	**195541**	**2269013**	**1120310**	**1148703**
0-4岁						
0						
1						
2						
3						
4						
5-9岁				**46513**	**27083**	**19430**
5						
6				9845	5715	4130
7				11413	6717	4696
8				12147	7103	5044
9				13108	7548	5560
10-14岁				**104498**	**56819**	**47679**
10				14353	8317	6036
11				14489	8175	6314
12				18211	10182	8029
13				20755	11370	9385
14				36690	18775	17915
15-19岁	**7416**	**3930**	**3486**	**1241669**	**611114**	**630555**
15	464	276	188	114987	58361	56626
16	703	376	327	228548	113574	114974
17	1275	687	588	336486	167443	169043
18	1973	1037	936	313746	153985	159761
19	3001	1554	1447	247902	117751	130151
20-24岁	**57345**	**29067**	**28278**	**826610**	**399333**	**427277**
20	6049	3110	2939	310158	143999	166159
21	8489	4264	4225	256335	121983	134352
22	10973	5416	5557	155515	77989	77526
23	15466	7787	7679	77546	40695	36851
24	16368	8490	7878	27056	14667	12389
25-29岁	**86161**	**48759**	**37402**	**27395**	**14823**	**12572**
25	15330	8248	7082	10858	5838	5020
26	16227	8889	7338	5916	3198	2718
27	18004	10160	7844	4353	2407	1946
28	20063	11666	8397	3548	1904	1644
29	16537	9796	6741	2720	1476	1244

7-8 续表 3

单位：人

年 龄	工作调动			学习培训		
	小计	男	女	小计	男	女
30-34岁	**79251**	**49041**	**30210**	**6723**	**3561**	**3162**
30	16422	9944	6478	2003	1103	900
31	16797	10291	6506	1389	740	649
32	16050	9943	6107	1254	674	580
33	14320	8926	5394	973	479	494
34	15662	9937	5725	1104	565	539
35-39岁	**83086**	**54315**	**28771**	**5623**	**2649**	**2974**
35	15639	10055	5584	1021	516	505
36	17348	11280	6068	1189	533	656
37	17042	11169	5873	1187	545	642
38	17217	11271	5946	1127	531	596
39	15840	10540	5300	1099	524	575
40-44岁	**71877**	**48049**	**23828**	**4158**	**1978**	**2180**
40	17698	11799	5899	1224	574	650
41	14416	9583	4833	888	424	464
42	15757	10503	5254	890	413	477
43	11419	7715	3704	567	281	286
44	12587	8449	4138	589	286	303
45-49岁	**53352**	**36131**	**17221**	**1663**	**862**	**801**
45	12214	8243	3971	481	229	252
46	12314	8257	4057	391	224	167
47	14437	9802	4635	434	227	207
48	9587	6633	2954	254	131	123
49	4800	3196	1604	103	51	52
50-54岁	**31805**	**22190**	**9615**	**731**	**399**	**332**
50	6394	4387	2007	167	96	71
51	5168	3628	1540	144	82	62
52	6659	4650	2009	143	74	69
53	7160	4964	2196	141	78	63
54	6424	4561	1863	136	69	67
55-59岁	**28017**	**20479**	**7538**	**720**	**351**	**369**
55	6716	4746	1970	170	76	94
56	6165	4408	1757	162	87	75
57	5464	4007	1457	146	72	74
58	5102	3841	1261	120	60	60
59	4570	3477	1093	122	56	66
60-64岁	**18833**	**14945**	**3888**	**633**	**293**	**340**
60	4880	3829	1051	145	71	74
61	3976	3143	833	155	73	82
62	3591	2858	733	112	55	57
63	3322	2669	653	113	40	73
64	3064	2446	618	108	54	54
65岁及以上	**27367**	**22063**	**5304**	**2077**	**1045**	**1032**

7-8 续表 4

单位：人

年 龄	随迁家属			投亲靠友			拆迁搬家		
	小计	男	女	小计	男	女	小计	男	女
总 计	**1647030**	**737227**	**909803**	**271909**	**132514**	**139395**	**949456**	**507352**	**442104**
0-4岁	**246069**	**137343**	**108726**	**20829**	**11207**	**9622**	**22831**	**12514**	**10317**
0	15898	8677	7221	1187	655	532	1250	689	561
1	53378	30001	23377	4417	2448	1969	4145	2269	1876
2	58408	32508	25900	4946	2669	2277	5340	2956	2384
3	58487	32597	25890	5049	2692	2357	5858	3174	2684
4	59898	33560	26338	5230	2743	2487	6238	3426	2812
5-9岁	**263375**	**147184**	**116191**	**22136**	**11893**	**10243**	**36297**	**19893**	**16404**
5	56618	31569	25049	5120	2755	2365	6467	3586	2881
6	54049	30369	23680	4459	2435	2024	6954	3796	3158
7	50472	28235	22237	4162	2194	1968	7118	3884	3234
8	50775	28361	22414	4138	2257	1881	7737	4214	3523
9	51461	28650	22811	4257	2252	2005	8021	4413	3608
10-14岁	**228534**	**126075**	**102459**	**18447**	**9487**	**8960**	**41255**	**22487**	**18768**
10	54808	30632	24176	4343	2262	2081	8911	4953	3958
11	46511	25824	20687	3762	1949	1813	8139	4359	3780
12	48160	26410	21750	3847	1993	1854	8490	4617	3873
13	40821	22254	18567	3332	1660	1672	7996	4393	3603
14	38234	20955	17279	3163	1623	1540	7719	4165	3554
15-19岁	**148240**	**79433**	**68807**	**13166**	**6423**	**6743**	**35933**	**19271**	**16662**
15	35151	19225	15926	2744	1387	1357	7599	4146	3453
16	29857	16013	13844	2390	1175	1215	7033	3823	3210
17	29746	16052	13694	2683	1291	1392	7612	4101	3511
18	27957	14848	13109	2717	1347	1370	6917	3624	3293
19	25529	13295	12234	2632	1223	1409	6772	3577	3195
20-24岁	**131995**	**61452**	**70543**	**16747**	**7157**	**9590**	**49570**	**25049**	**24521**
20	31876	16159	15717	3740	1664	2076	9064	4714	4350
21	27513	13242	14271	3402	1470	1932	9443	4791	4652
22	25779	11974	13805	3265	1371	1894	9917	4958	4959
23	25597	11272	14325	3454	1422	2032	10847	5465	5382
24	21230	8805	12425	2886	1230	1656	10299	5121	5178
25-29岁	**90762**	**31094**	**59668**	**12207**	**5493**	**6714**	**67868**	**34486**	**33382**
25	17859	7091	10768	2358	1023	1335	9608	4872	4736
26	16936	6098	10838	2277	1031	1246	10888	5482	5406
27	18276	6248	12028	2431	1068	1363	14066	7123	6943
28	20196	6303	13893	2733	1243	1490	17246	8826	8420
29	17495	5354	12141	2408	1128	1280	16060	8183	7877

7-8 续表 5

单位：人

年 龄	随迁家属			投亲靠友			拆迁搬家		
	小计	男	女	小计	男	女	小计	男	女
30-34岁	**91007**	**25576**	**65431**	**12998**	**6087**	**6911**	**99349**	**52452**	**46897**
30	18392	5583	12809	2636	1206	1430	17279	9043	8236
31	19181	5528	13653	2627	1218	1409	20177	10681	9496
32	18714	5222	13492	2705	1284	1421	20841	11047	9794
33	16941	4611	12330	2404	1159	1245	19726	10317	9409
34	17779	4632	13147	2626	1220	1406	21326	11364	9962
35-39岁	**94449**	**24506**	**69943**	**13816**	**6856**	**6960**	**127892**	**68923**	**58969**
35	17787	4675	13112	2520	1248	1272	22254	11764	10490
36	19683	5029	14654	2780	1398	1382	25551	13527	12024
37	19325	5017	14308	2820	1385	1435	26157	14181	11976
38	19604	5080	14524	2959	1480	1479	27187	14822	12365
39	18050	4705	13345	2737	1345	1392	26743	14629	12114
40-44岁	**79627**	**19811**	**59816**	**12940**	**6526**	**6414**	**122852**	**67288**	**55564**
40	19791	5109	14682	3076	1535	1541	29125	15894	13231
41	16109	4028	12081	2526	1305	1221	25087	13693	11394
42	17246	4254	12992	2899	1507	1392	27060	14809	12251
43	12617	3137	9480	2149	1057	1092	19320	10694	8626
44	13864	3283	10581	2290	1122	1168	22260	12198	10062
45-49岁	**58747**	**14347**	**44400**	**11163**	**5514**	**5649**	**102089**	**56164**	**45925**
45	13270	3267	10003	2374	1219	1155	22221	12275	9946
46	12935	3159	9776	2358	1190	1168	22851	12573	10278
47	15584	3824	11760	3019	1489	1530	28435	15424	13011
48	11162	2707	8455	2175	1023	1152	18493	10397	8096
49	5796	1390	4406	1237	593	644	10089	5495	4594
50-54岁	**41982**	**11163**	**30819**	**12396**	**5614**	**6782**	**66907**	**35910**	**30997**
50	7525	2068	5457	1867	876	991	13252	7271	5981
51	6343	1692	4651	1750	808	942	10983	5868	5115
52	8765	2318	6447	2567	1173	1394	14140	7586	6554
53	9809	2555	7254	3051	1340	1711	15069	7980	7089
54	9540	2530	7010	3161	1417	1744	13463	7205	6258
55-59岁	**52097**	**15095**	**37002**	**22101**	**9817**	**12284**	**61947**	**32601**	**29346**
55	10625	2932	7693	3969	1747	2222	14219	7522	6697
56	10857	3084	7773	4164	1782	2382	13939	7422	6517
57	10327	2909	7418	4340	1884	2456	12197	6388	5809
58	10438	3134	7304	4871	2204	2667	11406	5980	5426
59	9850	3036	6814	4757	2200	2557	10186	5289	4897
60-64岁	**44106**	**15081**	**29025**	**23858**	**11897**	**11961**	**40682**	**21567**	**19115**
60	10881	3658	7223	5649	2793	2856	10115	5399	4716
61	9218	3079	6139	4960	2411	2549	9020	4728	4292
62	8501	2893	5608	4548	2304	2244	7583	3970	3613
63	8009	2813	5196	4514	2251	2263	7202	3816	3386
64	7497	2638	4859	4187	2138	2049	6762	3654	3108
65岁及以上	**76040**	**29067**	**46973**	**59105**	**28543**	**30562**	**73984**	**38747**	**35237**

7-8 续表 6

单位：人

年 龄	寄挂户口			婚姻嫁娶			其 他		
	小计	男	女	小计	男	女	小计	男	女
总 计	**58375**	**34018**	**24357**	**483455**	**82070**	**401385**	**1007323**	**558227**	**449096**
0-4岁	**3104**	**1604**	**1500**				**60016**	**33280**	**26736**
0	193	110	83				3955	2143	1812
1	641	349	292				12239	6779	5460
2	785	391	394				13750	7620	6130
3	740	383	357				14414	7980	6434
4	745	371	374				15658	8758	6900
5-9岁	**3658**	**1898**	**1760**				**61804**	**34111**	**27693**
5	798	394	404				16661	9316	7345
6	725	372	353				11653	6426	5227
7	661	342	319				10705	5863	4842
8	745	406	339				11304	6218	5086
9	729	384	345				11481	6288	5193
10-14岁	**3596**	**1871**	**1725**				**55100**	**30064**	**25036**
10	804	417	387				12520	6957	5563
11	725	383	342				10996	6041	4955
12	782	406	376				11502	6266	5236
13	667	330	337				10109	5436	4673
14	618	335	283				9973	5364	4609
15-19岁	**3071**	**1545**	**1526**	**10462**	**293**	**10169**	**56506**	**30995**	**25511**
15	629	318	311	135	35	100	9306	5040	4266
16	602	308	294	300	42	258	9544	5132	4412
17	647	331	316	956	47	909	11351	6326	5025
18	613	301	312	2800	74	2726	12367	6786	5581
19	580	287	293	6271	95	6176	13938	7711	6227
20-24岁	**3599**	**1821**	**1778**	**111799**	**3500**	**108299**	**97740**	**54542**	**43198**
20	801	394	407	14844	303	14541	21330	11928	9402
21	747	385	362	20164	481	19683	21311	11928	9383
22	704	365	339	24000	677	23323	21012	11933	9079
23	728	364	364	27894	980	26914	18915	10405	8510
24	619	313	306	24897	1059	23838	15172	8348	6824
25-29岁	**3546**	**1888**	**1658**	**104945**	**9195**	**95750**	**72485**	**39053**	**33432**
25	599	310	289	20920	1140	19780	12625	6809	5816
26	574	292	282	20289	1377	18912	12433	6715	5718
27	755	403	352	21617	1879	19738	14741	7979	6762
28	819	440	379	23319	2427	20892	17094	9128	7966
29	799	443	356	18800	2372	16428	15592	8422	7170

7-8 续表 7

单位：人

年 龄	寄挂户口			婚姻嫁娶			其 他		
	小计	男	女	小计	男	女	小计	男	女
30-34岁	**5024**	**2740**	**2284**	**78475**	**12850**	**65625**	**86771**	**46804**	**39967**
30	901	468	433	17899	2438	15461	16413	8964	7449
31	1031	565	466	17670	2736	14934	17650	9592	8058
32	1099	602	497	16110	2723	13387	18062	9651	8411
33	938	516	422	13431	2375	11056	16678	8970	7708
34	1055	589	466	13365	2578	10787	17968	9627	8341
35-39岁	**5858**	**3287**	**2571**	**59581**	**14299**	**45282**	**104439**	**57238**	**47201**
35	1075	594	481	12523	2638	9885	18696	10105	8591
36	1164	652	512	13116	2961	10155	20973	11319	9654
37	1200	679	521	12236	2901	9335	21392	11842	9550
38	1240	704	536	11536	3048	8488	22109	12166	9943
39	1179	658	521	10170	2751	7419	21269	11806	9463
40-44岁	**5653**	**3251**	**2402**	**40968**	**12536**	**28432**	**96306**	**53279**	**43027**
40	1354	786	568	11105	3188	7917	23424	12972	10452
41	1149	660	489	8323	2429	5894	19786	10933	8853
42	1218	682	536	8773	2716	6057	21318	11781	9537
43	884	516	368	6172	1991	4181	15019	8229	6790
44	1048	607	441	6595	2212	4383	16759	9364	7395
45-49岁	**4588**	**2692**	**1896**	**25668**	**9100**	**16568**	**72196**	**40063**	**32133**
45	1023	612	411	6119	2050	4069	16162	9019	7143
46	978	560	418	5798	2000	3798	16110	8966	7144
47	1245	728	517	6826	2487	4339	19390	10761	8629
48	875	524	351	4580	1665	2915	13441	7466	5975
49	467	268	199	2345	898	1447	7093	3851	3242
50-54岁	**3238**	**1973**	**1265**	**15386**	**6045**	**9341**	**49639**	**26669**	**22970**
50	583	350	233	3273	1287	1986	9715	5295	4420
51	517	312	205	2494	1002	1492	7940	4357	3583
52	681	429	252	3322	1344	1978	10437	5622	4815
53	734	437	297	3130	1209	1921	11248	6018	5230
54	723	445	278	3167	1203	1964	10299	5377	4922
55-59岁	**3548**	**2394**	**1154**	**14240**	**5548**	**8692**	**54092**	**29426**	**24666**
55	754	491	263	3266	1262	2004	11543	6219	5324
56	708	448	260	3097	1200	1897	11528	6221	5307
57	681	459	222	2753	1071	1682	10447	5604	4843
58	708	487	221	2719	1076	1643	10782	5986	4796
59	697	509	188	2405	939	1466	9792	5396	4396
60-64岁	**3459**	**2518**	**941**	**9793**	**3896**	**5897**	**46253**	**27081**	**19172**
60	797	577	220	2613	1059	1554	11211	6409	4802
61	767	555	212	2072	809	1263	9707	5674	4033
62	674	480	194	1840	699	1141	8682	5046	3636
63	611	450	161	1699	679	1020	8482	5012	3470
64	610	456	154	1569	650	919	8171	4940	3231
65岁及以上	**6433**	**4536**	**1897**	**12138**	**4808**	**7330**	**93976**	**55622**	**38354**

7-8a 全省分年龄、性别、迁移原因的户口登记地在外乡镇街道的人口(城市)

单位：人

年龄	合计			务工经商		
	合计	男	女	小计	男	女
总计	**6063254**	**3095957**	**2967297**	**1624596**	**940832**	**683764**
0-4岁	**230093**	**126509**	**103584**			
0	15538	8457	7081			
1	49042	27082	21960			
2	54450	29892	24558			
3	55308	30307	25001			
4	55755	30771	24984			
5-9岁	**270636**	**149950**	**120686**			
5	53976	29681	24295			
6	54822	30441	24381			
7	52352	29143	23209			
8	54305	30216	24089			
9	55181	30469	24712			
10-14岁	**264126**	**144312**	**119814**			
10	59000	32813	26187			
11	51304	28121	23183			
12	54148	29600	24548			
13	48311	26150	22161			
14	51363	27628	23735			
15-19岁	**748040**	**372735**	**375305**	**65897**	**35098**	**30799**
15	83020	44677	38343	2901	1780	1121
16	126614	65325	61289	5574	3245	2329
17	172407	87276	85131	11382	6356	5026
18	175474	86175	89299	19233	10124	9109
19	190525	89282	101243	26807	13593	13214
20-24岁	**1202502**	**575544**	**626958**	**322622**	**164442**	**158180**
20	307997	142273	165724	49298	24649	24649
21	303069	142982	160087	57790	28647	29143
22	243848	118808	125040	66053	32832	33221
23	202168	99813	102355	79680	41155	38525
24	145420	71668	73752	69801	37159	32642
25-29岁	**587133**	**292333**	**294800**	**281746**	**161775**	**119971**
25	114090	56839	57251	57610	32072	25538
26	109654	54205	55449	54946	31061	23885
27	119171	59149	60022	56815	32699	24116
28	131486	65287	66199	60597	35434	25163
29	112732	56853	55879	51778	30509	21269

7-8a 续表 1

单位：人

年 龄	合 计			务工经商		
	合计	男	女	小计	男	女
30-34岁	**549171**	**280165**	**269006**	**237182**	**141158**	**96024**
30	113236	58109	55127	52067	31088	20979
31	116381	59230	57151	50824	30164	20660
32	112238	56844	55394	47631	28173	19458
33	100450	51003	49447	41437	24735	16702
34	106866	54979	51887	45223	26998	18225
35-39岁	**573439**	**302753**	**270686**	**238347**	**144090**	**94257**
35	106097	54948	51149	44528	26642	17886
36	118232	61565	56667	49382	29727	19655
37	117232	62344	54888	48601	29625	18976
38	119260	63392	55868	49572	29971	19601
39	112618	60504	52114	46264	28125	18139
40-44岁	**500394**	**267500**	**232894**	**204533**	**122405**	**82128**
40	123163	65935	57228	50853	30625	20228
41	102962	54931	48031	41723	24952	16771
42	109772	58635	51137	44891	26810	18081
43	79033	42329	36704	33108	19691	13417
44	85464	45670	39794	33958	20327	13631
45-49岁	**355749**	**190585**	**165164**	**126991**	**76729**	**50262**
45	81596	43956	37640	30855	18665	12190
46	80143	42810	37333	28686	17145	11541
47	96455	51432	45023	32818	19888	12930
48	64346	34794	29552	23627	14327	9300
49	33209	17593	15616	11005	6704	4301
50-54岁	**212763**	**111591**	**101172**	**58412**	**37088**	**21324**
50	43461	23361	20100	13076	8253	4823
51	34457	18364	16093	9435	6068	3367
52	44794	23599	21195	12230	7812	4418
53	47405	24461	22944	12666	8039	4627
54	42646	21806	20840	11005	6916	4089
55-59岁	**199993**	**100782**	**99211**	**45639**	**29349**	**16290**
55	45642	23287	22355	11553	7359	4194
56	43983	22370	21613	10305	6651	3654
57	39140	19635	19505	8843	5696	3147
58	37406	18793	18613	8210	5321	2889
59	33822	16697	17125	6728	4322	2406
60-64岁	**135617**	**67513**	**68104**	**23396**	**15476**	**7920**
60	34634	17340	17294	6953	4597	2356
61	29590	14806	14784	5093	3374	1719
62	25317	12454	12863	4230	2805	1425
63	23864	11834	12030	3765	2513	1252
64	22212	11079	11133	3355	2187	1168
65岁及以上	**233598**	**113685**	**119913**	**19831**	**13222**	**6609**

7-8a 续表 2

单位：人

年 龄	工作调动			学习培训		
	小计	男	女	小计	男	女
总 计	**315732**	**190303**	**125429**	**1231765**	**593717**	**638048**
0-4岁						
0						
1						
2						
3						
4						
5-9岁				**22004**	**12719**	**9285**
5						
6				4481	2544	1937
7				5429	3213	2216
8				5818	3404	2414
9				6276	3558	2718
10-14岁				**42815**	**23433**	**19382**
10				6620	3771	2849
11				6579	3669	2910
12				7979	4459	3520
13				8373	4579	3794
14				13264	6955	6309
15-19岁	**4836**	**2403**	**2433**	**510407**	**245935**	**264472**
15	271	164	107	44388	23568	20820
16	444	229	215	88141	44411	43730
17	848	447	401	126313	62080	64233
18	1294	624	670	122023	57826	64197
19	1979	939	1040	129542	58050	71492
20-24岁	**38461**	**18266**	**20195**	**619205**	**292023**	**327182**
20	3996	1859	2137	210806	93653	117153
21	5794	2665	3129	195958	90953	105005
22	7396	3424	3972	124960	61680	63280
23	10422	4947	5475	64618	33466	31152
24	10853	5371	5482	22863	12271	10592
25-29岁	**56673**	**31390**	**25283**	**22378**	**12070**	**10308**
25	10083	5240	4843	9198	4937	4261
26	10739	5755	4984	4866	2633	2233
27	11991	6639	5352	3479	1896	1583
28	13204	7542	5662	2809	1495	1314
29	10656	6214	4442	2026	1109	917

7-8a 续表 3　　　　单位：人

年　龄	工作调动			学习培训		
	小计	男	女	小计	男	女
30-34岁	**47926**	**29060**	**18866**	**4833**	**2598**	**2235**
30	10261	6161	4100	1497	834	663
31	10408	6256	4152	987	533	454
32	9602	5804	3798	902	501	401
33	8503	5211	3292	669	334	335
34	9152	5628	3524	778	396	382
35-39岁	**46911**	**29444**	**17467**	**3788**	**1825**	**1963**
35	8895	5512	3383	684	355	329
36	9838	6130	3708	782	368	414
37	9657	6081	3576	798	365	433
38	9634	6071	3563	764	366	398
39	8887	5650	3237	760	371	389
40-44岁	**39963**	**25298**	**14665**	**2988**	**1427**	**1561**
40	9862	6247	3615	842	402	440
41	8184	5201	2983	654	310	344
42	8791	5509	3282	654	295	359
43	6227	3982	2245	411	207	204
44	6899	4359	2540	427	213	214
45-49岁	**30165**	**19381**	**10784**	**1173**	**612**	**561**
45	6904	4406	2498	352	176	176
46	6989	4436	2553	281	161	120
47	8225	5320	2905	299	156	143
48	5264	3455	1809	166	83	83
49	2783	1764	1019	75	36	39
50-54岁	**17289**	**11399**	**5890**	**485**	**261**	**224**
50	3661	2388	1273	121	67	54
51	2922	1964	958	91	50	41
52	3638	2381	1257	99	50	49
53	3770	2444	1326	96	53	43
54	3298	2222	1076	78	41	37
55-59岁	**13797**	**9365**	**4432**	**386**	**176**	**210**
55	3404	2245	1159	95	39	56
56	3094	2064	1030	84	47	37
57	2711	1830	881	68	34	34
58	2377	1656	721	69	30	39
59	2211	1570	641	70	26	44
60-64岁	**7972**	**5755**	**2217**	**345**	**171**	**174**
60	2101	1509	592	75	44	31
61	1720	1242	478	82	41	41
62	1506	1086	420	64	34	30
63	1359	987	372	68	24	44
64	1286	931	355	56	28	28
65岁及以上	**11739**	**8542**	**3197**	**958**	**467**	**491**

7-8a 续表 4　　　　单位：人

年　龄	随迁家属			投亲靠友			拆迁搬家		
	小计	男	女	小计	男	女	小计	男	女
总　计	**1045993**	**463340**	**582653**	**172085**	**76678**	**95407**	**746091**	**394880**	**351211**
0-4岁	**158280**	**87474**	**70806**	**12886**	**6965**	**5921**	**16880**	**9150**	**7730**
0	10808	5897	4911	808	439	369	932	504	428
1	34400	19072	15328	2774	1534	1240	3033	1667	1366
2	37644	20793	16851	3056	1630	1426	3984	2167	1817
3	37764	20814	16950	3138	1684	1454	4310	2305	2005
4	37664	20898	16766	3110	1678	1432	4621	2507	2114
5-9岁	**165959**	**92284**	**73675**	**13170**	**7219**	**5951**	**26890**	**14545**	**12345**
5	35962	19834	16128	3003	1656	1347	4759	2588	2171
6	34157	19076	15081	2675	1492	1183	5164	2775	2389
7	31748	17680	14068	2406	1316	1090	5213	2832	2381
8	31947	17854	14093	2518	1386	1132	5797	3119	2678
9	32145	17840	14305	2568	1369	1199	5957	3231	2726
10-14岁	**140059**	**77175**	**62884**	**11290**	**5910**	**5380**	**30725**	**16583**	**14142**
10	33912	18968	14944	2698	1396	1302	6688	3697	2991
11	28515	15777	12738	2296	1224	1072	6086	3171	2915
12	29414	16120	13294	2355	1235	1120	6256	3374	2882
13	24803	13490	11313	1996	1045	951	5977	3271	2706
14	23415	12820	10595	1945	1010	935	5718	3070	2648
15-19岁	**93651**	**50051**	**43600**	**8287**	**4101**	**4186**	**27028**	**14434**	**12594**
15	21542	11721	9821	1673	871	802	5682	3054	2628
16	18903	10098	8805	1508	758	750	5339	2899	2440
17	18851	10167	8684	1656	793	863	5775	3112	2663
18	17865	9483	8382	1787	891	896	5180	2714	2466
19	16490	8582	7908	1663	788	875	5052	2655	2397
20-24岁	**85427**	**39573**	**45854**	**11088**	**4570**	**6518**	**37860**	**19053**	**18807**
20	20118	10251	9867	2335	1008	1327	6683	3513	3170
21	17747	8550	9197	2265	974	1291	7154	3619	3535
22	16854	7824	9030	2205	884	1321	7674	3809	3865
23	16741	7301	9440	2337	936	1401	8401	4203	4198
24	13967	5647	8320	1946	768	1178	7948	3909	4039
25-29岁	**61423**	**20189**	**41234**	**8132**	**3465**	**4667**	**54280**	**27168**	**27112**
25	11601	4473	7128	1548	634	914	7470	3739	3731
26	11422	3890	7532	1510	661	849	8638	4256	4382
27	12480	4094	8386	1590	672	918	11325	5630	5695
28	14025	4194	9831	1834	785	1049	13970	7024	6946
29	11895	3538	8357	1650	713	937	12877	6519	6358

7-8a 续表 5 单位：人

年 龄	随迁家属			投亲靠友			拆迁搬家		
	小计	男	女	小计	男	女	小计	男	女
30-34岁	**61085**	**17098**	**43987**	**8179**	**3563**	**4616**	**79459**	**41594**	**37865**
30	12379	3690	8689	1661	726	935	13605	7050	6555
31	12929	3713	9216	1655	737	918	16095	8446	7649
32	12520	3442	9078	1717	750	967	16820	8831	7989
33	11529	3173	8356	1509	662	847	15938	8268	7670
34	11728	3080	8648	1637	688	949	17001	8999	8002
35-39岁	**62091**	**16899**	**45192**	**8332**	**3752**	**4580**	**100854**	**53696**	**47158**
35	11702	3170	8532	1542	701	841	17549	9164	8385
36	12927	3443	9484	1684	754	930	20160	10511	9649
37	12670	3490	9180	1748	778	970	20536	11014	9522
38	12900	3490	9410	1751	801	950	21354	11489	9865
39	11892	3306	8586	1607	718	889	21255	11518	9737
40-44岁	**52849**	**13910**	**38939**	**7517**	**3424**	**4093**	**97155**	**52818**	**44337**
40	13002	3464	9538	1785	814	971	23075	12506	10569
41	10962	2926	8036	1559	731	828	19979	10831	9148
42	11397	2970	8427	1632	777	855	21518	11673	9845
43	8308	2223	6085	1237	534	703	15131	8289	6842
44	9180	2327	6853	1304	568	736	17452	9519	7933
45-49岁	**38774**	**10261**	**28513**	**6686**	**2905**	**3781**	**81736**	**44664**	**37072**
45	8688	2304	6384	1384	621	763	17672	9721	7951
46	8605	2299	6306	1387	620	767	18371	10056	8315
47	10594	2818	7776	1877	820	1057	23373	12572	10801
48	7155	1882	5273	1266	519	747	14296	7988	6308
49	3732	958	2774	772	325	447	8024	4327	3697
50-54岁	**27271**	**7480**	**19791**	**8242**	**3103**	**5139**	**54776**	**29091**	**25685**
50	4991	1424	3567	1186	460	726	11019	5968	5051
51	4217	1190	3027	1156	447	709	9023	4748	4275
52	5692	1540	4152	1698	646	1052	11629	6204	5425
53	6330	1703	4627	2100	762	1338	12247	6374	5873
54	6041	1623	4418	2102	788	1314	10858	5797	5061
55-59岁	**31565**	**8894**	**22671**	**15188**	**5670**	**9518**	**49195**	**25689**	**23506**
55	6632	1825	4807	2695	1001	1694	11340	5946	5394
56	6749	1888	4861	2942	1059	1883	11086	5863	5223
57	6283	1765	4518	3015	1120	1895	9669	5012	4657
58	6090	1736	4354	3325	1268	2057	8940	4662	4278
59	5811	1680	4131	3211	1222	1989	8160	4206	3954
60-64岁	**24871**	**7605**	**17266**	**15331**	**6229**	**9102**	**31498**	**16472**	**15026**
60	6105	1781	4324	3616	1429	2187	7867	4150	3717
61	5395	1704	3691	3287	1332	1955	6999	3628	3371
62	4766	1468	3298	2910	1180	1730	5830	3024	2806
63	4463	1388	3075	2854	1154	1700	5580	2902	2678
64	4142	1264	2878	2664	1134	1530	5222	2768	2454
65岁及以上	**42688**	**14447**	**28241**	**37757**	**15802**	**21955**	**57755**	**29923**	**27832**

7-8a 续表 6

单位：人

年 龄	寄挂户口			婚姻嫁娶			其 他		
	小计	男	女	小计	男	女	小计	男	女
总 计	**30657**	**16048**	**14609**	**211414**	**52412**	**159002**	**684921**	**367747**	**317174**
0-4岁	**1981**	**1042**	**939**				**40066**	**21878**	**18188**
0	135	76	59				2855	1541	1314
1	420	235	185				8415	4574	3841
2	513	260	253				9253	5042	4211
3	463	242	221				9633	5262	4371
4	450	229	221				9910	5459	4451
5-9岁	**2101**	**1079**	**1022**				**40512**	**22104**	**18408**
5	439	218	221				9813	5385	4428
6	418	214	204				7927	4340	3587
7	392	196	196				7164	3906	3258
8	443	238	205				7782	4215	3567
9	409	213	196				7826	4258	3568
10-14岁	**2138**	**1099**	**1039**				**37099**	**20112**	**16987**
10	474	251	223				8608	4730	3878
11	443	233	210				7385	4047	3338
12	463	237	226				7681	4175	3506
13	392	175	217				6770	3590	3180
14	366	203	163				6655	3570	3085
15-19岁	**1792**	**904**	**888**	**1134**	**117**	**1017**	**35008**	**19692**	**15316**
15	370	182	188	42	17	25	6151	3320	2831
16	350	175	175	57	25	32	6298	3485	2813
17	387	199	188	107	27	80	7088	4095	2993
18	351	176	175	277	31	246	7464	4306	3158
19	334	172	162	651	17	634	8007	4486	3521
20-24岁	**2170**	**1064**	**1106**	**22279**	**1376**	**20903**	**63390**	**35177**	**28213**
20	474	229	245	1801	83	1718	12486	7028	5458
21	430	222	208	3036	136	2900	12895	7216	5679
22	454	232	222	4336	247	4089	13916	7876	6040
23	442	199	243	6309	409	5900	13218	7197	6021
24	370	182	188	6797	501	6296	10875	5860	5015
25-29岁	**2198**	**1099**	**1099**	**46076**	**6380**	**39696**	**54227**	**28797**	**25430**
25	370	183	187	6839	626	6213	9371	4935	4436
26	353	161	192	7874	872	7002	9306	4916	4390
27	482	249	233	9934	1327	8607	11075	5943	5132
28	496	246	250	11649	1799	9850	12902	6768	6134
29	497	260	237	9780	1756	8024	11573	6235	5338

7-8a 续表 7

单位：人

年 龄	寄挂户口			婚姻嫁娶			其 他		
	小计	男	女	小计	男	女	小计	男	女
30-34岁	**2876**	**1440**	**1436**	**43825**	**9651**	**34174**	**63806**	**34003**	**29803**
30	545	267	278	9182	1794	7388	12039	6499	5540
31	591	285	306	9795	2074	7721	13097	7022	6075
32	649	324	325	9161	2076	7085	13236	6943	6293
33	515	269	246	8070	1795	6275	12280	6556	5724
34	576	295	281	7617	1912	5705	13154	6983	6171
35-39岁	**3303**	**1742**	**1561**	**34564**	**10412**	**24152**	**75249**	**40893**	**34356**
35	588	306	282	7070	1912	5158	13539	7186	6353
36	629	319	310	7659	2179	5480	15171	8134	7037
37	702	386	316	7149	2109	5040	15371	8496	6875
38	704	379	325	6773	2225	4548	15808	8600	7208
39	680	352	328	5913	1987	3926	15360	8477	6883
40-44岁	**3153**	**1735**	**1418**	**22693**	**8340**	**14353**	**69543**	**38143**	**31400**
40	809	457	352	6210	2239	3971	16725	9181	7544
41	649	354	295	4739	1650	3089	14513	7976	6537
42	695	371	324	4816	1802	3014	15378	8428	6950
43	472	272	200	3364	1274	2090	10775	5857	4918
44	528	281	247	3564	1375	2189	12152	6701	5451
45-49岁	**2484**	**1367**	**1117**	**14636**	**5819**	**8817**	**53104**	**28847**	**24257**
45	562	320	242	3401	1310	2091	11778	6433	5345
46	537	279	258	3343	1295	2048	11944	6519	5425
47	668	357	311	4048	1632	2416	14553	7869	6684
48	461	258	203	2479	1011	1468	9632	5271	4361
49	256	153	103	1365	571	794	5197	2755	2442
50-54岁	**1645**	**872**	**773**	**8481**	**3640**	**4841**	**36162**	**18657**	**17505**
50	331	175	156	1810	779	1031	7266	3847	3419
51	265	139	126	1422	627	795	5926	3131	2795
52	337	193	144	1843	828	1015	7628	3945	3683
53	369	192	177	1713	730	983	8114	4164	3950
54	343	173	170	1693	676	1017	7228	3570	3658
55-59岁	**1443**	**786**	**657**	**7177**	**2868**	**4309**	**35603**	**17985**	**17618**
55	337	182	155	1702	674	1028	7884	4016	3868
56	313	168	145	1597	642	955	7813	3988	3825
57	281	149	132	1393	569	824	6877	3460	3417
58	256	146	110	1312	526	786	6827	3448	3379
59	256	141	115	1173	457	716	6202	3073	3129
60-64岁	**1143**	**640**	**503**	**4587**	**1689**	**2898**	**26474**	**13476**	**12998**
60	269	148	121	1151	441	710	6497	3241	3256
61	260	144	116	1029	368	661	5725	2973	2752
62	225	119	106	886	311	575	4900	2427	2473
63	187	108	79	788	280	508	4800	2478	2322
64	202	121	81	733	289	444	4552	2357	2195
65岁及以上	**2230**	**1179**	**1051**	**5962**	**2120**	**3842**	**54678**	**27983**	**26695**

7-8b 全省分年龄、性别、迁移原因的户口登记地在外乡镇街道的人口(镇)

单位：人

年 龄	合 计			务工经商		
	合计	男	女	小计	男	女
总 计	**2754067**	**1432442**	**1321625**	**681126**	**405021**	**276105**
0-4岁	**98440**	**56013**	**42427**			
0	5711	3150	2561			
1	20416	11799	8617			
2	22929	12977	9952			
3	23483	13347	10136			
4	25901	14740	11161			
5-9岁	**134844**	**76811**	**58033**			
5	25668	14652	11016			
6	26917	15479	11438			
7	26697	15141	11556			
8	27137	15420	11717			
9	28425	16119	12306			
10-14岁	**161057**	**88629**	**72428**			
10	31102	17698	13404			
11	28200	15802	12398			
12	31432	17437	13995			
13	30707	16912	13795			
14	39616	20780	18836			
15-19岁	**734300**	**368501**	**365799**	**22351**	**11270**	**11081**
15	81465	40833	40632	1363	756	607
16	141043	69734	71309	2007	1057	950
17	204749	103012	101737	3757	1907	1850
18	188508	94919	93589	6133	3023	3110
19	118535	60003	58532	9091	4527	4564
20-24岁	**313431**	**153809**	**159622**	**84472**	**45452**	**39020**
20	100157	50469	49688	15131	7791	7340
21	69965	34013	35952	16543	8423	8120
22	54140	26233	27907	16600	8826	7774
23	49341	24006	25335	19148	10824	8324
24	39828	19088	20740	17050	9588	7462
25-29岁	**187097**	**92707**	**94390**	**89414**	**52494**	**36920**
25	34797	16850	17947	16210	9330	6880
26	33208	16296	16912	15247	9007	6240
27	38439	19038	19401	18678	10896	7782
28	41903	20998	20905	20084	11901	8183
29	38750	19525	19225	19195	11360	7835

7-8b 续表 1

单位：人

年 龄	合 计			务工经商		
	合计	男	女	小计	男	女
30-34岁	**207056**	**107369**	**99687**	**102767**	**61971**	**40796**
30	42486	22045	20441	21824	13248	8576
31	42163	21633	20530	20465	12331	8134
32	42469	22159	20310	20989	12742	8247
33	37141	19082	18059	17967	10708	7259
34	42797	22450	20347	21522	12942	8580
35-39岁	**241471**	**129677**	**111794**	**121305**	**73827**	**47478**
35	44580	23728	20852	22299	13534	8765
36	49299	26037	23262	24451	14653	9798
37	49512	26537	22975	24861	15195	9666
38	51115	27750	23365	25951	15798	10153
39	46965	25625	21340	23743	14647	9096
40-44岁	**208047**	**112316**	**95731**	**103758**	**62388**	**41370**
40	52609	28708	23901	26647	16268	10379
41	41310	22366	18944	20781	12604	8177
42	45448	24477	20971	22606	13505	9101
43	33286	17865	15421	16655	9888	6767
44	35394	18900	16494	17069	10123	6946
45-49岁	**143223**	**77345**	**65878**	**68053**	**41237**	**26816**
45	33325	18047	15278	16111	9760	6351
46	31640	16917	14723	14938	8915	6023
47	35437	19140	16297	16514	9963	6551
48	28627	15627	13000	13597	8404	5193
49	14194	7614	6580	6893	4195	2698
50-54岁	**80993**	**43576**	**37417**	**33138**	**20944**	**12194**
50	16639	9423	7216	7988	5160	2828
51	12580	6851	5729	5256	3289	1967
52	16735	9041	7694	6822	4354	2468
53	18170	9661	8509	6965	4417	2548
54	16869	8600	8269	6107	3724	2383
55-59岁	**83851**	**42842**	**41009**	**27105**	**17052**	**10053**
55	18475	9565	8910	6361	3997	2364
56	17953	9246	8707	5998	3791	2207
57	16565	8323	8242	5325	3277	2048
58	16672	8531	8141	5249	3328	1921
59	14186	7177	7009	4172	2659	1513
60-64岁	**62226**	**32218**	**30008**	**14994**	**9591**	**5403**
60	16372	8692	7680	4662	3041	1621
61	12928	6589	6339	3050	1952	1098
62	11732	5950	5782	2694	1682	1012
63	11130	5797	5333	2475	1614	861
64	10064	5190	4874	2113	1302	811
65岁及以上	**98031**	**50629**	**47402**	**13769**	**8795**	**4974**

7-8b 续表 2　　单位：人

年　龄	工作调动			学习培训		
	小计	男	女	小计	男	女
总　计	**160674**	**106194**	**54480**	**846739**	**428663**	**418076**
0-4岁						
0						
1						
2						
3						
4						
5-9岁				**22337**	**13145**	**9192**
5						
6				4904	2925	1979
7				5463	3228	2235
8				5787	3382	2405
9				6183	3610	2573
10-14岁				**56534**	**30588**	**25946**
10				7055	4154	2901
11				7125	4026	3099
12				9384	5264	4120
13				11426	6299	5127
14				21544	10845	10699
15-19岁	**1891**	**1094**	**797**	**633911**	**315883**	**318028**
15	152	90	62	63063	30666	32397
16	205	111	94	124363	60841	63522
17	342	186	156	185173	92694	92479
18	493	288	205	167019	83922	83097
19	699	419	280	94293	47760	46533
20-24岁	**12163**	**6812**	**5351**	**124527**	**64340**	**60187**
20	1334	791	543	63931	32651	31280
21	1767	1043	724	33266	16857	16409
22	2282	1248	1034	17103	9000	8103
23	3242	1783	1459	7612	4297	3315
24	3538	1947	1591	2615	1535	1080
25-29岁	**20896**	**12037**	**8859**	**3438**	**1909**	**1529**
25	3390	1883	1507	1083	593	490
26	3832	2146	1686	709	393	316
27	4342	2470	1872	614	367	247
28	5008	2943	2065	530	295	235
29	4324	2595	1729	502	261	241

7-8b 续表 3 单位：人

年 龄	工作调动			学习培训		
	小计	男	女	小计	男	女
30-34岁	**23429**	**14640**	**8789**	**1481**	**728**	**753**
30	4534	2761	1773	372	189	183
31	4712	2921	1791	317	156	161
32	4832	3018	1814	282	138	144
33	4411	2746	1665	236	109	127
34	4940	3194	1746	274	136	138
35-39岁	**27653**	**18386**	**9267**	**1568**	**683**	**885**
35	5168	3383	1785	288	131	157
36	5714	3807	1907	364	143	221
37	5641	3731	1910	330	143	187
38	5816	3859	1957	313	140	173
39	5314	3606	1708	273	126	147
40-44岁	**24260**	**16617**	**7643**	**987**	**460**	**527**
40	6049	4145	1904	302	134	168
41	4744	3192	1552	196	97	99
42	5275	3657	1618	200	96	104
43	3922	2693	1229	143	67	76
44	4270	2930	1340	146	66	80
45-49岁	**17154**	**11843**	**5311**	**396**	**191**	**205**
45	3988	2749	1239	104	43	61
46	3973	2722	1251	91	47	44
47	4539	3122	1417	105	51	54
48	3194	2249	945	72	37	35
49	1460	1001	459	24	13	11
50-54岁	**9825**	**6915**	**2910**	**175**	**91**	**84**
50	1885	1330	555	28	16	12
51	1536	1078	458	36	23	13
52	2067	1483	584	34	17	17
53	2300	1601	699	32	14	18
54	2037	1423	614	45	21	24
55-59岁	**9133**	**6584**	**2549**	**267**	**123**	**144**
55	2187	1533	654	61	28	33
56	2050	1450	600	61	28	33
57	1839	1351	488	68	28	40
58	1666	1226	440	38	18	20
59	1391	1024	367	39	21	18
60-64岁	**6032**	**4679**	**1353**	**229**	**86**	**143**
60	1576	1205	371	53	18	35
61	1280	985	295	62	25	37
62	1129	880	249	37	14	23
63	1069	842	227	37	12	25
64	978	767	211	40	17	23
65岁及以上	**8238**	**6587**	**1651**	**889**	**436**	**453**

7-8b 续表 4 单位：人

年 龄	随迁家属			投亲靠友			拆迁搬家		
	小计	男	女	小计	男	女	小计	男	女
总 计	**504264**	**222015**	**282249**	**52413**	**26152**	**26261**	**178788**	**99150**	**79638**
0-4岁	**71937**	**40960**	**30977**	**4183**	**2277**	**1906**	**5130**	**2934**	**2196**
0	4260	2331	1929	220	136	84	267	154	113
1	15362	8896	6466	831	468	363	951	530	421
2	16933	9543	7390	958	536	422	1161	684	477
3	17029	9697	7332	1004	541	463	1350	767	583
4	18353	10493	7860	1170	596	574	1401	799	602
5-9岁	**81052**	**45890**	**35162**	**4796**	**2630**	**2166**	**8222**	**4676**	**3546**
5	17023	9716	7307	1125	597	528	1485	865	620
6	16412	9357	7055	902	522	380	1555	886	669
7	15557	8786	6771	962	509	453	1676	932	744
8	15740	8842	6898	864	492	372	1699	965	734
9	16320	9189	7131	943	510	433	1807	1028	779
10-14岁	**75469**	**41860**	**33609**	**3979**	**2094**	**1885**	**9204**	**5188**	**4016**
10	17770	9975	7795	929	507	422	1928	1108	820
11	15308	8538	6770	813	425	388	1808	1052	756
12	15908	8780	7128	809	422	387	1961	1087	874
13	13767	7565	6202	734	365	369	1773	991	782
14	12716	7002	5714	694	375	319	1734	950	784
15-19岁	**47458**	**25618**	**21840**	**2754**	**1368**	**1386**	**7698**	**4181**	**3517**
15	11716	6482	5234	601	305	296	1657	945	712
16	9518	5161	4357	530	256	274	1484	811	673
17	9495	5132	4363	599	299	300	1576	857	719
18	8796	4686	4110	506	259	247	1514	778	736
19	7933	4157	3776	518	249	269	1467	790	677
20-24岁	**40602**	**19225**	**21377**	**2923**	**1367**	**1556**	**9979**	**5159**	**4820**
20	10277	5195	5082	713	344	369	2006	1032	974
21	8604	4153	4451	619	281	338	1931	994	937
22	7799	3658	4141	552	255	297	1915	984	931
23	7710	3492	4218	584	262	322	2089	1101	988
24	6212	2727	3485	455	225	230	2038	1048	990
25-29岁	**25354**	**9377**	**15977**	**2118**	**1044**	**1074**	**11854**	**6437**	**5417**
25	5299	2223	3076	425	210	215	1830	975	855
26	4735	1877	2858	379	178	201	1934	1068	866
27	5063	1877	3186	449	211	238	2407	1325	1082
28	5387	1839	3548	467	237	230	2862	1587	1275
29	4870	1561	3309	398	208	190	2821	1482	1339

7-8b 续表 5　　　　单位：人

年 龄	随迁家属			投亲靠友			拆迁搬家		
	小计	男	女	小计	男	女	小计	男	女
30-34岁	**26221**	**7148**	**19073**	**2473**	**1194**	**1279**	**17885**	**9807**	**8078**
30	5280	1643	3637	505	230	275	3245	1761	1484
31	5489	1547	3942	487	207	280	3699	2029	1670
32	5408	1489	3919	544	273	271	3623	2003	1620
33	4733	1176	3557	448	245	203	3412	1863	1549
34	5311	1293	4018	489	239	250	3906	2151	1755
35-39岁	**28104**	**6132**	**21972**	**2768**	**1460**	**1308**	**24331**	**13770**	**10561**
35	5336	1261	4075	504	263	241	4259	2361	1898
36	5924	1306	4618	554	303	251	4869	2741	2128
37	5791	1236	4555	536	275	261	5047	2845	2202
38	5758	1250	4508	609	329	280	5236	3030	2206
39	5295	1079	4216	565	290	275	4920	2793	2127
40-44岁	**23112**	**4460**	**18652**	**2664**	**1390**	**1274**	**22920**	**13002**	**9918**
40	5854	1269	4585	639	320	319	5410	3062	2348
41	4463	849	3614	486	268	218	4578	2579	1999
42	5082	986	4096	620	325	295	4947	2809	2138
43	3698	656	3042	433	230	203	3719	2161	1558
44	4015	700	3315	486	247	239	4266	2391	1875
45-49岁	**16800**	**2831**	**13969**	**2200**	**1117**	**1083**	**18041**	**10216**	**7825**
45	3843	687	3156	464	246	218	4060	2276	1784
46	3662	593	3069	482	245	237	3958	2234	1724
47	4104	676	3428	552	272	280	4437	2510	1927
48	3403	574	2829	477	240	237	3743	2146	1597
49	1788	301	1487	225	114	111	1843	1050	793
50-54岁	**12144**	**2339**	**9805**	**2056**	**1006**	**1050**	**10489**	**5910**	**4579**
50	2093	434	1659	340	168	172	1896	1120	776
51	1782	331	1451	297	146	151	1699	977	722
52	2498	479	2019	408	193	215	2166	1200	966
53	2882	532	2350	467	225	242	2443	1390	1053
54	2889	563	2326	544	274	270	2285	1223	1062
55-59岁	**16582**	**3785**	**12797**	**3603**	**1626**	**1977**	**11168**	**6038**	**5130**
55	3293	703	2590	663	301	362	2507	1362	1145
56	3394	760	2634	642	290	352	2495	1380	1115
57	3287	704	2583	708	315	393	2209	1193	1016
58	3458	833	2625	780	336	444	2164	1144	1020
59	3150	785	2365	810	384	426	1793	959	834
60-64岁	**14793**	**4126**	**10667**	**4166**	**2116**	**2050**	**7972**	**4383**	**3589**
60	3644	1048	2596	957	498	459	1966	1084	882
61	2957	730	2227	864	423	441	1753	946	807
62	2905	800	2105	780	411	369	1533	821	712
63	2747	812	1935	841	423	418	1380	768	612
64	2540	736	1804	724	361	363	1340	764	576
65岁及以上	**24636**	**8264**	**16372**	**11730**	**5463**	**6267**	**13895**	**7449**	**6446**

7-8b 续表 6

单位：人

年 龄	寄挂户口			婚姻嫁娶			其 他		
	小计	男	女	小计	男	女	小计	男	女
总 计	**15380**	**9020**	**6360**	**90051**	**12243**	**77808**	**224632**	**123984**	**100648**
0-4岁	**709**	**369**	**340**				**16481**	**9473**	**7008**
0	43	27	16				921	502	419
1	134	73	61				3138	1832	1306
2	182	95	87				3695	2119	1576
3	162	79	83				3938	2263	1675
4	188	95	93				4789	2757	2032
5-9岁	**900**	**491**	**409**				**17537**	**9979**	**7558**
5	188	96	92				5847	3378	2469
6	186	100	86				2958	1689	1269
7	165	92	73				2874	1594	1280
8	177	103	74				2870	1636	1234
9	184	100	84				2988	1682	1306
10-14岁	**960**	**517**	**443**				**14911**	**8382**	**6529**
10	222	113	109				3198	1841	1357
11	177	89	88				2969	1672	1297
12	197	112	85				3173	1772	1401
13	188	109	79				2819	1583	1236
14	176	94	82				2752	1514	1238
15-19岁	**877**	**440**	**437**	**1687**	**55**	**1632**	**15673**	**8592**	**7081**
15	180	91	89	22	9	13	2711	1489	1222
16	177	94	83	47	6	41	2712	1397	1315
17	194	99	95	155	8	147	3458	1830	1628
18	172	81	91	424	14	410	3451	1868	1583
19	154	75	79	1039	18	1021	3341	2008	1333
20-24岁	**795**	**423**	**372**	**20642**	**612**	**20030**	**17328**	**10419**	**6909**
20	189	97	92	2534	60	2474	4042	2508	1534
21	183	95	88	3624	86	3538	3428	2081	1347
22	139	71	68	4379	122	4257	3371	2069	1302
23	148	87	61	5368	174	5194	3440	1986	1454
24	136	73	63	4737	170	4567	3047	1775	1272
25-29岁	**807**	**450**	**357**	**19089**	**1101**	**17988**	**14127**	**7858**	**6269**
25	134	66	68	3967	157	3810	2459	1413	1046
26	130	72	58	3839	188	3651	2403	1367	1036
27	164	88	76	3901	221	3680	2821	1583	1238
28	191	117	74	4120	272	3848	3254	1807	1447
29	188	107	81	3262	263	2999	3190	1688	1502

7-8b 续表 7

单位：人

年 龄	寄挂户口			婚姻嫁娶			其 他		
	小计	男	女	小计	男	女	小计	男	女
30-34岁	**1262**	**714**	**548**	**13493**	**1574**	**11919**	**18045**	**9593**	**8452**
30	199	108	91	3145	284	2861	3382	1821	1561
31	253	151	102	3137	337	2800	3604	1954	1650
32	272	153	119	2782	332	2450	3737	2011	1726
33	265	146	119	2183	290	1893	3486	1799	1687
34	273	156	117	2246	331	1915	3836	2008	1828
35-39岁	**1544**	**863**	**681**	**10799**	**2113**	**8686**	**23399**	**12443**	**10956**
35	296	160	136	2284	386	1898	4146	2249	1897
36	325	194	131	2420	444	1976	4678	2446	2232
37	284	147	137	2192	440	1752	4830	2525	2305
38	337	194	143	2060	445	1615	5035	2705	2330
39	302	168	134	1843	398	1445	4710	2518	2192
40-44岁	**1602**	**910**	**692**	**7816**	**1965**	**5851**	**20928**	**11124**	**9804**
40	356	200	156	2021	460	1561	5331	2850	2481
41	312	180	132	1578	388	1190	4172	2209	1963
42	339	187	152	1704	437	1267	4675	2475	2200
43	261	143	118	1202	324	878	3253	1703	1550
44	334	200	134	1311	356	955	3497	1887	1610
45-49岁	**1260**	**742**	**518**	**5008**	**1408**	**3600**	**14311**	**7760**	**6551**
45	282	166	116	1175	321	854	3298	1799	1499
46	276	156	120	1121	310	811	3139	1695	1444
47	326	193	133	1295	369	926	3565	1984	1581
48	243	155	88	990	278	712	2908	1544	1364
49	133	72	61	427	130	297	1401	738	663
50-54岁	**898**	**549**	**349**	**3064**	**935**	**2129**	**9204**	**4887**	**4317**
50	139	89	50	579	188	391	1691	918	773
51	132	80	52	463	152	311	1379	775	604
52	205	122	83	637	192	445	1898	1001	897
53	216	126	90	688	200	488	2177	1156	1021
54	206	132	74	697	203	494	2059	1037	1022
55-59岁	**1012**	**673**	**339**	**3280**	**946**	**2334**	**11701**	**6015**	**5686**
55	226	150	76	738	222	516	2439	1269	1170
56	195	116	79	677	192	485	2441	1239	1202
57	198	135	63	650	179	471	2281	1141	1140
58	210	137	73	647	195	452	2460	1314	1146
59	183	135	48	568	158	410	2080	1052	1028
60-64岁	**945**	**644**	**301**	**2355**	**723**	**1632**	**10740**	**5870**	**4870**
60	211	141	70	640	215	425	2663	1442	1221
61	207	140	67	507	159	348	2248	1229	1019
62	184	124	60	432	117	315	2038	1101	937
63	186	128	58	410	125	285	1985	1073	912
64	157	111	46	366	107	259	1806	1025	781
65岁及以上	**1809**	**1235**	**574**	**2818**	**811**	**2007**	**20247**	**11589**	**8658**

7-8c 全省分年龄、性别、迁移原因的户口登记地在外乡镇街道的人口(乡村)

单位：人

年龄	合计			务工经商		
	合计	男	女	小计	男	女
总计	**946746**	**484533**	**462213**	**227274**	**146392**	**80882**
0-4岁	**24316**	**13426**	**10890**			
0	1234	667	567			
1	5362	2965	2397			
2	5850	3275	2575			
3	5757	3172	2585			
4	6113	3347	2766			
5-9岁	**28303**	**15301**	**13002**			
5	6020	3287	2733			
6	5946	3193	2753			
7	5482	2951	2531			
8	5404	2923	2481			
9	5451	2947	2504			
10-14岁	**26247**	**13862**	**12385**			
10	5637	3027	2610			
11	5118	2808	2310			
12	5412	2837	2575			
13	4662	2381	2281			
14	5418	2809	2609			
15-19岁	**134641**	**65114**	**69527**	**12270**	**6978**	**5292**
15	11446	6180	5266	652	366	286
16	20098	10380	9718	1197	694	503
17	30976	15524	15452	2237	1271	966
18	34059	16069	17990	3585	2014	1571
19	38062	16961	21101	4599	2633	1966
20-24岁	**226938**	**86046**	**140892**	**40372**	**23584**	**16788**
20	61668	26301	35367	7531	4332	3199
21	56738	23257	33481	8035	4638	3397
22	44006	16036	27970	8176	4736	3440
23	36908	11984	24924	9142	5434	3708
24	27618	8468	19150	7488	4444	3044
25-29岁	**93933**	**33703**	**60230**	**31634**	**19683**	**11951**
25	21396	6942	14454	6306	3898	2408
26	18855	6339	12516	5984	3690	2294
27	18270	6512	11758	6144	3837	2307
28	19253	7337	11916	6943	4350	2593
29	16159	6573	9586	6257	3908	2349

7-8c 续表 1

单位：人

年 龄	合计			务工经商		
	合计	男	女	小计	男	女
30-34岁	**73849**	**34332**	**39517**	**30529**	**19626**	**10903**
30	16835	7174	9661	6721	4243	2478
31	15578	7021	8557	6311	4038	2273
32	14882	7039	7843	6134	3981	2153
33	12488	6118	6370	5264	3407	1857
34	14066	6980	7086	6099	3957	2142
35-39岁	**72751**	**39410**	**33341**	**33265**	**21850**	**11415**
35	13894	7118	6776	6229	4023	2206
36	14844	7905	6939	6738	4428	2310
37	14670	8024	6646	6593	4366	2227
38	15161	8372	6789	7034	4643	2391
39	14182	7991	6191	6671	4390	2281
40-44岁	**65225**	**38168**	**27057**	**30994**	**20473**	**10521**
40	16163	9159	7004	7638	5052	2586
41	12638	7395	5243	6122	4081	2041
42	14212	8335	5877	6774	4467	2307
43	10804	6441	4363	5213	3436	1777
44	11408	6838	4570	5247	3437	1810
45-49岁	**46053**	**28770**	**17283**	**20515**	**13861**	**6654**
45	11003	6769	4234	5094	3433	1661
46	10055	6320	3735	4479	3058	1421
47	11927	7471	4456	5117	3450	1667
48	8808	5532	3276	3990	2676	1314
49	4260	2678	1582	1835	1244	591
50-54岁	**29998**	**19974**	**10024**	**10120**	**7146**	**2974**
50	6008	3829	2179	2268	1570	698
51	4568	3007	1561	1575	1116	459
52	6404	4279	2125	2167	1557	610
53	6543	4445	2098	2145	1530	615
54	6475	4414	2061	1965	1373	592
55-59岁	**33931**	**24505**	**9426**	**8269**	**6017**	**2252**
55	6977	4896	2081	1918	1397	521
56	6849	4822	2027	1862	1344	518
57	6290	4489	1801	1472	1080	392
58	7223	5332	1891	1696	1239	457
59	6592	4966	1626	1321	957	364
60-64岁	**33081**	**26382**	**6699**	**4917**	**3768**	**1149**
60	8399	6540	1859	1499	1139	360
61	6523	5202	1321	1023	799	224
62	6318	5119	1199	912	731	181
63	5976	4811	1165	778	585	193
64	5865	4710	1155	705	514	191
65岁及以上	**57480**	**45540**	**11940**	**4389**	**3406**	**983**

7-8c 续表 2

单位：人

年 龄	工作调动			学习培训		
	小计	男	女	小计	男	女
总 计	**68104**	**52472**	**15632**	**190509**	**97930**	**92579**
0-4岁						
0						
1						
2						
3						
4						
5-9岁				**2172**	**1219**	**953**
5						
6				460	246	214
7				521	276	245
8				542	317	225
9				649	380	269
10-14岁				**5149**	**2798**	**2351**
10				678	392	286
11				785	480	305
12				848	459	389
13				956	492	464
14				1882	975	907
15-19岁	**689**	**433**	**256**	**97351**	**49296**	**48055**
15	41	22	19	7536	4127	3409
16	54	36	18	16044	8322	7722
17	85	54	31	25000	12669	12331
18	186	125	61	24704	12237	12467
19	323	196	127	24067	11941	12126
20-24岁	**6721**	**3989**	**2732**	**82878**	**42970**	**39908**
20	719	460	259	35421	17695	17726
21	928	556	372	27111	14173	12938
22	1295	744	551	13452	7309	6143
23	1802	1057	745	5316	2932	2384
24	1977	1172	805	1578	861	717
25-29岁	**8592**	**5332**	**3260**	**1579**	**844**	**735**
25	1857	1125	732	577	308	269
26	1656	988	668	341	172	169
27	1671	1051	620	260	144	116
28	1851	1181	670	209	114	95
29	1557	987	570	192	106	86

7-8c 续表 3

单位：人

年 龄	工作调动			学习培训		
	小计	男	女	小计	男	女
30-34岁	**7896**	**5341**	**2555**	**409**	**235**	**174**
30	1627	1022	605	134	80	54
31	1677	1114	563	85	51	34
32	1616	1121	495	70	35	35
33	1406	969	437	68	36	32
34	1570	1115	455	52	33	19
35-39岁	**8522**	**6485**	**2037**	**267**	**141**	**126**
35	1576	1160	416	49	30	19
36	1796	1343	453	43	22	21
37	1744	1357	387	59	37	22
38	1767	1341	426	50	25	25
39	1639	1284	355	66	27	39
40-44岁	**7654**	**6134**	**1520**	**183**	**91**	**92**
40	1787	1407	380	80	38	42
41	1488	1190	298	38	17	21
42	1691	1337	354	36	22	14
43	1270	1040	230	13	7	6
44	1418	1160	258	16	7	9
45-49岁	**6033**	**4907**	**1126**	**94**	**59**	**35**
45	1322	1088	234	25	10	15
46	1352	1099	253	19	16	3
47	1673	1360	313	30	20	10
48	1129	929	200	16	11	5
49	557	431	126	4	2	2
50-54岁	**4691**	**3876**	**815**	**71**	**47**	**24**
50	848	669	179	18	13	5
51	710	586	124	17	9	8
52	954	786	168	10	7	3
53	1090	919	171	13	11	2
54	1089	916	173	13	7	6
55-59岁	**5087**	**4530**	**557**	**67**	**52**	**15**
55	1125	968	157	14	9	5
56	1021	894	127	17	12	5
57	914	826	88	10	10	
58	1059	959	100	13	12	1
59	968	883	85	13	9	4
60-64岁	**4829**	**4511**	**318**	**59**	**36**	**23**
60	1203	1115	88	17	9	8
61	976	916	60	11	7	4
62	956	892	64	11	7	4
63	894	840	54	8	4	4
64	800	748	52	12	9	3
65岁及以上	**7390**	**6934**	**456**	**230**	**142**	**88**

7-8c 续表 4

单位：人

年 龄	随迁家属			投亲靠友			拆迁搬家		
	小计	男	女	小计	男	女	小计	男	女
总 计	**96773**	**51872**	**44901**	**47411**	**29684**	**17727**	**24577**	**13322**	**11255**
0-4岁	**15852**	**8909**	**6943**	**3760**	**1965**	**1795**	**821**	**430**	**391**
0	830	449	381	159	80	79	51	31	20
1	3616	2033	1583	812	446	366	161	72	89
2	3831	2172	1659	932	503	429	195	105	90
3	3694	2086	1608	907	467	440	198	102	96
4	3881	2169	1712	950	469	481	216	120	96
5-9岁	**16364**	**9010**	**7354**	**4170**	**2044**	**2126**	**1185**	**672**	**513**
5	3633	2019	1614	992	502	490	223	133	90
6	3480	1936	1544	882	421	461	235	135	100
7	3167	1769	1398	794	369	425	229	120	109
8	3088	1665	1423	756	379	377	241	130	111
9	2996	1621	1375	746	373	373	257	154	103
10-14岁	**13006**	**7040**	**5966**	**3178**	**1483**	**1695**	**1326**	**716**	**610**
10	3126	1689	1437	716	359	357	295	148	147
11	2688	1509	1179	653	300	353	245	136	109
12	2838	1510	1328	683	336	347	273	156	117
13	2251	1199	1052	602	250	352	246	131	115
14	2103	1133	970	524	238	286	267	145	122
15-19岁	**7131**	**3764**	**3367**	**2125**	**954**	**1171**	**1207**	**656**	**551**
15	1893	1022	871	470	211	259	260	147	113
16	1436	754	682	352	161	191	210	113	97
17	1400	753	647	428	199	229	261	132	129
18	1296	679	617	424	197	227	223	132	91
19	1106	556	550	451	186	265	253	132	121
20-24岁	**5966**	**2654**	**3312**	**2736**	**1220**	**1516**	**1731**	**837**	**894**
20	1481	713	768	692	312	380	375	169	206
21	1162	539	623	518	215	303	358	178	180
22	1126	492	634	508	232	276	328	165	163
23	1146	479	667	533	224	309	357	161	196
24	1051	431	620	485	237	248	313	164	149
25-29岁	**3985**	**1528**	**2457**	**1957**	**984**	**973**	**1734**	**881**	**853**
25	959	395	564	385	179	206	308	158	150
26	779	331	448	388	192	196	316	158	158
27	733	277	456	392	185	207	334	168	166
28	784	270	514	432	221	211	414	215	199
29	730	255	475	360	207	153	362	182	180

7-8c 续表 5

单位：人

年 龄	随迁家属			投亲靠友			拆迁搬家		
	小计	男	女	小计	男	女	小计	男	女
30-34岁	**3701**	**1330**	**2371**	**2346**	**1330**	**1016**	**2005**	**1051**	**954**
30	733	250	483	470	250	220	429	232	197
31	763	268	495	485	274	211	383	206	177
32	786	291	495	444	261	183	398	213	185
33	679	262	417	447	252	195	376	186	190
34	740	259	481	500	293	207	419	214	205
35-39岁	**4254**	**1475**	**2779**	**2716**	**1644**	**1072**	**2707**	**1457**	**1250**
35	749	244	505	474	284	190	446	239	207
36	832	280	552	542	341	201	522	275	247
37	864	291	573	536	332	204	574	322	252
38	946	340	606	599	350	249	597	303	294
39	863	320	543	565	337	228	568	318	250
40-44岁	**3666**	**1441**	**2225**	**2759**	**1712**	**1047**	**2777**	**1468**	**1309**
40	935	376	559	652	401	251	640	326	314
41	684	253	431	481	306	175	530	283	247
42	767	298	469	647	405	242	595	327	268
43	611	258	353	479	293	186	470	244	226
44	669	256	413	500	307	193	542	288	254
45-49岁	**3173**	**1255**	**1918**	**2277**	**1492**	**785**	**2312**	**1284**	**1028**
45	739	276	463	526	352	174	489	278	211
46	668	267	401	489	325	164	522	283	239
47	886	330	556	590	397	193	625	342	283
48	604	251	353	432	264	168	454	263	191
49	276	131	145	240	154	86	222	118	104
50-54岁	**2567**	**1344**	**1223**	**2098**	**1505**	**593**	**1642**	**909**	**733**
50	441	210	231	341	248	93	337	183	154
51	344	171	173	297	215	82	261	143	118
52	575	299	276	461	334	127	345	182	163
53	597	320	277	484	353	131	379	216	163
54	610	344	266	515	355	160	320	185	135
55-59岁	**3950**	**2416**	**1534**	**3310**	**2521**	**789**	**1584**	**874**	**710**
55	700	404	296	611	445	166	372	214	158
56	714	436	278	580	433	147	358	179	179
57	757	440	317	617	449	168	319	183	136
58	890	565	325	766	600	166	302	174	128
59	889	571	318	736	594	142	233	124	109
60-64岁	**4442**	**3350**	**1092**	**4361**	**3552**	**809**	**1212**	**712**	**500**
60	1132	829	303	1076	866	210	282	165	117
61	866	645	221	809	656	153	268	154	114
62	830	625	205	858	713	145	220	125	95
63	799	613	186	819	674	145	242	146	96
64	815	638	177	799	643	156	200	122	78
65岁及以上	**8716**	**6356**	**2360**	**9618**	**7278**	**2340**	**2334**	**1375**	**959**

7-8c 续表 6

单位：人

年 龄	寄挂户口			婚姻嫁娶			其 他		
	小计	男	女	小计	男	女	小计	男	女
总 计	**12338**	**8950**	**3388**	**181990**	**17415**	**164575**	**97770**	**66496**	**31274**
0-4岁	**414**	**193**	**221**				**3469**	**1929**	**1540**
0	15	7	8				179	100	79
1	87	41	46				686	373	313
2	90	36	54				802	459	343
3	115	62	53				843	455	388
4	107	47	60				959	542	417
5-9岁	**657**	**328**	**329**				**3755**	**2028**	**1727**
5	171	80	91				1001	553	448
6	121	58	63				768	397	371
7	104	54	50				667	363	304
8	125	65	60				652	367	285
9	136	71	65				667	348	319
10-14岁	**498**	**255**	**243**				**3090**	**1570**	**1520**
10	108	53	55				714	386	328
11	105	61	44				642	322	320
12	122	57	65				648	319	329
13	87	46	41				520	263	257
14	76	38	38				566	280	286
15-19岁	**402**	**201**	**201**	**7641**	**121**	**7520**	**5825**	**2711**	**3114**
15	79	45	34	71	9	62	444	231	213
16	75	39	36	196	11	185	534	250	284
17	66	33	33	694	12	682	805	401	404
18	90	44	46	2099	29	2070	1452	612	840
19	92	40	52	4581	60	4521	2590	1217	1373
20-24岁	**634**	**334**	**300**	**68878**	**1512**	**67366**	**17022**	**8946**	**8076**
20	138	68	70	10509	160	10349	4802	2392	2410
21	134	68	66	13504	259	13245	4988	2631	2357
22	111	62	49	15285	308	14977	3725	1988	1737
23	138	78	60	16217	397	15820	2257	1222	1035
24	113	58	55	13363	388	12975	1250	713	537
25-29岁	**541**	**339**	**202**	**39780**	**1714**	**38066**	**4131**	**2398**	**1733**
25	95	61	34	10114	357	9757	795	461	334
26	91	59	32	8576	317	8259	724	432	292
27	109	66	43	7782	331	7451	845	453	392
28	132	77	55	7550	356	7194	938	553	385
29	114	76	38	5758	353	5405	829	499	330

7-8c 续表 7

单位：人

年龄	寄挂户口			婚姻嫁娶			其他		
	小计	男	女	小计	男	女	小计	男	女
30-34岁	**886**	**586**	**300**	**21157**	**1625**	**19532**	**4920**	**3208**	**1712**
30	157	93	64	5572	360	5212	992	644	348
31	187	129	58	4738	325	4413	949	616	333
32	178	125	53	4167	315	3852	1089	697	392
33	158	101	57	3178	290	2888	912	615	297
34	206	138	68	3502	335	3167	978	636	342
35-39岁	**1011**	**682**	**329**	**14218**	**1774**	**12444**	**5791**	**3902**	**1889**
35	191	128	63	3169	340	2829	1011	670	341
36	210	139	71	3037	338	2699	1124	739	385
37	214	146	68	2895	352	2543	1191	821	370
38	199	131	68	2703	378	2325	1266	861	405
39	197	138	59	2414	366	2048	1199	811	388
40-44岁	**898**	**606**	**292**	**10459**	**2231**	**8228**	**5835**	**4012**	**1823**
40	189	129	60	2874	489	2385	1368	941	427
41	188	126	62	2006	391	1615	1101	748	353
42	184	124	60	2253	477	1776	1265	878	387
43	151	101	50	1606	393	1213	991	669	322
44	186	126	60	1720	481	1239	1110	776	334
45-49岁	**844**	**583**	**261**	**6024**	**1873**	**4151**	**4781**	**3456**	**1325**
45	179	126	53	1543	419	1124	1086	787	299
46	165	125	40	1334	395	939	1027	752	275
47	251	178	73	1483	486	997	1272	908	364
48	171	111	60	1111	376	735	901	651	250
49	78	43	35	553	197	356	495	358	137
50-54岁	**695**	**552**	**143**	**3841**	**1470**	**2371**	**4273**	**3125**	**1148**
50	113	86	27	884	320	564	758	530	228
51	120	93	27	609	223	386	635	451	184
52	139	114	25	842	324	518	911	676	235
53	149	119	30	729	279	450	957	698	259
54	174	140	34	777	324	453	1012	770	242
55-59岁	**1093**	**935**	**158**	**3783**	**1734**	**2049**	**6788**	**5426**	**1362**
55	191	159	32	826	366	460	1220	934	286
56	200	164	36	823	366	457	1274	994	280
57	202	175	27	710	323	387	1289	1003	286
58	242	204	38	760	355	405	1495	1224	271
59	258	233	25	664	324	340	1510	1271	239
60-64岁	**1371**	**1234**	**137**	**2851**	**1484**	**1367**	**9039**	**7735**	**1304**
60	317	288	29	822	403	419	2051	1726	325
61	300	271	29	536	282	254	1734	1472	262
62	265	237	28	522	271	251	1744	1518	226
63	238	214	24	501	274	227	1697	1461	236
64	251	224	27	470	254	216	1813	1558	255
65岁及以上	**2394**	**2122**	**272**	**3358**	**1877**	**1481**	**19051**	**16050**	**3001**

7-9 全省按现住地、性别、迁移原因分的户口登记地在本省其他乡镇街道人口

单位：人

现住地	合计			务工经商		
	合计	男	女	小计	男	女
总 计	**9171933**	**4668758**	**4503175**	**2252938**	**1306864**	**946074**
郑州市	2459064	1282964	1176100	879899	506905	372994
开封市	310599	150019	160580	36455	20434	16021
洛阳市	785807	398720	387087	175423	104412	71011
平顶山市	463598	234400	229198	88271	51831	36440
安阳市	446213	216475	229738	61504	37043	24461
鹤壁市	100050	48124	51926	15215	9677	5538
新乡市	427543	208264	219279	53867	32480	21387
焦作市	365353	188389	176964	36966	23668	13298
濮阳市	259046	123534	135512	41117	23106	18011
许昌市	436766	227962	208804	107087	60459	46628
漯河市	182233	90339	91894	38707	21294	17413
三门峡市	180463	93574	86889	55862	34126	21736
南阳市	850213	440865	409348	223672	127203	96469
商丘市	307428	155374	152054	50393	29263	21130
信阳市	629214	308739	320475	125379	73286	52093
周口市	382650	190604	192046	69107	36792	32315
驻马店市	490592	259382	231210	178810	105735	73075
济源市	95101	51030	44071	15204	9150	6054

7-9 续表 1

单位：人

现住地	工作调动			学习培训		
	小计	男	女	小计	男	女
总 计	**514070**	**327280**	**186790**	**2174577**	**1062347**	**1112230**
郑州市	133708	77952	55756	570144	283886	286258
开封市	9868	6287	3581	104745	50156	54589
洛阳市	48026	32247	15779	149951	73292	76659
平顶山市	33221	22389	10832	84820	42684	42136
安阳市	20617	14012	6605	92924	41152	51772
鹤壁市	6162	4436	1726	14008	6107	7901
新乡市	21132	14140	6992	122090	53428	68662
焦作市	21010	14597	6413	84926	43359	41567
濮阳市	21050	13636	7414	53565	24226	29339
许昌市	31242	21178	10064	90692	43560	47132
漯河市	11623	6925	4698	49863	22691	27172
三门峡市	12160	8423	3737	30422	15181	15241
南阳市	62046	38695	23351	154031	83112	70919
商丘市	18075	11877	6198	117884	56934	60950
信阳市	25452	16564	8888	139598	65311	74287
周口市	14746	8971	5775	182423	89851	92572
驻马店市	18815	11564	7251	109796	55095	54701
济源市	5117	3387	1730	22695	12322	10373

7-9 续表 2

单位：人

现住地	随迁家属			投亲靠友			拆迁搬家		
	小计	男	女	小计	男	女	小计	男	女
总　计	**1576199**	**704416**	**871783**	**249573**	**121746**	**127827**	**939785**	**502091**	**437694**
郑州市	351695	160626	191069	65532	29949	35583	170423	89395	81028
开封市	34913	16045	18868	8319	3832	4487	59586	30439	29147
洛阳市	160107	69253	90854	27977	13722	14255	97382	52172	45210
平顶山市	83600	36749	46851	15054	7312	7742	63016	34401	28615
安阳市	70566	33048	37518	17626	9700	7926	66572	35549	31023
鹤壁市	16089	7172	8917	3703	1947	1756	17987	9331	8656
新乡市	71557	32233	39324	11389	5771	5618	60069	31422	28647
焦作市	63891	29539	34352	11841	6207	5634	52156	27622	24534
濮阳市	64609	26641	37968	6541	3321	3220	22705	12752	9953
许昌市	68990	31145	37845	11858	6423	5435	48704	26290	22414
漯河市	30039	14044	15995	4922	2276	2646	18972	9980	8992
三门峡市	41519	16179	25340	4575	2160	2415	12826	6969	5857
南阳市	177034	80035	96999	21174	10310	10864	71275	39663	31612
商丘市	51695	23070	28625	4549	2145	2404	28969	15529	13440
信阳市	131109	55590	75519	14592	6890	7702	82985	44831	38154
周口市	50232	23646	26586	5369	2493	2876	22540	11903	10637
驻马店市	88787	40584	48203	11847	5667	6180	25540	13969	11571
济源市	19767	8817	10950	2705	1621	1084	18078	9874	8204

7-9 续表 3

单位：人

现住地	寄挂户口			婚姻嫁娶			其　他		
	小计	男	女	小计	男	女	小计	男	女
总　计	**56718**	**33062**	**23656**	**439285**	**76172**	**363113**	**968788**	**534780**	**434008**
郑州市	9350	5167	4183	61305	14348	46957	217008	114736	102272
开封市	1804	1023	781	18956	3248	15708	35953	18555	17398
洛阳市	5894	3539	2355	49736	10703	39033	71311	39380	31931
平顶山市	3836	2361	1475	35898	5823	30075	55882	30850	25032
安阳市	5858	3400	2458	44980	5826	39154	65566	36745	28821
鹤壁市	971	662	309	11520	903	10617	14395	7889	6506
新乡市	3203	2065	1138	27776	4193	23583	56460	32532	23928
焦作市	4938	2975	1963	30344	4499	25845	59281	35923	23358
濮阳市	874	529	345	15000	1155	13845	33585	18168	15417
许昌市	2892	1765	1127	19534	4417	15117	55767	32725	23042
漯河市	648	401	247	7912	1713	6199	19547	11015	8532
三门峡市	579	343	236	7285	1733	5552	15235	8460	6775
南阳市	8215	4609	3606	38878	7025	31853	93888	50213	43675
商丘市	904	540	364	10233	1632	8601	24726	14384	10342
信阳市	4014	2081	1933	28621	4112	24509	77464	40074	37390
周口市	768	414	354	13493	1864	11629	23972	14670	9302
驻马店市	1408	809	599	14526	2320	12206	41063	23639	17424
济源市	562	379	183	3288	658	2630	7685	4822	2863

7-9a 全省按现住地、性别、迁移原因分的户口登记地在本省其他乡镇街道人口(城市)

单位：人

现住地	合计			务工经商		
	合计	男	女	小计	男	女
总 计	**5676822**	**2865834**	**2810988**	**1439224**	**820554**	**618670**
郑州市	2029149	1045173	983976	755934	427146	328788
开封市	196502	94898	101604	16773	9196	7577
洛阳市	494045	246194	247851	112448	63720	48728
平顶山市	300643	152548	148095	57463	33595	23868
安阳市	278229	134158	144071	40133	23354	16779
鹤壁市	65256	32220	33036	9359	5939	3420
新乡市	301136	143972	157164	33721	20066	13655
焦作市	221608	114273	107335	21127	13148	7979
濮阳市	139599	70309	69290	25292	14286	11006
许昌市	275182	139111	136071	68277	37067	31210
漯河市	128952	63733	65219	26315	14758	11557
三门峡市	99041	50856	48185	36213	21804	14409
南阳市	390691	203068	187623	82445	48170	34275
商丘市	180394	92396	87998	28696	16784	11912
信阳市	242598	111535	131063	48169	28521	19648
周口市	143041	71645	71396	33799	18644	15155
驻马店市	108714	56591	52123	30084	16708	13376
济源市	82042	43154	38888	12976	7648	5328

7-9a 续表 1

单位：人

现住地	工作调动			学习培训		
	小计	男	女	小计	男	女
总 计	**293680**	**175269**	**118411**	**1160399**	**550826**	**609573**
郑州市	112981	62940	50041	390571	191375	199196
开封市	3600	1957	1643	53766	26104	27662
洛阳市	22413	13303	9110	94462	46236	48226
平顶山市	18789	12204	6585	53500	26429	27071
安阳市	9182	5782	3400	46551	19731	26820
鹤壁市	3632	2486	1146	11382	4990	6392
新乡市	11272	7176	4096	92347	38099	54248
焦作市	7487	4749	2738	50582	26481	24101
濮阳市	11814	7392	4422	15657	7507	8150
许昌市	14262	9058	5204	55654	24685	30969
漯河市	8350	4793	3557	31015	13631	17384
三门峡市	4330	2914	1416	11417	5840	5577
南阳市	26965	16439	10526	60317	33071	27246
商丘市	13625	8837	4788	53134	25917	27217
信阳市	8556	5353	3203	58957	19814	39143
周口市	6095	3601	2494	50296	24669	25627
驻马店市	6537	3844	2693	11401	5711	5690
济源市	3790	2441	1349	19390	10536	8854

7-9a 续表 2

单位：人

现住地	随迁家属			投亲靠友			拆迁搬家		
	小计	男	女	小计	男	女	小计	男	女
总　计	**994718**	**439882**	**554836**	**157878**	**70256**	**87622**	**738419**	**390749**	**347670**
郑州市	312213	142027	170186	56364	24511	31853	165157	86611	78546
开封市	20127	9032	11095	6328	2801	3527	55694	28301	27393
洛阳市	97894	42389	55505	18532	8210	10322	81072	43056	38016
平顶山市	50866	21852	29014	9090	3925	5165	52286	28320	23966
安阳市	48718	21965	26753	9395	4462	4933	57376	30297	27079
鹤壁市	9375	3898	5477	2298	1086	1212	16172	8304	7868
新乡市	44150	19232	24918	7411	3337	4074	53317	27714	25603
焦作市	37465	16414	21051	6605	3012	3593	44556	23415	21141
濮阳市	39079	16642	22437	3908	1732	2176	18834	10674	8160
许昌市	45223	20071	25152	7233	3405	3828	25926	14001	11925
漯河市	23223	10713	12510	3820	1684	2136	17264	9106	8158
三门峡市	23518	8937	14581	2695	1195	1500	8200	4378	3822
南阳市	87691	39152	48539	8459	3896	4563	46761	25462	21299
商丘市	36824	16090	20734	2900	1327	1573	20506	10951	9555
信阳市	49044	20692	28352	5188	2306	2882	36885	19431	17454
周口市	24774	11236	13538	2285	1018	1267	9803	5217	4586
驻马店市	25827	11348	14479	4123	1784	2339	10695	5723	4972
济源市	18707	8192	10515	1244	565	679	17915	9788	8127

7-9a 续表 3

单位：人

现住地	寄挂户口			婚姻嫁娶			其　他		
	小计	男	女	小计	男	女	小计	男	女
总　计	**29899**	**15663**	**14236**	**202347**	**49477**	**152870**	**660258**	**353158**	**307100**
郑州市	6940	3559	3381	44354	11919	32435	184635	95085	89550
开封市	1258	617	641	9540	2378	7162	29416	14512	14904
洛阳市	2250	1231	1019	24080	6438	17642	40894	21611	19283
平顶山市	2376	1264	1112	15441	3344	12097	40832	21615	19217
安阳市	3335	1704	1631	17811	3635	14176	45728	23228	22500
鹤壁市	322	174	148	3021	313	2708	9695	5030	4665
新乡市	1308	675	633	13767	3099	10668	43843	24574	19269
焦作市	2083	1050	1033	11599	2285	9314	40104	23719	16385
濮阳市	304	178	126	3200	507	2693	21511	11391	10120
许昌市	1690	872	818	9577	2854	6723	47340	27098	20242
漯河市	293	144	149	4514	1329	3185	14158	7575	6583
三门峡市	266	137	129	3082	712	2370	9320	4939	4381
南阳市	3359	1931	1428	17322	4858	12464	57372	30089	27283
商丘市	575	314	261	5466	1270	4196	18668	10906	7762
信阳市	2548	1294	1254	10019	2234	7785	23232	11890	11342
周口市	330	164	166	3873	973	2900	11786	6123	5663
驻马店市	450	233	217	3612	928	2684	15985	10312	5673
济源市	212	122	90	2069	401	1668	5739	3461	2278

7-9b 全省按现住地、性别、迁移原因分的户口登记地在本省其他乡镇街道人口(镇)

单位：人

现住地	合计			务工经商		
	合计	男	女	小计	男	女
总　计	**2659137**	**1373594**	**1285543**	**632887**	**371567**	**261320**
郑州市	174180	95341	78839	42810	28005	14805
开封市	99724	49179	50545	17157	9596	7561
洛阳市	209227	106834	102393	45902	28743	17159
平顶山市	118194	60846	57348	25274	14678	10596
安阳市	110071	57309	52762	15900	9904	5996
鹤壁市	19732	9337	10395	3361	2074	1287
新乡市	90353	46192	44161	16355	10031	6324
焦作市	73688	38011	35677	10708	6995	3713
濮阳市	101867	45953	55914	13930	7686	6244
许昌市	120428	65666	54762	27716	16241	11475
漯河市	43882	21865	22017	11058	5870	5188
三门峡市	66799	34408	32391	17407	10846	6561
南阳市	411084	214364	196720	128111	71606	56505
商丘市	116916	58101	58815	18929	10709	8220
信阳市	346837	179257	167580	67900	39455	28445
周口市	199337	100461	98876	31258	16049	15209
驻马店市	350613	186980	163633	138495	82704	55791
济源市	6205	3490	2715	616	375	241

7-9b 续表 1

单位：人

现住地	工作调动			学习培训		
	小计	男	女	小计	男	女
总　计	**155906**	**102489**	**53417**	**831647**	**418792**	**412855**
郑州市	10138	6877	3261	85741	43532	42209
开封市	5103	3375	1728	50699	23925	26774
洛阳市	15911	11030	4881	48679	23665	25014
平顶山市	9642	6346	3296	26073	13743	12330
安阳市	6980	4621	2359	38277	18657	19620
鹤壁市	1422	997	425	1976	814	1162
新乡市	6687	4356	2331	22120	10981	11139
焦作市	8164	5700	2464	7468	3398	4070
濮阳市	7736	4987	2749	37421	16569	20852
许昌市	13038	9054	3984	28869	15762	13107
漯河市	2526	1571	955	17900	8552	9348
三门峡市	5384	3663	1721	16473	8137	8336
南阳市	30085	18868	11217	90927	48562	42365
商丘市	3397	2176	1221	64520	30896	33624
信阳市	12388	8198	4190	77883	43984	33899
周口市	6442	3951	2491	116514	57455	59059
驻马店市	10018	6156	3862	97406	48859	48547
济源市	845	563	282	2701	1301	1400

7-9b 续表 2

单位：人

现住地	随迁家属			投亲靠友			拆迁搬家		
	小计	男	女	小计	男	女	小计	男	女
总 计	**493630**	**217191**	**276439**	**49607**	**24769**	**24838**	**177672**	**98518**	**79154**
郑州市	18522	8348	10174	3293	1767	1526	1803	993	810
开封市	13522	6246	7276	1283	586	697	3586	1966	1620
洛阳市	51667	21184	30483	4302	2136	2166	12953	7270	5683
平顶山市	28455	12479	15976	2428	1183	1245	10243	5792	4451
安阳市	16529	7792	8737	3230	1921	1309	8492	4856	3636
鹤壁市	5385	2420	2965	500	238	262	1674	948	726
新乡市	23831	10866	12965	2062	1146	916	6148	3352	2796
焦作市	20666	9631	11035	2076	1201	875	5558	3092	2466
濮阳市	23784	8752	15032	1599	795	804	3693	1971	1722
许昌市	19110	8633	10477	1336	750	586	21743	11674	10069
漯河市	6016	2789	3227	671	304	367	1626	823	803
三门峡市	16400	6391	10009	1160	528	632	4141	2313	1828
南阳市	82710	37315	45395	8938	4286	4652	22849	13302	9547
商丘市	13549	6231	7318	1218	566	652	8372	4512	3860
信阳市	75344	31633	43711	6866	3229	3637	43873	24194	19679
周口市	21567	10453	11114	2164	1015	1149	6375	3388	2987
驻马店市	56147	25793	30354	5925	2711	3214	14498	8047	6451
济源市	426	235	191	556	407	149	45	25	20

7-9b 续表 3

单位：人

现住地	寄挂户口			婚姻嫁娶			其 他		
	小计	男	女	小计	男	女	小计	男	女
总 计	**15054**	**8838**	**6216**	**84102**	**11362**	**72740**	**218632**	**120068**	**98564**
郑州市	772	515	257	3539	601	2938	7562	4703	2859
开封市	195	125	70	3055	384	2671	5124	2976	2148
洛阳市	2192	1225	967	7902	1385	6517	19719	10196	9523
平顶山市	317	210	107	5855	856	4999	9907	5559	4348
安阳市	1292	876	416	7190	959	6231	12181	7723	4458
鹤壁市	271	194	77	2581	266	2315	2562	1386	1176
新乡市	648	467	181	4349	348	4001	8153	4645	3508
焦作市	1592	1003	589	6632	843	5789	10824	6148	4676
濮阳市	368	177	191	3775	307	3468	9561	4709	4852
许昌市	488	310	178	3585	593	2992	4543	2649	1894
漯河市	235	161	74	1010	186	824	2840	1609	1231
三门峡市	83	53	30	1838	401	1437	3913	2076	1837
南阳市	4207	2248	1959	11691	1240	10451	31566	16937	14629
商丘市	182	110	72	1633	254	1379	5116	2647	2469
信阳市	1116	574	542	9988	1261	8727	51479	26729	24750
周口市	296	151	145	4221	516	3705	10500	7483	3017
驻马店市	683	358	325	5017	918	4099	22424	11434	10990
济源市	117	81	36	241	44	197	658	459	199

7-9c 全省按现住地、性别、迁移原因分的户口登记地在本省其他乡镇街道人口(乡村)

单位：人

现住地	合计			务工经商		
	合计	男	女	小计	男	女
总　计	**835974**	**429330**	**406644**	**180827**	**114743**	**66084**
郑州市	255735	142450	113285	81155	51754	29401
开封市	14373	5942	8431	2525	1642	883
洛阳市	82535	45692	36843	17073	11949	5124
平顶山市	44761	21006	23755	5534	3558	1976
安阳市	57913	25008	32905	5471	3785	1686
鹤壁市	15062	6567	8495	2495	1664	831
新乡市	36054	18100	17954	3791	2383	1408
焦作市	70057	36105	33952	5131	3525	1606
濮阳市	17580	7272	10308	1895	1134	761
许昌市	41156	23185	17971	11094	7151	3943
漯河市	9399	4741	4658	1334	666	668
三门峡市	14623	8310	6313	2242	1476	766
南阳市	48438	23433	25005	13116	7427	5689
商丘市	10118	4877	5241	2768	1770	998
信阳市	39779	17947	21832	9310	5310	4000
周口市	40272	18498	21774	4050	2099	1951
驻马店市	31265	15811	15454	10231	6323	3908
济源市	6854	4386	2468	1612	1127	485

7-9c　续表 1

单位：人

现住地	工作调动			学习培训		
	小计	男	女	小计	男	女
总　计	**64484**	**49522**	**14962**	**182531**	**92729**	**89802**
郑州市	10589	8135	2454	93832	48979	44853
开封市	1165	955	210	280	127	153
洛阳市	9702	7914	1788	6810	3391	3419
平顶山市	4790	3839	951	5247	2512	2735
安阳市	4455	3609	846	8096	2764	5332
鹤壁市	1108	953	155	650	303	347
新乡市	3173	2608	565	7623	4348	3275
焦作市	5359	4148	1211	26876	13480	13396
濮阳市	1500	1257	243	487	150	337
许昌市	3942	3066	876	6169	3113	3056
漯河市	747	561	186	948	508	440
三门峡市	2446	1846	600	2532	1204	1328
南阳市	4996	3388	1608	2787	1479	1308
商丘市	1053	864	189	230	121	109
信阳市	4508	3013	1495	2758	1513	1245
周口市	2209	1419	790	15613	7727	7886
驻马店市	2260	1564	696	989	525	464
济源市	482	383	99	604	485	119

7-9c 续表 2

单位：人

现住地	随迁家属			投亲靠友			拆迁搬家		
	小计	男	女	小计	男	女	小计	男	女
总 计	**87851**	**47343**	**40508**	**42088**	**26721**	**15367**	**23694**	**12824**	**10870**
郑州市	20960	10251	10709	5875	3671	2204	3463	1791	1672
开封市	1264	767	497	708	445	263	306	172	134
洛阳市	10546	5680	4866	5143	3376	1767	3357	1846	1511
平顶山市	4279	2418	1861	3536	2204	1332	487	289	198
安阳市	5319	3291	2028	5001	3317	1684	704	396	308
鹤壁市	1329	854	475	905	623	282	141	79	62
新乡市	3576	2135	1441	1916	1288	628	604	356	248
焦作市	5760	3494	2266	3160	1994	1166	2042	1115	927
濮阳市	1746	1247	499	1034	794	240	178	107	71
许昌市	4657	2441	2216	3289	2268	1021	1035	615	420
漯河市	800	542	258	431	288	143	82	51	31
三门峡市	1601	851	750	720	437	283	485	278	207
南阳市	6633	3568	3065	3777	2128	1649	1665	899	766
商丘市	1322	749	573	431	252	179	91	66	25
信阳市	6721	3265	3456	2538	1355	1183	2227	1206	1021
周口市	3891	1957	1934	920	460	460	6362	3298	3064
驻马店市	6813	3443	3370	1799	1172	627	347	199	148
济源市	634	390	244	905	649	256	118	61	57

7-9c 续表 3

单位：人

现住地	寄挂户口			婚姻嫁娶			其 他		
	小计	男	女	小计	男	女	小计	男	女
总 计	**11765**	**8561**	**3204**	**152836**	**15333**	**137503**	**89898**	**61554**	**28344**
郑州市	1638	1093	545	13412	1828	11584	24811	14948	9863
开封市	351	281	70	6361	486	5875	1413	1067	346
洛阳市	1452	1083	369	17754	2880	14874	10698	7573	3125
平顶山市	1143	887	256	14602	1623	12979	5143	3676	1467
安阳市	1231	820	411	19979	1232	18747	7657	5794	1863
鹤壁市	378	294	84	5918	324	5594	2138	1473	665
新乡市	1247	923	324	9660	746	8914	4464	3313	1151
焦作市	1263	922	341	12113	1371	10742	8353	6056	2297
濮阳市	202	174	28	8025	341	7684	2513	2068	445
许昌市	714	583	131	6372	970	5402	3884	2978	906
漯河市	120	96	24	2388	198	2190	2549	1831	718
三门峡市	230	153	77	2365	620	1745	2002	1445	557
南阳市	649	430	219	9865	927	8938	4950	3187	1763
商丘市	147	116	31	3134	108	3026	942	831	111
信阳市	350	213	137	8614	617	7997	2753	1455	1298
周口市	142	99	43	5399	375	5024	1686	1064	622
驻马店市	275	218	57	5897	474	5423	2654	1893	761
济源市	233	176	57	978	213	765	1288	902	386

7-10 全省按现住地、性别、迁移原因分的户口登记地在外省人口

单位：人

现住地	合计			务工经商		
	合计	男	女	小计	男	女
总　计	**592134**	**344174**	**247960**	**280058**	**185381**	**94677**
郑州市	245478	151003	94475	136809	89177	47632
开封市	16368	8819	7549	5783	3701	2082
洛阳市	59808	35132	24676	23203	15451	7752
平顶山市	22660	12901	9759	9709	7511	2198
安阳市	29194	14910	14284	9728	6248	3480
鹤壁市	3860	2051	1809	1575	1133	442
新乡市	20402	11090	9312	6997	4496	2501
焦作市	23398	13313	10085	7882	5329	2553
濮阳市	18481	8990	9491	6468	3873	2595
许昌市	30216	20430	9786	16955	11865	5090
漯河市	6597	3537	3060	2548	1604	944
三门峡市	15617	9766	5851	9297	6635	2662
南阳市	26554	14025	12529	12003	7770	4233
商丘市	15511	8376	7135	6125	4020	2105
信阳市	27285	12883	14402	9485	6067	3418
周口市	9412	4694	4718	4105	2613	1492
驻马店市	15527	8887	6640	8538	6016	2522
济源市	5766	3367	2399	2848	1872	976

7-10 续表 1

单位：人

现住地	工作调动			学习培训		
	小计	男	女	小计	男	女
总　计	**30440**	**21689**	**8751**	**94436**	**57963**	**36473**
郑州市	12836	8731	4105	41148	26995	14153
开封市	556	369	187	4491	2508	1983
洛阳市	3486	2471	1015	12614	8028	4586
平顶山市	1176	902	274	3482	1893	1589
安阳市	1269	968	301	3128	1454	1674
鹤壁市	237	189	48	187	67	120
新乡市	1216	833	383	3763	1897	1866
焦作市	971	701	270	3296	2114	1182
濮阳市	1449	1033	416	1004	511	493
许昌市	650	512	138	7880	5915	1965
漯河市	548	379	169	766	383	383
三门峡市	626	426	200	963	542	421
南阳市	992	667	325	3200	1685	1515
商丘市	1087	811	276	3104	1492	1612
信阳市	2276	1929	347	2595	1175	1420
周口市	277	180	97	1846	769	1077
驻马店市	577	433	144	463	228	235
济源市	211	155	56	506	307	199

7-10 续表 2　　单位：人

现住地	随迁家属			投亲靠友			拆迁搬家		
	小计	男	女	小计	男	女	小计	男	女
总　计	**70831**	**32811**	**38020**	**22336**	**10768**	**11568**	**9671**	**5261**	**4410**
郑州市	27921	13064	14857	6830	3139	3691	2231	1260	971
开封市	1398	658	740	762	338	424	420	210	210
洛阳市	8488	3862	4626	2995	1428	1567	1888	1010	878
平顶山市	2057	910	1147	912	431	481	260	148	112
安阳市	3985	2038	1947	1735	957	778	918	483	435
鹤壁市	440	200	240	217	125	92	69	34	35
新乡市	2820	1313	1507	1057	513	544	494	261	233
焦作市	3915	1765	2150	1298	631	667	575	298	277
濮阳市	3215	1454	1761	1295	619	676	550	316	234
许昌市	1338	647	691	623	335	288	143	80	63
漯河市	842	422	420	302	152	150	227	122	105
三门峡市	2371	1013	1358	395	198	197	142	69	73
南阳市	3144	1488	1656	1259	584	675	473	271	202
商丘市	2361	989	1372	384	179	205	272	149	123
信阳市	3345	1485	1860	1120	522	598	588	318	270
周口市	727	356	371	230	113	117	75	46	29
驻马店市	1347	648	699	724	398	326	144	82	62
济源市	1117	499	618	198	106	92	202	104	98

7-10 续表 3　　单位：人

现住地	寄挂户口			婚姻嫁娶			其　他		
	小计	男	女	小计	男	女	小计	男	女
总　计	**1657**	**956**	**701**	**44170**	**5898**	**38272**	**38535**	**23447**	**15088**
郑州市	197	109	88	4197	1127	3070	13309	7401	5908
开封市	46	23	23	1674	255	1419	1238	757	481
洛阳市	212	137	75	3784	850	2934	3138	1895	1243
平顶山市	73	39	34	3627	270	3357	1364	797	567
安阳市	231	135	96	5042	625	4417	3158	2002	1156
鹤壁市	35	29	6	763	61	702	337	213	124
新乡市	79	47	32	1737	369	1368	2239	1361	878
焦作市	158	92	66	2437	469	1968	2866	1914	952
濮阳市	89	46	43	2719	158	2561	1692	980	712
许昌市	67	48	19	1427	231	1196	1133	797	336
漯河市	20	9	11	774	101	673	570	365	205
三门峡市	14	11	3	817	256	561	992	616	376
南阳市	184	88	96	3387	313	3074	1912	1159	753
商丘市	42	26	16	1271	117	1154	865	593	272
信阳市	82	43	39	6247	330	5917	1547	1014	533
周口市	30	19	11	1481	94	1387	641	504	137
驻马店市	88	48	40	2502	193	2309	1144	841	303
济源市	10	7	3	284	79	205	390	238	152

7-10a 全省按现住地、性别、迁移原因分的户口登记地在外省人口(城市)

单位：人

现住地	合计			务工经商		
	合计	男	女	小计	男	女
总　计	**386432**	**230123**	**156309**	**185372**	**120278**	**65094**
郑州市	200337	123924	76413	114362	74228	40134
开封市	11004	6008	4996	2881	1731	1150
洛阳市	42230	24281	17949	15649	9783	5866
平顶山市	14530	9638	4892	7033	5737	1296
安阳市	16681	8939	7742	6667	4008	2659
鹤壁市	1963	1094	869	874	599	275
新乡市	14528	7961	6567	4931	3116	1815
焦作市	13892	8199	5693	4418	2885	1533
濮阳市	9270	4766	4504	3615	2109	1506
许昌市	7104	4183	2921	3068	2002	1066
漯河市	4658	2670	1988	1757	1100	657
三门峡市	8700	5134	3566	4948	3247	1701
南阳市	10311	5757	4554	3786	2361	1425
商丘市	9968	5428	4540	3153	1977	1176
信阳市	9778	5622	4156	3350	2252	1098
周口市	3576	1817	1759	1186	800	386
驻马店市	3614	2205	1409	1626	1010	616
济源市	4288	2497	1791	2068	1333	735

7-10a　续表 1

单位：人

现住地	工作调动			学习培训		
	小计	男	女	小计	男	女
总　计	**22052**	**15034**	**7018**	**71366**	**42891**	**28475**
郑州市	11265	7490	3775	31071	21018	10053
开封市	423	269	154	4355	2440	1915
洛阳市	2462	1632	830	9968	6265	3703
平顶山市	675	488	187	3347	1828	1519
安阳市	657	452	205	2750	1316	1434
鹤壁市	192	147	45	152	46	106
新乡市	847	574	273	3343	1582	1761
焦作市	507	328	179	2797	1848	949
濮阳市	649	420	229	608	317	291
许昌市	282	195	87	1685	801	884
漯河市	459	307	152	706	361	345
三门峡市	374	240	134	671	388	283
南阳市	516	331	185	2703	1429	1274
商丘市	894	642	252	2935	1419	1516
信阳市	1251	1096	155	2226	969	1257
周口市	156	102	54	1422	499	923
驻马店市	291	212	79	169	81	88
济源市	152	109	43	458	284	174

7-10a 续表 2

单位：人

现住地	随迁家属			投亲靠友			拆迁搬家		
	小计	男	女	小计	男	女	小计	男	女
总 计	**51275**	**23458**	**27817**	**14207**	**6422**	**7785**	**7672**	**4131**	**3541**
郑州市	23619	11025	12594	5830	2627	3203	2130	1205	925
开封市	1003	457	546	562	242	320	391	195	196
洛阳市	6648	3000	3648	2322	1049	1273	1697	891	806
平顶山市	1369	591	778	511	222	289	200	115	85
安阳市	2648	1287	1361	664	310	354	666	343	323
鹤壁市	259	96	163	97	46	51	47	22	25
新乡市	1990	893	1097	687	319	368	413	211	202
焦作市	2430	1062	1368	648	290	358	443	235	208
濮阳市	2083	926	1157	739	304	435	328	177	151
许昌市	715	345	370	289	144	145	77	41	36
漯河市	703	351	352	200	101	99	198	105	93
三门峡市	1622	689	933	233	113	120	84	42	42
南阳市	1416	643	773	402	185	217	229	134	95
商丘市	1593	668	925	253	109	144	229	123	106
信阳市	1332	593	739	352	149	203	284	154	130
周口市	309	150	159	106	49	57	25	15	10
驻马店市	589	266	323	194	103	91	40	22	18
济源市	947	416	531	118	60	58	191	101	90

7-10a 续表 3

单位：人

现住地	寄挂户口			婚姻嫁娶			其 他		
	小计	男	女	小计	男	女	小计	男	女
总 计	**758**	**385**	**373**	**9067**	**2935**	**6132**	**24663**	**14589**	**10074**
郑州市	157	80	77	2345	826	1519	9558	5425	4133
开封市	30	12	18	471	173	298	888	489	399
洛阳市	110	64	46	1335	446	889	2039	1151	888
平顶山市	38	19	19	438	107	331	919	531	388
安阳市	101	52	49	794	243	551	1734	928	806
鹤壁市	12	8	4	120	16	104	210	114	96
新乡市	50	25	25	535	211	324	1732	1030	702
焦作市	54	28	26	594	160	434	2001	1363	638
濮阳市	39	15	24	315	51	264	894	447	447
许昌市	25	14	11	211	102	109	752	539	213
漯河市	13	6	7	186	72	114	436	267	169
三门峡市	4	4		194	61	133	570	350	220
南阳市	34	15	19	349	123	226	876	536	340
商丘市	29	16	13	289	86	203	593	388	205
信阳市	43	17	26	467	107	360	473	285	188
周口市	6	5	1	158	54	104	208	143	65
驻马店市	7	2	5	167	64	103	531	445	86
济源市	6	3	3	99	33	66	249	158	91

7-10b 全省按现住地、性别、迁移原因分的户口登记地在外省人口(镇)

单位：人

现住地	合计			务工经商		
	合计	男	女	小计	男	女
总　计	**94930**	**58848**	**36082**	**48239**	**33454**	**14785**
郑州市	11869	6790	5079	4579	3211	1368
开封市	1670	919	751	675	412	263
洛阳市	9346	6362	2984	4373	3393	980
平顶山市	2661	1447	1214	1282	842	440
安阳市	3694	2194	1500	1441	996	445
鹤壁市	581	317	264	226	146	80
新乡市	2924	1630	1294	1252	846	406
焦作市	4150	2337	1813	1821	1293	528
濮阳市	5380	2857	2523	2112	1266	846
许昌市	17243	12673	4570	10116	7041	3075
漯河市	883	516	367	481	311	170
三门峡市	4764	3213	1551	3178	2413	765
南阳市	8801	5056	3745	4844	3182	1662
商丘市	2189	1334	855	1285	910	375
信阳市	8719	4646	4073	3905	2361	1544
周口市	2435	1386	1049	1244	773	471
驻马店市	7213	4939	2274	5258	3956	1302
济源市	408	232	176	167	102	65

7-10b 续表 1

单位：人

现住地	工作调动			学习培训		
	小计	男	女	小计	男	女
总　计	**4768**	**3705**	**1063**	**15092**	**9871**	**5221**
郑州市	611	506	105	4245	2032	2213
开封市	95	75	20	96	44	52
洛阳市	552	450	102	2216	1489	727
平顶山市	174	122	52	67	36	31
安阳市	296	247	49	145	69	76
鹤壁市	21	18	3	16	10	6
新乡市	258	171	87	130	74	56
焦作市	220	188	32	169	77	92
濮阳市	680	511	169	359	178	181
许昌市	217	194	23	6153	5095	1058
漯河市	69	55	14	39	15	24
三门峡市	192	134	58	255	138	117
南阳市	394	268	126	419	218	201
商丘市	85	67	18	129	54	75
信阳市	626	502	124	287	160	127
周口市	72	45	27	121	67	54
驻马店市	162	120	42	216	101	115
济源市	44	32	12	30	14	16

7-10b 续表 2

单位：人

现住地	随迁家属			投亲靠友			拆迁搬家		
	小计	男	女	小计	男	女	小计	男	女
总　计	**10634**	**4824**	**5810**	**2806**	**1383**	**1423**	**1116**	**632**	**484**
郑州市	1144	508	636	272	130	142	33	18	15
开封市	236	121	115	84	39	45	24	10	14
洛阳市	1040	459	581	191	91	100	117	69	48
平顶山市	402	190	212	138	66	72	28	19	9
安阳市	502	257	245	198	112	86	86	45	41
鹤壁市	105	55	50	20	9	11	10	5	5
新乡市	497	228	269	178	81	97	49	32	17
焦作市	826	340	486	159	71	88	75	34	41
濮阳市	870	364	506	315	141	174	162	98	64
许昌市	316	158	158	81	53	28	39	23	16
漯河市	93	45	48	37	16	21	15	9	6
三门峡市	622	269	353	69	34	35	37	17	20
南阳市	1296	614	682	429	195	234	165	94	71
商丘市	357	147	210	40	19	21	15	10	5
信阳市	1467	637	830	259	132	127	171	95	76
周口市	257	135	122	57	35	22	23	14	9
驻马店市	539	264	275	252	145	107	66	40	26
济源市	65	33	32	27	14	13	1		1

7-10b 续表 3

单位：人

现住地	寄挂户口			婚姻嫁娶			其　他		
	小计	男	女	小计	男	女	小计	男	女
总　计	**326**	**182**	**144**	**5949**	**881**	**5068**	**6000**	**3916**	**2084**
郑州市	8	7	1	301	54	247	676	324	352
开封市	5	3	2	229	35	194	226	180	46
洛阳市	41	26	15	361	84	277	455	301	154
平顶山市	4	1	3	405	61	344	161	110	51
安阳市	34	21	13	503	68	435	489	379	110
鹤壁市	10	8	2	113	16	97	60	50	10
新乡市	6	4	2	278	32	246	276	162	114
焦作市	53	30	23	476	95	381	351	209	142
濮阳市	10	6	4	410	28	382	462	265	197
许昌市	10	7	3	199	29	170	112	73	39
漯河市	2		2	85	18	67	62	47	15
三门峡市	5	3	2	131	44	87	275	161	114
南阳市	102	48	54	534	80	454	618	357	261
商丘市	3	1	2	124	12	112	151	114	37
信阳市	12	7	5	1142	130	1012	850	622	228
周口市	12	6	6	316	20	296	333	291	42
驻马店市	8	3	5	318	69	249	394	241	153
济源市	1	1		24	6	18	49	30	19

7-10c 全省按现住地、性别、迁移原因分的户口登记地在外省人口(乡村)

单位：人

现住地	合计			务工经商		
	合计	男	女	小计	男	女
总　计	**110772**	**55203**	**55569**	**46447**	**31649**	**14798**
郑州市	33272	20289	12983	17868	11738	6130
开封市	3694	1892	1802	2227	1558	669
洛阳市	8232	4489	3743	3181	2275	906
平顶山市	5469	1816	3653	1394	932	462
安阳市	8819	3777	5042	1620	1244	376
鹤壁市	1316	640	676	475	388	87
新乡市	2950	1499	1451	814	534	280
焦作市	5356	2777	2579	1643	1151	492
濮阳市	3831	1367	2464	741	498	243
许昌市	5869	3574	2295	3771	2822	949
漯河市	1056	351	705	310	193	117
三门峡市	2153	1419	734	1171	975	196
南阳市	7442	3212	4230	3373	2227	1146
商丘市	3354	1614	1740	1687	1133	554
信阳市	8788	2615	6173	2230	1454	776
周口市	3401	1491	1910	1675	1040	635
驻马店市	4700	1743	2957	1654	1050	604
济源市	1070	638	432	613	437	176

7-10c 续表 1

单位：人

现住地	工作调动			学习培训		
	小计	男	女	小计	男	女
总　计	**3620**	**2950**	**670**	**7978**	**5201**	**2777**
郑州市	960	735	225	5832	3945	1887
开封市	38	25	13	40	24	16
洛阳市	472	389	83	430	274	156
平顶山市	327	292	35	68	29	39
安阳市	316	269	47	233	69	164
鹤壁市	24	24		19	11	8
新乡市	111	88	23	290	241	49
焦作市	244	185	59	330	189	141
濮阳市	120	102	18	37	16	21
许昌市	151	123	28	42	19	23
漯河市	20	17	3	21	7	14
三门峡市	60	52	8	37	16	21
南阳市	82	68	14	78	38	40
商丘市	108	102	6	40	19	21
信阳市	399	331	68	82	46	36
周口市	49	33	16	303	203	100
驻马店市	124	101	23	78	46	32
济源市	15	14	1	18	9	9

7-10c 续表 2

单位：人

现住地	随迁家属			投亲靠友			拆迁搬家		
	小计	男	女	小计	男	女	小计	男	女
总　计	**8922**	**4529**	**4393**	**5323**	**2963**	**2360**	**883**	**498**	**385**
郑州市	3158	1531	1627	728	382	346	68	37	31
开封市	159	80	79	116	57	59	5	5	
洛阳市	800	403	397	482	288	194	74	50	24
平顶山市	286	129	157	263	143	120	32	14	18
安阳市	835	494	341	873	535	338	166	95	71
鹤壁市	76	49	27	100	70	30	12	7	5
新乡市	333	192	141	192	113	79	32	18	14
焦作市	659	363	296	491	270	221	57	29	28
濮阳市	262	164	98	241	174	67	60	41	19
许昌市	307	144	163	253	138	115	27	16	11
漯河市	46	26	20	65	35	30	14	8	6
三门峡市	127	55	72	93	51	42	21	10	11
南阳市	432	231	201	428	204	224	79	43	36
商丘市	411	174	237	91	51	40	28	16	12
信阳市	546	255	291	509	241	268	133	69	64
周口市	161	71	90	67	29	38	27	17	10
驻马店市	219	118	101	278	150	128	38	20	18
济源市	105	50	55	53	32	21	10	3	7

7-10c 续表 3

单位：人

现住地	寄挂户口			婚姻嫁娶			其　他		
	小计	男	女	小计	男	女	小计	男	女
总　计	**573**	**389**	**184**	**29154**	**2082**	**27072**	**7872**	**4942**	**2930**
郑州市	32	22	10	1551	247	1304	3075	1652	1423
开封市	11	8	3	974	47	927	124	88	36
洛阳市	61	47	14	2088	320	1768	644	443	201
平顶山市	31	19	12	2784	102	2682	284	156	128
安阳市	96	62	34	3745	314	3431	935	695	240
鹤壁市	13	13		530	29	501	67	49	18
新乡市	23	18	5	924	126	798	231	169	62
焦作市	51	34	17	1367	214	1153	514	342	172
濮阳市	40	25	15	1994	79	1915	336	268	68
许昌市	32	27	5	1017	100	917	269	185	84
漯河市	5	3	2	503	11	492	72	51	21
三门峡市	5	4	1	492	151	341	147	105	42
南阳市	48	25	23	2504	110	2394	418	266	152
商丘市	10	9	1	858	19	839	121	91	30
信阳市	27	19	8	4638	93	4545	224	107	117
周口市	12	8	4	1007	20	987	100	70	30
驻马店市	73	43	30	2017	60	1957	219	155	64
济源市	3	3		161	40	121	92	50	42

第一部分　全部数据资料

第八卷　住房

8-1 各地区按住房间数分的家庭户户数

单位：户

地区	家庭户户数	住房间数			
		一间	二间	三间	四间
总计	**25928729**	**1279984**	**4227006**	**7237841**	**4703911**
郑州市	2436665	387046	536701	670856	280214
开封市	1241002	30898	141093	265489	225678
洛阳市	1806277	105857	384175	537158	253459
平顶山市	1336013	64548	265865	398125	294536
安阳市	1486536	54010	207757	352785	187664
鹤壁市	401216	10447	62403	116115	41710
新乡市	1435177	35104	196593	385981	189875
焦作市	873312	25378	146167	272400	119937
濮阳市	952240	22932	126917	282072	167044
许昌市	1156026	38953	176689	355295	248566
漯河市	662051	20098	112860	234476	152632
三门峡市	629601	57857	124738	193322	117929
南阳市	2747972	110484	405174	693049	541069
商丘市	2198804	60658	267764	515585	511405
信阳市	1825919	116889	436150	617026	338102
周口市	2505505	55935	281836	618389	546389
驻马店市	2056880	77049	331345	667125	433085
济源市	177533	5841	22779	62593	54617

8-1 续表

单位：户

地区	住房间数					
	五间	六间	七间	八间	九间	十间及以上
总计	**2851368**	**2335834**	**885597**	**1095648**	**352148**	**959392**
郑州市	148294	142365	51685	75146	25835	118523
开封市	146984	145297	68983	89656	30187	96737
洛阳市	148864	172855	57142	59644	30164	56959
平顶山市	115854	88689	30807	35213	19624	22752
安阳市	249951	140074	75659	92458	27443	98735
鹤壁市	91044	19326	12085	18136	2934	27016
新乡市	259203	152914	54074	67773	21863	71797
焦作市	105049	82643	15672	45702	16593	43771
濮阳市	168486	91464	41635	26386	8884	16420
许昌市	114796	92964	34808	52306	13354	28295
漯河市	45826	45427	11394	21137	5317	12884
三门峡市	51180	40682	13176	14909	6770	9038
南阳市	312146	308425	115485	130275	38326	93539
商丘市	278227	229032	87596	124511	30282	93744
信阳市	119986	126859	28416	24918	8053	9520
周口市	316380	253119	115043	145609	47258	125547
驻马店市	171983	194077	69979	61161	18616	32460
济源市	7115	9622	1958	10708	645	1655

8-1a 各地区按住房间数分的家庭户户数(城市)

单位：户

地区	家庭户户数	住房间数			
		一间	二间	三间	四间
总计	**5349707**	**588515**	**1594562**	**1917675**	**542001**
郑州市	1454120	337603	442275	468568	103515
开封市	225649	15786	70145	80277	26838
洛阳市	551676	54724	236523	164293	31520
平顶山市	332137	22817	132332	119341	26342
安阳市	345418	20960	92745	130672	39464
鹤壁市	133714	5940	39908	59722	9760
新乡市	335933	14903	94566	121270	41142
焦作市	245926	10438	75267	103483	26623
濮阳市	145986	6297	38569	74984	14065
许昌市	246008	9539	55275	103420	34635
漯河市	139288	5063	35557	58742	15210
三门峡市	172593	27482	57184	63969	10456
南阳市	266558	15611	59128	92374	42453
商丘市	243950	8680	35723	78887	50768
信阳市	161075	16545	66577	55122	12721
周口市	166081	5115	22447	65314	32038
驻马店市	120308	8203	32950	47772	11901
济源市	63287	2809	7391	29465	12550

8-1a 续表

单位：户

地区	住房间数					
	五间	六间	七间	八间	九间	十间及以上
总计	**201664**	**208041**	**53880**	**93644**	**29737**	**119988**
郑州市	30648	27230	7550	10228	3980	22523
开封市	10173	7135	2600	3773	1093	7829
洛阳市	11971	18003	5502	8788	4389	15963
平顶山市	8909	11787	2414	3383	2100	2712
安阳市	14534	21773	3434	13517	1409	6910
鹤壁市	9162	3127	1737	2045	570	1743
新乡市	23871	19471	4214	6811	1675	8010
焦作市	8776	11353	1549	3218	1202	4017
濮阳市	4633	4052	1150	1039	231	966
许昌市	12758	13222	3654	6163	1858	5484
漯河市	5099	6585	2042	3415	1523	6052
三门峡市	2999	3828	1212	2103	1204	2156
南阳市	15516	17563	4039	7367	2384	10123
商丘市	21644	18762	6035	8912	2934	11605
信阳市	3835	2972	729	1069	428	1077
周口市	11403	12134	3829	6110	1615	6076
驻马店市	3582	5486	1408	2543	853	5610
济源市	2151	3558	782	3160	289	1132

8-1b 各地区按住房间数分的家庭户户数(镇)

单位：户

地 区	家庭户户 数	住房间数			
		一间	二间	三间	四间
总 计	**4550905**	**223079**	**711818**	**1333213**	**894754**
郑州市	192583	10222	22499	50662	34233
开封市	212503	5802	21262	42448	45492
洛阳市	285577	18327	40467	105809	40269
平顶山市	232279	15087	34782	74458	57004
安阳市	213727	8775	24726	50527	32599
鹤壁市	64863	1484	7785	21088	9915
新乡市	256237	6683	27020	67266	40339
焦作市	179125	4168	20902	54275	33015
濮阳市	167420	6219	33811	49664	28295
许昌市	175318	7582	24792	53853	37854
漯河市	118044	2817	14551	48675	29327
三门峡市	111466	13801	22953	37535	15185
南阳市	600754	36323	113233	154409	121062
商丘市	363529	9962	43915	94642	87383
信阳市	435973	41443	117246	145879	73412
周口市	512629	14731	63872	131334	116035
驻马店市	406196	18703	74175	144530	84640
济源市	22682	950	3827	6159	8695

8-1b 续表

单位：户

地 区	住房间数					
	五间	六间	七间	八间	九间	十间及以上
总 计	**451581**	**420575**	**124856**	**182492**	**55161**	**153376**
郑州市	19816	20921	6550	11087	3006	13587
开封市	24556	26493	10423	16176	4846	15005
洛阳市	20370	28405	7641	10262	4484	9543
平顶山市	18465	15820	4000	5814	3594	3255
安阳市	33840	21219	9333	12052	3690	16966
鹤壁市	11533	4891	1674	2494	447	3552
新乡市	41196	34669	8900	11532	4585	14047
焦作市	23037	18731	3273	10929	3046	7749
濮阳市	23295	13580	4906	3796	1229	2625
许昌市	17935	13958	4523	7310	2081	5430
漯河市	7498	8464	1447	3190	670	1405
三门峡市	6666	7752	2030	2910	1045	1589
南阳市	54844	60284	17376	22698	5909	14616
商丘市	42017	38565	11951	18581	4447	12066
信阳市	22108	22070	4814	4827	1661	2513
周口市	56935	49475	18565	28192	8017	25473
驻马店市	26673	34681	7301	9239	2355	3899
济源市	797	597	149	1403	49	56

8-1c 各地区按住房间数分的家庭户户数(乡村)

单位：户

地区	家庭户户数	住房间数			
		一间	二间	三间	四间
总 计	**16028117**	**468390**	**1920626**	**3986953**	**3267156**
郑州市	789962	39221	71927	151626	142466
开封市	802850	9310	49686	142764	153348
洛阳市	969024	32806	107185	267056	181670
平顶山市	771597	26644	98751	204326	211190
安阳市	927391	24275	90286	171586	115601
鹤壁市	202639	3023	14710	35305	22035
新乡市	843007	13518	75007	197445	108394
焦作市	448261	10772	49998	114642	60299
濮阳市	638834	10416	54537	157424	124684
许昌市	734700	21832	96622	198022	176077
漯河市	404719	12218	62752	127059	108095
三门峡市	345542	16574	44601	91818	92288
南阳市	1880660	58550	232813	446266	377554
商丘市	1591325	42016	188126	342056	373254
信阳市	1228871	58901	252327	416025	251969
周口市	1826795	36089	195517	421741	398316
驻马店市	1530376	50143	224220	474823	336544
济源市	91564	2082	11561	26969	33372

8-1c 续表

单位：户

地区	住房间数					
	五间	六间	七间	八间	九间	十间及以上
总 计	**2198123**	**1707218**	**706861**	**819512**	**267250**	**686028**
郑州市	97830	94214	37585	53831	18849	82413
开封市	112255	111669	55960	69707	24248	73903
洛阳市	116523	126447	43999	40594	21291	31453
平顶山市	88480	61082	24393	26016	13930	16785
安阳市	201577	97082	62892	66889	22344	74859
鹤壁市	70349	11308	8674	13597	1917	21721
新乡市	194136	98774	40960	49430	15603	49740
焦作市	73236	52559	10850	31555	12345	32005
濮阳市	140558	73832	35579	21551	7424	12829
许昌市	84103	65784	26631	38833	9415	17381
漯河市	33229	30378	7905	14532	3124	5427
三门峡市	41515	29102	9934	9896	4521	5293
南阳市	241786	230578	94070	100210	30033	68800
商丘市	214566	171705	69610	97018	22901	70073
信阳市	94043	101817	22873	19022	5964	5930
周口市	248042	191510	92649	111307	37626	93998
驻马店市	141728	153910	61270	49379	15408	22951
济源市	4167	5467	1027	6145	307	467

8-2 各地区按人均住房建筑面积分的家庭户户数

单位：户

地区	家庭户户数	人均住房建筑面积(平方米)			
		8及以下	9-12	13-16	17-19
总计	**25928729**	**501685**	**1085915**	**2118474**	**1348226**
郑州市	2436665	95903	120713	208628	122942
开封市	1241002	26257	77961	143317	82186
洛阳市	1806277	49560	75388	124730	87510
平顶山市	1336013	33210	66091	130802	83708
安阳市	1486536	23837	39702	87532	67832
鹤壁市	401216	5604	12567	30701	26009
新乡市	1435177	17911	48421	99720	77951
焦作市	873312	13289	28357	59468	49178
濮阳市	952240	13018	41741	94708	72174
许昌市	1156026	10525	33447	78509	57418
漯河市	662051	6244	20665	45467	32721
三门峡市	629601	33550	31440	50587	31040
南阳市	2747972	53905	111735	205821	122903
商丘市	2198804	19992	86952	204454	105461
信阳市	1825919	32146	58862	115736	82572
周口市	2505505	39340	145304	260538	139191
驻马店市	2056880	25353	83542	171734	102281
济源市	177533	2041	3027	6022	5149

8-2 续表

单位：户

地区	人均住房建筑面积(平方米)					
	20-29	30-39	40-49	50-59	60-69	70及以上
总计	**6506520**	**5128444**	**3239134**	**1813599**	**1506843**	**2679889**
郑州市	542651	442227	302776	172194	137694	290937
开封市	323777	230133	134966	68484	60985	92936
洛阳市	442530	364150	217680	140637	104918	199174
平顶山市	378938	255990	149484	77101	60696	99993
安阳市	329126	295081	191787	125099	98032	228508
鹤壁市	106792	80157	51712	28093	23430	36151
新乡市	354364	302018	177489	117654	88501	151148
焦作市	213470	175392	110067	75201	52608	96282
濮阳市	302708	192556	97199	49075	36674	52387
许昌市	280418	227492	155224	99207	76239	137547
漯河市	172273	136750	91029	48504	40424	67974
三门峡市	169062	128249	77503	36375	30386	41409
南阳市	694462	576384	354500	195435	164595	268232
商丘市	579096	445386	282274	139605	129211	206373
信阳市	433190	370077	254855	135106	119595	223780
周口市	634780	469091	291307	151840	140111	234003
驻马店市	518611	401699	270792	132769	128280	221819
济源市	30272	35612	28490	21220	14464	31236

8-2a 各地区按人均住房建筑面积分的家庭户户数(城市)

单位：户

地区	家庭户户数	人均住房建筑面积(平方米)			
		8及以下	9-12	13-16	17-19
总计	**5349707**	**191204**	**242455**	**417810**	**311193**
郑州市	1454120	80472	94601	158459	90567
开封市	225649	10451	15043	21540	19077
洛阳市	551676	17821	26951	43009	33235
平顶山市	332137	11268	12398	26349	22890
安阳市	345418	11498	9978	19357	17921
鹤壁市	133714	3893	6528	13268	10045
新乡市	335933	5792	10839	20353	19008
焦作市	245926	5925	10903	18967	15741
濮阳市	145986	2153	4096	8760	12597
许昌市	246008	3316	5319	11231	10482
漯河市	139288	1660	2454	4498	4589
三门峡市	172593	15141	11091	14527	10415
南阳市	266558	6521	6636	12615	9985
商丘市	243950	3868	7809	15253	10886
信阳市	161075	4459	6319	9657	7975
周口市	166081	2996	6165	11649	8184
驻马店市	120308	2817	4112	6488	5802
济源市	63287	1153	1213	1830	1794

8-2a 续表

单位：户

地区	人均住房建筑面积(平方米)					
	20-29	30-39	40-49	50-59	60-69	70及以上
总计	**1286882**	**1012214**	**693208**	**359668**	**284852**	**550221**
郑州市	342926	247052	172239	79537	62054	126213
开封市	55783	37195	23863	14103	10519	18075
洛阳市	143633	102625	63742	35301	28090	57269
平顶山市	100346	64286	39552	17747	13377	23924
安阳市	76812	68174	45471	27563	21602	47042
鹤壁市	39569	25314	16869	5575	5872	6781
新乡市	76666	66381	43064	28506	22638	42686
焦作市	60165	45288	31174	17403	13354	27006
濮阳市	41622	34093	18822	9470	5454	8919
许昌市	54594	51161	41174	19768	17050	31913
漯河市	25812	29334	24677	12346	10605	23313
三门峡市	42733	29240	22372	9137	7430	10507
南阳市	54261	56111	39755	24355	18988	37331
商丘市	56616	50736	34508	19506	15500	29268
信阳市	36533	32646	23385	12576	9917	17608
周口市	42634	35957	23563	10393	9244	15296
驻马店市	25477	23217	17927	9638	8286	16544
济源市	10700	13404	11051	6744	4872	10526

8-2b 各地区按人均住房建筑面积分的家庭户户数(镇)

单位：户

地　　区	家庭户户　数	人均住房建筑面积(平方米)			
		8及以下	9-12	13-16	17-19
总　计	**4550905**	**106974**	**201687**	**366953**	**227964**
郑州市	192583	3772	4649	8297	6203
开封市	212503	7639	15231	23000	12338
洛阳市	285577	10607	11141	17439	11195
平顶山市	232279	7895	11869	22131	13084
安阳市	213727	3156	7360	14950	10691
鹤壁市	64863	619	1893	4451	3542
新乡市	256237	3748	9295	17571	12796
焦作市	179125	3124	6118	11923	9038
濮阳市	167420	4055	9239	18754	16376
许昌市	175318	2194	5719	12452	8973
漯河市	118044	938	3751	8035	6075
三门峡市	111466	9481	5512	8067	4385
南阳市	600754	16263	26530	43933	24740
商丘市	363529	3102	14403	32665	16507
信阳市	435973	13832	19030	30393	19019
周口市	512629	8690	29573	53847	28392
驻马店市	406196	7692	20082	38201	23942
济源市	22682	167	292	844	668

8-2b 续表

单位：户

地　　区	人均住房建筑面积(平方米)					
	20-29	30-39	40-49	50-59	60-69	70及以上
总　计	**1136213**	**914009**	**586086**	**317166**	**265841**	**428012**
郑州市	39717	39869	26951	17748	15004	30373
开封市	52978	38603	23352	13198	10452	15712
洛阳市	61334	59801	39501	23590	18573	32396
平顶山市	58842	45045	28765	13947	12055	18646
安阳市	48956	42339	26788	16930	13135	29422
鹤壁市	15583	13106	8449	5838	4004	7378
新乡市	62407	53681	32781	21911	16266	25781
焦作市	42784	36318	23001	15904	11582	19333
濮阳市	52028	30301	14661	8350	5652	8004
许昌市	43000	33600	23092	14334	11431	20523
漯河市	36016	23849	15246	7592	6929	9613
三门峡市	26222	22343	14597	6690	5980	8189
南阳市	151227	130064	81593	41842	34842	49720
商丘市	95974	76904	49161	22118	21266	31429
信阳市	101375	86316	61566	31244	27685	45513
周口市	133505	97678	60391	30307	27523	42723
驻马店市	110822	80026	52644	22425	21366	28996
济源市	3443	4166	3547	3198	2096	4261

8-2c 各地区按人均住房建筑面积分的家庭户户数(乡村)

单位：户

地　区	家庭户户数	人均住房建筑面积(平方米)			
		8及以下	9-12	13-16	17-19
总　计	**16028117**	**203507**	**641773**	**1333711**	**809069**
郑州市	789962	11659	21463	41872	26172
开封市	802850	8167	47687	98777	50771
洛阳市	969024	21132	37296	64282	43080
平顶山市	771597	14047	41824	82322	47734
安阳市	927391	9183	22364	53225	39220
鹤壁市	202639	1092	4146	12982	12422
新乡市	843007	8371	28287	61796	46147
焦作市	448261	4240	11336	28578	24399
濮阳市	638834	6810	28406	67194	43201
许昌市	734700	5015	22409	54826	37963
漯河市	404719	3646	14460	32934	22057
三门峡市	345542	8928	14837	27993	16240
南阳市	1880660	31121	78569	149273	88178
商丘市	1591325	13022	64740	156536	78068
信阳市	1228871	13855	33513	75686	55578
周口市	1826795	27654	109566	195042	102615
驻马店市	1530376	14844	59348	127045	72537
济源市	91564	721	1522	3348	2687

8-2c 续表

单位：户

地　区	人均住房建筑面积(平方米)					
	20-29	30-39	40-49	50-59	60-69	70及以上
总　计	**4083425**	**3202221**	**1959840**	**1136765**	**956150**	**1701656**
郑州市	160008	155306	103586	74909	60636	134351
开封市	215016	154335	87751	41183	40014	59149
洛阳市	237563	201724	114437	81746	58255	109509
平顶山市	219750	146659	81167	45407	35264	57423
安阳市	203358	184568	119528	80606	63295	152044
鹤壁市	51640	41737	26394	16680	13554	21992
新乡市	215291	181956	101644	67237	49597	82681
焦作市	110521	93786	55892	41894	27672	49943
濮阳市	209058	128162	63716	31255	25568	35464
许昌市	182824	142731	90958	65105	47758	85111
漯河市	110445	83567	51106	28566	22890	35048
三门峡市	100107	76666	40534	20548	16976	22713
南阳市	488974	390209	233152	129238	110765	181181
商丘市	426506	317746	198605	97981	92445	145676
信阳市	295282	251115	169904	91286	81993	160659
周口市	458641	335456	207353	111140	103344	175984
驻马店市	382312	298456	200221	100706	98628	176279
济源市	16129	18042	13892	11278	7496	16449

8-3 各地区按家庭户类别和住房间数分的家庭户户数

单位：户

地　区	家庭户户数	一代户				
		一间	二间	三间	四间	五间及以上
总　计	**25928729**	**939052**	**1591302**	**1911246**	**883635**	**1197953**
郑州市	2436665	322333	193761	170133	50616	70984
开封市	1241002	20436	59422	84605	47635	75782
洛阳市	1806277	69233	130660	124688	40717	65422
平顶山市	1336013	43467	81540	93229	43968	36387
安阳市	1486536	35097	73987	96562	36905	110400
鹤壁市	401216	6682	16220	22881	4999	18238
新乡市	1435177	22857	62766	84169	23213	61020
焦作市	873312	15182	37079	45672	12920	28766
濮阳市	952240	15678	51774	77014	24567	36435
许昌市	1156026	29128	63096	90688	44989	45535
漯河市	662051	14917	35276	50174	21107	14769
三门峡市	629601	33368	41165	42564	16118	14930
南阳市	2747972	73559	146048	179515	95273	131378
商丘市	2198804	50580	157437	202529	126822	150403
信阳市	1825919	81107	177275	174818	76111	62429
周口市	2505505	42554	126837	181227	121118	177956
驻马店市	2056880	59011	129602	179425	89430	93344
济源市	177533	3863	7357	11353	7127	3775

8-3　续表 1

单位：户

地　区	二代户				
	一间	二间	三间	四间	五间及以上
总　计	**316429**	**2214918**	**4037115**	**2621668**	**4361498**
郑州市	61489	297262	394224	154675	276254
开封市	9546	70149	145963	133173	296501
洛阳市	34627	216753	322497	147043	274898
平顶山市	19639	154371	228444	167250	158001
安阳市	17749	113093	200493	101276	354449
鹤壁市	3458	39247	68101	21675	88459
新乡市	10936	109058	218048	100970	310092
焦作市	9080	86085	155662	59003	144229
濮阳市	6952	65996	169670	100212	169641
许昌市	8817	92988	192453	130191	161482
漯河市	4652	61794	128978	78222	68075
三门峡市	23272	72778	120056	69265	69667
南阳市	32483	213492	374384	303458	504248
商丘市	9265	99495	271705	318326	497735
信阳市	33458	215667	322632	174235	156051
周口市	12301	127582	335173	306585	540214
驻马店市	16819	166391	351133	226352	274801
济源市	1886	12717	37499	29757	16701

8-3 续表 2

单位：户

地 区	三代户				
	一间	二间	三间	四间	五间及以上
总 计	**24107**	**414716**	**1253878**	**1150699**	**2766274**
郑州市	3182	45271	104619	72280	203361
开封市	902	11380	34070	43271	193819
洛阳市	1979	36403	88309	63730	177830
平顶山市	1427	29541	74611	80359	113103
安阳市	1151	20440	54394	47650	208586
鹤壁市	305	6857	24524	14252	60234
新乡市	1289	24386	81205	62538	242222
焦作市	1092	22656	68975	45832	129006
濮阳市	299	9016	34468	40597	138062
许昌市	985	20231	69784	69960	121383
漯河市	520	15488	53492	50767	55558
三门峡市	1202	10699	30054	31531	48925
南阳市	4328	44837	135056	137365	345085
商丘市	802	10646	40382	64183	185353
信阳市	2291	42572	116234	84452	94593
周口市	1061	26904	98715	113583	269315
驻马店市	1201	34734	131581	111417	169147
济源市	91	2655	13405	16932	10692

8-3 续表 3

单位：户

地 区	四代户				
	一间	二间	三间	四间	五间及以上
总 计	**396**	**6064**	**35581**	**47858**	**154068**
郑州市	42	407	1879	2641	11229
开封市	14	142	850	1598	11727
洛阳市	18	357	1663	1969	7474
平顶山市	15	413	1841	2956	5444
安阳市	13	237	1336	1828	10864
鹤壁市	2	79	608	783	3603
新乡市	22	382	2554	3150	14271
焦作市	24	347	2091	2180	7424
濮阳市	3	131	920	1666	9121
许昌市	23	374	2369	3424	8116
漯河市	9	301	1831	2533	3579
三门峡市	15	96	648	1015	2232
南阳市	114	797	4092	4968	17468
商丘市	11	186	968	2072	9885
信阳市	33	636	3341	3301	4674
周口市	19	513	3273	5100	15464
驻马店市	18	616	4982	5875	10959
济源市	1	50	335	799	534

8-3 续表 4

单位：户

地 区	五代及以上户				
	一间	二间	三间	四间	五间及以上
总 计		**6**	**21**	**51**	**194**
郑州市			1	2	20
开封市			1	1	15
洛阳市		2	1		4
平顶山市				3	4
安阳市				5	21
鹤壁市			1	1	7
新乡市		1	5	4	19
焦作市				2	5
濮阳市				2	16
许昌市			1	2	7
漯河市		1	1	3	4
三门峡市					1
南阳市			2	5	17
商丘市			1	2	16
信阳市			1	3	5
周口市			1	3	7
驻马店市		2	4	11	25
济源市			1	2	1

8-3a 各地区按家庭户类别和住房间数分的家庭户户数(城市)

单位：户

地 区	家庭户户 数	一代户				
		一间	二间	三间	四间	五间及以上
总 计	**5349707**	**437748**	**522288**	**478973**	**107170**	**93590**
郑州市	1454120	283030	156583	123054	22915	15426
开封市	225649	9368	25760	24146	6921	5343
洛阳市	551676	35563	76767	45424	6564	7421
平顶山市	332137	14041	38275	29853	4936	3594
安阳市	345418	12072	28797	28983	7543	8866
鹤壁市	133714	3364	9788	10826	1254	1606
新乡市	335933	8865	30855	29225	7095	7266
焦作市	245926	5623	19433	19299	4155	3569
濮阳市	145986	4093	10906	18957	2997	1176
许昌市	246008	6616	19268	24959	6545	5798
漯河市	139288	3190	11050	13491	2829	2856
三门峡市	172593	14834	17297	15465	1768	1720
南阳市	266558	9466	19630	26595	9511	9641
商丘市	243950	6674	14542	21759	10611	8817
信阳市	161075	10524	22740	15729	2935	1975
周口市	166081	3476	7399	12523	4245	4441
驻马店市	120308	5263	10940	13523	2529	2794
济源市	63287	1686	2258	5162	1817	1281

8-3a 续表 1

单位：户

地区	二代户				
	一间	二间	三间	四间	五间及以上
总计	**141286**	**925490**	**1158465**	**310570**	**368391**
郑州市	51766	248007	280456	59384	52042
开封市	5851	38488	45441	14841	16404
洛阳市	18062	136480	95581	17258	32068
平顶山市	8298	81854	71767	15056	16467
安阳市	8244	55961	81415	21864	32361
鹤壁市	2348	26075	38034	5474	10073
新乡市	5431	53452	69894	21996	31229
焦作市	4239	45568	62338	14004	14378
濮阳市	2154	24915	48993	8749	5703
许昌市	2518	30715	61670	18454	20856
漯河市	1712	21081	36423	8603	12820
三门峡市	12032	34827	41270	6241	7402
南阳市	5693	34489	53817	24757	31043
商丘市	1847	19028	49980	32993	41684
信阳市	5697	37847	31300	6886	5421
周口市	1521	12958	42920	19967	22174
驻马店市	2780	19297	28077	6723	10230
济源市	1093	4448	19089	7320	6036

8-3a 续表 2

单位：户

地区	三代户				
	一间	二间	三间	四间	五间及以上
总计	**9379**	**145575**	**276323**	**120909**	**234867**
郑州市	2771	37374	64240	20712	33207
开封市	564	5848	10551	4997	10476
洛阳市	1091	23080	23028	7503	24232
平顶山市	475	12125	17509	6189	10784
安阳市	637	7923	19984	9824	19691
鹤壁市	227	4008	10714	2926	6422
新乡市	601	10166	21806	11712	24452
焦作市	567	10176	21492	8193	11712
濮阳市	50	2732	6963	2241	4824
许昌市	396	5241	16431	9277	15592
漯河市	160	3388	8679	3638	8676
三门峡市	608	5019	7150	2387	4236
南阳市	448	4982	11845	8034	15866
商丘市	157	2131	7066	7018	18515
信阳市	322	5957	7978	2822	2649
周口市	115	2059	9684	7585	13819
驻马店市	160	2689	6078	2555	6111
济源市	30	677	5125	3296	3603

8-3a 续表 3

单位：户

地 区	四代户				
	一间	二间	三间	四间	五间及以上
总 计	**102**	**1208**	**3913**	**3351**	**10098**
郑州市	36	311	817	504	1482
开封市	3	49	139	79	380
洛阳市	8	195	260	195	894
平顶山市	3	78	212	161	459
安阳市	7	64	290	233	658
鹤壁市	1	37	148	106	283
新乡市	6	93	345	339	1105
焦作市	9	90	354	271	456
濮阳市		16	71	78	368
许昌市	9	51	360	358	893
漯河市	1	38	149	140	364
三门峡市	8	41	84	60	144
南阳市	4	27	117	151	442
商丘市	2	22	82	146	874
信阳市	2	33	115	78	65
周口市	3	31	187	241	733
驻马店市		24	94	94	346
济源市		8	89	117	152

8-3a 续表 4

单位：户

地 区	五代及以上户				
	一间	二间	三间	四间	五间及以上
总 计		**1**	**1**	**1**	**8**
郑州市			1		2
开封市					
洛阳市		1			1
平顶山市					1
安阳市					1
鹤壁市					
新乡市					
焦作市					
濮阳市					
许昌市				1	
漯河市					
三门峡市					
南阳市					
商丘市					2
信阳市					
周口市					
驻马店市					1
济源市					

8-3b 各地区按家庭户类别和住房间数分的家庭户户数(镇)

单位：户

地　区	家庭户户　数	一代户				
		一间	二间	三间	四间	五间及以上
总　计	**4550905**	**141812**	**253609**	**301060**	**143524**	**171925**
郑州市	192583	7083	8713	11342	5276	9284
开封市	212503	3890	8852	10892	7039	9147
洛阳市	285577	10530	13377	20329	6063	9469
平顶山市	232279	9708	11187	15637	8544	6488
安阳市	213727	6004	8555	12408	5851	14324
鹤壁市	64863	1060	2026	3432	1072	2482
新乡市	256237	4588	7848	12017	4024	9527
焦作市	179125	2487	4940	7647	3288	5871
濮阳市	167420	3817	13168	14487	4336	4805
许昌市	175318	5525	8670	12261	6047	5904
漯河市	118044	2136	5000	9701	3936	2627
三门峡市	111466	6963	7463	7908	2115	2560
南阳市	600754	22193	38623	35241	19424	21808
商丘市	363529	8364	24730	31726	18649	21128
信阳市	435973	23420	38161	32071	13039	8910
周口市	512629	10686	26828	33742	21702	26962
驻马店市	406196	12749	24102	29214	12120	10330
济源市	22682	609	1366	1005	999	299

8-3b 续表 1

单位：户

地　区	二代户				
	一间	二间	三间	四间	五间及以上
总　计	**76334**	**390956**	**791891**	**515290**	**717126**
郑州市	3012	11961	30232	18711	36470
开封市	1736	10919	25754	28775	51700
洛阳市	7516	24287	70972	24562	43721
平顶山市	5021	19796	44544	32814	25647
安阳市	2570	13522	29287	17515	48253
鹤壁市	409	4896	12415	5126	12175
新乡市	1907	15679	39354	21828	55380
焦作市	1530	12928	32696	17047	30628
濮阳市	2315	18812	29354	16862	23247
许昌市	1935	13405	30620	20248	24481
漯河市	626	7745	26455	14179	10413
三门峡市	6554	13889	24587	9225	12080
南阳市	13100	64087	91755	71537	92205
商丘市	1525	17546	55281	56429	75835
信阳市	17009	66444	85421	40965	29331
周口市	3733	31183	76572	69055	102420
驻马店市	5515	41869	83128	45875	41683
济源市	321	1988	3464	4537	1457

8-3b 续表 2　　单位：户

地　区	三代户				
	一间	二间	三间	四间	五间及以上
总　计	**4879**	**66268**	**234139**	**227246**	**473577**
郑州市	126	1800	8898	9861	27619
开封市	172	1468	5657	9383	34722
洛阳市	279	2773	14263	9378	26493
平顶山市	358	3745	13942	15147	17974
安阳市	197	2624	8634	8882	32883
鹤壁市	15	853	5099	3527	9392
新乡市	186	3445	15322	13729	47103
焦作市	147	2958	13512	12148	28712
濮阳市	87	1801	5694	6843	20064
许昌市	120	2672	10639	11009	19585
漯河市	53	1772	12220	10802	9021
三门峡市	282	1593	4944	3718	7076
南阳市	1015	10347	26718	29154	59069
商丘市	72	1611	7468	11966	29189
信阳市	1003	12496	27757	18755	18862
周口市	310	5777	20401	24304	54254
驻马店市	437	8071	31321	25616	30350
济源市	20	462	1650	3024	1209

8-3b 续表 3　　单位：户

地　区	四代户				
	一间	二间	三间	四间	五间及以上
总　计	**54**	**985**	**6119**	**8683**	**25381**
郑州市	1	25	190	385	1593
开封市	4	23	145	295	1925
洛阳市	2	30	244	266	1022
平顶山市		54	335	499	839
安阳市	4	25	198	348	1638
鹤壁市		10	142	189	541
新乡市	2	48	571	757	2911
焦作市	4	76	420	532	1553
濮阳市		30	129	254	1315
许昌市	2	45	333	549	1267
漯河市	2	34	299	409	613
三门峡市	2	8	96	127	276
南阳市	15	176	694	946	2644
商丘市	1	28	167	339	1472
信阳市	11	145	630	653	888
周口市	2	84	619	973	3020
驻马店市	2	133	867	1027	1778
济源市		11	40	135	86

8-3b 续表 4

单位：户

地　区	五代及以上户				
	一间	二间	三间	四间	五间及以上
总　计			**4**	**11**	**32**
郑州市					1
开封市					5
洛阳市			1		
平顶山市					
安阳市				3	2
鹤壁市				1	1
新乡市			2	1	8
焦作市					1
濮阳市					
许昌市				1	
漯河市				1	
三门峡市					
南阳市			1	1	1
商丘市					3
信阳市					2
周口市				1	1
驻马店市				2	7
济源市					

8-3c 各地区按家庭户类别和住房间数分的家庭户户数(乡村)

单位：户

地　区	家庭户户　数	一代户				
		一间	二间	三间	四间	五间及以上
总　计	**16028117**	**359492**	**815405**	**1131213**	**632941**	**932438**
郑州市	789962	32220	28465	35737	22425	46274
开封市	802850	7178	24810	49567	33675	61292
洛阳市	969024	23140	40516	58935	28090	48532
平顶山市	771597	19718	32078	47739	30488	26305
安阳市	927391	17021	36635	55171	23511	87210
鹤壁市	202639	2258	4406	8623	2673	14150
新乡市	843007	9404	24063	42927	12094	44227
焦作市	448261	7072	12706	18726	5477	19326
濮阳市	638834	7768	27700	43570	17234	30454
许昌市	734700	16987	35158	53468	32397	33833
漯河市	404719	9591	19226	26982	14342	9286
三门峡市	345542	11571	16405	19191	12235	10650
南阳市	1880660	41900	87795	117679	66338	99929
商丘市	1591325	35542	118165	149044	97562	120458
信阳市	1228871	47163	116374	127018	60137	51544
周口市	1826795	28392	92610	134962	95171	146553
驻马店市	1530376	40999	94560	136688	74781	80220
济源市	91564	1568	3733	5186	4311	2195

8-3c 续表 1

单位：户

地 区	二代户				
	一间	二间	三间	四间	五间及以上
总 计	**98809**	**898472**	**2086759**	**1795808**	**3275981**
郑州市	6711	37294	83536	76580	187742
开封市	1959	20742	74768	89557	228397
洛阳市	9049	55986	155944	105223	199109
平顶山市	6320	52721	112133	119380	115887
安阳市	6935	43610	89791	61897	273835
鹤壁市	701	8276	17652	11075	66211
新乡市	3598	39927	108800	57146	223483
焦作市	3311	27589	60628	27952	99223
濮阳市	2483	22269	91323	74601	140691
许昌市	4364	48868	100163	91489	116145
漯河市	2314	32968	66100	55440	44842
三门峡市	4686	24062	54199	53799	50185
南阳市	13690	114916	228812	207164	381000
商丘市	5893	62921	166444	228904	380216
信阳市	10752	111376	205911	126384	121299
周口市	7047	83441	215681	217563	415620
驻马店市	8524	105225	239928	173754	222888
济源市	472	6281	14946	17900	9208

8-3c 续表 2

单位：户

地 区	三代户				
	一间	二间	三间	四间	五间及以上
总 计	**9849**	**202873**	**743416**	**802544**	**2057830**
郑州市	285	6097	31481	41707	142535
开封市	166	4064	17862	28891	148621
洛阳市	609	10550	51018	46849	127105
平顶山市	594	13671	43160	59023	84345
安阳市	317	9893	25776	28944	156012
鹤壁市	63	1996	8711	7799	44420
新乡市	502	10775	44077	37097	170667
焦作市	378	9522	33971	25491	88582
濮阳市	162	4483	21811	31513	113174
许昌市	469	12318	42714	49674	86206
漯河市	307	10328	32593	36327	37861
三门峡市	312	4087	17960	25426	37613
南阳市	2865	29508	96493	100177	270150
商丘市	573	6904	25848	45199	137649
信阳市	966	24119	80499	62875	73082
周口市	636	19068	68630	81694	201242
驻马店市	604	23974	94182	83246	132686
济源市	41	1516	6630	10612	5880

8-3c 续表 3 单位：户

地　区	四代户				
	一间	二间	三间	四间	五间及以上
总　计	**240**	**3871**	**25549**	**35824**	**118589**
郑州市	5	71	872	1752	8154
开封市	7	70	566	1224	9422
洛阳市	8	132	1159	1508	5558
平顶山市	12	281	1294	2296	4146
安阳市	2	148	848	1247	8568
鹤壁市	1	32	318	488	2779
新乡市	14	241	1638	2054	10255
焦作市	11	181	1317	1377	5415
濮阳市	3	85	720	1334	7438
许昌市	12	278	1676	2517	5956
漯河市	6	229	1383	1984	2602
三门峡市	5	47	468	828	1812
南阳市	95	594	3281	3871	14382
商丘市	8	136	719	1587	7539
信阳市	20	458	2596	2570	3721
周口市	14	398	2467	3886	11711
驻马店市	16	459	4021	4754	8835
济源市	1	31	206	547	296

8-3c 续表 4 单位：户

地　区	五代及以上户				
	一间	二间	三间	四间	五间及以上
总　计		**5**	**16**	**39**	**154**
郑州市				2	17
开封市			1	1	10
洛阳市		1			3
平顶山市				3	3
安阳市				2	18
鹤壁市			1		6
新乡市		1	3	3	11
焦作市				2	4
濮阳市				2	16
许昌市			1		7
漯河市		1	1	2	4
三门峡市					1
南阳市			1	4	16
商丘市			1	2	11
信阳市			1	3	3
周口市			1	2	6
驻马店市		2	4	9	17
济源市			1	2	1

8-4 全省按户主的受教育程度分的家庭户住房状况

受教育程度	户数(户)	人数(人)	平均每户住房间数(间/户)	人均住房建筑面积(平方米/人)	人均住房间数(间/人)
总计	**23651502**	**84330234**	**4.15**	**31.69**	**1.16**
未上过学	1212406	3354892	3.60	31.91	1.30
小学	5305728	18803634	4.20	30.53	1.19
初中	12121419	46185205	4.42	31.21	1.16
高中	3403459	11496046	3.81	33.39	1.13
大学专科	1090965	3080885	3.02	36.15	1.07
大学本科	477165	1301510	2.92	38.47	1.07
研究生	40360	108062	2.92	39.05	1.09

8-4a 全省按户主的受教育程度分的家庭户住房状况(城市)

受教育程度	户数(户)	人数(人)	平均每户住房间数(间/户)	人均住房建筑面积(平方米/人)	人均住房间数(间/人)
总计	**5276109**	**16158783**	**3.17**	**33.86**	**1.03**
未上过学	120248	345198	3.39	33.94	1.18
小学	583031	1964448	3.65	32.93	1.08
初中	1964935	6467749	3.46	33.41	1.05
高中	1455434	4273037	2.90	32.92	0.99
大学专科	753559	2036099	2.71	35.68	1.00
大学本科	363150	979179	2.80	38.51	1.04
研究生	35752	93073	2.77	39.79	1.06

8-4b 全省按户主的受教育程度分的家庭户住房状况(镇)

受教育程度	户数(户)	人数(人)	平均每户住房间数(间/户)	人均住房建筑面积(平方米/人)	人均住房间数(间/人)
总计	**4331362**	**15834312**	**4.08**	**31.58**	**1.12**
未上过学	181790	535920	3.60	30.60	1.22
小学	828890	3063190	4.13	29.67	1.12
初中	2185137	8444546	4.27	30.76	1.11
高中	778241	2713752	3.89	33.85	1.12
大学专科	256242	788107	3.55	37.86	1.16
大学本科	98676	281923	3.30	38.89	1.16
研究生	2386	6874	3.55	38.99	1.23

8-4c 全省按户主的受教育程度分的家庭户住房状况(乡村)

受教育程度	户 数 (户)	人 数 (人)	平均每户住房间数 (间/户)	人均住房建筑面积 (平方米/人)	人均住房间 数 (间/人)
总 计	**14044031**	**52337139**	**4.53**	**31.05**	**1.22**
未上过学	910368	2473774	3.63	31.92	1.34
小 学	3893807	13775996	4.30	30.38	1.22
初 中	7971347	31272910	4.70	30.87	1.20
高 中	1169784	4509257	4.90	33.56	1.27
大学专科	81164	256679	4.21	34.66	1.33
大学本科	15339	40408	3.24	34.47	1.23
研究生	2222	8115	4.61	30.58	1.26

8-5 全省按户主受教育程度、人均住房建筑面积分的家庭户户数

单位：户

受教育程度	户 数	人均住房建筑面积(平方米)		
		8及以下	9-12	13-16
总 计	**23651502**	**485567**	**1054490**	**2032577**
未上过学	1212406	21835	52340	106642
小 学	5305728	101058	252242	489132
初 中	12121419	259818	581058	1102679
高 中	3403459	76469	128733	249461
大学专科	1090965	19314	30303	64130
大学本科	477165	6502	8957	18932
研究生	40360	571	857	1601

8-5 续表

单位：户

受教育程度	人均住房建筑面积(平方米)					
	17-19	20-29	30-39	40-49	50-59	60及以上
总 计	**1295221**	**6131434**	**4748689**	**2920739**	**1614183**	**3368602**
未上过学	49429	274542	227758	156370	84948	238542
小 学	290485	1379512	1024833	620287	352498	795681
初 中	699469	3267382	2445842	1399814	811706	1553651
高 中	189539	870028	699373	446191	237283	506382
大学专科	47456	240139	238182	191203	81866	178372
大学本科	16941	92068	105061	99084	41918	87702
研究生	1902	7763	7640	7790	3964	8272

8-5a 全省按户主受教育程度、人均住房建筑面积分的家庭户户数(城市)

单位：户

受教育程度	户　数	人均住房建筑面积(平方米)		
		8及以下	9-12	13-16
总　计	**5276109**	**186292**	**241316**	**415153**
未上过学	120248	4459	7130	11102
小　学	583031	24643	35075	54349
初　中	1964935	96621	111574	176101
高　中	1455434	42865	59401	112168
大学专科	753559	13235	21549	46489
大学本科	363150	3989	5918	13670
研究生	35752	480	669	1274

8-5a　续表

单位：户

受教育程度	人均住房建筑面积(平方米)					
	17-19	20-29	30-39	40-49	50-59	60及以上
总　计	**308559**	**1275922**	**1003126**	**685642**	**353632**	**806467**
未上过学	6584	24978	18202	12108	9165	26520
小　学	34804	131493	96215	61780	41486	103186
初　中	121057	480504	345393	211657	126356	295672
高　中	95133	389621	291376	185606	86139	193125
大学专科	35907	171408	164876	131459	54147	114489
大学本科	13382	71164	80310	75932	32725	66060
研究生	1692	6754	6754	7100	3614	7415

8-5b 全省按户主受教育程度、人均住房建筑面积分的家庭户户数(镇)

单位：户

受教育程度	户　数	人均住房建筑面积(平方米)		
		8及以下	9-12	13-16
总　计	**4331362**	**104816**	**198171**	**358025**
未上过学	181790	4650	9533	17178
小　学	828890	20949	44612	79960
初　中	2185137	55809	110588	197895
高　中	778241	17680	25866	48979
大学专科	256242	3844	5266	10197
大学本科	98676	1852	2235	3717
研究生	2386	32	71	99

8-5b 续表

单位：户

受教育程度	人均住房建筑面积(平方米)					
	17-19	20-29	30-39	40-49	50-59	60及以上
总　计	**222788**	**1100309**	**878398**	**556057**	**298276**	**614522**
未上过学	7923	41709	32813	21924	12166	33894
小　学	46622	218802	155373	93224	52606	116742
初　中	121542	584024	440931	256517	145000	272831
高　中	35808	187831	168050	113004	58185	122838
大学专科	7925	49998	58629	49717	21854	48812
大学本科	2886	17480	22137	21252	8251	18866
研究生	82	465	465	419	214	539

8-5c 全省按户主受教育程度、人均住房建筑面积分的家庭户户数(乡村)

单位：户

受教育程度	户　数	人均住房建筑面积(平方米)		
		8及以下	9-12	13-16
总　计	**14044031**	**194459**	**615003**	**1259399**
未上过学	910368	12726	35677	78362
小　学	3893807	55466	172555	354823
初　中	7971347	107388	358896	728683
高　中	1169784	15924	43466	88314
大学专科	81164	2235	3488	7444
大学本科	15339	661	804	1545
研究生	2222	59	117	228

8-5c 续表

单位：户

受教育程度	人均住房建筑面积(平方米)					
	17-19	20-29	30-39	40-49	50-59	60及以上
总　计	**763874**	**3755203**	**2867165**	**1679040**	**962275**	**1947613**
未上过学	34922	207855	176743	122338	63617	178128
小　学	209059	1029217	773245	465283	258406	575753
初　中	456870	2202854	1659518	931640	540350	985148
高　中	58598	292576	239947	147581	92959	190419
大学专科	3624	18733	14677	10027	5865	15071
大学本科	673	3424	2614	1900	942	2776
研究生	128	544	421	271	136	318